Praxiswissen Joomla! 3.0

3. AUFLAGE

Praxiswissen Joomla! 3.0

Tim Schürmann

Beijing · Cambridge · Farnham · Köln · Sebastopol · Tokyo

Kommentare und Fragen können Sie gerne an uns richten:
O'Reilly Verlag
Balthasarstr. 81
50670 Köln
E-Mail: kommentar@oreilly.de

Copyright:
© 2013 by O'Reilly Verlag GmbH & Co. KG
1. Auflage 2008
2. Auflage 2012
3. Auflage 2013

Die Darstellung eines Roten Varis im Zusammenhang mit dem Thema Joomla! ist ein Warenzeichen des O'Reilly Verlags

Bibliografische Information Der Deutschen Bibliothek
Die Deutsche Bibliothek verzeichnet diese Publikation in der Deutschen Nationalbibliografie; detaillierte bibliografische Daten sind im Internet über *http://dnb.ddb.de* abrufbar.

Lektorat: Christine Haite & Alexandra Follenius, Köln
Korrektorat: Friederike Daenecke, Zülpich
Fachgutachten: Jan Erik Zassenhaus, Minden
Satz: III-Satz, Husby
Umschlaggestaltung: Michael Oreal, Köln
Produktion: Karin Driesen, Köln
Belichtung, Druck und buchbinderische Verarbeitung:
Druckerei Kösel, Krugzell; www.koeselbuch.de

ISBN 978-3-86899-883-2

Dieses Buch ist auf 100% chlorfrei gebleichtem Papier gedruckt.

Inhalt

Vorwort . . . . **XI**

Teil 1: Installation und Einstieg

1   Einführung **3**
Eine Homepage wächst und wächst 3
Die Lösung: Content-Management-Systeme 4
Wie funktioniert ein Content-Management-System? 5
Einsatzbereiche und Vorteile von Joomla! 6
Versionschaos und eine kleine Geschichtsstunde 7

2   Installation **11**
Voraussetzungen 12
Schnellinstallation 15
Lokale Testumgebung mit XAMPP und MAMP 30
Installation von Joomla! 48
Man spricht Deutsch 72
Aufspielen auf den Server 77

3   Erste Schritte **83**
Das Frontend 84
Das Backend (Administrationsbereich) 91
Mit Listen arbeiten 100
Gesperrte Inhalte freigeben 111
Hilfen 112

Teil 2: Einen Internetauftritt erstellen

4   Inhalte verwalten **117**
Arbeitsweisen: Beiträge und Kategorien 117
Strukturierung der Inhalte 120
Kategorien anlegen und verwalten 124
Beiträge anlegen und verwalten 136
Inhalte mit Menüpunkten verbinden 163
Indirekt erreichbare Elemente 190
Grundeinstellungen ändern 193
Sichtbarkeit versteckter Inhalte 195
Hauptbeiträge und die Startseite 196
Archivieren 199

5   Medien verwalten **205**
Das Medienverzeichnis 206
Die Medienverwaltung im Überblick 206
Bilder und Dokumente hochladen 210
Bilder einbinden 213
Rechtliche Aspekte 214

6   Komponenten – Nützliche Zusatzfunktionen **215**
Bannerwerbung 216
Kontaktformulare 234
Newsfeeds 259
Suchfunktion und Suchstatistiken 274
Weblinks 287

7   Module – Die kleinen Brüder der Komponenten **305**
Module, Komponenten und Templates:
Ein komplexes Zusammenspiel 305
Rundgang durch die Modulverwaltung 308
Module verschieben 311
Ein neues Modul erstellen 314
Eigenschaften eines Moduls verändern 318
Menüzuweisung – auf welchen Unterseiten erscheint das Modul? 322
Vom Modultyp abhängige Einstellungen 324
Module in Beiträge einbinden 355
Administrator-Module 358

8 Menüs **361**

Die Menüs aus den Beispieldaten 361

Menüs verwalten 362

Menüeinträge verwalten 369

Einen Menüeintrag anlegen 379

Spezielle Menüpunkte 401

9 Benutzerverwaltung und -kommunikation **409**

Seiten für Benutzer im Frontend 409

Benutzergruppen 411

Benutzer 417

Zugriffsebenen – Was bekommt ein Benutzer zu sehen? 425

Berechtigungen – Welche Aktionen darf ein Benutzer ausführen? 434

Spezielle Menüs für Benutzer 445

Eingereichte Beiträge freischalten 457

Benutzerhinweise 459

Das interne Nachrichtensystem 463

Massenmail 465

10 Globale Einstellungen **469**

Systemeinstellungen 470

Ausgelieferte Website 470

Globale Metadaten 474

Fehlersuche (Debug) 475

Zwischenspeicher (Cache) 478

Sitzungsmanagement und Cookies 480

Einstellungen zum Webserver 481

Einstellungen zur Datenbank 482

Zeitzone des Servers 483

FTP-Einstellungen korrigieren 483

E-Mail-Versand einrichten (Mailing) 484

Systeminformationen 485

Menüs und Kategorien wiederherstellen 487

11 Plugins **489**

Grundlagen 489

Authentication-Plugins 493

Captcha-Plugins 498

Content-Plugins 498

Editors-Plugins 504
Editors-xtd-Plugins 511
Extension-Plugins 512
Finder-Plugins 512
Quickicon-Plugins 512
Search-Plugins 513
System-Plugins 513
User-Plugins 521

Teil 3: Joomla! erweitern

12 Mehrsprachigkeit **527**
Sprachpakete beschaffen und installieren 527
Sprachpakete entfernen 533
Joomla! komplett auf eine Sprache umstellen 533
Einen mehrsprachigen Internetauftritt erstellen 535
Einzelne Übersetzungen austauschen (Language String Overrides) 559
Eigene Sprachpakete erstellen 562

13 Templates **571**
Templates verwalten 571
Stile 576
Ein eigenes Template entwickeln 586
Die Optik des Templates festlegen 605
Bootstrap 625
Eigene Templates mit Parametern steuern 630
Template Overrides 641
Module Chrome 646
Templates für das Backend erstellen 651

14 Funktionsumfang erweitern **653**
Erweiterungen installieren 655
Erweiterungen verwalten und deinstallieren 656
Wartungsfunktionen 658
Abwärtskompatibilität 660
Sitemap 661
Kalender (JEvents) 666
Bildergalerie 676

15 Eigene Erweiterungen erstellen **683**
Komponenten 684
Module 770
Plugins 786
Verbesserungspotenzial und Sicherheitshinweise 795

Teil 4: Tipps und Tricks

16 Barrierefreiheit **799**
Was ist Barrierefreiheit? 800
Barrierefreiheit in Joomla! 802
Barrierefreie Templates und Module erstellen 807
Literatur zum Thema 812

17 Suchmaschinenoptimierung **815**
Funktionsweise einer Suchmaschine 816
Seiteninhalte 817
Metadaten: Fluch und Segen 822
Der Seitenname 824
Adressänderungen (Search Engine Friendly Links) 825
Umleitungen 831
Noch mehr Funktionen mit Erweiterungen 833

18 Rund um die Datenbank **835**
Vergessene (Super-User-)Passwörter wiederherstellen 835
Gelöschten Super User zurückholen 841
Datenbankfehler 843
Daten sichern: Backups 845
Sicherung wieder zurückspielen 848
Joomla! verpflanzen 850

19 Aktualisierung und Migration **853**
Joomla! 3 aktuell halten 853
Umstieg von einer älteren Version auf Joomla! 3 859

A   TinyMCE-Editor **875**

Index **883**

Vorwort

Hinter dem etwas lustig klingenden Begriff Joomla! verbirgt sich ein beliebtes Content-Management-System, das die Publikation und Verwaltung von Webseiten vereinfacht. Joomla! eignet sich gleichermaßen für die private Homepage wie auch für einen professionellen Internetauftritt. Dank der GNU GPL-Lizenz ist Joomla! kostenlos und liegt vollständig im sogenannten Quellcode vor, sodass man – entsprechende Motivation vorausgesetzt – das System vollständig nach seinen Wünschen verändern kann.

Über dieses Buch

Dieses Buch befasst sich mit der Installation, Konfiguration und Bedienung des kostenlosen Content-Management-Systems Joomla!. Als kapitelübergreifendes Beispiel dient dabei der Aufbau eines kleinen Kinoportals, das zunächst nur Filmkritiken verwaltet, im weiteren Verlauf aber noch um zusätzliche Funktionen verfeinert wird. Ausgangspunkt und Basis bildet dabei die aktuelle Joomla!-Version 3.0.

Das Buch wurde so geschrieben, dass Sie es sowohl als Einstieg als auch als Referenz verwenden können (es ist also nicht notwendig, dem Kinoportal-Beispiel von Anfang bis zum Ende zu folgen). Aber auch an Umsteiger von einer älteren Installation wurde gedacht: So gehen alle Abschnitte ausführlich auf sämtliche Änderungen zur direkten Vorversion ein. Überdies hilft ein spezielles Kapitel bei der Migration. Im weiteren Verlauf wird schließlich noch gezeigt, wie Sie Joomla! einfach um zusätzliche Funktionalitäten erweitern.

Kenntnisse im Umgang mit anderen Content-Management-Systemen (CMS) sind im Folgenden nicht nötig. Das Buch richtet sich somit insbesondere auch an Einsteiger, die zum ersten Mal einen Internetauftritt mit einem CMS erstellen möchten. Es erleichtert jedoch das Verständnis, wenn Sie bereits eine Internetseite mit einem der herkömmlichen Editoren, wie NetObject Fusion, Realmac RapidWeaver oder Adobe Dreamweaver, erstellt haben.

Warnung Alle Bilder und Erläuterungen in diesem Buch basieren auf der Joomla!-Version 3.0.2. mit den passenden deutschen Sprachpaketen (Version 3.0.2v2). Beide Komponenten finden Sie auch auf dem beiliegenden Datenträger.

Sowohl die Joomla!-Macher als auch das deutsche Übersetzerteam entwickeln ihre Pakete jedoch emsig weiter (und halten damit uns Buchautoren bis zum unausweichlichen Drucktermin ordentlich auf Trab). Um sich nicht alten Programmfehlern oder Sicherheitslücken auszusetzen, sollten Sie unbedingt immer den aktuellen Versionen von der Joomla!-Homepage beziehungsweise vom Internetauftritt der deutschen Übersetzer den Vorzug geben – auch wenn dann in einigen wenigen Fällen die Beschriftungen der Menüs und Schaltflächen von den hier abgedruckten leicht abweichen können.

Anmerkungen zur dritten Auflage

In der ersten Auflage spielte noch Joomla! 1.5 die Hauptrolle. Diese Version diente lange Zeit vielen Internetauftritten als Grundlage. Die Joomla!-Entwickler ruhten sich jedoch nicht auf ihren Lorbeeren aus, sondern veröffentlichten im Frühling 2012 die damals sehnsüchtig erwartete Joomla!-Version 2.5.

Sie brachte neben dem drastischen Sprung in der Versionsnummer auch zahlreiche neue Funktionen mit, darunter etwa die Zugriffsbeschränkungen (Access Control Lists) und die Möglichkeit, mehrsprachige Auftritte zu gestalten. Zudem haben die Joomla!-Entwickler versprochen, diese Version noch 18 Monate lang mit Aktualisierungen zu versorgen. Die Entwickler nennen diesen besonderen Dienst *Langzeitunterstützung*, englisch *Long Term Support*. Allein dies war Anlass genug, eine zweite, stark überarbeitete und erweiterte Auflage dieses Buches herauszubringen.

Die im September 2012 veröffentlichte Joomla!-Version 3.0 entsorgt erneut zahlreiche Altlasten. Sie bietet unter anderem eine runderneuerte Benutzeroberfläche, die sogar auf Tablet-PCs und Mobilfunkgeräten funktioniert. Darüber hinaus haben die Entwickler unter der Haube etwas aufgeräumt.

Da Joomla! 3.0 zudem als Basis für alle kommenden Joomla!-Versionen dient, wurde diese dritte Auflage von *Praxiswissen Joomla!* notwendig. Wie ihre Vorgängerinnen wurde auch sie komplett überarbeitet. Dabei flossen natürlich wieder die Anregungen der Leser mit ein, wobei ich hoffe, keine Anmerkung übersehen zu haben.

Aufbau des Buchs

Teil I des Buches führt in die Grundlagen von Joomla! ein und liefert einen Schnelleinstieg. Kapitel 1 stellt Joomla! vor, geht auf seine Geschichte ein und beleuchtet die Aufgaben eines Content-Management-Systems. Kapitel 2 nennt anschließend die Voraussetzungen, die für einen Betrieb von Joomla! notwendig sind, und zeigt, wie man es Schritt für Schritt installiert. Anhand des Kinoportals führt Kapitel 3 in die Bedienung des Content-Management-Systems ein.

Teil II befasst sich mit den Konzepten und Arbeitsweisen von Joomla!. In Kapitel 4 geht es an die Eingabe der Inhalte in Form von Texten und Bildern. Wie man Letztgenannte in Joomla! verwaltet, beschreibt Kapitel 5. Das nachfolgende Kapitel 6 stellt die mitgelieferten Zusatzfunktionen in Form der sogenannten Komponenten vor. Diese realisieren beispielsweise Kontaktformulare oder verwalten Werbebanner. Unterstützung erhalten die Komponenten durch ihre kleinen Brüder, die sogenannten Module. Sie sind Thema in Kapitel 7. Das Anlegen von Menüs behandelt Kapitel 8, die Verwaltung von Benutzern wird in Kapitel 9 erläutert. Dort erfahren Sie auch, wie Sie den Zugriff auf die Inhalte beschränken. Anschließend werfen wir in Kapitel 10 einen Blick auf die Grundeinstellungen des Content-Management-Systems, bevor ich in Kapitel 11 mit den Plugins noch kurz auf die kleinen, nützlichen Helfer im Hintergrund eingehe.

In Teil III erfahren Sie, wie man Joomla! um zusätzliche Funktionen und Möglichkeiten erweitert. Zunächst zeigt Kapitel 12, wie man mithilfe von Sprachpaketen seiner Homepage und Joomla! eine fremde Sprache beibringt. Weiter geht es in Kapitel 13 mit den Templates, die das Design der späteren Homepage beschreiben. Kapitel 14 stellt die verschiedenen Erweiterungsarten näher vor und präsentiert anschließend eine Auswahl der im Internet vorhandenen Erweiterungspakete. Dazu gehören beispielsweise eine Kommentarfunktion oder ein Kalender. Wie man Schritt für Schritt eigene Erweiterungen programmiert, erfahren Sie in Kapitel 15.

Zum Abschluss enthüllt Teil IV noch ein paar nützliche Tipps und Tricks. Dies beginnt mit der Barrierefreiheit in Kapitel 16 und geht über die Suchmaschinenoptimierung (Kapitel 17), wichtige Informationen zur Datenbank (Kapitel 18) bis hin zur Migration von älteren Joomla!-Versionen auf die aktuelle Version 3.0 in Kapitel 19.

Typografische Konventionen

In diesem Buch werden die folgenden typografischen Konventionen verwendet:

Kursivschrift
> für Datei- und Verzeichnisnamen, E-Mail-Adressen und URLs, aber auch bei der Definition neuer Fachbegriffe und für Hervorhebungen sowie für Menüeinträge, Schaltflächen und ähnliche Elemente der Benutzeroberfläche

`Nichtproportionalschrift`
> für Codebeispiele und Variablen, Funktionen, Befehlsoptionen, Parameter, Klassennamen und HTML-Tags

`Nichtproportionalschrift fett`
> für Benutzereingaben und in den Codebeispielen zur Hervorhebung einzelner Zeilen oder Abschnitte

	Tipp	Die Vorspultaste kennzeichnet einen Tipp oder einen generellen Hinweis mit nützlichen Zusatzinformationen zum Thema.
	Warnung	Die Stopptaste kennzeichnet eine Warnung oder ein Thema, bei dem man Vorsicht walten lassen sollte.
	Kino	Die kleine Filmklappe zeigt an, wo es um das Kinoportal geht, das Beispiel, das sich durch das ganze Buch zieht.
	Version	Dieses Logo weist auf die Unterschiede zu einer alten Joomla!-Version oder auf Probleme mit der neuen Version hin.

Bei Verzeichnisangaben trennt immer ein Schrägstrich / mehrere einzelne (Unter-) Verzeichnisse voneinander. In der Angabe *joomla/images* wäre *images* ein Unterordner von *joomla*. Diese für Windows-Nutzer etwas ungewohnte Notation wurde absichtlich gewählt: Zum einen verwendet Joomla! sie selbst in seiner Benutzeroberfläche, und zum anderen ist sie auf den meisten (Internet-)Servern üblich. Unter Windows würde man die Verzeichnisangabe aus dem obigen Beispiel als *joomla\images* notieren.

Ressourcen und Support

Die folgende Liste enthält wichtige Internetseiten oder Anlaufstellen rund um das Thema Joomla!:

- *http://www.joomla.org* – Die Homepage von Joomla!
- *http://www.joomla.de* – Ein deutschsprachiges Portal, das Joomla! und seine Fähigkeiten näher vorstellt
- *http://www.joomlaos.de* – Hier finden Sie neben zahlreichen Templates und Erweiterungen auch ein deutschsprachiges Diskussionsforum.
- *http://extensions.joomla.org* – Verzeichnis mit kostenlosen Joomla!-Erweiterungen, deren Entwicklung Sie wiederum auf *http://www.joomlacode.org* verfolgen können
- *http://jgerman.org* – Internetauftritt des deutschen Übersetzerteams

Der Autor, die Danksagung und der ganze Rest

Murphys Gesetz besagt, dass alles, was schiefgehen kann, auch schiefgehen wird. Aus diesem Grund enthält das vorliegende Werk neben einem vermutlich recht hohen Zelluloseanteil und viel schwarzer Farbe auch ein paar gezielt eingestreute Fehler. Sie stammen vom Autor selbst und sind trotz der extrem strengen Blicke des Lektorats bis in die Druckerei durchgeflutscht. Dafür müsste man ihnen eigentlich Respekt zollen.

Falls Sie als Leser zufällig auf einen der angesprochenen Fehler treffen, lassen Sie ihn nicht in Freiheit sein Unwesen treiben, sondern melden Sie ihn an die E-Mail-Adresse *info@tim-schuermann.de*. Dies ist gleichzeitig der direkte Draht zum Autor, der sich selbstverständlich auch im Fall von Kommentaren oder anderen Anmerkungen auf Post freut. Seinen eigenen Internetauftritt betreibt der Diplom-Informatiker unter *http://www.tim-schuermann.de*. Bitte beachten Sie, dass auf beiden Wegen leider kein kostenloser Support angeboten werden kann.

Der Dank des Autors geht an die Lektorinnen Christine Haite und Alexandra Follenius, die zahlreiche Vorschläge und Korrekturen beigesteuert haben, sowie an den Fachgutachter Jan Erik Zassenhaus, der hartnäckig und unnachgiebig auf Fehlersuche ging. Weiterer Dank gebührt Ariane Hesse, meiner Familie und natürlich allen Lesern, ohne die diese Buchstabensuppe auf weiß gefärbten Holzabfällen niemals den Weg in die Händlerregale gefunden hätte.

Damit jetzt nicht noch mehr langweiliges Danksagungsdingsbums wertvollen Buchplatz wegnimmt, schließe ich hiermit das aktuelle Kapitel und fahre direkt mit dem eigentlichen Thema fort.

Installation und Einstieg

KAPITEL 1

Einführung

In diesem Kapitel:

- Eine Homepage wächst und wächst ...
- Die Lösung: Content-Management-Systeme
- Wie funktioniert ein Content-Management-System?
- Einsatzbereiche und Vorteile von Joomla!
- Versionschaos und eine kleine Geschichtsstunde

Die ersten Schritte zur eigenen Homepage führen meist über eine entsprechende Baukastenanwendung, wie Fusion, Adobe Dreamweaver oder Realmac RapidWeaver. In ihnen entwirft man eine Internetseite wie in einem Layout- oder Grafikprogramm und lädt diese anschließend per Knopfdruck direkt auf den zuvor angemieteten Webserver. Augenscheinlich führen die Baukästen somit schnell und unkompliziert zum Ziel. Ein Cineast könnte mit ihnen etwa noch am Abend des Kinobesuchs eine Kritik schreiben und veröffentlichen. Die Probleme beginnen jedoch, wenn die Homepage größer wird.

Eine Homepage wächst und wächst ...

Je mehr Kritiken auf der Homepage landen, desto unübersichtlicher wird sie. In einer ellenlangen unsortierten Liste mit über 100 Filmkritiken findet ein Besucher erst nach mehreren Minuten einen ganz bestimmten Film – wenn er nicht schon vorher entmutigt aufgibt. Es gilt also ständig diszipliniert Ordnung zu halten.

Zudem ist es vielleicht doch keine so gute Idee, direkt nach der Vorstellung loszutippen. Einige alte Kritiken sind deshalb vielleicht nicht nur zu scharf formuliert, sondern auch mit Tippfehlern übersät. Die Texte verlangen folglich nach einer Korrektur und nach Ergänzungen. Flüchtigkeitsfehler sorgen zudem oft für defekte Links, und im schlimmsten Fall sind komplette Filmkritiken nicht mehr für die Besucher erreichbar.

Erfahrungsgemäß trudeln zu gut geschriebenen Texten positive wie negative Kommentare per E-Mail ein. Vielleicht bieten einige Leser sogar ihre Hilfe an und schicken eigene Kritiken. Die in Word- und OpenOffice-Dateien angelieferten Artikel müssen allerdings erst noch irgendwie in den Web-Baukasten hinein, Korrektur gelesen und optisch an die anderen Filmkritiken angepasst werden.

Gefällt irgendwann das Design der Homepage nicht mehr, steht schließlich noch eine kleine Überarbeitungsorgie ins Haus, bei der jeder einzelnen Filmkritik ein neues Layout übergestülpt werden muss. Gleichzeitig wandert der Blick neidisch auf die Funktionen anderer Internetseiten. Dort fördert eine schicke Kommentarfunktion den Gedankenaustausch, eine Suchfunktion erleichtert Besuchern das Aufstöbern einer bestimmten Filmkritik, und ein Kalender mit allen anstehenden Filmpremieren wäre doch auch ganz nett.

Je weiter also eine Homepage wächst, desto

- unübersichtlicher wird sie.
- häufiger muss man ständig dieselben stupiden Aufgaben lösen. Die erfordern einen hohen Arbeitsaufwand, sind teilweise nur umständlich durchzuführen und somit unter dem Strich auch noch zeitraubend.
- mehr Zusatzfunktionen kommen infrage.

Die Lösung: Content-Management-Systeme

Damit es gar nicht erst zu Chaos auf der Homepage kommt, sollten Sie sich gleich mit Spezialprogrammen anfreunden, die Ihnen bei der Verwaltung und der Gestaltung der Inhalte behilflich sind und Ihnen viele Standardaufgaben abnehmen. Eine solche Software bezeichnet man als *Content-Management-System*, abgekürzt CMS. Wer es ganz genau nimmt, unterteilt die Menge der Content-Management-Systeme noch einmal nach ihrem primären Einsatzzweck. Während beispielsweise Document-Management-Systeme das staubige Aktenarchiv eines Unternehmens ersetzen, verwalten Customer-Relationship-Management-Systeme dessen Kundendaten. Das in diesem Buch vorgestellte Joomla! gehört in dieser Einteilung zur Gruppe der Web-Content-Management-Systeme, die vorwiegend Internetseiten als Ausgabe produzieren. In der Praxis verwendet man jedoch meist nur den Oberbegriff Content-Management-System (Sie müssen sich also die anderen Zungenbrecher nicht merken).

Ein Content-Management-System verwaltet selbstverständlich nicht nur Kinotexte, sondern auch sämtliche anderen Medien, die auf einer Webseite angeboten werden können, wie etwa Bilder und Videos. Es sorgt automatisch für ihre korrekte Publikation, verknüpft sie sorgfältig miteinander und verpasst allen Seiten ein einheitliches Aussehen. Mithilfe des eingebauten Benutzermanagements schränkt man den Zugriff auf spezielle Bereiche oder Unterseiten für bestimmte Nutzergruppen ein und erlaubt externen Autoren, ihre Artikel direkt in das System einzugeben. Aber auch dynamische Zusatzfunktionen, wie eine Kommentarfunktion oder einen Kalender, schaltet man mit nur wenigen Mausklicks aktiv.

Damit könnte man auch den Traum von einem kleinen Kinoportal realisieren: Filmkritiken und aktuelle Nachrichten aus Hollywood würden tagesaktuell von vielen Helfern eingegeben und automatisch vom System übersichtlich verwaltet. Mithilfe von Umfragen ließe sich eine breite Meinung zu Filmen einholen und in Foren ausführlich über den neuesten James Bond diskutieren. Es gibt folglich viele gute

Gründe, zu einem Content-Management-System zu greifen – nicht nur für einen Cineasten.

Wie funktioniert ein Content-Management-System?

Content-Management-Systeme existieren in zwei verschiedenen Geschmacksrichtungen: Zum einen gibt es sie als Einzelanwendungen, die auf dem heimischen PC laufen (sogenannte clientseitige CMS). Sie dienen in der Regel lediglich zur bequemen Verwaltung der Internetseiten und ihrer Inhalte. Man könnte sie daher auch etwas flapsig als »aufgebohrten Homepage-Baukasten« bezeichnen.

Die Programme aus der zweiten Gruppe, zu der auch Joomla! gehört, laufen direkt auf dem Webserver (sogenannte serverseitige CMS). Dies bedeutet insbesondere, dass die Konfiguration, Wartung und das Eingeben von neuen Texten aus einem Internetbrowser heraus geschieht. Hierzu stellen die meisten Content-Management-Systeme mehrere versteckte Unterseiten bereit, über die Sie als Verwalter später das System einrichten und über die Autoren ihre Beiträge abgeben. Normale Besucher erlangen selbstverständlich keinen Zutritt zu diesen Bereichen.

Ein Autor, der einen neuen Artikel hinzufügen möchte, meldet sich am System an und gibt in einer speziellen Eingabemaske seinen Text ein. Sobald er fertig ist, speichert das Content-Management-System diesen Text in einer im Hintergrund werkelnden Datenbank. Sie bewahrt sämtliche Seiteninhalte für einen schnellen Zugriff auf. Damit ist die Arbeit des Autors bereits beendet. Sobald er dem Content-Management-System die Freigabe für den neuen Artikel erteilt, erscheint der Text auf der Homepage.

Um die Formatierung des Artikels kümmert sich das CMS – allerdings erst dann, wenn es ihn an einen Besucher ausliefert: Fordert der Browser eines Betrachters den Artikel beim CMS an ❶, kramt es alle Inhalte, die zu der Seite gehören, aus der Datenbank hervor ❷ und setzt sie mithilfe eines Bauplans zusammen ❸ (siehe Abbildung 1-1). Die fertige Seite reicht das CMS dann wieder an den Browser zurück ❹.

Tipp Bildlich kann man sich diesen Vorgang wie die Konstruktion eines Lego-Hauses vorstellen. Die genoppten Steine repräsentieren die Inhalte, die das CMS nach dem beiliegenden Montageplan so zusammenstöpselt, dass sie ein hübsches Häuschen ergeben. Je nachdem, wie der Bauplan aussieht, erhält man eine andere Hausfassade.

Content-Management-Systeme liefern also nicht einfach fix und fertige *statische* Seiten aus, sondern erzeugen sie erst *dynamisch* in dem Moment, in dem sie angefordert werden. Das kostet zwar jedes Mal etwas Rechenzeit auf dem Webserver, hat aber den unschlagbaren Vorteil, dass jede Änderung sofort auf der Homepage sichtbar ist. Darüber hinaus werden erst auf diese Weise aktive Inhalte, wie Gästebücher oder Umfragen, möglich.

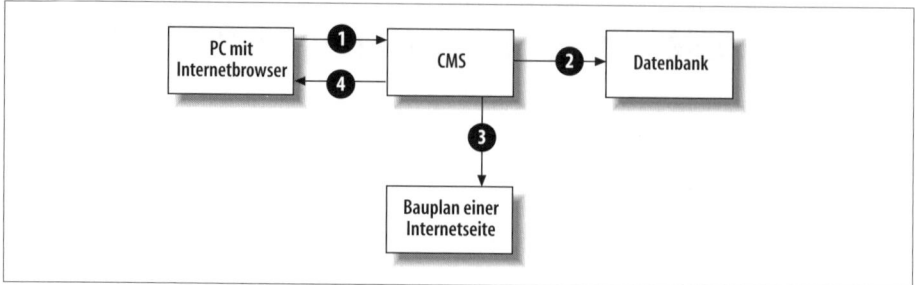

Abbildung 1-1:   Von der Anfrage bis zur Auslieferung der Seite

Mithilfe der Baupläne trennen Content-Management-Systeme zudem strikt die Inhalte von der Optik. Das hat wiederum den Vorteil, dass der Betreiber der Homepage das Aussehen aller Artikel jederzeit mit nur zwei Mausklicks ändern kann – er muss lediglich einen anderen Seitenbauplan wählen.

Im Fall der Kinoseite bestimmt der Betreiber im CMS zunächst das Layout und legt fest, wer seiner vielen Helfer überhaupt Artikel schreiben darf – um den Rest braucht er sich ab sofort keine Gedanken mehr zu machen. Die externen Autoren senden ihre Artikel nicht mehr per E-Mail ein, sondern melden sich mit ihrem Benutzerkonto direkt beim CMS an und hinterlassen dort ihre Texte. Der Betreiber spart somit Zeit und kann sich ganz seinen eigenen Texten und vielen weiteren Kinobesuchen widmen.

Einsatzbereiche und Vorteile von Joomla!

Joomla! ist ein besonders einfach zu bedienendes Content-Management-System, mit dem sich auch umfangreiche Internetpräsenzen spielend pflegen und gestalten lassen.

Seine Vorteile liegen in einer einfachen Bedienung und seiner Erweiterbarkeit. Von Haus aus bringt es bereits viele Funktionen wie Banner, Kontaktformulare, eine Suchfunktion oder Benutzerstatistiken mit. Weitere Funktionen rüstet man bei Bedarf über eine der zahlreichen Erweiterungen nach. Joomla! eignet sich somit ideal zur Realisierung von kleinen und mittleren Internetauftritten. Da der sogenannte Quellcode offen liegt, verfügte es schon kurz nach dem Start des Projektes über eine große, unterstützende Gemeinschaft, die Joomla! kontinuierlich vorantreibt und weiterentwickelt.

Bei so vielen Vorteilen sollte man jedoch nicht vergessen, dass die Wahl des richtigen Content-Management-Systems auch ein wenig von den eigenen Vorlieben abhängt. Die vielen Glaubenskriege der jeweiligen Anhänger bezeugen dies.

Nicht verschwiegen werden darf zudem, dass Joomla! bei sehr umfangreichen Internetauftritten, für die man die volle Kontrolle über jedes einzelne Element benötigt, leider passen muss. Für solche Aufgaben zieht man besser TYPO3 oder ein vergleichbares System aus dieser Leistungsklasse heran. Darüber hinaus werkelt Joomla! langsamer als die Konkurrenz, wie beispielsweise WordPress oder Drupal. Dies merkt man vor allen Dingen an einer merklichen Verzögerung bei der Auslieferung einer Internetseite. Nichtsdestotrotz bietet Joomla! einen hervorragenden Kompromiss zwischen Mächtigkeit und Schlankheit, und das bei einer gleichzeitig fast konkurrenzlos einfachen Bedienung.

Die Weiterentwicklung von Joomla! koordiniert und fördert das eigens dafür gegründete gemeinnützige Unternehmen Open Source Matters (*http://www.opensourcematters.org*).

Versionschaos und eine kleine Geschichtsstunde

Wer Joomla! herunterladen möchte, der steht gleich mehreren verschiedenen Versionen gegenüber, die auch noch ein merkwürdiges Nummerierungsschema zu nutzen scheinen. Um dieses verwirrende Angebot zu durchschauen, ist eine kurze Reise in die Vergangenheit notwendig.

Die Geschichte von Joomla! reicht bis in das Jahr 2000 zurück. Zu diesem Zeitpunkt begann die australische Firma *Miro* mit der Entwicklung eines Content-Management-Systems. Um den Verkauf anzukurbeln, gab man auch eine kostenlose Ausgabe heraus. Diese zunächst *Mambo Open Source* (MOS), später nur noch kurz *Mambo* genannte Variante stellte Miro unter die GNU General Public License (kurz GNU GPL, *http://www.gnu.de/documents/index.de.html*). Hierüber freute sich die beständig wachsende Fangemeinde, stellte diese spezielle Lizenz doch sicher, dass Mambo auch in Zukunft frei erhältlich sein würde. Gleichzeitig lockten ihre Konditionen zahlreiche Helfer an, die die Weiterentwicklung des Systems in ihrer Freizeit tatkräftig unterstützten.

Eben jene Entwicklergemeinschaft schlug im April 2005 vor, ihre Aktivitäten in einer Stiftung zu bündeln. Auf diese Weise wollte man zum einen die eingehenden Spenden gezielt verwalten und zum anderen die Namens- und einige Urheberrechte in das Projekt holen. Miro erklärte sich hierzu bereit und gründete im August 2005 die *Mambo Foundation*. Die Namensrechte blieben jedoch genauso wie die Machtstrukturen der Stiftung faktisch in den Händen von Miro. Das hiervon enttäuschte Entwicklerteam entschied sich nach kurzer Bedenkzeit, mit einem neuen Content-Management-System zukünftig eigene Wege zu gehen. Als Startkapital nahm man den Programmcode der letzten Mambo-Version mit – dank der GNU GPL ein erlaubtes Vorgehen.

Bereits wenige Tage später präsentierte das abtrünnige Entwicklerteam unter dem Namen *Joomla!* sein eigenes Projekt der Öffentlichkeit. Der Begriff stammt aus der afrikanischen Sprache Swahili und ist die (englische) Lautschrift des Wortes *Jumla*. Übersetzt bedeutet es etwa so viel wie »alle zusammen« oder »in der Gesamtheit«.

Die erste Version von Joomla! war im Wesentlichen noch mit Mambo identisch, wobei einige Fehler korrigiert und sämtliche Namen ausgetauscht worden waren. Als Lizenz wählte man wieder die freie GNU GPL. Um das System für die Zukunft und alle weiteren geplanten Funktionen fit zu machen, unterzogen die Entwickler Joomla! vor allem unter der Haube einer kleinen Kernsanierung. Die Änderungen fielen schließlich so umfangreich aus, dass man nicht nur den Veröffentlichungs-termin gleich mehrfach verschieben musste, sondern auch die Versionsnummer von 1.0 auf 1.5 springen ließ. Das Ergebnis erschien nach dreijähriger Arbeit schließlich im Februar 2008.

Joomla! kam so gut an, dass schnell Sponsoren gefunden wurden und auch externe Hersteller von Erweiterungen auf den neuen Zug aufsprangen. Selbst die zahlrei-chen Terminschwierigkeiten taten der Beliebtheit keinen Abbruch, im Gegenteil: Joomla! mauserte sich zu einem der bedeutendsten Content-Management-Systeme auf dem Markt, räumte zahlreiche Preise ab und steckt als treibende Kraft hinter vie-len bekannten Internetauftritten. Die Arbeit am Vorgänger Mambo stagniert übri-gens seit 2008, und das Unternehmen Miro ist schon länger Geschichte.

Beflügelt vom Erfolg, setzten sich die Joomla!-Entwickler umgehend an die nächste Version, die vor allem eine verbesserte Benutzerverwaltung erhalten sollte. Als sich auch diese Arbeiten zusehends in die Länge zogen, entschlossen sich die Entwickler zu einem radikalen Schnitt. Seit dem Jahr 2011 frieren sie den aktuellen Entwick-lungsstand alle sechs Monate ein und veröffentlichen ihn als neue Joomla!-Version. So kam es, dass im Januar 2011 die Version 1.6 erschien und bereits im Juli des glei-chen Jahres die Version 1.7. Mit jeder neuen Version gilt die vorherige umgehend als veraltet und erhält keine Fehlerkorrekturen mehr. Seitenbetreiber sind somit dazu verdammt, Joomla! alle sechs Monate zu aktualisieren. Entsprechende Kritik folgte denn auch prompt von Unternehmen, (Hobby-)Entwicklern von Erweiterun-gen und Buchautoren. Während die einen gut getestete, stabile und bewährte Sys-teme bevorzugen, können die anderen dem hohen Veröffentlichungstempo nur mit erhöhtem Arbeitsaufwand folgen.

Die Joomla!-Entwickler entschieden sich deshalb, immer mal wieder eine ausge-wählte Joomla!-Version über 18 Monate lang mit Aktualisierungen zu versorgen. Diese sogenannte Langzeitunterstützung, englisch *Long Term Support*, erhielt zunächst Joomla! 1.5, das zu diesem Zeitpunkt schon mehrere Jahre im Einsatz war. Bei ihm stopfen die Entwickler voraussichtlich bis Ende 2012 Sicherheitslücken und beheben Fehler. Als nächste Version mit Long Term Support war die Version 1.8 auserkoren, die für den Januar 2012 angesetzt war.

Anwender sollten allerdings auf einen Blick erkennen können, welche Joomla!-Ver-sionen eine Langzeitunterstützung erhalten. Die Version 1.5 besitzt diesen Long

Term Support. Es wäre folglich konsequent, grundsätzlich allen Versionen mit Langzeitunterstützung eine 5 an der zweiten Stelle zu verpassen. Damit müsste die nächste Version 1.8 allerdings 2.5 heißen – alle Zahlen zwischen 1.7 und 2.5 würden übersprungen. Da das ein recht radikaler Schritt wäre, ließen die Entwickler die Nutzer im Internet darüber abstimmen. Eine knappe Mehrheit votierte schließlich für die Bezeichnung Joomla! 2.5.

Im September 2012 erschien turnusgemäß die Joomla!-Version 3.0. Bei ihr handelt es sich wieder um eine Zwischenversion, die neue (teilweise unerprobte) Technologien und Funktionen mitbringt. Die größte sichtbare Änderung ist die generalüberholte Benutzeroberfläche, die Sie jetzt auch bequem auf Smartphones und Tablet-PCs nutzen können. Als Zwischenversion richtet sie sich an Neugierige und alle, die jetzt einen neuen Internetauftritt planen. Um die Verwirrung zu erhöhen, haben die Entwickler zudem die Unterstützung der Version 2.5 auf zwei volle Jahre verlängert.

Schon in einem halben Jahr wird Joomla! 3.0 durch die Version 3.1 abgelöst. Durch die halbjährliche Erscheinungsweise kommen in jeder Joomla!-Version aber normalerweise nur wenige neue Funktionen hinzu. Die Angaben, Anleitungen und Tipps in diesem Buch gelten somit auch in großen Teilen für die direkt nachfolgenden Joomla!-Versionen. Auf absehbare Änderungen gehen entsprechende Abschnitte gesondert ein.

Weil die Versionsnummern ziemlich verwirrend sind, fasst Tabelle 1-1 noch einmal alle Joomla!-Ausgaben übersichtlich zusammen.

Tabelle 1-1: Bislang veröffentlichte Joomla!-Versionen

Version	Erscheinungsdatum	Anmerkung
1.0	September 2005	Erste Joomla!-Version
1.5	Januar 2008	Große Umbauten unter der Haube, nicht mehr kompatibel zur Version 1.0
1.6	Januar 2011	Ab jetzt gibt es jedes Halbjahr eine neue Version. Die größte Neuerung gegenüber Version 1.5 ist die erweiterte Benutzerverwaltung.
1.7	Juli 2011	Enthält gegenüber der Version 1.6 vor allem Fehlerkorrekturen.
2.5	Januar 2012	Neue Version mit Langzeitunterstützung. Es gibt nur kleinere Änderungen gegenüber Version 1.7.
3.0	September 2012	Neue Benutzeroberfläche, die sich der Bildschirmgröße anpasst

Formal erhält jede Joomla!-Version sogar eine dreistellige Nummer, wie etwa 2.5.7. Die ersten beiden Ziffern zeigen wie beschrieben die Hauptversion an. Die letzte Nummer erhöht sich bei jeder Sicherheitsaktualisierung. Ist diese dritte Ziffer eine 0, schreibt man sie normalerweise nicht aus.

Warnung Achten Sie darauf, dass Ihre Joomla!-Version immer die höchstmögliche Ziffer am Ende trägt. Geben Sie also der Version 3.0.2 immer den Vorzug gegenüber der Version 3.0.1. Nur so können Sie sicher sein, dass alle bekannten Fehler und Sicherheitslücken ausgebügelt wurden.

Derzeit finden Sie auf der Joomla!-Homepage sowohl die Version 2.5 mit Langzeit-unterstützung als auch die Version 3.0. Wenn Sie unsicher sind, welche der beiden Sie verwenden sollen, halten Sie sich einfach an die Empfehlungen aus dem Kasten *Welche Joomla!-Version soll ich wählen?*. Sie entsprechen auch den Empfehlungen der Joomla!-Entwickler.

Welche Joomla!-Version soll ich wählen?

Ob Sie zur Joomla!-Version 2.5 mit Langzeitunterstützung oder schon zur brandneuen Version 3.0 greifen sollten, hängt von Ihrer Situation und dem geplanten Einsatzzweck ab:

- Wenn Sie einen stabilen Internetauftritt benötigen, der bis Frühling 2014 weitge-hend unverändert laufen soll, entscheiden Sie sich für die Joomla!-Version, die mit der Nummer 2.5 beginnt.

   Werfen Sie gleichzeitig einen Blick auf die Joomla!-Version 3.0, denn sie bildet die Basis für alle zukünftigen Joomla!-Versionen. Erst mit dem Erscheinen von Joomla! 3.5 stellen Sie auch Ihren Internetauftritt um.

- Wenn Sie bereits Joomla! 2.5 verwenden, bleiben Sie dabei.

   Werfen Sie jedoch jetzt schon einen Blick auf die neue Joomla!-Version 3.0, denn sie bildet die Basis aller zukünftigen Joomla!-Versionen. Erst mit dem Erscheinen von Joomla! 3.5 stellen Sie auch Ihren Internetauftritt um.

- Wenn Sie jetzt einen neuen Internetauftritt planen und erstellen möchten, greifen Sie zu Joomla! 3.0.

   Aktualisieren Sie Ihre Installation bei jeder neu erscheinenden Joomla!-Version, bis Sie die Nummer 3.5 erreicht haben. Dies wird dann wieder eine Version mit Langzeitunterstützung sein. Bleiben Sie dann so lange dabei, bis die Version 4.5 erscheint.

Egal für welche Joomla!-Version Sie sich auch entscheiden: Achten Sie immer darauf, dass die dritte Stelle der Versionsnummer die höchstmögliche Zahl aufweist. Das ist automatisch der Fall, wenn Sie Joomla! von seiner eigenen Homepage herunterladen und die eingebaute Aktualisierung verwenden (dazu später noch mehr).

 Tipp   Immer noch verwirrt? Dann greifen Sie jetzt zur Joomla!-Version 3.0. Wie man sie herunterlädt und installiert, erfahren Sie im nächsten Kapitel.

 Version   Wenn Sie noch Joomla! 2.5 nutzen möchten, finden Sie auf unserer Downloadseite unter *http://examples.oreilly.de/german_examples/joomla3ger/* ein Bonuskapitel, das die alte Benutzeroberfläche erklärt. Abgesehen von der Bedienung sind alle grund-legenden Funktionen in Joomla! 3.0 erhalten geblieben. Diese dritte Auflage gilt daher auch in weiten Teilen für Joomla! 2.5. Die zweite Auflage von »Praxiswissen Joomla!«, die sich ausschließlich um Joomla! 2.5 kümmert, erhalten Sie weiterhin als eBook unter *www.oreilly.de/catalog/joomla2ger/*.

In diesem Kapitel:

- Voraussetzungen
- Schnellinstallation
- Lokale Testumgebung mit XAMPP und MAMP
- Installation von Joomla!
- Man spricht Deutsch
- Aufspielen auf den Server

KAPITEL 2

Installation

Bevor Sie nun voller Elan auf die Joomla!-Homepage unter *http://www.joomla.org* stürmen (siehe Abbildung 2-1), dort das aktuelle Archiv herunterladen und anschließend auf Ihren gemieteten Webserver schieben, empfiehlt es sich, ein paar Trockenübungen auf dem heimischen Computer durchzuführen.

Mit einer Joomla!-Installation auf dem eigenen PC können Sie das neue System nicht nur etwas besser kennenlernen, sondern auch gefahrlos verschiedene Einstellungen testen. Zudem stehen hier Werkzeuge bereit, mit denen Sie im Fall des Falles schnell auf die Bestandteile Ihres Internetauftritts zugreifen können. Beispielsweise lässt sich ein falsch eingebundenes Bild flugs mit dem Explorer, Dateimanager oder Finder an seine korrekte Stelle verschieben. Diese Möglichkeit beschleunigt übrigens auch später die Entwicklung von eigenen Erweiterungen.

Darüber hinaus müssen nicht ständig Daten zwischen dem heimischen Rechenknecht und dem Webserver ausgetauscht werden. Gerade wer nicht per DSL und Flatrate an das Internet angebunden ist, wird dies zu schätzen wissen. Als angenehmer Nebeneffekt steigt zudem die Antwortgeschwindigkeit: Bilder sind beispielsweise in Millisekunden eingebunden und müssen nicht erst den Weg durch die Netzwerkleitungen antreten.

Eine lokale Installation hat aber noch einen Vorteil: Die Joomla!-Entwickler veröffentlichen in regelmäßigen Abständen aktualisierte Versionen. Je nachdem, wie umfangreich die Änderungen ausfallen, kann eine achtlose Installation das System teilweise oder sogar unter Umständen ganz unbrauchbar machen. Es empfiehlt sich folglich, ein solches Update zunächst in einer Joomla!-Installation auf dem heimischen PC zu testen.

Unter dem Strich gibt es viele gute Gründe für eine Testinstallation. Daher beschreiben die folgenden Abschnitte zunächst, wie Sie Joomla! zu Hause auf dem eigenen PC installieren, ihm Deutsch beibringen und es in Betrieb nehmen. Anschließend zeigt Ihnen dann ein eigener Abschnitt, wie Sie Joomla! auf Ihren Webserver hieven.

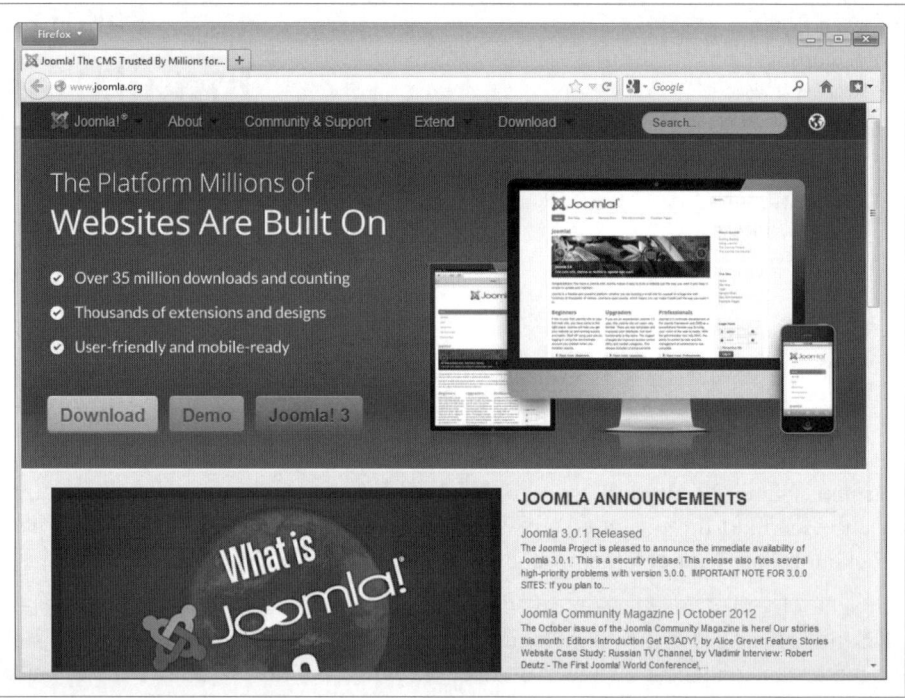

Abbildung 2-1:   Die Joomla!-Homepage

Voraussetzungen

Joomla! ist recht anspruchsvoll und verlangt für seine Installation ein paar Hilfsprogramme. Welche dies sind, klären die folgenden Abschnitte.

 **Warnung**   Im Gegensatz zu anderen Programmen ist Joomla! keine eigenständige Anwendung. Sie können sie daher nicht einfach aus dem Internet laden und starten. Dies hat einerseits den Nachteil, dass man zusätzliche Hilfsprogramme benötigt, andererseits läuft Joomla! hierdurch auf beliebigen Betriebssystemen.

Webserver

Sobald ein Browser eine Seite anfordert, wird diese Anfrage von einer speziellen Software, dem sogenannten Webserver, entgegengenommen und an Joomla! weitergereicht. Welchen Webserver Sie verwenden, bleibt Ihnen überlassen. Am häufigsten trifft man in der Praxis auf den freien und quelloffenen Apache der gleichnamigen Stiftung. Sie bekommen ihn kostenlos unter *http://www.apache.org* . Für Joomla! muss er mindestens die Versionsnummer 2.0 tragen. Aber auch der IIS von Microsoft lässt sich ab Version 7 problemlos verwenden (*http://www.iis.net*).

Wichtig ist nur, dass der präferierte Webserver in der Lage ist, PHP-Programme auszuführen.

Version   Joomla! 1.5 begnügte sich noch mit Apache in Version 1.3 oder dem IIS in   X.X
               Version 6.

PHP

PHP ist ein rekursives Akronym und steht für *PHP Hypertext Preprocessor*. In dieser
einfach zu erlernenden, aber doch sehr mächtigen Programmiersprache wurde
Joomla! geschrieben.

Anders als herkömmliche Programme benötigen PHP-Anwendungen zu ihrer Ausführung eine zusätzliche Hilfsanwendung, den sogenannten Interpreter. Er liest
nacheinander jede Anweisung des PHP-Programms ein und führt sie direkt aus. Auf
den Internetseiten von PHP unter *http://www.php.net* steht gleich ein ganzes System,
das aus besagter Gehhilfe und einigen nützlichen Zusätzen besteht, kostenlos für
verschiedene Betriebssysteme bereit. Für Apache gibt es eine Erweiterung, mit deren
Hilfe der Webserver PHP-Anwendungen direkt starten kann. Joomla! 3.0 verlangt
dabei mindestens nach PHP in Version 5.3.1.

Version   Für Joomla! 2.5 reichte noch PHP ab Version 5.2.4, wenngleich die Joomla!-Ent-   X.X
               wickler auch schon hierzu PHP ab Version 5.3.1 empfahlen.

Neben dem Download-Angebot bietet die PHP-Homepage übrigens auch ausführliche Informationen zu neu entdeckten und behobenen Sicherheitslecks in PHP.

Datenbank

Joomla! merkt sich alle von Ihnen und anderen Autoren eingegebenen Texte und
Artikel in einer Datenbank. Joomla! 3.0 arbeitet zusammen mit:

- MySQL ab Version 5.1
- PostgreSQL ab Version 8.3.18
- Microsofts SQL Server
- Microsofts Azure-Dienst

Version   Die Unterstützung für PostgreSQL ist in Joomla! 3.0 neu hinzugekommen.   X.X

Die Entwickler empfehlen den Einsatz von MySQL. Diese Datenbank ist vollkommen
kostenlos und im Internet unter *http://www.mysql.com* erhältlich. Darüber hinaus ist
sie bei vielen angemieteten Webservern automatisch enthalten. Entwickelt wird sie
derzeit übrigens vom Datenbankspezialisten Oracle (*http://www.oracle.com*).

Alle zusammen

Damit wären auch schon alle Bestandteile beisammen. Abbildung 2-2 illustriert nochmals das Zusammenspiel der vorgestellten Komponenten: Der Webserver nimmt die Abfrage des Browsers entgegen und startet dann mithilfe von PHP das Content-Management-System Joomla!. Dieses holt seinerseits bei der Datenbank die Seiteninhalte ab und stöpselt sie mithilfe eines Bauplans zusammen. Sobald die Seite fertig ist, übergibt Joomla! sie wieder an den Webserver, der sie wiederum an den Browser ausliefert.

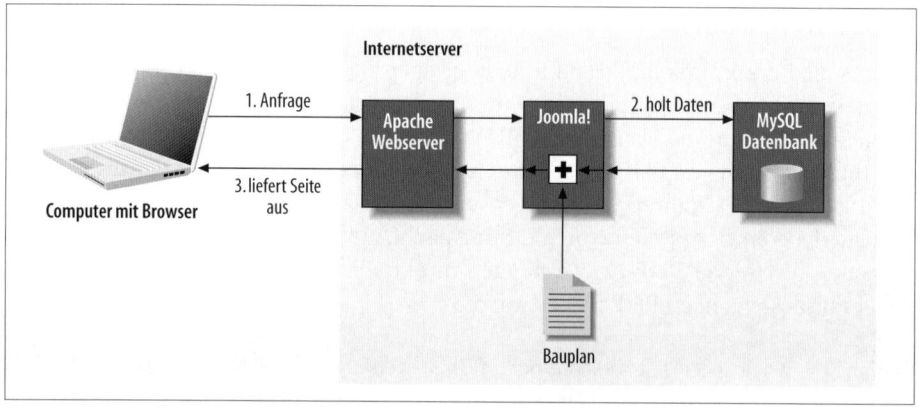

Abbildung 2-2:   Der Ablauf einer Seitenanfrage

 Tipp　　　　Übrigens schreibt niemand vor, dass alle genannten Komponenten auf ein und demselben Computer laufen müssen. Umgekehrt darf auch der Browser auf dem gleichen Computer installiert sein wie Joomla!.

Zusammengefasst benötigt Joomla! 3.0 folgende zusätzliche Software-Programme:

- einen Webserver, wie zum Beispiel Apache ab Version 2.0 (*http://www.apache.org*)
- PHP ab Version 5.3.1 (*http://www.php.net*)
- eine Datenbank, wie etwa MySQL ab Version 5.1 (*http://www.mysql.com*).

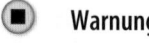 **Warnung**　　Prinzipiell können Sie Joomla! mit jedem aktuellen Browser steuern und benutzen. Die in diesem Buch angesprochene Joomla!-Version 3.0.2 kommt allerdings nicht mit dem Internet Explorer 9 zurecht. Wenn Sie IE9 verwenden, überlappen sich immer mal wieder einige Einstellungen, wodurch Sie sie nicht mehr erreichen oder nur noch mit viel Fingerspitzengefühl anklicken können. Zur Einrichtung von Joomla! müssen Sie daher entweder einen anderen Browser, wie Firefox (*http://www.mozilla.org/de/firefox/fx/*) oder Google Chrome (*http://www.google.com/intl/de/chrome/browser/*) einsetzen oder aber auf eine neue Joomla!-Version warten, die diese Darstellungsfehler behebt.

Die genannten Probleme betreffen allerdings nur Sie als Webseitenbetreiber und nicht Ihre Besucher – diese können den Internet Explorer 9 uneingeschränkt verwenden.

Schnellinstallation

Zum Glück müssen Sie nicht alle genannten Hilfsprogramme einzeln aus dem Internet fischen, installieren und einrichten. Es gibt nämlich Komplettpakete, die alle erwähnten Komponenten enthalten – mit Ausnahme von Joomla! selbst. Für Windows und Linux empfiehlt sich XAMPP (*http://www.xampp.org*). Das Pendant für Mac OS X heißt MAMP (*http://www.mamp.info*).

Da die Installation von XAMPP, MAMP und Joomla! gerade beim ersten Mal etwas kompliziert wirkt und daher häufiger Probleme bereitet, folgt hier zunächst eine einfache Schritt-für-Schritt-Anleitung. Mit ihr gelangen Sie ohne große Umschweife und Erklärungen zu einer fertigen Joomla!-Testinstallation. Alles was Sie dazu benötigen, finden Sie auf unserer Downloadseite unter *http://examples.oreilly.de/german_ examples/joomla3ger/*. Die nachfolgenden Abschnitte befassen sich dann noch einmal detaillierter mit den einzelnen Software-Paketen, Abläufen und Installationsschritten.

Warnung   Mit der folgenden Anleitung erhalten Sie lediglich eine Testinstallation auf Ihrem heimischen PC. Um Joomla! auf Ihrem Webserver zu installieren, greifen Sie am besten immer zur brandaktuellen Version von der offiziellen Homepage *http:// www.joomla.org*. XAMPP und MAMP sind zudem nicht von Haus aus für den Betrieb auf produktiven Webservern ausgelegt (mehr dazu finden Sie später im Abschnitt »XAMPP, MAMP und die Sicherheit«). Weitere Hinweise zur Installation von Joomla! auf einem Webserver finden Sie im Abschnitt »Aufspielen auf den Server« auf Seite 77.

Erster Teil: Eine Arbeitsumgebung für Joomla! schaffen

Installieren Sie als Erstes das XAMPP- beziehungsweise MAMP-Paket und somit in einem Rutsch den Webserver Apache, die Datenbank MySQL und PHP. Damit schaffen Sie die Voraussetzung für den Betrieb von Joomla!.

Unter Windows gehen Sie dazu wie folgt vor:

1. Wenn Sie Windows 7 oder 8 einsetzen, können Sie direkt mit dem nächsten Schritt fortfahren. Andernfalls müssen Sie zunächst das *Microsoft C++ 2008 Redistributable Package* installieren. Dazu laden Sie sich unter *http://www.microsoft. com/de-de/download/details.aspx?id=5582* die Anwendung mit dem kryptischen Namen *vcredist_x86.exe* herununter, die Sie anschließend starten. Bestätigen Sie dieses Vorhaben mit einem Klick auf *Ausführen*. Unter Windows Vista müssen Sie die Ausführung noch einmal *Zulassen*.

In jedem Fall erscheint jetzt ein kleiner Assistent, in dem Sie auf *Weiter* klicken, das Kästchen abhaken und das Paket *Installieren* lassen. Schließen Sie das Fenster mit *Fertigstellen*.

2. Laden Sie sich unter *http://examples.oreilly.de/german_examples/joomla3ger/ XAMPP/Windows* die Anwendung mit dem kryptischen Namen *xampp-win32-1.8.1-VC9-installer.exe* herunter und starten Sie sie.

Erlauben Sie die Ausführung unter Windows 7 und 8 mit *Ja* (siehe Abbildung 2-3). Im Fall von Windows XP und Vista klicken Sie auf *Ausführen*. Unter Windows Vista beschwichtigen Sie anschließend die Benutzerkontensteuerung noch mit einem Klick auf *Zulassen*.

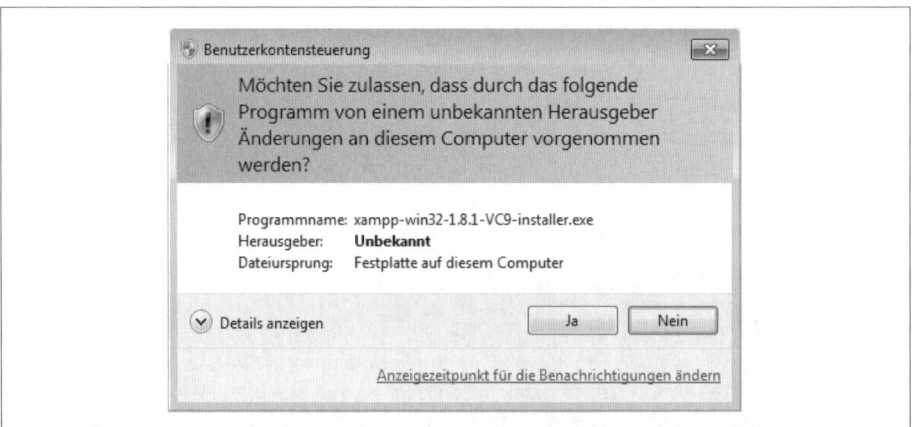

Abbildung 2-3:   Windows 7, 8 und Vista verlangen vor der Ausführung eine Bestätigung. Hier sehen Sie das entsprechende Fenster unter Windows 7.

3. Stellen Sie im erscheinenden Fenster sicher, dass in der Ausklappliste *Deutsch* eingestellt ist, und klicken Sie anschließend auf *OK* (siehe Abbildung 2-4).

Einen eventuell erscheinenden Warnhinweis zur Benutzerkontensteuerung nicken Sie ebenfalls mit *OK* ab.

Abbildung 2-4:   Der Installationsassistent von XAMPP spricht die in diesem Fenster eingestellte Sprache.

4. XAMPP weist jetzt darauf hin, dass es das sogenannte *Microsoft Visual C++ 2008 Redistributable Package* benötigt. Schließen Sie diesen Hinweis, indem Sie auf *Nein* klicken.

5. Jetzt meldet sich der Installationsassistent, in dem Sie auf *Weiter* klicken. Damit landen Sie bei der Programmauswahl aus Abbildung 2-5. Behalten Sie hier alle Vorgaben bei, und klicken Sie auf *Weiter*. Damit installiert der Assistent gleich alle im XAMPP-Paket enthaltenen und für Joomla! benötigten Anwendungen.

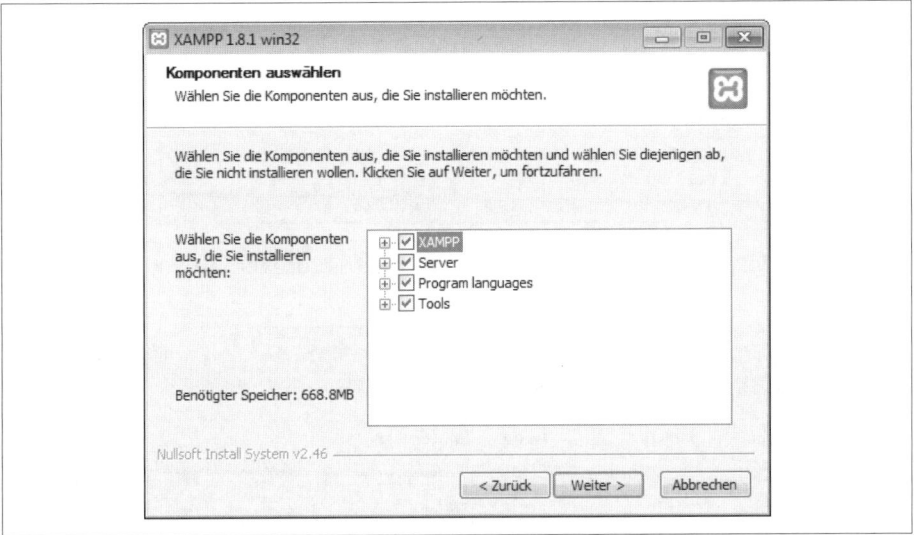

Abbildung 2-5:   Mit diesen Einstellungen landen gleich Webserver, Datenbank und PHP auf der Festplatte.

6. Das vorgeschlagene Installationsverzeichnis aus Abbildung 2-6 übernehmen Sie ebenfalls und lassen alle Anwendungen *installieren*. Dabei öffnen und schließen sich zwischenzeitlich weitere Fenster.

Wenn Sie kurz vor dem Ende der Installation eine Fehlermeldung mit einem Hinweis auf das *Microsoft Visual C++ 2008 Redistributable Package* erhalten, müssen Sie dieses jetzt wie im ersten Schritt beschrieben installieren. Fahren Sie danach einfach mit den folgenden Schritten fort.

7. Sobald der Assistent seine Arbeit erledigt hat, beenden Sie ihn über *Fertig stellen*. Seine letzte Frage beantworten Sie mit *Ja*. Damit startet das *XAMPP Control Panel* aus Abbildung 2-7, über das Sie die in XAMPP enthaltenen Anwendungen komfortabel starten und stoppen können. Eventuell versteckt sich sein Fenster noch im Hintergrund. Holen Sie es in diesem Fall mit einem Klick auf sein Symbol auf der Taskleiste nach vorne.

8. Klicken Sie im XAMPP Control Panel auf den *Starten*-Knopf rechts neben *Apache*.

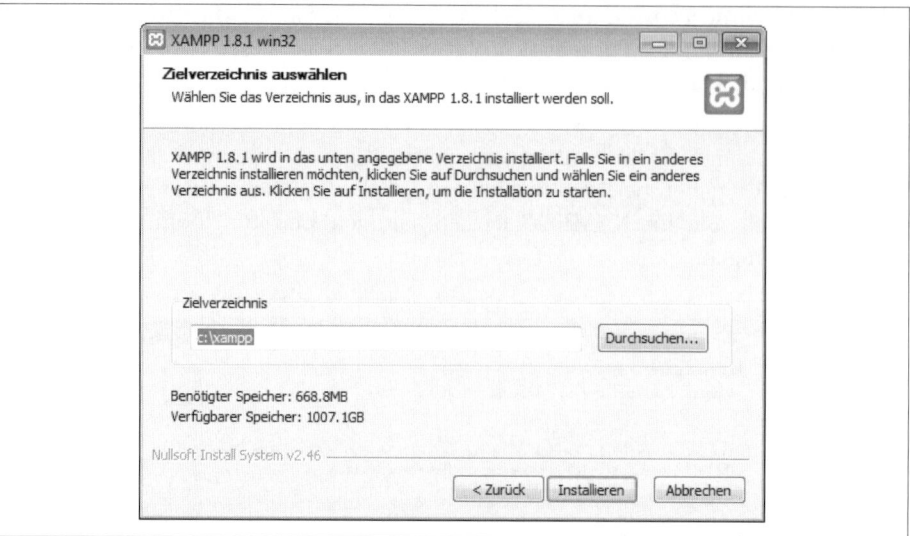

Abbildung 2-6:   Das vom Assistenten vorgeschlagene Installationsverzeichnis übernehmen Sie einfach.

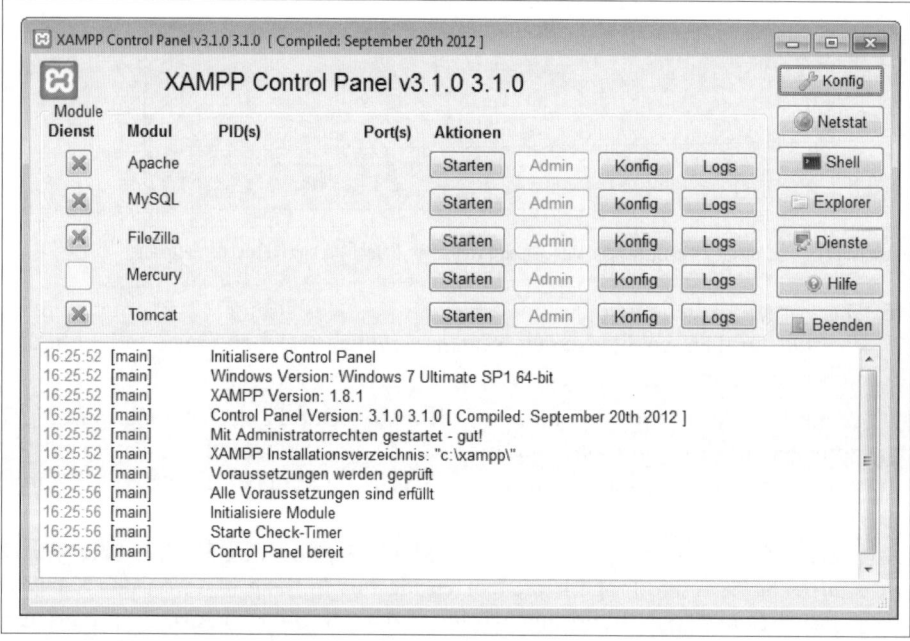

Abbildung 2-7:   Über das XAMPP Control Panel starten Sie den Webserver Apache und die Datenbank MySQL.

9. Jetzt meldet sich sehr wahrscheinlich die in Windows eingebaute Firewall. Unter Windows XP und Vista wählen Sie *Weiterhin blocken*; bei Windows 7 und 8 entscheiden Sie sich für *Abbrechen* (siehe Abbildung 2-8).

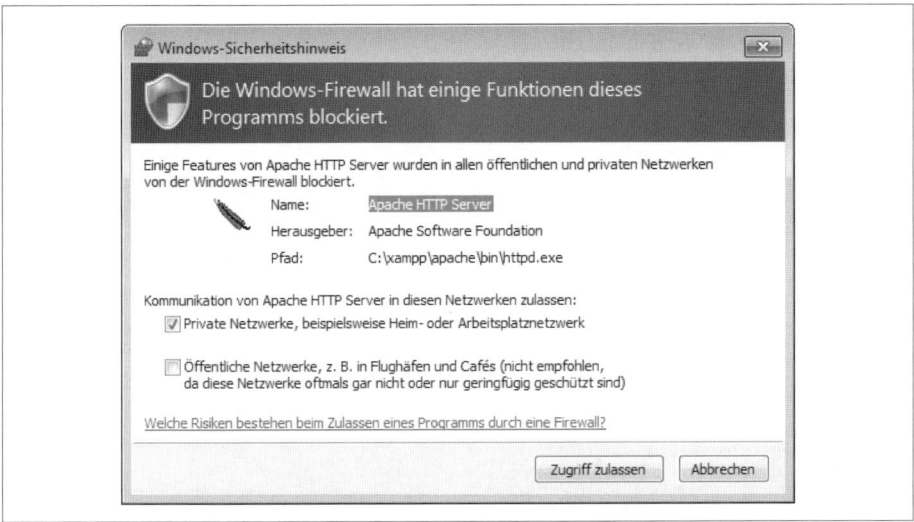

Abbildung 2-8:   Sobald Sie Apache und MySQL zum ersten Mal starten, meldet sich die in Windows eingebaute Firewall –
hier das Fenster aus Windows 7.

10. Klicken Sie im XAMPP Control Panel auf den *Starten*-Knopf rechts neben *MySQL*.

11. Wenn sich die Windows-Firewall meldet, wählen Sie unter Window XP und Vista erneut *Weiterhin blocken*, im Fall von Windows 7 und 8 wieder *Abbrechen*.

12. Im XAMPP Control Panel sollten jetzt wie in Abbildung 2-9 die Punkte *Apache* und *MySQL* jeweils grün aufleuchten.

Tipp   Bei Problemen mit XAMPP erhalten Sie Hilfe im offiziellen XAMPP-Forum unter
http://www.apachefriends.org/f/.

Wenn Apache und MySQL laufen, lassen Sie das Fenster des XAMPP Control Panel unbedingt weiterhin geöffnet! Sie können es aber vorübergehend an den Bildschirmrand verschieben beziehungsweise verkleinern.

Linux-Anwender verfahren wie folgt:

1. Stellen Sie zunächst über Ihren Paketmanager fest, ob MySQL und ein Webserver bereits installiert sind. In solch einem Fall müssen Sie leider beide Programme von Hand einrichten. Entsprechende Informationen entnehmen Sie der Dokumentation Ihrer Distribution.

2. Laufen weder MySQL noch ein Webserver, laden Sie sich unter *http://examples. oreilly.de/german_examples/joomla3ger/XAMPP/Linux* die Datei *xampp-linux-1.8.1.tar.gz* in Ihr Heimatverzeichnis herunter.

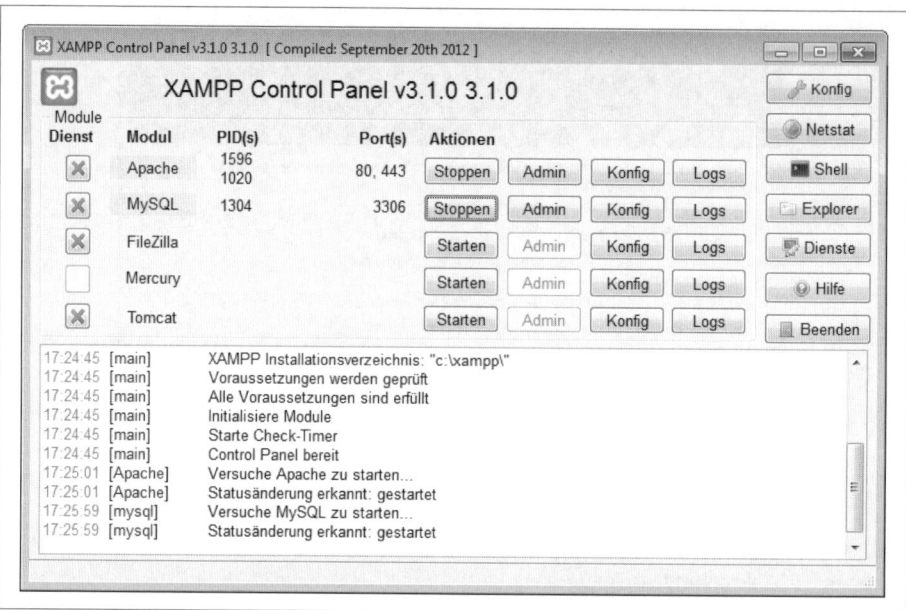

Abbildung 2-9:   Wenn das XAMPP Control Panel so aussieht, laufen Apache und MySQL.

3. Öffnen Sie ein Terminal, und gehen Sie folgenden Befehl ein:

```
sudo tar xvfz xampp-linux-1.8.1.tar.gz -C /opt
```

Das Kommando schicken Sie mit der Eingabetaste ab. Anschließend müssen
Sie ein Administrator- beziehungsweise root-Passwort eintippen. In der Regel
haben Sie dieses bei der Installation von Linux vergeben (probieren Sie im
Zweifelsfall Ihr eigenes aus).

4. Starten Sie alle in XAMPP mitgelieferten Anwendungen über folgenden Befehl:

```
sudo /opt/lampp/lampp start
```

5. Lassen Sie das Terminal-Fenster für den gleich folgenden zweiten Teil noch
geöffnet.

Besitzer von Mac OS X ab Version 10.6.6 (Snow Leopard) nehmen folgenden Weg:

1. Laden Sie sich unter *http://examples.oreilly.de/german_examples/joomla3ger/*
MAMP die Datei *MAMP_MAMP_PRO_2.1.2.zip* herunter.

2. Doppelklicken Sie auf die Datei *MAMP_MAMP_PRO_2.1.2.zip*. Mac OS X entpackt jetzt das Archiv.

3. Sie erhalten eine neue Datei *MAMP_2.1.2.pkg*. Doppelklicken Sie darauf.

4. Nun erscheint der Installationsassistent aus Abbildung 2-10. Klicken Sie in ihm
dreimal auf *Fortfahren*, nicken Sie die Nachfrage mit *Akzeptieren* ab, und lassen
Sie die Anwendungen *Installieren*. Sie müssen jetzt das Passwort eines Administrators eingeben. Wenn Sie Ihren Computer alleine benutzen, ist dies sehr

wahrscheinlich Ihr eigenes. Nachdem der Assistent seine Arbeit erledigt hat, klicken Sie auf *Schließen*.

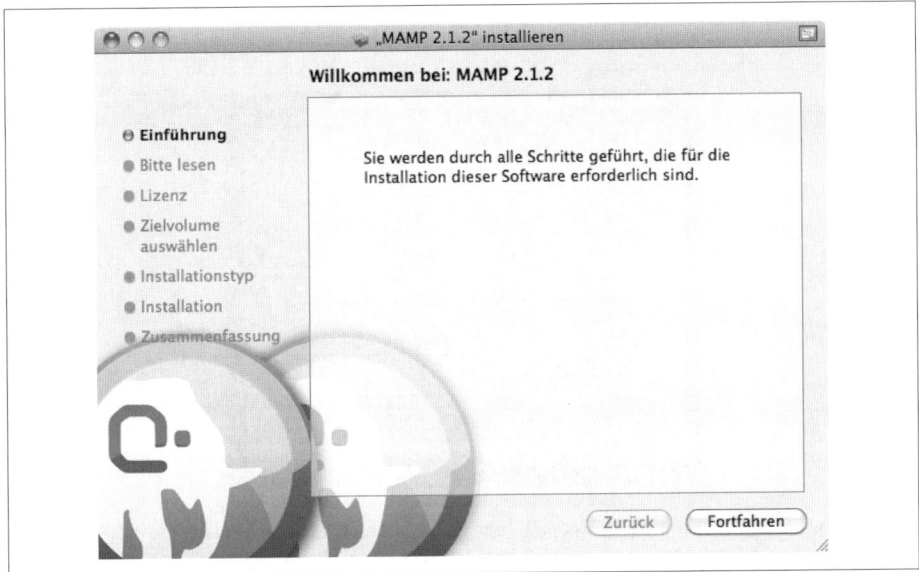

Abbildung 2-10:   Dieser kleine Assistent übernimmt die Installation von MAMP.

5. Öffnen Sie in einem Finder-Fenster die *Programme* (beispielsweise via *Gehe zu → Programme* in der Menüleiste). Wechseln Sie in den Ordner *MAMP*, und starten Sie dort mit einem Doppelklick *MAMP*. Im neuen Fenster entscheiden Sie sich für *Starte MAMP* (ohne Pro). Es erscheint jetzt ein kleines Hilfsprogramm, über das Sie die in MAMP enthaltenen Anwendungen komfortabel starten und stoppen können (siehe Abbildung 2-11).

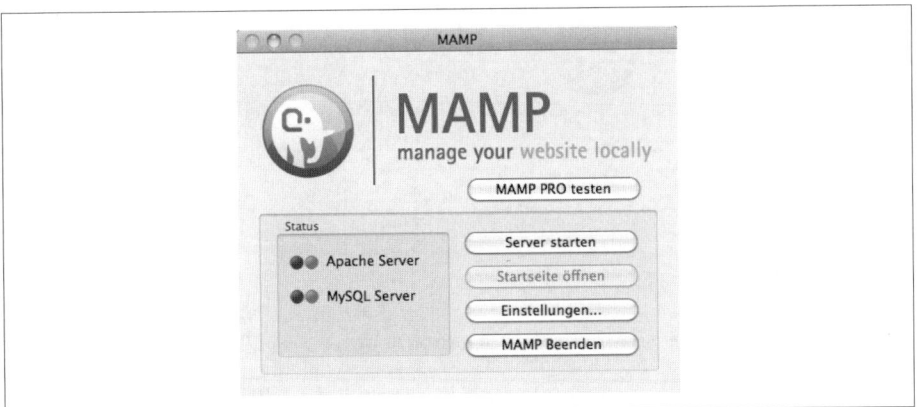

Abbildung 2-11:   Die Benutzeroberfläche für MAMP startet unter Mac OS X den Webserver Apache und die Datenbank MySQL.

6. Bevor Sie erstmalig die Anwendungen starten, wechseln Sie in die *Einstellungen*. Wechseln Sie zu den *Ports*, und klicken Sie dort *Standard Apache und MySQL Ports* an. Das Ergebnis sollte so wie in Abbildung 2-12 aussehen. Schließen Sie die Einstellungen mit *OK*.

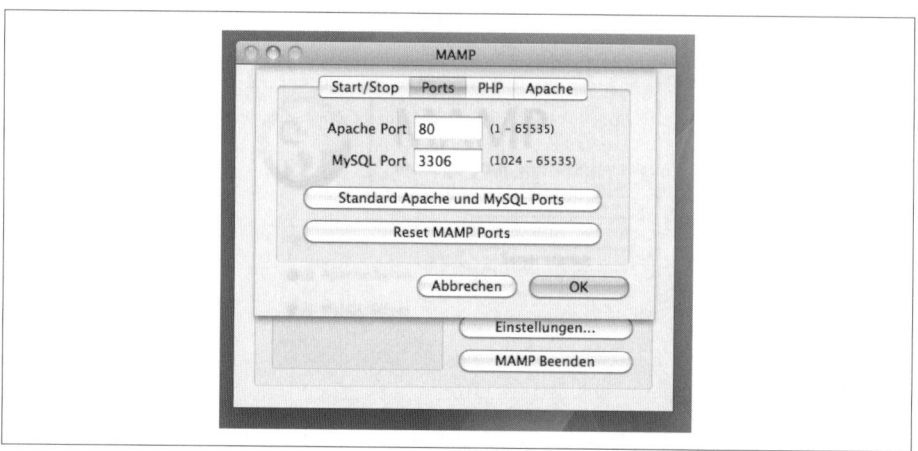

Abbildung 2-12:   Diese Grundeinstellungen von MAMP vereinfachen gleich die Installation von Joomla!

7. Lassen Sie jetzt den *Server starten*. Dazu müssen Sie erneut das Administrator-Passwort eingeben. In der Benutzeroberfläche leuchten jetzt wie in Abbildung 2-13 zwei grüne Punkte neben *Apache Server* und *MySQL Server*. Gleichzeitig öffnet sich ein Browserfenster. Die darin angezeigte Seite liefert bereits der gerade gestartete Apache Webserver aus. Da die Seite nur zur Funktionskontrolle dient, können Sie das Browserfenster wieder schließen.

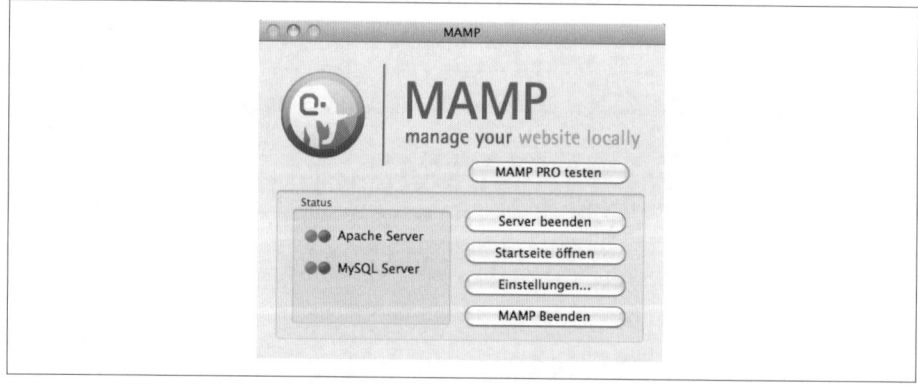

Abbildung 2-13:   Wenn die zwei grünen Punkte wie hier leuchten, laufen Apache und MySQL im Hintergrund.

8. Lassen Sie die Benutzeroberfläche von MAMP bei allen weiteren Aktionen noch geöffnet.

Zweiter Teil: Joomla! entpacken

Als Nächstes gilt es, das Joomla!-Archiv in das richtige Verzeichnis zu entpacken.

Windows-Anwender können dazu den eingebauten Assistenten verwenden:

1. Laden Sie sich unter *http://examples.oreilly.de/german_examples/joomla3ger/ Joomla* die Datei *Joomla_3.0.2-Stable-Full_Package.zip* herunter.

2. Klicken Sie jetzt mit der rechten Maustaste auf die Datei *Joomla_3.0.2-Stable-Full_Package.zip*. (Wenn Windows bei Ihnen die Endung *.zip* nicht anzeigt, parken Sie den Mauszeiger kurzzeitig auf den einzelnen Dateien. Die richtige besitzt den Typ *ZIP-komprimierter Ordner*.)

3. Wählen Sie aus dem erscheinenden Kontextmenü den Punkt *Alle extrahieren...* Es erscheint jetzt ein kleiner Assistent (siehe Abbildung 2-14).

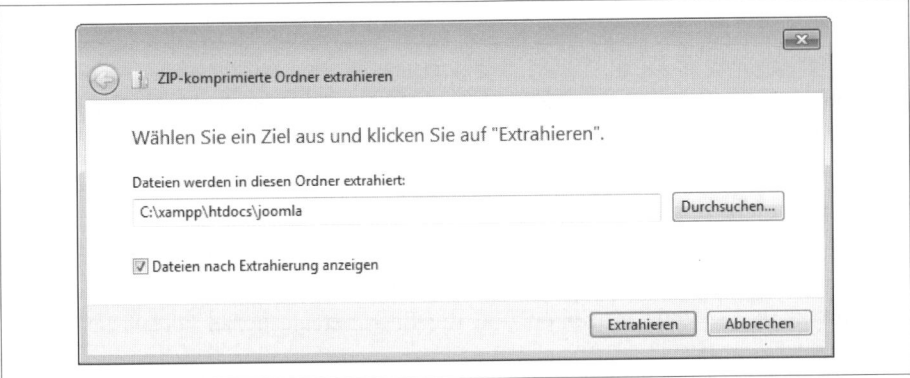

Abbildung 2-14:   Unter Windows entpackt ein Assistent das Joomla!-Archiv. Hier sehen Sie die Variante aus Windows 7.

4. Unter Windows 7, 8 und Vista tippen Sie in sein Eingabefeld *c:\xampp\htdocs\ joomla* ein und klicken auf *Extrahieren*.

   Windows XP-Anwender klicken einmal auf *Weiter*, tippen in das Eingabefeld *c:\xampp\htdocs\joomla* ein und klicken wieder auf *Weiter*.

   Achten Sie in jedem Fall auf die korrekte Schreibweise des Verzeichnisnamens (wie in Abbildung 2-14)!

5. Es dauert jetzt einen Moment, bis Joomla! auf der Festplatte entpackt worden ist. Unter Windows XP müssen Sie abschließend noch den Assistenten per *Fertig stellen* schließen.

Unter Linux geht das Entpacken wieder einmal etwas schneller:

1. Laden Sie sich unter *http://examples.oreilly.de/german_examples/joomla3ger/ Joomla* die Datei *Joomla_3.0.2-Stable-Full_Package.tar.gz* in Ihr Heimatverzeichnis herunter.

2. Legen Sie ein Verzeichnis für Joomla! an. Dazu tippen Sie im Terminal-Fenster den folgenden Befehl ein:

```
sudo mkdir /opt/lampp/htdocs/joomla
```

3. Nachdem Sie ihn mit der Eingabetaste abgeschickt haben, entpacken Sie Joomla! mit dem Befehl:

```
sudo tar xvfz Joomla_3.0.2-Stable-Full_Package.tar.gz -C /opt/lampp/htdocs/joomla
```

4. Abschließend müssen Sie noch die Zugriffsrechte anpassen:

```
sudo chmod -R 777 /opt/lampp/htdocs/joomla
```

 Warnung   Nach diesem Befehl dürfen alle Benutzer und Programme den Inhalt des *joomla*-Verzeichnisses verändern. In einer Testinstallation sorgt das für ein bequemeres Arbeiten, zudem kann man bei Problemen schneller selbst eingreifen. Später auf einem Server sollten Sie jedoch die Zugriffsrechte gezielt einschränken. Mehr dazu folgt in Abschnitt »Aufspielen auf den Server« auf Seite 77.

Mac OS X-Anwender verfahren wie folgt:

1. Laden Sie sich unter *http://examples.oreilly.de/german_examples/joomla3ger/Joomla* die Datei *Joomla_3.0.2-Stable-Full_Package.zip* herunter.

2. Doppelklicken Sie auf die Datei *Joomla_3.0.2-Stable-Full_Package.zip*. Mac OS X entpackt jetzt das Joomla!-Archiv.

3. Benennen Sie den dabei erstellten Ordner *Joomla_3.0.2-Stable-Full_Package* in *joomla* um (indem Sie mit der Maus einmal auf den Namen unterhalb des Symbols klicken, joomla eintippen und die Eingabetaste beziehungsweise Zeilenschaltung drücken.)

4. Kopieren Sie den Ordner *joomla* in den Ordner */Programme/MAMP/htdocs*.

Dritter Teil: Joomla! installieren

Der letzte Teil der Installation läuft jetzt unter allen Betriebssystemen gleich ab:

1. Starten Sie Ihren Internet-Browser, und steuern Sie die Internet-Adresse *http://localhost/joomla* an.

2. Jetzt meldet sich der Installationsassistent aus Abbildung 2-15, in dem Sie zunächst prüfen bzw. dafür sorgen, dass in der Liste *Sprachauswahl* der Punkt *German* (DE-CH-AT) ausgewählt ist. Die Installation – und erst einmal nur die – erfolgt dann gleich in Deutsch.

3. Im Bereich *Hauptkonfiguration* geben Sie unter *Name* den Titel Ihres Internetauftritts ein, wie etwa Kinoportal. Im Feld darunter beschreiben Sie möglichst kurz, welche Inhalte Ihre Seite anbietet. Im Kinoportal bietet sich etwa Folgendes an: Im Kinoportal finden Sie Kritiken zu aktuellen Kinofilmen. Diese Beschreibung ist für Suchmaschinen gedacht und später nicht direkt auf Ihren Seiten zu sehen.

4. Auf der rechten Seite hinterlassen Sie noch Ihre E-Mail-Adresse im Feld *Admin-E-mail*. Da Joomla! wichtige Statusmeldungen an sie verschickt, sollte sie existieren. Überlegen Sie sich jetzt ein Passwort, und tippen Sie es unter *Admin-Passwort* sowie noch einmal zur Kontrolle unter *Admin-Paswort bestätigen* ein. Mit diesem Passwort erhalten Sie gleich Zutritt zur Kommandozentrale von Joomla! – merken Sie es sich folglich gut. Das Formular sollte jetzt so wie in Abbildung 2-15 aussehen. Klicken Sie auf *Weiter*.

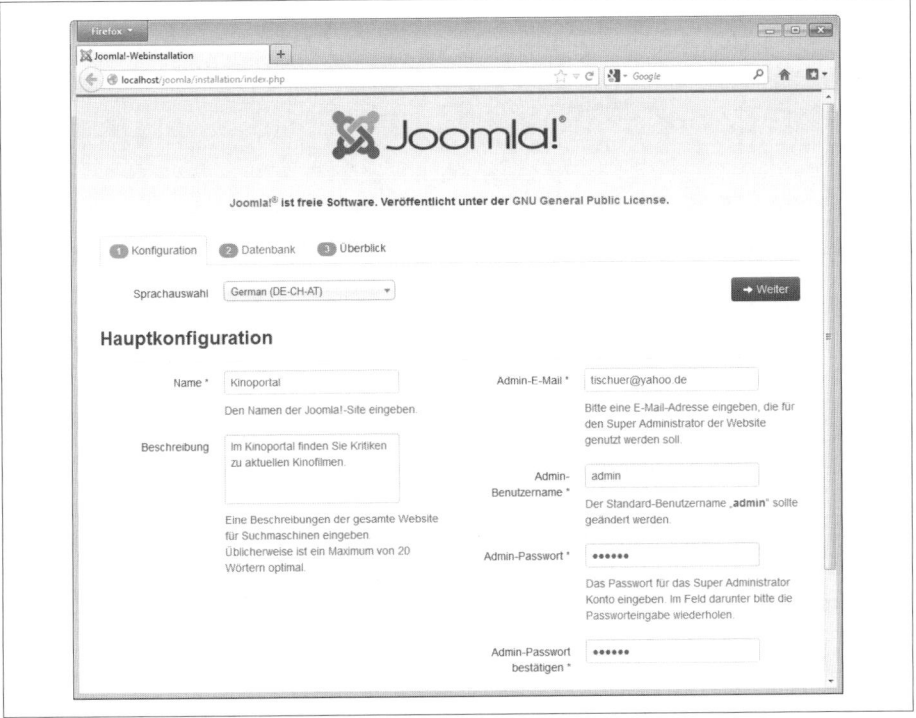

Abbildung 2-15:   Die eigentliche Installation von Joomla! geschieht im Browser.

5. Tippen Sie wie in Abbildung 2-16 unter *Benutzername* root ein. Das *Passwort* bleibt leer, nur wenn Sie mit MAMP unter Mac OS X arbeiten, hinterlegen Sie hier root. Als *Datenbankname* geben Sie joomla ein. Das *Tabellenpräfix* ändern Sie auf jos_. Die Einstellungen sollten damit so wie in Abbildung 2-16 aussehen. Klicken Sie auf Weiter.

6. Im dritten Schritt markieren Sie unter *Beispieldaten installieren* den Punkt *Englische (GB) Beispieldaten: Joomla! erlernen*. Damit bevölkern gleich schon ein paar Beispielartikel Ihre Homepage. Lassen Sie Joomla! jetzt Installieren.

7. Wenn die Erfolgsmeldung aus Abbildung 2-17 erscheint, klicken Sie auf *Installationsverzeichnis löschen*. Damit löschen Sie wie von Joomla! verlangt das Verzeichnis *installation*.

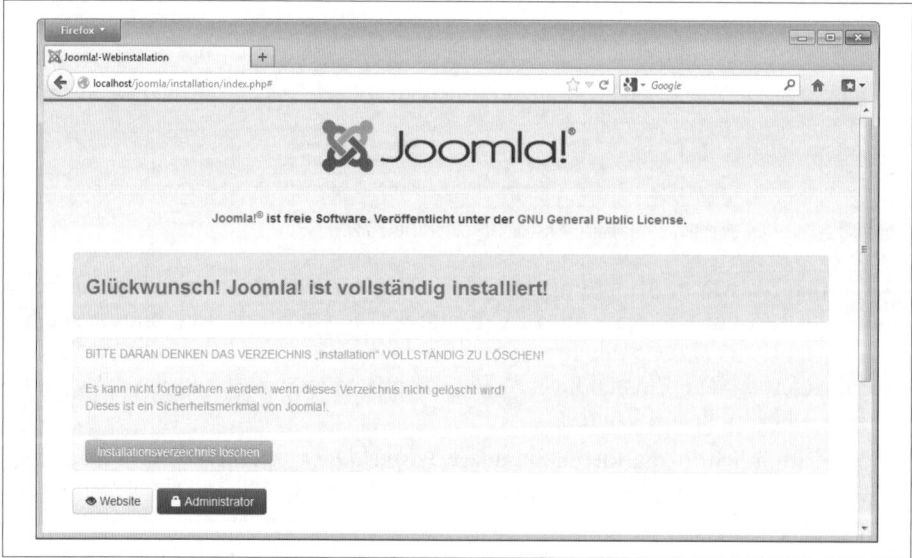

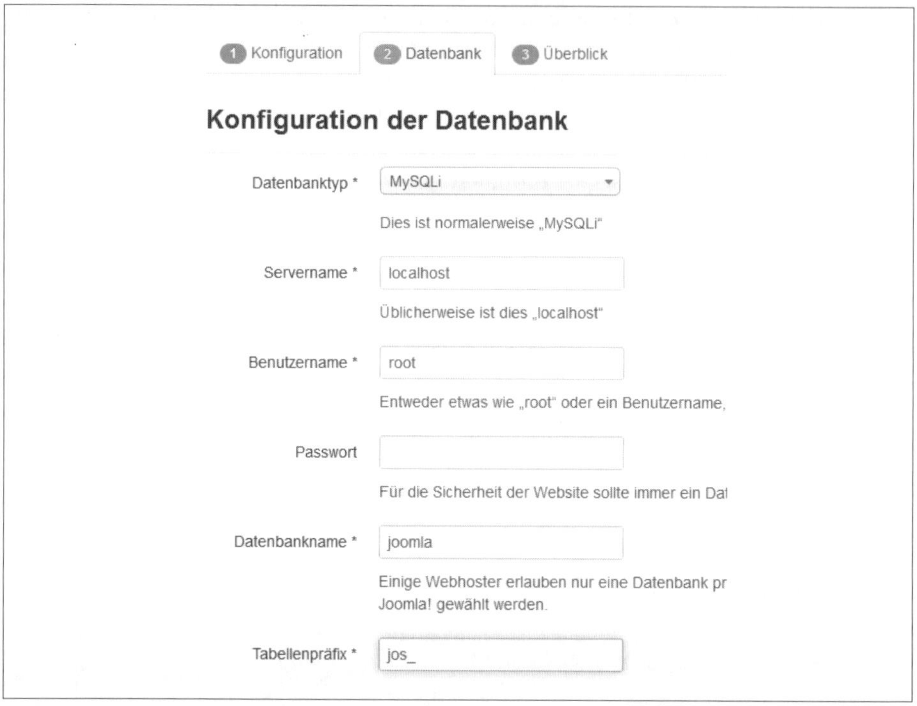
1 Konfiguration
2 Datenbank
3 Überblick
Konfiguration der Datenbank
Datenbanktyp *
MySQLi
Dies ist normalerweise „MySQLi“
Servername *
localhost
Üblicherweise ist dies „localhost“
Benutzername *
root
Entweder etwas wie „root“ oder ein Benutzername,
Passwort
Für die Sicherheit der Website sollte immer ein Dat
Datenbankname *
joomla
Einige Webhoster erlauben nur eine Datenbank pr
Joomla! gewählt werden.
Tabellenpräfix *
jos_

Abbildung 2-16: Die Datenbankeinstellungen für eine Installation unter XAMPP

Firefox
Joomla!-Webinstallation
localhost/joomla/installation/index.php#
Google
Joomla!
Joomla!® ist freie Software. Veröffentlicht unter der GNU General Public License.
Glückwunsch! Joomla! ist vollständig installiert!
BITTE DARAN DENKEN DAS VERZEICHNIS „installation“ VOLLSTÄNDIG ZU LÖSCHEN!
Es kann nicht fortgefahren werden, wenn dieses Verzeichnis nicht gelöscht wird!
Dieses ist ein Sicherheitsmerkmal von Joomla!.
Installationsverzeichnis löschen
Website
Administrator

Abbildung 2-17: Joomla! wurde erfolgreich installiert.

Damit ist Joomla! installiert. Unter

- *http://localhost/joomla* finden Sie die Homepage Ihres Internet-Auftritts (wie in Abbildung 2-18), und unter
- *http://localhost/joomla/administrator* finden Sie die Tür zur Kommandobrücke. Sie betreten die Brücke, indem Sie admin als Benutzername (*User Name*) sowie das Passwort eingeben, das Sie sich bei der Installation ausgedacht haben.

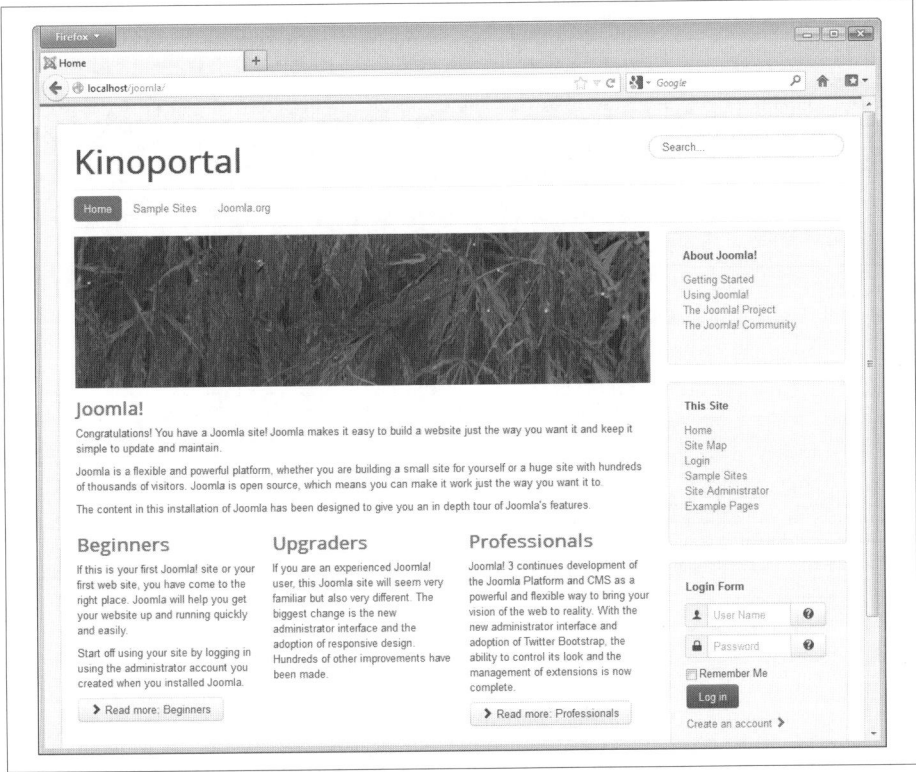

Abbildung 2-18:   Am Ende der Installation steht diese Beispiel-Homepage.

Vierter Teil: Deutsches Sprachpaket installieren

Mit den obigen Schritten haben Sie im Schnelldurchgang eine funktionierende Joomla!-Installation auf die Festplatte gebracht, die allerdings im Moment nur Englisch spricht. Weitere Sprachen bringt man dem Content-Management-System über sogenannte Sprachpakete bei. Damit Joomla! Deutsch spricht, gehen Sie wie folgt vor:

1. Laden Sie sich unter *http://examples.oreilly.de/german_examples/joomla3ger/ Sprachpaket* die Datei *de-DE_joomla_lang_full_3.0.2v2.zip* herunter.
2. Steuern Sie in einem Browser die Adresse *http://localhost/joomla/administrator* an.

3. Geben Sie admin unter *User Name* sowie das bei der Installation gewählte Passwort unter *Password* ein (Sie können dabei einfach die grauen Texte in den Feldern überschreiben). Klicken Sie anschließend auf *Log in*.

4. In der Kommandozentrale von Joomla! rufen Sie den Menüpunkt *Extensions → Extension Manager* auf (im Hauptmenü ganz oben am Fensterrand, siehe Abbildung 2-19).

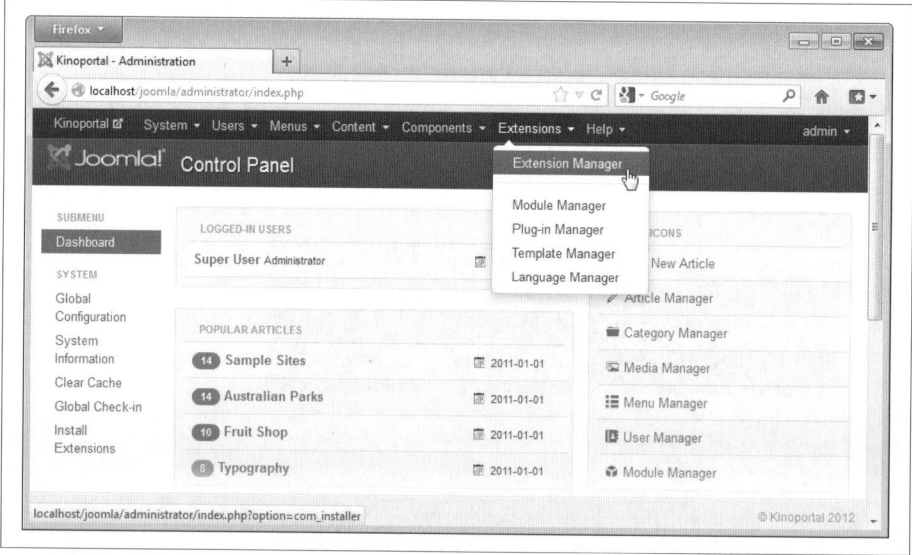

Abbildung 2-19: Die Sprachpakete installiert man in der Kommandobrücke von Joomla! über einen eigenen Manager.

5. Klicken Sie wie in Abbildung 2-20 auf *Durchsuchen...* (beziehungsweise *Browse...* bei einem englischen Browser), und wählen Sie im neuen Fenster die im ersten Schritt heruntergeladene Datei *de-DE_joomla_lang_full_3.0.2v1.zip* aus.

6. Klicken Sie auf *Upload & Install*. Eine Erfolgsmeldung erscheint.

7. Rufen Sie aus dem Hauptmenü *Extensions → Language Manager* auf.

8. Markieren Sie wie in Abbildung 2-21 die Zeile *German (Germany-Switzerland-Austria)*, und klicken Sie auf *Default* (direkt unter dem Joomla!-Logo). Es erscheint eine gelbe und etwas schwer zu entziffernde Erfolgsmeldung in englischer Sprache.

9. Klicken Sie am linken Fensterrand unterhalb der Erfolgsmeldung auf *Installed – Administrator*, markieren Sie erneut die Zeile *German (Germany-Switzerland-Austria)*, und klicken Sie auf *Default*.

Damit spricht Joomla! endlich Deutsch. Um die Steuerzentrale zu verlassen, klicken Sie rechts oben in der Ecke auf *Super User → Abmelden*.

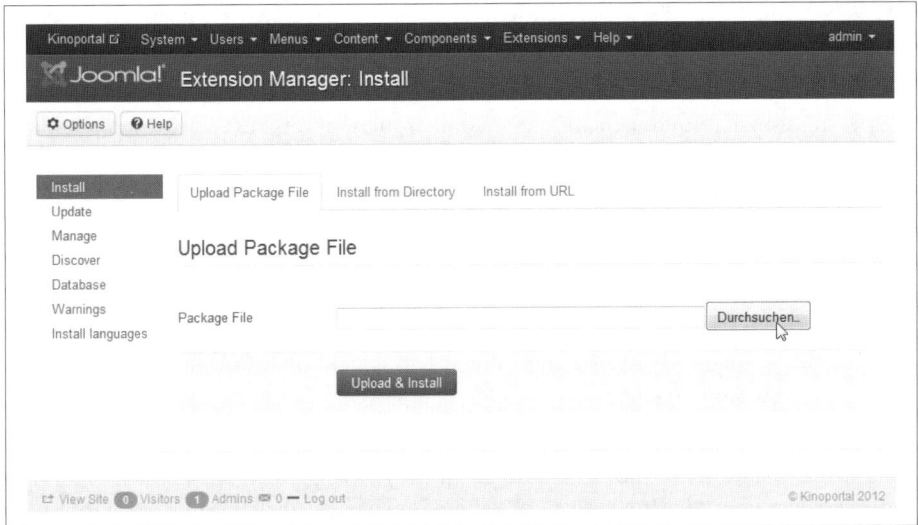

Abbildung 2-20:   Per *Durchsuchen...* wählen Sie das Sprachpaket aus, das Sie installieren möchten.

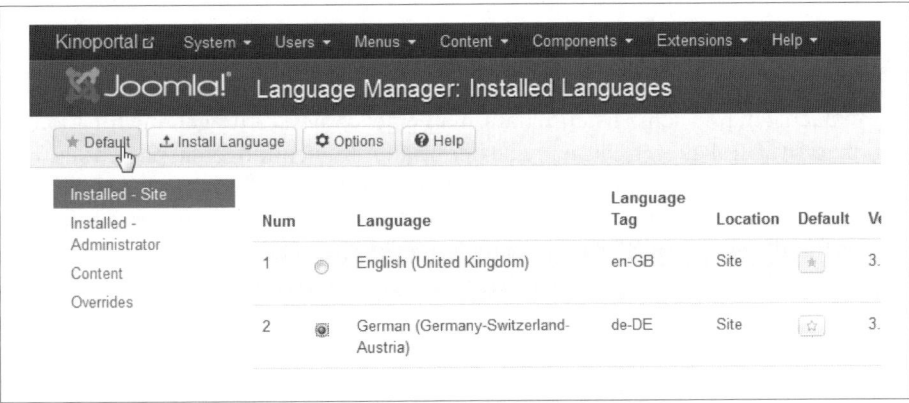

Abbildung 2-21:   Im Language Manager ändern Sie die Sprache der Benutzeroberfläche.

Anwendungen beenden und Joomla! löschen

Wenn Sie mit der Arbeit in und an Joomla! fertig sind, müssen Sie den Webserver und die Datenbank kontrolliert beenden. Andernfalls drohen Datenverluste!

- Unter Windows klicken Sie dazu im XAMPP Control Panel auf *Stoppen* rechts neben *MySQL* und *Apache*. Schließen Sie dann das Fenster über *Beenden*.
- Linux-Nutzer tippen in das Terminal-Fenster den Befehl

```
sudo /opt/lampp/lampp stop
```

ein, drücken die Eingabetaste und tippen auf Nachfrage ihr Administrator- beziehungsweise das root-Passwort ein.

- Wenn Sie Mac OS X verwenden, klicken Sie im MAMP-Fenster auf *Server beenden* und geben Ihr Administrator-Passwort ein.

Sollten Sie beim Experimentieren das installierte Joomla!-System zerstört haben oder es aus einem anderen Grund neu installieren möchten, müssen Sie lediglich das Verzeichnis *joomla* löschen. Sie finden es unter

- Windows im Verzeichnis *c:\xampp\htdocs.*
- Linux im Verzeichnis */opt/lampp/htdocs.* (Dort müssen Sie es als Administrator beziehungsweise Benutzer root löschen.)
- Mac OS X im Verzeichnis */Programme/MAMP/htdocs.*

Anschließend folgen Sie wieder der obigen Schnellinstallationsanleitung, beginnen aber direkt mit dem zweiten Teil.

Mit den obigen Schritten haben Sie im Schnelldurchgang eine funktionierende Joomla!-Installation auf die Festplatte gebannt. Die folgenden Abschnitte in diesem Kapitel beleuchten die Prozedur noch einmal etwas ausführlicher. Dort erfahren Sie insbesondere, wofür die ganzen bislang übersprungenen Einstellungen gut sind, wann Sie sie benötigen und wo typischerweise Probleme lauern.

Lokale Testumgebung mit XAMPP und MAMP

Am einfachsten und schnellsten schafft man eine lokale Testumgebung für Joomla! mit dem XAMPP-Paket. Es enthält alle benötigten Anwendungen in passenden Versionen. Nicht umsonst steht das »AMPP« in seinem Namen für die Bestandteile Apache, MySQL, PHP und Perl. Die aktuelle Fassung dieser eierlegenden Wollmilchsau gibt es für alle gängigen Betriebssysteme unter *http://www.xampp.org* (siehe Abbildung 2-22). Das vorangestellte X in seinem Namen repräsentiert diese Vielfalt. Zu dem Zeitpunkt, als ich dieses Buch schrieb, wurde die Fassung für Mac OS X allerdings etwas vernachlässigt. Die letzte verfügbare Version stammte aus dem Jahr 2010, die enthaltenen Komponenten waren folglich veraltet. Glücklicherweise schnürt die appsolute GmbH ein gleichwertiges und aktuelleres Paket namens MAMP. Sie bekommen es unter *http://www.mamp.info* in einer kostenlosen und einer kommerziellen Version. Die kostenfreie Variante reicht für Joomla! vollkommen aus.

 **Warnung** Achten Sie vor der Installation von XAMPP oder MAMP darauf, dass nicht schon ein Webserver und MySQL auf Ihrem Computer laufen. Andernfalls würden sie mit den Programmen aus den Paketen kollidieren. Sie sollten daher die schon laufenden Dienste (vorübergehend) abschalten. Unter Linux ist Ihr Paketmanager der erste Ansprechpartner. Windows-Benutzer finden die äquivalenten Informationen je nach Windows-Version in der Systemsteuerung unter *Programme* oder *Software*. Bei Mac OS X suchen Sie den Punkt *Freigaben* in den Systemeinstellungen auf.

Windows

Das in XAMPP enthaltene PHP benötigt unter Windows das *Microsoft C++ 2008 Redistributable Package*. Windows 7 und 8 bringen diese Komponente bereits von Haus aus mit. Wenn Sie eines dieser beiden Betriebssysteme nutzen, können Sie direkt zum nächsten Absatz springen. Verwenden Sie dagegen noch Windows XP oder Vista, müssen Sie zunächst Microsoft im Internet einen Besuch abstatten: Wechseln Sie auf die Internetseite *http://www.microsoft.com/de-de/download/details.aspx?id=5582*, und klicken Sie dort auf *Herunterladen*. Sie erhalten dabei das kleine Programm *vcredist_x86. exe*, das Sie starten beziehungsweise *Ausführen* lassen. Die Rückfrage von Windows bestätigen Sie – je nach Windows-Version mit *Ausführen*, *Fortsetzen* oder *Ja*). Jetzt erscheint ein kleiner Assistent, in dem Sie auf *Weiter* klicken, das Kästchen abhaken und *Installieren* aktivieren. Schließen Sie das Fenster mit *Fertig stellen*.

Um nun unter Windows das Paket aus Apache, MySQL und PHP zu installieren, wechseln Sie auf die XAMPP-Homepage *http://www.xampp.org*, schalten am oberen Seitenrand auf *deutsch* um, fahren dann auf der Startseite aus Abbildung 2-22 weiter nach unten und klicken auf den Link *XAMPP für Windows*.

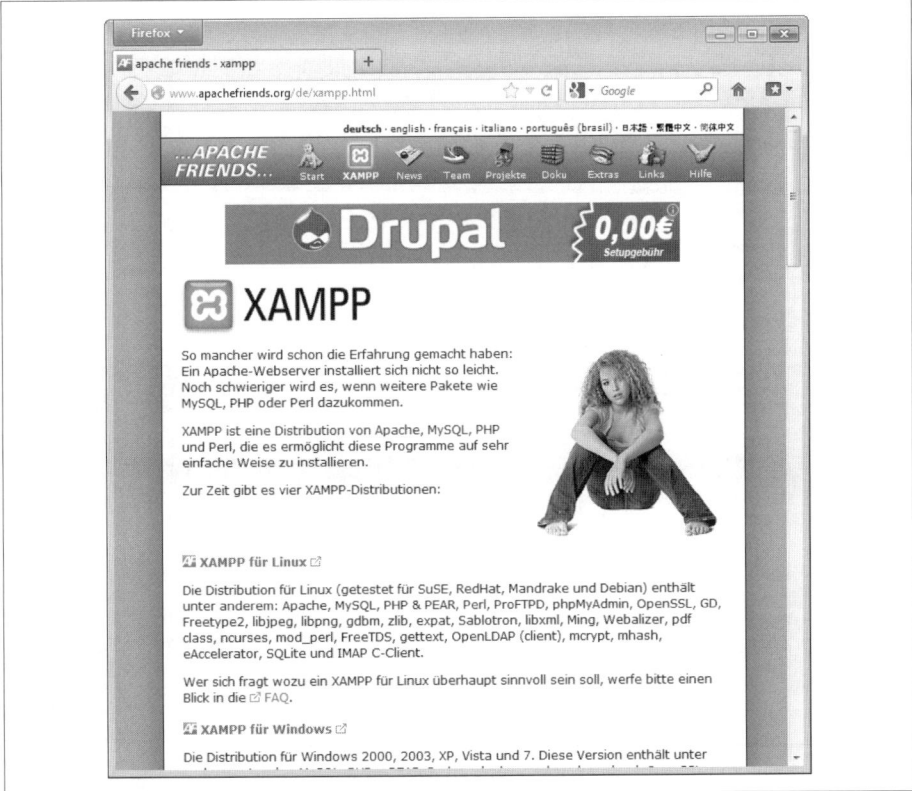

Abbildung 2-22: Die Homepage von XAMPP unter *http://www.xampp.org*

Sie haben nun die Qual der Wahl. Wenn Sie XAMPP noch nicht installiert haben, benötigen Sie in jedem Fall das Basispaket (siehe Abbildung 2-23). Es wird in drei verschiedenen Geschmacksrichtungen angeboten:

- Die *Installer-Version* bringt ein bequemes Installationsprogramm mit.
- Das gewöhnliche *ZIP*-Archiv muss man mit einem entsprechenden Programm oder der in Windows eingebauten Funktion selbst entpacken.
- Das *7zip*-Archiv ist kleiner als das normale ZIP-Archiv und somit schneller auf dem heimischen PC angelangt, dafür muss man es mit einem entsprechenden Packprogramm, wie etwa 7-Zip (*http://www.7-zip.org*) entpacken.

In der Rubrik XAMPP *Add-Ons* gibt es noch einige Zusatzpakete, die Joomla! allerdings nicht benötigt. Mitunter stellen die Entwickler sogenannte Upgrade-Pakete bereit, die eine alte XAMPP-Version auf den neuesten Stand bringen.

 Tipp   Falls Sie jetzt unsicher sind, sollten Sie zur Installer-Version greifen. Sie lässt sich unkompliziert installieren und bei Bedarf auch später wie jede andere Anwendung bequem deinstallieren.

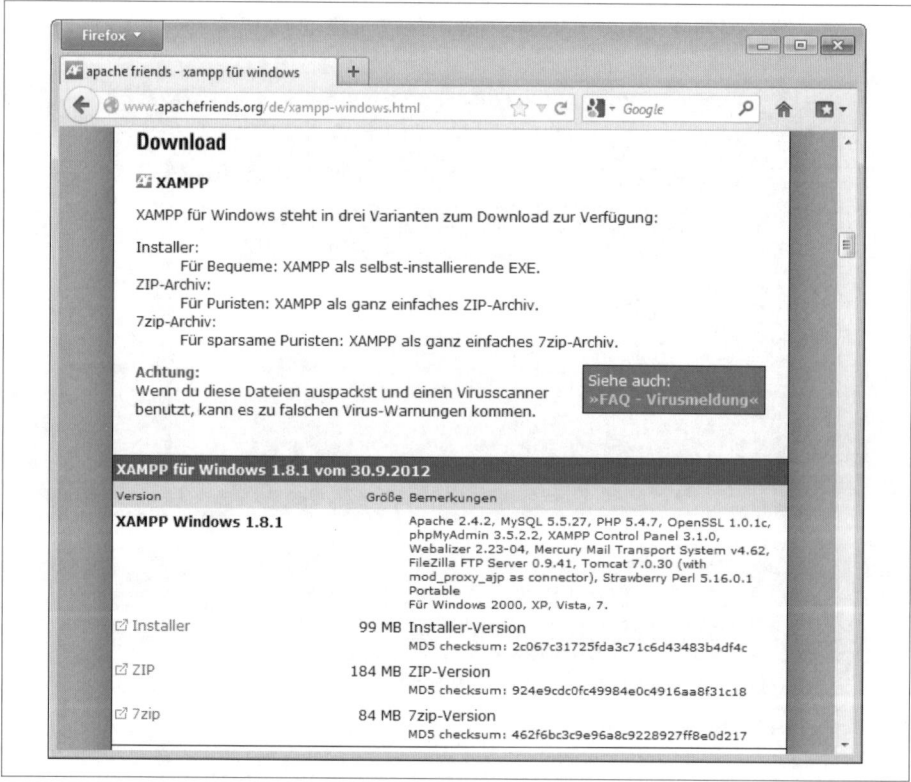

Abbildung 2-23:   Die Download-Seite von XAMPP für Windows

Aus Sicherheitsgründen verbieten Windows Vista, 7 und 8 allen Programmen bestimmte Aktionen. Daraus können allerdings auch etwas merkwürdige Fehler und Probleme entstehen. Um dem vorzubeugen, sollten Sie XAMPP nicht in das sonst für Anwendungen reservierte Verzeichnis *C:\Programme* beziehungsweise *C:\Programme (x86)* installieren. (In der englischen Fassung heißen die Verzeichnisse *C:\Program Files* respektive *C:\Program Files (x86)*.) Eine bewährte Ausweichmöglichkeit ist der Ordner *C:\xampp*. Die im XAMPP-Paket enthaltenen Anwendungen sind übrigens 32-Bit-Anwendungen; sie laufen aber auch problemlos unter einem 64-Bit-Windows. Sie müssen sich folglich keine Gedanken darüber machen, welche Windows-Version Sie gerade einsetzen.

Häufig gestellte Fragen im Zusammenhang mit Windows beantworten die Macher von XAMPP unter *http://www.apachefriends.org/de/faq-xampp-windows.html*. Dort sollten Sie zuerst nachschlagen, wenn XAMPP bei Ihnen nicht so laufen möchte, wie es in den folgenden Abschnitten beschrieben wird. Die Hinweise zu Vista gelten auch für Windows 7 und 8.

Installer

Bei der Installer-Version starten Sie die heruntergeladene Datei einfach per Doppelklick. Die unter Windows 7 und 8 erscheinende Frage der Benutzerkontensteuerung beantworten Sie mit *Ja*, unter Vista mit *Ausführen* und *Zulassen*. Nutzer von Windows XP lassen die Datei *Ausführen*.

Als Nächstes erscheint ein kleiner Assistent, der Sie durch die Installation begleitet. Die von ihm gesprochene Sprache setzen Sie in der Ausklappliste auf *Deutsch*. Bestätigen Sie Ihre Wahl mit *OK*. Unter Windows 7, 8 und Vista weist XAMPP Sie jetzt darauf hin, dass Sie das Paket nicht unter *C:\Programme* installieren sollten. Schließen Sie die Meldung einfach mit *OK*.

In einem neuen Fenster verlangt XAMPP das *Microsoft Visual C++ 2008 Redistributable Package*. Unter Windows 7 und 8 können Sie es einfach per *Nein* schließen. Nur wenn Sie Windows XP oder Vista nutzen und das Microsoft Visual C++ 2008 Redistributable Package noch *nicht* eingespielt haben, klicken Sie auf *Ja*. Dies öffnet umgehend die entsprechende Internetseite bei Microsoft, auf der Sie sich das Installationsprogramm herunterladen können. (Das entsprechende Fenster liegt dabei sehr wahrscheinlich hinter dem XAMPP-Installationsprogramm. Mit einem Klick auf den entsprechenden Eintrag in der Taskleiste holen Sie es wieder nach vorne.)

In jedem Fall erscheint jetzt ein kleiner Assistent, der Sie durch die Installation von XAMPP führt. Nach einem Klick auf *Weiter* präsentiert er Ihnen alle Programme, die er gleich installieren wird (siehe Abbildung 2-24). Eine Komponente schließen Sie aus, indem Sie den vorangestellten Haken entfernen; Unterpunkte klappen Sie mit einem Klick auf das Pluszeichen auf. Eine Besonderheit bilden die beiden Punkte unter *XAMPP*. Sie sorgen dafür, dass der Assistent auf dem Desktop und im Startmenü ein Symbol auf die XAMPP-Programme anlegt (siehe Abbildung 2-24).

Für die Installation von Joomla! sollten Sie hier einfach alle Vorgaben beibehalten und zum nächsten Schritt *Weiter* gehen.

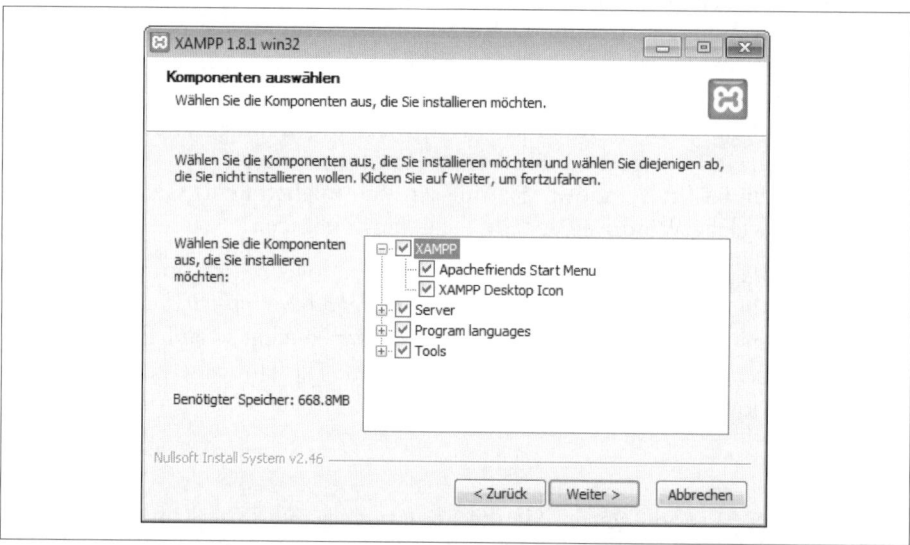

Abbildung 2-24:   Dieser Assistent spielt die Installer-Version von XAMPP für Windows ein.

Dort wählen Sie das Verzeichnis, in das die Programme des XAMPP-Pakets installiert werden sollen (siehe Abbildung 2-25). Auch hier können Sie die Vorgabe einfach belassen. Mit einem Klick auf *Installieren* spielt der Assistent schließlich alle Komponenten ein.

 Tipp   Wenn Sie kurz vor dem Ende der Installation eine Fehlermeldung erhalten, haben Sie das Microsoft Visual C++ 2008 Redistributable Package noch nicht installiert. Holen Sie dies jetzt nach. (Die dazu notwendigen Schritte beschreibt der Anfang des Abschnitt »Windows« auf Seite 31.) Lassen Sie dabei den XAMPP-Installationsassistenten weiterhin geöffnet. Nachdem Sie das Microsoft Visual C++ 2008 Redistributable Package installiert haben, schließen Sie die Fehlermeldung mit einem Klick auf *OK* und fahren dann einfach wie im Folgenden beschrieben fort. Auch wenn die Fehlermeldung etwas anderes suggeriert, ist XAMPP dennoch vollständig installiert.

Nach Abschluss der Installation und einem Klick auf *Fertig stellen* bietet Ihnen der Assistent an, das XAMPP Control Panel zu starten. Mit ihm können Sie bequem die einzelnen Programme starten und stoppen. Gehen Sie deshalb auf das Angebot mit einem Klick auf *Ja* ein. Eventuell versteckt sich das Fenster des XAMPP Control Panels hinter anderen Anwendungen. Holen Sie es dann mit einem Klick auf sein Symbol beziehungsweise auf seinen Eintrag in der Taskleiste in den Vordergrund.

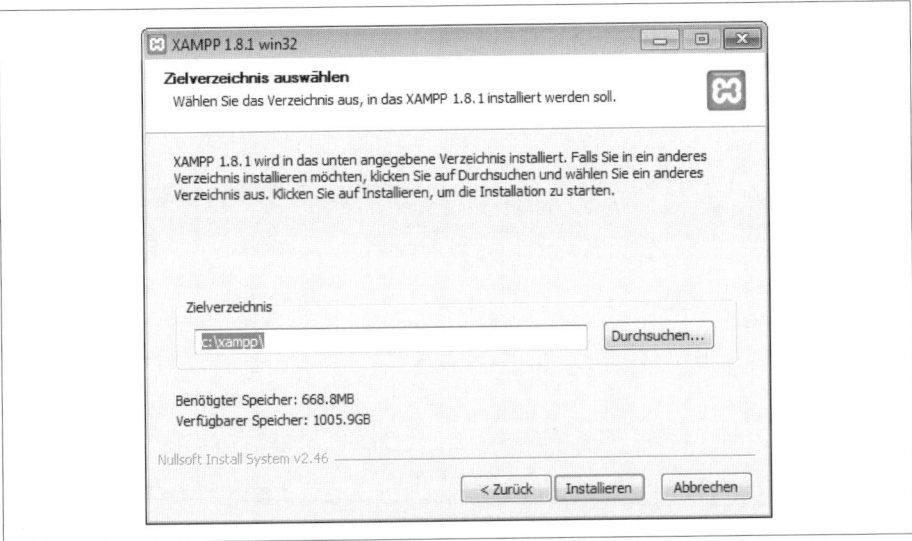

Abbildung 2-25: In diesem Verzeichnis landen gleich alle im XAMPP-Paket enthaltenen Anwendungen.

Später können Sie das XAMPP Control Panel mit einem Doppelklick auf das entsprechende Symbol auf dem Desktop aktivieren. Alternativ finden Sie auch einen entsprechenden Eintrag im Startmenü hinter *Alle Programme → Apache Friends →* XAMPP → XAMPP *Control Panel* beziehungsweise unter Windows 8 eine Kachel auf dem Startbildschirm.

ZIP- und 7zip-Archiv

Wenn Sie sich für das ZIP- oder 7zip-Archiv entschieden haben, werden keine Einträge in die sogenannte Registrierung (das Windows-Sammelbecken für Programmeinstellungen und Konfigurationen) geschrieben.

Für das 7zip-Archiv müssen Sie das kostenlose 7-Zip (*http://www.7-zip.org*) bemühen. Um das normale ZIP-Archiv zu entpacken, klicken Sie die Datei im Explorer mit der rechten Maustaste an (siehe Abbildung 2-26) und wählen dort *Alle extrahieren...* Unter Windows Vista, 7 und 8 tippen Sie im neuen Fenster das Zielverzeichnis ein, in das XAMPP installiert werden soll, und klicken auf *Extrahieren* (siehe Abbildung 2-27). Bei Windows XP müssen Sie im Assistenten auf *Weiter* klicken, geben dann in das Eingabefeld das gewünschte Zielverzeichnis ein, lassen das Archiv per *Weiter* entpacken und klicken anschließend auf *Fertig stellen*.

Im gewählten Ordner wird noch ein Unterverzeichnis namens *xampp* erstellt, in dem dann sämtliche Programme des Archivs landen (siehe Abbildung 2-28). Wählen Sie beispielsweise *C:\web* als Pfad, so finden Sie die XAMPP-Anwendungen nach dem Entpacken in *C:\web\xampp*. In Abbildung 2-27 würde XAMPP folglich im Verzeichnis *C:\xampp-win32-1.8.1-VC9\xampp* landen.

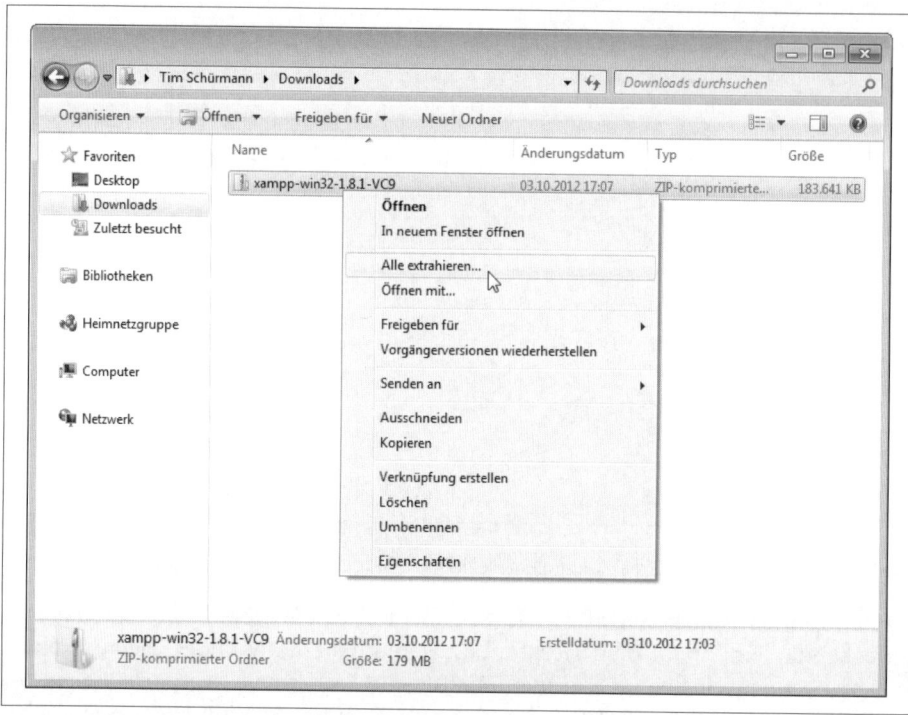

Abbildung 2-26:   Das ZIP-Archiv »installiert« man einfach über die rechte Maustaste ...

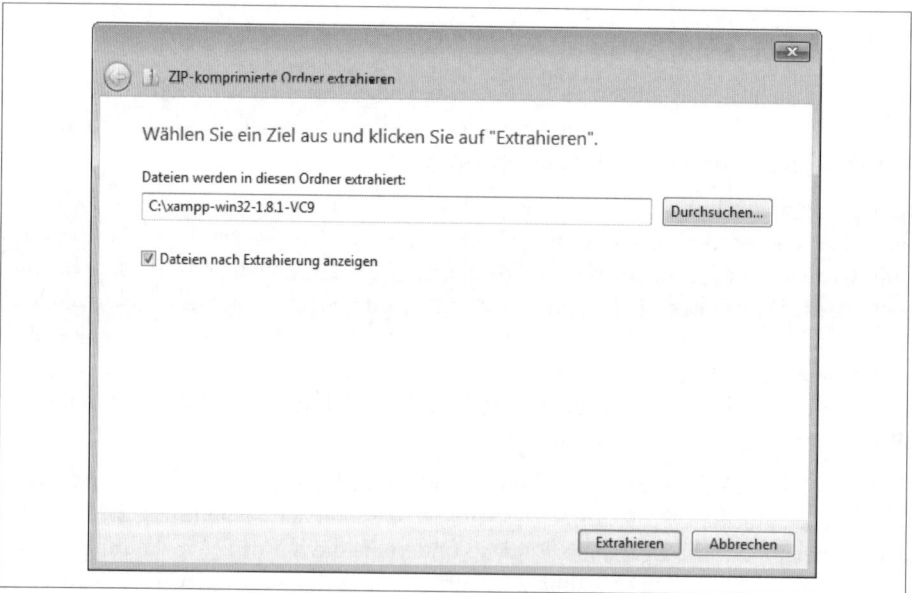

Abbildung 2-27:   ... und den nachfolgenden Assistenten.

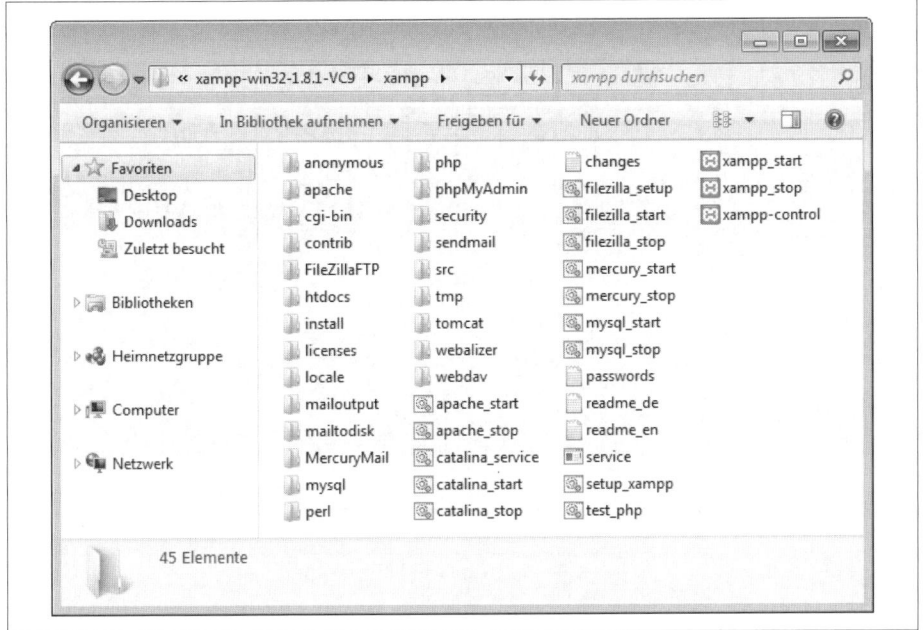

Abbildung 2-28: Nach der Installation finden Sie diese Dateien im XAMPP-Verzeichnis.

Tipp   Im Folgenden wird vorausgesetzt, dass XAMPP unter *C:\xampp* installiert ist. Wenn
Sie die Beispiele direkt nachvollziehen möchten, sollten Sie im Assistenten das
Zielverzeichnis *C:* eintippen.

Um die Einrichtung zu komplettieren, starten Sie nun in diesem Verzeichnis die
Datei *setup_xampp.bat* mit einem Doppelklick (eventuell zeigt Windows bei Ihnen
die Dateiendung nicht an). Sie richtet alle Programme in ihrem neuen Zuhause ein.
Sobald die Meldung aus Abbildung 2-29 erscheint, drücken Sie einfach eine beliebige Taste, um das Fenster zu schließen.

Hinter dem Programm *xampp-control.exe* verbirgt sich das XAMPP Control Panel,
über das Sie die einzelnen Programme bequem starten und stoppen können. Aktivieren Sie es jetzt mit einem Doppelklick. Die eventuell erscheinende Nachfrage
bestätigen Sie mit *Ausführen*.

Apache und MySQL starten

Sofern das XAMPP Control Panel noch nicht geöffnet ist, starten Sie es jetzt. Für
Joomla! müssen lediglich die beiden Programme *Apache* und *MySQL* laufen. Klicken
Sie daher im XAMPP Control Panel auf die entsprechenden *Starten*-Schaltflächen.
Apache und MySQL sollten nun grün unterlegt erscheinen (siehe Abbildung 2-30).

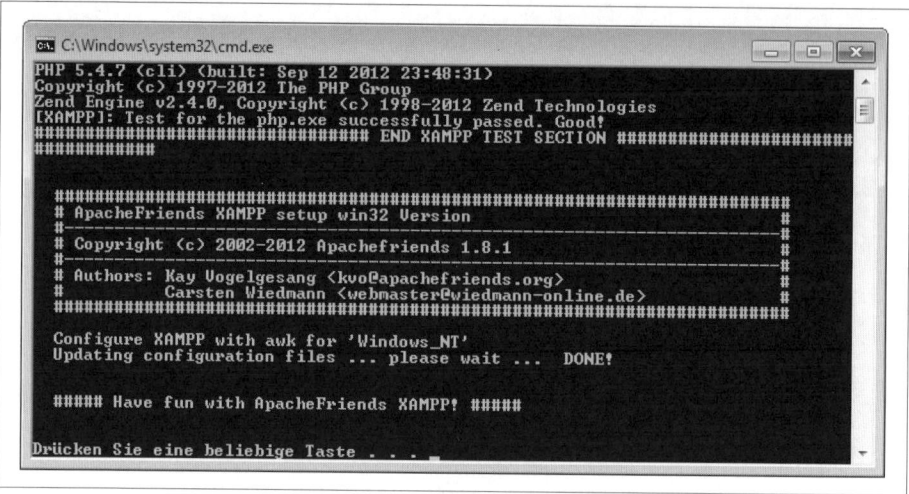

Abbildung 2-29:　Hier hat gerade *setup_xampp.bat* die notwendige Einrichtung von XAMPP erfolgreich abgeschlossen.

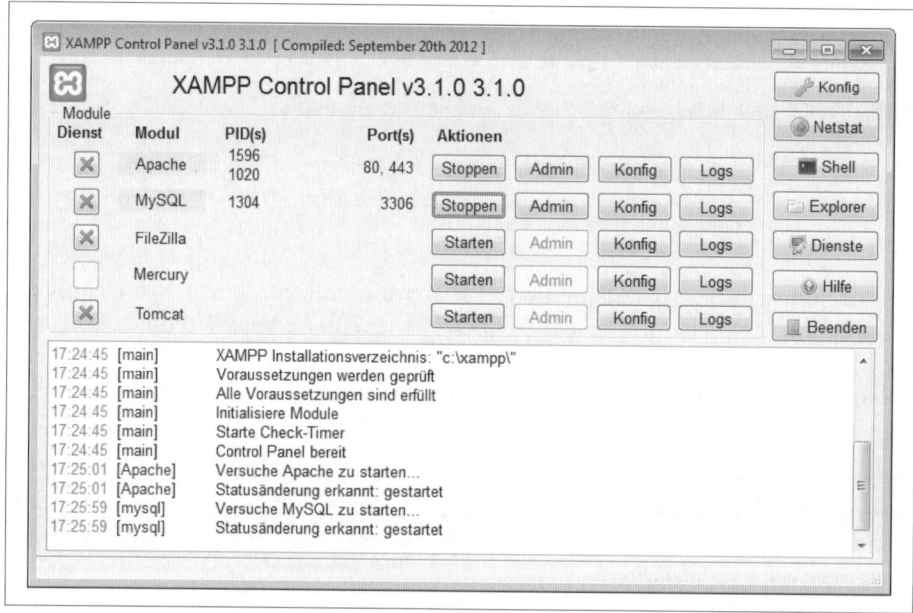

Abbildung 2-30:　In diesem Beispiel zeigt das XAMPP Control Panel mit Apache und MySQL zwei laufende Programme an.

 **Tipp** Wenn sich Apache sofort wieder beendet, fehlt auf Ihrem Computer sehr wahrscheinlich das Microsoft Visual C++ 2008 Redistributable Package. In diesem Fall installieren Sie es wie am Anfang des Abschnitt »Windows« auf Seite 31 beschrieben. Klicken Sie anschließend im XAMPP Control Panel noch einmal rechts neben *Apache* auf *Starten*.

Sobald Sie zum ersten Mal eine der Komponenten aus dem XAMPP-Paket starten, meldet sich wie in Abbildung 2-31 die in Windows eingebaute Firewall zu Wort (andernfalls sollten Sie schleunigst Ihre Sicherheitseinstellungen prüfen). Diese lassen Sie unter Windows XP und Vista die jeweilige Anwendung *Weiterhin blocken*; unter Windows 7 und 8 klicken Sie auf *Abbrechen*. Damit können Sie Apache und MySQL nur noch auf Ihrem eigenen Computer nutzen. Es kann also folglich niemand von außen auf das Duo zugreifen und so während Ihrer Tests irgendwelchen Schabernack treiben. Das ist besonders wichtig, da die XAMPP-Anwendungen zugunsten der Nutzerfreundlichkeit (bewusst) einige Sicherheitslöcher aufweisen (dazu gleich noch mehr).

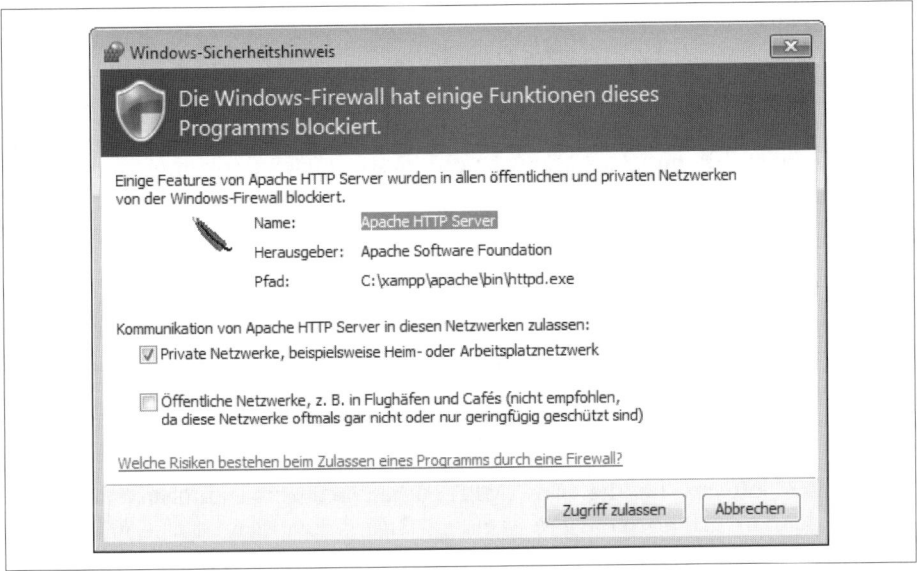

Abbildung 2-31: Die Firewall von Windows sollte sicherheitshalber auch weiterhin Anfragen von außen abblocken.

Damit haben Apache und MySQL im Hintergrund ordnungsgemäß ihre Arbeit aufgenommen. Da man von ihnen allerdings keine anderen Rückmeldungen bekommt, sollten Sie das XAMPP Control Panel nicht einfach schließen, sondern so lange geöffnet lassen, bis Sie die Anwendungen über die entsprechenden *Stoppen*-Schaltflächen wieder beendet haben. Ansonsten kann es Ihnen passieren, dass einige Dienste noch weiter im Hintergrund ihr Unwesen treiben. Wenn Sie das XAMPP Control Panel über das kleine X in der Titelleiste schließen, beendet es sich übrigens nicht, sondern bleibt als Symbol rechts unten in der Taskleiste zurück. Um dann das XAMPP Control Panel komplett zu beenden, müssen Sie das Symbol mit der rechten Maustaste anklicken und *Beenden* wählen. Um sich diesen Ärger zu ersparen, verlassen Sie die kleine Hilfsanwendung ausschließlich über die *Beenden*-Schaltfläche.

Tipp
Wenn es mal schnell gehen soll oder muss, startet das Hilfsprogramm *xampp_start.exe* aus dem XAMPP-Ordner sämtliche mitgelieferten Anwendungen auf einmal – darunter folglich auch Apache und MySQL. Im Gegensatz zum XAMPP Control Panel erhalten Sie hier ein Textfenster mit zahlreichen, wenn auch teilweise etwas kryptischen Statusmeldungen. Solange das Fenster geöffnet bleibt, laufen die XAMPP-Anwendungen im Hintergrund. Um sie wieder zu beenden, sollten Sie jedoch unbedingt der Versuchung widerstehen, auf das kleine X in der Titelleiste zu klicken. In diesem Fall würgen Sie die Anwendungen einfach ab, was im schlimmsten Fall eine Zerstörung der Datenbank zur Folge hätte. Verwenden Sie stattdessen ausschließlich das Programm *xampp_stop.exe*. Es fährt alle XAMPP-Komponenten kontrolliert herunter.

Deinstallation

Um alle Anwendungen aus dem XAMPP-Paket wieder loszuwerden, genügt es, bei der Installer-Version im Startmenü unter *Alle Programme → Apache Friends → XAMPP* das Programm *Uninstall* aufzurufen und den Anweisungen am Bildschirm zu folgen. Beim ZIP- und 7zip-Archiv befördern Sie einfach das komplette XAMPP-Verzeichnis in den Papierkorb.

Linux

Im Vergleich zu Windows-Anwendern haben es Linux-Benutzer einfacher: Wechseln Sie auf die XAMPP-Homepage unter *http://www.xampp.org*, schalten Sie am oberen Seitenrand auf *deutsch* um, und folgen Sie dem Link XAMPP *für Linux*. Auf der neuen Seite gibt es nur ein Paket, wie in Abbildung 2-32 zu sehen ist. Das *Upgrade*-Paket bringt eine ältere bestehende XAMPP-Version auf den neuesten Stand. Wer Software für die in XAMPP enthaltenen Anwendungen entwickeln möchte, der darf sich noch das *Entwicklungs-Paket* schnappen – für Joomla! benötigt man es jedoch nicht.

Um XAMPP zu installieren, laden Sie das *XAMPP Linux*-Paket in Ihr Heimatverzeichnis herunter. Öffnen Sie nun ein Terminalfenster, und tippen Sie den folgenden Befehl ein:

```
sudo tar xvfz xampp-linux-<version>.tar.gz -C /opt
```

Ersetzen Sie dabei xampp-linux-<version>.tar.gz durch den Namen der heruntergeladenen Datei.

Linux fragt jetzt das Administrator- beziehungsweise root-Passwort ab, das Sie normalerweise bei der Installation von Linux vergeben haben. (Probieren Sie gegebenenfalls Ihr eigenes aus.) Sollte das nicht funktionieren, melden Sie sich zunächst mit

```
su root
```

als Benutzer root an und probieren dann noch einmal den obigen Befehl ohne das vorangestellte sudo. Wenn dies zum Erfolg führt, verfahren Sie bei den folgenden Befehlen genauso.

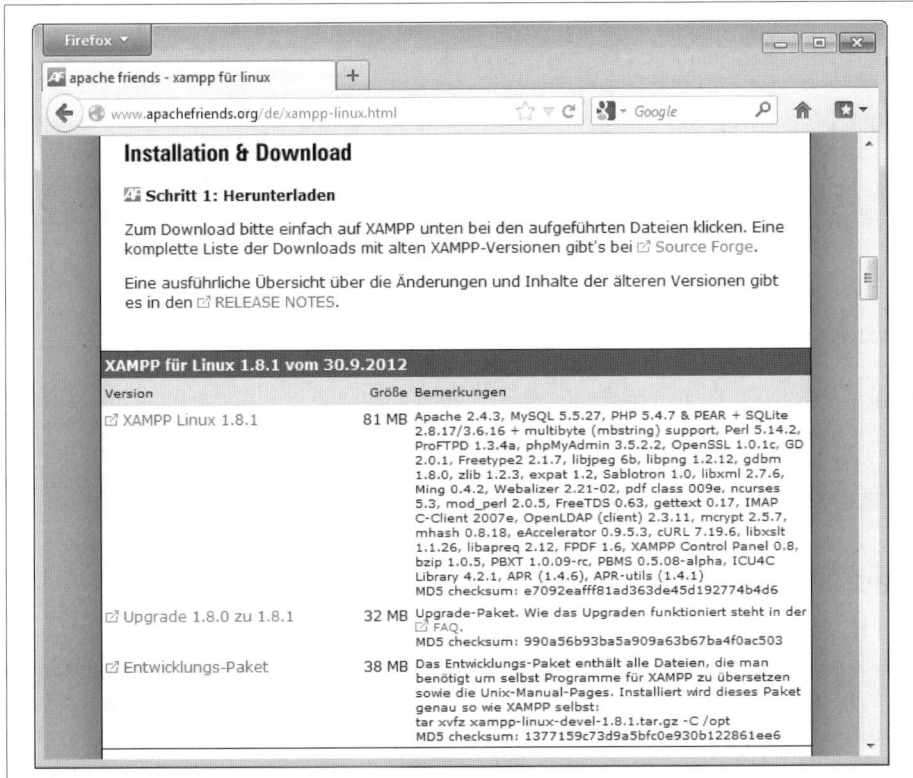

Abbildung 2-32:   Die Download-Seite von XAMPP für Linux

In jedem Fall entpackt sich das gesamte Paket in das Verzeichnis */opt/lampp*. Auf dieses Installationsverzeichnis bleiben Linux-Nutzer festgenagelt: In jedem anderen Ordner verweigern die XAMPP-Programme standhaft ihren Dienst.

Der Befehl

```
sudo /opt/lampp/lampp start
```

startet schließlich alle mitgelieferten Anwendungen. Den Erfolg verkünden die dabei durchlaufenden Textmeldungen. Sie sollten ähnlich wie in Abbildung 2-33 aussehen. Ein

```
sudo /opt/lampp/lampp stop
```

beendet später alle Programme.

Um XAMPP unter Linux wieder loszuwerden, löschen Sie einfach als Benutzer root das Verzeichnis */opt/lampp*.

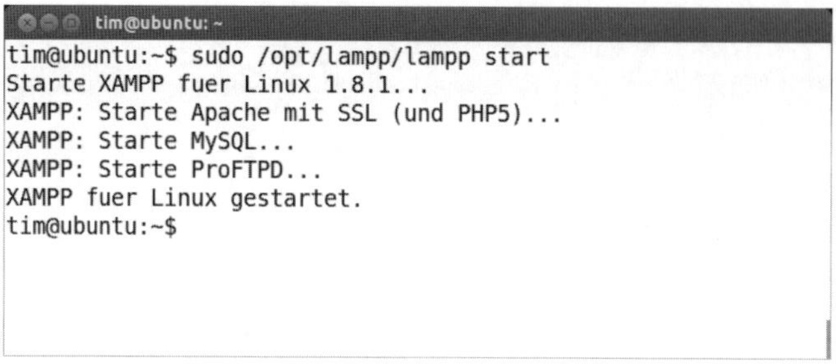

```
tim@ubuntu: ~
tim@ubuntu:~$ sudo /opt/lampp/lampp start
Starte XAMPP fuer Linux 1.8.1...
XAMPP: Starte Apache mit SSL (und PHP5)...
XAMPP: Starte MySQL...
XAMPP: Starte ProFTPD...
XAMPP fuer Linux gestartet.
tim@ubuntu:~$
```

Abbildung 2-33:   Hier wurde XAMPP erfolgreich gestartet.

 Tipp   Alle Unterverzeichnisse von *opt/lampp* gehören dem Administrator beziehungsweise dem Benutzer root. Folglich darf nur er dort Veränderungen durchführen.
Treten gleich im Betrieb Probleme auf, so liegt dies meistens an fehlenden oder
falsch gesetzten Zugriffsrechten. Sie können diese beispielsweise mit dem Kom-
mandozeilenwerkzeug *chmod* (*http://de.wikipedia.org/wiki/Chmod*) anpassen.

Mac OS X ab Version 10.6.6

Um das MAMP-Paket unter Mac OS X installieren und später starten zu können,
benötigen Sie das Kennwort eines Administrators. Wenn Sie Ihren Computer alleine
nutzen, ist das normalerweise Ihr eigenes (das Sie beim ersten Start Ihres Computers
vorgegeben haben). Mit diesem Passwort im Hinterkopf holen Sie sich von der
MAMP-Homepage via *Jetzt herunterladen* das normale MAMP-Paket (das mit den
grauen Elefanten, siehe Abbildung 2-34). Das kommerzielle PRO-Paket enthält ein
paar weitere Funktionen, die Joomla! jedoch nicht benötigt.

Doppelklicken Sie auf das heruntergeladene Archiv, Mac OS X entpackt es dann.
Das Ergebnis ist eine neue Datei mit der Endung *.pkg*. Ein Doppelklick darauf startet
einen Installationsassistenten. Klicken Sie so lange auf *Fortfahren*, bis eine Nachfrage erscheint. Diese bestätigen Sie mit *Akzeptieren* und lassen schließlich alle
Anwendungen *Installieren*. Mac OS X fordert jetzt das eingangs erwähnte Administrator-Passwort ein. Nach der Installation *Schließen* Sie den Assistenten.

Um die im MAMP-Paket enthaltenen Programme zu starten, öffnen Sie in einem
Finder-Fenster die *Programme* (beispielsweise via *Gehe zu* → *Programme* in der
Menüleiste). Wechseln Sie weiter in den Ordner *MAMP*, und starten Sie dort mit
einem Doppelklick *MAMP*. Im neuen Fenster entscheiden Sie sich für *Starte MAMP*.
Über das so aktivierte kleine Programm starten und stoppen Sie die in MAMP ent-
haltenen Anwendungen.

Zuvor wechseln Sie jedoch in die *Einstellungen* und dort weiter zu den *Ports*. Apache
und MySQL nehmen Anfragen von anderen Anwendungen über sogenannte Ports
entgegen. Ports können Sie sich wie Telefonnummern vorstellen, unter der man die

Abbildung 2-34:   Die Download-Seite von MAMP

entsprechenden Programme erreicht. Apache und MySQL haben normalerweise Standardnummern, unter denen sie erreichbar sind. Apache lauscht an Port 80, MySQL an Port 3306. MAMP weist den beiden jedoch andere, wesentlich höhere Nummern zu. Das hat den Vorteil, dass die beiden Programme aus dem MAMP-Paket sich nicht mit schon installierten Kollegen ins Gehege kommen. Allerdings erschwert es ein klein wenig die Installation von Joomla!. Sie sollten deshalb hier mit einem Klick auf *Standard Apache und MySQL Ports* die Standard-Portnummern wiederherstellen. Die Einstellungen sollten damit so wie in Abbildung 2-35 aussehen. Mit einem Klick auf *OK* kehren Sie wieder zum Hauptfenster zurück.

Hier können Sie jetzt den *Server starten*. Dazu müssen Sie erneut das Administrator-Passwort eingeben. Sobald Apache und MySQL laufen, leuchtet neben ihnen im Hauptfenster jeweils ein grüner Punkt (wie in Abbildung 2-36). Gleichzeitig öffnet MAMP ein Browserfenster, das eine Testseite anzeigt.

Um später Apache und MySQL wieder zu beenden, klicken Sie einfach auf *Server beenden*. Dabei müssen Sie erneut das Administrator-Passwort preisgeben.

Um MAMP von der Platte zu fegen, löschen Sie den Ordner *MAMP* im *Programme*-Ordner (indem Sie ihn beispielsweise in den Papierkorb ziehen).

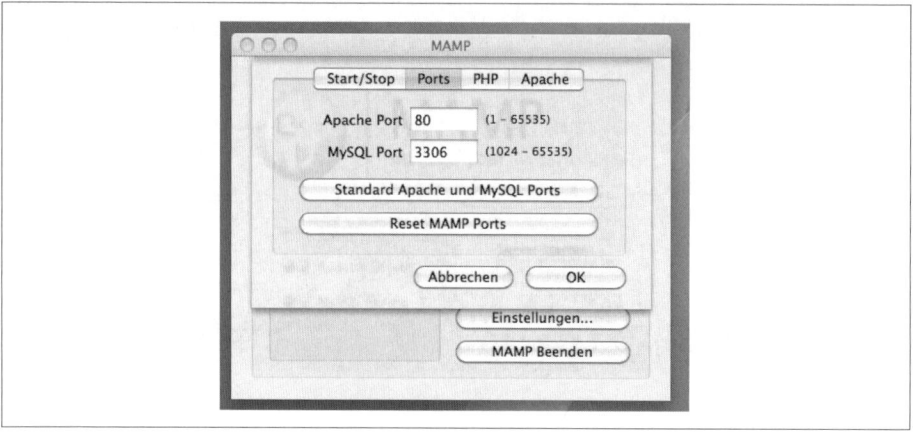

Abbildung 2-35: Diese Grundeinstellungen von MAMP vereinfachen gleich die Installation von Joomla!.

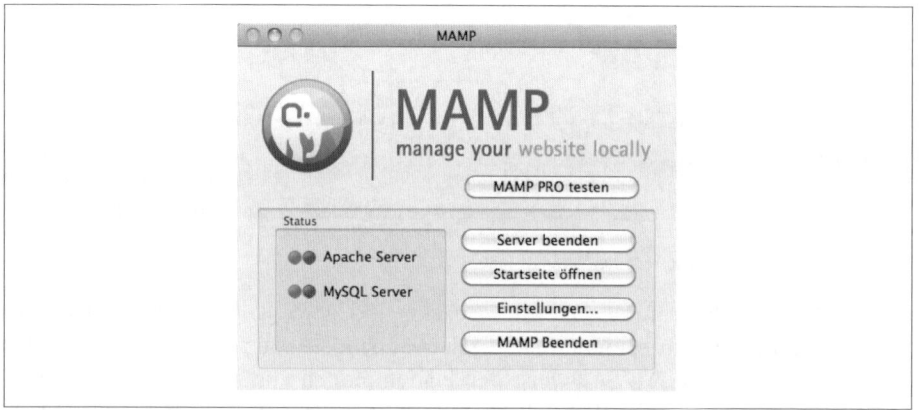

Abbildung 2-36: Wenn die zwei grünen Punkte wie hier leuchten, laufen Apache und MySQL im Hintergrund.

Ein erster Test

Von den gestarteten Programmen sieht man noch nicht sehr viel. Sie laufen im Hintergrund und warten auf Anfragen. Um zu prüfen, ob Apache und MySQL ordnungsgemäß arbeiten, öffnen Sie ein Browserfenster und wechseln auf die Seite *http:// localhost*. Hinter dieser fest definierten Adresse verbirgt sich immer Ihr eigener Computer. Das dort laufende Apache fühlt sich deshalb angesprochen und liefert eine Begrüßungsseite zurück.

Im Fall von XAMPP sehen Sie die orangefarbene Begrüßungsseite aus Abbildung 2-37.

Wählen Sie eine Sprache, und klicken Sie anschließend in der linken Leiste auf *Status*. Hier erhalten Sie noch einmal eine Übersicht über die derzeit laufenden und von XAMPP mitgelieferten Komponenten (siehe Abbildung 2-38). Grün leuchten müssen hier mindestens die *MySQL-Datenbank* und PHP.

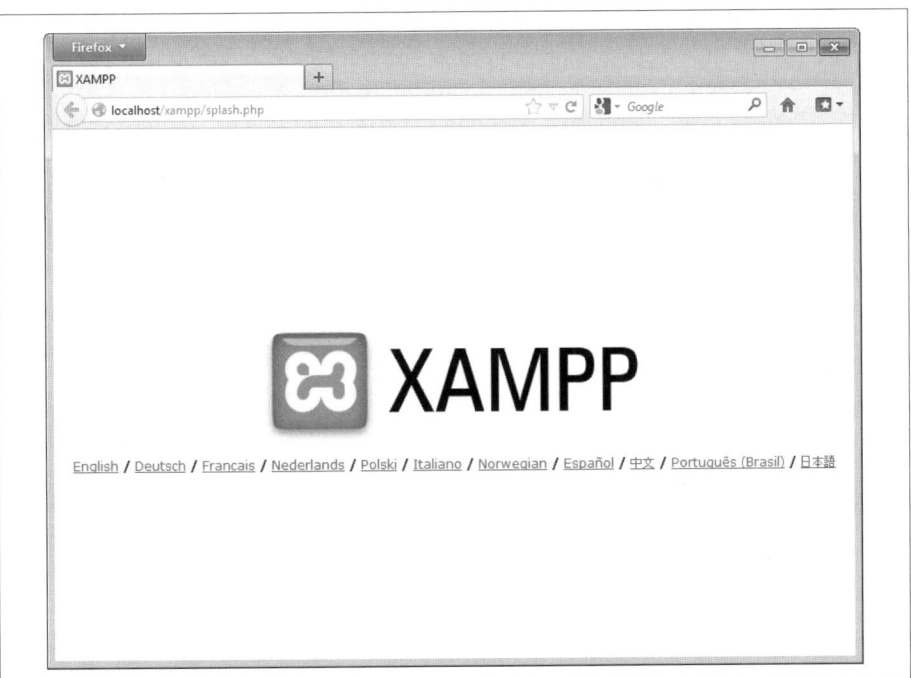

Abbildung 2-37: Mit dieser Seite begrüßt der Apache Webserver Sie aus dem XAMPP-Paket.

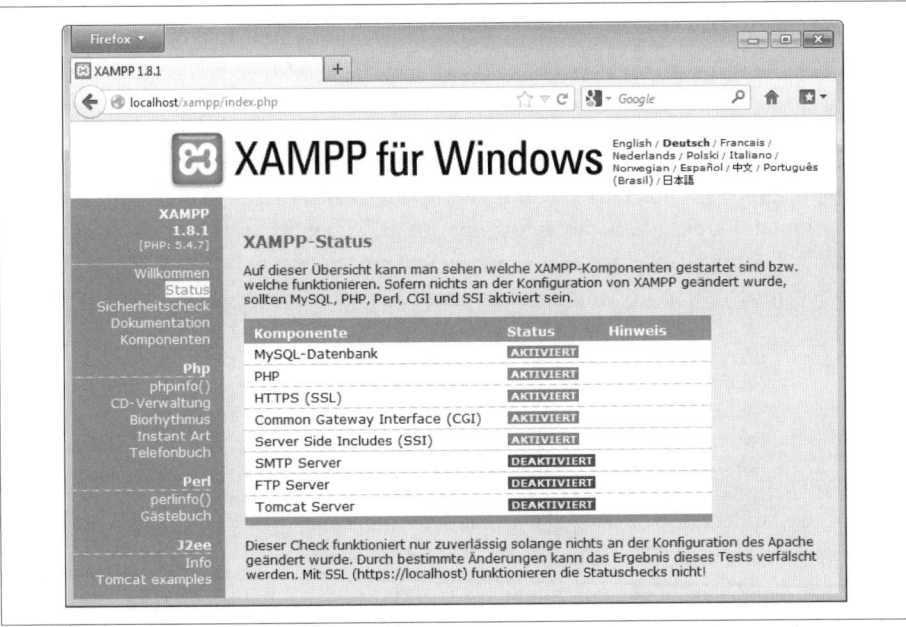

Abbildung 2-38: Die Status-Seite gibt unter XAMPP Auskunft über die installierten und aktivierten Anwendungen, hier im Beispiel unter Windows.

MAMP meldet sich mit der Seite aus Abbildung 2-39. Wenn Sie diese sehen, funktionieren Apache und MySQL. Zur Sicherheit können Sie noch zum Punkt *phpMyAdmin* wechseln. Dahinter verbirgt sich eine Konfigurationsoberfläche für MySQL, die nur dann funktioniert, wenn die Datenbank auch tatsächlich im Hintergrund läuft.

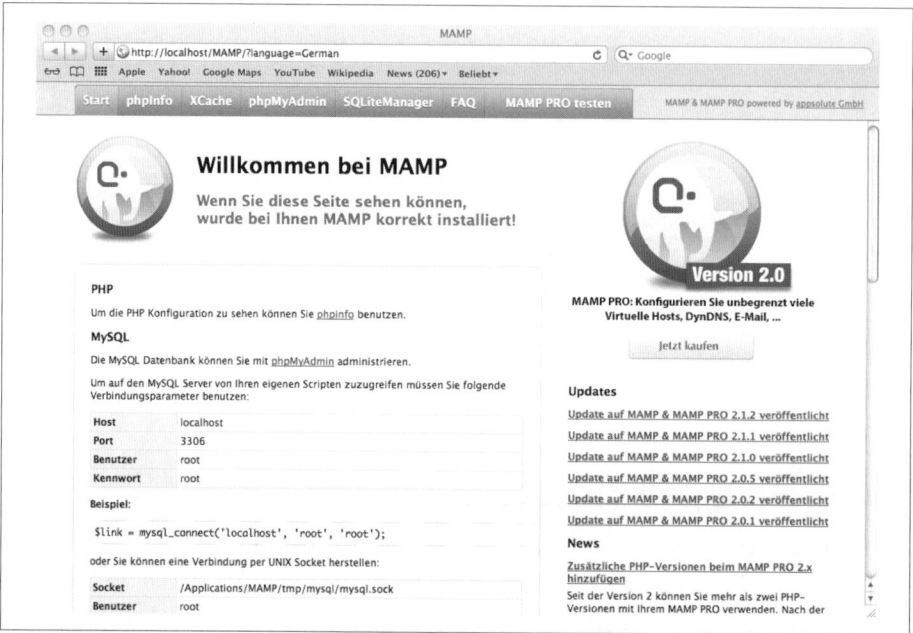

Abbildung 2-39:   Mit dieser Seite begrüßt der Apache Webserver Sie aus dem MAMP-Paket.

Wenn Apache oder MySQL nicht starten möchte, sollten Sie zunächst kontrollieren, ob nicht bereits schon ein anderer Webserver (Apache) oder eine MySQL-Datenbank läuft. Unter Linux sollte hier Ihr Paketmanager die entsprechenden Informationen bereithalten. Windows-Benutzer schauen unter dem Punkt *Programme* beziehungsweise *Software* in der *Systemsteuerung* nach, und Mac OS X-Anwender finden diese Informationen in der Systemsteuerung.

⬛ **Warnung**   Wenn Sie XAMPP über ein ZIP-Archiv installiert haben, es unter Linux betreiben oder MAMP einsetzen, können Sie das XAMPP- beziehungsweise MAMP-Verzeichnis zur Deinstallation einfach löschen (wie in den vorherigen Abschnitten beschrieben). Beenden Sie jedoch unbedingt erst alle XAMPP-Anwendungen, unter Windows beispielsweise über das XAMPP Control Panel. Andernfalls ziehen Sie den noch im Hintergrund laufenden Programmen den Boden unter den Füßen weg, was zu unangenehmen Seiteneffekten führen kann.

Eine Anlaufstelle für weitere Fragen und Probleme rund um XAMPP bietet das Forum unter *http://www.apacheforum.de*. MAMP-Nutzer finden ein Forum unter *http://forum.mamp.info/*.

XAMPP, MAMP und die Sicherheit

Das XAMPP- oder MAMP-Paket ist schnell installiert und verlangt gegenüber den einzelnen Anwendungen keine umständliche Einrichtung. Wer einen sogenannten Root-Server besitzt, also einen kompletten (physischen) Webserver in Eigenverantwortung betreibt, kommt da schnell in Versuchung, das XAMPP- beziehungsweise MAMP-System einfach dorthin zu überspielen. Dies ist jedoch gleich aus mehreren Gründen eine schlechte und auch extrem gefährliche Idee: Um die Installation und Einrichtung so einfach wie möglich zu halten, haben die Macher ein paar erhebliche Sicherheitslücken zurückgelassen und teilweise sogar bewusst aufgerissen. Im Hinblick auf Joomla! sind die wichtigsten Schwachstellen:

- Der MySQL-Administrator (*root*) hat unter XAMPP kein Passwort. Unter MAMP besitzt der allmächtige MySQL-Nutzer zwar ein Passwort, das aber mit dem nicht sehr originellen *root* jedem bekannt und zudem leicht zu erraten ist.
- Die MySQL-Datenbank und die Konfigurationssoftware *phpMyAdmin* sind über das Netzwerk erreichbar (vorausgesetzt, die Firewall des Betriebssystems blockt derartige Anfragen nicht ab).
- Das XAMPP-Verzeichnis ist unter Windows nicht geschützt, und auch auf das MAMP-Verzeichnis darf jeder zugreifen.
- Das Konfigurationsprogramm phpMyAdmin kann von jedem – insbesondere auch über das Netzwerk – genutzt werden.

Alle diese Voreinstellungen ermöglichen ein bequemes Arbeiten auf dem heimischen PC, ein Webserver würde jedoch binnen kürzester Zeit zum Spielball von Angreifern.

Tipp   Aus diesen Gründen sollten Sie selbst auf Ihrem Testsystem immer die Firewall Ihres Betriebssystems aktivieren und diese anweisen, jegliche Zugriffsversuche von außen zu unterbinden. Wenn Sie als Windows-Anwender den obigen Anleitungen und Tipps gefolgt sind, ist dies bereits der Fall. Ganz sicher gehen Sie, wenn Sie für den Testzeitraum die Internetverbindung kappen.

Am sichersten fahren Sie, wenn Ihr gemieteter Webserver bereits ein eingerichtetes MySQL- und Apache-Gespann mitbringt und dessen Einrichtung und Wartung vom Anbieter übernommen wird.

Falls Sie selbst für Ihren kompletten Webserver sorgen müssen, wie zum Beispiel im Fall eines gemieteten Root-Servers, sollten Sie unbedingt entsprechende Sicherungsmaßnahmen einleiten. Eine detaillierte Erläuterung würde jedoch den Rahmen dieses Buches sprengen. Im Handel finden Sie aber umfangreiche Literatur zu Apache und MySQL, die jeweils auch die Installation und Einrichtung eines sicheren Systems beschreibt.

Weitere Informationen zu den in XAMPP enthaltenen Schwachstellen und dazu, wie man sie (notdürftig) flickt, finden Sie auf der XAMPP-Homepage (*http://www. xampp.org*) sowie auf der Begrüßungsseite von XAMPP (siehe Abbildung 2-38) unter dem Menüpunkt *Sicherheitscheck*. MAMP bietet leider keine derartige Zusammenfassung.

Installation von Joomla!

Sobald alle Voraussetzungen erfüllt sind, also Webserver und Datenbank laufen, kann es mit der eigentlichen Joomla!-Installation weitergehen. Dazu benötigen Sie zunächst das Content-Management-System selbst. Sie erhalten es kostenlos auf der Joomla!-Homepage unter *http://www.joomla.org*. Dort klicken Sie auf den großen *Download*-Knopf, der Sie zur Seite aus Abbildung 2-40 führt.

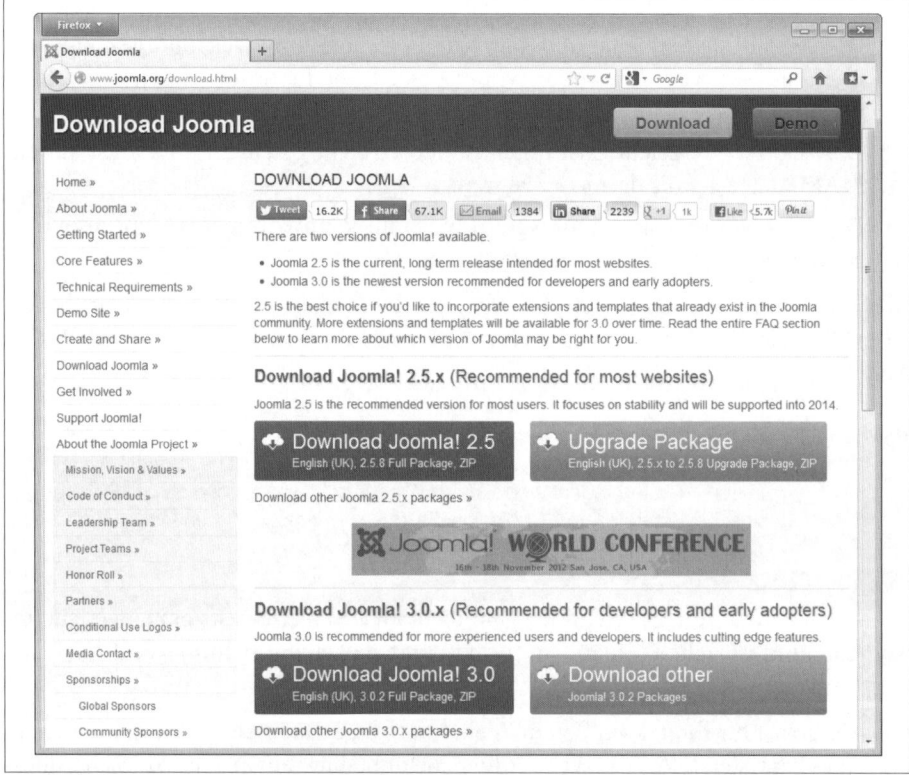

Abbildung 2-40:   Die Download-Seite mit den aktuellen Joomla!-Paketen. Hier bekommt man auch ein sogenanntes Upgrade Package, das ältere Versionen auf den aktuellen Entwicklungsstand hebt.

Zu dem Zeitpunkt, als dieses Buch geschrieben wurde, hatten Sie hier die Wahl zwischen dem alten Joomla! 2.5 mit Langzeitunterstützung und dem brandaktuellen

Joomla! 3.0. Für jedes der beiden gibt es gleich zwei dicke Knöpfe (einen blauen und einen grauen):

- Das *Full Package* (hinter dem blauen Knopf) enthält das komplette Content-Management-System, während das
- *Upgrade Package* (erhältlich über den grauen Knopf) eine ältere Joomla!-Version auf den aktuellen Stand bringt. Da es während der Arbeit an diesem Buch noch keine Aktualisierung für Joomla! 3.0 gab, führte der graue Knopf rechts unten zu weiteren Archivformaten – dazu in wenigen Zeilen mehr.

Um Joomla! 3.0 herunterzuladen, genügt ein Klick auf den großen Knopf *Download Joomla! 3.0*. Wie die Beschriftung schon andeutet, erhalten Sie dabei ein ZIP-Archiv (mit der Endung *.zip*).

Wenn Sie ein anderes Archivformat bevorzugen, klicken Sie auf den etwas unscheinbaren Link *Download other...* (in Abbildung 2-40 ganz am unteren Seitenrand). Über ihn gelangen Sie zur Seite aus Abbildung 2-41. Neben dem ZIP-Archiv stehen hier auch Pakete im *.tar.gz*- und *.tar.bz2*-Format bereit, die vor allem Linux-Anhänger bevorzugen. In allen drei Archiven steckt der gleiche Inhalt; die unterschiedlichen Dateigrößen rühren von den unterschiedlichen Kompressionsgraden her.

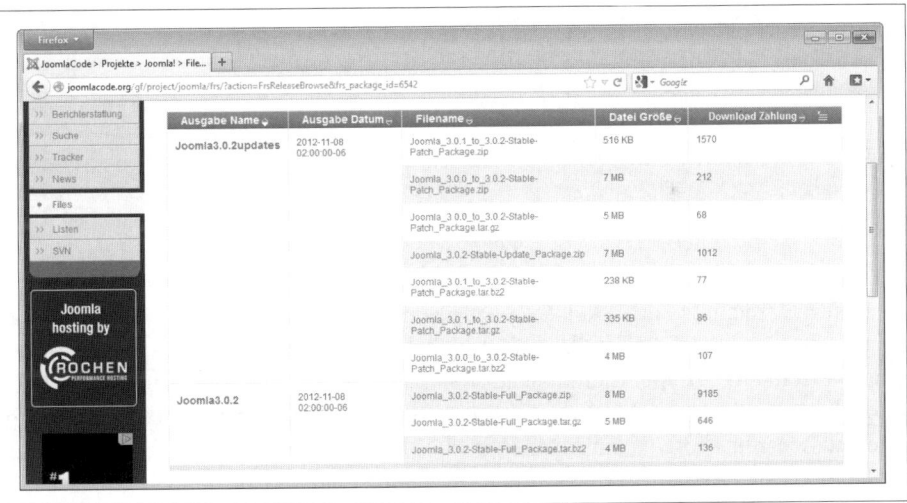

Abbildung 2-41:   Auf dieser etwas versteckten Seite bekommen Sie Joomla! in weiteren Verpackungen.

Diese versteckte Seite ist zudem bei einer anstehenden Aktualisierung einen Blick wert: Während das *Upgrade Package* auf der Download-Seite aus Abbildung 2-40 in der Regel immer nur die direkte Vorversion auf den neuesten Stand bringt, stehen hier unter Umständen auch Aktualisierungen für ältere Joomla!-Versionen bereit (im oberen Bereich unter *Joomla ... updates*). Wenn Sie eine solche benutzen, sollten Sie aber geflissentlich darauf achten, die zu Ihrer Version passende Aktualisierung zu verwenden.

Tipp Um Ihre Joomla!-Installation auf dem aktuellen Stand zu halten, sollten Sie möglichst nur die eingebaute halbautomatische Aktualisierungsfunktion verwenden.
Wie sie funktioniert, erklärt später noch Kapitel 19, *Aktualisierung und Migration*.

Alle Archive enthalten ausschließlich ein englischsprachiges Joomla!. Deutsch
beziehungsweise eine andere Sprache bringt man dem Content-Management-System später über nachrüstbare Sprachpakete bei. Wie das genau funktioniert, verrät
gleich noch Abschnitt »Man spricht Deutsch«.

Warnung Verwenden Sie immer nur die aktuellste Joomla!-Version von dieser Download-
Seite. Ältere Vorgänger enthalten teilweise schwere Sicherheitslücken und Fehler,
die Angreifer ausnutzen oder die zu Datenverlusten führen könnten.

Joomla! entpacken und aufrufen

Der Webserver erwartet alle Dokumente und Web-Anwendungen, die er bereitstellen soll, in einem ganz bestimmten Verzeichnis. Diesen Speicherort gilt es jetzt aufzuspüren. Bei XAMPP- und MAMP-Installationen hört er auf den Namen *htdocs*.

- Unter Windows finden Sie ihn direkt im XAMPP-Installationsverzeichnis, also
  normalerweise unter *C:\xampp\htdocs*.
- Bei Linux liegt er unter */opt/lampp/htdocs*.
- Bei Mac OS X liegt er unter */Programme/MAMP/htdocs*.

Tipp Wenn Sie nicht XAMPP oder MAMP verwenden und selbst einen Webserver aufge-
setzt haben, nennt Ihnen das Handbuch Ihres Betriebssystems beziehungsweise
Ihres Webservers das passende Verzeichnis (Stichwort »DocumentRoot«). Unter
Linux ist beispielsweise */var/www/html* äußerst beliebt.

In dieses Verzeichnis entpacken Sie jetzt das heruntergeladene Joomla!-Archiv. Insbesondere bei einer Testinstallation ist es jedoch ratsam, Joomla! dort ein eigenes
Unterverzeichnis zu spendieren. Dadurch behalten Sie einen besseren Überblick
und können im Fall der Fälle das Content-Management-System einfacher löschen.
(Sie müssen nur diesen Unterordner in den Papierkorb werfen.) Als Verzeichnisname bietet sich beispielsweise schlicht und einfach *joomla* an.

Tipp Auf diese Weise lassen sich auch zwei Joomla!-Versionen parallel betreiben:
Packen Sie jede von ihnen in ein eigenes Verzeichnis, und wählen Sie später bei
der Installation unterschiedliche Datenbanken (oder zumindest verschiedene Präfixe bei den Tabellennamen – mehr dazu folgt im zweiten Installationsschritt).

Wenn Sie eine Testinstallation mit XAMPP aufsetzen möchten, gehen Sie dazu wie
folgt vor:

Unter Windows klicken Sie einfach das heruntergeladene Joomla!-Archiv mit der rechten Maustaste an, wählen den Punkt *Alle extrahieren...* und geben als Verzeichnis für den Assistenten *C:\xampp\htdocs\joomla* an. *C:\xampp* müssen Sie dabei gegebenenfalls durch das Installationsverzeichnis von XAMPP ersetzen. Der kleine Assistent erstellt automatisch das Unterverzeichnis *joomla* und entpackt dort dann das Content-Management-System. Alternativ können Sie auch zu einem Packprogramm greifen, wie beispielsweise dem kostenlosen 7-ZIP (*http://www.7-zip.org*).

Linux-Anwender entpacken das Joomla!-Archiv am schnellsten in einem Terminalfenster mit zwei Kommandozeilenbefehlen. Der erste erstellt das neue Unterverzeichnis *joomla*:

```
sudo mkdir /opt/lampp/htdocs/joomla
```

Der zweite entpackt das Joomla!-Archiv. Sofern Sie das ZIP-Archiv heruntergeladen haben, nutzen Sie das folgende Kommando:

```
sudo unzip Joomla_3.0.2-Stable-Full_Package.zip -d /opt/lampp/htdocs/joomla
```

Bei einem *.tar.gz*-Archiv verwenden Sie seinen Kollegen:

```
sudo tar xvfz Joomla_3.0.2-Stable-Full_Package.tar.gz -C /opt/lampp/htdocs/joomla
```

Während das folgende Ungetüm ein Archiv im *.tar.bz2*-Format auspackt:

```
sudo tar xvfj Joomla_3.0.2-Stable-Full_Package.tar.bz2 -C /opt/lampp/htdocs/joomla
```

Den Dateinamen des Archivs müssen Sie noch anpassen. In den obigen Beispielen beginnt er mit *Joomla_3.0.2-Stable-Full_Package*. Da nur der Benutzer root Schreibrechte auf das Verzeichnis */opt/lampp* besitzt, fordert das vorangestellte sudo die notwendigen Rechte an. Das notwendige Passwort haben Sie bei der Installation Ihrer Distribution vergeben; probieren Sie im Zweifelsfall Ihr eigenes aus. Weigert sich Linux, den Befehl trotz korrektem Passwort auszuführen, melden Sie sich mit

```
su root
```

direkt als Benutzer root an und wiederholen dann die obigen Befehle ohne das vorangestellte sudo. Wenn Sie lieber ein grafisches Packprogramm nutzen möchten, müssen Sie sich zuvor als Administrator beziehungsweise Benutzer root anmelden.

Wer Mac OS X benutzt, doppelklickt einfach auf die heruntergeladene Datei. Das eingebaute Archivprogramm entpackt Joomla! automatisch in ein eigenes Verzeichnis. Dieses müssen Sie nur noch in *joomla* umbenennen und mit dem Finder in das Verzeichnis */Programme/MAMP/htdocs* verschieben. Selbstverständlich können Sie auch alternativ zu einem beliebigen Packprogramm eines Drittherstellers greifen.

Warnung Überschreiben Sie niemals eine alte, bestehende Joomla!-Version mit einer neuen. Entpacken Sie also beispielsweise nicht einfach das neue Joomla! 3.0 über eine bestehende Joomla! 2.5-Installation! Aufgrund der umfangreichen Änderungen wird dies sehr wahrscheinlich schiefgehen und mit einem defekten Content-Management-System enden. Der Wechsel von Joomla! 2.5 auf Joomla! 3.0 ist nur durch eine mehr oder weniger umständliche Migration zu erreichen, mit der sich Kapitel 19, *Aktualisierung und Migration*, noch ausführlich befasst.

Unter der Haube

Wie bereits erwähnt wurde, erwartet der Webserver alle Dokumente und Web-Anwendungen in einem ganz bestimmten Verzeichnis – unter XAMPP und MAMP ist dies *htdocs*. Gibt man die Internetadresse des Computers in einen Browser ein (wie zum Beispiel *http://localhost*), so liefert der Webserver eine Übersicht aller dort abgelegten Dateien. Sollte jedoch ein Dokument mit dem Namen *index.html*, *index.htm* oder *index.php* darunter sein, so wird stattdessen einfach dieses zurückgeliefert. Dateien in einem Unterordner erreicht man, indem man ihre Namen an die Internetadresse anhängt. *http://localhost/meinedateien/buecher.html* liefert zum Beispiel die Datei *buecher.html* aus dem Unterordner *meinedateien*.

Wenn Sie also Joomla! direkt im *htdocs*-Verzeichnis entpacken, erreichen Sie es später über die Adresse *http://localhost*. Legen Sie es hingegen im Unterverzeichnis *joomla* ab, müssen Sie die Adresse *http://localhost/joomla* mit Ihrem Browser ansteuern.

Analoges gilt auch später für Ihren richtigen Webserver im Internet. Wenn Ihre gemietete Internetadresse *www.example.com* heißt und Sie Joomla! auf dem Server in das Verzeichnis *cms* entpacken, erreichen Sie das Content-Management-System unter der Adresse *http://www.example.com/cms*.

Stellen Sie nun sicher, dass sowohl der Webserver als auch die Datenbank laufen. (Wenn Sie mit XAMPP arbeiten, starten Sie Apache und MySQL so, wie in Abschnitt »Lokale Testumgebung mit XAMPP und MAMP« beschrieben.)

Öffnen Sie ein Browserfenster, und wechseln Sie zur Adresse *http://localhost/joomla* (beziehungsweise *http://localhost*, wenn Sie Joomla! direkt in das *htdocs*-Verzeichnis entpackt haben, siehe auch den Kasten *Unter der Haube*). Das Content-Management-System führt Sie nun in drei Schritten zu einer fertigen Joomla!-Installation.

 Version Gegenüber der Version 2.5 haben die Entwickler die Installation weiter vereinfacht. Einige Optionen erscheinen nur, wenn sie wirklich notwendig sind. Früher musste man sich noch durch insgesamt sieben Formulare klicken.

Schritt 1: Hauptkonfiguration

Auf der ersten Seite legen Sie zunächst die Sprache fest, in der Joomla! Sie durch den Installationsprozess führt. Sofern Sie einen deutschsprachigen Browser verwenden, sollte wie in Abbildung 2-42 bereits der passende Punkt *German* (DE-CH-AT) ausgewählt worden sein. Die Spracheinstellungen, die Sie hier vornehmen, beziehen sich übrigens ausschließlich auf die Installation. Damit auch später die Benutzeroberfläche von Joomla! durchgehend in Deutsch erscheint, ist ein zusätzliches Sprachpaket notwendig (dazu folgt in wenigen Absätzen mehr).

Abbildung 2-42:   Die Sprachauswahl schlägt bereits Deutsch vor. Darunter verlangt Joomla! ein paar grundlegende Angaben zur Webseite.

Im unteren Teil müssen Sie sich als Erstes überlegen, wie Ihre zukünftige Homepage heißen soll. Für das angestrebte Kinoportal tippen Sie in das Eingabefeld hinter *Name* kurz und knapp Kinoportal ein. Dieser Titel taucht später an unterschiedlichen Stellen auf, wie beispielsweise in der Titelleiste Ihres Internet-Browsers.

Direkt darunter erwartet ein größeres Feld eine kurze *Beschreibung* Ihres Internet-Auftritts. Den dort hinterlegten Text versteckt Joomla! in jeder ausgelieferten Seite. Primär ist er für Internet-Suchmaschinen wie Google gedacht; normale Besucher bekommen ihn für gewöhnlich nicht zu Gesicht. Ideal ist ein kurzer, knackiger Satz wie in Abbildung 2-42. Weitere Informationen zu diesen sogenannten Meta-Daten folgen noch in Kapitel 17, *Suchmaschinenoptimierung*.

Auf der rechten Seite tragen Sie unter *E-Mail* eine gültige E-Mail-Adresse ein, an die Joomla! alle wichtigen Nachrichten schicken darf. Sie sollten hier folglich eine existierende Adresse angeben (siehe Abbildung 2-43).

Als Nächstes müssen Sie sich einen Benutzernamen sowie ein Passwort ausdenken. Beide zusammen bilden den Schlüssel zum Heiligtum von Joomla!. Aus diesem Grund sollten Sie das Gespann weise wählen, es sich gut merken und vor allem möglichst geheim halten. Wer sich mit ihm später bei Joomla! anmeldet, hat vollen Zugriff auf alle Funktionen. Joomla! schlägt als Benutzernamen bereits *admin* vor.

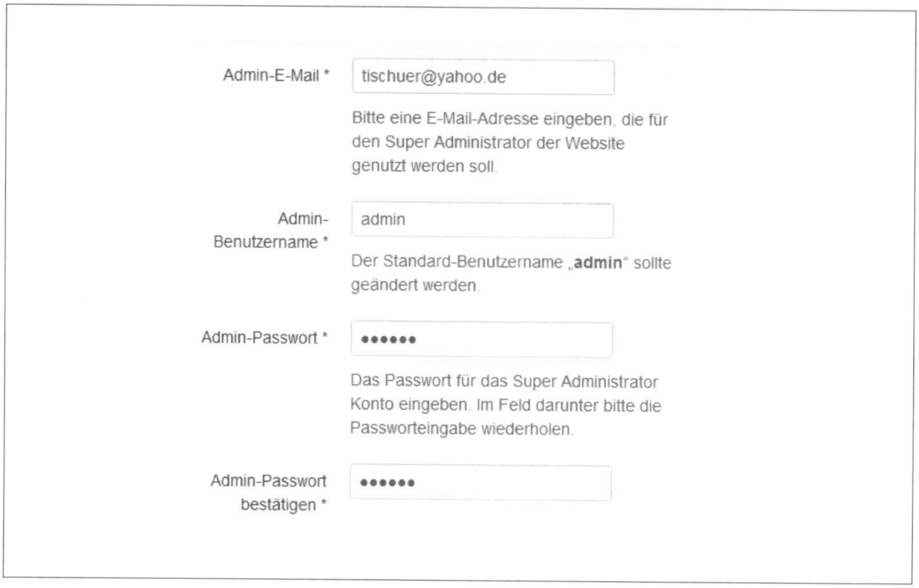

<table>
<tr><td align="right">Admin-E-Mail *</td><td>tischuer@yahoo.de</td></tr>
<tr><td></td><td>Bitte eine E-Mail-Adresse eingeben, die für
den Super Administrator der Website
genutzt werden soll.</td></tr>
<tr><td align="right">Admin-
Benutzername *</td><td>admin</td></tr>
<tr><td></td><td>Der Standard-Benutzername „admin" sollte
geändert werden.</td></tr>
<tr><td align="right">Admin-Passwort *</td><td>••••••</td></tr>
<tr><td></td><td>Das Passwort für das Super Administrator
Konto eingeben. Im Feld darunter bitte die
Passworteingabe wiederholen.</td></tr>
<tr><td align="right">Admin-Passwort
bestätigen *</td><td>••••••</td></tr>
</table>

Abbildung 2-43: Mit den hier eingestellten Daten legt Joomla! gleich ein Benutzerkonto an, das weitreichende Rechte besitzt.

Tipp Beim Erstellen von besonders sicheren Passwörtern helfen sogenannte Passwortgeneratoren, die es kostenlos im Internet gibt. Ein Beispiel wäre das kleine Werkzeug *pwgen*, das Sie unter *http://8-p.info/pwgen/* finden.

Der Benutzername gehört in das Feld *Admin-Benutzername*. Das Passwort tippen Sie blind sowohl unter *Admin-Passwort* als auch noch einmal zur Kontrolle unter *Admin-Passwort bestätigen* ein (siehe Abbildung 2-43).

Warnung In einer lokalen Testinstallation können Sie den vorgeschlagenen Namen admin einfach übernehmen. Er ist leicht zu merken und wird auch in vielen Anleitungen im Internet sowie in diesem Buch verwendet. Wenn Sie später Joomla! auf dem Server installieren, sollten Sie jedoch unbedingt einen anderen, möglichst kryptischen *Admin-Benutzernamen* verwenden. Denn Angreifer kennen den Benutzernamen *admin* bereits und müssten somit nur noch das Passwort erraten, um Zugang zu Ihrer Joomla!-Installation zu erhalten.

Die eingetippte Passwort-Zeichenkette speichert Joomla! zwar verschlüsselt in der Datenbank, erlangt jedoch ein Angreifer vollen Zugriff auf den entsprechenden Eintrag, so kann er das Passwort gegen ein eigenes austauschen. Wie das genau funktioniert, verrät Kapitel 18, *Rund um die Datenbank*. Allein schon aus diesem Grund sollten Sie in einer produktiven Umgebung besonderen Wert auf eine abgeschirmte und sichere Datenbank-Installation legen.

Die von Joomla! verwaltete Homepage ist nach der Installation umgehend für Besucher erreichbar. In einer Testinstallation ist das wünschenswert, bei der Installation auf dem richtigen Internet-Server würden die ganzen anstehenden Umbaumaßnahmen die frühzeitig vorbeischlendernden Besucher jedoch nur verwirren – zu denen übrigens auch Suchmaschinen gehören. Aus diesem Grund können Sie seit Joomla! 2.5 über die Einstellung *Site offline* ganz am unteren Seitenrand Ihre Homepage (vorübergehend) abschalten. Besucher sehen dann nur noch die kleine Hinweisseite aus Abbildung 2-44. Sobald Sie Joomla! fertig eingerichtet haben, schalten Sie in seinen Grundeinstellungen die Homepage wieder frei.

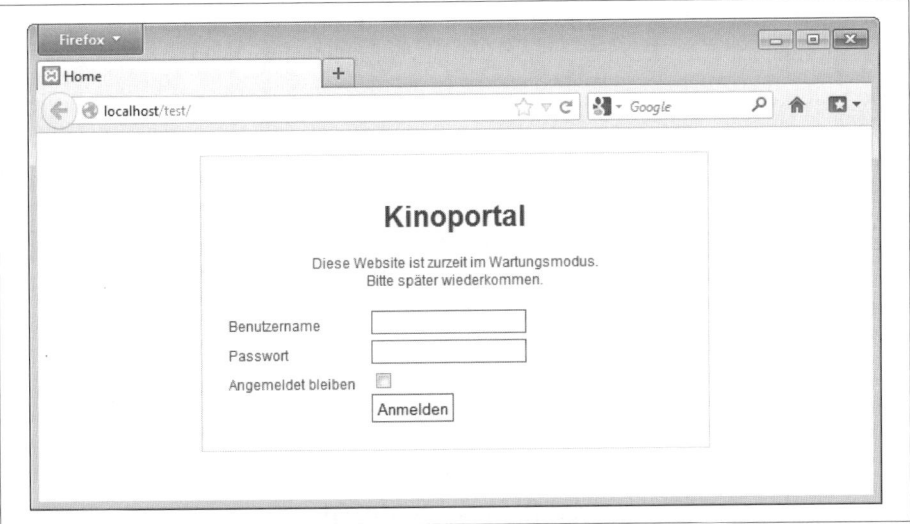

Abbildung 2-44:   Schon bei der Installation können Sie die Homepage in den sogenannten Wartungsmodus versetzen und dann erst einmal in Ruhe die Homepage nach eigenem Geschmack einrichten.

Tipp   Als Faustregel gilt: In einer Testinstallation belassen Sie *Site offline* auf *Nein*, bei der Installation auf einem Server setzen Sie die Einstellung hingegen auf *Ja* (indem Sie auf *Ja* klicken).

Sind alle Informationen beisammen, geht es mit einem Klick auf *WEITER* (rechts oben) zum nächsten Schritt.

Schritt 2: Konfiguration der Datenbank

Im Formular aus Abbildung 2-45 stellen Sie zunächst ganz oben unter *Datenbanktyp* ein, welche Datenbank Joomla! nutzen soll. Joomla! 3.0 kann mit MySQL, PostgreSQL, Microsoft SQL Server und Microsofts Azure-Dienst zusammenarbeiten.

Wenn Sie hier einen Eintrag vermissen, ist in PHP das entsprechende Datenbankmodul nicht geladen. In diesem Fall müssen Sie die PHP-Konfiguration verändern beziehungsweise mit Ihrem Webhoster sprechen. Die Einträge für den SQL Server und Azure tauchen zudem nur unter Windows auf und auch nur dann, wenn Sie zuvor Microsofts *SQL Server Driver for PHP* installiert haben (*http://msdn.microsoft. com/en-us/sqlserver/ff657782.aspx*).

Wenn Sie mit MySQL arbeiten, wie es etwa unter XAMPP und MAMP der Fall ist, belassen Sie den *Datenbanktyp* auf der Voreinstellung *MySQLI*. Die Option *MySQL* bezeichnet eine veraltete Schnittstelle zur MySQL-Datenbank und sollte eigentlich nicht mehr zum Einsatz kommen (siehe auch den Kasten *MySQLi versus MySQL*).

Unter *Servername* tippen Sie den (Domain-)Namen des Servers ein, auf dem die Datenbank läuft. In der XAMPP-Umgebung ist das der gleiche Rechner, auf dem auch Joomla! arbeitet. Der korrekte Wert lautet folglich localhost.

Bitte beachten Sie, dass sich an dieser Stelle localhost auf den Computer bezieht, auf dem Joomla! installiert wird. Relevant ist dabei der Blickwinkel des Content-Management-Systems: Aus Sicht von Joomla! läuft MySQL auf seinem eigenen Computer (localhost).

Die meisten Webhoster lagern allerdings die Datenbank auf einen anderen Computer aus. Wenn Sie Joomla! auf einem angemieteten Server installieren, müssen Sie daher sehr wahrscheinlich hier einen anderen (Domain-)Namen eingeben. Diesen nennt Ihnen normalerweise Ihr Webhoster irgendwo in seinem Kundenbereich beziehungsweise Servicecenter. Im Zweifelsfall sollten Sie Ihren Webhoster fragen, welche Angabe hier richtig ist.

MySQLi versus MySQL

Ein PHP-Programm kann auf zwei Arten mit einer MySQL-Datenbank sprechen. Die ältere der beiden Methoden heißt einfach *MySQL*; die mit PHP 5 eingeführte, verbesserte Variante hört hingegen auf den Namen *MySQLI*(für *MySQL improved*). Letztere hat unter anderem den Vorteil, dass die Kommunikation schneller und etwas sicherer abläuft. Folglich sollten Sie bei der Installation von Joomla! dem *Datenbanktyp MySQLI* den Vorzug geben.

Bietet Ihr Webhoster hingegen nur die alte MySQL-Methode an, müssen Sie in der Ausklappliste unter *Datenbanktyp* den Punkt *MySQL* wählen.

Was Sie bei *Datenbanktyp* wählen, hat übrigens keine Auswirkungen auf den Funktionsumfang oder die Bedienung von Joomla!. Weitere ausführliche Informationen zu diesem Thema finden PHP-Kenner auf der Internetseite *http://www.php.net/manual/ en/mysqli.overview.php*.

In den nächsten beiden Feldern landen die Zugangsdaten, mit denen sich Joomla! bei der Datenbank anmeldet. Bei einer lokalen Installation mit XAMPP lautet der *Benutzername* root, während das *Passwort* wie in Abbildung 2-45 leer bleibt. Wenn Sie MAMP einsetzen, verwenden Sie root sowohl als *Benutzername* wie auch als

Passwort. Diese Zugangsdaten haben die XAMPP- beziehungsweise MAMP-Macher so vorgegeben.

Warnung   Hier wird noch einmal sehr deutlich eine Sicherheitslücke von XAMPP und MAMP sichtbar: Jeder halbwegs intelligente Angreifer kennt den voreingestellten Benutzernamen und das Passwort. Sobald er nur irgendwie Zugriff auf das System erlangt, hätte er automatisch auch uneingeschränkten Zugriff auf die komplette MySQL-Datenbank. Setzen Sie daher XAMPP beziehungsweise MAMP niemals ohne weitere Maßnahmen auf einem produktiven Server ein.

Später bei der Installation auf dem Webserver erhalten Sie das passende Bündel aus Benutzernamen und Passwort von Ihrem Webhoster. Sofern Sie die Datenbank selbst installiert haben, durften Sie die Zugangsdaten bei ihrer Einrichtung festlegen.

Abschließend fehlt noch der Name der Datenbank. Dies mag zunächst etwas komisch klingen, ein Datenbankprogramm wie MySQL kann jedoch durchaus mehrere Datenbanken für jeweils unterschiedliche Zwecke verwalten. Sofern eine Datenbank mit dem hier eingetippten Namen noch nicht existiert, legt Joomla! sie gleich selbstständig an. Unter einer Testinstallation mit XAMPP oder MAMP dürfen Sie einen beliebigen Datenbanknamen wählen, wobei sich wie in Abbildung 2-45 natürlich joomla anbietet. Wichtig ist nur, dass im Namen keine Leerzeichen enthalten sind. Bei einer Installation auf Ihrem richtigen Internetserver gibt Ihnen normalerweise Ihr Webhoster den Datenbanknamen vor. Diesen meist kryptischen Bezeichner tragen Sie dann hier unter *Datenbankname* ein.

Warnung   Wenn Sie später auf Ihrem Webserver den Datenbanknamen selbst wählen können, sollten Sie einen möglichst kryptischen wählen. Da *joomla* ein recht beliebter Name ist, probieren Angreifer ihn bei ihren Einbruchsversuchen als Erstes aus.

Alle zu speichernden Informationen legt die Datenbank in einzelnen Tabellen ab, die zur Unterscheidung jeweils einen eindeutigen Namen erhalten (wie Sie es vielleicht auch von Ihrer Tabellenkalkulation her kennen). Auf Wunsch kann Joomla! den Namen seiner eigenen Tabellen ein kleines Kürzel voranstellen. Dieses *Tabellenpräfix* ist vor allem dann nützlich, wenn noch weitere Web-Anwendungen die gleiche Datenbank nutzen müssen – beispielsweise wenn Sie zwei Joomla!-Portale betreiben wollen, Ihr Webhoster aber nur eine Datenbank spendiert. Zudem lassen sich die zu Joomla! gehörenden Tabellen dank des Präfixes schneller identifizieren und sichern (vgl. Kapitel 18, *Rund um die Datenbank*). Joomla! schlägt hier immer eine zufällig generierte Zeichenfolge vor. Dies soll vor allem die Sicherheit erhöhen: Ein Angreifer muss dann die Namen der Tabellen erst mühsam erraten.

Tipp   Einige Anleitungen, dieses Buch sowie Hilfen im Internet setzen das Präfix jos_ voraus. Sie können es daher in einer Testinstallation verwenden. Später, auf dem richtigen Internetserver hingegen sollten Sie das vorgeschlagene kryptischere Kürzel nutzen.

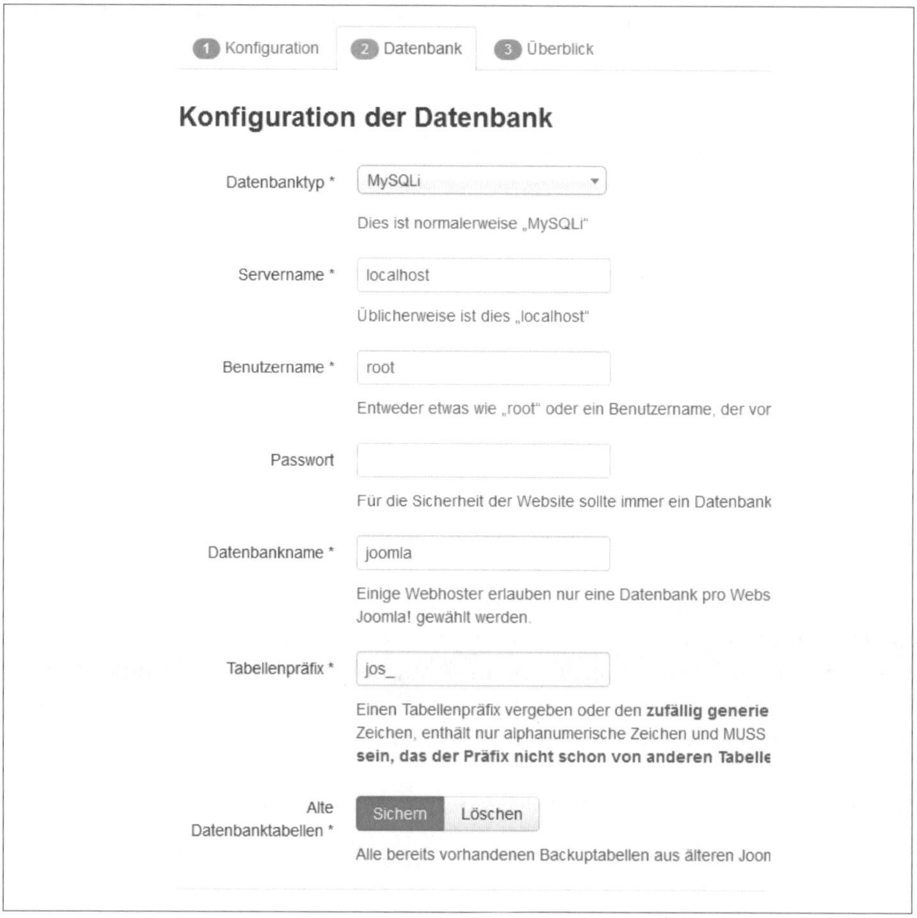

| 1 Konfiguration | 2 Datenbank | 3 Überblick |

Konfiguration der Datenbank

Datenbanktyp * | MySQLi |
Dies ist normalerweise „MySQLi"

Servername * | localhost |
Üblicherweise ist dies „localhost"

Benutzername * | root |
Entweder etwas wie „root" oder ein Benutzername, der vor

Passwort | |
Für die Sicherheit der Website sollte immer ein Datenbank

Datenbankname * | joomla |
Einige Webhoster erlauben nur eine Datenbank pro Webs
Joomla! gewählt werden.

Tabellenpräfix * | jos_ |
Einen Tabellenpräfix vergeben oder den **zufällig generie**
Zeichen, enthält nur alphanumerische Zeichen und MUSS
sein, das der Präfix nicht schon von anderen Tabelle

Alte
Datenbanktabellen * | Sichern | Löschen |
Alle bereits vorhandenen Backuptabellen aus älteren Joon

Abbildung 2-45: Die Datenbankeinstellungen bei der Benutzung von XAMPP

Mit dem Schalter *Alte Datenbanktabellen* sollten Sie vorsichtig und wohlüberlegt umgehen. Ist hier *Löschen* aktiviert (also rot hervorgehoben), dann löscht Joomla! bei der Installation alle bereits vorhandenen Joomla!-Tabellen aus der Datenbank, die das weiter oben angegebene *Tabellenpräfix* tragen.

Auf diese Weise ersetzen Sie schnell eine alte Installation durch eine frische. Allerdings kann man auf diese Weise auch mal eben ein laufendes System löschen. Einem solchen Datenverlust beugt der Punkt *Sichern* vor. Ist er aktiviert, erstellt Joomla! ein Backup der bereits vorhandenen Tabellen (indem das Content-Management-System sie einfach umbenennt).

Warnung Besteht allerdings schon eine ältere Sicherung, so wird diese durch das neue Backup ersetzt und somit rücksichtslos überschrieben. Um folglich ganz sicher zu gehen, dass keine alten Daten überschrieben werden, müssen Sie ein anderes, noch nie benutztes *Tabellenpräfix* wählen.

Belassen Sie folglich hier möglichst einfach *Sichern* (der Punkt sollte grün hinterlegt sein). Das ist auch die richtige Einstellung, wenn Sie Joomla! zum ersten Mal installieren. Wenn alle Einstellungen korrekt sind, klicken Sie rechts oben auf *Weiter*. Welches Formular Joomla! jetzt öffnet, hängt von den Gegebenheiten auf Ihrem Computer beziehungsweise Ihrem Webserver ab.

Schritt 3: FTP-Konfiguration

Die später in das Content-Management-System eingegebenen Texte dürfen Sie selbstverständlich auch mit anderen Medien anreichern. So wäre das Kinoportal nicht komplett ohne die Fotos berühmter Schauspieler oder kleine Filmausschnitte. Diese zusätzlichen Dateien hievt Joomla! normalerweise selbst von der heimischen Festplatte auf den Webserver. Dort landen sie nicht etwa in der Datenbank, sondern in einem explizit dafür gedachten Verzeichnis. In diesem muss Joomla! die Dateien speichern dürfen. Joomla! benötigt folglich Schreibrechte auf dieses Verzeichnis. Ähnliches gilt auch für Erweiterungspakete.

Sollte Joomla! bei der Installation feststellen, dass es Dateien nicht in den entsprechenden Verzeichnissen ablegen kann, bietet es an, den meist sowieso schon vorhandenen FTP-Zugang mitzunutzen. Als Betreiber eines Internetauftritts haben Sie ihn sicherlich schon häufiger verwendet, um Ihre Dateien hochzuladen und online zu stellen (siehe den Kasten *File Transfer Protocol*).

Tipp Unter XAMPP beziehungsweise MAMP besitzt Joomla! normalerweise alle notwendigen Rechte, um Dateien hochzuladen und in seinen Verzeichnissen abzulegen. In solch einem Fall landen Sie direkt beim letzten Formular aus Abschnitt »Schritt 4: Beispieldaten und Zusammenfassung«. Wenn Sie dennoch die Dateien via FTP hochladen lassen möchten, so können Sie diese Funktion später noch in den Grundeinstellungen aktivieren (dazu lesen Sie mehr in Kapitel 10, *Globale Einstellungen*).

Falls Sie auf den FTP-Zugang zurückgreifen wollen oder (dank Ihres Webhosters) müssen, stellen Sie zunächst *FTP-Funktion aktivieren* auf *Ja* (indem Sie das *Ja* anklicken).

Tipp Wenn Sie jetzt unsicher sind, belassen Sie es hier beim *Nein* und klicken auf *Weiter*. Sie können Joomla! auch nachträglich noch anweisen, Dateien über den FTP-Zugang hochzuladen.

Damit nicht jeder Fremde nach Belieben Dateien hochladen kann, ist der Zugang normalerweise durch ein Gespann aus Benutzername und Passwort geschützt. Wenn Sie sich für den FTP-Zugang entschieden haben, möchte Joomla! genau diese beiden Informationen unter *FTP-Benutzername* und *FTP-Passwort* wissen (siehe Abbildung 2-46).

File Transfer Protocol

Das Akronym *FTP* steht für *File Transfer Protocol*. Ähnlich wie ein Polizist den Verkehr regelt, regelt es den Datenaustausch zwischen zwei Programmen. Das eine der beiden Programme läuft auf dem heimischen PC. Dieser sogenannte FTP-Client sendet die zu übertragenden Dateien an den Server im Internet. Dort nimmt der FTP-Server, eine ständig auf dem Server laufende Anwendung, die losgeschickten Dateien entgegen und speichert sie ab. Für alle halbwegs aktuellen Betriebssysteme steht eine ganze Reihe von kostenlosen Client- und Server-Programmen bereit.

Die Einrichtung eines FTP-Servers ist auch auf dem heimischen Test-PC eine Überlegung wert: Hier können Sie nicht nur gefahrlos an allen Parametern schrauben, sondern auch die Situation auf dem späteren Webserver nachbauen und so wiederum Ihren Internetauftritt unter möglichst realen Bedingungen planen.

Falls Sie sich etwas näher mit diesem Thema beschäftigen möchten, sei Ihnen ein Blick auf XAMPP empfohlen. Ihm liegt mit ProFTPD unter Linux beziehungsweise mit FileZilla unter Windows ebenfalls ein FTP-Server bei. Steuern Sie in einem Browser die Adresse *http://localhost* an, und wählen Sie dann in der linken Spalte den Eintrag *Komponenten*. Auf der neuen Seite führt ein Klick auf den Namen des FTP-Programms direkt zu seinem Online-Handbuch.

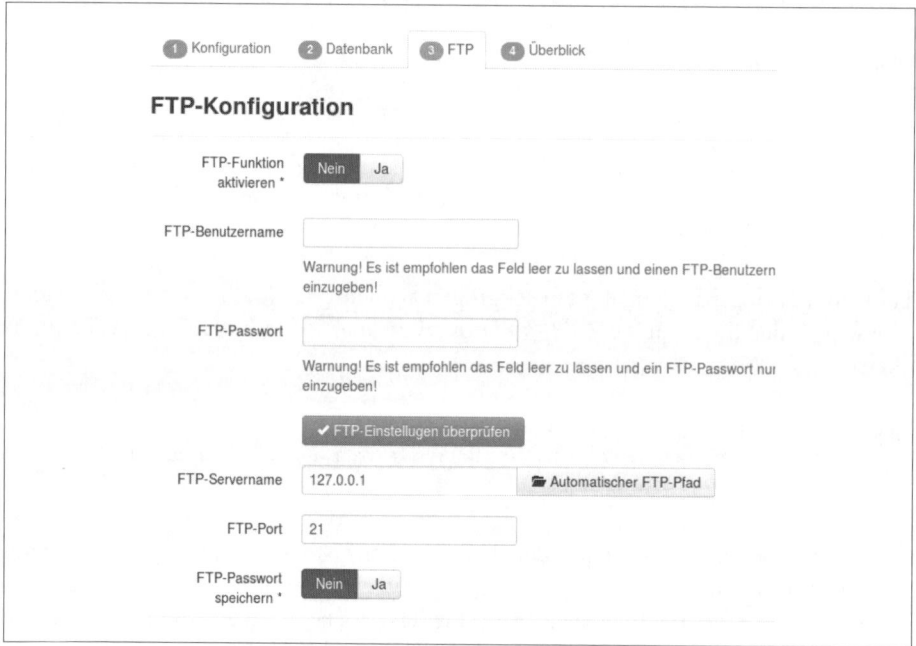

Abbildung 2-46:   Damit Joomla! einen FTP-Zugang zum Hochladen von Fotos und anderen Dateien nutzt, benötigt man diese Informationen.

Allerdings sollten Sie jetzt nicht vorschnell Ihre eigenen Zugangsdaten preisgeben, die Sie von Ihrem Webhoster erhalten haben. Legen Sie stattdessen einen neuen und explizit für Joomla! gedachten FTP-Zugang an. Sofern Ihr Webhoster dies nicht gestattet, sollten Sie besser auf diese Funktion verzichten und unter *FTP-Funktion aktivieren* den Punkt *Nein* einstellen.

Warnung   Die eigenen Zugangsdaten gibt man niemals her! Sollte irgendwann ein böser Hacker es schaffen – aus welchen Gründen auch immer – in Ihren Internet-Auftritt einzubrechen, bekäme er dort Ihre Zugangsdaten auf dem Silbertablett präsentiert. Damit könnte er dann den Server komplett übernehmen. Wenn Sie Joomla! einen eigenen FTP-Zugang spendieren, beschränken Sie seinen Aktionsradius auf das Joomla!-Installationsverzeichnis auf Ihrem Webserver. Damit wäre der erwähnte Hacker in diesem Verzeichnis gefangen, und der Schaden hielte sich in Grenzen.

Das hier eingetippte FTP-Passwort vergisst Joomla! direkt nach seiner Installation wieder. Sie müssen es also später jedes Mal erneut eingeben, wenn Sie eine Datei auf Ihren Webserver hochladen möchten. Das ist zum einen recht umständlich, zum anderen möchte man externen Autoren nicht unbedingt das FTP-Passwort nennen. Sie können deshalb Joomla! anweisen, sich das Passwort zu merken. Dazu klicken Sie ganz unten neben *FTP-Passwort speichern* auf *Ja*. Sie und Ihre Autoren werden dann beim Hochladen von Dateien nie wieder nach einem Passwort gefragt.

Warnung   Dummerweise hat die Sache einen Haken: Joomla! speichert das Passwort in einer Datei auf dem Webserver. Schafft es ein Angreifer, in Ihren Webserver einzubrechen, findet er dort auch Ihr FTP-Passwort vor. Umgekehrt ist es aber auch riskant, den Autoren das FTP-Passwort zu nennen – erst recht, wenn Sie die Autoren nicht persönlich kennen.

Als empfehlenswerter Mittelweg bietet es sich an, einen FTP-Zugang nur für Joomla! einzurichten, der lediglich Zugriff auf die absolut notwendigen Joomla!-Verzeichnisse gewährt (eine Aufstellung dieser Verzeichnisse folgt später noch). Das zugehörige Passwort können Sie dann Joomla! ruhigen Gewissens anvertrauen – denn mit dem könnte ein Angreifer nicht allzu viel anfangen.

Die Beschreibung, wie man ein neues FTP-Konto anlegt oder sogar einen sogenannten FTP-Server einrichtet und konfiguriert, würde den Rahmen dieses Buches sprengen. Falls Sie darüber noch keine Kenntnisse besitzen oder sich unsicher sind, sollten Sie hier ebenfalls unter *FTP-Funktion aktivieren* einfach *Nein* wählen.

Nachdem Sie sich mit einem FTP-Programm am Webserver angemeldet haben, befinden Sie sich in einem Hauptverzeichnis, über dem es keine weitere Verzeichnisebene gibt. Joomla! möchte nun von hier aus den kompletten Pfad bis zu seinem Installationsverzeichnis wissen. Nach einem Klick auf *Automatischer FTP-Pfad* versucht Joomla! dieses Verzeichnis selbst zu ermitteln. Nach einem Klick auf *FTP-Einstellungen überprüfen* testet Joomla!, ob alle zuvor eingetragenen Angaben stimmen.

Unter *FTP-Servername* können Sie noch die IP-Adresse des Webservers angeben, auf dem der FTP-Server auf eingehende Daten wartet. In der Regel ist dies wieder der Computer, auf dem auch Joomla! läuft, und folglich sind die bereits vorgegebenen Daten korrekt. (Die Adresse 127.0.0.1 bezeichnet den eigenen Computer aus Sicht des Content-Management-Systems.) Der *FTP-Port* hängt vom verwendeten FTP-Server ab. Entsprechende Informationen hält Ihr Webhoster beziehungsweise die Dokumentation des FTP-Servers bereit.

Schritt 4: Beispieldaten und Zusammenfassung

Im nächsten Schritt können Sie noch *Beispieldaten installieren* lassen (siehe Abbildung 2-47). Joomla! legt dann in der Datenbank eine Beispiel-Homepage mit englischen Texten an. Diese können Sie dann wiederum als Ausgangsbasis für Ihren eigenen Internetauftritt verwenden.

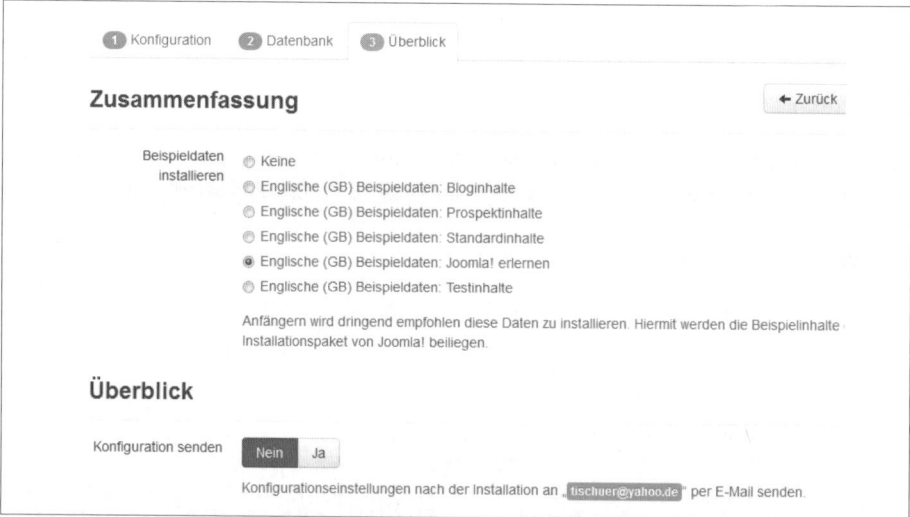

Abbildung 2-47:   Die Beispieldaten vereinfachen den Aufbau einer neuen Joomla!-Seite.

Zur Auswahl stehen dabei verschiedene Beispiele für unterschiedliche Einsatzzwecke, die Abbildung 2-48 bis Abbildung 2-52 vorstellen. Wenn Sie beispielsweise mit Joomla! ein Blog aufsetzen möchten, können Sie *Englische (GB) Beispieldaten: Bloginhalte* wählen. Dann installiert Joomla! gleich die Beispiel-Homepage aus Abbildung 2-48.

 Tipp   Die *Englische (GB) Beispieldaten: Testinhalte* sind für Entwickler von Erweiterungen beziehungsweise die Programmierer von Joomla! gedacht. Sie spielen einen ganzen Batzen Texte und mitunter auch Nonsense-Informationen ein, mit denen man Joomla! und die Erweiterungen auf Herz und Nieren testen kann. Wenn Sie nicht planen, eigene Erweiterungen für Joomla! zu entwickeln, können Sie diesen Punkt ignorieren.

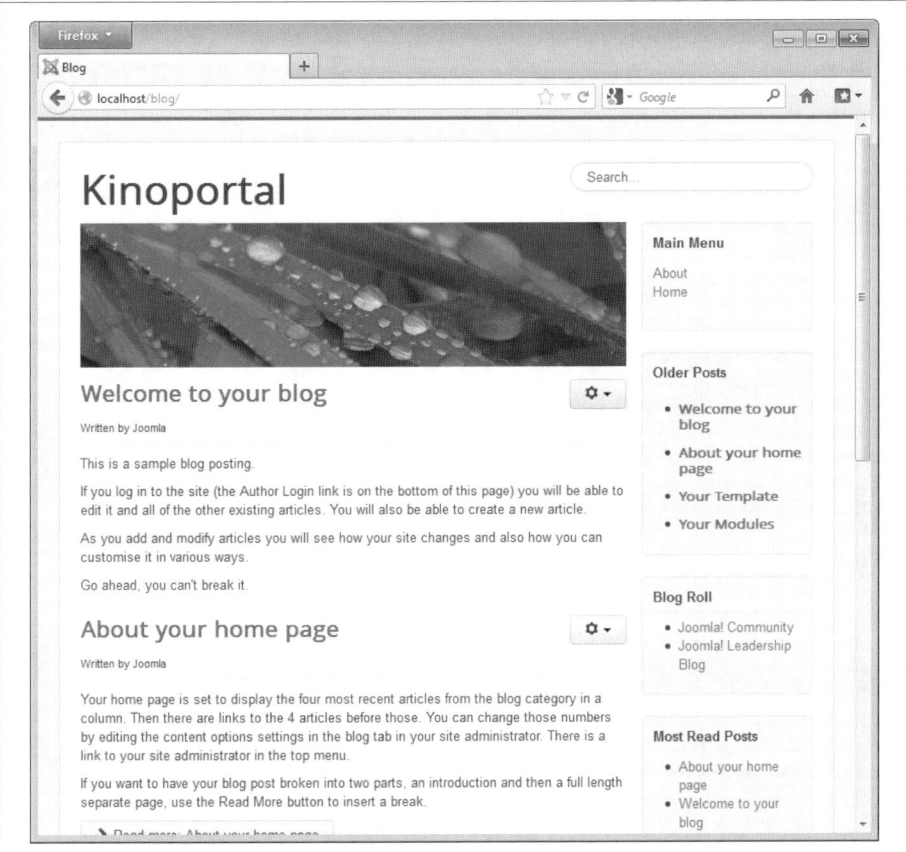

Abbildung 2-48: *Englische (GB) Beispieldaten: Bloginhalte*

Als Ausgangspunkt für das Kinoportal dienen im folgenden die *Englische (GB) Bei-spieldaten: Joomla! erlernen*. Wenn Sie die Beispiele mitmachen möchten, sollten Sie diesen Punkt hier markieren (wie in Abbildung 2-47).

Wenn Sie neben *Konfiguration senden* den Schalter *Ja* anklicken, schickt Joomla! Ihnen eine Zusammenfassung aller Einstellungen an die angegebene E-Mail-Adresse (die Sie im ersten Schritt eingetippt haben, siehe Abschnitt »Schritt 1: Hauptkonfiguration« auf Seite 52). Das ist besonders dann nützlich, wenn Sie Joomla! auf Ihrem angemieteten Webserver installieren: Sollten später irgendwann im Betrieb Probleme auftreten, können Sie in den zugeschickten Informationen schnell die Einstellungen zur Datenbank nachschlagen.

Im unteren Bereich fasst Joomla! noch einmal alle Einstellungen aus den vorherigen Schritten zusammen. Darüber hinaus erfahren Sie, ob das PHP-System alle Voraussetzungen für einen reibungslosen Betrieb erfüllt.

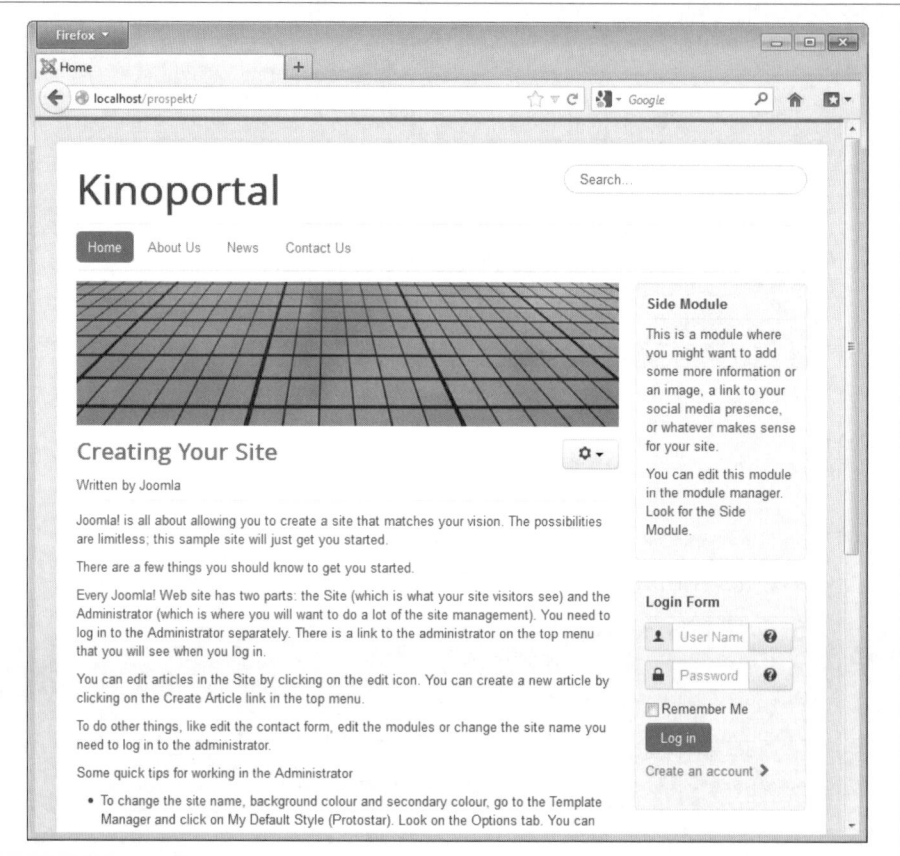

Abbildung 2-49:   *Englische (GB) Beispieldaten: Prospektinhalte*

Ist etwas nicht nach Joomla!s Wunsch, bemängelt es dies mit einem roten oder gelben Warnhinweis, wie in Abbildung 2-53 zu sehen ist. Die Bedingungen und Funktionen auf der linken Seite muss das PHP-System zwingend erfüllen beziehungsweise mitbringen – mit einer Ausnahme: Neben *configuration.php: nicht schreibgeschützt* darf auch ein *Nein* stehen. In diesem Fall kann Joomla! die Einstellungen nicht in einer Datei in seinem Verzeichnis speichern. Dies müssen Sie dann gleich selbst für Joomla! übernehmen (wie das funktioniert, erfahren Sie im nächsten Abschnitt, »Abschluss der Installation«).

Rechts unten im Bereich *Empfohlene Einstellungen* führt die Seite weitere Voraussetzungen auf, die das PHP-System im Idealfall erfüllen sollte, aber nicht zwingend erfüllen muss. In der Tabelle finden Sie unter *Empfohlen* die von Joomla! erwarteten Einstellungen, unter *Aktuell* die derzeit gültigen.

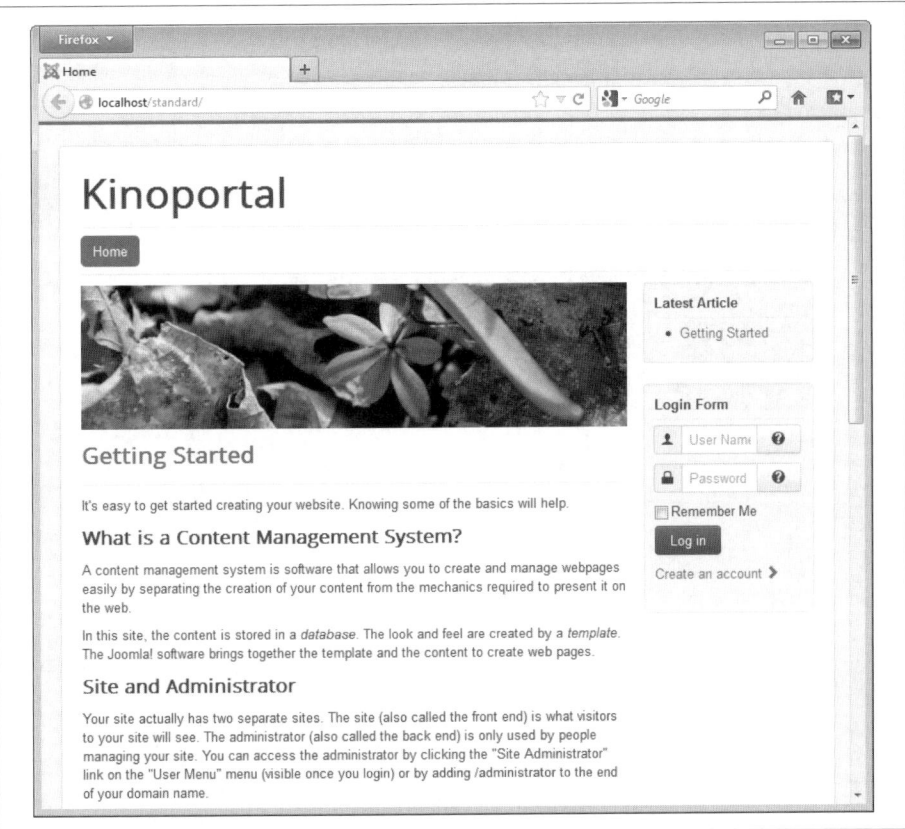

Abbildung 2-50: *Englische (GB) Beispieldaten: Standardinhalte*

Achten Sie hier insbesondere auf den Punkt *Fehler anzeigen*. Steht er auf *An*, nervt Joomla! Sie unter Umständen später immer mal wieder mit quer über die Benutzeroberfläche geschriebenen Fehlermeldungen. Das passiert insbesondere dann, wenn PHP in seinen Einstellungen angewiesen wurde, Programmierern jeden noch so kleinen Hinweis zu liefern. Die in Joomla! erscheinenden Fehlermeldungen sind folglich weder dramatisch noch beeinträchtigen sie die Funktion, sie stören jedoch. Das gilt erst recht, wenn sie auf der Homepage auftauchen. Folglich sollten Sie PHP diese Geschwätzigkeit austreiben. Unter XAMPP müssen Sie dazu die Datei *php.ini* aufspüren. Sie enthält alle PHP-Einstellungen und liegt unter

- Windows im Unterverzeichnis *C:\xampp\php*.
- Linux im Verzeichnis */opt/lampp/etc*.

Unter MAMP ist keine Änderung notwendig. Für den Fall der Fälle finden Sie die *php.ini* im Verzeichnis */Programme/MAMP/conf/php5.4.10*.

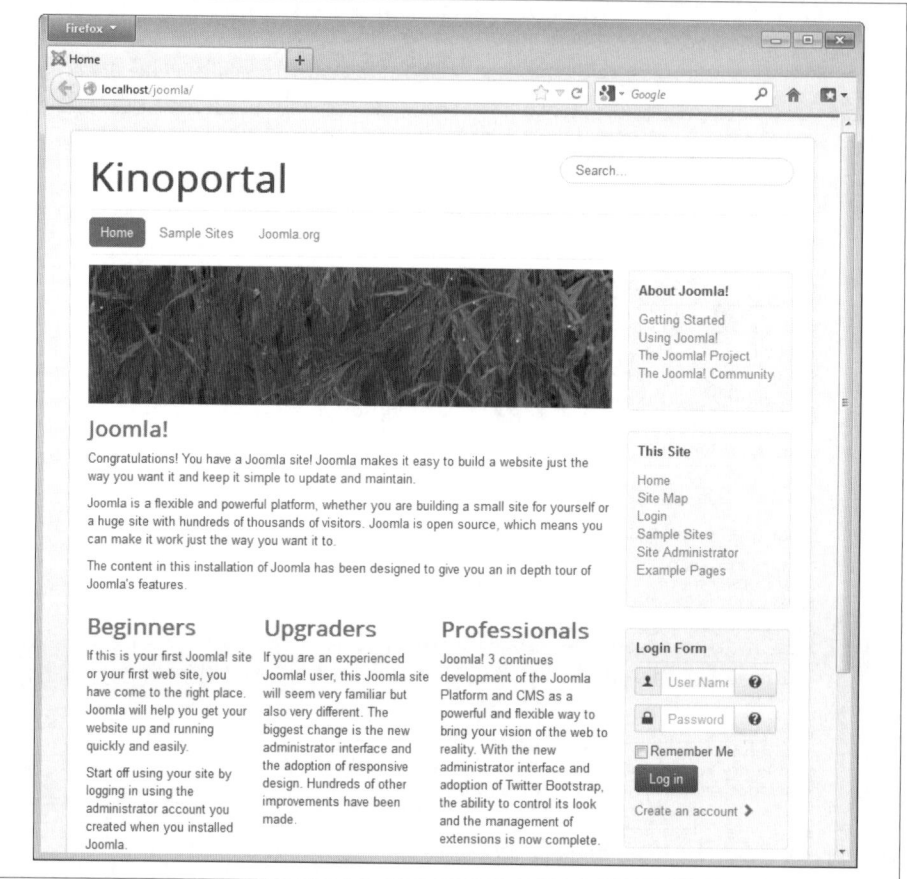

Abbildung 2-51:   *Englische (GB) Beispieldaten: Joomla! erlernen*

Öffnen Sie die Datei mit einem beliebigen Texteditor (jedoch nicht mit einer Textverarbeitung wie Word), suchen Sie die Zeile

```
display_errors = On
```

und ersetzen Sie sie durch:

```
display_errors = Off
```

Speichern Sie die Änderung, und starten Sie anschließend den Webserver neu, beispielsweise indem Sie ihn über das XAMPP Control Panel stoppen und direkt wieder starten. Unter Linux geht das in einem Terminal schneller mit:

```
sudo /opt/lampp/lampp restart
```

Laden Sie jetzt nicht einfach die Seite neu, sondern gehen Sie einen Schritt *ZURÜCK* und dann wieder *WEITER*. Neben *Fehler anzeigen* in der Spalte *Aktuell* sollte jetzt

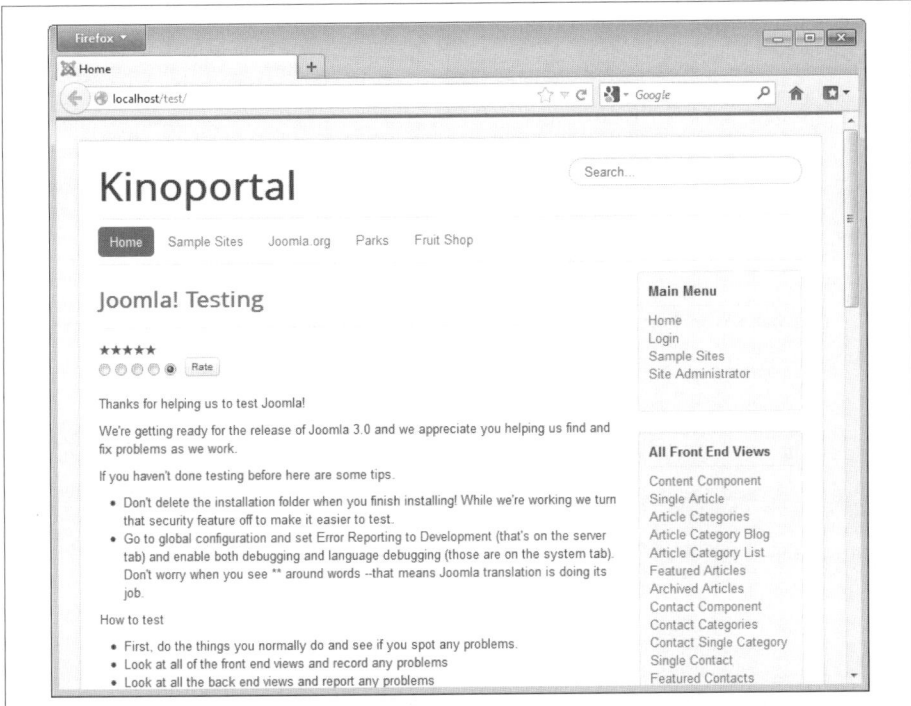

Abbildung 2-52: *Englische (GB) Beispieldaten: Testinhalte*

ein grünes *Aus* leuchten. Bei einer XAMPP-Installation ist dies übrigens die einzige notwendige Anpassung; unter MAMP müssen Sie gar nicht tätig werden.

Später auf dem richtigen Internetserver können Sie die Funktion normalerweise über die Benutzeroberfläche Ihres Webhosters abschalten. Wenn Sie den Server komplett in Eigenregie betreiben, ist wieder besagte *php.ini* die richtige Anlaufstelle. Wenn es keine Möglichkeit gibt, die Funktion zu deaktivieren, müssen Sie Ihren Webhoster direkt ansprechen.

Abschluss der Installation

Wenn alles stimmt, klicken Sie rechts oben auf die Schaltfläche *INSTALLIEREN*.

Warnung Haben Sie einmal geklickt, gibt es kein Zurück mehr: Die Tabellen sind dann mit den entsprechenden Beispieldaten gefüllt.

Nachdem Joomla! die Datenbank eingerichtet hat, erscheint die Glückwunschmeldung aus Abbildung 2-54. Damit ist die Installation allerdings noch nicht ganz beendet.

Hauptkonfiguration

Name	Kinoportal
Beschreibung	Im Kinoportal finden Sie Kritiken zu aktuellen Kinofilmen.
Site offline	Nein
Admin-E-Mail	fischuer@yahoo.de
Admin-Benutzername	admin
Admin-Passwort	***

Konfiguration der Datenbank

Datenbanktyp	mysqli
Servername	localhost
Benutzername	root
Passwort	
Datenbankname	test
Tabellenpräfix	jos_
Alte Datenbanktabellen	Sichern

Installationsprüfung

PHP-Version >= 5.3.1	Ja
Magic Quotes GPC Aus	Ja
Register Globals Aus	Ja
Zlib-Kompressionsunterstützung	Ja
XML-Unterstützung	Ja
Datenbankunterstützung: (mysql, mysqli, pdo, sqlite)	Ja
MB Sprache ist Standard	
MB String overload ist deaktiviert	Ja
INI-Parser-Unterstützung	Ja
JSON-Support	Ja
configuration.php: nicht schreibgeschützt	Ja

Empfohlene Einstellungen:

Diese Einstellungen werden für PHP empfohlen, um eine gute Kompatibilität mit Joomla! zu gewährleisten. Jedoch kann Joomla! hier mit Einschränkungen in den Empfehlungen trotzdem funktionieren.

Funktionen	Empfohlen	Aktuell
Safe-Mode	Aus	Aus
Fehler anzeigen	Aus	An
Dateien hochladen	An	An
Magic Quotes Laufzeit	Aus	Aus
Gepufferte Ausgabe	Aus	An
Automatischer Sitzungsstart (Session)	Aus	Aus
Standard ZIP-Unterstützung	An	An

Abbildung 2-53: Der Installationsprüfung von Joomla! passen ein paar Einstellungen nicht.

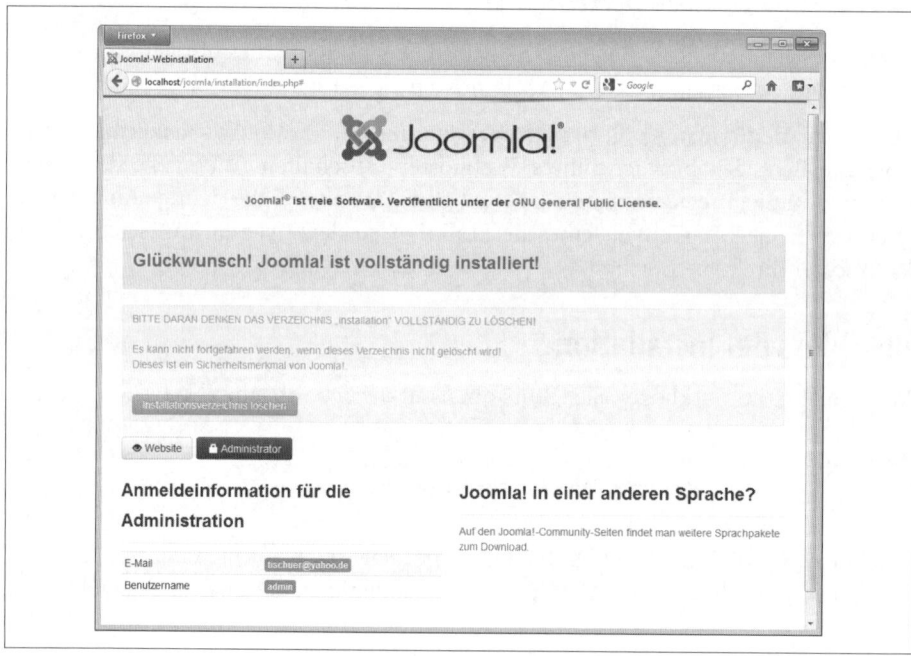

Abbildung 2-54: Der letzte Schritt auf dem Weg zur Joomla!-Installation

configuration.php

Joomla! speichert einige seiner Einstellungen in einer Datei namens *configuration. php*. Kann es diese Datei nicht schreiben, erhalten Sie am unteren Rand die rote Warnmeldung aus Abbildung 2-55. Das ist genau dann der Fall, wenn Joomla! im dritten Schritt im Bereich *Installationsprüfung* neben *configuration.php: nicht schreibgeschützt* mit einem *Nein* warnt (siehe Abschnitt »Schritt 4: Beispieldaten und Zusammenfassung«« auf Seite 62).

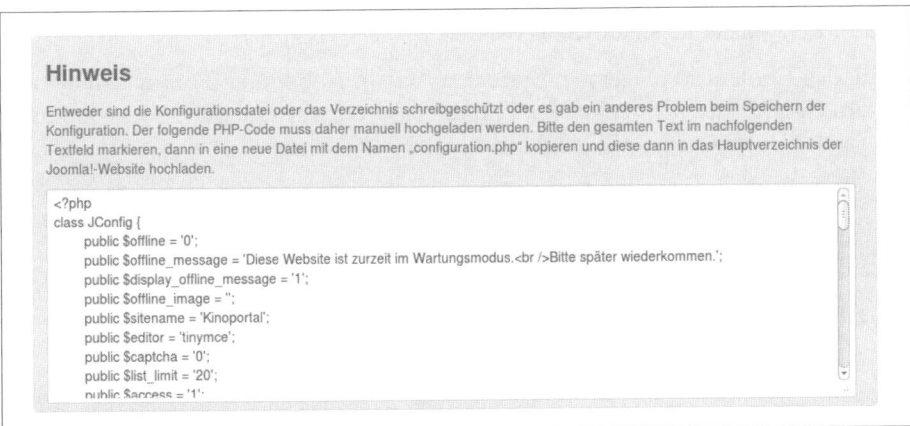

Abbildung 2-55: Konnte Joomla! die Datei *configuration.php* nicht selbst anlegen, zeigt es Ihnen ihren Inhalt an.

Wenn Sie die rote Warnmeldung sehen, kommen Sie nicht darum herum, die *configuration.php* selbst anzulegen. Joomla! zeigt dazu in dem großen Feld den Text an, der eigentlich in die besagte Datei gehört. Markieren Sie diesen kryptischen Zeichensalat mit der Maus, und kopieren Sie ihn über die Zwischenablage in einen Texteditor (*nicht* eine Textverarbeitung wie Word). Das Ergebnis speichern Sie unter dem Namen *configuration.php* im Joomla!-Verzeichnis. Wenn Sie Joomla! auf Ihrem Webserver installieren, können Sie die Datei zunächst auf Ihrem Computer speichern und sie dann in das Joomla!-Verzeichnis hochladen. Achten Sie jedoch in jedem Fall darauf, dass die Zeichenkodierung UTF-8 ausgewählt ist. Diese können Sie in der Regel beim Speichern der Datei einstellen (im Windows-Editor etwa in der Ausklappliste *Codierung*) oder irgendwo im Hauptmenü des Editors auswählen.

Tipp

Was sich hinter dieser Zeichenkodierung verbirgt, erklärt ausführlich der Wikipedia-Artikel unter *http://de.wikipedia.org/wiki/Zeichenkodierung*. Für den Betrieb unter Joomla! reicht es zu wissen, dass die Datei *configuration.php* in der Zeichenkodierung UTF-8 vorliegen muss.

Warnung

Später auf einem Server sollte niemand die Datei *configuration.php* ändern können! Andernfalls könnten Angreifer oder eine (defekte) Erweiterung die Konfigurationsdatei zerstören und somit das gesamte Joomla!-System lahmlegen. Stellen Sie also nach dem Hochladen der Datei sicher, dass diese schreibgeschützt ist.

Installationsverzeichnis löschen

In jedem Fall fordert Joomla! Sie noch auf, das Installationsverzeichnis zu löschen. Gemeint ist das Unterverzeichnis *installation* in Ihrem Joomla!-Verzeichnis, das die Formulare aus den vorherigen Schritten enthält. Dies geschieht wieder aus Sicherheitsgründen: Bei einer Installation auf dem Server könnte jeder beliebige Besucher diese Seiten erneut aufrufen und dabei beispielsweise die Datenbank leeren oder das Passwort ändern. Folgen Sie daher unbedingt Joomla!s Vorschlag. Um das Installationsverzeichnis zu löschen, müssen Sie lediglich auf die entsprechende, prominent in der Mitte platzierte Schaltfläche klicken.

Sollte das Content-Management-System so wie in Abbildung 2-56 in fetten roten Lettern einen *Fehler* melden, fehlen ihm die passenden Rechte. In diesem Fall müssen Sie das Unterverzeichnis *installation* per Hand löschen.

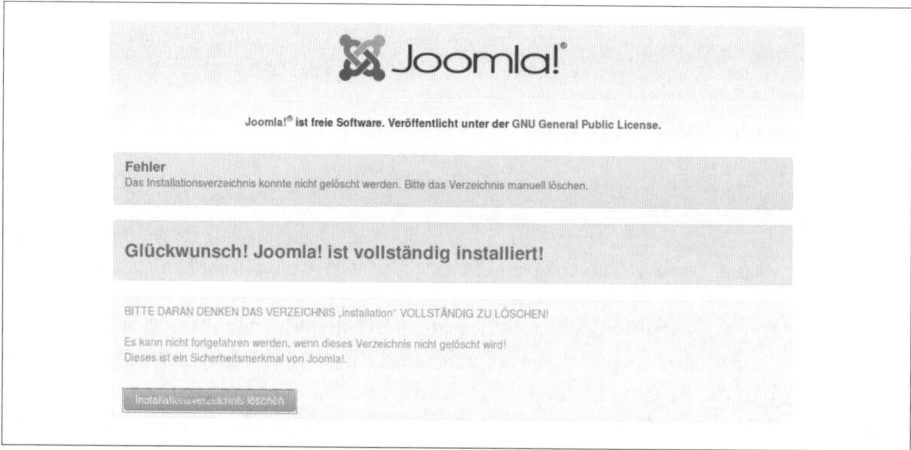

Abbildung 2-56:   Hier konnte Joomla! das Installationsverzeichnis nicht löschen.

Wenn Sie mit XAMPP arbeiten und der Schnellinstallation aus Abschnitt »Schnellinstallation« auf Seite 15 gefolgt sind, finden Sie das Verzeichnis *installation* unter

- Windows im Verzeichnis *C:\xampp\htdocs\joomla*.
- Linux im Verzeichnis */opt/lampp/htdocs/joomla*.
- Mac OS X im Ordner */Programme/MAMP/htdocs/joomla*.

 Tipp   Erstellen Sie in regelmäßigen Abständen eine Sicherungskopie sowohl des Joomla!-Verzeichnisses als auch der Datenbank – das gilt erst recht, wenn sich die Seiten im produktiven Einsatz befinden. In diesem Fall empfiehlt sich eine eiserne Backup-Strategie. Einen guten Einstieg in dieses Thema liefert der Wikipedia-Artikel unter *http://de.wikipedia.org/wiki/Datensicherung*. Im Notfall können Sie mit dem Backup schnell den alten Stand wiederherstellen und damit wiederum die Ausfallzeiten so gering wie möglich halten. Weitere Informationen zu diesem Thema folgen noch in Kapitel 18, *Rund um die Datenbank*.

Beispielseite aufrufen

Um die während der Installation erzeugte Beispielseite anzuzeigen, klicken Sie auf *Website*. Sie gewährt einen ersten Einblick in das Leistungsspektrum von Joomla! (siehe Abbildung 2-57). Wenn Sie der Schnellinstallation gefolgt sind, führt zukünftig die dort bereits erwähnte Internetadresse *http://localhost/joomla* zur gleichen Stelle. Das Aussehen der Beispielseite hängt davon ab, für welche Beispieldaten Sie sich im letzten Schritt der Installation entschieden haben.

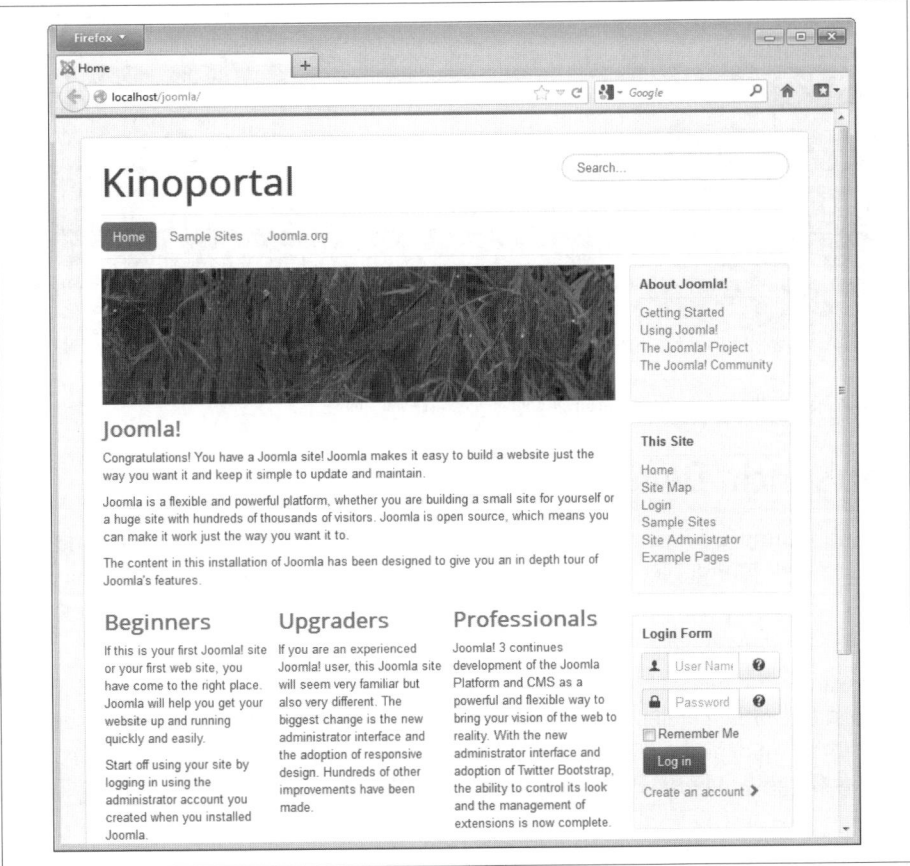

Abbildung 2-57:   Die Homepage aus den mitgelieferten Beispieldaten, hier in der Variante *Joomla! erlernen*

Das Eingangstor zur Steuerzentrale erreichen Sie, wenn Sie der Internet-Adresse noch ein */administrator* anhängen. Wenn Sie der Schnellinstallation gefolgt sind, finden Sie die Kommandobrücke folglich unter der Adresse *http://localhost/joomla/administrator* (siehe Abbildung 2-58).

Tippen Sie hier aber noch nicht den bei der Installation vergebenen Benutzernamen und das Passwort ein. Zuvor wird noch einmal ein kleiner Abstecher ins Internet fällig.

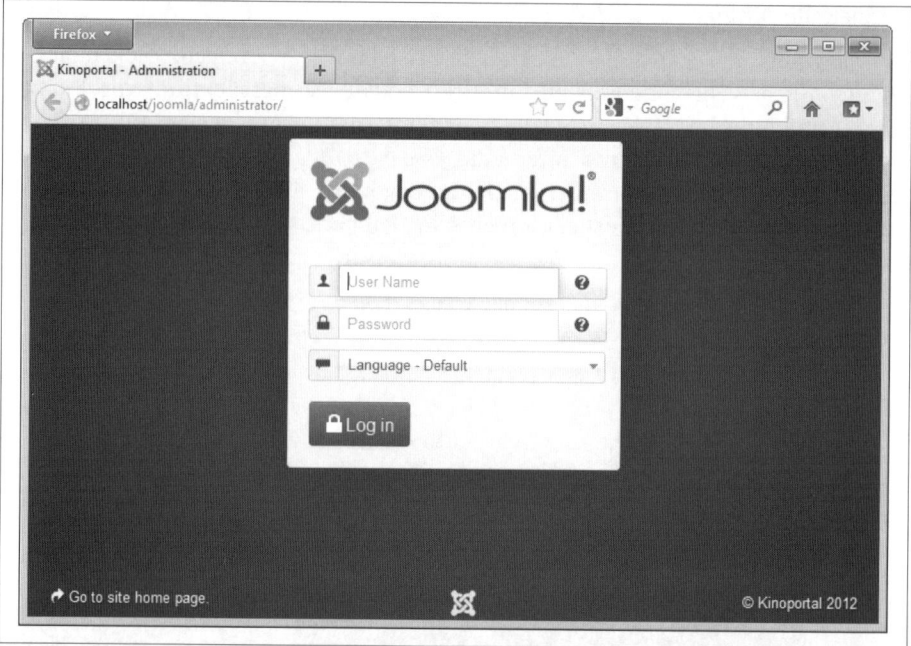

Abbildung 2-58:   Der Anmeldebildschirm für die Kommandobrücke von Joomla!

Man spricht Deutsch

Wie Abbildung 2-57 zeigt, liegt die dargestellte Beispielseite noch vollständig in Englisch vor. Joomla! lernt neue Sprachen mithilfe sogenannter Sprachpakete. Das deutsche Sprachpaket stellt das Übersetzerteam auf seiner Homepage unter *http:// www.jgerman.de* bereit (siehe Abbildung 2-59).

Dort wählen Sie den Menüpunkt *Downloads*, dann Ihre Joomla!-Version (wenn Sie den bisherigen Beispielen gefolgt sind, ist das *Joomla! 3.0 Deutsch*), fahren auf der neuen Seite an den unteren Rand und laden mit einem Klick auf das grüne ZIP-Symbol das *Deutsche »Full«-Paket* herunter.

 Tipp   Weitere Sprachdateien finden Sie am schnellsten über das entsprechende Verzeichnis auf der Joomla!-Homepage. Sie erreichen es, indem Sie Ihren Browser auf die Seite *http://community.joomla.org/translations.html* lenken und dort Ihre Joomla!-Version auswählen.

Alternativ steuern Sie *http://www.joomla.org* an, platzieren dann am oberen Rand den Mauszeiger auf *Extend*, klicken *Translations* an und wählen Ihre Joomla!-Version. Zu den Sprachpaketen führt übrigens auch im letzten Schritt der Installation der Link im Bereich *Joomla! in einer anderen Sprache?*.

Egal welchen Weg Sie nehmen, auf der Translations-Seite müssen Sie jetzt etwas nach unten fahren.

Abbildung 2-59:   Die Homepage des deutschen Übersetzerteams

Die heruntergeladene Datei trägt einen Dateinamen wie etwa *de-DE_joomla_lang_
full_3.0.2v1.zip*. Er weist in verschlüsselter Form noch einmal auf den Inhalt hin.
Hier im Beispiel enthält das Paket die komplette (*full*) deutsche (*de-DE*) Übersetzung (*lang*) für Joomla! (*joomla*) in Version *3.0.2*, wobei die deutschen Texte noch
nicht nachträglich korrigiert werden mussten (*v1*). Das angehängte *v1* stellt somit
die Versionsnummer der Übersetzung dar.

Version   In der Vergangenheit wechselte häufiger das Schema der Dateinamen. So wurde
beispielsweise anstelle von *full* auch schon einmal *all* verwendet.

Anders als in Joomla! bis zur Version 1.5 haben Sie hier keine Wahl mehr zwischen
einer formalen Anrede mit »Sie« und einem eher lockeren, informellen Stil mit
»Du«. Stattdessen versuchen die Texte in den Sprachpaketen den Benutzer nicht
mehr direkt anzusprechen und sind somit universell einsetzbar.

Liegt die Datei auf der Festplatte, wechseln Sie in Ihrem Browser zum Anmeldebildschirm der Steuerzentrale. Wenn Sie der Schnellinstallation aus Abschnitt »Schnellinstallation« auf Seite 15 gefolgt sind, finden Sie ihn unter der Seite *http://localhost/
joomla/administrator*. Tippen Sie hier unter *User Name* den Benutzernamen und
unter *Password* das Passwort ein, das Sie bei der Installation vergeben haben (wenn
Sie der Schnellinstallation gefolgt sind, lautet der Benutzername admin). Sie können
dabei die grauen Texte in den Feldern einfach überschreiben. Mit einem Klick auf
Log in landen Sie auf der Seite aus Abbildung 2-60.

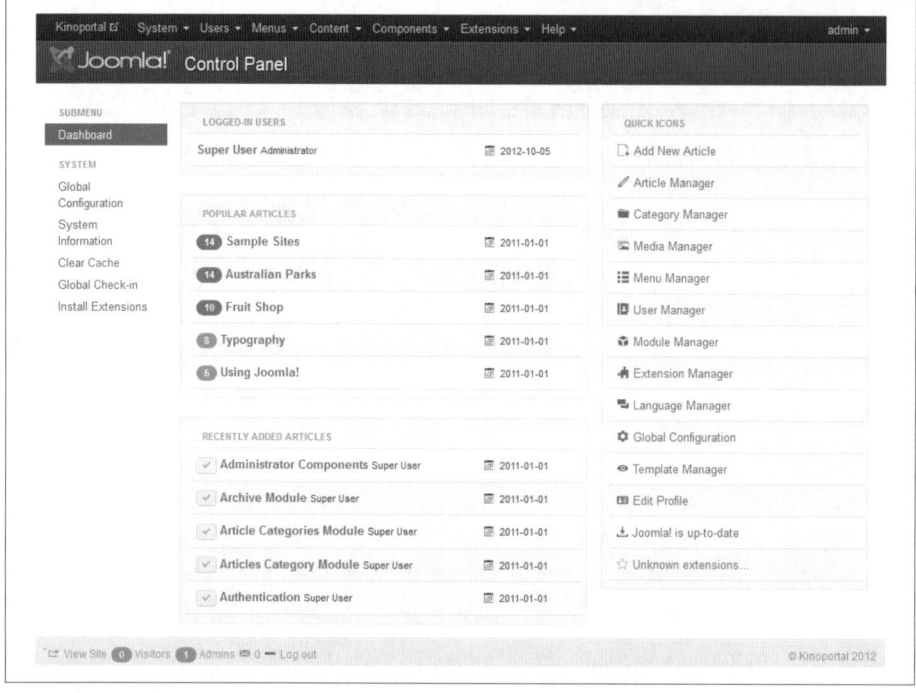

Abbildung 2-60:   Das Foyer der Steuerzentrale von Joomla!

Rufen Sie dort im Hauptmenü am oberen Rand den Punkt *Extensions* → *Extension Manager* auf. Es erscheint der Bildschirm aus Abbildung 2-61.

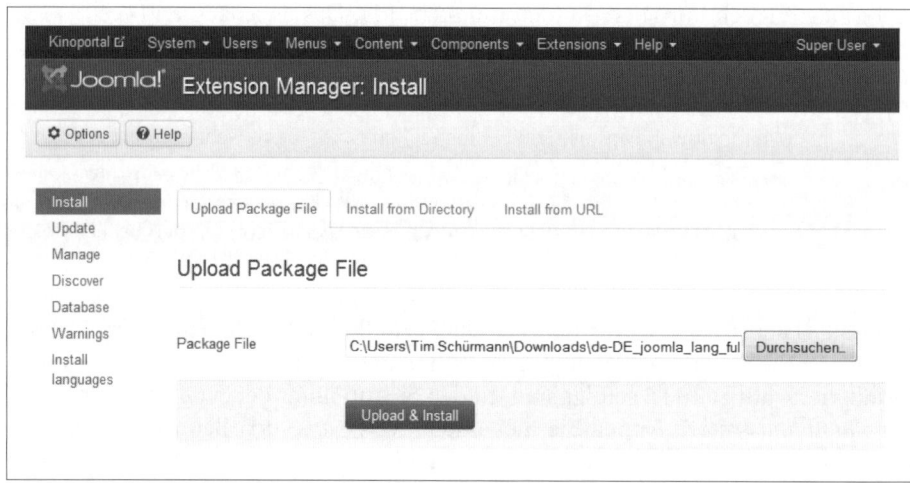

Abbildung 2-61:   Der Extension Manager integriert das Sprachpaket in Joomla!.

Hier klicken Sie auf *Durchsuchen...* (*Browse...* in einem englischen Browser) und wählen das heruntergeladene Sprachpaket. Die Schaltfläche *Upload & Install* spielt es schließlich ein. Sollte eine Fehlermeldung erscheinen, fehlen Joomla! sehr wahrscheinlich die Zugriffsrechte auf die Verzeichnisse *tmp*, *language* und *administrator/language*. Sie finden die drei Kandidaten im Joomla!-Verzeichnis.

Nachdem das Paket korrekt von Joomla! installiert worden ist, wechseln Sie zum Menüpunkt *Extensions → Language Manager*. Nun erscheint die Seite aus Abbildung 2-62.

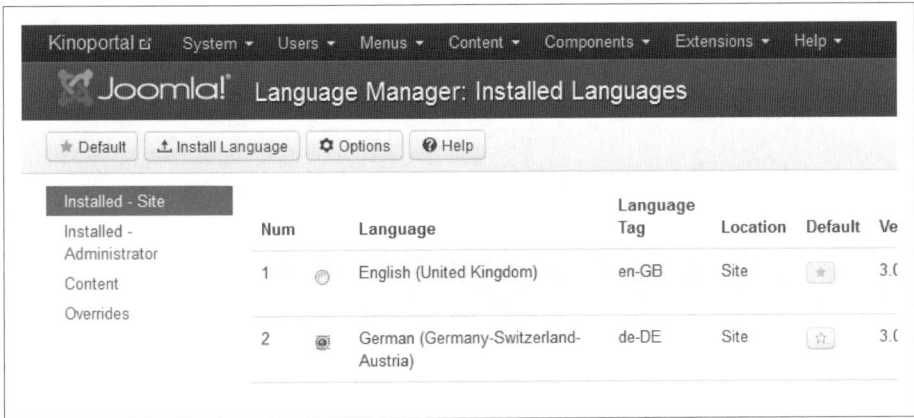

Abbildung 2-62:   Im Language Manager wechseln Sie mit zwei Mausklicks zu einer anderen Sprache.

Dort finden Sie in der Liste zwei Einträge. Selektieren Sie wie in Abbildung 2-62 die Zeile *German (Germany-Switzerland-Austria)*, und klicken Sie anschließend links oben unter dem Joomla!-Logo auf die *Default*-Schaltfläche. Damit springt auch gleichzeitig in der Spalte *Default* das gelbe Sternchen zum zweiten Punkt. Es markiert die derzeit aktive (Standard-)Sprache.

Klicken Sie jetzt am linken Rand auf *Installed – Administrator*, und wiederholen Sie den Vorgang. Das Ergebnis ist eine vollständig in Deutsch dargestellte Seite (siehe Abbildung 2-63).

Zum Abschluss klicken Sie ganz rechts oben in der Ecke auf *Super User*, gefolgt von *Abmelden*. Damit landen Sie automatisch wieder beim Anmeldebildschirm. Klicken Sie hier links unten in der Ecke auf *Zurück zur Website*. Auf sehr schmalen Bildschirmen verschwindet der Link. Rufen Sie in einem solchen Fall die Startseite Ihres Internetauftritts direkt auf (wenn Sie der Schnellinstallationsanleitung gefolgt sind, erreichen Sie sie unter *http://localhost/joomla*). In jedem Fall sollten Sie wieder auf der Beispiel-Homepage landen. Abbildung 2-64 zeigt das ziemlich ernüchternde Ergebnis.

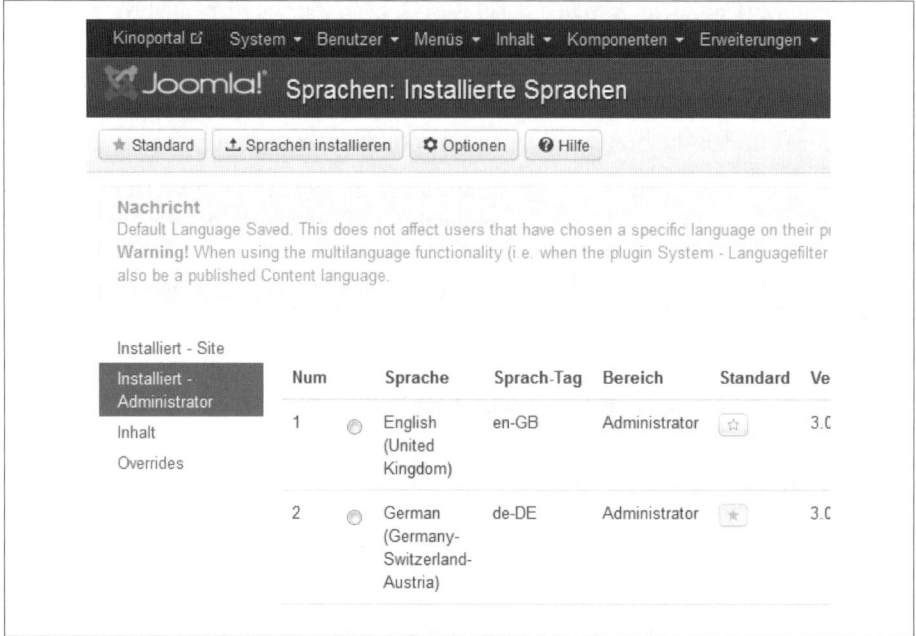

Abbildung 2-63: Die Steuerzentrale spricht endlich Deutsch (beachten Sie insbesondere die Menüleiste).

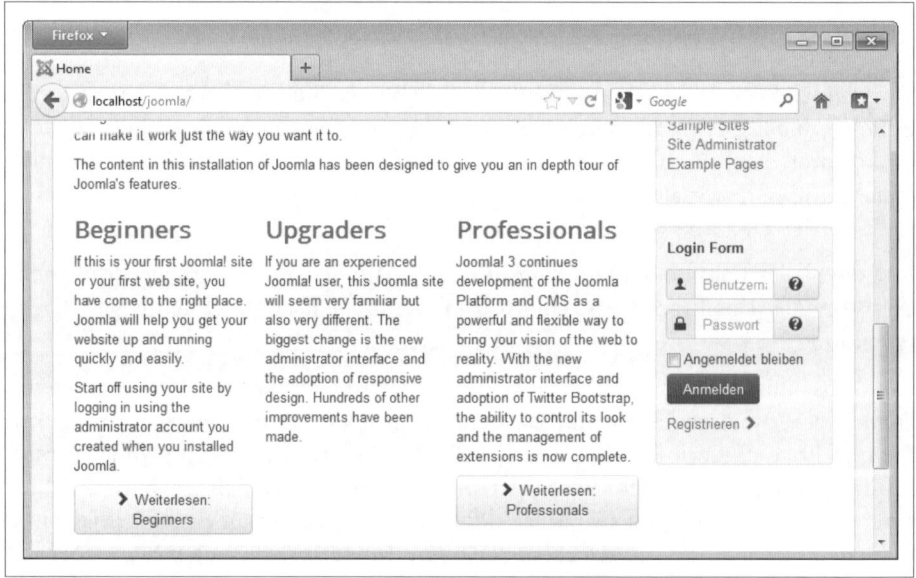

Abbildung 2-64: Der untere Teil der Homepage – hier sieht man die meisten übersetzten Elemente.

Offenbar wurde hier gar nichts übersetzt. Doch der Schein trügt: Achten Sie auf alle interaktiven Elemente, wie zum Beispiel die *Anmelden*-Schaltfläche rechts unten.

Joomla! kann nur die Elemente übersetzen, die auch von ihm selbst stammen. Die Texte wurden durch einen Redakteur eingetippt und bleiben somit außen vor. Doch keine Sorge: In den nachfolgenden Kapiteln wird sich die Homepage Schritt für Schritt in eine vollständig deutsche Seite verwandeln.

Warnung Da die Sprachpakete unabhängig von Joomla! (weiter-)entwickelt werden, kann es passieren, dass die Bezeichnungen für Menüs und andere Elemente der Oberfläche von den hier im Buch genannten (leicht) abweichen. Zwar versucht das deutsche Übersetzerteam seine Sprachpakete immer nur mit einer neuen Joomla!-Version zu veröffentlichen, zwischendurch erscheinende (Fehler-)Korrekturen sind jedoch in der Vergangenheit immer mal wieder vorgekommen.

Tipp Als Bonus stellt das deutsche Übersetzerteam auf seiner Internet-Seite *http://www.jgerman.de* ein halboffizielles Joomla!-Archiv bereit, in das die deutschen Sprachpakete bereits integriert wurden. Sie installieren es wie in Abschnitt »Installation von Joomla!« beschrieben, besitzen aber anschließend ein komplett deutsches Joomla! – inklusive deutscher Beispieltexte.

Damit ist die Installation vollständig abgeschlossen, und die Konfiguration und Einrichtung der eigenen Homepage kann beginnen. Sobald Sie diese mithilfe der folgenden Kapitel abgeschlossen haben, können Sie das System in den produktiven Betrieb überführen. Wie eine damit verbundene Installation auf einem angemieteten Internetserver vonstattengeht, zeigt der nun folgende Abschnitt.

Aufspielen auf den Server

Die Installation auf einem angemieteten Server im Internet funktioniert fast genauso, wie es in den vorangegangenen Abschnitten beschrieben wurde. Voraussetzung ist, dass die Datenbank und der Webserver nebst PHP bereits auf dem Zielcomputer laufen. Die notwendige Einrichtung und Installation der Komponenten übernimmt normalerweise Ihr Webhoster für Sie.

Joomla! auf dem Server installieren

Als Nächstes laden Sie sich die aktuelle Joomla!-Version herunter und entpacken sie auf Ihrem eigenen Computer in ein Verzeichnis Ihrer Wahl.

Warnung Aus Sicherheitsgründen sollten Sie auf Ihrem Internet-Server immer nur die aktuellste Joomla!-Version nutzen. Die Vorgänger enthalten teilweise Sicherheitslücken und Programmfehler. Sofern Sie Joomla! von Ihrem Webhoster gestellt bekommen und dieser Ihnen noch eine alte Version untergejubelt hat, sollten Sie diese mit der eingebauten Aktualisierungsfunktion auf den neuesten Stand bringen. (Wie das funktioniert, erklärt später noch Kapitel 19, *Aktualisierung und Migration*.)

Das weitere Vorgehen hängt nun von Ihren Zugangsmöglichkeiten ab. In der Regel erlaubt Ihr Webhoster Ihnen den Zugriff über den schon in Abschnitt »Schritt 3: FTP-Konfiguration«« auf Seite 59 erwähnten FTP-Zugang. Wählen Sie eines der zahlreichen kostenlosen FTP-Programme nach eigenem Geschmack aus, und laden Sie mit seiner Hilfe das gesamte Joomla!-Verzeichnis auf den entfernten Computer. Alternativ setzen einige Provider auf den Zugang mittels *ssh*, also mittels der Secure Shell. Auch hierfür gibt es kostenlose Programme, die das Hochladen der Dateien übernehmen. Eventuell stellt Ihnen Ihr Webhoster sogar ein entsprechendes Programm oder eine andere Möglichkeit zum Hochladen bereit – hier hilft ein Blick auf die Hilfeseiten Ihres Webhosts.

Sobald alle Joomla!-Dateien auf dem Server weilen, öffnen Sie Ihr Browserfenster und verfahren so, wie in Abschnitt »Installation von Joomla!« auf Seite 48 beschrieben. Ist Ihr Internet-Auftritt beispielsweise über die Seite *http://www.example.com* erreichbar und haben Sie Joomla! auf Ihrem Server in das Unterverzeichnis *joomla* kopiert, so starten Sie den Einrichtungsvorgang, indem Sie die Seite *http://www.example.com/joomla* ansteuern.

 Tipp   Diese Adresse müssen dann aber auch später Ihre Besucher kennen. Deshalb empfiehlt es sich, Joomla! auf dem Webserver *kein* eigenes Unterverzeichnis zu spendieren.

 Version   Joomla! 3.0 verlangt, dass MySQL eine Komponente namens InnoDB mitbringt. Da sie zum Lieferumfang von MySQL gehört, müssen Sie sich normalerweise nicht weiter darum kümmern. Sollte Joomla! jedoch später die von Ihrem Webhoster gestellte MySQL-Datenbank nicht erkennen beziehungsweise nutzen können, sollten Sie prüfen, ob InnoDB enthalten und aktiviert ist. Im Zweifelsfall hilft hier eine Anfrage bei Ihrem Webhoster.

Schreibrechte

Wenn Sie alle Schritte abgearbeitet haben, sollten Sie anschließend die Zugriffs- und Schreibrechte der Dateien kontrollieren. Jedes bessere FTP-Programm bietet hierfür entsprechende Optionen an. Ein Beispiel für ein zugehöriges Einstellungsfenster zeigt Abbildung 2-65 am Beispiel von FileZilla (*http://filezilla-project.org/*).

Normalerweise benötigt Joomla! nur lesenden Zugriff. Sobald Sie jedoch Erweiterungen einspielen oder Bilder zur Illustration Ihrer Texte hochladen möchten, müssen einige Verzeichnisse beschreibbar sein. Welche dies sind, erfahren Sie entweder recht unsanft durch eine Fehlermeldung oder aber in der Verwaltungszentrale von Joomla!. Dazu steuern Sie in Ihrem Browser wieder die Kommandobrücke an (bei einer lokalen Testinstallation gemäß Abschnitt »Schnellinstallation« wäre dies die Seite *http://localhost/joomla/administrator*). Melden Sie sich mit dem bei der Installation vergebenen Benutzernamen und Passwort an. Anschließend wählen Sie aus dem Hauptmenü *System → Systeminformationen* (*Site → System Information*) und dann *Verzeichnisrechte* (*Directory Permissions*).

Abbildung 2-65:   Der Eigenschaftsdialog von FileZilla

Joomla! präsentiert Ihnen nun eine Liste mit Verzeichnissen, auf die es gern (irgend-wann einmal) schreibend zugreifen möchte. Für alle Einträge mit einem roten *Schreibgeschützt* müssen Sie die Zugriffsrechte folglich nachjustieren. Sofern Ihr FTP-Programm einen numerischen Wert für die Zugriffsrechte verlangt, tippen Sie die 777 ein. Damit erlauben Sie allen Nutzern das Lesen und Schreiben der entspre-chenden Datei (weitere Informationen zu diesen Nummern finden Sie beispiels-weise in der Wikipedia unter *http://de.wikipedia.org/wiki/Unix-Dateirechte*).

Es ist jedoch ratsam, einigen der Verzeichnissen die Schreibrechte nur vorüberge-hend zu erteilen. Dies gilt insbesondere für die Unterverzeichnisse *components*, *modules*, *templates* sowie für alle Verzeichnisse unter *plugins* und *administrator* – mit der Ausnahme von *cache* im Ordner *administrator*. Auf diese Weise können andere Joomla!-Benutzer oder Eindringlinge nicht einfach hinter Ihrem Rücken Erweiterungspakete oder neue Seitenvorlagen (Templates) einspielen. Falls das FTP-Programm einen numerischen Wert verlangt, wäre in diesem Fall 755 passend (der Eigentümer darf alles, die restlichen Nutzer – darunter auch Joomla! – dürfen nur lesen). Möchte man selbst derartige Elemente einspielen, ergänzt man die Schreibrechte wieder für eine kurze Zeit.

Treten während des Betriebs Probleme auf, wie beispielsweise bei der Installation von Sprach- oder Erweiterungspaketen, so sollten Sie zunächst die korrekte Vergabe der Zugriffsrechte prüfen – vielleicht darf Joomla! überhaupt nichts in die jeweils betroffenen Verzeichnisse schreiben.

PHP-Konfiguration anpassen

Der nächste Blick sollte der Konfiguration des PHP-Systems gelten. Dort sorgen zwei unscheinbare Funktionen mitunter für unliebsame Überraschungen und bis-weilen sogar für Sicherheitsprobleme.

Ob die Funktionen bei Ihnen aktiv sind, zeigt auf der Administrationsoberfläche von Joomla! der Menüpunkt *System → Systeminformationen*. Unter den *PHP-Einstellungen* finden Sie in der Tabelle die Einträge *Safe-Mode* und *Register-Globals*. Beide sollten hier auf *Aus* stehen.

Bei vielen Webhostern lassen sich diese Funktionen über eine Konfigurationsoberfläche abschalten. Andernfalls sollten Sie die Datei *php.ini* suchen. Sie enthält alle PHP-Einstellungen und lässt sich mit jedem beliebigen Texteditor öffnen und bearbeiten. Sie ist auch die richtige Anlaufstelle, wenn Sie einen Server komplett selbst eingerichtet haben. Welche Änderungen Sie darin vornehmen müssen, erklären die folgenden Abschnitte. Unter XAMPP beziehungsweise MAMP finden Sie die *php.ini* übrigens unter

- Windows im Unterverzeichnis *C:\xampp\php*.
- Linux im Verzeichnis */opt/lampp/etc*.
- Mac OS X im Ordner */Programme/MAMP/conf/php5.4.10*.

Können Sie die Funktionen nicht selbst abschalten, sollten Sie Ihren Webhoster direkt darauf ansprechen.

Safe Mode

Sofern PHP in den sogenannten Safe Mode versetzt wurde, gelten verschärfte Sicherheits- und Zugriffsbedingungen. Dieser Modus wurde eingeführt, um die Sicherheit auf solchen Internet-Servern zu erhöhen, die mehrere Kunden sich teilen müssen (Shared Hosting). Ruft ein PHP-Programm ein anderes auf, so wird geprüft, ob beide vom gleichen Eigentümer stammen. Hiermit soll verhindert werden, dass jemand einfach PHP-Programme eines anderen Kunden aufruft und sich damit ein Hintertürchen öffnet. Dummerweise löst die grundlegende Arbeitsweise des Safe Mode dieses Problem nicht, sondern wiegt im Gegenteil seine Anwender in trügerischer Sicherheit. Aus diesem Grund ist die Einstellung mit PHP 5.4 ersatzlos gestrichen worden. Seit PHP 5.3 gilt sie als veraltet (*deprecated*) und sollte folglich nicht mehr genutzt werden.

Ein aktivierter Safe Mode zieht einige unangenehme Konsequenzen nach sich. Zwar läuft Joomla! mit ihm, Erweiterungen verweigern jedoch unter Umständen den Dienst oder lassen sich nur erschwert aufspielen. Um den Safe Mode zu deaktivieren, tauschen Sie in der Konfigurationsdatei *php.ini* die Zeile

```
safe_mode = On
```

gegen

```
safe_mode = Off
```

aus. Nachdem Sie die Änderungen gespeichert haben, müssen Sie die Webserver-Anwendung (wie etwa Apache) einmal neu starten.

Mehr Informationen über den Safe Mode finden Sie auf der PHP-Homepage unter *http://www.php.net/manual/en/features.safe-mode.php*.

Register Globals

Eine weitere Funktion, die für Probleme sorgen kann, heißt Register Globals. Ursprünglich wurde sie geschaffen, um das Leben der Programmierer zu erleichtern, sie reißt aber im Gegenzug ein Sicherheitsloch in die Anwendung: Böswillige Besucher erhalten über sie die Möglichkeit, eigene, schadhafte Daten in Joomla! zu injizieren. Das Funktionsprinzip genauer zu erklären, würde den Rahmen dieses Kapitels sprengen und erfordert zudem Kenntnisse über die Programmiersprache PHP. Die Funktion stellt jedoch ein so großes Sicherheitsrisiko dar, dass auch sie ab PHP 5.3.0 als veraltet (*deprecated*) gilt und in der PHP-Version 5.4 ganz entfernt wurde.

Um sie abzuschalten, suchen Sie in der Datei *php.ini* die Zeile

```
register_globals = On
```

und tauschen sie gegen

```
register_globals = Off
```

aus. Speichern Sie Ihre Änderungen, und starten Sie anschließend die Webserver-Anwendung (wie etwa Apache) neu.

Weiterführende Informationen zu `register_globals` erhalten Sie in der PHP-Dokumentation unter *http://www.php.net/manual/en/security.globals.php*.

In diesem Kapitel:
- Das Frontend
- Das Backend (Administrations-
  bereich)
- Mit Listen arbeiten
- Gesperrte Inhalte freigeben
- Hilfen

KAPITEL 3

Erste Schritte

Wenn Sie zum ersten Mal mit Joomla! arbeiten, werden Sie über viele neue Begriffe und Ausdrücke stolpern. Häufig verwendet das Content-Management-System mehrere unterschiedliche Namen für die gleiche Sache. Darüber hinaus werden oftmals Begriffe, die im Internet bereits eine andere Bedeutung erlangt haben, innerhalb von Joomla! in einem anderen Zusammenhang verwendet. Das gilt beispielsweise für *Homepage*, die in Joomla! nur die Startseite des Internet-Auftritts meint, woanders aber auch gerne für den kompletten Auftritt verwendet wird. Tabelle 3-1 bringt etwas Ordnung in dieses Wirrwarr. In ihr finden Sie die wichtigsten Begriffe, ihre Synonyme und ihre Bedeutung in Joomla!.

Tabelle 3-1: Wichtige Begriffe und ihre Bedeutung im Überblick

Begriff	Synonyme	Bedeutung
Frontend	Website, Site	Alle Seiten, die ein Besucher zu sehen bekommt
Backend	Administrationsbereich, Administration, Administrationsoberfläche, Admin	Steuerzentrale von Joomla!, in der die Konfiguration und Einrichtung stattfindet
Startseite	Homepage, Home, veraltet Front Page	Diese Internet-Seite bekommt ein Besucher immer als Erstes zu sehen, wenn er Ihren Internet-Auftritt ansteuert.

Ein kleiner Rundgang durch das Content-Management-System soll Sie im Folgenden etwas vertrauter mit der verwirrenden Terminologie machen und Ihnen gleichzeitig einen kleinen Einblick in den Aufbau und die prinzipiellen Arbeitsweisen von Joomla! geben. Den Anfang macht ein kurzer Abstecher aus der Perspektive eines Besuchers.

Tipp   Joomla! ist ein Gemeinschaftsprojekt zahlreicher Freiwilliger. Jeder kann selbst Verbesserungen einbringen oder bei der Weiterentwicklung helfen. Eine erste Anlaufstelle mit weiteren Informationen und Kontaktdaten finden Interessenten unter *http://www.joomla.org/about-joomla/contribute-to-joomla.html*.

Das Frontend

Alle Seiten, die ein Besucher zu sehen bekommt, fasst Joomla! unter dem Begriff *Frontend* zusammen. Neuere Joomla!-Versionen sprechen auch von der *Website* oder kurz *Site*. Wie so ein Frontend aussehen kann, demonstrieren besonders gut die in Joomla! mitgelieferten Beispielseiten. Daher sollen sie in den nachfolgenden Abschnitten kurz als Anschauungsobjekt herhalten – genauer gesagt die Beispieldaten *Joomla! erlernen* (siehe Abschnitt »Schritt 4: Beispieldaten und Zusammenfassung« auf Seite 62). Wenn Sie der Schnellinstallationsanleitung aus Kapitel 2, *Installation*, gefolgt sind, erreichen Sie diese Beispielseiten in Ihrem Browser unter der Adresse *http://localhost/joomla*. Sie können somit die folgenden Erklärungen direkt an Ihrem Computer nachvollziehen. (An den Bau des versprochenen Kinoportals geht es dann in Kapitel 4, *Inhalte verwalten*)

Die Startseite

Wenn ein Besucher in seinem Browser Ihren Internet-Auftritt ansteuert, landet er zunächst immer auf derselben *Startseite*, englisch *Homepage* oder kurz *Home*. Abbildung 3-1 zeigt das entsprechende Exemplar aus den Joomla! beiliegenden Beispieldaten.

 Version   Bis einschließlich Version 1.5 bezeichnete Joomla! die erste Seite als *Front Page* (nicht zu verwechseln mit dem *Frontend*). Dieser Begriff ist seit der Version 1.6 weitgehend verschwunden, findet sich aber immer noch in Anleitungen und Forenbeiträgen im Internet.

Die vorherigen Joomla!-Versionen bis einschließlich 2.5 nutzten zudem ein etwas anderes Design. Die darin auftauchenden Elemente finden sich aber auch in der neuen Fassung wieder – teilweise sogar an derselben Stelle.

Die Joomla!-Entwickler waren nicht geizig und demonstrieren mit dieser Seite zahlreiche mögliche Funktionen, die Joomla! von Haus aus mitbringt. Lassen Sie sich deshalb von der präsentierten Vielzahl an Informationen nicht irritieren. Betrachten Sie stattdessen die einzelnen Bereiche der Startseite für einen Moment, und machen Sie sich auf diese Weise etwas mit ihrem Aufbau vertraut.

 Tipp   Für den Besuch der von Joomla! ausgelieferten Seiten genügt theoretisch schon ein alter Browser im Dampfbetrieb ohne zusätzlichen Schnickschnack wie JavaScript oder aktivierte Cookies. Einige Spezialfunktionen sind dann allerdings außer Gefecht gesetzt. So lassen sich beispielsweise Texte nicht mehr über das Frontend nachbearbeiten. Auch einige externe Erweiterungen können hier andere oder höhere Ansprüche stellen.

Die angezeigten Texte sind die Beispieldaten, die Joomla! während der (Schnell-) Installation angelegt hat. Das ebenfalls mitgelieferte Standardlayout beherbergt auf

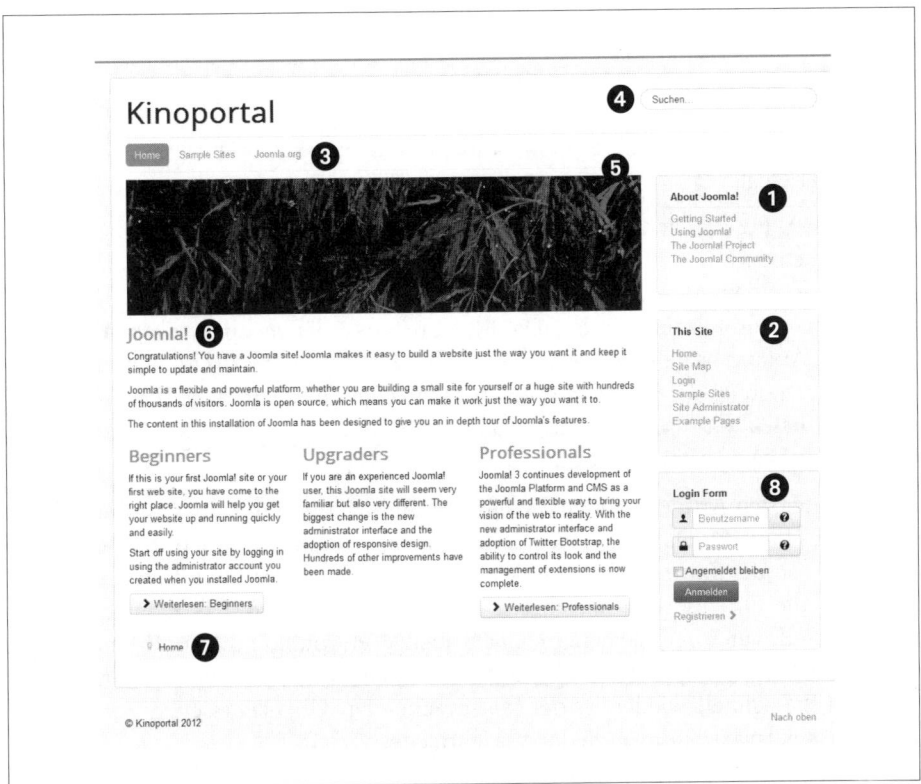

Abbildung 3-1:   Die mitgelieferte Beispielseite in ihrer vollen Pracht

der rechten Seite zwei Menüs. Die Punkte unter *About Joomla!* ❶ führen jeweils zu einzelnen Artikeln, die das Content-Management-System vorstellen. Der mit *This Site* beschriftete Kollege ❷ enthält hingegen Abkürzungen zu den wichtigsten (Unter-)Seiten. So führt etwa *Home* immer wieder zurück zu dieser Einstiegsseite und *Site Map* zu einem kompakten Inhaltsverzeichnis. Auf deutschen Seiten wäre dieses Menü auch der geeignete Ort, um auf das Impressum zu verweisen.

Version   Benutzer älterer Joomla!-Versionen kennen das *This Site*-Menü unter dem Namen *Main Menu*. Hinter der *Site Map* steckt übrigens nur eine Liste mit allen Kategorien, Sitemap-Erweiterungen werden also nur zum Teil überflüssig.   X.X

Unter Joomla! dürfen Sie so viele Menüs anlegen, wie Sie möchten. In diesem Fall hat der Erschaffer der Beispielseite drei Stück erstellt: die zwei am rechten Rand und das kleine waagerechte ❸ oben über dem roten Bild. Auch wenn man es auf den ersten Blick meinen könnte, sind *Home*, *Sample Sites* und *Joomla.org* keine Schaltflächen oder Registerkarten, sondern nur Menüpunkte in einer speziellen Optik. Ganz rechts oben in der Ecke wartet noch die Suchfunktion ❹. Nach einem dort eingetippten Begriff fahndet Joomla! in allen von ihm verwalteten Seiten.

X.X | **Version**   In Joomla! 2.5 gab es dort in der Ecke noch weitere Schaltflächen, mit denen der Besucher die Schriftgröße verändern konnte. Falls Sie diese vermissen: Abschnitt »Templates wechseln« auf Seite 98 erklärt, wo sie abgeblieben sind.

Besonders prominent leuchtet dem Besucher das große rote Titelbanner mit den Zweigen entgegen ❺.

Den größten Bereich der Seite beansprucht der eigentliche Inhalt der Einstiegsseite ❻. Ihn füllen derzeit ein Einleitungsartikel (in der Abbildung 3-1 trägt er einfach die Überschrift »*Joomla!*«) sowie drei weitere Beiträge mit den Titeln »*Beginners*«, »*Upgraders*« und »*Professionals*«. Da diese drei etwas länger sind, schreibt Joomla! nur ihren Anfang beziehungsweise ihre Einleitung auf die Startseite. Um auch den Rest zu lesen, muss der Besucher auf die entsprechende Schaltfläche *Weiterlesen* klicken. Artikel, die schon hier direkt auf der Startseite zu sehen sind, bezeichnet Joomla! als *Hauptbeiträge* (englisch *Featured Articles*).

Direkt unter den Artikeln finden Sie einen grauen Streifen mit dem merkwürdigen Ausdruck *Home* ❼. Dahinter verbirgt sich die sogenannte Breadcrumb-Leiste, die den Weg von der Startseite bis zur aktuellen Seite anzeigt. Sie soll Ihren Besuchern vor allem die Orientierung erleichtern. Wenn Sie mit diesem Konzept noch nicht vertraut sind, rufen Sie nacheinander ein paar Menüpunkte auf, und beobachten Sie, wie sich die graue Leiste verändert. Mit einem Klick auf eines ihrer Elemente springen Sie schnell wieder zu den entsprechenden Übersichtsseiten zurück, per *Home* beispielsweise immer wieder zur Startseite.

Bis auf wenige Ausnahmen sind die meisten der angezeigten englischen Texte Teil der Beispieldaten – hierzu gehören sogar die Beschriftungen der Menüs. Da sie somit nicht von Joomla!, sondern vom Betreiber der Seite vorgegeben wurden, können sie auch nur von Letzterem geändert werden. Wie man leicht sieht, war der Autor der Beispielseiten Engländer. Da er die Texte vorgegeben hat, kann Joomla! sie nicht selbstständig übersetzen.

Unterseiten

Rufen Sie jetzt im *About Joomla!*-Menü den Artikel *Getting Started* auf. Joomla! präsentiert seinen Text umgehend auf einer neuen, eigenen Seite (siehe Abbildung 3-2).

Rechts oben neben der Nachrichtenüberschrift *Getting Started* finden Sie eine kleine Schaltfläche mit einem Zahnradsymbol. Wenn Sie darauf klicken, erscheint ein kleines Menü mit zwei Funktionen:

- *Drucken* zeigt die Seite so an, dass sie sich leicht und problemlos ausdrucken lässt.
- *E-Mail* versendet den Text per E-Mail an einen Bekannten.

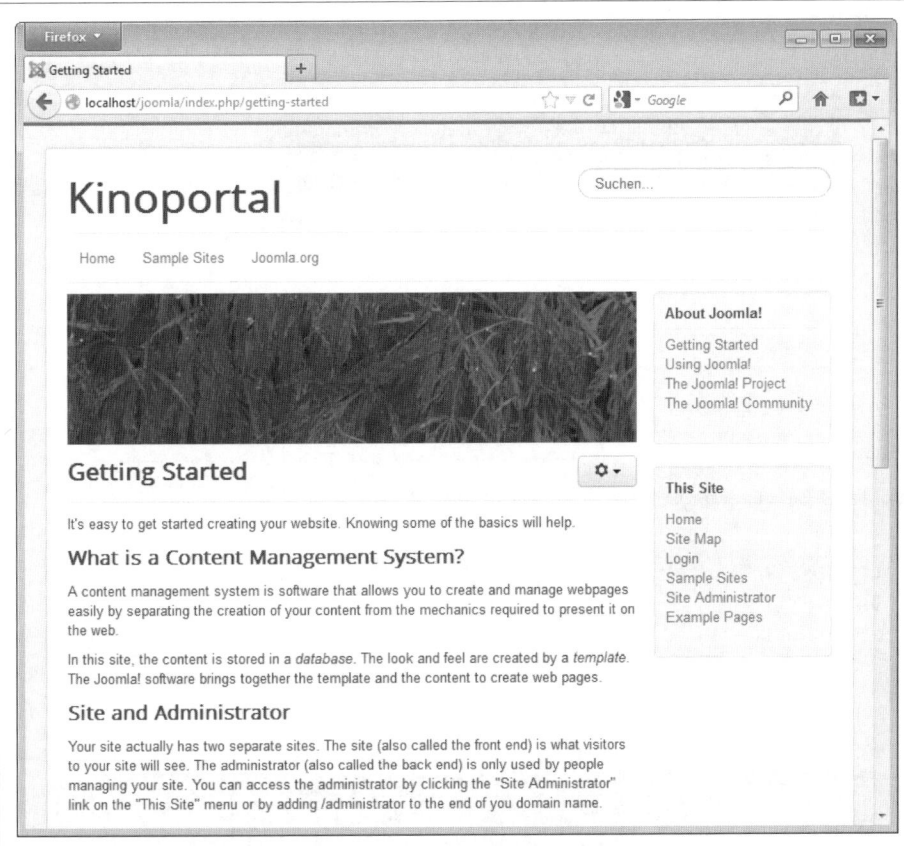

Abbildung 3-2:   Der Artikel *Getting Started* in der Detailansicht

Im zweiten Fall öffnet sich ein neues Fenster, das noch den Empfänger und weitere Informationen abfragt. In der Druckvorschau führt ein erneuter Klick auf *Drucken* ganz rechts oben zu den Druckereinstellungen.

Werfen Sie nun einen Blick in die *Site Map* (erreichbar über das Menü *This Site*). Sie enthält keinen Text, sondern lediglich eine Liste mit Verweisen (siehe Abbildung 3-3). Jeder von ihnen führt zu einer thematisch zusammengehörenden Gruppe von weiteren Verweisen, die wiederum zu den eigentlichen Artikeln beziehungsweise Unterseiten führen. Auf derartige Übersichten werden Sie in den nachfolgenden Kapiteln noch häufiger stoßen.

Wechseln Sie jetzt im waagerechten Menü am oberen Seitenrand zum Punkt *Sample Sites*, und klicken Sie dann am rechten Rand im Menü *Fruit Shop* auf *Welcome*. Nicht erschrecken: Sie landen damit auf der rötlichen Seite aus Abbildung 3-4.

Abbildung 3-3:   Die Seite der Sitemap

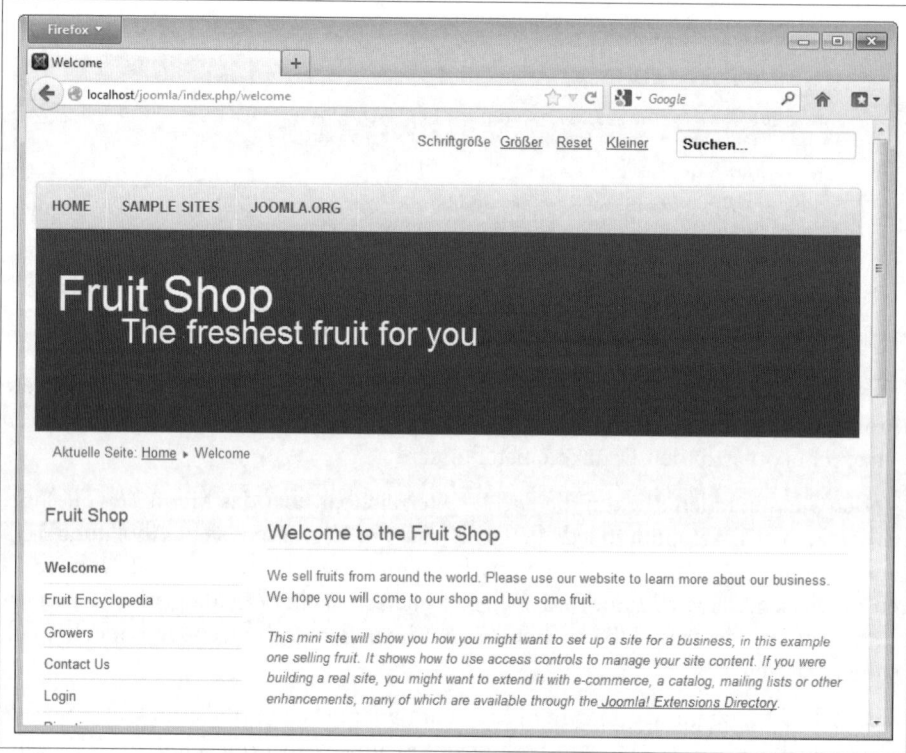

Abbildung 3-4:   Diese Seite gehört noch zur Beispiel-Homepage, besitzt aber gegenüber ihren Kolleginnen ein anderes
Aussehen.

In Joomla! dürfen Sie jeder Seite eine andere, individuelle Optik verpassen. Im Kino-portal könnte man beispielsweise die Seiten mit den Filmkritiken in Blau tauchen, den Veranstaltungskalender hingegen grün anstreichen. Die unterschiedlich einge-färbten Bereiche helfen dem Besucher dann (unterschwellig) bei der Orientierung. Analog könnte ein Sportverein die Seiten der Tennisabteilung ganz anders gestalten als die der Schachgruppe und sie so auch optisch deutlich voneinander trennen.

Joomla! kennt noch eine ganze Reihe weiterer nützlicher Funktionen, die es nicht direkt auf die Beispiel-Homepage geschafft haben. So können Sie unter anderem zeitgesteuert Werbebanner einblenden sowie die meistbesuchten und neuesten Arti-kel anzeigen lassen.

Kehren Sie jetzt via *Home* zum Ausgangspunkt aus Abbildung 3-1 zurück.

Das Baukastenprinzip

Die Einstiegsseite setzt sich unter anderem aus mehreren Menüs, dem Titelbild, einer Breadcrumb-Leiste und ein paar Artikeln zusammen. Der Gestalter einer Seite kann jedes dieser einzelnen Elemente herausnehmen und durch andere Elemente mit neuen Funktionen oder Inhalten ersetzen. Die Anordnung der Elemente bestimmt eine Vorlage, das sogenannte *Template*. Es enthält den Bauplan der gesamten Seite. Wie man vorhandene Templates ändert oder eigene erstellt, zeigt später noch Kapitel 13, *Templates*.

Tipp Bildlich können Sie sich dieses Konzept wie eine Sammlung von leeren Schachteln vorstellen, die zunächst mit bunten Dingen gefüllt und anschließend nach einem Lageplan so drapiert werden, dass sie ein möglichst hübsches Gesamtbild erge-ben. Das Template entspricht in diesem Bild dem Lageplan.

Einige der angezeigten Elemente verfügen standardmäßig über einen Titel. Hierzu zählen beispielsweise das Hauptmenü mit *This Site* oder die Anmeldung mit *Login Form*. Das derzeitige Layout präsentiert diesen Titel in einer anderen Farbe bezie-hungsweise auf den Fruit-Shop-Seiten in einer etwas größeren Schrift.

Auf einigen Unterseiten tauchen Elemente der Einstiegsseite erneut auf. Beispiels-weise besitzen die beiden Seiten hinter *Home* und *Sample Sites* das rote Titelbild, das waagerechte Menü und die Suche in der rechten oberen Ecke, wohingegen die Menüs auf der rechten Seite variieren (siehe Abbildung 3-5). Es gibt folglich Ele-mente, die Joomla! auf allen Seiten mitschleppt, wohingegen man andere Bereiche nur auf bestimmten Seiten findet. Stellen Sie jetzt mit einem Klick auf *Home* sicher, dass Sie sich auf der Startseite befinden.

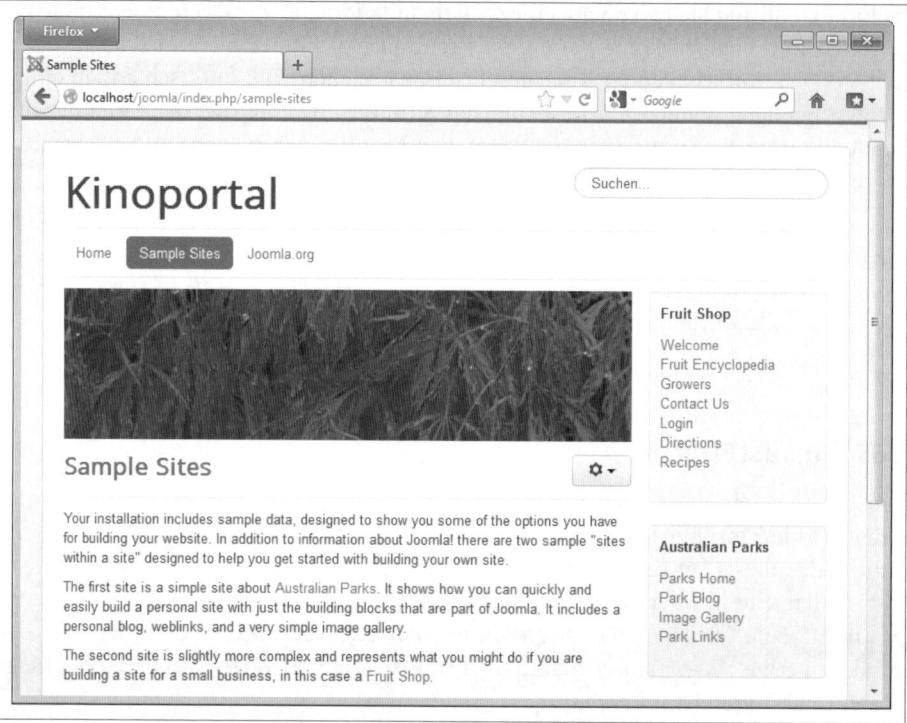

Abbildung 3-5: Diese Unterseite übernimmt das waagerechte Menü und das Titelbild von der Einstiegsseite, nicht aber die Menüs am rechten Bildrand (vergleichen Sie sie mit Abbildung 3-1).

Benutzerkonten

Ganz rechts unten in der Ecke, noch unter den beiden Menüs, versteckt sich das *Login Form* (❽ in Abbildung 3-1). Mithilfe der dahinter stehenden Benutzerverwaltung können Sie den Zugriff auf bestimmte Bereiche der Homepage einschränken.

Dabei erhält jede Person ein sogenanntes *Benutzerkonto*, das unter anderem aus einem Benutzernamen und einem Passwort besteht. Mit diesem Duo kann sich die Person dann hier gegenüber Joomla! authentifizieren und erhält anschließend Zugang zu den geschützten Unterseiten. Im Falle eines Portals mit Filmkritiken könnte man auf diese Weise Vorabversionen der Artikel einer kleinen Gruppe von Lektoren zugänglich machen.

Sie selbst besitzen übrigens schon ein Benutzerkonto. Den zugehörigen Benutzernamen und das Passwort haben Sie bereits bei der Installation vergeben. Joomla! hat dann dazu automatisch ein passendes Konto angelegt. Dieses Konto ist übrigens ein ganz spezielles Konto. Sein Besitzer ist für Joomla! der sogenannte *Super User* (früher *Super Administrator*), der einzigartige, allmächtige Seitenbetreiber. Er erhält nicht nur Zutritt zu grundsätzlich allen nur erdenklichen Bereichen des Frontends, sondern darf auch sämtliche Einstellungen ändern und erhält obendrein noch Zugang zur Steuerzentrale von Joomla! (dazu folgt in wenigen Absätzen mehr).

Neben den bereits erwähnten Menüs existiert noch ein weiteres, das sich allerdings im Moment vor neugierigen Blicken versteckt. Um es hervorzuzaubern, melden Sie sich kurz über das *Login Form* an. Wenn Sie der Schnellanleitung aus Kapitel 2, *Installation*, gefolgt sind, verwenden Sie dazu `admin` als Benutzernamen und das bei der Installation vergebene Passwort. Nach einem Klick auf *Anmelden* erscheint das *User Menu* direkt über dem *About Joomla!*-Menü auf der rechten Seite. Es beherbergt Aktionen, die nur ein angemeldeter Benutzer ausführen darf. Hierzu zählt beispielsweise das Einreichen von neuen Artikeln (*Submit an Article*). Beenden Sie Ihre Sitzung wieder über die Schaltfläche *Abmelden* am rechten unteren Seitenrand.

Alle bislang gezeigten Seiten fasst man unter dem Begriff *Frontend* zusammen. Normale Besucher bekommen ausschließlich diese Seiten zu Gesicht – ganz analog zu einem Kino, bei dem die Zuschauer nur den Film verfolgen können, nicht aber in den Vorführraum blicken dürfen. Sie als Super User dürfen aber auch ihn betreten.

Das Backend (Administrationsbereich)

Eine Homepage wäre ziemlich nutzlos, könnte man sie nicht nach eigenen Wünschen verändern. Eigens dazu besitzt Joomla! ein verstecktes Hinterzimmer (oder, um beim Bild des Kinosaals zu bleiben, den Vorführraum), in dem Sie als Betreiber hemmungslos an allen Hebeln ziehen dürfen. Hier geben Sie beispielsweise neue Artikel ein oder aktivieren ein anderes Homepage-Design.

Zugang zu diesem sogenannten *Backend*, was häufig etwas sperrig mit *Administrationsbereich* übersetzt wird, gewährt die Unterseite */administrator*. Sofern Sie der Schnellinstallationsanleitung aus Kapitel 2, *Installation*, gefolgt sind, wäre dies *http:// localhost/joomla/administrator*. Alternativ können Sie auch den Eintrag *Site Administrator* im Menü *This Site* der Beispiel-Homepage anklicken.

Tipp Anstelle von *Administrationsbereich* oder *Backend* findet man im Internet noch weitere, ähnliche Begriffe wie *Administrationsoberfläche*, *Administratoroberfläche*, *Administration*, *Administrator* oder *Admin(-Bereich)*. Sie alle bezeichnen die Steuerzentrale von Joomla!.

Anmeldung am Backend

In jedem Fall landen Sie vor dem Anmeldebildschirm aus Abbildung 3-6. Diese Tür kennen Sie bereits aus dem vorherigen Kapitel, als Sie die Sprachpakete nachinstalliert haben.

Damit nicht jeder x-beliebige Besucher nach Gutdünken an den Schrauben des Systems drehen kann, verlangt Joomla! hier nach einem Benutzernamen und dem dazugehörigen Passwort. Als allmächtiger Super User haben Sie beide während der Installation von Joomla! festgelegt. Wenn Sie der Schnellinstallation gefolgt sind, lautet der Benutzername **admin**. Geben Sie den Benutzernamen und das Passwort einfach in die Felder ein (und überschreiben Sie dabei die schwach grau zu erkennenden Texte *Benutzername* und *Passwort*).

Warnung
Man kann es gar nicht oft genug sagen: Der Super User darf wirklich alles – sogar das gesamte System zerstören. Nicht umsonst bezeichnet Joomla! ihn als *Super User*. Wenn Sie sich mit seinen Daten bei Joomla! anmelden, müssen Sie folglich jeden Mausklick wohlüberlegt setzen.

Um sicherzugehen, dass sich niemand unbefugten Zutritt verschafft, sollten Sie zum einen Ihre Zugangsdaten sicher verwahren und zum anderen weitere Sicherheitsmaßnahmen Ihres Webservers nutzen, allen voran den Zugriffsschutz für Verzeichnisse (beispielsweise, indem Sie das *administrator*-Verzeichnis mit einer sogenannten *.htaccess*-Datei für alle anderen Besucher abriegeln). Wie dies genau funktioniert, beschreibt die Dokumentation Ihres Webservers – eine ausführliche Erläuterung würde den Rahmen dieses Buches sprengen. Wenn Sie an entsprechenden Hintergrundinformationen interessiert sind, finden Sie beispielsweise unter *http://www.oreilly.de/topics/apache.html* eine kleine Auswahl mit passenden O'Reilly-Büchern.

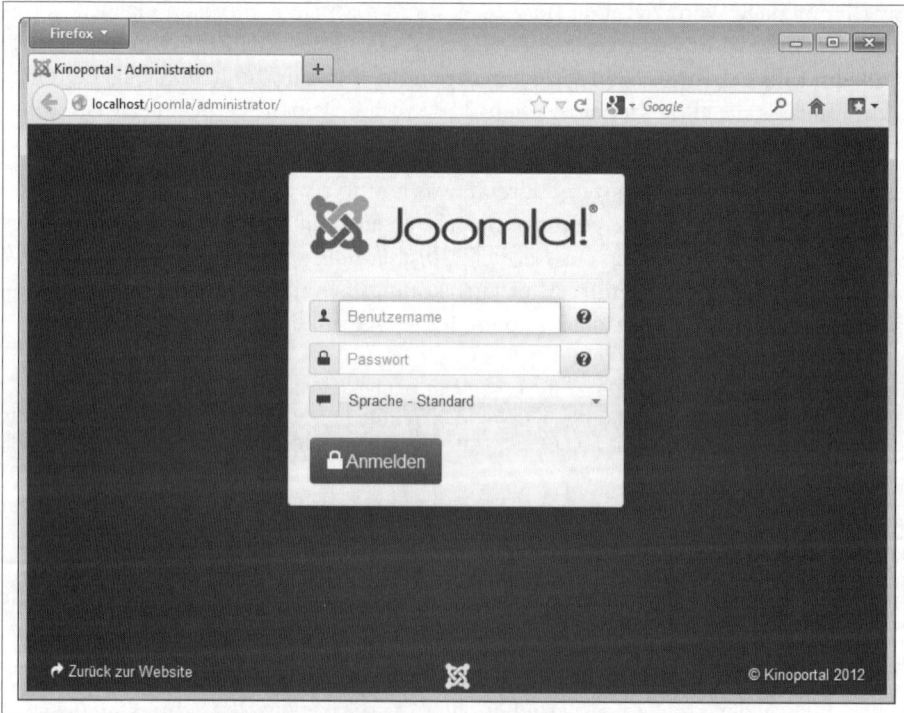

Abbildung 3-6:   Der Anmeldebildschirm für das Backend

Über die Benutzerverwaltung können Sie später weiteren Benutzern (eingeschränkten) Zugang zum Backend gewähren.

Tipp Sie sollten bei dieser Gelegenheit auch sich selbst ein zusätzliches, eigenes Benutzerkonto spendieren und die Anmeldedaten des allmächtigen Super Users nur noch in Notfällen heranziehen. Damit müssen Sie dann nicht mehr jeden Klick in die Waagschale werfen. Ausführliche Informationen zu diesem Thema folgen in Kapitel 9, *Benutzerverwaltung und -kommunikation*.

Wenn Sie Ihren Benutzernamen oder Ihr Passwort vergessen haben sollten, klicken Sie im Anmeldebildschirm aus Abbildung 3-6 auf das Fragezeichen rechts neben dem entsprechenden Eingabefeld. Joomla! leitet Sie dann auf eine neue Seite, auf der Sie einen anderen Benutzernamen beziehungsweise ein neues Passwort anfordern können. In beiden Fällen müssen Sie die E-Mail-Adresse eingeben, die Sie bei der Installation vergeben haben. Joomla! schickt dann die entsprechenden Informationen dorthin.

Auf dem Anmeldebildschirm regelt die Ausklappliste *Sprache – Standard*, in welcher Übersetzung das Backend gleich erscheint. Joomla! stellt hier alle Sprachen zur Auswahl, die ihm zuvor über ein entsprechendes Sprachpaket beigebracht wurden. Wenn Sie den Schritten aus Kapitel 2, *Installation*, gefolgt sind, stehen hier *English* und Deutsch (alias *German*) zur Auswahl. Letzteres ist bereits die Voreinstellung und würde somit auch bei der Wahl von *Sprache – Standard* verwendet. Mehr zu den Sprachpaketen folgt noch in Kapitel 12, *Mehrsprachigkeit*.

Nach einem Klick auf *Anmelden* landen Sie automatisch im Backend und somit in der Verwaltungszentrale von Joomla!. Im Gegensatz zum Frontend benötigen Sie für die Bedienung einen halbwegs frischen Browser mit aktivierten Cookies und JavaScript. Andernfalls erhalten Sie entweder nur einen Pixelbrei, oder ein Klick auf die verschiedenen Schalter und Menüpunkte verpufft wirkungslos. Sollte JavaScript komplett deaktiviert sein, warnt Sie schon der Anmeldebildschirm aus Abbildung 3-6 mit einem entsprechenden Hinweis – der jedoch wegen seiner dunkelgrauen Farbe kaum auf dem blauen Untergrund zu erkennen ist (er steht direkt unterhalb der Schaltfläche *Anmelden*).

Version Im alten Joomla! 2.5 haben Sie bei deaktiviertem JavaScript nur eine leere weiße Seite gesehen. X.X

Warnung Der Internet Explorer 9 stellt das Backend von Joomla! 3.0.2 an einigen Stellen fehlerhaft dar. Sie müssen daher entweder auf einen anderen Browser ausweichen, wie etwa Firefox (*http://www.mozilla.org/de/firefox/fx/*) oder Google Chrome (*http://www.google.com/intl/de/chrome/browser/*), oder aber warten, bis eine neue, fehlerbereinigte Joomla!-Version erscheint. Dies gilt wohlgemerkt nur für das Backend; Ihre Besucher können den Internet Explorer 9 bedenkenlos nutzen.

Das Hauptmenü

Nach der Anmeldung präsentiert sich Joomla!s Verwaltungszentrale wie in Abbildung 3-7.

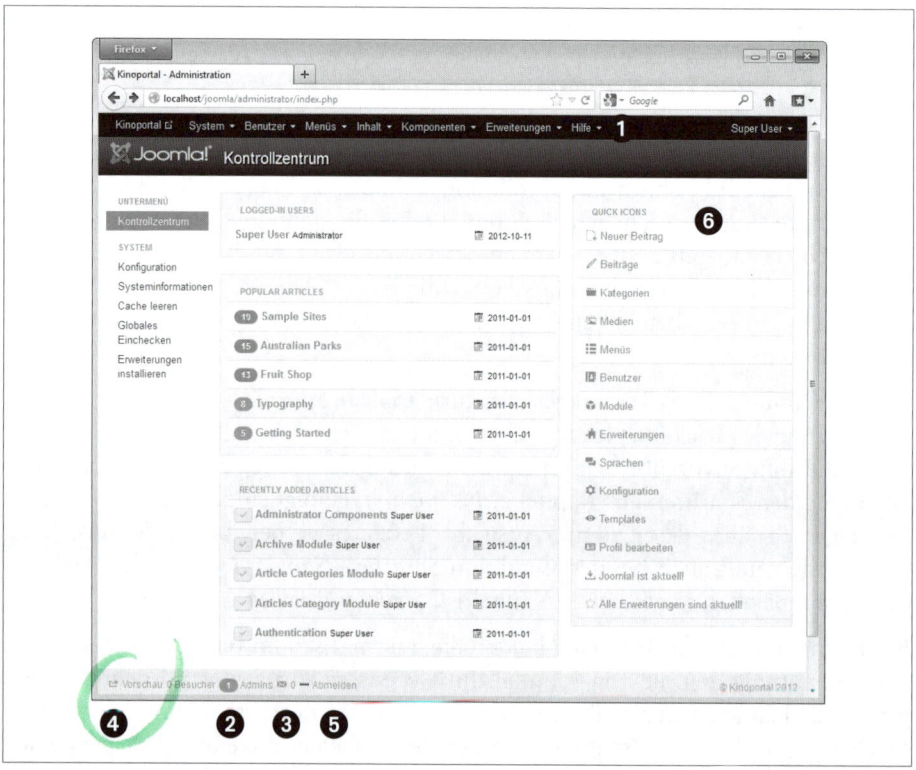

Abbildung 3-7:   Die Einstiegsseite des Backends

Die oberste Zeile enthält das Hauptmenü, über das Sie alle Funktionen und Einstellungen des Backends erreichen ❶. Mit einem Mausklick geöffnete Menüs klappen automatisch ihre Unterpunkte auf, sobald Sie mit dem Mausanzeiger darüber fahren.

Die Statusleiste

In der Zeile am unteren Fensterrand finden Sie auf der linken Seite die Anzahl der derzeit angemeldeten Benutzer im Frontend (die Zahl vor *Besucher*) und im Backend (die Zahl vor *Admins*) ❷. Momentan ist nur eine Person im Backend unterwegs – nämlich Sie selbst.

Rechts neben dem Briefumschlag finden Sie die Anzahl aller neu eingegangenen Nachrichten (❸ in Abbildung 3-7). Joomla! besitzt ein eigenes Nachrichtensystem, über das nicht nur die angemeldeten Mitglieder eingeschränkt kommunizieren können, sondern über das auch wichtige Systemnachrichten verschickt werden. Reicht beispielsweise ein Autor eine Filmkritik ein, so wird sie üblicherweise nicht direkt freigeschaltet, sondern zunächst durch einen Redakteur geprüft. Dieser erhält nun automatisch über das Nachrichtensystem einen entsprechenden Hinweis. Im Menü unter *Komponenten → Nachrichten → Nachrichten lesen* gelangen Sie zu einer Übersicht aller bislang für Sie eingegangenen privaten Nachrichten. Alternativ können Sie auch einfach auf die Nachrichtenzahl in der Statusleiste klicken.

Ganz links in der Statusleiste wartet ein Link namens *Vorschau* ❹. Ein Klick darauf öffnet in einem neuen Fenster den aktuellen Stand Ihrer Website. Alternativ können Sie auch links oben in der Ecke auf den Namen Ihrer Website klicken – in Abbildung 3-7 also auf *Kinoportal*. Das ist besonders dann nützlich, wenn Sie nach Änderungen direkt einen Kontrollblick auf das Ergebnis werfen möchten. Dank dieses Menüpunktes müssen Sie nicht erst wieder das Backend verlassen. Dies geschieht wiederum über *Abmelden* ❺ in der Statusleiste. Zum gleichen Ergebnis führt auch der Menüpunkt *Super User → Abmelden* im Hauptmenü rechts oben. Sollten Sie längere Zeit untätig gewesen sein, so setzt Joomla! Sie automatisch vor die Tür. Dies geschieht zum einen aus Sicherheitsgründen, und zum anderen brauchen Sie nicht in Panik zu geraten, sollten Sie einmal das Abmelden vergessen oder den Browser einfach gedankenlos geschlossen haben.

Warnung   Andererseits können Sie hierdurch auch bereits getätigte Eingaben verlieren, wenn beispielsweise ein dringender Telefonanruf Sie vom Computer und somit von der Arbeit fernhält. Daher sollten Sie immer über die entsprechenden Schaltflächen Ihre Eingaben zwischenspeichern.

Version   In Joomla! 2.5 waren alle Informationen und Funktionen der Statusleiste rechts oben neben dem Hauptmenü angesiedelt. Des Weiteren heißt das Menü *Site* jetzt *System*. ⟨X.X⟩

Der Inhalt des Bereichs zwischen Hauptmenü und Statusleiste wechselt je nach aufgerufenem Menüpunkt und präsentiert die Einstellungen, die Sie ändern können.

Das Kontrollzentrum

Derzeit ist hier das *Kontrollzentrum* (*Control Panel*) aktiv (siehe Abbildung 3-7). Es bildet die Startseite des Backends. Auf seiner rechten Seite finden Sie eine mit *Quick Icons* beschriftete Liste. Ihre Einträge führen zu häufig benötigten Aufgabengebieten. Ein Klick auf *Benutzer* führt beispielsweise umgehend zur Benutzerverwaltung. Dank dieser sogenannten *Schnellstartsymbole* (englisch *Quick Icons*) müssen Sie sich nicht erst mühsam durch die Menüs hangeln (❻ in Abbildung 3-7).

X.X	**Version**	Die Bezeichnung Quick Icons ist eigentlich nicht mehr ganz zutreffend, da es sich mittlerweile um Links handelt. Joomla! 2.5 zeigte stattdessen noch dicke Schaltflächen im Kontrollzentrum an, daher auch die Bezeichnung Quick Icons.

Ganz am linken Fensterrand finden Sie stets ein kleines Menü, das den Zugriff auf weitere (Unter-)Funktionen anbietet. Welche Menüpunkte hier zur Verfügung stehen, hängt von den gerade angezeigten Informationen ab. Häufig enthält es einfach noch einmal die Punkte aus einem der Menüs, in diesem Fall *System* (klappen Sie dieses Menü im Hauptmenü einmal auf, und vergleichen Sie die Einträge).

In der Mitte des Kontrollzentrums sehen Sie drei übereinandergestapelte Listen. Gemäß ihrer Beschriftung enthalten sie von oben nach unten die fünf

- zuletzt angemeldeten Benutzer (*Logged-in Users*, siehe Abbildung 3-8)

  Hier ist mindestens der *Super User* aufgeführt, das sind Sie selbst. Der kleingeschriebene Text *Administrator* weist darauf hin, dass Sie derzeit im Backend angemeldet sind. In Abbildung 3-8 hat sich neben dem Super User auch noch ein weiterer, normaler Benutzer namens *Tim Schürmann* auf der Homepage angemeldet. Mit einem Klick auf das X vor seinem Namen können Sie diesen Benutzer zwangsweise vom System abmelden. Bei Ihnen selbst fehlt das Symbol, Sie können das Backend folglich nur über *Abmelden* in der Statusleiste beziehungsweise *Super User → Abmelden* verlassen.

Abbildung 3-8: Die fünf zuletzt angemeldeten Benutzer im Kontrollzentrum. Hier hat sich neben dem Super User auch noch ein weiterer, normaler Benutzer namens *Tim Schürmann* auf der Homepage angemeldet.

- beliebtesten Beiträge (*Popular Articles*, siehe Abbildung 3-9)

  Dahinter verbergen sich die fünf am häufigsten angeklickten Elemente (siehe Abbildung 3-9). Damit können Sie genau verfolgen, welche Artikel am beliebtesten sind. Neben dem Erstellungsdatum auf der rechten Seite nennt Joomla! hier auch die Anzahl der Aufrufe (in dem Oval links).

- zuletzt hinzugefügten Beiträge (*Recently Added Articles*, siehe Abbildung 3-10)

  Rechts hinter dem Erstellungsdatum steht der Autor des Beitrags. Die grünen Haken auf der linken Seite zeigen an, dass die Artikel derzeit für Besucher sichtbar sind. Ein Klick auf einen der hier aufgeführten Artikel öffnet ihn direkt in einem zugehörigen Bearbeitungsbildschirm.

Abbildung 3-9:   Die fünf beliebtesten Beiträge

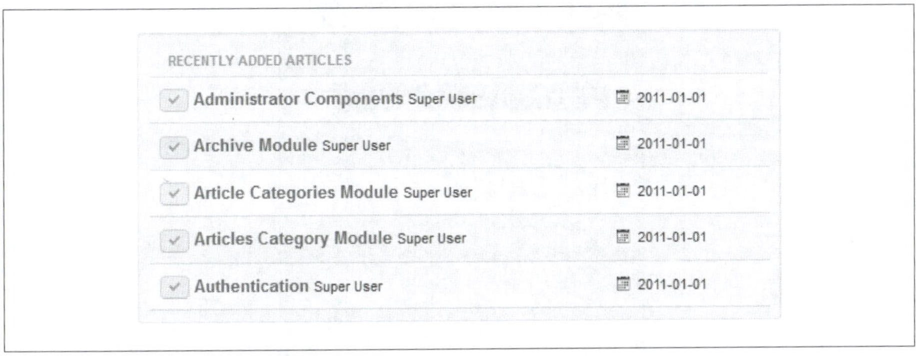

Abbildung 3-10:   Die fünf zuletzt hinzugefügten Beiträge

Responsive Design

Wenn Sie Ihr Browserfenster verkleinern, passt Joomla! die dargestellte Seite automatisch an die neuen Gegebenheiten an. Dabei verschiebt es auch unter Umständen einige Elemente beziehungsweise Seitenbereiche. Das kann so weit gehen wie in Abbildung 3-11. Dort wurde das Fenster so weit verkleinert, dass Joomla! die Teile der Seite übereinanderstapelt. Darüber hinaus ist das Hauptmenü verschwunden. Sie erhalten es wieder, indem Sie ganz rechts oben in der Ecke auf den Knopf mit den drei Streifen klicken. Die Darstellung aus Abbildung 3-11 sehen auch Anwender, die Joomla! mit einem Mobiltelefon ansteuern.

Diese Fähigkeit, die Darstellung an unterschiedliche Geräte und Fenstergrößen anzupassen, bezeichnet man als *Responsive Design* (reaktionsfreudiges Design). Dies ist eine der größeren Neuerungen in Joomla! 3.0 und soll vor allem die Bedienung auf Smartphones und Tablet-PCs ermöglichen beziehungsweise vereinfachen. Auch die Beispiel-Homepage nutzt diese Technik; probieren Sie es einfach mal aus (indem Sie die *Vorschau* öffnen und dann Ihr Browserfenster in der Größe verändern).

Tipp   Joomla! verändert dabei die Darstellung mithilfe einer als *Bootstrap* bezeichneten Werkzeugsammlung, die ursprünglich von Twitter entwickelt wurde. Wenn Sie sich für die dahinterstehende Technik interessieren, sollten Sie einen Blick auf die Seite *http://twitter.github.com/bootstrap/* werfen.

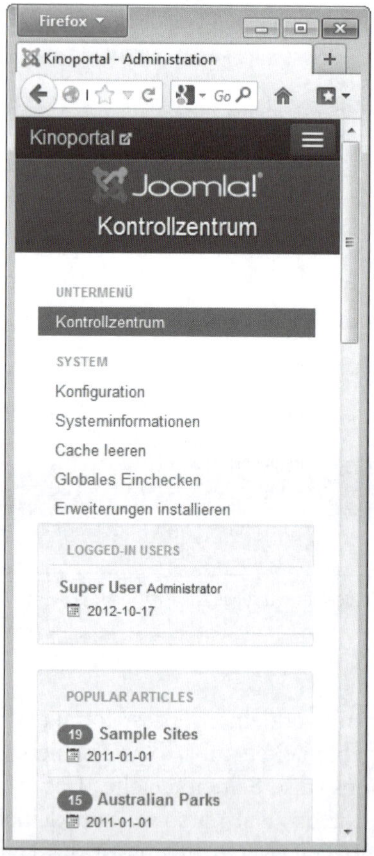

Abbildung 3-11:   Verkleinert man das Hauptfenster, passt Joomla! die Inhalte der gerade angezeigten Seite automatisch an den zur Verfügung stehenden Platz an.

Templates wechseln

Das Design der Homepage bestimmt ein sogenanntes Template. Den entsprechenden Verwaltungsbildschirm erreichen Sie über den Menüpunkt *Erweiterungen →* *Templates*. Vergewissern Sie sich, dass im Untermenü links unterhalb der Werkzeugleiste der Punkt *Stile* aktiv ist, und stellen Sie die Ausklappliste *– Bereich wählen* *–* auf *Site*. Joomla! präsentiert nun eine Liste mit allen verfügbaren Design-Vorlagen (siehe Abbildung 3-12).

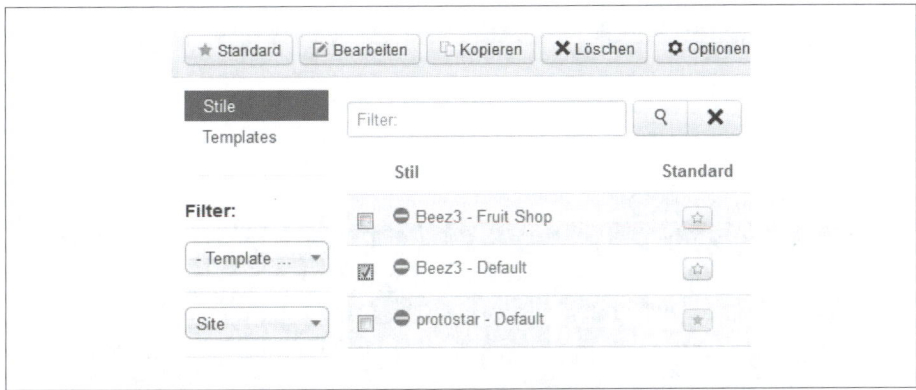

Abbildung 3-12:   Diese Seite hilft beim schnellen Austausch des Homepage-Designs.

Dort stehen gleich drei verschiedene Layouts zur Auswahl. Das orangefarbene Sternchen in der Spalte *Standard* weist darauf hin, dass derzeit standardmäßig *protostar – Default* auf der Homepage zum Einsatz kommt – vorausgesetzt, einer Unterseite wurde nicht explizit eine andere Optik zugewiesen.

Um Ihrem Internetauftritt nun stattdessen die Vorlage *Beez3 – Default* überzustülpen, kreuzen Sie sie wie in Abbildung 3-12 in der ersten Spalte an und klicken anschließend auf *Standard* in der Werkzeugleiste. Damit haben Sie Ihrer Homepage mit nur zwei Mausklicks ein komplett neues Design verpasst. Kontrollieren Sie das Ergebnis in der *Vorschau*. Die Startseite sollte jetzt so wie in Abbildung 3-13 aussehen.

Tipp   Wenden Sie auch nacheinander die anderen Layouts an, und vergleichen Sie die Ergebnisse.

Wechseln Sie im Backend mit der gleichen Methode wieder zurück zum ursprünglichen Standard-Template (indem Sie die Zeile *protostar – Default* ankreuzen und auf *Standard* klicken). Ihre in Joomla! gespeicherten Daten bleiben dabei immer unangetastet. Hier zeigt sich der Vorteil einer strikten Trennung von Inhalt und Layout. Im Kinoportal kann man so beispielsweise im Dezember schnell auf eine weihnachtliche Optik umschalten – ein passendes Template vorausgesetzt. In späteren Kapiteln werden Sie noch erfahren, wie man einzelnen Unterseiten eine abweichende Optik verpasst und wie man weitere Templates nachinstalliert beziehungsweise entwirft.

Einige grundlegende Bedienkonzepte ziehen sich wie ein roter Faden durch das Backend. In den folgenden Abschnitten lernen Sie die wichtigsten dieser Bedienkonzepte kennen. Wenn Sie sich beim Stöbern irgendwann einmal verlaufen haben sollten, bringt *System → Kontrollzentrum* Sie jederzeit wieder zum Eingangsbildschirm zurück.

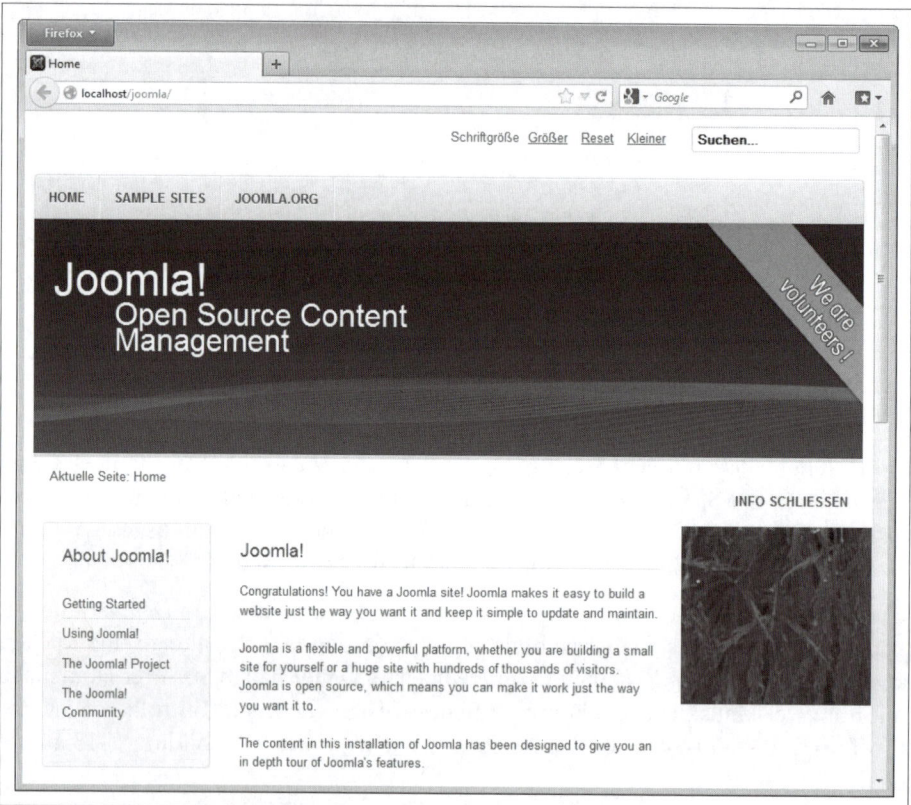

Abbildung 3-13: Die Beispiel-Homepage unter dem Einfluss von *Beez3 – Default*

 Warnung Verzichten Sie im Backend darauf, die Zurück- und Vorwärts-Schaltflächen Ihres Browsers zu verwenden. Dies bringt Joomla! unter Umständen komplett aus dem Tritt. Nutzen Sie zur Navigation ausschließlich die angebotenen Menüs und Symbole.

Mit Listen arbeiten

Unter Joomla! lässt sich grundsätzlich jeder Menüeintrag anklicken, auch wenn noch weitere Untermenüs aufklappen. Wenn Sie beispielsweise mit der Maus über *Inhalt → Beiträge* fahren, erscheint noch die einsame Option *Neuer Beitrag*. Dennoch können Sie direkt *Beiträge* anklicken.

In der Regel führen solche Oberpunkte zu einer Liste beziehungsweise Tabelle. Wählen Sie beispielsweise den Menüpunkt *Inhalt → Beiträge*, liefert Joomla! Ihnen eine Aufstellung aller derzeit existierenden Artikel. In Abbildung 3-14 stammen diese aus den Beispieldaten; im Fall des Kinoportals werden hier später alle Filmkritiken aufgeführt. Lassen Sie sich auch hier nicht durch die enorme Informationsfülle erschrecken: Es sieht nur auf den ersten Blick so schlimm aus.

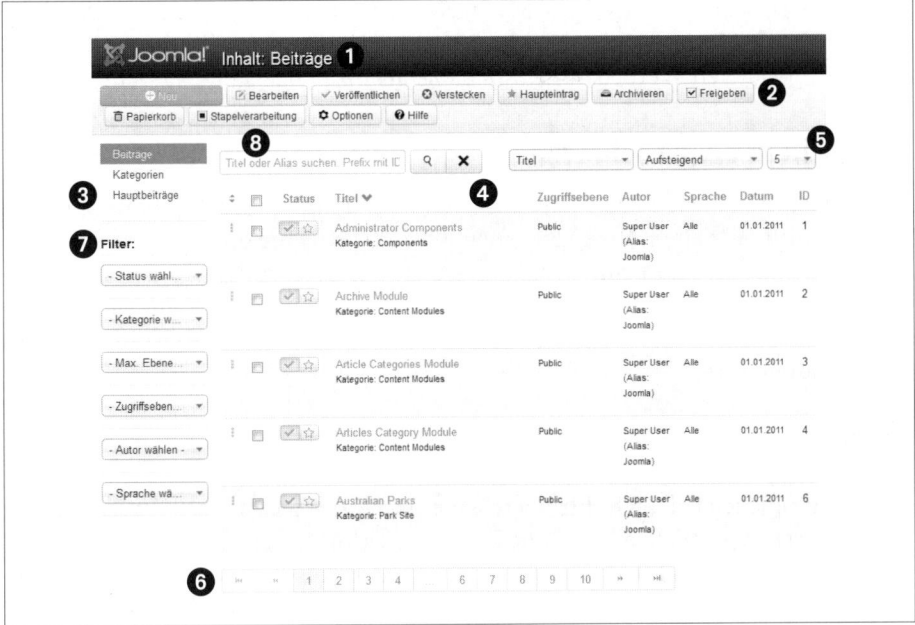

Abbildung 3-14:   Die Seite *Inhalt → Beiträge* verwaltet alle Artikel übersichtlich in einer Liste.

Unter dem Hauptmenü zeigt Joomla! zunächst noch einmal in der blauen Leiste an, wo Sie sich gerade im Backend befinden beziehungsweise was Sie gerade betrachten. In Abbildung 3-14 sind Sie im Bereich *Inhalt → Beiträge* ❶. Direkt unter dem blauen Streifen liegt immer die sogenannte *Werkzeugleiste* ❷ (englisch *Toolbar*). Mit ihren Knöpfen lassen sich die Artikel in der Liste auf vielfältige Art und Weise bearbeiten. Das Hauptmenü und die Werkzeugleiste bleiben übrigens auch dann eingeblendet, wenn Sie auf einer langen Seite mit den Bildlaufleisten in Ihrem Browser nach unten fahren.

Direkt unterhalb der Werkzeugleiste finden Sie ganz links das hier jetzt etwas unscheinbare Untermenü wieder. Es bietet die Einträge aus Abbildung 3-14 mit *Beiträge*, *Kategorien* und *Hauptbeiträge* an ❸. Es handelt sich hierbei um einige der Unterpunkte des Menüs *Inhalt*.

Den Hauptteil der Seite nimmt in Abbildung 3-14 eine Liste beziehungsweise Tabelle mit den Artikeln ein ❹. In ihrer vierten Spalte von links finden Sie die *Titel* der Artikel. Suchen Sie die hier aufgeführten Exemplare einmal in der *Vorschau* im Frontend. Der *Beginners*-Artikel taucht beispielsweise direkt auf der Startseite auf. Die übrigen Spalten liefern schnell einen Überblick über die wichtigsten Einstellungen und Eigenschaften der Artikel. Das *Datum* verrät beispielsweise, wann der Artikel veröffentlicht wurde.

Solche Listen kennt das Content-Management-System auch für viele andere Elemente, wie die Menüs (*Menüs → Menüs*), alle seine Benutzer (*Benutzer → Benutzer*), die verwalteten Werbebanner (*Komponenten → Banner*) und so weiter.

Übersicht in Listen schaffen

Damit die Listen nicht zu ellenlangen Ungetümen werden, verteilt Joomla! alle Einträge auf mehrere Seiten. Wenn Sie einen Blick in die rechte obere Ecke der Tabelle werfen ❺, finden Sie dort eine Ausklappliste mit der Beschriftung *20*. Mit ihr stellen Sie ein, wie viele Artikel beziehungsweise Zeilen eine Seite auf einmal darstellt. Wählen Sie dort probeweise den kleinsten Wert von *5*. Das Ergebnis ist dann das aus Abbildung 3-14.

 Version   In Joomla! 2.5 war die Ausklappliste noch unterhalb der Tabelle angesiedelt.

Nun sind auf jeden Fall mehr Elemente in der Liste vorhanden, als angezeigt werden sollen. In derartigen Fällen helfen die Zahlen sowie die Schaltflächen ganz am unteren Rand der Tabelle ❻. Über sie gelangen Sie an die restlichen Einträge. Um sich in längeren Listen dabei nicht zu Tode zu klicken, können Sie über die Zahlen direkt eine der Seiten anspringen. Klicken Sie beispielsweise auf die Ziffer 3, blättert Joomla! umgehend zu dritten Seite. Analog springen Sie über die Doppelpfeile mit dem abschließenden Strich ⊣ zum Anfang beziehungsweise Ende der Liste. Wenn Sie das Beispiel mitgemacht haben, stellen Sie jetzt die Ausklappliste rechts oben über der Tabelle wieder zurück auf *20*.

Links neben der Tabelle warten noch ein paar weitere Ausklapplisten ❼. Über sie können Sie unwichtige Elemente ausblenden lassen. Interessieren Sie sich beispielsweise nur für alle Artikel, die ein ganz bestimmter Autor geschrieben hat, wählen Sie seinen Namen einfach aus der Ausklappliste - *Autor wählen* -. Über die anderen Ausklapplisten am linken Rand können Sie die Anzeige anschließend noch weiter einschränken beziehungsweise verfeinern. Um den Ursprungszustand wiederherzustellen, also wieder alle Artikel anzeigen zu lassen, stellen Sie in den Ausklapplisten wieder die Punkte mit den Strichen ein. Möchten Sie also wieder die Artikel *aller* Autoren sehen, setzen Sie die entsprechende Ausklappliste auf den Punkt - *Autor wählen* -.

Das Eingabefeld *Titel oder Alias suchen* ❽ beschränkt schließlich die Anzeige auf genau die Elemente, die den eingetippten Begriff in ihrem Namen beziehungsweise Titel tragen. Tippen Sie beispielsweise **Begin** ein und klicken auf die Lupe (oder drücken die Eingabetaste), erscheint in der Liste nur noch der Artikel *Beginners* – mehr Artikel, die ein *Begin* im Titel tragen, gibt es in den Beispieldaten nicht. Um den Ursprungszustand wiederherzustellen, klicken Sie auf das X-Symbol rechts neben der Lupe.

Tipp Wenn Sie irgendwann einmal in einer Liste einen bestimmten Eintrag nicht finden können, prüfen Sie immer erst, ob das Eingabefeld leer ist und die Ausklapplisten auf der linken Seite auf ihren korrekten Werten stehen.

Inhalte auswählen und bearbeiten

Möchten Sie nun etwas mit einem der hier aufgelisteten Elemente anstellen, markieren Sie zunächst in der ersten Spalte das kleine Kästchen links neben seinem Titel (der in der zweiten Spalte steht). Anschließend klicken Sie in der Werkzeugleiste (das ist die Symbolleiste direkt unterhalb des Hauptmenüs) auf eine der angebotenen Aktionen.

Probieren Sie dies einmal für den Artikel mit dem Namen *Beginners* aus (eventuell müssen Sie erst in der Liste zum Anfang blättern). Dies ist einer der Artikel, die Joomla! auf der Einstiegsseite präsentiert. Kreuzen Sie seinen Kasten in der ersten Spalte an, und klicken Sie in der Werkzeugleiste auf den Knopf *Bearbeiten*. Es öffnet sich daraufhin der Bearbeitungsbildschirm aus Abbildung 3-15, in dem Sie den Artikel ändern können.

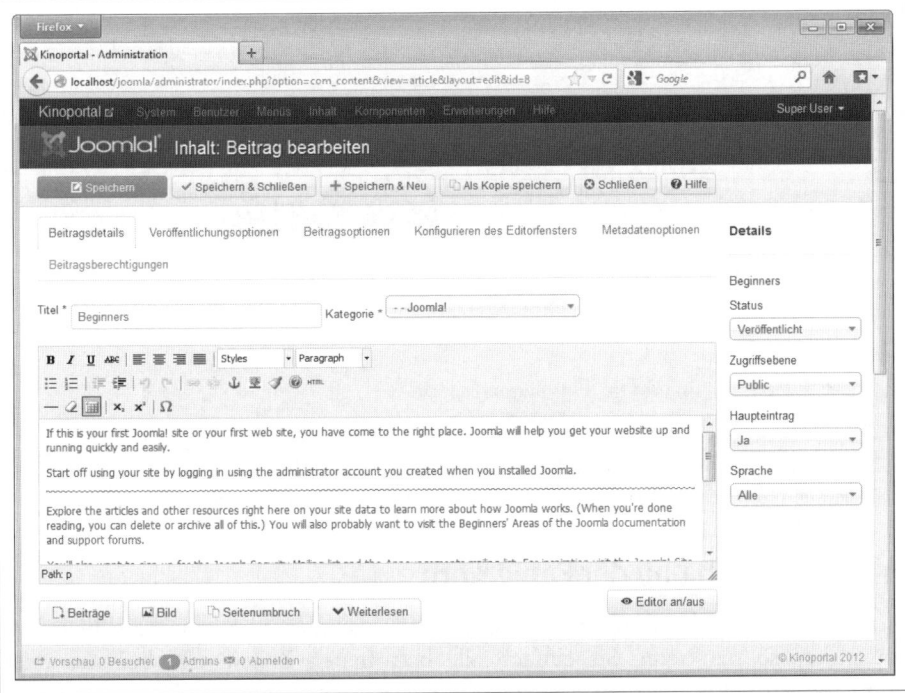

Abbildung 3-15:   In diesem etwas unübersichtlichen Formular bearbeiten Sie alle Texte. Hier wurde der bestehende Artikel »Beginners« geöffnet.

Tipp   In den Bearbeitungsbildschirm gelangen Sie auch, wenn Sie in der Tabelle einfach auf den *Titel* des Elements klicken – in diesem Beispiel also auf den Namen des Artikels *Beginners*.

Da Sie hier noch nichts ändern sollten, brechen Sie den Bearbeitungsvorgang mit einem Klick auf *Schließen* ab. Sie landen dann automatisch wieder in der Liste mit allen Artikeln. Bearbeitungsbildschirme gibt es auch für andere Elemente, wie etwa einen Menüpunkt oder ein Werbebanner. Ihr Aussehen hängt jedoch stark vom zu bearbeitenden Element ab und folgt nur selten einem einheitlichen Schema.

Die in der Werkzeugleiste angebotenen Aktionen finden Sie in der Regel in allen Listen wieder. Je nachdem, was die Liste anzeigt, blendet Joomla! einige nicht nutzbare oder weniger sinnvolle Knöpfe aus.

X.X   Wenn Sie den Mauszeiger in der Spalte *Titel* über der Bezeichnung eines Artikels parken, erscheint wie in Abbildung 3-16 eine kleine Schaltfläche mit einem Dreieck. Ein Mausklick darauf öffnet ein Menü, mit dem Sie häufig benötigte Funktionen direkt auf den Artikel anwenden können. Klicken Sie beispielsweise auf *Bearbeiten*, öffnet sich umgehend der Bearbeitungsbildschirm aus Abbildung 3-15.

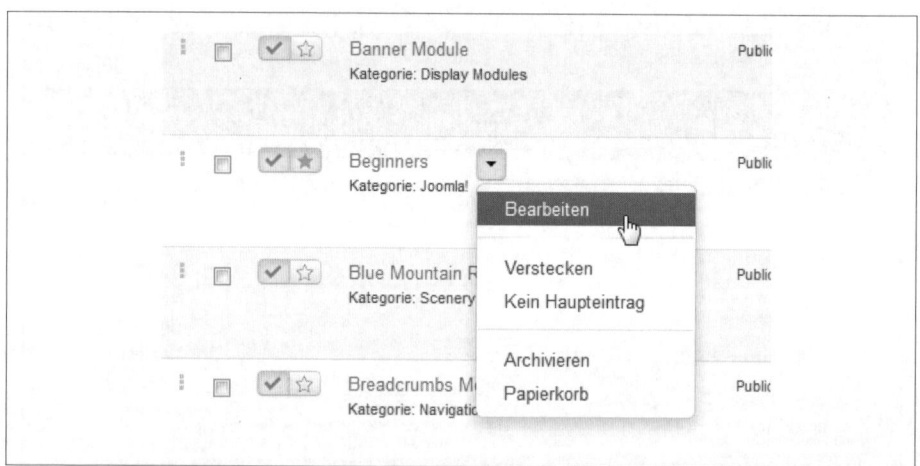

Abbildung 3-16:   Seit Joomla! 3.0 erhält man über dieses Kontextmenü schnell Zugriff auf die wichtigsten Funktionen.

Inhalte löschen und der Papierkorb

Möchten Sie eine der Funktionen aus der Werkzeugleiste auf mehrere Elemente anwenden, so markieren Sie einfach alle betroffenen Zeilen. Um beispielsweise sämtliche Artikel zu löschen, kreuzen Sie alle Kästchen an und klicken dann auf *Papierkorb*. Dieser Vorgang lässt sich sogar noch etwas beschleunigen: In der Zeile mit den Spaltenbeschriftungen gibt es (ganz links) ein kleines Kästchen. Ist es aktiviert, werden mit einem Schlag alle seine Kollegen direkt darunter selektiert (wie in Abbildung 3-17).

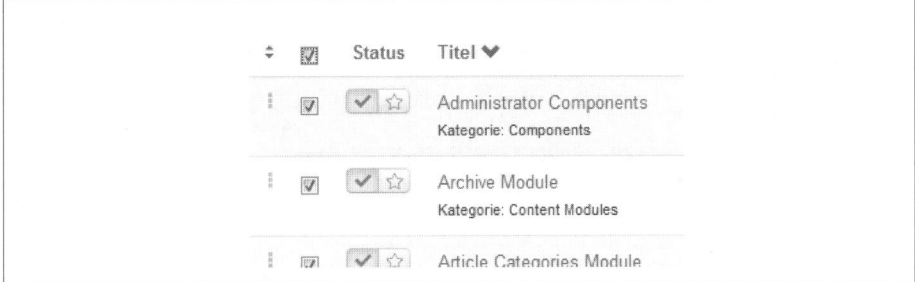

Auf diese Weise kann man später mit nur zwei Mausklicks alle gerade sichtbaren Filmkritiken in den *Papierkorb* werfen. Der heißt in Joomla! übrigens absichtlich so: In ihn entsorgte Elemente sind noch nicht ganz gelöscht, sondern lassen sich auch wieder aus ihm herausholen. Um in den Mülleimer zu linsen, stellen Sie die mit – *Status wählen* – beschriftete Ausklappliste am linken Rand auf *Papierkorb*. Um ein Element wiederherzustellen, markieren Sie es in der Liste und klicken dann auf *Veröffentlichen*. Möchten Sie den Inhalt des Papierkorbs komplett leeren, genügt ein Klick auf den gleichnamigen Knopf in der Werkzeugleiste. Um die Papierkorb-Ansicht wieder zu verlassen, stellen Sie die Ausklappliste *Papierkorb* wieder auf – *Status wählen* –.

Warnung   An einigen Stellen gibt es anstelle des Papierkorbs einen Knopf *Löschen*. In diesem Fall existiert kein Papierkorb, und das entsprechende Element wandert direkt ins Nirvana!

Inhalte veröffentlichen und verstecken

In fast allen Listen existiert eine Spalte mit der Aufschrift *Status*. Bei den Artikeln ist es die dritte Spalte von links. Die Symbole in dieser Spalte zeigen an, ob das jeweilige Element auch tatsächlich für Besucher des Internetauftritts sichtbar ist. Der eingedrückte Knopf mit einem grünen Haken zeigt an, dass der zugehörige Artikel auch irgendwo im Frontend zu sehen ist.

Um die Auswirkungen an einem Beispiel kennenzulernen, öffnen Sie links unten in der Statusleiste die *Vorschau*. Dort thront auch der bereits einschlägig bekannte *Beginners*-Artikel. Wechseln Sie wieder zurück zum Backend. Klicken Sie dort das Kästchen in der Zeile mit dem *Beginners*-Artikel an (gegebenenfalls müssen Sie den Artikel erst über die Pfeilsymbole am unteren Rand der Tabelle suchen). Klicken Sie nun in der Werkzeugleiste auf die Schaltfläche *Verstecken*. Aus dem grünen Häkchen ist ein roter Kreis mit einem X geworden – ein Zeichen dafür, dass der Artikel von der Homepage verbannt wurde. Wenn Sie jetzt im Fenster mit der Vorschau die Seite neu laden, fehlt dort der *Beginners*-Artikel wie in Abbildung 3-18.

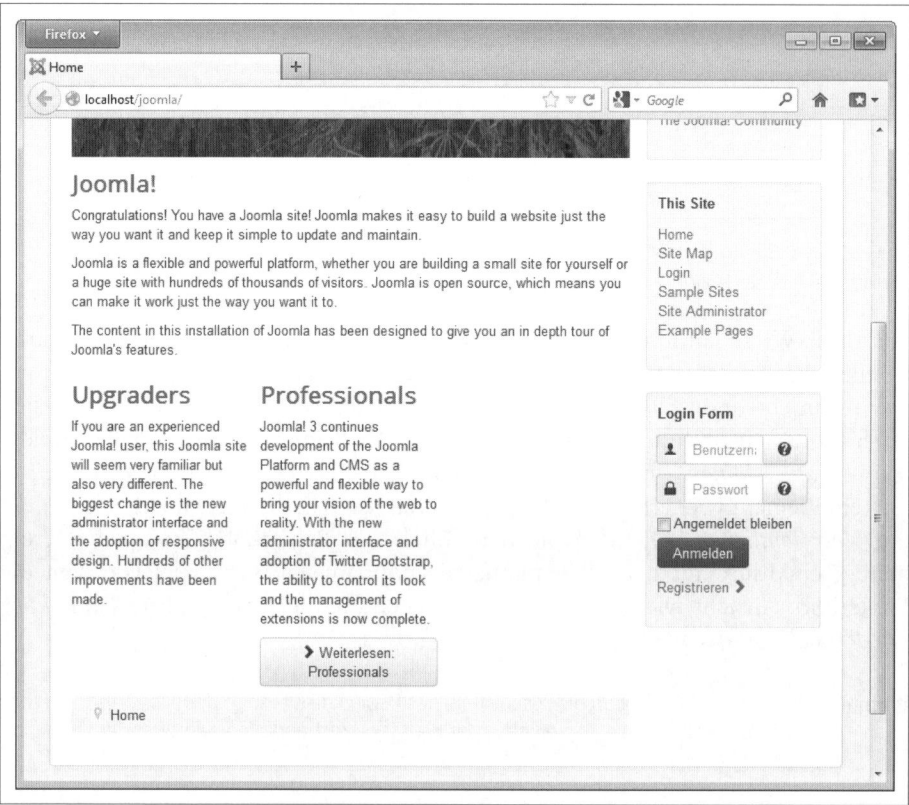

Abbildung 3-18:   Die Beispielseite ohne den »Beginners«-Artikel

Um ihn wieder zurückzuholen, markieren Sie erneut im Backend das Kästchen vor dem Artikel *Beginners* und klicken auf *Veröffentlichen*. Auf diese Weise lässt sich ein Element rasch vor neugierigen Augen verstecken, ohne es gleich löschen beziehungsweise in den Papierkorb stecken zu müssen.

Tipp   Das Verstecken und Veröffentlichen geht übrigens noch etwas schneller: Um den Zustand zu ändern, klicken Sie einfach direkt auf den grünen Haken beziehungsweise den roten Kreis in der *Status*-Spalte.

Version   Bis einschließlich zur Version 3.0.1 sprach Joomla! nicht von *Verstecken* und *Veröffentlichen*, sondern von *Freigeben* und *Sperren*.

Sortierreihenfolge ändern

Direkt unterhalb der Werkzeugleiste befinden sich auf der rechten Seite die zwei Ausklapplisten *Titel* und *Aufsteigend*. Mit diesem Duo stellen Sie ein, wie Joomla! die Zeilen der Liste sortieren soll. Standardmäßig ordnet Joomla! alle Artikel alphabetisch *Aufsteigend* nach ihrem *Titel*. Ganz oben in der Tabelle stehen demnach erst alle Artikel mit A, dann folgen alle Artikel mit B und so weiter. Um nun beispielsweise alle zuletzt erstellten Artikel zuerst anzeigen zu lassen, stellen Sie die Ausklappliste *Titel* auf *Datum* und dann ihre Kollegin *Aufsteigend* auf *Absteigend* (wenn das jetzt etwas verwirrend klingt, probieren Sie es einfach mal aus).

Als Sortierkriterien bietet Joomla! alle vorhandenen Spalten an. Die Artikel können Sie also nach ihrem *Status*, dem *Titel*, der *Zugriffsebene*, dem *Autorennamen*, der *Sprache*, dem *Erstellungsdatum* und der *ID* sortieren lassen (Sie erfahren später noch, was mit der Zugriffsebene, der Sprache und der ID auf sich hat). Nach welcher Spalte Joomla! gerade die Einträge sortiert, markiert zusätzlich ein kleiner blauer Pfeil neben der Spaltenbeschriftung. In Abbildung 3-19 steht dieser Pfeil neben dem *Titel*, folglich sortiert Joomla! alle Beiträge nach ihrem *Titel*. Da der Pfeil nach unten zeigt, erfolgt die Sortierung – Achtung – alphabetisch aufsteigend.

Tipp Sie können die Sortierung auch schnell mit einem Klick auf die Spaltenbeschriftung ändern. Klickten Sie beispielsweise auf *Datum*, würde Joomla! alle Beiträge umgehend nach ihrem Datum sortieren. Mit einem weiteren Klick auf den kleinen blauen Pfeil drehen Sie die Reihenfolge um (wechseln also zwischen aufsteigender und absteigender Sortierung).

Die Sortiermöglichkeiten finden Sie über jeder Tabelle. Sie sollen primär das Auffinden von Beiträgen beziehungsweise anderen Elementen erleichtern.

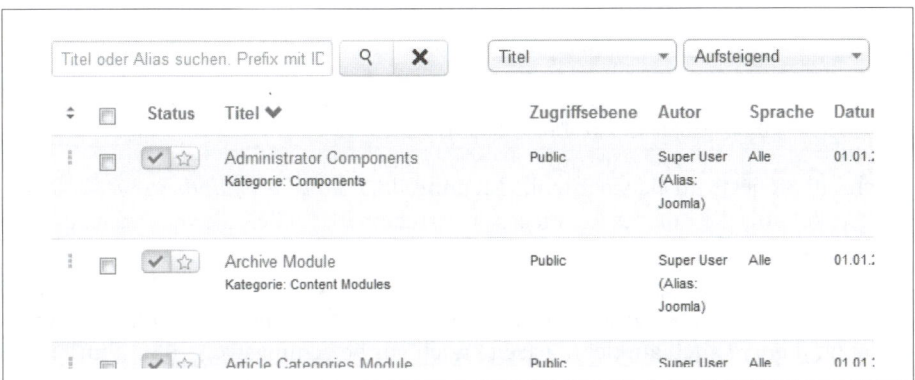

Abbildung 3-19: Joomla! sortiert hier alle Artikel alphabetisch aufsteigend nach ihrem Titel.

Die meisten Listen besitzen zudem eine merkwürdige erste Spalte. Als Beschriftung trägt sie einen blauen Doppelpfeil (siehe auch Abbildung 3-19). Mit dieser Spalte verändern Sie die Reihenfolge der Elemente sowohl hier in der Liste als auch *auf der Homepage*.

 Version   In Joomla! 2.5 war die Spalte noch mit *Reihenfolge* beschriftet. Ab Joomla! 3.0 erscheint diese Bezeichnung erst, wenn Sie den Mauszeiger über dem Doppelpfeil parken.

Damit Sie die Auswirkungen besser verstehen, folgt hier ein kleines Beispiel zum Mitmachen: Öffnen Sie zunächst die *Vorschau* (über den Link ganz links unten in der Statusleiste). Hier steht der Artikel *Joomla!* über dem von *Beginners* (siehe Abbildung 3-20).

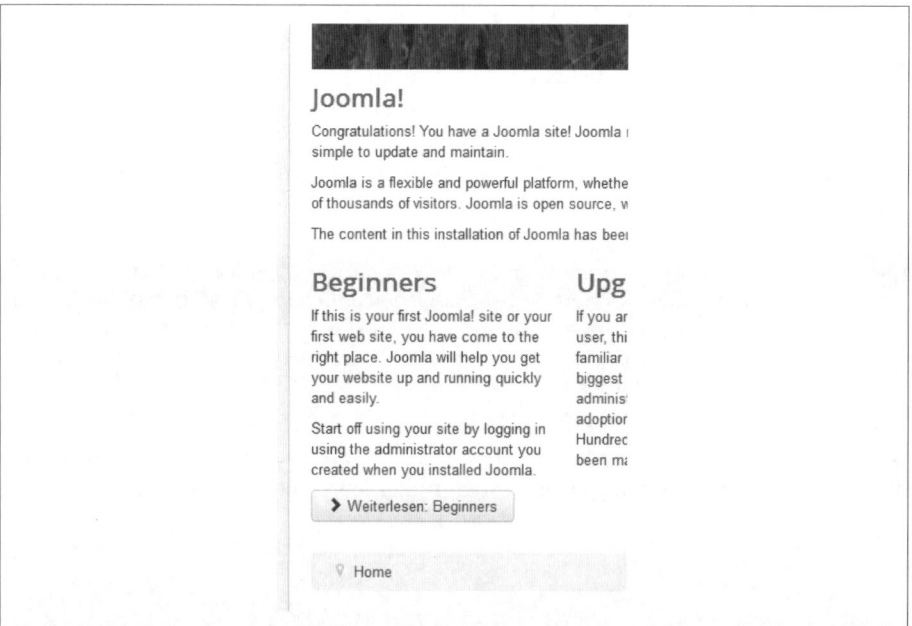

Abbildung 3-20:   Die Beispielseite mit den Artikeln »Joomla!« und »Beginners«

Wechseln Sie jetzt im Backend zum Menüpunkt *Inhalt → Hauptbeiträge*. Er listet alle Artikel auf, die auf der Einstiegsseite erscheinen. Stellen Sie die Ausklappliste *Titel* auf den Eintrag *Reihenfolge*. Joomla! sortiert jetzt alle Artikel in der Tabelle in der gleichen Reihenfolge, wie sie im Frontend erscheinen (Abbildung 3-21). Der Beitrag mit dem Titel *Joomla!* steht in dieser Liste über dem Beitrag *Beginners*, folglich erscheint *Joomla!* auch auf der Startseite noch vor beziehungsweise über ihm.

Um den Spieß umzudrehen, ist jetzt nur ein Mausklick notwendig: Mit der Auswahl von *Reihenfolge* in der Ausklappliste sind in der ersten Spalte auch kleine schwarze Punkte erschienen. An diesen schwarzen Pünktchen können Sie die jeweilige Zeile »anfassen« und an eine andere Stelle in der Tabelle ziehen.

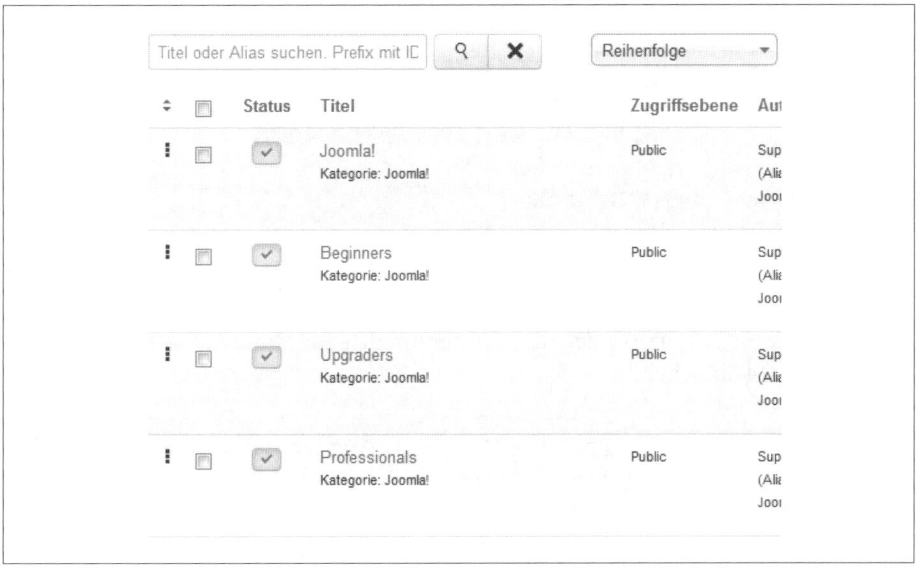

Abbildung 3-21:   In dieser Reihenfolge erscheinen die Artikel auf der Startseite.

Version   In Joomla! 2.5 musste man die einzelnen Zeilen noch über kleine blaue Pfeile   X.X
umsortieren. Diese erschienen nur, wenn man zuvor die Spaltenbeschriftung *Reihenfolge* angeklickt hatte.

Probieren Sie das jetzt mit dem Artikel *Beginners* aus: Platzieren Sie zunächst den
Mauszeiger über seinen schwarzen Pünktchen (wie in Abbildung 3-22). Der Zeiger
verwandelt sich dabei in einen Doppelpfeil.

Abbildung 3-22:   Mit dem bekannten Drag-and-Drop-Prinzip ändert man die Reihenfolge der Zeilen – und in diesem Fall der
Beiträge auf der Startseite.

Halten Sie die linke Maustaste gedrückt, und ziehen Sie die Zeile um eine nach oben
(wie in Abbildung 3-23). Lassen Sie jetzt die Maustaste los. Sollte die Zeile noch
immer an Ihrer Maus kleben, drücken Sie noch einmal die linke Maustaste. Damit
steht jetzt der Beitrag *Beginners* vor dem Beitrag *Joomla!* – und zwar auch auf der
Startseite.

Abbildung 3-23:   Der Beitrag »Beginners« landet über seinem Kollegen mit dem Titel »Joomla!«.

Das sehen Sie, wenn Sie wieder die *Vorschau* aufrufen. Diese sollte nun so wie in Abbildung 3-24 aussehen.

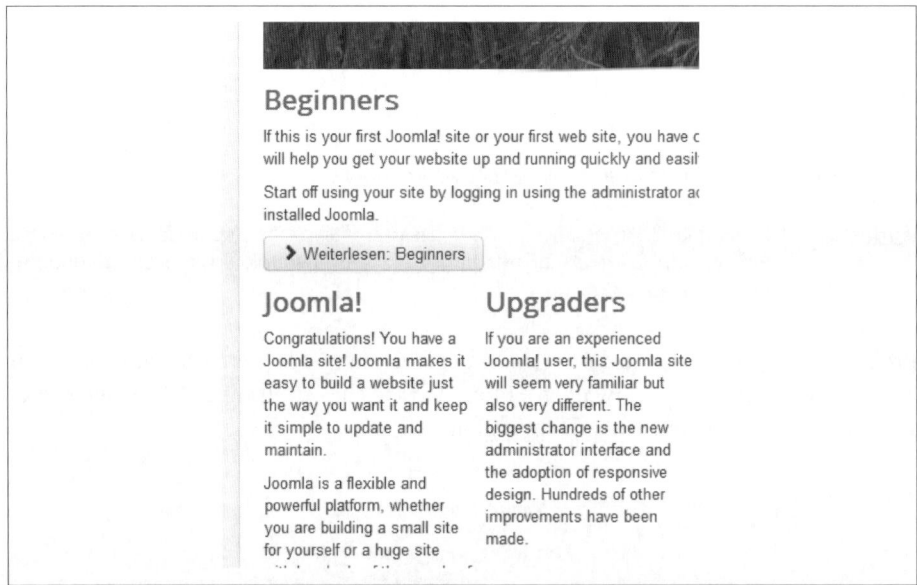

Abbildung 3-24:   Der Beitrag »Beginners« steht jetzt auch auf der Startseite vor allen anderen.

Machen Sie jetzt Ihre Änderung rückgängig, indem Sie im Backend wieder mit der Maus über die kleinen schwarzen Klötzchen in der Zeile für den Beitrag *Beginners* fahren, dann die linke Maustaste gedrückt halten, die Zeile unter den Beitrag *Joomla!* ziehen und dann die Maustaste wieder loslassen. Das Ergebnis sollte so wie in Abbildung 3-21 aussehen.

Wechseln Sie zum Abschluss noch einmal zurück zur Liste mit allen Artikeln hinter *Inhalt → Beiträge*. Hier listet Joomla! tatsächlich *sämtliche* Artikel auf, die es kennt. Wenn Sie hier also die Reihenfolge eines Artikels mit der gezeigten Methode verändern, wirkt sich das auf *alle* Unterseiten Ihres Internetauftritts aus, auf denen der Artikel zu sehen ist.

Identifikationsnummern

Für jedes neu angelegte Element, wie zum Beispiel für einen neuen Artikel oder ein neues Menü, vergibt Joomla! eine eindeutige Identifikationsnummer. Mit ihrer Hilfe kann das Content-Management-System Elemente mit gleichem Namen auseinanderhalten. So könnten beispielsweise zwei Artikel den Titel »Filmkritik Titanic« tragen – an diesem Thema haben sich schließlich gleich mehrere Regisseure versucht. Anhand der Identifikationsnummer kann Joomla! die Artikel dennoch voneinander unterscheiden.

Auch wenn die Identifikationsnummer in den meisten Listen in einer eigenen Spalte namens ID steht, kommt man mit ihr als Anwender nur selten in Kontakt – vorausgesetzt, man hat seine Titel und Überschriften möglichst eindeutig vergeben.

Tipp   Geben Sie Ihren Artikeln und Menüs möglichst eindeutige Titel und Überschriften – sie allein anhand einer nichtssagenden Identifikationsnummer auseinanderzuhalten kann recht verwirrend werden.

Gesperrte Inhalte freigeben

Sobald Sie einen Artikel oder ein anderes Element bearbeiten, sperrt Joomla! ihn bzw. es für alle weiteren Zugriffe. Kein anderer Nutzer kann ab diesem Zeitpunkt den Artikel bearbeiten. Hiermit gewährleistet das Content-Management-System, dass nicht zwei Nutzer gleichzeitig Änderungen vornehmen und so beispielsweise eine komplett unbrauchbare Filmkritik entsteht.

Von diesem Sperrvorgang bekommen sowohl der Autor als auch der Betrachter der Homepage normalerweise nichts mit. Sobald Sie Ihre Änderungen über das entsprechende Symbol in der Werkzeugleiste *Speichern* oder die Bearbeitung über die Schaltfläche *Schließen* abbrechen, wird die Sperrung automatisch wieder aufgehoben. Joomla! bezeichnet diesen Vorgang als *freigeben* (englisch *Check-In*).

Version   Bis einschließlich Version 3.0.1 nannte Joomla! den Vorgang noch *einchecken*.   X.X

Ein gesperrtes Element taucht innerhalb des Backends mit einem Schloss-Symbol auf (siehe Abbildung 3-25).

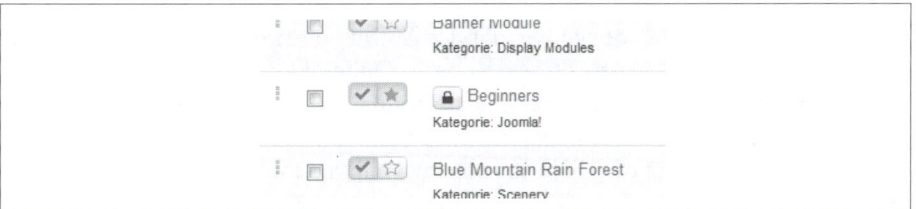

Abbildung 3-25:   Dieser Artikel wird gerade von einem anderen Benutzer bearbeitet.

Nur derjenige Benutzer, der das Element in diesem Zustand zurückgelassen hat, darf es noch bearbeiten und somit auch wieder freigeben (indem er den Bearbeitungsbildschirm schließt). Für Besucher der Homepage hat dieser Zustand keine Auswirkungen. Für sie bleibt das Element auch während der Bearbeitung weiterhin zugänglich.

Es gibt jedoch ein Problem, wenn der Browser plötzlich während der Bearbeitung geschlossen wird (zum Beispiel durch einen Absturz) oder die Verbindung zu Joomla! abreißt. In diesem Sonderfall bliebe der Artikel für jegliche Änderungen gesperrt, selbst der Super User darf den Artikel nicht mehr bearbeiten. Joomla! bietet zwei Auswege aus dieser Misere:

- In der entsprechenden Liste (im Fall eines Artikels also hinter *Inhalte → Beiträge*) markieren Sie das gesperrte Element und aktivieren dann in der Werkzeugleiste den Knopf *Freigeben*.
- Unter *System → Globales Freigeben* haken Sie alle Punkte ab und klicken dann auf *Freigeben*. Damit geben Sie alle noch gesperrten Elemente auf einen Schlag frei.

Die Liste nennt übrigens nicht die Anzahl der noch gesperrten Elemente, sondern gibt einen Einblick in die Datenbank: Links stehen die von Joomla! genutzten Tabellen, rechts ist angegeben, wie viele Tabelleneinträge von gesperrten Elementen blockiert werden. Da das schon kompliziert klingt, sollten Sie diese Ansicht ausschließlich dazu verwenden, wirklich immer nur alles einzuchecken. Wenn Sie einzelne Elemente beziehungsweise Artikel entsperren möchten, nutzen Sie den zuvor genannten Weg über die entsprechende Liste.

Hilfen

Zu fast jedem Regler, Eingabefeld und zu so gut wie jeder Ausklappliste hält Joomla! eine kleine Kurzbeschreibung parat. Sie erscheint, sobald man den Mauszeiger einen kurzen Moment auf dem entsprechenden Element oder seiner Beschriftung parkt – wie in Abbildung 3-26.

 Tipp Wenn Sie die Bedeutung einer Einstellung nicht kennen, sollten Sie immer erst ihre Beschreibung auf den Schirm holen lassen.

Falls Sie weitere Hilfe benötigen, genügt der Aufruf von *Hilfe → Joomla!-Hilfe*. Das Content-Management-System öffnet dann die Online-Hilfe. Diese greift allerdings teilweise auf die entsprechenden Seiten der Joomla!-Homepage zurück (siehe Abbildung 3-27). Sie müssen daher über eine bestehende Internet-Verbindung verfügen – andernfalls erscheint auf dem Schirm nur eine Fehlermeldung. Über die Begriffe am linken Seitenrand gelangen Sie schnell zu den entsprechenden Hilfethemen. Zusätzlich können Sie die Suchfunktion links oben in Anspruch nehmen.

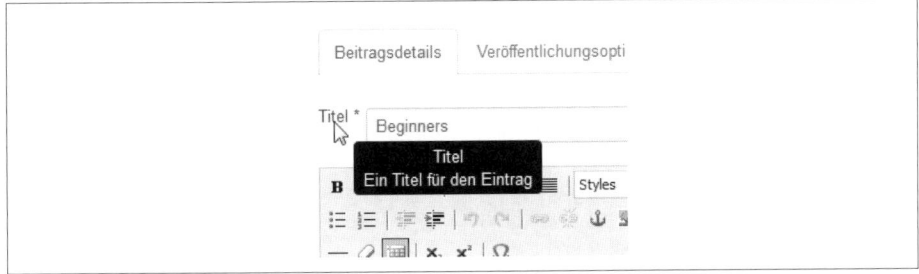

Abbildung 3-26:   Verweilt man auf der Beschriftung einer Einstellung, so taucht ein kleines schwarzes Fenster (Tooltip) mit nützlichen oder wichtigen Informationen auf.

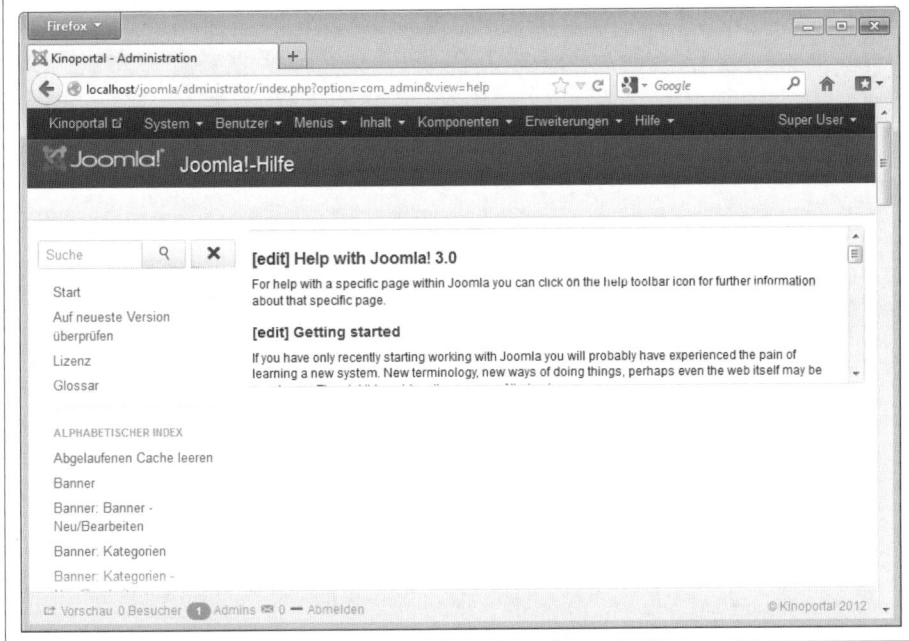

Abbildung 3-27:   Die eingebaute Online-Hilfe war zum Zeitpunkt der Drucklegung alles andere als auf dem aktuellen Stand und lag nur auf Englisch vor.

In verschiedenen Teilen des Backends treffen Sie immer mal wieder auf eine Schaltfläche mit der Aufschrift *Hilfe*. Ein Klick darauf genügt, um ein neues Fenster mit einem zur derzeitigen Situation passenden Hilfethema hervorzuholen.

Nach diesem kleinen Rundgang durch Frontend und Backend geht es im nächsten Kapitel direkt *in medias res* und an die Gestaltung des Kinoportals.

TEIL II

Einen Internetauftritt erstellen

KAPITEL 4

Inhalte verwalten

In diesem Kapitel:
- Arbeitsweisen: Beiträge und Kategorien
- Strukturierung der Inhalte
- Kategorien anlegen und verwalten
- Beiträge anlegen und verwalten
- Inhalte mit Menüpunkten verbinden
- Indirekt erreichbare Elemente
- Grundeinstellungen ändern
- Sichtbarkeit versteckter Inhalte
- Hauptbeiträge und die Startseite
- Archivieren

Nach der Installation, der Inbetriebnahme und einem ersten kleinen Rundgang durch das Content-Management-System wird es endlich Zeit, es mit eigenen Inhalten zu füttern. Dabei muss man sich allerdings an einige feste Spielregeln halten.

Arbeitsweisen: Beiträge und Kategorien

Joomla! verwaltet von Haus aus lediglich sogenannte *Beiträge* (englisch *Articles*). Ähnlich wie Zeitungsartikel sind diese Beiträge ganz normale Texte, die durch Formatierungen, Bilder und Multimedia-Elemente aufgelockert werden. Jeder Beitrag erscheint später auf einer eigenen Unterseite Ihres Internetauftritts. Joomla! liefert in den Beispieldaten bereits zahlreiche Beiträge mit. Einen typischen Vertreter zeigt Abbildung 4-1.Wenn Sie der Schnellinstallation aus Kapitel 2, *Installation*, gefolgt sind, erreichen Sie den Beitrag im Frontend unter *http://localhost/joomla* mit einem Klick auf *Joomla!* (die dicke Überschrift unterhalb des Bildes).

Dieser Beitrag trägt den Titel *Joomla!* und wurde passenderweise von einem Autor mit dem Pseudonym *Joomla* erstellt. Die Zusatzinformationen am Anfang, wie den Autor oder das Veröffentlichungsdatum, setzt Joomla! im Moment noch selbstständig dazu. Je nach eingegebenem Text repräsentiert ein Beitrag beispielsweise eine Nachrichtenmeldung, einen Reisebericht, einen Blog-Eintrag oder im Fall des Kinoportals eine Filmkritik. In Abbildung 4-1 handelt es sich um eine kurze Vorstellung von Joomla!.

Da Joomla! nur mit Beiträgen hantiert, ist man allerdings auch gezwungen, sämtliche Informationen irgendwie in einen oder mehrere Beiträge zu quetschen.

Tipp

So ist es beispielsweise nicht ohne Weiteres möglich, eine Bildergalerie aufzubauen. Um dies ohne Hilfsmittel zu erreichen, könnten Sie lediglich pro Bild einen Beitrag anlegen, der dann nur das Bild ohne jeden weiteren Text enthält. Diesen Trick verwenden auch die in Joomla! mitgelieferten Beispielseiten. Die Methode ist aber weder für den Seitenbetreiber noch für den Besucher besonders bedienerfreundlich.

Wie man in Joomla! dennoch andere Daten speichert und somit aus dem Beitragskorsett ausbricht, zeigen Kapitel 6, *Komponenten – Nützliche Zusatzfunktionen*, und Kapitel 14, *Funktionsumfang erweitern*. Sie beschäftigen sich auch noch einmal mit der Bildergalerie.

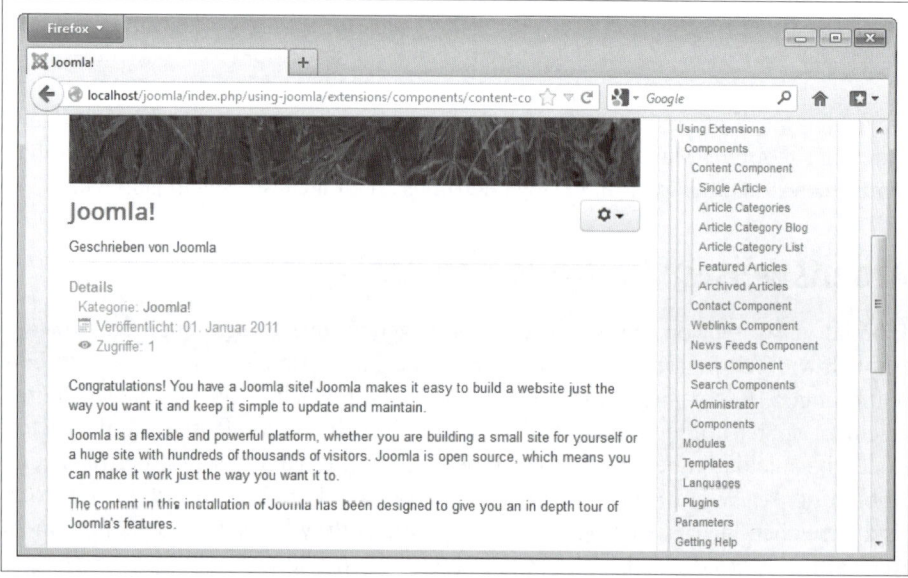

Abbildung 4-1:   Ein Beispiel für einen Beitrag

Thematisch zusammengehörende Beiträge darf man in sogenannten *Kategorien* (englisch *Categories*) gruppieren. Im Fall des Kinoportals könnte man beispielsweise die Kritiken zu *Vom Winde verweht* und *Pretty Woman* in einer Kategorie *Liebesfilme* zusammenfassen.

Für jede Kategorie erstellt Joomla! automatisch eine Übersichtsseite, die später auf der Website ihre Inhalte präsentiert. Abbildung 4-2 zeigt ein Beispiel einer solchen Seite.

Sie stammt wieder aus den mitgelieferten Beispieldaten und zeigt den Inhalt einer Kategorie namens *Growers* (auf Deutsch *Pflanzenzüchter*). Sie erreichen sie via *Sample Sites* und dann *Growers* aus dem Menü *Fruit Shop*. Unter ihrer fetten Überschrift ❶ am oberen Rand enthält sie zunächst einen von Ihnen frei wählbaren Text ❷. In Abbildung 4-2 beginnt er mit »*We search the whole countryside ...*«. Für gewöhnlich umreißt er kurz, was für Beiträge der Besucher in dieser Kategorie vor-

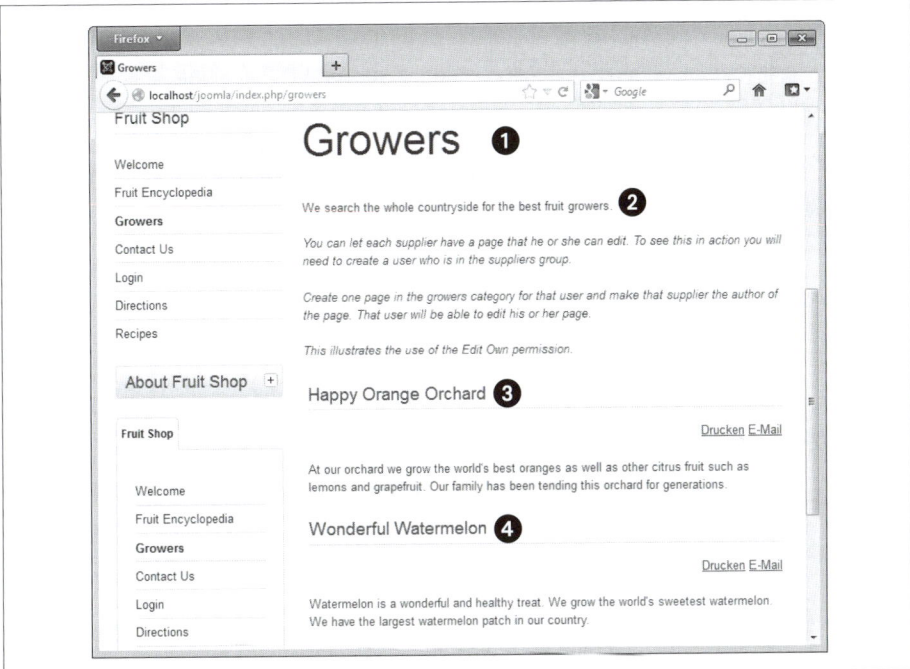

Abbildung 4-2: Ein Beispiel für eine Übersichtsseite

findet. Darunter findet man dann eine Auflistung aller Dinge, die die Kategorie enthält. In Abbildung 4-2 sind das die zwei ziemlich kurzen Beiträge mit den Titeln *Happy Orange Orchard* ❸ und *Wonderful Watermelon* ❹.

Wie Joomla! auf solchen Übersichtsseiten die Inhalte präsentiert, dürfen Sie in einem begrenzten Rahmen selbst bestimmen. Im Beispiel hat sich der Ersteller der Kategorie dazu entschlossen, die beiden enthaltenen Beiträge komplett abzudrucken – schließlich sind sie nicht besonders lang. Auf der Übersichtsseite zur Kategorie mit allen Liebesfilmen würde man hingegen nur Verweise zu den eigentlichen Kritiken bevorzugen.

Zusätzlich darf man Kategorien in andere Kategorien stecken und sie so ineinander verschachteln. Beispielsweise könnte man im Kinoportal die Kategorien mit den *Liebesfilmen*, den *Actionfilmen* und den *Komödien* gemeinsam in eine Kategorie *Filmkritiken* stecken (siehe Abbildung 4-3).

Diese Verschachtelung dürfen Sie beliebig weit treiben, also eine Kategorie in eine Kategorie stecken, die Sie wiederum in eine andere Kategorie packen, die Sie noch mal in eine neue Kategorie einordnen und so weiter. Nicht erlaubt sind jedoch Querbeziehungen, die zu »Kreisen« führen. Sie können also nicht die Kategorie mit den *Actionfilmen* in die Kategorie *Filmkritiken* packen und genau diese dann anschließend wieder in die *Actionfilme*.

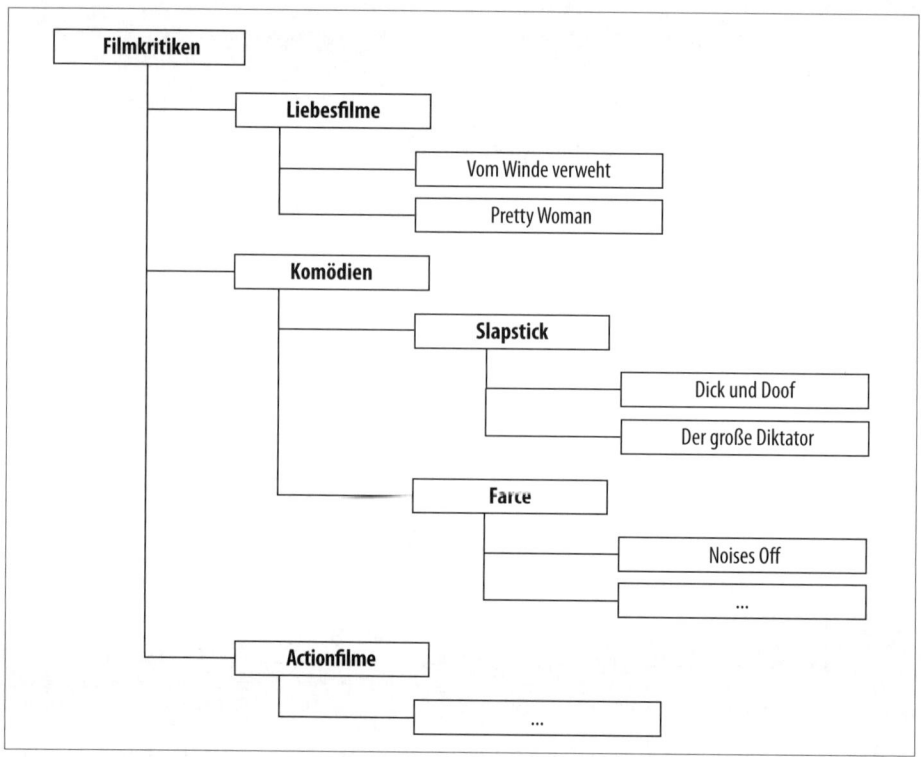

Abbildung 4-3:   Ein Beispiel für den Aufbau von Kategorien

 Version   Joomla! war bis einschließlich Version 1.5 noch nicht so flexibel. Jeder Beitrag musste sich dort in einer Kategorie befinden, die wiederum immer einem *Bereich* (*Section*) zugeordnet war. Diese zweistufige Gliederung durfte nicht aufgebrochen werden. Das war insbesondere dann ärgerlich, wenn man entweder gar keine Schachtelung benötigte oder aber gerne noch weitere Unterpunkte in Anspruch nehmen wollte. Ab Joomla! 1.6 gibt es zum Organisieren der Beiträge also nur noch Kategorien, die man beliebig tief ineinander verschachteln darf.

Abschließend muss jeder Beitrag immer in genau einer Kategorie liegen. Joomla! zwingt Sie so dazu, Ihre Beiträge mithilfe der Kategorien zu gliedern beziehungsweise zu strukturieren. Was zunächst wie eine Einschränkung oder gar Gängelung aussieht, sorgt ganz nebenbei für einen übersichtlicheren Internetauftritt.

Strukturierung der Inhalte

Bevor Sie jetzt mit viel Elan zum Backend wechseln und voller Tatendrang in die Tastatur greifen, sollten Sie kurz über den Aufbau der zukünftigen Homepage nachdenken.

Erster Schnelldurchlauf für Eilige

Für alle Ungeduldigen, die unbedingt endlich einen ersten Beitrag erstellen wollen, ist hier ein kleiner Schnelldurchlauf. Er zeigt Ihnen, wie Sie eine Kategorie erstellen, darin ein paar Beiträge abladen und diese dann über einen Menüpunkt auf der Website zugänglich machen. Sofern noch nicht geschehen, melden Sie sich dazu im Backend an.

1. Schritt – Kategorie anlegen

- Erstellen Sie eine neue Kategorie über den Menüpunkt *Inhalt* → *Kategorien* → *Neue Kategorie*.
- Verpassen Sie ihr im Feld *Titel* einen eindeutigen Namen, wie etwa *Krimskrams*.
- Achten Sie zudem darauf, dass die Ausklappliste *Übergeordnet* auf *– Keine übergeordnete Kategorie –* steht und Joomla! sie somit nicht in irgendeine der schon vorhandenen Kategorien einordnet.
- Erzeugen Sie die neue Kategorie mit einem Klick auf *Speichern & Schließen*.

2. Schritt – Beiträge anlegen

Sobald eine Kategorie existiert, können Sie sie mit Beiträgen befüllen. Dazu gehen Sie wie folgt vor:

- Erstellen Sie einen neuen Beitrag über den Menüpunkt *Inhalt* → *Beiträge* → *Neuer Beitrag*.
- Geben Sie dem Beitrag einen möglichst eindeutigen *Titel*. Er erscheint später auch als Überschrift auf der Website.
- Stellen Sie in der Ausklappliste *Kategorie* die eben erstellte Kategorie ein (im Beispiel *Krimskrams;* sie müsste ganz unten in der Liste zu finden sein).
- Tippen Sie im großen Feld den eigentlichen Text des Beitrags ein.
- Speichern Sie den Beitrag via *Speichern & Schließen*.
- Wenn Sie Ihre Kategorie mit weiteren Beiträgen füllen möchten, wiederholen Sie einfach diesen zweiten Schritt beliebig oft.

3. Schritt – Kategorie in ein Menü einbinden

Abschließend müssen Sie die Beiträge in der Kategorie noch über einen Menüpunkt zugänglich machen:

- Rufen Sie den Menüpunkt *Menüs* → *Main Menu* → *Neuer Menüeintrag* auf. Damit erstellen Sie einen neuen Menüpunkt im *This Site*-Menü.
- Aktivieren Sie neben *Menüeintragstyp* die Schaltfläche *Auswählen*, klicken Sie im neuen Fenster auf die *Beiträge,* und entscheiden Sie sich für die *Kategorieliste.*
- Wählen Sie in der Ausklappliste *Kategorie auswählen* die im zweiten Schritt von Ihnen angelegte Kategorie (im Beispiel war dies *Krimskrams*).

- Verpassen Sie dem neuen Menüpunkt unter *Menütitel* noch eine Beschriftung (wie etwa »Zum Krimskrams«), und legen Sie ihn schließlich via *Speichern & Schließen* endgültig an.

Wenn Sie jetzt in die *Vorschau* wechseln, finden Sie im *This Site*-Menü den entsprechenden Eintrag *Zum Krimskrams*, über den Sie eine Liste mit allen von Ihnen angelegten Beiträgen erreichen. Dies ist gleichzeitig die Übersichtsseite Ihrer Kategorie. Sobald Sie den Titel eines Beitrags anklicken, bringt Joomla! ihn in seiner vollen Schönheit auf den Schirm. Selbstverständlich können Sie jetzt auch noch nachträglich weitere Beiträge anlegen – wiederholen Sie einfach den obigen zweiten Schritt.

Alle drei Schritte wiederholen Sie im Prinzip auch, wenn Sie das Kinoportal oder Ihren eigenen Internetauftritt aufbauen. Nur dass Sie dort noch die vielen, hier noch übergangenen Einstellungen hinzuziehen.

 Kino   Den Kern des Kinoportals bilden die (hoffentlich) zahlreichen Filmkritiken. Jede von ihnen ist ein eigener Beitrag. Wie im vorherigen Abschnitt bietet es sich an, sie nach Filmgenres zu sortieren. Die Kategorie *Actionfilme* beherbergt dann beispielsweise die Filmkritiken zu *Stirb Langsam* und *Rush Hour*. Alle Genres fasst dann noch einmal eine übergeordnete Kategorie namens *Filmkritiken* zusammen.

Neben den Kritiken sollen noch Nachrichtenmeldungen über das lokale Film- und Kinogeschehen den Auftritt abrunden. Jede Nachrichtenmeldung stellt dabei wieder einen eigenen Beitrag dar, und diese Beiträge werden in der Kategorie *Lokale Veranstaltungen* gebündelt. Trudeln besonders viele Nachrichten ein, könnte man die einzelnen Meldungen zusätzlich noch nach Monat, Jahr oder aber Themen sortieren. In unserem Fall handelt es sich um eine kleine Stadt, in der nicht so viel passiert. Es genügt daher, die Nachrichtenbeiträge in einer einzigen Kategorie zu sammeln.

Ergänzend muss noch ein kleines Blog her, in dem die Autoren und natürlich auch der Betreiber kuriose Erlebnisse erzählen oder gegen die neuste Preiserhöhung beim Popcorn wettern können. Diese einzelnen Beiträge landen in einer eigenen Kategorie namens *Blog*. (Joomla! stellt diese Beiträge dann später wie von einem Blog gewohnt dar; Sie müssen also nicht extra noch eine spezielle Blog-Software wie WordPress installieren.)

Abschließend braucht jeder Internetauftritt noch zwingend ein Impressum, das zwangsweise für sich alleine steht. Da Joomla! allerdings jeden Beitrag immer in einer Kategorie liegen sehen möchte, muss man hier wohl oder übel dem Impressum eine eigene Kategorie spendieren. Durch einen kleinen Kunstgriff werden die Besucher von dieser »Dummy-Kategorie« später jedoch nichts bemerken.

Unter dem Strich ergibt sich damit für das Kinoportal die Gliederung aus Abbildung 4-4.

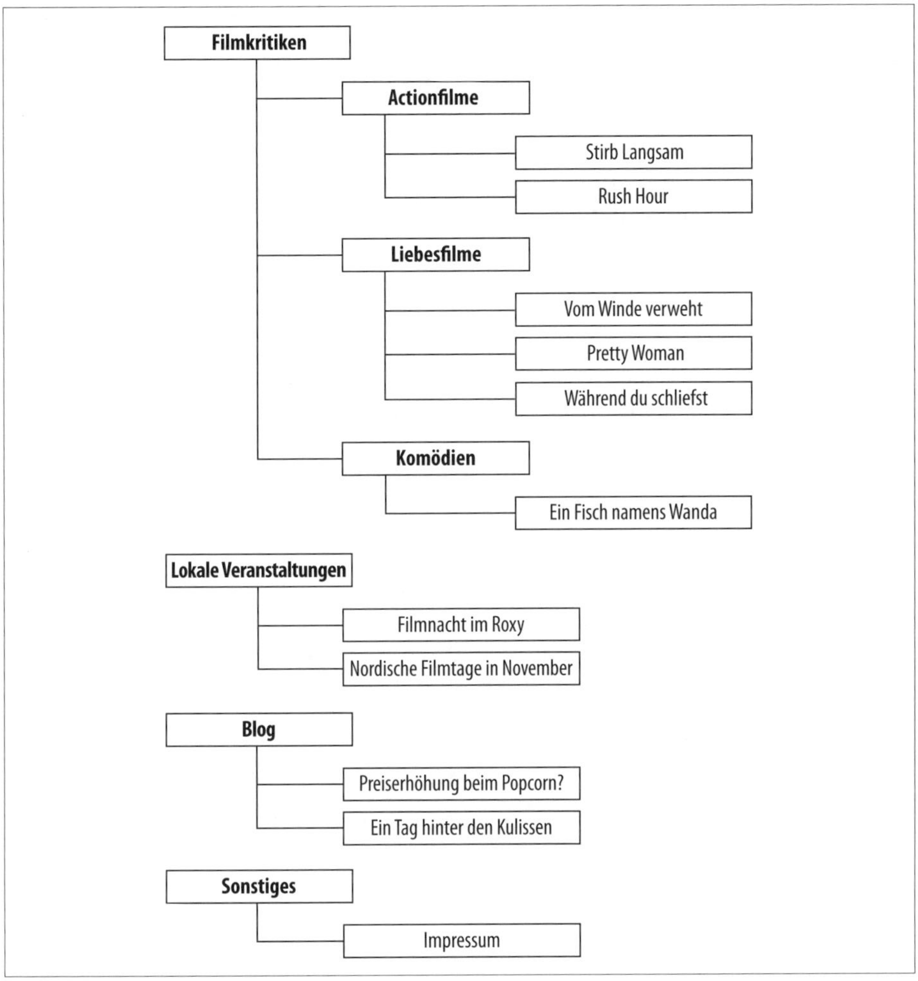

Filmkritiken

Actionfilme

Stirb Langsam

Rush Hour

Liebesfilme

Vom Winde verweht

Pretty Woman

Während du schliefst

Komödien

Ein Fisch namens Wanda

Lokale Veranstaltungen

Filmnacht im Roxy

Nordische Filmtage in November

Blog

Preiserhöhung beim Popcorn?

Ein Tag hinter den Kulissen

Sonstiges

Impressum

Abbildung 4-4:   Die fertige Gliederung

Die Seiten beziehungsweise Inhalte eines jeden Internetauftritts lassen sich in solch eine Hierarchie pressen. Wie man Letztere wählt, hängt vom konkreten Thema und den darzustellenden Inhalten ab.

Tipp   Achten Sie darauf, die Kategorien nicht zu tief zu verschachteln. Andernfalls verlie- ren die Besucher (und Sie irgendwann auch) die Orientierung. Drei ineinanderge-steckte Kategorien haben sich in der Praxis als akzeptabel erwiesen, tiefere Gliederungen sollten Sie hingegen gut begründen können.

Wenn sich Ihnen nicht direkt eine Gliederung anbietet, überlegen Sie kurz, welche Inhalte Sie den späteren Besuchern präsentieren möchten. Beim Kinoportal waren dies die Filmkritiken. Versuchen Sie dabei ruhig schon ein paar konkrete Beispiele zu finden, wie hier die Kritiken zu *Pretty Woman* oder *Ein Fisch namens Wanda*. Anschließend machen Sie Gemeinsamkeiten zwischen diesen aus und bilden so Gruppen. *Pretty Woman* und *Während du schliefst* sind beispielsweise beides Liebesfilme. Es liegt also nahe, die Kritiken nach Genres zu sortieren. Dies ist selbstverständlich nur eine von vielen Möglichkeiten. Beispielsweise hätte man auch die Artikellänge als Sortierkriterium heranziehen können. In diesem Fall stellt sich dann aber die Frage, wie sinnvoll diese Kategorisierung für die Besucher wäre. Wenn Sie also mehrere Möglichkeiten für eine Strukturierung gefunden haben, sollten Sie immer diejenige wählen, die für die *Besucher* (und nicht für Sie selbst) am sinnvollsten erscheint. Dazu fragen Sie sich einfach, wonach ein Gast sucht, wenn er auf Ihre Homepage stößt. Im Fall des Kinoportals wäre dies sicherlich eine Filmkritik zu einem konkreten Film, den er gesehen hat oder noch anschauen möchte. Folglich muss es ihm so einfach wie nur möglich gemacht werden, diese Kritik unter all den anderen zu finden.

 Tipp
Malen Sie sich die Hierarchie Ihres Internetauftritts wie in Abbildung 4-4 auf Papier auf. Bei komplexen beziehungsweise umfangreichen Internetauftritten können Sie auch die Kategorien und Beispielseiten auf Karteikarten schreiben und diese dann auf dem Fußboden oder an einem Flipchart anordnen. Es gibt zudem Programme, mit denen sich derartige Diagramme zeichnen lassen – wie etwa das kostenlose LibreOffice Draw aus dem LibreOffice-Paket (*http://www.libreoffice.org*).

Sobald man eine Gliederung gefunden hat, muss man sie nur noch Joomla! beibringen, beginnend bei den Kategorien.

 Tipp
Wenn Sie die Schritte in den folgenden Abschnitten immer direkt in Ihrer Joomla!-Installation mitmachen möchten, sollten Sie im Backend unter *System → Konfiguration* auf dem Register *System* den Punkt *Gültigkeit* auf einen Wert von **60** hochsetzen und diese Änderungen dann *Speichern & Schließen*. Damit setzt Joomla! Sie erst nach 60 Minuten Untätigkeit zwangsweise vor die Tür. Sie haben folglich etwas mehr Zeit, die Abschnitte zu lesen und dann alle Kategorien, Beiträge und Menüpunkte anzulegen.

Kategorien anlegen und verwalten

Die Kategorien verwalten Sie über den Menüpunkt hinter *Inhalt → Kategorien*. Die Liste, die daraufhin erscheint, führt sämtliche Kategorien auf. Wenn Sie der Schnellinstallationsanleitung aus Kapitel 2, *Installation*, gefolgt sind, finden Sie hier bereits zahlreiche Kategorien (siehe Abbildung 4-5).

Wenn eine Kategorie in einer anderen liegt, zeigt Joomla! sie entsprechend eingerückt an. In Abbildung 4-5 steckt beispielsweise die Kategorie *Joomla!* in ihrer Kollegin namens *Sample Data-Articles*, während die Kategorie *Extensions* wiederum in *Joomla!* liegt.

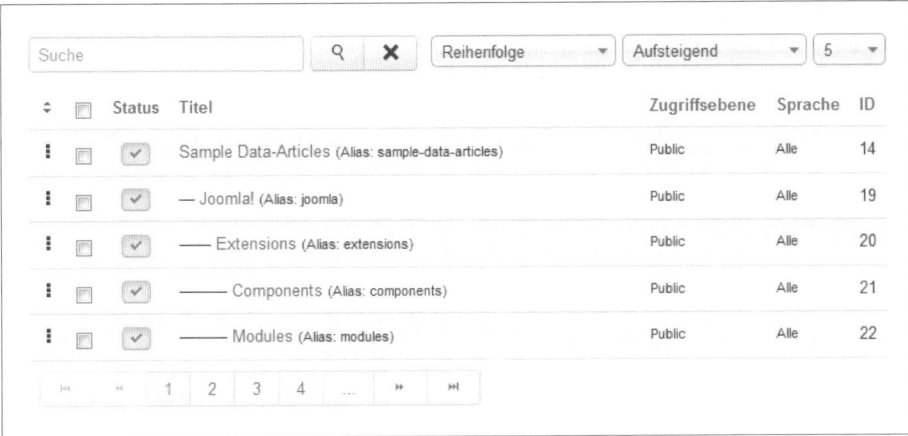

◇	☐	Status	Titel	Zugriffsebene	Sprache	ID
⋮	☐	✓	Sample Data-Articles (Alias: sample-data-articles)	Public	Alle	14
⋮	☐	✓	— Joomla! (Alias: joomla)	Public	Alle	19
⋮	☐	✓	—— Extensions (Alias: extensions)	Public	Alle	20
⋮	☐	✓	——— Components (Alias: components)	Public	Alle	21
⋮	☐	✓	———— Modules (Alias: modules)	Public	Alle	22

Abbildung 4-5: Die Kategorien aus den mitgelieferten Beispieldaten

Die Bedeutung der meisten Spalten der Tabelle kennen Sie bereits aus dem vorherigen Kapitel. Die kryptischen Kürzel unter *Zugriffsebene* zeigen an, wer überhaupt die Kategorie betreten darf (dazu folgt später noch mehr in Kapitel 9, *Benutzerverwaltung und -kommunikation*). Bei mehrsprachigen Internetauftritten verrät schließlich noch die *Sprache*, in welchen Übersetzungen die Kategorie erscheint (siehe Kapitel 12, *Mehrsprachigkeit*).

Eine neue Kategorie erstellen

Um eine neue Kategorie für die Filmkritiken anzulegen, klicken Sie auf den Knopf *Neu* in der Werkzeugleiste (oder rufen alternativ *Inhalt → Kategorien → Neue Kategorie* auf). Joomla! öffnet daraufhin den Bearbeitungsbildschirm für Kategorien aus Abbildung 4-6. Hier muss man jetzt einmal alle Einstellungen durchgehen.

Tipp   Häufig reicht es bereits, der Kategorie unter *Titel* einen Namen zu geben und die sinnvollen Vorgaben der anderen Einstellungen einfach zu übernehmen. Das gilt aber leider nicht immer.

Unter *Titel* tippen Sie als Erstes die Bezeichnung für die neue Kategorie ein. Im Beispiel des Kinoportals wäre dies **Filmkritiken**. Unter diesem Namen taucht die Kategorie in den Listen des Backends und später auch auf der Website auf. Alle von Ihnen zwingend auszufüllenden Felder kennzeichnet Joomla! übrigens mit einem kleinen Sternchen *. Sie kommen also nicht darum herum, einer Kategorie auch einen Titel zu geben.

Zusätzlich zum Titel dürfen Sie noch einen *Alias* beziehungsweise Ersatznamen vergeben. Ihn benutzt Joomla! für interne Zwecke sowie für einige Sonderfunktionen, wie beispielsweise zur Suchmaschinenoptimierung (mehr dazu finden Sie in Kapitel

17, *Suchmaschinenoptimierung*). Normalerweise können Sie das Feld einfach leer lassen. Joomla! wählt dann automatisch einen passenden Alias.

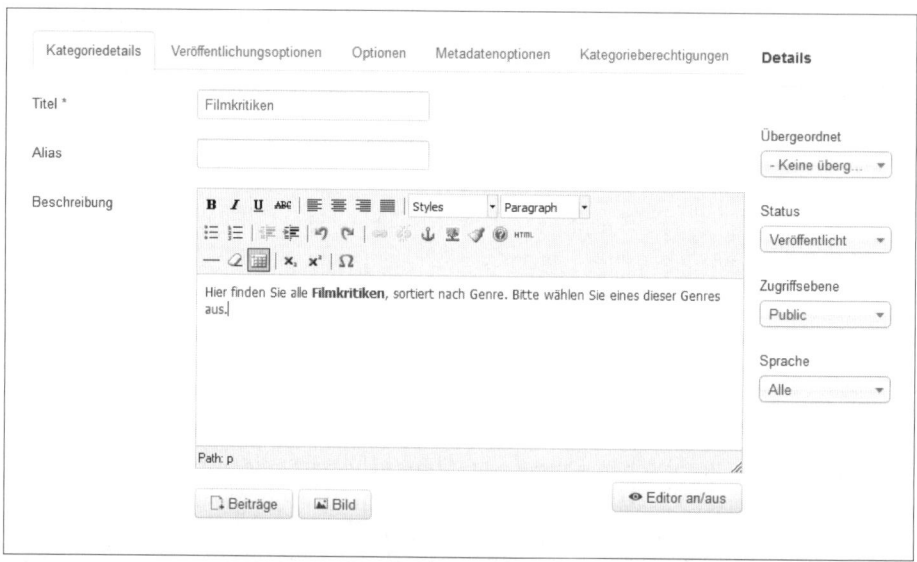

Warnung   Der Alias-Name darf aus verschiedenen Gründen keine Leerzeichen enthalten. Sollten Sie dennoch welche eintippen, ersetzt Joomla! sie beim Speichern selbstständig durch Bindestriche.

Darüber hinaus muss der Alias-Name eindeutig sein. Zwei Kategorien dürfen also nicht den gleichen Alias-Namen tragen.

Als Nächstes können Sie im großen Eingabefeld *Beschreibung* einen Text hinterlassen, der später auf der Übersichtsseite der Kategorie erscheint. Er informiert dann einen Besucher darüber, was ihn alles in dieser Kategorie erwartet. Für die Filmkritiken geben Sie den Text aus Abbildung 4-6 ein.

Tipp   Um Filmkritiken fett zu drucken, markieren Sie das Wort und klicken dann auf die Schaltfläche mit dem *B*.

Wie Sie an den entsprechenden Symbolen erkennen können, sind hier auch umfangreiche Formatierungen erlaubt. Ein Zeichenlimit gibt es nicht, dennoch sollten Sie sich an dieser Stelle kurzfassen. Sie haben hier übrigens die gleichen umfassenden Möglichkeiten wie bei einem normalen Beitrag. So reichern Sie über die entsprechenden Schaltflächen die Beschreibung beispielsweise um *Bilder* an oder fügen Links auf bereits vorhandene *Beiträge* ein.

Tipp

Überlegen Sie sich gut, ob Sie diese Instrumente wirklich benötigen. Links auf die enthaltenen Beiträge erzeugt Joomla! sowieso automatisch, zusätzliche Querverweise auf andere Artikel verwirren den Besucher meist nur. Auch Bilder sollten Sie lieber sparsam einsetzen: Sie konkurrieren meist mit den Einleitungen zu den Artikeln, zumal es gleich in den folgenden Einstellungen noch eine alternative Methode gibt, der Kategorie offiziell ein Bild beziehungsweise ein Symbol zu verpassen.

Normalerweise genügt eine kurze und knappe Textbeschreibung. Andernfalls sollten Sie darüber nachdenken, ob die Beschreibung nicht in einen eigenen Beitrag gehört oder ob Ihr Internetauftritt anders gegliedert werden sollte. Da die Beschreibung zudem nur auf der Übersichtsseite der Kategorie erscheint, sollten Sie ein besonderes Augenmerk auf einen aussagekräftigen Titel legen. Bei einer Rubrik namens Filmkritiken erübrigt sich eigentlich schon jegliche Beschreibung: Der Besucher weiß, dass er in dieser Kategorie die Filmkritiken finden wird.

Die neue Kategorie *Filmkritiken* ist eine übergeordnete Kategorie, sie steckt also nicht in einer anderen. Daher ist unter *Übergeordnet* die Voreinstellung – *Keine übergeordnete Kategorie* – bereits genau richtig.

Der Eintrag unter *Status* steuert, ob die Übersichtsseite der Kategorie direkt nach dem Speichern auf der Homepage sichtbar ist (*Veröffentlicht*) oder besser erst mal noch nicht (*Versteckt*). Im Moment ist der erste Fall wünschenswert. Zusätzlich haben Sie hier noch die Möglichkeit, die Kategorie direkt in den *Papierkorb* zu werfen oder sie als *Archiviert* auszumustern (zum Archiv lesen Sie gleich noch mehr).

Tipp

Sollten Sie jedoch bereits eine Seite in den Produktivbetrieb überführt haben, empfiehlt es sich, zunächst alle neu angelegten Elemente auszublenden (also zu verstecken). Erst wenn alle Änderungen durchgeführt worden sind, setzen Sie den *Status* wieder auf *Veröffentlicht*. Hierdurch verschrecken Sie Ihre Besucher nicht mit vorübergehenden Inkonsistenzen oder leeren Seiten.

Die *Zugriffsebene* regelt zusammen mit dem Register *Kategorieberechtigungen*, wer auf die Kategorie und ihre Inhalte zugreifen darf. Mit den Standardeinstellungen (*Zugriffsebene* auf *Public*) darf dies jeder beliebige Besucher. Für die Kategorie *Filmkritiken* ist das wieder genau die richtige Einstellung. Auf die Benutzerverwaltung und ihre Möglichkeiten geht später noch *Kapitel 9, Benutzerverwaltung und -kommunikation*, ein.

Version

In Joomla! 2.5 befanden sich die Kategorieberechtigungen noch am unteren Seitenrand, mit Joomla! 3.0 sind sie auf ein eigenes Register gerutscht.

Die nächste Ausklappliste, *Sprache*, ist nur von Interesse, wenn Sie eine mehrsprachige Webseite in Angriff nehmen wollen. Mit der Voreinstellung *Alle* erscheint die Kategorie in allen Übersetzungen, ansonsten nur in der hier gewählten Sprachfassung. Mehr zu Übersetzungen folgt noch in Kapitel 12, *Mehrsprachigkeit*. Für die Filmkritik und alle gleich noch folgenden Kategorien belassen Sie es hier bei *Alle*.

Weiter geht es jetzt auf dem Register *Veröffentlichungsoptionen*. Die *ID* lässt sich nicht verändern. Joomla! zeigt hier die interne Identifikationsnummer an, die Sie auch in der Übersichtsliste finden (siehe Kapitel 3, *Erste Schritte*, Abschnitt »Identifikationsnummern« auf Seite 111). Da die Kategorie noch nicht angelegt wurde, steht hier erst mal nur eine 0. Das Feld *Zugriffe* zeigt Ihnen später an, wie oft Besucher die Kategorie betreten haben. Da die Kategorie im Moment noch gar nicht existiert, steht hier ebenfalls noch eine 0.

Joomla! merkt sich, wer die Kategorie wann erstellt hat. Sobald Sie gleich die neue Kategorie per *Speichern* anlegen, gelten Sie als Ersteller der Kategorie. Unter *Autor* können Sie jedoch auch eine ganz andere Person einsetzen. Das gelingt (auch jederzeit nachträglich) mit zwei Mausklicks: Sobald Sie auf den Knopf mit der weißen Büste klicken, öffnet sich eine Liste mit allen registrierten Benutzern. Wenn Sie die gewünschte Person nicht auf Anhieb finden, hilft das Suchfeld am oberen Rand. Ein Klick auf den Namen genügt, und schon nimmt Joomla! ab sofort an, dieser Autor hätte diese Kategorie angelegt. Für die Kategorie mit den Filmkritiken sind Sie jedoch der Ersteller und lassen somit die Veröffentlichungsoptionen komplett links liegen.

 **Tipp**   Ein anderer *Autor* ist beispielsweise dann sinnvoll, wenn der Filmkritiker Peter Meier sein eigenes Blog betreiben möchte. Dazu legen Sie eine neue Kategorie *Peter Meiers Blog* an, der Sie den Kritiker als *Autor* zuweisen. Bei größeren Internetauftritten teilen sich zudem meist mehrere Personen die Pflege unterschiedlicher Bereiche. In diesem Fall können Sie als Ersteller die Person wählen, die für diese Kategorie zuständig ist. Bei offenen Fragen reicht dann ein Blick, um den passenden Ansprechpartner zu finden.

Wechseln Sie weiter auf das Register *Optionen*. Wenn die Kategorie später im Frontend nicht direkt über einen Menüpunkt erreichbar ist, dann (und wirklich nur dann) können Sie Ihrer Übersichtsseite hier im Formular eine eigene, spezielle Optik verpassen.

 **Tipp**   Vielleicht erscheint Ihnen diese Einschränkung etwas merkwürdig. In Joomla! legen jedoch die Menüpunkte fest, wie die darüber erreichbaren Seiten aussehen. Alle anderen erhalten ein Standardlayout übergestülpt. Das ist beispielsweise bei Unterkategorien der Fall (also Kategorien, die in einer anderen Kategorie stecken). Sie sind auf der Website nur über die Übersichtsseiten ihrer übergeordneten Kategorie zu erreichen. Damit Sie solchen Kategorien dennoch ein abweichendes Layout verpassen können, gibt es hier eine entsprechende Einstellung. Wenn Sie das jetzt verwirrend finden, warten Sie noch bis zum Abschnitt »Inhalte mit Menüpunkten verbinden« ab. Dort folgt noch einmal ein ausführliches Beispiel.

Um in solch einem Fall ein anderes Aussehen zu wählen, entscheiden Sie sich für eine Einstellung unter *Alternatives Layout*. Welche Darstellungen hier zur Verfügung stehen, hängt von den installierten Templates ab. Standardmäßig kann die Übersichtsseite ihre Inhalte einfach in einer *Liste* oder ähnlich wie in einem *Blog* anbieten. Im Fall von *Globale Einstellung* gelten die systemweiten Vorgaben. Genau die lassen Sie auch für die Kategorie der Filmkritiken zunächst stehen. Der Abschnitt »Indirekt erreichbare Elemente« kommt fast am Ende dieses Kapitels noch einmal darauf zurück.

Über die Schaltfläche *Auswählen* können Sie der Kategorie ein Bild oder ein Symbol spendieren. Es soll primär den Wiedererkennungswert erhöhen und ergänzt später auf der Übersichtsseite die *Beschreibung*. Ein Beispiel für solch ein Bild zeigt Abbildung 4-7.

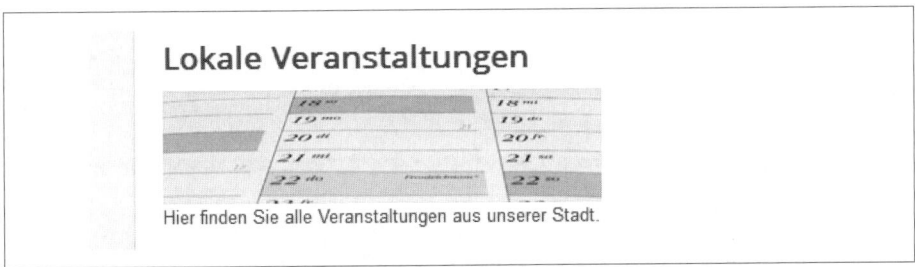

Abbildung 4-7:   Das Bild mit dem Kalender gehört zur Kategorie *Lokale Veranstaltungen*. Es ergänzt Ihre Beschreibung »Hier finden Sie alle Veranstaltungen aus unserer Stadt«.

Tipp   Wählen Sie ein dezentes, nicht zu großes Bild, das noch einmal den Inhalt illustriert. Verzichten Sie jedoch unbedingt auf lustige ClipArt-Bildchen. Diese wirken insbesondere bei professionellen Seitenauftritten fehl am Platz. Verzichten Sie im Zweifelsfall lieber auf eine Abbildung.

Um der Kategorie ein Bild zuzuweisen, klicken Sie *Auswählen* an. Es erscheint jetzt das neue Fenster aus Abbildung 4-8.

Im oberen Teil führt Joomla! alle Bilder auf, die bereits auf seinem Server liegen. Um ein Bild von der eigenen Festplatte hinzuzufügen, klicken Sie auf *Durchsuchen...*, wählen die Datei aus und klicken auf *Hochladen starten*. Anschließend finden Sie das Bild im oberen Teil wieder, wo Sie es mit einem Mausklick auswählen. Sein Dateiname erscheint dann im Feld *Bild Webadresse*.

Tipp   Die im oberen Bereich aufgeführten Bilder und Verzeichnisse liegen übrigens im Ordner *images* Ihrer Joomla!-Installation. Wie man darin für Ordnung sorgt, zeigt Kapitel 5, *Medien verwalten*.

Abbildung 4-8:   Die Auswahl eines Bildes für die Kategorie

 Für die Kategorie der Filmkritiken klicken Sie einfach auf ein beliebiges der schon vorhandenen Bilder, auch wenn es nicht zum Thema passt. Es gibt nämlich eine spezielle Situation, in der Joomla! das einer Kategorie zugeordnete Bild ignoriert – und über genau diesen Fall werden Sie bei der Filmkritiken-Kategorie später noch stolpern. Es ist also hier egal, welches Bild Sie den Filmkritiken zuordnen.

Wenn Sie sich für ein Bild entschieden haben und es im Feld *Bild Webadresse* steht, müssen Sie es noch einmal explizit über die Schaltfläche *Einfügen* übernehmen. Der Dateiname taucht jetzt im Feld rechts neben *Bild* auf. Haben Sie sich vertan, löschen Sie das Eingabefeld mit dem X-Knopf. Mit ihm werden Sie auch später das Bild jederzeit wieder los.

Die *Notiz* funktioniert ähnlich wie einer dieser gelben Post-it-Zettel. Der hier eingegebene Text ist nur als Gedächtnisstütze gedacht und erscheint ausschließlich im Backend. Bei einer Kategorie für Nachrichten könnten Sie sich mit seiner Hilfe beispielsweise ständig daran erinnern lassen, dass dort »Keine Meldungen älter als drei Tage« hineinwandern sollten. Für das Kinoportal lassen Sie das Feld leer.

Tipp   Wie das kurze Feld schon andeutet, sollte diese Notiz knapp gehalten bleiben und im Idealfall nur aus einem oder mehreren Stichworten bestehen.

Zum Abschluss bleibt noch das Register *Metadatenoptionen*. Die in die beiden Felder eingetippten Texte versteckt Joomla! in der Übersichtsseite der Kategorie. Diese sogenannten Metadaten oder Meta-Informationen sollen primär Suchmaschinen die Arbeit erleichtern, indem Sie noch einmal den Inhalt der Seite kurz und knackig zusammenfassen (*Meta-Beschreibung*) beziehungsweise wichtige Stichworte auflisten (*Meta-Schlüsselwörter*). Im Fall der Filmkritiken könnten Sie unter *Meta-Beschreibung* den Text »Hier finden Sie alle Filmkritiken nach Genre sortiert« eintragen, während passende *Meta-Schlüsselwörter* »Filmkritiken, Genres, Filme, Kinokritiken, Übersicht« wären.

Sollen die Suchmaschinen eine ganz bestimmte Person für den *Autor* der Übersichtsseite halten, tragen Sie seinen (vollständigen) Namen in das gleichnamige Feld ein. Für gewöhnlich reicht es aus, das Feld leer zu lassen.

Mit der Ausklappliste *Robots* können Sie schließlich noch festlegen, ob Suchmaschinen die Seite betreten und den Links darauf folgen dürfen. Bei einer Einstellung mit *index* dürfen Google, Bing und Co die Seite in ihrem Index ablegen – das ist die Voraussetzung, damit die Übersichtsseite überhaupt später über die Suchmaschine gefunden werden kann. *follow* erlaubt schließlich noch, dass die Suchmaschine allen Links auf der Seite folgen darf. *noindex* und *nofollow* verbieten die jeweilige Funktion.

Tipp Niemand garantiert, dass wirklich alle Suchmaschinen diese Einstellungen berücksichtigen. Zumindest die großen, wie Google und Bing, halten sich aber an die Vorgaben.

Weitere Tipps und Informationen zu den Metadaten finden Sie später noch in Kapitel 17, *Suchmaschinenoptimierung*.

Für die Filmkritik übernehmen Sie die Vorgabe *Globale Einstellung*. Damit gelten die systemweiten Einstellungen, nach denen die Suchmaschinen die Übersichtsseite unter die Lupe nehmen und auch allen darauf befindlichen Links folgen dürfen.

Damit haben Sie alle erforderlichen Angaben für die neue Kategorie zusammen. Im Fall der Filmkritiken sollte das Register *Kategoriedetails* so wie in Abbildung 4-6 aussehen. Ein Klick auf *Speichern & Schließen* erzeugt die Kategorie und kehrt anschließend zur Liste mit allen vorhandenen Kategorien zurück. Der Knopf *Speichern* dient nur zum Zwischenspeichern. Sofern die Kategorie noch nicht existiert, legt auch er sie neu an, lässt aber den Bearbeitungsbildschirm weiterhin geöffnet. *Abbrechen* würde sämtliche Änderungen beziehungsweise Eingaben verwerfen und umgehend zur Liste mit allen Kategorien zurückkehren.

Tipp Wenn Sie eine bestehende Kategorie bearbeiten, steht anstelle der *Abbrechen*-Schaltfläche ein *Schließen*-Knopf. Er verwirft ebenfalls alle Änderungen und kehrt zur Liste mit den Kategorien zurück.

Erstellen Sie jetzt auf analoge Weise eine weitere Kategorie für die Actionfilme: Klicken Sie auf *Neu*, tragen Sie **Actionfilme** unter *Titel* ein, und denken Sie sich eine *Beschreibung* aus – wie etwa »Hier finden Sie Kritiken zu Actionfilmen«.

In der Ausklappliste *Übergeordnet* wählen Sie diesmal die zuvor angelegte Kategorie *Filmkritiken*. Damit werden die Actionfilme automatisch zu einer Unterkategorie der Filmkritiken. Wenn Sie auf Ihrer Festplatte noch ein geeignetes kleines Bild finden, können Sie der Kategorie auf dem Register *Optionen* auch noch ein *Bild* zuweisen – notwendig ist das jedoch nicht. Klicken Sie zum Abschluss auf *Speichern & Schließen* in der Werkzeugleiste.

Legen Sie jetzt nach dem gleichen Prinzip noch jeweils eine weitere Kategorie für die Liebesfilme und die Komödien an. Denken Sie dabei daran, in der Ausklappliste *Übergeordnet* die Kategorie *Filmkritiken* einzustellen.

 Tipp   Um schnell hintereinander mehrere Kategorien zu erstellen, füllen Sie das Formular zunächst wie gewohnt aus, klicken dann aber auf *Speichern & Neu*. Joomla! erzeugt dabei die Kategorie und bietet umgehend wieder ein neues Formular an.

Abschließend muss noch jeweils eine Kategorie für die lokalen Veranstaltungen, das Blog und alle sonstigen Seiten her. Auch diese drei Kategorien legen Sie wie oben beschrieben an. Achten Sie aber darauf, dass diesmal *Übergeordnet* auf – *Keine übergeordnete Kategorie* – steht, die Kategorien also in keine andere gesteckt werden. Die Übersichtsseiten der lokalen Veranstaltungen und des Blogs sollen später ohne Umschweife sofort alle darin enthaltenen Nachrichten beziehungsweise Artikel auflisten, folglich ist die *Beschreibung* entbehrlich, das entsprechende Feld können Sie also leer lassen. Ein kleines Symbolfoto ist hier jedoch sinnvoll, damit der Besucher die lokalen Veranstaltungen mit nur einem Blick vom Blog unterscheiden kann. Dafür finden Sie auf unserer Downloadseite im Verzeichnis *Kapitel4* zwei kleine Fotos: Die Datei *kulis.jpg* weisen Sie der Kategorie *Blog* zu, das Foto *kalender.jpg* der Kategorie *Lokale Veranstaltungen* (indem Sie in ihren Bearbeitungsbildschirmen auf das Register *Optionen* wechseln, *Auswählen* anklicken, per *Durchsuchen...* das entsprechende Bild auswählen, anschließend *Hochladen starten* aktivieren, das Bild im oberen Bereich anklicken und dann das Fenster über *Einfügen* schließen). Die Kategorie für die sonstigen Seiten benötigt kein Bild, da sie nur als Auffangbecken für das Impressum dient und ihre Übersichtsseite somit später gar nicht erst auf der Website erscheint.

 Tipp   Selbstverständlich können Sie auch Bilder aus Ihrem eigenen Fundus verwenden. Achten Sie aber darauf, dass diese nicht zu groß sind – schließlich sollen sie nur den Wiedererkennungswert erhöhen und nicht gleich das Layout sprengen. Das größere der beiden auf der DVD mitgelieferten Bilder misst 317 x 80 Pixel. In diesem Bereich sollten sich auch Ihre Fotos bewegen.

Die übrigen Einstellungen können bei allen drei Kategorien auf ihren Standardwerten bleiben.

In der Liste aller Kategorien (hinter *Inhalt* → *Kategorien*) sollten die neuen Kategorien dann abschließend wie in Abbildung 4-9 aussehen. Sie finden die Kategorien ganz am Ende der Liste, gegebenenfalls müssen Sie mit den Schaltflächen unterhalb der Tabelle auf die letzte Seite blättern.

⋮	☐	✓	Filmkritiken (Alias: filmkritiken)	Public	Alle	79
⋮	☐	✓	— Actionfilme (Alias: actionfilme)	Public	Alle	80
⋮	☐	✓	— Liebesfilme (Alias: liebesfilme)	Public	Alle	81
⋮	☐	✓	— Komödien (Alias: komoedien)	Public	Alle	82
⋮	☐	✓	Lokale Veranstaltungen (Alias: lokale-veranstaltungen)	Public	Alle	83
⋮	☐	✓	Blog (Alias: blog)	Public	Alle	84
⋮	☐	✓	Sonstiges (Alias: sonstiges)	Public	Alle	85

Abbildung 4-9: Die Kategorie für die Filmkritiken mit drei weiteren Unterkategorien für die einzelnen Genres

Vergleichen Sie das Ergebnis auch mit der geplanten Gliederung aus Abbildung 4-4 auf Seite 123.

Kategorien verschieben

Haben Sie eine Kategorie aus Versehen unter einem falschen Kollegen einsortiert, können Sie dieses Malheur auf zwei verschiedene Arten beheben:

1. Öffnen Sie den Bearbeitungsbildschirm der falsch einsortierten Kategorie (indem Sie beispielsweise auf ihren Namen in der Liste klicken), und packen Sie sie dann unter *Übergeordnet* in die gewünschte Kategorie. Soll sie alleine stehen und somit keiner anderen Kategorie untergeordnet werden, wählen Sie aus besagter Ausklappliste den Punkt – *Keine übergeordnete Kategorie* –. Via *Speichern & Schließen* wenden Sie die Änderungen an.

2. Markieren Sie die falsch einsortierte Kategorie (indem Sie ihr Kästchen in der zweiten Spalte abhaken). Klicken Sie dann in der Werkzeugleiste auf *Stapelverarbeitung*. Es öffnet sich daraufhin das Fenster aus Abbildung 4-10. Stellen Sie in der Ausklappliste *Eine Kategorie zum Verschieben/Kopieren auswählen* die neue, übergeordnete Kategorie ein (siehe Abbildung 4-10). Mit dem Punkt *Oberste Kategorie* steht die bislang noch falsch eingeordnete Kategorie anschließend alleine, ist dann also keiner Kategorie mehr untergeordnet. Markieren Sie noch unterhalb der Ausklappliste *Verschieben*, bevor Sie schließlich auf *Ausführen* klicken.

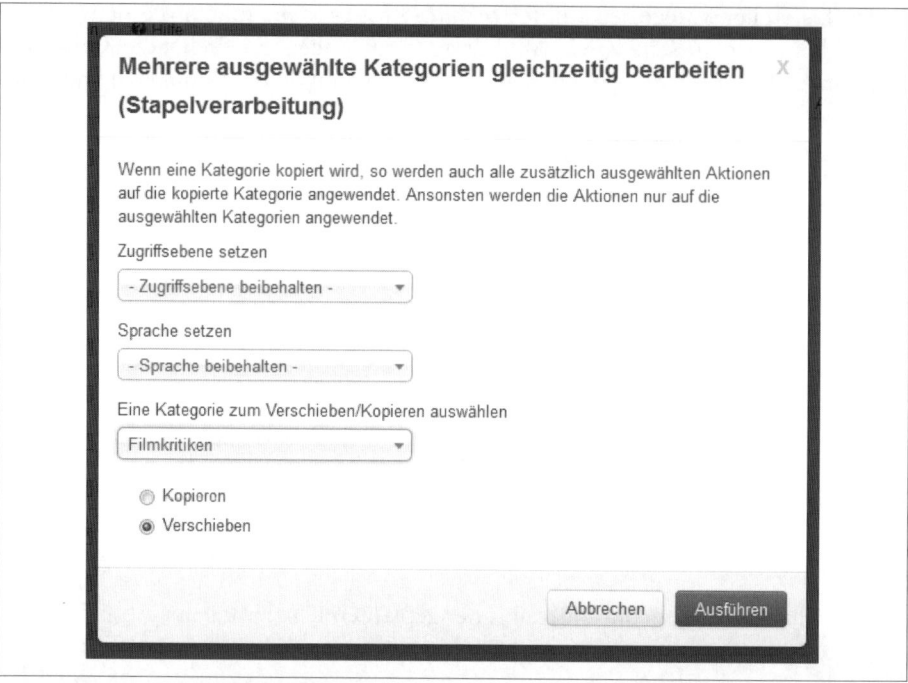

Mehrere ausgewählte Kategorien gleichzeitig bearbeiten (Stapelverarbeitung)   X

Wenn eine Kategorie kopiert wird, so werden auch alle zusätzlich ausgewählten Aktionen auf die kopierte Kategorie angewendet. Ansonsten werden die Aktionen nur auf die ausgewählten Kategorien angewendet.

Zugriffsebene setzen

- Zugriffsebene beibehalten -

Sprache setzen

- Sprache beibehalten -

Eine Kategorie zum Verschieben/Kopieren auswählen

Filmkritiken

⦿ Kopieren
⦿ Verschieben

Abbrechen   Ausführen

Abbildung 4-10:   Über diese Einstellungen verschieben Sie schnell eine oder mehrere falsch einsortierte Kategorien. In diesem Fall würden die zuvor ausgewählten Kategorien in ihre Kollegin »Filmkritiken« gesteckt.

 Tipp   Mit der zweiten Methode können Sie sogar mehrere Kategorien auf einmal verschieben. Dazu markieren Sie einfach in der Liste alle Kategorien, die verschoben werden sollen, und verfahren dann wie beschrieben: Unter *Eine Kategorie zum Verschieben/Kopieren auswählen* stellen Sie die Kategorie ein, in der alle markierten Kategorien landen sollen, aktivieren darunter *Verschieben* und klicken auf *Ausführen*.

Kategorien kopieren

Anstatt eine neue Kategorie zu erstellen, können Sie auch eine vorhandene kopieren. Dazu rufen Sie den Bearbeitungsbildschirm der Kategorie auf (indem Sie beispielsweise auf ihren Namen in der Liste klicken) und wählen dann in der Werkzeugleiste *Als Kopie speichern*. Joomla! erstellt jetzt mit den angezeigten Einstellungen eine neue Kategorie und hängt ihrem Titel zur Unterscheidung eine aufsteigende Nummer an. Bei der ersten Kopie ist das die *(2)*. Das Duplikat landet dabei in der gleichen Kategorie wie das Original. Der Bearbeitungsbildschirm bleibt weiterhin geöffnet, Sie können die Kopie folglich umgehend nach Ihren eigenen Wünschen verändern und ihr insbesondere auch einen neuen *Titel* verpassen.

Es gibt noch einen zweiten Weg, eine Kategorie zu duplizieren: Markieren Sie zunächst in der Liste hinter *Inhalt → Kategorien* die Kategorie, die Sie kopieren möchten (indem Sie ihr Kästchen anklicken). Anschließend müssen Sie sich überlegen, in welche andere Kategorie Joomla! das Duplikat stecken soll. Mit dieser Information im Hinterkopf klicken Sie in der Werkzeugleiste auf *Stapelverarbeitung*. Es öffnet sich das Fenster aus Abbildung 4-11.

Version In Joomla! 2.5 befanden sich die entsprechenden Einstellungen noch am unteren Seitenrand.

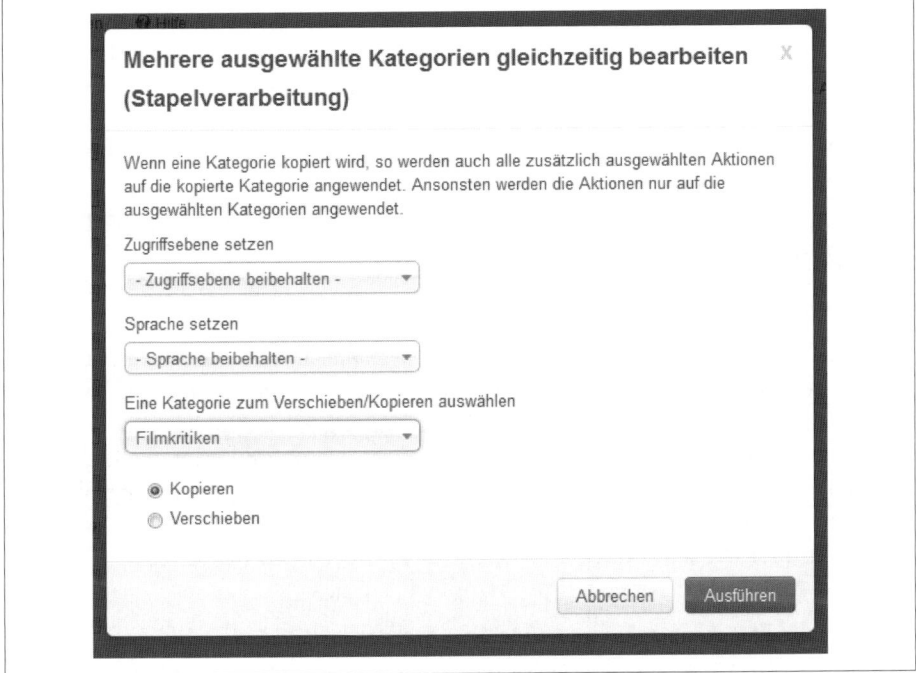

Abbildung 4-11: Mit diesen Einstellungen würden die zuvor gewählten Kategorien dupliziert und die Kopie in der Kategorie *Filmkritiken* abgelegt.

Hier wählen Sie nun in der Ausklappliste *Eine Kategorie zum Verschieben/Kopieren auswählen* die Kategorie, in der das Duplikat landen soll. Möchten Sie die Kopie in keiner der vorhandenen Kategorien ablegen, wählen Sie hier stattdessen den Punkt *Oberste Kategorie*.

Jetzt müssen Sie nur noch darunter *Kopieren* selektieren und schließlich auf *Ausführen* klicken. Damit erhalten Sie eine exakte Kopie der Kategorie. Zur besseren Unterscheidung hängt Joomla! ihr ebenfalls wieder eine aufsteigende Zahl an.

Wenn Sie die Kopie umbenennen wollen, rufen Sie ihren Bearbeitungsbildschirm auf (indem Sie beispielsweise auf ihren Namen in der Liste klicken) und vergeben dort dann einfach einen neuen *Titel* nebst entsprechendem *Alias*. Wichtig ist nur, dass jede Kategorie einen anderen Alias-Namen trägt.

Warnung Die eventuell in der ursprünglichen Kategorie enthaltenen Beiträge kopiert Joomla!nicht mit. Das Duplikat ist folglich noch leer.

Das Problem mit abgeschnittenen Ausklapplisten

Wenn Sie in Joomla! 3.0 eine Ausklappliste öffnen, kann es passieren, dass sie nur zum Teil zu sehen ist. Meist schneidet dann einfach der untere Fensterrand die Liste ab. In diesem Fall müssen Sie mit den Bildlaufleisten Ihres *Browsers* weiter nach unten fahren. Sollte die Ausklappliste in einem kleinen weißen Fenster stecken (wie in Abbildung Abbildung 4-11), so sind die Bildlaufleisten dieses weißen Fensters der richtige Partner.

Beiträge anlegen und verwalten

Wenn alle Kategorien existieren, gilt es, sie mit Beiträgen zu füllen. Deren Verwaltung erfolgt über den Menüpunkt *Inhalt → Beiträge*. Die nun erscheinende Liste kennen Sie schon aus dem vorhergehenden Kapitel 3, *Erste Schritte*: Sie führt *alle* von Joomla! verwalteten Beiträge auf (siehe Abbildung 4-12). Da dies eher früher als später zur Verwirrung führt, sollten Sie unbedingt von den Filtermöglichkeiten am linken Seitenrand Gebrauch machen: Mit der obersten Ausklappliste schränken Sie die Sicht auf alle veröffentlichten beziehungsweise versteckten Beiträge ein, in der direkt darunter auf eine Kategorie. Reicht das immer noch nicht, ziehen Sie auch noch den Autor in der vorletzten Ausklappliste heran.

In der Spalte *Status* kennzeichnet ein gelbes Sternchen (★), dass dieser Beitrag ein ganz besonders wichtiger ist. Im Moment erscheinen alle so markierten Beiträge prominent auf der Startseite des Internetauftritts. Dies trifft beispielsweise auf den Artikel *Beginners* zu.

Direkt unter dem *Titel* eines jeden Beitrags steht in schwarzen Lettern, zu welcher *Kategorie* er gehört. Der Beitrag *Beginners* liegt beispielsweise in der *Kategorie: Joomla!*.

Wer den Beitrag überhaupt lesen darf, verrät die Spalte *Zugriffsebene* (dazu folgt später noch mehr in Kapitel 9, *Benutzerverwaltung und -kommunikation*). Im hinteren Bereich nennen ihre übrigen Kolleginnen noch den *Autor* und das Erstellungs-*Datum*. Die *Sprache* gibt schließlich noch an, in welchen Übersetzungen der Beitrag erscheint (dazu erfahren Sie mehr in Kapitel 12, *Mehrsprachigkeit*).

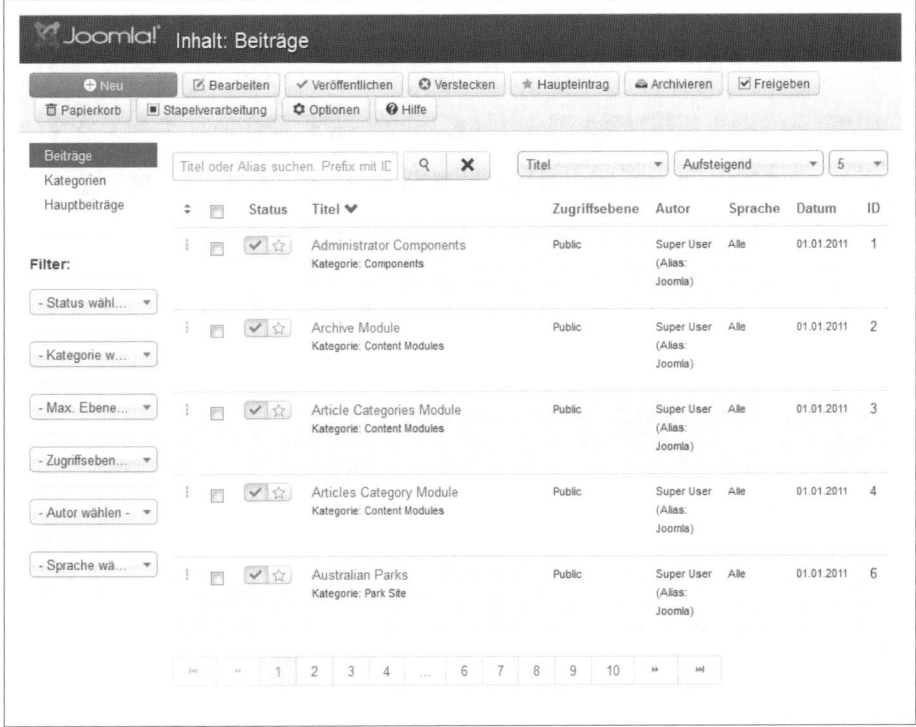

Abbildung 4-12: Die Liste mit allen in Joomla! gespeicherten Beiträgen

Version In Joomla! 2.5 verriet die Tabelle auch noch, wie oft ein Beitrag bereits gelesen
wurde. Ab Joomla! 3.0 erfährt man das erst, wenn man den Bearbeitungsbildschirm des Beitrags öffnet.

Wählen Sie in der Ausklappliste – *Kategorie wählen* – die Kategorie *Actionfilme*. Da
in ihr noch keine Beiträge vorhanden sind, ist die Liste leer – was sich jetzt aber
umgehend ändern wird.

Einen neuen Beitrag erstellen

Um einen neuen Beitrag anzulegen, klicken Sie auf den Schalter *Neu* in der Werkzeugleiste (oder rufen alternativ *Inhalt → Beiträge → Neuer Beitrag* auf). Daraufhin öffnet sich der ziemlich große Bearbeitungsbildschirm für Beiträge aus Abbildung 4-13.

Standardmäßig befinden Sie sich auf dem Register *Beitragsdetails*, das ein paar
Grundinformationen abfragt.

Version In Joomla! 2.5 sah das Formular noch etwas anders aus, die abgefragten Informationen waren jedoch dieselben.

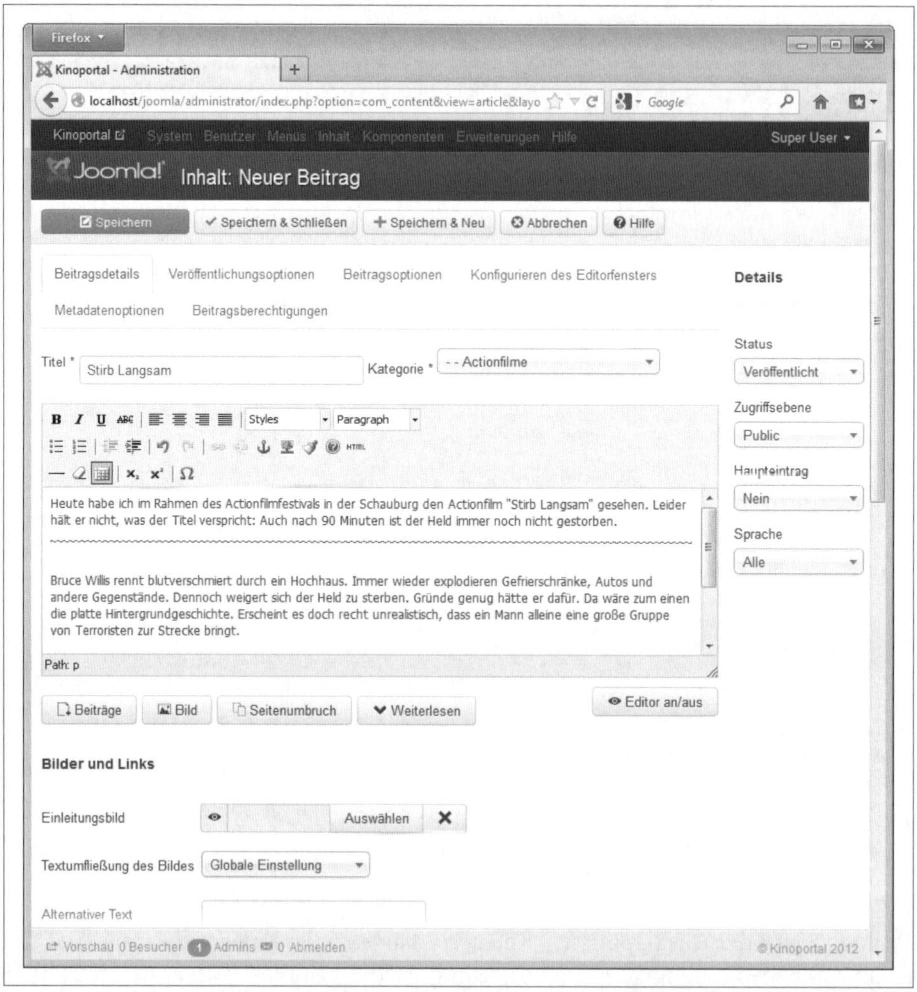

Abbildung 4-13:   Alle Einstellungen für die Filmkritik von »Stirb Langsam«. Die nachfolgenden Abbildungen zeigen die einzelnen Bereiche des Formulars noch etwas größer.

Basisinformationen

Verpassen Sie dort dem neuen Beitrag im Feld *Titel* als Erstes eine passende Überschrift. Für das Kinoportal soll eine neue Filmkritik her, folglich wäre hier als Titel der Filmname angebracht. Im Beispiel soll dies **Stirb Langsam** sein (siehe Abbildung 4-14).

In der Ausklappliste rechts daneben wählen Sie die *Kategorie* aus, zu der der Beitrag nach seiner Fertigstellung gehören soll. Die Kritik zu »Stirb Langsam« gehört eindeutig in die Kategorie *Actionfilme*.

Achten Sie darauf, dass am rechten Seitenrand der *Status* auf *Veröffentlicht* steht. Nur dann ist der Beitrag später auch für die Besucher zu sehen. Wenn Sie den Beitrag verstecken möchten, wählen Sie hier zunächst *Versteckt*. Alternativ können Sie ihn auch direkt in den *Papierkorb* werfen oder in das Archiv stecken (was sich hinter dem Archiv verbirgt, verrät gleich noch ein eigener Abschnitt).

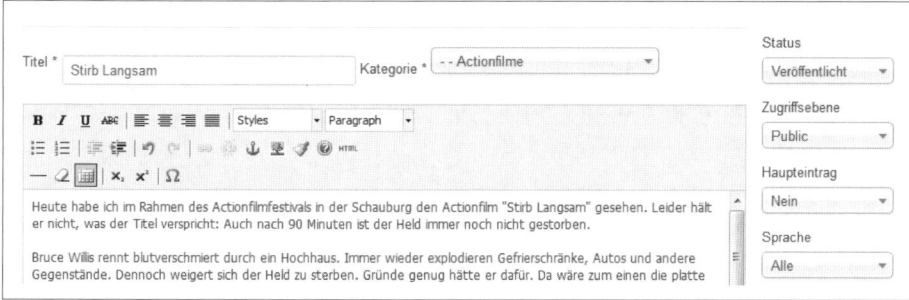

Abbildung 4-14:   Die Basiseinstellungen eines Beitrags

Tipp   Auf kleinen Bildschirmen und in kleinen Browserfenstern finden Sie die Ausklappliste *Status* zusammen mit ihren folgenden Kolleginnen ganz am unteren Seitenrand.

Welche Personen den Beitrag lesen und verändern dürfen, regelt die *Zugriffsebene* in Zusammenarbeit mit dem Register *Beitragsberechtigungen*. Standardmäßig dürfen alle Besucher den neuen Beitrag lesen, lassen Sie also die Einstellungen hier zunächst auf ihren Vorgaben. *Kapitel 9, Benutzerverwaltung und -kommunikation*, wird noch einmal ausführlich auf die Rechtevergabe zurückkommen.

Ein *Ja* bei *Haupteintrag* würde den Beitrag zu einem Hauptbeitrag erheben und ihn so als besonders wichtig kennzeichnen. Gleichzeitig würde er damit im Moment auf der Startseite des Internetauftritts erscheinen. Für die Filmkritik ist das nicht notwendig, belassen Sie es daher hier bei *Nein*.

Die nächste Ausklappliste darunter ist nur relevant, wenn Sie eine mehrsprachige Website in Angriff nehmen. Sie legt fest, in welcher Sprache der Beitrag verfasst wurde. Mit der Voreinstellung *Alle* taucht er später in jeder Sprachfassung der Website auf. Mehr zu den Übersetzungen folgt noch in Kapitel 12, *Mehrsprachigkeit*. Für die Filmkritik behalten Sie hier die Voreinstellung bei.

Tipp   Die Voreinstellung ist auch der passende Wert, wenn Sie nur einen rein deutschen
beziehungsweise anderweitig einsprachigen Internetauftritt erstellen.

Text eingeben

Unterhalb des Titels folgt unübersehbar ein größeres Eingabefeld (siehe Abbildung 4-15). Es funktioniert wie eine kleine Textverarbeitung und ist Ihnen schon bei der Erstellung der Kategorien begegnet. Zum Einsatz kommt hier der TinyMCE-Editor, der nach dem Prinzip »What you see is what you get« (kurz WYSIWYG) arbeitet. Dies bedeutet, dass Sie das Ergebnis direkt bei der Eingabe begutachten können. Einen Überblick über seine Funktionen und Symbolleisten gibt Anhang A, *TinyMCE-Editor*. Prinzipiell arbeitet er genau so, wie Sie es von Ihrer Textverarbeitung her kennen.

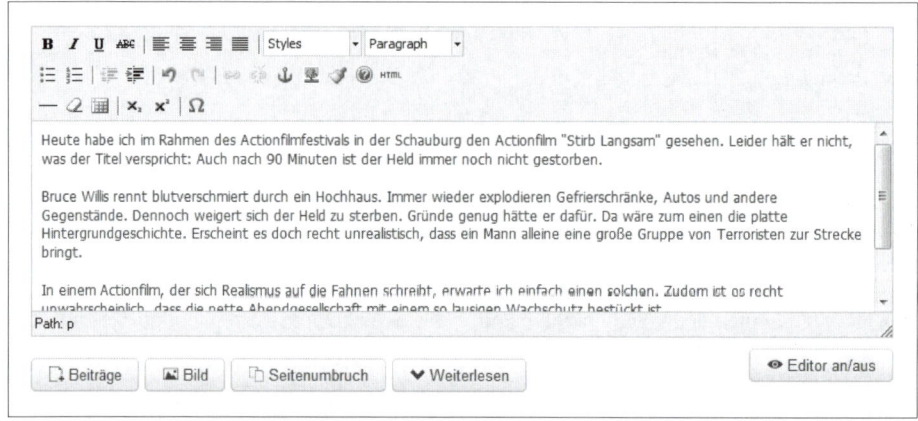

Abbildung 4-15:   In diesem Editor verfassen Sie den eigentlichen Beitrag.

Tipp   Da dieser Editor keine Rechtschreibkorrektur kennt und sein Eingabefeld zudem ziemlich klein ist, sollten Sie längere Beiträge zunächst in einer Textverarbeitung verfassen, dann über die Zwischenablage hier in das Feld einfügen und den Text dann abschließend noch ansprechend formatieren.

Bei einigen Textverarbeitungen kopieren Sie allerdings auf diesem Weg auch spezielle Steuerzeichen mit, die dann wiederum im fertigen Beitrag ein kleines Chaos veranstalten und die Optik der Seite zerschießen. Um das ausschließen, sollten Sie den Text zunächst in einen einfachen Texteditor kopieren und dann von dort aus weiter nach Joomla!. Das ist etwas komplizierter, spart aber später viel Ärger und Korrekturarbeit.

Wenn Sie sich gerne auf die Eingabe des reinen Textes konzentrieren möchten, können Sie den TinyMCE-Editor auch (vorübergehend) gegen ein schlichtes Eingabefeld austauschen. Dazu klicken Sie an seinem unteren Rand auf *Editor an/aus*. Über den gleichen Knopf holen Sie ihn später auch wieder zurück. Joomla! erlaubt zudem auch den Einsatz von anderen Editoren. Wie ein solcher Austausch funktioniert, erklärt Kapitel 10, *Globale Einstellungen*.

Tipp   Sie können den Text auch direkt mithilfe sogenannter HTML-Befehle formatieren. Letztere steuern normalerweise bei herkömmlichen beziehungsweise einfachen Internetseiten deren Aussehen. Eine gute Einführung in diese Thematik bietet beispielsweise die Seite *http://www.selfhtml.de*. Sie sollten jedoch vorsichtig mit diesem machtvollen Instrument umgehen. Je nach verwendeten Befehlen greifen Sie ansonsten in das von Joomla! erzeugte Seitenlayout ein, das im Extremfall dann nur noch zerstückelt beim Betrachter ankommt. Um HTML-Befehle einzugeben, blenden Sie entweder den TinyMCE-Editor wie beschrieben aus oder klicken auf das kleine Symbol mit der Aufschrift *HTML*. Die Auswirkungen sehen Sie allerdings erst nach einem Klick auf *Update* und somit nach dem Verlassen des erscheinenden Fensters beziehungsweise dann, wenn Sie per *Editor an/aus* wieder zum TinyMCE-Editor zurückkehren.

Für die Filmkritik denken Sie sich jetzt einen passenden (Nonsense-)Text aus oder übernehmen kurzerhand den Text aus Abbildung 4-15.

Bilder in Beiträge einbauen

Derzeit besteht die Filmkritik noch aus einer hässlichen Textwüste. Um sie mit einem passenden Foto etwas aufzulockern, fahren Sie zunächst mit der Eingabemarke an die Stelle im Text, an der das Bild später erscheinen soll – im Fall der Filmkritik ganz ans Ende des Beitrags. Klicken Sie anschließend auf die Schaltfläche *Bild* direkt unterhalb des Eingabefeldes. Es erscheint dann das Fenster aus Abbildung 4-16.

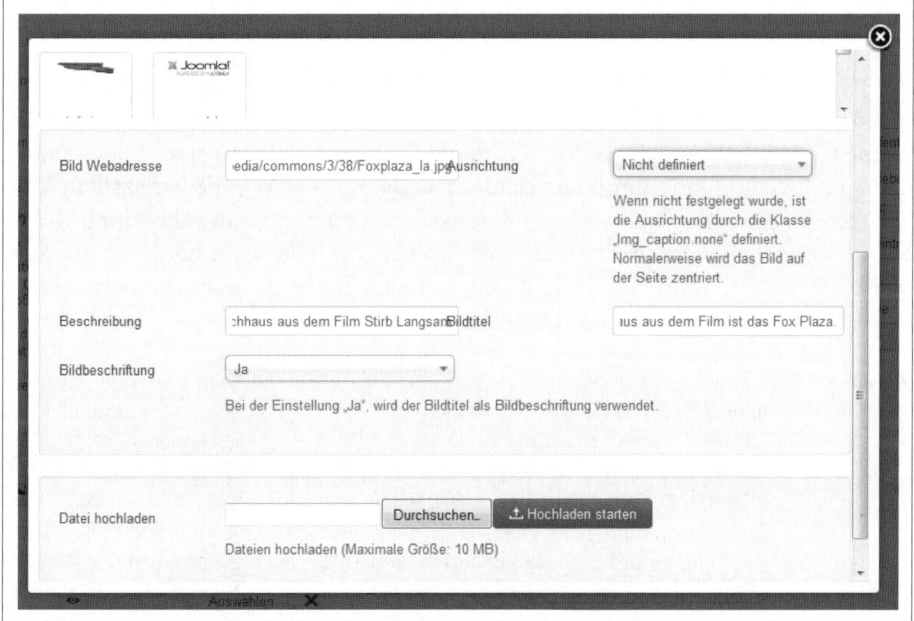

Abbildung 4-16:   Übernahme eines Bildes in einen Beitrag

Im oberen Teil zeigt Ihnen Joomla! alle ihm bereits bekannten Bilder an. Zur besseren Übersichtlichkeit sind sie in verschiedenen Unterverzeichnissen zusammengefasst. Die Navigation erfolgt wie im Dateimanager Ihres Betriebssystems: Ein Klick auf einen der blauen Ordner betritt ihn, per *Hoch* oder mit der Ausklappliste *Verzeichnis* am oberen linken Fensterrand gelangen Sie wieder eine oder mehrere Ebenen zurück. Sofern Ihnen eines der schon vorhandenen Bilder zusagt, klicken Sie es an.

Tipp Die im oberen Bereich präsentierten Bilder liegen im Unterverzeichnis *images* Ihrer Joomla!-Installation. Wie Sie sie dort verwalten, verrät gleich im Anschluss Kapitel 5, *Medien verwalten*.

Warnung Wie Sie in Abbildung 4-16 sehen, besitzt das weiße Fenster gleich mehrere Bildlaufleisten, die für unterschiedliche Bereiche zuständig sind. Solch ein Durcheinander finden Sie auch in anderen Fenstern von Joomla! 3.0. Welche Bildlaufleiste welche Informationen freigibt, müssen Sie im Zweifelsfall durch Experimentieren herausfinden.

Häufig schneiden diese weißen Fenster auch einfach geöffnete Ausklapplisten ab. Auch in solch einem Fall müssen Sie mit einer der Bildlaufleisten nach unten fahren (siehe auch den Kasten »Das Problem mit abgeschnittenen Ausklapplisten« auf Seite 136).

Haben Sie hingegen ein (einigermaßen) passendes Bild auf der Festplatte liegen, wählen Sie es im Fenster ganz unten via *Durchsuchen...* aus und klicken dann auf *Hochladen starten*. Joomla! holt die Datei dann zu sich auf den Webserver und fügt sie seinen bekannten Bildern hinzu. Dort klicken Sie das Bild einmal an.

In jedem Fall trägt Joomla! das gewählte Bild in das Feld *Bild Webadresse* ein. Dort können Sie übrigens noch als dritte Variante die Internetadresse eines Bildes eintippen – im Fall des Films »Stirb Langsam« etwa das aus der Wikipedia: *http://upload. wikimedia.org/wikipedia/commons/3/38/Foxplaza_la.jpg* (wie in Abbildung 4-16). Doch Vorsicht: Bei dieser Methode lädt Joomla! das Bild nicht herunter, sondern bindet es nur ein. Wird das Bild auf dem fremden Server gelöscht (im Beispiel also aus der Wikipedia), fehlt es auch umgehend in Ihrem Beitrag.

Warnung Egal auf welchem Weg Sie ein Bild einbinden, beachten Sie in jedem Fall das Urheberrecht. Gerade bei einer Filmkritik liegt es nahe, sich irgendwo ein passendes Bild aus dem Internet zu angeln beziehungsweise es einzubinden. Die Rechteinhaber populärer Filme sind jedoch in dieser Hinsicht ziemlich streng. Daher finden Sie auch auf unserer Downloadseite kein Beispielbild für die Kritik zu »Stirb Langsam«.

Wenn Sie fremde Bilder in Ihre Beiträge übernehmen möchten, fragen Sie immer den Urheber des Bildes um Erlaubnis. Andernfalls riskieren Sie eine teure Abmahnung. Das oben erwähnte Bild aus der Wikipedia steht übrigens unter einer freien Lizenz. Die entsprechenden Informationen finden Sie unter *http://de.wikipedia.org/ w/index.php?title=Datei:Foxplaza_la.jpg&filetimestamp=20051226181429*.

Geben Sie dem Bild noch eine Bildunterschrift im Feld *Bildtitel*. Im Fall des Kinoportals vielleicht »**Das Hochhaus aus dem Film ist das Fox Plaza.**« Über die Ausklappliste *Bildbeschriftung* steuern Sie, ob Joomla! die Unterschrift tatsächlich immer anzeigen (*Ja*) oder erst mal nur gegenüber Suchmaschinen herausrücken soll (*Nein*). Das Feld

Beschreibung fasst noch einmal zusammen, was auf dem Bild zu sehen ist. Im Kinoportal wäre das beispielsweise »**Das Hochhaus aus dem Film Stirb Langsam.**« Dieser Text ist insbesondere für blinde Besucher und den Fall gedacht, dass das Bild nicht angezeigt werden kann. Mit der *Ausrichtung* bestimmen Sie, ob das Bild später auf der Homepage im Text links- oder rechtsbündig ausgerichtet werden soll. Per *Einfügen* platzieren Sie das gewählte Bild schließlich im Text.

Um das Bild (nachträglich) an eine andere Stelle zu verschieben, parken Sie den Mauszeiger über dem Bild, halten dann die linke Maustaste gedrückt und ziehen es an seine richtige Position. Bei etwas größeren Bildern ist das in dem kleinen TinyMCE-Fenster allerdings etwas fummelig. Sie können das Bild aber auch mit der Maus anklicken, dann wie einen Text per *Strg* und *x* in die Zwischenablage ausschneiden, die Einfügemarke mit den Pfeiltasten an die Zielposition bugsieren und schließlich das Bild dort über *Strg* und *v* wieder einsetzen.

Tipp	Bilder erscheinen standardmäßig immer in ihrer Originalgröße. Um nicht die Beitragsseite zu sprengen, sollten Sie insbesondere Fotos vor dem Einbinden mit einem Bildbearbeitungsprogramm verkleinern. Als Faustregel gilt, dass die Bilder dabei nicht breiter als 650 Pixel sein sollten. Denken Sie auch an Nutzer von mobilen Geräten mit kleineren Bildschirmen!
	Wenn Sie ein Bild aus einer externen Quelle einbinden, wie im Beispiel das Bild aus der Wikipedia, klicken Sie das Bild einmal im TinyMCE-Editor an. Es erhält jetzt an seinen Ecken kleine weiße Kästchen. Klicken Sie eines der Kästchen an, halten Sie die Maustaste gedrückt, und ziehen Sie dann das Bild in die richtige Größe.

Möchten Sie das Bild später wieder loswerden, löschen Sie es einfach so im Text, als wäre es ein einzelnes Zeichen. Alternativ klicken Sie es einmal an und drücken dann *Entf* auf Ihrer Tastatur.

Warnung	Der TinyMCE-Editor bietet eine kleine Schaltfläche mit einem Baum an (). Auch hierüber können Sie ein Bild in den Text einbinden, schmuggeln es dann allerdings an Joomla! vorbei und sind somit selbst für das Bild verantwortlich.

Einleitung

Die meisten Betrachter empfinden lange Bildschirmseiten mit viel Text als eher unangenehm. Für Autoren von Filmkritiken ergibt sich somit ein Problem: Einerseits hat man viel zu schreiben, andererseits möchte man die Augen der Leser nicht ermüden und schon gar nicht Besucher zum vorzeitigen Wegklicken animieren. Joomla! löst das Problem, indem es lange Texte in kleinere, handlichere Teile zerlegt.

Zunächst sollte man sich überlegen, wie man einen Besucher der Homepage überhaupt dazu bewegt, einen längeren Artikel zu lesen. Am besten ködert man ihn mit einer kurzen, mitreißenden Einleitung, die gleichzeitig noch einen Einblick in das behandelte Thema gewährt. Einen solchen Werbetext bezeichnet man als Intro,

Vorspann, Aufmacher oder Einleitung. Mit diesem Trick arbeitet übrigens auch fast jede Zeitschrift: Unter dem Titel folgt immer eine kleine Zusammenfassung des eigentlichen Artikels. Auf diese Weise muss der Leser nicht erst mehrere Abschnitte durcharbeiten, nur um zu merken, dass ihn das Thema eigentlich gar nicht interessiert. Gleichzeitig sollte die Einleitung so gestaltet sein, dass sie zum Weiterlesen animiert.

Eine solche Einleitung ist auch bei Internetseiten sinnvoll: Auf der Startseite des Internetauftritts weckt der Aufmacher den Appetit auf den vollständigen Artikel, zu dem dann eine kleine, beigefügte *Weiterlesen*-Schaltfläche führt (wie in Abbildung 4-17).

Abbildung 4-17:   Beispiel für eine Einleitung

Um Joomla! mitzuteilen, welcher Teil Ihres Beitrags die Einleitung und welcher der Haupttext ist, platzieren Sie die Textmarke genau an der Stelle im Text, an der die Einleitung endet. Bei der Kritik zu *Stirb Langsam* aus Abbildung 4-15 wäre dies am Ende des ersten Absatzes hinter dem Wort »gestorben«. Anschließend genügt ein Klick auf die Schaltfläche *Weiterlesen* am unteren Rand. Im TinyMCE-Editor trennt jetzt eine rote Linie die Einleitung vom restlichen Text.

Ab sofort erscheint auf allen Seiten, die mehrere Beiträge in der Übersicht präsentieren (wie beispielsweise die Startseite Ihrer Homepage), nur noch der Aufmacher nebst einer *Weiterlesen*-Schaltfläche. Wenn Sie die Trennung wieder loswerden wollen, löschen Sie einfach die rote Linie aus dem Text.

Unterseiten

Nachdem der Leser geködert ist, dürfen Sie seine Augen nicht durch zu viel Text ermüden. Damit dies nicht passiert, erlaubt Joomla! die Aufspaltung des Haupttextes in mehrere Einzelteile. Jeder dieser Teile erscheint dann auf einer eigenen Bildschirmseite.

Um eine solche Aufteilung vorzunehmen, fahren Sie wieder mit der Eingabemarke an die Stelle im Text, an der eine neue Seite beginnen soll. In der Filmkritik zu *Stirb*

Langsam fahren Sie an irgendeine beliebige Stelle, die sich jedoch irgendwo hinter der roten Linie (also unterhalb der Einleitung) befinden muss. Anschließend klicken Sie auf *Seitenumbruch* am unteren Rand. Daraufhin erscheint das Fenster aus Abbildung 4-18.

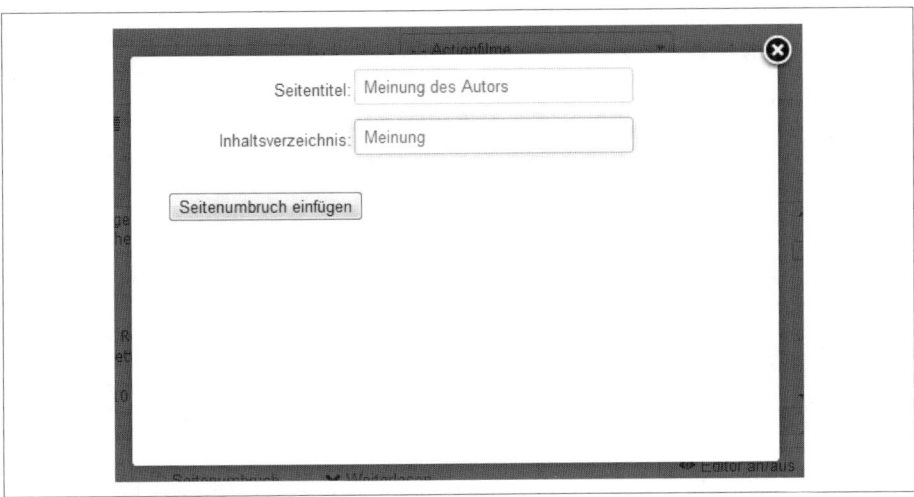

Abbildung 4-18:   Das Einfügen eines Seitenumbruchs

Damit der Besucher später schneller zwischen den einzelnen Unterseiten hin und her springen kann, erstellt Joomla! automatisch ein kleines Menü. Der Begriff hinter *Inhaltsverzeichnis* gibt an, unter welchem Eintrag die neue Seite dort erreichbar ist. Diese Beschriftung sollten Sie möglichst kurz und knackig wählen. Den Text im Feld *Seitentitel* hängt das Content-Management-System hinter die Überschrift des Beitrags. Damit weiß der Leser, auf welcher Unterseite er sich gerade befindet. In Zeitschriften entspricht dies den Zwischenüberschriften im Text.

Durch einen Klick auf *Seitenumbruch einfügen* wird dieser schließlich angelegt. Abbildung 4-19 zeigt das Ergebnis auf der Homepage.

Tipp

Der Seitenumbruch ist unabhängig von der Einleitung aus dem vorherigen Abschnitt.

Sollte es beim Einfügen eines Seitenumbruchs Probleme geben, schalten Sie kurzzeitig den TinyMCE-Editor ab (über *Editor an/aus*). Fahren Sie jetzt an die Stelle im Text, an der Sie eigentlich den Seitenumbruch einfügen wollten, und tippen Sie dort folgenden kryptischen Text ein:

```
<hr title="..." alt="..." class="system-pagebreak" />
```

Zwischen die ersten beiden Anführungszeichen (hinter `title=`) schreiben Sie den Text aus dem Feld *Seitentitel*, und zwischen die anderen beiden Anführungszeichen (hinter `alt=`) gehört der Text aus dem Feld *Inhaltsverzeichnis*. Aktivieren Sie anschließend wieder den TinyMCE-Editor (über *Editor an/aus*).

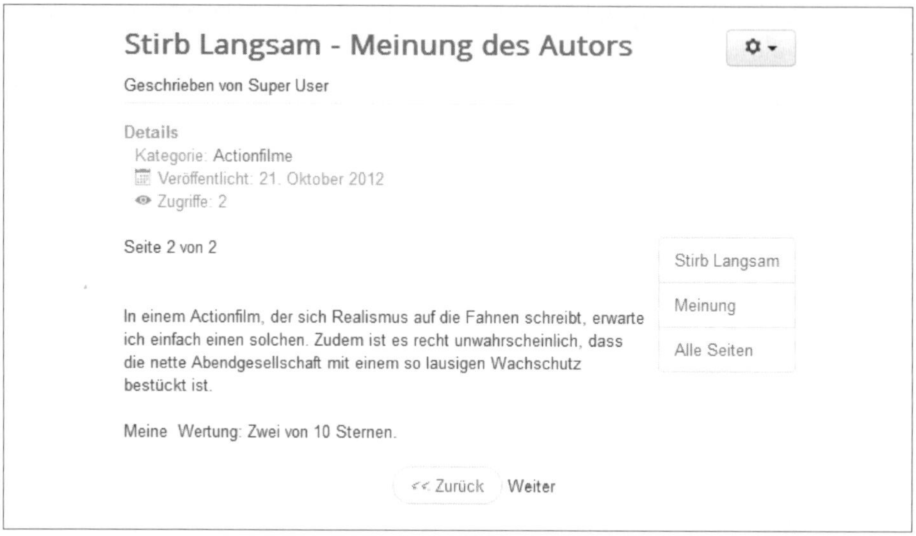

Stirb Langsam - Meinung des Autors

Geschrieben von Super User

Details
  Kategorie: Actionfilme
  Veröffentlicht: 21. Oktober 2012
  Zugriffe: 2

Seite 2 von 2

Stirb Langsam

Meinung

Alle Seiten

In einem Actionfilm, der sich Realismus auf die Fahnen schreibt, erwarte ich einfach einen solchen. Zudem ist es recht unwahrscheinlich, dass die nette Abendgesellschaft mit einem so lausigen Wachschutz bestückt ist.

Meine Wertung: Zwei von 10 Sternen.

<< Zurück   Weiter

Abbildung 4-19:   Das kleine Menü auf der rechten Seite erlaubt einen schnellen Wechsel zwischen den einzelnen Unterseiten.

Über die Schaltflächen *Weiter* und *Zurück* blättert der Besucher zwischen den einzelnen Seiten hin und her. Die erste Seite erreicht man im kleinen Menü übrigens immer über den Titel des Beitrags (in Abbildung 4-19 ist das *Stirb Langsam*), und der Punkt *Alle Seiten* zeigt den gesamten Text auf einer einzigen Seite an.

Verweise auf bestehende Beiträge einfügen

Natürlich können Sie in Ihrem Beitrag auch auf einen anderen, schon vorhandenen Kollegen verweisen. Dazu setzen Sie die Einfügemarke an die Position im Text, an der Sie den Verweis einfügen möchten. Klicken Sie anschließend auf die Schaltfläche *Beiträge* direkt unter dem Eingabefeld. Es öffnet sich dann das Fenster aus Abbildung 4-20, das alle vorhandenen Beiträge auflistet.

Über die Ausklapplisten und das Suchfeld am oberen Rand können Sie die Ansicht einschränken beziehungsweise nach einem ganz bestimmten Beitrag fahnden. Haben Sie den gewünschten Beitrag ausgemacht, klicken Sie einfach seinen *Titel* an. Joomla! fügt dann einen entsprechenden Querverweis direkt in Ihren Text ein. Für die Filmkritik ist kein Verweis notwendig – schließlich erstellen Sie gerade Ihre erste.

Tipp   Wenn Sie den Querverweis nachträglich an eine andere Stelle in Ihrem Text verschieben möchten, schneiden Sie ihn wie einen normalen Text via *Strg* und *x* aus und fügen ihn an seiner eigentlichen Stelle im Text per *Strg* und *c* ein.

Einzelne Beiträge können Sie nur bestimmten Besuchern zugänglich machen (wie das funktioniert, zeigt noch Kapitel 9, *Benutzerverwaltung und -kommunikation*). Verweise auf solche exklusiven Beiträge zeigt Joomla! im Text wie alle anderen Querverweise an. Klickt ein beliebiger Besucher darauf, weist Joomla! ihn mit einer Meldung darauf hin, dass er diesen Beitrag nicht lesen darf. Da sich der Besucher dann zu Recht etwas vor den Kopf gestoßen fühlt, sollten Sie Querverweise auf exklusive Beiträge immer entsprechend kennzeichnen – beispielsweise indem Sie hinter den Link Folgendes in Klammern schreiben: **(nur für registrierte Mitglieder)**.

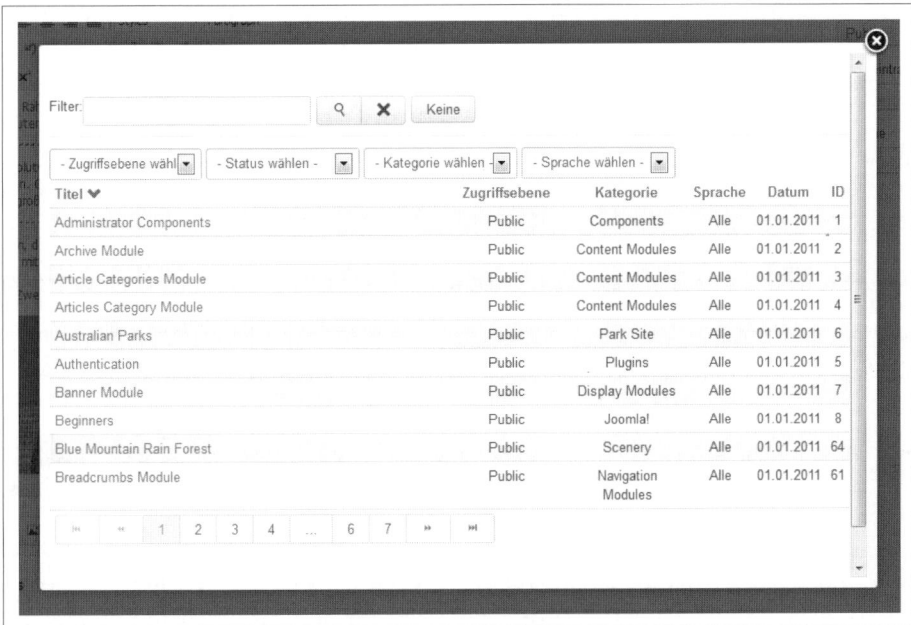

Abbildung 4-20:   Über dieses Fenster fügen Sie einen Querverweis auf einen anderen Beitrag ein.

Aufmacherbilder und ergänzende Links

Bilder lassen sich bequem über den Knopf *Bild* unterhalb des Textfensters einbinden (wie in Abschnitt »Bilder in Beiträge einbauen« auf Seite 141 vorgestellt). Sofern Sie das Bild dabei in die Einleitung setzen, erscheint es später auch auf den Übersichtsseiten. Ein Beispiel zeigt Abbildung 4-21. Es wäre aber schöner, wenn Joomla! hier ein Bild einbauen könnte, um das der Text brav herumfließt.

Genau das ermöglichen die vielen Regler und Eingabefelder im Bereich *Bilder und Links* ganz unten auf der Seite. Das dort eingestellte *Einleitungsbild* erscheint später in der Einleitung auf den Übersichtsseiten; das unter *Komplettes Beitragsbild* eingetragene Bild steht hingegen immer am Anfang eines Beitrags (wie in den Abbildungen 4-22 bis 4-24). Das jeweilige Bild wählen Sie über den Knopf *Auswählen*, woraufhin das schon aus den vorherigen Abschnitten bekannte Fenster erscheint. In ihm können Sie ein neues Bild hochladen oder sich für eines der vorhandenen Bilder entscheiden. Haben Sie sich verklickt, entfernen Sie das Bild wieder über den Knopf mit dem X.

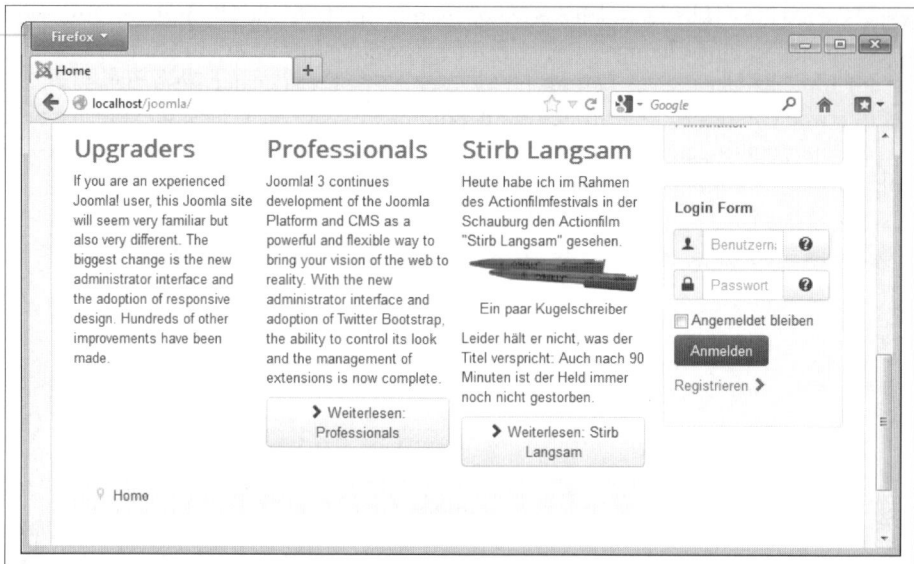

Abbildung 4-21: Hier wurde ein Bild versuchsweise in der Einleitung platziert. Es erscheint somit auch prominent auf den Übersichtsseiten.

Tipp Sie können die Größe der Bilder hier nicht mehr nachträglich verändern. Sie müssen folglich vorab sicherstellen, dass beide Bilder bereits die korrekten Maße aufweisen – etwa mit einem Bildbearbeitungsprogramm.

Der Text fließt um beide Bilder. Auf welcher Seite er das tut, regeln Sie über die *Textumfließung des Bildes*. Die Einstellung *Keine* schaltet dabei den Textumfluss ab (der Text beginnt also immer unterhalb des Bildes). Die Ausklappliste bezieht sich dabei immer auf das direkt darüber ausgewählte Bild.

Tipp Im Gegensatz zu den Abbildungen 4-22 bis 4-24 würde man in der Praxis normalerweise nur ein Bild in zwei verschiedenen Größen verwenden: Das kleinere kommt in die Einleitung (als *Einleitungsbild*), die größere Variante dann als Aufmacher in den Beitrag (als *Komplettes Beitragsbild*).

Alternativ könnte man auch als Einleitungsbild einen (pfiffig gewählten) Ausschnitt des Beitragsbildes verwenden. Bei der Filmkritik zu *Stirb Langsam* könnte man etwa das Eingangsschild des Hochhauses mit einem Bildbearbeitungsprogramm ausschneiden und als Einleitungsbild verwenden. Als Beitragsbild setzt man dann das komplette Hochhaus ein.

Verpassen Sie zudem beiden Bildern immer unter *Alternativer Text* eine Beschreibung. Sie erscheint unter anderem immer dann, wenn das Bild aus irgendeinem Grund nicht geladen werden konnte. Falls gewünscht, können Sie auch noch eine *Bildunterschrift* vergeben. Auch hier beziehen sich die Eingabefelder immer auf das direkt darüber gewählte Einleitungs- beziehungsweise Beitragsbild.

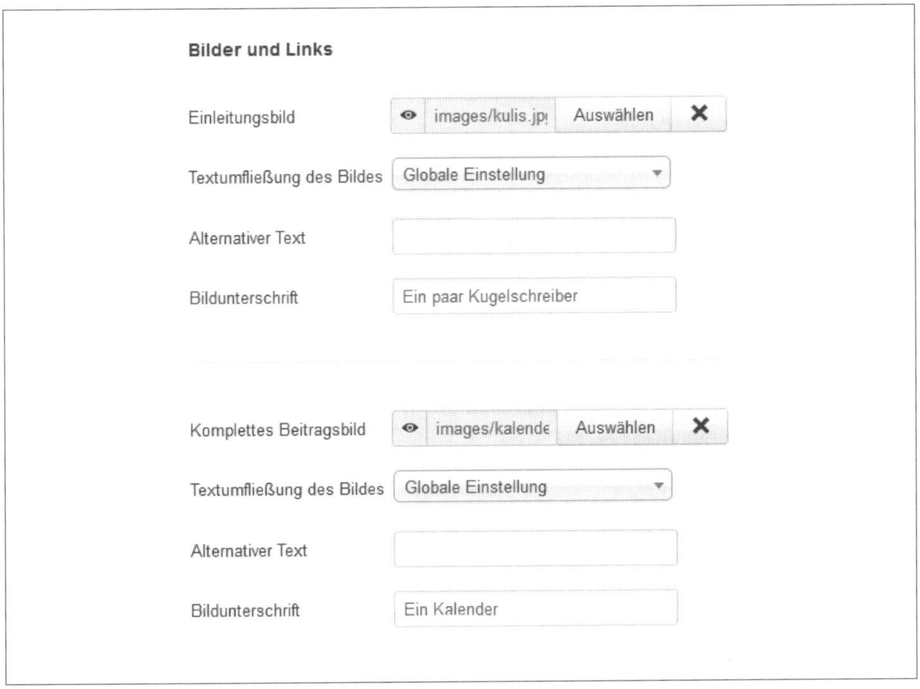

Bilder und Links

Einleitungsbild   ⊙   images/kulis.jp| Auswählen   ✕

Textumfließung des Bildes   Globale Einstellung   ▾

Alternativer Text

Bildunterschrift   Ein paar Kugelschreiber

Komplettes Beitragsbild   ⊙   images/kalende   Auswählen   ✕

Textumfließung des Bildes   Globale Einstellung   ▾

Alternativer Text

Bildunterschrift   Ein Kalender

Abbildung 4-22:   Diese Einstellungen ...

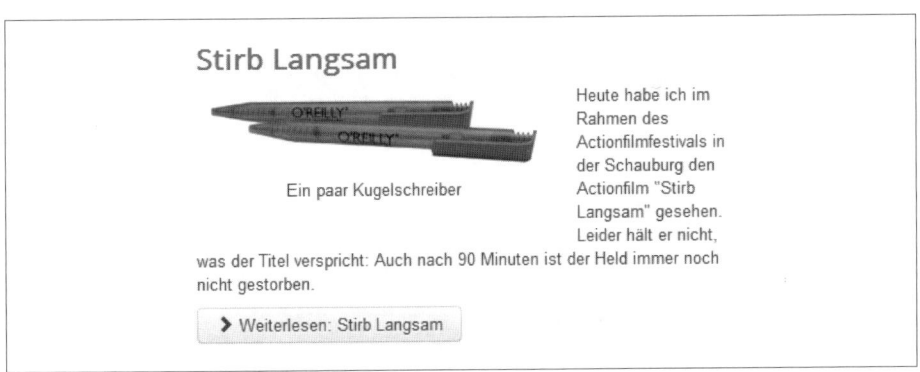

Abbildung 4-23:   ... führen zu dieser Einleitung ...

Für die Filmkritik sind solche Bilder nicht notwendig, lassen Sie die Felder also leer.

Mit den übrigen Einstellungen im Bereich *Bilder und Links* (die auf der rechten Seite) können Sie an den Beitrag noch insgesamt drei Links antackern (*Link A* bis *C*). Normalerweise fungieren die Links als Quellennachweis oder zeigen auf eine Seite mit weiterführenden Informationen. In der Filmkritik könnte man beispielsweise auf die Wikipedia-Seite zu »Stirb Langsam« verweisen (wie in Abbildung 4-25).

Abbildung 4-24:   ... und diesem Beitrag.

Abbildung 4-25:   Der Link A erscheint später oberhalb des Beitrags. (Hier steht er direkt unterhalb der Anzahl der Zugriffe.)

Deren Adresse *http://de.wikipedia.org/wiki/Stirb_langsam* tragen Sie unter *Link A* ein. In das Feld *Linktext A* wandert die Beschriftung des Links, im Beispiel etwa `Wikipedia-Eintrag zu »Stirb Langsam«`. Wenn der Benutzer den Link anklickt, öffnet Joomla! standardmäßig die Seite im gleichen Browserfenster. Die Filmkritik würde also durch die Wikipedia-Seite ersetzt. Über die Ausklappliste *URL-Zielfenster* können Sie dieses Verhalten ändern:

In gleichem Fenster öffnen
> Joomla! ersetzt die Filmkritk durch den Wikipedia-Artikel.

In neuem Fenster öffnen
> Der Wikipedia-Artikel erscheint in einem komplett neuen Browserfenster beziehungsweise je nach Browsereinstellungen in einem neuen Reiter (Tab).

Als Pop-up-Fenster öffnen
> Der Wikipedia-Artikel erscheint in einem neuen, kleinen Browserfenster ohne Navigationsleiste.

Modalfenster
> Joomla! erstellt ein eigenes kleines Fenster. Dabei dunkelt sich der Hintergrund mit der Filmkritk ab. Sie kennen solche Fenster bereits von der Auswahl der Bilder.

Tipp   Wenn Joomla! die Seite durch die fremde ersetzt, kehrt der Besucher meist nicht mehr zu Ihrer Seite zurück. Unter Umständen verwirren Sie ihn damit sogar. Sie sollten daher Links immer in einem separaten Fenster öffnen lassen.

Für die Filmkritik wählen Sie den Punkt *In neuem Fenster öffnen*.

Auf die gleiche Weise können Sie noch zwei weitere Links zum Beitrag hinzufügen. Später auf der Website kann Joomla! diese Links dann ober- oder unterhalb des Beitragstextes platzieren (in Abbildung 4-25 steht er über dem Beitragstext). Wo genau sie erscheinen, das bestimmen Sie mit der Ausklappliste *Linkpositionierung* auf dem Register *Beitragsoptionen*. Im Fall der Filmkritik sollte der Link am besten unterhalb des Beitrags angezeigt werden. Klicken Sie daher neben *Linkpositionierung* auf den Knopf *Darunter* (er leuchtet dann grün auf).

Autor, Erstellungs- und Veröffentlichungsdatum

Haben Sie Ihren Artikel geschrieben, ermöglichen die übrigen Register noch weitere, feinere Einstellungen. Wechseln Sie zunächst zu den Veröffentlichungsoptionen. Dort warten die Einstellungen aus Abbildung 4-26.

Alias
> Hier dürfen Sie ergänzend zum Titel einen *Alias-* beziehungsweise Ersatznamen vergeben. Wie bei den Kategorien verwendet Joomla! ihn für interne Zwecke. Lassen Sie ihn einfach leer; Joomla! wählt dann selbst einen passenden. Bei Bedarf können Sie ihn später noch anpassen (wann das eventuell notwendig wird, verrät später noch Kapitel 17, *Suchmaschinenoptimierung*).

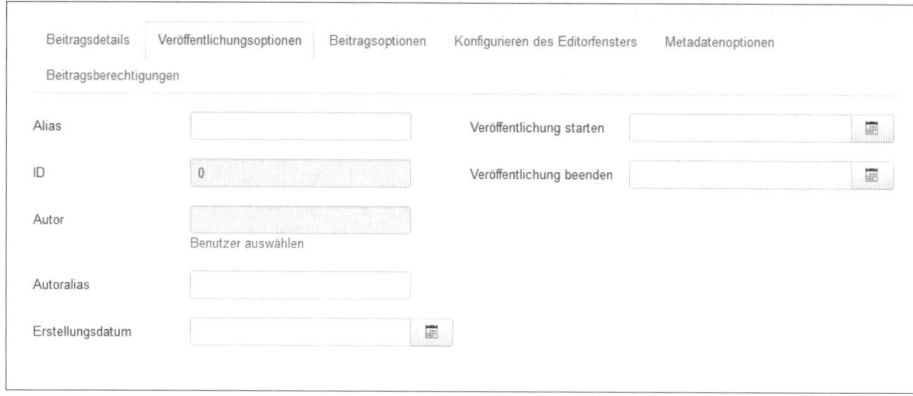

| Beitragsdetails | Veröffentlichungsoptionen | Beitragsoptionen | Konfigurieren des Editorfensters | Metadatenoptionen |

Beitragsberechtigungen

Alias		Veröffentlichung starten	
ID	0	Veröffentlichung beenden	
Autor			
	Benutzer auswählen		
Autoralias			
Erstellungsdatum			

Abbildung 4-26:   Hier legen Sie den Autor fest und bestimmen, ab wann der Beitrag auf der Website erscheint.

Warnung   Auch hier gilt wieder, dass jeder Beitrag einen eigenen, eindeutigen Alias besitzen muss. Den Titel können Sie hingegen durchaus mehrfach vergeben.

ID

Im Feld *ID* steht die interne Identifikationsnummer des Beitrags (siehe auch Abschnitt »Identifikationsnummern« auf Seite 111). Wenn man einen neuen Beitrag anlegt, hat Joomla! noch keine Nummer vergeben, weshalb hier wiederum noch eine 0 steht.

Autor

Mit einem Klick auf den Knopf mit der weißen Büste kann man einen anderen Benutzer zum Schöpfer des Beitrags erheben. Dies ist beispielsweise dann notwendig, wenn man den Artikel im Auftrag eines anderen Autors erstellt.

Autoralias

Benutzernamen sind oftmals recht kryptisch, erst recht, wenn sie von den Angemeldeten selbst gewählt wurden (wie beispielsweise *schnuffelkatze87*). Blendet man auf der Website nun für jeden Artikel auch den Autorennamen ein, so sieht dies meist etwas unschön aus. Aus diesem Grund erlaubt Joomla!, hier einen anderen Namen zu vergeben. Er erscheint dann anstelle des Benutzernamens über dem Text.

Erstellungsdatum

Joomla! merkt sich für jeden Beitrag, wann er angelegt wurde. Unter *Erstellungsdatum* dürfen Sie diese Angabe fälschen. Ein Klick auf den nebenstehenden grauen Knopf öffnet einen kleinen Kalender, der die Eingabe vereinfacht. Andernfalls notieren Sie Datum und Zeit nach dem Schema: **Jahr-Monat-Tag Stunde:Minute:Sekunde**. Das Jahr müssen Sie dabei vierstellig angeben, alle anderen Angaben als zweistellige Zahlen.

Veröffentlichung starten und Veröffentlichung beenden

Sobald Sie den Beitrag erstellt haben, erscheint er auf der Website – und steht dort so lange, bis Sie ihn eigenhändig wieder sperren. Sie können den Beitrag aber auch zeitgesteuert erscheinen und wieder verschwinden lassen. Das ist insbesondere bei Nachrichten sinnvoll, die ein Verfallsdatum besitzen. Beispielsweise ist die Ankündigung eines Filmabends im Mehrzweckveranstaltungssaal von Oberursel nur so lange für die Besucher interessant, wie der Filmabend noch nicht stattgefunden hat.

Unter *Veröffentlichung starten* tragen Sie ein, wann der Beitrag auf der Website auftauchen soll, und unter *Veröffentlichung beenden*, wann er von dort wieder verschwindet. Die Kalender hinter den Knöpfen rechts neben den Eingabefeldern helfen wieder bei der Auswahl.

Bitte beachten Sie, dass nach Ablauf der Zeit der Beitrag zwar auf der Homepage nicht mehr angezeigt, aber im Backend noch als freigegeben, also als veröffentlicht, geführt wird. (Sie finden ihn also in der Liste, indem Sie die Ausklappliste – *Status wählen* – auf *Veröffentlicht* stellen und dann in der Spalte *Status* nach fehlenden grünen Häkchen Ausschau halten.)

Wenn Sie einen bestehenden Beitrag in seinem Bearbeitungsschirm öffnen, zeigt das Register *Veröffentlichungsoptionen* unter Umständen noch weitere Punkte an:

Zugriffe

So oft haben sich Besucher den Beitrag bereits angesehen.

Überarbeitung, Bearbeitungsdatum und Bearbeitet von

So oft wurde der Beitrag schon überarbeitet beziehungsweise geändert. Wann dies das letzte Mal geschehen ist, verrät das *Bearbeitungsdatum*, und der entsprechende Täter steht rechts neben *Bearbeitet von*.

Die Filmkritik soll sofort und immer sichtbar sein, Sie können also für dieses Beispiel einfach alle Felder leer lassen.

Die Darstellung des Beitrags anpassen

Auf dem Registerblatt *Beitragsoptionen* können Sie dem eigentlichen Text noch weitere Informationen zur Seite stellen (siehe Abbildung 4-27).

Warnung Es gibt noch andere Ecken und Funktionen in Joomla!, die diese Einstellungen hier überschreiben können. Das sind in erster Linie die Menüpunkte (Sie lesen richtig), aber auch die Systemvorgaben und die Einstellungen der Kategorien nehmen Einfluss auf das Aussehen einer Seite. Und als wenn das noch nicht genug wäre, wirken einige der Einstellungen nur unter ganz bestimmten Bedingungen beziehungsweise in ganz bestimmten Situationen (in welchen genau, dazu erfahren Sie gegen Ende dieses Kapitels mehr).

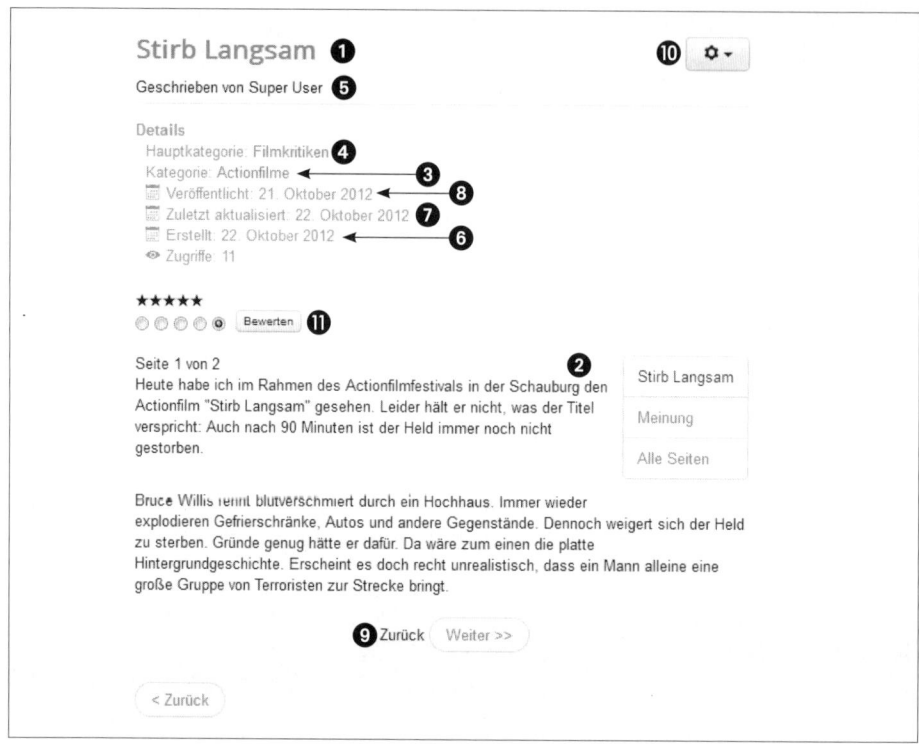

Abbildung 4-27:   Die zusätzlichen Informationen stellt Joomla! an den Anfang des Artikels.

Die einzelnen Punkte auf diesem Register bestimmen, ob das zugehörige Element auf der Seite erscheinen soll (*Anzeigen* bzw. *Ja*) oder nicht (*Verbergen* bzw. *Nein*). Standardmäßig stehen die meisten Punkte auf *Globale Einstellung*. In diesem Fall gelten die systemweiten Vorgaben.

 Tipp   Diese systemweiten Vorgaben sind im Menü unter *Inhalt* → *Beiträge* und dort über die Schaltfläche *Optionen* auf dem Register *Beiträge* erreich- und änderbar.

 Für die Filmkritik gehen Sie die Punkte einmal durch und überlegen, ob die jeweilige Funktion sinnvoll ist. Im Zweifelsfall belassen Sie einfach alle Einstellungen auf ihren Vorgaben.

Titel

Der *Titel* des Beitrags erscheint als Überschrift über dem Artikel. In Abbildung 4-27 wäre dies *Stirb Langsam*. ❶

Titel verlinken

Mit der Einstellung *Ja* erscheint die Artikelüberschrift als Link, der (wieder) direkt zum Haupttext des Beitrags führt – also die gleiche Wirkung wie der *Weiterlesen*-Link besitzt (siehe auch den Abschnitt »Unterseiten« auf Seite 144).

Einleitungstext

Einen Beitrag kann man in zwei Hälften aufspalten: in eine Einleitung und in den nachfolgenden Haupttext (siehe Abschnitt »Einleitung« auf Seite 143). Ist hier *Verbergen* aktiviert, dann wird der erste Teil mit der Einleitung nicht angezeigt (in Abbildung 4-27 wäre dann folglich der Absatz »Heute habe ich ...« verschwunden ❷). Ein Ausblenden ist beispielsweise dann sinnvoll, wenn Sie die Einleitung nur dazu benutzen, um den Betrachter auf die Seite zu locken, dieser »Locktext« aber anschließend nicht mehr im eigentlichen Beitrag erscheinen soll.

Position der Beitragsinfo

In Abbildung 4-27 erscheinen die Informationen zum Autor, zur Kategorie und so weiter über dem eigentlichen Beitragstext. Möchten Sie die ganzen Zusatzinformationen an das Ende des Artikels verschieben, wählen Sie in dieser Liste den Punkt *Darunter*. In der Einstellung *Aufteilen* stellt Joomla! einige Informationen (wie den Autor) an den Anfang des Beitragstexts, die übrigen hingegen an das Ende. Die Wahl von *Darüber* stellt alle Informationen wieder vor den eigentlichen Text (wie in Abbildung 4-27).

Kategorie

Zeigt auf der Seite mit dem Beitrag später auch den Namen der Kategorie an, in der sich der Artikel befindet. In Abbildung 4-27 ist dies *Kategorie: Actionfilme* ❸.

Kategorie verlinken

Wenn Sie hier *Ja* einstellen, kann der Besucher mit einem Klick auf die Kategorie direkt zu ihrer Übersichtsseite springen. Das Ganze funktioniert natürlich nur, wenn der Name der Kategorie auch sichtbar ist (siehe den vorherigen Punkt).

Übergeordnete Kategorie und Übergeordnet verlinken

Diese beiden Einstellungen funktionieren analog zu den beiden vorherigen Punkten, nur dass hier auch noch zusätzlich die übergeordnete Kategorie angezeigt wird. Im Kinoportal steckt beispielsweise die Filmkritik zu *Stirb Langsam* in der Kategorie *Actionfilme*, die wiederum in der Kategorie *Filmkritiken* liegt. Würden Sie jetzt *Übergeordnete Kategorie* auf *Anzeigen* setzen, verrät Joomla! im Beitrag zu *Stirb Langsam*, dass die *Hauptkategorie* die *Filmkritiken* wäre (siehe ❹ in Abbildung 4-27). Steht *Übergeordnet verlinken* auf *Ja*, würde zudem aus dem Wort *Filmkritiken* ein Link, der schnurstracks zur Übersichtsseite der Kategorie *Filmkritiken* führt.

Tipp   Die Nennung der Kategorie und die übergeordnete Kategorie sind gerade bei größeren Seiten noch einmal eine kleine Orientierungshilfe für den Besucher und ergänzen die Breadcrumb-Leiste. Empfehlenswert sind sie insbesondere, wenn Sie ein Glossar, eine Wissensdatenbank oder andere, lexika-ähnliche Seiten anbieten. Ein Besucher, der den Beitrag zur »Umlaufblende« liest, weiß dann mit einem Blick, dass sie ein Bestandteil der »Filmprojektoren« ist, die wiederum in die Kategorie der »Kinotechnik« fallen.

Autor

Zeigt den Autor des Beitrags an. In Abbildung 4-27 ist dies der *Super User* ❺. Wie bei allen redaktionell betreuten Inhalten ist die Angabe des Autors auch bei den Filmkritiken sinnvoll.

Autor verlinken

Wenn Sie hier *Ja* einstellen, kann der Besucher mit einem Klick auf den Autorennamen zu einer entsprechenden Kontaktseite springen – vorausgesetzt, Joomla! zeigt den Autor des Beitrags an und dieser besitzt obendrein noch eine eigene Kontaktseite (wie man die anlegt, verraten die Kapitel 6, *Komponenten – Nützliche Zusatzfunktionen*, und Kapitel 9, *Benutzerverwaltung und -kommunikation*).

Erstellungsdatum, Bearbeitungsdatum und Veröffentlichungsdatum

Zu jedem Beitrag erscheint das Datum seiner Erstellung ❻, der letzten Änderung ❼ und seiner Veröffentlichung ❽. Diese drei Punkte sind insbesondere bei redaktionellen Inhalten sowie Nachrichten sinnvoll. Bei den Filmkritiken weiß ein Besucher so beispielsweise, ob die Rezension erst nach der Premiere der deutschen Synchronfassung geschrieben wurde.

Seitennavigation

Ein *Anzeigen* blendet am unteren Rand des Artikels zwei Schaltflächen ein, mit denen man zum nächsten beziehungsweise vorherigen Beitrag in seiner Kategorie blättern kann. Im Fall der Filmkritik zu *Stirb Langsam* könnte der Besucher damit zur nächsten Actionfilm-Kritik weiterblättern. In Abbildung 4-27 ist das die *Zurück*-Schaltfläche ganz am unteren Rand ❾.

 Tipp   Diese Art der Navigation verwirrt allerdings schnell. Sie sollten sie nur dann anbieten, wenn Ihre Seiten ähnlich wie in einem Buch einzelne Kapitel repräsentieren.

Symbole/Text

Im Moment erscheint neben dem Beitragstext auch ein Knopf mit einem Zahnradsymbol ❿. Ein Klick darauf öffnet ein kleines Kontextmenü, über das Besucher eine Druckansicht und den E-Mail-Versand aufrufen können. Den Knopf mit dem Zahnradsymbol stellt das derzeit aktuelle Template (namens *Protostar*) bereit. Die meisten anderen Templates setzen die beiden darin enthaltenen Menüpunkte direkt als kleine Links rechts oben neben den Beitrag.

Egal ob Kontextmenü oder Links, in jedem Fall erscheinen vor den beiden Funktionen auch kleine Symbole. Diese Symbole verschwinden, wenn Sie die Einstellung von *Symbole/Text* auf *Verbergen* stellen – es erscheinen dann nur noch zwei nüchterne Text-Links (*Drucken* und *E-Mail*). Es geht hier also nur um die Optik; welche der beiden Funktionen tatsächlich zur Verfügung steht, regeln die nachfolgenden Ausklapplisten.

Drucksymbol

Steht diese Einstellung auf *Anzeigen*, können Besucher später eine drucker-freundliche Ansicht des Beitrags aufrufen (im aktuellen Template über den Knopf mit dem Zahnrad, siehe Kapitel 3, *Erste Schritte*, Abschnitt »Das Frontend« auf Seite 84). Bei der Einstellung *Verbergen*, fehlt diese Funktion hingegen.

E-Mail-Symbol

Steht diese Einstellung auf *Anzeigen*, können Besucher später den Beitrag per E-Mail versenden (im aktuellen Template über den Knopf mit dem Zahnrad, siehe Kapitel 3, *Erste Schritte*, Abschnitt »Das Frontend« auf Seite 84). Bei der Einstellung *Verbergen* fehlt diese Funktion hingegen.

Beitragsbewertung

Joomla! ermöglicht es Besuchern, einen Beitrag mit maximal fünf Punkten zu bewerten ❶. Mit diesem System kann der Autor beispielsweise feststellen, wie gut die Filmkritik den Lesern gefallen hat. Nach dem gleichen Muster lässt beispielsweise auch der Internet-Buchhändler Amazon seine Produkte bewerten. Unter der Beitragsüberschrift erscheint hinter *Bewertung* der Durchschnitt aller abgegebenen Bewertungen, gefolgt von einem Schrägstrich und der Anzahl der abgegebenen Bewertungen.

Mit der Einstellung *Beitragsbewertung* schalten Sie die Bewertungsfunktion für den Beitrag ein und aus. Es gibt allerdings zahlreiche Situationen, in denen Joomla! diese Einstellung ignoriert. Das passiert beispielsweise, wenn der Beitrag über die Übersichtsseite seiner Kategorie zu erreichen ist. Die Bewertungsfunktion einschalten kann man in diesem Fall nur in den Einstellungen des Menüpunkts – *Achtung* –, der zur Kategorie führt. Dummerweise aktiviert man damit die Bewertungsfunktion bei allen Beiträgen aus der Kategorie. Wenn Sie das verwirrend finden, sind Sie nicht allein.

Seitenaufrufe

Joomla! zeigt an, wie oft der Beitrag bereits von Besuchern gelesen wurde. In Abbildung 4-27 gab es beispielsweise schon 11 Zugriffe auf die Filmkritik.

Nicht zugängliche Links

In Ihrem Artikel können Sie auch auf Beiträge verweisen, die nur bestimmte Besucher sehen dürfen (wie in Abschnitt »Verweise auf bestehende Beiträge einfügen« auf Seite 146 beschrieben). Wenn ein beliebiger Besucher auf einen solchen Verweis klickt, erscheint normalerweise die Fehlermeldung aus Abbildung 4-28.

Wenn Sie allerdings *im exklusiven* Beitrag die Einstellung *Nicht zugängliche Links* auf *Ja* setzen, dann zeigt Joomla! anstelle der Fehlermeldung die Einleitung des exklusiven Beitrags an.

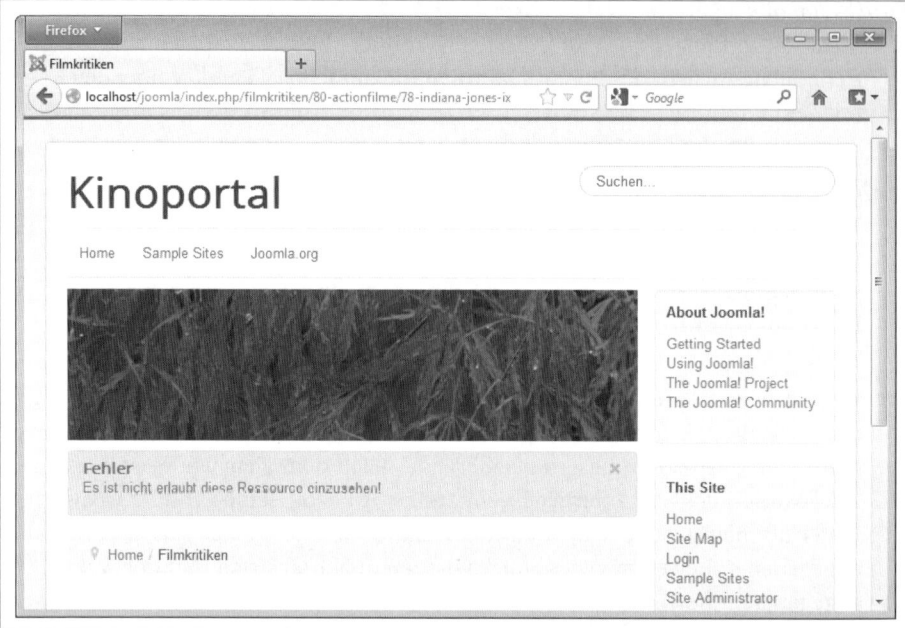

Abbildung 4-28: Die Filmkritik zu »Indiana Jones IX« dürfen hier in diesem Beispiel nur angemeldete Benutzer lesen. Normalen Besuchern zeigt Joomla! diese Fehlermeldung.

 Tipp Auf diese Weise landen die Leser nicht in einer Sackgasse, und Sie können ihnen mit der Einleitung als Appetithappen gleichzeitig eine Registrierung schmackhaft machen.

Linkpositionierung

Dem Beitrag können Sie ein paar ergänzende Links hinzufügen (auf dem Register *Beitragsdetails*, siehe Abschnitt »Aufmacherbilder und ergänzende Links« auf Seite 147). Die Einstellung *Linkpositionierung* regelt, ob diese Links am Anfang des Beitrags (*Darüber*) oder am unteren Ende (*Darunter*) erscheinen sollen.

Anderer »Weiterlesen«-Text

Auf der Startseite Ihrer Website erscheint für gewöhnlich nur ein Einleitungstext. Mit einem Mausklick auf den darunter platzierten *Weiterlesen*-Link gelangen die Besucher dann zum kompletten Beitrag. Über dieses Feld können Sie dem Link eine andere Beschriftung verpassen, wie zum Beispiel *Hier entlang*.

Alternatives Layout

Hier können Sie dem Beitrag ein ganz bestimmtes Aussehen überstülpen. Welche Optiken hier zur Verfügung stehen, hängt von den installierten Templates ab. Behalten Sie hier im Zweifelsfall die Voreinstellung bei.

Konfigurieren des Editorfensters

Weiter geht es auf das Register *Konfigurieren des Editorfensters*. Mit den ersten drei Einstellungen können Sie eigentlich die übrigen Register hier im Formular ein- oder ausblenden. Setzen Sie beispielsweise *Veröffentlichungsparameter anzeigen* auf *Nein*, verschwindet das Register *Veröffentlichungsoptionen*. Die Betonung liegt hier allerdings auf »eigentlich«, denn seit Joomla! 2.5 (bis einschließlich dem hier behandelten Joomla! 3.0.2) zeigen diese Ausklapplisten keinerlei Wirkung.

Die letzte Ausklappliste bezieht sich auf das Frontend. Dort dürfen Autoren später die eingestellten Artikel auch direkt überarbeiten. Nach der Anmeldung über das *Login Form* müssen sie nur auf den Knopf mit dem Zahnradsymbol klicken, dann *Bearbeiten* wählen, und schon öffnet Joomla! ihnen ein Formular wie das aus Abbildung 4-29.

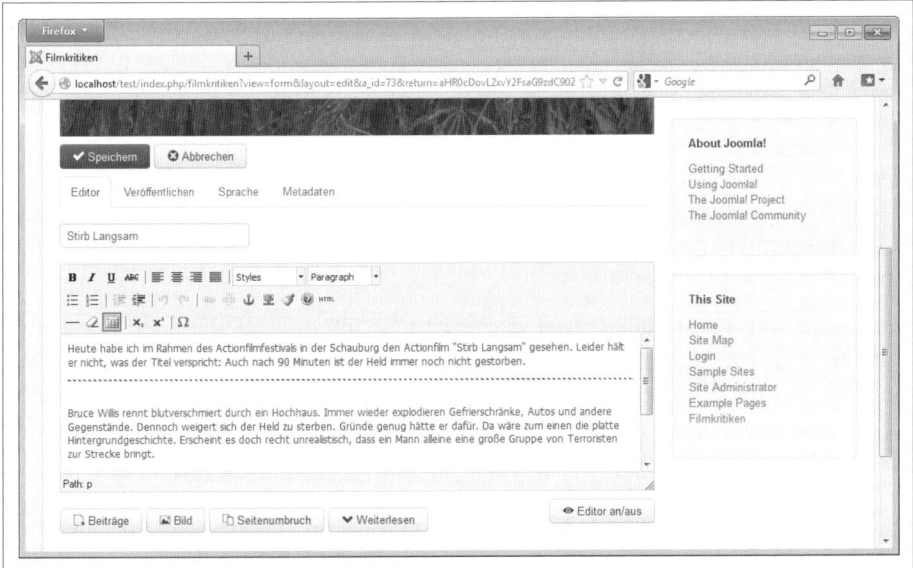

Abbildung 4-29:   Autoren dürfen Beiträge auch direkt im Frontend bearbeiten – vorausgesetzt, sie wurden dazu von Ihnen ermächtigt.

Mit der Einstellung *Bilder und Links im Frontend* können Sie nun die Einstellungen zu den Bildern und Links dort einblenden und somit für die Autoren zugänglich machen. Allerdings teilt diese Einstellung ihr Schicksal mit ihren übrigen Kolleginnen: Sie funktioniert seit Joomla! 2.5.0 schlichtweg nicht.

Unter dem Strich können Sie das komplette Register *Konfigurieren des Editorfensters* zumindest an dieser Stelle ignorieren. Es taucht allerdings später noch einmal an anderen Stellen in Joomla! auf (etwa in den Grundeinstellungen) und zeigt dort dann sehr wohl die angesprochenen Wirkungen.

Metadaten

Auf der letzten Registerkarte, *Metadatenoptionen*, finden Sie mehrere Eingabefelder, die wieder einmal Metadaten aufnehmen. Joomla! versteckt sie im ausgelieferten Beitrag; sie bleiben somit für normale Besucher Ihrer Homepage unsichtbar. Gedacht sind die Informationen primär für Suchmaschinen, die beispielsweise die Schlüsselwörter bei der Auswertung von Suchanfragen heranziehen.

 Tipp   Dass die Metadaten vorhanden sind, können Sie prüfen, indem Sie die Startseite Ihres Internetauftritts aufrufen und dann in Ihrem Browser die sogenannte Quelltextansicht einschalten (bei Firefox beispielsweise über *Web-Entwickler* → *Seitenquelltext anzeigen*). Damit werfen Sie einen Blick hinter die Kulissen: Aus dem kryptischen Textbrei, der hier angezeigt wird, macht der Browser die ansehnliche Webseite. Die Metadaten finden Sie ganz am Anfang dieses Codes wieder, genauer gesagt in den mit `<meta name=` ... beginnenden HTML-Befehlen. Auf der Startseite finden Sie erst einmal nur die Metadaten, die Sie bei der Installation von Joomla! vorgegeben haben, die Seiten mit den Beitragen enthalten dann auch die hier im Formular hinterlegten Metadaten.

Unter *Meta-Beschreibung* erklären Sie einmal kurz und bündig, um was es in Ihrem Beitrag geht. Ein Satz sollte bereits ausreichen. *Meta-Schlüsselwörter* nimmt anschließend mehrere, durch Kommata getrennte Begriffe auf. Sie fassen den Inhalt des Beitrags in kurzen Worten zusammen, im Beispiel etwa *Filmkritik, Kritik, Stirb Langsam*.

Die Einstellung unter *Robots* sagt der Suchmaschine, ob sie die Seite überhaupt betreten und den Links darauf folgen darf. Bei einer Einstellung mit *index* dürfen Google, Bing und Co die Seite unter die Lupe nehmen (und in ihren Index aufnehmen). *follow* erlaubt der Suchmaschine, allen Links auf der Seite zu folgen. *noindex* und *nofollow* verbieten die jeweilige Funktion.

 Tipp   Niemand garantiert, dass sich die Suchmaschinen auch an diese Vorgaben halten. Zumindest bei den großen Suchmaschinen, wie Google und Bing, ist dies jedoch der Fall.

Weitere Tipps und Informationen zu den Metadaten finden Sie später noch in Kapitel 17, *Suchmaschinenoptimierung*.

 Für die Filmkritik übernehmen Sie die Vorgabe *Globale Einstellung*. Damit gelten die systemweiten Einstellungen, nach denen die Suchmaschinen den Beitrag einlesen und allen darauf befindlichen Links folgen dürfen.

Sollen die Suchmaschinen einen ganz bestimmten *Autor* für den Urheber des Beitrags halten, tragen Sie seinen (vollständigen) Namen in das gleichnamige Feld ein. Normalerweise können Sie das Feld jedoch leer lassen, insbesondere dann, wenn Sie bereits den Autor im Beitrag nennen (siehe Abschnitt »Die Darstellung des Beitrags anpassen« auf Seite 153).

Ist der Beitrag beziehungsweise sind seine Inhalte (einschließlich seiner Bilder) urheberrechtlich geschützt, können Sie im Feld *Inhaltsrechte* darauf hinweisen. Dort hinein gehört etwa eine Nutzungslizenz, Patentangaben, Hinweise auf Warenzeichen oder ähnliche Informationen. Üblich ist auch eine Angabe à la »Copyright 2012«. Im Beispiel der Filmkritik könnten Sie dort angeben, dass das »Kopieren grundsätzlich verboten« ist. Denken Sie jedoch daran, dass es sich hier um eine Meta-Information handelt, die Joomla! vor den Augen der Besucher versteckt. Es ist auch vollkommen unklar, wie die Browser beziehungsweise die Suchmaschinen mit dem Hinweis umgehen sollen – in der Praxis wird er folglich einfach ignoriert.

Tipp Wenn Sie Ihre Besucher auf besondere Urheberrechte oder Lizenzen hinweisen möchten, schreiben Sie diese noch in oder unter den eigentlichen Beitrag.

Im Feld *Externe Referenz* können Sie schließlich noch auf eine externe Datenquelle für den Artikel verweisen (für HTML-Kenner: Der hier eingetippte Text landet im HTML-Tag `<meta name="xreference" content="..." />`). Er wird jedoch im Moment noch nicht von Joomla! und den Browsern ausgewertet, weshalb Sie diese Einstellung ignorieren können.

Beitrag speichern

Haben Sie alle Einstellungen vorgenommen, legen Sie den Artikel via *Speichern &* *Schließen* endgültig an. Wenn Sie gleich alle weiteren Schritte im Kinoportal mitmachen möchten, steht jetzt noch etwas Fleißarbeit an. Erstellen Sie auf die gezeigte Art und Weise mindestens eine weitere Kritik zu einem Actionfilm, wie etwa *James Bond: Goldfinger*. Die Kategorien zu den Liebesfilmen und Komödien bleiben hingegen absichtlich noch leer. Anschließend überlegen Sie sich mindestens zwei lokale Veranstaltungen und zwei Blog-Artikel, die in ihren jeweiligen Kategorien landen. Sie können sich dabei wieder irgendwelche kurzen Nonsense-Texte ausdenken. Wichtig ist nur, dass Sie immer jeweils ein, zwei Zeilen Text in das große Eingabefeld auf dem Register *Beitragsdetails* eintippen. Alle übrigen Einstellungen können auf ihren Vorgaben verbleiben.

Tipp Wenn Sie einen Beitrag erstellt haben, können Sie per *Speichern & Neu* direkt den nächsten in Angriff nehmen. Achten Sie aber darauf, dass immer die korrekte *Kategorie* gewählt ist.

Abschließend muss noch ein Impressum her. Als *Beitragsinhalt* muss es mindestens Ihre vollständige Postanschrift und eine E-Mail-Adresse enthalten. Legen Sie das Impressum in der Kategorie *Sonstiges* ab.

Warnung   Informieren Sie sich darüber, welche Informationen Sie noch benötigen. Insbesondere wenn Sie mit Joomla! einen Unternehmensauftritt verwalten möchten, muss das Impressum zahlreiche Daten preisgeben, unter anderem das zuständige Finanzamt und die Umsatzsteuer-ID. Lassen Sie sich gegebenenfalls von einem Anwalt beraten. Einen guten ersten Anlaufpunkt bietet der Wikipedia-Artikel *http:/ /de.wikipedia.org/wiki/Impressumspflicht.*

Beiträge umsortieren

Immer wenn Sie mehrere Artikel hintereinander angelegt haben, sollten Sie anschließend in der Liste hinter *Inhalt → Beiträge* noch einmal kontrollieren, ob die Beiträge auch in ihren zugehörigen Kategorien gelandet sind. Falsch einsortierte Beiträge zählen in der Praxis zu den häufigsten Fehlern. Nutzen Sie als Hilfe auch die Ausklappliste – *Kategorie wählen* – (die zweite von oben am linken Seitenrand) und das Eingabefeld (*Titel oder Alias suchen*). Um einen falsch eingeordneten Beitrag umzusortieren, haben Sie zwei Möglichkeiten:

1. Klicken Sie den Namen des Beitrags in der Liste mit allen Beiträgen an, wählen Sie dann die passende *Kategorie*, und *Speichern* Sie die Änderung.

2. Alternativ haken Sie den oder die falsch einsortierten Beiträge in der Liste hinter *Inhalt → Beiträge* ab und klicken dann auf *Stapelverarbeitung*. Im erscheinenden Fenster stellen Sie über die Ausklappliste *Eine Kategorie zum Verschieben/Kopieren auswählen* die neue Heimat der Beiträge ein, markieren darunter *Verschieben* und klicken auf *Ausführen*.

   X.X   In Joomla! 2.5 war diese Funktion nebst ihren Einstellungen noch unterhalb der Liste mit allen Beiträgen zu finden.

Die zweite Methode hat den Vorteil, dass Sie gleich mehrere Beiträge auf einmal in eine andere Kategorie verschieben können.

Beiträge kopieren

Auch wenn Sie einen wichtigen Beitrag kopieren möchten, stehen ihnen zwei Wege offen:

1. Klicken Sie den Namen des Beitrags in der Liste mit allen Beiträgen an, und klicken Sie dann in der Werkzeugleiste auf *Als Kopie speichern*. Joomla! erzeugt jetzt ein Duplikat, das es umgehend im Bearbeitungsschirm öffnet.

2. Alternativ haken Sie den oder die zu kopierenden Beiträge in der Liste hinter *Inhalt → Beiträge* ab und klicken dann auf *Stapelverarbeitung*. Im erscheinenden Fenster stellen Sie über die Ausklappliste *Eine Kategorie zum Verschieben/ Kopieren auswählen* die neue Heimat der Duplikate ein, markieren darunter *Kopieren* und klicken auf *Ausführen*.

In jedem Fall hängt Joomla! eine fortlaufende Nummer an den Titel des Duplikats oder der Duplikate. Die erste Kopie der Kritik zu *Stirb Langsam* würde *Stirb Langsam (2)* heißen. Diesen automatisch erzeugten Namen können Sie ganz einfach im Bearbeitungsbildschirm im Feld *Titel* ändern.

Tipp   Sie können dort der Kopie auch wieder den Namen des Originals geben. Im Beispiel hätten Sie dann zwei Beiträge mit dem Titel *Stirb Langsam*. Wichtig ist nur, dass sich die *Alias*-Namen der beiden Beiträge voneinander unterscheiden.

Inhalte mit Menüpunkten verbinden

Damit existieren nun mehrere befüllte Kategorien, deren Übersichtsseiten aber noch nicht auf der Website erreichbar sind. Abhilfe schaffen ein paar passende Menüeinträge.

Zunächst müssen Sie sich entscheiden, welches Menü die neuen Einträge anbieten soll. Im Kinoportal sollen sie in dem Menü erscheinen, das auf der Startseite die Überschrift *This Site* trägt. Das Backend kennt dieses Menü unter dem Namen *Main Menu*.

Tipp   Wie Sie an diesem Beispiel sehen, kann ein Menü auf der Website einen beliebigen anderen Titel tragen. Wie das im Einzelnen funktioniert, klärt später noch das Kapitel 8, *Menüs*. Gehen Sie im Moment einfach davon aus, dass das *Main Menu* auf der Website unter einem Decknamen erscheint.

Um nun in diesem Menü einen neuen Menüeintrag anzulegen, wechseln Sie im Hauptmenü des Backends zum Punkt *Menüs → Main Menu*. Es erscheint eine Liste, die sämtliche Einträge des Menüs *Main Menu* (alias *This Site*) beherbergt. Einen neuen Eintrag erstellen Sie mit einem Klick auf den Knopf *Neu* in der Werkzeugleiste oder über den Menüpunkt *Menüs → Main Menu → Neuer Menüeintrag*. In jedem Fall erscheint das Formular aus Abbildung 4-30.

Jetzt wird es leider etwas komplizierter, denn es gilt:

Warnung   In Joomla! bestimmt der Menüpunkt, was die darüber erreichbare Seite alles anzeigt.

Diese Regel zieht nicht nur das etwas umfangreichere Formular aus Abbildung 4-30 nach sich, sie ist auch später noch für ein paar umständliche Konzepte und Einstellungen verantwortlich, die nur unter ganz bestimmten Bedingungen gelten.

Warnung   Beachten Sie, dass der Menüpunkt wirklich nur bestimmt, welche *Informationen* auf der Seite zu sehen sind. Für eine ansprechende Optik, wie etwa neongrüne Überschriften, sorgt dann das Template.

Abbildung 4-30: Hier entsteht ein neuer Menüpunkt, der zur Kategorie *Filmkritken* führt.

Als Erstes müssen Sie also festlegen, auf was der neue Menüeintrag überhaupt zeigen soll und welche Informationen auf dieser Zielseite zu sehen sind. Dazu klicken Sie auf *Auswählen* rechts neben *Menüeintragstyp*, woraufhin das Fenster aus Abbildung 4-31 erscheint. Hier bietet Ihnen Joomla! nun verschiedene Seitendarstellungen für die unterschiedlichsten Inhalte an. Beispielsweise können Sie den Menüpunkt auf einen Beitrag, ein Kontaktformular, eine Liste mit Beiträgen oder eine Liste mit Kategorien zeigen lassen. Joomla! bezeichnet diese Seitendarstellungen als *Menütypen oder Menüeintragstypen* (englisch *Menu Item Type*).

Joomla! 3.0 gruppiert dabei alle möglichen Menüeintragstypen thematisch auf sogenannten Slidern. Die funktionieren ähnlich wie eine Schublade: Mit einem Klick auf ihren Namen klappen Sie weitere Einstellungen nach unten heraus.

Soll Ihr neuer Menüpunkt auf eine Seite mit Beiträgen oder Kategorien zeigen, finden Sie die passenden Menüeintragstypen auf dem Slider *Beiträge*. Klappen Sie ihn deshalb mit einem Klick auf seinen Namen auf; Abbildung 4-31 zeigt das Ergebnis. Für Kategorien stellt Joomla! hier jetzt gleich drei mögliche Menüeintragstypen zur Wahl – die rein zufällig genau auf die Kategorien des Kinoportals passen.

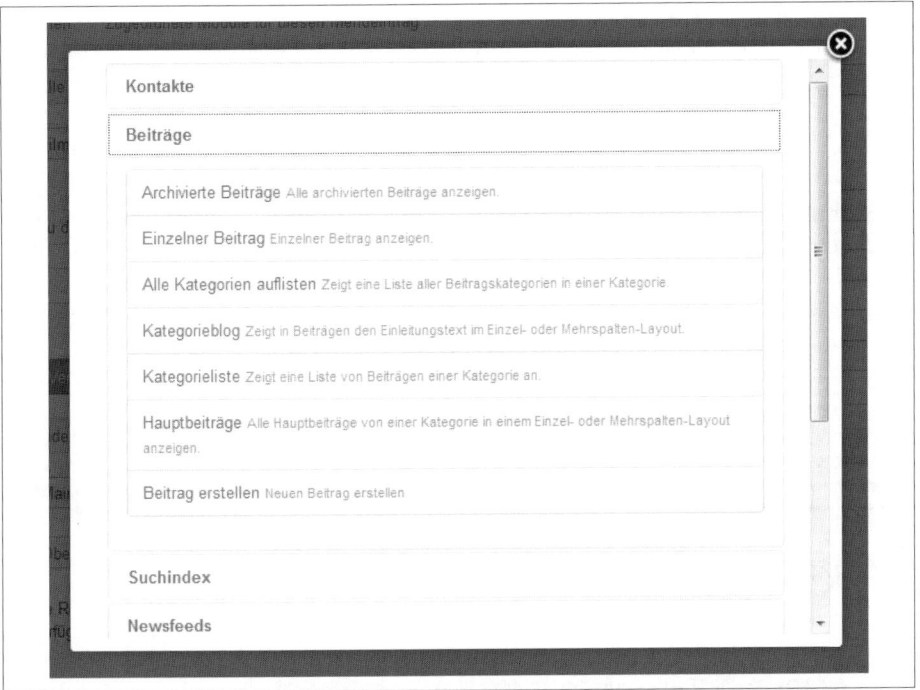

Abbildung 4-31: Hier ist der Slider *Beiträge* geöffnet, der alle Menüeintragstypen auflistet, die zu Beiträgen oder Beitragskategorien führen.

Alle Kategorien auflisten

Zunächst muss ein Menüpunkt her, der zu den Filmkritiken führt. Die Kritiken selbst stecken wohlsortiert in den Unterkategorien *Actionfilme*, *Liebesfilme* und *Komödien*. Die über den neuen Menüpunkt zu erreichende Seite soll deshalb den Besuchern diese Unterkategorien zur Auswahl anbieten.

Für genau solche Fälle gibt es den Menüeintragstyp *Alle Kategorien auflisten*. Sobald Sie ihn angeklickt haben, landen Sie wieder im Formular aus Abbildung 4-30. Es dauert einen kleinen Moment, bis im Feld neben *Menüeintragstyp* der gewählte Eintrag *Alle Kategorien auflisten* erscheint. Warten Sie unbedingt solange ab, bevor Sie fortfahren.

Damit weiß Joomla! jetzt, dass der neue Menüpunkt zu einer Liste mit Unterkategorien führt. Aus welcher Kategorie diese Unterkategorien stammen, stellen Sie unter *Kategorie der obersten Kategorieebene* ein. Im Beispiel setzen Sie besagte Ausklappliste auf die *Filmkritiken*. Anschließend verpassen Sie dem neuen Menüpunkt im Eingabefeld *Menütitel* eine Beschriftung, wie beispielsweise `Zu den Filmkritiken`.

Tipp

Wenn Ihnen jetzt der Kopf schwirrt, fahren Sie erst einmal fort. Das Konzept wird etwas klarer, wenn man (wie im Folgenden) noch ein paar weitere Menüpunkte erzeugt hat.

Hier haben Sie jetzt lediglich einen Menüpunkt auf die Übersichtsseite der Kategorie *Filmkritiken* angelegt, wobei diese Seite lediglich die enthaltenen Unterkategorien zur Auswahl anbietet (für Letzteres sorgt der Menüeintragstyp *Alle Kategorien auflisten*).

Alle übrigen Einstellungen des Formulars bleiben zunächst auf ihren Vorgaben. Das Formular sollte damit so wie in Abbildung 4-30 aussehen. Ein Klick auf *Speichern & Schließen* legt den neuen Menüeintrag an. Um das Ergebnis zu begutachten, wechseln Sie in die *Vorschau* und klicken dort *Zu den Filmkritiken* an. Das Ergebnis aus Abbildung 4-32 ist allerdings ziemlich ernüchternd.

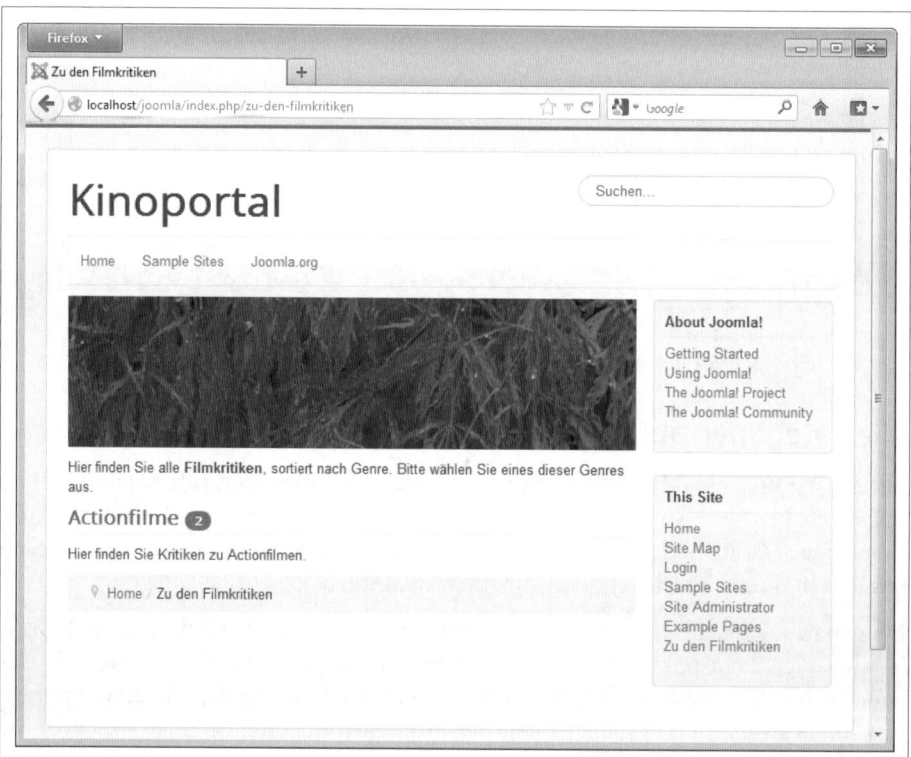

Abbildung 4-32:   Die Übersichtsseite der Kategorie in der Standardeinstellung

Durch Abwesenheit glänzen insbesondere die beiden Unterkategorien für die Liebesfilme und Komödien. Von der Kategorie *Filmkritiken* ist nur die Beschreibung zu sehen, es fehlen sowohl ihr Titel als auch das ihr zugeordnete Bild (erinnern Sie sich an den Abschnitt »Eine neue Kategorie erstellen«« auf Seite 125). Diese dürftige Informationspolitik liegt an den Grundeinstellungen, die standardmäßig alle genannten Elemente verstecken.

Erinnern Sie sich daran, dass der Menüpunkt vorgibt, was auf der Seite zu sehen ist. Um also die verschwundenen Elemente auf den Bildschirm zu holen, müssen Sie noch einmal zurück zu den Einstellungen des Menüpunktes. Dazu rufen Sie im Backend den Menüpunkt *Menü → Main Menu* auf und klicken in der Liste den Eintrag *Zu den Filmkritiken* an. Damit landen Sie wieder im bekannten Formular. Hier wechseln Sie jetzt auf das Register *Erweiterte Optionen*. Dort sollte bereits der Slider *Kategorienoptionen* geöffnet sein (der oberste, siehe Abbildung 4-33). Wenn nicht, klicken Sie ihn einmal an.

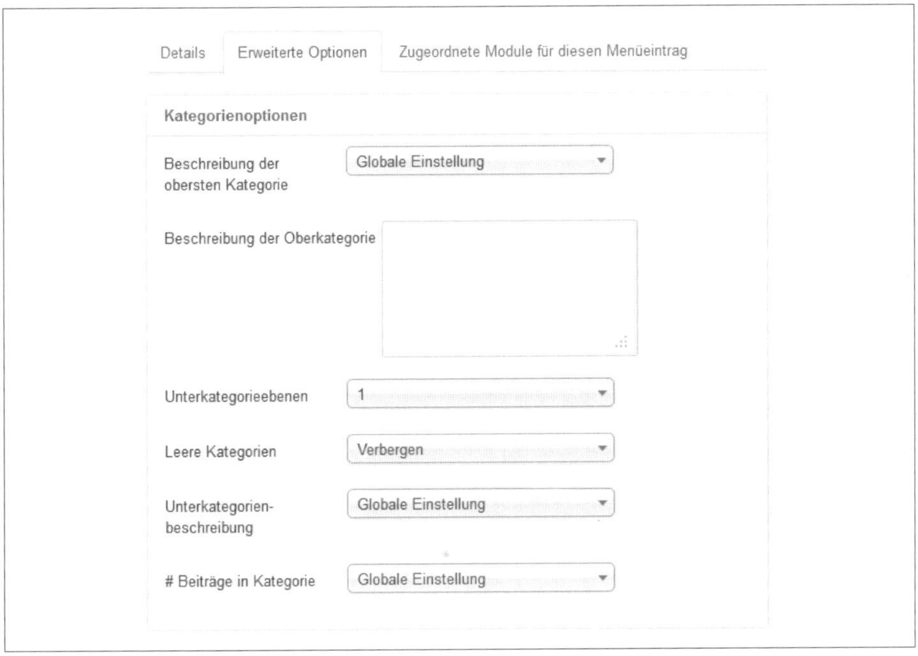

Abbildung 4-33: Diese Einstellungen regeln, welche Elemente später auf der Übersichtsseite zu sehen sind.

Hier können Sie nun die einzelnen Elemente der Seite über die Ausklapplisten *Anzeigen* oder *Verbergen* lassen. Steht die entsprechende Ausklappliste auf *Globale Einstellung*, gilt die Standardvorgabe – was derzeit überall der Fall ist. Gehen Sie die angebotenen Elemente einmal durch, und überlegen Sie dabei, welche Einstellungen für die Filmkritiken sinnvoll sind:

Beschreibung der obersten Kategorie und Beschreibung der Oberkategorie
   Mit *Beschreibung der obersten Kategorie* können Sie die Beschreibung der Kategorie ein- und ausblenden. Der Text im Feld *Beschreibung der Oberkategorie* ersetzt diese Beschreibung.

   Wenn Sie also möchten, dass auf der Übersichtsseite der Filmkritiken die vorhin eingetippte Beschreibung »Hier finden Sie alle Filmkritiken, sortiert nach Genre. Bitte wählen Sie eines dieser Genres aus.« erscheint, muss *Beschreibung der obersten Kategorie* auf *Anzeigen* stehen und das Textfeld darunter leer sein. Das ist aber auch genau die Standardeinstellung, weshalb Sie die Ausklappliste und das Eingabefeld für die Filmkritiken einfach ignorieren.

Unterkategorieebenen

Normalerweise zeigt die Übersichtsseite nur die direkt in der Kategorie enthaltenen (Unter-)Kategorien an. Im Fall der Filmkritiken erscheinen beispielsweise gleich die Kategorien *Actionfilme*, *Liebesfilme* und *Komödien*. Möchten Sie auch noch deren Unterkategorien mit auf die Seite quetschen, müssen Sie die *Unterkategorieebenen* entsprechend erhöhen. Bei einer *1* zeigt die Übersichtsseite nur die in ihr direkt enthaltenen Kategorien an, bei einer *2* auch deren Unterkategorien, bei einer *3* auch noch zusätzlich die dritte Gliederungsebene und so weiter. Die Abbildungen 4-34 und 4-35 illustrieren dies noch einmal.

Abbildung 4-34:   Bei Unterkategorieebenen von 1 zeigt die Übersichtsseite der *Kategorie 1* nur die beiden direkt in ihr enthaltenen Unterkategorien an.

Abbildung 4-35:   Erhöht man Unterkategorieebenen auf 2, zeigt die Übersichtsseite jetzt auch noch die Kategorien der nächsten Gliederungsebene, in diesem Fall also die Unter-Unterkategorien. Ab Joomla! 3.0 (genauer gesagt, im neuen Template Protostar) muss man die Unter-Unterkategorien über die kleinen Symbole auf der rechten Seite erst aufklappen.

Im Fall des Kinoportals sollen alle Kategorien immer nur die direkt in ihnen enthaltenen Kategorien zur Auswahl stellen (die Kategorie *Filmkritiken* soll also nur die verschiedenen Genres anbieten). Setzen Sie daher hier die Liste auf 1.

Leere Kategorien

Enthält eine Kategorie leere Unterkategorien, so blendet Joomla! diese standardmäßig auf der Übersichtsseite aus. Aus diesem Grund fehlen auch in Abbildung 4-32 die Kategorien *Liebesfilme* und *Komödien* – schließlich wurden sie noch nicht mit entsprechenden Kritiken bestückt. Dieses Verhalten ist in den meisten Fällen sinnvoll, da der Besucher dann nicht plötzlich in einer leeren Kategorie und somit einer Sackgasse landet. Belassen Sie deshalb für das Kinoportal die Voreinstellung (oder setzen Sie sicherheitshalber *Leere Kategorien* auf *Verbergen*).

Unterkategorienbeschreibung

Die Unterkategorien besitzen für gewöhnlich jeweils eine eigene Beschreibung, die Kategorie für Actionfilme beispielsweise »Hier finden Sie Kritiken zu Actionfilmen«. Diese Beschreibung zeigt Joomla! standardmäßig auch auf der Übersichtsseite der Filmkritiken an (wie in Abbildung 4-32). Möchten Sie dies verhindern, setzen Sie *Unterkategorienbeschreibung* auf *Verbergen*. Da die Beschreibungen dem Besucher jedoch bei seiner Entscheidung für eine der Unterkategorien helfen, sollten Sie hier die Voreinstellung beibehalten (oder sicherheitshalber *Anzeigen* wählen).

 # Beiträge in Kategorie

Abschließend kann Joomla! noch für jede Unterkategorie notieren, wie viele Beiträge in ihr enthalten sind. In Abbildung 4-32 lagern beispielsweise zwei Kritiken in der Kategorie *Actionfilme*. Der Besucher weiß damit schon im Voraus, welche Informationsflut ihn erwartet. Übernehmen Sie deshalb hier die Vorgabe.

Tipp	Wie hier trifft man in Joomla! immer wieder auf die Raute # (die auch als Gatterzaun, Doppelkreuz oder Hash bezeichnet wird). Sie steht als Abkürzung für »Anzahl«. *# Beiträge* ist somit als »Anzahl der Beiträge« zu lesen. In der Computerbranche ist diese Schreibweise weit verbreitet.

Das waren auch schon alle möglichen Einstellungen. Verändert hat sich damit allerdings noch nichts. Es fehlen immer noch der Titel sowie das Bild. Die Einstellungen bieten jedoch keine Möglichkeit, diese Elemente auf der Übersichtsseite einzublenden. Die übrigen hier angebotenen Register kümmern sich nur noch um die Inhalte der Unterkategorien *Actionfilme*, *Liebesfilme* und *Komödien* (dazu folgt später noch mehr).

Es bleibt Ihnen somit nichts anderes übrig, als entweder mit dieser Einschränkung zu leben oder aber die Darstellungsform und somit den Menüeintragstyp zu wechseln. Dazu aktivieren Sie wieder das Register *Details*, klicken dort auf *Auswählen* und öffnen den Slider *Beiträge*.

Da die Übersichtsseite der Filmkritiken die enthaltenen Unterkategorien auflisten soll, kommt eigentlich nur noch die *Kategorieliste* infrage. Sie ist allerdings eigentlich dazu gedacht, die enthaltenen Beiträge aufzulisten. Die Unterkategorien werden dann einfach als Bonus am unteren Seitenrand mit aufgeführt. Direkt davor stellt Joomla! zudem wie in Abbildung 4-36 unverrückbar das Wort *Unterkategorien*.

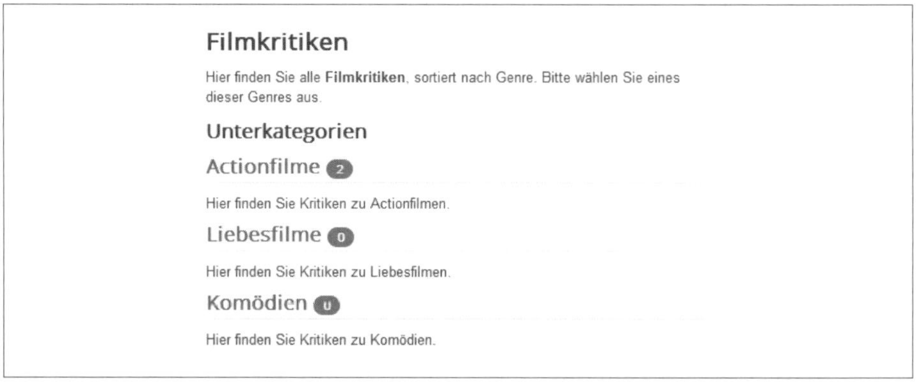

Filmkritiken

Hier finden Sie alle **Filmkritiken**, sortiert nach Genre. Bitte wählen Sie eines dieser Genres aus.

Unterkategorien

Actionfilme ②

Hier finden Sie Kritiken zu Actionfilmen.

Liebesfilme ⓪

Hier finden Sie Kritiken zu Liebesfilmen.

Komödien ⓤ

Hier finden Sie Kritiken zu Komödien.

Abbildung 4-36:   Wenn Sie anstelle des Menüeintragstyps *Alle Kategorien auflisten* die *Kategorieliste* wählen, sieht die Übersichtsseite nach ein paar weiteren Feineinstellungen wie hier aus.

Da das den Besucher nur irritiert, behalten Sie deshalb den Menüeintragstyp *Alle Kategorien auflisten* bei und verzichten somit auf eine Überschrift und das Bild. Schließen Sie also das Auswahlfenster für den Menüeintragstyp über das X-Symbol in seiner rechten oberen Ecke und direkt anschließend auch noch das Formular via *Speichern & Schließen*.

Tipp   Mit einem kleinen Trick können Sie der Seite dennoch eine Überschrift sowie ein kleines Bild spendieren: Setzen Sie beide einfach in die Beschreibung der Kategorie *Filmkritiken* – denn die zeigt Joomla! an.

Warnung   Wenn Sie den Menüeintragstyp wechseln, sollten Sie anschließend noch einmal alle übrigen Einstellungen des Formulars kontrollieren. Das gilt insbesondere für alle Einstellungen, die mit einem Sternchen * gekennzeichnet sind.

Damit existiert jetzt ein Menüpunkt, über den der Besucher zu den Filmkritiken gelangt. Es fehlen aber noch passende Menüeinträge für das Impressum, das Blog und die Veranstaltungen. Kommen wir zunächst zu Letzteren.

Kategorieliste

Legen Sie via *Menüs → Main Menu → Neuer Menüeintrag* wieder einen neuen Menüpunkt im *This Site*-Menü an, und klicken Sie dann im Formular auf *Auswählen*.

Joomla! soll alle Veranstaltungstipps chronologisch auflisten. Diese Tipps stecken allesamt in der Kategorie *Lokale Veranstaltungen*. Die über den neuen Menüpunkt erreichbare Seite muss folglich einfach nur alle Beiträge aus der Kategorie *Lokale Veranstaltungen* auflisten.

Da es somit wieder um *Beiträge* geht, klappen Sie mit einem Mausklick den gleichnamigen Slider auf. Die gewünschte Liste mit (Nachrichten-)Beiträgen produziert die *Kategorieliste*. (Lassen Sie sich dabei nicht vom Namen irritieren, sondern achten Sie auf die ziemlich kleingedruckte Beschreibung.)

Nachdem Sie die *Kategorieliste* angeklickt haben, landen Sie wieder im bekannten Formular. Unter *Kategorie auswählen* müssen Sie jetzt Joomla! noch mitteilen, zu welcher Kategorie der neue Menüpunkt überhaupt führen soll. Im Kinoportal sollen die Veranstaltungen erscheinen, folglich stellen Sie dort in der Ausklappliste die Kategorie *Lokale Veranstaltungen* ein.

Abschließend geben Sie dem neuen Menüpunkt noch unter *Menütitel* eine passende Beschriftung, wie etwa **Lokale Veranstaltungen**. Das Formular sollte damit so wie in Abbildung 4-37 aussehen.

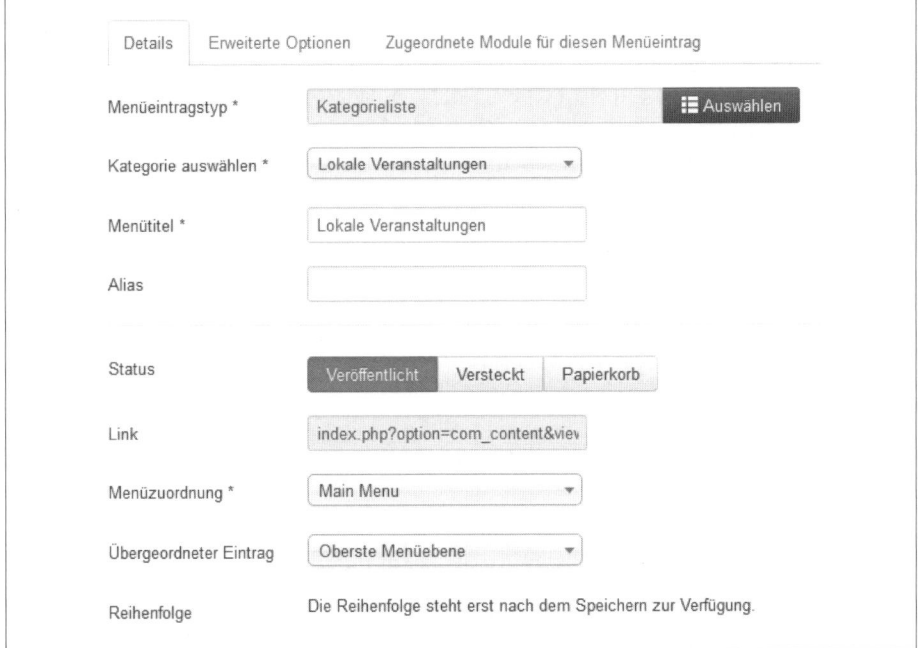

Abbildung 4-37:   Die Einstellungen für den Menüpunkt *Lokale Veranstaltungen*

Lassen Sie den neuen Menüpunkt via *Speichern* anlegen (und das Formular damit noch geöffnet), wechseln Sie in die *Vorschau*, und folgen Sie dort im *This Site*-Menü den *Lokalen Veranstaltungen*. Abbildung 4-38 zeigt das Ergebnis.

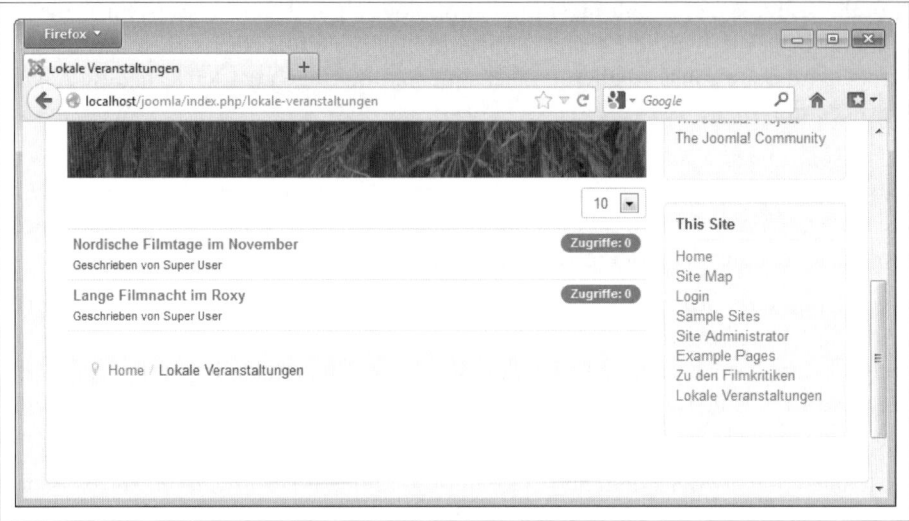

Abbildung 4-38:   So sieht die Übersichtsseite der Kategorie *Lokale Veranstaltungen* aus, wenn man sich für den
Menüeintragstyp *Kategorieliste* entscheidet.

Über die Ausklappliste rechts oben mit der *10* kann der Besucher auswählen, wie viele Beiträge beziehungsweise in diesem Fall Veranstaltungen Joomla! ihm auf einer Seite präsentieren soll. Ein Klick auf einen der Titel in der Liste führt direkt zum entsprechenden Beitrag. Es wäre aber schön, wenn Joomla! die Einträge nach Datum sortieren könnte und dieses auch gleich mit anzeigen würde. Zudem wäre noch eine Überschrift *Lokale Veranstaltungen* wünschenswert, und das schicke Bild mit dem Kalender fehlt auch noch.

In Joomla! regelt der Menüpunkt, was auf der Seite zu sehen ist. Kehren Sie also wieder zum Backend und dort zum noch geöffneten Formular zurück. Wechseln Sie auf das Register *Erweiterte Optionen,* und wenden Sie sich dort den *Kategorieoptionen* zu. Sollte der Slider nicht wie in Abbildung 4-39 aufgeklappt sein, klicken Sie einmal auf seinen Namen.

Hier stehen jetzt folgende Einstellungen zur Verfügung:

Kategorietitel
Mit *Anzeigen* erscheint auf der Seite auch der Titel der Kategorie als fette Überschrift – also genau das, was im Fall der *Lokalen Veranstaltungen* geschehen soll. Legen Sie daher diesen Schalter entsprechend um.

Kategoriebeschreibung
Wenn Sie diese Einstellung auf *Anzeigen* setzen, blendet Joomla! auf der Seite die Beschreibung der Kategorie ein. Da die lokalen Veranstaltungen keine Beschreibung besitzen, behalten Sie hier einfach die Vorgabe bei.

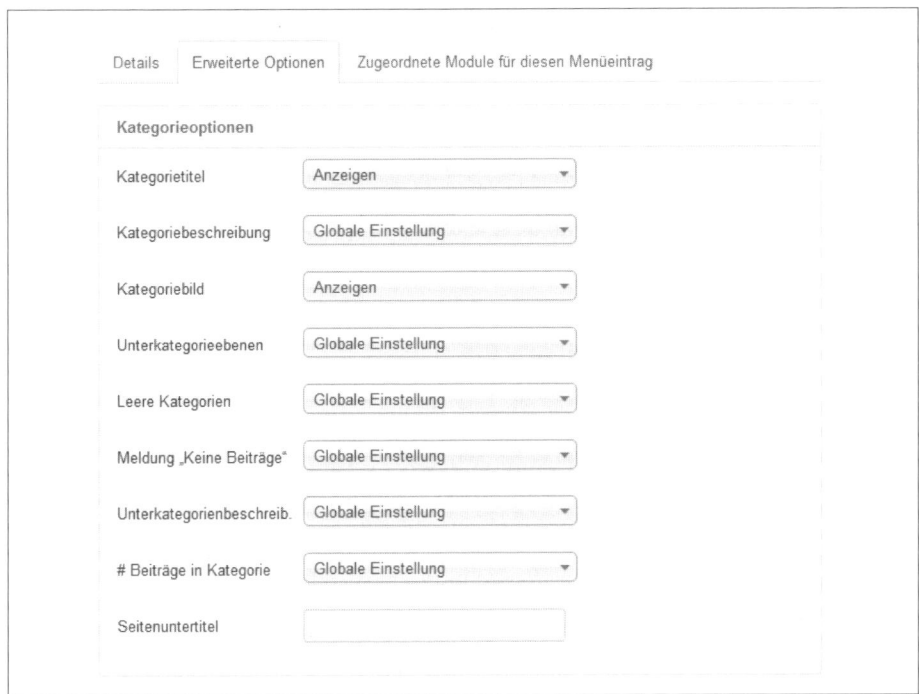

Abbildung 4-39:   Das Register *Kategorieoptionen* mit den Einstellungen für das Beispiel

Kategoriebild

Steht diese Einstellung auf *Anzeigen*, erscheint auf der Seite auch das Bild der Kategorie. Damit im Fall der lokalen Veranstaltungen der schicke Kalender zu sehen ist, setzen Sie diese Einstellung ebenfalls explizit auf *Anzeigen*.

Die meisten der nun folgenden Einstellungen kümmern sich um den Fall, dass die Kategorie noch Unterkategorien enthält:

Unterkategorieebenen

Normalerweise zeigt die Seite nur die direkt in der Kategorie enthaltenen (Unter-)Kategorien an. Möchten Sie auch noch deren Unterkategorien mit auf die Seite quetschen, müssen Sie die *Unterkategorieebenen* entsprechend erhöhen. Bei einer *1* zeigt die Seite nur die in ihr direkt enthaltenen Kategorien an, bei einer *2* auch deren Unterkategorien, bei einer *3* auch noch zusätzlich die dritte Gliederungsebene und so weiter. Da die Kategorie für die lokalen Veranstaltungen keine Unterkategorien besitzt, behalten Sie hier einfach die Voreinstellungen bei.

Leere Kategorien

Enthält die Kategorie leere Unterkategorien, so blendet Joomla! diese standardmäßig auf der Seite aus. Dieses Verhalten ist in den meisten Fällen sinnvoll, da der Besucher dann nicht plötzlich in einer leeren Kategorie und somit einer

Sackgasse landet. Mit *Anzeigen* können Sie diese leeren Kategorien dennoch einblenden. Im Kinoportal behalten Sie auch hier wieder die Vorgabe bei.

Meldung »Keine Beiträge«

Enthält die Kategorie keine Beiträge, weist Joomla! den Besucher mit der Standardmeldung aus Abbildung 4-40 explizit darauf hin. In Ihrem eigenen Internetauftritt müssen Sie selbst entscheiden, ob Sie diese Meldung anzeigen lassen wollen. Im Kinoportal ist sie an dieser Stelle nützlich: Der Besucher erfährt so, dass keine Veranstaltungen anstehen. Behalten Sie daher hier die Voreinstellung bei.

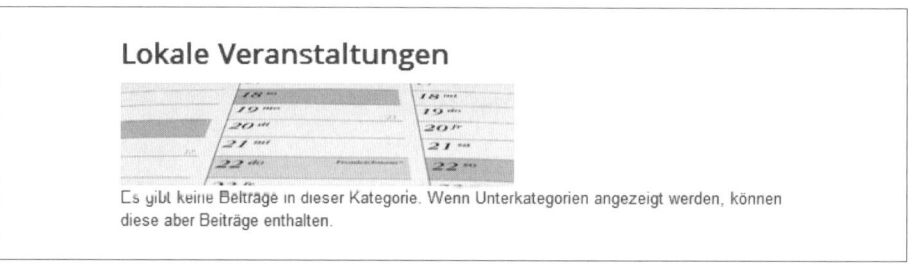

Abbildung 4-40:   Enthält die Kategorie keine Beiträge, erscheint diese Standardmeldung.

Unterkategorienbeschreibung

Wie erwähnt, stellt Joomla! auf der Seite auch alle Unterkategorien zur Auswahl (es sei denn, Sie haben *Unterkategorieebenen* auf *Keine* gestellt). Zu jeder Unterkategorie erscheint dabei auch immer noch ihre jeweilige Beschreibung. Möchten Sie dies verhindern, setzen Sie *Unterkategorienbeschreibung* auf *Verbergen*. Da die Beschreibungen dem Besucher jedoch bei seiner Entscheidung für eine der Unterkategorien helfen, sollten Sie hier die Voreinstellung beibehalten (oder sicherheitshalber *Anzeigen* wählen).

 # Beiträge in Kategorie

Neben jeder Unterkategorie kann Joomla! notieren, wie viele Beiträge in ihr enthalten sind. Der Besucher weiß damit schon im Voraus, welche Informationsflut ihn erwartet.

Seitenuntertitel

Der in dieses Feld eingetippte Text (siehe Abbildung 4-41) soll eigentlich auf der Übersichtsseite als Untertitel erscheinen. Das derzeit aktive Template (namens Protostar) stellt den Text jedoch wie in Abbildung 4-42 noch vor den Titel der Kategorie. Für die Seite mit den lokalen Veranstaltungen ist dieses Feld folglich nutzlos und sollte leer bleiben.

Die Einstellungen sollten jetzt wie in Abbildung 4-39 aussehen. Als Nächstes muss noch die Liste mit den Nachrichtenbeiträgen etwas zurechtgezupft werden. Dafür klappen Sie den Slider *Listenlayout* auf (siehe Abbildung 4-43). Wie sein Name schon sagt, kümmern sich alle seine Einstellungen um das Aussehen der Liste mit den Beiträgen.

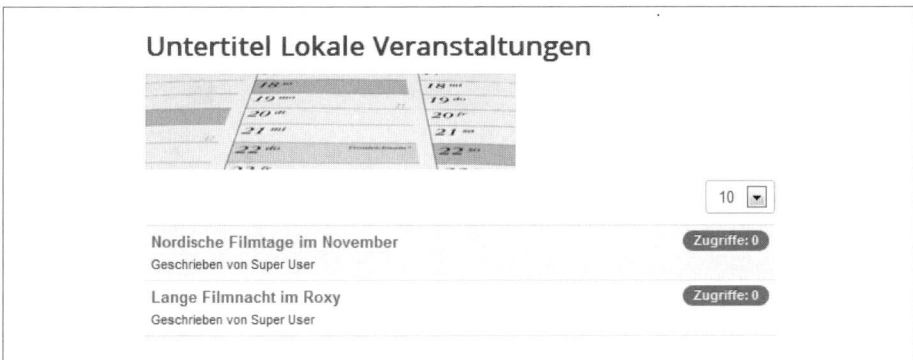

Abbildung 4-41:   Diese Einstellung ...

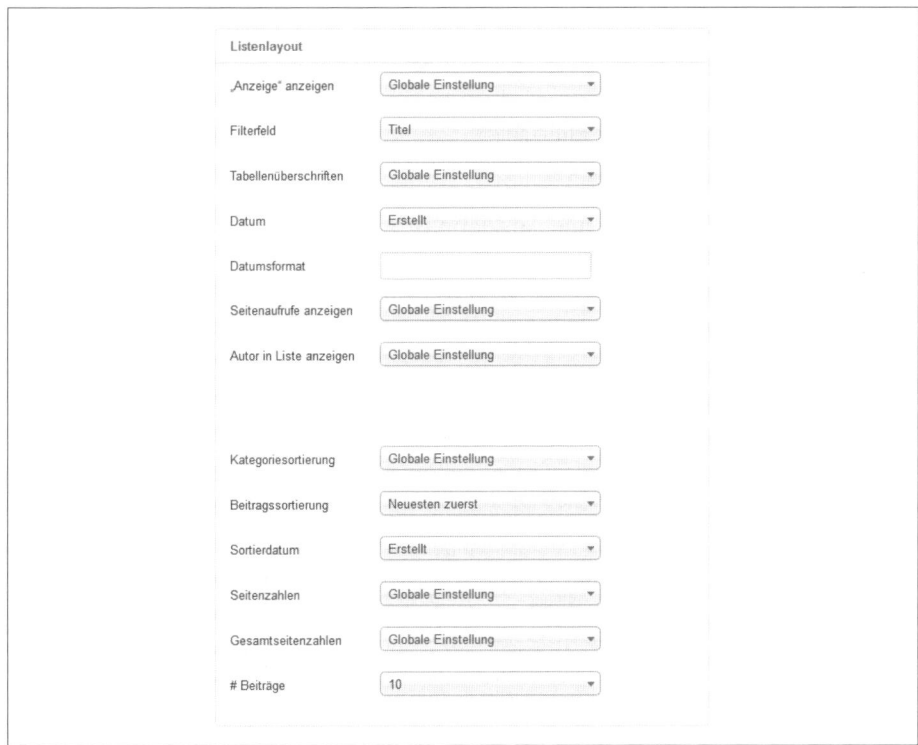

Abbildung 4-42:   ... führt zu diesem Ergebnis.

Abbildung 4-43:   Das Register *Listenlayout* mit den Einstellungen für das Beispiel

Die Einstellungen im oberen Teil (über der Lücke) schalten die entsprechenden Elemente hinzu beziehungsweise ab. Abbildung 4-44 zeigt (fast) alle aktivierten Elemente im Überblick:

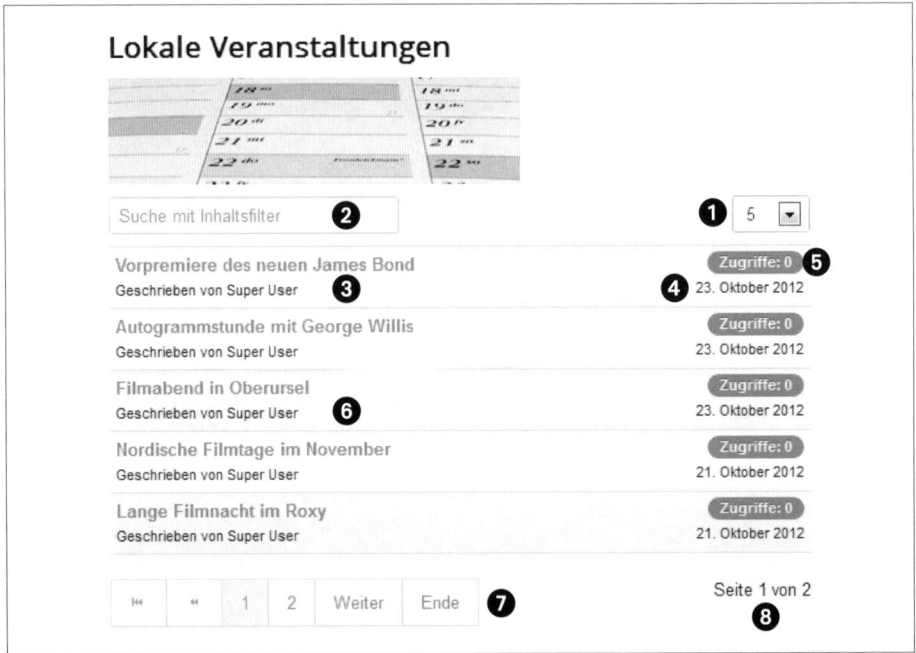

Abbildung 4-44:   Die Liste mit allen aktivierten Funktionen

»Anzeige«-Filter

Der Besucher kann über eine Ausklappliste wählen, wie viele Beiträge Joomla! ihm auf einer Bildschirmseite präsentieren soll ❶. Dies ist gerade dann sinnvoll, wenn die Kategorie sehr viele Beiträge enthält. Standardmäßig ist die Ausklappliste vorhanden, weshalb Sie hier die Standardeinstellung beibehalten.

Filterfeld

Bei sehr vielen Nachrichten wäre es hilfreich, wenn der Besucher die Liste auf die Beiträge beschränken könnte, die ihn interessieren. Genau dabei hilft das sogenannte Filterfeld. Das ist ein Eingabefeld, das links über der Liste erscheint ❷. Joomla! blendet alle Zeilen in der Liste aus, die nicht den dort eingetippten Suchtext enthalten.

Hier in der Ausklappliste *Filterfeld* müssen Sie sich nur noch entscheiden, ob Joomla! das eingegebene Wort im *Titel* der Beiträge, im Namen der *Autoren* oder in der Anzahl der *Zugriffe* suchen soll. In Abbildung 4-43 würde Joomla! die Beiträge nach den Titeln filtern – was genau das Richtige für die lokalen Veranstaltungen ist.

Warnung	Zumindest die Joomla!-Versionen bis einschließlich 3.0.2 besitzen hier noch ein
	etwas unschönes Verhalten: Gibt es keinen Beitrag, in dem das eingetippte Wort
	auftaucht, beharrt Joomla! plötzlich darauf, es gäbe in dieser Kategorie gar keine
	Beiträge, und blendet sogar das Filterfeld aus – der Besucher hat somit keine Mög-
	lichkeit mehr, den Filter wieder zu löschen. Überlegen Sie sich daher gut, ob Sie
	die Filterfunktion einsetzen möchten, zumal Joomla! auch noch eine normale
	Suchfunktion bietet (diejenige rechts oben am Seitenrand).

Tabellenüberschriften

Joomla! ordnet die Informationen in Spalten an. Beispielsweise stehen auf der linken Seite die Titel der Beiträge, ganz rechts die Anzahl der Zugriffe. Damit Besucher wissen, in welcher Spalte sich welche Information verbirgt, können Sie passende Spaltenbeschriftungen einblenden lassen.

Das aktuell verwendete Template (namens Protostar) ignoriert diese Einstellung jedoch. Es packt zudem die Informationen nicht strikt in einzelne Spalten, sondern stellt beispielsweise den Autorennamen direkt unter den Titel des Beitrags ❸. Wie die Spaltenüberschriften aussehen können, zeigt Abbildung 4-45. Dort wurde auf das Template Beez3 umgeschaltet.

Für das Kinoportal belassen Sie hier einfach die Voreinstellung.

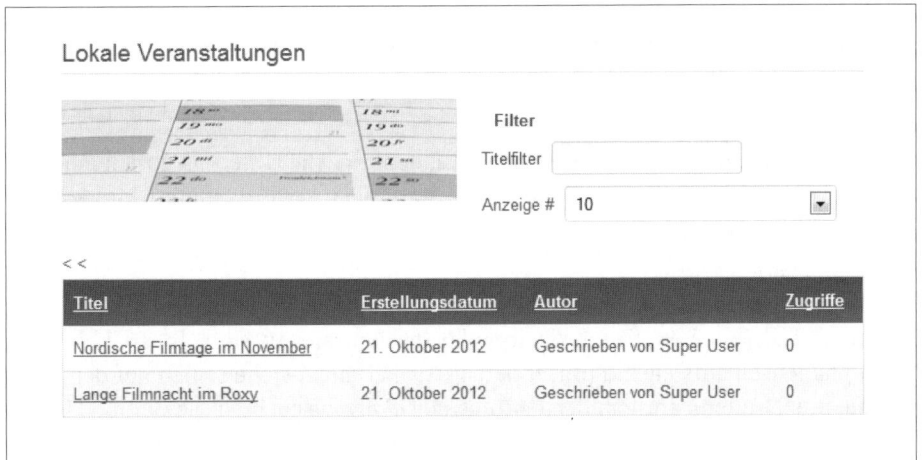

Abbildung 4-45:   Die »Lokalen Veranstaltungen« unter dem Beez3-Template mit aktivierten Tabellenüberschriften

Datum

Zu jedem Beitrag verrät Joomla! wahlweise das Erstellungsdatum (*Erstellt*) ❹, das Datum der letzten Änderung (*Bearbeitet*) oder das Datum der Veröffentlichung (*Veröffentlicht*). Bei den lokalen Veranstaltungen ist insbesondere das Veröffentlichungsdatum interessant. Setzen Sie daher die Ausklappliste auf *Erstellt*.

Datumsformat

Joomla! druckt das Datum so, wie es das gerade aktivierte Sprachpaket vor-schreibt. Bei einem deutschen Sprachpaket sieht ein Datum etwa so aus: 06. Mai 2013 (siehe Abbildung 4-44). Dieses Format können Sie hier im Feld *Datumsformat* ändern. Dabei stehen die Platzhalterbuchstaben d, m und y für Tag, Monat und Jahr. Um beispielsweise das Datum im amerikanischen Stil als 2013-05-06 auszugeben, tippen Sie in das Feld y-m-d. Weitere Informationen zu dieser Notation finden Sie auf der Internetseite *http://www.php.net/manual/de/function.date.php*. Normalerweise (wie auch im Kinoportal) sind hier keine Änderungen notwendig. Lassen Sie daher das Feld leer.

Seitenaufrufe

Joomla! zeigt zu jedem Beitrag an, wie häufig er bereits gelesen wurde (hinter *Zugriffe* ❺). Im Kinoportal ist diese Zahl gleichzeitig ein Indikator dafür, wie beliebt eine Veranstaltung ist. Belassen Sie sie daher auf ihrem Standardwert und somit eingeblendet.

Autor in Liste

Zu jedem Beitrag nennt Joomla! auch den Autor ❻. Für die Veranstaltungen ist dies wieder eine wichtige Information, behalten Sie deshalb auch hier die Vor-gabe bei.

Der untere Teil der Einstellungen legt vorrangig fest, wie die Beiträge in der Liste sortiert werden sollen:

Kategoriesortierung

Diese Einstellung legt fest, in welcher Reihenfolge die Unterkategorien aufgelis-tet werden sollen. Da die lokalen Veranstaltungen keine weiteren Unterkatego-rien enthalten, übernehmen Sie hier einfach die Vorgabe.

Beitragssortierung

Hiermit bestimmen Sie die Reihenfolge der Beiträge in der Liste. In der Einstel-lung *Titel von A bis Z* würde Joomla! die Beiträge anhand ihrer Überschrift alphabetisch aufsteigend präsentieren (Artikel mit A stehen oben auf der Seite, die mit Z unten). Im Fall der *Beitragsreihenfolge* erscheinen die Beiträge genau in der Reihenfolge, wie sie auch in der Liste hinter *Inhalt → Beiträge* im Backend zu sehen sind.

Bei den Veranstaltungen sollen die *Neuesten zuerst* aufgelistet werden. Ältere Beiträge beziehungsweise abgelaufene Veranstaltungen verschwinden damit am unteren Rand.

Sortierdatum

Joomla! sortiert jetzt die Beiträge nach einem Datum – nur nach welchem? Nach ihrem Erstellungsdatum, dem Datum ihrer letzten Änderung oder dem Zeitpunkt ihrer Veröffentlichung? Genau das entscheiden Sie mit dieser Ausklappliste. Bei den Veranstaltungen soll das Erstellungsdatum die Reihenfolge bestimmen – wählen Sie hier folglich *Erstellt*.

Seitenzahlen

Wenn mehr Beiträge in der Kategorie stecken, als die Liste auf einmal anzeigen kann oder soll, erscheinen am unteren Rand Schaltflächen, über die der Besucher zu den übrigen Beiträgen vor- beziehungsweise zurückblättern kann ❼. Mit der Einstellung *Anzeigen* sind diese Knöpfe immer sichtbar, mit *Auto* hingegen nur dann, wenn Joomla! die Liste auf mehrere Bildschirmseiten verteilt.

Warnung Diese Navigation sollten Sie nur dann *Verbergen*, wenn sich zum einen nur eine feste Zahl Beiträge in der Kategorie befindet und Sie zum anderen die Ausklappliste rechts oberhalb der Liste (❶, siehe Einstellung »*Anzeige*«-*Filter*) ebenfalls deaktiviert haben. Denn stellt ein Besucher diese Liste auf eine geringere Zahl, gelangt er nicht mehr an die dann ausgeblendeten Beiträge.

Version Zumindest in Joomla!-Versionen bis 3.0.2 funktioniert diese Ausklappliste zudem nicht so, wie sie sollte: Die Einstellung *Anzeige* verhält sich genauso wie *Auto*.

Belassen Sie daher die Einstellung hier auf ihrer Voreinstellung.

Gesamtseitenzahlen

Mit *Anzeigen* erscheint rechts unter der Liste die Information, auf wie viele Bildschirmseiten Joomla! die Liste aufgeteilt hat und auf welcher dieser Seiten sich der Besucher gerade befindet ❽ (in Abbildung 4-44 beispielsweise *Seite 1 von 2*). Auch diese Einstellung belassen Sie am besten auf ihrer Vorgabe, womit Joomla! die Seitenzahl einblendet.

 # Beiträge

So viele Beiträge zeigt Joomla! standardmäßig in der Liste auf einer Bildschirmseite an. Sofern Sie die Ausklappliste rechts oberhalb der Liste ❶ aktiviert haben (siehe Einstellung »*Anzeige*«-*Filter*), kann der Besucher diese Vorgabe ändern. Die letzten 10 Veranstaltungen sind für die kleine Stadt im Kinoportal ausreichend.

Die Einstellungen auf diesem Register sollten jetzt so wie in Abbildung 4-43 aussehen. Wenden Sie Ihre Änderungen mit *Speichern & Schließen* an, und begutachten Sie das Ergebnis in der *Vorschau*. Es sollte ähnlich wie in Abbildung 4-44 aussehen. Sofern Sie nur wenige Beiträge eingegeben haben, fehlen am unteren Rand die Elemente zur Seitennavigation. Wie weiter oben erläutert wurde, blendet Joomla! sie nur bei Bedarf ein und verwirrt so den Besucher nicht unnötig.

Damit steht das Angebot der Veranstaltungen. Als Nächstes ist das Blog an der Reihe.

Kategorieblog

Erstellen Sie via *Menüs* → *Main Menu* → *Neuer Menüeintrag* wieder einen neuen Menüpunkt. Geben Sie ihm zunächst den *Menütitel* `Blog`, und klicken Sie dann neben *Menüeintragstyp* auf *Auswählen*.

Wie in einem echten Blog soll Joomla! die Texte aller (Blog-)Beiträge hintereinander weg auf einer Seite anzeigen. Genau das erledigt der Menüeintragstyp *Kategorieblog*. Nachdem Sie ihn unter *Beiträge* angeklickt haben, landen Sie wieder im bekannten Formular.

Hier stellen Sie unter *Kategorie auswählen* die Kategorie mit den anzuzeigenden Beiträgen ein, im Kinoportal ist dies das *Blog*. *Speichern* Sie Ihre Änderungen (und lassen Sie somit den Bearbeitungsschirm noch geöffnet), wechseln Sie in die *Vorschau* und dort weiter zum frisch angelegten Menüpunkt *Blog* (im Menü *This Site*). Das Ergebnis sollte so ähnlich wie in Abbildung 4-46 aussehen.

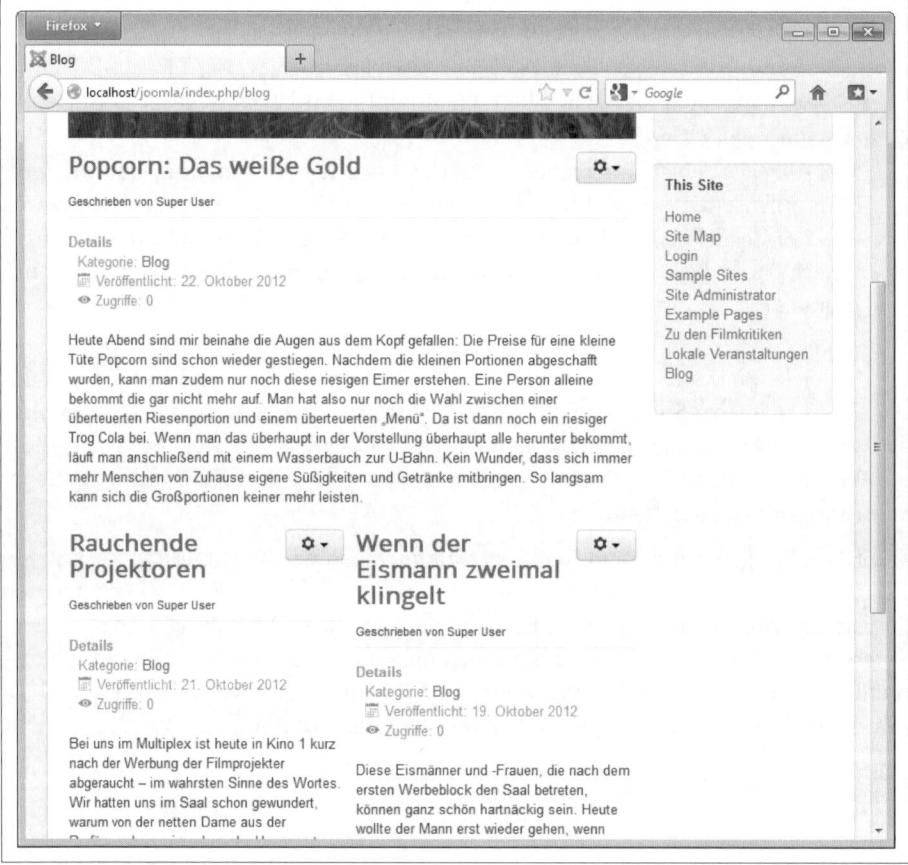

Abbildung 4-46:   Das Blog mit drei Beiträgen in den Standardeinstellungen

Dieser Standardaufbau liefert wieder noch nicht ganz das gewünschte Ergebnis: Joomla! ordnet die Beiträge noch nicht wie in einem richtigen Blog strikt untereinander an. Stattdessen steht der neueste Beitrag oben, darunter folgen in mehreren Spalten die etwas älteren Artikel. Den gleichen Aufbau hat übrigens auch die in den Beispieldaten mitgelieferte Startseite. Des Weiteren wäre es schön, wenn Joomla! auch noch den Titel der Kategorie *Blog* und das zugeordnete Foto (mit den Kugelschreibern) anzeigen würde.

Tipp   Wie Sie an Abbildung 4-46 sehen, ist der Menüeintragstyp *Kategorieblog* nicht nur zur Erstellung von Blogs gedacht. Er ist immer dann die richtige Wahl, wenn Sie die Beiträge aus einer Kategorie (irgendwie) auf einer Seite präsentieren möchten. Es gibt dabei allerdings eine Einschränkung: Um das Layout nicht zu sprengen, zeigt Joomla! hier immer nur die Einleitungen der Beiträge an. Nur wenn ein Beitrag keine Einleitung besitzt, erscheint sein kompletter Artikeltext.

Um diese Situation zu beheben, kehren Sie in das Backend zurück. Dort wechseln Sie im Formular auf das Register *Erweiterte Optionen* und wenden sich den *Kategorieoptionen* zu. Genau wie im vorherigen Abschnitt »Kategorieliste« auf Seite 170 bestimmen sie auch hier die Darstellung der Webseite. Da die Einstellungen genau die gleichen Bedeutungen haben, folgt hier nur ein kurzer Schnelldurchlauf:

Kategorietitel
Mit einem *Anzeigen* erscheint auf der Seite auch der Titel der Kategorie.

Kategoriebeschreibung
Mit *Anzeigen* erscheint auf der Seite die Beschreibung der Kategorie.

Kategoriebild
Mit *Anzeigen* erscheint auf der Seite der Kategorie das ihr zugewiesene Bild.

Unterkategorieebenen
Bei einer *1* zeigt die Seite nur die direkt in der Kategorie enthaltenen Unterkategorien, bei einer *2* auch deren Unter-Unterkategorien, bei einer *3* auch noch zusätzlich die dritte Gliederungsebene und so weiter. Standardmäßig (*Globale Einstellung*) erscheinen nur die direkt enthaltenen Unterkategorien.

Leere Kategorien
Mit *Anzeigen* zeigt Joomla! auf der Seite auch leere Unterkategorien zur Auswahl an.

Meldung »Keine Beiträge«
Steht dieser Punkt auf *Anzeigen* und enthält eine Kategorie keine Beiträge, weist Joomla! den Besucher explizit darauf hin. Dies ist auch standardmäßig der Fall.

Unterkategorienbeschreibung
Enthält die Kategorie weitere Unterkategorien und zeigt Joomla! diese auf der Seite an (Einstellung *Unterkategorieebenen*), erscheinen bei der Einstellung *Anzeigen* auch noch die jeweiligen Beschreibungen.

Beiträge in Kategorie

Steht diese Einstellung auf *Anzeigen*, notiert Joomla! für jede Unterkategorie, wie viele Beiträge in ihr enthalten sind.

Seitenuntertitel

Der in dieses Feld eingetippte Text soll eigentlich auf der Seite als Untertitel erscheinen. Das derzeit genutzte Template (namens Protostar) stellt den Text jedoch noch vor den Titel der Kategorie. Für das Blog ist dieses Feld folglich nutzlos, und es sollte leer bleiben.

Für das Blog setzen Sie den *Kategorietitel* und das *Kategoriebild* auf *Anzeigen*. Alle anderen Einstellungen können auf ihren Vorgaben bleiben.

Als Nächstes muss noch die Darstellung der Beiträge angepasst werden. Die dazu notwendigen Einstellungen finden Sie auf dem Slider *Blog-Layout-Optionen* (siehe Abbildung 4-47).

Abbildung 4-47:   Die Einstellungen für das Kinoportal-Blog

Dort stehen folgende Einstellungen parat, wobei Joomla! bei leeren Eingabefeldern die Standardeinstellungen übernimmt (auch hier ist die Raute # wieder als »Anzahl« zu lesen):

Führende

Im Moment erscheint oben nur ein Beitrag in voller Breite. In Abbildung 4-46 wäre dies der Artikel zum *Popcorn*. Wie viele Beiträge Joomla! auf diese Weise anzeigen soll, tragen Sie in das Feld # *Führende* ein. Für das Blog im Kinoportal reicht es aus, dass die drei aktuellsten Artikel auf diese Weise erscheinen. Tragen Sie deshalb hier eine **3** ein.

Einleitung

Unter dem führenden Beitrag zeigt Joomla! noch ein paar weitere Kollegen nebeneinander in Spalten an. In Abbildung 4-46 gilt dies für die Beiträge zu *Rauchende Projektoren* und *dem Eismann*. Wie viele Beiträge hier in den Spalten erscheinen sollen, legen Sie im Eingabefeld # *Einleitung* fest. Im Kinoportal soll möglichst ein echtes Blog imitiert werden. Tippen Sie daher hier eine **0** ein. Damit gilt die Devise: Entweder erscheint ein (Blog-)Artikel in voller Breite oder gar nicht.

Spalten

In Abbildung 4-46 stehen im unteren Teil genau zwei Artikel nebeneinander. Joomla! ordnet ihre Texte also in zwei Spalten an. Möchten Sie mehr oder weniger Spalten anlegen, tippen Sie einfach die entsprechende Anzahl hier ein. Beim Blog im Kinoportal haben Sie mit der vorherigen Einstellung diese Darstellungsform bereits abgeschaltet, folglich können Sie das Feld # *Spalten* ignorieren.

Warnung Beachten Sie den Unterschied zwischen # *Einleitung* und # *Spalten*:

Einleitung legt fest, wie viele Beiträge Joomla! dort unten anzeigt.

Spalten legt fest, wie viele dieser Beiträge immer jeweils nebeneinander passen.

Sie können also beispielsweise 5 Beiträge in 3 Spalten anzeigen lassen (in den ersten beiden Spalten stehen dann jeweils zwei Beiträge übereinander).

Links

Ganz am unteren Seitenrand listet Joomla! auf Wunsch noch weitere Beiträge auf, die es nicht mehr auf die Seite geschafft haben. Im Blog des Kinoportals haben Sie beispielsweise gerade festgelegt, dass nur die aktuellsten drei Blog-Beiträge erscheinen sollen. Einige der älteren würde Joomla! dann wie in Abbildung 4-48 am unteren Seitenrand noch in einer Liste anbieten. Ein Klick auf einen der Einträge würde den (Blog-)Beitrag dann auf einer eigenen Seite öffnen. Wie viele Beiträge in der Liste erscheinen sollen, geben Sie hier im Feld # *Links* vor. Für das Blog sollten es ebenfalls **3** Stück sein.

Noch ältere Beiträge erreichen Besucher über die in Abbildung 4-48 ganz unten angezeigten Navigationsschaltflächen. Das gilt selbst dann, wenn wie hier im

Kinoportal die Seite immer nur die sechs aktuellsten Beiträge anbietet (drei im Volltext und drei am unteren Rand in der Liste).

Abbildung 4-48: Ältere Beiträge listet Joomla! am unteren Seitenrand auf, hier die zwei Blog-Einträge *Sterben der Programmkinos* und *Merkwürdige Altersfreigaben*.

 Tipp   Wenn Sie möchten, dass ein Beitrag aus dem Blog verschwindet, müssen Sie ihn im Backend entweder verstecken oder löschen.

Mehrspaltige Sortierung

Sofern die Beiträge auf der Seite in mehreren Spalten erscheinen (siehe Einstellung *# Spalten*), können Sie hier festlegen, in welcher Reihenfolge die Artikel über diese Spalten verteilt werden. In der Einstellung *Seitlich* setzt Joomla! in jede Spalte einen Beitrag. Sind dann noch Beiträge übrig, beginnen diese darunter wieder in der ersten Spalte. Da im Blog keine Spalten mehr zum Einsatz kommen, können Sie diese Einstellung einfach ignorieren.

Unterkategorien einbinden

Bislang zeigt Joomla! nur die Beiträge aus einer Kategorie an – im Kinoportal sind das die Beiträge aus der Kategorie *Blog*. Diese Kategorie darf aber selbstverständlich auch noch weitere Unterkategorien enthalten. Deren Beiträge wiederum können Sie mit auf die Seite setzen lassen. Bis zu welcher Unter-Unterkategorie Joomla! dabei herabsteigen soll, wählen Sie hier in der Liste *Unterkategorien einbinden*. Steht die Ausklappliste beispielsweise auf *2*, präsentiert Joomla! auf der Seite alle Beiträge aus der Kategorie *Blog* sowie ihren direkten Unterkategorien.

Im Kinoportal hat *Blog* keine weiteren Unterkategorien, folglich belassen Sie die Ausklappliste auf ihrer Voreinstellung.

Tipp	Wenn die Blog-Einträge sehr zahlreich werden, können Sie dem Blog weitere

Tipp   Wenn die Blog-Einträge sehr zahlreich werden, können Sie dem Blog weitere Unterkategorien spendieren, wie etwa *Kinos*, *Filme* und *Schauspieler*. Dort sortieren Sie dann die Beiträge ein und stellen hier *Unterkategorien einbinden* auf *1*. Damit zeigt dann Joomla! alle Beiträge aus der Kategorie *Blog* sowie seinen Unterkategorien *Kinos*, *Filme* und *Schauspieler* auf einer Seite an.

Kategoriesortierung

Alle Unterkategorien stellt Joomla! zusätzlich noch einmal am unteren Seitenrand zur Auswahl (wie in Abbildung 4-49). In welcher Reihenfolge dies geschieht, legen Sie mit dieser Ausklappliste fest. Da das Blog im Kinoportal keine weiteren Unterkategorien enthält, behalten Sie hier einfach die Vorgabe bei.

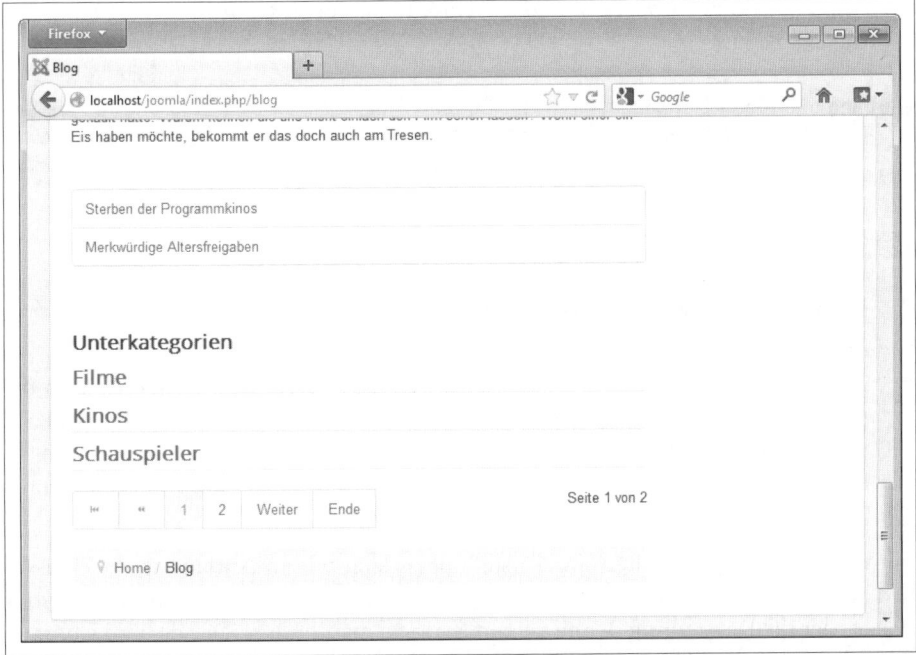

Abbildung 4-49:   Hier wurden der Kategorie *Blog* noch die Unterkategorien *Filme*, *Kinos* und *Schauspieler* hinzugefügt. Nach einem Kick auf eine von ihnen zeigt Joomla! alle darin enthaltenen Beiträge an.

Beitragssortierung

Hiermit legen Sie fest, in welcher Reihenfolge die Beiträge auf der Seite erscheinen sollen. In der Einstellung *Titel von A bis Z* würde Joomla! die Beiträge anhand ihrer Überschrift alphabetisch aufsteigend präsentieren (Artikel mit A stehen oben auf der Seite, die mit Z unten). Im Fall der *Beitragsreihenfolge* erscheinen die Beiträge genau in der Reihenfolge, wie sie auch in der Liste hinter *Inhalt → Beiträge* im Backend zu sehen sind. Im Blog soll der neueste Artikel ganz oben erscheinen, folglich ist hier *Neuesten zuerst* der korrekte Wert. Ältere beziehungsweise abgelaufene Beiträge verschwinden damit am unteren Rand.

Sortierdatum

Mit der vorherigen Einstellung sortiert Joomla! die Blog-Artikel absteigend nach ihrem Datum. Welches Datum dabei zugrunde liegt, wählen Sie in dieser Ausklappliste. Zur Auswahl stehen das Erstellungsdatum (*Erstellt*), das Datum der letzten Änderung (*Bearbeitet*) oder der Zeitpunkt der Veröffentlichung (*Veröffentlicht*). Bei den Blogs soll das Erstellungsdatum die Reihenfolge bestimmen; wählen Sie hier folglich *Erstellt*.

Seitenzahlen

Wenn mehr Beiträge in der Kategorie stecken, als auf die Seite passen, erscheinen am unteren Rand Schaltflächen, über die der Besucher zu den übrigen Beiträgen vor- beziehungsweise zurückblättern kann (wie in Abbildung 4-48). Mit der Einstellung *Anzeigen* sind diese Knöpfe immer sichtbar, mit *Auto* hingegen nur bei Bedarf.

 Warnung   Diese Navigation sollten Sie nur dann *Verbergen*, wenn sich eine feste Zahl Beiträge in der Kategorie befindet. Andernfalls kann der Besucher ältere Beiträge nicht mehr aufrufen.

 **Version**   Zumindest bis Joomla! 3.0.2 führt *Anzeigen* zum selben Ergebnis wie *Auto*.

Behalten Sie daher für das Blog hier die Voreinstellung bei.

Gesamtseitenzahlen

Zusammen mit den Schaltflächen erscheint am unteren Rand noch die Information, auf wie viele Bildschirmseiten Joomla! die Beiträge verteilt hat und auf welcher dieser Seiten sich der Besucher gerade befindet (in Abbildung 4-48 etwa *Seite 1 von 2*). Auch diese Einstellung belassen Sie am besten auf ihrer Vorgabe, womit Joomla! die Seitenzahl einblendet.

Für das Blog-Beispiel sollten die Einstellungen jetzt wie in Abbildung 4-47 aussehen. Damit ist aber noch nicht Schluss, weiter geht es auf dem Slider *Beitragsoptionen*, der die Darstellung der einzelnen Beiträge manipuliert. Der dort angebotene Einstellungswust sieht nur auf den ersten Blick erschlagend aus. Beim genaueren Hinsehen dürften Ihnen die Optionen extrem bekannt vorkommen: Es handelt sich um die Einstellungen der Beiträge aus Abschnitt »Die Darstellung des Beitrags anpassen« auf Seite 153. Da der Menüpunkt das Aussehen der Seite vorgibt, müssen Sie auch hier das Aussehen der Beiträge einstellen. Die Vorgaben, die Sie damals bei den Beiträgen gemacht haben, übernimmt Joomla! nur, wenn Sie die entsprechenden Ausklapplisten auf *Beitragseinstellungen verwenden* setzen. Es gibt hier allerdings auch zwei neue Einstellungen:

»Weiterlesen«

Auf der Seite zeigt Joomla! von den Beiträgen nur die Einleitung an. Sofern diese Beiträge noch einen Haupttext besitzen, erscheint standardmäßig eine

Weiterlesen-Schaltfläche, über die der Besucher zum kompletten Beitrag gelangt. Wenn Sie hier jetzt die Ausklappliste »*Weiterlesen*« auf *Verbergen* setzen, verschwindet diese Schaltfläche. Der Besucher gelangt dann nur noch durch einen Klick auf die Beitragsüberschrift zum Haupttext – vorausgesetzt, Sie haben die Ausklappliste neben *Titel verlinken* nicht auf *Verbergen* gestellt.

»*Weiterlesen*«-*Titel*

Bei *Anzeigen* schreibt Joomla! zusätzlich noch den Titel des Beitrags auf die *Weiterlesen*-Schaltfläche (also beispielsweise *Weiterlesen: Stirb Langsam*). Dies ist auch standardmäßig der Fall.

Im Blog können Sie die *Kategorie* und die Anzahl der *Seitenaufrufe* jeweils *Verbergen*. Alle anderen Einstellungen belassen Sie auf ihren Vorgaben. Nach dem *Speichern & Schließen* sieht das Blog dann so wie in Abbildung 4-50 aus.

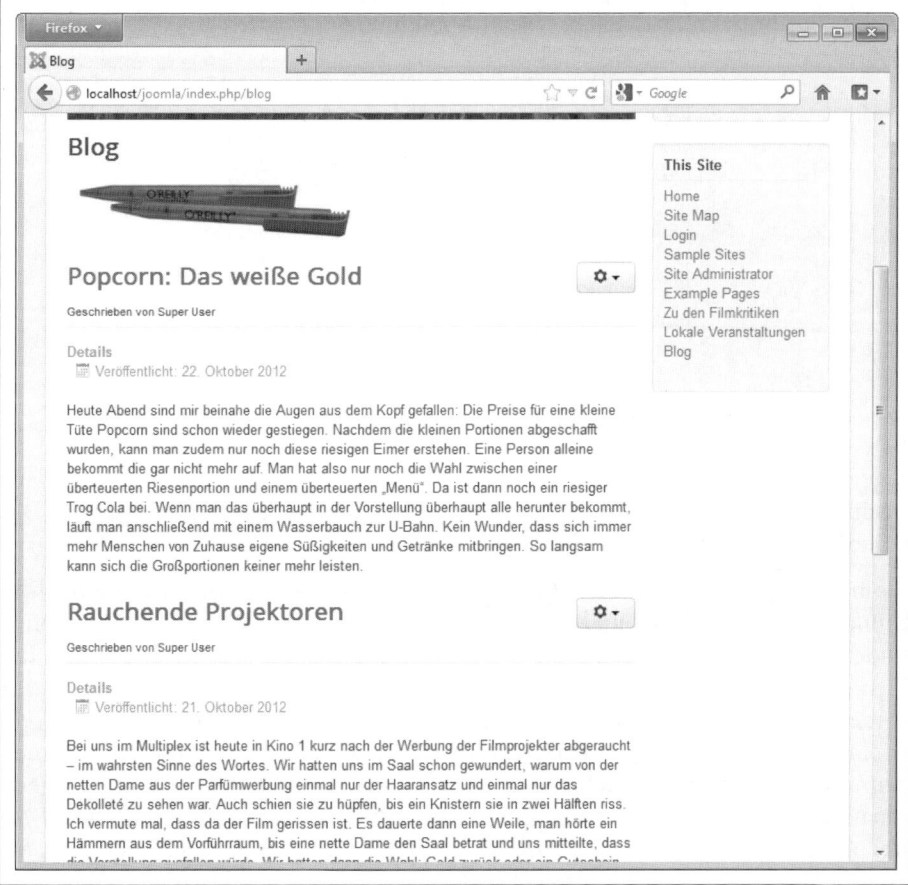

Abbildung 4-50:   Das fertige Blog

Einzelner Beitrag

 Abschließend fehlt noch ein Menüpunkt, der direkt zum Impressum führt. Dazu erstellen Sie wieder einen neuen Eintrag per *Menüs → Main Menu → Neuer Menü-eintrag*, vergeben den *Menütitel* **Impressum** und klicken auf *Auswählen* neben *Menü-eintragstyp*.

Das Impressum ist ein *Einzelner Beitrag*, entscheiden Sie sich daher für den gleich-namigen Punkt auf dem Slider *Beiträge*. Wieder zurück im Formular klicken Sie rechts neben *Beitrag auswählen* auf *Auswählen*. In der erscheinenden Liste suchen Sie den Beitrag, zu dem der neue Menüpunkt führen soll – im Beispiel also das *Impressum*. Nutzen Sie dabei als Hilfe die Ausklapplisten und Filtermöglichkeiten am oberen Rand. Wenn Sie beispielsweise – *Kategorie wählen* – auf *Sonstiges* setzen, sollte Ihnen das *Impressum* bereits entgegenleuchten (andernfalls haben Sie es in die falsche Kategorie einsortiert). Wenn Sie es gefunden haben, klicken Sie seinen Titel an. Das Formular sollte damit so wie in Abbildung 4-51 aussehen.

Abbildung 4-51:   Diese Einstellungen legen einen Menüpunkt auf den Beitrag »Impressum« an.

Legen Sie den Menüpunkt mit *Speichern* an (und bleiben Sie damit im Formular), wechseln Sie in die *Vorschau* und dort weiter zum Menüpunkt *Impressum*. Das Ergebnis sollte jetzt dem aus Abbildung 4-52 ähneln.

Joomla! zeigt hier unter dem Beitragstitel noch die Kategorie, das Veröffentli-chungsdatum, den Autor und die Anzahl der Zugriffe an. Alle vier Informationen sind bei einem Impressum jedoch entbehrlich. Denken Sie wieder daran, dass der Menüpunkt das Aussehen der über ihn erreichbaren Seiten bestimmt. Um die stö-renden Daten auszublenden, kehren Sie also wieder zum Backend zurück, wechseln dort im Formular auf das Register *Erweiterte Optionen* und wenden sich dort den *Beitragsoptionen* zu (klappen Sie gegebenenfalls den Slider auf). Hier finden Sie jetzt genau die Einstellungen, die Sie schon von den Beiträgen aus Abschnitt »Die Dar-stellung des Beitrags anpassen« auf Seite 153 kennen. Beachten Sie aber, dass die Einstellungen sich hier nur auf die über den Menüpunkt erreichbare Seite beziehen. Würden Sie das Impressum noch auf einem anderen Weg einbinden (beispielsweise in einem anderen Menü), erscheint es dort womöglich wieder anders.

Abbildung 4-52:   Das Impressum mit den Standardeinstellungen

Für das Impressum setzen Sie die *Kategorie*, den *Autor*, das *Veröffentlichungsdatum* und die *Seitenaufrufe* auf *Verbergen*. Nach dem *Speichern & Schließen* sieht das Ergebnis so wie in Abbildung 4-53 aus.

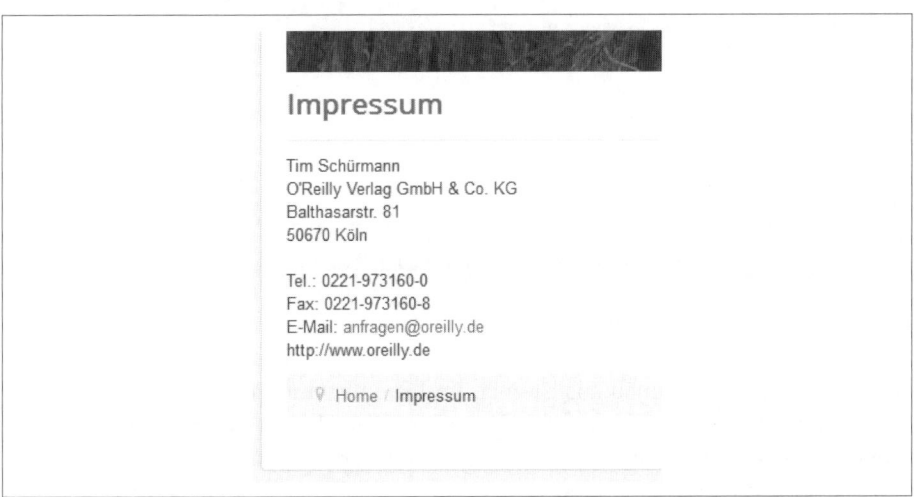

Abbildung 4-53:   Das angepasste Impressum

Indirekt erreichbare Elemente

 Im Kinoportal sind damit alle Kategorien und Beiträge über einen Menüpunkt erreichbar und besitzen die gewünschte Darstellung. Nun ja – noch nicht ganz. Wenn Sie in der *Vorschau* den Menüpunkt *Zu den Filmkritiken* anklicken und dann die *Actionfilme* auswählen, stellt Joomla! alle darin enthaltenen Beiträge nicht wie geplant in einer Liste zur Auswahl, sondern präsentiert sie in ihrem Volltext, ähnlich wie im Blog (siehe Abbildung 4-54).

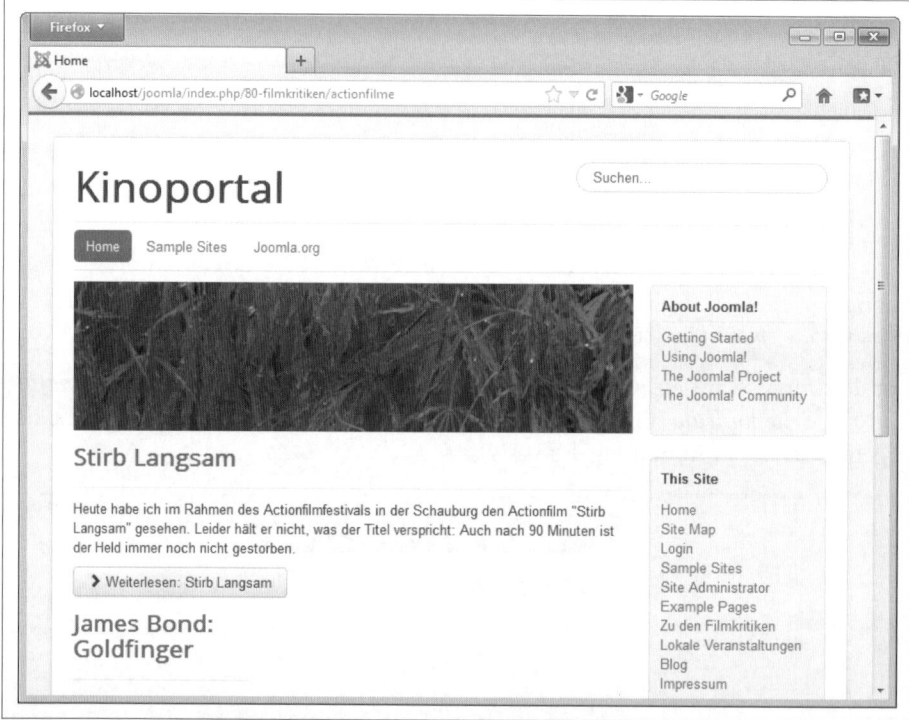

Abbildung 4-54:   Die Actionfilme sollten eigentlich in einer Liste präsentiert werden.

Die Menüpunkte legen (meist) nur fest, was direkt auf der über sie erreichbaren Seite zu sehen ist, und kümmern sich nicht um die darüber erreichbaren Unterkategorien und Beiträge. Genau das ist auch im Kinoportal der Fall: Sie haben Joomla! bislang nur mitgeteilt, was auf der Übersichtsseite der Kategorie *Filmkritiken* zu sehen ist, nicht aber, welche Informationen auf ihren Unterseiten erscheinen sollen. Um auch deren Darstellung anzupassen, ist ein Ausflug zu unterschiedlichen Stellen des Backends fällig (Achtung, jetzt wird es noch einmal kompliziert).

Die Kategorie *Filmkritiken* besitzt den Menüeintragstyp *Alle Kategorien auflisten*. In diesem Fall ist die erste Anlaufstelle wieder der Menüpunkt. Steuern Sie im Backend

Menüs → *Main Menu* an, und klicken Sie in der Liste auf den Eintrag *Zu den Film-kritiken.* Wechseln Sie im erscheinenden Formular auf das Register *Erweiterte Opti-onen.* Interessant sind jetzt die Einstellungen auf dem Slider *Kategorieoptionen* (dem zweiten von oben) sowie seine Kollegen *Blog-Layout-Optionen, Listenlayout* und *Beitragsoptionen.* Sie regeln, was mit den *Unterseiten* der Kategorie geschehen soll – im Beispiel also, wie die Übersichtsseiten der Kategorien *Actionfilme, Liebesfilme* und *Komödien* sowie die eigentlichen Kritiken aussehen.

Die auf den Slidern jeweils vorgehaltenen Einstellungen entsprechen exakt denen aus den vorherigen Abschnitten: Die *Kategorieoptionen* legen zunächst das allge-meine Aussehen der (Unter-)Kategorien fest. Im Kinoportal stellen Sie sicher, dass der *Kategorietitel* und die *Kategoriebeschreibung* auf *Anzeigen* stehen. Ein Bild gibt es nicht, die Kategorien *Actionfilme, Liebesfilme* und *Komödien* enthalten zudem keine weiteren Unterkategorien, weshalb Sie die übrigen Vorgaben beibehalten kön-nen.

Warnung   Beachten Sie, dass die hier vorgenommenen Einstellungen für *alle* Unterkategorien gelten, *die über den Menüpunkt* erreichbar sind. Im Beispiel ändern Sie folglich
gleichzeitig das Aussehen der Übersichtsseiten der *Actionfilme, Liebesfilme* und
Komödien.

Weiter geht es auf den nächsten Slidern. Die vorhandenen Kritiken sollen später in einer Liste dem Besucher zur Auswahl gestellt werden. Für diese Darstellung ist das Register *Listenlayout* zuständig. Hier setzen Sie für das Kinoportal die Ausklappliste *Filterfeld* auf *Titel* und das *Datum* auf *Erstellt.* Alle übrigen Einstellungen bleiben wie im vorherigen Abschnitt auf ihren Standardwerten.

Tipp   Wenn Sie jetzt unsicher sind, was diese Einstellungen produzieren, blättern Sie
noch einmal zum entsprechenden Abschnitt »Kategorieliste« auf Seite 170 zurück.

Das Register *Blog-Layout-Optionen* kümmert sich analog um eine Blog-Darstellung. Da im Kinoportal jedoch eine Liste erscheinen soll, können Sie es links liegen lassen.

Wenden Sie Ihre Änderungen per *Speichern & Schließen* an, wechseln Sie in die *Vor-schau,* wo Sie dem Menüpunkt *Zu den Filmkritiken* folgen und dann die *Actionfilme* aufrufen.

Warnung   Wenn Sie der Schnellinstallationsanleitung aus Kapitel 2, *Installation* gefolgt sind
und somit die auf unserer Downloadseite angebotene Joomla!-Version 3.0.2 verwenden, hat sich jetzt nichts verändert. Die Version 3.0.2 enthält noch einen Fehler, durch den Joomla! alle Einstellungen auf den Slidern *Kategorieoptionen, Blog-
Layout-Optionen* und *Listenlayout* ignoriert – folglich bleibt auf Ihrer Website im
Moment noch alles beim Alten. Dieser Fehler ist den Joomla!-Entwicklern bekannt
und sollte schon in der Version 3.0.3 behoben sein. Zu dem Zeitpunkt, als dieses

Buch geschrieben wurde, lag diese Version allerdings noch nicht vor. Glücklicherweise ist das im Kinoportal nur ein kleines Problem: Machen Sie jetzt erst einmal die noch folgenden Schritte mit, auch wenn auf Ihrer Website der Titel und die Beschreibung der Kategorie fehlen (alles andere funktioniert). Später in Kapitel 19, *Aktualisierung und Migration*, erfahren Sie, wie Sie Ihre Joomla!-Installation auf den aktuellen Stand bringen. Danach sollten dann hier auch der Titel und die Beschreibung der Kategorie wieder auftauchen. Auf Ihrem angemieteten Server im Internet sollten Sie grundsätzlich immer auf die jeweils aktuelle Joomla!-Version von der offiziellen Homepage zurückgreifen – und somit mindestens die Version 3.0.3 verwenden.

Die Darstellung ist allerdings immer noch in Blog-Form. Um sie auf die Liste umzuschalten, müssen Sie sich an Abschnitt »Eine neue Kategorie erstellen« (auf Seite 125) zurückerinnern. Im Bearbeitungsschirm der Kategorie gab es eine Einstellung, mit der Sie die Darstellungsform verändern konnten. Dorthin müssen Sie jetzt zurück: Im Backend rufen Sie *Inhalt → Kategorien* auf und klicken in der Liste die *Actionfilme* an. Wechseln Sie auf das Register *Optionen*, und stellen Sie *Alternatives Layout* auf *Liste*. Nach dem *Speichern & Schließen* kontrollieren Sie kurz in der *Vorschau* das Ergebnis. Es sollte jetzt so wie in Abbildung 4-55 aussehen.

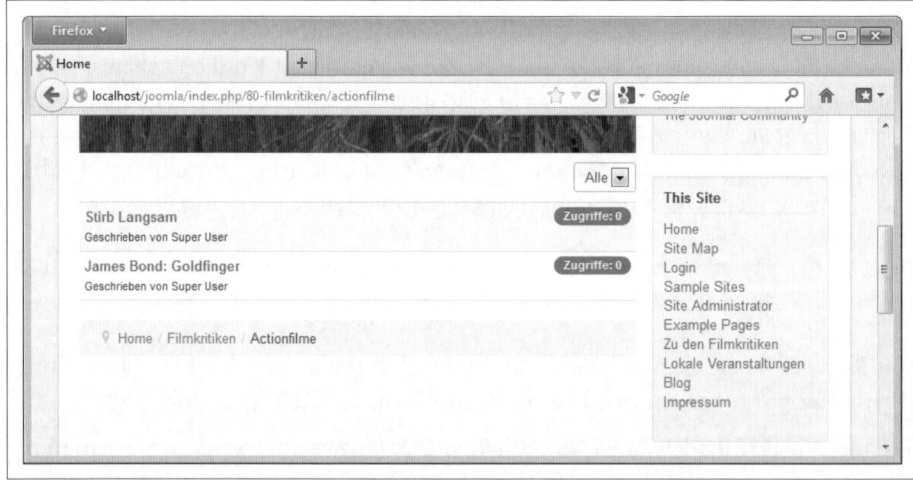

Abbildung 4-55:   Die Seite mit den Actionfilmen nach dem Einstellungsmarathon. Da hier die Joomla!-Version 3.0.2 zum Einsatz kommt, bleiben der Titel und die Beschreibung der Kategorie *Actionfilme* versteckt.

Ändern Sie jetzt noch auf die gleiche Weise die Einstellung *Alternatives Layout* bei den *Liebesfilmen* und den *Komödien*.

Abschließend können Sie noch die Darstellung der einzelnen Filmkritiken anpassen (für das Kinoportal ist das jedoch nicht nötig). Die entsprechenden Einstellungen verstecken sich wieder an zwei verschiedenen Stellen:

- Wenn Sie die Darstellung für *alle* Beiträge anpassen möchten, die über diesen Menüpunkt erreichbar sind, wechseln Sie zunächst wieder in die Einstellungen des Menüpunktes (via *Menüs → Main Menu*, dann *Zu den Filmkritiken* anklicken), aktivieren dort das Register *Erweiterte Optionen* und klappen schließlich den Slider mit den *Beitragsoptionen* auf.

- Soll nur ein Beitrag anders aussehen, rufen Sie hingegen seinen Bearbeitungsbildschirm auf (via *Inhalt → Beiträge* und einem Klick auf seinen Titel) und wechseln auf das Register *Beitragsoptionen*.

In beiden Fällen finden Sie zahlreiche Einstellungen vor, die bereits der Abschnitt »Die Darstellung des Beitrags anpassen« auf Seite 153 ausführlich vorgestellt hat.

Das bisher Gesagte gilt nur, wenn die Unterseiten über einen Menüpunkt vom Typ *Alle Kategorien auflisten* erreichbar sind. Die anderen Menüeintragstypen erlauben es leider nur teilweise, an der Darstellung ihrer (Unter-)Unterseiten zu drehen. Häufig müssen Sie das Aussehen der Übersichtsseiten von Unterkategorien entweder akzeptieren oder aber gleich die globalen Einstellungen verändern. Letzteres hat aber unter Umständen auch wieder Auswirkungen auf alle anderen Kategorien – vorausgesetzt, ein Menüpunkt überschreibt nicht diese Einstellungen.

Vermutlich sind Sie jetzt zu Recht etwas verwirrt. Deshalb folgt hier zum Abschluss noch einmal eine kurze Zusammenfassung. Wenn Sie die angezeigten Informationen auf einer Seite ändern möchten, gehen Sie immer nach folgendem Schema vor:

1. Finden Sie heraus, welcher Menüpunkt zur fraglichen Kategorie beziehungsweise zum betroffenen Beitrag führt. Rufen Sie dann den Bearbeitungsbildschirm dieses Menüpunktes auf, und kontrollieren Sie die Einstellungen auf dem Register *Erweiterte Optionen*.

2. Liefert dies noch nicht das gewünschte Ergebnis oder fehlen passende Einstellungen, rufen Sie den Bearbeitungsbildschirm der Kategorie beziehungsweise des Beitrags auf. Prüfen Sie auch dort alle Einstellungen auf dem Register *Optionen* beziehungsweise *Beitragsoptionen*.

3. Hilft das immer noch nicht, werfen Sie einen Blick in die Grundeinstellungen. Wie man dorthin gelangt, verrät der nachfolgende Abschnitt.

Grundeinstellungen ändern

Bei Ihrem Weg durch das Backend sind Sie ziemlich häufig auf den Punkt *Globale Einstellung* gestoßen. Joomla! übernimmt dann jeweils die systemweiten Vorgaben. Diese sind jedoch nicht in Stein gemeißelt, sondern können von Ihnen selbst angepasst werden.

 **Warnung**   Behalten Sie dabei im Hinterkopf, dass sich dies auf *alle* Seiten Ihres Internetauf-
tritts auswirken kann – das gilt auch für Seiten und Beiträge, die man schon fast
vergessen hat!

Sie sollten deshalb möglichst die Grundeinstellungen immer nur einmal direkt
nach der Installation von Joomla! festlegen und sie dann nicht mehr antasten.

Um die Grundeinstellungen anzupassen, wechseln Sie im Backend wieder zur Liste
mit allen Beiträgen unter *Inhalt → Beiträge* (oder alternativ zur Liste mit allen Kategorien unter *Inhalt → Kategorien*). Dort klicken Sie die Schaltfläche *Optionen* in der
Werkzeugleiste an, woraufhin sich die Einstellungen aus Abbildung 4-56 öffnen.

⟨X.X⟩ **Version**   In Joomla! 2.5 erschienen die Einstellungen noch in einem separaten Fenster.

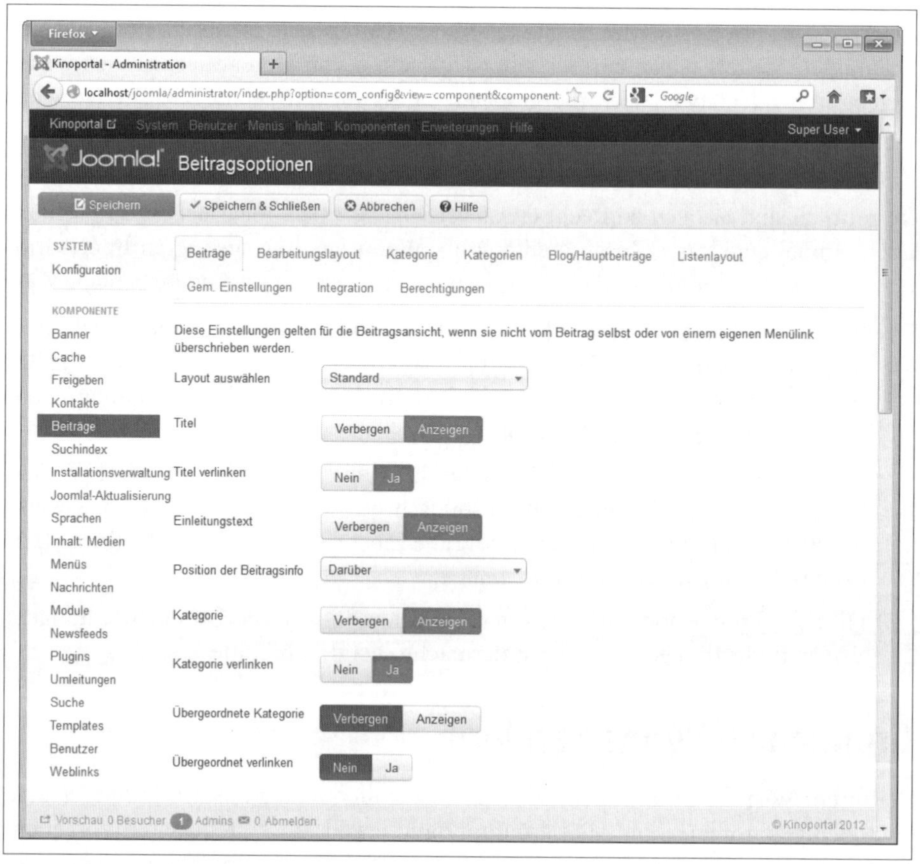

![Screenshot der Beitragsoptionen in Joomla!]

Abbildung 4-56:   Die Grundeinstellungen

Die Einstellungen auf den einzelnen Registern dürften Ihnen bekannt vorkommen.
Es sind dieselben aus den vorherigen Abschnitten. Auf den Registern *Beiträge* und

Bearbeitungslayout finden Sie beispielsweise alle Einstellungen für die Beiträge aus den Abschnitten »Die Darstellung des Beitrags anpassen« (ab Seite 153), »Konfigurieren des Editorfensters« (ab Seite 159) und »Aufmacherbilder und ergänzende Links« (ab Seite 147). Analog enthalten die Register *Kategorie*, *Kategorien*, *Blog/Hauptbeiträge*, *Listenlayout* und *Gem. Einstellungen* die Vorgaben für die Übersichtsseiten der Kategorien. Mit dem Wissen, das Sie in den vorherigen Abschnitten erworben haben, sollten die Punkte allesamt selbsterklärend sein.

Alle hier gewählten Vorgaben gelten grundsätzlich so lange für alle Kategorien und Beiträge, bis Sie sie in einem Bearbeitungsbildschirm explizit überschreiben. Wenn Sie Änderungen an den Grundeinstellungen vorgenommen haben, dürfen Sie nicht vergessen, sie über den entsprechenden Knopf zu *Speichern*. Um die Grundeinstellungen wieder zu schließen, klicken Sie in der Werkzeugleiste auf *Abbrechen*.

Sichtbarkeit versteckter Inhalte

Wechseln Sie im Backend noch einmal zur Liste mit den Kategorien hinter *Inhalt → Kategorien*. Wie die grünen Haken in der Spalte *Status* zeigen, sind alle Kategorien auf der Homepage veröffentlicht und somit dort für Besucher zugänglich – vorausgesetzt, die Kategorie (beziehungsweise ihre Übersichtsseite) ist irgendwo über ein Menü erreichbar.

Sobald Sie im Backend eine Kategorie verstecken (indem Sie beispielsweise auf den kleinen grünen Haken in der Spalte *Status* klicken), sind sowohl die Kategorie als auch alle darin enthaltenen Unterkategorien nicht mehr von der Homepage aus erreichbar. Der Menüpunkt, der auf diese Kategorie verweist, bleibt jedoch erhalten und führt folglich ins Nirvana. Probieren Sie dies einmal mit der Kategorie der *Filmkritiken* aus: Klicken Sie auf den grünen Haken in ihrer Zeile, und wechseln Sie dann in der *Vorschau* zum Menüpunkt *Zu den Filmkritiken*. Es erscheint nun der Bildschirm aus Abbildung 4-57 – der später aber leider auch jedem Besucher der Seite gezeigt werden würde.

Das Verstecken einer Kategorie wirkt sich nicht nur auf die versteckte Kategorie selbst aus, sondern auch auf alle darin enthaltenen Beiträge! Gäbe es beispielsweise noch einen weiteren Menüeintrag, der direkt zur Filmkritik *Stirb Langsam* springen würde, so würde der Besucher auch hinter ihm die Seite aus Abbildung 4-57 zu Gesicht bekommen.

Veröffentlichen Sie die gerade testweise versteckte Kategorie wieder, indem Sie im Backend in der Liste hinter *Inhalt → Kategorien* in der Zeile für die Kategorie *Filmkritiken* das kleine rote Symbol in der Spalte *Status* anklicken (alternativ können Sie natürlich auch das Kästchen ankreuzen und auf *Veröffentlichen* klicken, siehe Abschnitt »Inhalte veröffentlichen und verstecken« auf Seite 105). Damit veröffentlicht Joomla! auch automatisch wieder alle untergeordneten Kategorien.

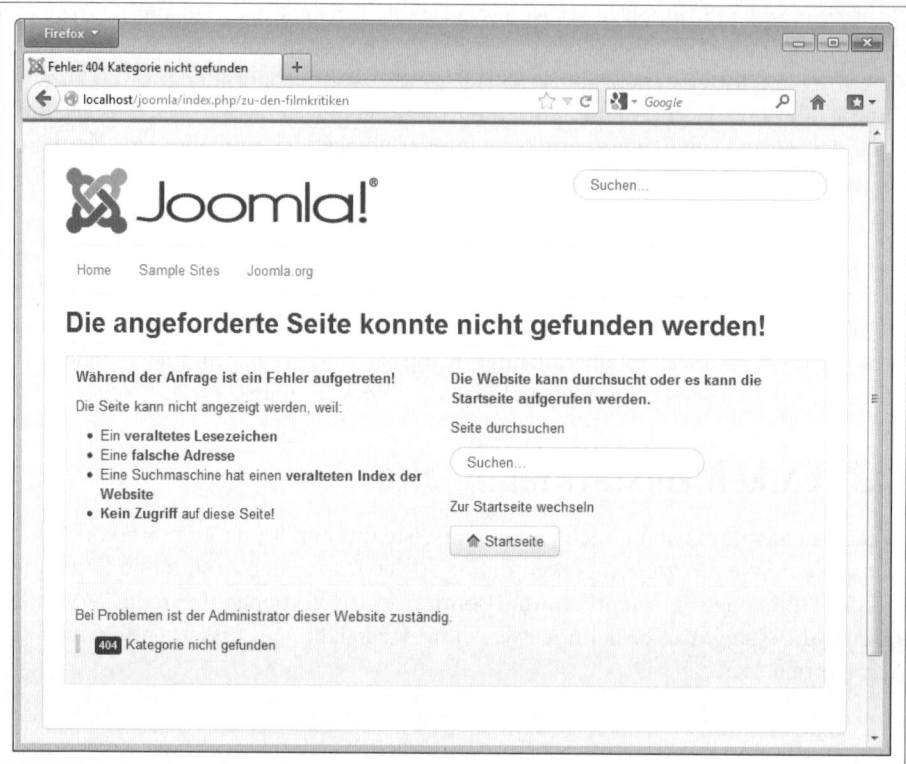

Abbildung 4-57: Gesperrte Inhalte führen zu dieser Fehlermeldung.

Hauptbeiträge und die Startseite

Besonders wichtige Beiträge dürfen Sie zu sogenannten *Hauptbeiträgen* erheben
(englisch *Featured Articles*). Die in Joomla! mitgelieferte Beispiel-Website präsentiert alle Hauptbeiträge auf ihrer Startseite (die im Englischen auch als *Front Page*
bezeichnet wird).

 Tipp   Sie können übrigens auch eine beliebige andere Seite Ihres Internetauftritts zur
Startseite küren. Um dies zu erreichen, ist allerdings etwas Spezialwissen um den
Aufbau der Menüs erforderlich, weshalb sich erst *Kapitel 8, Menüs*, damit beschäfti-
gen wird.

Alle Hauptbeiträge – und somit im Moment alle Artikel, die auf der Startseite
erscheinen – finden Sie gebündelt in der Liste hinter *Inhalt → Hauptbeiträge*.

 Für das Kinoportal stören die hier noch vorhandenen Beispieltexte, weshalb Sie sie
im nächsten Schritt gegen ein paar eigene Beiträge austauschen. Dazu kreuzen Sie
als Erstes in der Zeile mit den Spaltenbeschriftungen das kleine Kästchen links

neben *Status* an. Hierdurch werden alle Beiträge in der Liste markiert. Wählen Sie nun in der Werkzeugleiste *Entfernen*, und schon sind die Einträge Geschichte. Doch keine Angst: Sie haben sie hier nur aus der elitären Gruppe der Hauptbeiträge entfernt und somit gleichzeitig von der Startseite genommen. Die Beiträge selbst sind nach wie vor vorhanden und auch nicht versehentlich in den Mülleimer gewandert, sie sind lediglich keine Hauptbeiträge mehr.

Warnung   Der Knopf *Entfernen* hat diese Wirkung nur hier in der Liste mit allen Hauptbeiträgen (und wirklich nur hier!).

Wenn Sie nun die Startseite Ihrer Homepage in der *Vorschau* aufrufen, erhalten Sie eine recht leere Seite. Um sie wieder etwas mit Leben zu füllen, geht es jetzt im Backend über das Menü *Inhalt → Beiträge* wieder zurück zur Liste mit allen Beiträgen.

Im Kinoportal könnte man dort eine herausragende Filmkritik, den aktuellsten Blog-Eintrag und die als Nächstes anstehende Veranstaltung präsentieren. Suchen Sie sich also nacheinander die passenden Beiträge heraus, haken Sie ihr Kästchen in der zweiten Spalte ab, und erheben Sie sie mit dem entsprechenden Punkt in der Werkzeugleiste zu einem *Haupteintrag*. Alle Hauptbeiträge kennzeichnet Joomla! in der Spalte *Status* mit einem gelben Stern ( ). Dieses Sternchensymbol können Sie auch direkt anklicken und so schnell den Beitrag zu einem Hauptbeitrag küren beziehungsweise ihn wieder zu einem normalen Beitrag degradieren.

Version   In Joomla! 2.5 befanden sich die Sternchen noch in einer eigenen Spalte *Haupteintrag*.   X.X

Laden Sie jetzt in der *Vorschau* die Startseite neu. Das Ergebnis sollte so ähnlich wie in Abbildung 4-58 aussehen.

Tipp   Wenn die Reihenfolge der Artikel nicht Ihren Wünschen entspricht, wechseln Sie im Backend zum Menüpunkt *Inhalt → Hauptbeiträge* und sortieren die Beiträge einfach um (das Verfahren beschreibt Abschnitt »Sortierreihenfolge ändern« auf Seite 107).

Sobald ein Beitrag auf der Startseite erscheint, ist er übrigens weiterhin über den bekannten Weg erreichbar – die Filmkritik also beispielsweise via *Zu den Filmkritiken → Actionfilme*. Die Veröffentlichung auf der Startseite ist nur ein Zusatzangebot.

Alle zum Hauptbeitrag geadelten Beiträge können Sie zudem über einen weiteren eigenen Menüpunkt zugänglich machen. Joomla! stellt die Hauptbeiträge dann wie auf der Startseite in einer Blog-Ansicht dar. Dazu erstellen Sie einfach einen neuen Menüpunkt (beispielsweise via *Menüs → Main Menu → Neuer Menüeintrag*), klicken im Formular auf *Auswählen* und entscheiden sich dann auf dem Slider *Beiträge* für den Menüeintragstyp *Hauptbeiträge*. Die übrigen Einstellungen entsprechen denen des Menüeintragstyps *Kategorieblog* aus dem Abschnitt »Kategorieblog« auf Seite 180. Der Slider *Einstellungen des Layouts* auf dem Register *Erweiterte Optionen* ist hier identisch mit den *Blog-Layout-Optionen*, die *Beitragsoptionen* entsprechen denen des gleichnamigen Kollegen.

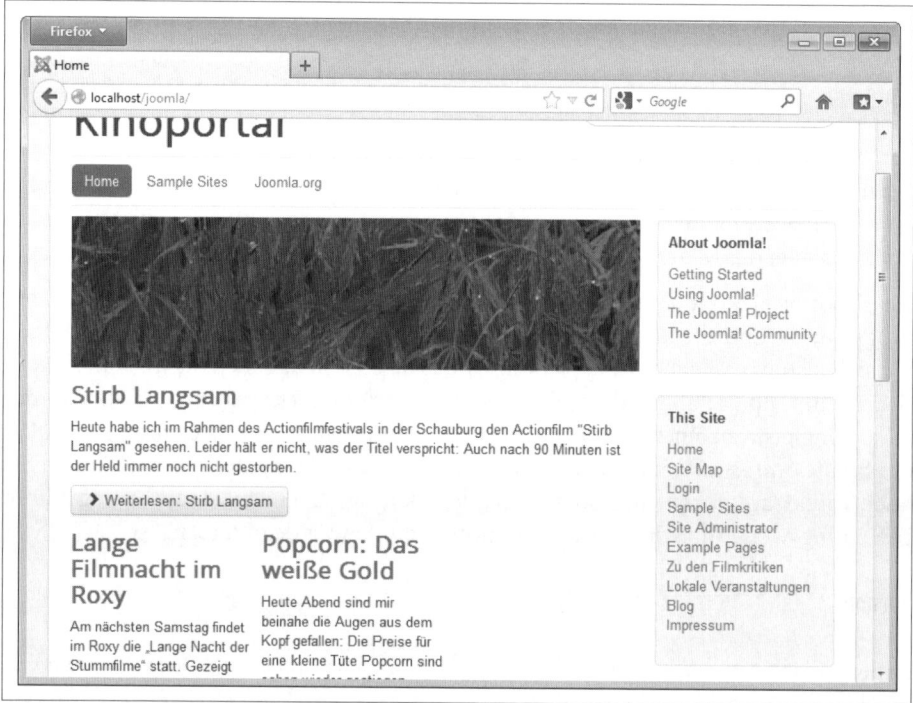

Abbildung 4-58:   Die umgestaltete Startseite

Standardmäßig führt der Menüpunkt zu einer Seite mit allen Hauptbeiträgen aus allen Kategorien. Wenn Sie nur die Hauptbeiträge aus ganz bestimmten Kategorien anzeigen lassen möchten, klappen Sie auf dem Register *Erweiterte Optionen* den Slider *Einstellungen des Layouts* auf. Das Feld *Kategorie auswählen* listet alle Kategorien auf, aus denen Joomla! die Hauptbeiträge anzeigt. Im Moment sind das noch *Alle Kategorien*. Um nur eine oder mehrere Kategorien auszuwählen, entfernen Sie zunächst den bestehenden Eintrag mit einem Klick auf das X rechts neben – *Alle Kategorien* –. Klicken Sie jetzt in das leere Eingabefeld, und suchen Sie sich die gewünschte Kategorie aus. Um die Hauptbeiträge aus einer weiteren Kategorie hinzuzufügen, klicken Sie erneut in einen weißen, leeren Bereich des Feldes. Wiederholen Sie das Verfahren, bis Sie alle Kategorien zusammenhaben. Das Ergebnis sieht dann so ähnlich aus wie in Abbildung 4-59.

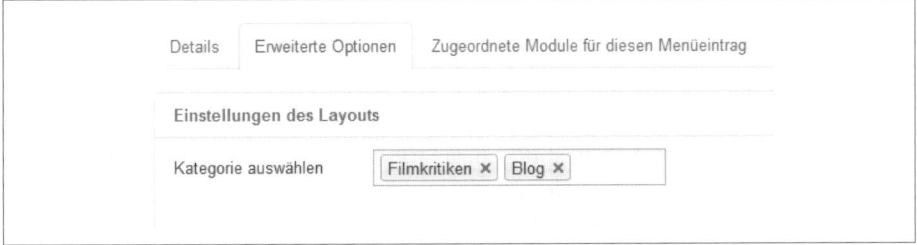

Abbildung 4-59:   Mit diesen Einstellungen würde Joomla! nur noch die Hauptbeiträge aus den Kategorien *Filmkritiken* und *Blog* anzeigen.

Falsch ausgewählte Kategorien werden Sie wieder mit einem Klick auf ihr X los. Nach dem *Speichern* führt der Menüpunkt zu einer Seite, die nur noch die Hauptbeiträge aus den gewählten Kategorien anzeigt.

Archivieren

Bestimmte Beiträge haben irgendwann ausgedient. Beispielsweise könnte der Filmabend im Mehrzweckveranstaltungssaal von Oberursel vorbei sein. Damit ist auch der entsprechende Ankündigungstext hinfällig. Man könnte diesen Beitrag nun einfach löschen, indem man in der Liste unter *Inhalt → Beiträge* das Kästchen vor dem Namen ankreuzt und ihn dann in den *Papierkorb* wirft. Vielleicht möchte man aber irgendwann noch einmal den Text nachlesen oder ihn für kommende Veranstaltungen wiederverwenden. Für solche Zwecke stellt Joomla! ein Archiv bereit. Um einen Beitrag in das Archiv zu verschieben, markieren Sie sein Kästchen und klicken dann auf den Knopf *Archivieren* in der Werkzeugleiste. Hierdurch wird der betroffene Beitrag gleichzeitig versteckt und somit von der Homepage genommen.

Einen Überblick über alle archivierten Beiträge erhalten Sie, indem Sie in der Auswahlliste – *Status wählen* – den Punkt *Archiviert* selektieren (siehe Abbildung 4-60). Alle archivierten Beiträge tragen zudem in der Spalte *Status* ein kleines Symbol einer Ablage ( ).

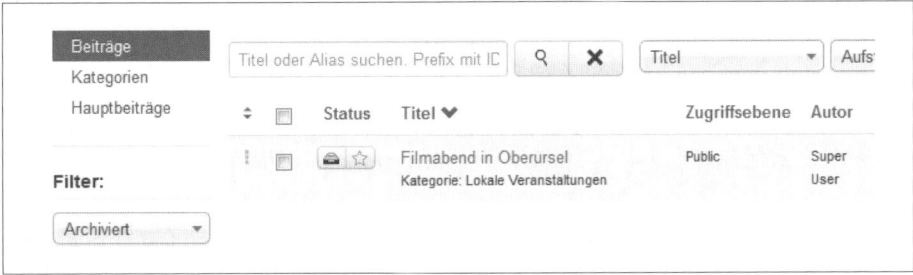

Abbildung 4-60:   Ein archivierter Veranstaltungstipp

Um einen Beitrag wieder aus dem Archiv zu holen, kreuzen Sie sein Kästchen an und wählen anschließend *Veröffentlichen* in der Werkzeugleiste.

Das Archiv können Sie auch Ihren Besuchern zugänglich machen. Dazu erstellen Sie einen neuen Menüpunkt (beispielsweise via *Menüs* → *Main Menu* → *Neuer Menüeintrag*), klicken im Bearbeitungsbildschirm auf *Auswählen* und entscheiden sich in der Gruppe *Beiträge* für *Archivierte Beiträge*. Geben Sie dem neuen Menüpunkt noch eine passende Beschriftung im Eingabefeld *Menütitel*. Auf Ihrer Website führt der neue Menüpunkt später zu einer Liste mit allen archivierten Beiträgen (wie in Abbildung 4-61).

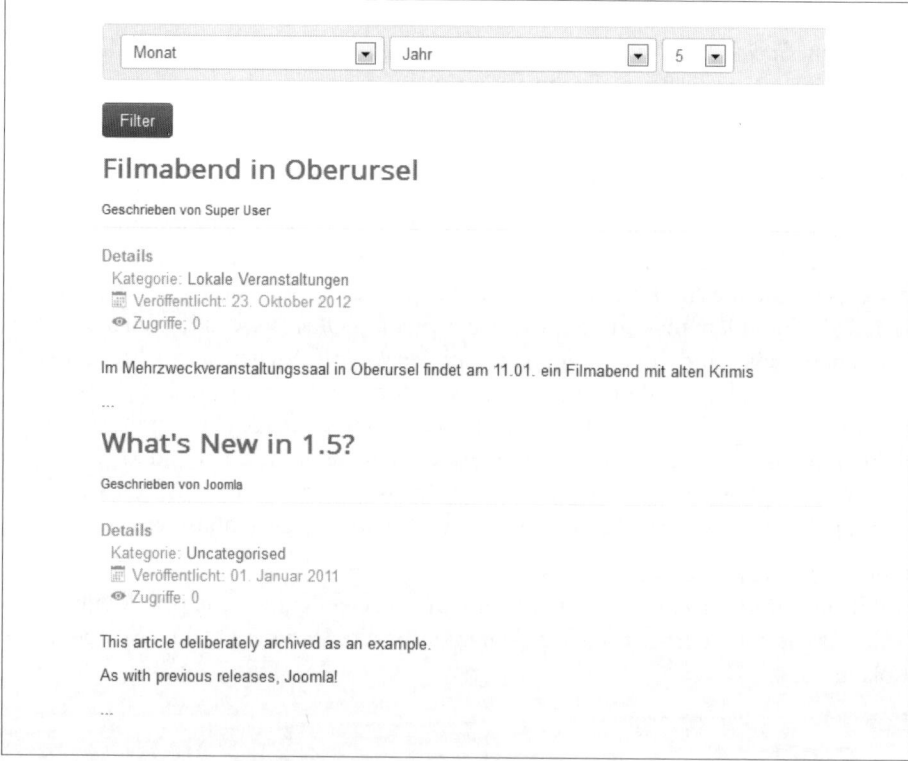

Abbildung 4-61: Die archivierten Beiträge erscheinen so auf der Homepage.

Was alles in dieser Liste in welcher Reihenfolge zu sehen ist, regeln Sie auf dem Register *Erweiterte Optionen*. Zunächst zu den *Archivoptionen*:

Beitragssortierung
Hiermit legen Sie die Sortierreihenfolge der einzelnen Beiträge fest. In der Einstellung *Titel von A bis Z* würde Joomla! die Beiträge anhand ihrer Überschrift alphabetisch aufsteigend präsentieren (Artikel mit A stehen oben auf der Seite, die mit Z unten). Im Fall der *Reihenfolge* erscheinen die Beiträge genau in der

Reihenfolge, wie sie auch im Backend in der Liste hinter *Inhalt → Beiträge* zu sehen sind, wenn Sie dort die Ausklappliste – *Status wählen* – auf *Archiviert* setzen. In der Einstellung *Neuesten zuerst* würde Joomla! die neuesten Beiträge ganz oben in der Liste anzeigen, bei *Ältesten zuerst* hingegen die ältesten Beiträge. Bleibt nur noch die Frage zu klären, was neue und was alte Artikel sind. Genau das bestimmt die nächste Ausklappliste.

Sortierdatum

Wenn Sie in der vorherigen Ausklappliste *Neuesten zuerst* beziehungsweise *Ältesten zuerst* ausgewählt haben, stellen Sie hier das dabei zugrunde liegende Datum ein. Sie können die Beiträge nach ihrem Erstellungsdatum (*Erstellt*), dem Bearbeitungsdatum (*Bearbeitet*) sowie dem Datum der ersten Veröffentlichung (*Veröffentlicht*) sortieren lassen.

 # Beiträge

So viele archivierte Beiträge zeigt Joomla! maximal auf einer Bildschirmseite an. Sollten mehr Beiträge im Archiv vorhanden sein, muss der Besucher zwischen ihnen über Knöpfe am unteren Rand der Liste hin- und herblättern.

Filterfeld

Über die Ausklapplisten am oberen Rand der Liste (siehe Abbildung 4-61) kann sich ein Besucher die archivierten Beiträge aus einem ganz bestimmten Monat anzeigen lassen. Die Ausklappliste ganz rechts bestimmt, wie viele archivierte Beiträge Joomla! auf einer Seite anzeigen soll. Nachdem ein Besucher seine Einstellungen vorgenommen hat, muss er noch auf *Filter* klicken – worauf das aktuelle Template (Protostar) leider nicht explizit hinweist.

Dem Ausklapplistengespann dürfen Sie noch ein Eingabefeld hinzufügen. Je nach Einstellung unter *Filterfeld* blendet Joomla! dann nur noch die Beiträge ein, die in ihrem *Titel*, dem Autorennamen oder den Zugriffszahlen das dort eingetippte Wort enthalten.

Max. Länge des Einleitungstextes

Joomla! präsentiert auch immer den Anfang der archivierten Beiträge. Wie viele Zeichen dieser Textschnipsel enthalten soll, legen Sie unter *Max. Länge des Einleitungstextes* fest. Bei einer 100 zeigt Joomla! beispielsweise die ersten 100 Zeichen des Beitrags an, bei einer *0* hingegen den kompletten Einleitungstext. Um den Text vollständig zu unterdrücken, müssen Sie den Slider darunter öffnen.

Auf dem Slider *Beitragsoptionen* bestimmen Sie, welche Informationen Joomla! über die archivierten Beiträge überhaupt anzeigen soll. Im Einzelnen warten hier folgende Einstellungen:

Einleitungstext

Mit *Anzeigen* präsentiert Joomla! auch den Anfang der archivierten Beiträge. Dies ist auch die Voreinstellung. Wie lang dieser Text ist, bestimmt die Einstellung *Max. Länge des Einleitungstextes* auf dem Slider *Archivoptionen*.

Position der Beitragsinfo

In Abbildung 4-61 erscheint zu jedem Beitrag unter anderem auch sein Autor und die Kategorie. Diese Informationen stehen über der Einleitung. Über diese Ausklappliste können Sie sie aber auch *Darunter* setzen lassen. Als dritte Möglichkeit kann Joomla! die Informationen auch aufspalten und einen Teil über den Text, die anderen Informationen darunter platzieren. In diesem Fall wählen Sie *Aufteilen*.

X.X In Joomla! 3.0.2 hatte diese Ausklappliste keinerlei Auswirkungen.

Kategorie

Steht diese Ausklappliste auf *Anzeigen*, nennt Joomla! zu jedem archivierten Beitrag seine Kategorie. Dies ist auch die Vorgabe.

Kategorie verlinken

Wenn Sie zusätzlich *Kategorie verlinken* auf *Ja* setzen, erscheint der Name der Kategorie als Link. Klickt der Besucher ihn an, gelangt er direkt zur Übersichtsseite der Kategorie.

Übergeordnete Kategorie und Übergeordnet verlinken

Steckt ein archivierter Beitrag in einer Unterkategorie, nennt Joomla! auch den Namen der übergeordneten Kategorie. Wenn Sie zusätzlich *Übergeordnet verlinken* auf *Ja* setzen, erscheint der Name der übergeordneten Kategorie als Link. Klickt der Besucher ihn an, gelangt er direkt zur Übersichtsseite der übergeordneten Kategorie.

Titel verlinken

Bei einem *Ja* verwandelt Joomla! die Überschrift des archivierten Beitrags in einen Link. Über ihn gelangt der Besucher dann zum vollständigen Text.

Autor

Mit der Einstellung *Anzeigen* verrät Joomla! zu jedem archivierten Beitrag den Verfasser.

X.X In Joomla! 3.0.2 hatte diese Ausklappliste keinerlei Auswirkungen.

Autor verlinken

Wenn Sie zusätzlich *Autor verlinken* auf *Ja* setzen, erscheint der Name des Autors als Link. Klickt der Besucher ihn an, gelangt er direkt zu einem passenden Kontaktformular – vorausgesetzt, Sie haben für den Autor zuvor ein solches Formular erstellt (wie das funktioniert, erläutert gleich noch Kapitel 6, *Komponenten – Nützliche Zusatzfunktionen*, Abschnitt »Kontaktformulare« auf Seite 234).

Erstellungsdatum, Bearbeitungsdatum und Veröffentlichungsdatum

Über dieses Trio blenden Sie für jeden archivierten Beitrag sein (ursprüngliches) Erstellungsdatum, Bearbeitungsdatum beziehungsweise Veröffentlichungsdatum ein.

Seitennavigation

Steht diese Ausklappliste auf *Anzeigen* und ruft ein Besucher einen archivierten Artikel auf, so blendet Joomla! am unteren Ende der Seite Schaltflächen ein, mit denen der Besucher zwischen den Beiträgen hin- und herblättern kann.

Zumindest bis einschließlich Joomla! 3.0.2 zeigte diese Einstellung keine Wirkung. $\boxed{\text{X.X}}$

Seitenaufrufe

Mit der Einstellung *Anzeigen* verrät Joomla!, wie oft ein jeder Beitrag gelesen wurde. Dies ist auch die Voreinstellung.

KAPITEL 5

In diesem Kapitel:

- Das Medienverzeichnis
- Die Medienverwaltung im Überblick
- Bilder und Dokumente hochladen
- Bilder einbinden
- Rechtliche Aspekte

Medien verwalten

In Beiträgen lockern Fotos und Illustrationen längere Texte auf und helfen, Abläufe verständlich darzustellen. Im Kinoportal könnte man etwa die Kritiken mit Fotos aus dem jeweiligen Film aufpeppen. Auch den Kategorien dürfen Sie ein kleines Bild spendieren (wie in Abbildung 5-1). Wählt man die Abbildung geschickt, sieht der Besucher schon auf den ersten Blick, wo er sich gerade befindet und welche Beiträge ihn erwarten.

Abbildung 5-1: Die Übersichtsseite für die Kategorie *Lokale Veranstaltungen* zeigt neben einer Auswahl der enthaltenen Beiträge auch eine kleine Grafik.

Damit das alles klappt, muss man Joomla! allerdings erst einmal mit dem entsprechenden Bildmaterial füttern.

Das Medienverzeichnis

Sämtliche Bild- und sonstige Mediendateien liegen im Unterverzeichnis *images* Ihrer Joomla!-Installation. Wenn Sie der Schnellinstallation aus *Kapitel 2, Installation*, gefolgt sind, ist dies

- unter Windows das Verzeichnis *C:\xampp\htdocs\joomla\images*,
- unter Linux */opt/lampp/htdocs/joomla/images* und
- unter Mac OS X der Ordner */Programme/MAMP/htdocs/joomla/images*.

Man könnte nun die eigenen Fotos einfach dort hineinkopieren. Dies ist jedoch weder komfortabel noch ratsam: Läuft Joomla! bereits auf einem Server im Internet, müsste man die Bilddateien je nach Zugang per FTP- oder SSH-Programm hochladen. Sobald mehrere Autoren ihre Kritiken schreiben möchten, müsste man jedem dieser Autoren entweder einen eigenen, zusätzlichen FTP-Zugang spendieren, oder die Autoren müssten sich einen Zugang teilen. Das erzeugt nicht nur einen erheblichen Verwaltungsaufwand, man riskiert zudem wieder schnell Sicherheitsprobleme – schließlich kann man sich nie sicher sein, was ein böswilliger Autor mit den neu gewonnenen Rechten so alles in das System einschleust.

Aus diesem Grund gibt es in Joomla! eine eingebaute Medienverwaltung (englisch *Media Manager*). Wie ihr Name schon andeutet, verwaltet sie nicht nur Bilder, sondern alle Dokumente, mit denen man die Beiträge irgendwie aufpeppen oder ergänzen kann. Hierunter fallen neben Videos beispielsweise auch Excel- oder Word-Dokumente. Darüber hinaus hilft die Medienverwaltung beim Hochladen der Dateien und erlaubt die übersichtliche Gruppierung der Dateien in weiteren Unterverzeichnissen.

Die Medienverwaltung im Überblick

Die Medienverwaltung erreichen Sie im Backend über den Menüpunkt *Inhalt* → *Medien*. Sie landen damit im Bildschirm aus Abbildung 5-2.

 Tipp   Sofern Sie sich während der Installation gegen den FTP-Zugang entschieden haben, benötigt Joomla! Schreibrechte auf das Verzeichnis *images* und seine Unterverzeichnisse. Gegebenenfalls müssen Sie dies über die entsprechenden Befehle oder Programme nachholen (wie das funktioniert, zeigte bereits Kapitel 2, *Installation*). Beachten Sie jedoch, dass dies unter Umständen zu Sicherheitsproblemen führen kann: Sobald es einem Angreifer gelänge, die Kontrolle über Joomla! zu erlangen, dürfte er auch diese Verzeichnisse manipulieren.

Im großen Rechteck erscheint der Inhalt des *images*-Verzeichnisses. Jeder kleinere Kasten entspricht dabei genau einer Datei oder einem Unterordner. Das Symbol weist dabei auf den Dateiinhalt hin, bei Bildern präsentiert Joomla! direkt eine kleine Vorschau (englisch *Thumbnails*). Unterhalb der Symbole finden Sie den zugehörigen Datei- beziehungsweise Verzeichnisnamen.

Joomla! Inhalt: Medien
Hochladen
Verzeichnis erstellen
Löschen
Optionen
Hilfe
banners
headers
sampledata
fruitshop
parks
animals
landscape
Vorschaubilder
Details
banners
headers
sampledata
joomla_bla...
joomla_gre...
joomla_log...
kalender.j...
kulis.jpg
powered_by...

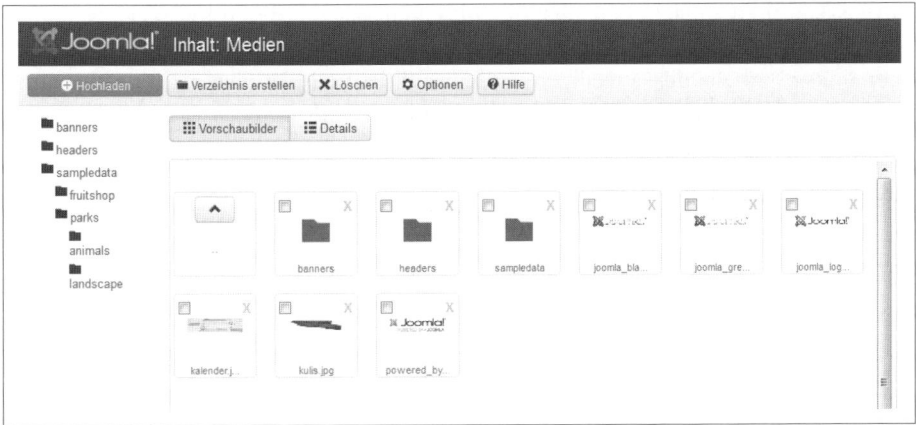

Abbildung 5-2: Der Verwaltungsbildschirm für Medien

Detailliertere Informationen zu einer Datei erhalten Sie, wenn Sie auf den Knopf *Details* wechseln (unterhalb der Werkzeugleiste). Jetzt präsentiert Joomla! die vorhandenen Dateien in einer Liste, in der auch die jeweilige Dateigröße und bei Bildern deren Maße erscheinen (siehe Abbildung 5-3).

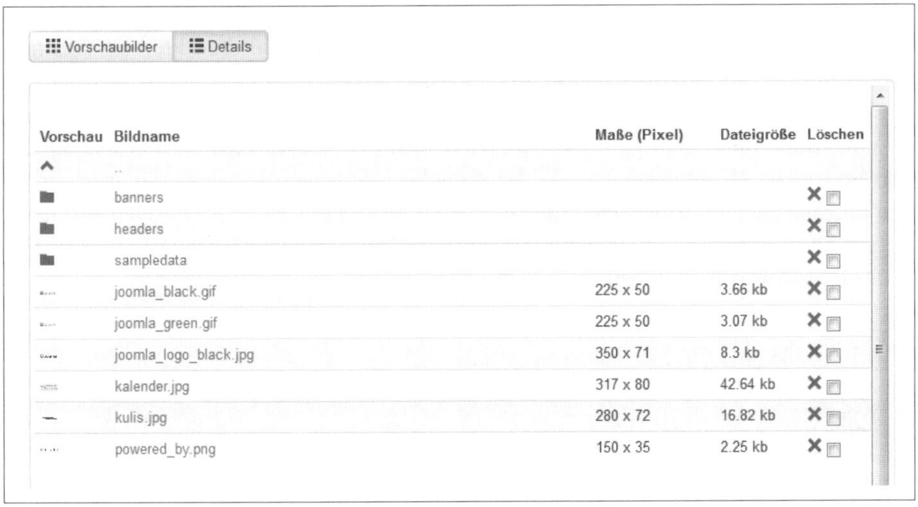

Vorschaubilder
Details
Vorschau
Bildname
Maße (Pixel)
Dateigröße
Löschen
banners
headers
sampledata
joomla_black.gif 225 x 50 3.66 kb
joomla_green.gif 225 x 50 3.07 kb
joomla_logo_black.jpg 350 x 71 8.3 kb
kalender.jpg 317 x 80 42.64 kb
kulis.jpg 280 x 72 16.82 kb
powered_by.png 150 x 35 2.25 kb

Abbildung 5-3: Die Detailansicht der Medienverwaltung liefert auch die Dateigrößen und die Abmessungen von Bildern.

Über die letzte Spalte können Sie eine Datei oder ein Verzeichnis wieder vom Webserver entfernen. Dazu kreuzen Sie das Kästchen bei allen überflüssigen Kandidaten an und wählen in der Werkzeugleiste *Löschen*. Alternativ befördert ein Klick auf das kleine blaue *X* die zugehörige Datei sofort ins Jenseits.

Zurück zur alten Ansicht gelangen Sie mit einem Klick auf den Knopf *Vorschaubilder*. Hier funktioniert das Löschen nach dem gleichen Prinzip, wobei sich das Kästchen links oberhalb des jeweiligen Vorschaubildes befindet. Das X ist hier grau und wartet in der rechten Ecke oberhalb des Vorschaubildes.

Egal in welcher Ansicht Sie sich befinden: Ein Klick auf ein Bild bringt es in seiner vollen Pracht auf den Schirm.

 Version   Um diese Vorschau wieder zu verlassen, müssen Sie ab Joomla! 3.0 entweder den Zurück-Knopf in Ihrem Browser verwenden oder aber einmal auf *Details* beziehungsweise *Vorschaubilder* klicken.

Mit Verzeichnissen Ordnung halten

Mit dem Baum auf der linken Seite wechseln Sie das Verzeichnis. Probieren Sie das einmal aus: Ein Klick auf *banners* führt direkt in das gleichnamige Verzeichnis mit den mitgelieferten Werbebannern. Alternativ können Sie auch in der *Vorschaubilder*-Ansicht auf das entsprechende Ordnersymbol oder in der *Details*-Ansicht auf den Verzeichnisnamen in der Liste klicken.

Der nach oben gerichtete Pfeil führt wieder eine Verzeichnisebene nach oben. In der *Vorschaubilder*-Ansicht ist er immer im Kästchen ganz links oben zu finden, in der *Details*-Ansicht wartet er in der obersten Zeile. Klicken Sie diesen Pfeil jetzt einmal an, womit Sie wieder im *images*-Verzeichnis landen. Versuchen Sie jetzt über ihn noch eine Ebene höher und somit aus dem *images*-Verzeichnis heraus zu wechseln – es wird Ihnen nicht gelingen. Die Medienverwaltung sperrt Sie aus Sicherheitsgründen im *images*-Verzeichnis ein. Andernfalls könnten Sie oder einer der Autoren in das Joomla!-Installationsverzeichnis wechseln, dort auf alle Systemdateien zugreifen und so das Content-Management-System (versehentlich) zerstören beziehungsweise unter Ihre Kontrolle bringen.

Joomla! bringt von Haus aus ein paar vordefinierte Ordner mit, in denen schon ein paar Bilder lagern. Im Einzelnen sind dies:

images
Das Joomla!-Logo in verschiedenen Ausführungen

images/banners
Ein paar Joomla!-Werbebanner. Später sollen hier auch alle weiteren Werbebanner Ihres Internetauftritts landen.

images/headers
Ein paar Bilder zur Verzierung Ihrer Website. Hier finden Sie auch das Bild mit den roten Blättern, das derzeit auf der Startseite zu sehen ist.

images/sampledata
Bilder für die mitgelieferte Beispiel-Website

Bildverzeichnisse ändern

Die Grundeinstellungen der Medienverwaltung hinter der Schaltfläche *Optionen* bieten auf dem Register *Komponente* zwei Eingabefelder, mit denen Sie die Speicherorte der Bilder ändern können. Wichtig ist bei beiden Einstellungen, dass Sie die einzelnen Verzeichnisse mit dem Schrägstrich / und nicht, wie unter Windows gewohnt, mit dem Rückstrich \ trennen.

Dateiverzeichnis-Pfad

Standardmäßig sammelt Joomla! alle Mediendateien im bekannten Unterverzeichnis *images*. Wenn Sie unbedingt ein anderes Verzeichnis als Medienablage verwenden möchten oder müssen, ändern Sie den *Dateiverzeichnis-Pfad*. Als Alternative können Sie nur einen anderen Unterordner des Joomla!-Installationsverzeichnisses wählen; die hier eingetippte Pfadangabe interpretiert die Medienverwaltung immer relativ zum Joomla!-Ordner.

Normalerweise ist eine Änderung des Verzeichnisses nicht notwendig, sie kann sogar zu unangenehmen Seiteneffekten führen – beispielsweise wenn später eine Erweiterung das Verzeichnis *images* erwartet.

Bildverzeichnis-Pfad

In der Medienverwaltung landen mitunter auch private Bilder, geheime Pressetexte und andere Medien, die besser nicht direkt in Beiträgen auftauchen sollen. Damit keiner der Autoren unnötig in Versuchung gerät, können Sie Joomla! zwingen, die Bilder für die Beiträge, die Bilderder Übersichtsseiten für die Kategorien und die Bilderder Werbebanner nur noch aus einem ganz bestimmten Unterverzeichnis anzubieten.

Dazu erstellen Sie zunächst das entsprechende Verzeichnis in der Medienverwaltung und tragen es dann hier im Feld *Bildverzeichnis-Pfad* ein. Joomla! verlangt dabei einen Pfad relativ zu seinem Installationsverzeichnis. Sollen zukünftig alle Autoren ihre Bilder nur noch aus dem Unterverzeichnis *beitraege* beziehen dürfen, tragen Sie hier *images/beitraege* ein. Wenn Sie jetzt nach dem *Speichern & Schließen* ein Bild in einen Beitrag einbinden, bietet Joomla! nur noch die Inhalte aus dem Ordner *images/beitraege* sowie dessen Unterverzeichnisse an.

Über die Medienverwaltung haben Sie selbstverständlich weiterhin Zugriff auf alle Inhalte des *images*-Ordners. Bilder in älteren Beiträgen bleiben übrigens erhalten, auch wenn sie jetzt in einem anderen, ausgeblendeten Verzeichnis liegen. Sie müssen die Beiträge somit nicht alle ändern.

Der *Bildverzeichnis-Pfad* legt allerdings ganz nebenbei auch noch den Speicherort für die Werbebanner fest. Da eine nachträgliche Änderung des Verzeichnisses somit weitere Konsequenzen haben kann, sollten Sie es niemals im produktiven Betrieb wechseln. Wenn Sie den Zugriff nicht wirklich auf ein Verzeichnis beschränken müssen, behalten Sie zudem am besten hier die Voreinstellung *images* bei.

Über den entsprechenden Knopf in der Werkzeugleiste können Sie ein neues *Verzeichnis erstellen*. Joomla! blendet dann ein Eingabefeld ein. In diesem geben Sie einfach den Namen des neuen Ordners ein und klicken anschließend rechts daneben auf *Verzeichnis erstellen*.

| X.X | **Version** | In Joomla! 2.5 war dieses Eingabefeld immer am unteren Seitenrand verfügbar. |

| ⏩ | **Tipp** | Wenn Ihre Beiträge häufig viele Bilder umfassen, lohnt es sich, die Seitenstruktur noch einmal im Ordner *images* mit entsprechenden Unterverzeichnissen nachzubilden. Damit würden dann beispielsweise alle Bilder zur Filmkritik »Stirb Langsam« im Verzeichnis *images/filmkritiken/actionfilme/stirblangsam* liegen. Auf diese Weise behält man den Überblick über das Bildmaterial, und die verschiedenen Autoren kommen sich beim Hochladen nicht gegenseitig in die Quere. |

Klappt das Anlegen nicht, so besitzt Joomla! entweder keine Schreibrechte für das entsprechende Verzeichnis, oder – falls Sie sich bei der Installation für den FTP-Zugang entschieden haben – die Zugangsdaten stimmen nicht.

Bilder und Dokumente hochladen

Um nun eigene Bilder oder Dokumente hinzuzufügen, klicken Sie auf den grünen Knopf *Hochladen* in der Werkzeugleiste. Es erscheint jetzt ein Eingabefeld mit zwei Schaltflächen. Klicken Sie auf *Durchsuchen...*, und wählen Sie die entsprechende Datei aus. Mit einem anschließenden Klick auf *Hochladen starten* wandert die Datei in das aktuell angezeigte Verzeichnis.

| X.X | **Version** | In Joomla! 2.5 war dieses Eingabefeld immer am unteren Seitenrand verfügbar. |

Standardmäßig sind Dateien bis zu einer Größe von 10 MB erlaubt. Den genannten Wert können Sie ändern, indem Sie in der Werkzeugleiste die *Optionen* der Medienverwaltung aufrufen, dort auf das Register *Komponente* wechseln, dann in *Max. Größe (in MB)* den Wert in Megabyte eintragen und die Änderungen schließlich *Speichern*.

| ⏹ | **Warnung** | Der hier maximal mögliche Wert hängt zusätzlich noch von der PHP-Konfiguration und somit letztendlich auch von Ihrem Webhoster ab. Je nach gemietetem Paket sind hier größere oder kleinere Dateien erlaubt. |

| ⏩ | **Tipp** | Das Eingabefeld und die Schaltflächen können Sie wieder ausblenden, indem Sie in der Werkzeugleiste noch einmal auf *Hochladen* klicken. Auch das Eingabefeld zum Anlegen eines neuen Verzeichnis verstecken Sie wieder mit einem neuen Klick auf den Knopf *Verzeichnis erstellen*. |

Die Medienverwaltung verdaut standardmäßig ausschließlich Bilder in den Formaten *bmp*, *gif*, *ico*, *jpg*, *png*, *xcf* sowie Dokumente mit den Endungen *pdf*, *swf* (Flash), *doc* (Word), *xls* (Excel), *ppt* (PowerPoint), *txt* (einfache Texte), *csv* (Tabellen als Comma Separated Values) nebst denen der OpenOffice.org- respektive LibreOffice-Anwendungen. Wenn Sie versuchen, eine andere Datei hochzuladen, verweigert sich Joomla!. Hierzu gehören zum Beispiel auch Film- oder Musikdateien. Um weitere Dateiendungen zu erlauben, öffnen Sie die *Optionen*, wechseln auf das Register *Komponente* und hängen dort im Feld *Erlaubte Dateiendungen* einfach die gewünschten Endungen, jeweils durch ein Komma getrennt, an die vorhandenen an (siehe Abbildung 5-4).

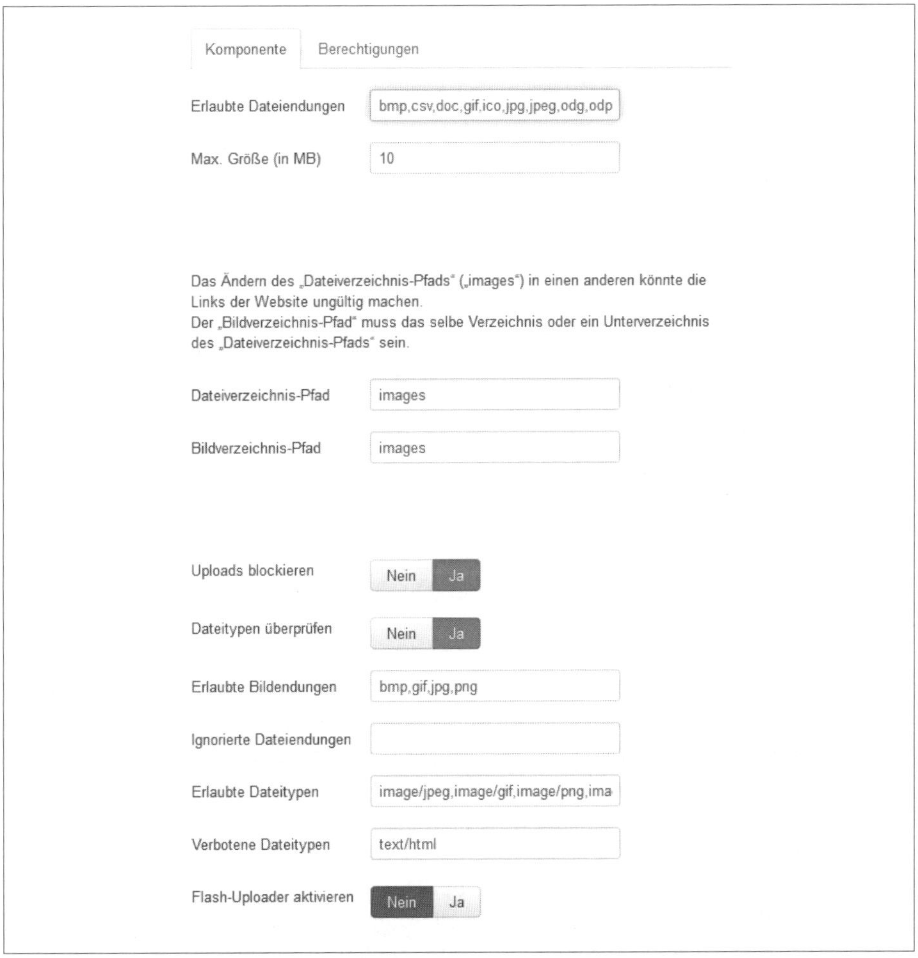

Komponente	Berechtigungen

Erlaubte Dateiendungen	bmp,csv,doc,gif,ico,jpg,jpeg,odg,odp
Max. Größe (in MB)	10

Das Ändern des „Dateiverzeichnis-Pfads" („images") in einen anderen könnte die Links der Website ungültig machen.
Der „Bildverzeichnis-Pfad" muss das selbe Verzeichnis oder ein Unterverzeichnis des „Dateiverzeichnis-Pfads" sein.

Dateiverzeichnis-Pfad	images
Bildverzeichnis-Pfad	images
Uploads blockieren	Nein **Ja**
Dateitypen überprüfen	Nein **Ja**
Erlaubte Bildendungen	bmp,gif,jpg,png
Ignorierte Dateiendungen	
Erlaubte Dateitypen	image/jpeg,image/gif,image/png,ima
Verbotene Dateitypen	text/html
Flash-Uploader aktivieren	**Nein** Ja

Abbildung 5-4:   Die Grundeinstellungen der Medienverwaltung

Nicht immer steckt in einer hochgeladenen Datei das drin, was draufsteht. So könnte ein findiger Benutzer Ihrer Seite einer MP3-Datei den Namen *bild.jpg* geben. Solch einen Identitätsfälscher würde Joomla! passieren lassen. Glücklicherweise existieren für PHP die beiden Erweiterungen *MIME Magic* (*http://us3.php.net/mime_magic*) und *Fileinfo* (*http://us3.php.net/manual/de/ref.fileinfo.php*). Sie lassen sich nicht vom Dateinamen blenden, sondern analysieren den Inhalt der Datei. Als Ergebnis liefern sie dann ihren wahren Typ zurück. Sofern eine der beiden genannten Erweiterungen auf dem Server installiert ist, prüft Joomla! mit ihr jede hochgeladene Datei und weist sie im Fall der Fälle ab. Die folgenden Einstellungen regeln das entsprechende Verhalten:

Uploads blockieren
Sofern beide Erweiterungen fehlen, dürfen bei einem *Ja* sicherheitshalber nur noch Benutzer vom Rang eines Managers oder höher Dateien auf den Server laden (auf die Benutzerrechte gehe ich später noch in *Kapitel 9, Benutzerverwaltung und -kommunikation*, ein).

Dateitypen überprüfen
Bei einem *Ja* prüft Joomla! jede hochgeladene Datei mit einer der beiden Erweiterungen. Durchgelassen werden nur solche Dateien, die tatsächlich den Formaten aus dem Feld *Erlaubte Bildendungen* entsprechen.

Erlaubte Bildendungen
Joomla! lädt nur Bilder mit den hier aufgeführten Endungen auf den Webserver. Auch hier müssen die Dateiendungen wieder jeweils durch ein Komma voneinander getrennt werden.

Ignorierte Dateiendungen
Dateien mit den hier eingetragenen Dateiendungen winkt Joomla! ohne jegliche Prüfung durch.

 **Warnung**   Dieses Feld sollte möglichst immer leer bleiben. Die Gefahr, dass ein böswilliger Benutzer durch dieses Schlupfloch schädliche Programme oder urheberrechtlich geschütztes Material hochlädt, ist einfach zu groß.

Welche Dateien auf den Server hochgeladen werden dürfen, prüfte Joomla! bislang einmal anhand der Dateiendung sowie durch eine Analyse ihres Inhalts. Es gibt aber noch eine dritte Testmöglichkeit: Sobald ein Browser eine Datei an den Webserver sendet, schickt er immer auch ein paar Zusatzinformationen mit. Darunter befindet sich auch der sogenannte *MIME-Typ* (der auch als *Internet Media Type* oder *Content-Type* bezeichnet wird). Er gibt an, was für Daten da über das Netz wandern. Die Angabe `text/plain` kennzeichnet beispielsweise reinen Text, wohingegen `image/jpeg` auf ein JPEG-Bild hinweist. Diese Angaben kann Joomla! auswerten und so beispielsweise bestimmte Inhalte vom Hochladen ausschließen – oder sie zulassen. Was wie genau passieren soll, regeln die folgenden beiden Einstellungen:

Erlaubte Dateitypen
Alle Dateien mit den hier eingetragenen MIME-Typen dürfen auf den Server wandern.

Verbotene Dateitypen

Alle Dateien mit den hier eingetragenen MIME-Typen blockiert Joomla! beim Versuch, sie hochzuladen.

Eine Liste mit allen derzeit gültigen MIME-Typen finden Sie im Internet beispielsweise unter *http://www.iana.org/assignments/media-types/* oder in einer etwas lesbareren Form unter *http://www.webmaster-toolkit.com/mime-types.shtml*.

Abschließend können Sie anstelle des schnöden Eingabefeldes zum Hochladen auch ein schickes, auf Flash basierendes Fenster aktivieren. Dazu setzen Sie *Flash-Uploader aktivieren* auf *Ja*.

Warnung Diese Alternative prüft allerdings weder die Dateiendungen noch die Inhalte. Zudem haben viele Benutzer Flash deaktiviert oder nicht installiert. Verzichten Sie daher besser auf den Flash-Uploader.

Bilder einbinden

Nachdem die Bilder in der Medienverwaltung gelandet sind, möchte man sie auch irgendwie in die eigene Website einbinden. Überall dort, wo Sie Bilder einbinden können, bietet Joomla! eine entsprechende Schaltfläche an. Beim Erstellen einer Kategorie können Sie beispielsweise auf dem Register *Optionen* ein Bild *Auswählen*. Wenn Sie das Bild hingegen direkt in einen Beitragstext integrieren möchten, klicken Sie im entsprechenden Bearbeitungsbildschirm auf die Schaltfläche *Bild* unter dem großen Eingabefeld für den Text.

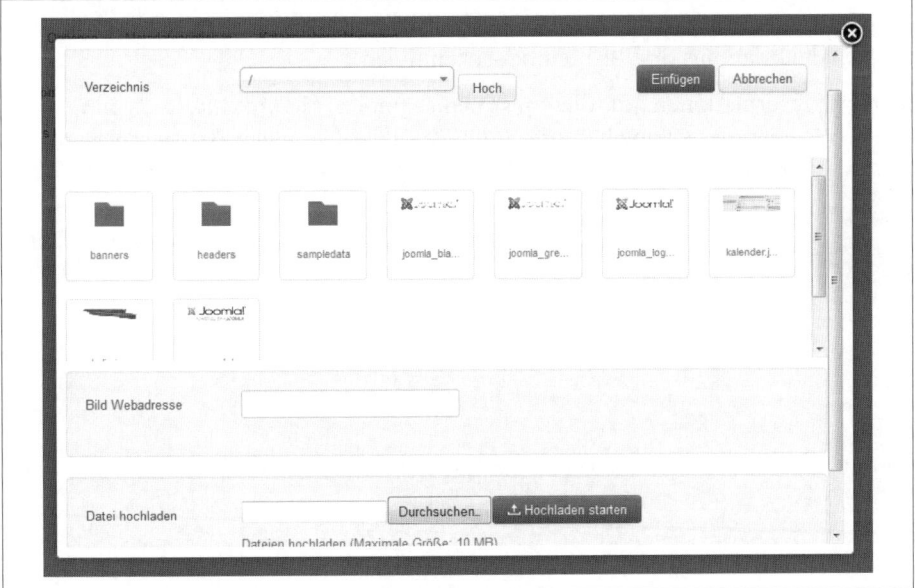

Abbildung 5-5:   Die Mini-Ausgabe der Medienverwaltung hilft beim Einbinden der Bilder.

In jedem Fall öffnet sich dann eine Mini-Ausgabe der Medienverwaltung, die Ihnen die Inhalte des *images*-Verzeichnisses kredenzt (siehe Abbildung 5-5).

Wie man die Mini-Ausgabe der Medienverwaltung bedient, haben Sie bereits in Kapitel 4, *Inhalte verwalten*, gesehen.

 Tipp   Wenn Sie hier Dateien vermissen, prüfen Sie in den *Optionen* in der Werkzeugleiste der Medienverwaltung, ob das Bildverzeichnis korrekt eingestellt ist (siehe auch den Kasten »Bildverzeichnisse ändern« auf Seite 209).

Rechtliche Aspekte

Gerade bei einem Kinoportal ist es oftmals mehr als verlockend, einfach das Bild eines Schauspielers oder einer Filmszene von irgendeiner Seite im Internet herunterzuladen und es in die eigene Filmkritik zu integrieren. Dieser Versuchung sollten Sie jedoch unter allen Umständen widerstehen: Jedes Bild-, Ton- und Textmaterial ist urheberrechtlich geschützt. Ein Einsatz auf der eigenen Homepage sollte nur nach Rücksprache mit dem jeweiligen Rechteinhaber erfolgen. Bei Bildern ist dies meist der Fotograf oder eine Bildagentur. Bittet man nicht um Erlaubnis, kann dies recht schnell zu einer teuren Abmahnung und sogar zu Schadensersatzforderungen führen. Fragen Sie im Zweifelsfall einen Rechtsanwalt, oder benutzen Sie ausschließlich selbst angefertigte Bilder. Doch auch hier lauern Fallen: Wenn Sie eine Person fotografiert haben, muss diese der Veröffentlichung zustimmen. Auch einige Gebäude und deren Silhouetten sind rechtlich geschützt – wie etwa der beleuchtete Eifelturm bei Nacht oder das Atomium in Brüssel (siehe *http://reise-weblog.com/2010/10/15/fotografieren-nicht-verboten-ins-internet-hochladen-aber-schon/*). Auch hier müssen Sie sich die Erlaubnis des Rechteinhabers einholen.

Weitere Informationen zu diesem Thema finden Sie im Internet. Eine erste Anlaufstelle ist die Wikipedia unter *http://de.wikipedia.org/wiki/Urheberrechtsverletzung* sowie *http://de.wikipedia.org/wiki/Wikipedia:Bildrechte*.

In diesem Kapitel:
- Bannerwerbung
- Kontaktformulare
- Newsfeeds
- Suchfunktion und Suchstatistiken
- Weblinks

KAPITEL 6

Komponenten – Nützliche Zusatzfunktionen

Nachdem wir in den vorangegangenen Abschnitten die zukünftige Homepage mit Inhalten gefüllt haben, gilt es nun, sie mit ein paar interessanten Zusatzfunktionen aufzupeppen. Beispielsweise könnte man über kleine Werbebanner die Miete für den Webserver wieder hereinholen, und eine Link-Sammlung mit Verweisen auf die Kinos der Umgebung wäre auch nicht schlecht. Derartige Aufgaben übernehmen unter Joomla! die sogenannten Komponenten. Eine Komponente ist ein Erweiterungspaket, das Joomla! um zusätzliche Funktionen bereichert. Ein Beispiel wären Kontaktformulare oder die bereits angesprochene Anzeige von Werbebannern.

Komponenten sind wie Bauklötzchen

In der Softwareentwicklung versteht man unter einer Komponente allgemein ein Stück Software, das eine ganz bestimmte Aufgabe erledigt. Man kann sich Komponenten wie Bauklötze vorstellen, die sich zu einer kompletten Anwendung zusammenstöpseln lassen – ganz ähnlich wie bei einem Haus aus LEGO-Steinen.

Joomla! ist selbst ein Beispiel für eine Anwendung, die vollständig aus einzelnen Komponenten besteht: Eine Komponente verwaltet die Beiträge, während sich eine andere der Werbebanner annimmt, wohingegen eine dritte alle Kontaktformulare unter ihre Fittiche nimmt. Im Zusammenspiel bilden sie dann das komplette Content-Management-System.

Genau wie ein LEGO-Haus können Sie auch Joomla! mit weiteren passenden Bauklötzchen – Pardon: Komponenten – erweitern. Wie das funktioniert und wie man eigene Komponenten erstellt, erklären später noch die Kapitel 14, *Funktionsumfang erweitern*, und Kapitel 15, *Eigene Erweiterungen erstellen*.

Joomla! bringt standardmäßig schon ein paar nützliche Komponenten mit, die im Menü *Komponenten* des Backends ihre Funktionen anbieten. Sehen Sie doch einmal nach, was Sie bisher in diesem Menü vorfinden (siehe Abbildung 6-1). Jeder Eintrag entspricht genau einer bereits mitgelieferten Komponente. Im Folgenden soll jede von ihnen etwas näher vorgestellt werden. Selbstverständlich bleibt es Ihrem eigenen Geschmack überlassen, welche dieser Funktionen Sie in Ihre Seiten übernehmen möchten. Im Kinoportal kommen zum Kennenlernen alle einmal kurz zum Einsatz.

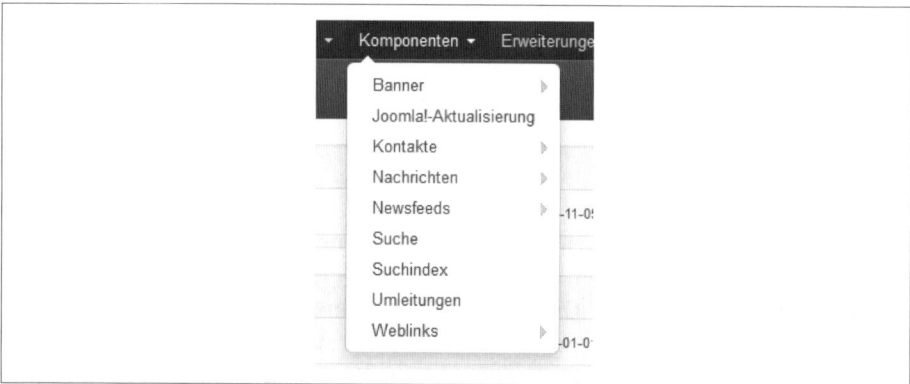

Abbildung 6-1:   Diese Komponenten bringt Joomla! bereits ab Werk mit.

Bannerwerbung

Der Betrieb eines Internetauftritts nagt beständig am eigenen Geldbeutel – schließlich erbringen die Webhoster ihre Leistungen nicht umsonst. Es liegt also nahe, auf der eigenen Seite etwas Werbung zu schalten, um so zumindest einen Teil der Kosten wieder hereinzubekommen. Bei diesem Unterfangen hilft die Komponente *Banner*. Wie ihr Name schon andeutet, kümmert sie sich um die Schaltung von sogenannten Werbebannern. Hierbei bucht ein Kunde einen gut einsehbaren Platz auf der Homepage. Gleichzeitig stellt er ein Bild zur Verfügung, das später nicht nur die angemietete Werbefläche zieren, sondern auch bei einem Mausklick direkt auf seine eigenen Internetseiten führen soll.

 Im Kinoportal könnte beispielsweise das hiesige Programmkino *Schauburg* den Platz auf der Homepage buchen.

Drängen gleich mehrere Werbekunden auf die Internetseite, wählt die zuständige Joomla!-Komponente bei jedem Seitenaufruf ein anderes Werbebildchen aus – entweder per Zufall oder abwechselnd in einer vorgegebenen Reihenfolge.

Werbekunden verwalten

Bevor ein Banner auf der Homepage landet, benötigt man zunächst einen Werbekunden. Joomla! nennt diese Menschengruppe *Kunden* (im Englischen *Clients*) und verwaltet sie unter *Komponenten* → *Banner* → *Kunden*. Dahinter verbirgt sich die Liste aus Abbildung 6-2.

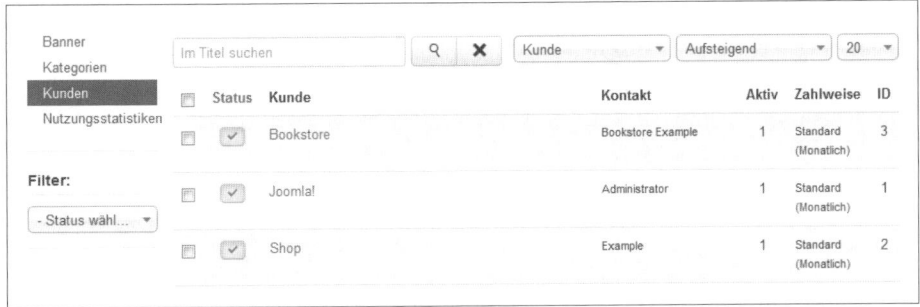

Abbildung 6-2:   Die Liste mit allen existierenden Kunden

Wenn Sie der Schnellinstallationsanleitung aus Kapitel 2, *Installation*, gefolgt sind, wurden mit den Beispieldaten breits drei Kunden angelegt: einer namens *Bookstore*, dann *Joomla!* und schließlich noch ein gewisser *Shop*. Jeder von ihnen ist derzeit mit einem Werbebildchen vertreten, wie die Spalte *Aktiv* verrät. Direkt links daneben nennt die Spalte *Kontakt* den jeweiligen Ansprechpartner bei der werbenden Firma.

Um einen neuen Kunden zu erstellen, klicken Sie in der Werkzeugleiste auf die Schaltfläche *Neu*. In das nun angezeigte Formular tippen Sie unter *Kundenname* den Namen des Kunden ein sowie unter *Kontaktname* und *Kontakt E-Mail* die jeweils aktuellen Kontaktdaten eines Ansprechpartners.

Legen Sie für das Kinobeispiel die **Schauburg** als Kunden an. Der dortige Ansprechpartner heißt **Heinz Albers** und ist unter der E-Mail-Adresse **heinz@meineschauburg. de** zu erreichen. Das Formular sollte damit so wie in Abbildung 6-3 aussehen.

Achten Sie darauf, dass der *Status* auf *Veröffentlicht* steht. Unter *Zahlweise* stellen Sie ein, wann der Kunde das Geld für das elektronische Inserat überweist. Die Schauburg bezahlt die Schaltung ihrer Werbebanner *Jährlich*. Die standardmäßig vorgegebene *Globale Einstellung* entspricht einer monatlichen Überweisung.

Wenn Sie *Statistik der Aufrufe* und *Statistik der Klicks* auf *Ja* setzen, protokolliert Joomla! akribisch für jeden Tag, wie oft die Werbebanner des Kunden in den letzten 24 Stunden auf der Website angezeigt wurden (*Statistik der Aufrufe*) beziehungsweise wie oft ein Besucher das Banner angeklickt hat (*Statistik der Klicks*).

Warnung   Diese Informationen geben nicht nur Aufschluss über den Erfolg einer Werbekampagne, sie sind auch unter Umständen notwendig, um mit dem Werbekunden abzurechnen. Allerdings produziert die Protokollierung zusätzlichen Rechenaufwand, was die Seitenauslieferung verlangsamen kann. Lassen Sie sie deshalb im Kinoportal erst einmal ausgeschaltet. Sie können diese Vorgabe später noch für jedes Werbebanner einzeln wieder aktivieren.

Neuer Kunde	Metadatenoptionen

Status	Veröffentlicht ▼
Kundenname *	Schauburg
Kontaktname *	Heinz Albers
Kontakt E-Mail *	heinz@meineschauburg.de
Zahlweise	Jährlich ▼
Statistik der Aufrufe	Nein ▼
Statistik der Klicks	Nein ▼
ID	0

Abbildung 6-3:   Diese Daten legen die Schauburg als neuen Kunden an.

Welche Einstellungen hier standardmäßig bei der *Globalen Einstellung* gelten, können Sie übrigens in der Liste mit allen Kunden aus Abbildung 6-2 hinter *Optionen* auf dem Register *Kundenoptionen* festlegen.

Rechts im Feld *Zusätzliche Informationen* dürfen Sie schließlich noch ein paar weitere Daten über den Kunden hinterlassen, wie beispielsweise seine Postanschrift (siehe Abbildung 6-4).

Zusätzliche Informationen   Das hiesige Programmkino (unser erster Werbekunde)

Adresse:
Brückengasse 16
44187 Dortmund

Abbildung 6-4:   Die Zusatzinformationen zur Schauburg

Weiter geht es auf dem Register *Metadatenoptionen*. Dessen Einstellungen haben eine besondere Funktion: Sie können Joomla! später anweisen, die Werbebanner so zu wählen, dass ihr Inhalt zum gerade gezeigten Artikel passt. Beispielsweise würde eine Werbung des Reiseveranstalters *Hinundweg* ideal zu Abenteuerfilmen passen. Wenn ein solcher Film den Besucher interessiert, dürfte er viel eher auch auf das Reisebanner aufmerksam werden. Damit Joomla! eine solche kontextabhängige Werbeeinblendung vornehmen kann, durchsucht es die Meta-Schlüsselwörter des jeweils angezeigten Beitrags (siehe den Abschnitt »Beiträge anlegen und verwalten« auf Seite 136) nach den hier unter *Meta-Schlüsselwörter* eingegebenen und jeweils durch ein Komma getrennten Stichwörtern. Damit die Suche nach den Stichwörtern etwas schneller geht, können Sie unter *Schlüsselwörter-Präfix* ein Präfix eintippen, wie etwa **Abent**. Wenn Sie dann zusätzlich noch *Eigenen Präfix verwenden* auf *Ja* setzen, konzentriert sich Joomla! nur noch auf die Suche nach Wörtern, die mit Abent beginnen. Zusätzlich versteckt Joomla! natürlich auch noch sämtliche *Meta-Schlüsselwörter* in allen Seiten, auf denen ein Werbebanner des Kunden erscheint. Auf dieses Angebot stürzen sich dann insbesondere Suchmaschinen (siehe Kapitel 17, *Suchmaschinenoptimierung*).

Da das Werbebanner für die Schauburg omnipräsent sein soll, lassen Sie die Einga- befelder hier in den *Metadatenoptionen* leer.

Ein Klick auf *Speichern & Schließen* führt wieder zurück zur Liste aller Kunden.

Tipp   Hinter den *Optionen* aus der Werkzeugleiste können Sie auf dem Register *Kunden-optionen* die Zahlweise, die Anzeige- und Klickstatistik sowie das *Meta-Schlüsselwort-Präfix* vorgeben. Die dort gewählten Grundeinstellungen gelten dann standardmäßig für jeden neu angelegten Kunden.

Ist der Werbevertrag später irgendwann ausgelaufen, haben Sie ähnlich wie bei den Beiträgen drei Möglichkeiten:

- Sie können den Kunden komplett aus dem System entfernen. Dazu markieren Sie den kleinen Kasten vor seinem Namen und werfen ihn dann in den *Papierkorb*. Dort hinein linsen Sie, wenn Sie die Ausklappliste – *Status wählen* – am linken Rand auf *Papierkorb* setzen. Um den Kunden dann endgültig ins Nirvana zu schicken, markieren Sie ihn und wählen *Papierkorb leeren* (mehr zum Papierkorb finden Sie in Kapitel 3, *Erste Schritte*, im Abschnitt »Inhalte löschen und der Papierkorb« auf Seite 104).

- Könnte der Kunde in Zukunft vielleicht doch noch einmal Werbung schalten, sollten Sie ihn zunächst nur verstecken (beispielsweise mit einem Klick auf den grünen Haken in der Spalte *Status*). Auf dem gleichen Weg können Sie ihn dann bei Bedarf wieder veröffentlichen.

- Alternativ verschieben Sie ihn ins Archiv. Dazu markieren Sie seinen Kasten in der ersten Spalte und klicken auf *Archivieren* in der Werkzeugleiste. Joomla! zeigt alle so archivierten Kunden an, wenn Sie die Ausklappliste – *Status wählen* – auf *Archiviert* stellen. Um einen Kunden wieder aus dem Archiv zu holen, veröffentlichen Sie ihn einfach wieder über die entsprechende Schaltfläche.

Banner-Kategorien anlegen

Sofern das Internetportal floriert und viele Firmen einen Werbeplatz buchen, kann man die Banner-Bilder noch einmal in Gruppen zusammenfassen. Analog zu den Beiträgen bezeichnet Joomla! diese Gruppen als *Kategorien*.

■ Warnung — Verwechseln Sie die Werbekategorien nicht mit denen für die Beiträge aus Kapitel 4, *Inhalte verwalten*, auch wenn die Arbeitsweise ganz ähnlich ist.

Diese Gruppierung dient zum einen der Übersicht: Mit 100 und mehr Bannern zu jonglieren kann schnell etwas unübersichtlich werden. Zum anderen kann man später die Anzeige auf Werbebanner aus einer dieser Kategorien beschränken.

▶▶ Tipp — Auf diese Weise lassen sich sogar themenbezogene Kampagnen schalten: Im Beispiel des Kinoportals könnte man alle Anzeigen, die für das Filmfestival im Juli werben, in einer eigenen Kategorie zusammenfassen. Zwei Wochen vor Beginn des Festivals weist man Joomla! an, nur noch Anzeigen aus eben jener Kategorie zu verwenden.

Da unter Joomla! jedes Werbebanner mindestens einer Kategorie zugeordnet sein muss, geht es als Nächstes zum Menüpunkt *Komponenten → Banner → Kategorien*. Alternativ können Sie auch einfach auf *Kategorien* in dem kleinen Menü links unterhalb der Werkzeugleiste wechseln. In beiden Fällen landen Sie bei der Liste aus Abbildung 6-5.

Abbildung 6-5: Die Liste mit allen derzeit vorhandenen (Werbe-)Kategorien

Joomla! liefert in den Beispieldaten bereits zwei Kategorien mit. Eine neue Kategorie (für das Kinoportal) erstellen Sie wie gewohnt mit einem Klick auf die entsprechende Schaltfläche der Werkzeugleiste. Dann erscheint das Formular aus Abbildung 6-6.

Diese Eingabemaske entspricht fast vollständig ihrer Kollegin von den Beiträgen (siehe Abschnitt »Eine neue Kategorie erstellen« auf Seite 125): Unter *Titel* verpassen Sie zunächst der Kategorie einen Namen, im Kinoportal etwa `Kinoportal Werbebanner`. Wenn Sie das *Alias*-Feld frei lassen, wählt Joomla! wieder selbst einen passenden Alias- beziehungsweise Ersatznamen. Wenn Sie mögen, verpassen Sie der Kategorie im großen Eingabefeld noch eine *Beschreibung*.

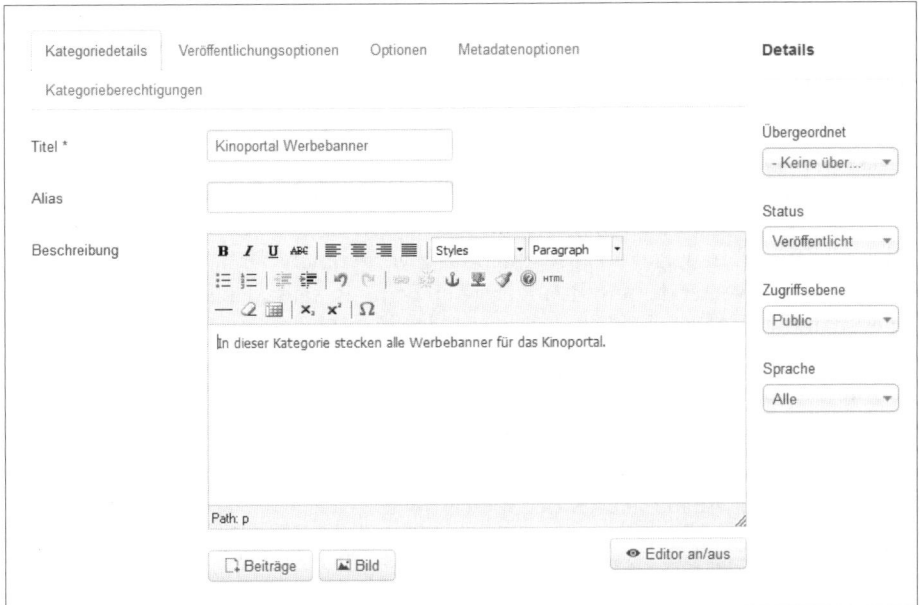

Abbildung 6-6:   Anlegen einer neuen (Werbe-)Kategorie

(Werbe-)Kategorien dürfen Sie wie ihre Kolleginnen für Beiträge ineinander verschachteln und so für Ordnung sorgen. Beispielsweise könnte man zunächst eine Kategorie für die Anzeigen aller Kinos erstellen und dieser dann noch einmal Unterkategorien für Programm- und Multiplex-Kinos spendieren. Die Werbeanzeigen der wirtschaftlich gebeutelten Programmkinos könnte man dann bevorzugt behandeln. Da im Kinoportal die Schauburg der einzige Werbekunde ist und somit die Anzahl der Werbebanner überschaubar ist, belassen Sie das Feld *Übergeordnet* auf – *Keine übergeordnete Kategorie –*. Andernfalls müssten Sie hier der neuen Kategorie eine Oberkategorie zuweisen.

Der *Status* sollte auf *Veröffentlicht* stehen, nur dann erscheinen später auch alle Werbebanner aus dieser Kategorie auf der Homepage. Mit der *Zugriffsebene* und den Einstellungen auf dem Register *Kategorieberechtigungen* können Sie detailliert regeln, wer die Werbebanner in der Kategorie zu Gesicht bekommt. In den Standardeinstellungen sind dies alle Besucher (mehr zu den Zugriffsrechten folgt noch in Kapitel 9, *Benutzerverwaltung und -kommunikation*). Bei mehrsprachigen Seiten bestimmt die Ausklappliste *Sprache*, in welchen Sprachfassungen der Homepage die Webebanner vertreten sein sollen. Im Falle eines einsprachigen Internetauftritts belassen Sie hier *Alle*. (Kapitel 12, *Mehrsprachigkeit*, wird noch auf dieses Thema eingehen.)

Für das Kinoportal sollte das Formular jetzt so wie in Abbildung 6-6 aussehen.

Auf der Homepage können Sie später immer nur einzelne Werbebanner anzeigen lassen und nie alle in einer Kategorie gesammelten auf einmal. Daher sind die Einstellungen auf den übrigen Registern weitgehend nutzlos. Zwar können Sie der Kategorie in den *Optionen* ein Bild zuordnen, dies bekommt aber später niemand mehr zu Gesicht. Sie können daher die Einstellungen allesamt ignorieren – mit einer kleinen Ausnahme, die sich auf dem Register *Metadatenoptionen* versteckt.

Wie bereits bei den Kunden erwähnt, können Sie immer zum Beitragsinhalt passende Werbebanner einblenden lassen. Zur Filmkritik zu *Stirb Langsam* würden beispielsweise die Banner aus einer Kategorie für Abenteuerreisen passen. Damit Joomla! eine solche kontextabhängige Werbeeinblendung vornehmen kann, durchsucht es die Meta-Schlüsselwörter des jeweils angezeigten Beitrags (siehe den Abschnitt »Beiträge anlegen und verwalten« auf Seite 136) nach den hier unter *Meta-Schlüsselwörter* eingegebenen und jeweils mit einem Komma voneinander getrennten Stichwörtern. Da im Kinoportal nur das Werbeplakat der Schauburg existiert, können Sie auf diesen Mechanismus verzichten und das Feld somit leer lassen.

Legen Sie jetzt die neue Kategorie via *Speichern & Schließen* an. Damit kehren Sie gleichzeitig zur Liste mit allen Kategorien zurück.

Dort können Sie später ausgediente Kategorien genau wie schon die Kunden in den Papierkorb werfen oder archivieren. Was alles im Papierkorb und Archiv liegt, erfahren Sie, wenn Sie die Ausklappliste – *Status wählen* – entsprechend umstellen. Auch die übrigen Ausklapplisten funktionieren so, wie Sie es von den Beitragskategorien her kennen.

 Tipp   Über die Schaltfläche *Stapelverarbeitung* in der Werkzeugleiste können Sie die Werbebanner-Kategorien verschieben und kopieren. Dabei gehen Sie so vor, wie in den Abschnitten »Kategorien verschieben« und »Kategorien kopieren« ab Seite 134 beschrieben wird.

Die Banner einbinden

Sind eine Kategorie und mindestens ein Werbekunde vorhanden, können Sie im nächsten Schritt dessen Banner-Grafiken einbinden. Dies geschieht hinter dem Menüpunkt *Komponenten → Banner → Banner*. Alternativ können Sie auch wieder auf den gleichnamigen Punkt im kleinen Menü links unterhalb der Werkzeugleiste klicken. In jedem Fall landen Sie damit in der Liste aus Abbildung 6-7. Sie zeigt alle derzeit bekannten Banner an – die allerdings nicht notwendigerweise den Besuchern präsentiert werden.

Die Spalte *Wichtig* verrät zunächst, ob das jeweilige Banner bevorzugt auf der Homepage erscheint. Ihre Kollegin *Anzeigen* (in der Mitte der Tabelle) zählt, wie oft das Werbebanner bereits auf der Homepage angezeigt wurde. Die zweite Zahl, die in dieser Spalte hinter *von* erscheint, führt darüber Buch, wie viele Seitenaufrufe noch übrig sind, bevor das Banner wieder für immer in der Versenkung verschwindet. Steht dort wie in der Abbildung 6-7 *Unbegrenzt*, läuft der Werbevertrag nie aus.

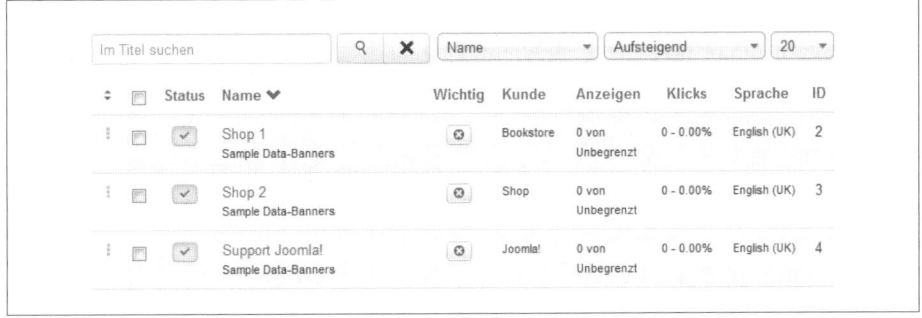

Abbildung 6-7: Die Liste mit allen Werbebannern aus den mitgelieferten Beispieldaten

Die Spalte *Klicks* verrät, wie oft Besucher schon auf das Werbebanner geklickt haben. Der Prozentwert hinter dem Bindestrich besagt, wie viel Prozent aller Besucher dies waren – und weist somit darauf hin, welches Werbeangebot für die Besucher besonders verführerisch war.

Um ein neues Werbebanner wie etwa für die Schauburg im Kinoportal anzumelden, klicken Sie in der Werkzeugleiste auf *Neu*. Es erscheint ein etwas monströses Formular. Abbildung 6-8 zeigt seine linke obere Ecke.

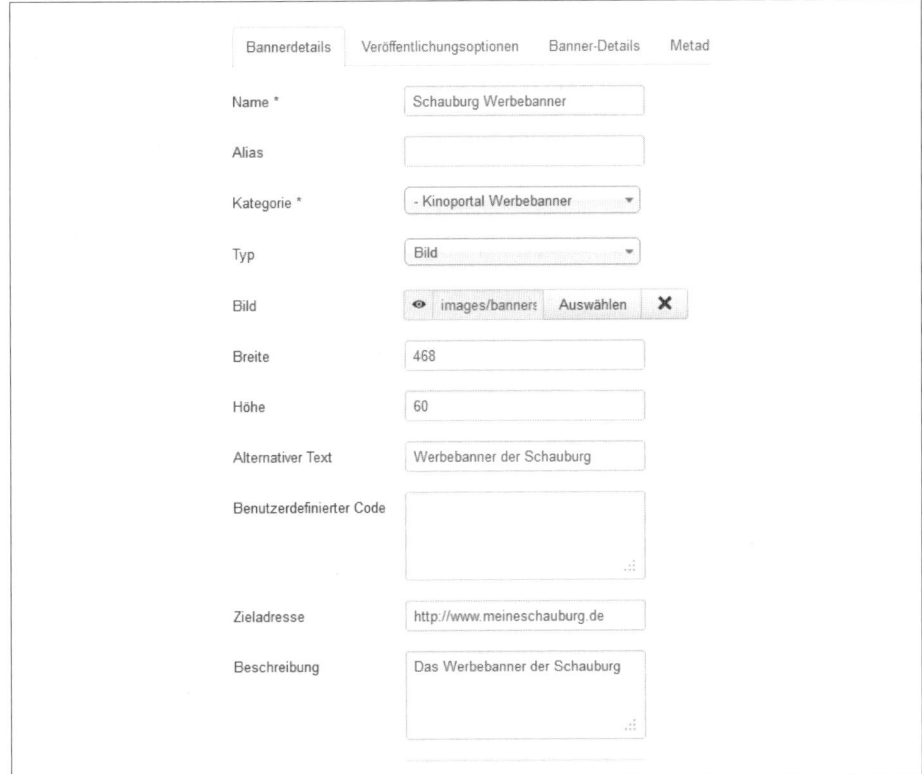

Abbildung 6-8: Diese Einstellungen komplettieren die Einrichtung eines Banners für die Schauburg.

Basisinformationen

In diesem Formular müssen Sie jetzt einmal alle Einstellungen kurz durchgehen und anpassen:

Name
> Zunächst vergibt man hier einen möglichst aussagekräftigen Namen für das neue Banner – im Fall des Kinoportals etwa `Schauburg Werbebanner`.

Alias
> Hier kann ein Alias- beziehungsweise Ersatzname eingegeben werden. Er dient hauptsächlich internen Zwecken. Beispielsweise hilft er bei der Suchmaschinenoptimierung. Lassen Sie ihn leer, wählt Joomla! selbst einen passenden Namen. Das ist auch genau das richtige Vorgehen im Kinoportal.

Kategorie
> Hier bestimmen Sie die Kategorie, unter der Joomla! die Werbetafel einsortieren soll. Für das Kinoportal wäre dies *Kinoportal Werbebanner*.

Der *Typ* verlangt aufgrund seiner Arbeitsweise eine etwas ausführlichere Erklärung: In der Regel ist ein Werbebanner nichts anderes als ein Bild. Auch im Kinoportal hat die Schauburg ein Bild mit ihrem Logo geliefert, das Sie auf unserer Downloadseite im Verzeichnis *Kapitel6* finden. Mit solch einem Bild auf der Festplatte belassen Sie *Typ* auf *Bild* und klicken auf *Auswählen* rechts neben der folgenden Einstellung *Bild*. Es öffnet sich wieder einmal die Mini-Variante der Medienverwaltung. Sie zeigt hier ausschließlich die Bilder im Unterverzeichnis *banners* an, das sich standardmäßig im *images*-Ordner Ihrer Joomla!-Installation befindet (siehe auch Kapitel 5, *Medien verwalten*, Abschnitt »Mit Verzeichnissen Ordnung halten« auf Seite 208).

 Tipp Wenn Sie hier eine Fehlermeldung präsentiert bekommen, kann Joomla! eben jenes Bannerverzeichnis nicht finden. Um den Fehler zu beheben, müssen Sie noch einmal zum Backend zurückkehren, dann zum Menüpunkt *Inhalt → Medien* wechseln, dort auf *Optionen* klicken und auf dem Register *Komponente* einen Blick in das Eingabefeld *Bildverzeichnis-Pfad* werfen. Im dort eingetragenen Ordner erwartet Joomla! das *banners*-Verzeichnis. Steht dort beispielsweise *images*, sucht Joomla! in seinem eigenen Installationsverzeichnis den Unterordner *images/banners* auf und hält dort nach Werbebannern Ausschau. Sie müssen folglich kurz in der Medienverwaltung kontrollieren, ob dieses Verzeichnis existiert, und es gegebenenfalls erstellen (wie das funktioniert, wurde bereits in *Kapitel 5, Medien verwalten*, beschrieben). Achten Sie dabei auf die korrekte Schreibweise von *banners*. Existiert das Verzeichnis bereits an der korrekten Stelle und erhalten Sie weiterhin eine Fehlermeldung, so sollten Sie die Zugriffsrechte kontrollieren (siehe auch Kapitel 2, *Installation*).

Klicken Sie jetzt auf *Durchsuchen...*, wählen Sie dann das Werbebanner auf der Festplatte (beziehungsweise von unserer Downloadseite) aus, und übergeben Sie es schließlich per *Hochladen starten* an Joomla!. Anschließend klicken Sie das Banner im oberen Bereich an, woraufhin sein Name im Feld *Bild Webadresse* erscheint. Lassen Sie es jetzt in das Formular *Einfügen*.

Unter *Breite* und *Höhe* müssen Sie jetzt noch die Abmessungen des Bildes eintragen. Das Werbebanner der Schauburg ist **468** Pixel breit und **60** Pixel hoch.

Tipp   Die Bildgröße verrät Ihnen auch die Medienverwaltung in der *Details*-Ansicht (siehe Kapitel 5, *Medien verwalten*).

Die Bildgröße ist Joomla! prinzipiell egal, dennoch haben sich für Werbebanner im Internet Standardgrößen etabliert. Die weiteste Verbreitung hat dabei das sogenannte *Fullbanner-Format* von 468 x 60 Bildpunkten (Pixel). Weitere gängige Formate nennt der Wikipedia-Artikel unter *http://de.wikipedia.org/wiki/Werbebanner*. Als Dateiformat kommen wie auch sonst PNG, JPEG oder GIF infrage – nur sie werden später von den Internetbrowsern der Besucher ohne Probleme angezeigt.

Den unter *Alternativer Text* eingetippten Text präsentiert der Browser immer dann, wenn das Bild nicht angezeigt werden kann – beispielsweise weil der Besucher mit einer Braillezeile oder einem kleinen Mobiltelefon im Internet unterwegs ist. Beschreiben Sie hier möglichst in nur einem Satz, was auf dem Werbebanner zu sehen ist. Im Kinoportal genügt beispielsweise schon der Hinweis **Werbebanner der Schauburg**.

Um die Aufmerksamkeit auf sich zu ziehen, setzen immer mehr Werbende interaktive Elemente ein. Für diese erhalten Sie anstelle eines Bildes einen kleinen Schnipsel kryptischen Programmcode, den Sie in Ihre Webseite einbauen müssen. Ist dies bei Ihnen der Fall, markieren Sie unter *Typ* den Punkt *Benutzerdefiniert* und hinterlegen dann den Programmcode im Feld *Benutzerdefinierter Code*.

Die jetzt noch verbleibenden Einstellungen sind wieder rasch erklärt:

Zieladresse
> Klickt ein Besucher auf das Werbebanner, so wird er auf die hier angegebene Internetseite weitergeleitet. In der Regel verweist die Adresse auf die Homepage des Werbenden – im Kinoportal etwa auf *http://www.meineschauburg.de*.

Beschreibung
> Hier dürfen Sie weitere Bemerkungen oder Anmerkungen zum Werbebanner eintragen, wie etwa **Das Werbebanner der Schauburg**.

Weiter geht es mit den Ausklapplisten auf der rechten Seite:

Status
> Die Werbetafel erscheint nur dann auf der Homepage, wenn sie hier *Veröffentlicht* ist.

Wichtig
> Später auf der Website kann normalerweise immer nur ein Banner erscheinen. Damit es dabei fair zugeht, zeigt Joomla! bei jeder Seitenabfrage ein anderes Werbebanner an. Wenn Sie hier *Wichtig* auf *Ja* setzen, behandelt Joomla! die-

ses neue Banner jedoch bevorzugt. Es erscheint dann auf der Website häufiger als andere Banner. Auf diese Weise können Sie einen gut zahlenden Kunden bevorzugt behandeln. Im Kinoportal lassen Sie hier für die Schauburg die Vorgabe *Nein* stehen.

Sprache

Bei einer mehrsprachigen Website stellen Sie hier ein, in welchen Sprachfassungen das Banner auftauchen soll. Bei einem einsprachigen Auftritt wie im Kinoportal behalten Sie hier die Voreinstellung *Alle* bei. Um Mehrsprachigkeit kümmert sich noch Kapitel 12, *Mehrsprachigkeit*.

Im Fall des Kinoportals sollte das Formular so wie in Abbildung 6-8 aussehen.

Veröffentlichungsoptionen

Wann das Banner wie oft auf der Website erscheinen soll, legen Sie auf dem Register *Veröffentlichungsoptionen* fest (siehe Abbildung 6-9).

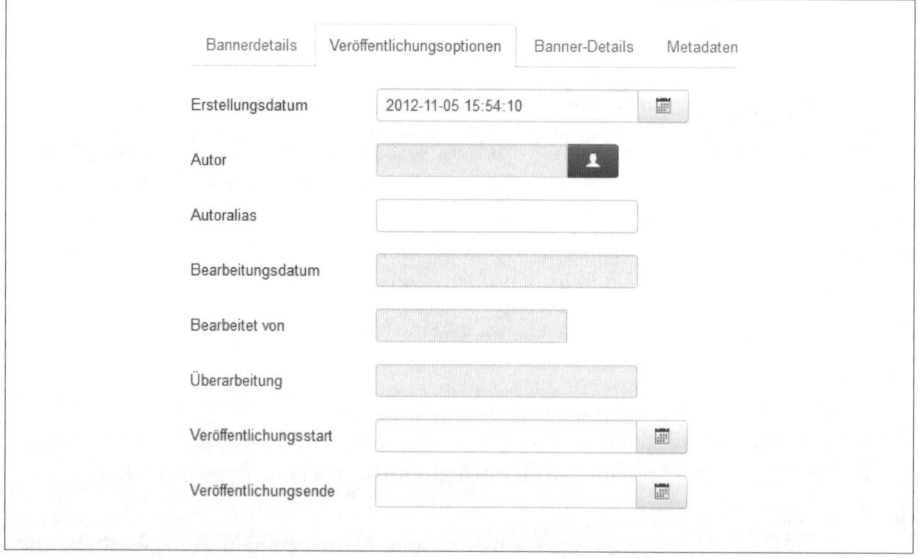

Abbildung 6-9:   Diese Einstellungen legen fest, wann und wie lange das Banner auf der Website erscheinen soll.

Erstellungsdatum

An diesem Datum haben Sie das Banner im Backend angelegt. Für gewöhnlich müssen Sie es nie ändern.

Autor

Sie selbst erstellen gerade das Werbebanner. Wenn Sie einen anderen Joomla!-Benutzer als Ersteller ausgeben möchten, klicken Sie neben *Autor* auf das Symbol mit dem Kopf und wählen dann in der Liste den entsprechenden Benutzer aus. Wie auch im Kinoportal ist das normalerweise nicht notwendig.

Autoralias

Hier können Sie sich oder der unter *Autor* gewählten Person noch ein Pseudonym geben. Da dieses aber normalerweise nirgendwo sonst auftaucht, können Sie das Feld auch einfach ignorieren.

Bearbeitungsdatum

An dem hier angezeigten Datum wurden die Einstellungen des Werbebanners geändert. Da Sie gerade erst das Banner anlegen, ist der Eintrag noch leer.

Bearbeitet von

Sollte jemand nachträglich die Einstellungen des Banners verändert haben, steht hier sein Benutzername.

Überarbeitung

In diesem Feld können Sie ablesen, wie oft die Einstellungen des Werbebanners nachträglich verändert wurden.

Veröffentlichungsstart

Ab diesem Zeitpunkt erscheint das Werbebanner erstmals auf Ihrer Webseite. Wenn Sie das Feld leer lassen, ist dies sofort nach dem Speichern der Fall. Für das Banner der Schauburg übernehmen Sie hier die Voreinstellung.

Veröffentlichungsende

Ab dem hier eingetragenen Zeitpunkt versteckt Joomla! das Banner und nimmt es somit von der Website. Wenn Sie das Feld leer lassen, bleibt die Werbung so lange sichtbar, bis Sie sie manuell wieder abschalten.

Die Einstellungen *Veröffentlichungsstart* und *Veröffentlichungsende* sind insbesondere dann nützlich, wenn der Kunde seine Anzeige nur für einen bestimmten Zeitraum gebucht hat. In diesem Fall stellen Sie den Startzeitpunkt der Kampagne unter *Veröffentlichungsstart* ein, das Ende unter *Veröffentlichungsende*. Joomla! schaltet dann das Werbebanner automatisch frei und nimmt es nach Ablauf der Aktion wieder von der Homepage.

Wenn Sie ein Datum ändern müssen, ruft ein Klick auf das Symbol rechts neben dem jeweiligen Eingabefeld einen kleinen Kalender hervor, in dem Sie bequem das passende Datum auswählen können. Andernfalls notieren Sie Datum und Zeit nach dem Schema: **Jahr-Monat-Tag Stunde:Minute:Sekunde**. Das Jahr müssen Sie dabei vierstellig angeben, Monat und Tag jeweils als zweistellige Zahlen.

Im Kinoportal lassen Sie für das Banner der Schauburg die beiden Felder *Veröffentlichungsstart* und *Veröffentlichungsende* leer.

Kunden- und Abrechnungsdetails

Wer das Banner in Auftrag gegeben hat, legen Sie auf dem Register *Banner-Details* fest (das dritte von links mit Bindestrich). Dort warten die Einstellungen aus Abbildung 6-10.

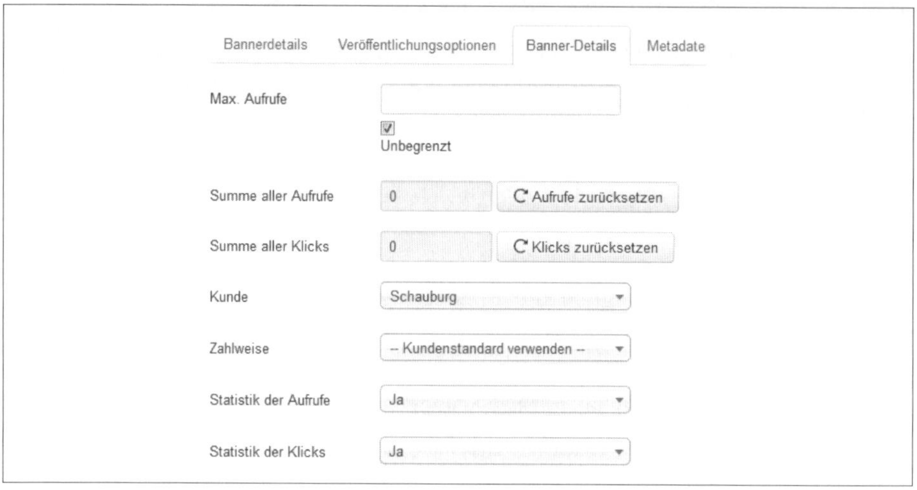

Abbildung 6-10:   Wer das Werbebanner für wie viele Anzeigen gebucht hat, legt man auf diesem Register fest.

Max. Aufrufe

Hier tippen Sie die Anzahl der gekauften Einblendungen ein. Beispielsweise könnte das lokale Kino einen Geldbetrag für 100 Einblendungen überwiesen haben. Als Einblendung gilt hier jeder Seitenaufruf, bei dem das Werbebanner erscheint. Gibt es beispielsweise nur das Banner der Schauburg und rufen 100 Menschen die Homepage auf, so ist das Soll bereits erfüllt. Joomla! würde dann die Werbung automatisch von der Homepage nehmen. Ist hingegen der Punkt *Unbegrenzt* mit einem Haken versehen, fällt diese Beschränkung weg, und der Werbevertrag läuft unbegrenzt weiter (sofern nicht das *Veröffentlichungsende* vom vorherigen Register etwas anderes vorgibt). Für das Banner der Schauburg gibt es kein Limit. Lassen Sie folglich den Haken bei *Unbegrenzt* stehen und das Feld leer.

Summe aller Aufrufe

In diesem Feld können Sie ablesen, wie oft das Webebanner schon auf der Website angezeigt wurde. Da das Banner gerade erst erstellt wird, steht der Zähler noch auf 0. Per *Aufrufe zurücksetzen* können Sie ihn später wieder auf diesen Ausgangswert zurücksetzen.

Summe aller Klicks

Die Zahl hier gibt an, wie oft das Werbebanner bereits von Besuchern ange-klickt wurde. Dieser Zählerstand ist insbesondere für eine Abrechnung mit dem Werbenden interessant und gibt darüber hinaus Hinweise, wie »beliebt« das Banner war. Über die Schaltfläche *Klicks zurücksetzen* können Sie den Zähler manuell wieder auf 0 stellen.

Kunde

Hier stellen Sie ein, zu welchem Kunden das Werbebanner gehört. Im Kinopor-tal ist dies die *Schauburg*.

Zahlweise

Hier stellen Sie ein, wann der Kunde die Schaltung genau dieses Werbebanners bezahlt. Bei der Einstellung – *Kundenstandard verwenden* – gilt die Zahlweise, die Sie vorhin beim Anlegen des Kunden vorgegeben haben (siehe Abschnitt »Werbekunden verwalten« auf Seite 216). Eine andere Einstellung müssen Sie hier wählen, wenn beispielsweise eine Sonderaktion nur über eine Woche läuft und der Kunde diese anders als üblich abrechnen möchte. Für die Schauburg im Kinoportal belassen Sie hier den Standardwert.

Statistik der Aufrufe und Statistik der Klicks

Joomla! zählt automatisch mit, wie oft ein Werbebanner bereits auf der Website eingeblendet wurde und wie oft Besucher es angeklickt haben. Diese Zählung kann das Content-Management-System auf Wunsch auch noch für jeden einzelnen Tag gesondert durchführen. Sie erfahren so, wie oft das Werbebanner in den letzten 24 Stunden angezeigt (*Statistik der Aufrufe*) beziehungsweise angeklickt (*Statistik der Klicks*) wurde, und können dies mit den Werten der vorangegangenen Tage vergleichen. Diese detailliertere Aufstellung ist unter Umständen auch für die Abrechnung mit dem Werbekunden notwendig.

Warnung   Allerdings produziert die Protokollierung zusätzlichen Rechenaufwand, was die Seitenauslieferung verlangsamen kann. Schalten Sie die beiden Punkte deshalb wirklich nur dann an, wenn Sie die Statistik tatsächlich benötigen.

Wenn Sie die jeweilige Ausklappliste auf – *Kundenstandard verwenden* – setzen, übernimmt Joomla! die entsprechenden Einstellungen des Kunden (siehe auch den Abschnitt »Werbekunden verwalten« auf Seite 216).

Da im Kinoportal nur ein einsames Werbebanner der Schauburg existiert, stellen Sie beide Ausklapplisten auf *Ja*.

Für das Kinoportal-Beispiel sollten die Einstellungen jetzt wie in Abbildung 6-10 aussehen.

Kontextabhängige Werbung

Damit bleibt noch das Register *Metadatenoptionen*. Es hat eine ganz analoge Funktion wie sein Pendant bei den Werbekunden: Sie können Joomla! später anweisen, die Werbebanner so zu wählen, dass ihr Inhalt zum gerade gezeigten Beitrag passt. Beispielsweise würde eine Werbung für einen Abenteuerurlaub in Amerika doch prima zur Filmkritik von *Stirb Langsam* passen. Wenn der Film einen Besucher interessiert, dürfte er vermutlich auch an einem Abenteuerurlaub Interesse zeigen und die Werbung neben der Filmkritik somit eher bemerken.

Damit Joomla! eine solche kontextabhängige Werbeeinblendung vornehmen kann, durchsucht es die Meta-Schlüsselwörter des jeweils angezeigten Beitrags (siehe den Abschnitt »Beiträge anlegen und verwalten« auf Seite 136) nach den hier unter

Meta-Schlüsselwörter eingegebenen und per Komma getrennten Stichwörtern. Beachten Sie, dass Joomla! nicht nur nach den hier eingegebenen Schlüsselwörtern fahndet, sondern auch noch die *Meta-Schlüsselwörter* des Kunden und der Kategorie heranzieht.

Damit die Suche nach den Stichwörtern etwas schneller geht, können Sie unter *Meta-Schlüsselwörter-Präfix* ein Präfix eintippen, wie etwa **Abent**. Joomla! konzentriert sich dann bei seiner Suche im Beitrag nur noch auf Wörter, die mit Abent beginnen – das geschieht allerdings nur, wenn Sie *Eigenen Präfix verwenden* auf *Ja* setzen, andernfalls verwendet Joomla! das Präfix, das Sie beim zugehörigen Kunden hinterlegt haben (siehe Abschnitt »Werbekunden verwalten« auf Seite 216).

Im Kinoportal ist diese Funktion nicht notwendig – wie in der Regel auch in den meisten übrigen Fällen. Lassen Sie daher das Register *Metadatenoptionen* leer.

Nach einem Klick auf *Speichern & Schließen* kehren Sie automatisch zur Liste mit allen Werbebannern zurück.

Banner auf der Website anzeigen

Damit erscheint das neue Banner allerdings noch nicht automatisch auf der Website. Dazu benötigen Sie die Hilfe eines sogenannten Moduls. Was es mit diesen Dingern genau auf sich hat, klärt das gleich noch folgende *Kapitel 7, Module – Die kleinen Brüder der Komponenten*. Gehen Sie im Moment einfach davon aus, dass Sie für die Darstellung des Banners eines dieser Module benötigen. Um es anzulegen, wechseln Sie zum Menüpunkt *Erweiterungen* → *Module*, klicken auf *Neu* und wählen in der erscheinenden Liste *Banner*. Das damit neu erstellte Modul kümmert sich um die eigentliche Darstellung der Werbebanner auf der Homepage.

Geben Sie im neu geöffneten Formular dem Modul einen *Titel*, wie etwa **Werbebanner**. Damit dieser später nicht im Frontend erscheint, setzen Sie *Titel anzeigen* auf *Verbergen*. Öffnen Sie dann die Ausklappliste neben *Position* (auch wenn sie deaktiviert erscheint). Die Liste listet jetzt alle Positionen im Frontend auf, an denen Sie das Werbebanner anzeigen lassen können. Dabei gibt es für jedes installierte Template einen eigenen Abschnitt. Das Frontend nutzt derzeit das Template *Protostar*. Fahnden Sie in der Liste nach dem gleichnamigen Eintrag. Er sollte sich etwa in der Mitte befinden. Darunter wählen Sie schließlich den Eintrag *Mitte oben [position-3]*. Das Formular sollte jetzt so wie in Abbildung 6-11 aussehen. Damit erscheint das Banner gleich an einer gut sichtbaren, prominenten Stelle (die den etwas schrägen Namen *Mitte oben [position-3]* trägt) auf der Website.

Abschließend müssen Sie dem Modul noch sagen, welche Werbebanner es anzeigen soll. Dazu wechseln Sie auf das Register *Basisoptionen*, wo Sie zunächst unter *Kunde* die *Schauburg* einstellen. Wenden Sie sich jetzt dem Feld *Kategorie* zu. In seiner jetzigen Einstellung würde es sämtliche Werbebanner anzeigen. Um explizit nur die aus der Kategorie *Kinoportal Werbebanner* anzuzeigen, klicken Sie auf das kleine X rechts neben – *Alle Kategorien* –. Klicken Sie jetzt in das leere Feld hinein, und wäh-

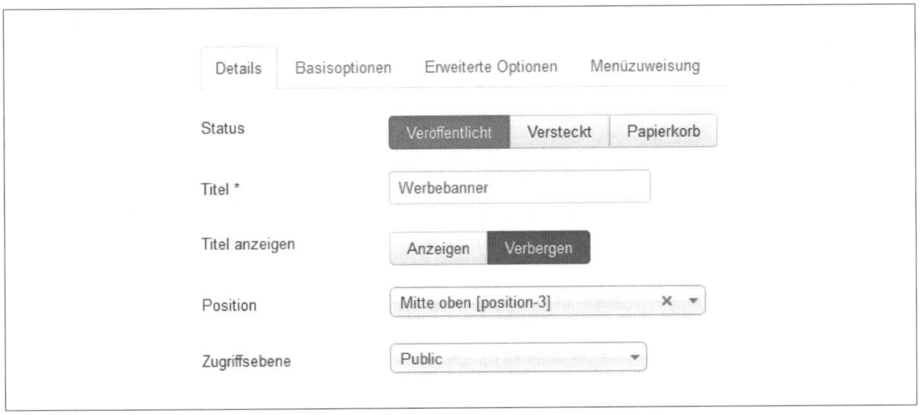

Abbildung 6-11: Die Position regelt, wo auf der Website das Werbebanner erscheint.

len Sie aus der aufklappenden Liste den Punkt *Kinoportal Werbebanner*. Wenn Sie jetzt noch weitere Kategorien hinzufügen möchten, klicken Sie in einen leeren Bereich des Feldes. Eine falsch gewählte Kategorie entfernen Sie mit einem Klick auf das X neben ihrem Namen. Für das Kinoportal sind keine weiteren Kategorien notwendig. Die Einstellungen sollten so wie in Abbildung 6-12 aussehen.

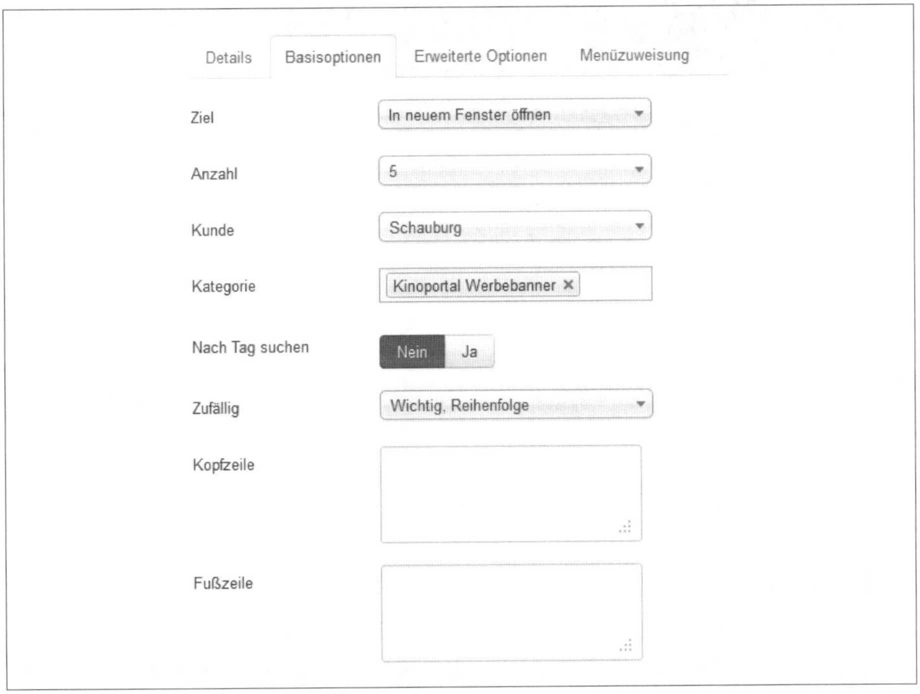

Abbildung 6-12: Mit diesen Einstellungen zeigt das Modul ausschließlich Werbebanner an, die dem Kunden *Schauburg* gehören und gleichzeitig aus der Kategorie *Kinoportal Werbebanner* stammen.

Wenn Sie die kontextabhängige Werbeeinblendung nutzen wollen, setzen Sie noch *Nach Tag suchen* auf *Ja*; im Fall des Kinoportals behalten Sie hier das *Nein* bei. Alle anderen Einstellungen im Formular belassen Sie auf ihren Vorgaben.

Bestätigen Sie Ihre Änderungen via *Speichern & Schließen*, und wechseln Sie in die *Vorschau*.

Damit zeigt sich das neue Werbebanner der Schauburg endlich auf der Website (siehe Abbildung 6-13).

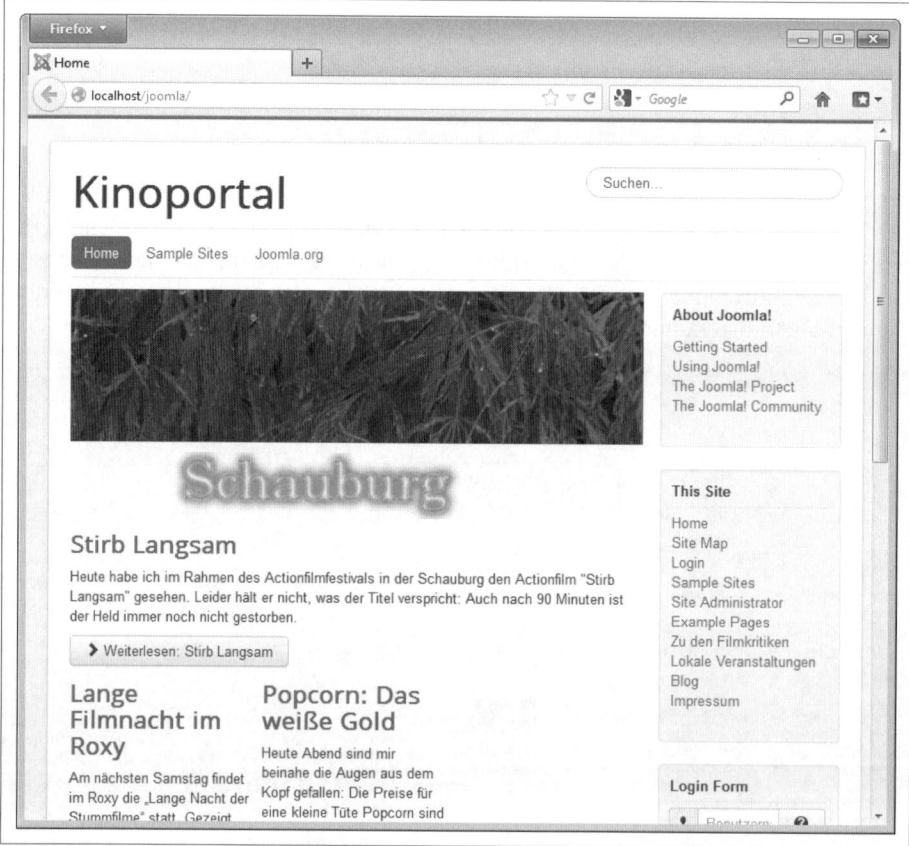

Abbildung 6-13:   Das neue Banner auf der Homepage

Statistiken

Wenn Sie die tägliche Protokollierung aktiviert haben (Einstellungen *Statistik der Aufrufe* und *Statistik der Klicks*), wie im Beispiel des Werbebanners für die Schauburg, finden Sie die Auswertung im Backend hinter dem Menüpunkt *Komponenten → Banner → Statistiken* (siehe Abbildung 6-14).

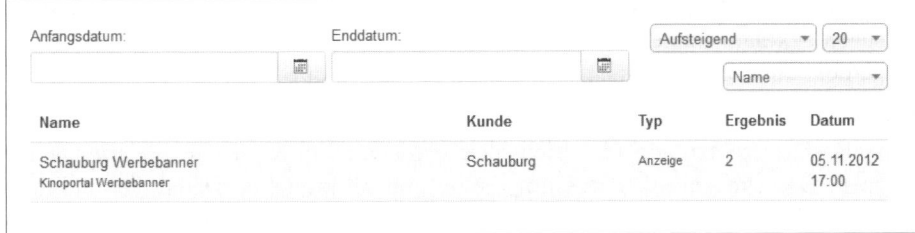

Abbildung 6-14:   Am 05.11.2012 wurde das Werbebanner der Schauburg genau 2-mal angezeigt.

Hier treffen Sie auf eine sehr wahrscheinlich recht lange und umfangreiche Tabelle. Wie umfangreich sie ist, hängt davon ab, wie viele Werbebanner Sie von Joomla! so detailliert beobachten lassen und wie lange sie bereits für Besucher sichtbar sind. Um etwas Licht in den Datenwust zu bringen, sollten Sie unbedingt die Filter und Ausklapplisten am oberen und linken Tabellenrand verwenden.

Um beispielsweise herauszufinden, wie oft das Werbebanner der Schauburg am 05.11.2012 angezeigt wurde, setzen Sie zunächst die Ausklappliste – *Kunde wählen* – auf die *Schauburg* und – *Kategorie wählen* – auf *Kinoportal Werbebanner*. Damit erscheinen in der Liste nur noch die Werbebanner der Schauburg. Gefragt war, wie oft das Werbebanner auf der Homepage *angezeigt* wurde. Setzen Sie deshalb noch – *Typ wählen* – auf *Anzeige*.

Suchen Sie jetzt alle Einträge, die als *Datum* den 05.11.2012 tragen. Als Hilfe können Sie den Betrachtungszeitraum über die beiden Felder *Anfangsdatum* und *Enddatum* einschränken. Mit einem Klick auf die nebenstehenden Symbole holen Sie einen Kalender hervor, der die Auswahl vereinfacht. Denken Sie zudem daran, dass Sie mit einem Klick auf die Spaltenbeschriftung die Tabelle auch nach Datum sortieren lassen können.

Durch diese ganzen Filtermöglichkeiten sollten jetzt nur noch wenige übersichtliche Einträge übrig bleiben. Die Spalte *Ergebnis* verrät jetzt, wie oft die jeweiligen Werbebanner an dem entsprechenden Tag angezeigt wurden. Wenn Sie auch noch wissen möchten, wie oft das Werbebanner angeklickt wurde, setzen Sie die Ausklappliste ganz rechts (– *Typ* –) auf *Klick*.

Welchen Wert die Spalte *Ergebnis* angibt, sehen Sie auch noch einmal in ihrer Kollegin *Typ*. Bei *Anzeige* steht unter *Ergebnis*, wie häufig das Werbebanner an diesem Tag angezeigt wurde; bei *Klick* steht hingegen, wie oft es jemand angeklickt hat.

In der Tabelle finden Sie übrigens nur dann einen Eintrag für einen Tag, wenn das Werbebanner auch tatsächlich angezeigt beziehungsweise angeklickt wurde.

Wie schon das kleine Beispiel zeigte, ist die Auswertung der Statistiken innerhalb von Joomla! recht mühsam. Aus diesem Grund können Sie sich alle Daten per *Export* (in der Werkzeugleiste) als Tabelle herunterladen. Im erscheinenden Fenster müssen Sie nur noch angeben, ob Joomla! die Daten vor dem Versand in einer ZIP-Datei komprimieren soll, einen Dateinamen eintippen und auf *Statistiken exportie-*

ren klicken. Das Ergebnis ist dann eine Tabelle im CSV-Format, das jede bessere Tabellenkalkulation lesen und verarbeiten kann. Um das Export-Fenster wieder loszuwerden, klicken Sie noch einmal auf den *Export*-Knopf in der Werkzeugleiste.

Wenn Ihnen die Einträge und Statistiken irgendwann über den Kopf wachsen, können Sie sie auch einfach über den gleichnamigen Knopf in der Werkzeugleiste löschen. Das entfernt allerdings nur die bislang gesammelten Daten, Joomla! legt weiterhin neue Statistiken an. Um das zu unterbinden, müssen Sie die Protokollierung abschalten (indem Sie die Punkte *Statistik der Aufrufe* und *Statistik der Klicks* in den Einstellungen des Banners und des Kunden jeweils auf *Nein* setzen).

Kontaktformulare

Das Kinoportal floriert, es gibt fleißige Autoren, die Filmkritiken beisteuern, und die hohen Besucherzahlen sprechen für sich. Einige der Besucher würden jedoch gern mit den Autoren Kontakt aufnehmen. Genau für diesen Zweck existiert die Komponente *Kontakte* (englisch *Contacts*). Sie verwaltet Kontakt- und Adressdaten und stellt sie übersichtlich aufbereitet auf der Homepage bereit. Abbildung 6-15 zeigt ein Beispiel für eine solche Seite.

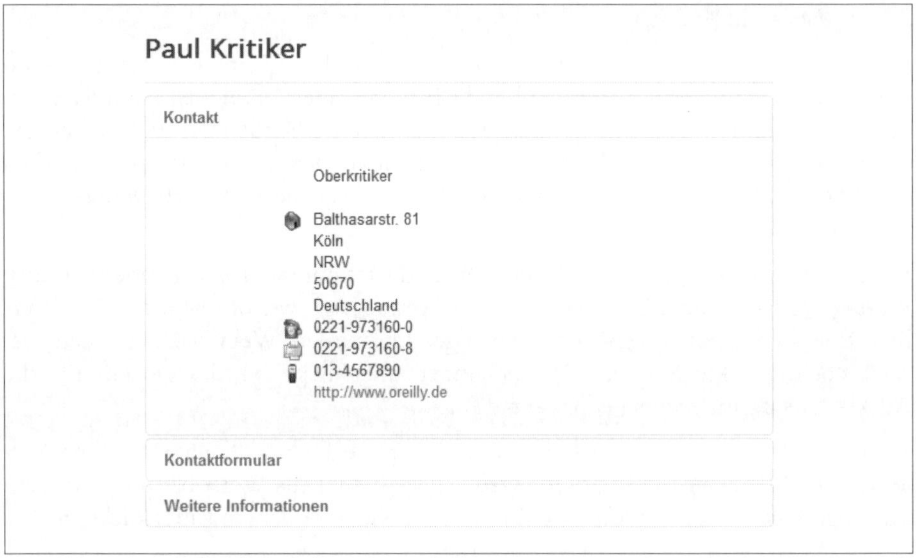

Abbildung 6-15:   Beispiel für einen Kontakt

Alle auf einer solchen virtuellen Visitenkarte untergebrachten Informationen bezeichnet Joomla! zusammenfassend als *Kontakt*.

Auf Wunsch fügt die Komponente sogar noch ein komfortables Kontaktformular hinzu, über das der Besucher direkt eine Frage stellen kann (siehe Abbildung 6-16).

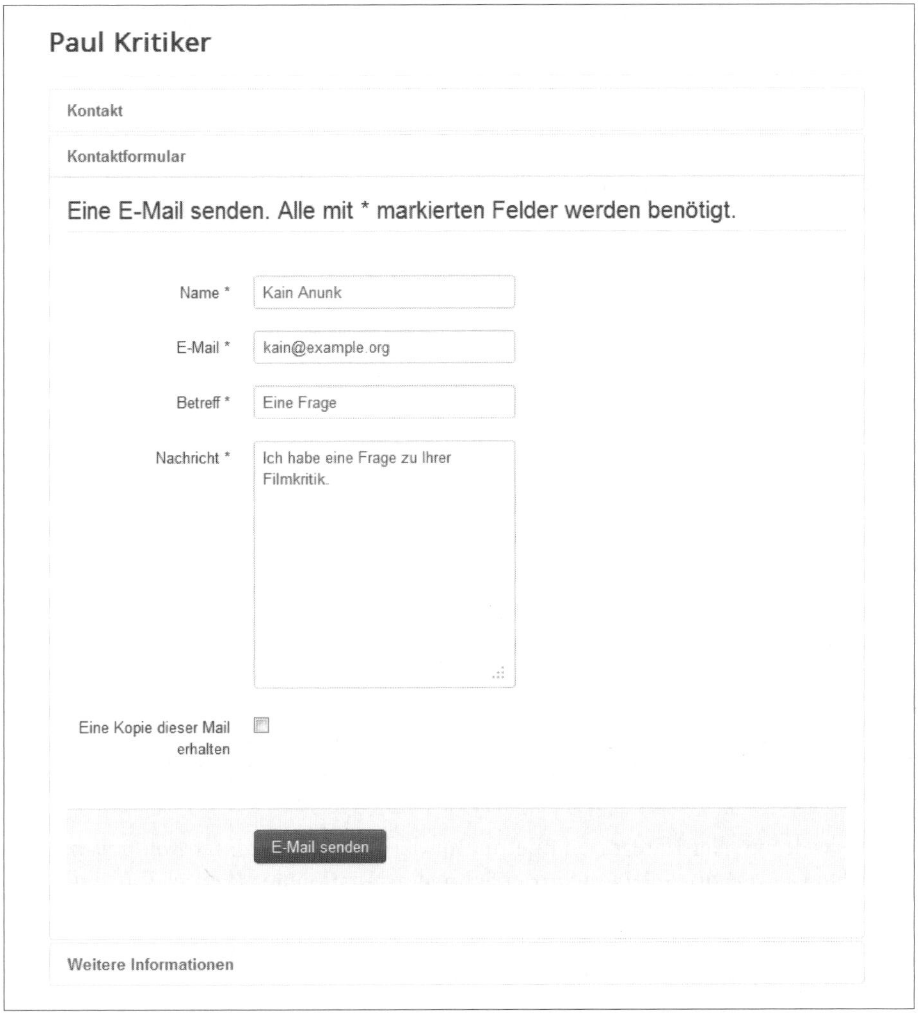

Paul Kritiker

Kontakt

Kontaktformular

Eine E-Mail senden. Alle mit * markierten Felder werden benötigt.

Name *	Kain Anunk
E-Mail *	kain@example.org
Betreff *	Eine Frage
Nachricht *	Ich habe eine Frage zu Ihrer Filmkritik.
Eine Kopie dieser Mail erhalten	☐

E-Mail senden

Weitere Informationen

Abbildung 6-16:   Beispiel für ein Kontaktformular

Tipp   Auf diese Weise kann man nicht nur die Kontaktdaten echter Personen nennen, sondern natürlich auch die Adressen der umliegenden Kinos bereitstellen.

Kategorien für die Kontakte anlegen

Joomla! gruppiert alle erreichbaren Kontakte in sogenannten Kategorien. Letztere erweisen sich insbesondere in Firmen als nützlich, wenn beispielsweise die Kontaktaufnahme sofort in die jeweils zuständige Abteilung dirigiert werden soll. In einem solchen Fall könnte eine der Kategorien *Vertrieb* lauten, eine andere *Support*. Dort würde man dann die entsprechenden Kontaktdaten der jeweiligen Mitarbeiter finden.

 **Warnung** Verwechseln Sie nicht die hier behandelten Kategorien für Kontakte mit denen der Beiträge aus Kapitel 4, *Inhalte verwalten*. Die beiden haben nichts miteinander zu tun.

Später auf der Website gibt es für jede Kategorie eine kleine Übersichtsseite, die alle in der Kategorie enthaltenen Kontaktmöglichkeiten auflistet. Abbildung 6-17 zeigt eine solche Übersichtsseite aus den Beispieldaten. Ein Klick auf die *Shop Adress* würde dann zum eigentlichen Kontaktformular führen. (Sie erreichen die Seite in der Vorschau über *Using Joomla!* → *Using Extensions* → *Components* → *Contact Component* → *Contact Categories* → *Shop Site*.)

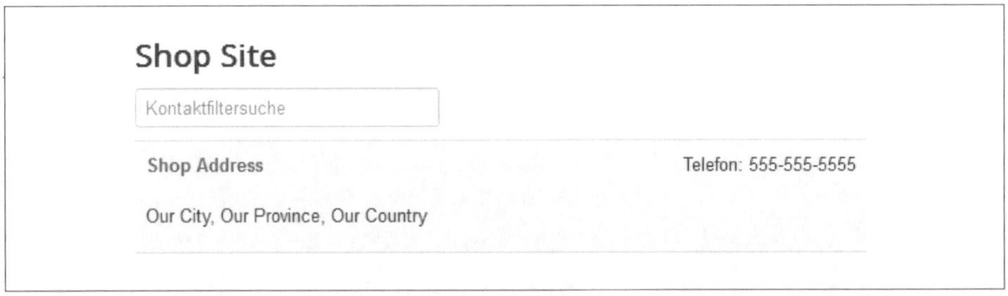

Shop Site

Kontaktfiltersuche

Shop Address   Telefon: 555-555-5555

Our City, Our Province, Our Country

Abbildung 6-17:   Beispiel für die Übersichtsseite einer Kontaktkategorie mit nur einem Kontakt

Joomla! selbst verlangt, dass sich jeder Kontakt in genau einer Kategorie befindet. Das hat jedoch nur organisatorische Gründe: Sie können später trotzdem einen Menüpunkt direkt zu einem einzelnen Kontaktformular springen lassen (dazu in wenigen Absätzen mehr).

Die Verwaltung aller Kategorien übernimmt der Bildschirm hinter *Komponenten* → *Kontakte* → *Kategorien*. Wenn Sie der Schnellinstallation aus Kapitel 2, *Installation*, gefolgt sind beziehungsweise die Beispieldaten eingespielt haben, existieren bereits zahlreiche fertige Kategorien (siehe Abbildung 6-18). Für die eigene Website muss jedoch in der Regel eine neue Kategorie her.

Das gilt auch für das Kinoportal, wo eine neue Kategorie die Kontakte der Filmkritiker sammeln soll.

Mit der Schaltfläche *Neu* in der Werkzeugleiste legen Sie eine neue Kategorie an. Das nun erscheinende Formular dürfte Ihnen bereits aus den vorherigen Kapiteln bekannt vorkommen (siehe Abbildung 6-19).

Es ähnelt seinem Kollegen für die Beiträge aus Kapitel 4, *Inhalte verwalten*, und fragt die folgenden Daten ab:

Titel
> Der Name der Kategorie, der später auch auf der Homepage als Überschrift erscheint. Für das Kinoportal-Beispiel wählen Sie hier `Filmkritiker`.

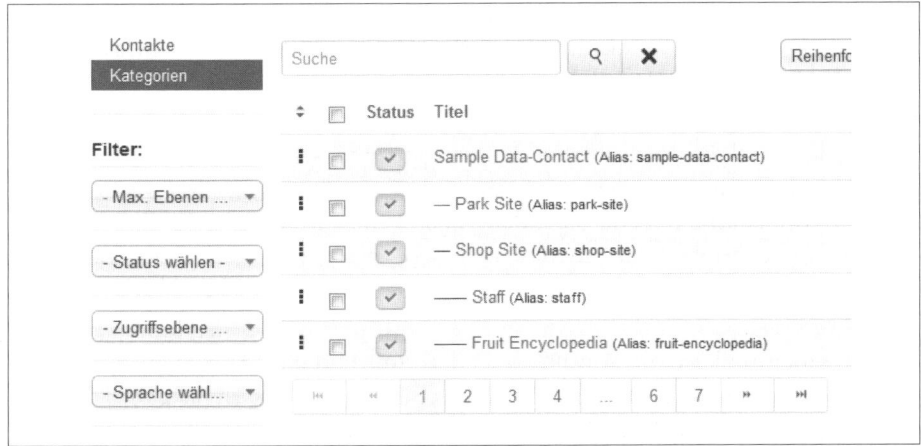

Abbildung 6-18: Der Verwaltungsbildschirm für die Kontaktkategorien

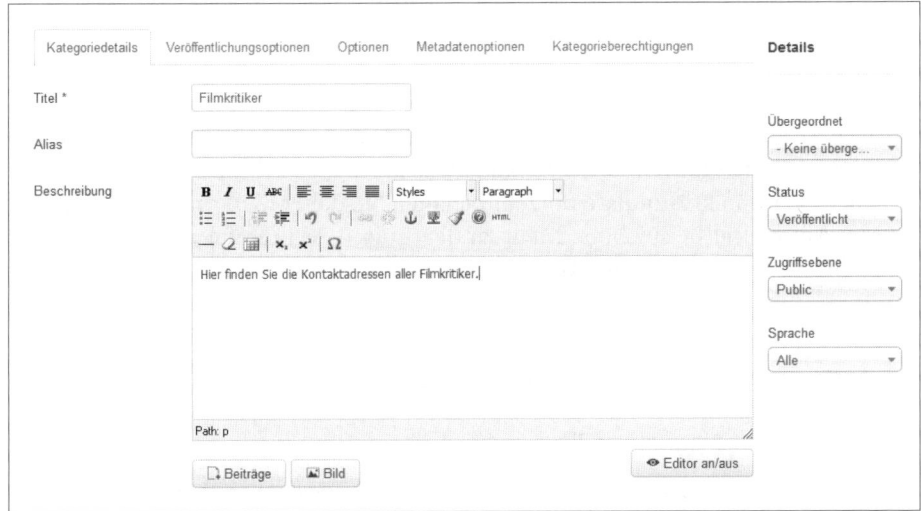

Abbildung 6-19: Die Basisdaten für die neue Kontaktkategorie

Alias

Ein Alias- beziehungsweise Ersatzname für die Kategorie. Er dient hauptsächlich internen Zwecken, beispielsweise hilft er bei der Suchmaschinenoptimierung. Sie können ihn in der Regel leer lassen und somit Joomla! die Wahl eines Alias überlassen.

Beschreibung

Hier können Sie eine kurze Beschreibung der Kategorie eintippen. Dieser Text erscheint später auf der Übersichtsseite der Kategorie. Da er Ihren Besuchern hilft, die passende Kontaktperson zu finden, sollten Sie hier ein paar (knappe)

Worte über die enthaltenen Kontaktdaten verlieren. Für die Kategorie mit den Kontaktdaten der Filmkritiker bietet sich beispielsweise **Hier finden Sie die Kontaktadressen aller Filmkritiker** an.

Übergeordnet
Die Kontaktkategorien dürfen Sie ineinander verschachteln, um so für Ordnung zu sorgen. Beispielsweise könnte man zunächst eine Kategorie für alle Filmkritiker schaffen und diese dann noch einmal in Unterkategorien mit ihren Anfangsbuchstaben einsortieren. Wenn Sie diese (neue) Kategorie einer anderen unterordnen möchten, müssen Sie hier ihre übergeordnete Kategorie einstellen.

Im Kinoportal ist die Anzahl der Filmkritiker noch überschaubar, weshalb keine untergeordneten Kategorien notwendig sind. Belassen Sie daher das Feld *Übergeordnet* auf – *Keine übergeordnete Kategorie* –.

Status
Nur wenn hier ein *Veröffentlicht* steht, erscheinen die Kategorie und ihre Kontaktformulare auf der Website.

Zugriffsebene
Dieser Punkt legt zusammen mit dem Register *Kategorieberechtigungen* fest, welche Personengruppen überhaupt die Kontaktinformationen in dieser Kategorie einsehen dürfen. Mit den Standardeinstellungen dürfen später alle Besucher die Kontaktformulare nutzen. Behalten Sie daher die Voreinstellungen für das Kinoportal-Beispiel bei. Mehr zu den Zugriffsrechten folgt noch in Kapitel 9, *Benutzerverwaltung und -kommunikation.*

Sprache
Bei mehrsprachigen Seiten bestimmt diese Ausklappliste, in welchen Sprachfassungen der Homepage die Kategorie vertreten sein soll. Im Falle eines einsprachigen Internetauftritts belassen Sie hier *Alle. Kapitel 12, Mehrsprachigkeit,* wird noch auf dieses Thema eingehen.

 Für das Kinoportal-Beispiel sollte das Register *Kategoriedetails* jetzt so wie in Abbildung 6-19 aussehen.

Auf dem Register *Veröffentlichungsoptionen* zeigt Joomla! die interne Identifikationsnummer der Kategorie (*ID*) sowie die Anzahl der bisherigen Besucher (*Zugriffe*). Da Sie die Kategorie gerade erst erstellen, stehen beide Zahlen noch auf *0.* Joomla! merkt sich, wer die Kategorie wann erstellt hat. Mit einem Klick auf das Symbol mit dem Kopf rechts neben *Autor* können Sie jedoch auch eine andere Person als Ersteller vorgeben. Normalerweise ist dies jedoch nicht notwendig.

Wenn die Kategorie später im Frontend *nicht* direkt über einen Menüpunkt erreichbar ist, dann (und wirklich nur dann) können Sie Ihrer Übersichtsseite auf dem Register *Optionen* unter *Alternatives Layout* eine eigene, spezielle Optik verpassen.

Tipp   Denken Sie daran, dass die Menüpunkte bestimmen, was auf der dahinterliegenden Seite zu sehen ist.

Welche Darstellungen hier zur Verfügung stehen, hängt von den installierten Templates ab. Standardmäßig bringt Joomla! nur eine Darstellungsform mit (*Standard*).
Belassen Sie daher die Ausklappliste auf ihrem voreingestellten Wert.

Über die Schaltfläche *Auswählen* können Sie der Kategorie noch ein Bild oder ein
Symbol spendieren. Es erscheint später auf der Übersichtsseite über der *Beschrei-
bung*. Für die Kategorie im Kinoportal ist kein Bild notwendig. Abschließend kön-
nen Sie auf diesem Register noch eine *Notiz* hinterlassen. Dieser Text ist nur als
Gedächtnisstütze gedacht und erscheint ausschließlich im Backend. Im Kinoportal-
Beispiel lassen Sie auch dieses Feld leer.

Auf dem Register *Metadatenoptionen* können Sie den Suchmaschinen entgegenkommen. Unter *Meta-Beschreibung* hinterlassen Sie für Google und Co eine kurze
Beschreibung der Kategorieinhalte, wie beispielsweise **Die Kontaktdaten der Filmkritiker**. Dazu passende *Meta-Schlüsselwörter* wären etwa **Kontakt, Kontaktdaten,
Filmkritiker**. Alle diese Informationen versteckt Joomla! später in der Übersichtsseite der Kategorie. Sollen die Suchmaschinen eine ganz bestimmte Person für den
Autor der Übersichtsseite halten, tragen Sie seinen Namen in das gleichnamige Feld
ein. Für gewöhnlich reicht es aus, das Feld leer zu lassen. Mit der Ausklappliste
Robots können Sie schließlich noch festlegen, ob die Suchmaschinen überhaupt die
Seite betreten (ein Punkt mit *index*) und den Links darauf folgen dürfen (ein Punkt
mit *follow*). *noindex* und *nofollow* verbieten hingegen die jeweilige Aktion.

Für die neue Kategorie im Kinoportal behalten Sie die Vorgabe *Globale Einstellung*
bei. Damit gelten die systemweiten Einstellungen, nach denen die Suchmaschinen
die Übersichtsseite unter die Lupe nehmen und auch allen darauf befindlichen
Links folgen dürfen.

Nachdem Sie die Kategorie per *Speichern & Schließen* angelegt haben, landen Sie
wieder in der Liste mit allen Kategorien.

Tipp   Über den Knopf *Stapelverarbeitung* in der Werkzeugleiste können Sie die Kontaktkategorien verschieben und kopieren. Dabei gehen Sie wie in den Abschnitten »Kategorien verschieben« und »Kategorien kopieren« ab Seite 134 beschrieben vor.

Kontakte einrichten

Nachdem die Kategorie erstellt ist, wird es höchste Zeit, sie mit Leben zu füllen.
Dazu rufen Sie den Punkt *Komponenten → Kontakte → Kontakte* auf. Es erscheint
der Bildschirm aus Abbildung 6-20 mit einer Liste aller existierenden Kontaktmöglichkeiten.

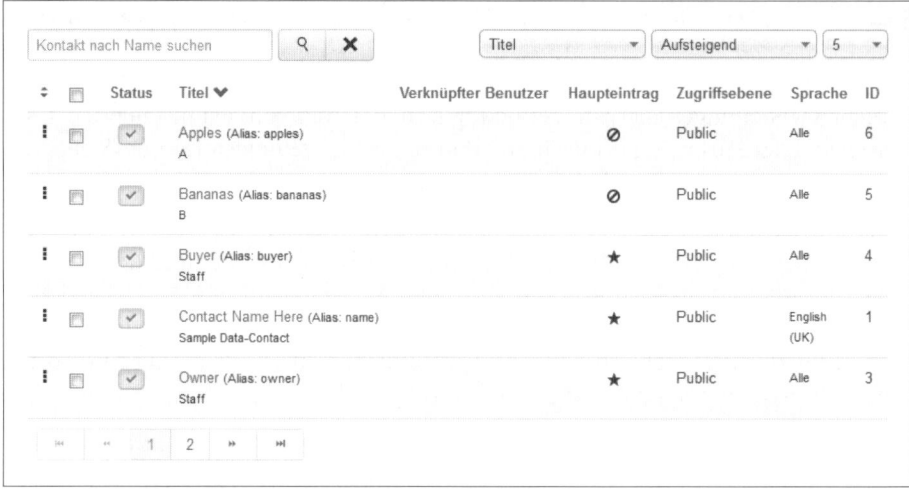

Abbildung 6-20:   Die Liste mit allen existierenden Kontakten

In den mitgelieferten Beispieldaten sind das schon einige ganze Menge, die teilweise recht merkwürdige Namen tragen – wie etwa *Contact Name Here*.

Um einen neuen Kontakt, wie zum Beispiel für einen neu hinzugekommenen Filmkritiker anzulegen, klicken Sie auf die Schaltfläche *Neu* in der Werkzeugleiste. Sie führt zu dem Formular aus Abbildung 6-21, dessen Einstellungen Sie jetzt wohl oder übel einmal kurz durchgehen müssen.

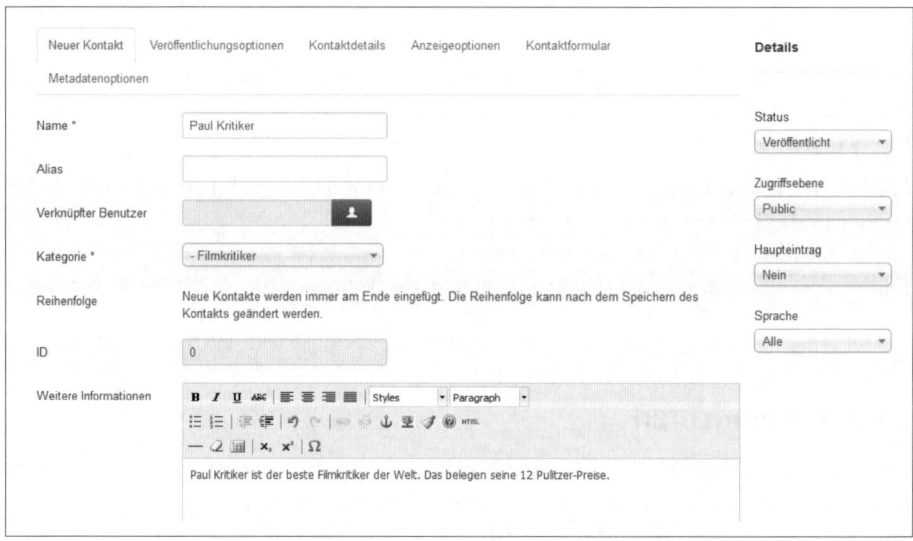

Abbildung 6-21:   Diese Daten führen zu einem Kontaktformular für den fiktiven Kritiker *Paul Kritiker*.

Basisinformationen

Beginnen Sie mit dem bereits geöffneten Register *Neuer Kontakt* (siehe Abbildung 6-21).

Name

Hier steht der vollständige Name der Kontaktperson, wie etwa der berühmte **Paul Kritiker**.

Alias

Ein Alias- beziehungsweise Ersatzname. Er dient hauptsächlich internen Zwecken und hilft bei der Suchmaschinenoptimierung. Lassen Sie ihn leer, wählt Joomla! automatisch einen passenden.

Verknüpfter Benutzer

Die Kontaktperson muss nicht zwangsweise ein Benutzerkonto unter Joomla! besitzen. Falls Paul Kritiker doch über eines verfügt, könnten Sie es mit dem gerade neu entstehenden Kontaktformular verknüpfen. Dazu klicken Sie einfach auf das blaue Symbol mit dem stilisierten Kopf und dann in der erscheinenden Liste auf den entsprechenden Namen, im Beispiel also auf *Paul Kritiker*. Wenn Sie den Benutzer mit dem Kontakt verknüpfen, kann Joomla! ein paar zusätzliche Informationen auf der Kontaktseite einblenden (dazu folgt in wenigen Absätzen mehr).

Da Sie im Kinoportal als Super User im Moment der einzige Joomla! bekannte Benutzer sind, lassen Sie das Feld noch leer und verzichten somit vorerst auf eine Verknüpfung. Bei Bedarf können Sie das selbstverständlich auch noch später nachholen. Mehr zu den Benutzerkonten folgt in Kapitel 9, *Benutzerverwaltung und -kommunikation*.

Kategorie

Hier stecken Sie den neuen Kontakt in eine der bestehenden Kategorien. Die Kontaktdaten von Paul Kritiker gehören in die *Filmkritiker*.

Reihenfolge

Dieser Punkt erscheint erst, nachdem Sie den Kontakt über *Speichern* in der Werkzeugleiste angelegt haben. Dann können Sie hier die Reihenfolge der Kontakte wie folgt ändern: Später auf der Homepage stellt Joomla! die Kontakte in einer Liste zur Auswahl. In welcher Zeile jener Liste der hier gerade bearbeitete Kontakt erscheint, regelt dann diese Aufklappliste. Einen besonders wichtigen Ansprechpartner könnten Sie so direkt an den Anfang der Liste hieven. Beachten Sie, dass der hier gerade bearbeitete Kontakt immer hinter dem in der Ausklappliste gewählten landet.

Weitere Informationen

In diesem Bereich können Sie eine Beschreibung oder einen freien Text über Paul Kritiker hinterlegen. Das Eingabefeld ist nicht für die eigentlichen Kontaktdaten gedacht – die geben Sie gleich noch auf den anderen Registern ein –, sondern für eine kurze Vorstellung der Person. Über Paul Kritiker könnte man hier vielleicht schreiben: *Paul Kritiker ist der beste Filmkritiker der Welt. Das belegen seine 12 Pulitzer-Preise.*

Status

Nur wenn hier *Veröffentlicht* eingestellt ist, erscheinen die Kontaktdaten von Paul Kritiker auf der Website.

Zugriffsebene

Diese Ausklappliste legt fest, wer alles die Kontaktdaten zu Gesicht bekommt. In der Standardeinstellung sind dies alle Besucher der Website, also ist dies genau die richtige Einstellung für die Adresse von Paul Kritiker. Weitere Informationen hierzu folgen in Kapitel 9, *Benutzerverwaltung und -kommunikation*.

Haupteintrag

Einen besonders wichtigen Kontakt können Sie zu einem Haupteintrag (englisch *Featured Contact*) erheben. Alle so gekennzeichneten Kontakte kann Joomla! später auf einer speziellen Übersichtsseite (der *Featured View*) zusammenfassen. Paul Kritiker ist jedoch nicht derart wichtig, sodass Sie hier *Nein* stehen lassen.

Sprache

Bei mehrsprachigen Internetauftritten stellen Sie hier ein, in welcher Sprachfassung der Kontakt auftauchen soll. Oder mit anderen Worten: die Sprache, die Paul Kritiker spricht. Sofern Sie nur eine einsprachige Website betreiben, lassen Sie hier wie auch für das Kinoportal *Alle* stehen. Um mehrsprachige Internetauftritte kümmert sich später noch das Kapitel 12, *Mehrsprachigkeit*.

Die Einstellungen für Paul Kritiker sollten jetzt so wie in Abbildung 6-21 aussehen.

Weiter geht es auf dem Register *Veröffentlichungsoptionen*.

Autor

Mit einem Klick auf den blauen Knopf mit dem Kopfsymbol kann man einen anderen Benutzer zum Schöpfer des Kontakts erheben. Normalerweise ist hier keine Änderung notwendig.

Autoralias

Benutzernamen sind oftmals recht kryptisch, erst recht, wenn sie von den Angemeldeten selbst gewählt wurden. Aus diesem Grund erlaubt Joomla! hier, einen anderen Namen beziehungsweise ein Pseudonym für den *Autor* zu vergeben. Da dieser Alias aber nirgendwo mehr in Joomla! auftaucht, können Sie ihn normalerweise ignorieren – es sei denn, eine nachträglich installierte Erweiterung wertet ihn aus.

Erstellungsdatum

Joomla! merkt sich, wann der Kontakt angelegt wurde. Unter *Erstellungsdatum* dürfen Sie diese Angabe fälschen. Auch dies ist normalerweise nicht notwendig.

Veröffentlichung starten und Veröffentlichung beenden

Über diese beiden Einstellungen können Sie den Kontakt zeitgesteuert erscheinen und wieder verschwinden lassen. Das ist beispielsweise dann nützlich, wenn Paul Kritiker nur ein Jahr für das Kinoportal schreibt und dann wieder zu einem gut dotierten Magazin wechseln wird.

Unter *Veröffentlichung starten* tragen Sie ein, wann die Kontaktdaten erstmals auf der Website erscheinen sollen, und unter *Veröffentlichung beenden* legen Sie fest, wann sie von dort wieder verschwinden. Die Kalender hinter den Symbolen rechts neben den Eingabefeldern helfen bei der Auswahl des korrekten Termins. Andernfalls notieren Sie Datum und Zeit nach dem Schema: **Jahr-Monat-Tag Stunde:Minute:Sekunde**. Das Jahr müssen Sie dabei vierstellig angeben, Monat und Tag jeweils als zweistellige Zahlen.

Später nach dem ersten Speichern zeigt Joomla! hier in diesem Bereich auch noch an, wer die Einstellungen wann zuletzt bearbeitet hat.

Im Fall von Paul Kritiker können Sie alle Felder auf diesem Register leer lassen. Er schreibt erfreulicherweise auch zukünftig für das Kinoportal.

Kontaktdaten

Unter den *Kontaktdetails* geht es nun ans Eingemachte. Hier hinterlassen Sie in den Feldern die entsprechenden Adressdaten, wie zum Beispiel die Angabe der Straße, des Wohnorts oder der E-Mail-Adresse (siehe Abbildung 6-22).

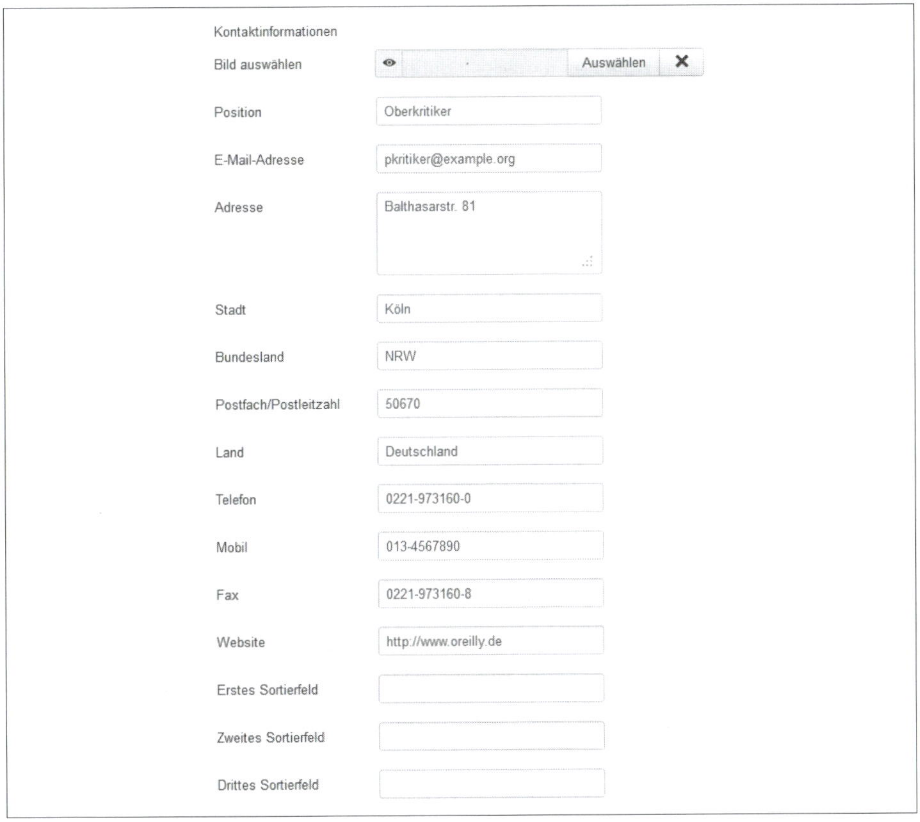

Abbildung 6-22:   Dies sind die eigentlichen Kontaktdaten von Paul Kritiker.

Via *Auswählen* neben *Bild auswählen* dürfen Sie die Kontaktseite noch mit einem Foto aufpeppen. Die angebotenen Bilder können Sie mit der Medienverwaltung erweitern (siehe Kapitel 5, *Medien verwalten*). Im Fall des Kinoportals bieten sich hier beispielsweise Porträts der Autoren an.

Sämtliche Angaben auf diesem Register sind übrigens optional. Sie entscheiden also selbst, welche Daten später auf der Homepage landen sollen.

Warnung Geben Sie immer nur die Informationen von einem Benutzer preis, mit denen er auch einverstanden ist. Nicht jeder möchte seine private Telefonnummer öffentlich im Internet wiederfinden.

Angezeigte Informationen festlegen

Die Einstellungen auf dem nächsten Register, *Anzeigeoptionen*, regeln, welche der Kontaktinformationen überhaupt später auf der Website erscheinen. Beispielsweise sorgt *Verbergen* bei *Telefon* dafür, dass auf der späteren Kontaktseite die Telefonnummer der Kontaktperson fehlt.

Tipp Geben Sie wirklich nur die Informationen preis, die für eine Kontaktaufnahme mindestens erforderlich sind. Spam-Versender stürzen sich auf gedankenlos veröffentlichte E-Mail-Adressen schneller als hungrige Wespen auf einen Erdbeerkuchen.

Einige der hier angebotenen Punkte sind allerdings nicht ganz selbsterklärend:

Kontaktliste
  Wenn diese Einstellung auf *Anzeigen* steht, erscheint später auf der Seite mit den Kontaktdaten eine kleine Ausklappliste, über die der Besucher schnell zu einem anderen Kontakt aus der gleichen Kategorie wechseln kann.

Anzeigeformat
  Joomla! kann die Kontaktdaten auf drei verschiedene Arten darstellen. Im Fall von *Silder* verteilt es die Informationen auf Bereiche, die beim Klick auf ihren Namen oder das Pluszeichen »auffahren« (siehe Abbildung 6-23). Dies ist auch die Standardeinstellung. Mit der Einstellung *Tabs* verteilt Joomla! die Daten auf mehrere Registerblätter wie in Abbildung 6-24. Und schließlich klebt *Vollständig* alle Informationen auf eine einzige Seite (siehe Abbildung 6-25).

Weitere Informationen
  Dies sind die Informationen im großen Eingabefeld *Weitere Informationen* auf dem Register *Neuer Kontakt*.

vCard
  Wenn diese Einstellung auf *Anzeigen* steht, stellt Joomla! die Kontaktdaten zusätzlich im sogenannten vCard-Format zum Download bereit. Mit diesem standardisierten Dateiformat kann der Besucher den Kontakt mit wenigen Mausklicks in sein elektronisches Adressbuch übernehmen. Weitere Informationen zu vCard finden Sie beispielsweise unter *http://de.wikipedia.org/wiki/VCard*.

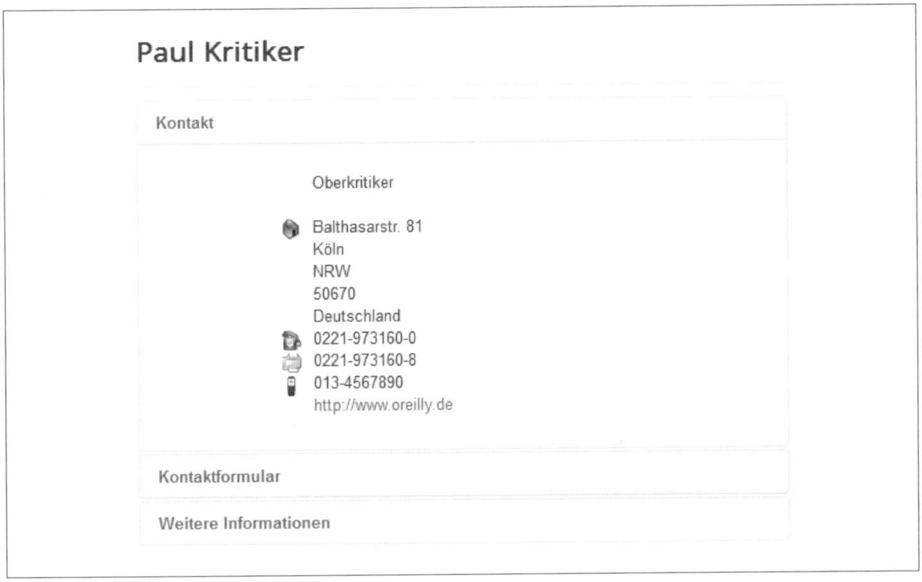

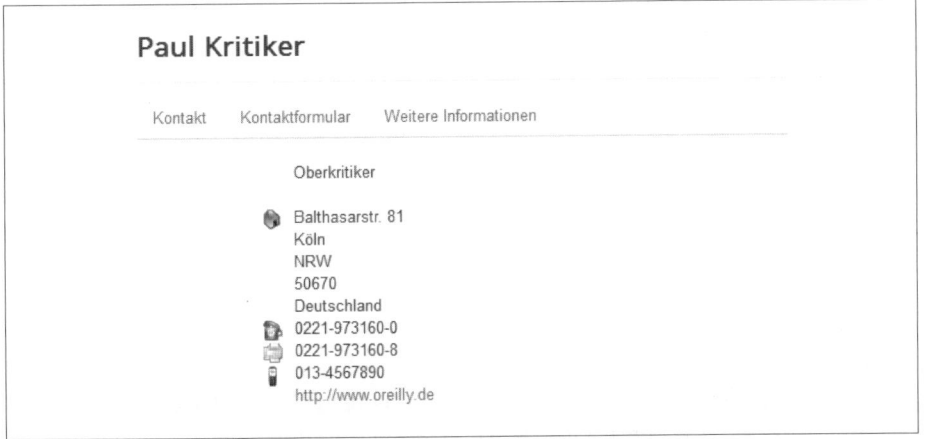

Paul Kritiker

Kontakt

Oberkritiker

Balthasarstr. 81
Köln
NRW
50670
Deutschland
0221-973160-0
0221-973160-8
013-4567890
http://www.oreilly.de

Kontaktformular

Weitere Informationen

Abbildung 6-23:   Die Kontaktdaten in der Darstellungsform *Slider*

Paul Kritiker

Kontakt   Kontaktformular   Weitere Informationen

Oberkritiker

Balthasarstr. 81
Köln
NRW
50670
Deutschland
0221-973160-0
0221-973160-8
013-4567890
http://www.oreilly.de

Abbildung 6-24:   Die Kontaktdaten in der Darstellungsform *Tab*

Beiträge

Sofern Sie den Kontakt mit einem Benutzerkonto verknüpft haben, kann
Joomla! alle Beiträge dieses Benutzers auflisten. Dazu stellen Sie diese Ausklappliste auf *Anzeigen*.

Benutzerprofil

Sofern Sie den Kontakt mit einem Benutzerkonto verknüpft haben, kann
Joomla! auf Wunsch alle Informationen des Benutzerprofils mit preisgeben.
Dazu setzen Sie diese Ausklappliste auf *Anzeigen*.

Paul Kritiker

Kontakt

Oberkritiker

Balthasarstr. 81
Köln
NRW
50670
Deutschland
0221-973160-0
0221-973160-8
013-4567890
http://www.oreilly.de

Kontaktformular

Eine E-Mail senden. Alle mit * markierten Felder werden benötigt.

Name *	Kain Anunk
E-Mail *	
Betreff *	Eine Frage
Nachricht *	Ich habe eine Frage zu Ihrer Filmkritik.

Abbildung 6-25: Die Kontaktdaten in der Darstellungsform *Vollständig*

Zusätzliche Links

Hier können Sie dem Kontaktformular noch eine Liste mit bis zu fünf Internetadressen hinzufügen. Dazu tippen Sie in das Feld *Link A Label* eine Bezeichnung ein, wie etwa **Mein Arbeitgeber,** und dann unter *Link A Webadresse* die entsprechende Internetadresse, wie etwa *http://www.roxykino.com*. Wenn dann noch *Zusätzliche Links* auf *Anzeigen* steht, sieht das Ergebnis auf der Homepage so wie in Abbildung 6-26 aus. Die anderen Felder *Link ... Label* und *Link ... URL* funktionieren nach dem gleichen Prinzip.

Unter *Alternatives Layout* können Sie der Kontaktseite schließlich noch eine eigene, individuelle Optik überstülpen. Welche Darstellungen hier zur Verfügung stehen, hängt von den installierten Templates ab. Für die Kontaktdaten von Paul Kritiker belassen Sie hier die Vorgabe.

Paul Kritiker

Kontakt

Kontaktformular

Links

Mein Arbeitgeber

Weitere Informationen

Abbildung 6-26:   Die zusätzlichen Links auf der Homepage

Warnung Wenn Sie allerdings einen Menüpunkt direkt auf die Kontaktseite setzen, dann
bestimmt dieser wieder sowohl das Aussehen der Seite als auch die darauf sichtbaren Informationen. Die Einstellungen auf diesem Register würden dann folglich
komplett ignoriert.

Kontaktformular einrichten

Über die Einstellungen auf dem nächsten Register können Sie der Seite noch ein
Kontaktformular hinzufügen. Der Besucher kann seine Frage in ein Feld eintippen,
die Joomla! dann direkt an Paul Kritiker sendet (siehe auch Abbildung 6-16 auf Seite
235).

Kontaktformular
Mit der Einstellung *Anzeigen* erscheint das Formular auf der Website. Dies ist
auch die Standardvorgabe.

Warnung Das Formular erscheint nur, wenn Sie auf dem Register *Kontaktdetails* eine *E-Mail-*
Adresse hinterlegt oder den Kontakt auf dem Register *Kontakt bearbeiten* mit einem
vorhandenen Benutzer verknüpft haben. Andernfalls weiß Joomla! nicht, wohin es
die Nachricht schicken soll.

Kopie an Absender
Auf Wunsch kann sich der Besucher eine Kopie seiner Nachricht zusenden lassen. Dazu muss er ein kleines Kästchen ankreuzen, das Sie mit dieser Einstellung *Verbergen* oder *Anzeigen* lassen können. Damit schalten Sie auch
gleichzeitig diese Funktion aus beziehungsweise ein.

Blockierte E-Mail
Hier können Sie die E-Mail-Adressen von bekannten Rüpeln eintragen. Deren
Besitzern ist es dann nicht mehr möglich, über das Formular eine Nachricht zu
versenden. Mehrere E-Mail-Adressen sind bei der Eingabe jeweils durch ein

Semikolon zu trennen. Diese sogenannte Blacklist ist insbesondere dann nütz-lich, wenn ein Besucher der Homepage durch Pöbeleien oder Spam-Versand auffällt.

 Warnung Der Rüpel kann diese Sperrung jedoch einfach umgehen, indem er sich eine neue E-Mail-Adresse besorgt oder eine fiktive eintippt. Die Blacklist ist also kein univer-seller Schutz gegen nervende Gäste.

Verboten im Betreff

Alle hier eingetragenen Wörter sind in der Betreffzeile des Formulars verboten. In der Regel sind dies Schimpf- oder ähnliche Reizwörter. Auch in diesem Feld müssen Sie die einzelnen Wörter jeweils durch ein Semikolon voneinander trennen.

Verboten im Text

Alle hier eingetragenen Wörter sind in der eigentlichen Nachricht verboten. Die einzelnen Begriffe sind jeweils durch ein Semikolon voneinander zu trennen.

Session-Prüfung

Joomla! kann vor dem Versand der Nachricht prüfen, ob der Besucher tatsäch-lich über Ihren Internetauftritt zum Kontaktformular gelangt ist und dieses aus-gefüllt hat. Damit hält man sich Spammer vom Leib, die mit speziellen Programmen das Internet automatisiert nach Formularen abgrasen und dann dort ihren Müll abladen.

Aus technischer Sicht übergibt Joomla! dem Browser des Besuchers eine ein-deutige Kennnummer (ein sogenanntes Cookie). An ihm erkennt Joomla! den Besucher jederzeit wieder. Ein Spam-Programm, das das Kontaktformular direkt anspringt, kann kein passendes Cookie vorzeigen und wird vom Con-tent-Management-System abgewiesen.

Aus Angst, ausspioniert zu werden, deaktivieren allerdings einige Besucher in ihren Browsern die Cookie-Funktion. Wenn Sie die Session-Prüfung einschal-ten, können diese Besucher dann nicht mehr das Kontaktformular abschicken.

Sie müssen also abwägen, ob Sie diese sogenannte Session-Prüfung hier mit einem *Ja* aktivieren und damit einige Besucher vom Kontaktformular aussper-ren oder aber die Funktion lieber via *Nein* abgeschaltet lassen und damit Spam-Versand riskieren. Standardmäßig ist die Prüfung eingeschaltet.

Die Session-Prüfung ist übrigens kein alleiniges Allheilmittel gegen uner-wünschten Werbemüll. Spam-Versender rüsten ihre Programme ebenfalls immer weiter auf. Weiterführende Informationen zum Thema Cookies finden Sie beispielsweise unter *http://de.wikipedia.org/wiki/HTTP-Cookie*.

Benutzerdefinierte Antwort

Dieser Punkt ist etwas missverständlich übersetzt: Wenn Ihnen das von Joomla! bereitgestellte Kontaktformular nicht ausreicht, können Sie weitere

Funktionen über eine passende Erweiterung nachinstallieren. Einige von diesen Erweiterungen verarbeiten die eingetippten Fragen und Nachrichten selbst weiter. In einem solchen Fall müssen Sie Joomla! daran hindern, selbst die Nachricht zu verschicken. Genau dies passiert, wenn Sie *Benutzerdefinierte Antwort* auf *Ja* setzen.

Warnung Legen Sie hier den Schalter wirklich nur dann um, wenn eine Erweiterung Sie explizit dazu auffordert. Andernfalls verkommt das Kontaktformular einfach nur zu einer nutzlosen Ansammlung von netten Eingabefeldern.

Kontakt Weiterleitung
Joomla! verschickt die Nachricht normalerweise an die auf dem Register *Kontaktdetails* eingetragene *E-Mail-Adresse*. Soll die Frage hingegen an eine andere Adresse gehen, tippen Sie diese hier unter *Kontakt Weiterleitung* ein.

Für Paul Kritikers Kontaktformular übernehmen Sie hier überall die Standardeinstellungen.

Metadaten

Zum Abschluss kann Joomla! noch ein paar Meta-Informationen für Suchmaschinen in der Kontaktseite verstecken. Dazu wechseln Sie auf das Register *Metadatenoptionen*, auf dem folgende Einstellungen warten:

Meta-Beschreibung und Meta-Schlüsselwörter
Meta-Beschreibung verrät dabei in kurzen und knappen Worten, was auf der Kontaktseite zu sehen ist, wie etwa **Die Kontaktdaten des berühmten Filmkritikers Paul Kritiker**. Ergänzend nimmt *Meta-Schlüsselwörter* noch ein paar durch Kommata getrennte Stichwörter auf, die auf die Kontaktseite zutreffen. Im Kinoportal wären beispielsweise **Paul Kritiker, Kontakt, Adresse** passend.

Robots
Mit der Ausklappliste *Robots* legen Sie fest, ob die Suchmaschinen überhaupt die Seite betreten (ein Punkt mit *index*) und den Links darauf folgen dürfen (ein Punkt mit *follow*). *noindex* und *nofollow* verbieten hingegen die jeweilige Aktion. In der Regel können Sie hier die Vorgabe beibehalten, nach der Suchmaschinen die Seite untersuchen und allen ihren Links folgen dürfen.

Rechte
Sind die Kontaktangaben und insbesondere das (Porträt-)Foto urheberrechtlich geschützt oder stehen sie unter einer speziellen Lizenz, dann können Sie einen entsprechenden Hinweis im Feld *Rechte* hinterlassen. Üblicherweise trägt man hier einen Text wie »Copyright 2012« ein. Diese Meta-Informationen werten Browser jedoch nicht aus, und auch bei den Suchmaschinen ist der Nutzen dieses Eingabefeldes fraglich. Sie können dieses Feld daher ignorieren.

Damit wären alle Angaben für die Kontaktseite von Paul Kritiker beisammen. Legen Sie ihn per *Speichern & Schließen* an. Als kleine Fingerübung können Sie jetzt auf die gleiche Weise noch ein paar Kontakte für weitere Kritiker erstellen.

Ein solcher Kontakt eignet sich auch ideal dazu, ein etwas hübscheres Impressum zu erschaffen. Im Gegensatz zu einem Beitrag aus dem vorherigen Kapitel besitzt es auch gleich noch ein Kontaktformular. Um das alte Impressum auszutauschen, erstellen Sie einen weiteren Kontakt per *Neu*, vergeben als *Name* das `Impressum`, hinterlegen alle (Pflicht-)Informationen des Impressums im großen Eingabefeld *Weitere Informationen* und füllen schließlich die Felder auf dem Register *Kontaktdetails* aus.

Normalerweise nimmt das Feld *Name* den Namen der Kontaktperson auf, in diesem Fall wären das also Sie als Seitenbetreiber beziehungsweise der Name Ihres Unternehmens. Der *Name* bildet aber auch gleichzeitig die Überschrift des späteren Kontaktformulars, weshalb er hier auf *Impressum* steht. Um doch noch den Namen einer Kontaktperson beziehungsweise Ihres Unternehmens zu nennen, haben Sie mehrere Möglichkeiten:

- Sie löschen *Impressum* im Feld *Name* und tragen dort wieder Ihren Namen beziehungsweise den Namen des Unternehmens ein. Damit dient dieser Name aber später auch gleichzeitig als Überschrift.

- Sie geben den Namen einfach zusammen mit der Straße in das Feld *Adresse* auf dem Register *Kontaktdetails* ein. Dies wäre die eleganteste Lösung.

- Sie »missbrauchen« das Eingabefeld *Position*, indem Sie dort den Namen des Betreibers beziehungsweise des Unternehmens eintippen.

Den fertigen Kontakt packen Sie abschließend einfach in die mitgelieferte, aber noch leere *Kategorie Uncategorised*. Sie könnten selbstverständlich auch eine neue, eigene Kategorie für den Kontakt anlegen. Wie jedoch schon der Beitrag für das Impressum wird auch der Kontakt direkt in das Menü eingebunden, die Kategorie spielt folglich keine Rolle. Wichtig ist jedoch, dass Sie den Kontakt nicht zu den Filmkritikern stecken. Andernfalls würde das Impressum später fälschlicherweise auch noch einmal unter diesen auftauchen. *Speichern & Schließen* Sie das fertige Impressum.

Kontakte mit einem Menüpunkt verbinden

Die mühevoll angelegten Kontakte sind allerdings bislang im Frontend noch nicht erreichbar – es fehlen schlichtweg passende Menüpunkte. Folglich müssen schleunigst einige solche her. Das dazu nötige Vorgehen ähnelt dem für die Beiträge aus Kapitel 4, *Inhalte verwalten*, im Abschnitt »Inhalte mit Menüpunkten verbinden« auf Seite 163.

Inhalte einer Kontaktkategorie auflisten

Im Beispiel der Filmkritiker soll ein Menüpunkt im Hauptmenü (*This Site*) zur eben  angelegten Kategorie und somit zu den Kontaktdaten aller Filmkritiker führen. Dazu wählen Sie im Backend *Menüs → Main Menu → Neuer Menüeintrag*. Im neuen Formular müssen Sie zunächst auswählen, worauf der Menüpunkt überhaupt zeigen soll. Dazu klicken Sie neben *Menüeintragstyp* auf den Knopf *Auswählen*. Interessant sind jetzt die Angaben unter *Kontakte*. Klappen Sie also diesen Punkt mit einem Mausklick auf.

Im Kinoportal soll zunächst ein Menüpunkt zu einer Liste mit allen Kontaktdaten der Filmkritiker führen, ganz wie in Abbildung 6-27.

Filmkritiker

Hier finden Sie die Kontaktadressen aller Filmkritiker.

> Kontaktfiltersuche

Paul Kritiker   Telefon: 0221-973160-0
Oberkritiker
Köln, NRW, Deutschland

Abbildung 6-27: Die Auswahlliste mit den Kontakten auf der Website

Infrage kommen hier zwei Punkte:

- *Alle Kontaktkategorien auflisten* präsentiert lediglich alle Unterkategorien einer ausgewählten Kontaktkategorie. Dieser Menüeintragstyp ist somit primär dazu gedacht, den Besuchern die Wahl zwischen verschiedenen Unterkategorien zu ermöglichen.

- *Kontakte in Kategorie auflisten* stellt hingegen die Kontakte und auf Wunsch auch noch sämtliche darin enthaltenen Unterkategorien zur Auswahl.

Letztgenannter Menüeintragstyp ist folglich genau der richtige für die Filmkritiker. Die Einrichtung des Menüpunktes erfolgt übrigens bei beiden Menüeintragstypen auf die gleiche Weise, *Alle Kontaktkategorien auflisten* kennt lediglich ein paar zusätzliche Einstellungen (dazu später mehr).

Klicken Sie für das Kinoportal-Beispiel den Punkt *Kontakte in Kategorie auflisten* an, woraufhin Sie wieder im bekannten Formular landen. Hier stellen Sie unter *Kategorie auswählen* die Kategorie ein, deren Kontakte Joomla! auflisten soll. Im Beispiel sind dies die *Filmkritiker* (siehe Abbildung 6-28). Verpassen Sie dem neuen Menüpunkt schließlich noch unter *Menütitel* eine passende Beschriftung, wie etwa `Kontakte Filmkritker`.

| Details | Erweiterte Optionen | Zugeordnete Module für diesen Menüeintrag |

| Menüeintragstyp * | Kontakte in Kategorie aufl | ⊞ Auswählen |

| Kategorie auswählen * | Filmkritiker ▼ |

| Menütitel * | Kontakte Filmkritker |

Abbildung 6-28:   Diese Einstellungen erzeugen einen Menüpunkt, der zum Inhalt einer Kontaktkategorie führt.

Auf dem Register *Erweiterte Optionen* steuern Sie wieder das Aussehen der Seite. Die dortigen Einstellungen sollten Ihnen bereits allesamt bekannt vorkommen: Auf *Kategorieoptionen* regeln Sie, welche Informationen über die Kontaktkategorie – in diesem Fall der *Filmkritiker* – auf der Übersichtsseite erscheinen sollen. Es handelt sich dabei um die gleichen Einstellungen, die Sie schon bei den Kategorien für Beiträge im Abschnitt »Kategorieliste« in Kapitel 4, *Inhalte verwalten*, auf Seite 117 kennengelernt haben. Hier sind noch einmal kurz die Punkte im Schnelldurchgang:

Kategorietitel
Zeigt den Titel der Kontaktkategorie als Überschrift an, im Beispiel *Filmkritiker*.

Kategoriebeschreibung
Die Beschreibung der Kontaktkategorie. Im Beispiel wäre dies *Hier finden Sie die Kontaktadressen aller Filmkritiker*.

Kategoriebild
Das Bild der Kontaktkategorie. Im Beispiel wurde keines vergeben.

Unterkategorieebenen
Die Seite präsentiert auch alle enthaltenen Unterkategorien bis zu dieser Hierarchiestufe.

Leere Kategorien
Joomla! zeigt auf Wunsch auch leere Unterkategorien zur Auswahl an.

Unterkategorienbeschreibung
Blendet auch die Beschreibungen der Unterkategorien ein.

 # Kontakte in der Kategorie
Zeigt an, wie viele Kontakte in einer Unterkategorie enthalten sind.

Für die Kontaktdaten der Filmkritiker können Sie hier alle Vorgaben belassen.

Die Übersichtsseite zeigt später alle Kontaktdaten wie in Abbildung 6-27 in einer kleinen Tabelle an. Auf dem Slider *Listenlayout* legen Sie fest, welche Informationen in dieser Tabelle auftauchen sollen. Joomla! präsentiert standardmäßig *Name*, *Position*, *Telefon*, *Stadt*, *Bundesland* und *Land*. Die Einstellungen hier sollten bis auf folgende Ausnahmen selbsterklärend sein:

»Anzeige«-Filter

Der Besucher kann über eine Ausklappliste wählen, wie viele Beiträge Joomla! ihm auf einer Bildschirmseite präsentieren soll. Diese Möglichkeit sollten Sie ihm geben, wenn die Tabelle sehr viele Kontakte enthält.

Tabellenüberschriften

Die Kontakte erscheinen in einer Tabelle. Damit der Besucher weiß, welche Informationen in welcher Spalte stehen, wären Spaltenbeschriftungen nicht schlecht. Genau diese schalten Sie über den Punkt *Tabellenüberschriften* ein und aus.

Das derzeit verwendete Template namens Protostar setzt allerdings mehrere Informationen in eine Spalte. So erscheint beispielsweise in Abbildung 6-27 auch der Wohnort *Köln* unterhalb des des Namens *Paul Kritiker*. Aus diesem Grund ignoriert das Template Protostar die Einstellung *Tabellenüberschriften*. Wie diese Überschriften in einem anderen Template aussehen, zeigt Abbildung 6-29.

Filmkritiker

Hier finden Sie die Kontaktadressen aller Filmkritiker.

Name	Position	Telefon	Stadt	Bundesland	Land
Paul Kritiker	Oberkritiker	0221-973160-0	Köln	NRW	Deutschland

Abbildung 6-29:   Ob die Spaltenüberschriften erscheinen, hängt vom Template ab. Hier wurde das Template Beez3 aktiviert.

Seitenzahlen

Wenn mehr Kontakte in der Kategorie stecken, als die Tabelle auf einmal anzeigen kann, erscheinen am unteren Rand Schaltflächen, über die der Besucher zu den übrigen Kontakten *Weiter* beziehungsweise *Zurück* blättern kann.

Gesamtseitenzahlen

Mit *Anzeigen* erscheint unterhalb der Tabelle die Information, auf wie viele Bildschirmseiten Joomla! die Tabelle aufgeteilt hat und auf welcher dieser Seiten sich der Besucher gerade befindet.

Diese beiden zuletzt genannten Einstellungen sollten Sie immer auf ihrer Vorgabe belassen. Joomla! blendet die entsprechenden Elemente immer dann ein, wenn sie notwendig werden.

Sortierung nach

Joomla! sortiert die Kontakte in der Tabelle nach dem hier eingestellten Kriterium. Der Punkt *Name* sortiert die Kontakte beispielsweise alphabetisch aufsteigend nach dem Namen der Personen, *Sortierung* ergibt hingegen die gleiche Reihenfolge wie in der Liste hinter *Komponenten → Kontakte → Kontakte* (stellen Sie dort aber die Ausklappliste *Tabelle sortieren nach* auf *Reihenfolge*, ansonsten sortiert Joomla! die Kontakte nicht so, wie sie auf der Homepage erscheinen).

Für die Kontaktdaten der Filmkritiker können Sie hier wieder alle Grundeinstellungen übernehmen. Wenn Sie jetzt den neuen Menüpunkt *Speichern* und ihm dann in der *Vorschau* folgen, erreichen Sie die Seite aus Abbildung 6-27. Wenn Sie hier nun den Kontakt für *Paul Kritiker* anklicken, landen Sie auf seiner Kontaktseite mit dem Kontaktformular aus Abbildung 6-30.

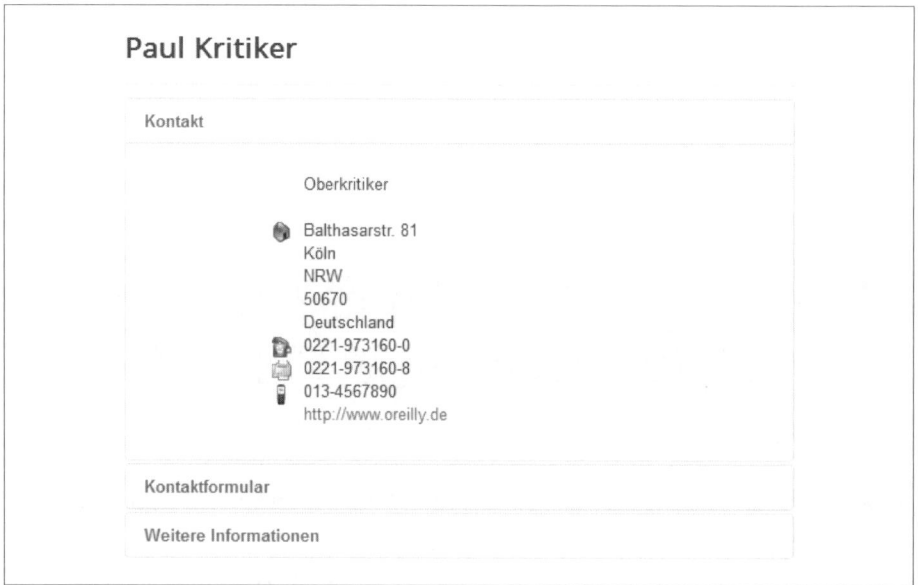

Abbildung 6-30:   Die Kontaktseite für Paul Kritiker

Wie man das Aussehen dieser Seite manipuliert, haben Sie bereits im Abschnitt »Angezeigte Informationen festlegen« auf Seite 244 erfahren. Es gibt allerdings noch eine zweite Stelle, mit der Sie das Aussehen der Seite beeinflussen können. Wechseln Sie dazu wieder zurück zum Backend in die Einstellungen des Menüpunktes *Kontakte Filmkritiker*. Dort finden Sie auf dem Register *Erweiterte Optionen* noch die zwei Slider *Kontaktanzeigeoptionen* und *E-Mail-Optionen*. Die dortigen Einstellungen entsprechen exakt denen aus Abschnitt »Angezeigte Informationen festlegen«. Sie bestimmen das Aussehen der Kontaktseiten, die irgendwie über diesen Menüpunkt erreichbar sind. Die Einstellungen, die Sie hier beim Menüpunkt festlegen, überschreiben diejenigen, die Sie im Abschnitt »Angezeigte Informationen festlegen« vorgenommen haben.

Wenn Sie also das Aussehen einer Kontaktseite wie der von Paul Kritiker verändern möchten, gehen Sie dazu immer wie folgt vor:

1. Öffnen Sie den Bearbeitungsbildschirm des Kontakts, und stellen Sie auf dem Register *Anzeigeoptionen* die anzuzeigenden Informationen ein. Achten Sie auch darauf, dass die Felder auf den übrigen Registern korrekt ausgefüllt sind – eine nicht eingetragene Adresse kann Joomla! auch nicht anzeigen.

2. Führt das nicht zum gewünschten Ergebnis, prüfen Sie, über welchen Menüpunkt die Kontaktseite erreichbar ist, rufen seinen Bearbeitungsbildschirm auf und kontrollieren dort die Einstellungen auf dem Register *Erweiterte Optionen*.

Wenn Sie den Kinoportal-Beispielen gefolgt sind, verlassen Sie jetzt per *Schließen* den Bearbeitungsbildschirm.

Abschließend noch ein kurzer Hinweis auf den Menüeintragstyp *Alle Kontaktkategorien auflisten*. Wie eingangs erwähnt wurde, listet er lediglich die in einer Kontaktkategorie enthaltenen Unterkategorien auf. Wenn Sie solch einen Menüpunkt angelegt haben, finden Sie in seinem Bearbeitungsbildschirm auf dem Register *Erweiterte Optionen* einen zusätzlichen Slider *Kategorienoptionen* (den obersten). Auch die dort angebotenen Einstellungen kennen Sie bereits von den Beitragskategorien:

Beschreibung der obersten Kategorie und Beschreibung der Oberkategorie
Mit *Beschreibung der obersten Kategorie* können Sie die Beschreibung der Kategorie ein- und ausblenden. Der Text im Feld *Beschreibung der Oberkategorie* ersetzt diese Beschreibung.

Unterkategorieebenen
Die Seite präsentiert alle enthaltenen Unterkategorien bis zu dieser Hierarchiestufe.

Leere Kategorien
Joomla! zeigt auf Wunsch auch leere Unterkategorien zur Auswahl an.

Unterkategorienbeschreibung
Blendet die Beschreibungen der Unterkategorien ein.

 # Kontakte in der Kategorie
Zeigt an, wie viele Kontakte in einer Unterkategorie enthalten sind.

Wenn Sie dem angelegten Menüpunkt folgen, sehen Sie eine Auswahl mit enthaltenen Kontaktkategorien. Sobald Sie eine davon anklicken, landen Sie auf einer Seite, die alle Kontakte in dieser Unterkategorie auflistet. Das Aussehen genau dieser Seite regeln die Einstellungen auf dem Slider *Kategorieoptionen* (dem zweiten von oben) sowie sein Kollege *Listenlayout*. Ihre Einstellungen entsprechen den bereits weiter oben beschriebenen.

Einen einzelnen Kontakt in das Menü einbinden

Wenn Sie im vorherigen Abschnitt für das Impressum einen eigenen Kontakt angelegt haben, müssen Sie für diesen nun noch einen eigenen Menüpunkt schaffen. Rufen Sie dazu *Menüs → Main Menu* auf. Hier könnten Sie jetzt wieder einen neuen Menüpunkt erstellen. Wenn Sie alle Beispiele bis hierhin mitgemacht haben, hätten Sie dann allerdings zwei Menüpunkte, die auf ein Impressum zeigen. Sie müssten folglich den im vorherigen Kapitel angelegten Menüpunkt anschließend noch löschen. Eleganter und schneller ist es, einfach den Menüeintragstyp des vorhandenen Impressum-Menüpunktes zu ändern. Dazu klicken Sie in der Liste den Eintrag *Impressum* an.

Egal welchen Weg Sie beschreiten, in jedem Fall klicken Sie auf *Auswählen*. Der Menüpunkt soll auf einen einzelnen Kontakt zeigen. Klappen Sie daher den Slider *Kontakte* auf, und klicken Sie den passenden Menüeintragstyp *Einzelner Kontakt* an. Wieder zurück im Formular müssen Sie noch festlegen, auf welchen Kontakt der neue Menüpunkt zeigen soll. Dazu klicken Sie rechts neben *Kontakt auswählen* auf den Knopf *Auswählen* und in der erscheinenden Liste auf den Kontakt *Impressum*. Passen Sie gegebenenfalls noch den *Menütitel* an. Das Formular sollte jetzt so wie in Abbildung 6-31 aussehen.

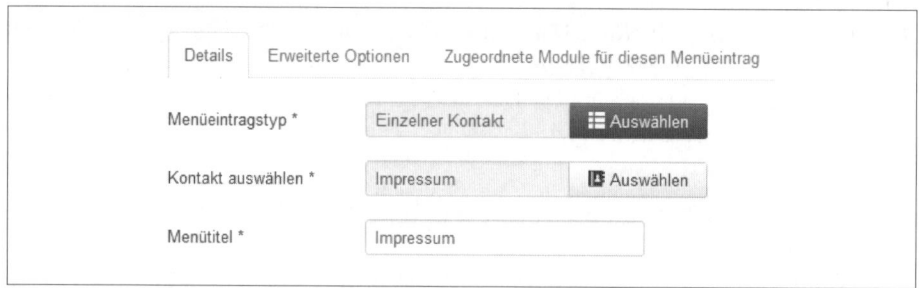

Abbildung 6-31: Hier entsteht ein Menüpunkt, der auf die Kontaktseite mit dem Impressum führt.

Speichern Sie den Menüpunkt (lassen Sie also den Bearbeitungsbildschirm noch geöffnet), und folgen Sie in der *Vorschau* dem *Impressum*. Damit landen Sie im gewünschten Kontaktformular, das allerdings noch die üblichen Slider verwendet. Gerade bei einem Impressum wäre es besser, wenn alle Informationen, einschließlich des Kontaktformulars immer komplett sichtbar wären.

Um das zu ändern, müssen Sie sich wieder daran erinnern, dass in Joomla! der Menüpunkt bestimmt, was auf der Zielseite zu sehen ist. Wechseln Sie also wieder zurück zum Bearbeitungsbildschirm des Menüpunktes, und wenden Sie sich dort dem Register *Erweiterte Optionen* zu. Dort bestimmen die *Kontaktanzeigeoptionen* und die *E-Mail-Optionen* das Aussehen der Seite und des Kontaktformulars. Ihre Einstellungen entsprechen exakt denen aus Abschnitt »Angezeigte Informationen festlegen« auf Seite 244. Für das Impressum klappen Sie die *Kontaktanzeigeoptionen* auf und setzen *Anzeigeformat* auf *Vollständig.* Nach dem *Speichern & Schließen* sieht das Impressum auf Ihrer Website ähnlich wie in Abbildung 6-32 aus.

Impressum

Kontakt

O'Reilly Verlag GmbH & Co. KG
Köln
NRW
50670
Deutschland
0221-973160-0
0221-973160-8
http://www.oreilly.de

Kontaktformular

Eine E-Mail senden. Alle mit * markierten Felder werden benötigt.

Name *
E-Mail *
Betreff *
Nachricht *

Abbildung 6-32:   Das fertige Impressum auf der Homepage

Grundeinstellungen

Werfen Sie noch einmal einen kurzen Blick auf Abbildung 6-32. Dort sehen Sie vor der Telefon- und Faxnummer zwei kleine Symbole – bei der Telefonnummer etwa ein rotes Telefon. Auf diese Weise sieht ein Besucher schneller, welche Nummer welchem Zweck dient.

Wenn Sie die Symbole loswerden beziehungsweise durch einen Text ersetzen wollen, müssen Sie in die Grundeinstellungen der Kontakt-Komponente wechseln. Sie versteckt sich im Backend unter *Komponenten → Kontakte* hinter der Schaltfläche *Optionen* (zu finden in der Werkzeugleiste). Das Ergebnis ist ein neuer Schirm mit ziemlich vielen Registerblättern. Auf ihnen können Sie vorgeben, welche Informationen auf den Kontaktseiten und den Übersichtsseiten der Kontaktkategorien standardmäßig zu sehen sind. Die Einstellungen entsprechen jeweils denen, die Sie in den vorherigen Abschnitten kennengelernt haben. (Die Beschriftung der Register entspricht den Registern der Menüpunkte für Kontakte.)

Eine Ausnahme bildet das Register *Symboleinstellungen* aus Abbildung 6-33. Dort bestimmen Sie, ob und wenn ja welche Symbole auf der Kontaktseite erscheinen sollen.

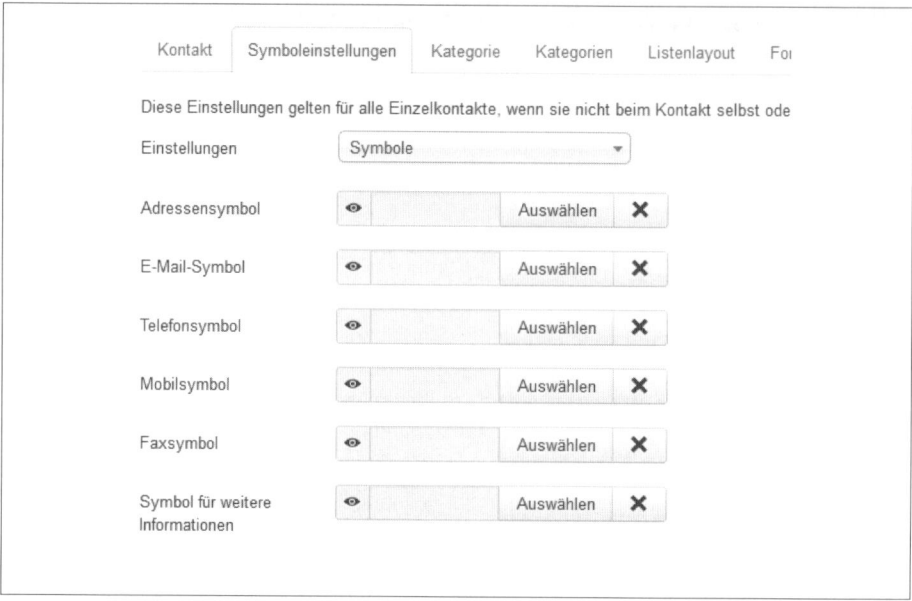

Abbildung 6-33:   Die Grundeinstellungen der Kontakt-Komponente

Die erste Ausklappliste, *Einstellungen*, legt fest, ob den Informationen auf den Kontaktseiten *Symbole*, ein *Text* oder nichts (*Keine*) vorangestellt wird. Entscheiden Sie sich hier für die Grafiken, so können Sie das jeweils zu verwendende Piktogramm in den nachfolgenden Feldern frei wählen – es muss also vor der Telefonnummer nicht zwangsweise ein rotes Telefon erscheinen. Um ein anderes eigenes Piktogramm zuzuweisen, müssen Sie es zunächst mit der Medienverwaltung hochladen. Anschließend klicken Sie hier auf *Auswählen* rechts neben dem entsprechenden Eingabefeld und wählen dann das Symbol in der Mini-Variante der Medienverwaltung aus (indem Sie im oberen Bereich das gewünschte Bild anklicken und dann *Einfügen* aktivieren). Wenn das Eingabefeld leer bleibt, verwendet Joomla! seine mitgebrachten Symbole. Vergessen Sie nicht, nach einer Änderung die Grundeinstellungen in der Werkzeugleiste zu *Speichern*.

Hauptkontakte

Wenn Sie sehr viele Kontakte vorliegen haben, können Sie besonders wichtige zu sogenannten Hauptkontakten (englisch *Featured Contacts*) erheben und in einer eigenen Liste präsentieren. In einem Unternehmen könnten Sie so beispielsweise die wichtigsten Anlaufstellen für Ihre Kunden zusammenfassen, auch wenn sie sich in unterschiedlichen Abteilungen und somit Kategorien befinden.

Um einen Kontakt zum Hauptkontakt zu adeln, wechseln Sie zunächst in die Liste hinter *Komponenten → Kontakte → Kontakte*. Jeder Hauptkontakt besitzt dort in der Spalte *Haupteintrag* einen kleinen Stern. Suchen Sie die Zeile des noch gewöhnlichen Kontakts, und klicken Sie dann in der Spalte *Haupteintrag* auf den durchgestrichenen Kreis. Alternativ rufen Sie den Bearbeitungsbildschirm des Kontakts auf (beispielsweise, indem Sie seinen Namen in der Liste anklicken) und setzen dann die Ausklappliste *Haupteintrag* auf *Ja.*

Die Liste mit allen Hauptkontakten erreichen Ihre Besucher über einen passenden Menüpunkt. Legen Sie einen solchen wie bekannt an (beispielsweise via *Menüs →
Main Menu → Neuer Menüeintrag*), klicken Sie im erscheinenden Formular auf *Auswählen*, und entscheiden Sie sich auf dem Slider *Kontakte* für die *Hauptkontakte*.
Die übrigen Einstellungen des Formulars entsprechen ihren gleichnamigen Kollegen des Menüeintragstyps *Kontakte in Kategorie auflisten* aus Abschnitt »Inhalte einer Kontaktkategorie auflisten« auf Seite 251. Lediglich die Beschriftungen der Slider weichen leicht voneinander ab: Die *Kontaktanzeigeoptionen* heißen hier *Kontakt-Anzeigeeinstellungen*, und die *E-Mail-Optionen* sind jetzt unter den *Mailoptionen* zu finden. Die Einstellungen auf den Registern sind jedoch dieselben.

Newsfeeds

Das Internet ist voller Informationen, die sich ständig verändern. Viele Seiten liefern brandaktuelle Nachrichten im Sekundentakt oder aktualisieren wichtige Beiträge in raschen Zeitabständen. Ist man auf viele dieser Internetquellen angewiesen oder an ihren Inhalten interessiert, müsste man immer wieder alle Seiten nach neuen Informationen abklappern – schließlich weiß man nie, wann eine Internetseite ihre Texte aktualisiert. Um dieses zeitaufwendige Problem zu lösen, wurde das Konzept der sogenannten Nachrichtenkanäle, englisch *Newsfeeds*, ins Leben gerufen. Dabei packt jede Internetseite die Schlagzeilen ihrer aktuellsten Beiträge in eine spezielle Textdatei. Ein Internetbrowser oder ein spezielles Auswertungsprogramm sammelt diese kleinen Dateien ein, wertet sie aus und stellt sie übersichtlich und optisch ansprechend in einer Liste dar. Nach einer festgelegten Wartezeit schaut der Browser dann selbstständig nach einer aktualisierten Fassung der Newsfeed-Datei. Man könnte auch sagen, die Internetseiten »füttern« (engl. »feed«) den Browser auf diese Weise mit Nachrichten. Im Ergebnis erhält man so die moderne Form eines Nachrichtentickers, mit der der Browser-Benutzer stets alle neu eingetrudelten Beiträge im Blick behält.

Auch Joomla! ist in der Lage, solche Newsfeeds einzusammeln und die darin gespeicherten Informationen in seine eigenen Seiten zu integrieren.

| Tipp | Joomla! kann nicht nur Newsfeeds von anderen Seiten abholen, sondern auch selbst welche erstellen. Wie das funktioniert, erklärt Kapitel 7, *Module – Die kleinen Brüder der Komponenten.* | |

Im Beispiel des Kinoportals könnte man auf der Homepage eine Liste mit News-feeds rund um das Thema Film anbieten. Setzt man dabei auf Newsfeeds mit den aktuellsten Nachrichten aus der Branche, erhält man nebenbei und ohne viel Aufwand sogar ein kleines Nachrichtenportal.

 Warnung   Anbieter von Newsfeeds sehen es für gewöhnlich nicht gern, wenn ihre mühsam erstellten Informationen plötzlich auf einer anderen Internetseite auftauchen. Sie sollten daher die jeweiligen Seitenbetreiber vorab um Erlaubnis fragen. Andernfalls riskieren Sie eine kostenpflichtige Abmahnung.

Kategorien für die Newsfeeds anlegen

Da bei vielen abonnierten Newsfeeds schnell der Überblick verloren gehen kann, gruppiert Joomla! die Nachrichtenkanäle in Kategorien. Auf diese Weise lassen sich Newsfeeds mit ähnlichem Inhalt oder Themenbezug bequem zusammenfassen. Grundsätzlich muss in Joomla! jeder Newsfeed genau einer Kategorie angehören.

Warnung   Die Kategorien für Newsfeeds haben nichts mit denen für Beiträge aus Kapitel 4, *Inhalte verwalten*, Abschnitt »Kategorien anlegen und verwalten« auf Seite 124 gemeinsam.

Für die Verwaltung der Kategorien ist der Bildschirm hinter dem Menüpunkt *Komponenten → Newsfeeds → Kategorien* zuständig. Wenn Sie der Schnellinstallation aus Kapitel 2, *Installation*, gefolgt sind beziehungsweise die Beispieldaten installiert haben, finden Sie hier bereits zwei Newsfeed-Kategorien (siehe Abbildung 6-34).

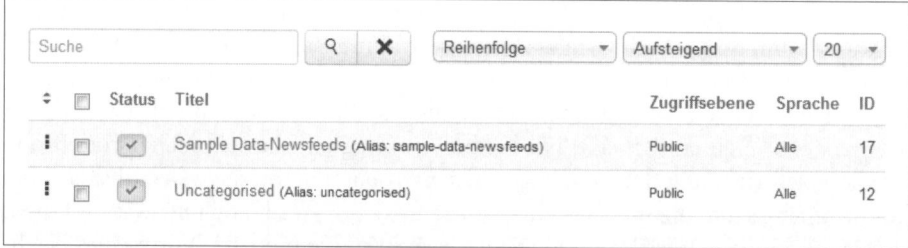

Abbildung 6-34:   Der Verwaltungsbildschirm für Newsfeed-Kategorien

 Im Kinoportal sollen die geplanten Newsfeeds zum Thema Film in einer eigenen Kategorie landen. Um eine nigelnagelneue Kategorie zu erstellen, wählen Sie *Neu* in der Werkzeugleiste. Das nun erscheinende Formular aus Abbildung 6-35 ähnelt seinem Kollegen für die Beiträge aus Kapitel 4, *Inhalte verwalten*, und fragt die folgenden Daten ab:

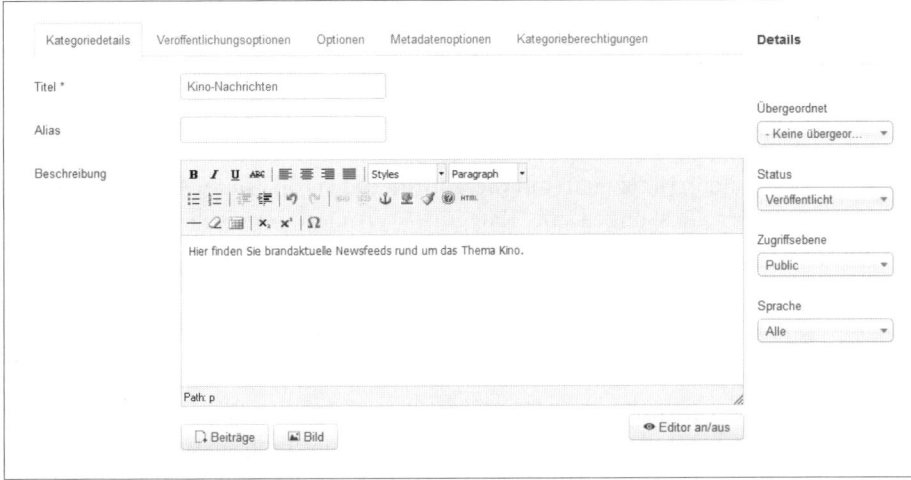

Abbildung 6-35: Die Basiseinstellungen für die neue Newsfeed-Kategorie

Titel

Unter *Titel* geben Sie der Kategorie einen Namen. Er erscheint später auch auf der Homepage als Überschrift. Für das Kinoportal-Beispiel wählen Sie hier **Kino-Nachrichten**.

Alias

In dieses Feld gehört ein Alias- beziehungsweise Ersatzname für die Kategorie. Sie können es in der Regel leer lassen, Joomla! wählt dann automatisch einen passenden Namen aus.

Beschreibung

In diesem Feld beschreiben Sie kurz und knapp, welche Newsfeeds die Besucher in dieser (neuen) Kategorie erwarten. Der hier eingetippte Text erscheint später auf der Übersichtsseite der Kategorie. Im Kinoportal wählen Sie etwa **Hier finden Sie brandaktuelle Newsfeeds rund um das Thema Kino**.

Übergeordnet

Die neue Kontaktkategorie dürfen Sie über diese Ausklappliste in eine andere stecken. Auf diese Weise verschachteln Sie die Kategorien, was bei sehr vielen Newsfeeds für weitere Ordnung sorgt. Im Kinoportal ist das nicht notwendig, weshalb Sie das Feld *Übergeordnet* auf *– Keine übergeordnete Kategorie –* belassen.

Status

Nur wenn hier ein *Veröffentlicht* steht, erscheint die Kategorie samt ihrer Newsfeeds auf der Website.

Zugriffsebene

Dieser Punkt legt zusammen mit dem Register *Kategorieberechtigungen* fest, welche Personengruppen überhaupt die Newsfeed-Informationen einsehen dürfen. Für das Kinoportal belassen Sie hier die Voreinstellung, womit alle Besucher die Newsfeeds aus dieser Kategorie lesen können. Mehr zu den Zugriffsrechten folgt noch in Kapitel 9, *Benutzerverwaltung und -kommunikation*.

Sprache

Bei einem mehrsprachigen Internetauftritt bestimmt diese Ausklappliste, in welchen Sprachfassungen die Kategorie vertreten sein soll. Im Falle einer einsprachigen Website behalten Sie hier wie im Kinoportal den Punkt *Alle* bei. *Kapitel 12, Mehrsprachigkeit*, wird noch auf dieses Thema eingehen.

 Für das Kinoportal-Beispiel sollte das Register *Kategoriedetails* damit so wie in Abbildung 6-35 aussehen.

Weiter geht es auf dem Register *Veröffentlichungsoptionen*. Die *ID* nennt hier die Identifikationsnummer der Kategorie, *Zugriffe* die Anzahl der Besucher, die bereits einen Blick in die Kategorie geworfen haben. Da Sie gerade eine neue Kategorie erstellen, stehen beide Zähler noch auf 0. Wenn Sie gleich die Kategorie speichern, trägt Joomla! Sie als *Autor* dieser Kategorie ein. Mit einem Klick auf den Knopf mit der weißen Büste können Sie jedoch auch eine andere Person als Ersteller vorgeben. Normalerweise ist das jedoch nicht notwendig.

Wenn die Kategorie später im Frontend *nicht* direkt über einen Menüpunkt erreichbar ist, dann (und wirklich nur dann) können Sie ihrer Übersichtsseite auf dem Register *Optionen* unter *Alternatives Layout* eine eigene, spezielle Optik verpassen.

> **Tipp**   Denken Sie daran, dass die Menüpunkte bestimmen, was auf der dahinterliegenden Seite zu sehen ist.

Welche Darstellungen hier zur Verfügung stehen, hängt von den installierten Templates ab. Standardmäßig bringt Joomla! nur eine Darstellungsform namens *Standard* mit. Belassen Sie daher die Ausklappliste auf ihrem voreingestellten Wert.

Über die Schaltfläche *Auswählen* können Sie der Kategorie noch ein Bild oder ein Symbol spendieren. Es erscheint später auf der Übersichtsseite über der Beschreibung (die Sie auf dem Register *Kategoriedetails* hinterlegt haben). Für die Newsfeed-Kategorie im Kinoportal ist kein Bild notwendig. Abschließend können Sie auf diesem Register noch eine *Notiz* hinterlassen. Dieser Text ist nur als Gedächtnisstütze gedacht und erscheint ausschließlich im Backend. Im Kinoportal-Beispiel lassen Sie auch dieses Feld leer.

Auf dem Register *Metadatenoptionen* können Sie den Suchmaschinen entgegenkommen. Unter *Meta-Beschreibung* hinterlassen Sie für Google und Co eine kurze Beschreibung der Kategorieinhalte, wie beispielsweise `Newsfeeds zum Thema Film`. Dazu passende *Meta-Schlüsselwörter* wären etwa `Newsfeeds, Film, Nachrichten`. Diese Informationen versteckt Joomla! später in der Übersichtsseite der Kategorie.

Sollen die Suchmaschinen eine ganz bestimmte Person für den *Autor* der Übersichtsseite halten, tragen Sie seinen Namen in das gleichnamige Feld ein. Normalerweise können Sie das Feld leer lassen. Mit der Ausklappliste *Robots* legen Sie schließlich noch fest, ob die Suchmaschinen überhaupt die Seite betreten (ein Punkt mit *index*) und den Links darauf folgen dürfen (ein Punkt mit *follow*). *noindex* und *nofollow* verbieten hingegen die jeweilige Aktion. Für die neue Kategorie im Kinoportal behalten Sie die Vorgabe *Globale Einstellung* bei. Damit gelten die systemweiten Einstellungen, nach denen die Suchmaschinen die Übersichtsseite unter die Lupe nehmen und auch allen darauf befindlichen Links folgen dürfen.

Für die Newsfeed-Kategorie im Kinoportal wären damit alle notwendigen Informationen beisammen. Nach dem *Speichern & Schließen* landen Sie wieder in der Liste mit allen Newsfeed-Kategorien.

Tipp　　Über den Knopf *Stapelverarbeitung* in der Werkzeugleiste können Sie die Newsfeed-Kategorien verschieben und kopieren. Dabei gehen Sie so vor, wie in den Abschnitten »Kategorien verschieben« und »Kategorien kopieren« ab Seite 133 beschrieben wird.

Newsfeeds einrichten

Sobald die Kategorie existiert, kann man endlich einen Newsfeed anzapfen. Dazu rufen Sie im Menü den Punkt *Komponenten → Newsfeeds → Feeds* auf. Die Liste präsentiert Ihnen nun alle in Joomla! angemeldeten Newsfeeds (siehe Abbildung 6-36). Wenn Sie die Beispieldaten installiert haben, sind das bereits vier Stück. Sie holen sich Nachrichten von der Joomla!-Homepage ab.

		Status	Titel ❤	Zugriffsebene	# Beiträge	Cache-Dauer	Sprache	ID
⋮	☐	✔	Joomla! Announcements (Alias: joomla-announcements) Sample Data-Newsfeeds	Public	5	3600	English (UK)	1
⋮	☐	✔	Joomla! Connect (Alias: joomla-connect) Sample Data-Newsfeeds	Public	5	3600	English (UK)	4
⋮	☐	✔	Joomla! Security News (Alias: joomla-security-news) Sample Data-Newsfeeds	Public	5	3600	English (UK)	3
⋮	☐	✔	New Joomla! Extensions (Alias: new-joomla-extensions) Sample Data-Newsfeeds	Public	5	3600	English (UK)	2

Abbildung 6-36:　Die in den Beispieldaten enthaltenen Newsfeeds

Im Kinoportal soll der Newsticker von *kino.de* mit den aktuellen Filmstarts angezapft werden.

Um eine neue eigene Nachrichtenquelle einzubinden, klicken Sie auf die Schaltfläche *Neu* in der Werkzeugleiste.

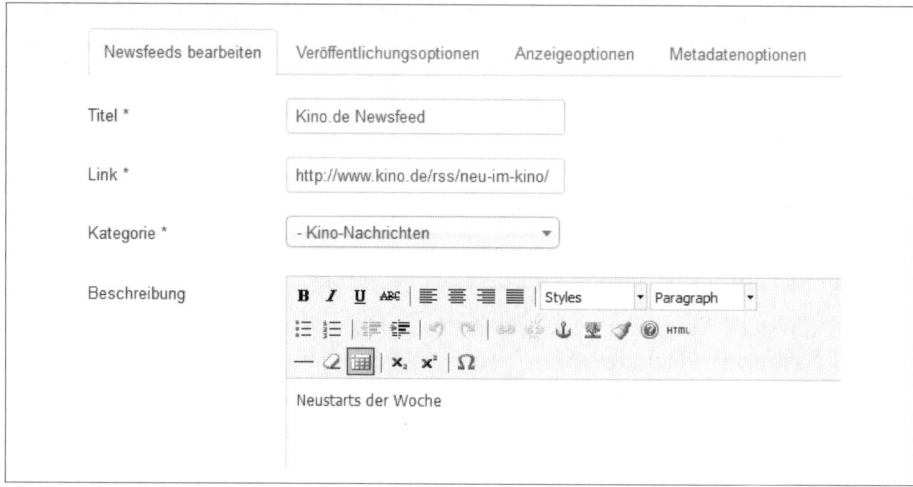

Abbildung 6-37:   In diesem Beispiel wird ein Newsfeed erzeugt, der die Filmpremieren der aktuellen Woche von kino.de bezieht.

Basiseinstellungen

Daraufhin erscheint das Formular aus Abbildung 6-37. Tragen Sie zunächst auf dem Register *Neuer Newsfeed* die folgenden Daten ein:

Titel
> Hier geben Sie dem Newsfeed einen Namen. Er erscheint später auch als Über-schrift auf Ihrer Website. Im Kinoportal wäre vielleicht **Kino.de Newsfeed** ganz passend.

Link
> In diesem Feld hinterlegen Sie die Internetadresse zur entsprechenden News-feed-Datei. Um sie zu ermitteln, müssen Sie auf die Homepage des Newsfeed-Anbieters wechseln und dort nach entsprechenden Hinweisen Ausschau hal-ten. Häufig finden Sie irgendwo ein kleines Symbol, das mit RSS oder XML beschriftet ist. Ein Klick darauf fördert dann die benötigte Internetadresse zutage. Auf *http://kino.de* gab es bei Drucklegung dieses Buches rechts oben in der Seitenecke den Punkt *RSS*, der zu einer Aufstellung mit allen angebotenen Newsfeeds führte. Die RSS-Datei mit den anstehenden Filmpremieren stand dabei unter der Adresse *http://www.kino.de/rss/neu-im-kino/* bereit. Genau die tippen Sie jetzt im Fall des Kinoportals in das Feld *Link*.

Kategorie
> Über diese Ausklappliste ordnen Sie den neuen Newsfeed einer Newsfeed-Kategorie zu. Im Beispiel wählen Sie hier die im vorherigen Abschnitt angeleg-ten *Kino-Nachrichten*.

Beschreibung

In diesem Feld sollten Sie kurz und knapp beschreiben, welche Meldungen der Newsfeed dem Besucher später liefert. Im Kinoportal könnten Sie hier beispielsweise eintippen: **Neustarts der Woche**. Joomla! zeigt diese Beschreibung später über dem Inhalt des Newsfeeds an.

Tipp Einige Newsfeeds bringen selbst eine solche Beschreibung mit. In diesem Fall können Sie dann hier die Beschreibung weglassen.

Die Beschreibung können Sie noch mit Bildern aufpeppen. Dazu nutzen Sie entweder den Knopf *Bild* unterhalb des großen Eingabefeldes oder die Einstellungen im Bereich *Bilder* am unteren Rand des Formulars. Diese Einstellungen funktionieren wie ihre Pendants bei den Beiträgen (siehe Kapitel 4, *Inhalte verwalten*, »Aufmacherbilder und ergänzende Links« auf Seite 147): Während die über den Knopf *Bild* eingefügten Bilder immer direkt *in* der Beschreibung stehen, stellt Joomla! die über *Erstes Bild* und *Zweites Bild* eingefügten Bilder immer separat *neben* die Beschreibung. Wenn Sie den letztgenannten Weg nutzen möchten, klicken Sie neben *Erstes Bild* beziehungsweise *Zweites Bild* auf *Auswählen*, laden in der Mini-Ausgabe der Medienverwaltung ein Bild hoch, klicken es an und wählen *Einfügen*. Wie die Beschreibung das jeweilige Bild umfließen soll, stellen Sie in der Ausklappliste *Textumfließung des Bildes* ein. Bei der Auswahl *Rechts* steht der Text beispielsweise immer rechts vom Bild. Schließlich können Sie noch eine *Bildunterschrift* und einen alternativen Text vergeben. Letztgenannten präsentiert Joomla! immer dann, wenn es das jeweilige Bild nicht anzeigen kann.

Tipp Viele Newsfeeds enthalten selbst Bilder, und häufig sind ihre Inhalte selbsterklärend. Fassen Sie sich daher bei der Beschreibung möglichst kurz, und binden Sie eigene Bilder wirklich nur dann ein, wenn sie notwendig sind.

Die Ausklapplisten auf der rechten Seite sind ebenfalls alte Bekannte:

Status

Nur wenn der *Status* auf *Veröffentlicht* steht, erscheinen die Inhalte des Newsfeeds später auf Ihrer Website.

Zugriffsebene

Diese Ausklappliste legt fest, wer alles die im Newsfeed hereintickernden Informationen zu sehen bekommt. In der Standardeinstellung sind dies alle Besucher der Website, was genau das Richtige für die Filmstarts ist. Weitere Informationen hierzu folgen in Kapitel 9, *Benutzerverwaltung und -kommunikation*.

Sprache

Bei mehrsprachigen Internetauftritten stellen Sie hier ein, in welcher Sprachfassung die Inhalte des Newsfeeds auftauchen sollen – für gewöhnlich die Sprache, in der auch der Newsfeed seine Texte ausspuckt. Sofern Sie nur eine einsprachige Website betreiben, lassen Sie hier wie auch für das Kinoportal *Alle* stehen. Um mehrsprachige Internetauftritte kümmert sich später noch das Kapitel 12, *Mehrsprachigkeit*.

Veröffentlichungsoptionen

Weiter geht es auf dem Register *Veröffentlichungsoptionen*.

Alias
Hier können Sie dem Newsfeed einen Alias- beziehungsweise Ersatznamen verpassen. Für gewöhnlich können Sie das Feld ignorieren, Joomla! wählt dann selbst einen passenden Alias.

ID
Im Feld *ID* zeigt Joomla! die interne Identifikationsnummer des Newsfeeds an. Da Sie gerade den Newsfeed erstellen, steht hier noch eine 0.

Autor
Sie selbst legen hier gerade den Newsfeed an. Wenn stattdessen jemand anderes als Ersteller gelten soll, klicken Sie auf das Symbol mit der weißen Büste und wählen in der Liste den entsprechenden Benutzer aus. Normalerweise ist hier keine Änderung notwendig.

 Warnung Mit *Autor* ist folglich die Person gemeint, die hier im Formular die Einstellungen vorgenommen hat, und nicht etwa der Ersteller der eigentlichen Newsfeed-Texte.

Autoralias
Benutzernamen sind oftmals recht kryptisch, erst recht, wenn sie von den Angemeldeten selbst gewählt wurden. Aus diesem Grund erlaubt Joomla! Ihnen, hier einen anderen Namen zu vergeben. Da dieser Alias aber nirgendwo sonst in Joomla! auftaucht, können Sie ihn normalerweise ignorieren – es sei denn, eine nachträglich installierte Erweiterung wertet ihn aus.

Erstellungsdatum
Joomla! merkt sich, wann Sie den Newsfeed hier angelegt haben. Unter *Erstellungsdatum* dürfen Sie diese Angabe fälschen beziehungsweise überschreiben (indem Sie auf das Kalendersymbol auf der rechten Seite klicken und das entsprechende Datum wählen). Auch das ist normalerweise nicht notwendig.

Veröffentlichung starten und Veröffentlichung beenden
Über diese beiden Einstellungen können Sie die Inhalte des Newsfeeds auf Ihrer Website zeitgesteuert erscheinen und wieder verschwinden lassen. Dazu tragen Sie unter *Veröffentlichung starten* ein, wann der Newsfeed erstmals auf der Website auftauchen soll, und unter *Veröffentlichung beenden*, wann er von dort wieder verschwindet. Mit den Knöpfen rechts neben den Eingabefeldern zaubern Sie kleine Kalender hervor, die bei der Auswahl des korrekten Termins

helfen. Alternativ notieren Sie Datum und Zeit nach dem Schema: *Jahr-Monat-Tag Stunde:Minute:Sekunde*. Das Jahr müssen Sie dabei vierstellig angeben, Monat und Tag jeweils als zweistellige Zahlen.

Reihenfolge

Später auf der Homepage stellt Joomla! alle vorhandenen Newsfeeds in einer Liste zur Auswahl. An welcher Stelle der gerade bearbeitete Newsfeed darin erscheint, regelt diese Ausklappliste. Einen besonders wichtigen Newsfeed könnten Sie so direkt an den Anfang der Liste hieven. Beachten Sie, dass der hier gerade bearbeitete Newsfeed immer *hinter* dem in der Ausklappliste gewählten landet. Die Ausklappliste erscheint übrigens erst dann, wenn der Newsfeed mit einem Klick auf die entsprechende Schaltfläche in der Werkzeugleiste angelegt wurde.

Anzahl der Beiträge

In der Regel liefert ein Newsfeed nicht nur eine, sondern mehrere Meldungen. Wie viele Joomla! davon auf Ihrer Website anzeigen soll, legt die hier eingetippte Zahl fest.

Cache-Dauer

Joomla! schaut in regelmäßigen Abständen nach, ob es bereits eine neue Version der Newsfeed-Datei gibt. Wie viele Minuten Joomla! zwischen diesen Nachfragen warten soll, tragen Sie in das Feld *Cache-Dauer* ein. Bei einer Seite, die in sehr schnellen Zyklen neue Nachrichten generiert (wie beispielsweise ein Börsenticker), können Sie den Standardwert entsprechend verringern. Ansonsten sollten Sie ihn möglichst beibehalten, um Joomla! auch noch Luft für andere Aufgaben zu lassen.

Schreibrichtung

Arabisch wie auch viele andere Sprachen liest man von rechts nach links. Sofern auch die Inhalte des Newsfeeds diese Schreibrichtung verwenden, setzen Sie diese Ausklappliste auf *Rechts nach Links*. Die in Europa übliche Schreibrichtung von *Links nach Rechts* ist bereits die Standardeinstellung.

Externe Referenz

Im Feld *Externe Referenz* können Sie auf eine externe Datenquelle für den Newsfeed verweisen (für HTML-Kenner: Der hier eingetippte Text landet im HTML-Tag `<meta name="xreference" content="..." />`). Er wird jedoch im Moment noch nicht ausgewertet, weshalb Sie diese Einstellung ignorieren können.

Nach dem ersten Speichern zeigt Joomla! in diesem Bereich in weiteren Feldern an, wie oft die Einstellungen bereits von wem geändert wurden.

Für den Newsfeed im Kinoportal belassen Sie hier einfach alle Einstellungen auf ihren Vorgaben.

Anzeigeoptionen

Welche im Newsfeed mitgelieferten Inhalte überhaupt auf Ihrer Website erscheinen sollen, legen Sie auf dem nächsten Register, *Anzeigeoptionen*, fest:

Newsfeed-Bild
> Diese Ausklappliste regelt, ob Joomla! die im Newsfeed mitgelieferten Bilder *Anzeigen* soll. Meist sind dies Piktogramme oder verkleinerte Fotos.

Newsfeed-Beschreibung
> Die meisten Newsfeeds bieten auch eine kurze Beschreibung ihrer Inhalte an. Joomla! zeigt diesen Text später über den eigentlichen Nachrichtentexten an. Wenn Sie das verhindern möchten, beispielsweise weil Sie schon auf dem Register *Neuer Newsfeed* eine eigene *Beschreibung* vorgegeben haben, setzen Sie diese Ausklappliste auf *Verbergen*.

Newsfeed-Inhalt
> Hiermit können Sie die eigentlichen Nachrichtentexte im Newsfeed *Verbergen*. Das ist etwa dann sinnvoll, wenn Sie auf Ihrer Homepage die Newsfeeds nur vorstellen, nicht aber ihre Inhalte übernehmen möchten.

Anzahl Zeichen
> Die im Newsfeed ausgelieferten Meldungen können recht lang sein. Joomla! kann deshalb die Texte nach einer bestimmten Länge abschneiden. Dazu tippen Sie hier in das Feld einfach die Anzahl der maximal anzuzeigenden Zeichen ein. Bei der voreingestellten 0 zeigt Joomla! immer die kompletten Meldungen an.

Alternatives Layout
> Wenn der Newsfeed später im Frontend *nicht* direkt über einen Menüpunkt erreichbar ist, dann (und wirklich nur dann) können Sie ihm hier eine eigene, spezielle Optik verpassen. Welche Darstellungen hier zur Verfügung stehen, hängt von den installierten Templates ab. Von Haus aus bringt Joomla! nur eine Darstellungsform namens *Standard* mit. Belassen Sie daher die Ausklappliste auf ihrem voreingestellten Wert.

Feed-Reihenfolge
> Normalerweise zeigt Joomla! immer die neuesten Nachrichten im Newsfeed als Erstes an. Diese Reihenfolge können Sie über diese Ausklappliste umdrehen: Mit der Einstellung *Ältesten zuerst* zeigt Joomla! auf Ihrer Website zuerst die ältesten Nachrichten im Newsfeed an.

 Der Newsfeed von *kino.de* enthält keine Bilder und nur recht kurze Texte. Die Beschreibung ist zudem recht nützlich, um dem Besucher einen kurzen Überblick über die Inhalte zu geben. Belassen Sie daher alle Einstellungen auf ihren Vorgaben.

Metadatenoptionen

Die erfragten Metadaten auf dem letzten Register, *Metadatenoptionen*, kennen Sie bereits:

Meta-Beschreibung und Meta-Schlüsselwörter

> *Meta-Beschreibung* verrät in knappen Worten, um was es im Newsfeed geht, wie etwa **Die aktuellen Filmstarts, gemeldet von Kino.de**. Ergänzend nimmt *Meta-Schlüsselwörter* ein paar durch Kommata getrennte Stichwörter auf. Im Kinoportal passen beispielsweise **Filmstarts, Kino.de, Newsfeed**.

Externe Referenz

> Im Feld *Externe Referenz* können Sie auf eine externe Datenquelle für den Newsfeed verweisen (für HTML-Kenner: Der hier eingetippte Text landet im HTML-Tag `<meta name="xreference" content="..." />`). Er wird jedoch im Moment noch nicht ausgewertet, weshalb Sie diese Einstellung ignorieren können.

Robots

> Mit der Ausklappliste *Robots* legen Sie fest, ob die Suchmaschinen überhaupt die Seite betreten (ein Punkt mit *index*) und den Links darauf folgen dürfen (ein Punkt mit *follow*). *noindex* und *nofollow* verbieten hingegen die jeweilige Aktion. In der Regel können Sie hier die Vorgabe beibehalten, nach der Suchmaschinen die Seite untersuchen und allen ihren Links folgen dürfen.

Inhaltsrechte

> Sind die Newsfeed-Inhalte urheberrechtlich geschützt oder stehen sie unter einer speziellen Lizenz, so können Sie einen entsprechenden Hinweis in diesem Feld hinterlassen. Üblicherweise trägt man hier einen Text wie »Copyright 2013 Kino.de« ein. Diese Meta-Information werten Browser jedoch nicht aus, und auch bei den Suchmaschinen ist der Nutzen dieses Eingabefeldes fraglich. Sie können dieses Feld daher ignorieren.

Damit wären alle Daten für den Newsfeed beisammen. Legen Sie ihn per *Speichern & Schließen* an, womit Sie automatisch wieder in der Liste mit allen Newsfeeds landen. Dort steht unter den Titeln der Newsfeeds noch einmal die Kategorie, in der sie liegen. Die Spalte *# Beiträge* informiert über die Anzahl der gleichzeitig anzuzeigenden Schlagzeilen, *Cache-Dauer* über die Wartezeit zwischen zwei Aktualisierungen in Minuten.

Newsfeeds mit einem Menüpunkt verbinden

Abschließend müssen Sie den Newsfeed nur noch über einen Menüpunkt auf Ihrer Website zugänglich machen. Im Kinoportal soll er der Einfachheit halber wieder im Hauptmenü (*This Site*) erscheinen. Dazu wählen Sie *Menüs → Main Menu → Neuer Menüeintrag*. Verpassen Sie dem Menüpunkt einen *Menütitel*, wie etwa **Kino-Newsfeeds**, und klicken Sie dann auf *Auswählen* neben *Menüeintragstyp*.

Interessant ist jetzt das Angebot auf dem Slider *Newsfeeds*:

- *Alle Newsfeed-Kategorien auflisten* präsentiert alle Unterkategorien einer ausgewählten Newsfeed-Kategorie. Dieser Menüeintragstyp ist primär dazu gedacht, den Besuchern die Wahl zwischen verschiedenen Unterkategorien zu ermöglichen.

- *Newsfeeds in Kategorie auflisten* stellt hingegen die Newsfeeds und auf Wunsch auch noch sämtliche Unterkategorien einer Newsfeed-Kategorie zur Auswahl.

- *Einzelner Newsfeed* führt zu den Texten eines einzelnen Newsfeeds.

Im Kinoportal soll der Menüpunkt zu einer Übersichtsseite mit allen Newsfeeds aus der Kategorie *Kino-Nachrichten* führen. Klicken Sie daher den mittleren Punkt, *Newsfeeds in Kategorie auflisten*, an. Zurück im Formular wählen Sie als *Kategorie* die *Kino-Nachrichten*. Das Formular sollte jetzt so wie in Abbildung 6-38 aussehen.

Abbildung 6-38:   Hier entsteht ein neuer Menüpunkt für die Newsfeed-Kategorie *Kino-Nachrichten*.

Legen Sie jetzt den Menüpunkt mit *Speichern* an (lassen Sie das Formular also noch geöffnet), rufen Sie die *Vorschau* auf, und folgen Sie dort den *Kino-Newsfeeds*. Sie gelangen damit zur Übersichtsseite der Newsfeeds-Kategorie *Kino-Nachrichten* aus Abbildung 6-39.

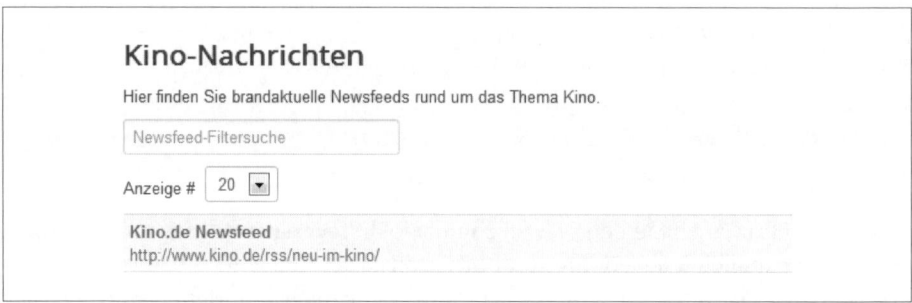

Abbildung 6-39:   Die Kino-Nachrichten-Kategorie auf der Homepage

Joomla! listet hier alle Newsfeeds aus der Kategorie *Kino-Nachrichten* auf – das ist im Moment nur genau einer. Mit einem Klick auf seinen Titel *Kino.de Newsfeed* gelangen Sie zum eigentlichen Newsfeed und seinen Inhalten (siehe Abbildung 6-40).

Kino.de Newsfeed

Neustarts der Woche

kino.de - Neu im Kino
 1. Alles wird gut
    Regisseur Niko von Glasow, selbst Contergan-geschädigt, inszeniert ...
 2. Bis an die Grenze - der private Blick auf die Mauer
    Als am 13. August 1961 mit dem Bau der Berliner Mauer begonnen wurd...
 3. Detlef - 60 Jahre schwul
 4. Der deutsche Freund
    Die Tochter jüdischer Emigranten aus Deutschland freundet sich mit ...
 5. Familie und andere Katastrophen

Abbildung 6-40:   So sieht der Newsfeed dann auf der Homepage aus.

Sofern Sie Joomla! auf einem Computer im Heimnetzwerk oder lokal installiert haben, benötigen Sie eine funktionierende Internetverbindung. Ansonsten werden zwar die angelegten Newsfeeds angezeigt, nicht aber die darin enthaltenen Texte abgeholt. Die Seite aus Abbildung 6-40 bleibt dann einfach leer. Die blau hervorgehobenen Nachrichtenüberschriften führen übrigens direkt zur kompletten Meldung auf *http://www.kino.de*. Der Text *Neustarts der Woche* ist die Beschreibung, die Sie dem Newsfeed verpasst haben (in Abschnitt »Basiseinstellungen« auf Seite 264), die Zeile *kino.de - Neu im Kino* ist hingegen die im Newsfeed enthaltene Beschreibung. Wie Sie hier sehen, hätten Sie sich die eigene sparen können.

Für das Kinoportal ist diese Darstellung bereits optimal. In vielen anderen Situationen möchte man aber vielleicht noch etwas an der Optik drehen. Dann müssen Sie daran denken, dass in Joomla! der Menüpunkt bestimmt, was die über ihn erreichbaren Seiten zeigen. Wechseln Sie also in solch einem Fall noch einmal zurück zum Formular im Backend. Welche Einstellungen hier jetzt im Einzelnen zur Verfügung stehen, hängt vom gewählten Menüeintragstyp ab.

Newsfeeds in Kategorie auflisten

Beim im Kinoportal gewählten *Newsfeeds in Kategorie auflisten* finden Sie auf dem Register ERWEITERE OPTIONEN noch die Slider *Kategorieoptionen*, *Listenlayout* und *Feed-Anzeigeoptionen*. Die dortigen Einstellungen kennen Sie bereits weitgehend aus den vorangegangenen Abschnitten.

Auf *Kategorieoptionen* regeln Sie, welche Informationen über die Newsfeed-Kategorie – in diesem Fall die *Kino-Nachrichten* – auf der Übersichtsseite erscheinen sollen. Im Schnelldurchgang:

Kategorietitel
    Zeigt den Titel der Kategorie als Überschrift an, im Beispiel *Kino-Nachrichten*.

Kategoriebeschreibung
    Die Beschreibung der Newsfeed-Kategorie, im Beispiel wäre dies der Text *Neustarts der Woche*.

Kategoriebild
Die Bilder der Newsfeed-Kategorie; im Beispiel wurden keine vergeben.

Unterkategorieebenen
Die Übersichtsseite präsentiert auch alle enthaltenen Unterkategorien bis zu dieser Hierarchiestufe.

Leere Kategorien
Joomla! zeigt auf Wunsch auch leere Unterkategorien zur Auswahl an.

Unterkategorienbeschreibung
Blendet die Beschreibungen der Unterkategorien ein beziehungsweise aus.

 # Feeds in Kategorie
Joomla! zeigt an, wie viele Newsfeeds in einer Unterkategorie enthalten sind.

Später präsentiert die Übersichtsseite alle Newsfeeds wie in Abbildung 6-39 in einer kleinen Liste. Auf dem Slider *Listenlayout* legen Sie fest, welche Informationen in und um diese Liste auftauchen sollen:

»Anzeige«-Filter
Der Besucher kann über eine Ausklappliste wählen, wie viele Beiträge Joomla! ihm auf einer Bildschirmseite präsentieren soll (in Abbildung 6-39 links oben über der Liste). Diese Möglichkeit sollten Sie ihm geben, wenn die Tabelle sehr viele Newsfeeds enthält.

Tabellenüberschriften
Manche Templates zeigen die Newsfeeds nicht in einer Liste wie in Abbildung 6-39, sondern in einer Tabelle wie in Abbildung 6-41 an. Über diese Ausklappliste können Sie dann die Spaltenbeschriftungen – und somit die erste Zeile – der Tabelle ein- beziehungsweise ausblenden.

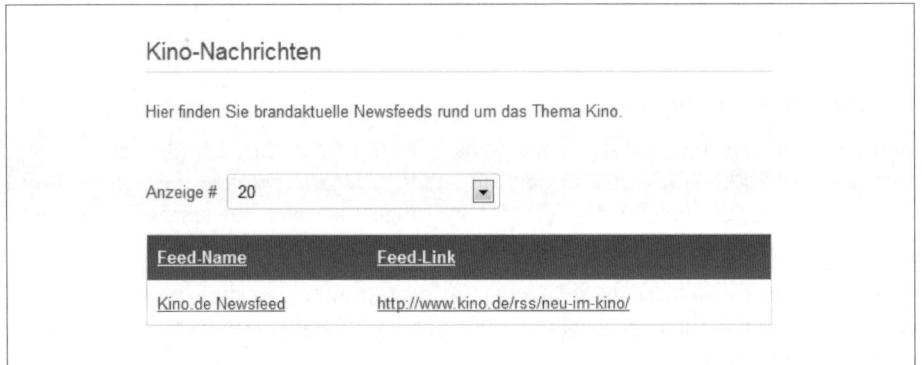

Abbildung 6-41:   Das Beez3-Template bietet die Newsfeeds einer Kategorie in einer Tabelle an.

 # Beiträge
Wenn Sie diese Ausklappliste auf *Anzeigen* setzen, verrät eine weitere Spalte in der Liste (beziehungsweise der Tabelle), wie viele Nachrichten sich in den jeweiligen Newsfeeds befinden.

Newsfeed-Links

Wie in Abbildung 6-39 zeigt Joomla! für jeden Newsfeed dessen Internetadresse an (in der Tabelle aus Abbildung 6-41 in der Spalte *Feed-Link*). Wenn Sie dies unterbinden möchten, setzen Sie diese Ausklappliste auf *Verbergen*.

Seitenzahlen

Wenn mehr Newsfeeds in der Kategorie stecken, als die Liste auf einmal anzeigen kann, erscheinen am unteren Rand Schaltflächen, über die der Besucher zu den übrigen Newsfeeds vor- beziehungsweise zurückblättern kann.

Gesamtseitenzahlen

Mit *Anzeigen* erscheint unterhalb der Liste die Information, auf wie viele Bildschirmseiten Joomla! die Liste aufgeteilt hat und auf welcher dieser Seiten sich der Besucher gerade befindet.

Diese beiden zuletzt genannten Einstellungen sollten Sie immer auf ihrer Vorgabe belassen. Joomla! blendet die entsprechenden Elemente dann immer bei Bedarf ein.

Über einen Klick auf einen Newsfeed in der Liste erreichen Sie seine Inhalte. Was auf dieser Seite zu sehen ist, bestimmt hier noch der Slider *Feed-Anzeigeoptionen*. Die darauf vorhandenen Einstellungen entsprechen exakt denen aus Abschnitt »Newsfeeds einrichten« auf Seite 263. Die dort vorgenommenen Einstellungen werden von denen hier auf dem Slider *Feed-Anzeigeoptionen* überschrieben. Wenn Sie also das Aussehen einer Newsfeed-Seite wie der aus Abbildung 6-40 verändern möchten, gehen Sie dazu immer wie folgt vor:

1. Öffnen Sie den Bearbeitungsbildschirm des Newsfeeds (*Komponenten → Newsfeeds → Feeds*, dann ein Klick auf den entsprechenden Newsfeed), und stellen Sie auf dem Register *Anzeigeoptionen* die anzuzeigenden Informationen ein.

2. Führt das nicht zum gewünschten Ergebnis, prüfen Sie, über welchen Menüpunkt der Newsfeed erreichbar ist, rufen seinen Bearbeitungsbildschirm auf und kontrollieren dort die Einstellungen auf dem Register *Erweiterte Optionen*.

Alle Newsfeed-Kategorien auflisten

Der Menüeintragstyp *Alle Newsfeed-Kategorien auflisten* führt zu einer Seite, die einfach nur aus einer nüchternen Liste mit allen Unterkategorien einer ausgewählten Newsfeed-Kategorie besteht. Wenn Sie solch einen Menüpunkt angelegt und sich in der Ausklappliste neben *Kategorie der obersten Kategorieebene* für eine Kategorie entschieden haben, finden Sie auf dem Register *Erweitere Optionen* den Slider *Kategorienoptionen* (der oberste). Auch die dort angebotenen Einstellungen dürften Ihnen bekannt vorkommen:

Beschreibung der obersten Kategorie und Beschreibung der Oberkategorie

Mit *Beschreibung der obersten Kategorie* können Sie die Beschreibung der Kategorie ein- und ausblenden. Der Text im Feld *Beschreibung der Oberkategorie* ersetzt diese Beschreibung.

Unterkategorieebenen
Die Seite präsentiert alle in der Kategorie enthaltenen Unterkategorien bis zu dieser Hierarchiestufe.

Leere Kategorien
Wenn diese Ausklappliste auf *Anzeigen* steht, bietet Joomla! auch leere Unterkategorien zur Auswahl an.

Unterkategorienbeschreibung
Blendet die Beschreibungen der Unterkategorien ein und aus.

 # Feeds in Kategorie
Zeigt an, wie viele Newsfeeds in einer Unterkategorie enthalten sind.

Wenn Sie einem Menüpunkt vom Typ *Alle Newsfeed-Kategorien auflisten* folgen, sehen Sie eine Auswahl der enthaltenen Unterkategorien. Sobald Sie eine davon anklicken, landen Sie bei einer Seite, die alle Newsfeeds dieser Unterkategorie auflistet (wie in Abbildung 6-39). Das Aussehen genau dieser Seite regeln die Einstellungen auf dem Slider *Kategorieoptionen* (der zweite von oben) sowie auf seinem Kollegen *Listenlayout*. Ihre Einstellungen entsprechen ihren Namensvettern beim Menüeintragstyp *Newsfeeds in Kategorie auflisten* aus dem vorherigen Abschnitt. Wie schließlich die darüber erreichbaren Newsfeed-Nachrichtenseiten aussehen, bestimmen die *Feed-Anzeigeoptionen*. Auch ihre Einstellungen entsprechen denen des Menüeintragstyps *Newsfeeds in Kategorie auflisten*.

Einzelner Newsfeed

Abschließend können Sie noch einen Menüpunkt auf einen einzelnen Newsfeed setzen. Dazu wählen Sie als Menüeintragstyp *Einzelner Newsfeed*, klicken dann neben *Newsfeed* auf *Auswählen* und entscheiden sich nun im neuen Fenster für den zu verknüpfenden Newsfeed. Anschließend können Sie noch auf dem Register *Erweiterte Optionen* auf dem Slider *Feed-Anzeigeoptionen* festlegen, welche Informationen Joomla! aus dem Newsfeed anzeigen soll. Die dortigen Einstellungen entsprechen wieder denen aus Abschnitt »Newsfeeds einrichten« auf Seite 263, wobei die hier vorgenommenen Änderungen ihre Pendants überschreiben.

Suchfunktion und Suchstatistiken

Sofern Sie der Schnellinstallation aus Kapitel 2, *Installation*, gefolgt sind beziehungsweise während der Joomla!-Installation die Beispieldaten eingespielt haben, finden Sie auf der Website rechts oben in der Ecke ein kleines *Suchen*-Feld. Wenn Sie dort einen Begriff eingeben und auf die Eingabetaste drücken, sucht das Content-Management-System Ihren Begriff im gesamten Internetauftritt und gibt anschließend alle gefundenen Stellen aus. Abbildung 6-42 zeigt das Ergebnis einer solchen Suchanfrage. Joomla! blendet dort im oberen Teil noch weitere Einstellungen ein, mit denen der Suchende seine Anfrage weiter verfeinern kann. Im Bereich

Nur Suchen darf er beispielsweise die Fahndung auf Kategorien, Kontakte und so
weiter einschränken.

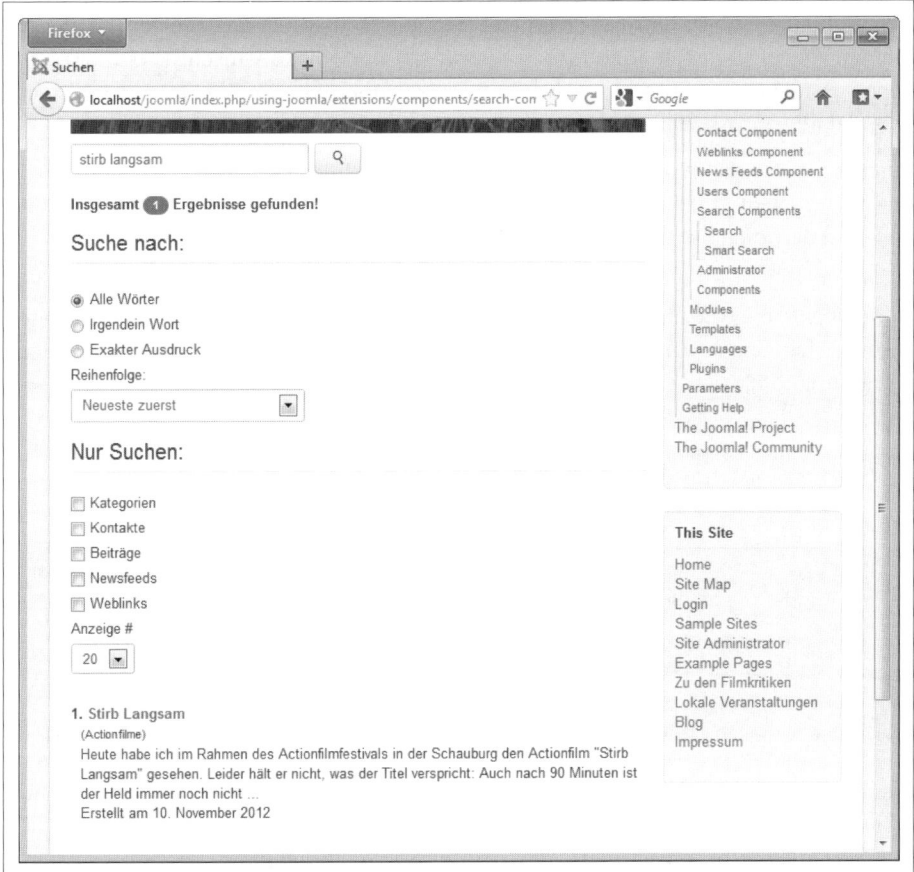

Abbildung 6-42: Steckt das gesuchte Wort in einem Beitrag, nennt Joomla! auch dessen Erstellungsdatum in seinen Suchergebnissen.

Suchanfragen analysieren

Ein Besucher nutzt die Suchfunktion besonders dann, wenn er einen bestimmten
Beitrag nicht schnell genug finden konnte. Häufige Suchanfragen weisen somit auf
einen fehlerhaften oder suboptimalen Aufbau der Homepage hin – denn andernfalls
hätten die Besucher den wesentlich bequemeren Weg über das Menü genommen.

Um herauszubekommen, welche Begriffe wie oft gesucht wurden, muss eine entsprechende Buchführung her. Diese stellt die hinter *Komponenten → Suche* erreichbare Komponente bereit. Das Ergebnis ist ein zunächst noch etwas karger
Bildschirm.

Wie der rot leuchtende Text *Suchstatistiken werden nicht erfasst* bereits dezent andeutet, merkt sich Joomla! standardmäßig keinen einzigen der gesuchten Begriffe. Um die Suchstatistik zu aktivieren, klicken Sie in der Werkzeugleiste auf den *Optionen*-Knopf. Um die Erstellung von Suchstatistiken anzuwerfen, aktivieren Sie den Knopf *Ja* neben *Suchstatistiken erfassen* und klicken anschließend auf *Speichern & Schließen*, um die Änderungen zu übernehmen. Damit protokolliert Joomla! ab sofort penibel jede Suchanfrage.

 Spielen Sie jetzt einmal Besucher, indem Sie in die *Vorschau* wechseln, in das Suchfeld rechts oben `stirb langsam` eintippen und anschließend die Eingabetaste betätigen. Wiederholen Sie diesen Vorgang absichtlich ein zweites Mal.

Wenn Sie nun zurück ins Backend wechseln und im Hauptmenü wieder den Punkt *Komponenten → Suche* aufrufen, erscheinen in der Liste alle bislang gesuchten Begriffe. Die Spalte *Zugriffe* verrät, wie oft nach dem Begriff gesucht wurde (siehe Abbildung 6-43).

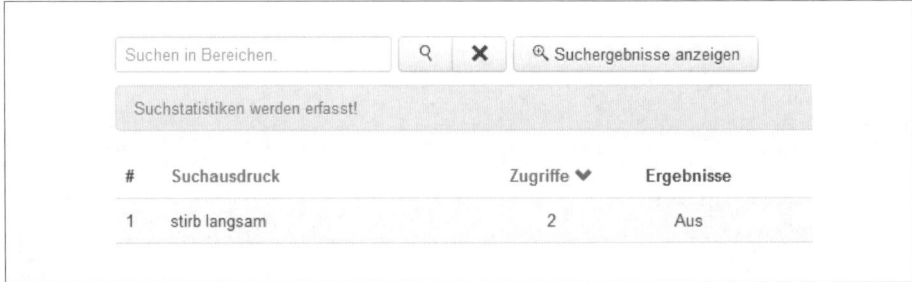

Abbildung 6-43: Wie diese Statistik verrät, wurde über die Homepage zweimal nach dem Begriff *stirb langsam* gesucht.

Nachdem eine Suche ausgeführt wurde, merkt sich Joomla! die Anzahl der Fundstellen. Wie viele Fundstellen es zu einem Begriff gab, erfahren Sie nach einem Klick auf *Suchergebnisse anzeigen*. In der dritten Spalte, *Ergebnisse*, erscheint jetzt die gewünschte Information.

Um die Suchstatistiken zu löschen und mit der Erfassung wieder von vorne zu beginnen, klicken Sie in der Werkzeugleiste auf *Zurücksetzen*.

 Warnung Das Sammeln und Berechnen der Suchstatistik kostet zusätzliche Rechenzeit, wodurch sich unter Umständen die Auslieferung der Webseiten verzögern kann. Überlegen Sie sich also gut, ob Sie die Statistiken erstellen lassen möchten. Schalten Sie sie daher möglichst nur über einen kurzen Zeitraum ein oder wenn Sie den Verdacht haben, dass die Suchfunktion überproportional oft verwendet wird.

Suchformular in ein Menü einbinden

Das umfangreichere Suchformular aus Abbildung 6-42 erscheint immer dann, wenn der Besucher seinen Begriff in das kleine Feld rechts oben in der Ecke eingetippt und abgeschickt hat – also eigentlich viel zu spät. Sie können ihm das Formular aber auch über einen Menüpunkt zugänglich machen.

Im Kinoportal soll dieser Menüpunkt der Einfachheit halber wieder im Hauptmenü (*This Site*) seinen Platz finden. Rufen Sie daher im Backend *Menüs* → *Main Menu* → *Neuer Menüeintrag* auf.

Im Bearbeitungsbildschirm klicken Sie zunächst auf *Auswählen* und entscheiden sich auf dem Slider *Suche* für den Menüeintragstyp *Suchformular oder Suchergebnisse auflisten*. Vergeben Sie noch einen passenden *Menütitel*, wie etwa **Erweiterte Suche**.

Im Feld *Suchbegriff (optional)* können Sie noch einen Suchbegriff vorgeben. Sobald ein Besucher das Formular aufruft, packt Joomla! den Suchbegriff automatisch in das Eingabfeld. Der Besucher kann ihn dann direkt übernehmen oder mit einem anderen Begriff überschreiben. Normalerweise gibt man auf diesem Weg einen besonders häufig gesuchten Begriff vor.

Wechseln Sie jetzt auf das Register *Erweiterte Optionen*, und wenden Sie sich dort dem Slider *Basiseinstellungen* zu. Hier können Sie das Suchformular noch etwas anpassen.

Standardmäßig zeigt Joomla! wie in Abbildung 6-42 den Bereich *Nur Suchen* an, in dem der Besucher seine Anfrage auf die Kategorien, Kontakte und so weiter einschränken kann. Wenn Sie ihm dies verbieten möchten, setzen Sie hier in den Optionen den Punkt *Suchbereiche verwenden* auf *Nein*. Joomla! blendet dann den Bereich *Nur Suchen* komplett aus. Das gilt allerdings nur, wenn der Besucher direkt über den Menüpunkt auf das Formular kommt. Sobald er seine Suchanfrage abgeschickt hat, erscheint der Bereich weiterhin beziehungsweise erneut.

Version   Aufgrund eines Programmfehlers zeigten die folgenden drei Einstellungen bis einschließlich Joomla! 3.0.2 keinerlei Wirkung.   X.X

Der Parameter *Erstellungsdatum* bezieht sich auf die Darstellung der Suchergebnisse. Diese präsentiert Joomla! auf der Homepage in einer mehr oder weniger langen Liste. Handelt sich bei einer der Fundstellen um einen Beitrag, so zeigt das Content-Management-System standardmäßig auch dessen Erstellungsdatum (wie in Abbildung 6-42 am äußersten unteren Rand). Auf diese Weise sieht der Suchende sofort, ob der Beitrag eventuell schon veraltet ist. Möchten Sie das Datum in den Suchergebnissen nicht mit aufführen, setzen Sie *Erstellungsdatum* auf *Verbergen*.

Mitunter tippen Besucher nicht nur eines, sondern gleich mehrere Wörter in das Suchfeld ein. Wie Joomla! dann suchen soll, bestimmen Sie unter *Suchen nach*. Bei *Alle Wörter* müssen alle eingegebenen Wörter irgendwo in einem Beitrag enthalten sein, damit er später unter den Ergebnissen auftaucht. Im Fall von *Irgendein Wort* reicht es schon aus, wenn eines der Wörter im Beitrag vorkommt. *Exakter Ausdruck* berücksichtigt auch die Reihenfolge der Wörter, »Stirb Langsam« wird folglich erst gefunden, wenn es exakt so in einem Beitrag vorkommt. Die hier von Ihnen vorgenommene Vorgabe kann der Besucher später im Formular aus Abbildung 6-42 selbst noch ändern.

Die *Ergebnissortierung* regelt schließlich, in welcher Reihenfolge Joomla! die Fundstellen präsentiert. Standardmäßig erscheinen die zuletzt erstellten Beiträge (*Neueste zuerst*) immer ganz oben in der Ergebnisliste. Auch diese Einstellung ist wieder nur eine Vorgabe, die der Besucher später im Formular aus Abbildung 6-42 selbst abändern darf.

Tipp   Das kleine Suchfeld rechts oben in der Seitenecke stellt übrigens ein Modul bereit. Sie werden folglich in Kapitel 7, *Module – Die kleinen Brüder der Komponenten*, noch einmal über die Suchfunktion stolpern.

Suchindex (Smart Search)

Neu ab Joomla! 2.5 ist die sogenannte Smart Search. Dahinter verbirgt sich eine runderneuerte, halbintelligente Suchfunktion. In einem ersten Schritt analysiert sie sämtliche in Joomla! gespeicherten Inhalte – die sogenannte Indexierung. Auf diese Weise kann die Suchfunktion die Fundstellen eines Suchlaufs nach Relevanz sortieren. Darüber hinaus schlägt sie alternative Suchbegriffe vor – beispielsweise anstelle von »stripp langsam« den Begriff »stirb langsam« (siehe Abbildung 6-44).

Abbildung 6-44:   Die neue Suchfunktion hilft bei Tippfehlern im Suchbegriff.

Sie kennen diese Funktion vielleicht von Google (»Meinten Sie ... ?«). Die Suchmaschine stand auch bei einer weiteren Funktion Pate: Sobald der Besucher zu tippen beginnt, versucht Joomla!, seinen Suchbegriff zu erraten, und unterbreitet ihm in einer Ausklappliste ein paar Vorschläge. Dank der Indexierung ist der eigentliche Suchvorgang obendrein auch noch schneller. Ihren Ursprung hat die neue Suchfunktion übrigens in der Erweiterung *Finder*. Bevor die Besucher die neue Suchfunktion nutzen können, ist allerdings noch etwas Vorarbeit notwendig.

Version   Smart Search funktioniert immer noch nicht so, wie es eigentlich sollte. Beispielsweise wurden einige der angebotenen Einstellungen noch ignoriert und die Vorschläge wollte Joomla! ebenfalls nicht anzeigen. Probieren Sie daher diese neue Suchfunktion bei Ihnen erst gründlich in einer Joomla!-Testinstallation aus, bevor Sie sie auf Ihrer richtigen Webseite freischalten.

Wechseln Sie zunächst zum Menüpunkt *Erweiterungen → Plugins*, und suchen Sie dort in der Liste den Eintrag *Inhalt – Suchindex*. Kreuzen Sie sein Kästchen (in der zweiten Spalte) an, und klicken Sie dann in der Werkzeugleiste auf *Aktivieren*. In der Zeile *Inhalt – Suchindex* sollte jetzt in der Spalte *Status* ein grüner Haken leuchten. Damit ist die neue Suchfunktion aktiviert. (Was sich hinter diesen Plugins und der Liste genau verbirgt, klärt später noch *Kapitel 11, Plugins*.)

Als Nächstes müssen Sie Joomla! anweisen, alle schon vorhandenen Inhalte zu analysieren. Dazu wechseln Sie zum Menüpunkt *Komponenten → Suchindex* und klicken dann auf *Indexieren* in der Werkzeugleiste. Es öffnet sich dabei ein neues Fenster mit einem Fortschrittsbalken. Sobald Joomla! mit der Arbeit fertig ist, schließen Sie die Erfolgsmeldung *Indexierung abgeschlossen* mit einem Klick auf das kleine *X*-Symbol rechts oben. In der Liste finden Sie jetzt alle von Joomla! gefundenen Begriffe (siehe Abbildung 6-45).

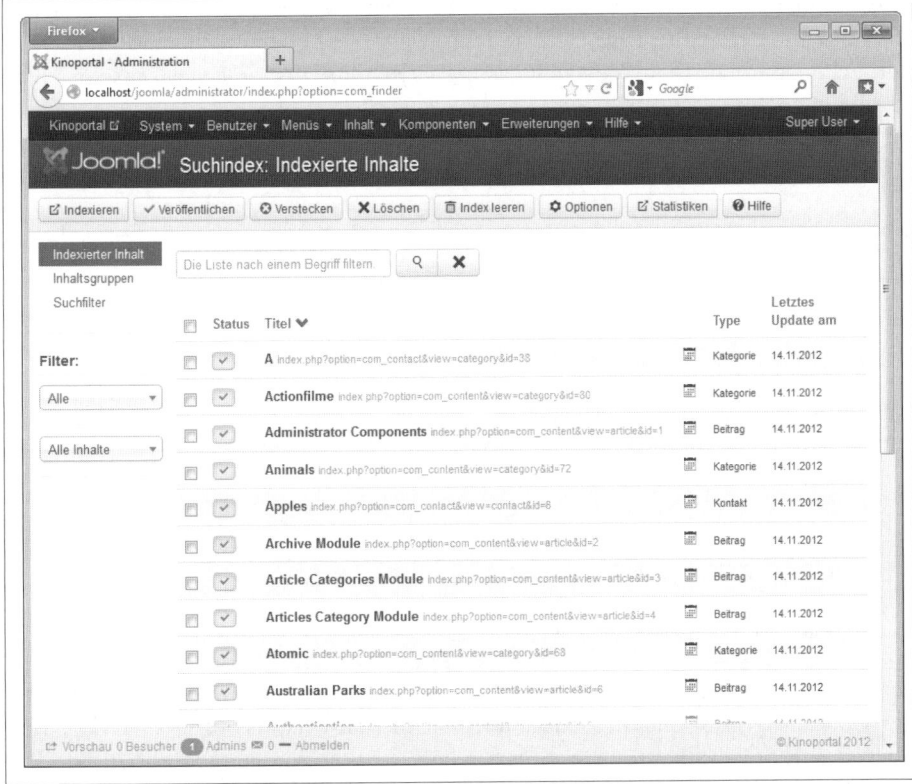

Abbildung 6-45:   Die indexierten Suchbegriffe

Von diesen Begriffen glaubt das Content-Management-System, dass ein Besucher sie irgendwann einmal suchen könnte. Soll Joomla! einen der Begriffe später nicht berücksichtigen, müssen Sie ihn hier verstecken (beispielsweise mit einem Klick auf seinen grünen Haken in der Spalte *Status*). Beachten Sie, dass Joomla! diesen Begriff trotzdem weiterhin in seinem Datenbestand sucht. Lediglich die netten Zusatzfunktionen, wie etwa die Tipphilfe »Meinten Sie ... ?«, berücksichtigen den Begriff dann nicht mehr.

 Tipp
Joomla! analysiert ab jetzt neu angelegte Inhalte automatisch. Es kann jedoch immer mal passieren, dass der Index nicht mehr auf dem aktuellen Stand ist – beispielsweise wenn Sie Erweiterungen einsetzen, die Inhalte an Joomla! vorbei in die Datenbank schmuggeln. Sie sollten daher hin und wieder manuell über die Werkzeugleiste den *Index leeren* und dann einen neuen Index per *Indexieren* erzeugen lassen.

Bei der Analyse versucht Joomla! den gefundenen Begriffen gleich auch noch eine Bedeutung zuzuordnen. Beispielsweise hat es automatisch erkannt, dass die *Actionfilme* eine *Kategorie* und der *Super User* ein *Autor* ist. Prüfen können Sie das zum einen in der Spalte *Type*, zum anderen wenn Sie in dem kleinen Menü links in der Ecke unterhalb der Werkzeugleiste zu den *Inhaltsgruppen* wechseln (siehe Abbildung 6-46).

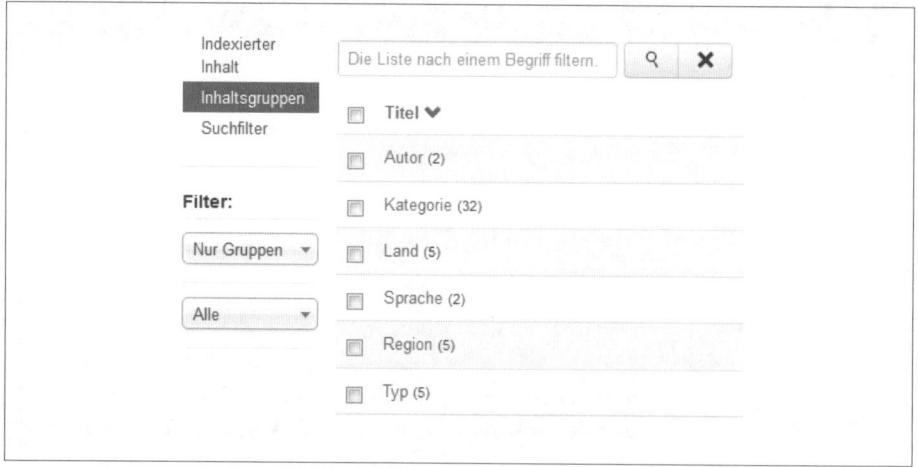

Abbildung 6-46:   Die Inhaltsgruppen dienen zur Klassifizierung von Begriffen.

In Abbildung 6-46 hat Joomla! neben den *Autoren* auch unter anderem noch Kategorien, Länder und Sprachen ausgemacht. Um nun beispielsweise zu sehen, wen oder was Joomla! alles für einen Autor hält, klicken Sie einfach auf *Autor*. Die Begriffe eigenhändig umgruppieren dürfen Sie zumindest in Joomla! 3.0.2 leider noch nicht. Hält Joomla! versehentlich einen gewissen »Stirb Langsam« für einen Autor, dann bleibt dies unverrückbar so. Immerhin können Sie diesen Eintrag verstecken (beispielsweise mit einem Klick auf seinen grünen Haken in der Spalte *Sta-*

---

tus). Joomla! denkt dann nicht mehr länger, dass der betroffene Begriff ein Autor ist. Zurück zur Aufstellung mit allen Inhaltsgruppen gelangen Sie via *Zurück zu den Gruppen* (am oberen Rand der Liste). Dort können Sie übrigens auch gleich eine komplette Inhaltsgruppe verstecken.

Tipp   Insbesondere dann, wenn man eine englischsprachige Anleitung zu diesem Thema konsultiert, trifft man auf weitere wirre Bezeichnungen. In der deutschen Sprachfassung ordnet Joomla! die Begriffe (wie den *Super User*) in Inhaltsgruppen (etwa den *Autor*) ein. Im Englischen heißt das ganze Klassifikationskonzept *Content Maps*, die Inhaltsgruppen sind die *Branches*, während die darin liegenden Begriffe als *Nodes* bezeichnet werden. Im Beispiel wäre also *Autor* ein Branch, der *Super User* darin ein Node.

Abschließend müssen Sie noch die neue Suchfunktion auf der Website zugänglich machen. Das geschieht wieder über einen neuen Menüpunkt. Um einen solchen im Hauptmenü (*This Site*) erscheinen zu lassen, aktivieren Sie *Menüs* → *Main Menu* → *Neuer Menüeintrag*, klicken auf *Auswählen* und entscheiden sich auf dem Slider *Suchindex* für den Menüeintragstyp *Suche*. Vergeben Sie einen *Menütitel*, wie etwa **Suche**, und legen Sie den Menüpunkt mit *Speichern* an (lassen Sie also den Bearbeitungsbildschirm noch geöffnet).

Wenn Sie jetzt in der *Vorschau* dem neuen Menüpunkt folgen, landen Sie bei einem augenscheinlich einfachen Eingabefeld. Mit einem Klick auf *Erweiterte Suche* erscheinen mehrere Ausklapplisten, mit denen Sie die Suche weiter einschränken dürfen (siehe Abbildung 6-47). Um etwa nur alle Beiträge von einem ganz bestimmten Autor durchsuchen zu lassen, setzt man *Suche nach Autor* auf die entsprechende Person.

Tipp   Joomla! stellt hier für jede (veröffentlichte) Inhaltsgruppe eine Auswahlliste bereit.

Wie die Texte darüber vorschlagen, kann man die Suchanfrage zudem mit logischen Operatoren verfeinern. Die Eingabe von `langsam nicht Joomla` würde etwa alle Beiträge zutage fördern, die den Begriff »langsam« und gleichzeitig *nicht* den Begriff »Joomla« enthalten.

Das Aussehen dieses Suchformulars können Sie in den Einstellungen des Menüpunktes anpassen. Dazu wechseln Sie noch einmal zurück in das Backend. Zunächst können Sie auf dem Register *Details* im Feld *Suchanfrage* einen Suchbegriff vorgeben. Im Gegensatz zur normalen Suche liefert Joomla! hier jedoch sofort alle passenden Fundstellen, sobald der Besucher den Menüpunkt anklickt (der Besucher hat also gar keine Chance, einen anderen Suchbegriff einzutippen). Das ist beispielsweise nützlich, wenn Sie einen Menüpunkt »Zu Filmkritiken mit dem Wort Super« anbieten möchten.

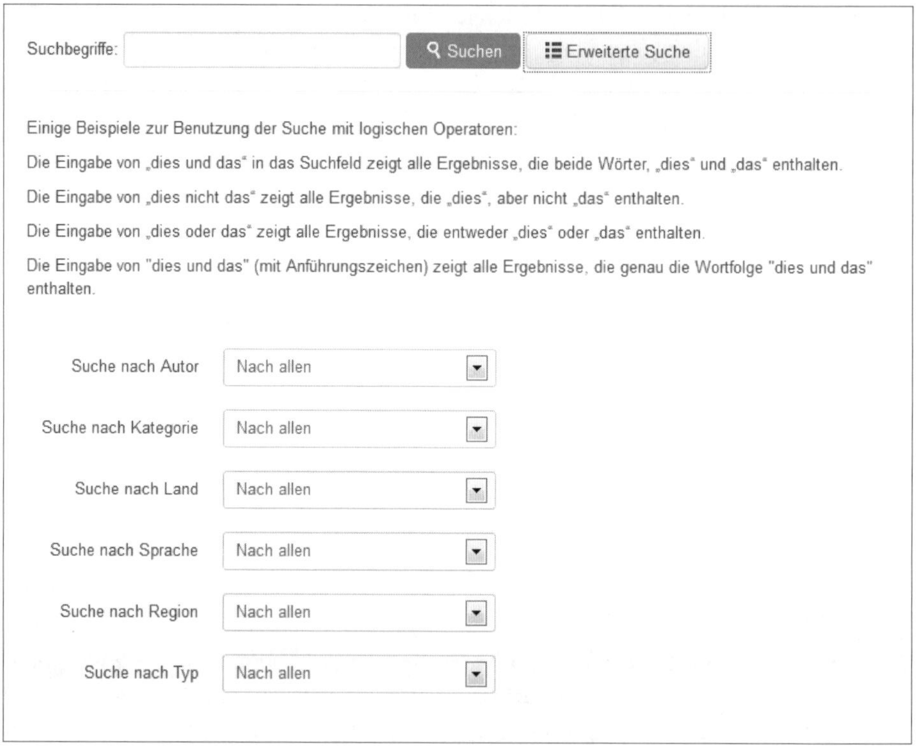

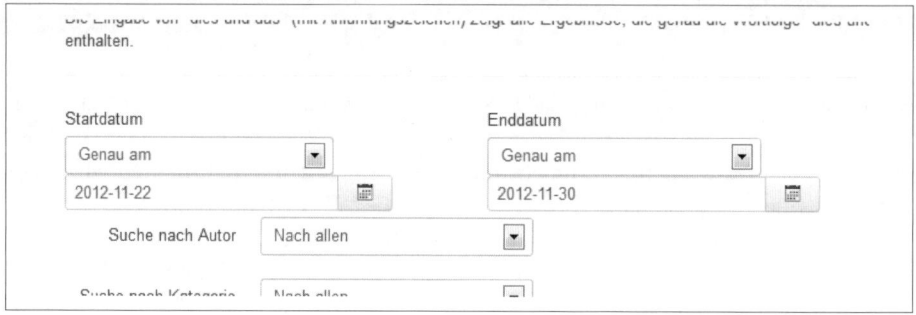

Suchbegriffe:
Suchen
Erweiterte Suche
Einige Beispiele zur Benutzung der Suche mit logischen Operatoren:
Die Eingabe von „dies und das“ in das Suchfeld zeigt alle Ergebnisse, die beide Wörter, „dies“ und „das“ enthalten.
Die Eingabe von „dies nicht das“ zeigt alle Ergebnisse, die „dies“, aber nicht „das“ enthalten.
Die Eingabe von „dies oder das“ zeigt alle Ergebnisse, die entweder „dies“ oder „das“ enthalten.
Die Eingabe von "dies und das" (mit Anführungszeichen) zeigt alle Ergebnisse, die genau die Wortfolge "dies und das" enthalten.
Suche nach Autor
Nach allen
Suche nach Kategorie
Nach allen
Suche nach Land
Nach allen
Suche nach Sprache
Nach allen
Suche nach Region
Nach allen
Suche nach Typ
Nach allen

Abbildung 6-47: Die neue Suchfunktion sieht etwas anders aus als ihr Vorgänger.

Öffnen Sie jetzt das Register *Erweiterte Optionen,* und wenden Sie sich dem Slider *Basiseinstellungen* zu. Dieses bietet nun folgende Einstellungen an:

Datumsfilter
: Wenn Sie diese Ausklappliste auf *Anzeigen* setzen, erscheinen im Formular auch noch die zwei weiteren Eingabefelder aus Abbildung 6-48. Mit ihnen kann man die Suche auf Inhalte aus einem ganz bestimmten Zeitraum beschränken.

enthalten.
Startdatum
Enddatum
Genau am
Genau am
2012-11-22
2012-11-30
Suche nach Autor
Nach allen

Abbildung 6-48: Der aktivierte Datumsfilter

Möchten Sie beispielsweise nur in Beiträgen fahnden, die zwischen dem 22.11. 2012 und dem 30.11.2012 veröffentlicht wurden, dann stellen Sie unter *Start-datum* die erste Ausklappliste auf *Genau am*, klicken neben dem Eingabefeld auf das Kalendersymbol und wählen den 22.11.2012 aus. Alternativ können Sie das Datum auch im Format **Jahr-Monat-Tag** direkt eintippen, wobei der Monat und der Tag zweistellig sein müssen. Anschließend stellen Sie die Ausklappliste unter *Enddatum* auf *Genau am*, klicken auf das Kalendersymbol des zugehörigen Eingabefeldes und stellen den 30.11.2012 ein. Das Ergebnis sieht dann so wie in Abbildung 6-48 aus. Wie Sie merken, ist die Bedienung der Felder nicht ganz trivial. Sie sollten sich daher überlegen, ob Sie sie ihren Besuchern anbieten.

Erweiterte Suche

Hiermit können Sie die erweiterten Einstellungen komplett ab- beziehungsweise wieder anschalten.

Erweiterte Suche öffnen

Wenn Sie diese Ausklappliste auf *Anzeigen* setzen, zeigt Joomla! die erweiterten Einstellungen immer an. Der Besucher muss sie also nicht erst mit einem Klick auf *Erweiterte Suche* öffnen.

Beschreibung

Zu jedem gefundenen Beitrag zeigt Joomla! auch seinen Anfang – wie in Abbildung 6-49.

Abbildung 6-49:   Zu jedem gefundenen Beitrag zeigt Joomla! einen kurzen Teil seines Textes sowie einen zu ihm führenden Link.

Wenn Sie diesen Textauszug unterdrücken möchten, setzen Sie die Ausklappliste *Beschreibung* auf *Verbergen*.

Länge der Beschreibung

In diesem Eingabefeld legen Sie fest, wie viele Zeichen vom Anfang eines gefundenen Beitrags erscheinen sollen. Standardmäßig sind das *255 Zeichen* (wie auch in Abbildung 6-49).

URL der Ergebnisse

Unter jedes Suchergebnis setzt Joomla! noch einen Link, der direkt zur entsprechenden Fundstelle führt. In Abbildung 6-49 ist Filmkritik zu »Stirb Langsam« etwa unter der Adresse *http://localhost/joomla/index.php/zu-den-filmkritiken/80-actionfilme/71-stirb-langsam* zu erreichen. Wenn die Links Sie stören, können Sie sie ausblenden lassen, indem Sie *URL der Ergebnisse* auf *Verbergen* setzen. In jedem Fall gelangt der Besucher mit einem Klick auf den Titel (in Abbildung 6-49 also mit einem Klick auf *Stirb Langsam*) zum entsprechenden Beitrag.

Auf dem nächsten Slider, *Erweiterte Optionen*, warten eigentlich weitere Einstellungen, die jedoch zumindest bis Joomla! 3.0.2 allesamt keine Auswirkungen zeigen. Im Schnelldurchgang:

»Anzeige«-Filter

Über eine Ausklappliste kann der Besucher festlegen, wie viele Fundstellen Joomla! ihm auf einer Seite präsentiert. Über diese Einstellung können Sie besagte Ausklappliste *Anzeigen* und *Verbergen* lassen.

Seitenzahlen

Besonders viele Fundstellen verteilt Joomla! über mehrere Seiten. Der Besucher kann dann über Knöpfe am unteren Seitenrand zwischen den Seiten hin- und herspringen. Mit dieser Einstellung können Sie diese Knöpfe *Anzeigen* und *Verbergen*. Bei *Auto* zeigt Joomla! die Knöpfe nur dann an, wenn sie benötigt werden.

Gesamtseitenzahlen

Joomla! zeigt auch an, auf wie viele Seiten es die Suchergebnisse verteilt und auf welcher Seite sich der Besucher gerade befindet (beispielsweise *Seite 1 von 4*).

Leere Suche erlauben

Wenn hier ein *Nein* steht, muss der Besucher mindestens einen Begriff in das Suchenfeld eintippen.

Sortierfeld

Hier geben Sie vor, in welcher Reihenfolge Joomla! die Fundstellen auflisten soll, wie etwa nach dem Datum.

Sortierrichtung

Ergänzend zur vorherigen Einstellung können Sie hier die Sortierreihenfolge noch umdrehen. Möchten Sie beispielsweise, dass Joomla! die ältesten Beiträge zuerst in der Liste anzeigt, stellen Sie *Sortierfeld* auf *Datum* und dann die *Sortierrichtung* auf *Absteigend*.

Feed anzeigen

Joomla! kann zu einer Suchanfrage einen Newsfeed generieren. Mit *Anzeigen* schalten Sie ihn ein.

Feed-Text anzeigen

Mit einem *Ja* erscheinen im Newsfeed nicht nur die Titel der Fundstellen, sondern auch der Anfang ihrer Texte.

Standardmäßig durchforstet Joomla! sämtliche von ihm verwalteten Inhalte. Mithilfe sogenannter Filter können Sie die Suche jedoch gezielt auf bestimmte Bereiche, wie etwa die Autoren, einschränken.

Um einen Filter zu erstellen, schließen Sie die Einstellungen des Menüpunktes, rufen *Komponenten* → *Suchindex* auf und wechseln über das kleine Menü links unterhalb der Werkzeugleiste zum Punkt *Suchfilter*. Sie landen damit in einer Liste mit allen Filtern. Da bislang noch kein Filter angelegt wurde, ist die Liste noch leer.

Klicken Sie jetzt in der Werkzeugleiste auf *Neu*, woraufhin das etwas breitere Formular aus Abbildung 6-50 erscheint.

Version   Joomla! 3.0.2 weist hier noch einen kleinen Fehler auf: Alle Einstellungen verteilen X.X sich normalerweise über die drei Register. Wenn Sie das Formular zum ersten Mal aufrufen, packt Joomla! jedoch sämtliche Einstellungen auf das erste Register *Filter bearbeiten*. Um etwas Übersicht zu schaffen, wechseln Sie einmal kurz auf das Register *Filterzeitplan* und dann wieder zurück zu *Filter bearbeiten*. Damit sehen Sie dann das Ergebnis aus Abbildung 6-50.

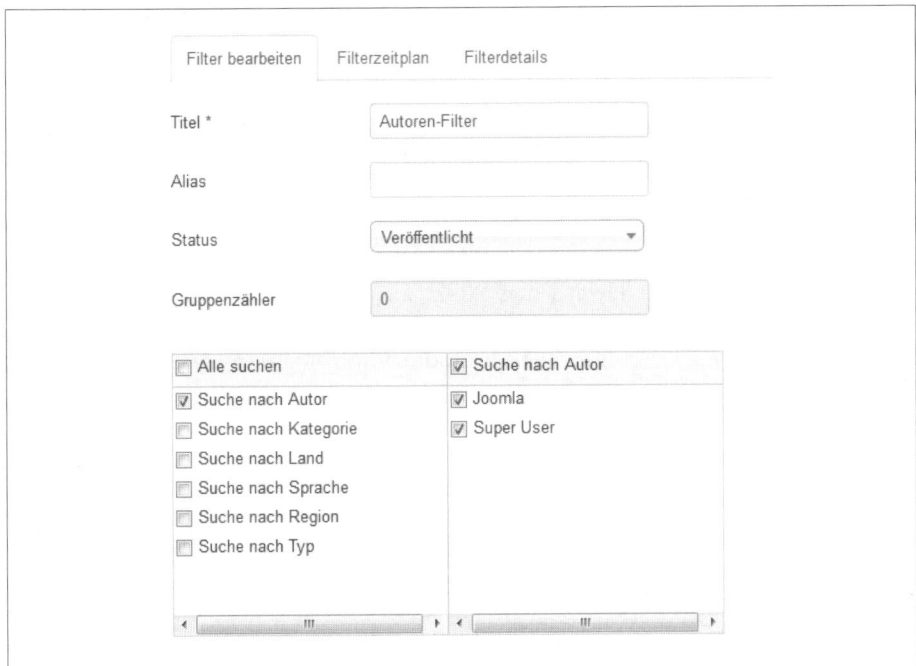

Abbildung 6-50:   In diesem Formular erzeugen Sie einen neuen Suchfilter.

In diesem Formular verpassen Sie dem Filter unter *Titel* einen neuen Namen, wie zum Beispiel **Autoren-Filter**. Wie bei den Beiträgen und Kategorien dürfen Sie auch hier wieder einen *Alias*-Namen vergeben. Wenn Sie das Feld leer lassen, wählt Joomla! automatisch einen passenden Namen für Sie aus. Nur wenn der *Status* auf *Veröffentlicht* steht, ist der Filter später auch verwendbar.

Im Kasten links unten klicken Sie sich jetzt die benötigten Einschränkungen zusammen. Um beispielsweise die Suchfunktion auf die Autoren zu beschränken, haken Sie *Suche nach Autor* ab. Joomla! präsentiert daraufhin auf der rechten Seite alle in der entsprechenden Inhaltsgruppe gesammelten Autoren. Haken Sie dort jeden Autor ab, den Joomla! berücksichtigen soll. Sofern es alle sind, markieren Sie das Kästchen ganz oben neben *Suche nach Autor* (wie in Abbildung 6-50).

Auf dem Register *Filterzeitplan* können Sie die Suche schließlich noch auf einen bestimmten Zeitraum eingrenzen. Die Ausklapplisten und Eingabefelder funktionieren wie ihre Kollegen aus dem Suchformular (die aus Abbildung 6-48).

Joomla! merkt sich, wer den Filter erstellt hat. Auf dem Register *Filterdetails* können Sie mit einem Klick auf das Symbol mit der weißen Büste auch einen anderen Benutzer zum Ersteller küren. Da Benutzernamen in der Regel kryptisch sind, dürfen Sie den vollen Namen des Benutzers unter *Alias* eintragen. Abschließend dürfen Sie noch das *Erstellungsdatum* des Filters fälschen. Dazu klicken Sie einfach auf das Kalender-Symbol und wählen den passenden Tag aus. Einen Nutzen haben alle diese Einstellungen derzeit übrigens noch nicht; sie dienen rein zu Ihrer Information.

Nachdem Sie den Filter per *Speichern & Schließen* angelegt haben, landen Sie wieder in der Liste mit allen Filtern. Dort zeigt die Spalte *Gruppenzähler* an, wie viele Elemente (Nodes) im Filter enthalten sind. Im Beispiel waren das insgesamt 2 Autoren. Abschließend müssen Sie den Filter noch anwenden. Dazu rufen Sie wieder die Einstellungen des entsprechenden Menüpunktes auf (wenn Sie die Beispiele mitgemacht haben, wäre dies *Menüs → Main Menu*, dann ein Klick auf *Suche*). In ihm setzen Sie auf dem Register *Details* den Punkt *Suchfilter* auf den gerade angelegten *Autoren-Filter* und klicken auf *Speichern & Schließen*. Wenn Sie jetzt in der Vorschau dem Punkt *Suchen* folgen, fahndet Joomla! nur noch unter Berücksichtigung des Filters.

 Version   Zumindest sollte dies eigentlich so sein. Joomla! 3.0.2 ignoriert jedoch den Filter.

Wie die alte Suchfunktion hält auch die neue ein paar Statistiken bereit. Diese rufen Sie hinter *Komponenten → Suchindex* über den Knopf *Statistiken* in der Werkzeugleiste auf. Leider liefert sie nur eine knappe Zusammenfassung – welcher Suchbegriff wie oft eingetippt wurde, erfährt man nicht.

Es gibt übrigens noch eine kleine Altlast: Hinter dem Suchfeld rechts oben in der Ecke im Frontend verbirgt sich noch die alte Suchfunktion. Um das Feld auszutauschen, muss ein spezielles Modul her. Um diese Gesellen kümmert sich ausführlich noch Kapitel 7, *Module – Die kleinen Brüder der Komponenten*, genauer gesagt der Abschnitt »Suchindex« auf Seite 347. Für Eilige ist hier eine Schnellanleitung: Rufen Sie *Erweiterungen → Module* auf, klicken Sie *Neu* an, wählen Sie aus der Liste *Suchindex*, vergeben Sie einen *Titel*, wie etwa `Smart Search`, klicken Sie auf die (nur scheinbar deaktivierte) Ausklappliste rechts neben *Position*, entscheiden Sie sich unterhalb von *Protostar* für die *Suche [position-0]*, und *Speichern & Schließen* Sie das Formular. Das Eingabefeld taucht jetzt auf der Website rechts oben in der Ecke unterhalb des alten Suchfeldes auf. Wie Sie das alte Suchfeld komplett loswerden, zeigt gleich das nächste Kapitel.

Weblinks

Als vorbildlicher Gastgeber und Internetredakteur sollte man seinen Besuchern auch immer eine Seite mit Links zu weiterführenden und/oder vertiefenden Informationen anbieten. Das Kinoportal könnte zum Beispiel auf die Kinos der näheren Umgebung sowie die Internetauftritte bekannter Schauspieler verweisen. Zwar könnte man auch direkt in den Filmkritiken einen Link einfügen, Internetadressen auf einer eigenen Seite zu bündeln hat jedoch gleich mehrere Vorteile: So kann man auch Links angeben, die nicht in den Artikeln auftauchen oder die nur in zweiter Linie etwas mit dem Angebot zu tun haben. Darüber hinaus muss ein Besucher auf der Suche nach einem Link nicht erst die ganzen Filmkritiken durchwühlen, sondern bekommt hier eine zentrale Anlaufstelle.

Link-Kategorien einrichten

Da solche Link-Sammlungen erfahrungsgemäß sehr umfangreich werden können, gruppiert Joomla! thematisch zusammengehörige Links in Kategorien.

Warnung Diese Kategorien für Links sind weder verwandt noch verschwägert mit ihren gleichnamigen Kollegen für die Beiträge aus Kapitel 4, *Inhalte verwalten*, Abschnitt »Kategorien anlegen und verwalten« auf Seite 124.

Beispielsweise könnte man alle Links zu den Internetseiten von Prominenten in einer Kategorie *Filmstars* zusammenfassen, während man die Links auf die Kinos in einer zweiten Kategorie bündelt.

Joomla! verlangt, dass jeder Link genau einer Kategorie angehört. Aus diesem Grund führt der erste Weg zum Menüpunkt *Komponenten → Weblinks → Kategorien*. In der nun angezeigten Liste erscheinen alle bereits existierenden Kategorien für Weblinks. Die Exemplare in Abbildung 6-51 stammen aus den mitgelieferten Beispieldaten.

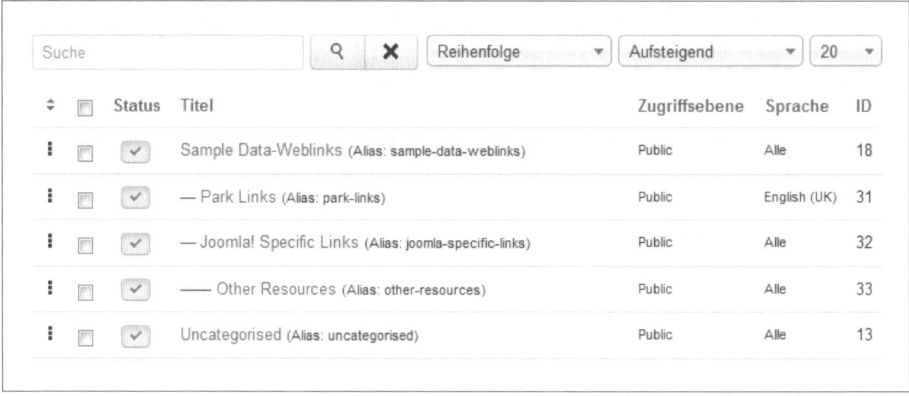

Abbildung 6-51:   Der Verwaltungsbildschirm für die Weblinks-Kategorien

Wie die Einrückungen der *Titel* schon andeuten, darf man auch die Kategorien für Weblinks ineinander verschachteln und so weiter für Ordnung sorgen.

Im Kinoportal könnte man auf diese Weise etwa die Kategorien für die Filmstars und die Kinos in einer gemeinsamen Kategorie *Filmlinks* unterbringen. Genau diese Oberkategorie soll nun als Erstes her.

Um eine neue Kategorie hinzuzufügen, wählen Sie in der Werkzeugleiste *Neu*. Joomla! öffnet nun ein Formular, in dem es folgende Informationen wissen möchte (vgl. Abbildung 6-52):

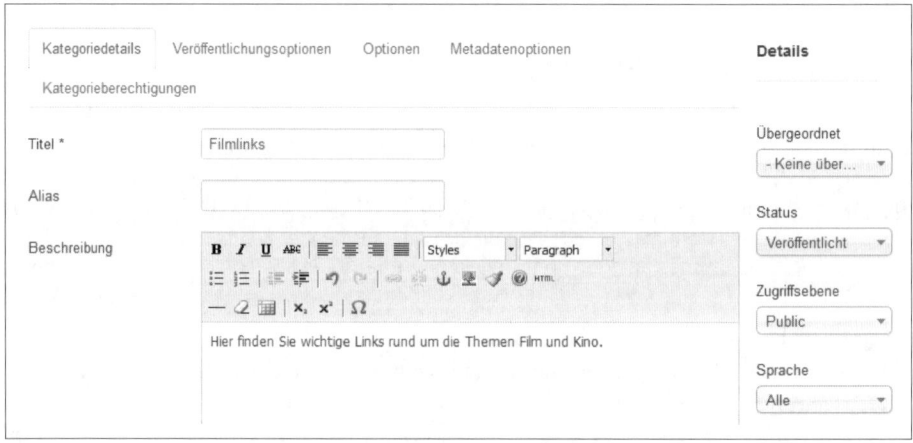

Abbildung 6-52:   Diese Einstellungen führen zu einer neuen Kategorie *Filmlinks*.

Titel

Hier geben Sie der Kategorie einen Namen. Für das Kinoportal-Beispiel wählen Sie hier `Filmlinks`.

Alias

Ein Alias- beziehungsweise Ersatzname für die Kategorie. Sie können ihn in der Regel leer lassen, Joomla! wählt dann automatisch einen passenden Namen.

Beschreibung

Hier können Sie noch eine kurze Beschreibung der Kategorie eintippen. Da dieser Text später auf der Übersichtsseite der Kategorie erscheint, sollte er kurz umreißen, welche Links man in ihr findet. Im Kinoportal wählen Sie etwa **Hier finden Sie wichtige Links rund um die Themen Film und Kino**.

Übergeordnet

Wenn Sie eine Kategorie einer anderen unterordnen möchten, müssen Sie hier ihre übergeordnete Kategorie einstellen. Im Kinoportal soll die Kategorie *Filmlinks* als Oberkategorie die anderen beiden aufnehmen, weshalb Sie das Feld *Übergeordnet* auf – *Keine übergeordnete Kategorie* – belassen.

Status

Nur wenn hier ein *Veröffentlicht* steht, erscheint die Kategorie samt der enthaltenen Links auf Ihrer Website.

Zugriffsebene

Dieser Punkt legt gemeinsam mit dem großen Register *Kategorieberechtigungen* fest, welche Personengruppen überhaupt die Links in dieser Kategorie einsehen dürfen. Für das Kinoportal behalten Sie hier die Voreinstellung bei, womit alle Besucher die Links aus dieser Kategorie lesen und anklicken können. Mehr zu den Zugriffsrechten folgt noch in Kapitel 9, *Benutzerverwaltung und -kommunikation*.

Sprache

Bei mehrsprachigen Seiten bestimmt diese Ausklappliste, in welchen Sprachfassungen der Website die Kategorie vertreten sein soll. Im Falle eines einsprachigen Internetauftritts belassen Sie hier *Alle. Kapitel 12, Mehrsprachigkeit,* wird noch auf dieses Thema eingehen.

Für das Kinoportal-Beispiel sollte das Register *Kategoriedetails* damit so wie in Abbildung 6-52 aussehen.

Weiter geht es auf dem Register *Veröffentlichungsoptionen*. Die *ID* nennt die interne Identifikationsnummer der Kategorie, *Zugriffe* verrät hingegen, wie viele Besucher die Kategorie schon betreten haben. Da Sie die Kategorie gerade erst neu anlegen, stehen beide Zahlen noch auf 0. Joomla! merkt sich, wer die Kategorie wann erstellt hat. Mit einem Klick auf das Symbol mit der weißen Büste können Sie jedoch auch eine andere Person als Ersteller vorgeben. Normalerweise ist dies jedoch nicht notwendig.

Belassen Sie daher hier alles auf seinen Vorgaben, und wechseln Sie auf das Register *Optionen*. Wenn die Kategorie später im Frontend *nicht* direkt über einen Menüpunkt erreichbar ist, dann (und wirklich nur dann) können Sie ihrer Übersichtsseite unter *Alternatives Layout* eine eigene, spezielle Optik verpassen. Welche Darstellungen hier zur Verfügung stehen, hängt von den installierten Templates ab. Von Haus aus bringt Joomla! nur eine Darstellungsform namens *Standard* mit. Belassen Sie daher die Ausklappliste auf ihrem voreingestellten Wert.

Über die Schaltfläche *Auswählen* können Sie der Kategorie noch ein Bild oder ein Symbol spendieren. Es erscheint später auf der Übersichtsseite über der Beschreibung (die Sie auf dem Register *Details* vorgegeben haben). Für die Weblink-Kategorie im Kinoportal ist kein Bild notwendig. Abschließend können Sie auf diesem Register noch eine *Notiz* hinterlassen. Dieser Text ist nur als Gedächtnisstütze gedacht und erscheint ausschließlich im Backend. Im Kinoportal-Beispiel lassen Sie auch dieses Feld leer.

Auf dem Register *Metadatenoptionen* können Sie den Suchmaschinen entgegenkommen. Unter *Meta-Beschreibung* hinterlassen Sie für Google und Co eine kurze Beschreibung der Kategorieinhalte, wie beispielsweise `Weblinks zum Thema Film und Kino`. Dazu passende *Meta-Schlüsselwörter* wären etwa `Links, Weblinks, Link-Sammlung, Film, Kino`. Diese Informationen versteckt Joomla! später in der Übersichtsseite der Kategorie. Sollen die Suchmaschinen eine ganz bestimmte Person für den *Autor* der Übersichtsseite halten, tragen Sie seinen Namen in das entsprechende Feld ein. Für gewöhnlich reicht es aus, das Feld leer zu lassen. Mit der Ausklappliste *Robots* können Sie schließlich noch festlegen, ob die Suchmaschinen überhaupt die Seite betreten (ein Punkt mit *index*) und den Links darauf folgen dürfen (ein Punkt mit *follow*). *noindex* und *nofollow* verbieten hingegen die jeweilige Aktion. Für die neue Kategorie im Kinoportal behalten Sie die Vorgabe *Globale Einstellung* bei. Damit gelten die systemweiten Einstellungen, nach denen die Suchmaschinen die Übersichtsseite unter die Lupe nehmen und auch allen darauf befindlichen Links folgen dürfen.

Für die Weblink-Kategorie im Kinoportal wären damit alle notwendigen Informationen beisammen. Nach dem *Speichern & Schließen* landen Sie wieder in der Liste mit allen Link-Kategorien.

Tipp   Über den Knopf *Stapelverarbeitung* in der Werkzeugleiste können Sie die Kategorien schnell verschieben und kopieren. Dabei gehen Sie so vor, wie in den Abschnitten »Kategorien verschieben« und »Kategorien kopieren« ab Seite 133 beschrieben.

Erstellen Sie jetzt auf dem gleichen Weg noch zwei weitere Kategorien. Der ersten verpassen Sie den Titel `Kinos` und stecken sie via *Übergeordnet* in die gerade angelegte Kategorie *Filmlinks*. Als *Beschreibung* wählen Sie beispielsweise `Hier finden Sie Links zu den Internetseiten der hiesigen Kinos`. Alle übrigen Einstellungen bleiben auf ihren Vorgaben.

Tipp   Mit einem Klick auf *Speichern & Neu* erzeugt Joomla! die Kategorie und legt sofort wieder eine neue an. Sie müssen damit nicht erst den Umweg über die Liste mit allen Kategorien gehen.

Die zweite Kategorie nennen Sie **Schauspieler**, packen sie wieder mittels *Übergeordnet* in die Kategorie *Filmlinks* und geben ihr die *Beschreibung* **Hier finden Sie Links zu den Internetauftritten aller wichtigen Filmstars.**

Nach dem *Speichern & Schließen* sollte die Hierarchie so wie in Abbildung 6-53 aussehen.

Abbildung 6-53:   Die angelegten Kategorien

Jetzt, da die Kategorien existieren, kann man sie mit Links befüllen.

Links verwalten

Für die Verwaltung der eigentlichen Links wählen Sie den Menüpunkt *Komponenten → Weblinks → Links*. Der erscheinende Bildschirm präsentiert eine Liste aller bislang in Joomla! hinterlegten Links. Die Einträge aus Abbildung 6-54 stammen aus den Beispieldaten.

Im Kinoportal soll als Erstes ein Link auf die Webseiten des Roxy-Kinos hinzugefügt werden. Dazu klicken Sie auf die Schaltfläche *Neu*, woraufhin das Formular aus Abbildung 6-55 erscheint.

Hier sind nun folgende Eingaben erforderlich:

Titel

Der Name des Links. Diese Bezeichnung muss der Benutzer später anklicken, um auf die unter *Webadresse* eingetippte Internetseite zu gelangen. Im Kinoportal wäre **Roxy** ein geeigneter Name.

Webadresse

Hier hinein gehört die Internetadresse, auf die der Link zeigen soll – im Beispiel also etwa *http://www.roxykino.de*.

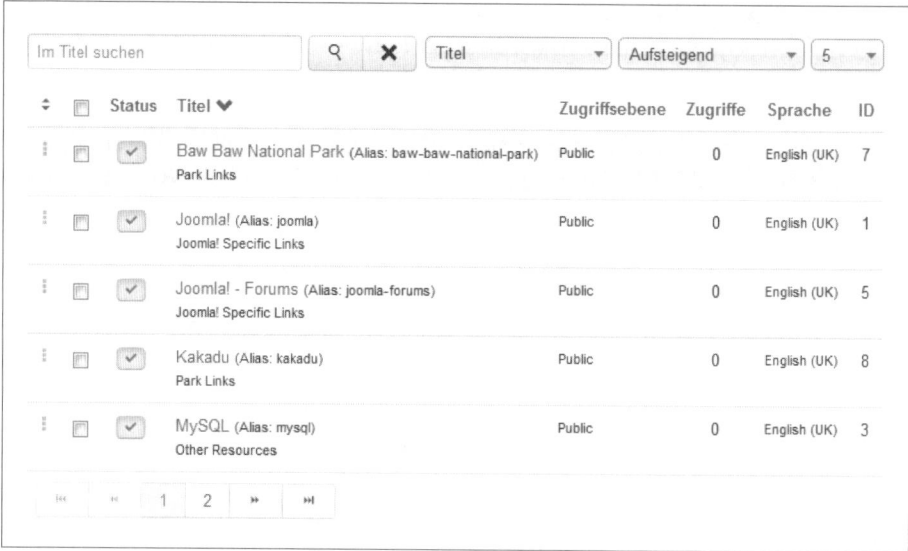

Abbildung 6-54:   Der Verwaltungsbildschirm für Weblinks

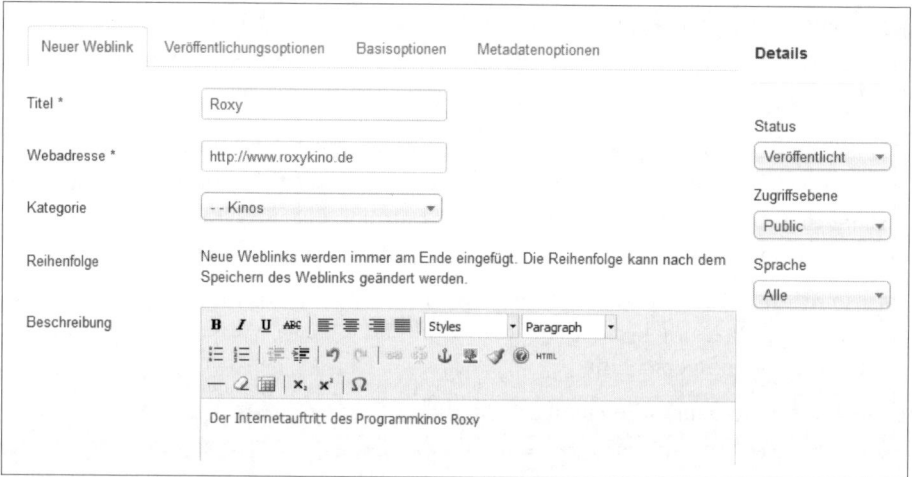

Abbildung 6-55:   Hier entsteht ein neuer Weblink auf die Internetseiten des (fiktiven) Roxy-Kinos.

Kategorie

In dieser Ausklappliste ordnen Sie den Link in eine der vorhandenen Kategorien ein. Den Link auf das Roxy-Kino packen Sie in die dafür vorhin angelegte Kategorie *Kinos*.

Reihenfolge

Später auf der Website stellt Joomla! die Links in einer Liste zur Auswahl. In welcher Zeile dieser Liste der hier gerade bearbeitete Link erscheint, regelt diese

Aufklappliste. Einen besonders wichtigen Link könnten Sie so direkt an den Anfang der Liste hieven. Beachten Sie, dass der hier gerade bearbeitete Link immer hinter dem in der Ausklappliste gewählten landet. Die Ausklappliste erscheint übrigens erst dann, wenn der Link einmal gespeichert und somit angelegt wurde.

Beschreibung

Hier sollten Sie kurz und knapp erklären, was den Besucher hinter dem Link erwartet – im Fall des Roxy-Kinos etwa `Der Internetauftritt des Programmkinos Roxy`.

Status

Der Link erscheint nur dann auf der Website, wenn hier *Veröffentlicht* eingestellt ist.

Zugriffsebene

Diese Ausklappliste legt fest, welche Personengruppen den Link überhaupt zu Gesicht bekommen. In der Standardeinstellung sind dies alle Besucher der Website; das ist also genau das Richtige für den Link auf die Homepage des Roxy-Kinos. Weitere Informationen hierzu folgen in Kapitel 9, *Benutzerverwaltung und -kommunikation*.

Sprache

Bei mehrsprachigen Internetauftritten stellen Sie hier ein, in welcher Sprachfassung der Link auftauchen soll. Für gewöhnlich wählen Sie hier die Sprache aus, in der auch die Inhalte der verknüpften Homepage vorliegen. Sofern Sie nur eine einsprachige Website betreiben, lassen Sie hier wie auch für das Kinoportal *Alle* stehen. Um mehrsprachige Internetauftritte kümmert sich später noch das Kapitel 12, *Mehrsprachigkeit*.

Die *Beschreibung* können Sie noch mit Bildern aufpeppen. Dazu nutzen Sie entweder den Knopf *Bild* unterhalb des großen Eingabefeldes oder die Einstellungen im Bereich *Bilder* am unteren Rand des Formulars. Diese Einstellungen funktionieren wie ihre Pendants bei den Beiträgen (siehe Kapitel 4, *Inhalte verwalten*, »Aufmacherbilder und ergänzende Links« auf Seite 147): Während die über den Knopf *Bild* eingefügten Bilder immer direkt in der Beschreibung stehen, stellt Joomla! die über *Erstes Bild* und *Zweites Bild* eingefügten Bilder immer separat neben die Beschreibung. Wenn Sie den letztgenannten Weg nutzen möchten, klicken Sie neben *Erstes Bild* beziehungsweise *Zweites Bild* auf *Auswählen*, klicken in der Mini-Ausgabe der Medienverwaltung das gewünschte Bild an und wählen *Einfügen*. Wie die Beschreibung das jeweilige Bild umfließen soll, stellen Sie in der Ausklappliste *Textumfließung des Bildes* ein. Bei der Auswahl *Rechts* steht beispielsweise der Text immer rechts vom Bild. Schließlich können Sie noch eine *Bildunterschrift* und einen alternativen Text vergeben. Letztgenannten präsentiert Joomla! immer dann, wenn es das jeweilige Bild nicht anzeigen kann.

Für den Link zum Roxy-Kino sind keine Bilder notwendig, die übrigen Einstellungen sollten jetzt so wie in Abbildung 6-55 aussehen.

Weiter geht es jetzt auf dem Register *Veröffentlichungsoptionen*, dessen Einstellungen Ihnen mittlerweile bekannt vorkommen dürften:

Alias

Hier können Sie dem Weblink einen Alias- beziehungsweise Ersatznamen verpassen. Er dient hauptsächlich internen Zwecken – beispielsweise hilft er bei der Suchmaschinenoptimierung. Lassen Sie das Feld leer, wählt Joomla! automatisch selbst einen passenden Namen.

Autor

Wenn Sie nicht selbst als Ersteller des Weblinks gelten möchten, können Sie über die Schaltfläche mit der weißen Büste auch einen anderen Benutzer wählen. Normalerweise ist hier keine Änderung notwendig.

Autoralias

Hier können Sie dem *Autor* einen anderen Namen verpassen. Da dieser Alias aber nirgendwo sonst in Joomla! auftaucht, können Sie ihn normalerweise ignorieren – es sei denn, eine nachträglich installierte Erweiterung wertet ihn aus.

Erstellungsdatum

Joomla! merkt sich, wann Sie den Link angelegt haben. Unter *Erstellungsdatum* dürfen Sie diese Angabe fälschen. Auch dies ist normalerweise nicht notwendig.

Veröffentlichung starten und Veröffentlichung beenden

Über diese beiden Einstellungen können Sie den Link auf Ihrer Website zeitgesteuert erscheinen und wieder verschwinden lassen. Dazu stellen Sie unter *Veröffentlichung starten* ein, wann der Link erstmals auf der Website auftauchen soll, und unter *Veröffentlichung beenden*, wann er von dort wieder verschwindet. Die Kalender hinter den Symbolen rechts neben den Eingabefeldern helfen bei der Auswahl des korrekten Termins. Andernfalls notieren Sie Datum und Zeit nach dem Schema: **Jahr-Monat-Tag Stunde:Minute:Sekunde**. Das Jahr müssen Sie dabei vierstellig angeben, Monat und Tag jeweils als zweistellige Zahlen.

Später nach dem ersten Speichern zeigt Joomla! hier in diesem Bereich auch noch an, wer hier zuletzt (*Bearbeitet von*) die Einstellungen wann (*Bearbeitungsdatum*) wie oft (*Überarbeitung*) geändert hat.

Für den Link auf das Roxy-Kino belassen Sie hier einfach alle Einstellungen auf ihren Vorgaben.

Wesentlich wichtiger sind hingegen die *Basisoptionen*. Auf diesem Register legen Sie fest, wie und wo sich die Internetseite hinter dem Link öffnet:

Ziel

Hier bestimmen Sie, was nach einem Klick auf den Link passiert. Entweder erscheint die dahinter stehende Seite im gleichen Fenster, in einem neuen Fenster mit allen Navigationsmöglichkeiten oder in einem neuen, nackten Fenster ohne die sonst üblichen Symbolleisten (*Als Pop-up-Fenster öffnen*). Alternativ können Sie die Internetseite auch in einem *Modalfenster* anzeigen lassen. Dabei dunkelt Joomla! ähnlich wie bei der Mini-Ausgabe der Medienverwaltung Ihre Website ab und zeigt dann in einem weißen Rahmen die fremde Internetseite an. Wenn Sie hier die *Globale Einstellung* übernehmen, öffnet Joomla! die Internetseite im gleichen Browser-Fenster, ersetzt dort also Ihre eigene Website.

Tipp   Häufig kommt dann der Besucher nicht mehr auf Ihre Website zurück. Sie sollten daher der Einstellung *In neuem Fenster öffnen* oder wahlweise dem *Modalfenster* den Vorzug geben.

Breite und Höhe

Wenn Sie sich unter *Ziel* für das Pop-up- oder Modalfenster entschieden haben, tippen Sie hier die Abmessungen des neuen Fensters in Pixeln (Bildpunkte) ein. Wenn die beiden Felder leer bleiben, erstellt Joomla! ein 600 x 500 Pixel großes Fenster.

Klicks zählen

Joomla! zählt automatisch mit, wie oft ein Besucher den Link angeklickt hat. Auf diese Weise finden Sie schnell heraus, welche Links besonders beliebt sind. Wenn Sie diese Zählung für den Link unterbinden möchten, setzen Sie *Klicks zählen* auf *Nein*.

Im Kinoportal belassen Sie hier alle Einstellungen auf ihren Standardwerten und wechseln zum letzten Register *Metadatenoptionen*. Hier können Sie wie immer den Suchmaschinen entgegenkommen und beispielsweise *Meta-Schlüsselwörter* hinterlegen. Allerdings gibt es dabei zumindest in Joomla! 3.0.2 ein kleines Problem: Sobald jemand dem Weblink folgt, landet er direkt auf der externen Seite. Joomla! hat folglich gar keine Chance, die hier hinterlegten Meta-Informationen an den Browser oder die Suchmaschine auszuliefern. Unter dem Strich sind somit sämtliche Einstellungen auf dem Register *Metadatenoptionen* nutzlos. Da sie jedoch in zukünftigen Joomla!-Versionen eine Bedeutung erlangen könnten, hier kurz ihre eigentlichen Funktionen:

Meta-Beschreibung

Unter *Meta-Beschreibung* teilen Sie Google und Co mit, wohin der Link führt. Beim Roxy-Kino bietet sich beispielsweise an: **Der Internetauftritt des Roxy-Kinos**.

Meta-Schlüsselwörter

Hier hinein gehören Stichwörter, die den Link beschreiben. Im Kinoportal etwa **Link, Kino, Roxy, Programmkino**.

Externe Referenz

Im Feld *Externe Referenz* können Sie auf eine externe Datenquelle für den Weblink verweisen (für HTML-Kenner: Der hier eingetippte Text landet im HTML-Tag `<meta name="xreference" content="..." />`). Er wird jedoch im Moment noch nicht ausgewertet, weshalb Sie diese Einstellung ignorieren können.

Robots

Mit der Ausklappliste *Robots* legen Sie fest, ob die Suchmaschinen überhaupt die Seite betreten (ein Punkt mit *index*) und dem Link folgen dürfen (ein Punkt mit *follow*). *noindex* und *nofollow* verbieten hingegen die jeweilige Aktion.

Inhaltsrechte

Sind die Inhalte hinter dem Link urheberrechtlich geschützt oder stehen sie unter einer speziellen Lizenz, so können Sie einen entsprechenden Hinweis in diesem Feld hinterlassen. Diese Meta-Information werten Browser jedoch nicht aus, und auch bei den Suchmaschinen ist der Nutzen dieses Eingabefeldes fraglich. Sie können dieses Feld daher ignorieren.

 Für das Roxy-Kino erzeugen Sie jetzt den Link per *Speichern & Schließen*. Damit gelangen Sie wieder zur Liste mit allen angelegten Links. Die Spalte *Zugriffe* zeigt dort an, wie oft die Besucher diesem Link bereits gefolgt sind.

Legen Sie als Fingerübung auf die gleiche Weise noch ein paar weitere Links auf die Kinos in Ihrer Umgebung an. Achten Sie dabei darauf, sie in die Kategorie *Kinos* zu stecken. Die Kategorie *Schauspieler* lassen Sie absichtlich noch leer.

Links mit einem Menüpunkt verbinden

Nachdem die kleine Linksammlung existiert, muss man sie noch auf der Website für Besucher zugänglich machen. Dazu muss wiederum ein passender Menüpunkt her, der im Fall des Kinoportals im Hauptmenü (*This Site*) landen soll.

Rufen Sie also *Menüs → Main Menu → Neuer Menüeintrag* auf, und klicken Sie im erscheinenden Formular neben *Menüeintragstyp* auf *Auswählen*. Da der Menüpunkt zu *Weblinks* führen soll, klappen Sie den gleichnamigen Slider auf.

 Im Kinoportal soll der neue Menüpunkt auf eine Seite zeigen, die die beiden Weblink-Kategorien *Kinos* und *Filmstars* zur Auswahl stellt. Infrage kommen damit nur die folgenden beiden Menüeintragstypen:

- *Alle Weblinkskategorien auflisten* listet alle Weblinks sowie die Unterkategorien einer ausgewählten Kategorie auf, wohingegen

- *Weblinks in Kategorie auflisten* einfach nur alle Weblinks in *einer einzelnen* Kategorie anzeigt.

Im Kinoportal wäre somit der Menüeintragstyp *Alle Weblinkskategorien auflisten* (also der obere der beiden) genau der richtige. Nachdem Sie ihn angeklickt haben, landen Sie wieder im Formular.

Zu welcher Weblink-Kategorie der Menüpunkt führen soll, bestimmen Sie jetzt unter *Kategorie der obersten Kategorieebene*. Im Fall des Kinoportals setzen Sie die Ausklappliste auf die *Filmlinks*. Abschließend beschriften Sie den Menüpunkt noch unter *Menütitel*. Im Kinoportal reicht einfach **Weblinks**. Damit sollte das Formular so wie in Abbildung 6-56 aussehen.

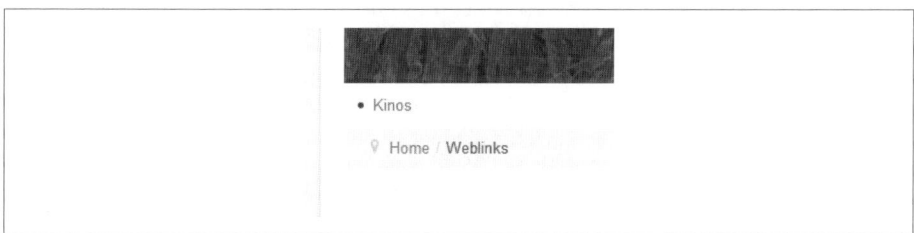

Abbildung 6-56:   Diese Einstellungen erzeugen einen Menüpunkt auf die Inhalte der Weblink-Kategorie *Filmlinks*.

Legen Sie jetzt den neuen Menüpunkt mit *Speichern* an (und lassen Sie das Formular somit noch geöffnet), rufen Sie die *Vorschau* auf, und folgen Sie dem neuen Menü-punkt *Weblinks*. Sie landen damit auf der ziemlich kargen Seite aus Abbildung 6-57.

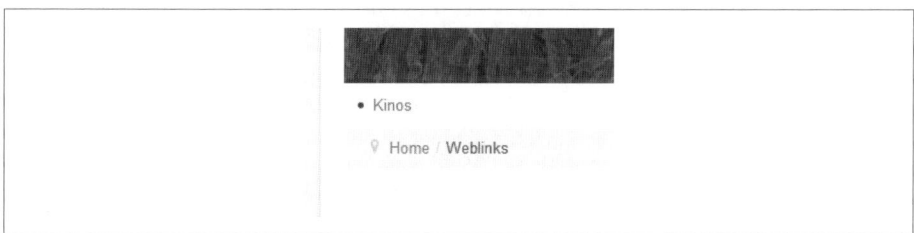

Abbildung 6-57:   Die Aufstellung mit allen Weblink-Kategorien sieht noch etwas karg aus.

Dort finden Sie nur ein einsames Kino. Es fehlt hier nicht nur die Kategorie mit den Weblinks für die Schauspieler, sondern auch die in der Kategorie *Kino* hinterlegte Beschreibung. Immerhin gelangen Sie mit einem Klick auf *Kinos* zur Liste mit allen darin befindlichen Links (siehe Abbildung 6-58).

Erinnern Sie sich daran, dass in Joomla! die Menüpunkte bestimmen, was auf den über sie erreichbaren Seiten zu sehen ist. Um also die Übersichtsseite aus Abbildung 6-57 mit mehr Leben zu füllen, wechseln Sie noch einmal zurück zum Backend. Dort wechseln Sie im Bearbeitungsschirm des Menüpunkts auf das Register *Erwei-terte Optionen* und wenden sich dem Slider *Kategorienoptionen* zu (das oberste). Auf ihm finden Sie folgende Einstellungen:

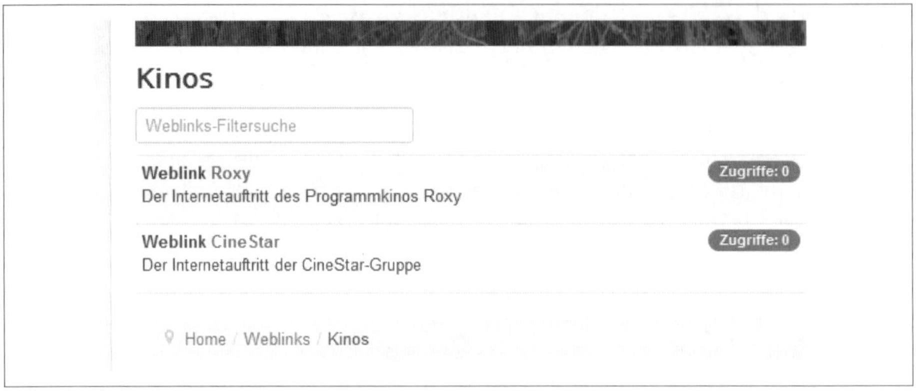

Abbildung 6-58:   Die Liste mit allen Links zu den Kinos

Beschreibung der obersten Kategorie

Hier können Sie die Beschreibung der Kategorie ein- und ausblenden. Setzen Sie für das Kinoportal folglich diesen Punkt auf *Anzeigen*.

Beschreibung der Oberkategorie

Der Text im Feld *Beschreibung der Oberkategorie* ersetzt die Beschreibung der Kategorie. Im Kinoportal haben Sie im vorherigen Abschnitt den Kategorien schon direkt eine Beschreibung mit auf den Weg gegeben. Lassen Sie dieses Feld daher leer.

Unterkategorieebenen

Die Seite präsentiert alle in der Kategorie enthaltenen Unterkategorien bis zu dieser Hierarchiestufe. Im Kinoportal enthalten die beiden Unterkategorien von *Filmlinks* keine weiteren Kategorien, folglich können Sie hier einfach *Alle* einstellen.

Leere Kategorien

Joomla! zeigt auf Wunsch auch leere Unterkategorien zur Auswahl an. Dazu müssen Sie diese Ausklappliste auf *Anzeigen* setzen. Da im Kinoportal damit auch die in Abbildung 6-57 vermisste Kategorie für die *Schauspieler* auftaucht, legen Sie diesen Hebel entsprechend um.

Unterkategorienbeschreibung

Blendet die Beschreibungen der Unterkategorien ein. Da dies dem Besucher die Auswahl erleichtert, sollten Sie für das Kinoportal die Ausklappliste auf *Anzeigen* umschalten.

 # Weblinks

Steht diese Ausklappliste auf *Anzeigen*, blendet Joomla! ein, wie viele Weblinks in der jeweiligen Unterkategorie enthalten sind. Für das Kinoportal setzen Sie auch diesen Punkt auf *Anzeigen*.

Damit sollte das Register so wie in Abbildung 6-59 aussehen.

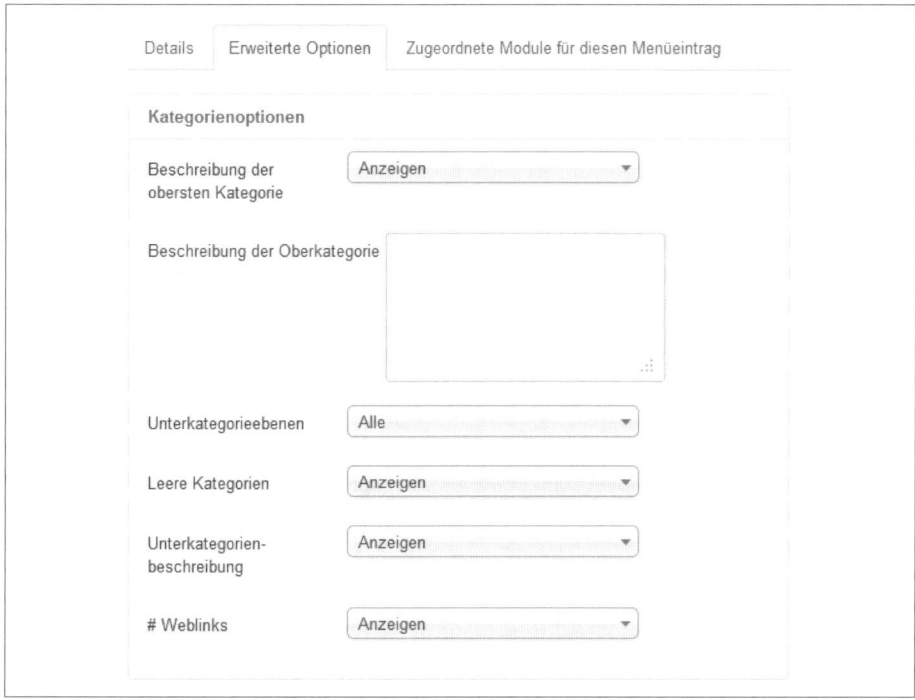

Abbildung 6-59:   Das Register Kategorienoptionen mit den Einstellungen für das Kinoportal

Wenn Sie auf der Übersichtsseite später die Unterkategorie *Kinos* anklicken, landen Sie auf der Seite aus Abbildung 6-58, die wiederum alle in ihr gespeicherten Weblinks zur Auswahl stellt. Das Aussehen dieser Unterseiten regeln die Einstellungen auf dem Slider *Kategorieoptionen* (dem zweiten von oben):

Kategorietitel
Diese Einstellung blendet den Titel der Weblinks-Katgorie als Überschrift ein und aus. In Abbildung 6-58 wäre dies *Kinos*.

Kategoriebeschreibung
Mit der Ausklappliste blenden Sie die Beschreibung der Weblinks-Kategorie ein und aus. In Abbildung 6-58 fehlt sie noch, weshalb Sie diese Einstellung auf *Anzeigen* setzen.

Kategoriebild
Hiermit blenden Sie das Bild der Weblinks-Kategorie ein und aus. Im Beispiel wurde kein Bild vergeben, ergo können Sie diese Einstellung ignorieren.

Unterkategorieebenen
Die Übersichtsseite präsentiert auch alle enthaltenen Unterkategorien bis zu dieser Hierarchiestufe. Im Beispiel enthalten *Kinos* und *Filmstars* keine weiteren Unterkategorien, folglich können Sie hier die Vorgabe stehen lassen. Gleiches gilt deshalb auch für die nächsten drei Einstellungen:

Leere Kategorien
> Steht diese Ausklappliste auf *Anzeigen*, bietet Joomla! auch leere Unterkategorien zur Auswahl an.

Unterkategorienbeschreib.
> Hierüber können Sie die Beschreibungen der Unterkategorien ein- beziehungsweise ausblenden.

 # Weblinks
> Hiermit können Sie Joomla! *Anzeigen* lassen, wie viele Weblinks in den jeweiligen Unterkategorien enthalten sind.

Wie in Abbildung 6-58 zeigt Joomla! alle Weblinks immer in einer Liste an. Auf dem Register *Listenlayout* legen Sie fest, welche Informationen in und um diese Liste auftauchen sollen:

»Anzeige«-Filter
> Der Besucher kann über eine Ausklappliste wählen, wie viele Links ihm Joomla! auf einer Bildschirmseite präsentieren soll. Sofern die Liste sehr viele Weblinks enthält, sollten Sie ihm diese Möglichkeit via *Anzeigen* geben.

Tabellenüberschriften
> Einige Templates zeigen die Links nicht in einer Liste, sondern einer Tabelle an. Abbildung 6-60 gibt dafür ein Beispiel. Wenn Sie diese Ausklappliste auf *Anzeigen* setzen, erscheinen wie in Abbildung 6-60 Spaltenbeschriftungen. Der Besucher weiß so, in welcher Spalte er welche Informationen findet. Das aktuell verwendete Template Protostar ignoriert diese Einstellung jedoch, Sie können sie daher auf ihrer Vorgabe belassen.

Abbildung 6-60:   Das hier gewählte Template *Beez3* stellt die Links in einer Tabelle dar.

Zugriffe

Joomla! zählt automatisch mit, wie oft ein Link von Ihren Besuchern angeklickt wurde. Sie sehen diese Zahl in der rechten Spalte der Liste (beziehungsweise Tabelle). Möchten Sie diese Information nicht preisgeben, stellen Sie diese Ausklappliste auf *Verbergen*. Für das Kinoportal übernehmen Sie einfach die Vorgabe.

Seitenzahlen

Wenn mehr Weblinks in der Kategorie stecken, als die Liste auf einmal anzeigen kann, teilt Joomla! sie auf mehrere Bildschirmseiten auf. Am unteren Rand der Liste erscheinen dann Schaltflächen, über die der Besucher zu den übrigen Weblinks vor- beziehungsweise zurückblättern kann.

Gesamtseitenzahlen

Mit *Anzeigen* verrät Joomla! unterhalb der Tabelle, auf wie viele Bildschirmseiten es die Liste aufgeteilt hat und auf welcher dieser Seiten sich der Besucher gerade befindet.

Die letzten beiden Einstellungen sollten Sie auf ihren Vorgaben belassen. Joomla! blendet die entsprechenden Schaltflächen dann immer ein, wenn sie gebraucht werden.

Speichern Sie die Änderungen ab, und wechseln Sie dann noch einmal in die *Vorschau* und dort weiter zum Menüpunkt *Weblinks*. Die Übersichtsseite sollte jetzt so wie in Abbildung 6-61 wesentlich auskunftsfreudiger sein.

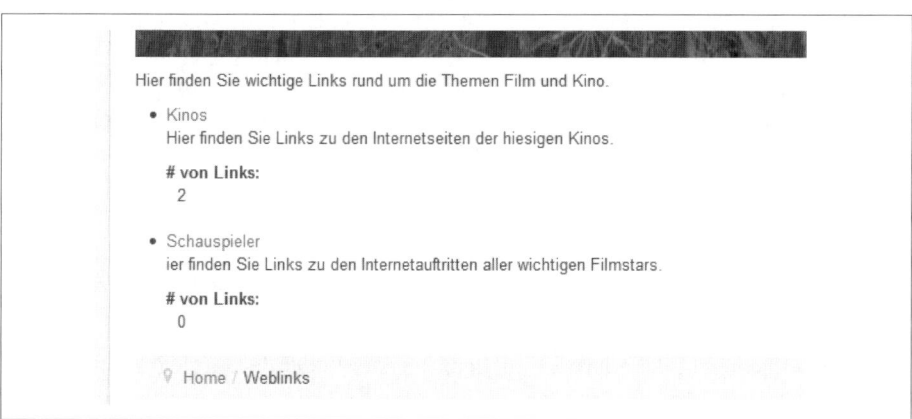

Abbildung 6-61:   Die modifizierte Übersichtsseite

Wenn Sie jetzt weiter zu den Weblinks der *Kinos* wechseln, erhalten Sie das Ergebnis aus Abbildung 6-62.

Abschließend noch kurz ein Hinweis zum Menüeintragstyp *Weblinks in Kategorie auflisten*. Ein solcher Menüpunkt führt einfach zu den Inhalten einer ausgewählten Kategorie, also direkt zu einer Seite wie der aus Abbildung 6-62. Wenn Sie sich für diesen Menüeintragstyp entschieden haben, wählen Sie zunächst neben *Kategorie auswählen* die Kategorie, deren Inhalte Joomla! anzeigen soll. Auf dem Register

Erweiterte Optionen bestimmen Sie dann auf den beiden Slidern *Kategorieoptionen* und *Listenlayout* wieder das Aussehen. Die Einstellungen, die auf diesen Registern angeboten werden, entsprechen den gerade vorgestellten.

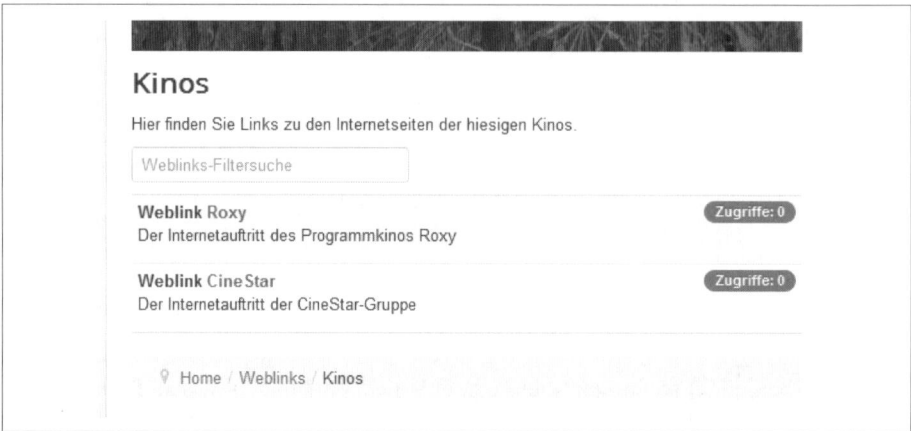

Abbildung 6-62:   Die modifizierte Liste mit den Weblinks zu den Kinos der Umgebung

Grundeinstellungen

In Abbildung 6-62 hat Joomla! automatisch vor jedem einzelnen Link den Text *Weblink* gesetzt. Diesen Text können Sie ändern oder sogar gegen ein Weltkugel-symbol austauschen. Was dort vor jedem Link erscheint, bestimmen Sie in den Grundeinstellungen der Komponente. Sie erreichen sie hinter *Komponenten* → *Weblinks* → *Links* und dann mit einem Klick auf *Optionen*. Daraufhin erscheint das Formular aus Abbildung 6-63, in dem Sie zunächst auf den Registern *Kategorie*, *Kategorien* und *Listenlayout* vorgeben können, wie die Listen mit den Links beziehungsweise die Übersichtsseiten der Weblink-Kategorien standardmäßig aussehen sollen. In den Einstellungen des Menüpunktes können Sie diese Werte dann über-schreiben (wie im vorherigen Abschnitt gezeigt).

Den Text vor jedem Link ändern Sie auf dem Register *Weblink*. Dort legt zunächst *Nur Text/Icon/Weblink* fest, ob ein Symbol (*Icon*), der *Text* Weblink oder gar nichts (*Nur den Weblink*) vor jedem Link erscheinen soll. Wenn Sie sich für das Symbol entschei-den, können Sie mit *Auswählen* neben *Icon auswählen* ein passendes Piktogramm über die Mini-Variante der Medienverwaltung bestimmen (indem Sie es im oberen Bereich anklicken und *Einfügen* wählen). Sofern das Feld *Icon Auswählen* leer ist oder Sie es mit dem *X* explizit leeren, verwendet Joomla! seine mitgebrachte Weltkugel.

 Tipp   Wenn bei Ihnen *Icon* markiert und das Feld *Icon Auswählen* leer ist, Joomla! aber trotzdem keine Weltkugel anzeigt, *Speichern* Sie einmal die Einstellungen, leeren dann den Cache Ihres Browsers und laden anschließend die Seite mit den Links noch einmal neu.

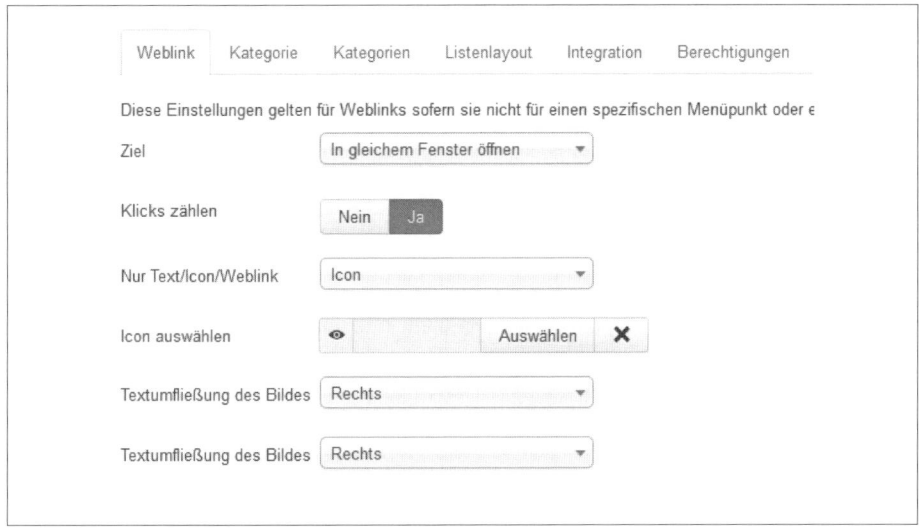

Übrigens können Sie auf diesem Register auch noch festlegen, ob Joomla! standard-mäßig zählen soll, wie oft ein Link angeklickt wurde (*Klicks zählen*) und in welchem Fenster die Internetseiten erscheinen (*Ziel*). Beide Einstellungen können Sie dann für jeden Link in seinen Einstellungen individuell überschreiben (siehe den Abschnitt »Links verwalten« auf Seite 291).

Vielleicht ist Ihnen aufgefallen, dass drei Komponenten im gleichnamigen Menü noch nicht angesprochen wurden. Hinter den *Nachrichten* verbirgt sich Ihr Joomla!-eigenes Postfach für die interne Kommunikation mit anderen Benutzern. Da diese aber im Moment noch nicht existieren, wird erst *Kapitel 9, Benutzerverwaltung und -kommunikation,* die entsprechenden Funktionen vorstellen.

Mit den *Umleitungen* können Sie Beiträgen oder anderen Inhalten eine ganz spezi-elle und persönliche Internetadresse verpassen. Dies ist primär im Zusammenhang mit der Suchmaschinenoptimierung interessant und kommt deshalb erst im ent-sprechenden *Kapitel 17, Suchmaschinenoptimierung,* zur Sprache.

Schließlich können Sie noch über *Joomla!-Aktualisierung* das Content-Manage-ment-System auf den neuesten Stand bringen. Wie das funktioniert, erklärt später noch Kapitel 19, *Aktualisierung und Migration.*

In diesem Kapitel:

- Module, Komponenten und Templates: Ein komplexes Zusammenspiel
- Rundgang durch die Modulverwaltung
- Module verschieben
- Ein neues Modul erstellen
- Eigenschaften eines Moduls verändern
- Menüzuweisung – auf welchen Unterseiten erscheint das Modul?
- Vom Modultyp abhängige Einstellungen
- Module in Beiträge einbinden
- Administrator-Module

KAPITEL 7

Module – Die kleinen Brüder der Komponenten

In den vorangegangenen Kapiteln haben Sie Beiträge angelegt, Medien verwaltet und Zusatzfunktionen wie Kontaktformulare oder Newsfeeds in den entstehenden Internetauftritt eingebunden. Eine wesentliche Frage blieb dabei jedoch unbeantwortet: Wie verändert man die Anordnung der Elemente auf der Homepage? Auf der Suche nach einer Antwort trifft man auf die kleinen Brüder der Komponenten: die Module.

Module, Komponenten und Templates: Ein komplexes Zusammenspiel

Die in Kapitel 6, *Komponenten – Nützliche Zusatzfunktionen*, vorgestellten Komponenten sind echte Schwergewichte. Sie haben nicht nur jeweils eine große Aufgabe zu lösen, auch ihre Ausgaben sind häufig so umfangreich, dass sie dafür ordentlich Platz beanspruchen. Denken Sie nur an das Kontaktformular oder die zahlreichen Nachrichten eines Newsfeeds. Aus diesem Grund gingen die Joomla!-Entwickler auf Nummer sicher und wiesen ihnen einen festen, aber ausreichend großen Platz auf der Website zu. Das ist genau der große Hauptbereich, in dem auch die Beiträge erscheinen.

Neben diesen dicken Komponenten gibt es aber auch noch kleine und schlanke Varianten, die eine überschaubare Ausgabe produzieren. Um sie von ihren großen Brüdern abzugrenzen, bezeichnet man sie als *Module*. Die Ausgaben eines Moduls dürfen Sie sogar relativ frei auf der Website platzieren. An welchen Stellen sie erscheinen können, bestimmt das gerade ausgewählte Template. Den von ihm bereitgestellten Bauplan kann man sich wie eine Ansammlung von Schachteln vorstellen. Wenn Sie die *Vorschau* Ihrer bisher zusammengebauten Website betrachten, dürften Ihnen sicherlich schnell rechteckige Bereiche auffallen. Abbildung 7-1 hebt sie noch einmal deutlicher mit grauen Rechtecken hervor. Genau das sind die Schachteln, in die man ein oder mehrere Module stecken darf.

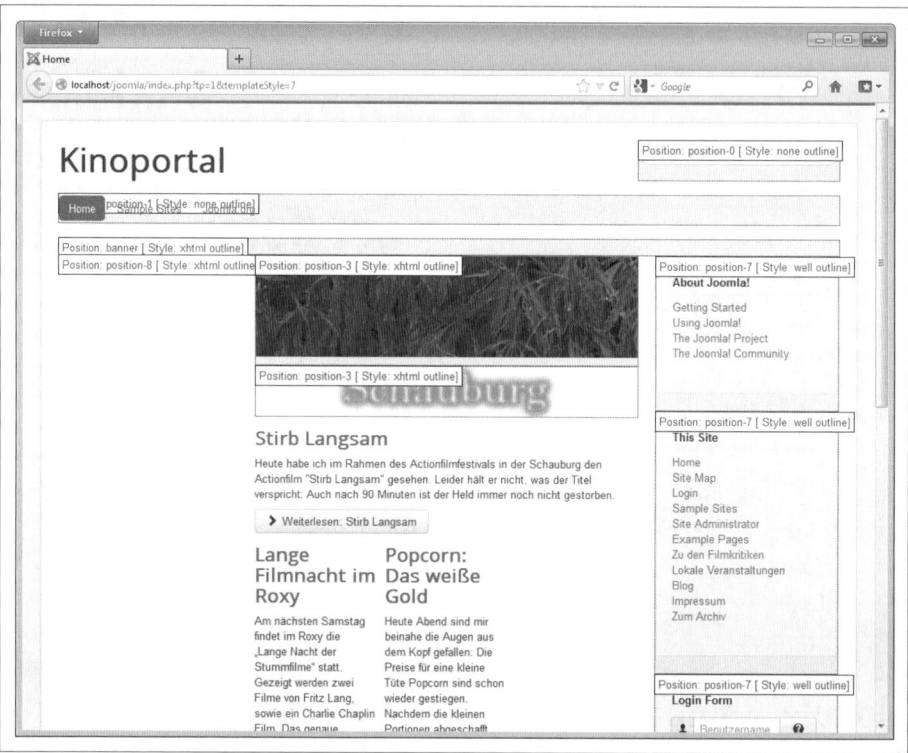

Abbildung 7-1: Die grauen, rechteckigen Bereiche sind Platzhalter für die Module. Um diese später einfacher in die Bereiche stecken zu können, erhält jeder Ort noch einen mehr oder weniger kryptischen Namen, der in seiner linken oberen Ecke steht.

Module lösen meist nur eine kleine Aufgabe, für die sie oftmals sogar die Hilfe eines ihrer großen Geschwister in Anspruch nehmen. Ein Beispiel für eine solche Kooperation liefert das Werbebanner: Das Banner-Modul zeigt auf der Homepage eine Werbegrafik an. Sobald der Benutzer sie anklickt, übergibt das Modul diese Information an die bereits in Kapitel 6, *Komponenten – Nützliche Zusatzfunktionen*, vorgestellte Komponente. Letztere registriert den Mausklick für die Abrechnung mit dem Kunden und leitet den Besucher schließlich auf das fremde Angebot weiter.

Häufig trifft man aber auch auf Module mit etwas mehr Intelligenz. Hierzu zählt beispielsweise das Modul namens *Zufallsbild* (englisch *Random Image*). Es wählt aus einer Liste von Bildern eines zufällig aus und präsentiert es anschließend auf der Website.

Wie »intelligent« ein Modul ist, entscheidet sein Entwickler. Ihm allein bleibt es überlassen, wie viele Funktionen und Aufgaben er seinem Modul überträgt. Gleiches gilt übrigens auch für die Komponenten. Niemand schreibt vor, dass sie tatsächlich eine größere Aufgabe lösen müssen. So könnte man eine Komponente auch zur Anzeige von Werbebannern degradieren. Ihre (eventuell erzeugten) Ausgaben bleiben jedoch auf den angesprochenen Bildschirmbereich beschränkt.

Abbildung 7-2 veranschaulicht noch einmal das komplexe Zusammenspiel der kleinen Module, der funktionsschweren Komponenten und der Templates.

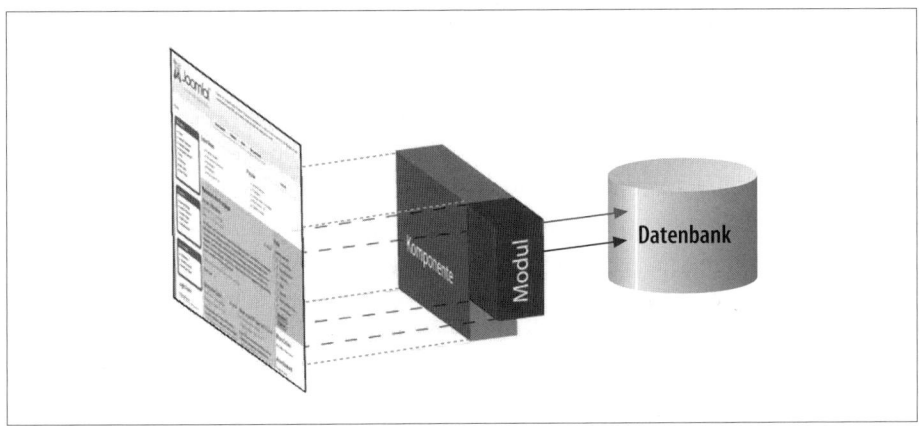

Wie Abbildung 7-2 zeigt, gibt das Template den grundlegenden Aufbau der Seite vor. In die noch leeren Stellen in diesem Bauplan fügt Joomla! dann die Ausgaben der dort vom Seitenbetreiber platzierten Module ein.

Soll beispielsweise ein Werbebanner im Kasten namens *position-3* erscheinen, bittet Joomla! das Modul *Banner*, diesen Platz mit grafischen Elementen zu füllen. *Banner* holt dann von der Festplatte das passende Bild und legt es an der *position-3* auf der Webseite ab. Klickt der Benutzer auf das Werbeplakat, registriert dies das *Banner*-Modul und benachrichtigt umgehend die für diese Angelegenheiten zuständige Werbebanner-Komponente. Letztere schlägt in der Datenbank nach, wie häufig das Plakat bereits angeklickt wurde, zählt einen Klick dazu und legt das Ergebnis wieder in der Datenbank ab.

Da die Begriffe reichlich verwirrend sind, sind sie hier noch einmal zusammengefasst:

- Das *Template* beschreibt, wo Elemente erscheinen dürfen. Es bildet somit den Bauplan der Homepage.
- Eine *Komponente* realisiert eine ganz bestimmte Funktion. Ihre Ausgaben erscheinen immer im Hauptbereich der Seite (da, wo bislang immer die Texte der Beiträge angezeigt wurden).
- *Module* realisieren ebenfalls eine ganz bestimmte, aber meist kleinere Funktion. Als Seitenbetreiber dürfen Sie selbst entscheiden, wo ihre Ausgaben auf der Seite landen. Häufig arbeitet ein Modul mit einer Komponente zusammen.

Tipp   In einer LEGO-Welt wären Komponenten die größeren Sechser- und Module die kleinen Einer-Bausteine. Das Template entspricht in diesem Bild dem mitgelieferten Aufbauplan.

Eigentlich gibt es keinen triftigen Grund, zwischen Komponenten und Modulen zu unterscheiden: Beide erfüllen eine ganz bestimmte Aufgabe, deren Ergebnisse sie auf der Homepage präsentieren. Diese Trennung geht noch auf den Joomla!-Vorläufer Mambo zurück. Warum sie einst erfolgte, wird wohl für immer ein Geheimnis der damaligen Entwickler bleiben – zumal jeder Programmierer selbst entscheiden kann, welche Funktionen er in ein Modul und welche er in eine Komponente verpackt. Dafür existieren noch nicht einmal (verbindliche) Richtlinien.

Verflixt kompliziert, möchte man meinen. Allerdings hat diese Arbeitsteilung auch den Vorteil, dass man die einzelnen Teile flexibel austauschen und umbauen kann. Gibt es beispielsweise ein Modul, das die Werbebanner noch hübscher und schneller anzuzeigen vermag, so reicht es aus, das kleine Modul zu ersetzen. Der Rest des Joomla!-Systems bleibt dabei unangetastet.

Rundgang durch die Modulverwaltung

Für die Verwaltung der Module ist der Bildschirm hinter dem Menüpunkt *Erweiterungen* → *Module* zuständig. Das Ergebnis ist die ziemlich lange Tabelle aus Abbildung 7-3.

Links oben neben der Tabelle, direkt unterhalb der Werkzeugleiste finden Sie beiden Punkte *Site* und *Administrator*. Sofern *Site* aktiviert ist (also blau hinterlegt), führt die große Tabelle alle Module auf, die ihr Werk auf der Homepage verrichten und somit den Besuchern nützen. Hinter *Administrator* verstecken sich hingegen alle Module, die sich um das Backend kümmern.

 Version   In Joomla! 2.5 waren die beiden Punkte noch in einer Ausklappliste oberhalb der Tabelle zu finden.

Das mag auf den ersten Blick etwas verwirrend klingen. Das Backend ist jedoch eigentlich nichts anderes als eine kleine Joomla!-Homepage mit einem ganz speziellen Zweck – nämlich dem der Konfiguration. Das Hauptmenü am oberen Rand funktioniert daher genau so wie die Menüs auf Ihrer Homepage: Auch für deren Anzeige ist ein Modul zuständig (dazu gleich noch mehr). Sofern Sie nicht auf Basis von Joomla! ein eigenes Content-Management-System entwickeln möchten, sind hier jedoch glücklicherweise keinerlei Änderungen erforderlich. Es besteht im Gegenteil sogar die Gefahr, dass Sie sich sonst selbst für immer aussperren. Bis auf wenige Ausnahmen werden Sie somit ausschließlich mit den Modulen für die *Site* in Kontakt kommen.

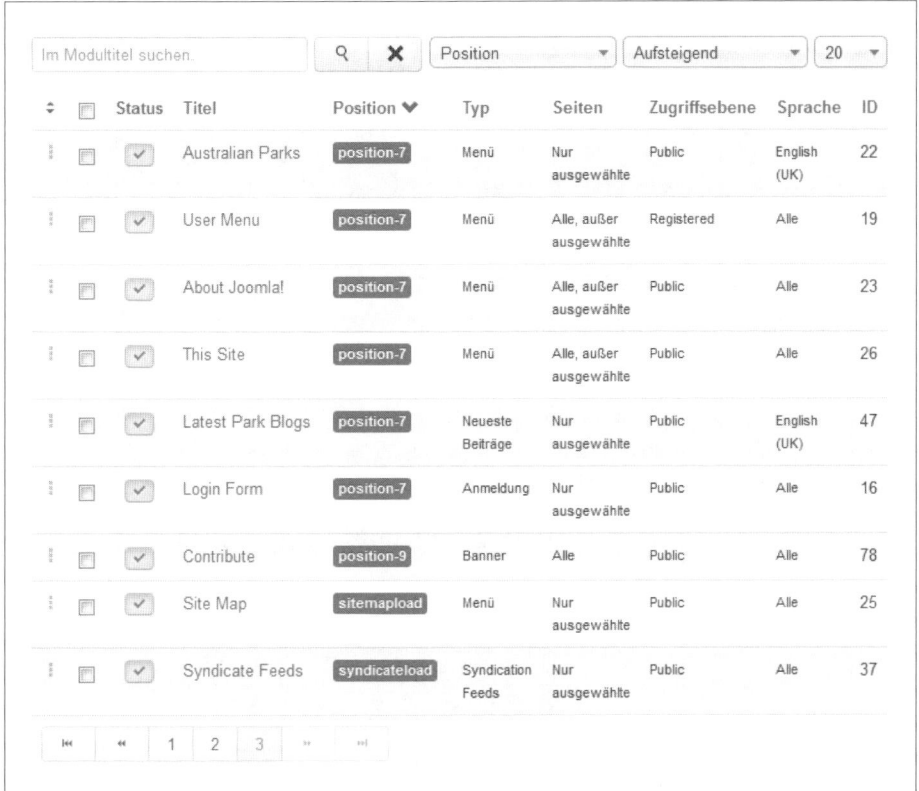

‡	☐	Status	Titel	Position ✔	Typ	Seiten	Zugriffsebene	Sprache	ID
⋮	☐	✔	Australian Parks	position-7	Menü	Nur ausgewählte	Public	English (UK)	22
⋮	☐	✔	User Menu	position-7	Menü	Alle, außer ausgewählte	Registered	Alle	19
⋮	☐	✔	About Joomla!	position-7	Menü	Alle, außer ausgewählte	Public	Alle	23
⋮	☐	✔	This Site	position-7	Menü	Alle, außer ausgewählte	Public	Alle	26
⋮	☐	✔	Latest Park Blogs	position-7	Neueste Beiträge	Nur ausgewählte	Public	English (UK)	47
⋮	☐	✔	Login Form	position-7	Anmeldung	Nur ausgewählte	Public	Alle	16
⋮	☐	✔	Contribute	position-9	Banner	Alle	Public	Alle	78
⋮	☐	✔	Site Map	sitemapload	Menü	Nur ausgewählte	Public	Alle	25
⋮	☐	✔	Syndicate Feeds	syndicateload	Syndication Feeds	Nur ausgewählte	Public	Alle	37

Im Modultitel suchen.   🔍 ✖   Position ▼   Aufsteigend ▼   20 ▼

|◄   ◄◄   1   2   3   ►►   ►|

Abbildung 7-3: Der Verwaltungsbildschirm für Module, wobei der Übersicht halber hier die letzte Seite 3 angesteuert wurde

Tipp Im Englischen fasst man alle Module für die Website unter dem Begriff *Site Modules* zusammen, während ihre Kollegen für das Backend als *Administration Modules* bekannt sind. Da Letztere normalerweise weder angetastet noch ergänzt werden, verwendet man den Begriff *Modules* häufig synonym zu den *Site Modules*. In den deutschen Übersetzungen ist allgemein nur von *Modulen* die Rede. Diese gebräuchliche Konvention soll auch in allen folgenden Abschnitten zur Anwendung kommen.

Warnung Achten Sie in den folgenden Abschnitten immer darauf, dass Sie sich bei den Modulen für die Homepage befinden – dass also der Punkt *Site* aktiviert ist.

Jede Zeile der Tabelle zeigt ein Modul, von denen einige allerdings nicht auf der Website erscheinen – erkennbar am roten Symbol in der Spalte *Status*. Der Name des Moduls in der Spalte *Titel* prangt übrigens auf Wunsch auch später als Überschrift auf der Homepage. Ein gutes Beispiel dafür ist das Modul für die Benutzeranmeldung: In der Liste taucht es als *Login Form* auf. Dies ist genau die gleiche

Bezeichnung, die als Titel über den Eingabefeldern auf der Homepage erscheint (wie in den Abbildungen 7-4 und 7-5).

 Tipp
Wenn Sie ein Modul in der Tabelle suchen, beachten Sie, dass Joomla! die Einträge in der Tabelle standardmäßig nach ihrer *Position* sortiert. Verwenden Sie daher entweder den *Filter*, oder klicken Sie auf die Spaltenbeschriftung *Titel*, damit Joomla! die Module nach ihrer Bezeichnung anordnet.

Abbildung 7-4:   Der Name des Moduls ...

Abbildung 7-5:   ... ist gleichzeitig sein Titel auf der Website.

Die Spalte *Position* verrät, an welcher Stelle auf der Website das zugehörige Modul erscheint (oder mit anderen Worten: Das ist der Name der Schachtel, in der das Modul liegt). Wie Abbildung 7-3 zeigt, tauchen manche Beschriftungen mehrfach auf (insbesondere *position-7*). Dies weist dezent darauf hin, dass Sie durchaus mehrere Module in eine Schachtel packen dürfen. So könnten Sie beispielsweise auch das (Werbe-)*Banner* zum *Login Form* packen. Da die einzelnen Bereiche des verwendeten Templates jedoch für die derzeitigen Inhalte optimiert wurden, könnte das Ergebnis etwas zerpflückt aussehen.

Jedes Modul erledigt eine ganz spezielle Aufgabe. Ein Werbebanner-Modul gibt ausschließlich Plakate aus, während das Suchmodul ganz rechts oben in der Ecke die Suchfunktion bereitstellt. Auch hinter jedem einzelnen Menü steckt nichts anderes als ein Modul, das die Menüeinträge hübsch zur Auswahl stellt. Um was sich ein Modul kümmert beziehungsweise welche Informationen es anzeigt, verrät in der Tabelle die Spalte *Typ*.

Befinden sich mehrere Module gemeinsam in einem Bereich, so werden sie dort automatisch übereinandergestapelt. Ein Paradebeispiel ist der rechte Seitenrand der Startseite, an dem sich momentan gleich mehrere Menüs und das *Login Form* tummeln. Die Abfolge, in der die Elemente dort erscheinen, können Sie ändern, indem Sie die aus Kapitel 3, *Erste Schritte*, Abschnitt »Sortierreihenfolge ändern« auf Seite 107, bekannte Methode anwenden – also die Ausklappliste *Position* am oberen Tabellenrand auf *Reihenfolge* setzen und dann in der Liste die Module über die drei Punkte in der ersten Spalte umsortieren.

Die Spalte *Seiten* zeigt, auf welchen Unterseiten das Modul auftaucht. Bei *Alle* hat der Besucher das Modul immer im Blick, bei *Keine* erscheint es nirgendwo. Da das *Login-Form*-Modul nur auf der ersten Seite auftaucht, bekommt es hier ein *Nur ausgewählte* verpasst. Module, deren Ausgaben umgekehrt eigentlich auf allen Seiten zu sehen sind, aber nur auf einigen wenigen anderen fehlen, kennzeichnet hier ein *Alle, außer ausgewählte*.

Auch für Module gibt es einen Papierkorb: Möchten Sie ein Modul wieder loswerden, weil beispielsweise seine Inhalte veraltet sind, markieren Sie das kleine Kästchen in seiner Zeile und klicken dann auf *Papierkorb*. Einen Blick in diesen Abfalleimer werfen Sie, indem Sie die Ausklappliste – *Status wählen* – auf *Papierkorb* setzen. Erst wenn Sie dort die Module noch einmal abhaken und *Papierkorb leeren* anklicken, entfernen Sie sie endgültig aus Joomla!.

Warnung   Auf diese Weise lassen sich auch Module ins Jenseits befördern, die eine Kernfunktionalität bereitstellen. Dies gilt insbesondere auch für die im Abschnitt »Administrator-Module« auf Seite 358 vorgestellten Administrator-Module.

Zwar können Sie in der Modulverwaltung immer noch ein entsprechendes neues Modul als Ersatz anlegen. Das geht aber nur, wenn Sie sich nicht durch das Löschen eines wichtigen Moduls zuvor selbst ausgesperrt haben. Achten Sie folglich peinlich genau darauf, welches Modul Sie gerade markiert haben beziehungsweise löschen.

Module verschieben

Um ein Modul, wie etwa das Werbebanner, an einen anderen Ort zu verschieben, muss man zunächst herausbekommen, welche Bereiche (beziehungsweise Schachteln) das Template überhaupt anbietet.

Neue Position ermitteln

Eigens zu diesem Zweck bietet Joomla! eine extrem gut versteckte Spezialvorschau. Um sie zu aktivieren, wechseln Sie zum Menüpunkt *Erweiterungen → Templates*, öffnen die *Optionen*, setzen dort *Vorschau von Modulpositionen* auf *Aktiviert*, *Speichern & Schließen* Ihre Änderungen und öffnen jetzt ein neues Browserfenster. Wenn Sie der Schnellinstallationsanleitung aus Kapitel 2, *Installation*, gefolgt sind, steuern Sie jetzt die Internetadresse *http://localhost/joomla/index.php?tp=1* an. Andernfalls wechseln Sie zur Startseite Ihres Internetauftritts, hängen der Adresse ein *?tp=1* an und rufen das Ergebnis auf. Sie sehen jetzt den Bauplan Ihrer Internetseite, genau so, wie ihn auch Abbildung 7-1 ganz zu Beginn dieses Kapitels gezeigt hat.

 **Tipp** Das funktioniert auch bei jeder beliebigen Unterseite: Hängen Sie ihrer Internetadresse einfach ein *?tp=1* an. Sobald Sie eine so gebildete Adresse aufrufen, sehen Sie den Bauplan der Unterseite.

Es gibt aber auch noch einen zweiten Weg zu dieser Ansicht: In der Liste hinter *Erweiterungen → Templates* klicken Sie auf das kleine Vorschausymbol links vom *Titel* des gerade aktiven Templates (das Auge). Wenn Sie der Schnellinstallationsanleitung aus Kapitel 2, *Installation*, gefolgt sind, heißt das aktive Template *protostar – Default*. Suchen Sie seine Zeile, und klicken Sie auf das Symbol direkt links von seinem Namen (Joomla! sollte den Hinweis *Vorschau* einblenden, wenn Sie den Mauszeiger über das Symbol ziehen).

Egal auf welchem Weg Sie zur speziellen Vorschau aus Abbildung 7-1 gelangen, die grauen Kästen markieren dort alle möglichen Positionen für ein Modul; der jeweilige Name des Bereichs steht in seiner linken oberen Ecke. Der Begriff in den eckigen Klammern gehört übrigens nicht mehr dazu, sondern bezieht sich auf die optische Darstellung. In Abbildung 7-1 befindet sich beispielsweise das Werbebanner der *Schauburg* in einem Bereich namens *position-3*. Diese Bezeichnungen gibt übrigens der Ersteller des Templates vor. Hier war er wohl nicht besonders kreativ. Am linken Seitenrand finden Sie übrigens noch einen leeren Bereich. Wenn der Besucher die Seite ansteuert, nehmen automatisch die gefüllten, umgebenden Bereiche diese Brachen in Beschlag.

 Warnung Wenn Sie mit der Arbeit fertig sind, sollten Sie diese spezielle Ansicht in den *Optionen* hinter *Erweiterungen → Templates* wieder deaktivieren (vergessen Sie nicht, die Änderung zu *Speichern*). Ein Angreifer erhält ansonsten unter Umständen wertvolle Informationen über den Aufbau Ihrer Webseite.

Das Modul umtopfen

Um nun ein Modul an eine andere Position zu verschieben, kehren Sie zur Modulverwaltung hinter *Erweiterungen → Module* zurück, klicken in der Liste seinen Namen an und suchen sich in seinem Bearbeitungsbildschirm auf dem Register *Details* in der Ausklappliste *Position* eine andere aus.

Wenn Sie den Schritten in Kapitel 6, *Komponenten – Nützliche Zusatzfunktionen*, gefolgt sind, probieren Sie das einmal anhand des Werbebanners aus: Suchen Sie in der Liste das Modul mit dem Namen *Werbebanner* (Sie finden es schneller, wenn Sie die Ausklappliste – *Modultyp wählen* – auf *Banner* setzen), klicken Sie es an, und öffnen Sie die Ausklappliste *Position*.

Die jetzt erscheinende Liste stellt alle möglichen Positionen aller installierten Templates zur Auswahl. Das macht die Liste aber auch leider etwas unübersichtlich. Um hier eine andere Position auszusuchen, sollten Sie zunächst in der Liste den Namen des derzeit aktivierten Templates suchen. Im Moment aktiviert ist das Template *Protostar*, Sie finden den Eintrag etwa in der Mitte der Liste (siehe Abbildung 7-6). Zur besseren Unterscheidung druckt Joomla! die Namen der Templates in hellgrauen Lettern. Darunter, etwas nach rechts eingerückt, stehen in schwarzer Schrift alle Bereiche, die das Template Protostar anbietet. Hier müssen Sie sich nur noch für eine Position entscheiden.

Version Joomla! 2.5 hat anstelle der Ausklappliste ein Fenster geöffnet, das in einer Tabelle alle möglichen Positionen zur Auswahl anbot.

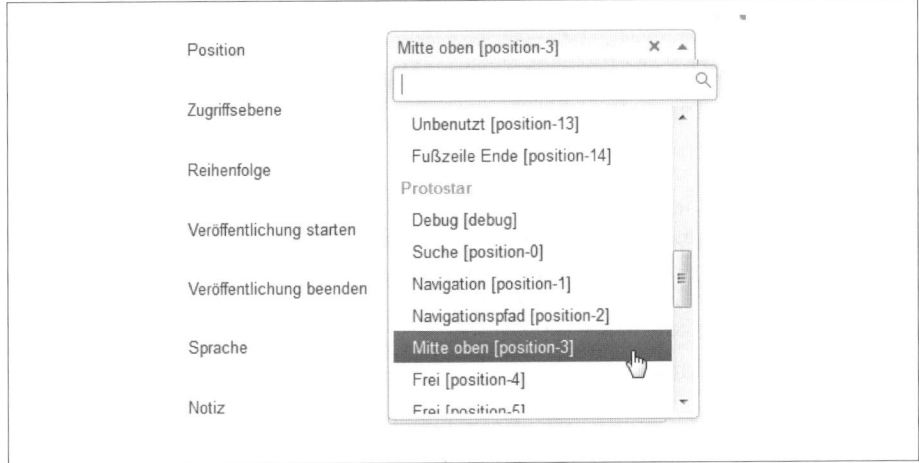

Abbildung 7-6: Das Fenster für die Auswahl einer Position

Im Fall des Werbebanners entscheiden Sie sich probeweise für *Links [position-8]*. Wenn Sie jetzt nach dem *Speichern* in die *Vorschau* wechseln, erscheint das Werbebanner am linken Seitenrand (siehe Abbildung 7-7).

Tipp Wenn Sie noch den Titel des Moduls einblenden (indem Sie im Backend den Punkt *Titel anzeigen* auf *Anzeigen* setzen), können Sie ein Werbeplakat auch ganz einfach als Werbung klassifizieren. Das ist insbesondere dann notwendig, wenn die Werbung nicht als solche erkennbar ist. Verpassen Sie dann dem Modul einfach den Namen *Werbung* beziehungsweise *Promotion*, und stellen Sie sicher, dass dieser Titel auf der Homepage erscheint.

Beachten Sie, dass Werbung immer klar als solche erkennbar sein muss. Kennzeichnen Sie daher die Banner im Zweifelsfall lieber überdeutlich als zu wenig. Sprechen Sie gegebenenfalls auch mit einem Fachanwalt.

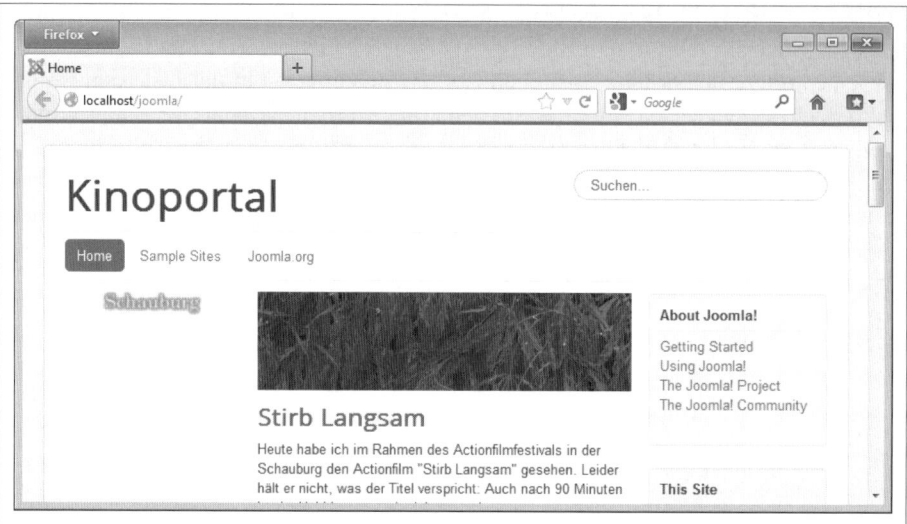

Abbildung 7-7:   Das Werbebanner wurde an die Position *position-8* versetzt.

Das Werbebanner wird allerdings verkleinert dargestellt und quetscht zudem die übrigen Inhalte. Insbesondere bei fertigen Templates aus dem Internet sieht man erst nach dem Umsetzen, ob das Modul überhaupt in die Schachtel passt oder zu einer hässlichen Optik führt. Einen Anhaltspunkt bieten die Ausmaße der Kästen in der Spezialvorschau (werfen Sie auch noch mal einen Blick auf Abbildung 7-1). Ein großes Modul in einem kleinen Bereich kann Ihnen folglich den Gesamteindruck der Homepage ruinieren.

Setzen Sie deshalb im Beispiel das Werbebanner wieder in seinen ursprünglichen Bereich *position-3* (indem Sie unter *Position* unterhalb von *Protostar* den Punkt in der Liste *Mitte oben [position-3]* auswählen und die Änderung *Speichern*).

Beim Blick in die Einstellungen des Werbebanner-Moduls dürften Ihnen sicherlich die erschreckend vielen Parameter und Stellschrauben aufgefallen sein. Um diesen Optionswust kümmert sich der gleich folgende Abschnitt »Eigenschaften eines Moduls verändern« auf Seite 318. Zuvor soll aber kurz noch ein neues Modul erstellt werden. Sofern Sie noch den Bearbeitungsbildschirm geöffnet haben, *Schließen* Sie ihn jetzt und stellen dann in der Tabelle die Ausklappliste *Banner* wieder zurück auf – *Modultyp wählen* –.

Ein neues Modul erstellen

Im Kontrollzentrum des Backends (*System → Kontrollzentrum*) behält man die fünf beliebtesten Beiträge im Kasten *Popular Articles* immer im Blick. Eine solche Bestenliste wäre allerdings auch im Kinoportal nicht schlecht. Auf diese Weise würden die Besucher animiert, auch ältere Filmkritiken zu lesen. Damit würden sie länger im Kinoportal herumstöbern und so vielleicht nebenbei auch in Versuchung geraten, mehr Werbebanner anzuklicken. Netterweise können Sie Ihrer Joomla!-Website ein Modul hinzufügen, das ständig die beliebtesten Beiträge aus einer frei wählbaren Kategorie einblendet.

Um der eigenen Website ein weiteres, neues Modul zu spendieren, klicken Sie in der Modul-Verwaltung (*Erweiterungen → Module*) auf die Schaltfläche *Neu*. Es erscheint nun die ziemlich lange Liste aus Abbildung 7-8.

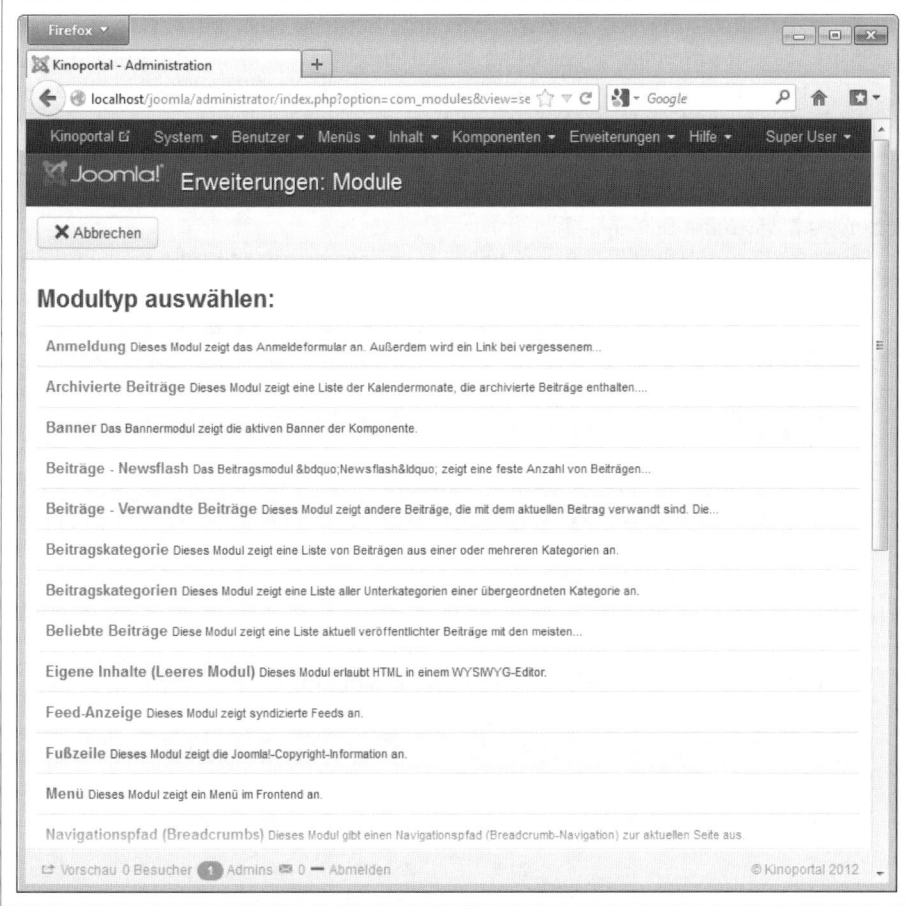

Abbildung 7-8:   In diesem Fenster wählen Sie zunächst den Typ des neuen Moduls.

Hier entscheiden Sie zunächst, welche Aufgabe das neue Modul erledigen soll – und legen somit seinen *Modultyp* fest. Hier ist ein schneller Überblick über die standardmäßig zu Verfügung stehenden Modultypen (in alphabetischer Reihenfolge), später folgen im Abschnitt »Eigenschaften eines Moduls verändern« auf Seite 318 noch genauere Beschreibungen:

Anmeldung

Stellt ein Formular bereit, über das sich registrierte Besucher anmelden können – also das bereits bekannte *Login Form.*

Archivierte Beiträge

Zeigt eine Liste mit allen Monaten an, in denen archivierte Beiträge existieren.

Banner

Präsentiert ein Werbebanner.

Beiträge – Newsflash

Zeigt die Einleitungen der zuletzt erstellten Beiträge einer oder mehrerer Kategorien an und dient so als eine Art Nachrichtenticker. Alternativ kann es auch per Zufall einen oder mehrere Beiträge aus einer vorgegebenen Kategorie ziehen und anzeigen. Mit jedem Aufruf der Website erscheint dann ein anderer Beitrag. Das Modul eignet sich somit auch ideal, um auf (wenig beachtete) Artikel aufmerksam zu machen.

Beiträge – Verwandte Beiträge

Zu dem jeweils aktuell dargestellten Text sucht dieses Modul nach ähnlichen oder verwandten Beiträgen in der Datenbank. Als Basis für die Suche dienen dem Modul die Schlüsselwörter aus den Metadaten der Beiträge.

Beitragskategorie

Zeigt eine Liste mit allen in einer Kategorie enthaltenen Beiträgen.

Beitragskategorien

Listet sämtliche Unterkategorien einer Kategorie auf.

Beliebte Beiträge

Bietet eine Liste mit den meistgelesenen und somit beliebtesten Beiträgen (englisch *Most Popular Articles*).

Eigene Inhalte (Leeres Modul)

Zeigt einen Text an. Zu seiner Formatierung stehen Ihnen die bereits bekannten Funktionen des TinyMCE-Editors zur Verfügung.

Feed-Anzeige

Stellt die Inhalte von Newsfeeds dar. Das Modul funktioniert genauso wie die entsprechende Komponente aus Kapitel 6, *Komponenten – Nützliche Zusatzfunktionen.*

Fußzeile

Präsentiert am unteren Bildschirmrand die Joomla!-Copyright-Informationen (genauer gesagt den Text *Joomla! ist freie, unter der GNU/GPL-Lizenz veröffentlichte Software*). Eigene Texte können nicht verwendet werden.

Menü

Zeigt ein Menü an.

Navigationspfad (Breadcrumbs)

Zeigt den Navigationspfad (*Breadcrumb*-Leiste) an, also den Weg zur aktuellen Webseite. Der Navigationspfad teilt dem Besucher mit, wie er auf die aktuelle

Seite gekommen ist, und soll ihm so bei der Orientierung helfen. Sie haben eine solche »Brotkrumenleiste« bereits im Abschnitt »Das Frontend« von Kapitel 3, *Erste Schritte*, auf Seite 84 kennengelernt: In der mitgelieferten Beispiel-Homepage sehen Sie eine solche Leiste am unteren Seitenrand in einem grauen Kasten.

Neueste Beiträge

Präsentiert eine Liste mit den zuletzt erstellten Beiträgen. (Im Gegensatz zu seinem Kollegen *Beiträge – Newsflash* zeigt ein Modul vom Typ *Neueste Beiträge* nicht den Inhalt der Beiträge an.)

Neueste Benutzer

Listet die Namen der zuletzt registrierten Benutzer auf.

Sprachauswahl

Bei einem mehrsprachigen Internetauftritt erlaubt dieses Modul den schnellen und bequemen Wechsel auf eine andere Sprachfassung.

Statistiken

Präsentiert verschiedene statistische Informationen, beispielsweise die Anzahl der bisherigen Besucher oder die Menge der Beiträge in der Datenbank.

Suchen

Stellt ein kleines Eingabefeld bereit, in das der Besucher einen Suchbegriff eintippen kann. (In der mitgelieferten Beispiel-Homepage finden Sie ein solches Feld ganz rechts oben in der Ecke.)

Suchindex

Stellt ein kleines Eingabefeld mit der neuen Suchfunktion (*Smart Search*) bereit.

Syndication Feeds

Für jede Seite Ihres Internetauftritts stellt Joomla! standardmäßig einen eigenen Newsfeed bereit. Dieses Modul blendet ein kleines Symbol beziehungsweise einen Link ein, über den ein Besucher den Newsfeed der gerade angezeigten Seite bequem abonnieren kann.

Wenn Sie also beispielsweise ein *Syndication-Feeds*-Modul auf der Seite mit dem Blog anbringen, können Besucher über den bereitgestellten Link einen Newsfeed abonnieren, der sie immer über die neuesten Blog-Einträge auf dem Laufenden hält.

Warnung   Das Modul arbeitet Hand in Hand mit der eingebauten Newsfeed-Funktion von Joomla!, die Sie über die Menüpunkte ein- und ausschalten (Sie lesen richtig). Mehr dazu finden Sie in Kapitel 8, *Menüs*, im Abschnitt »Schritt 5: RSS-Feeds aktivieren (Integrationseinstellungen)« auf Seite 393.

Weblinks

Zeigt eine Liste mit Weblinks aus einer ausgewählten Weblink-Kategorie an (die Sie zuvor über die entsprechende Weblink-Komponente eingerichtet haben, siehe auch Abschnitt »Weblinks« in *Kapitel 6, Komponenten – Nützliche Zusatzfunktionen*, auf Seite 287).

Wer ist online
> Gibt Auskunft darüber, wie viele Gäste und wie viele angemeldete Besucher derzeit auf Ihren Webseiten unterwegs sind.

Wrapper
> Bindet eine externe Internetseite in die von Joomla! produzierten Seiten ein.

Zufallsbild
> Wählt per Zufall ein Bild aus einem vorgegebenen Verzeichnis und zeigt es an.

Aus diesem Angebot wählen Sie die passende Aufgabe für das neue Modul aus, indem Sie einfach den zugehörigen Eintrag anklicken.

Tipp
> Wenn Sie zudem der Schnellinstallationsanleitung aus Kapitel 2, *Installation*, gefolgt sind beziehungsweise die Beispieldaten installiert haben, finden Sie eine Demonstration aller Module in der *Vorschau* hinter dem Menüpunkt *Using Joomla!* → *Using Extensions* → *Modules*. Dort führt jede Unterkategorie zu einem Teil der Module.

Im Kinoportal soll das neue Modul die beliebtesten Filmkritiken anzeigen, folglich ist *Beliebte Beiträge* genau richtig.

Tipp
> Zusammen mit den Beispieldaten hat Joomla! bereits bei der Installation einige Module eingerichtet, die teilweise deaktiviert sind. Im Idealfall brauchen Sie diese nur an die eigenen Bedürfnisse anzupassen. In der Regel tragen sie als Titel die englische Übersetzung ihres Typs (der Autor der Beispiel-Homepage war offenbar nicht sehr kreativ). So steckt beispielsweise hinter dem *Login Form* ein Modul vom Typ *Anmelden*, während das *Feed Display* für die *Feed-Anzeige* sorgt.

Es öffnet sich nun ein ziemlich umfangreiches Formular, um das sich der nächste Abschnitt kümmert.

Tipp
> Niemand hindert Sie daran, mehrere Module der gleichen Art zu erstellen. Auf diese Weise könnten Sie Ihre Homepage mit sechs Navigationspfaden, vierzehn Suchfeldern und zwei Zufallsbildern ausstatten. Ob das immer sinnvoll ist, steht natürlich auf einem anderen Blatt.

Eigenschaften eines Moduls verändern

Egal ob Sie nach dem obigen Schema ein neues Modul erstellen oder ein bestehendes in der Liste hinter *Erweiterungen* → *Module* anklicken, Sie landen jedes Mal in einem ziemlich überfüllt wirkenden Bildschirm. Er präsentiert alle Eigenschaften und Stellschrauben des Moduls.

Der Bereich *Details*, wie ihn Abbildung 7-9 zeigt, enthält einige allgemeine Einstellungen, die Sie bei jedem Modul antreffen:

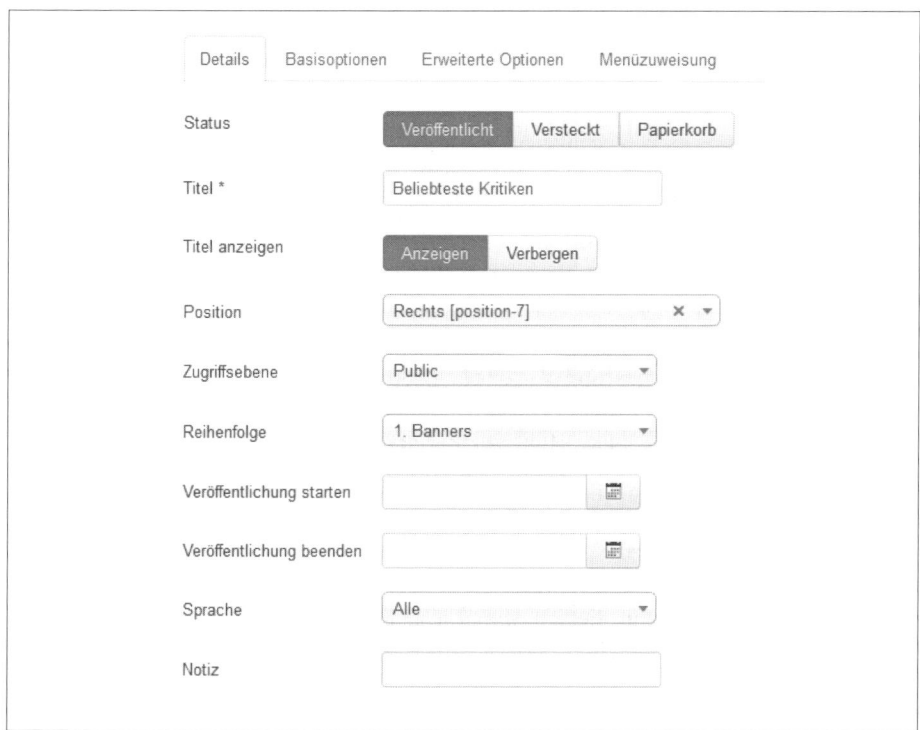

Abbildung 7-9:   Die Grundeinstellungen eines nagelneuen *Beliebte Beiträge*-Moduls

Status

Nur wenn hier *Veröffentlicht* aktiviert ist, erscheinen die Ausgaben des Moduls auf der Website.

Titel

Hier geben Sie dem Modul einen Namen. Im Kinoportal wählen Sie für das Modul mit den beliebtesten Artikeln einfach **Beliebteste Kritiken**.

Titel anzeigen

Mit *Anzeigen* erscheint der Name des Moduls auch als Überschrift auf der Homepage. In den Beispieldaten ist dies etwa beim Hauptmenü (*This Site*) oder dem Anmeldeformular (*Login Form*) der Fall. Im Kinoportal behalten Sie hier das *Anzeigen* bei. Damit erscheint der gerade vergebene Titel *Beliebteste Kritiken* gleich auch auf der Website und verrät den Besuchern so nebenbei, welche Informationen das Modul überhaupt anzeigt.

Position

Hier weisen Sie dem Modul einen Platz auf der Seite zu. Die Ausklappliste bietet dazu alle möglichen Positionen der derzeit installierten Templates an. Seine Bedienung haben Sie bereits im Abschnitt »Module verschieben« auf Seite 311 kennengelernt. Im Beispiel packen Sie die beliebtesten Filmkritiken nach *Rechts* [position-7] *(Sie finden den Eintrag unterhalb von Protostar im unteren Teil der Ausklappliste)*. Dieser Bereich befindet sich am rechten Seitenrand (da, wo auch die Menüs zu sehen sind).

Wenn Sie dem Modul später einmal keine Position zuordnen wollen, klicken Sie einfach auf das X am rechten Rand der Ausklappliste. Damit ist das Modul dann gleichzeitig nicht mehr auf Ihrer Website zu sehen (auch wenn es trotzdem noch veröffentlicht ist).

Die Ausklappliste können Sie übrigens immer öffnen, der Text *Position eingeben oder auswählen* erscheint nur in hellgrauer Schrift und ist nicht deaktiviert.

Zugriffsebene

Diese Ausklappliste bestimmt, wer das Modul zu Gesicht bekommt. Standardmäßig sind dies alle Besucher – was also genau das Richtige für die beliebtesten Kritiken im Kinoportal ist. Mehr zur Benutzerverwaltung folgt noch in Kapitel 9, *Benutzerverwaltung und -kommunikation*.

Reihenfolge

Sofern mehreren Modulen die gleiche *Position* zugewiesen wurde, stapelt Joomla! sie dort einfach übereinander. Mit dieser Ausklappliste legen Sie die Position des Moduls in diesem Stapel fest. Das neue Modul wird dabei immer nach dem in der Liste gewählten Modul eingeordnet.

 **Warnung**   Wenn Sie die *Position* verändert haben, müssen Sie das Modul erst noch über die gleichnamige Schaltfläche einmal *Speichern*, bevor Sie hier die Reihenfolge anpassen können.

Veröffentlichung starten und Veröffentlichung beenden

Genau wie bei einem Beitrag können Sie auch die Ausgaben des Moduls zu einem bestimmten Zeitpunkt auf der Website erscheinen und dann nach einer gewissen Zeitspanne automatisch wieder verschwinden lassen. Den Startzeitpunkt tragen Sie unter *Veröffentlichung starten* ein, das Enddatum unter *Veröffentlichung beenden*. Um alles Weitere kümmert sich dann Joomla!. Ein Klick auf das kleine Symbol rechts neben den Eingabefeldern holt einen kleinen Kalender hervor, in dem Sie das Datum bequem auswählen können. Andernfalls notieren Sie Datum und Zeit nach dem Schema: **Jahr-Monat-Tag Stunde: Minute:Sekunde**. Das Jahr müssen Sie dabei vierstellig angeben, Monat und Tag jeweils als zweistellige Zahlen.

Sprache

Bei einem mehrsprachigen Internetauftritt legen Sie hier fest, in welcher Sprachfassung die Ausgaben des Moduls erscheinen sollen. Sofern Sie wie bislang im Kinoportal einen einsprachigen Internetauftritt betreiben, ist *alle* der richtige Wert. Um die Mehrsprachigkeit kümmert sich später noch Kapitel 12, *Mehrsprachigkeit*.

Notiz

In diesem Feld können Sie noch eine kleine Notiz hinterlassen. Sie dient rein als Gedächtnisstütze und taucht später nur im Backend auf.

Beschreibung

Auf der rechten Seite informiert Joomla! Sie noch einmal über den Leistungsumfang des Moduls. Darüber hinaus erfahren Sie noch den Typ des Moduls (im Beispiel ist dies *Beliebte Beiträge*), ob es sich um ein Modul handelt, das im Frontend seinen Dienst verrichtet (*Site*), und später auch noch die interne Identifikationsnummer (*ID*) des Moduls.

Im Kinoportal sollte der Bereich *Details* jetzt so wie in Abbildung 7-9 aussehen.

Weiter geht es auf dem Register *Erweiterte Optionen*. Die dort angebotenen Einstellungen können Sie normalerweise auf ihren Standardwerten belassen. Sie richten sich überwiegend an Template-Entwickler und setzen bis auf wenige Ausnahmen das Wissen aus *Kapitel 13, Templates,* voraus.

Alternatives Layout

Über die Ausklappliste können Sie den Modulausgaben eine ganz bestimmte, vom Standard abweichende Optik überstülpen. Welche Punkte hier zur Auswahl stehen, hängt von den installierten Templates ab. Joomla! selbst bringt hier nur die *Standard*-Ansicht mit.

Modulklassensuffix

Mit diesem Feld können Template-Entwickler die Darstellung des Moduls beeinflussen. Der hier eingegebene Begriff wird dabei als Erweiterung (Suffix) an die CSS-Klasse des Moduls angehängt. Sofern Ihnen das jetzt nichts sagt, ignorieren Sie das Feld *Modulklassensuffix* einfach. Mehr zu diesem Thema folgt später noch in Kapitel 13, *Templates*.

Caching

Aktiviert einen Zwischenspeicher (Cache), der den Inhalt dieses Moduls puffert. Dadurch muss das Modul seine Ausgaben nicht immer wieder erneut zusammenstellen und kann somit Anfragen schneller bedienen. Im Gegenzug kostet diese Funktion Speicherplatz, und man läuft zudem Gefahr, dass das Modul veraltete Informationen ausspuckt.

Diese Einstellung fehlt bei Modulen vom Typ *Suchindex*. Bei Modulen vom Typ *Syndication Feeds*, *Wer ist online* und *Zufallsbild* ist die Einstellung zwar vorhanden, der Zwischenspeicher lässt sich dort aber nicht einschalten.

Cache-Dauer

Die Zahl gibt an, wie viele Minuten die Daten im Zwischenspeicher vorgehalten werden.

Diese Einstellung fehlt bei Modulen vom Typ *Anmeldung, Beiträge - Verwandte Beiträge, Suchindex, Syndication Feeds, Wer ist online* und *Zufallsbild*.

Modul-Tag

Joomla! steckt die Inhalte des Moduls in das hier eingestellte HTML-Element.

Bootstrap-Größe

Ab Joomla! 3.0 können Templates direkt das vom Kurznachrichtendienst Twitter entwickelte Bootstrap-System nutzen. Es bietet ein Raster, auf dem die Template-Entwickler die Elemente der Seite besonders schnell und ansehnlich platzieren können. Wie viele Spalten in diesem Raster das Modul einnehmen soll, stellen Sie hier unter *Bootstrap-Größe* ein – mit anderen Worten: Sie legen also die Breite des Moduls fest. Beachten Sie, dass die Auswirkungen dieser Einstellung letztendlich vom Template und der Position des Moduls abhängen: Sperrt der Template-Entwickler alle Module in einen Kasten, der nur eine Spalte breit ist, können Sie über die *Bootstrap-Größe* das Modul nicht verbreitern. Die Einstellung ist ebenfalls wirkungslos, wenn das Template das Bootstrap-System gar nicht verwendet.

Header-Tag und Header-Klasse

Joomla! gibt den Modultitel in dem unter *Header-Tag* eingestellten HTML-Element aus. Diesem Element dürften Sie unter *Header-Klasse* noch einen CSS-Klassennamen verpassen.

Modulstil

Hier legen Sie fest, in welche HTML-Elemente das Modul seine einzelnen Inhalte verpacken soll. Mehr zu diesen Stilen finden Sie in Kapitel 13, *Templates*, Abschnitt »Das »style«-Attribut nutzen« auf Seite 607.

 Im Kinoportal belassen Sie alle Einstellungen auf Ihren Vorgaben.

Menüzuweisung – auf welchen Unterseiten erscheint das Modul?

In den Einstellungen eines jeden Moduls finden Sie das Register *Menüzuweisung*, dessen Einstellungen auch Abbildung 7-10 zeigt. Dort steuern Sie, auf welchen Seiten das neue Modul später erscheinen soll.

Wie die Ausklappliste *Modulzuweisung* verrät, sind die Ausgaben des Moduls standardmäßig *Auf allen Seiten* zu sehen. Alternativ können Sie das Modul auch komplett verstecken. In dem Fall wählen Sie in der Ausklappliste *Keine Seiten*.

Für gewöhnlich möchte man das Modul jedoch nur auf ganz bestimmten, ausgewählten Unterseiten einblenden. Die beliebtesten Filmkritiken sollen beispielsweise nur auf der Startseite sowie allen Unterseiten erscheinen, die irgendetwas mit den Filmkritiken zu tun haben. Um das zu erreichen, setzen Sie zunächst die Ausklappliste *Modulzuweisung* auf *Nur auf der gewählten Seite*. Joomla! zeigt Ihnen jetzt eine Liste mit allen Menüs und ihren Menüpunkten an. Wenn Sie den bisherigen Beispielen für das Kinoportal gefolgt sind, finden Sie die selbst erstellten Menüpunkte unterhalb von *Main Menu*.

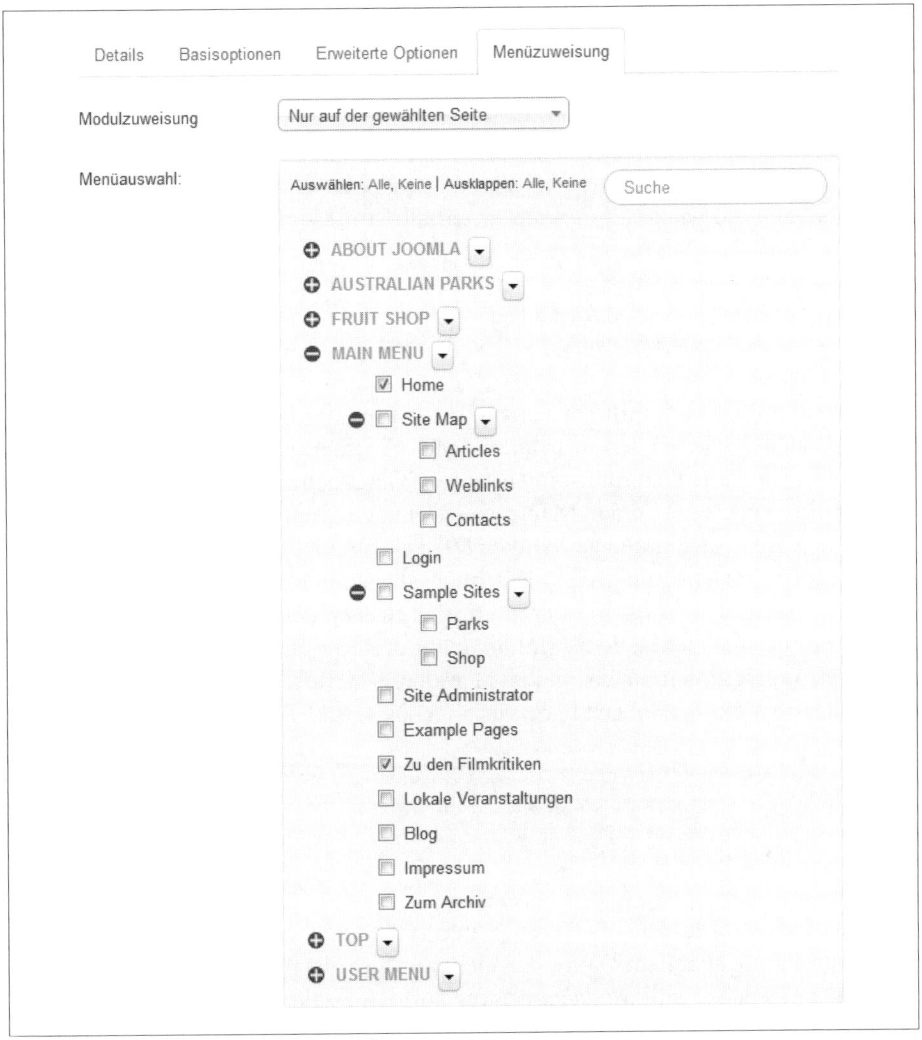

Details   Basisoptionen   Erweiterte Optionen   **Menüzuweisung**

Modulzuweisung   [Nur auf der gewählten Seite   ▾]

Menüauswahl: Auswählen: Alle, Keine | Ausklappen: Alle, Keine   (Suche   )

        ➕ ABOUT JOOMLA [▾]
        ➕ AUSTRALIAN PARKS [▾]
        ➕ FRUIT SHOP [▾]
        ➖ MAIN MENU [▾]
              ☑ Home
           ➖ ☐ Site Map [▾]
                ☐ Articles
                ☐ Weblinks
                ☐ Contacts
             ☐ Login
           ➖ ☐ Sample Sites [▾]
                ☐ Parks
                ☐ Shop
             ☐ Site Administrator
             ☐ Example Pages
             ☑ Zu den Filmkritiken
             ☐ Lokale Veranstaltungen
             ☐ Blog
             ☐ Impressum
             ☐ Zum Archiv
        ➕ TOP [▾]
        ➕ USER MENU [▾]

Abbildung 7-10:   Auf den hier abgehakten Unterseiten ist das Modul später zu sehen.

Wenn Ihnen die Liste zu lang ist, klicken Sie am oberen Rand rechts neben das kleingedruckte *Ausklappen* auf *Keine*. Joomla! zeigt Ihnen dann erst einmal nur alle Menüs an. Die Unterpunkte eines Menüs klappen Sie auf, indem Sie auf das Pluszeichen klicken. Analog blenden Sie mit einem Klick auf ein Minuszeichen wieder alle Unterpunkte ein. Wenn Sie den bisherigen Beispielen für das Kinoportal gefolgt sind, finden Sie die selbst erstellten Menüpunkte unterhalb von *Main Menu*. Stellen Sie sicher, dass Sie wie in Abbildung 7-10 zumindest dessen Unterpunkte sehen.

Version   Joomla! 2.5 hat noch für jedes Menü ein eigenes Register angezeigt.

Die Ausgaben des Moduls sind jetzt auf allen Seiten sichtbar, die direkt über die abgehakten Menüpunkte erreichbar sind. Ist also wie in Abbildung 7-10 *Zu den Filmkritiken* abgehakt, sieht ein Besucher das Modul später auch neben der Genre-Auswahl. Für das Modul mit den beliebtesten Filmkritiken stellen Sie also sicher, dass *Zu den Filmkritiken* abgehakt ist. Um das Modul zusätzlich auf der Startseite anzuzeigen, ist noch ein Haken vor *Home* (ganz oben direkt unter *Main Menu*) fällig. Bei allen anderen Menüpunkten unterhalb von *Main Menu* entfernen Sie den Haken.

 Tipp   Bei einem neuen Modul sind standardmäßig immer alle Menüpunkte abgehakt, das Modul erscheint folglich auf allen Seiten.

Das Modul mit den Filmkritiken hat auf den Seiten des *Fruit Shops* genauso wenig etwas zu suchen wie bei den *Australian Parks*. Sie müssten folglich auch bei diesen Menüs überall die Haken mühsam entfernen. Glücklicherweise bietet Joomla! eine kleine Hilfe: Rechts neben den Menüs sowie einigen Menüpunkten finden Sie einen Knopf mit einem nach unten gerichteten Dreieck. Wenn Sie diesen anklicken, öffnet sich ein kleines Menü, über das Sie schnell allen untergeordneten Punkten einen Haken verpassen (*Auswählen*) oder ihn dort entfernen (*Auswahl aufheben*). Klicken Sie also im Beispiel neben dem *Fruit Shop* auf den Knopf, und wählen Sie *Auswahl aufheben*. Wiederholen Sie das bei allen anderen Menüs, mit Ausnahme des *Main Menu* (dessen Einträge haben Sie bereits angepasst) und *Top*.

 Tipp   Mit einem Klick auf die klitzekleinen Links ganz am oberen Rand der Liste können Sie auch schnell restlos alle Menüpunkte auf einen Schlag auswählen oder bei ihnen allen den Haken entfernen. Dazu klicken Sie rechts neben *Auswählen* auf *Alle* beziehungsweise *Keine*.

Soll ein Modul auf fast allen (Unter-)Seiten erscheinen, müsste man mühsam fast alle Menüpunkte abhaken. Damit das nicht zu einer Sisyphusarbeit ausartet, setzen Sie in einem solchen Fall *Modulzuweisung* auf den Punkt *Auf allen Seiten mit Ausnahme der gewählten* und haken dann nur noch die Menüpunkte ab, auf deren Seiten das Modul *nicht* erscheinen soll.

 Im Kinoportal sollte der Bereich *Menüzuweisung* jetzt so wie in Abbildung 7-10 aussehen.

Vom Modultyp abhängige Einstellungen

Im Bearbeitungsbildschirm des Moduls gibt es noch das Register *Basisoptionen*. Die dortigen Optionen hängen vom jeweils gewählten Modultyp ab.

Beliebte Beiträge

Im Fall der beliebtesten Beiträge warten die Einstellungen aus Abbildung 7-11.

| Details | Basisoptionen | Erweiterte Optionen | Menüzuweisung |

Kategorie   - Actionfilme X   - Liebesfilme X
                 - Komödien X

Anzahl   5

Hauptbeiträge   Anzeigen   Verbergen

Abbildung 7-11:   Die Basisoptionen des *Beliebte Beiträge*-Moduls

Im Einzelnen verlangt das Modul hier folgende Eingaben:

Kategorie
> In diesem Feld führen Sie alle Kategorien auf, aus denen das Modul die meistgelesenen Beiträge zusammensucht. Standardmäßig berücksichtigt das Modul – *Alle Kategorien –*.

Im Kinoportal soll das Modul aber nur die beliebtesten Kritiken anzeigen. Entfernen Sie deshalb zunächst den Eintrag – *Alle Kategorien* – mit einem Klick auf sein kleines X. Anschließend klicken Sie in das nun leere Feld und suchen sich eine der Kategorien aus – im Beispiel die Kategorie *Actionfilme*. Damit das Modul auch noch die Beiträge aus der Kategorie *Liebesfilme* berücksichtigt, klicken Sie wieder auf eine leere Stelle des Eingabefeldes und wählen aus der Liste die *Liebesfilme* aus. Wiederholen Sie das Verfahren für die Komödien. Das Ergebnis sollte so wie in Abbildung 7-11 aussehen. Eine Kategorie entfernen Sie wieder, indem Sie auf das kleine X neben ihrem Namen klicken.

Anzahl
> Das Modul listet später so viele Beiträge auf, wie hier angegeben sind. Bei einer 5 zeigt es beispielsweise die Titel der fünf meistgelesenen Beiträge an. Für das Kinoportal behalten Sie hier die Voreinstellung bei.

Hauptbeiträge
> Bei *Anzeigen* nimmt das Modul auch Hauptbeiträge in seine Liste auf. Sie zu *Verbergen* ist beispielsweise dann sinnvoll, wenn die Hauptbeiträge schon auf der Startseite erscheinen. In diesem Fall würden sie noch einmal in der Liste des Moduls auftauchen und so anderen Beiträgen wertvollen (Werbe-)Platz wegnehmen.

Für das Kinoportal sollten die Einstellungen jetzt so wie in Abbildung 7-11 aussehen.

Legen Sie jetzt das neue Modul per *Speichern & Schließen* an, und wechseln Sie anschließend in die *Vorschau*. Dort sollte jetzt auf der rechten Seite das Modul die beliebtesten Filmkritiken aufführen (wie in Abbildung 7-12).

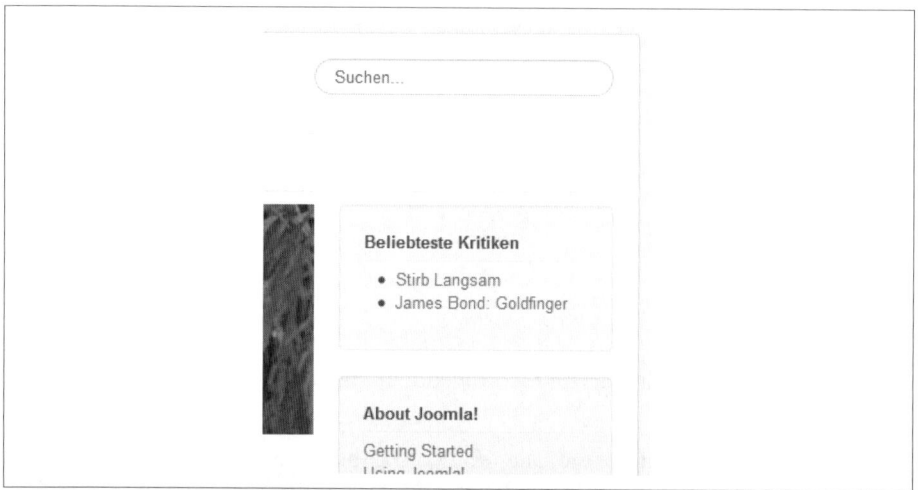

Abbildung 7-12:   Das Modul mit den beliebtesten Filmkritiken auf der Homepage

Wechseln Sie jetzt einmal auf eine andere Unterseite, wie etwa zum *Blog*. Hier fehlt das Modul wie gewünscht. Auf den Unterseiten mit den Filmkritiken ist es hingegen weiterhin zu sehen.

Im Folgenden sollen noch jeweils kurz die Einstellungen der übrigen Modultypen vorgestellt werden. Als Fingerübung können Sie die entsprechenden Abschnitte anlesen, dabei überlegen, ob ein solches Modul auch dem Kinoportal beziehungsweise Ihrer geplanten Website gut zu Gesicht stehen würde, und es dann anlegen. Für die nachfolgenden Kapitel ist das jedoch nicht zwingend notwendig. Bei bereits im Kinoportal vorhandenen Modulen können Sie zudem ruhig etwas mit den vorgestellten Einstellungen experimentieren. Kehren Sie dort aber immer wieder zur Ausgangssituation zurück.

Anmeldung

Über ein Modul dieses Typs melden sich registrierte Benutzer am Joomla!-System an (siehe Abbildung 7-13). Sofern sich die Besucher selbst ein neues Benutzerkonto beschaffen dürfen, zeigt das Modul eine entsprechende Option (mehr zur Benutzerverwaltung finden Sie in Kapitel 9, *Benutzerverwaltung und -kommunikation*).

Nach dem erfolgreichen Einloggen wechselt das Modul seinen Inhalt und zeigt ab sofort einen Schalter zum Abmelden.

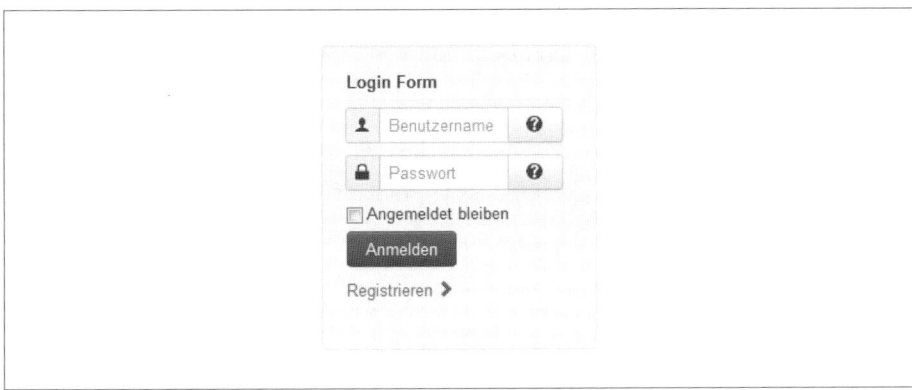

Abbildung 7-13:   Die Benutzeranmeldung

Das Modul verlangt auf dem Register *Basisoptionen* folgende Eingaben:

Text davor

Der hier eingegebene Text erscheint direkt unter dem Titel (also der Über-schrift) des Moduls.

Text danach

Der hier eingegebene Text erscheint am Ende des *Anmelden*-Moduls.

Anmeldungsweiterleitung

Sofern die Anmeldung erfolgreich war, springt Joomla! automatisch auf die hier eingestellte Unterseite Ihrer Homepage. In der Regel sollte sie einen Begrüßungstext oder aktuelle Hinweise für die Benutzer enthalten. Steht die Ausklappliste auf *Standard*, bleibt Joomla! einfach auf der gerade angezeigten Seite.

Abmeldungsweiterleitung

Nachdem sich ein Besucher wieder abgemeldet hat, wechselt Joomla! automa-tisch auf diese Unterseite Ihres Internetauftritts. Steht die Ausklappliste auf *Standard*, bleibt Joomla! auf der aktuellen Seite.

Begrüßung zeigen

Nach dem Anmelden ersetzt das Modul seine Eingabefelder durch eine Schalt-fläche zum Abmelden. Sofern Sie hier *Ja* wählen, zeigt Joomla! direkt über die-sem Knopf einen Begrüßungstext in der Form *Hallo Benutzername*.

Benutzer-/Name anzeigen

Sofern *Begrüßung zeigen* aktiviert ist, bestimmt diese Einstellung, ob nach dem *Hallo* der vollständige *Name* oder nur der *Benutzername* folgt.

Anmeldung über SSL

Wenn Sie diesen Punkt auf *Ja* setzen, schickt der Browser den eingetippten Benutzernamen und das Passwort mit dem SSL-Verfahren verschlüsselt an das Content-Management-System. Aktivieren Sie diesen Punkt nur, wenn Joomla!

über das *https://*-Protokoll erreichbar ist (Informationen hierzu liefert Ihnen das Handbuch zu Ihrem Webserver beziehungsweise Ihr Webhoster).

Archivierte Beiträge

Ein Modul dieses Typs ermöglicht einen Zugang zu den im Archiv gespeicherten Elementen. Dazu zeigt es auf der Homepage eine Liste mit allen Kalendermonaten, in denen archivierte Beiträge existieren (wie in Abbildung 7-14).

Abbildung 7-14:   Aus diesen Monaten stammen die archivierten Beiträge.

Klickt der Besucher der Seite auf einen Monat, erscheinen kurze Textausschnitte dieser Beiträge. Vollständig anzeigen lassen kann man sie dann mit einem Klick auf ihre jeweilige Überschrift. Mit anderen Worten: Sie gestatten den Besuchern über dieses Modul den Zugriff auf Ihr (Artikel-)Archiv.

Einstellmöglichkeiten bietet das Modul nur wenige: Auf dem Register *Basisoptionen* bestimmen Sie unter *# Monate*, wie viele Monate das Modul zur Auswahl anbieten soll. Damit verhindern Sie, dass bei vielen archivierten Beiträgen das Modul auf der Homepage aus allen Nähten platzt.

Banner

Ein Modul dieses Typs zeigt ein Werbebanner an, wie Sie es bereits aus Kapitel 6, *Komponenten – Nützliche Zusatzfunktionen*, Abschnitt »Die Banner einbinden«, kennen. Das Modul verlangt auf dem Register *Basisoptionen* folgende Eingaben:

Ziel

Sobald der Besucher auf das Werbebanner klickt, wird er auf die Internetseite des Werbenden weitergeleitet. In dieser Ausklappliste bestimmen Sie, in welchem Fenster die Seite erscheint. Die beiden Einträge *In neuem Fenster öffnen* und *Als Pop-up-Fenster öffnen* reißen jeweils ein neues Fenster auf. Im zweiten Fall (Pop-up-Fenster) dunkelt Joomla! den Hintergrund ab und öffnet ein kleines weißes Fenster, wie Sie es auch von der Mini-Variante der Medienverwaltung her kennen. Der Besucher sieht somit noch im Hintergrund Ihre Webseite. Darüber hinaus fehlt in diesem »Pop-up-Fenster« die sonst übliche Symbolleiste mit den Navigationsschaltflächen. Der Besucher kann also auf der neuen Homepage nicht mehr einfach vor- und zurücknavigieren. Die Einstellung *In gleichem Fenster öffnen* ersetzt Ihre Internetseite durch die des Werbekunden.

Anzahl

So viele Werbebanner bringt das Modul gleichzeitig auf den Schirm.

Kunde

Das Modul zeigt die Werbung des hier ausgewählten Kunden (zum Anlegen von Kunden siehe Abschnitt »Werbekunden verwalten« auf Seite 216).

Kategorie

Aus diesen Banner-Kategorien entnimmt das Modul die anzuzeigenden Werbetafeln (zum Anlegen von Banner-Kategorien siehe den Abschnitt »Banner-Kategorien anlegen« auf Seite 220). Weitere Kategorien fügen Sie hinzu, indem Sie auf einen leeren Bereich des Eingabefeldes klicken und dann in der Liste die Kategorie aussuchen. Einmal ausgesuchte Kategorien entfernen Sie wieder über das kleine X neben ihrem Namen. Standardmäßig zeigt das Modul Banner aus allen vorhandenen Banner-Kategorien.

Nach Tag suchen

Steht hier der Schalter auf *Ja*, wählt das Modul die Werbetafel passend zum gerade angezeigten Beitrag. Bei einer Filmkritik zu *Stirb Langsam* würde das Modul beispielsweise automatisch zu einem Banner für Abenteuerurlaub greifen.

Damit das reibungslos klappt, muss man jedoch zum einen die Beiträge mit Schlüsselwörtern in ihren Metadaten ausstatten (siehe dazu Kapitel 4, *Inhalte verwalten*) und zum anderen den Werbebannern die gleichen Meta-Schlüsselwörter vergeben (wie das geht, zeigt der Abschnitt »Kontextabhängige Werbung« auf Seite 229). Das Modul gleicht diese Schlüsselwörter mit denen der Beiträge ab. Bei einer hohen Übereinstimmung wird dann das Banner zum Beitrag angezeigt. Aus diesem Grund ist es wichtig, die Schlüsselwörter wohlüberlegt zu wählen.

Zufällig

Das Modul zieht die gerade angezeigte Werbetafel entweder per Zufall aus der angegebenen Kategorie (*Wichtig, Zufällig*) oder hält sich an die darin vorgegebene Reihenfolge (*Wichtig, Reihenfolge*).

Kopfzeile und Fußzeile

Der hier eingetippte Text erscheint zusätzlich über beziehungsweise unterhalb des Werbebanners auf der Homepage.

Tipp Mithilfe der Kopf- und Fußzeile können Sie ein Werbeplakat auch eindeutig als Werbung kennzeichnen. Das ist insbesondere dann notwendig, wenn die Werbung nicht eindeutig als solche erkennbar ist. Tippen Sie dann hier einfach bei *Kopfzeile* **Werbung** oder **Promotion** ein.

Beiträge – Newsflash

Ein Modul dieses Typs stellt die (kompletten) Einleitungen eines oder mehrerer Beiträge dar (siehe Abbildung 7-15). Dabei dürfen Sie entscheiden, ob das Modul nur die zuletzt erstellten Einleitungen anzeigen oder aber per Zufall welche auswählen soll.

Im Kinoportal könnten Sie ein solches Modul die letzten Veranstaltungshinweise präsentieren lassen (wie in Abbildung 7-15).

Beiträge - Newsflash

Nordische Filmtage im November

Auch in diesem Jahr finden in der Woche vom 13. November wieder die nordischen Filmtage statt. Dabei zeigen alle Kinos der Stadt bekannte und neue Filme aus Dänemark, Schweden, Norwegen und Finnland.

Lange Filmnacht im Roxy

Am nächsten Samstag findet im Roxy die „Lange Nacht der Stummfilme" statt. Gezeigt werden zwei Filme von Fritz Lang, sowie ein Charlie Chaplin Film. Das genaue Programm wurde noch nicht verraten. Für stilechte Musikuntermalung sorgt ein bekannter Stummfilmpianist.

Abbildung 7-15:   Ein Beispiel für einen Newsflash

Das Modul verlangt auf dem Register *Basisoptionen* folgende Eingaben:

Kategorie
Hier legen Sie die Kategorie fest, aus der das Modul die Texte nimmt. Weitere Kategorien fügen Sie hinzu, indem Sie auf einen leeren Bereich des Eingabefeldes klicken und dann in der Liste die Kategorie aussuchen. Einmal ausgesuchte Kategorien entfernen Sie wieder über das kleine X neben ihrem Namen. Standardmäßig zeigt das Modul die Texte aus allen vorhandenen Kategorien. Im Fall des Kinoportals löschen Sie erst die Voreinstellung – *Alle Kategorien* – mit einem Klick auf das kleine X, klicken dann in das leere Eingabefeld und wählen *Lokale Veranstaltungen*.

Beitragsbilder anzeigen

Bei einem *Ja* werden auch die in den Texten enthaltenen Bilder angezeigt. Doch Vorsicht: Das kann dann im kleinen Modul zu Gedränge führen. Für das Kinoportal behalten Sie daher hier die Voreinstellung bei.

Beitragstitel anzeigen

Bei einem *Ja* werden wie in Abbildung 7-15 auch die Überschriften der Beiträge angezeigt. Im Fall des Kinoportals ist dies folglich angebracht.

Titel verlinken

Wählt man hier *Ja*, kann der Besucher über einen Klick auf die Beitragsüberschrift direkt zum zugehörigen Beitrag springen. Voraussetzung dafür ist, dass die Überschrift unter *Beitragstitel anzeigen* aktiviert wurde. Für die Veranstaltungen im Kinoportal setzen Sie diesen Punkt auf *Ja*. Alle nachfolgenden Punkte können Sie für die Liste mit den Veranstaltungen auf ihren Vorgaben belassen.

Überschriftgröße

Hier legen Sie die Schriftgröße der Beitragsüberschriften fest. Dabei bezeichnet *H1* die größte und *H5* die kleinste Schriftgröße. (HTML-Kennern dürften diese Bezeichnungen bekannt vorkommen.)

Trennelement anzeigen

Wenn das Modul mehrere Beiträge anzeigt, trennt es diese optisch voneinander – in der Regel durch einen Strich. Wenn Sie diese Einstellung auf *Ja* setzen, malt das Modul auch nach dem letzten Beitrag einen solchen Strich. Ob ein solcher Trennstrich tatsächlich auf der Homepage erscheint, bestimmt jedoch letztendlich das Template. Das standardmäßig zum Einsatz kommende Template *Protostar* unterdrückt das Trennelement beispielsweise in der Spalte am rechten Seitenrand.

Weiterlesen-Link

Mit *Anzeigen* erscheint unter jedem Beitrag der berühmte *Weiterlesen*-Knopf, über den ein Besucher zum kompletten Text gelangt. Den Knopf präsentiert Joomla! allerdings nur, wenn der jeweilige Beitrag auch einen Haupttext besitzt und nicht nur aus der Einleitung besteht.

Anzahl von Beiträgen

So viele Beiträge soll das Modul gleichzeitig anzeigen.

Ergebnisse der Sortierung

Hier stellen Sie ein, welche Beiträge das Modul anzeigen soll. Beim *Veröffentlichungsdatum* erscheinen die zuletzt veröffentlichten Artikel, Analoges gilt beim *Erstellungsdatum*.

Tipp   Rufen Sie sich den Unterschied zwischen den beiden Daten ins Gedächtnis: Der
Autor hat den Artikel zum *Erstellungsdatum* angelegt, aber auf der Website
erschien er zum ersten Mal am *Veröffentlichungsdatum*.

Bei der Einstellung *Sortierung* nimmt das Modul die Reihenfolge, wie sie im Backend hinter *Inhalt → Beiträge* die Liste vorgibt. Abschließend können Sie das Modul noch *Zufällig* ein paar Beiträge aus der eingestellten *Kategorie* ziehen lassen.

Beiträge – Verwandte Beiträge

Ein Modul dieses Typs präsentiert eine Liste mit allen Beiträgen, die mit dem derzeit angezeigten Text thematisch verwandt sind. Liest der Besucher beispielsweise gerade einen Artikel über *Julia Roberts* an und taucht dieser Name noch in einem Blog-Beitrag auf, so würde Letzterer im Modul erscheinen.

Ob ein Beitrag mit einem anderen thematisch verwandt ist, ermittelt das Modul durch einen Vergleich ihrer Schlüsselwörter. Diese können Sie in den Metadaten der Beiträge hinterlegen (wie das genau funktioniert, erklärt Kapitel 4, *Inhalte verwalten*). Damit also im obigen Beispiel die Nachricht über Julia Roberts in der Liste des Moduls auftaucht, müsste ihr Name als Schlüsselwort sowohl in der Nachricht als auch in der Filmkritik enthalten sein.

Da das Modul somit fast alles alleine macht, gibt es auch nicht besonders viel einzustellen. Auf dem Register *Basisoptionen* wartet eine einsame Option: Steht *Datum anzeigen* auf *Anzeigen*, setzt das Modul neben die gefundenen Beiträge noch ihr jeweiliges Erstellungsdatum.

Beitragskategorie

Dieses Modul zeigt einfach eine Liste mit Beiträgen an. Abbildung 7-16 zeigt ein Beispiel.

Abbildung 7-16:   Das *Beitragskategorie*-Modul zeigt ausgewählte Beiträge an.

Tipp Wenn Sie Ihren Internetauftritt übersichtlich strukturiert haben, sollte dieses Modul normalerweise nicht notwendig sein. Nützlich ist es eigentlich nur, um Querverweise auf ganz bestimmte, wichtige Artikel, Hilfetexte oder Anleitungen zu setzen.

Welche Beiträge das Modul anzeigt, darf man ziemlich flexibel selbst festlegen. Dazu bietet es auf mehreren Registern zahlreiche Einstellungen an.

Auf dem Register *Basisoptionen* wählen Sie zunächst die Arbeitsweise des Moduls. Wenn der *Modus* auf *Normal* steht, können Sie auf den nachfolgenden Registern selbst festlegen, welche Beiträge das Modul wie anzeigt.

Im dynamischen Modus prüft das Modul, in welcher Kategorie der Besucher gerade auf der Homepage unterwegs ist, und stellt dann aus genau dieser Kategorie die Beiträge zur Auswahl. Wenn Sie sich für diesen Modus entschieden haben, legen Sie auf dem Register *Dynamischer Modus* fest, ob das Modul auch auf Beitragsseiten erscheinen (*Anzeigen*) oder aber besser immer nur auf Übersichtsseiten von Kategorien zu sehen sein soll (*Verbergen*).

Auf dem Register *Filter* legen Sie fest, welche Beiträge das Modul anzeigen und zur Auswahl stellen soll:

Hauptbeiträge
　　Bei *Anzeigen* erscheinen im Modul auch die Hauptbeiträge, im Fall von *Verbergen* hingegen nicht. Alternativ kann das Modul auch *Nur* Hauptbeiträge anzeigen.

Anzahl
　　Die Anzahl der Beiträge, die das Modul auf einmal zur Auswahl stellen soll.

Kategorien-Filtertyp und Kategorie
　　Unter *Kategorie* stellen Sie alle Kategorien ein, aus denen das Modul die Beiträge anzeigen soll. Weitere Kategorien fügen Sie hinzu, indem Sie auf einen leeren Bereich des Eingabefeldes klicken und dann in der Liste die Kategorie aussuchen. Einmal ausgesuchte Kategorien entfernen Sie wieder über das kleine X neben ihrem Namen. Ist im Feld – *Alle Kategorien* – eingestellt, zeigt das Modul die Beiträge aus allen vorhandenen Kategorien.

　　Damit Sie sich nicht bei sehr vielen Kategorien mürbe klicken, können Sie auch *Kategorien-Filtertyp* auf *Exklusiv* setzen und dann im Feld *Kategorien-Filtertyp* alle Kategorien einstellen, die das Modul *nicht* berücksichtigen soll.

Unterkategorienbeiträge und Kategorietiefe
　　Setzen Sie *Unterkategorienbeiträge* auf *Inklusive*, berücksichtigt das Modul auch alle Beiträge in Unterkategorien bis zu der unter *Kategorietiefe* gewählten Gliederungstiefe.

Autor-Filtertyp und Autoren
　　Unter *Autoren* stellen Sie alle Autoren ein, deren Beiträge das Modul anzeigen soll. Weitere Autoren fügen Sie hinzu, indem Sie auf einen leeren Bereich des

Eingabefeldes klicken und dann in der Liste den Autor aussuchen. Einmal gewählte Autoren entfernen Sie wieder über das kleine X neben ihrem Namen. Damit Sie sich nicht bei sehr vielen Autoren müde klicken, können Sie auch *Autor-Filtertyp* auf *Exklusiv* setzen und dann in der Liste alle Autoren markieren, die das Modul *nicht* berücksichtigen soll. Steht *Autor-Filtertyp* auf *Inklusive* und ist – *Autoren wählen* – eingestellt, zeigt das Modul die Beiträge aller Autoren an.

Autoralias-Filtertyp und Autoralias

Unter *Autoralias* stellen Sie alle Autoren-Aliase ein, deren Beiträge das Modul anzeigen soll. Den Autoren-Alias können Sie bei jedem Beitrag vergeben (siehe Kapitel 4, *Inhalte verwalten*, Abschnitt »Einen neuen Beitrag erstellen« auf Seite 137).

Damit Sie sich hier nicht bei sehr vielen Autoren mürbe klicken, können Sie auch *Autoralias-Filtertyp* auf *Exklusiv* setzen und dann alle Autoren-Aliasnamen auswählen, die das Modul *nicht* berücksichtigen soll. Steht *Autoralias-Filtertyp* auf *Inklusive* und ist – *Autoren Aliase wählen* – einstellt, ignoriert das Modul den Autoren-Alias.

Beitrags-IDs ausschließen

Alle Beiträge mit den hier eingetippten Identifikationsnummern zeigt das Modul *nicht* an. Dabei erwartet Joomla! in jeder Zeile eine Nummer.

Datumsfilter

Abschließend können Sie die Anzeige auch noch auf Beiträge aus einem bestimmten Zeitraum beschränken. Wenn Sie dies möchten, setzen Sie *Datumsfilter* auf *Datumsbereich* und tippen dann unter *Datumsbereich von* das Anfangsdatum und unter *bis Datum* das Enddatum des Zeitraums ein. Ein Klick auf eines der Symbole rechts neben den Eingabefeldern holt einen kleinen Kalender hervor, der bei der Auswahl hilft. Unter *Datumsbereich* wählen Sie schließlich noch, ob sich die Daten auf das *Erstellungsdatum*, das Veröffentlichungsdatum (*Veröffentlichungsstart*) oder das Datum der letzten Änderung (*Bearbeitung*) der Beiträge bezieht.

Anstatt feste Daten vorzugeben, können Sie auch einfach alle Beiträge der letzten Tage anzeigen lassen. Dazu aktivieren Sie neben *Datumsfilter* den Punkt *Relatives Datum* und tragen dann die Anzahl der Tage ganz unten in das Eingabefeld *Relatives Datum* ein.

Damit weiß das Modul, welche Beiträge es anzeigen soll. In welcher *Reihenfolge* sie angeordnet werden, legen Sie auf dem gleichnamigen Register unter *Sortierung nach Beitragsfeld* fest. Das Modul sortiert die Beiträge nach dem hier eingestellten Element. Wählen Sie beispielsweise *Titel*, erscheinen die Beiträge alphabetisch nach ihren Überschriften geordnet. Die Ausklappliste darunter bestimmt, ob dies *Auf-* oder *Absteigend* erfolgt. *Beitragsreihenfolge* bezeichnet übrigens die Sortierung, wie sie die Liste hinter *Inhalt → Beiträge* vorgibt.

Auf dem Register *Gliederung* können Sie die angezeigten Beiträge noch gruppieren. In Abbildung 7-16 wurden beispielsweise alle Artikel zusammengefasst, die im gleichen Jahr erschienen sind. Gruppieren können Sie die Beiträge hier unter *Beitragsgliederung* nach *Jahr*, dann *Monat und Jahr*, dem *Autor* und der *Kategorie*. Die *Ausrichtung* legt dabei die Reihenfolge fest, zur Wahl stehen *Aufsteigend* und *Absteigend*. In Abbildung 7-16 stehen die Artikel aus dem Jahr 2011 über denen aus dem Jahr 2012, folglich wurden die Beiträge dort aufsteigend sortiert. Bei einer Sortierung nach Monaten beschriftet das Modul die Gruppen nach dem Schema Monat Jahreszahl; in Abbildung 7-16 steht beispielsweise *Juni 2011*. Wenn Sie hier eine andere Notation wünschen, legen Sie diese im Feld *Monats- und Jahrsanzeigeformat* fest. Der Platzhalterbuchstabe F steht dabei für den ausgeschriebenen Monat, Y für das Jahr. Weitere Platzhalter und zusätzliche Informationen zu diesem Format finden Sie auf der Internetseite *http://php.net/date*.

Abschließend dürfen Sie noch auf dem Register *Anzeige* festlegen, welche Informationen das Modul zu jedem Beitrag liefern soll:

Überschriftgröße
Hier legen Sie die Schriftgröße der Beitragstitel fest. Dabei bezeichnet *H1* die größte und *H5* die kleinste Schriftgröße. (HTML-Kennern dürften diese Bezeichnungen bekannt vorkommen.)

Titel verlinken
Bei einem *Ja* gelangt der Besucher mit einem Klick auf den Beitragstitel zum entsprechenden Text.

Datum, Datumsfeld und Datumsformat
Wenn Sie neben *Datum* den Knopf *Anzeigen* aktivieren, setzt das Modul neben jeden Beitrag auch noch ein Datum – welches genau, bestimmt die Ausklappliste *Datumsfeld*. *Datumsformat* bestimmt wiederum, wie das Datum auf der Website erscheint. Die einzelnen Buchstaben stehen hier wieder als Platzhalter, Y für das Jahr, m für den Monat, d für den Tag, H für die Stunden, i für die Minuten und s für die Sekunden. Weitere Platzhalter und Informationen zu dieser kryptischen Notation finden Sie auf der Internetseite *http://php.net/date*.

Die nächsten Einstellungen sollten selbsterklärend sein: *Kategorie* blendet noch die jeweilige Kategorie ein, *Zugriffe* die Anzahl der bisherigen Leser und *Autor* den Namen des Urhebers. Mit *Einleitungstext* auf *Anzeigen* präsentiert das Modul auch jeweils noch den Einleitungstext. Wie viele Buchstaben davon erscheinen, regelt das *Einleitungstextlimit*. »*Weiterlesen*« blendet die gleichnamigen Schaltflächen ein, über die der Besucher zum jeweiligen Text des Beitrags gelangt. Setzen Sie zusätzlich »*Weiterlesen*«-*Titel* auf *Anzeigen*, steht auf dieser Schaltfläche noch der Titel des Beitrags. Sofern dieser wiederum sehr lang sein sollte, schneidet das Modul ihn nach so vielen Zeichen ab, wie Sie unter »*Weiterlesen*«-*Textlimit* eingetragen haben.

Beitragskategorien

Ein Modul dieses Typs zeigt eine Liste mit allen Unterkategorien einer ausgewählten Kategorie an. In Abbildung 7-17 zeigt ein solches Modul beispielsweise die Unterkategorien der Filmkritiken an. Ein Klick auf einen der Einträge führt direkt zur entsprechenden Übersichtsseite der gewählten Kategorie.

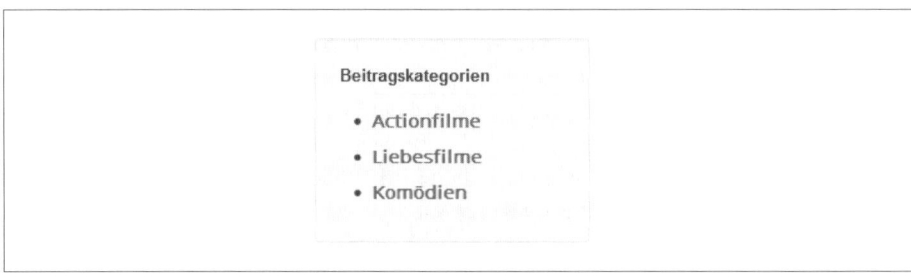

Abbildung 7-17:   Über das *Beitragskategorien*-Modul gelangt man schnell zu ausgewählten (Unter-)Kategorien.

Das Modul verlangt auf dem Register *Basisoptionen* folgende Eingaben:

Höhere Kategorie
Das Modul stellt alle Unterkategorien aus der hier eingestellten Kategorie zur Auswahl.

Kategoriebeschreibungen
Bei einem *Ja* zeigt das Modul zu jeder Unterkategorie auch noch ihre Beschreibung an. Da die Beschreibungen dem Besucher bei seiner Auswahl helfen, sollten Sie diese Funktion aktivieren – vorausgesetzt, die Anzahl der Kategorien ist nicht zu groß und die Beschreibungen sind kurz.

Unterkategorien anzeigen
Auf Wunsch präsentiert das Modul auch noch die in den Unterkategorien enthaltenen Unter-Unterkategorien. Wenn Sie das wünschen, setzen Sie diese Einstellung auf *Ja*.

 # Erste Unterkategorie
So viele Unterkategorien zeigt das Modul an. Wählt man im Beispiel aus Abbildung 7-17 hier etwa eine 2, so würde das Modul nur noch die beiden Unterkategorien *Actionfilme* und *Liebesfilme* zur Auswahl stellen. Diese Einstellung soll verhindern, dass das Modul bei sehr vielen Kategorien aus allen Nähten platzt.

 Tipp   In einem solchen Fall sollten Sie allerdings dringend darüber nachdenken, ob die Gliederungsstruktur Ihrer Homepage nicht eine Überarbeitung vertragen könnte.

Maximale Ebenentiefe
Wenn Sie sich dazu entschlossen haben, auch die Unter-Unterkategorien darstellen zu lassen (Einstellung *Unterkategorien anzeigen*), bestimmen Sie hier, bis zu welcher Gliederungstiefe das Modul die Kategorien anzeigen soll.

Auf dem Register *Erweiterte Optionen* hat sich zu den Einstellungen, die Sie schon aus Abschnitt »Eigenschaften eines Moduls verändern« auf Seite 318 kennen, noch folgende Einstellung hinzugeschmuggelt:

Überschriftgröße
Hier legen Sie die Schriftgröße der angezeigten Unterkapitel fest. Dabei bezeichnet *H1* die größte und *H5* die kleinste Schriftgröße. (HTML-Kennern dürften diese Bezeichnungen bekannt vorkommen.)

Eigene Inhalte (Leeres Modul)

Ein Modul dieses Typs zeigt den Text auf der Homepage an, den Sie im großen Eingabefeld auf dem Register *Benutzerdefinierte Ausgabe* eingetippt haben. Den TinyMCE-Editor, der dort residiert, bedienen Sie wie bei einer herkömmlichen Textverarbeitung.

Tipp   Neben den vom TinyMCE-Editor angebotenen Formatierungsmöglichkeiten dürfen Sie nach einem Klick auf das HTML-Symbol übrigens auch HTML-Befehle verwenden. (Mehr Informationen zu HTML liefert die Internetseite *http://www. selfhtml.de*.)

Auf dem Register *Basisoptionen* können Sie veranlassen, dass das Modul den eingetippten Text auch an die Joomla!-Inhaltsplugins weiterreicht. Auf diese kleinen Helfer stoßen Sie noch in Kapitel 11, *Plugins*. Sie kümmern sich unter anderem darum, dass Sie und Ihre Helfer bei neuen Beiträgen per E-Mail informiert werden. Wenn Sie sich unsicher sind, behalten Sie hier unter *Inhalte vorbereiten* die Vorgabe bei. Darüber hinaus können Sie hier noch *Ein Hintergrundbild auswählen*. Dazu klicken Sie einfach auf *Auswählen* und suchen sich dann in der Mini-Variante der Medienverwaltung das passende Bild aus.

Feed-Anzeige

Analog zur Komponente aus Kapitel 6, *Komponenten – Nützliche Zusatzfunktionen*, zeigt ein solches Modul einen Newsfeed an. Dabei handelt es sich um kleine Dateien, die der Betreiber einer Homepage zusätzlich bereitstellt. Meist enthalten sie Kurznachrichten oder Informationen zur letzten Aktualisierung auf der jeweiligen Homepage. Ein Besucher kann diese Dateien über seinen Browser abonnieren und bleibt so immer auf dem Laufenden.

Auch das Modul *Feed – Anzeige* holt diese Newsfeeds auf Wunsch von einer anderen Webseite ab und präsentiert die darin gespeicherten Informationen (wie in Abbildung 7-18).

Tipp   Ein *Feed – Anzeige*-Modul arbeitet unabhängig von der Newsfeed-Komponente. Folglich haben Sie in Joomla! zwei Möglichkeiten, Newsfeeds von anderen Webseiten auf der eigenen anzuzeigen.

An dieser Stelle zeigt sich deutlich, wie sehr die Grenzen zwischen Modulen und Komponenten verschwimmen: Für ein und dieselbe Aufgabe – nämlich die Anzeige von Newsfeeds – existiert sowohl ein Modul als auch eine Komponente. Diese Doppelung ist nur aufgrund der für Module und Komponenten geltenden Einschränkungen notwendig. Ob Sie die Anzeige eines Newsfeeds der Komponente aus Abschnitt »Newsfeeds« auf Seite 259 oder einem Modul überlassen, hängt ausschließlich davon ab, wo dessen Informationen auf der Homepage erscheinen sollen: Soll Joomla! sie im Hauptbereich präsentieren, greifen Sie zur Komponente, andernfalls zum hier beschriebenen Modul. Darüber hinaus kann die Komponente etwas komfortabler eine komplette Newsfeed-Sammlung jonglieren.

Abbildung 7-18:   Das Modul zur Newsfeed-Anzeige präsentiert hier einen Newsfeed des Portals *kino.de*.

Das Modul verlangt auf dem Register *Basisoptionen* folgende Eingaben:

Feed-URL

Hier müssen Sie die Internetadresse zur entsprechenden Newsfeed-Datei hinterlegen. Diese ermitteln Sie, indem Sie auf der Internetseite des Newsfeed-Anbieters nach einem kleinen Symbol suchen, das mit *RSS* oder *XML* beschriftet ist beziehungsweise mehrere Halbkreise trägt. Ein Klick darauf führt direkt zur besagten Datei. In der Regel gibt es auf den Seiten auch Hinweise auf die bereitgestellten Newsfeeds. Hat man die passende Adresse ausgemacht, übertragen Sie sie in dieses Feld.

RTL-Feed

Sofern die Inhalte des Newsfeeds von rechts nach links gelesen werden (*Right to Left*), müssen Sie diesen Schalter auf *Ja* setzen.

Feed-Titel

Sofern der Newsfeed eine Überschrift enthält, wird diese bei einem *Ja* später auf der Website angezeigt (in Abbildung 7-18 ist dies *kino.de | RSS | Neu im Kino*).

Feed-Beschreibung

Einige Newsfeeds enthalten eine Beschreibung ihrer Inhalte. Wenn Sie hier *Ja* wählen, erscheint diese Beschreibung auch im Modul der Homepage. In Abbildung 7-18 lautet sie beispielsweise *kino.de – Neu im Kino*.

Feed-Bild

Zeigt das im Newsfeed ausgelieferte Bild an – so denn ein solches existiert.

Feed-Einträge

In der Regel enthält ein Newsfeed mehrere Kurznachrichten. Die hier eingetippte Zahl legt fest, wie viele dieser Nachrichten auf der Website angezeigt werden sollen.

Beitragsbeschreibung

Die im Newsfeed enthaltenen Nachrichten dürfen neben der obligatorischen Schlagzeile auch einen erläuternden Text enthalten. Wenn Sie hier *Ja* wählen, werden diese Beschreibungen ebenfalls im Modul angezeigt.

Wortanzahl

Die Beschreibungstexte (siehe vorheriger Punkt) können recht lang sein. Damit man mit diesen Textmassen nicht das schöne Layout der eigenen Website zerschießt, darf man hier die Beschreibungen auf die eingetragene Anzahl Wörter zurechtstutzen. Bei einer 0 zeigt Joomla! den gesamten Text.

Tipp Kontrollieren Sie nach der Aktivierung des Moduls seine Ausgaben in der *Vorschau*. Zahlreiche lange Nachrichtenbeiträge können Ihnen nicht nur das Seitenlayout zerstören, sie benötigen auch recht viel Hauptspeicher. Fehlt Letzterer, unterschlägt Joomla! die Darstellung der Homepage – teilweise kommentarlos, teilweise mit einer hässlichen Fehlermeldung. In einem solchen Fall können Sie nur noch das Modul wieder deaktivieren oder müssen die PHP-Konfigurationsdatei *php.ini* anpassen (ihren Fundort auf Ihrem System verrät Kapitel 2, *Installation*, Abschnitt »PHP-Konfiguration anpassen« auf Seite 79). Öffnen Sie sie mit einem Texteditor, und suchen Sie mit seiner Hilfe die Zeile `memory_limit = 8M`. Ändern Sie die Zahl auf den benötigten höheren Wert, wie zum Beispiel `16`. Speichern Sie die Datei, und starten Sie anschließend Ihren Webserver neu. Jetzt sollte das Modul wieder funktionieren.

Fußzeile

Ein Modul dieses Typs blendet am unteren Rand der Homepage einen Hinweistext auf das Joomla!-Projekt ein. Eigene Texte können hier nicht verwendet werden – folglich bietet es auch keine weiteren Einstellungen.

Menü

Dieser Typ dient als Ausgangspunkt für sämtliche Menüs (siehe Abbildung 7-19). Dazu zählen neben dem Hauptmenü auf der rechten Seite auch waagerechte Menüs wie das im oberen Teil der Homepage.

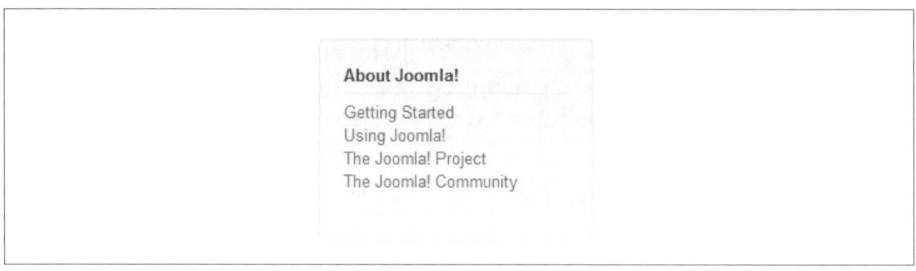

Abbildung 7-19:   Das *About Joomla!*-Menü aus der Beispiel-Website

Die angebotenen Einstellungen setzen Wissen um den Aufbau eines Menüs voraus, weshalb sich der Abschnitt »Neue Menüs anlegen« in Kapitel 8, *Menüs*, auf Seite 365 noch ausführlich mit ihnen beschäftigen wird.

Navigationspfad (Breadcrumbs)

Damit der Benutzer immer weiß, wo er sich gerade auf der Homepage befindet, blenden Module dieses Typs stets den Weg zur aktuellen Seite ein. Abbildung 7-20 veranschaulicht dies noch einmal.

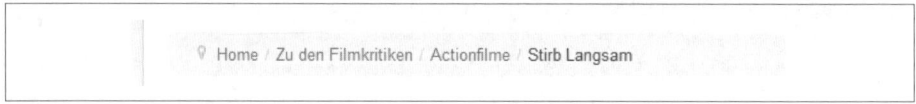

Abbildung 7-20:   Der Pfad zur Unterseite mit der Filmkritik zu *Stirb Langsam*

Von der Startseite (*Home*) aus gelangt man via *Zu den Filmkritiken* zur Übersichtsseite der Kategorie *Actionfilme*, von der aus es weiter zur Filmkritik zu *Stirb Langsam* geht. Mit einem Klick auf eine der vorherigen Stationen springt der Besucher dann schnell wieder zurück. Das gleiche Prinzip verwenden übrigens auch die Dateimanager von Windows Vista, 7 und 8.

In Anlehnung an Hänsel und Gretel, die mit einer Brotkrumenspur wieder den Weg nach Hause fanden, bezeichnet man einen solchen Pfad im Englischen auch als *Breadcrumbs*. Diese Hilfe sollten Sie insbesondere immer dann anbieten, wenn Ihre Seitenstruktur recht verschachtelt oder komplex ist.

Ein Modul dieses Typs bietet auf dem Register *Basisoptionen* folgende Einstellmöglichkeiten:

»Aktuelle Seite« anzeigen
Je nach gewähltem Template erscheint ganz links vor dem Navigationspfad entweder der Text der *aktuellen Seite* oder ein Symbol (in Abbildung 7-20 ist das der hellgraue Kreis mit dem kleinen Dreieck unten dran). Mit einem *Nein* lassen Sie dieses vorangestellte Symbol beziehungsweise den Text verschwinden.

Startseite anzeigen

Wenn Sie hier *Ja* aktivieren, erscheint auch immer die Startseite im Pfad (in Abbildung 7-20 ist das *Home* ganz links). Da der Besucher so schnell wieder zur Homepage Ihres Internetauftritts zurückspringen kann, sollten Sie diesen Knopf möglichst immer aktiviert lassen.

Text für die Startseite

Wenn Ihnen die Beschriftung des ersten Links nicht gefällt (in Abbildung 7-20 *Home*), können Sie hier einfach einen anderen vergeben.

Letztes Element anzeigen

Bei einem *Ja* zeigt der Navigationspfad ganz rechts noch einmal den Titel der aktuellen Seite (in Abbildung 7-20 *Stirb Langsam*).

Trennzeichen

Zwischen die Bestandteile des Pfades setzt Joomla! dieses Trennzeichen. In der Praxis werden meist Schrägstriche (/) oder spitze Klammern (>) verwendet. Das letzte Wort hat hier jedoch immer das Template. So trennt etwa das standardmäßig aktive Protostar die Bestandteile grundsätzlich mit einem hellgrauen Schrägstrich – egal, was man in das Feld für ein Zeichen einträgt.

Neueste Beiträge

Ein Modul dieses Typs listet die zuletzt veröffentlichten Beiträge auf. Besonders sinnvoll ist diese Anzeige, wenn auf der Homepage Nachrichten oder in kurzen Abständen viele neue Artikel veröffentlicht werden. Auf diese Weise sieht ein Besucher sofort, welche Meldungen die aktuellsten sind.

Auch im Kinoportal könnte ein solches Modul wie in Abbildung 7-21 auf die neuesten Beiträge aufmerksam machen.

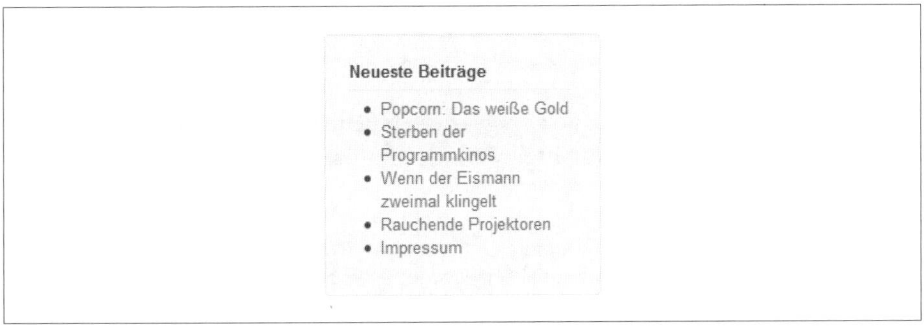

Neueste Beiträge

- Popcorn: Das weiße Gold
- Sterben der Programmkinos
- Wenn der Eismann zweimal klingelt
- Rauchende Projektoren
- Impressum

Abbildung 7-21: Die neuesten Artikel im Kinoportal

Das Modul verlangt auf dem Register *Basisoptionen* folgende Eingaben:

Kategorie

Hier stellen Sie alle Kategorien ein, deren Beiträge das Modul berücksichtigen soll. Weitere Kategorien fügen Sie hinzu, indem Sie auf einen leeren Bereich des Eingabefeldes klicken und dann in der Liste die Kategorie aussuchen. Einmal ausgesuchte Kategorien entfernen Sie wieder über das kleine X neben ihrem Namen. Ist im Feld – *Alle Kategorien* – eingestellt, zeigt das Modul die Beiträge aus allen vorhandenen Kategorien.

Anzahl

So viele Beiträge listet das Modul auf. Bei der Vorgabe 5 würde es also wie in Abbildung 7-21 die fünf zuletzt erstellten Beiträge zur Auswahl stellen.

Hauptbeiträge

Steht diese Einstellung auf *Anzeigen*, berücksichtigt das Modul auch alle Hauptbeiträge. Im Fall von *Verbergen* zeigt das Modul überhaupt keine Hauptbeiträge an. Das ist beispielsweise dann nützlich, wenn das Modul auf der Startseite erscheint, auf der bereits alle Hauptbeiträge zu sehen sind. Umgekehrt können Sie das Modul aber auch zwingen, ausschließlich die Hauptbeiträge anzuzeigen.

Sortieren

Hier legen Sie fest, in welcher Reihenfolge das Modul die gefundenen Beiträge anzeigt.

Autoren

Damit diese Einstellung Wirkung zeigt, muss sich zunächst ein Besucher auf der Startseite anmelden. Ein *Von mir erstellt oder geändert* beschränkt dann die Liste auf alle Beiträge, die aus der Feder des angemeldeten Benutzers stammen. Umgekehrt verbannt *Nicht von mir erstellt oder geändert* alle Artikel aus der Liste, bei denen der Benutzer seine Finger mit im Spiel hatte. Mit der Voreinstellung *Jeder* erscheinen immer alle neuen Beiträge in der Liste.

Neueste Benutzer

Dieses Modul präsentiert die zuletzt registrierten Benutzer. Auf diese Weise werden alle anderen Benutzer auf neue Mitglieder oder Autoren aufmerksam.

 Warnung Dieses Modul sollten Sie deshalb nicht für alle beliebigen Besucher freigeben – diese geht es normalerweise nichts an, wer sich unter welchem Namen registriert hat. Wie man den Zugriff auf ein Modul einschränkt, erfahren Sie in Kapitel 9, *Benutzerverwaltung und -kommunikation*.

Wie in Abbildung 7-22 zeigt das Modul nur die Benutzer, nicht aber die realen Namen an.

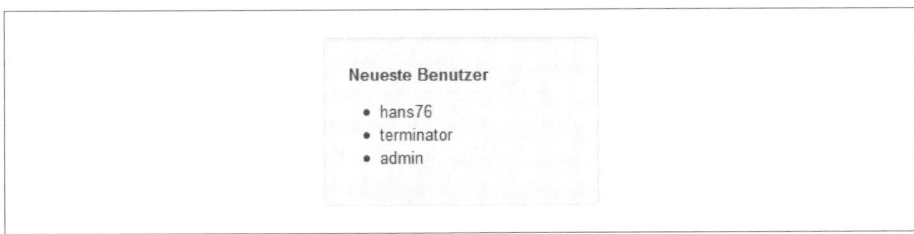

Die Einstellungen sind entsprechend rar. Das Register *Basisoptionen* bietet lediglich folgende zwei Möglichkeiten:

Benutzeranzahl
So viele Benutzer zeigt das Modul an, standardmäßig also immer die fünf zuletzt registrierten.

Gruppenfilter
Wenn Sie diese Einstellung auf *Ja* setzen, sortiert das Modul die Benutzer noch einmal nach Benutzergruppen.

Sprachauswahl

Mit einem Modul von diesem Typ schalten Besucher in einem mehrsprachigen Internetauftritt auf eine andere Sprachfassung um.

Warnung Dies klappt allerdings nur, wenn einige Voraussetzungen erfüllt sind. Welche das sind, verrät später noch Kapitel 12, *Mehrsprachigkeit*. Auf einer einsprachigen Seite wie dem Kinoportal ist dieses Modul daher nutzlos.

Eine ausführliche Erklärung der einzelnen Einstellungen finden Sie daher in Kapitel 12, *Mehrsprachigkeit*.

Statistiken

Ein Modul dieses Typs gibt Informationen zur Website und zum System aus, auf dem Joomla! läuft. Abbildung 7-23 zeigt eine Beispielausgabe.

Warnung In einer produktiven Umgebung sollten Sie die Angaben zum System immer deak- tivieren, da Angreifer andernfalls wertvolle Informationen über Ihr System bezie-hungsweise potenzielle Schwachpunkte erhalten.

Welche Informationen das Modul anzeigen soll, legen Sie auf dem Register *Basisoptionen* fest:

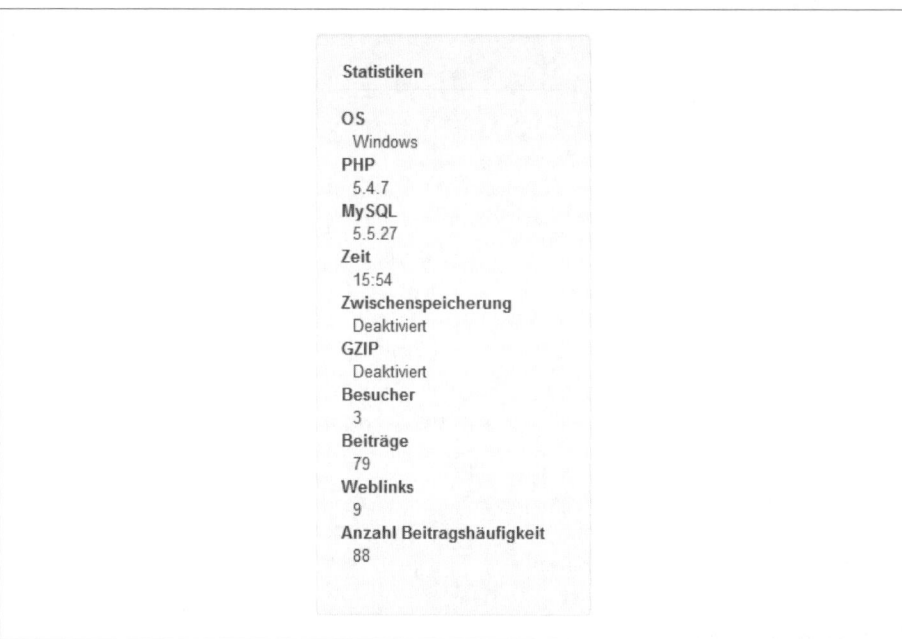

Abbildung 7-23:   Beispiel für die Ausgaben eines Statistik-Moduls

Serverinformationen
> Bei einem *Ja* spuckt das Modul Informationen über den Computer aus, auf dem Joomla! läuft.

Seiteninformationen
> Bei einem *Ja* liefert das Modul Informationen über die Website-Einstellungen.

Zugriffszähler
> Bei einem *Ja* zeigt das Modul, wie oft die Website bereits besucht wurde.

Zähler hochsetzen
> Setzt den Zugriffszähler auf die hier eingetragene Zahl. Diese Funktion ist besonders für Seitenbetreiber interessant, die Ihre Seite neu aufsetzen (müssen), den alten (Zähler-)Stand aber nicht verlieren wollen.

Suchen

Ein Modul dieses Typs stellt ein Eingabefeld bereit, über das Besucher die Seite nach einem bestimmten Begriff durchsuchen können (siehe Abbildung 7-24). Das Ergebnis der Suche präsentiert Joomla! in einer mehr oder weniger langen Liste, analog zu den Ausgaben der bekannten Internetsuchmaschinen.

Hinter den Kulissen leitet das Suchmodul die Anfrage an die Komponente *Suchen* weiter (die auch hinter *Komponenten → Suchen* steckt). Diese übernimmt dann gemeinsam mit ein paar Plugins aus *Kapitel 11, Plugins*, die eigentliche Suche in der Datenbank.

Abbildung 7-24:   Die minimalistische Version des Suchmoduls

Das Modul verlangt auf dem Register *Basisoptionen* folgende Eingaben:

Boxbeschreibung
Der hier eingetippte Text erscheint links neben dem Eingabefeld. In Abbildung 7-24 ist er ausgeblendet. Ob er erscheint, hängt auch vom Template ab.

Boxbreite
So viele Zeichen nimmt das Suchfeld maximal auf. Auch diese Vorgabe kann das Template überschreiben.

Boxtext
Der hier eingegebene Text wird im Suchfeld angezeigt. Sofern Sie das Feld leer lassen, packt Joomla! die Vorgabe aus dem derzeit aktiven Sprachpaket in das Feld. In Abbildung 7-24 ist dies *Suchen...*

Suchen-Schaltfläche
Standardmäßig löst die Eingabetaste den Suchvorgang aus. Bei einem *Ja* setzt das Modul neben das Suchfeld noch einen Knopf, über den Ihre Besucher ebenfalls die Suche anstoßen können.

Tipp   Viele Besucher dürften nicht wissen, dass sie die Suche über die Eingabetaste einleiten müssen (schließlich ist das nicht selbstverständlich). Blenden Sie daher die Schaltfläche ruhig per *Ja* ein.

Schaltflächenposition
Wenn Sie den Knopf einblenden lassen, erscheint dieser standardmäßig rechts neben dem Eingabefeld. Über die Ausklappliste *Schaltflächenposition* können Sie ihn aber auch an eine andere Stelle verschieben. *Unten* platziert den Knopf beispielsweise direkt unterhalb des Feldes.

Suchbutton-Bild
Den Knopf muss grundsätzlich immer das Template malen. Wenn Sie hier *Nein* wählen, zeichnet es den Knopf mithilfe der CSS-Technik (was es damit auf sich hat, erfahren Sie später in Kapitel 13, *Templates*). Diese Methode sollte immer zu einem ansehnlichen Ergebnis führen (vergleiche Abbildung 7-25).

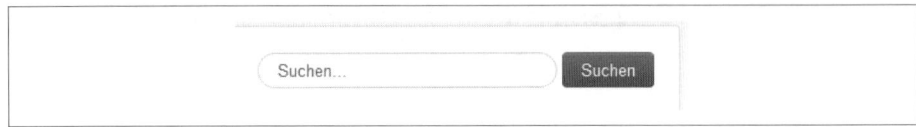

Abbildung 7-25:   Das standardmäßig aktive Template *Protostar* zeichnet den Suchen-Knopf mit einem blauen Hintergrund.

Alternativ kann der Template-Ersteller auch ein Bild von einem Knopf malen und dann dieses Bild verwenden. Anstelle einer Beschriftung kann der Knopf dann auch wie in Abbildung 7-26 einen Pfeil oder ein beliebiges anderes Symbol zeigen. Wenn der Knopf aus diesem Bild bestehen soll, setzen Sie hier *Suchbutton-Bild* auf *Ja*.

Abbildung 7-26:   Hier besteht der Knopf technisch aus einem Bild.

Diese zweite Variante hat allerdings mehrere Nachteile: Zunächst einmal muss dem Template ein solches Bild beiliegen. Die in Joomla! 3.0.2 mitgelieferten Templates bieten selbst kein solches Bild an – daher verwundert es auch etwas, dass hier standardmäßig *Suchbutton-Bild* auf *Ja* steht.

Des Weiteren besitzt das Bild immer nur eine feste Größe. Ist es zu klein, muss man es auf großen Monitoren mit der Lupe suchen. Folglich ist ein solches Bild auch nicht barrierefrei. Schließlich müssen die Besucher das Symbol auch deuten können. Nicht jeder wird auf Anhieb wissen, dass er den Pfeil aus Abbildung 7-26 anklicken kann.

 Tipp   Sie sollten daher hier der Einstellung *Nein* den Vorzug geben.

Schaltflächentext

Anstelle eines Symbols können Sie die Schaltfläche auch mit dem hier hinterlegten Text beschriften. Dazu setzen Sie *Suchbutton-Bild* auf *Nein* und tippen dann die Beschriftung des Knopfes hier in das Feld ein. Um den Besucher nicht in die Irre zu führen, sollten Sie klare Begriffe wählen, wie beispielsweise *Suchen* oder *Los*. Wenn Sie das Feld leer lassen, beschriftet das Modul den Knopf mit einem entsprechenden Text aus dem derzeit aktiven Sprachpaket.

OpenSearch-Auto-Discovery und OpenSearch-Titel

Wenn Sie einen Blick auf die Adresszeile Ihres Browsers werfen, finden Sie am rechten Rand sehr wahrscheinlich ein kleines Eingabefeld. Den dort eingetippten Begriff schickt der Browser direkt an eine Suchmaschine. Welche das ist, können Sie in der Regel über eine kleine Ausklappliste beziehungsweise das Symbol der Suchmaschine bestimmen. Genau dieser Liste können Sie auch die

Suchfunktion Ihrer eigenen Joomla!-Website hinzufügen. Dazu setzen Sie *OpenSearch-Auto-Discovery* auf *Ja* und tragen dann unter *OpenSearch-Titel* eine Bezeichnung ein, unter der Joomla!s Suchfunktion später in der Liste mit den Suchmaschinen auftaucht.

Für den Browser erscheint jetzt die Homepage Ihres Internetauftritts wie eine Internetsuchmaschine. Um sie in den Browser zu integrieren, müssen Sie normalerweise nur die Ausklappliste beim Suchfeld öffnen und dann die Suchfunktion über den entsprechenden Eintrag hinzufügen.

Eintrags-ID setzen
Die Suchergebnisse erscheinen immer auf einer eigenen Seite. Wenn Sie die Darstellung dieser Seite verändern möchten, müssen Sie zunächst so wie in Kapitel 6, *Komponenten – Nützliche Zusatzfunktionen*, Abschnitt »Suchfunktion und Suchstatistiken« auf Seite 274, beschrieben wurde, einen neuen Menüpunkt anlegen. Die Identifikationsnummer dieses Menüeintrages hinterlegen Sie anschließend hier im Feld *Eintrags-ID setzen*. Das Modul übernimmt dann die im Menüeintrag hinterlegten Einstellungen. In der Regel können Sie diese Einstellung jedoch ignorieren.

Suchindex

Ein Modul vom Typ *Suchindex* stellt ein Suchfeld bereit, das jedoch im Gegensatz zu einem Kollegen vom Typ *Suche* die neue Suchfunktion *Smart Search* verwendet (siehe Kapitel 6, *Komponenten – Nützliche Zusatzfunktionen*, »Abschnitt »Suchindex (Smart Search)« auf Seite 278).

Auf dem Register *Basisoptionen* darf man dabei an folgenden Schrauben drehen:

Suchfilter
Hier können Sie einen Suchfilter hinzuschalten und so die Liste mit den Ergebnissen weiter einschränken.

Suchvorschläge
Wenn Sie diese Ausklappliste auf *Anzeigen* setzen, unterbreitet das Suchfeld ähnlich wie Google schon beim Tippen mögliche Vorschläge – vorausgesetzt, Sie haben zuvor hinter *Komponenten → Suchindex* einen *Index* generieren lassen. In Joomla! 3.0.2 funktioniert diese Vorschlagfunktion allerdings (noch) nicht.

Erweiterte Suche
Über diese Ausklappliste können Sie dem Besucher noch erweiterte Filterkriterien an die Hand geben. Im Fall von *Anzeigen* erscheinen unter dem Suchfeld die Filter-Ausklapplisten, die Sie auch schon aus Kapitel 6, *Komponenten – Nützliche Zusatzfunktionen*, Abschnitt »Suchindex (Smart Search)« auf Seite 278, kennen. Da das allerdings wie in Abbildung 7-27 schnell das Layout sprengt, kann man mit dem Punkt *Verknüpfung zur Komponente* auch nur einen Link auf das große Suchformular einblenden.

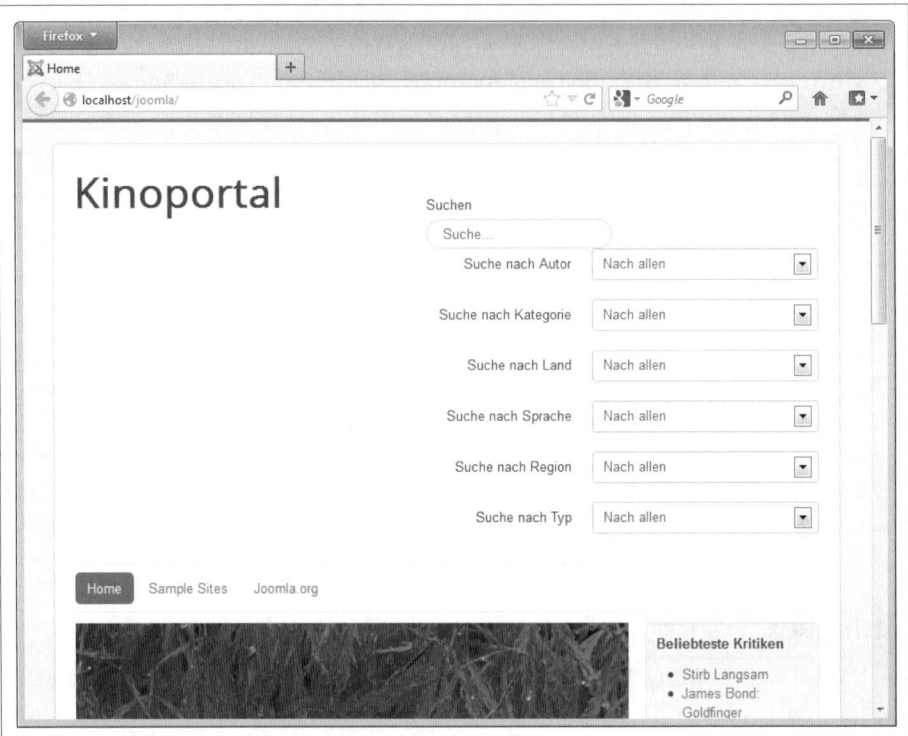

Abbildung 7-27: Die Filter unter dem Suchfeld sprengen schnell die Optik.

Die Einstellungen auf dem Register *Erweiterte Optionen* hat bereits Abschnitt »Eigenschaften eines Moduls verändern« auf Seite 318 vorgestellt. Module vom Typ *Suchindex* bieten hier aber noch die folgenden speziellen Stellschrauben an:

Suchfeldgröße
Mehr Zeichen, als hier vorgegeben sind, darf ein Besucher nicht in das Suchfeld eintippen.

Alternative Bezeichnung, Bezeichnung Suchfeld, Position Bezeichnung
Den unter *Alternative Bezeichnung* eingegebenen Text parkt Joomla! vor dem Suchfeld. Das tut das Modul allerdings nur, wenn *Bezeichnung Suchfeld* auf *Anzeigen* steht. Wo der Text genau erscheinen soll, legen Sie schließlich unter *Position Bezeichnung* fest.

Suchbutton
Standardmäßig löst die Eingabetaste den Suchvorgang aus. Über diese Einstellung kann man zusätzlich noch neben dem Suchfeld einen kleinen Knopf einblenden, der ebenfalls die Suche anstößt.

 Tipp   Viele Besucher dürften nicht wissen, dass sie die Suche über die Eingabetaste einleiten müssen (schließlich ist das nicht selbstverständlich). Lassen Sie daher die Schaltfläche ruhig *Anzeigen*.

Position Button

Hier bestimmen Sie die Position der Schaltfläche in Relation zum Eingabefeld. *Unten* platziert die Schaltfläche beispielsweise direkt unterhalb des Feldes.

OpenSearch-Unterstützung und OpenSearch-Titel

Wenn Sie einen Blick auf die Adresszeile Ihres Browsers werfen, finden Sie am rechten Rand sehr wahrscheinlich ein kleines Eingabefeld. Den dort eingetippten Begriff schickt der Browser direkt an eine Suchmaschine. Welche das ist, können Sie in der Regel über eine kleine Ausklappliste beziehungsweise das Symbol der Suchmaschine bestimmen. Genau dieser Liste können Sie auch die Suchfunktion Ihrer eigenen Joomla!-Website hinzufügen. Dazu setzen Sie *OpenSearch-Unterstützung* auf *Ja* und tragen dann unter *OpenSearch-Titel* eine Bezeichnung ein, unter der Joomla!s Suchfunktion später in der Liste mit den Suchmaschinen auftaucht.

Für den Browser erscheint jetzt die Homepage Ihres Internetauftritts wie eine Internetsuchmaschine. Um sie in den Browser zu integrieren, müssen Sie normalerweise nur die Ausklappliste beim Suchfeld öffnen und dann die Suchfunktion über den entsprechenden Eintrag hinzufügen.

Syndication Feeds

Standardmäßig erstellt Joomla! für jede Seite des Internetauftritts einen eigenen Newsfeed. Wie bereits im Abschnitt »Newsfeeds« auf Seite 259 beschrieben wurde, sind dies kleine Nachrichtenticker, die ein Browser abonnieren kann. Immer wenn ein neuer Beitrag oder eine neue Nachricht erstellt wird, geht eine Kurzfassung über den Newsfeed an alle Abonnenten. Letztere müssen auf diesem Weg nicht erst Ihre Homepage besuchen, nur um zu erfahren, ob es Neuerungen gibt, und wenn ja, welche.

Je nach Browser ist das Abonnieren eines solchen Newsfeeds recht umständlich oder erfordert zahlreiche Mausklicks. In der Windows-Version von Firefox müssen Sie beispielsweise erst das *Firefox*-Menü öffnen, dann den Menüpunkt *Lesezeichen* ansteuern, weiter zu *Diese Seite abonnieren* wechseln und sich dann für ein Newsfeed-(Datei-)Format entscheiden.

Ein Modul vom Typ *Syndication Feeds* macht nicht nur den Besucher auf die von Joomla! generierten Newsfeeds aufmerksam, es vereinfacht auch das Abonnement. Dazu blendet es auf der Homepage ein kleines Symbol wie in Abbildung 7-28 ein. Ein Mausklick darauf genügt, und schon bietet der Browser an, den Newsfeed für die aktuell angezeigte Seite zu abonnieren. Mit anderen Worten: Sie müssen das Modul auf den Seiten erscheinen lassen, für die später ein Newsfeed bereitstehen soll.

Warnung Das Modul arbeitet Hand in Hand mit der eingebauten Newsfeed-Funktion von Joomla!, die Sie über die Menüpunkte ein- und ausschalten. (Sie lesen richtig: Die Menüpunkte legen fest, ob Joomla! einen Newsfeed für die darüber erreichbaren Seiten generiert.) Mehr dazu finden Sie in *Kapitel 8, Menüs,* im Abschnitt »Schritt 5: RSS-Feeds aktivieren (Integrationseinstellungen)« auf Seite 393.

Joomla! packt zudem alle Inhalte, die gerade auf der aktuellen Seite zu sehen sind, in den Newsfeed. Überlegen Sie sich also gut, auf welchen Unterseiten Sie das Modul einblenden.

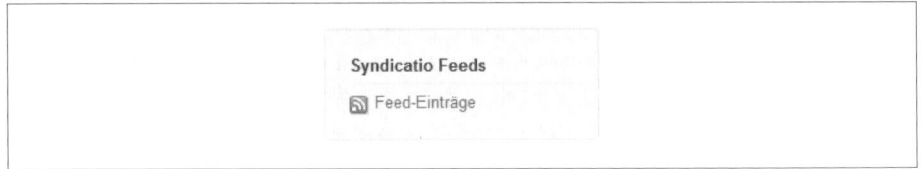

Abbildung 7-28: Ein Modul des Typs *Syndication Feeds* erlaubt das bequeme Abonnieren des Newsfeeds für die aktuelle Seite. Ein Klick auf dieses kleine Symbol beziehungsweise den Link genügt bereits.

Den Aufbau von Newsfeeds regeln derzeit gleich mehrere Quasi-Standards. Am weitesten verbreitet ist das RSS-Format in der Version 2.0.

 **Tipp** Lustigerweise hat sich mit den Versionen auch das Akronym verändert: In Version 0.91 stand es noch für *Rich Site Summary*, in der Version 1.0 dann für *RDF Site Summary*, und schließlich ist es heute die Abkürzung von *Really Simple Syndication*. Als Grundlage dient in allen Fällen das textbasierte Austauschformat XML.

Auf Wunsch bietet das *Syndication-Feeds*-Modul auch Newsfeeds im Konkurrenz-format ATOM 1.0 an. Dazu setzen Sie auf dem Register *Basisoptionen* das *Feed-Format* auf *Atom 1.0*. Der auf dem gleichen Register im Eingabefeld eingetippte *Text* erscheint neben dem kleinen Symbol auf der Homepage (in Abbildung 7-28 lautet er *Feed-Einträge*). Wenn Sie das Feld leer lassen, verwendet Joomla! den Text, den das gerade aktivierte Sprachpaket mitliefert. Den Text können Sie auch explizit abschalten, indem Sie *Text anzeigen* auf *Nein* setzen.

 **Tipp** Sofern Ihr Browser keine Newsfeeds unterstützt, können Sie sich dennoch die Datei als Klartext anschauen. Dazu genügt die Eingabe der Internetadresse zu der entsprechenden Datei. Um Newsfeeds zu nutzen, brauchen Sie die Interna aber nicht zu kennen. Wer dennoch weitere Informationen sucht, der findet unter *http:// de.wikipedia.org/wiki/RSS* eine entsprechende Anlaufstelle.

Weblinks

Dieses Modul greift sich die in einer Weblink-Kategorie angelegten Weblinks und zeigt sie an. Wie man eine solche Kategorie anlegt und mit Weblinks bestückt, hat bereits Kapitel 6, *Komponenten – Nützliche Zusatzfunktionen*, Abschnitt »Weblinks« ab Seite 287, gezeigt. Abbildung 7-29 zeigt ein Beispiel für die Ausgaben eines solchen Moduls.

 Tipp Gegenüber der Komponente ist ein solches Modul besonders dann praktisch beziehungsweise vorzuziehen, wenn man direkt neben einem Artikel auf Quellen oder weiterführende Informationen verweisen möchte.

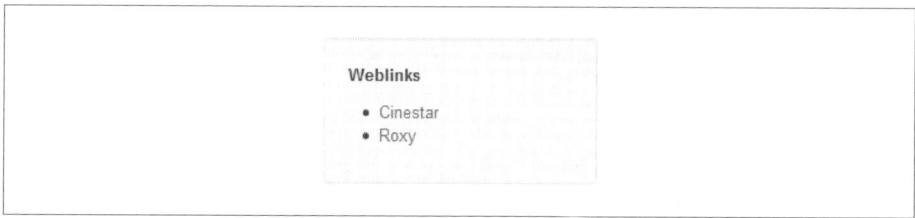

Abbildung 7-29:   Ein Modul des Typs *Weblinks* zeigt hier die Links auf die Kinos in der Umgebung an.

Damit das Modul weiß, welche Weblinks es wie anzeigen soll, ist ein Besuch auf dem Register *Basisoptionen* Pflicht. Dort warten folgende Einstellungen:

Kategorie

Hier wählen Sie die Weblink-Kategorie, aus der das Modul die Weblinks anzeigen soll.

Anzahl

Hier legen Sie fest, wie viele Links das Modul höchstens präsentieren soll.

Reihenfolge und Reihenfolge

Wenn das Modul mehrere Weblinks anzeigt, können Sie diese über die obere *Reihenfolge*-Ausklappliste wahlweise nach ihrem *Titel* oder den bisherigen *Zugriffen* (also ihrer Beliebtheit) sortieren lassen. Im Fall von *Sortieren* verwendet das Modul die Reihenfolge, wie sie im Backend die Liste hinter *Komponenten → Weblinks → Weblinks* vorgibt.

Nachdem Sie sich für eines der drei Kriterien entschieden haben, können Sie mit der unteren Ausklappliste *Reihenfolge* die Weblinks *Aufsteigend* oder *Absteigend* sortieren lassen.

Zielfenster

Sobald der Besucher auf einen Link klickt, leitet das Modul ihn auf die entsprechende Internetseite. In welchem Fenster sich diese Seite öffnet, bestimmen Sie hier mit der Einstellung *Zielfenster*. Die beiden Einträge *In neuem Fenster öffnen* und *Als Pop-up-Fenster öffnen* reißen jeweils ein neues Fenster auf. Im zweiten Fall (Pop-up-Fenster) ähnelt das Fenster der Mini-Variante der Medienverwaltung: Joomla! dunkelt den Hintergrund ab und zeigt die Internetseite in einem kleinen weißen Rahmen, dem die sonst übliche Symbolleiste mit den Navigationsschaltflächen fehlt. Bei der Einstellung *Im gleichen Fenster öffnen* ersetzt Joomla! Ihre Internetseite durch die hinter dem Link.

Follow/No Follow

Dieser Punkt richtet sich an Suchmaschinen: Wenn Sie *Follow* aktivieren, dürfen Google und Co den präsentierten Links folgen, bei *No Follow* nicht. Dies ist allerdings nur eine Empfehlung – niemand garantiert, dass sich die Suchmaschinen tatsächlich daran halten.

Beschreibung

Im Fall von *Anzeigen* blendet das Modul zu jedem Link auch noch seine Beschreibung ein.

Zugriffe

Bei *Anzeigen* verrät das Modul, wie oft jeder Weblink bereits angeklickt wurde.

Klicks zählen

Standardmäßig zählt das Modul nicht mit, wie oft die Links angeklickt wurden. Ein Besucher könnte somit beliebig oft im Modul auf den Link zum *Roxy*-Kino klicken, die Anzahl der Zugriffe würde sich für Joomla! dennoch nicht erhöhen. Wenn Sie hier *Ja* aktivieren, zählt neben der Weblink-Komponente dann auch dieses Modul die Mausklicks mit.

 Tipp   Normalerweise möchte man jeden Klick auf jeden Weblink mitzählen. Um dies zu erreichen, müssen Sie in allen Modulen vom Typ *Weblink* den Punkt *Klicks zählen* auf *Ja* stellen sowie in der Komponente das Zählen einschalten (siehe Kapitel 6, *Komponenten – Nützliche Zusatzfunktionen*, Abschnitt »Weblinks« auf Seite 287).

Wer ist online

Ein Modul dieses Typs informiert darüber, wie viele Besucher sich gerade auf der Seite tummeln. Abbildung 7-30 zeigt ein Beispiel. Auf Wunsch erscheinen angemeldete Benutzer mit ihrem Namen in einer Liste, alle anderen werden als Gäste gezählt.

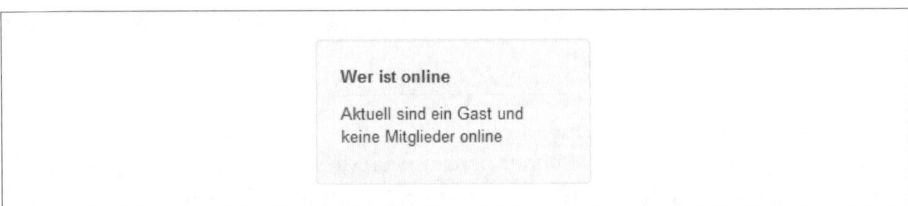

Abbildung 7-30:   Derzeit schaut sich nur ein Gast auf der Seite um.

Auf dem Register *Basisoptionen* legen Sie mit der Ausklappliste *Anzeige* fest, welche Informationen das Modul anzeigt. *# von Gästen / Benutzern* beschränkt sich auf die Anzahl der derzeit angemeldeten Benutzer und Gäste (wie in Abbildung 7-30). *Benutzernamen* zeigt nur die Namen der derzeit eingeloggten Benutzer, und *Beides* vereint beide Informationen.

Eine weitere Einstellung versteckt sich noch zwischen ihren Kolleginnen auf dem Register *Erweiterte Optionen* (das Sie bereits aus Abschnitt »Eigenschaften eines Moduls verändern« auf Seite 318 kennen): Wenn Sie dort *Gruppenfilter* auf *Ja* setzen, sortiert das Modul die Benutzer noch einmal nach Benutzergruppen.

Wrapper

Ein Modul vom Typ *Wrapper* bettet eine (externe) Internetseite in einem abgetrennten Bereich auf der Homepage ein. Bei Bedarf wird dieser Bereich wie in Abbildung 7-31 um zusätzliche Bildlaufleisten ergänzt. Auf diese Weise könnte man beispielsweise Informationsseiten über Spezialeffekte einer befreundeten Seite in das Kinoportal integrieren.

Abbildung 7-31:   Hier hat das Modul den Internetauftritt der *Free Software Foundation* (*http://fsf.org*) eingebunden.

Warnung   Auf diese Weise machen Sie sich fremde Seiten zu eigen. Um nicht mit dem Urheberrecht zu kollidieren, sollten Sie den konkurrierenden Seitenbetreiber immer vorher um Erlaubnis bitten. Darüber hinaus sind Sie ab sofort für die integrierten Inhalte mitverantwortlich. Sollten dort also beispielsweise rechtswidrige Texte erscheinen, könnte man Sie ebenfalls haftbar machen.

Das Register *Basisoptionen* bietet folgende Einstellungen an:

URL
Hier tippen Sie die Internetadresse der Seite ein, die das Modul anzeigen soll – im Beispiel aus Abbildung 7-31 also *http://fsf.org*.

Protokoll hinzufügen
Sofern im Feld *URL* das Protokoll (*http://* oder *https://* zu Beginn der Adresse) fehlt, ergänzt Joomla! diese Angabe selbstständig – vorausgesetzt, hier ist *Ja* aktiviert.

Scrollbalken
Ein *Nein* verbietet die Anzeige von zusätzlichen Bildlaufleisten, ein *Ja* erzwingt sie. *Autom.* erzeugt sie automatisch bei Bedarf.

Breite
Das ist die Breite des Bereichs, in dem die Seite angezeigt wird. Sie dürfen die Breite entweder in Pixeln (Bildpunkten) oder als Prozentwert eintragen.

Höhe

Das ist die Höhe des Bereichs, in dem die Seite angezeigt wird. Sie dürfen die Höhe entweder in Pixeln (Bildpunkten) oder als Prozentwert eintragen.

Autom. Höhe

Bei einem *Ja* bestimmt das Modul die Höhe selbstständig.

Frame-Rahmen

Wenn Sie hier *Ja* aktivieren, malt das Modul einen schmalen Rahmen um die Seite (wie in Abbildung 7-31).

Zielname

Dieses Feld spricht primär Programmierer (von Templates) an: Die externe Seite wird über den HTML-Befehl `iframe` eingebunden. Der Name der externen Seite gehört in dieses Feld.

Zufallsbild

Ein Modul des Typs *Zufallsbild* wählt per Zufall ein Bild aus und zeigt es auf der Homepage an (siehe Abbildung 7-32). Im Beispiel des Kinoportals könnte man es dazu verwenden, verschiedene nostalgische Filmplakate zu präsentieren, und somit an die gute alte Zeit erinnern. Aber auch in Foto- oder Kunstportalen sorgen zufällig gezogene Bilder für eine Auflockerung und machen Appetit auf die eigentliche Sammlung.

Abbildung 7-32: Ein Zufallsbild-Modul hat hier zufällig ein paar schmucke O'Reilly-Kugelschreiber gewählt.

Das Modul verlangt auf dem Register *Basisoptionen* folgende Eingaben:

Bildtyp

Legt das Bildformat fest, wie zum Beispiel *gif*, *png* oder *jpg*. Beschränken Sie sich möglichst auf eines der drei genannten Formate, da nur diese von den meisten Browsern ohne Probleme erkannt beziehungsweise verarbeitet werden.

Bildverzeichnis

Bestimmt das Verzeichnis, aus dem das Modul per Zufall ein Bild zieht. Der hier eingetippte Pfad ist dabei relativ zum Joomla!-Verzeichnis anzugeben. Liegen die Bilder zum Beispiel unter Windows im Verzeichnis *C:\xampp\htdocs\joomla\images\galerie*, so gehört der Eintrag *images/galerie* in das Feld.

Da dieses Verzeichnis Teil der Medienverwaltung ist, liegt es nahe, diese auch für die Verwaltung der hier benötigten Bilder heranzuziehen. Beispielsweise könnten Sie mit ihr das Verzeichnis *images/zufall* anlegen, das dann ausschließlich die Bilder für das Zufallsbild-Modul aufnimmt. (Weitere Informationen zur Medienverwaltung finden Sie in Kapitel 5, *Medien verwalten*.)

Links

Der Besucher gelangt nach einem Klick auf das Bild zur hier eingetragenen Internetadresse.

Breite (px)

Die Breite des Bildes in Pixeln (Bildpunkten). Fehlt hier ein Eintrag, wird das Bild automatisch in den vom Modul bereitgestellten Kasten gequetscht.

Höhe (px)

Die Höhe des Bildes in Pixeln (Bildpunkten). Fehlt hier ein Eintrag, wird das Bild automatisch in den vom Modul bereitgestellten Kasten gequetscht.

Module in Beiträge einbinden

Mit einem kleinen Trick können Sie die Ausgaben eines Moduls auch mitten in einen Beitrag kleben. Dazu erstellen Sie zunächst das gewünschte Modul und weisen ihm eine Position zu, die es überhaupt nicht gibt. Denken Sie sich also eine Bezeichnung aus, wie etwa `meineposition`, und tippen Sie diese in das Feld *Position* ein. Dazu öffnen Sie zunächst die Ausklappliste. An ihrem oberen Rand erscheint jetzt ein Eingabefeld, in das Sie **meineposition** tippen (wie in Abbildung 7-33) und dann diese Position mit der Eingabetaste bestätigen. Den *Titel* des Moduls können Sie beliebig wählen. Achten Sie aber darauf, dass *Titel anzeigen* auf *Verbergen* steht – andernfalls erscheint der Titel auch später mit im Beitrag.

Nach dem *Speichern & Schließen* wechseln Sie in den Bearbeitungsbildschirm des Beitrags (hinter *Inhalt → Beiträge* und dann mit einem Klick auf den Titel des Beitrags). An der Stelle im Beitragsinhalt, an der die Modulausgaben erscheinen sollen, tippen Sie jetzt folgenden kryptischen Befehl ein:

```
{loadposition name}
```

Wobei Sie *name* gegen die frei erfundene Position austauschen. Im Beispiel sieht der Befehl damit wie folgt aus (siehe Abbildung 7-34):

```
{loadposition meineposition}
```

Diesen speziellen Platzhalter ersetzt Joomla! später auf der Website durch alle Inhalte, die sich an der Position *meineposition* befinden – im Beispiel ist dies das gewünschte Modul.

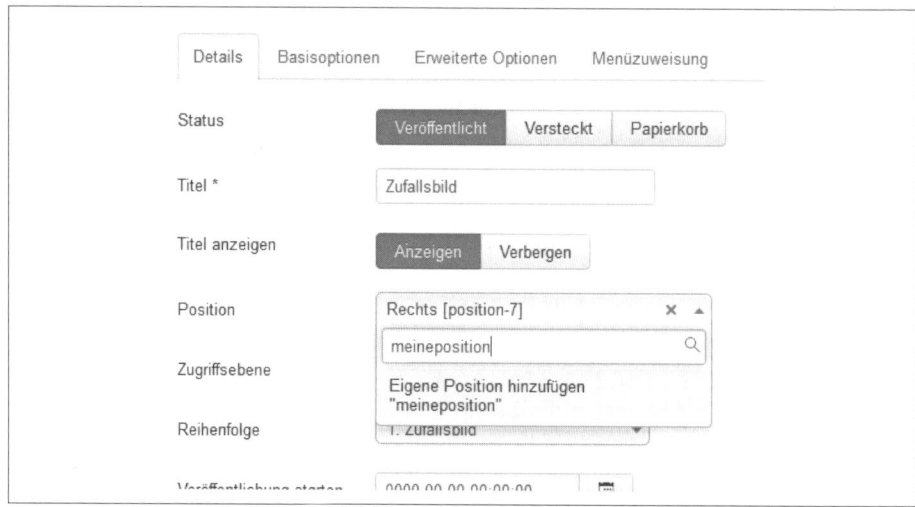

Abbildung 7-33: Um die Ausgaben des Moduls in einen Beitrag fließen zu lassen, setzt man das Modul zunächst an eine Position, die es nicht gibt.

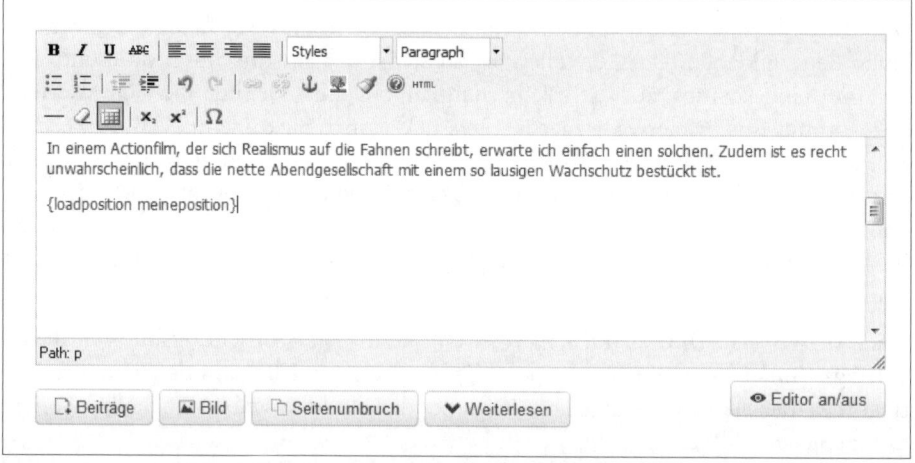

Abbildung 7-34: Diesen Platzhalter ersetzt Joomla! später durch die Modulausgaben.

Tipp

Anstelle einer eigenen Position können Sie selbstverständlich auch eine existierende, sichtbare Position nehmen. Würden Sie beispielsweise

```
{loadposition position-7}
```

schreiben, würden im Beitrag alle Menüs sowie das *Login Form* vom rechten Fensterrand noch einmal mitten im Artikel auftauchen. Die hier benötigte Positionsangabe ist dabei diejenige, die in den Einstellungen des Moduls in der Ausklappliste *Position* in den eckigen Klammern zu finden ist.

Speichern Sie den Beitrag, und betrachten Sie das Ergebnis in der *Vorschau* (siehe Abbildung 7-35).

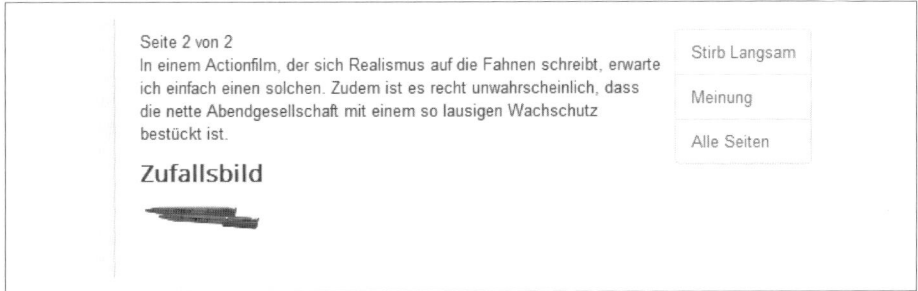

Abbildung 7-35:   Die Kugelschreiber stammen aus einem Modul vom Typ *Zufallsbild*, wobei der Titel des Moduls (der hier nicht sehr originell ebenfalls *Zufallsbild* lautet) nicht versteckt wurde.

Tipp   Auch die in Joomla! mitgelieferte Beispiel-Homepage verwendet diesen Trick. Die entsprechenden Beiträge finden Sie im Menü *About Joomla!* hinter *Using Joomla!* → *Using Extensions* → *Modules*.

{loadposition ...} besitzt noch einen Bruder namens {loadmodule ...}. Er funktioniert nach dem gleichen Prinzip, bindet aber anstelle eines Bereichs nur ein einzelnes Modul ein. Um beispielsweise das Modul mit dem Namen *Zufallsbild* einzubinden, geben Sie im Beitrag den folgenden Text ein:

```
{loadmodule random_image,Zufallsbild}
```

Dabei steht Zufallsbild für den Namen des Moduls und random_image für den Modultyp. Letztgeannnter sieht etwas kryptisch aus, weil Joomla! hier die interne Bezeichnung nutzt, die sonst eigentlich nur Joomla!-Programmierer zu Gesicht bekommen. Tabelle 7-1 listet deshalb noch einmal alle Modultypen und ihre entsprechenden Bezeichnungen für loadmodule auf.

Tabelle 7-1: Modultypen und ihre internen Bezeichnungen

Modultyp	Bezeichner für loadposition
Anmeldung	login
Archivierte Beiträge	articles_archive
Banner	banners
Beiträge – Newsflash	articles_news
Beiträge – Verwandte Beiträge	related_items
Beitragkategorie	articles_category
Beitragkategorien	articles_categories
Beliebte Beiträge	articles_popular
Eigene Inhalte (Leeres Modul)	custom

Tabelle 7-1: Modultypen und ihre internen Bezeichnungen *(Fortsetzung)*

Modultyp	Bezeichner für loadposition
Feed-Anzeige	feed
Fußzeile	footer
Menü	menu
Navigationspfad (Breadcrumbs)	breadcrumbs
Neueste Beiträge	articles_latest
Neueste Benutzer	users_latest
Sprachauswahl	languages
Statistiken	stats
Suchen	search
Suchindex	finder
Syndication Feeds	syndicate
Weblinks	weblinks
Wer ist online	whosonline
Wrapper	wrapper
Zufallsbild	random_image

Administrator-Module

Rufen Sie im Menü des Backends den Punkt *Erweiterungen → Module* auf, und klicken Sie im kleinen Menü ganz links unterhalb der Werkzeugleiste auf *Administrator*. Joomla! präsentiert Ihnen nun in der Liste alle Module, die ihre Arbeit im Backend verrichten (siehe Abbildung 7-36).

Beispielsweise sorgt das Modul *Admin Menu* dafür, dass am oberen Rand das Hauptmenü erscheint.

Die Einrichtung der Module erfolgt genau so, wie es im vorherigen Abschnitt für die Module des Frontends gezeigt wurde. Da im normalen Betrieb jedoch keine Änderungen an den bestehenden Einstellungen erforderlich sind, soll im Folgenden nur ein kurzer Überblick über die vorhandenen Module gegeben werden.

 Warnung   Bei Experimenten mit den hier angebotenen Modulen besteht immer die Gefahr, dass man sich selbst aus dem Backend aussperrt. Sie sollten daher Änderungen an den Administrator-Modulen niemals auf einem produktiven System durchführen.

Standardmäßig werden Sie folgende Module sehen:

Logged-in Users, Popular Articles, Recently Added Articles
     Diese Module kümmern sich um die Kästen in der Mitte des Kontrollzentrums (*System → Kontrollzentrum*).

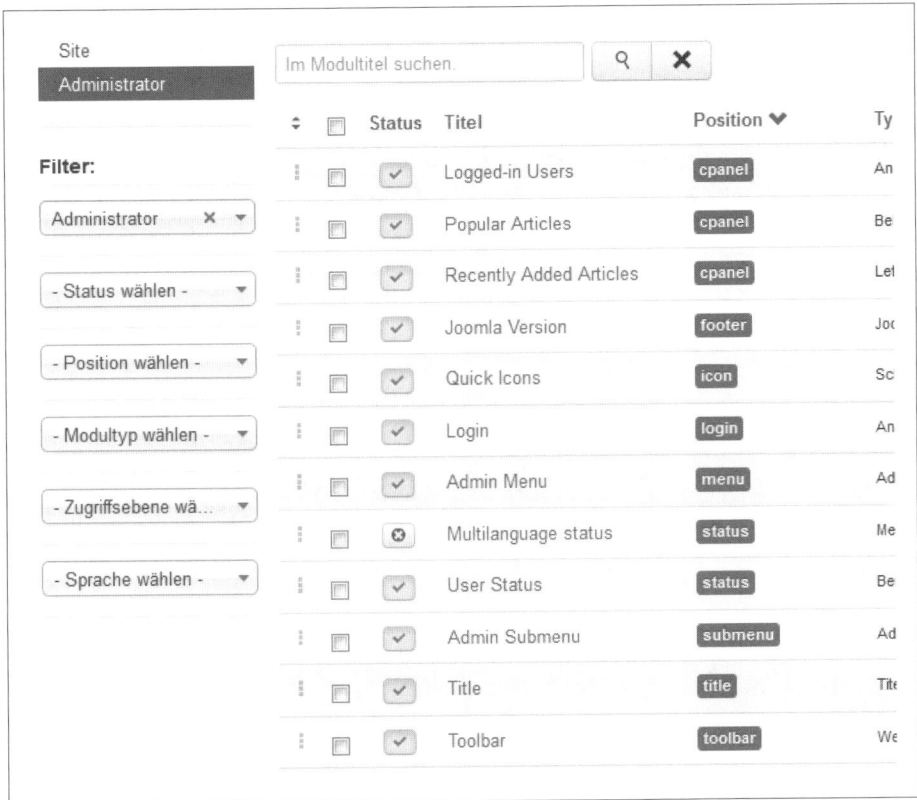

			Status	Titel	Position ∨	Ty
Site						
Administrator						
	⇕	☐	Status	Titel	Position ∨	Ty
Filter:	⁝	☐	✓	Logged-in Users	cpanel	An
	⁝	☐	✓	Popular Articles	cpanel	Be
Administrator ✕ ▾	⁝	☐	✓	Recently Added Articles	cpanel	Lef
	⁝	☐	✓	Joomla Version	footer	Joo
- Status wählen - ▾	⁝	☐	✓	Quick Icons	icon	Sc
	⁝	☐	✓	Login	login	An
- Position wählen - ▾	⁝	☐	✓	Admin Menu	menu	Ad
- Modultyp wählen - ▾	⁝	☐	✗	Multilanguage status	status	Me
	⁝	☐	✓	User Status	status	Be
- Zugriffsebene wä... ▾	⁝	☐	✓	Admin Submenu	submenu	Ad
	⁝	☐	✓	Title	title	Tit
- Sprache wählen - ▾	⁝	☐	✓	Toolbar	toolbar	We

Abbildung 7-36:   Die Module für das Backend im Überblick

Joomla Version
Blendet die von Ihnen gerade genutzte Joomla!-Version ein.

Quick Icons
Stellt die Verweise am rechten Rand des Kontrollzentrums bereit.

Login
Kümmert sich um den Anmeldebildschirm.

Admin Menu
Stellt das Hauptmenü am oberen Seitenrand.

Multilanguage status
Kümmert sich um die Mehrsprachigkeit.

User Status
Zeigt den Status des angemeldeten Benutzers (in der Statusleiste am unteren Rand).

Admin SubMenu
Kümmert sich um die Anzeige der Unterpunkte im Hauptmenü.

Title

Blendet im blauen Streifen unter dem Hauptmenü den Namen beziehungs-weise den Titel der gerade geöffneten Seite ein.

Toolbar

Kümmert sich um die Anzeige der Symbole in der Werkzeugleiste.

Sollten Sie wider Erwarten doch einmal mit den hier aufgeführten Modulen in Kontakt treten müssen, finden Sie weitere Informationen in der Joomla!-Online-Hilfe.

In diesem Kapitel:
- Die Menüs aus den Beispieldaten
- Menüs verwalten
- Menüeinträge verwalten
- Einen Menüeintrag anlegen
- Spezielle Menüpunkte

KAPITEL 8

Menüs

Im Kinoportal gibt es bereits zahlreiche Beiträge und verschiedene Zusatzfunktionen, die in den vorangegangenen Kapiteln freigeschaltet wurden. Diese Funktionen und Beiträge muss der Besucher aber auch irgendwie erreichen können.

Die Navigation in Ihrem Internetauftritt erfolgt über Menüs. Im Gegensatz zu anderen Content-Management-Systemen entkoppelt Joomla! die Inhalte von den einzelnen Menüeinträgen. Man erzeugt also zunächst Kategorien und Beiträge, die man dann im zweiten Schritt nach den eigenen Vorstellungen mit den Menüpunkten verbindet. Es gilt sogar:

Warnung   In Joomla! bestimmt der Menüpunkt, was die dahinterliegenden Webseiten in welcher Reihenfolge anzeigen. (Um einen schicken Anstrich kümmert sich dann das Template.)

Auf diese Weise erreicht man eine höhere Flexibilität bei der Gestaltung.

Die Menüs aus den Beispieldaten

In den Beispieldaten liefert Joomla! bereits sechs Menüs aus. Dreieinhalb alte Bekannte sehen Sie noch einmal in Abbildung 8-1. Dies sind am rechten Bildschirmrand das Menü *About Joomla!*, das zu Informationsseiten über das Content-Management-System führt. Direkt darunter folgt das eigentliche Hauptmenü (*This Site*). Am oberen Rand liegt ein waagerechtes Menü. Es enthält Einträge zu den wichtigsten und zentralen Inhalten.

Standardmäßig nicht sichtbar ist das *User Menu*. Es erscheint nur, nachdem sich ein registrierter Benutzer über das *Login Form* rechts unten auf der Startseite angemeldet hat.

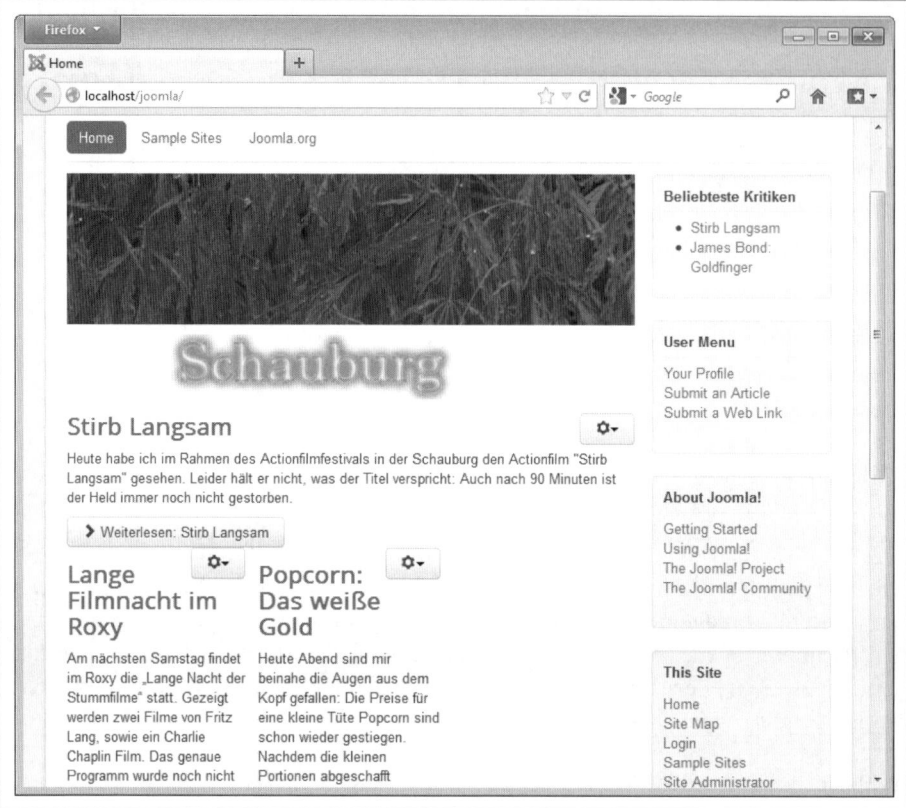

Abbildung 8-1:   Die Beispiel-Homepage mit (fast) allen Menüs. Der Kasten *Beliebteste Kritiken* ist kein Menü, ihn stellt ein spezielles Modul (siehe 7, *Module – Die kleinen Brüder der Komponenten*).

Wenn Sie über das waagerechte Menü am oberen Seitenrand zu den *Sample Sites* wechseln, sehen Sie noch zwei weitere Menüs: *Australian Parks* und *Fruit Shop* sind nur auf ganz bestimmten Unterseiten sichtbar.

Wie die Beispiele zeigen, können Sie ein Menü also

- nur bestimmten Benutzern zur Verfügung stellen
- nur auf bestimmten Unterseiten Ihres Internetauftritts einblenden.

Menüs verwalten

Für die Verwaltung der Menüs ist im Backend der gleichnamige Menüpunkt *Menüs* → *Menüs* zuständig. Die dahinter stehende Seite aus Abbildung 8-2 präsentiert eine Liste, die alle derzeit existierenden Menüs aufführt.

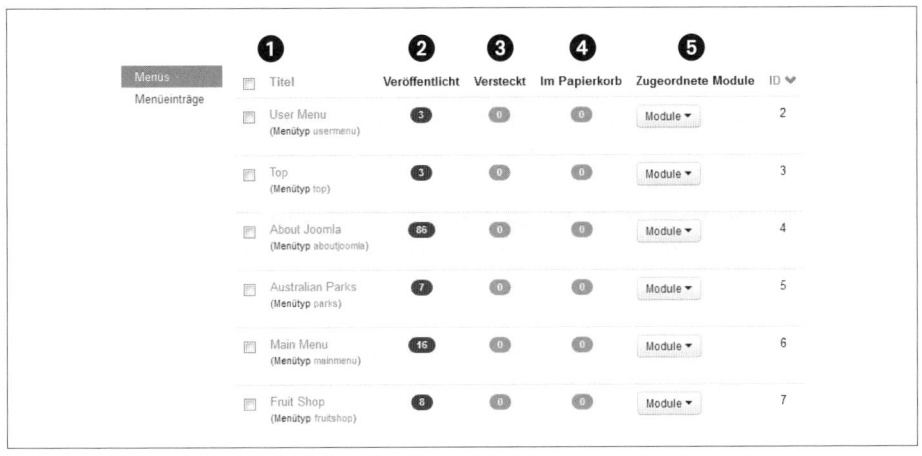

Abbildung 8-2: Diese Seite verwaltet alle vorhandenen Menüs. Hier sind es die sechs aus den mitgelieferten Beispieldaten.

Version Gegenüber der Version 2.5 haben die Joomla!-Entwickler diese Liste etwas über- sichtlicher gemacht. Auch wenn es für Umsteiger im ersten Moment nicht so aus- sieht, sind nach wie vor alle Informationen anwesend.

Anhand ihrer *Titel* sollten Sie die Menüs schnell im Frontend identifizieren können ❶. Hinter dem mit *Top* bezeichneten Menü versteckt sich das waagerechte Menü am obe- ren Seitenrand, das *Main Menu* firmiert auf der Website unter dem Namen *This Site*.

Die nächsten drei Spalten zeigen an, wie viele Menüeinträge des Menüs derzeit

- *Veröffentlicht* ❷,
- auf der Homepage nicht sichtbar (*Versteckt*) ❸ oder
- *Im Papierkorb* gelandet sind ❹.

Mit einem Klick auf eine der Zahlen gelangen Sie direkt zu einer Liste mit den ent- sprechenden Menüpunkten. Wenn Sie also beispielsweise in der Zeile für das *Top*- Menü die *3* in der Spalte *Veröffentlicht* anklicken, sehen Sie alle derzeit auf Ihrer Website sichtbaren Einträge des waagerechten Menüs. Analog würde die *0* in der Spalte *Im Papierkorb* zu einem leeren Papierkorb führen.

Tipp Wenn Sie in der Liste mit den Menüpunkten einen Blick auf die Ausklapplisten am linken Seitenrand werfen, werden Sie schnell feststellen, dass es sich hier einfach um die Liste aller vorhandenen Menüpunkte handelt, die Joomla! lediglich pas- send einschränkt.

Wenn Sie dies ausprobiert haben, kehren Sie wieder per *Menüs → Menüs* zur Liste mit allen Menüs zurück. Um die Menüpunkte kümmert sich gleich noch ein eigener Abschnitt.

Die Menüverwaltung hinter *Menüs → Menüs* legt nur fest, welche Menüs es überhaupt gibt. Ihre Darstellung auf der Website übernimmt jeweils ein entsprechendes Modul aus dem Abschnitt »Menü« in Kapitel 7, *Module – Die kleinen Brüder der Komponenten*, auf Seite 339. Es hindert Sie aber niemand daran, einfach ein weiteres Modul einzurichten, das das gleiche Menü visualisiert. Damit wäre das Menü dann zweimal auf der Homepage vorhanden – ob dies sinnvoll ist, steht auf einem anderen Blatt. Die vorletzte Spalte in der Liste, *Zugeordnete Module*, verrät jedenfalls, welche Module an welchen Positionen auf der Homepage das jeweilige Menü anzeigen ❺. Um sich die Module anzeigen zu lassen, müssen Sie ab Joomla! 3.0 noch auf den Knopf *Module* klicken (wie in Abbildung 8-3).

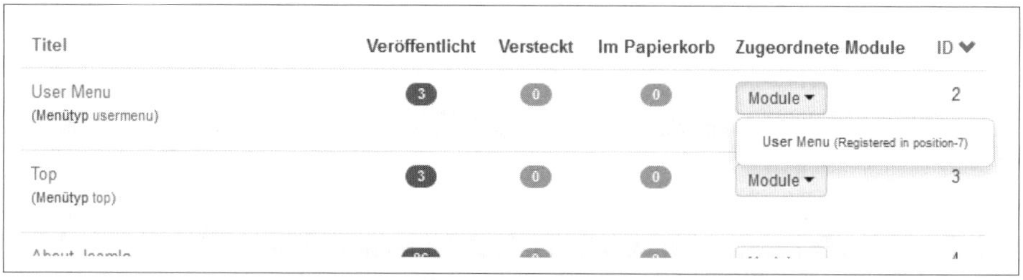

Titel	Veröffentlicht	Versteckt	Im Papierkorb	Zugeordnete Module	ID ❯
User Menu (Menütyp usermenu)	3	0	0	Module ▾	2
				User Menu (Registered in position-7)	
Top (Menütyp top)	3	0	0	Module ▾	3
About Joomla					4

Abbildung 8-3: Wie ein Klick auf den Knopf *Module* enthüllt, zeigt das *User Menu* ein Modul namens *User Menu* an, das zudem auf der Webseite an der *position-7* erscheint.

 Tipp   Mit einem Klick auf den Modulnamen gelangen Sie direkt zu seinen Einstellungen.

Diese Arbeitsweise erklärt übrigens auch, warum das Menü mit dem Namen *Main Menu* auf der Homepage *This Site* heißt: Dort zeigt schlichtweg ein Modul namens *This Site* das Menü mit dem Namen *Main Menu* an – und nur der Name des Moduls erscheint auf der Homepage.

Alle Begriffe im Überblick

Da das alles ziemlich verwirrend ist, folgen hier noch einmal alle Begriffe und die dahinterstehenden Konzepte im Überblick:

- Ein *Menü* enthält einen oder mehrere *Menüpunkte*.
- Für jeden Menüpunkt muss man festlegen, auf was für Informationen er zeigen soll (einen Beitrag oder ein Kontaktformular?). Dies bezeichnet man als *Menüeintragstyp*.
- Die Menüpunkte bestimmen, was auf den über sie erreichbaren Seiten zu sehen ist (nur der Text eines Beitrags oder auch der Name des Autors?).
- Ein Modul zeigt das Menü schließlich auf der Website an. Dort erscheint immer der Name des Moduls, nicht der des Menüs.

Tipp Das mag extrem umständlich erscheinen, ist aber wieder ein gutes Beispiel für die Trennung von Inhalt und Darstellung: Den Aufbau des Menüs legt die Menüverwaltung fest, während sich ein Modul um die Anzeige auf der Homepage kümmert.

Die fertigen Menüs aus den Beispieldaten liefern in den meisten Fällen schon ein recht gutes Ausgangsmaterial, aus dem sich mit wenigen Mausklicks die Menüs für den eigenen Internetauftritt bauen lassen. In den folgenden Abschnitten soll es deshalb zunächst um die Bearbeitung bestehender Menüs und anschließend erst um den Aufbau neuer Menüs gehen.

Menüs löschen

Für das Kinoportal ist das Menü *About Joomla!* eigentlich überflüssig.

Um ein komplettes Menü zu löschen, haken Sie wie unter Joomla! üblich den Kandidaten in der ersten Spalte der Tabelle ab (im Fall des Kinoportals also *About Joomla!*) und klicken anschließend in der Werkzeugleiste auf den Schalter *Löschen*.

Warnung Joomla! entfernt nicht nur das Menü, sondern auch alle darin enthaltenen Menüpunkte sowie das für seine Anzeige zuständige Modul.

Im Beispielfall sind keine wertvollen Elemente betroffen, sodass Sie mit ruhigem Gewissen die Sicherheitsabfrage bestätigen dürfen. Ein anschließender Blick auf die Homepage zeigt das nach oben aufgerückte Menü *This Site* (siehe Abbildung 8-4).

Im Kinoportal führt im Moment das Menü *This Site* noch ziemlich viele Einträge, was es ziemlich unübersichtlich macht. Eleganter wäre es, alle Menüpunkte zu den Inhalten des Kinoportals in einem eigenen Menü zu kapseln. *This Site* führt dann nur noch zu Seiten mit allgemeinen Informationen, wie etwa zu der Startseite, zu einer Sitemap, zu den Kontaktformularen und zum Impressum.

Neue Menüs anlegen

Das Anlegen eines komplett neuen Menüs funktioniert fast genauso schnell wie das Löschen. Nach einem Klick auf das Symbol *Neu* in der Symbolleiste verlangt Joomla! lediglich nach den drei Eingaben aus Abbildung 8-5.

Unter *Titel* geben Sie dem Menü zunächst einen Namen. Unter dieser Bezeichnung finden Sie das Menü gleich auch im Backend wieder. Für das Kinoportal wählen Sie etwa `Kinoportal Menü`. *Menütyp* ist der interne Name für das Menü, quasi sein Fingerabdruck oder Identifikationsname. Er muss unter allen Menüs eindeutig sein und darf keine Leerzeichen enthalten. Für ein neues Menü im Kinoportal könnte man beispielsweise `kinoportal_menue` wählen. Bis auf ganz wenige Ausnahmen verwendet in Zukunft nur Joomla! selbst diesen kryptischen Bezeichner – Sie werden mit ihm folglich nur in wenigen Fällen noch einmal in Berührung kommen.

Abbildung 8-4:   Am nachgerückten Menü This Site erkennt man, dass das *About Joomla!*-Menü Geschichte ist.

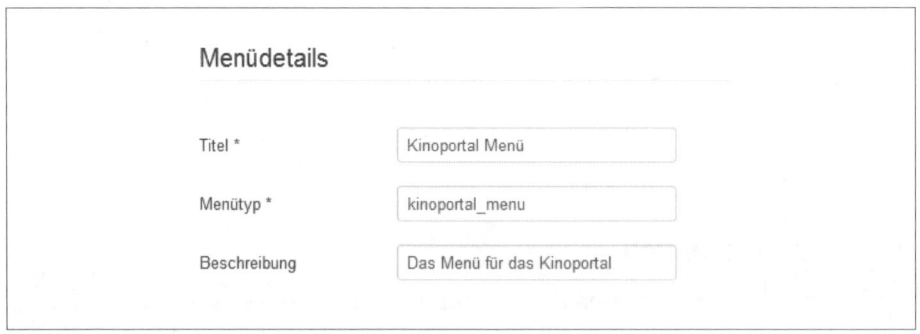

Abbildung 8-5:   Joomla! braucht nur diese drei Informationen für ein neues Menü.

Eine ergänzende *Beschreibung* gehört in das dritte Feld. Sie dient rein zur Information und sollte kurz den Zweck des Menüs umreißen.

Im Fall des Kinoportals sollten die Felder so wie in Abbildung 8-5 aussehen. Das war es schon. Ein Klick auf *Speichern & Schließen* legt das Menü an und führt wieder zurück zur Liste mit allen Menüs.

Wie ein kurzer Blick in die *Vorschau* verrät, ist das Menü dort allerdings noch nicht zu sehen. Damit es dort erscheint, muss man erst noch ein passendes Modul erstellen.

Ein neues Menü-Modul erstellen

Öffnen Sie dazu die Modulverwaltung hinter *Erweiterungen → Module*, und klicken Sie auf *Neu*. Entscheiden Sie sich im neuen Fenster für den Modultyp *Menü*.

Tipp   Für ein neu erstelltes Menü können Sie auch schnell ein passendes Modul erzeugen, indem Sie hinter *Menüs → Menüs* in der Spalte *Zum Menü verlinkte Module* auf den Punkt *Ein Modul für diesen Menütyp hinzufügen* klicken. Sie sparen sich dann einen Mausklick.

Im erscheinenden Formular vergeben Sie zunächst einen *Titel*. Er erscheint später auch als Überschrift über dem Menü. Im Beispiel des Kinoportals wäre `Kino, Film und Co` ganz passend. Als *Position* wählen Sie die *Rechts [position-7].* unterhalb von Protostar. Damit erscheint das Menü gleich auf der rechten Seite bei allen anderen Menüs.

Weiter geht es auf dem Register *Basisoptionen*, das folgende wichtige Einstellungen parat hält:

Menü auswählen
Hier legen Sie fest, welches Menü das Modul anzeigen soll. Im Kinoportal stellen Sie die Ausklappliste auf das vorhin angelegte *Kinoportal Menü*.

Basiseintrag
Den in der Ausklappliste gewählten Menüeintrag hebt Joomla! optisch hervor. Wie das dann auf Ihrer Website aussieht, hängt vom verwendeten Template ab. Die meisten heben den Menüeintrag wie in Abbildung 8-6 in fetter Schrift hervor. (Für Template-Entwickler: Der Menüpunkt erhält dann die Klassennamen `current` und `active`.) Das standardmäßig aktive Template Protostar ignoriert diese Einstellung jedoch.

Wenn Sie die Ausklappliste auf ihrem Standardwert *Aktuell* belassen, hebt Joomla! immer den zuletzt angeklickten Menüpunkt optisch hervor. Ihre Besucher sehen so immer direkt, auf welcher Unterseite sie sich befinden. Sofern nicht wichtige Gründe dagegen sprechen, sollten Sie hier folglich die Standardeinstellung übernehmen.

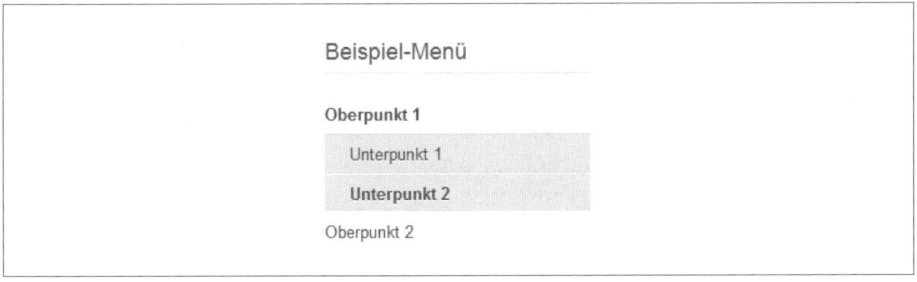

Abbildung 8-6:   Das Template Beez3 druckt den Basiseintrag fett (hier den Unterpunkt 2).

Erste Ebene

Das Modul zeigt nur alle Menüpunkte ab dieser Hierarchie- beziehungsweise Gliederungsebene an (dazu erfahren Sie im folgenden Abschnitt noch mehr).

Letzte Ebene

Das Modul zeigt nur alle Menüpunkte bis zu dieser Hierarchie- beziehungsweise Gliederungsebene an (dazu folgt im folgenden Abschnitt noch mehr).

Untermenüeinträge anzeigen

Enthält ein Menüeintrag weitere Unterpunkte, so bleiben diese bei einem *Ja* immer eingeblendet. Damit ist die komplette Gliederung von Anfang an für den Besucher sichtbar. Bei einem *Nein* klappen die einzelnen Unterpunkte erst nach einem Klick auf ihren jeweils übergeordneten Eintrag auf (wie in der mitgelieferten Beispielhomepage die Unterpunkte im Menü *About Joomla!*).

 Bis auf *Menü wählen* können im Kinoportal alle Einstellungen auf den Vorgaben verbleiben.

Die Einstellungen auf dem Register *Erweiterte Optionen* sind insbesondere im Zusammenhang mit einem eigenen Template sinnvoll (in den meisten Fällen können Sie hier einfach alle Vorgaben übernehmen):

Menü-Tag-ID

Hier dürfen Sie dem Menü ein individuelles ID-Attribut anheften, mit dem später dann das Template das Menü individuell formatieren kann (dazu folgt später mehr im entsprechenden Kapitel 13, *Templates*). Beachten Sie, dass Sie dem Modul auch noch zusätzlich ein *Modulklassensuffix* und ein *Menüklassensuffix* verpassen können.

Menüklassensuffix

Der hier eingestellte Text wird den Menü-Klassen vorangestellt.

Zielposition

JavaScript-Programmierer können hier Werte eingeben, um ein Popup-Fenster zu positionieren.

Alternatives Layout

Über die Ausklappliste können Sie den Modulausgaben eine ganz bestimmte, vom Standard abweichende Optik überstülpen. Welche Punkte hier zur Auswahl stehen, hängt von den installierten Templates ab. Joomla! selbst bringt hier nur die *Standard*-Ansicht mit.

Modulklassensuffix

Mit diesem Feld können Template-Entwickler die Darstellung des Moduls beeinflussen. Der hier eingegebene Begriff wird dabei als Erweiterung (Suffix) an die CSS-Klasse des Moduls angehängt. Sofern Ihnen das jetzt nichts sagt, ignorieren Sie das Feld *Modulklassensuffix* einfach. Mehr zu diesem Thema folgt später noch in Kapitel 13, *Templates*.

Caching

Aktiviert einen Zwischenspeicher (Cache), der den Inhalt dieses Moduls puffert. Dadurch muss das Modul seine Ausgaben nicht immer wieder erneut zusammenstellen und kann somit Anfragen schneller bedienen. Im Gegenzug kostet diese Funktion Speicherplatz, und man läuft zudem Gefahr, dass das Modul veraltete Informationen ausspuckt.

Cachedauer

So viele Minuten verbleiben die Daten im Cache.

Modul-Tag

Joomla! steckt die Inhalte des Moduls in das hier eingestellte HTML-Element.

Bootstrap-Größe

Ab Joomla! 3.0 können Templates direkt das vom Kurznachrichtendienst Twitter entwickelte Bootstrap-System nutzen. Es bietet ein Raster, auf dem die Template-Entwickler die Elemente der Seite besonders schnell und ansehnlich platzieren können. Wie viele Spalten in diesem Raster das Modul einnehmen soll, stellen Sie hier unter *Bootstrap-Größe* ein – mit anderen Worten legen Sie also die Breite des Moduls fest. Beachten Sie, dass die Auswirkungen dieser Einstellung letztendlich vom Template und der Position des Moduls abhängen: Sperrt der Template-Entwickler alle Module in einen Kasten, der nur eine Spalte breit ist, können Sie über die *Bootstrap-Größe* das Modul nicht verbreitern. Die Einstellung ist ebenfalls wirkungslos, wenn das Template das Bootstrap-System gar nicht verwendet.

Header-Tag und Header-Klasse

Joomla! gibt den Modultitel in dem unter *Header-Tag* eingestellten HTML-Element aus. Diesem Element dürften Sie unter *Header-Klasse* noch einen CSS-Klassennamen verpassen.

Modulstil

Hier legen Sie fest, in welche HTML-Elemente das Modul seine einzelnen Inhalte verpacken soll. Mehr zu diesen Stilen finden Sie in Kapitel 13, *Templates*, Abschnitt »Das »style«-Attribut nutzen« auf Seite 607.

Im Kinoportal belassen Sie hier einfach alle Vorgaben. Legen Sie das Menü-Modul via *Speichern & Schließen* an, und werfen Sie wieder einen Blick in die *Vorschau*. Dort glänzt das Modul und somit das Menü immer noch durch Abwesenheit. Der Grund dafür ist einfach: Standardmäßig blendet Joomla! alle leeren Menüs aus.

Menüeinträge verwalten

Jedes ordentliche Menü besteht aus mehreren Einträgen. Klickt der Benutzer auf einen solchen Menüpunkt, gelangt er zu einer der vielen Unterseiten, die (hoffentlich) der Beschriftung des Eintrags entspricht. Dies ist jedoch nur eine Aufgabe der Menüeinträge:

- Sie geben dem Benutzer einen Überblick über das Angebot Ihrer Website. (Was beziehungsweise welche Informationen bietet der Internetauftritt an?)

- Sie dienen zur Gliederung des Inhalts. (Was findet der Besucher wo?)

- Sie leiten den Benutzer gezielt in die Tiefen der Homepage. (Wie gelangt der Besucher dorthin?)

- Sie verweisen auf ähnliche externe Angebote. (Wo findet der Benutzer ähnliche oder weiterführende Internetauftritte?)

Es ist also wichtig, sich ein paar Gedanken über die Menüstrukturen zu machen und die Menüpunkte entsprechend abzuändern. Das gilt erst recht für den momentanen Zustand des Kinoportals, in dem noch Kraut und Rüben herrschen.

Um die Menüeinträge zu verändern, wählen Sie

- entweder im Hauptmenü des Backends den Punkt *Menüs* und dann das Menü, dessen Einträge Sie bearbeiten möchten,

- oder Sie klicken hinter *Menüs* → *Menüs* links unterhalb der Werkzeugleiste auf *Menüeinträge* und stellen dann auf der linken Seite in der obersten Ausklappliste das Menü ein, dessen Menüpunkte Sie bearbeiten möchten.

Im Kinoportal-Beispiel sollen einige Menüpunkte aus dem Hauptmenü (Main Menu) in das Kinoportal-Menü umziehen. Wählen Sie daher *Menüs* → *Main Menu*.

Es erscheint jetzt die Liste aus Abbildung 8-7. Dort sehen Sie alle im *Main Menu* enthaltenen Menüpunkte.

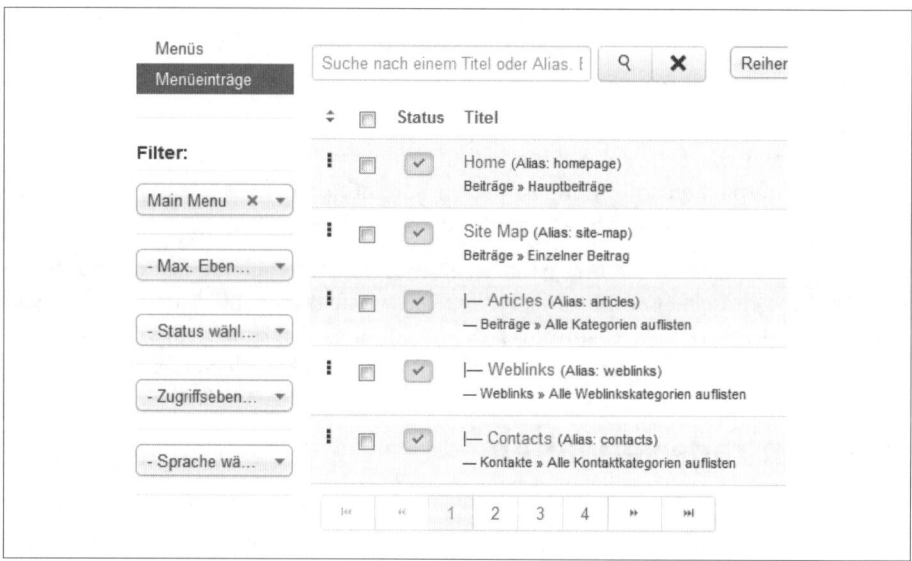

Abbildung 8-7:   Alle derzeitigen Menüpunkte des Hauptmenüs *Main Menu* (Die Ansicht wurde hier auf 5 Einträge beschränkt.)

Unterpunkte erscheinen hier eingerückt. In Abbildung 8-7 gilt dies beispielsweise für *Articles* oder *Weblinks*. Ob und wenn ja diese Unterpunkte auf der Homepage dargestellt werden, hängt von den Einstellungen des anzeigenden Moduls ab. In der Regel erscheint ein solcher Eintrag erst, wenn der Besucher den übergeordneten Punkt – in diesem Fall also *Site Map* – angeklickt hat.

In der Liste können Sie die Position eines Menüpunktes innerhalb des Menüs über die kleinen schwarzen Punkte in der ersten Zeile verschieben. Das funktioniert genauso, wie bereits in Kapitel 3, *Erste Schritte*, Abschnitt »Sortierreihenfolge ändern« auf Seite 107 beschrieben wurde. Sie verändern damit die Position des Menüpunkts auch im Menü auf der Homepage – die dortige Anordnung der einzelnen Menüpunkte entspricht exakt der hier in der Liste vorherrschenden Reihenfolge.

Auf was für Inhalte ein Menüpunkt zeigt, steht immer in kleiner schwarzer Schrift unterhalb der einzelnen *Titel*. In Abbildung 8-7 besitzt der Menüpunkt *Articles* beispielsweise den Menüeintragstyp *Alle Kategorien auflisten* (dazu gleich noch mehr). In der Spalte *Zugriffsebene* kann man ablesen, wer alles den Menüpunkt überhaupt zu Gesicht bekommt. Im Fall von *Public* sind dies alle Besucher (mehr zu den Benutzerrechten erfahren Sie in Kapitel 9, *Benutzerverwaltung und -kommunikation*). Bei einer mehrsprachigen Seite gibt die vorletzte Spalte, *Sprache*, noch an, in welcher Sprachfassung der Menüpunkt auftaucht.

Startseite festlegen

In der Liste mit den Menüeinträgen funkelt in der Spalte *Startseite* genau ein kleiner, gelber Stern. Steuert ein neuer Besucher erstmalig Ihren Internetauftritt an, greift sich Joomla! genau diesen Menüpunkt und liefert die dahinterliegende Seite als Startseite aus.

Dieses Konzept ist ziemlich gewöhnungsbedürftig: Joomla! kennt keine spezielle Startseite, sondern verwendet stattdessen einfach eine ausgewählte Unterseite. Derzeit ist das genau die Seite, die über den Menüpunkt *Home* erreichbar ist. Standardmäßig zeigt sie alle Hauptbeiträge in einer Blog-Darstellung.

Um eine andere Unterseite zur neuen Startseite zu machen, müssen Sie lediglich den zugehörigen Menüpunkt in seinem kleinen Kästchen ankreuzen und dann in der Werkzeugleiste den Knopf *Startseite* bemühen. Probieren Sie dies ruhig einmal aus: Schließen Sie zunächst alle Vorschaufenster auf Ihre Website. Markieren Sie nun das kleine Kästchen in der Zeile *Articles*, und klicken Sie anschließend in der Symbolleiste auf *Startseite*. Der gelbe Stern wechselt daraufhin die Zeile. Damit haben Sie jetzt die Seite hinter dem Menüpunkt *Articles* zur neuen Startseite gekürt. Wenn Sie die *Vorschau* aufrufen, erscheint dort eine Liste mit allen Beitragskategorien. Kehren Sie wieder zum Backend zurück, und setzen Sie die Startseite nach dem gerade gezeigten Prinzip wieder auf *Home*.

Tipp   Wenn Sie die Einstellungen des Menüpunktes mit dem gelben Sternchen ändern, verändern Sie damit auch unweigerlich das Aussehen der Startseite.

Auf einer rein deutschen Seite empfiehlt es sich zudem, ihm eine eindeutige Beschriftung zu verpassen, beispielsweise *Startseite* oder *Start* – je nachdem, was für Ihren Internetauftritt passend ist.

Menüeinträge löschen

Im Fall des Kinoportals sind die Menüpunkte *Example Pages*, *Sample Sites*, *Parks*, *Shop* und insbesondere *Site Administrator* überflüssig und können daher gelöscht werden.

Warnung   *Site Administrator* ist sogar ein extrem heißer Lösch-Kandidat, da er direkt auf den Anmeldebildschirm des Backends verweist – schließlich will man unbekannte Besucher nicht direkt auf den Eingang zum Verwaltungstrakt aufmerksam machen und sie so auf kriminelle Gedanken bringen. Wenn Sie also Ihre eigene Homepage auf den Beispiel-Daten aufbauen, sollten Sie diesen Menüpunkt als Erstes in den Mülleimer werfen.

Menüpunkte löschen Sie wie auch andere Elemente in Joomla!: Kreuzen Sie dazu das kleine Kästchen in ihren Zeilen an, und klicken Sie anschließend auf den *Papierkorb* in der Werkzeugleiste. Führen Sie genau das im Kinoportal für die fünf genannten Menüpunkte durch.

Warnung   Joomla! löscht immer auch alle Unterpunkte eines Menüeintrags. Im Kinoportal würde es folglich genügen, *Sample Sites* zu markieren. Seine Unterpunkte *Parks* und *Shop* wandern dann automatisch mit in den Papierkorb.

Wenn Sie *Parks* und *Shop* behalten wollen, müssen Sie sie erst in ihren Einstellungen zu Oberpunkten erheben. Erst danach dürfen Sie den Menüpunkt *Sample Sites* löschen.

Menüeinträgen eine neue Heimat geben

Um einen Menüeintrag von einem Menü in ein anderes zu verschieben oder zu kopieren, müssen Sie den oder die betroffenen Menüpunkte abhaken und dann in der Werkzeugleiste auf *Stapelverarbeitung* klicken. Das dann erscheinende Fenster kennen Sie vielleicht noch von den Kategorien (siehe Abschnitt »Kategorien verschieben« in Kapitel 4, *Inhalte verwalten*, auf Seite 133).

Version   In Joomla! 2.5 genügte es noch, die entsprechenden Menüpunkte in der ersten Tabellenspalte abzuhaken, *Verschieben* in der Werkzeugleiste aufzurufen und dann das Zielmenü auszuwählen.

Menüeinträge verschieben

Um einen oder mehrere Menüpunkte in ein anderes Menü zu verschieben, haken Sie zunächst die entsprechenden Kandidaten in ihren Kästchen ab.

Im Kinoportal soll nun endlich das im vorherigen Abschnitt frisch angelegte Menü ein paar Einträge erhalten. Dazu markieren Sie in der Liste die Menüpunkte *Zu den Filmkritiken, Lokale Veranstaltungen, Blog, Zum Archiv, Kontakte Filmkritiker, Kino-Newsfeeds* und die *Weblinks* (vorausgesetzt, Sie haben in den letzten Kapiteln alle entsprechenden Beispiele mitgemacht).

Klicken Sie jetzt in der Werkzeugleiste auf *Stapelverarbeitung*. Damit öffnet sich das Fenster aus Abbildung 8-8, das Sie bereits aus Kapitel 4, *Inhalte verwalten*, Abschnitt »Kategorien verschieben« auf Seite 133 kennen.

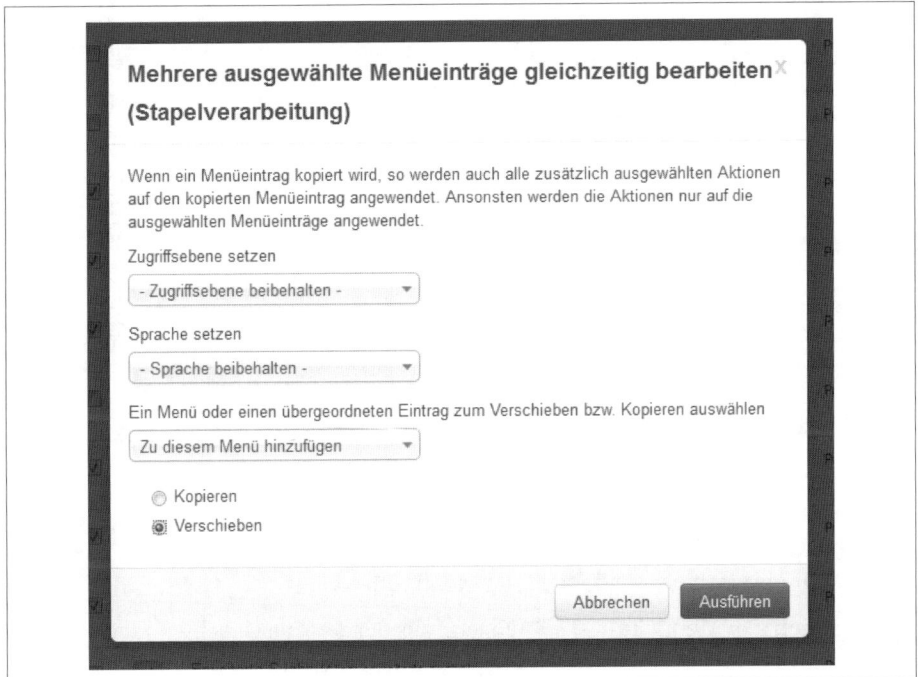

Abbildung 8-8:   Über dieses Fenster verschiebt man die Menüpunkte in ein anderes Menü.

Stellen Sie in der Ausklappliste *Ein Menü oder einen übergeordneten Eintrag zum Verschieben bzw. Kopieren auswählen* das Menü ein, in dem die Menüpunkte landen sollen. Dazu suchen Sie in der geöffneten Ausklappliste den Namen des Menüs und wählen dann das etwas eingerückte *Zu diesem Menü hinzufügen*.

Im Kinoportal sollen die Menüpunkte im *Kinoportal Menü* landen. Suchen Sie daher in der Liste den hellgrauen Eintrag *Kinoportal Menü*, und klicken Sie dann das eingerückte *Zu diesem Menü hinzufügen* an (wie in Abbildung 8-9). Wenn die Darstellung zu klein erscheint, nutzen Sie auch die Bildlaufleiste rechts im Fenster.

Warnung   Wenn Sie nicht *Zu diesem Menü hinzufügen*, sondern einen vorhandenen Menü-punkt auswählen, würde Joomla! gleich die Menüpunkte *Filmkritiken*, *Blog* etc. zu dessen Unterpunkten machen.

Abbildung 8-9:   Mit dieser Einstellung landen gleich alle abgehakten Menüpunkte im *Kinoportal Menü*.

Achten Sie jetzt noch darauf, dass am unteren Rand der Punkt *Verschieben* aktiviert ist. *Ausführen* verschiebt schließlich die Menüpunkte.

Die angekreuzten Menüeinträge sollten jetzt aus der Tabelle verschwunden sein. Ob sie auch im korrekten Menü gelandet sind, prüfen Sie kurz hinter *Menüs → Kinoportal Menü*. Da das Menü jetzt nicht mehr leer ist, erscheint es auch endlich in der *Vorschau*. Die neue Startseite Ihres Internetauftritts sollte damit so wie in Abbildung 8-10 aussehen.

Das sieht schon recht ansehnlich aus. Im Menü *Kino, Film und Co* findet der Besucher jetzt schnell alle Beiträge, Veranstaltungshinweise, Blog-Artikel und andere Informationen rund um das Kino- und Filmgeschehen. Demgegenüber fasst *This Site* allgemeine Funktionen rund um diesen Internetauftritt zusammen, wie etwa das Impressum und die erweiterte Suchfunktion.

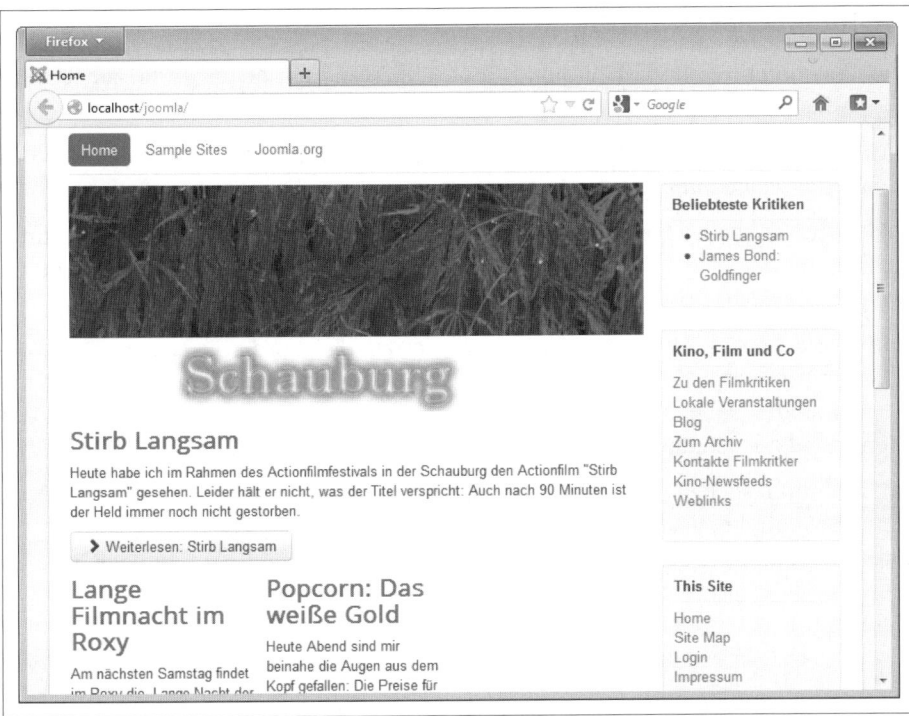

Abbildung 8-10:   Das neue Menü auf der Startseite

Störend ist allerdings noch das waagerechte Menü am oberen Rand. Im Moment zeigt es noch die für das Kinoportal unbrauchbaren Punkte *Sample Sites* und *Joomla.org*. Zunächst sollten Sie beide eliminieren. Dazu rufen Sie im Backend *Menüs → Top* auf, kreuzen *Sample Sites* sowie *Joomla.org* an und stecken dann beide in den *Papierkorb*. Als Nächstes gilt es, das einsam verbliebene *Home* um weitere sinnvolle Menüpunkte zu ergänzen.

Bei den meisten Internetauftritten führt ein waagerechtes Top-Menü immer schnell zu den wichtigsten Bereichen des Internetauftritts und dient dem Besucher so als vertraute, überall verfügbare Anlaufstelle. Im Kinoportal könnte man ihm sowohl einen Menüpunkt zur Sitemap als auch einen zum Impressum spendieren.

Tipp   Es bleibt letztendlich Ihnen überlassen, wie Sie Ihre Menüs aufbauen. Versuchen Sie dabei jedoch möglichst doppelte Menüeinträge zu vermeiden, die Menüs nicht mit Einträgen zu überfrachten und die Menüpunkte thematisch zu gruppieren.

Sie könnten jetzt per *Neu* in der Werkzeugleiste diese beiden Menüpunkte einrichten. Da im *This Site*-Menü allerdings schon zwei passende Menüpunkte existieren, gibt es noch einen anderen Weg: Sie können die Punkte kopieren.

Menüeinträge kopieren

Um einen oder mehrere Menüpunkte zu duplizieren, markieren Sie sie zunächst in der zweiten Tabellenspalte.

Im Kinoportal rufen Sie also *Menüs* → *Main Menu* auf und haken die Kästen der Menüpunkte *Site Map* und des *Impressums* ab.

Anschließend klicken Sie in der Werkzeugleiste auf *Stapelverarbeitung*. Damit öffnet sich das mittlerweile altbekannte Fenster aus Abbildung 8-8 (siehe auch Kapitel 4, *Inhalte verwalten*, Abschnitt »Kategorien verschieben« auf Seite 133).

Öffnen Sie die Ausklappliste *Ein Menü oder einen übergeordneten Eintrag zum Verschieben bzw. Kopieren auswählen,* und wählen Sie das Menü, in dem gleich die Kopien landen sollen. Dazu suchen Sie erst den hellgrau gedruckten Namen des Menüs und klicken dann auf das darunter eingerückte *Zu diesem Menü hinzufügen.*

Im Kinoportal suchen Sie in der Ausklappliste den hellgrau gedruckten Eintrag *Top*. Eingerückt direkt darunter finden Sie die beiden Punkte *Zu diesem Menü hinzufügen* und *Home*. Entscheiden Sie sich für den erstgenannten (wie in Abbildung 8-11).

⬤ Warnung   Wenn Sie *Home* wählen, würden die beiden duplizierten Menüeinträge zu Unterpunkten von *Home*.

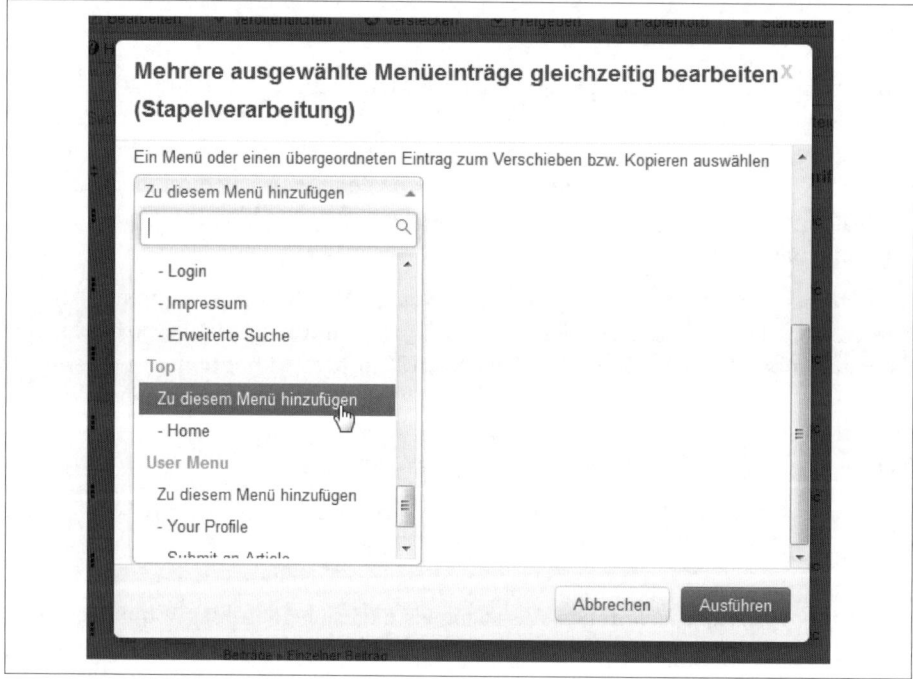

Abbildung 8-11:   Mit dieser Einstellung landen gleich die Kopien im Menü *Top*.

Stellen Sie abschließend noch sicher, dass im unteren Bereich des weißen Fensters der Punkt *Kopieren* markiert ist. Klicken Sie jetzt auf *Ausführen*. Joomla! kopiert die beiden Menüeinträge in das Menü *Top*. Überprüfen Sie das Ergebnis hinter *Menüs* → *Top*. Zunächst einmal fällt auf, dass auch die Unterpunkte von *Site Map* mitkopiert wurden. Darüber hinaus tragen die Duplikate hier zur Unterscheidung eine *(2)* im Namen (siehe Abbildung 8-12).

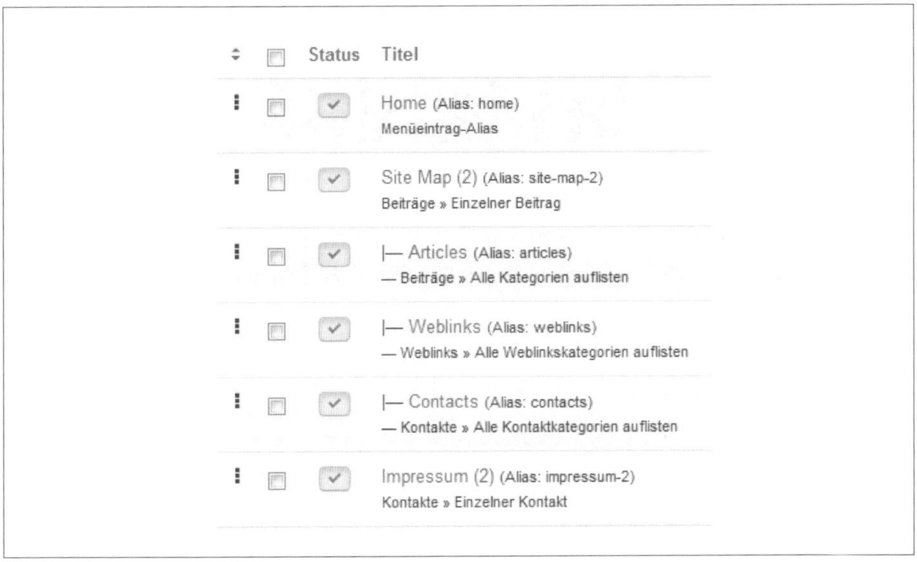

		Status	Titel
		✓	Home (Alias: home) Menüeintrag-Alias
		✓	Site Map (2) (Alias: site-map-2) Beiträge » Einzelner Beitrag
		✓	⊢— Articles (Alias: articles) — Beiträge » Alle Kategorien auflisten
		✓	⊢— Weblinks (Alias: weblinks) — Weblinks » Alle Weblinkskategorien auflisten
		✓	⊢— Contacts (Alias: contacts) — Kontakte » Alle Kontaktkategorien auflisten
		✓	Impressum (2) (Alias: impressum-2) Kontakte » Einzelner Kontakt

Abbildung 8-12:   Kopierten Menüpunkten hängt Joomla! zur Unterscheidung eine Nummer an.

Da dies auf der Website später etwas unschön aussieht, müssen Sie den Titel der beiden Menüpunkte noch korrigieren. Dazu klicken Sie zunächst auf *Site Map (2)* und entfernen dann im Feld *Menütitel* die störende *(2)*. Übernehmen Sie die Änderungen via *Speichern & Schließen*, und wiederholen Sie das Verfahren für das *Impressum (2)*.

Abschließend müssen Sie noch einmal kurz prüfen, ob die Reihenfolge der Menüpunkte stimmt. Besucher erwarten immer ganz links oben einen Knopf, mit dem sie zur Startseite zurückkehren können. Verschieben Sie daher gegebenenfalls die Zeile *Home* an ihren kleinen schwarzen Rechtecken in der ersten Spalte ganz nach oben. (Wie das genau funktioniert, zeigte bereits Kapitel 3, *Erste Schritte*, Abschnitt »Sortierreihenfolge ändern« auf Seite 107.)

Tipp   Als Faustregel gilt: Je wichtiger und bedeutender ein Menüeintrag ist, desto höher sollte er im Menü aufsteigen – beziehungsweise bei einem waagerechten Menü möglichst weit links erscheinen.

Betrachten Sie abschließend das Ergebnis in der *Vorschau*. Das waagerechte Menü sollte jetzt so wie in Abbildung 8-13 aussehen.

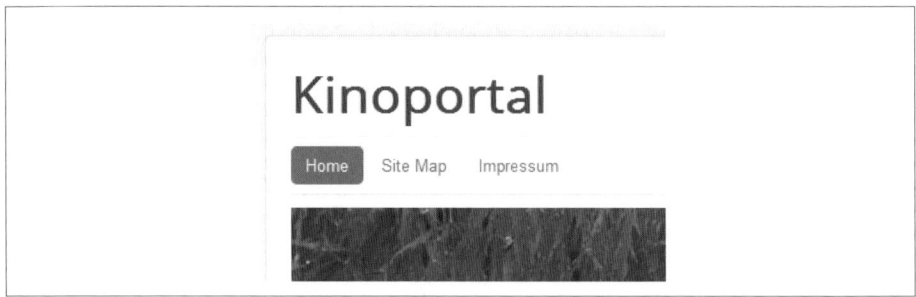

Abbildung 8-13:   Das umgestaltete waagerechte Menü

Spielen Sie hier auch ruhig einmal Besucher, und klicken Sie das *Impressum* im waagerechten und anschließend seinen Kollegen im *This Site*-Menü an: Beide führen exakt zur selben Seite. Auf die *Site Map* kommt später noch einmal ein weiterer Abschnitt zurück (und zwar der Abschnitt »Sitemap« in Kapitel 14, *Funktionsumfang erweitern*, auf Seite 661).

 Warnung   Nach dem Kopieren existieren zwei eigenständige und komplett voneinander unabhängige Menüpunkte. Wenn Sie also die Einstellungen eines der beiden Menüpunkte verändern, bleibt der andere so, wie er ist. Würden Sie also irgendwann einmal in der Zukunft den Menüeintrag *Impressum* im *This-Site*-Menü auf ein anderes Kontaktformular umbiegen, würde sein Kollege im waagerechten *Top*-Menü weiterhin zum alten führen (es sei denn, Sie ändern auch seine Einstellungen).

Joomla! kann allerdings auch *einen* Menüeintrag in mehreren Menüs auftauchen lassen. Um diesen sogenannten *Menüalias* kümmert sich gleich noch der Abschnitt »Spezielle Menüpunkte«.

Wenn der Besucher eine Filmkritik liest und dann zu einem anderen Genre wechseln möchte, muss er erst wieder *Zu den Filmkritken* wechseln und das entsprechende Genre auswählen. Praktischer wäre es, wenn im Menü *Kino, Film und Co* unterhalb von *Zu den Filmkritiken* passende Unterpunkte aufklappen würden, genau so wie in Abbildung 8-14. Der Besucher kann dann wesentlich schneller – nämlich mit nur einem einzigen Mausklick – zwischen den Genres hin und her springen.

Solche Unterpunkte haben zwei Vorteile:

- Wenn sie erst bei Bedarf aufklappen, bleibt das Menü weiterhin übersichtlich.
- Man kann die Gliederung des Internetauftritts auch im Menü widerspiegeln und so dem Besucher die Orientierung erleichtern.

Um das Ergebnis aus Abbildung 8-14 nachzubauen, müssen also drei weitere Menüpunkte her. Das gibt gleichzeitig die Gelegenheit, noch einmal einen genauen Blick auf
das Erstellen eines Menüpunkts und die dabei benötigten Einstellungen zu werfen.

Einen Menüeintrag anlegen

Um einen neuen Menüpunkt zu erstellen, klappen Sie zunächst im Hauptmenü des
Backends das Menü *Menüs* auf. Entscheiden Sie sich hier für das Menü, in dem der
neue Eintrag auftauchen soll.

Im Fall des Kinoportals ist dies das Menü, in dem auch der Menüpunkt *Zu den
Filmkritiken* steckt, also das *Kinoportal Menü*. (Wenn Sie die Beispiele aus den vorherigen Abschnitten nicht nachvollzogen haben, können Sie auch einfach ein anderes Menü verwenden.)

Im neuen Fenster klicken Sie auf *Neu* in der Werkzeugleiste. Die Einrichtung des
Menüpunkts erfolgt nun in mehreren, aufeinander aufbauenden Schritten.

Schritt 1: Festlegen des Menüeintragstyps

Im ersten Schritt klicken Sie auf *Auswählen* rechts neben *Menüeintragstyp* und legen
dann im neuen Fenster fest, auf *was* der neue Menüpunkt verweisen soll. Wie Abbildung 8-15 zeigt, können dies beispielsweise Bereiche, Kategorien, Kontakte, Umfra-
geergebnisse oder natürlich auch einzelne Beiträge sein.

Die Auswahl hier im ersten Schritt sagt noch nichts darüber aus, in welchem Menü
der Menüpunkt später wo einsortiert wird oder welche Beschriftung er trägt, sondern legt nur fest, auf was er einmal verweist. Man könnte auch sagen, die hier in
der Liste verfügbaren Wahlmöglichkeiten bestimmen den *Typ* des neuen Menüpunkts. Die formale, offizielle Bezeichnung dafür lautet *Menüeintragstyp*, Joomla! 2.5
sprach noch kurz von einem *Menütyp*.

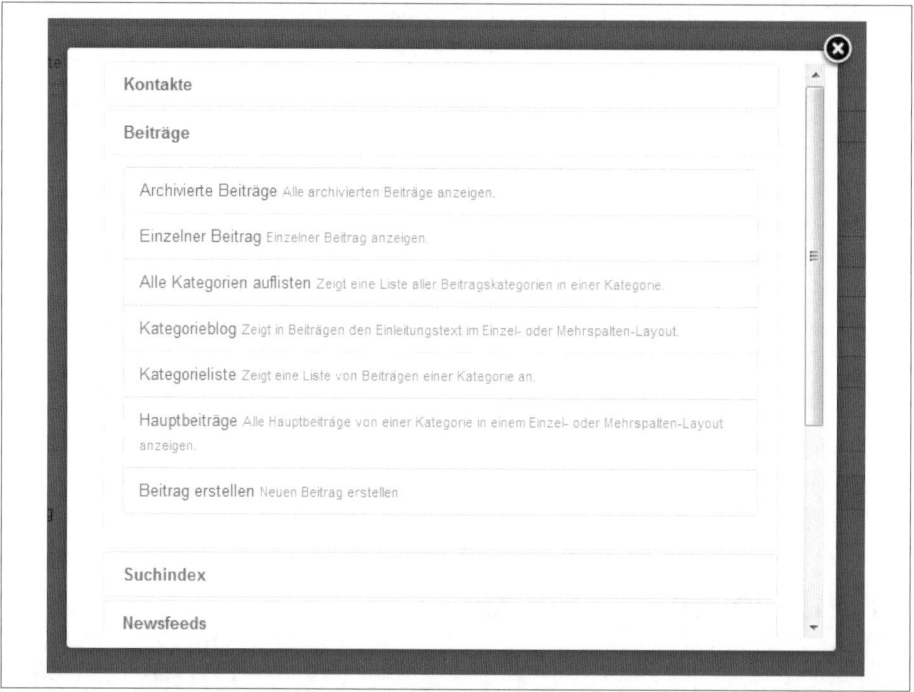

Abbildung 8-15:   Ein Menüpunkt besitzt immer einen bestimmten Typ. Beim Erstellen eines neuen Eintrags muss man ihn in
diesem Fenster festlegen.

Tipp   Falls Sie mit diesen Fachbegriffen nichts anfangen können, dürfen Sie sie auch
getrost wieder vergessen. Merken Sie sich nur, dass Sie hier für den neuen Menüpunkt festlegen, auf was er später verweisen soll (ein Beitrag, die Übersichtsseite
einer Kategorie, ein Kontaktformular, ...).

Joomla! 3.0 gruppiert alle möglichen Menüeintragstypen noch einmal nach ihrem
Einsatzzweck. Möchten Sie beispielsweise den Menüpunkt auf eine Beitragskategorie oder einen einzelnen Beitrag zeigen lassen, müssen Sie mit einem Mausklick die
Beiträge aufklappen. Soll der Menüpunkt hingegen zu einem Kontaktformular führen, müssen Sie sich *Kontakte* zuwenden. Die Gruppierung der Menüeintragstypen
auf diesen sogenannten Slidern soll vor allem die Übersicht verbessern – Joomla! 2.5
listete einfach alle Menüeintragstypen auf nur einer Seite auf. Sie öffnen und schließen einen Slider, indem Sie auf seinen Namen klicken.

Bei den Einträgen taucht auch immer wieder der Begriff *Blog* auf. Dieser hat nur in
zweiter Linie etwas mit den elektronischen Tagebüchern zu tun, die sich derzeit im
Internet großer Beliebtheit erfreuen. Hier wird dieser Begriff lediglich in Anlehnung
an deren optischen Aufbau verwendet, wie in Abbildung 8-16 zu sehen ist.

Die ansonsten übliche Standarddarstellung als *Liste* sehen Sie in Abbildung 8-17.

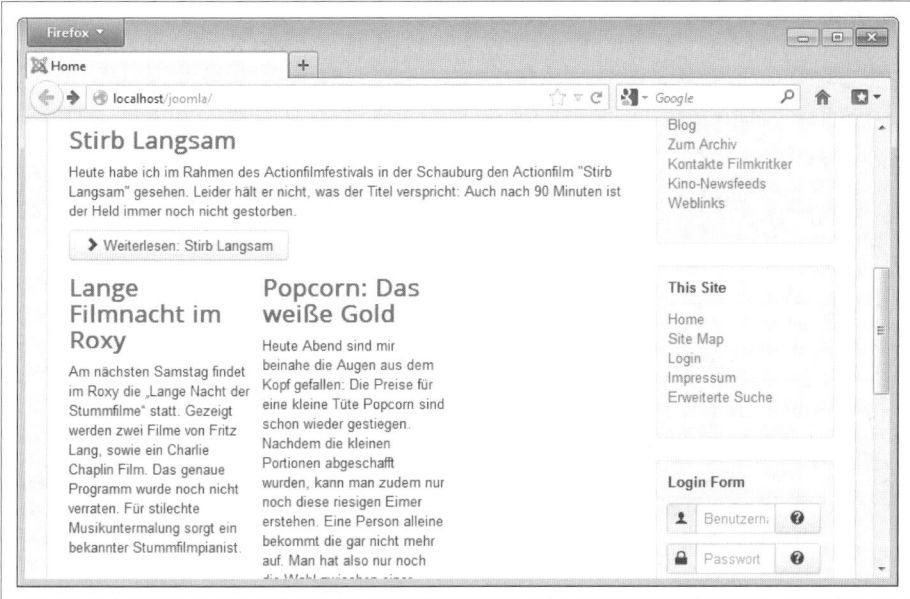

Abbildung 8-16:   Wie dieses Beispiel einer Blog-Darstellung zeigt, können darin die Beiträge auch in Spalten erscheinen.

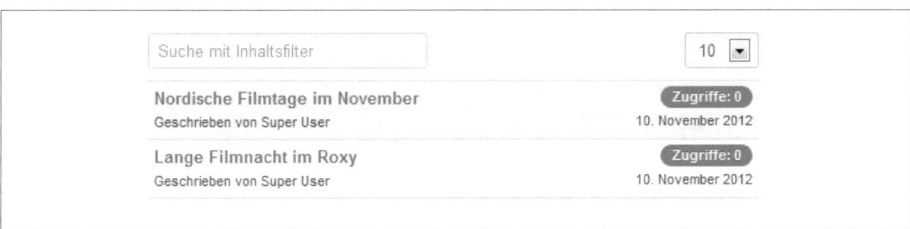

Abbildung 8-17:   Ein Beispiel für eine Listendarstellung (die eigentlich mehr eine Tabelle ist)

Wissen Sie schon, welche Art von Menüeintrag Sie anlegen wollen? Die folgenden Beschreibungen sollen Ihnen bei der Auswahl helfen (in alphabetischer Reihenfolge).

Beiträge

In dieser Rubrik finden Sie alle Menüeintragstypen, die in irgendeiner Weise mit den Beiträgen zusammenhängen:

Archivierte Beiträge
Führt zu einer Liste mit allen archivierten Beiträgen. Als Bonus ermöglicht die Zielseite eine Suche nach einem bestimmten Datum.

Einzelner Beitrag
Führt zu einem einzelnen Beitrag.

Alle Kategorien auflisten
Führt zu einer Liste mit allen oder einigen ausgewählten Kategorien.

Kategorieblog
Stellt die Beiträge einer Kategorie in Blog-Form dar (wie in Abbildung 8-16).

Kategorieliste
Stellt die Beiträge einer Kategorie in einer Liste zur Auswahl (wie in Abbildung 8-17).

Hauptbeiträge
Zeigt alle Hauptbeiträge in einer Blog-Darstellung an.

Beitrag erstellen
Führt zu einem Formular, über das Besucher einen neuen Beitrag zur Veröffentlichung einreichen können. Für gewöhnlich müssen Sie (oder ein Benutzer vom Rang eines Administrators oder Moderators) anschließend den Beitrag zunächst begutachten und dann zur Veröffentlichung freischalten. Wie dieses Verfahren genau abläuft, zeigt Kapitel 9, *Benutzerverwaltung und -kommunikation*.

Benutzer

Die Menüeintragstypen aus dieser Kategorie drehen sich um die Benutzerverwaltung (siehe auch Kapitel 9, *Benutzerverwaltung und -kommunikation*).

 Tipp Überlegen Sie sich, ob Sie überhaupt eine Benutzerverwaltung benötigen. Dies ist immer dann der Fall, wenn Sie bestimmte Seiten nur einem kleinen Besucherkreis zugänglich machen wollen oder wenn neben Ihnen noch weitere Personen den Inhalt der Homepage gestalten sollen. In allen anderen Fällen sollten Sie die Benutzerverwaltung deaktivieren und folglich auch keine entsprechenden Menüeinträge anbieten. Zum einen räumt dies etwas auf der Homepage auf, und zum anderen eliminieren Sie so ein potenzielles Einfallstor für Angreifer.

Insgesamt stehen folgende Ansichten zur Auswahl:

Anmeldeformular
Führt zu einem Bildschirm, über den sich registrierte Benutzer am System anmelden können. Sofern Sie bereits das *Login-Form*-Modul auf Ihrer Homepage verwenden, benötigen Sie einen derartigen Menüpunkt eigentlich nicht.

Benutzerprofil
Führt zum Benutzerprofil eines Besuchers (also quasi seinem Steckbrief).

Benutzerprofil bearbeiten
Führt zu einem Formular, in dem der registrierte Benutzer seine persönlichen Daten nachträglich ändern darf. Diese umfassen beispielsweise seinen Namen, seine E-Mail-Adresse oder sein Passwort.

Registrierungsformular

Führt zu einem Formular, über das Besucher ein Benutzerkonto beantragen oder sich sogar beschaffen können. Dieses Angebot ist nicht ganz risikolos, da sich ein böswilliger Besucher unter Umständen gleich mehrere Konten spendieren und damit Schindluder treiben könnte. Mehr zu dieser Problematik und möglichen Gegenmaßnahmen folgt in Kapitel 9, *Benutzerverwaltung und -kommunikation*.

Benutzername erneut zusenden

Hat ein registrierter Benutzer seinen Benutzernamen vergessen, können Sie ihm eine rettende Hand reichen: Der hierüber angelegte Menüpunkt führt auf ein spezielles Formular, auf dem ein vergesslicher Benutzer seine E-Mail-Adresse hinterlässt. Joomla! schickt ihm dann seinen Benutzernamen zu. Die E-Mail-Adresse muss dabei mit derjenigen identisch sein, die der Benutzer bei seiner Registrierung angegeben hat. Ein vergessenes Passwort kann er über diesen Punkt nicht anfordern.

Passwort zurücksetzen

Führt zu einem Formular, auf dem ein vergesslicher Benutzer ein neues Passwort anfordern kann.

Kontakte

Um passende Ansprechpartner für die Sorgen und Nöte der Besucher kümmert sich die Komponente *Kontakte* (siehe Kapitel 6, *Komponenten – Nützliche Zusatzfunktionen*, im Abschnitt »Kontaktformulare« auf Seite 234). Sobald mindestens eine Kontaktperson existiert, führen die hierüber angelegten Menüpunkte direkt zu den entsprechenden Kontaktformularen. Dabei stehen folgende Ansichten bereit:

Alle Kontaktkategorien auflisten

Zeigt eine Liste mit allen oder einigen ausgewählten Kontaktkategorien an.

Kontakte in Kategorie auflisten

Listet alle Kontakte aus einer ausgewählten Kontakt-Kategorie auf.

Einzelner Kontakt

Zeigt einen einzelnen Kontakt an.

Hauptkontakte

Listet alle als Hauptkontakte gekennzeichneten Kontakte auf.

Newsfeeds

Die hierüber angelegten Menüpunkte führen zu den Newsfeeds, die mit der gleichnamigen Komponente verwaltet werden (siehe Kapitel 6, *Komponenten – Nützliche Zusatzfunktionen*, im Abschnitt »Newsfeeds« auf Seite 259). Dabei stehen folgende Ansichten zur Auswahl:

Alle Newsfeed-Kategorien auflisten
Listet alle oder einige ausgewählte Newsfeed-Kategorien auf.

Newsfeeds in Kategorie auflisten
Zeigt eine Liste mit allen Newsfeeds aus einer Newsfeed-Kategorie an.

Einzelner Newsfeed
Zeigt den Inhalt eines Newsfeeds an.

Suche

Die mit dem Menüeintragstyp *Suchformular oder Suchergebnisse auflisten* angelegten Menüpunkte führen zu einem Suchformular. Ein derartiger Menüeintrag ist insbesondere bei großen, umfangreichen Internetauftritten ratsam. Bei kleinen Seiten reicht bereits das standardmäßig aktivierte Suchen-Feld rechts oben in der Seitenecke. Weitere Informationen rund um die Suchfunktion finden Sie in Kapitel 6, *Komponenten – Nützliche Zusatzfunktionen,* im Abschnitt »Suchfunktion und Suchstatistiken« auf Seite 274.

Suchindex

Ein Menüpunkt vom Typ *Suche* führt zu einem Suchformular, das die neue Suchfunktion *Smart Search* nutzt.

Systemlinks

Die Menüpunkte aus dieser Gruppe verweisen auf ein paar spezielle Ziele beziehungsweise Seiten:

Externe URL
Der hierüber angelegte Menüpunkt verweist auf eine externe Internetseite. Sobald der Besucher auf den neuen Menüeintrag klickt, leitet Joomla! ihn automatisch auf die externe Homepage weiter.

Menüeintrag-Alias
Ein solcher Menüpunkt zeigt auf einen anderen Menüpunkt. Der hierüber angelegte Eintrag verhält sich exakt wie sein Vorbild, er übernimmt sogar alle seine Einstellungen.

Trennzeichen
Ein derartiger Menüpunkt ist gar kein Menüpunkt, sondern nur ein lebloser Strich beziehungsweise ein Symbol oder Zeichen in einem Menü. Er dient dazu, die Menüs optisch etwas aufzulockern.

Menü-Überschrift
Ein solcher Menüpunkt lässt sich nicht anklicken und zeigt nur seine Beschriftung an. Er ist primär dazu gedacht, Zwischenüberschriften im Menü zu bilden und somit das Menü zu strukturieren.

Konkrete Anwendungsbeispiele für alle diese vier Menüeintragstypen folgen später noch in Abschnitt »Spezielle Menüpunkte« ab Seite 401.

Weblinks

Die hierüber angelegten Menüpunkte führen zu den Weblinks, die über die gleichnamige Komponente angelegt wurden (siehe *Kapitel 6, Komponenten – Nützliche Zusatzfunktionen,* im Abschnitt »Weblinks« auf Seite 287). Dabei stehen folgende Ansichten zur Verfügung:

Alle Weblinkskategorien auflisten
Zeigt eine Liste mit allen vorhandenen oder einigen ausgewählten Weblink-Kategorien an.

Weblinks in Kategorie auflisten
Präsentiert in einer Liste alle Weblinks aus einer Weblink-Kategorie.

Weblink einreichen
Der hierüber angelegte Menüpunkt führt zu einem Formular, über das Besucher eigene Weblinks zur Veröffentlichung vorschlagen können.

Wrapper

Mit dem *Iframe Wrapper* binden Sie eine (externe) Internetseite in die eigene ein. Diese wird dabei in einem Bereich der eigenen Seite eingeblendet, der je nach gewählten Einstellungen noch mit Bildlaufleisten versehen wird (technisch gesehen erfolgt die Einbindung über das HTML-Element `iframe`).

Einige der vorgestellten Menüeintragstypen dürften Ihnen bereits aus den vorherigen Kapiteln bekannt vorkommen, auf einige andere kommen gleich noch die folgenden Abschnitte zurück. Um die teilweise etwas merkwürdigen Systemlinks kümmert sich beispielsweise der Abschnitt »Spezielle Menüpunkte« auf Seite 401.

Im Fall des Kinoportals muss zunächst ein Menüpunkt auf alle Actionfilm-Kritiken her. Da es sich somit um Beiträge dreht, öffnen Sie zunächst den gleichnamigen Slider. Joomla! soll die Kritiken aus der Kategorie *Actionfilme* auflisten. Passend wäre somit der Menüeintragstyp *Kategorieliste*, den Sie anklicken. Damit kehren Sie automatisch wieder in das große Formular zurück.

Nachdem Sie sich für einen Menüeintragstyp entschieden haben, warten Sie einen Moment ab, bis er im Feld *Menüeintragstyp* erscheint. Per *Auswählen* können Sie ihn jederzeit wechseln.

Warnung   Dabei gehen die meisten der übrigen Einstellungen des Menüpunkts komplett verloren.

Schritt 2: Grundeinstellungen vornehmen

Die Einstellungen im Formular hängen vom gewählten Menüeintragstyp ab. Eine kleine Ausnahme bilden die folgenden Einstellungen auf dem Register *Details* (siehe Abbildung 8-18):

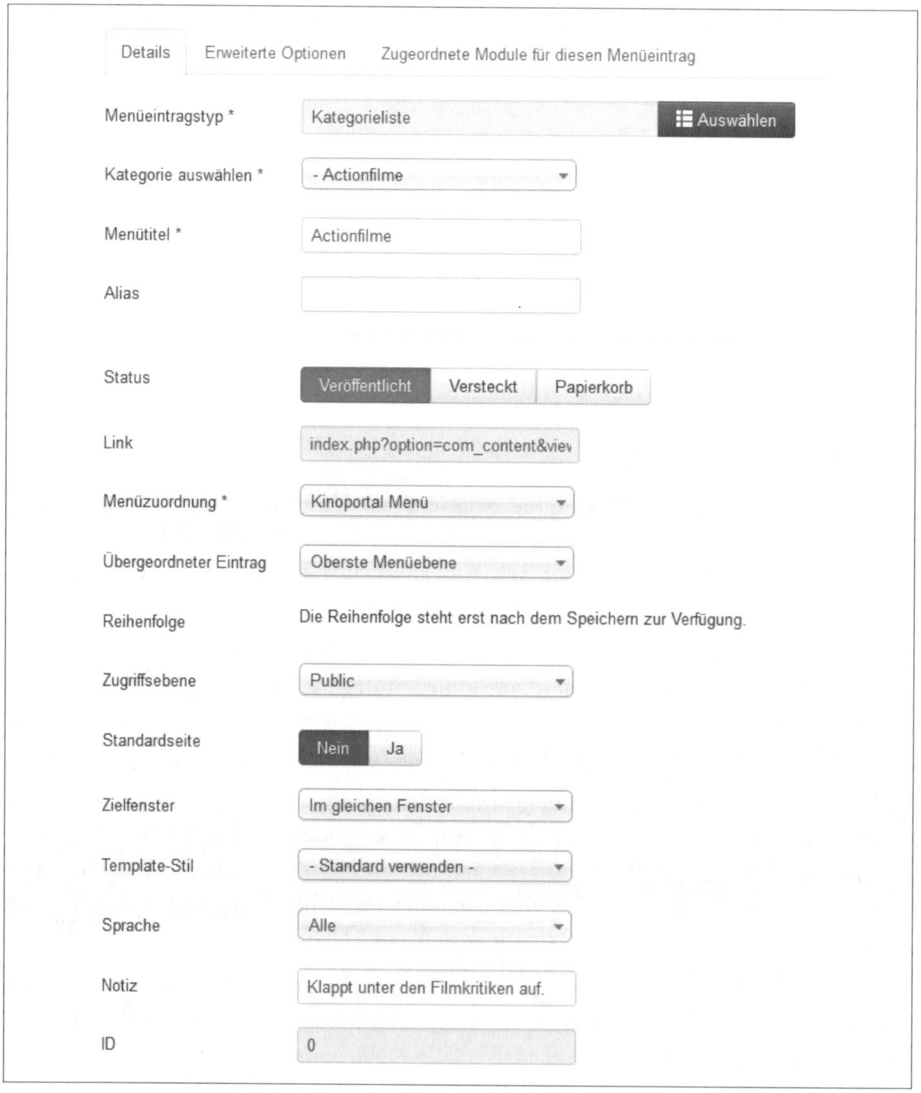

| Details | Erweiterte Optionen | Zugeordnete Module für diesen Menüeintrag |

Menüeintragstyp *   Kategorieliste   ☰ Auswählen

Kategorie auswählen *   - Actionfilme ▼

Menütitel *   Actionfilme

Alias

Status   Veröffentlicht   Versteckt   Papierkorb

Link   index.php?option=com_content&view

Menüzuordnung *   Kinoportal Menü ▼

Übergeordneter Eintrag   Oberste Menüebene ▼

Reihenfolge   Die Reihenfolge steht erst nach dem Speichern zur Verfügung.

Zugriffsebene   Public ▼

Standardseite   Nein   Ja

Zielfenster   Im gleichen Fenster ▼

Template-Stil   - Standard verwenden - ▼

Sprache   Alle ▼

Notiz   Klappt unter den Filmkritiken auf.

ID   0

Abbildung 8-18:   Diese Grundeinstellungen sind für jeden Menüeintragstyp gleich. (Hier sind alle Einstellungen der Übersicht halber untereinander dargestellt.)

Menütitel

Im Feld *Menütitel* verpassen Sie dem Menüpunkt einen neuen Namen. Dies ist auch gleichzeitig seine Beschriftung auf der Homepage. Für das Kinoportal-Beispiel wählen Sie **Actionfilme**.

Alias

Das Eingabefeld neben *Alias* verlangt wie immer nach einem alternativen Titel für interne Zwecke. Wenn Sie das Feld leer lassen, überlegt sich Joomla! selbst einen Alias. Auch im Kinoportal bleibt es leer.

Status

Der Menüpunkt ist nur dann für die Besucher sichtbar, wenn *Status* auf *Veröffentlicht* steht. Um den Menüpunkt vorübergehend von der Homepage zu nehmen, aktivieren Sie hier *Versteckt*. Er ist dann übrigens auch nicht mehr für registrierte Besucher sichtbar.

Link

Das Feld neben *Link* zeigt die Internetadresse der Seite an, auf die der neue Menüpunkt führt. Sofern Joomla! die Seite verwaltet, wird der korrekte Verweis automatisch fest vorgegeben. Haben Sie hingegen einen Menüpunkt vom Typ *Externe URL* angelegt (siehe vorheriger Abschnitt), gehört in dieses Feld die Internetadresse der externen Seite.

Menüzuordnung

In dem hier gewählten Menü erscheint später der neue Menüpunkt. Im Fall des Kinoportals ist hier mit dem *Kinoportal Menü* schon die korrekte Heimat ausgewählt.

Tipp
Beim Aufbau der Menüs sollten Sie sich an die Hierarchie halten, die Sie zu Beginn von Kapitel 4, *Inhalte verwalten*, ausgetüftelt haben. Fassen Sie dabei (thematisch) zusammengehörige Menüpunkte in jeweils einem eigenen Menü zusammen. Im Kinoportal stecken beispielsweise derzeit alle Menüpunkte, die irgendwas mit Kinofilmen zu tun haben, gemeinsam im Menü *Kinoportal Menü*.

Übergeordneter Eintrag

Hierüber können Sie den Menüpunkt einem anderen unterordnen. Dazu folgt in wenigen Zeilen etwas mehr.

Reihenfolge

Sobald Sie den Menüeintrag angelegt haben (zum Beispiel via *Speichern*), können Sie ihn hier an eine andere Position im Menü verschieben. Dazu stellen Sie in der Ausklappliste den Menüpunkt-Kollegen ein, unter dem der Menüpunkt zukünftig erscheinen soll. Um den Menüpunkt an den oberen Rand des Menüs zu verfrachten, wählen Sie – *Erster* –, ans Ende schiebt ihn hingegen – *Letzter* –.

Zugriffsebene

Wer genau den Menüpunkt zu Gesicht bekommt, regelt die *Zugriffsebene*. Mit den Standardeinstellungen sieht jeder Besucher den Menüpunkt und darf ihm folgen. Das ist auch genau das Richtige im Kinoportal.

Tipp

Man könnte ein ganzes Menü verstecken, indem man alle enthaltenen Punkte eines Menüs auf eine passende *Zugriffsebene* setzt. Eine bessere Methode bietet jedoch der Umweg über ein neues Menü-Modul, auf das man dann den Zugriff mit den entsprechenden Methoden einschränkt. Weitere Informationen zu den Benutzerrechten liefert Kapitel 9, *Benutzerverwaltung und -kommunikation*, und mehr Informationen zu Modulen finden Sie in Kapitel 7, *Module – Die kleinen Brüder der Komponenten*.

Standardseite

Wenn *Standardseite* auf *Ja* steht, ist die über den Menüpunkt erreichbare Seite auch gleichzeitig die Startseite Ihres Internetauftritts. Sie trägt dann in der Liste mit allen Menüpunkten das kleine gelbe Sternchen. Mehr zu diesem Thema finden Sie im Abschnitt »Startseite festlegen« auf Seite 371.

Zielfenster

Wenn ein Besucher später auf den Menüpunkt klickt, öffnet Joomla! die neue Seite immer im gleichen Browserfenster. Sie können die Seite aber auch in einem separaten Browserfenster anzeigen lassen. Dazu bietet Ihnen diese Ausklappliste gleich zwei Varianten: *Neues Fenster mit Navigation* öffnet die Zielseite in einem normalen Browserfenster, während *Neues Fenster ohne Navigation* ein neues Fenster ohne Symbolleisten erzwingt. Das normale Verhalten erhalten Sie mit der Einstellung *Im gleichen Fenster*.

Tipp

Ein neues Fenster sollten Sie nur dann öffnen lassen, wenn die Zielseite nicht zum Angebot der eigenen Homepage gehört. Andernfalls irritieren Sie den Besucher.

Wenn Sie jetzt verwirrt sind, belassen Sie diesen Punkt immer auf seiner Vorgabe.

Template-Stil

Der über den Menüpunkt erreichbaren Seite können Sie hier eine ganz individuelle Optik überstülpen. Dazu wählen Sie aus der Liste einfach ein passendes Template. Beachten Sie, dass einzelne Templates mehrere verschiedene Optiken mitbringen können. Diese erscheinen dann in der Ausklappliste unter dem kursiv gedruckten Template-Namen eingerückt.

Warnung

Den hier gewählten Anstrich tragen unter Umständen auch alle weiteren Unterseiten, die über diesen Menüpunkt erreichbar sind. Sofern Sie einzelnen Seiten ein anderes Template zugewiesen haben, sollten Sie anschließend die Seiten unbedingt in der *Vorschau* kontrollieren.

Wenn Sie in der Ausklappliste – *Standard anwenden* – beibehalten, nutzt die Seite das systemweit gültige Template. Sofern Sie Ihrem Internetauftritt ein einheitliches Aussehen verpassen wollen, ist dies somit genau die richtige Einstellung – wie auch im Beispiel des Kinoportals. Weitere Informationen zu den Templates finden Sie in Kapitel 13, *Templates*.

Sprache

Bei einem mehrsprachigen Internetauftritt legen Sie hier fest, in welcher Sprachfassung der Menüpunkt auftauchen soll. Sofern Sie nur einen einsprachigen Auftritt planen, behalten Sie hier die Vorgabe *alle* bei.

Notiz

Hier können Sie eine kleine Notiz hinterlassen. Sie dient rein als Gedächtnisstütze und taucht später nur im Backend auf. Im Fall des Kinoportals könnten Sie hier beispielsweise notieren: »`Klappt unter den Filmkritiken auf.`«

ID

Hier zeigt Joomla! die interne Identifikationsnummer des Menüpunkts an. Solange der neue Menüpunkt noch nicht angelegt wurde, ist diese Zahl noch 0.

Im Kinoportal wählen Sie für den Menüpunkt, der zu den Actionfilmen führt, die Einstellungen aus Abbildung 8-18.

Schritt 3: Menüeinträge hierarchisch ordnen

Im Moment tummelt sich der neue Menüpunkt noch gleichberechtigt neben allen anderen Einträgen. Er lässt sich aber auch einem Kollegen unterordnen. Auf diese Weise entsteht ein Untermenü, wie Sie es auch aus dem Hauptmenü eines normalen Anwendungsprogramms kennen. Die Abbildungen 8-19, 8-20 und 8-21 zeigen dazu ein kleines Beispiel.

Abbildung 8-19:   Der neue Menüpunkt namens *Ein Unterpunkt* erscheint mit diesen Einstellungen ...

Mit solchen Untermenüs lässt sich auch die Struktur des Internetauftritts abbilden und so gleichzeitig die Übersicht für den Betrachter verbessern. Letzteres ist insbesondere bei besonders vielen Menüpunkten hilfreich.

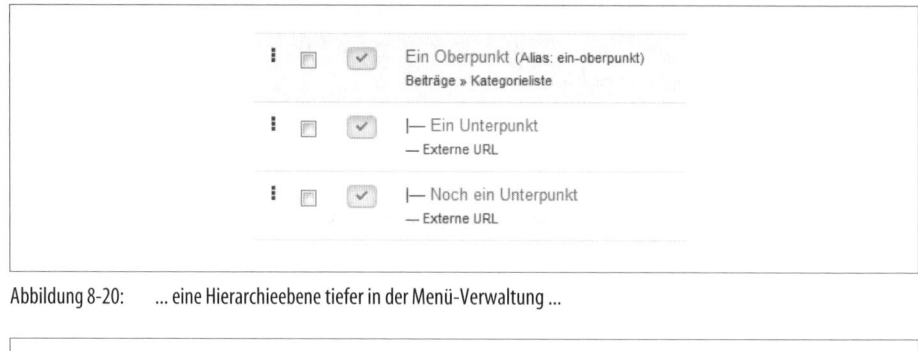

Abbildung 8-20:   ... eine Hierarchieebene tiefer in der Menü-Verwaltung ...

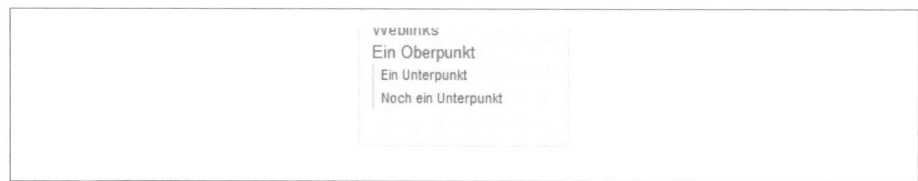

Abbildung 8-21:   ... und schließlich so auf der Homepage.

 Tipp   Behalten Sie dabei jedoch die Verschachtelungstiefe im Auge. Bei mehr als drei Gliederungsebenen (also einem Unter-Unter-Untermenü) geht die Übersicht für Besucher schnell wieder verloren. In solch einem Fall sollten Sie überlegen, ob Sie Ihren Internetauftritt nicht besser anders strukturieren.

Um den gerade hier entstehenden Menüpunkt einem Kollegen unterzuordnen, wählen Sie in der Ausklappliste *Übergeordneter Eintrag* genau diesen Kollegen aus.

 Im Kinoportal soll der Menüpunkt zu den Actionfilmen ein Unterpunkt des Eintrags *Zu den Filmkritiken* werden. Wählen Sie folglich in der Ausklappliste *Übergeordneter Eintrag* den Punkt *Zu den Filmkritiken*.

Falls in der Ausklappliste *Oberste Menüebene* eingestellt ist, erscheint der neue Menüpunkt auf gleicher Augenhöhe mit seinen restlichen Kollegen.

 Tipp   Beim Aufbau einer Menühierarchie sollten Sie sich an der bereits zu Beginn von Kapitel 4, *Inhalte verwalten*, festgelegten Struktur Ihrer Homepage orientieren. Damit finden sich die späteren Besucher schneller auf Ihrer Homepage zurecht.

Schritt 4: Typabhängige Einstellungen vornehmen

Direkt unterhalb der Einstellung *Menüeintragstyp* wartet eine Einstellung, die bislang noch nicht angesprochen wurde. Wie sie heißt und was sie bewirkt, hängt vom gewählten Menüeintragstyp ab.

 Im Kinoportal wurde als *Menüeintragstyp* die Kategorieliste gewählt. Der neue Menüpunkt führt somit zu einer Liste mit Beiträgen. Aus welcher Kategorie diese Beiträge stammen, legen Sie unter *Kategorie auswählen* fest. Der neue Menüpunkt soll auf die *Actionfilme* zeigen, folglich wählen Sie hier die gleichnamige Kategorie (siehe Abbildung 8-22).

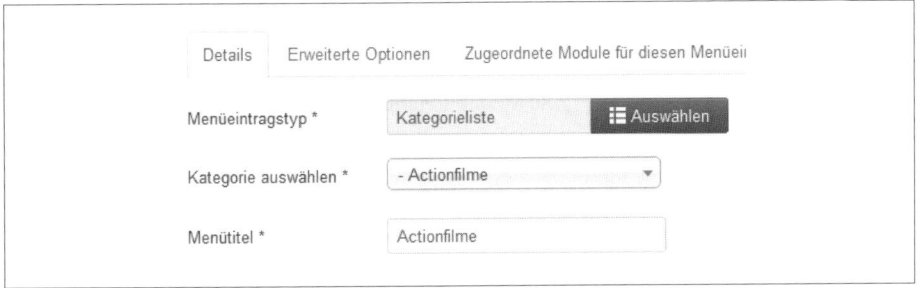

Abbildung 8-22:   Im Fall der Kategorieliste ist eine passende Kategorie auszuwählen.

Auch die Einstellungen auf den übrigen Registern des Formulars hängen vom gewählten Menüeintragstyp ab. Die meisten Einstellungen dort sind jedoch optional und bereits mit sinnvollen Werten bestückt.

Alle diese vom Menüeintragstyp abhängigen Einstellungen wurden bereits in den zugehörigen Kapiteln angesprochen. Tabelle 8-1 gibt noch einmal einen kurzen Überblick, auf welcher Seite Sie bei welchem Menüeintragstyp nachschlagen müssen.

Für das aktuelle Kinoportal-Beispiel müssen Sie jetzt nicht extra zurückblättern. Bis auf zwei kleine Ausnahmen können Sie alle Einstellungen auf ihren voreingestellten Werten belassen. Setzen Sie lediglich auf dem Register *Erweiterte Optionen* unter den *Kategorieoptionen* die Punkte *Kategorietitel* und *Kategoriebeschreibung* auf *Anzeigen*.

Tabelle 8-1: Vom Menüeintragstyp abhängige Einstellungen und wo ihre jeweilige Erklärung zu finden ist

Menüeintragstyp	Kapitel	Seite
Beiträge		
Archivierte Beiträge	4, *Inhalte verwalten*, Abschnitt »Archivieren«	199
Einzelner Beitrag	4, *Inhalte verwalten*, Abschnitt »Einzelner Beitrag«	188
Alle Kategorien auflisten	4, *Inhalte verwalten*, Abschnitt »Alle Kategorien auflisten«	165
Kategorieblog	4, *Inhalte verwalten*, Abschnitt »Kategorieblog«	180
Kategorieliste	4, *Inhalte verwalten*, Abschnitt »Kategorieliste«	170
Hauptbeiträge	4, *Inhalte verwalten*, Abschnitt »Hauptbeiträge und die Startseite«	196
Beitrag erstellen	9, *Benutzerverwaltung und -kommunikation*, Abschnitt »Beiträge und Weblinks einreichen«	455
Benutzer		
Anmeldeformular	9, *Benutzerverwaltung und -kommunikation*, Abschnitt »An- und Abmeldeformular«	450
Benutzerprofil	9, *Benutzerverwaltung und -kommunikation*, Abschnitt »Benutzerprofil«	453

Tabelle 8-1: Vom Menüeintragstyp abhängige Einstellungen und wo ihre jeweilige Erklärung zu finden ist *(Fortsetzung)*

Menüeintragstyp	Kapitel	Seite
Benutzerprofil bearbeiten	9, *Benutzerverwaltung und -kommunikation,* Abschnitt »Benutzerprofil«	453
Registrierungsformular	9, *Benutzerverwaltung und -kommunikation,* Abschnitt »Registrierungsformular«	445
Benutzername erneut zusenden	9, *Benutzerverwaltung und -kommunikation,* Abschnitt »Vergessene Benutzernamen und Passwörter«	452
Passwort zurücksetzen	9, *Benutzerverwaltung und -kommunikation,* Abschnitt »Vergessene Benutzernamen und Passwörter«	452
Kontakte		
Alle Kontaktkategorien auflisten	6, *Komponenten – Nützliche Zusatzfunktionen,* Abschnitt »Kontakte mit einem Menüpunkt verbinden«	250
Kontakte in Kategorie auflisten	6, *Komponenten – Nützliche Zusatzfunktionen,* Abschnitt »Kontakte mit einem Menüpunkt verbinden«	250
Einzelner Kontakt	6, *Komponenten – Nützliche Zusatzfunktionen,* Abschnitt »Einen einzelnen Kontakt in das Menü einbinden«	256
Hauptkontakte	6, *Komponenten – Nützliche Zusatzfunktionen,* Abschnitt »Hauptkontakte«	258
Newsfeeds		
Alle Newsfeed-Kategorien auflisten	6, *Komponenten – Nützliche Zusatzfunktionen,* Abschnitt »Alle Newsfeed-Kategorien auflisten«	273
Newsfeeds in Kategorie auflisten	6, *Komponenten – Nützliche Zusatzfunktionen,* Abschnitt »Newsfeeds in Kategorie auflisten«	271
Einzelner Newsfeed	6, *Komponenten – Nützliche Zusatzfunktionen,* Abschnitt »Einzelner Newsfeed«	274
Suche		
Suchformular oder Suchergebnisse auflisten	6, *Komponenten – Nützliche Zusatzfunktionen,* Abschnitt »Suchformular in ein Menü einbinden«	276
Suchindex		
Suche	6, *Komponenten – Nützliche Zusatzfunktionen,* Abschnitt »Suchindex (Smart Search)«	278
Systemlinks		
Externe URL	8, *Menüs,* Abschnitt »Externe URL«	401
Menüeintrag-Alias	8, *Menüs,* Abschnitt »Menüeintrag-Alias«	402
Trennzeichen	8, *Menüs,* Abschnitt »Trennzeichen«	404
Menü-Überschrift	8, *Menüs,* Abschnitt »Menü-Überschrift«	405
Weblinks		
Alle Weblinkskategorien auflisten	6, *Komponenten – Nützliche Zusatzfunktionen,* Abschnitt »Links mit einem Menüpunkt verbinden«	296
Weblinks in Kategorie auflisten	6, *Komponenten – Nützliche Zusatzfunktionen,* Abschnitt »Links mit einem Menüpunkt verbinden«	296

Menüeintragstyp	Kapitel	Seite
Weblink einreichen	9, *Benutzerverwaltung und -kommunikation*, Abschnitt »Beiträge und Weblinks einreichen«	455
Wrapper		
Iframe Wrapper	8, *Menüs*, Abschnitt »Iframe Wrapper«	406

Ist bei einer Einstellung der Punkt *Globale Einstellung* ausgewählt, so verwendet das Content-Management-System einfach die systemweit vorgegebenen Werte. Diese verbergen sich hinter der Schaltfläche *Optionen*, die Sie wiederum in der entsprechenden Listenansicht im Backend erreichen. Beispielsweise stecken alle Vorgaben für die Beiträge hinter *Inhalt → Beiträge*, die Grundeinstellungen für die Kontaktformulare hingegen unter *Komponenten → Kontakte*.

Auf dem Register *Erweiterte Optionen* gibt es allerdings auch ein paar Slider, die bei fast allen oder sogar jedem Menüeintragstyp auftauchen. Auf ihnen können Sie noch ein paar pfiffige Spezialfunktionen aktivieren beziehungsweise abschalten, weshalb sie eine besondere Beachtung verdienen.

Schritt 5: RSS-Feeds aktivieren (Integrationseinstellungen)

Einer dieser Slider hört auf den Namen *Integrationseinstellungen* (siehe Abbildung 8-23). Auf ihm können Sie festlegen, ob Joomla! für die über den Menüpunkt erreichbaren Webseiten einen Newsfeed erstellen und anbieten soll.

Abbildung 8-23:   Hier regeln Sie, ob Joomla! für die erreichbare Seite einen Newsfeed erstellen soll und wenn ja, welche Informationen dieser enthält.

Dies ist standardmäßig der Fall, Sie können also in Ihrem Browser jede von Joomla! ausgelieferte Seite als Newsfeed abonnieren. Wie das funktioniert, hängt von Ihrem Browser ab. Unter Firefox finden Sie beispielsweise die entsprechende Funktion im *Lesezeichen*-Menü (*Diese Seite abonnieren*). Viele Browser zeigen in der Adressleiste auch ein kleines, orangefarbenes Symbol an.

Tipp Damit der Besucher überhaupt erfährt, dass es einen Newsfeed gibt, sollten Sie ein Modul vom Typ *Syndication Feeds* aktivieren und auf allen passenden Seiten platzieren (siehe auch Kapitel 7, *Module – Die kleinen Brüder der Komponenten*).

Joomla! packt in den Newsfeed immer alle Inhalte der jeweiligen Seite. Damit der Feed nicht aus allen Nähten platzt, übernimmt Joomla! von Beiträgen immer nur den Einleitungstext. Möchten Sie dennoch den kompletten Beitrag im Newsfeed ausliefern, stellen Sie *In jedem Feed-Eintrag* auf *Gesamter Text*.

Möchten Sie verhindern, dass Joomla! einen Newsfeed für die über diesen Menüpunkt erreichbaren Seiten erzeugt, setzen Sie den Punkt *Feed-Link* auf *Verbergen*.

Tipp Lassen Sie im Zweifelsfall hier die Einstellungen auf Ihren Standardwerten.

 Für das Beispiel im Kinoportal übernehmen Sie hier die Voreinstellungen (und lassen somit Joomla! den Feed für die Unterseiten generieren).

Schritt 6: An der Optik drehen (Einstellungen für Menülinks)

Auf dem Slider *Einstellungen für Menülinks* ist ein Punkt ganz besonders interessant: *Bild zum Link* ordnet dem Menüpunkt ein (kleines) Bild zu. Letzteres erscheint dann auf der Homepage immer neben der Beschriftung des Menüpunktes (siehe Abbildung 8-24).

Tipp In der Regel wählt man kein größeres Foto, sondern ein kleines Symbol. Beispielsweise ziert häufig ein kleines Häuschen den Menüpunkt zur Startseite (Home).

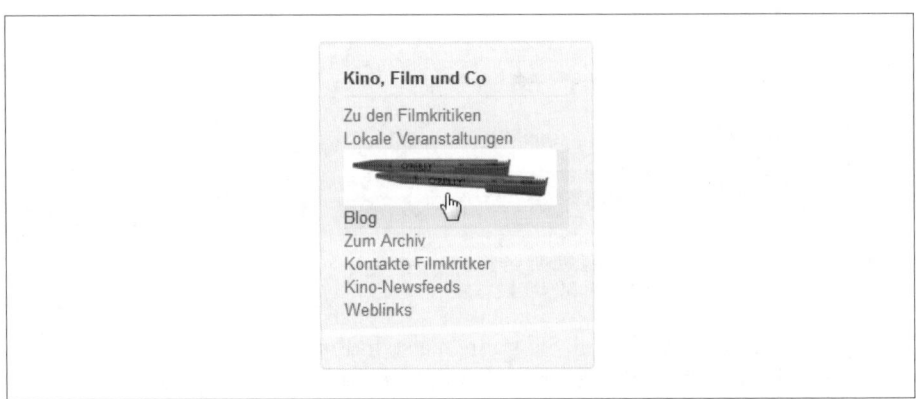

Abbildung 8-24: Hier wurde dem Verweis auf das Blog eine verkleinerte Variante der Kugelschreiber zugewiesen (Sie finden sie auch auf unserer Downloadseite im Verzeichnis *Kapitel8*). Beachten Sie, dass der Text *Blog* und das Bild zusammen einen Menüeintrag bilden, hier im Template Protostar leider nur erkennbar an der dunkelgrauen Hervorhebung, wenn Sie mit der Maus darüber fahren.

Die Besucher können sowohl das Bild als auch die Beschriftung des Menüpunktes anklicken, um zur gewünschten Seite zu gelangen. Um einem Menüeintrag ein Bild zu verpassen, klicken Sie auf *Auswählen*, woraufhin sich die bekannte Mini-Ausgabe der Medienverwaltung meldet (in ihr klicken Sie im oberen Bereich das Bild an und wählen *Einfügen*; weitere Informationen finden Sie in Kapitel 5, *Medien verwalten*). Um ein zugewiesenes Bild wieder loszuwerden, klicken Sie einmal auf den Knopf mit dem X.

Häufig sieht es etwas unschön aus, wenn der Menüpunkt so wie in Abbildung 8-24 sowohl ein Bild als auch eine Beschriftung trägt. Zudem irritiert es den Besucher: Soll er jetzt den Text anklicken oder das Bild oder gar beides? Aus diesem Grund können Sie die Beschriftung abschalten, indem Sie *Menütitel hinzufügen* auf *Nein* setzen.

Tipp
Mischen Sie möglichst nie Text und Bild, sondern ersetzen Sie entweder *alle* Menüpunkte eines Menüs durch Bilder oder bleiben Sie bei einer reinen Beschriftung.

Für den neuen Menüpunkt im Kinoportal ist kein Bild notwendig, belassen Sie daher hier die Voreinstellungen.

Den Text im Feld *Title-Attribute für Menülinks* zeigen viele Browser später als kleinen Tooltip an, wenn der Besucher mit dem Mauszeiger auf den Menüpunkt fährt. Sofern aus der Beschriftung nicht schon hervorgeht, wohin der Menüpunkt führt, sollten Sie hier eine kurze Erläuterung hinterlassen. (Unter der Haube packt Joomla! den Text aus dem Feld *Title-Attribute für Menülinks* in das HTML-Attribut title und tackert es an den Link, der den Menüpunkt repräsentiert.)

Das Eingabefeld *CSS-Style für Link* richtet sich schließlich primär an Template-Programmierer. Tatsächlich ist ein Menüpunkt später in der ausgelieferten Seite nichts anderes als ein normaler Link. Diesen kann man im Template mit einem speziellen CSS-Stil formatieren. Seinen Namen muss man lediglich in dieses Feld eintippen, woraufhin Joomla! ihn später automatisch auf diesen Menüpunkt anwendet. Genau wie im Kinoportal können Sie dieses Feld normalerweise leer lassen.

Schritt 7: Seitentitel verändern

Wenn Sie in der *Vorschau* einen Blick auf die Titelleiste beziehungsweise die Registerlasche Ihres Browsers werfen, so steht dort immer der Titel der aktuell angezeigten Seite. Auf dem Register *Einstellungen der Seitenanzeige* können Sie diese Beschriftung gegen eine eigene austauschen.

Dazu tragen Sie die neue Beschriftung einfach unter *Seitentitel im Browser* ein. Das Ergebnis veranschaulichen die Abbildungen 8-25 und 8-26.

Abbildung 8-25:   Der hier eingegebene Text ...

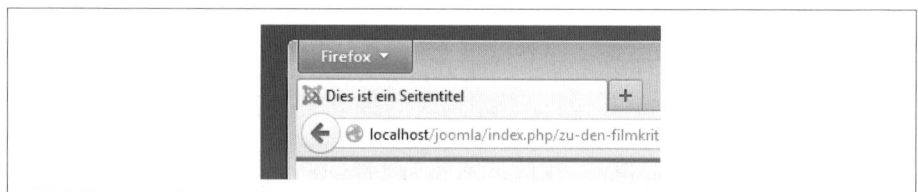

Abbildung 8-26:   ... erscheint später als Register-Beschriftung beziehungsweise in der Titelleiste im Browser (hier am
Beispiel von Firefox).

Joomla! ersetzt den Seitentitel allerdings nur auf der direkt über den Menüpunkt
erreichbaren Seite.

Warnung   Auch Suchmaschinen orientieren sich an diesem Seitentitel. Wenn Sie ihn anders
wählen, sollten Sie ihn möglichst weise vergeben.

Stellen Sie zusätzlich noch *Seitenüberschrift anzeigen* auf *Ja*, erscheint der Text aus
dem Feld *Seitentitel im Browser* auch noch einmal als Überschrift auf der Seite (wie
in Abbildung 8-27).

Im Feld *Seitenüberschrift* können Sie wiederum auch noch diese Überschrift austauschen. Die Auswirkungen zeigen die Abbildungen 8-28 und 8-29.

Das letzte Eingabefeld *Seitenklasse* auf dem Slider *Einstellungen der Seitenanzeige*
richtet sich schließlich wieder an Template-Entwickler. Den hier eingetragenen
CSS-Klassennamen tackert Joomla! an alle Elemente der über den Menüpunkt
erreichbaren Seite. Damit lässt sich dieser Seite eine ganz spezielle Optik zuweisen
(mehr zu diesem Thema erfahren Sie in Kapitel 13, *Templates*).

 Im Kinoportal haben Sie bereits im vorletzten Abschnitt den Kategorientitel und die
Kategorienbeschreibung eingeblendet. Ein zusätzlicher Titel beziehungsweise eine
zusätzliche Überschrift ist somit nicht notwendig. Lassen Sie daher alle Eingabefelder leer.

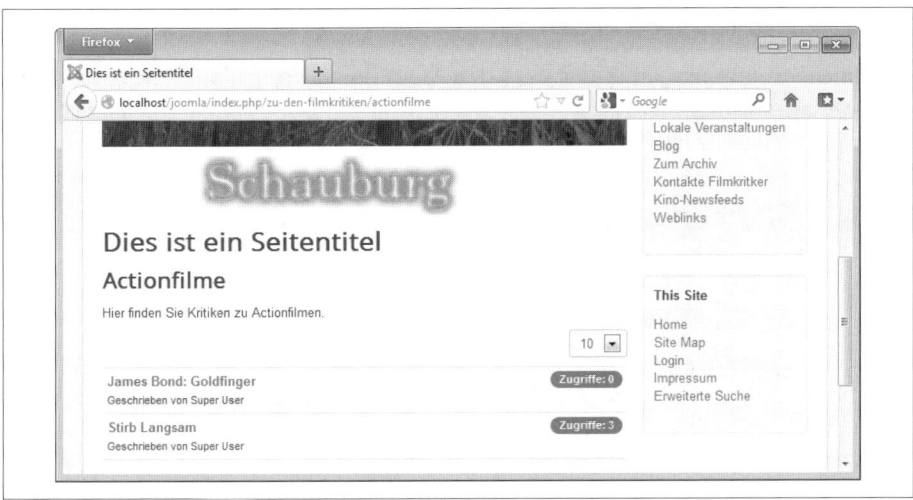

Abbildung 8-27:   Auf Wunsch blendet Joomla! den Seitentitel auch noch einmal dick und fett auf der entsprechenden
Webseite ein.

Einstellungen der Seitenanzeige

Seitentitel im Browser   Dies ist ein Seitentitel

Seitenüberschrift anzeigen   Nein   Ja

Seitenüberschrift   Eine andere Überschrift

Seitenklasse

Abbildung 8-28:   Diese Einstellungen ...

Abbildung 8-29:   ... führen zu diesem Ergebnis.

Schritt 8: Metadaten ergänzen

Abschließend können Sie in der über den Menüpunkt erreichbaren Seite noch ein paar Meta-Informationen verstecken. Diese Informationen sollen vor allem Suchmaschinen etwas unter die Arme greifen. Die entsprechenden Einstellungen finden Sie auf dem Slider *Metadatenoptionen;* sie sollten bereits aus den vorherigen Kapiteln bekannt sein:

Meta-Beschreibung
> Hier hinterlassen Sie für Google und Co eine kurze Beschreibung der Seiteninhalte, wie beispielsweise `Kritiken zu Filmen aus dem Action-Genre`.

Meta-Schlüsselwörter
> Diese Beschreibung ergänzen ein paar passende *Meta-Schlüsselwörter*. Im Kinoportal könnten Sie beispielsweise `Kritiken, Action, Filme` wählen. Die einzelnen Wörter trennen Sie jeweils durch Kommata.

Robots
> Mit der Ausklappliste *Robots* legen Sie fest, ob die Suchmaschinen überhaupt die Seite betreten (ein Punkt mit *index*) und den Links darauf folgen dürfen (ein Punkt mit *follow*). *noindex* und *nofollow* verbieten hingegen die jeweilige Aktion.

SSL-Sicherheit
> Wenn Sie diesen Punkt auf *An* setzen, können die Besucher die Seite hinter dem Menüpunkt nur noch über eine verschlüsselte Verbindung erreichen. Dies klappt allerdings nur, wenn auch der Webserver solche Verbindungen nach dem SSL-Verfahren akzeptiert. (Informationen hierzu liefert Ihnen das Handbuch zu Ihrem Webserver beziehungsweise Ihr Webhoster.)

Schritt 9: Menüpunkt erzeugen

Abschließend gibt es noch das Register mit dem sperrigen Namen *Zugeordnete Module für diesen Menüeintrag*. Auf ihm finden Sie eine Liste mit sämtlichen Modulen. In der Spalte *Anzeige* können Sie ablesen, ob das jeweilige Modul auf der Seite hinter dem Menüpunkt zu sehen sein wird (*Ja* oder *Alle*) oder eben nicht (*Nein*). Wenn Ihnen die Liste zu lang und unübersichtlich erscheint, setzen Sie einen Haken vor *Unzugeordnete Module ausblenden* ganz oben am Anfang der Liste. Joomla! zeigt dann nur noch die Module an, die tatsächlich später auf der Seite hinter dem Menüpunkt anzutreffen sind.

Mit einem Klick auf ein Modul können Sie schnell dessen Einstellungen hier vor Ort ändern, Sie müssen also nicht extra erst in die Modulverwaltung wechseln.

 Im Kinoportal sind hier keine Änderungen notwendig.

Legen Sie den Menüpunkt via *Speichern & Schließen* an, und betrachten Sie das Ergebnis in der *Vorschau*: Sobald Sie auf *Zu den Filmkritiken* klicken, klappt der Unterpunkt *Actionfilme* auf (siehe Abbildung 8-30).

Abbildung 8-30:   Der untergeordnete Menüpunkt (hier im Bild rechts oben in der Ecke)

Erstellen Sie jetzt auf die gleiche Weise noch zwei weitere Menüpunkte – einen zu den Liebesfilmen und einen zu den Komödien: Nach einem Klick auf *Neu* wählen Sie per *Auswählen* den Menüeintragstyp *Kategorieliste*, setzen die Ausklappliste *Kategorie auswählen* auf die Kategorie *Liebesfilme*, tragen als *Menütitel* `Liebesfilme` ein, setzen *Übergeordneter Eintrag* auf *Zu den Filmkritiken* und stellen auf dem Register *Erweiterte Optionen* in den *Kategorieoptionen* den *Kategorietitel* und die *Kategoriebeschreibung* auf *Anzeigen*. Nach dem *Speichern & Schließen* wiederholen Sie die Prozedur für die Komödien. Wenn Sie die Seite in die *Vorschau* neu laden, sehen Sie dann das Menü aus Abbildung 8-31 (und damit das ursprünglich angepeilte Ergebnis aus Abbildung 8-14). Gegebenenfalls müssen Sie einmal *Zu den Filmkritiken* anklicken.

Abbildung 8-31:   Das fertige Kinoportal-Menü

Im Gegensatz zu anderen Templates hebt das standardmäßig aktive Template namens *Protostar* nicht den aktuell aktiven Menüpunkt hervor. Abbildung 8-32

zeigt das Menü, wie es mit dem Beez3-Template angezeigt wird, das Joomla! ebenfalls beiliegt.

Abbildung 8-32:   Beez3 hebt den aktuell gewählten Menüpunkt (hier Actionfilme) optisch hervor.

Schritt 10: Das Verhalten des Untermenüs steuern

Standardmäßig bekommen Besucher die Unterpunkte erst zu Gesicht, wenn sie *Zu
den Filmkritiken*, also den Oberpunkt, anklicken. Alternativ können Sie aber auch
alle Unterpunkte direkt einblenden. Dazu müssen Sie allerdings in die Einstellungen
des entsprechenden Moduls wechseln – denn das ist für die Anzeige des Menüs verantwortlich.

 Im Kinoportal müssten Sie folglich *Erweiterungen → Module* aufrufen, dann in der
Liste *Kino, Film und Co* aufspüren und anklicken.

In den *Basisoptionen* können Sie jetzt dauerhaft alle *Untermenüeinträge anzeigen* lassen, indem Sie *Ja* aktivieren.

Die beiden Punkte darüber werden jetzt ebenfalls interessant. In Abbildung 8-31
gibt es zwei Gliederungsebenen: einmal die Hauptpunkte (*Zu den Filmkritiken*) und
dann die Unterpunkte (*Actionfilme* etc). Mit *Letzte Ebene* bestimmen Sie, bis zu welcher Gliederungsebene Joomla! Unterpunkte anzeigen soll. Setzen Sie die Liste beispielsweise auf *1*, verschwinden die Menüpunkte zu den Actionfilmen, Liebesfilmen
und Komödien, da sie sich allesamt auf der zweiten Gliederungsebene befinden. Der
Besucher hat dann auch keine Möglichkeit mehr, an sie heranzukommen.

Analog können Sie mit der Ausklappliste darüber die *Erste Ebene* bestimmen, die
das Menü anzeigen soll. Setzen Sie die Liste beispielsweise auf *2*, zeigt das Menü nur
noch die drei Untermenüpunkte (*Actionfilme, Liebesfilme* und *Komödien*) an.

Mit einer geschickten Wahl von *Erste* und *Letzte Ebene* lässt sich ein Menü basteln, das nur aus ganz bestimmten Unterpunkten besteht.

Tipp   Wenn das Sie verwirrt, bauen Sie sich probeweise ein relativ tief verschachteltes Menü, und experimentieren Sie dann hier mit verschiedenen Einstellungen.

Im Kinoportal nehmen Sie hier keine Änderungen vor. Damit bleibt das Menü schön übersichtlich und schlank.

Spezielle Menüpunkte

Normalerweise führt ein Menüpunkt immer auf eine Seite mit Inhalten, wie zu einer Filmkritik, einem Kontaktformular oder einer Linksammlung. Joomla! kennt aber auch noch ein paar ganz spezielle Menüeintragstypen.

Externe URL

Sobald das Kinoportal einen größeren Bekanntheitsgrad erreicht, sind Kooperationen mit anderen Filmfans nicht auszuschließen. Beispielsweise könnte man eine Partnerschaft mit dem Betreiber einer Seite über Filmmusik eingehen. In diesem Fall ist es üblich, dass man über einen Link auf die Partner-Homepage verweist.

Nun könnte man für diesen einen Link eine neue Weblink-Kategorie anlegen, dann darin einen Weblink auf die befreundete Seite ablegen und schließlich einen Menüpunkt auf die Weblink-Kategorie setzen. Das alles ist nicht nur umständlich, der Besucher steht auch vor einer fast leeren Weblink-Kategorie.

Glücklicherweise kann Joomla! einen Menüpunkt direkt auf eine externe Internetseite zeigen lassen. Genau eine solche Verknüpfung soll nun im Hauptmenü auftauchen.

Tipp   Hinter einem Menüeintrag steckt nichts anderes als ein Verweis auf eine Internetseite. Dies kann eine von Joomla! bereitgestellte Unterseite oder aber, wie jetzt gerade im Kino-Beispiel, eine externe Internetseite sein. Umgekehrt können Sie mit der folgenden Methode auch einen Menüpunkt auf eine beliebige Unterseite Ihres eigenen Internetauftritts anlegen.

Warnung   Bei Verweisen auf externe Seiten ist jedoch Vorsicht geboten: In erster Linie dienen Menüs zur Navigation im eigenen Internetauftritt. Aus diesem Grund sollten Menüeinträge, die auf externe Seiten verweisen, immer gesondert, am besten in einem eigenen Menü erscheinen. Andernfalls läuft man Gefahr, den Besucher zu verwirren.

Erstellen Sie zunächst wie gewohnt einen neuen Menüeintrag, im Kinoportal-Beispiel also über *Menüs → Main Menu → Neuer Menüeintrag*. Als *Menüeintragstyp* wählen Sie aus dem Slider *Systemlinks* die *Externe URL*.

Vergeben Sie jetzt einen *Menütitel*, im Beispiel etwa **Partnerseite Filmmusik**, und tragen Sie dann unter *Link* die Internetadresse zu dieser Seite ein. Für das Kinoportal könnten Sie hier beispielsweise *http://www.filmmusik.uni-kiel.de* verwenden. Klickt der Besucher später den Menüpunkt an, landet er dann automatisch auf den Seiten der *Kieler Gesellschaft für Filmmusikforschung*.

Die übrigen Einstellungen können Sie nun noch nach Lust und Laune beziehungsweise nach Ihren Anforderungen zurechtbiegen. Achten Sie abschließend noch einmal darauf, dass die *Menüzuordnung* auf *Main Menu* steht.

 **Warnung**   Standardmäßig öffnet Joomla! die externe Homepage im gleichen Browser-Fenster; sie verdrängt also Ihren eigenen Internetauftritt. Um das zu ändern, müssen Sie ein anderes *Zielfenster* auswählen. Ein neues Fenster könnte allerdings die Besucher irritieren: Diese sind normalerweise überrascht, wenn nach einem Klick auf einen Menüpunkt plötzlich ein neues Fenster erscheint.

Jetzt müssen Sie nur noch Ihre Einstellungen *Speichern & Schließen*. Den Menüpunkt zur Kieler Gesellschaft für Filmmusikforschung finden Sie in der *Vorschau* im Menü *This Site*.

Menüeintrag-Alias

In der Praxis kommt es häufig vor, dass mehrere Menüeinträge auf ein und dieselbe Seite zeigen. Ein Paradebeispiel ist das Impressum: Zu ihm führen meistens ein Menüpunkt am oberen Seitenrand sowie ein zweiter in einem Hauptmenü oder ein ganz kleiner Verweis am unteren Seitenrand.

 Wenn Sie dem Abschnitt »Menüeinträge kopieren« auf Seite 376 gefolgt sind, ist dies auch im Kinoportal der Fall: Zum Impressum gelangen Sie einmal über das Menü *This Site* und einmal über einen Knopf im waagerechten Menü am oberen Rand.

Auf den ersten Blick scheint das kein großes Problem zu sein: Man legt einfach nacheinander mehrere Menüpunkte an und lässt sie jeweils auf den gleichen Beitrag beziehungsweise das gleiche Kontaktformular zeigen (siehe Abbildung 8-33). Dummerweise regeln in Joomla! die Menüpunkte, wie die darüber erreichbare Seite aussieht. Sobald man die Einstellungen eines der Menüpunkte ändert, müsste man auch alle anderen anpassen.

 Tipp   Wenn Sie die Beispiele aus den vorherigen Abschnitten nachvollzogen haben, probieren Sie das einmal im Kinoportal aus: Wechseln Sie im Backend zum Menüpunkt *Menüs* → *Top*, klicken Sie in der Liste den Menüpunkt für das *Impressum* an, und ändern Sie dann auf dem Register *Erweiterte Optionen* ein paar sichtbare Einstellungen – setzen Sie beispielsweise unter *E-Mail-Optionen* den Punkt *Kontaktformular* auf *Verbergen* (sofern das Impressum bei Ihnen noch auf einen Beitrag zeigt, lassen Sie in den *Beitragsoptionen* den *Titel* einfach *Verbergen*). Wenn Sie jetzt nach dem *Speichern* in der *Vorschau* auf das *Impressum* im oberen, waagerechten Menü wechseln, fehlt dort das Kontaktformular (beziehungsweise der *Titel*). Klicken Sie hingegen auf den Menüpunkt *Impressum* im *This Site*-Menü, ist das Kontaktformular noch da.

Abbildung 8-33: Zwei Menüpunkte führen zwar zur selben Seite, sind aber normalerweise unabhängig voneinander (links). Der Menüeintrag-Alias übernimmt hingegen alle Einstellungen eines anderen Menüpunktes (rechts).

Glücklicherweise können Sie in Joomla! aber auch einen normalen Menüpunkt einrichten und dann andere Kollegen auf diesen Menüpunkt umbiegen (wie rechts in Abbildung 8-33). Einen solchen Menüpunkt, der auf einen anderen Menüpunkt verweist, bezeichnet Joomla! als *Menüeintrag-Alias* oder kurz *Menüalias*. Sie können sich ihn als normalen Menüpunkt vorstellen, der immer sämtliche Einstellungen eines anderen Menüpunktes übernimmt.

Um einen Menüeintrag-Alias anzulegen, erstellen Sie wie gewohnt einen neuen Menüpunkt, weisen ihm den Menüeintragstyp *Menüeintrag-Alias* zu und wählen dann auf dem Register *Erweiterte Optionen* auf dem Slider *Erforderliche Einstellungen* unter *Alias verlinken mit* den Menüpunkt aus, dessen Einstellungen der Menüalias übernehmen soll. Alle übrigen der angebotenen Einstellungen können Sie nach Belieben vornehmen, das *Alias*-Feld auf dem Register *Details* sollten Sie jedoch, wie von Joomla! vorgeschlagen, frei lassen.

Im Kinoportal soll der Menüpunkt *Impressum* im waagerechten Menü am oberen Rand in einen Menüeintrag-Alias auf seinen Kollegen im *This Site*-Menü verwandelt werden. Dazu rufen Sie im Backend *Menüs → Top* auf, klicken in der Liste den Menüpunkt *Impressum* an, aktivieren *Auswählen*, öffnen den Slider *Systemlinks* und ändern den Menüeintragstyp auf *Menüeintrag-Alias*. Jetzt müssen Sie nur noch auf dem Register *Erweiterte Optionen* unter *Erforderliche Einstellungen* in der Ausklappliste *Alias verlinken mit* das *mainmenu* finden und dort den (eingerückten)

Eintrag *Impressum* auswählen. Beachten Sie, dass Joomla! in der Liste die einzelnen Menüs mit ihren Aliasnamen aufführt. Wenden Sie Ihre Änderungen per *Speichern & Schließen* an.

Das war bereits alles: Ab sofort gelten für beide *Impressum*-Menüpunkte immer die gleichen Einstellungen. Wenn Sie ein Template einsetzen, das den aktuell ange-klickten Menüpunkt markiert, erscheinen sogar beide *Impressum*-Menüpunkte her-vorgehoben.

Trennzeichen

Menüs mit sehr vielen Menüpunkten könnte man mit Trennlinien, Ornamenten oder kleinen Grafiken unterteilen und auf diese Weise etwas übersichtlicher oder hübscher machen. Um in Joomla! eine Trennlinie einzuziehen, erstellen Sie wie gewohnt einen neuen Menüpunkt und verpassen ihm den Menüeintragstyp *Trenn-zeichen*. Ein solcher Menüpunkt lässt sich später nicht anklicken, er zeigt lediglich den Menütitel oder ein kleines Bild an – und genau damit lassen sich schnell Trenn-linien erzeugen.

Zunächst könnte man auf die Idee kommen, wie in Abbildung 8-34 im Feld *Menü-titel* eine Trennlinie mit Textzeichen nachzubauen. Wie Sie selbst in Abbildung 8-35 sehen, wirkt eine solche »Linie« etwas kitschig und auch »billig«.

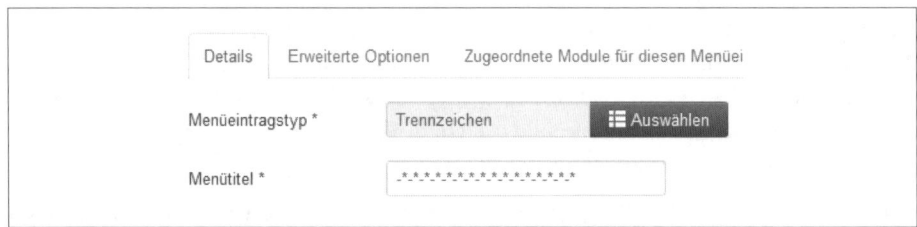

Abbildung 8-34:   Diese Einstellungen ...

Abbildung 8-35:   ... führen zu solch einem Trennstreifen.

Glücklicherweise können Sie dem Menüpunkt auf dem Register *Erweiterte Optionen* unter den *Einstellungen für Menülinks* auch ein beliebiges Bild verpassen (via *Auswählen* neben *Bild zum Link*). Dieses Bild kann dann eine Linie, ein Ornament oder ein schmückendes Foto zeigen. Sie sollten lediglich darauf achten, dass das Bild zum Template passt.

Allerdings hat die Sache noch einen kleinen Haken: Joomla! verlangt, dass jeder Menüpunkt auch zwingend einen Menütitel besitzt. Sie kommen also nicht darum herum, auf dem Register *Details* einen (Nonsense-)*Menütitel* zu vergeben. Diesen müssen Sie dann direkt wieder ausblenden, indem Sie auf dem Register *Erweiterte Optionen* im Slider *Einstellungen für Menülinks* den Punkt *Menütitel hinzufügen* auf *Nein* setzen. Damit zeigt der Menüpunkt dann nur noch das Bild und somit die Trennlinie (oder das Ornament) an.

Tipp   Sie können natürlich auch den Menütitel geschickt mit dem Bild kombinieren.

Menü-Überschrift

Ab Joomla! 3.0 können Sie neben Trennlinien auch Zwischenüberschriften in Menüs einfügen. Abbildung 8-36 zeigt dafür ein Beispiel.   X.X

Abbildung 8-36:   Beispiel für eine Zwischenüberschrift

Eine Zwischenüberschrift besteht in Joomla! einfach aus einem Menüpunkt vom Menüeintragstyp *Menü-Überschrift*. Ein solcher Menüpunkt lässt sich zum einen später nicht anklicken und zum anderen wird seine Beschriftung vom Template besonders hervorgehoben beziehungsweise dargestellt – das Template in Abbildung 8-36 zentriert sie beispielsweise.

Um also eine solche Zwischenüberschrift zu erzeugen, erstellen Sie wieder einen neuen Menüpunkt. Im Formular klicken Sie neben *Menüeintragstyp* auf *Auswählen* und entscheiden sich auf dem Slider *Systemlinks* für die *Menü-Überschrift*. Jetzt müssen Sie nur noch im Feld *Menütitel* den Text eintippen, der später als Zwischenüberschrift erscheinen soll, dann den neuen Menüpunkt per *Speichern* anlegen und ihn schließlich über die Ausklappliste *Reihenfolge* an seine endgültige Position setzen.

Tipp   Die Joomla!-Entwickler schlagen vor, unter einer Zwischenüberschrift auch immer einen Trennstrich zu platzieren.

Warnung   Setzen Sie Trennlinien und insbesondere Zwischenüberschriften sparsam ein. Bei mehr als drei von ihnen sollten Sie die Gliederung Ihres Internetauftritts prüfen. Darüber hinaus sollten Sie erwägen, das Menü in mehrere einzelne Menüs zu zerlegen. Das hat zudem den Vorteil, dass Sie die verschiedenen Menüs jeweils nur bei Bedarf einblenden können.

Iframe Wrapper

Ein Menüpunkt vom Typ *Iframe Wrapper* bindet eine fremde, externe Webseite in den eigenen Internetauftritt ein (wie in Abbildung 8-37).

Abbildung 8-37:   Hier wurde die Wikipedia-Seite zum Begriff *Film* über einen Menüpunkt vom Typ *Iframe Wrapper* eingebunden.

Von dieser Methode sollten Sie aus gleich mehreren Gründen Abstand nehmen:

- Sie integrieren eine fremde Seite in die eigene Homepage. Dies wirkt auf Besucher irritierend – erst recht, wenn die integrierte Seite ein anderes Layout aufweist.

- Sie machen sich den Inhalt der fremden Seite zwar zu eigen, haben aber keine Kontrolle darüber. Das ist insbesondere dann brenzlig, wenn die integrierte Seite (plötzlich) gegen geltendes Recht verstößt. In diesem Fall könnte man Sie ebenfalls haftbar machen.

- Sie verletzen unter Umständen das Urheberrecht. Sie sollten daher vor einer Übernahme der Seite den anderen Seitenbetreiber um Erlaubnis fragen.

Folglich sollten Sie nur dann eine externe Seite in den eigenen Auftritt einbinden, wenn Sie wirklich gute Gründe dafür haben.

Wenn dies der Fall ist, erstellen Sie wie gewohnt einen neuen Menüpunkt, dem Sie den Menüeintragstyp *Iframe Wrapper* verpassen (zu finden auf dem Slider *Wrapper*). Unter *Webadresse* tippen Sie dann die Internetadresse der Seite ein, die Joomla! einbinden soll. Wie und in welcher Weise sich diese externe Webseite auf der Ihren breit machen darf, regeln die Einstellungen auf dem Register *Erweiterte Optionen*. Dort stehen auf dem Slider *Bildlaufleistenparameter* folgende Einstellungen zur Verfügung:

Bildlaufleiste
Hiermit legen Sie fest, ob die Bildlaufleisten immer (*Ja*), nie (*Nein*) oder nur dann angezeigt werden sollen, wenn die eingebundene Seite zu groß ist (*Automatisch*).

Breite
So viel Platz darf die eingebundene Seite in der Breite einnehmen. Sie können ihn entweder in Prozent des zur Verfügung stehenden Platzes angeben (dann hängen Sie der eingetippten Zahl ein Prozentzeichen an) oder aber exakt in Bildpunkten.

Höhe
So viel Platz darf die eingebundene Seite in der Höhe einnehmen. Die Angabe hier muss in Bildpunkten (Pixel) erfolgen.

Drei ergänzende Einstellungen hält schließlich noch der Slider *Erweiterte Optionen* parat:

Automatische Höhe
Sofern die eingebundene Seite zum eigenen Internetauftritt gehört, kann Joomla! die Höhe auch selbst ermitteln. Wenn Sie das erlauben wollen, setzen Sie hier ein *Ja*.

Automatisch hinzufügen
Die unter *Webadresse* eingetippte Internetadresse muss normalerweise immer mit einem *http://* oder *https://* beginnen. Wenn Sie hier ein *Ja* setzen, dürfen Sie

dies auch »vergessen«. Joomla! ergänzt dann das notwendige Präfix automatisch.

Frame-Rand

Wenn Sie hier *Ja* aktivieren, zeichnet Joomla! um die eingebundene Webseite einen Rahmen. In Abbildung 8-37 ist dieser schwarz und grau. Wenn Sie möchten, dass die eingebundene Seite so aussieht, als wäre sie Teil Ihres eigenen Internetauftritts, setzen Sie hier ein *Nein*.

Alle übrigen Einstellungen kennen Sie bereits aus den vorherigen Kapiteln und Abschnitten.

In diesem Kapitel:

- Seiten für Benutzer im Frontend
- Benutzergruppen
- Benutzer
- Zugriffsebenen – Was bekommt ein Benutzer zu sehen?
- Berechtigungen – Welche Aktionen darf ein Benutzer ausführen?
- Spezielle Menüs für Benutzer
- Eingereichte Beiträge freischalten
- Benutzerhinweise
- Das interne Nachrichtensystem
- Massenmail

KAPITEL 9

Benutzerverwaltung und -kommunikation

Gute Filmkritiken zu verfassen kostet recht viel Zeit. Da kommt es gerade recht, wenn andere Cineasten ihre Unterstützung anbieten. Um den neuen Autoren das Schreiben von Beiträgen zu gestatten, muss man ihnen Zugriff auf die entsprechenden Funktionen des Joomla!-Systems gewähren. Hierfür ist die Benutzerverwaltung zuständig.

Warnung   Mit der Benutzerverwaltung können Sie flexibel bis ins kleinste Detail festlegen, wer welche Inhalte sehen und verändern darf. Damit ist die Benutzerverwaltung allerdings auch recht komplex. Die Entwickler haben zudem einige der Einstellungen unnötig kompliziert gestaltet und teilweise auch noch recht gut versteckt. Es gilt daher, besonders wachsam zu sein, um am Ende nicht versehentlich einem Benutzer mehr zu erlauben, als er eigentlich darf.

Um die Arbeitsweisen der Benutzerverwaltung besser verstehen zu können, steht zunächst noch einmal ein kleiner Ausflug in die exklusiven VIP-Bereiche des Frontends auf dem Programm.

Seiten für Benutzer im Frontend

Damit Joomla! unterscheiden kann, wer welche Funktionen aufrufen und nutzen darf, erhält jede privilegierte Person ein eigenes Benutzerkonto. Es besteht aus einem geheimen Passwort und einem eindeutigen Benutzernamen. Mit diesen beiden Daten meldet sich der Besucher dann bei Joomla! an – in der Regel auf der Startseite im *Login Form*. Als allmächtiger Seitenbetreiber besitzen Sie selbst bereits ein eigenes Benutzerkonto. Tragen Sie jetzt einmal seine Daten (mit denen Sie sonst auch immer das Backend betreten) in das *Login Form* ein, und klicken Sie auf *Anmelden*.

Es erscheint jetzt ein neues, bislang unsichtbares Menü namens *User Menu* (siehe Abbildung 9-1). Es ist die ganze Zeit über schon vorhanden gewesen, zeigt sich samt

seinen Inhalten jedoch nur angemeldeten Besuchern. Neben Menüs (also kompletten Modulen) dürfen Sie auch einzelne Beiträge, Kontaktformulare und andere
Inhalte nur ganz bestimmten Benutzern zugänglich machen. Sie als Super User
sehen übrigens standardmäßig immer sämtliche Inhalte und haben Zutritt zu allen
Bereichen.

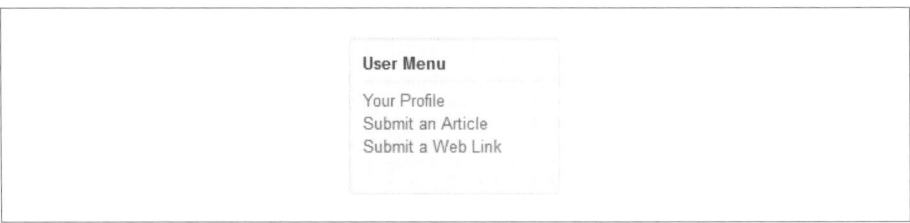

Abbildung 9-1:   Das User Menu enthält Menüpunkte, die nur für angemeldete Benutzer sichtbar sind.

Das *User Menu* umfasst im Moment drei Einträge. *Your Profile* führt zu einer Art
Steckbrief, wie ihn Abbildung 9-2 zeigt. Auf dieser sogenannten *Profilseite* kann der
Benutzer einige persönliche Daten (wie seinen Benutzernamen und das Datum sei-
nes letzten Besuchs) einsehen sowie über *Profil bearbeiten* seine hinterlegte E-Mail-
Adresse und sein Passwort ändern.

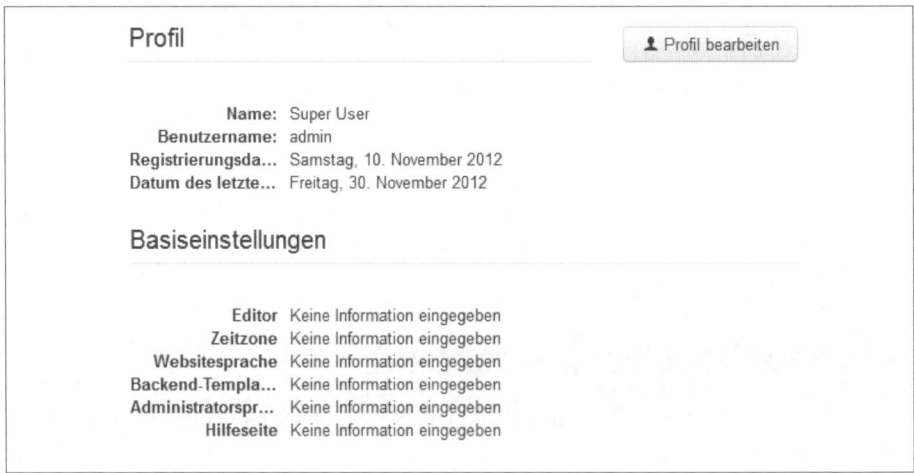

Abbildung 9-2:   Das Profil des Benutzers *Super User*

Wenn Sie im *User Menu* dem Menüpunkt *Submit an Article* folgen, landen Sie im
Formular aus Abbildung 9-3, über das der Benutzer einen Beitrag schreiben und einreichen kann. Auf analoge Weise lässt sich hinter *Submit a Web Link* ein Weblink
vorschlagen. Dank dieser Formulare muss man den Benutzern nicht unbedingt
Zutritt zum Backend und somit zu den heiligen Hallen von Joomla! gewähren.

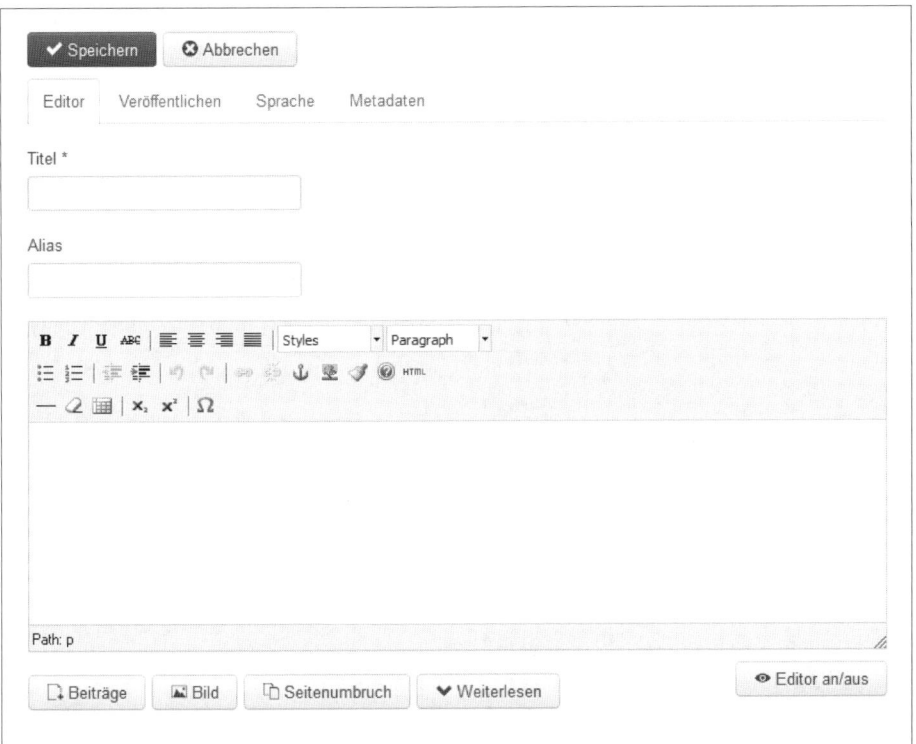

Abbildung 9-3: Über dieses Formular dürfen angemeldete Benutzer eigene Beiträge schreiben und einreichen. (Hier ist nur der obere Teil mit dem Editor abgebildet.)

Warnung Alle diese Formulare im Frontend können Sie durchaus auch einfach allen Besuchern Ihrer Seite zugänglich machen. Sie laufen dann allerdings Gefahr, dass witzige Gesellen ihren Werbemüll in den Formularen abladen. Das passiert sogar automatisiert durch Programme, sodass Sie schneller in Reklametexten ertrinken, als Sie bis drei zählen können. Joomla! bietet diese Seiten folglich aus gutem Grund standardmäßig nur angemeldeten Benutzern an (und, wie Sie gleich sehen werden, sogar nur einem ganz erlesenen Kreis).

Beenden Sie Ihren Rundgang durch das Frontend, indem Sie sich auf der Startseite über die gleichnamige Schaltfläche *Abmelden* (ganz rechts unten auf der Seite). Weiter geht es jetzt wieder im Backend.

Benutzergruppen

Mehrere Benutzer kann Joomla! in einer Benutzergruppe zusammenfassen. Im Kinoportal könnte man beispielsweise alle Filmkritiker in eine Gruppe namens *Kritiker* stecken. Auf diese Weise behält man zum einen den Überblick, und zum anderen muss man später nicht mühsam jedem Benutzer einzeln passende Rechte einräumen.

Sämtliche Benutzergruppen verwaltet der Bildschirm hinter *Benutzer → Gruppen*. Wie Abbildung 9-4 zeigt, liefert Joomla! von Haus aus schon ein paar Gruppen mit.

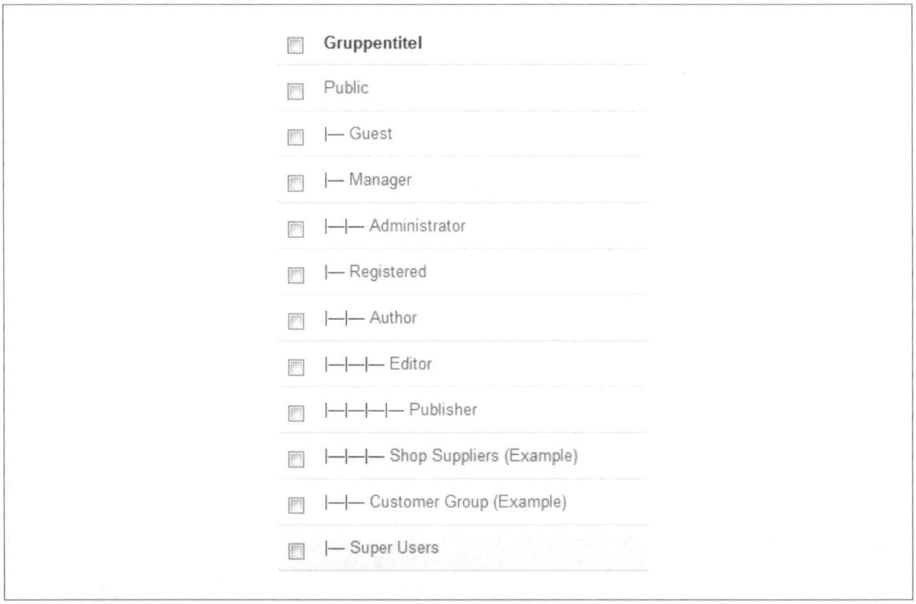

	Gruppentitel
☐	**Gruppentitel**
☐	Public
☐	├─ Guest
☐	├─ Manager
☐	├─├─ Administrator
☐	├─ Registered
☐	├─├─ Author
☐	├─├─├─ Editor
☐	├─├─├─├─ Publisher
☐	├─├─├─ Shop Suppliers (Example)
☐	├─├─ Customer Group (Example)
☐	├─ Super Users

Abbildung 9-4:   Die mitgelieferten Benutzergruppen

Wie viele Benutzer in einer Benutzergruppe stecken, verrät die Spalte *Benutzer in Gruppe*. Im Moment dürfte hier nur eine *1* neben den *Super Users* zu sehen sein. Das sind Sie selbst. Da es sonst keine weiteren Benutzer gibt, sind die anderen Gruppen alle leer.

 Warnung   Wie der Titel *Super Users* andeutet, dürfen die Mitglieder dieser Gruppe an wirklich allen Schrauben des Systems drehen. Überlegen Sie sich also gut, wen Sie noch in diese Gruppe aufnehmen. Im Idealfall sollte dies außer Ihnen niemand mehr sein.

Um nicht Gefahr zu laufen, versehentlich irgendwelche Einstellungen zu ändern, sollten Sie sich zudem für die tägliche Arbeit ein zweites Benutzerkonto einrichten, das nicht zur Gruppe der *Super Users* gehört.

Benutzergruppen dürfen Sie ineinander verschachteln und so Untergruppen bilden (ganz ähnlich, wie es auch bei den Kategorien für die Beiträge möglich ist). Die Liste aus Abbildung 9-4 zeigt Untergruppen immer eingerückt. So ist beispielsweise *Administrator* eine Untergruppe von *Manager*, die wiederum eine Untergruppe von *Public* bildet.

Die Mitglieder einer Untergruppe dürfen automatisch das Gleiche anstellen wie die Mitglieder der übergeordneten Gruppe – und darüber hinaus noch etwas mehr. Beispielsweise darf ein *Administrator* nicht nur wie ein *Manager* neue Beiträge erstellen, sondern auch noch zusätzlich neue Menüs erschaffen. Eine Untergruppe »übernimmt« also immer die Rechte von ihrer übergeordneten Gruppe und erweitert sie um zusätzliche Befugnisse. Wie Sie gleich sehen werden, erleichtert dieser Mechanismus die Rechtevergabe.

Die in Joomla! mitgelieferten Gruppen dürfen standardmäßig Folgendes anstellen:

Public
Diese Gruppe fasst alle Besucher zusammen, die Ihren Internetauftritt betreten und nicht über ein Benutzerkonto verfügen. Diese »normalen« Besucher dürfen lediglich die Seiten im Frontend betrachten; das Backend bleibt für sie grundsätzlich tabu.

Guest
Benutzer dieser Gruppe besitzen die gleichen Rechte wie diejenigen in der Gruppe *Public*, sie dürfen also nur die Seiten im Frontend anschauen.

Registered
Mitglieder dieser Gruppe besitzen ein Benutzerkonto und können sich auf der Startseite Ihres Internetauftritts anmelden. Anschließend dürfen sie Bereiche einsehen, die normale Gäste nicht zu Gesicht bekommen.

Author
Mitglieder dieser Gruppe dürfen zusätzlich Beiträge schreiben und ihre eigenen ändern (über das entsprechende Formular aus Abbildung 9-3).

Editor
Mitglieder der Gruppe *Editor* dürfen zusätzlich auch noch alle übrigen Beiträge ändern – ganz egal, ob diese von ihnen selbst oder einem anderen Autor stammen.

Publisher
Publisher dürfen zusätzlich die Beiträge freigeben beziehungsweise sperren.

Manager
Die Mitglieder dieser Gruppe haben im Frontend die gleichen Rechte wie die *Publisher*. Darüber hinaus dürfen sie sich im Backend anmelden und dort Inhalte anlegen und erstellen. Da sie nur Zugriff auf die Menüs *Inhalt* und *Komponenten* haben, können sie keine Menüs anlegen, Benutzer verwalten, die Grundeinstellungen ändern sowie Module und Komponenten installieren oder verändern.

Administrator
Benutzer dieser Gruppe sind dem allmächtigen Super User fast gleichgestellt. Sie dürfen allerdings nicht die Grundeinstellungen ändern, einen Benutzer zum Super User erheben, E-Mails an alle Benutzer absenden, Templates austauschen und Sprachen wechseln.

Super Users
Mitglieder dieser Gruppe haben Zutritt zu allen Bereichen und Einstellungen.

Wenn Sie der Schnellinstallation aus Kapitel 2, *Installation*, gefolgt sind beziehungsweise die Beispieldaten eingespielt haben, finden Sie in der Liste noch die Gruppen *Shop Suppliers* und *Customer Group*. Sie sind für die Beispiel-Homepage gedacht und somit für eigene Seiten in aller Regel nutzlos.

Diese Gruppenaufteilung ist nicht in Stein gemeißelt. Sie können sowohl die Gruppen als auch ihre Rechte fast beliebig verändern und um weitere Gruppen ergänzen (dazu folgt in wenigen Zeilen mehr).

Zusätzlich zu dieser Gruppenaufteilung sind noch zwei unumstößliche Regeln zu beachten:

- Sobald ein Gast Ihre Homepage betritt, gehört er automatisch zur Gruppe *Guest*, selbst dann, wenn er gar kein Benutzerkonto besitzt. Mit diesem Kniff kann man den Aktionsradius normaler unbekannter Besucher ohne große Verrenkungen einschränken.

- Sobald sich ein Besucher bei Joomla! um ein Benutzerkonto bewirbt (sich also registriert), steckt das Content-Management-System ihn zunächst automatisch in die Gruppe *Registered*. Gegebenenfalls müssen Sie den Benutzer anschließend manuell in eine andere Gruppe verschieben.

 Tipp
Sie können die beiden Gruppen auch gegen andere austauschen. Dazu klicken Sie auf *Optionen* und wenden sich auf der neuen Seite dem Register *Komponente* zu. Dort stellen Sie unter *Gast Benutzergruppe* ein, in welcher Gruppe sich automatisch Gäste (also nicht angemeldete Besucher) befinden. In welcher Gruppe die Benutzer direkt nach ihrer Registrierung landen, legt hingegen *Gruppe für neue Benutzer* fest.

Überlegen Sie sich eine solche Änderung jedoch gut. Denn gerade die unbekannten Gäste sollten so wenige Aktionen wie möglich ausführen können – was aber schon genau die Gruppe *Guest* sicherstellt.

 **Version**
Die Gruppen *Public* und *Guest* scheinen nur auf den ersten Blick identisch zu sein; tatsächlich ist es sogar extrem hilfreich, dass es diese beiden Gruppen gibt:

In Joomla! 2.5 gab es die Gruppe *Guest* noch nicht. Dort wurden einfach alle vorbeischlendernden Besucher automatisch in die Gruppe *Public* einsortiert. Wollten Sie jetzt ein Werbebanner oder einen Beitrag ausschließlich diesen normalen Besuchern zeigen, standen Sie vor einem Problem: Alle anderen Benutzergruppen sind *Public* untergeordnet und sehen damit auch immer zwangsweise das Gleiche wie alle Besucher.

Der mit Joomla! 3.0 eingeführten neuen Gruppe *Guest* sind aber keine registrierten Gruppen untergeordnet. Um also das Werbebanner vor allen angemeldeten Benutzern zu verstecken, müssen Sie es nur noch auf Benutzer der Gruppe *Guest* einschränken. (Wie das funktioniert, erfahren Sie in den nächsten Absätzen.)

Wenn Sie sich aufgrund dieses verwirrenden Konzepts zurecht jetzt etwas am Kopf kratzen, lesen Sie erst einmal weiter. Der Zusammenhang zwischen den Benutzergruppen erschließt sich gleich noch etwas besser in der Praxis.

In vielen einfachen Fällen reichen die vorhandenen Benutzergruppen bereits aus – allerdings nicht immer. Wer die vorhandenen Benutzer einfach irgendwie in die vorhandenen Gruppen einordnet, gewährt unter Umständen einigen Benutzern mehr Rechte, als eigentlich notwendig wären. Deshalb sollte man kurz überlegen, welche Benutzergruppen man überhaupt für die eigene Internetseite benötigt.

Im Kinoportal sollen wie bisher alle vorbeischlendernden Besucher sämtliche Beiträge und Veranstaltungen lesen können. Wer ein Benutzerkonto beantragt und sich somit registriert, gelangt an ein paar zusätzliche Inhalte, wie etwa exklusive Vorabberichte. Einige ausgewählte Benutzer sollen zudem über ein spezielles Formular eigene Filmkritiken einreichen können. Damit Werbefachleute dieses Angebot nicht schamlos ausnutzen und das Kinoportal mit Beiträgen über Potenzmittel überschwemmen, wird jeder eingereichte Beitrag erst nach einer Prüfung durch den Seitenbetreiber (also Sie) freigeschaltet. Unter dem Strich müssen also vier Benutzergruppen her:

- einmal die normalen Gäste ohne eigenes Benutzerkonto,
- alle registrierten Personen (die zusätzlich ein paar exklusive Beiträge lesen dürfen),
- Filmkritiker (die Kritiken schreiben und einreichen dürfen)
- und schließlich noch eine Gruppe für Sie als allmächtigen Seitenbetreiber.

Im nächsten Schritt prüft man, wie sich am besten Untergruppen bilden lassen. Im Kinoportal liegt etwa die Hierarchie aus Abbildung 9-5 nahe.

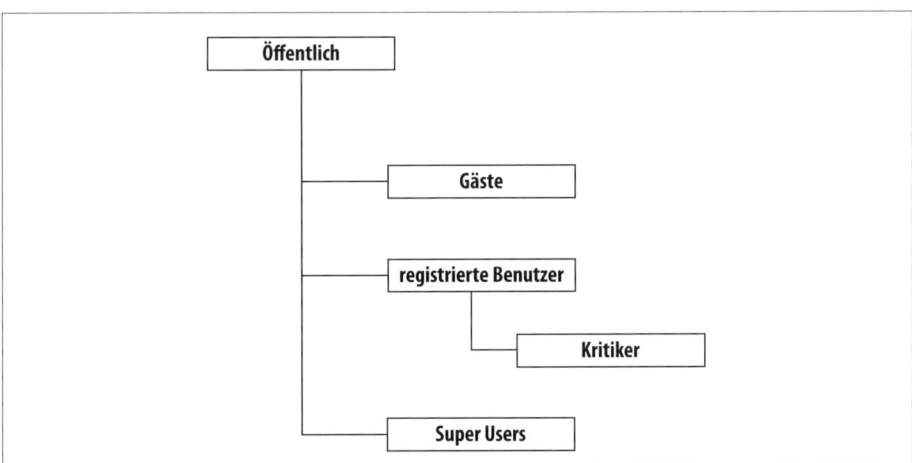

Abbildung 9-5:   Die geplanten Benutzergruppen für das Kinoportal

Zunächst gibt es ganz oben eine Benutzergruppe, deren Mitglieder lediglich alle öffentlichen Kritiken lesen können (in Abbildung 9-5 heißt sie *Öffentlich*). Die registrierten Benutzer dürfen natürlich ebenfalls alle Seiten im Frontend sehen, sind damit also eine Untergruppe von *Öffentlich*. Die Kritiker haben die gleichen Rechte wie die registrierten Benutzer, dürfen aber zusätzlich Beiträge schreiben. Damit sind sie eine Untergruppe der registrierten Benutzer. Sie als Super User dürfen alles und bilden somit eine eigene Gruppe. damit bleiben noch die unregistrierten Gäste ohne Benutzerkonto übrig. Diese dürfen nur die öffentlichen Kritiken lesen, bilden also ebenfalls direkt eine Untergruppe von *Öffentlich*.

Tipp

Die Benutzergruppe *Öffentlich* nimmt somit später in der Praxis keine Benutzer auf. Sie dient hier lediglich zur besseren und einfacheren Steuerung der Rechte: Was die Gruppe *Öffentlich* darf, dürfen später automatisch alle Benutzer und Besucher.

Selbstverständlich können Sie auch auf diesen Kniff verzichten und beispielsweise einfach alle Benutzergruppen den Gästen unterordnen (schließlich dürfen die registrierten Benutzer, Kritiker und Sie als Super User immer auch das, was die Gäste dürfen). Allerdings ist es dann nicht mehr möglich, mit bestimmten Werbe-bannern oder Hinweisen auf eine Registrierung ausschließlich die Gäste zu quälen.

Für die Gäste, die registrierten Benutzer, Sie als Super User und die Gruppe *Öffentlich* gibt es mit *Guest*, *Registered*, *Super Users* und *Public* jeweils schon eine passende Gruppe in Joomla! (vergleichen Sie Abbildung 9-5 mit Abbildung 9-4). Joomla! sorgt zudem schon dafür, dass alle Besucher, die zufällig vorbeikommen, automatisch in der Gruppe *Guest* landen.

Bleiben noch die Kritiker. Es ist jetzt extrem verführerisch, die Schreiberlinge einfach in die schon vorhandene Gruppe *Authors* zu stecken. Die Mitglieder dieser Gruppe dürfen allerdings ihre Beiträge nachträglich ändern. Genau das sollte man allerdings unbekannten Personen erst einmal verbieten – nicht, dass man sich auf diese Weise doch wieder Werbung für Potenzmittelchen einfängt. Folglich muss im Kinoportal eine neue Gruppe für die Kritiker her, die selbst eine Untergruppe von *Registered* ist.

Warnung

Man könnte natürlich auch der Gruppe *Authors* einfach die entsprechenden Rechte entziehen. Allerdings besteht dabei immer die Gefahr, dass man eine (andere) erlaubte Aktion übersieht und der Benutzer dann doch wieder mehr darf, als man ihm eigentlich gestatten möchte. Das gilt besonders unter Joomla!, wo man die Rechte der Gruppen in kryptischen, unübersichtlichen Listen festlegt, die sich auch noch an verschiedenen Stellen des Backends verstecken. Um also bei der Rechtevergabe nicht versehentlich irgendwelche Schlupflöcher zu hinter-lassen, sollten Sie sich möglichst an folgender Vorgehensweise orientieren:

Die Rechte bestehender Gruppen kann man bedenkenlos *erweitern*.

Bevor man die Rechte einer bestehenden Gruppe *einschränkt*, sollte man besser eine neue Gruppe mit weniger Rechten erstellen und diese frische Gruppe dann mit den gerade notwendigen Rechten ausstatten.

Das Anlegen einer neuen Benutzergruppe ist kinderleicht: Klicken Sie auf *Neu* in der Werkzeugleiste, verpassen Sie der neuen Gruppe unter *Gruppentitel* einen Namen, und stellen Sie in der Ausklappliste noch eine übergeordnete Gruppe ein.

Im Fall des Kinoportals muss eine Gruppe für die Kritiker her. Klicken Sie also auf *Neu* in der Werkzeugleiste, vergeben Sie den Gruppentitel **Kritiker**, und setzen Sie *Übergeordnete Gruppe* auf *Registered*.

Damit dürfen die Kritiker schon einmal das Gleiche wie alle übrigen registrierten Benutzer. Was die Mitglieder der neuen Gruppe alles noch zusätzlich anstellen dürfen, regeln Sie gleich separat. Klicken Sie deshalb einfach auf *Speichern & Schließen*, um die Gruppe anzulegen. Im Kinoportal sollte das Ergebnis in der Übersicht jetzt so wie in Abbildung 9-6 aussehen.

Abbildung 9-6:   Die angelegte Benutzergruppe für die Kritiker

Benutzer

Nachdem alle benötigten Benutzergruppen existieren, kann man endlich Benutzerkonten anlegen.

Benutzer verwalten

Deren Verwaltung übernimmt der Bildschirm hinter dem Menüpunkt *Benutzer → Benutzer*. Die dort erscheinende Liste aus Abbildung 9-7 präsentiert alle derzeit eingerichteten Benutzerkonten.

Abbildung 9-7:   Die Benutzerverwaltung

Warnung   Die Benutzerverwaltung kennt keinen Papierkorb! Wenn Sie also ein Benutzerkonto über die gleichnamige Schaltfläche in der Werkzeugleiste *Löschen*, ist es sofort verloren.

X.X Die Liste mit allen Benutzern ist ziemlich breit und lässt sich zumindest in Joomla! 3.0.2 auch nicht verkleinern. Abbildung 9-7 zeigt daher nur einen Ausschnitt.

Direkt nach der Installation von Joomla! ist hier nur der *Super User* vorhanden – also Sie selbst. Wie die Spalte *Benutzergruppe* verrät, gehört er zu der Gruppe der *Super Users*. Ihnen ist somit einfach alles erlaubt.

Warnung   Schon allein aus diesem Grund sollten Sie das bei der Installation festgelegte Passwort niemals weitergeben.

Die Spalte *E-Mail-Adresse* verrät, wie der Benutzer per elektronischer Post zu erreichen ist. Rechts daneben zeigt *Letzter Besuch* das Datum der letzten Anmeldung, während am *Registrierungsdatum* das Benutzerkonto (von Ihnen) erstellt wurde.

Nach einem Klick auf den grünen Haken in der Spalte *Freigegeben* kann sich der entsprechende Benutzer nicht mehr am System anmelden. Eine solche Sperrung ist zum Beispiel dann sinnvoll, wenn der Benutzer auf der Homepage Schindluder getrieben hat und man ihn so erst mal in Quarantäne nimmt. Ein gesperrtes Konto wird in der genannten Spalte durch einen roten Kreis anstelle des grünen Hakens angezeigt. Sie können diese Sperrung natürlich auch über die Werkzeugleiste mit den Schaltflächen *Sperren* und *Freigeben* vornehmen.

Warnung   Zwar können Sie sich hier nicht selbst aussperren, dennoch sollten Sie immer genau darauf achten, wessen Konto Sie an dieser Stelle auf Eis legen. Gerade bei zahlreichen Benutzern verrutscht man gerne einmal in der Zeile.

Die *Aktiviert*-Spalte spielt eine wichtige Rolle, wenn sich Besucher über das Frontend registrieren. Joomla! erstellt dann zunächst ein deaktiviertes Konto, das entweder der Benutzer oder Sie selbst erst noch explizit aktivieren müssen (zu diesem Verfahren folgt später noch mehr im Abschnitt »Spezielle Menüs für Benutzer« auf Seite 445).

Wenn Sie mehrere Benutzer in eine andere Benutzergruppe verschieben möchten, können Sie dies bequem über die Stapelverarbeitung am unteren Seitenrand erledigen. Dazu öffnen Sie zunächst den Slider mit der rekordverdächtig langen Beschriftung *Mehrere ausgewählte Benutzer gleichzeitig bearbeiten (Stapelverarbeitung)*. Markieren Sie dann alle Benutzer in der Liste, stellen Sie am unteren Rand in der Ausklappliste *Gruppe auswählen* ihre neue Gruppe ein, aktivieren Sie darunter *Zur Gruppe zuweisen,* und klicken Sie schließlich auf *Ausführen.*

Alternativ können Sie die Benutzer auch einer anderen Benutzergruppe hinzufügen; sie stecken also anschließend in mehreren Benutzergruppen (und dürfen dann auch alles, was diesen Benutzergruppen erlaubt ist). Dazu selektieren Sie wieder in der Liste den oder die Benutzer. Welcher Gruppe sie hinzugefügt werden sollen, entscheiden Sie in der Ausklappliste *Gruppe auswählen*. Stellen Sie jetzt noch sicher, dass darunter *Zur Gruppe hinzufügen* markiert ist, und klicken Sie schließlich auf *Ausführen.*

Um mehrere Benutzer aus einer Gruppe hinauszuwerfen, markieren Sie sie wieder in der Liste und wählen am unteren Rand aus der Ausklappliste *Gruppe auswählen* die Benutzergruppe, aus der Sie die Benutzer verbannen wollen. Stellen Sie jetzt noch sicher, dass *Aus Gruppe löschen* aktiviert ist, und klicken Sie schließlich auf *Ausführen.*

Benutzerkonten im Backend anlegen

Um nun einem neuen Autor das Schreiben von Filmkritiken zu gestatten, muss man zunächst ein Benutzerkonto für ihn anlegen. Dazu klicken Sie hinter *Benutzer →
Benutzer* in der Werkzeugleiste auf *Neu,* woraufhin sich ein Formular mit drei Registern öffnet.

Füllen Sie zunächst die persönlichen Daten auf dem Register *Kontodetails* aus (siehe Abbildung 9-8). Dazu gehören:

Name
> Dies ist der vollständige Name des Benutzers, wie zum Beispiel **Paul Kritiker**.

Benutzername
> Mit diesem Namen meldet sich der neue Benutzer später am System an. Der Benutzername muss nicht mit dem tatsächlichen Namen identisch sein und darf keine Leerzeichen enthalten. In der Regel verwendet man nur den Vor- oder einen Spitznamen. In der Liste mit allen Benutzern hinter *Benutzer →
Benutzer* taucht dieser Name in der Spalte *Benutzername* auf. Wenn Sie der Schnellinstallationsanleitung aus Kapitel 2, *Installation,* gefolgt sind, lautet Ihr eigener Benutzername *admin.*

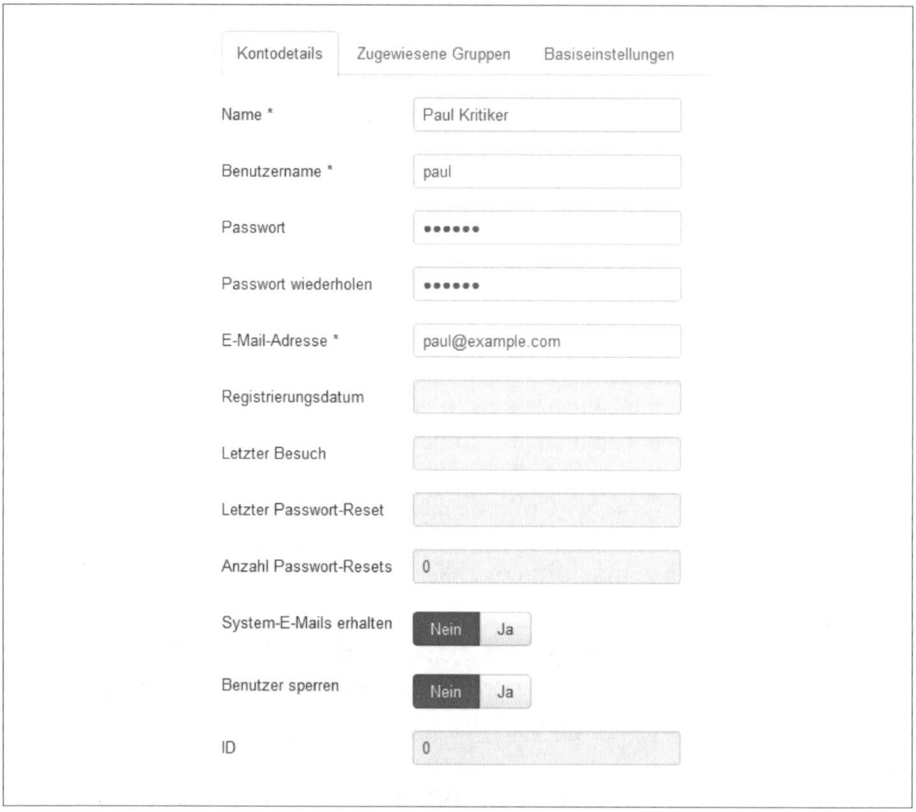

| Kontodetails | Zugewiesene Gruppen | Basiseinstellungen |

Name *	Paul Kritiker
Benutzername *	paul
Passwort	••••••
Passwort wiederholen	••••••
E-Mail-Adresse *	paul@example.com
Registrierungsdatum	
Letzter Besuch	
Letzter Passwort-Reset	
Anzahl Passwort-Resets	0
System-E-Mails erhalten	Nein / Ja
Benutzer sperren	Nein / Ja
ID	0

Abbildung 9-8:   Hier entsteht ein neuer Benutzer namens Paul Kritiker.

Passwort

Mit dem hier eingegebenen Passwort meldet sich der neue Benutzer später am System an. Es dient somit ausschließlich zur Authentifizierung. Der Benutzer kann dieses Passwort später selbst ändern.

Wenn Sie hier das Feld frei lassen, generiert Joomla! zufallsgesteuert selbst ein Passwort, das es dann dem Benutzer per E-Mail zuschickt. Dieses Vorgehen hat den Vorteil, dass man sich als Super User nicht selbst immer Passwörter ausdenken muss. Zudem gerät man nicht in Verdacht, mit den Passwörtern seiner Benutzer Schindluder zu treiben.

● **Warnung**   Gibt man selbst ein Passwort vor, so sollte man immer ein möglichst schwer zu erratendes wählen. Im Idealfall ist es mindestens 10 Zeichen lang und enthält neben Ziffern auch noch eine Mischung aus Groß- und Kleinbuchstaben. Tabu sind dagegen Eigennamen, Geburtsdaten und ähnliche persönliche Informationen. Knackprogramme, die sich auf das Erraten von Passwörtern spezialisiert haben, arbeiten mit Namenslisten und Wörterbüchern, die sie in kurzer Zeit durchprobieren. Verwenden Sie daher niemals Passwörter, die im Lexikon oder Duden auftauchen.

Passwort wiederholen

Wenn Sie selbst ein Passwort vorgeben, müssen Sie es hier noch einmal eingeben, um Tippfehler auszuschließen.

E-Mail-Adresse

Unter dieser E-Mail-Adresse ist der Benutzer zu erreichen. Sie muss immer eindeutig sein; zwei Benutzer dürfen folglich nicht die gleiche E-Mail-Adresse verwenden.

Registrierungsdatum und Letzter Besuch

Sobald Sie das Benutzerkonto angelegt haben, zeigt Joomla! hier an, wann Sie auf *Speichern* geklickt haben (*Registrierungsdatum*) und wann sich der Benutzer zum letzten Mal angemeldet hat (*Letzter Besuch*).

Letzter Passwort-Reset und Anzahl Passwort-Resets

Wenn ein Besucher sein Passwort vergessen hat, kann er bei Joomla! ein neues anfordern. In diesen Feldern erfahren Sie, wie oft der Besucher diesen Dienst schon in Anspruch genommen hat (*Anzahl Passwort-Resets*) und an welchem Datum dies zuletzt passiert ist (*Letzter Passwort-Reset*). Wie und auf welchem Weg sich ein vergessener Benutzer an ein neues Passwort gelangt, verrät später noch Abschnitt »Vergessene Benutzernamen und Passwörter« ab Seite 452.

System-E-Mails erhalten

Steht dieser Punkt auf *Ja*, sendet Joomla! wichtige interne System- und Fehlermeldungen per E-Mail auch an diesen Benutzer.

Warnung Gedacht sind diese Nachrichten für Administratoren und Super User (wie Sie einer sind). Achten Sie folglich darauf, dass nur Empfänger mit entsprechend weitreichenden Rechten diese Nachrichten erhalten. Als Faustregel gilt, dass der Benutzer mindestens Zugang zum Backend haben sollte.

Benutzer sperren

Wenn Sie diesen Schalter auf *Ja* umlegen, kann sich der Benutzer nicht mehr bei Joomla! anmelden.

ID

Hier finden Sie die interne Identifikationsnummer des Benutzers. Da Sie das Konto noch nicht angelegt haben, steht hier noch eine 0.

Legen Sie im Beispiel des Kinoportals ein Benutzerkonto für Paul Kritiker an. Wie in Abbildung 9-8 tippen Sie unter *Name* seinen Namen ein, wählen als *Benutzernamen* **paul**, denken sich ein *Passwort* aus und geben noch eine *E-Mail-Adresse* ein. Wenn Sie nicht über eine zweite E-Mail-Adresse verfügen, verwenden Sie hier eine fiktive, die auf *@example.com* endet. Solche Adressen sind für derartige Testzwecke vorgesehen und führen immer ins Nirvana.

Als Nächstes haken Sie auf dem Register *Zugewiesene Gruppen* die Benutzergruppe ab, zu der der neue Benutzer ab sofort gehören soll.

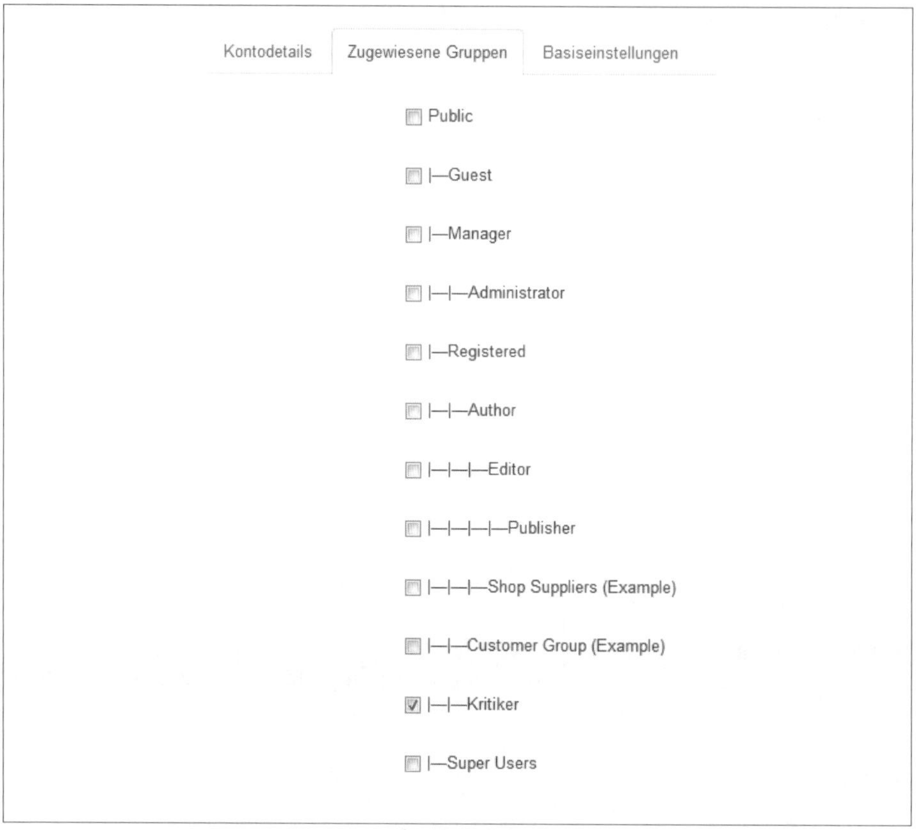

Kontodetails	Zugewiesene Gruppen	Basiseinstellungen

☐ Public

☐ |—Guest

☐ |—Manager

☐ |—|—Administrator

☐ |—Registered

☐ |—|—Author

☐ |—|—|—Editor

☐ |—|—|—|—Publisher

☐ |—|—|—Shop Suppliers (Example)

☐ |—|—Customer Group (Example)

☑ |—|—Kritiker

☐ |—Super Users

Abbildung 9-9: Dieses Register regelt die Gruppenzugehörigkeit des neuen Benutzers.

 Im Kinoportal gehört Paul Kritiker zu den *Kritikern*. Entfernen Sie daher den Haken vor *Registered*, und setzen Sie einen neuen bei *Kritiker* (wie in Abbildung 9-9).

Tipp Jeder Benutzer darf durchaus in mehreren Gruppen gleichzeitig stecken. Beispielsweise könnte es auf einer Vereinsseite eine Benutzergruppe für alle Tennisspieler und eine weitere für alle Fußballer geben. Damit der Koordinator für die Jugendarbeit später auf die Seiten beider Bereiche zugreifen kann, packt man ihn kurzerhand in beide Gruppen.

Normalerweise gelten für den neuen Benutzer die üblichen Standardeinstellungen. Spricht beispielsweise das Frontend Deutsch, geht Joomla! davon aus, dass auch der Benutzer Deutsch versteht. Ist dies jedoch einmal nicht der Fall, können Sie auf dem Register *Basiseinstellungen* (siehe Abbildung 9-10) einige dieser Vorgaben überschreiben und dem Besucher unter anderem eine andere Sprache oder Zeitzone zuweisen. Sofern die Ausklapplisten auf – *Standard verwenden* – stehen, gelten die Vorgaben von Joomla!.

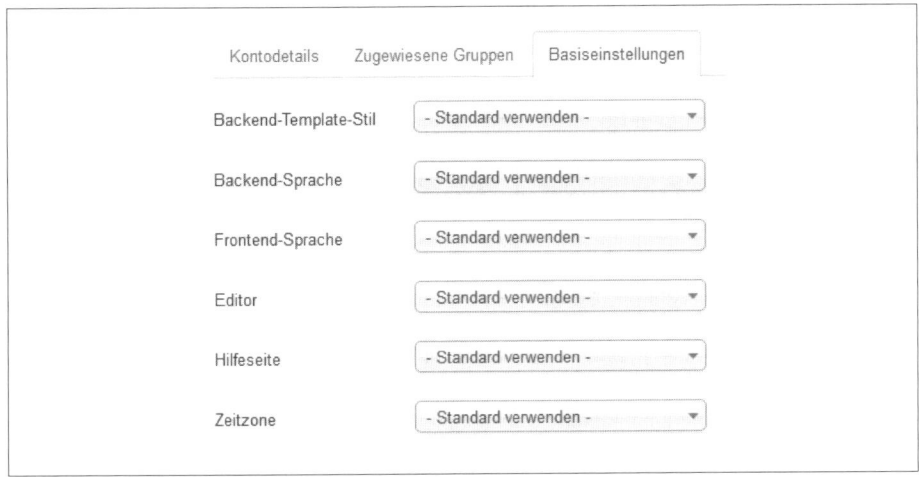

Abbildung 9-10: Auf diesem Register können Sie dem Benutzer unter anderem eine andere Sprache zuweisen und ihn in eine ganz bestimmte Zeitzone stecken.

Im Einzelnen warten hier folgende Einstellungen:

Backend-Template-Stil

Wenn der Benutzer Zugang zum Backend besitzt, bekommt er es in der hier eingestellten Optik zu Gesicht. Für gewöhnlich müssen Sie hier keine Änderungen vornehmen.

Backend-Sprache

In der hier eingestellten Sprache erscheint das Backend, sobald sich der Benutzer angemeldet hat (vorausgesetzt, er besitzt die nötigen Rechte dazu).

Frontend-Sprache

Die Homepage erscheint in dieser Sprache, sobald sich der Benutzer auf ihr angemeldet hat – vorausgesetzt, Sie betreiben eine mehrsprachige Website.

Editor

Wenn ein Benutzer einen neuen Beitrag einreichen möchte, gibt Joomla! ihm einen kleinen Texteditor an die Hand, in dem er seinen Artikel mehr oder weniger komfortabel eintippen kann (wie Sie es weiter oben im Abschnitt »Seiten für Benutzer im Frontend« auf Seite 409 bereits gesehen haben).

Standardmäßig verwendet Joomla! für solche Zwecke den TinyMCE-Editor, den Sie schon aus den vorangegangenen Kapiteln kennen. Alternativ darf man dem Benutzer auch ein karges Eingabefeld vorsetzen (Einstellung *Editor – Keine*), das allerdings nicht die Eingabe von HTML-Befehlen verhindert. Einen Autor, der die Freiheiten des TinyMCE-Editor zu weit auskostet und infolgedessen das Seitenbild zerstört, kann man durch einen derartigen Tausch allein also nicht zügeln.

Tipp Sie können aber die »bösen« HTML-Befehle herausfiltern. Wie das funktioniert, erklärt später noch der Abschnitt »Textfilter für Benutzergruppen« auf Seite 444.

Allerdings stellt ein schlichtes Eingabefeld weniger Leistungsansprüche an die Browser der Besucher. Einem sehbehinderten Autor, der auf einen Screenreader oder gar eine Braillezeile angewiesen ist, kann man beispielsweise mit einem Tausch das Leben wesentlich erleichtern.

Die dritte Alternative, *Editor – CodeMirror*, aktiviert ein Eingabefeld, das sich an Softwareentwickler richtet. Es hebt in erster Linie eingetippten Programmcode hervor.

Tipp Über entsprechende Erweiterungen können Sie Joomla! noch weitere Texteditoren hinzufügen. Mehr Informationen hierzu finden Sie in den Kapiteln *11, Plugins,* und *15, Eigene Erweiterungen erstellen.*

Hilfeseite

Diese Ausklappliste bestimmt, welche Hilfeseiten der Benutzer zu Gesicht bekommt.

Zeitzone

Joomla! merkt sich zu jedem Beitrag auch sein Erstellungsdatum. Sofern die Autoren über die ganze Welt verstreut sind und somit in verschiedenen Zeitzonen leben, würden diese Datumsangaben vollständig durcheinandergeraten. Aus diesem Grund kann man hier festlegen, in welcher Zeitzone sich der Benutzer gerade befindet.

Für Paul Kritiker können Sie hier alle Vorgaben belassen. Legen Sie sein Benutzerkonto per *Speichern & Schließen* an.

Dabei schickt Joomla! dem Benutzer eine kleine Begrüßungsnachricht. Damit das klappt, muss das Content-Management-System allerdings E-Mails verschicken können. Wenn Sie Windows verwenden und der Schnellinstallationsanleitung aus Kapitel 2, *Installation,* gefolgt sind, blockiert beispielsweise die Firewall den Versand. Sollte Joomla! die E-Mail nicht verschicken können, erhalten Sie eine entsprechende Warnmeldung. In der Testinstallation ist das nicht weiter tragisch. Läuft Joomla! später im Internet, sollten Sie zunächst die Grundeinstellungen kontrollieren (um die sich gleich noch Kapitel 10, *Globale Einstellungen,* kümmert) und gegebenenfalls Ihren Provider ansprechen.

Egal ob der E-Mail-Versand fehlschlug oder nicht, der neue Benutzer Paul Kritiker taucht jetzt in der Übersichtsliste auf. Da Sie ihn selbst im Backend angelegt und dabei zudem nicht gesperrt haben, leuchtet sowohl in der *Freigegeben-* als auch in der *Aktiviert*-Spalte ein grüner Haken. Paul Kritiker könnte sich somit umgehend im Frontend anmelden.

Probieren Sie das gleich einmal aus: Wechseln Sie in die *Vorschau*, und melden Sie sich dort im *Login Form* als **paul** mit dem entsprechenden Passwort an. Im *User Menu* fehlt jetzt allerdings noch der Menüpunkt, um eine eigene Kritik zu schreiben. Um das zu beheben, melden Sie sich wieder ab.

Benutzer zwangsweise abmelden

Als Super User können Sie unerwünschte Benutzer auch zwangsweise abmelden. Dazu wechseln Sie im Backend zum Kontrollzentrum (*Site → Kontrollzentrum*) und betrachten den Bereich *Logged-in Users*. Dort reicht ein Klick auf das X vor dem Benutzernamen, um den zugehörigen Benutzer vor die Tür zu setzen. Dieser kann sich dann natürlich wieder umgehend neu anmelden. Um ihn dauerhaft auszusperren, müssen Sie ihn in der Benutzerverwaltung (*Benutzer → Benutzer*) richtig *Sperren*.

Warnung   Man sollte sich jedoch genau überlegen, ob man den Benutzer zwangsweise abmeldet. Bearbeitet er nämlich gerade ein Element, wie zum Beispiel eine Filmkritik, so führt das nicht nur zu einem verärgerten Autor. Joomla! sperrt in diesem Fall auch den Artikel für alle weiteren Bearbeitungen. Hiermit soll vermieden werden, dass zwei Benutzer gleichzeitig an einem Text werkeln und so Inkonsistenzen entstehen. Mehr zu gesperrten Elementen finden Sie in Kapitel 3, *Erste Schritte*, im Abschnitt »Gesperrte Inhalte freigeben« auf Seite 111.

Zugriffsebenen – Was bekommt ein Benutzer zu sehen?

Welche Benutzergruppen auf welche Inhalte zugreifen dürfen, regeln in Joomla! die sogenannten *Zugriffsebenen*. Genauso umständlich wie der deutsche Name ist auch die dahinter stehende Arbeitsweise.

Warnung   Es geht hier zunächst nur darum, welche Beiträge, Menüs und andere Inhalte die Mitglieder einer Benutzergruppe überhaupt zu *sehen* bekommen. Welche Funktionen die Benutzer *aufrufen* dürfen, regeln Sie in Joomla! separat.

Arbeitsweise

Theoretisch müssten Sie für jeden Beitrag, jeden Menüpunkt und alle anderen sichtbaren Elemente mühsam einstellen, welche Benutzergruppen sie betrachten dürfen und welche nicht. Schon bei 20 Beiträgen und circa 15 Menüpunkten des gut florierenden Kinoportals würde das eine ganz schöne Sisyphusarbeit, die obendrein noch ziemlich fehleranfällig wäre. Joomla! geht deshalb einen anderen Weg.

Alle Benutzergruppen, die das Gleiche sehen dürfen, schreibt man auf eine Liste. Im Kinoportal sollen beispielsweise neben den *Super Users* auch die *Kritiker* das Formular zum Schreiben eines Beitrags aufrufen können. Folglich würde man hier eine neue Liste anlegen und die *Kritiker* und *Super Users* darauf notieren.

Tipp Sehr oft vergisst man die *Super Users*. Sie besitzen jedoch keine Sonderstellung, sondern sind eine ganz normale Benutzergruppe. Man kann ihnen also ebenfalls die Zugriffsrechte entziehen beziehungsweise gar nicht erst einräumen. Das führt dann beispielsweise zu der kuriosen Situation, dass man als Seitenbetreiber zwar einen Artikel schreiben, ihn dann aber nicht im Frontend lesen darf. Denken Sie daher immer auch an die Super Users, wenn Sie die Rechte manipulieren.

Diese Liste bekommt nun einen eindeutigen Namen, wie etwa *KritikerZugriff*. Genau diesen Namen heftet man wiederum den entsprechenden Inhalten an, im Beispiel also dem Menüpunkt zum Formular.

Sobald sich Paul Kritiker angemeldet hat und somit das *User Menu* in sein Sichtfeld gerät, knöpft sich Joomla! die Liste mit dem Namen *KritikerZugriff* vor und prüft, ob Paul in einer der darauf notierten Benutzergruppen steckt. Wenn ja, blendet es den Menüpunkt zum Formular ein. Die Listen bezeichnet Joomla! als *Zugriffsebenen*. Abbildung 9-11 veranschaulicht noch einmal das komplette Prozedere.

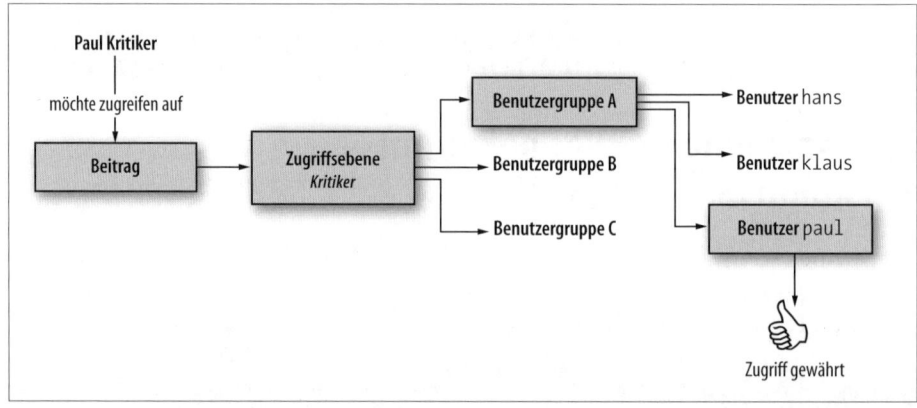

Abbildung 9-11: In diesem Beispiel möchte Paul Kritiker ein Formular sehen. Dem Formular wurde eine ganz bestimmte Zugriffsebene zugewiesen. Bevor Joomla! den Blick auf das Formular freigibt, schaut es nach, welche Benutzergruppen zu dieser Zugriffsebene gehören. Steckt Paul Kritiker in einer dieser Gruppen, bekommt er das Formular zu Gesicht.

Die Zugriffsebenen verwaltet der Bildschirm hinter dem Menüpunkt *Benutzer →
Zugriffsebenen* (siehe Abbildung 9-12).

Standardmäßig existieren folgende Zugriffsebenen:

Public
> Diese Zugriffsebene umfasst sämtliche Benutzergruppen. Wenn Sie diese Zugriffsebene beispielsweise einem Beitrag zuweisen, darf jedermann ihn lesen.

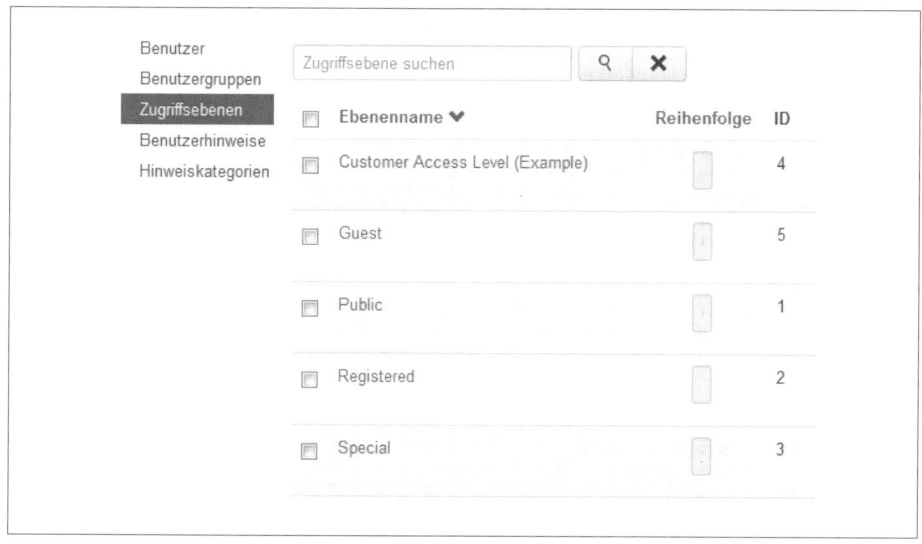

Abbildung 9-12:   Die bereits mitgebrachten Zugriffsebenen

Guest

> Diese Zugriffsebene umfasst die Benutzergruppe *Guest*. Wenn Sie diese Zugriffs-
> ebene beispielsweise einem Beitrag zuweisen, dürfen ihn nur noch die Gäste
> (also alle *nicht* angemeldeten Benutzer) lesen.

Registered

> Diese Zugriffsebene umfasst alle Benutzergruppen mit Ausnahme von *Public*.
> Wenn Sie also diese Zugriffsebene einem Beitrag zuweisen, dürfen ihn (nur) alle
> angemeldeten Benutzer lesen.

Special

> Diese Zugriffsebene umfasst alle Benutzergruppen, mit Ausnahme von *Public*
> und *Registered*. Einen damit gekennzeichneten Beitrag dürfen folglich nur ange-
> meldete Benutzer lesen, die mindestens vom Rang eines *Authors*, *Managers*
> oder *Super Users* sind (vergleichen Sie auch den Abschnitt »Benutzergruppen«
> auf Seite 411).

Wenn Sie der Schnellinstallationsanleitung aus Kapitel 2, *Installation,* gefolgt sind
beziehungsweise die Beispieldaten eingespielt haben, existiert noch eine vierte
Zugriffsebene namens *Customer Access Level*. Sie ist nur im Zusammenhang mit der
Beispiel-Homepage von Interesse und enthält die Gruppen *Manager*, *Author* sowie
die *Customer Group*, nebst allen jeweiligen Untergruppen.

In der Praxis geht man jetzt alle zu versteckenden Elemente durch und überlegt,
welche Zugriffsebene die passende ist oder ob man gar eine komplett neue benötigt.

Im Kinoportal dürfen nur die Mitglieder der Benutzergruppen *Registered*, *Kritiker*
und *Super Users* das Benutzermenü (alias *User Menu*) sehen. Dem zuständigen

Modul wurde bereits von Joomla! die Zugriffsebene *Registered* zugewiesen (wie ein kurzer Blick unter *Erweiterungen* → *Module* in die Spalte *Zugriffsebene* verrät). Damit können es ausschließlich angemeldete Benutzer sehen. Das ist wiederum genau das richtige Verhalten für das Kinoportal, sodass hier praktischerweise keine weiteren Eingriffe erforderlich sind.

Allen übrigen Inhalten, wie etwa den Filmkritiken, wurde in den letzten Kapiteln immer die standardmäßig vorgeschlagene Zugriffsebene *Public* zugewiesen (werfen Sie auch hier einen Blick in die Spalte *Zugriffsebene* der Liste hinter *Inhalt* → *Beiträge*). Damit dürfen alle Besucher die Beiträge lesen, selbst wenn sie kein Benutzerkonto besitzen. Auch das ist genau das richtige Verhalten.

Das Formular zum Einreichen eines Beitrags sollen allerdings nur die *Kritiker* und die *Super Users* sehen. *Public* und *Registered* wären somit die falschen Zugriffsebenen, denn dann könnten auch alle Gäste beziehungsweise im zweiten Fall jeder x-beliebige angemeldete Benutzer auf das Formular zugreifen. Auch *Special* passt dummerweise nicht: Die Benutzergruppe *Kritiker* ist eine Untergruppe von *Registered* und nicht von *Authors*. Würde man also dem Formular die Zugriffsebene *Special* verpassen, könnten die Kritiker nicht darauf zugreifen (sehen Sie sich dazu auch noch einmal die Hierarchie in Abbildung 9-6 auf Seite 417 an).

 Tipp   Sie merken sicher schon, dass die Rechtevergabe in Joomla! die Hirnwindungen ziemlich verknoten kann. Gemeinerweise wird das in den nächsten Abschnitten noch schlimmer.

Neue Zugriffsebene anlegen

Mit anderen Worten: Es muss eine neue Zugriffsebene her. Dazu klicken Sie in der Werkzeugleiste auf *Neu*, verpassen im erscheinenden Formular unter *Ebenentitel* der Zugriffsebene einen Namen und haken dann in der Liste darunter alle Benutzergruppen ab, die zu dieser Zugriffsebene gehören sollen (siehe Abbildung 9-13).

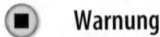 **Warnung**   Joomla! schließt dabei automatisch immer alle Untergruppen mit ein. Wenn Sie also beispielsweise einen Haken vor *Authors* setzen, dürfen später auch alle Mitglieder der Gruppen *Editor* und *Publisher* auf die entsprechenden Inhalte zugreifen. Sie müssen also nicht gleich alle drei abhaken.

Im Fall des Kinoportals genügt es, wie in Abbildung 9-13 die Gruppe Kritiker und Super Users abzuhaken. Als *Ebenentitel* wählen Sie einfach **Kritiker**. Via *Speichern & Schließen* geht es wieder zurück zur Liste. Dort taucht jetzt auch die neue Zugriffsebene auf. Sobald Sie sie einem Beitrag oder einem Menüpunkt anheften, dürfen nur noch die Mitglieder der Benutzergruppen Kritiker und Super Users darauf zugreifen.

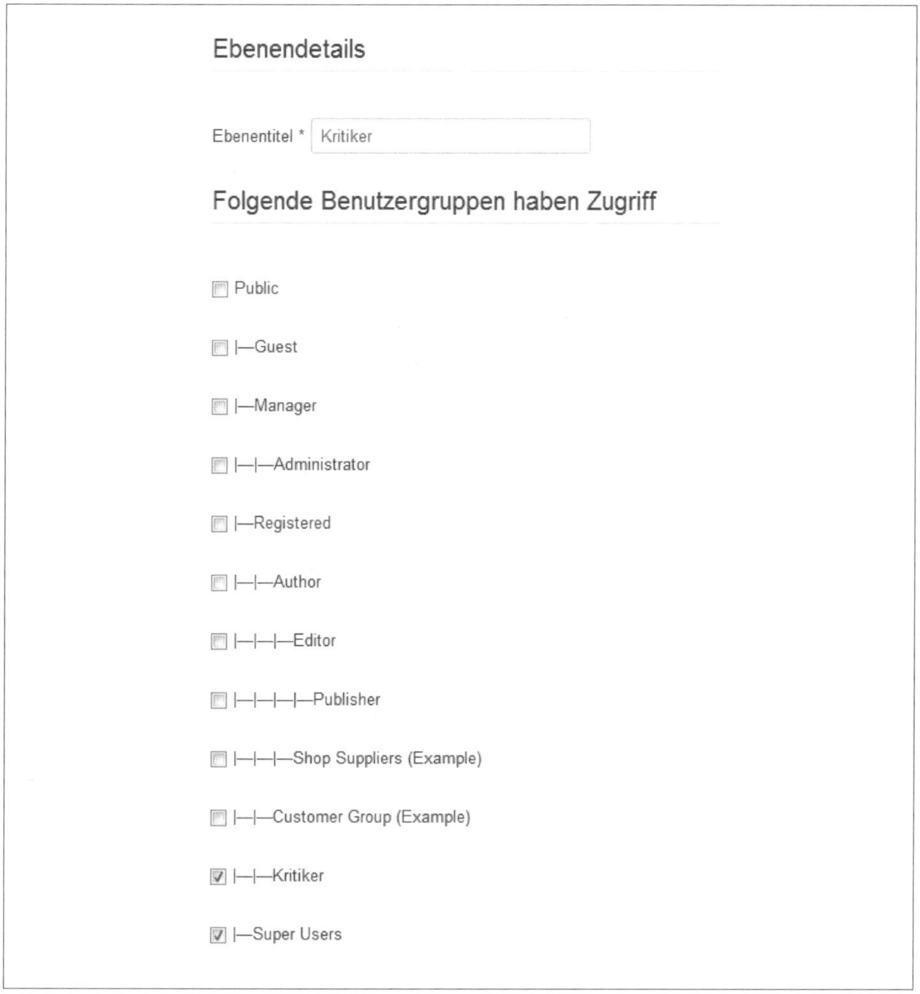

Ebenendetails

Ebenentitel * Kritiker

Folgende Benutzergruppen haben Zugriff

☐ Public

☐ |—Guest

☐ |—Manager

☐ |—|—Administrator

☐ |—Registered

☐ |—|—Author

☐ |—|—|—Editor

☐ |—|—|—|—Publisher

☐ |—|—|—Shop Suppliers (Example)

☐ |—|—Customer Group (Example)

☑ |—|—Kritiker

☑ |—Super Users

Abbildung 9-13:   Die neue Zugriffsebene umfasst die beiden abgehakten Benutzergruppen.

Zugriffsebene anwenden

Wenn die passende Zugriffsebene existiert, müssen Sie sie noch den entsprechenden Inhalten zuweisen. Das geschieht immer im jeweiligen Bearbeitungsbildschirm. Möchten Sie beispielsweise die Sicht auf einen Beitrag einschränken, bemühen Sie *Inhalte → Beiträge*, klicken dann auf den Namen des Beitrags und stellen die *Zugriffsebene* in der gleichnamigen Ausklappliste ein.

Tipp Grundsätzlich sollte man einer Benutzergruppe immer nur den Zugriff auf die gerade eben notwendigen Inhalte gewähren.

Im Kinoportal soll im *User Menu* der Menüeintrag zum Einreichen eines Beitrags nur für die Kritiker und Super Users erscheinen. Folglich geht es zu den Einstellungen des besagten Menüpunktes hinter *Menüs → User Menu*, wo Sie in der Liste auf *Submit an Article* klicken.

Tipp   Denken Sie zudem daran, dass jedes Menü von einem Modul auf Ihrer Website angezeigt wird. Um den Zugriff auf ein komplettes Menü zu unterbinden, müssen Sie daher die Zugriffsebene des Moduls anpassen. Analoges gilt auch für alle anderen Dinge, die über Module ihren Weg auf die Homepage finden.

Im Bearbeitungsbildschirm finden Sie jetzt irgendwo eine Ausklappliste namens *Zugriffsebene*. Sie versteckt sich meist unter den *Details*. Hier bei den Menüpunkten finden Sie sie auf der rechten Seite ganz oben (siehe Abbildung 9-14). Diese Ausklappliste legt fest, welche Zugriffsebene für das Element gilt.

Abbildung 9-14:   Die Zugriffsebene regelt, welche Benutzer den Menüpunkt sehen können.

 Damit im Kinoportal die *Kritiker* und *Super Users* den Menüpunkt sehen können, stellen Sie in der Ausklappliste entsprechend *Kritiker* ein. Und wo Sie gerade schon einmal hier sind, verpassen Sie dem Menüpunkt auch gleich noch einen deutschen *Menütitel*, wie etwa **Beitrag einreichen**. Das Ergebnis sollte so wie in Abbildung 9-14 aussehen.

Speichern & Schließen Sie Ihr Ergebnis, wechseln Sie wieder in die *Vorschau*, und melden Sie sich dort als **paul** an. Im *User Menu* erscheint jetzt endlich der Menüpunkt, um einen Beitrag einzureichen. Wenn Sie ihn anklicken, landen Sie allerdings bei einer Fehlermeldung. Das hat einen einfachen Grund: Die Zugriffsebenen regeln nur, was Paul zu sehen bekommt, nicht aber, welche Funktionen er nutzen darf. Im Moment verbietet Joomla! allen Kritikern noch, Beiträge zu schreiben. Diese Funktion müssen Sie erst noch explizit freigeben. Bis dahin bleibt das Formular blockiert. Bevor der nächste Abschnitt genau das ändert, sollen noch kurz ein paar Probleme zur Sprache kommen, die insbesondere bei Beiträgen auftauchen.

Probleme mit der Sichtbarkeit von Beiträgen

Wenn Sie mithilfe der Zugriffsebenen einen Beitrag vor den Augen von anderen verstecken, könnte er (oder sogar einige Textauszüge) dennoch weiterhin erreichbar sein. Um dieses Problem besser erklären zu können, muss schnell ein weiterer kleiner Artikel her.

Eine ordentliche Kritik besteht aus einer Einleitung, einer kurzen Zusammenfassung des Filminhalts und einem saftigen Fazit. Damit die Kritiker an diesen Aufbau denken und nicht nur zwei kurze Sätze einreichen, könnte man eine kleine Stilfibel zusammenstellen und in einem neuen Beitrag bereitstellen. In der Stilfibel wäre auch eine Kurzanleitung für den TinyMCE-Editor und das zugehörige Eingabeformular gut aufgehoben. Erstellen Sie also schnell einen neuen Beitrag via *Inhalt* → *Beiträge* → *Neuer Beitrag*, verpassen Sie ihm den *Titel* `Stilfibel`, legen Sie ihn in die für solche allgemeinen Artikel gedachte *Kategorie Sonstiges*, und denken Sie sich einen passenden *Beitragsinhalt* aus (es reicht ein Nonsense-Text). Alle anderen Einstellungen bleiben zunächst auf ihren Vorgaben. Nach dem *Speichern & Schließen* müssen Sie die Stilfibel noch über ein Menü zugänglich machen. Den Hilfetext sollen ausschließlich die Kritiker zu Gesicht bekommen, folglich wäre ein Menüpunkt im *User Menu* sinnvoll. Rufen Sie also *Menüs* → *User Menu* → *Neuer Menüeintrag* auf, aktivieren Sie *Auswählen*, entscheiden Sie sich für den Menüeintragstyp *Einzelner Beitrag* (auf dem Slider *Beiträge*), vergeben Sie als *Menütitel* beispielsweise `Stilfibel`, klicken Sie rechts unter *Beitrag auswählen* auf den Knopf *Auswählen*, suchen Sie in der Liste den Beitrag *Stilfibel*, und klicken Sie ihn an. *Speichern* Sie Ihre Änderungen (lassen Sie also den Bearbeitungsschirm noch geöffnet).

Wie Sie mit dem Benutzer paul in der *Vorschau* überprüfen können, existiert jetzt im *User Menu* ein neuer Menüpunkt: *Stilfibel*. Den entsprechenden Beitrag dürfen im Moment allerdings auch noch alle registrierten Benutzer sehen. Und wäre das *User Menu* nicht standardmäßig versteckt, könnten den Menüpunkt sogar alle Gäste einsehen: Wenn Sie einen Blick zurück in den Bearbeitungsbildschirm des Menüpunktes werfen, steht dort die *Zugriffsebene* auf *Public*.

Um die Stilfibel auf die Kritiker zu beschränken, haben Sie jetzt drei Möglichkeiten:

- Sie setzen den *Menüpunkt* zum Beitrag auf die Zugriffsebene *Kritiker*.

  Damit sehen nur noch die angemeldeten Kritiker und die Super Users den Menüpunkt, womit auch wiederum der Beitrag von normalen Besuchern nicht mehr erreicht werden kann. Zumindest fast: Gibt es noch irgendwo einen anderen Menüpunkt, der auf diesen Beitrag verweist, kann ein Besucher den Beitrag darüber immer noch einsehen.

- Sie können den *Beitrag* unter die Zugriffsebene *Kritiker* stellen.

  Damit sieht jeder (angemeldete) Besucher allerdings noch den Menüpunkt. Ein Klick darauf würde dann eine nichtssagende Fehlermeldung produzieren. Nur die angemeldeten Kritiker und Super Users erreichen darüber den tatsächlichen Beitrag. Die anderen Benutzer dürfte die Fehlermeldung jedoch irritieren, weshalb Sie diese Methode meiden sollten.

- Sie gehen auf Nummer sicher und stellen sowohl den Menüpunkt als auch den Beitrag unter die Zugriffsebene *Kritiker*. Damit können garantiert nur noch die angemeldeten Kritiker und Super User den Beitrag sehen.

Unter Joomla! sollte man durchaus beherzt paranoid zu Werke gehen und die letzte Variante wählen. Auf diese Weise läuft man gar nicht erst Gefahr, einen Beitrag doch noch für Unbefugte lesbar zu hinterlassen.

 Warnung   Das Gleiche gilt übrigens nicht nur bei Beiträgen, sondern auch für andere Inhalte, wie etwa für Kontaktformulare. Wenn Sie also den Zugriff auf ein bestimmtes Element einschränken möchten, müssen Sie die Zugriffsebene bei allen Menüpunkten, die auf das Element verweisen, bei den beteiligten Kategorien und bei den Elementen selbst korrigieren.

 Um nun also endlich die Stilfibel nur noch für die Kritiker sichtbar zu machen, kehren Sie zum Bearbeitungsbildschirm des Menüpunktes zurück und setzen dort die *Zugriffsebene* auf *Kritiker*. *Speichern & Schließen* Sie die Änderung. Rufen Sie jetzt *Inhalt → Beiträge* auf, suchen Sie in der Liste die *Stilfibel* (als Hilfe können Sie – *Kategorie wählen* – auf *Sonstiges* setzen), klicken Sie ihren Namen an, und stellen Sie auch hier im Bereich *Details* die *Zugriffsebene* auf *Kritiker*. Nach dem *Speichern & Schließen* sehen nur noch Kritiker und Super Users die Stilfibel.

Aber auch wenn Sie wie gezeigt den Menüpunkt und den Beitrag mit einer Zugriffsebene vor der Allgemeinheit verstecken, können Sie dennoch den Anfang vom Text bewusst im Frontend anzeigen lassen: Auf den Übersichtsseiten der Kategorien präsentiert Joomla! einem Besucher normalerweise immer nur genau die Beiträge, die er auch tatsächlich lesen darf. Die Abbildungen 9-15 und 9-16 zeigen dafür ein kleines Beispiel: Die Filmkritik zu *Indiana Jones IX* dürfen nur registrierte Benutzer sehen. In der Liste aus Abbildung 9-16 taucht sie daher wie erwartet nicht auf.

Wenn Sie allerdings in den Einstellungen der Filmkritik auf dem Register *Beitragsoptionen* den Punkt *Nicht zugängliche Links* auf *Ja* setzen, sieht der Besucher auf den Übersichtsseiten auch die Beiträge, die eigentlich anderen Benutzern vorbehalten bleiben (so wie in Abbildung 9-17). Auf diese Weise können Sie Ihren Besuchern eine Registrierung schmackhaft machen.

Abbildung 9-15:   Die Filmkritik zu *Indiana Jones IX* dürfen hier in diesem Beispiel nur angemeldete Benutzer lesen.

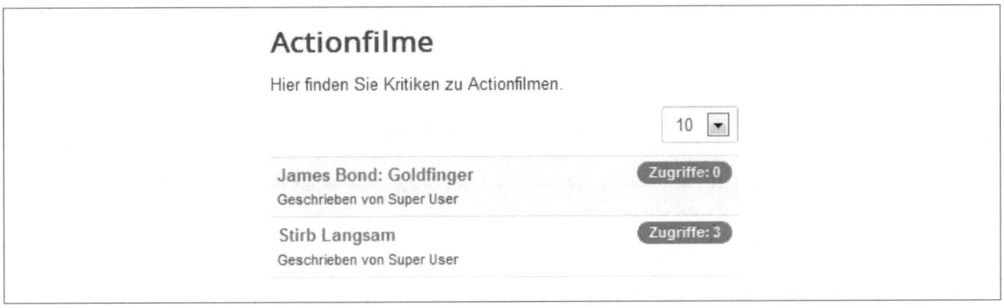

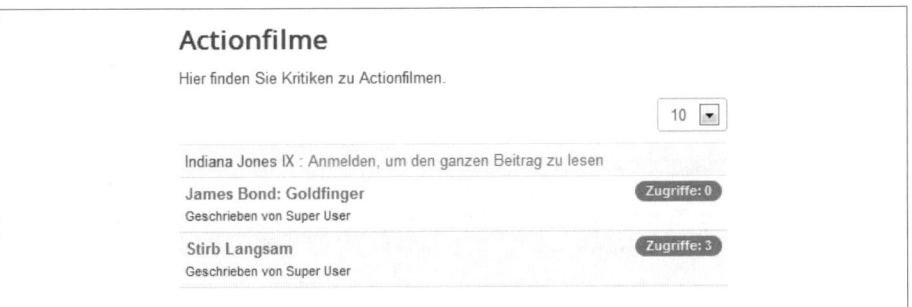

Abbildung 9-16:   Im Frontend bekommen folglich normale Besucher diesen Beitrag nicht zu Gesicht.

Warnung   Denken Sie daran, dass ein Menüpunkt diese Einstellung wieder überschreiben
                     kann. Damit im Kinoportal wie in Abbildung 9-17 auch die exklusiven Beiträge
                     erscheinen, müssen Sie die Einstellungen des Menüpunkts *Actionfilme* aus dem
                     Kinoportal Menü öffnen und dann auf dem Register *Erweiterte Optionen* auf dem
                     Slider *Beitragsoptionen* den Punkt *Nicht zugängliche Links* auf *Ja* setzen.

Abbildung 9-17:   Über den von Joomla! neben der exklusiven Kritik eingefügten Link können sich die Besucher anmelden
                   beziehungsweise ein entsprechendes Benutzerkonto beantragen (registrieren).

Je nachdem, wo der exklusive Beitrag auf Ihrer Website Erwähnung findet, kann ein
Besucher dann allerdings auch die komplette Einleitung lesen. Das wäre beispielsweise dann der Fall, wenn Sie eine erlesene Filmkritik auf die Startseite der Beispiel-
Website setzen würden (siehe Abbildung 9-18). Ein unangemeldeter Besucher kann
dann zwar nicht den kompletten Beitrag lesen, wohl aber eben die Einleitung.

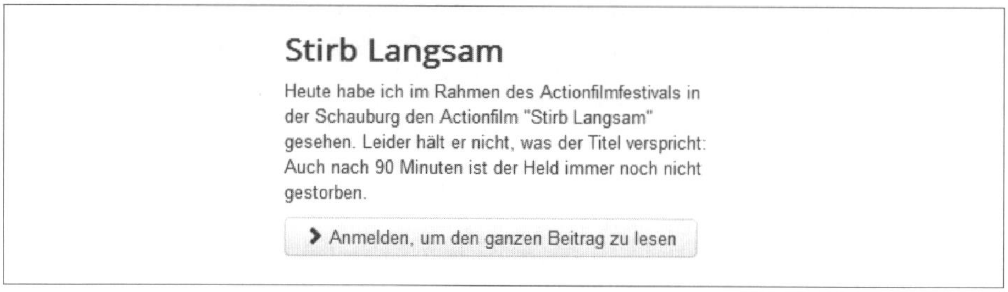

Stirb Langsam

Heute habe ich im Rahmen des Actionfilmfestivals in der Schauburg den Actionfilm "Stirb Langsam" gesehen. Leider hält er nicht, was der Titel verspricht: Auch nach 90 Minuten ist der Held immer noch nicht gestorben.

> **Anmelden, um den ganzen Beitrag zu lesen**

Abbildung 9-18:   Die Filmkritik können hier eigentlich nur angemeldete Benutzer lesen. Da sie aber auf der Startseite erscheint und *Nicht zugängliche Links* auf *Anzeigen* steht, zeigt Joomla! beliebigen Besuchern dennoch den Einleitungstext.

Zusammenfassung

Da die Arbeit mit Zugriffsebenen recht verwirrend und irritierend ist, folgt hier noch einmal eine kurze Zusammenfassung.

Wenn Sie den Zugriff auf bestimmte Inhalte einschränken möchten, gehen Sie wie folgt vor:

- Erstellen Sie eine neue Zugriffsebene (*Benutzer* → *Zugriffsebenen* → *Neue Zugriffsebene*), und weisen Sie ihr alle Benutzergruppen zu, die später die Inhalte einsehen dürfen. Damit Sie sich nicht doppelte Arbeit machen, sollten Sie zuvor prüfen, ob es nicht schon eine passende Zugriffsebene gibt.
- Öffnen Sie den Bearbeitungsbildschirm des Elements, dessen Zugriff Sie einschränken wollen, und stellen Sie dort in der entsprechenden Ausklappliste die gerade angelegte *Zugriffsebene* ein.
- Klappern Sie jetzt alle Menüpunkte und Kategorien ab, über die das Element (direkt) erreichbar ist, und passen Sie gegebenenfalls auch noch deren Zugriffsebenen an.

Damit ist nun geregelt, wer welche Inhalte zu sehen bekommt. Als Nächstes muss man den Benutzern noch die notwendigen Funktionen freischalten. Das geschieht über sogenannte Berechtigungen.

Berechtigungen – Welche Aktionen darf ein Benutzer ausführen?

Joomla! regelt auf unterschiedliche Weise,

- was ein Benutzer zu *sehen* bekommt und
- welche *Aktionen* er ausführen darf.

Auf welche Inhalte ein Benutzer überhaupt zugreifen darf und was er somit zu Gesicht bekommt, haben Sie über die Zugriffsebenen aus dem vorherigen Abschnitt festgelegt. Damit sieht ein Besucher zwar schon bestimmte Funktionen, kann sie aber unter Umständen gar nicht auslösen oder bekommt nur eine Fehlermeldung zu Gesicht.

Das gilt auch im Kinoportal für den Benutzer Paul Kritiker, der zwar im *User Menu* angeboten bekommt, einen neuen Beitrag zu erstellen, beim entsprechenden Versuch aber eine Fehlermeldung erhält.

Berechtigungen anpassen

Um den Mitgliedern einer Benutzergruppe eine Aktion zu erlauben, wechseln Sie zunächst zum Menüpunkt *System → Konfiguration* und dort weiter auf das Register *Berechtigungen*. Hier wartet das Registermonster aus Abbildung 9-19.

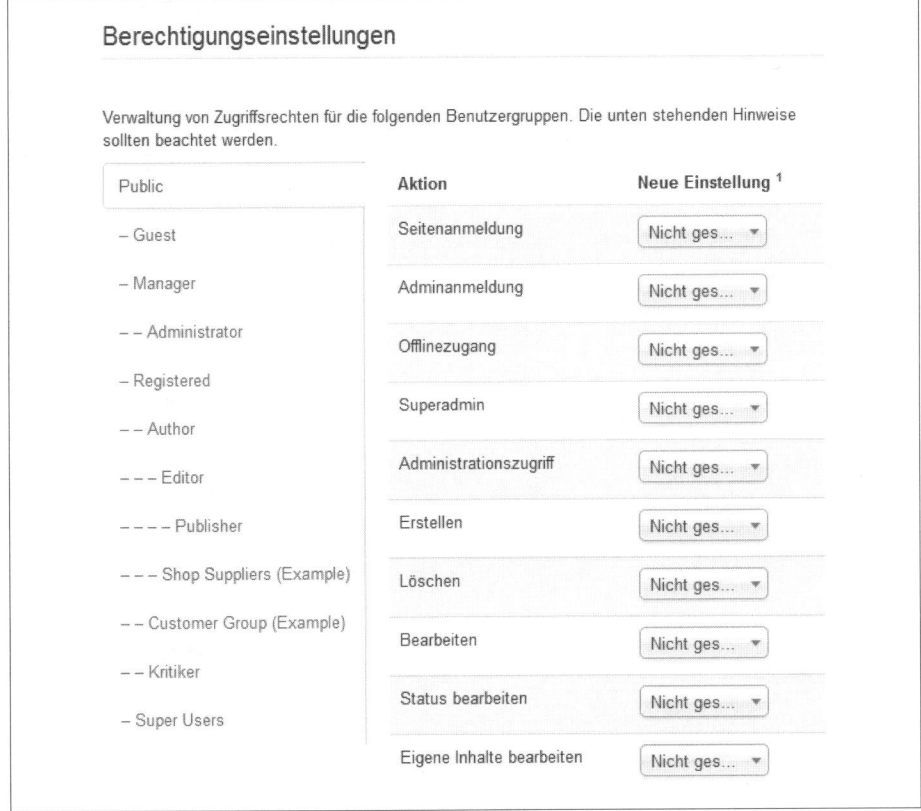

Abbildung 9-19:   Hier legen Sie fest, welche Benutzergruppe welche Aktionen ausführen darf.

Es ist jedoch harmloser, als es auf den ersten Blick scheint. In der linken Spalte sehen Sie alle existierenden Benutzergruppen. Untergruppen erscheinen wieder eingerückt (siehe Abbildung 9-19).

Joomla! spendiert jeder Gruppe ein eigenes Register, auf dem Sie wiederum einstellen, was die Mitglieder dieser Gruppe alles anstellen dürfen. Klappen Sie jetzt das Register der *Kritiker* auf, indem Sie einfach *Kritiker* anklicken. (Wenn Sie die Beispiele aus den vorherigen Abschnitten nicht mitgemacht haben, öffnen Sie stattdessen die Gruppe *Author*.) Abbildung 9-20 zeigt das Ergebnis.

Abbildung 9-20:   Die Berechtigungen für die Benutzergruppe der Kritiker

Konzentrieren Sie sich jetzt auf die rechte Seite. In jeder Zeile finden Sie eine Aktion, die die Kritiker ausführen könnten. Insgesamt stehen hier die Funktionen aus Tabelle 9-1 bereit.

Tabelle 9-1: Mögliche Aktionen

Aktion	Die Mitglieder der Gruppe dürfen ...
Seitenanmeldung	sich am Frontend anmelden (über das Login Form)
Adminanmeldung	sich am Backend anmelden
Offlinezugang	sich am Backend anmelden, auch wenn die Website abgeschaltet (also im Offline-Modus) ist
Superadmin	wirklich alles, egal was die übrigen Einstellungen hier noch so alles sagen. Die Mitglieder der Gruppe werden folglich allmächtig
Administrationszugriff	auf alle Bereiche im Administrationsbereich zugreifen, dabei allerdings nicht die Konfiguration verändern
Erstellen	Inhalte erstellen
Löschen	Inhalte löschen
Bearbeiten	bestehende Inhalte verändern beziehungsweise nachbearbeiten
Status bearbeiten	bestehende Inhalte sperren und wieder freigeben
Eigene Inhalte bearbeiten	ihre selbst erstellten Inhalte verändern beziehungsweise nachbearbeiten

Einige der Aktionen schließen sich gegenseitig aus. Das gilt beispielsweise für *Bearbeiten* und *Eigene Inhalte bearbeiten*. Wenn Sie Letztgenanntes erlauben, dürfen die Mitglieder jeweils nur ihre eigenen Inhalte nachbearbeiten. Bei *Bearbeiten* können Sie hingegen restlos alle Inhalte verändern, was natürlich ihre eigenen einschließt. Folglich ist nur eine der beiden Aktionen sinnvoll.

In der Aufstellung zeigt die rechte Spalte *Errechnete Einstellung* an, was die Mitglieder der Gruppe im Moment dürfen. Den Kritikern aus Abbildung 9-20 ist es demnach erlaubt, sich am Frontend anzumelden – mehr jedoch nicht.

Dies ändern Sie über die Ausklapplisten in der Spalte *Neue Einstellung*. Steht hier ein *Erlaubt*, dürfen die Mitglieder der Gruppe die Aktion ausführen, bei *Verweigert* hingegen nicht.

Im Moment steht in ihnen überall *Vererbt*. Damit übernimmt die Gruppe die Einstellungen ihrer übergeordneten Gruppe. Die *Kritiker* sind eine Untergruppe von *Registered*. Wenn Sie jetzt deren Register aufklappen, sehen Sie, dass dort *Seitenanmeldung* auf *Erlaubt* steht. Als Untergruppe übernehmen die Kritiker genau diese Vorgabe. Man sagt, sie *erben* diese Einstellung. Kehren Sie jetzt wieder auf das Register der *Kritiker* zurück.

Um nun den Kritikern das Schreiben von Beiträgen zu erlauben, setzen Sie einfach die Ausklappliste in der Zeile *Erstellen* auf *Erlaubt*. Doch halt: Damit würden Sie den Kritikern gestatten, *beliebige Inhalte* zu erstellen. Prinzipiell dürften sie dann auch Blogeinträge schreiben oder Weblinks einreichen.

Warnung Grundsätzlich sollte man einer Benutzergruppe immer nur so viel erlauben, wie gerade eben notwendig ist. Damit führt man die (normalerweise unbekannten) Benutzer nicht in Versuchung, die Funktionen zu missbrauchen.

Glücklicherweise kann man den Kritikern auch ganz gezielt nur das Schreiben von Beiträgen gestatten. Dazu belassen Sie die Ausklappliste auf *Vererbt* und verlassen die Konfiguration über *Abbrechen* (in der Werkzeugleiste).

Für die Verwaltung der Beiträge ist die Liste hinter *Inhalt → Beiträge* zuständig. Wechseln Sie dorthin, rufen Sie die *Optionen* auf, und aktivieren Sie dann das Register *Berechtigungen*. Sein Inhalt dürfte Ihnen ziemlich bekannt vorkommen (siehe Abbildung 9-21).

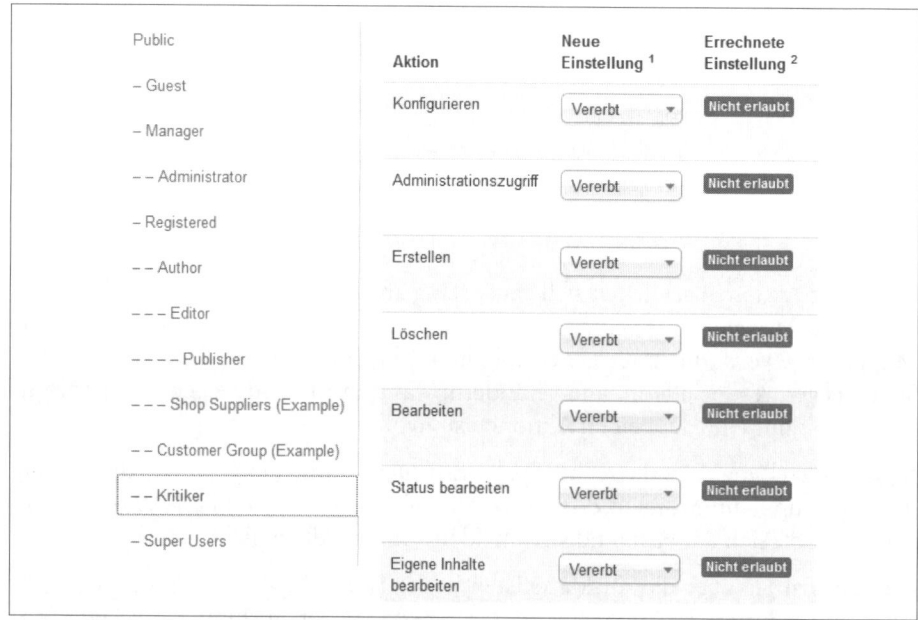

Abbildung 9-21:   In den Optionen regeln Sie für jede Benutzergruppe, welche Aktionen diese ausführen darf.

Auf diesem Register stellen Sie ein, welche Benutzergruppen was mit *allen Beiträgen* anstellen dürfen. Beachten Sie, dass es hier wirklich nur um Aktionen geht, die in irgendeiner Weise die Beiträge manipulieren. Insgesamt stehen hier die Aktionen aus Tabelle 9-2 bereit.

Tabelle 9-2: Mögliche Aktionen für Beiträge

Aktion	Die Mitglieder der Gruppe dürfen ...
Konfigurieren	hinter *Inhalt → Beiträge* in den *Optionen* die Vorgaben verändern
Administrationszugriff	auf die für die Beiträge zuständige Komponente zugreifen (also beispielsweise die Liste mit allen Beiträgen einsehen)
Erstellen	Beiträge erstellen
Löschen	vorhandene Beiträge löschen
Bearbeiten	vorhandene Beiträge bearbeiten

Tabelle 9-2: Mögliche Aktionen für Beiträge *(Fortsetzung)*

Aktion	Die Mitglieder der Gruppe dürfen ...
Status bearbeiten	Beiträge sperren und freigeben
Eigene Inhalte bearbeiten	Der Ersteller eines Beitrags darf ihn nachträglich verändern.

Klappen Sie hier wieder das Register für die *Kritiker* auf. Wie erwartet und von der Spalte *Errechnete Einstellung* bestätigt, dürfen diese im Moment noch nichts. Um ihnen das Schreiben von eigenen Artikeln zu gestatten, setzen Sie in der Zeile *Erstellen* die Ausklappliste auf *Erlaubt*. Doch halt: Damit würde man ihnen erlauben, beliebige Artikel zu schreiben, also auch Blogeinträge. Man darf ihnen also eigentlich nur gestatten, neue Beiträge für die Kategorie der Filmkritiken und ihre Unterkategorien (Actionfilme, Komödien etc.) zu verfassen.

Belassen Sie deshalb die Ausklappliste auf *Vererbt*, schließen Sie das *Optionen*-Fenster mit einem Klick auf *Abbrechen*, und rufen Sie *Inhalt → Kategorien* auf. Den Kritikern muss man erlauben, Beiträge für die Kategorie *Filmkritiken* zu schreiben. Suchen Sie daher die *Filmkritiken* in der Liste, und öffnen Sie ihren Bearbeitungsbildschirm (beispielsweise indem Sie auf ihren Titel klicken). Wenn Sie jetzt auf das Register *Kategorieberechtigungen* wechseln, finden Sie die bereits zu Genüge bekannten Register (siehe Abbildung 9-22).

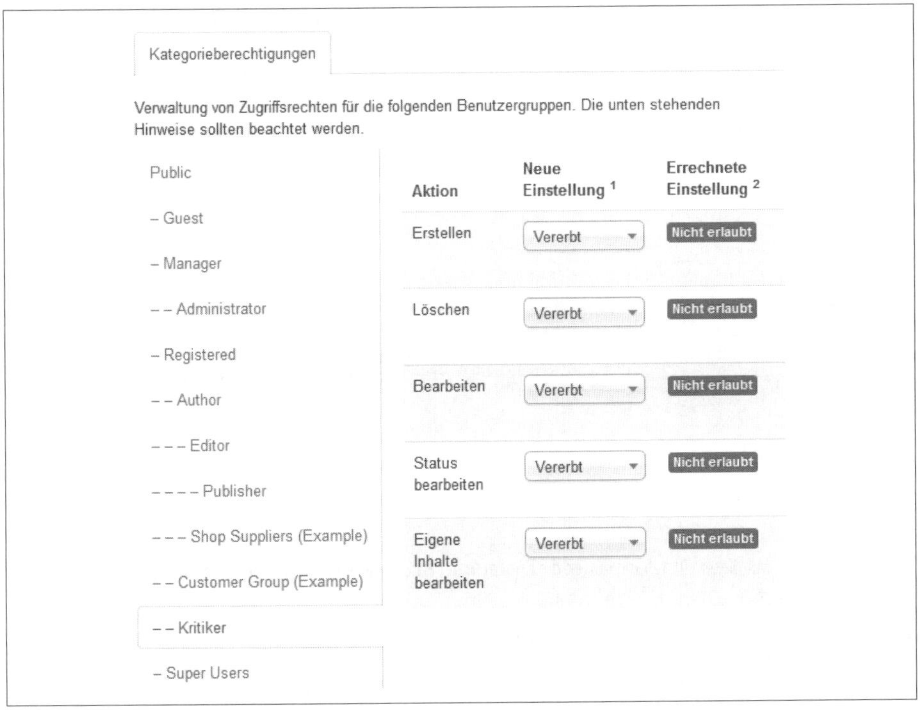

Abbildung 9-22: Hier regeln Sie für die Benutzergruppe der Kritiker, welche Aktionen diese Gruppe innerhalb der Kategorie ausführen darf.

Auf diesen Registern stellen Sie ein, was die einzelnen Benutzergruppen mit den *Beiträgen in dieser Kategorie* anstellen dürfen. Dabei stehen die Aktionen aus Tabelle 9-3 zur Verfügung.

Tabelle 9-3: Mögliche Aktionen für die Beiträge einer Kategorie

Aktion	Die Mitglieder der Gruppe dürfen
Erstellen	Beiträge in dieser Kategorie erstellen
Löschen	bestehende Beiträge in dieser Kategorie löschen
Bearbeiten	bestehende Beiträge in dieser Kategorie nachbearbeiten
Status bearbeiten	bestehende Beiträge in dieser Kategorie sperren oder freigeben
Eigene Inhalte bearbeiten	Der Autor eines Beitrags darf ihn nachträglich korrigieren beziehungsweise verändern.

Um den Kritikern das Erstellen von Beiträgen in dieser Kategorie zu erlauben, setzen Sie in der Zeile *Erstellen* die Ausklappliste auf *Erlaubt. Speichern* Sie anschließend Ihre Änderungen, wechseln Sie zurück auf das Register *Kategorieberechtigungen*, aktivieren Sie wieder die *Kritiker,* und beobachten Sie, wie sich die Spalte *Errechnete Einstellung* verändert hat (siehe Abbildung 9-23).

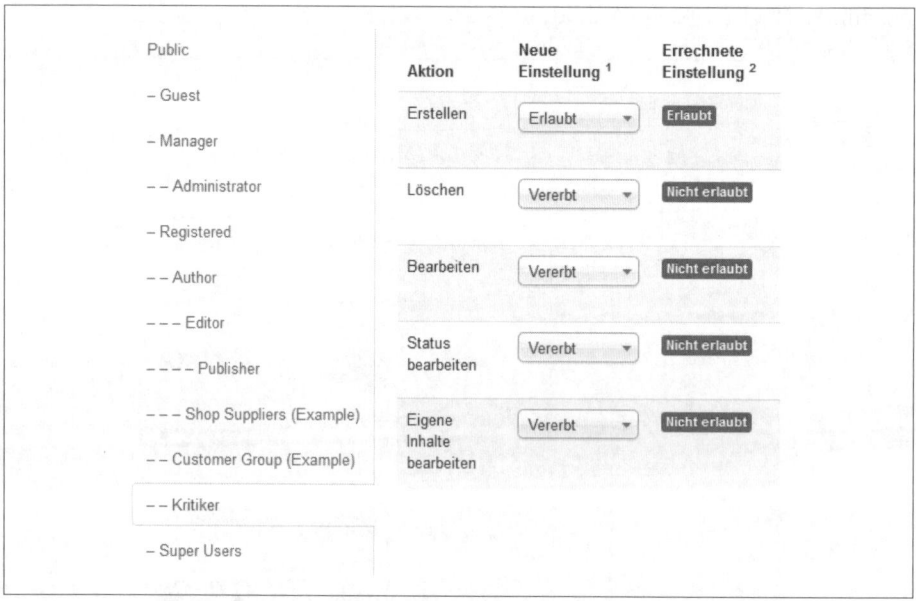

Abbildung 9-23: Mit dieser Einstellung dürfen die Kritiker in der Kategorie *Filmkritiken* eigene Beiträge erstellen.

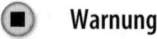 **Warnung** Beachten Sie, dass die so erlaubte Aktion automatisch auch für die Beiträge in allen Unterkategorien gilt. Wenn Sie das verhindern möchten, müssen Sie nacheinander in die Bearbeitungsbildschirme der Unterkategorien wechseln und dort dann die entsprechenden Aktionen wieder verbieten.

Melden Sie sich jetzt in der *Vorschau* wieder als Benutzer paul an, und wechseln Sie im *User Menu* zum entsprechenden Formular (*Beitrag einreichen*, wenn Sie die vorherigen Schritte mitgemacht haben). Zum einen erhält Paul Kritiker jetzt endlich Zugriff, zum anderen kann er in der Ausklappliste für die *Kategorie* (auf dem Register *Veröffentlichen*) nur noch die *Filmkritiken* sowie deren Unterkategorien auswählen.

Nach dem gleichen Prinzip ändern Sie auch die Zugriffsrechte für alle anderen Elemente, Inhalte und Kategorien. Die angebotenen Aktionen sind dabei jeweils immer die gleichen. Selbst den Zugriff auf nachträglich über Erweiterungen installierte Komponenten und Module können Sie auf diese Weise regeln. (Achten Sie immer in der Werkzeugleiste auf die Schaltfläche *Optionen* beziehungsweise werfen Sie in Bearbeitungsbildschirmen einen Blick auf das entsprechende Register.)

Vererbungslehre

Damit Sie dabei nicht versehentlich zu viele Rechte erteilen oder gar Benutzer aussperren, sollten Sie immer im Hinterkopf behalten, wie sich die Rechte »weitervererben«:

- Zum einen gibt eine Benutzergruppe ihre Befugnisse an alle ihre Untergruppen weiter.

  Können beispielsweise die Mitglieder der Gruppe *Registered* einen Beitrag erstellen, so dürfen das automatisch auch alle untergeordneten *Kritiker* – es sei denn, man verbietet ihnen das explizit wieder.

- Zum anderen gibt ein Einstellungsbildschirm die Befugnisse an seine »untergeordneten« Kollegen weiter.

  Haben Sie beispielsweise den Kritikern erlaubt, Beiträge in der Kategorie *Filmkritiken* zu schreiben, so dürfen sie automatisch auch Beiträge in allen enthaltenen Unterkategorien erstellen – es sei denn, Sie ändern die Berechtigungseinstellungen der Unterkategorien.

  Durch diese Abhängigkeiten bildet sich eine sogenannte Rechte-Hierarchie (*Permission Hierarchy*): Die Einstellungen in der Konfiguration (unter *System → Konfiguration → Berechtigungen*) gelten erst einmal auch für die komplette Beitragsverwaltung. Deren Einstellungen gelten wiederum für alle Kategorien, und deren Einstellungen gelten auch wieder für jeden einzelnen Beitrag.

Warnung   Abschließend gibt es noch einen kleinen, aber wichtigen Sonderfall: Die Einstellung Verweigert ist immer unumstößlich. Ein so ausgesprochenes Verbot lässt sich von sämtlichen »Erben« nicht mehr umgehen beziehungsweise zurücknehmen. Haben Sie beispielsweise der Benutzergruppe *Registered* mit der Einstellung *Verweigert* verboten, Beiträge in der Kategorie *Filmkritiken* zu bearbeiten, dann können Sie diese Einschränkung weder für ihre Untergruppe der *Kritiker* noch für einzelne Beiträge zurücknehmen.

Es ist folglich recht kompliziert, herauszufinden, ob ein Benutzer eine bestimmte Aktion ausführen darf. Joomla! muss dazu in der Regel gleich mehrere Einstellungen abklappern. Dabei geht das Content-Management-System ähnlich vor wie Sie im vorherigen Abschnitt:

Tipp   Um die folgende Detektivarbeit besser nachvollziehen zu können, sollten Sie die jeweiligen Schritte selbst parallel im Backend durchspielen.

Möchte Paul Kritiker einen Beitrag erstellen, wirft Joomla! zunächst einen Blick in die Konfiguration hinter *System → Konfiguration → Berechtigungen*. Dort steht auf dem Register seiner Benutzergruppe *Kritiker* die Aktion *Erstellen* auf *Vererbt*. Um herauszufinden, was da vererbt wird, muss Joomla! auf dem Register der übergeordneten Benutzergruppe *Registered* nachschlagen. Dort steht die Aktion *Erstellen* ebenfalls auf *Vererbt*. Also geht es weiter zum Register der nächsten übergeordneten Gruppe. Das wäre *Public*, wo *Erstellen* auf *Nicht gesetzt* steht. In diesem Fall nimmt Joomla! an, dass das Erstellen von Inhalten verboten ist.

Warnung   Im Gegensatz zur Einstellung *Verweigert* lässt sich das Verbot bei *Nicht gesetzt* später wieder zurücknehmen. *Nicht gesetzt* ist folglich weniger strikt, Sie können also beispielsweise den *Kritikern* nachträglich das Erstellen von Beiträgen erlauben.

Abbildung 9-24 visualisiert diese Suche noch einmal.

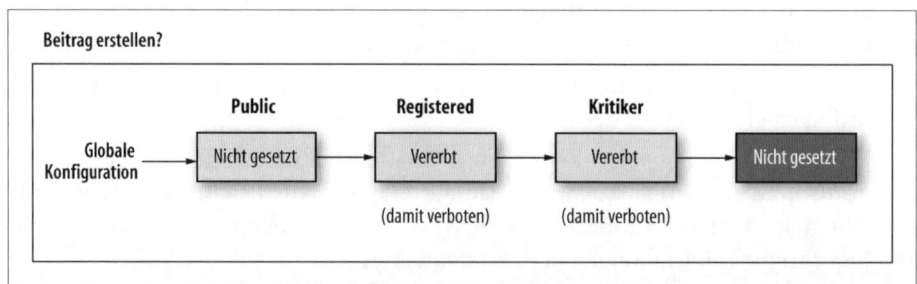

Abbildung 9-24:   So ermittelt Joomla! die Berechtigungen in der Konfiguration. Die Pfeile zeigen dabei an, wie die Rechte jeweils weitergegeben werden.

Damit hat Joomla! schon einmal herausgefunden, dass das Erstellen von Inhalten – und somit auch das Anlegen von Beiträgen – prinzipiell verboten wäre. Allerdings gibt es noch weitere Stellen im Backend, an denen sich entsprechende Einstellungen verstecken. Joomla! ermittelt deshalb, welche Komponente im aktuellen Fall zuständig ist. Das ist im Beispiel die Beitragsverwaltung hinter *Inhalt → Beiträge*. Dort schaut Joomla! dann in die *Optionen*, wo das bekannte Spielchen von vorne losgeht: Auf dem Register der *Kritiker* steht neben *Erstellen* der Punkt *Vererbt*. Also muss Joomla! das Register der übergeordneten Benutzergruppe *Registered* konsultieren. Auch dort ist in der Zeile *Erstellen* die Ausklappliste auf *Vererbt* gesetzt. Es gilt somit die Einstellung der nächsten übergeordneten Gruppe *Public*. Dort steht diesmal allerdings ebenfalls *Vererbt*. Damit gelten jetzt die Einstellungen aus der Konfiguration, womit das Erstellen von Inhalten verboten ist. Paul hat somit wieder Pech. Abbildung 9-25 fasst noch einmal Joomla!s aktuellen Ermittlungsstand zusammen.

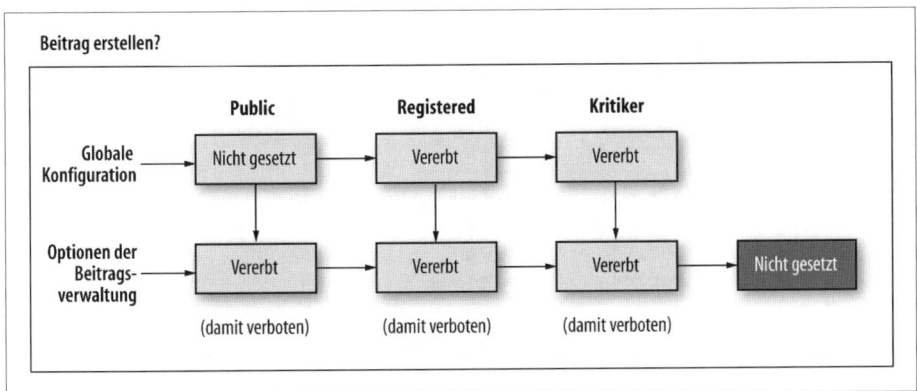

Abbildung 9-25:   Die weiteren Ermittlungen in der Beitragsverwaltung. Beachten Sie, dass sich die Rechte sowohl von der Benutzergruppe als auch von den Vorgaben aus der Konfiguration übertragen.

Vielleicht darf Paul Kritiker aber einen Beitrag in einer der Kategorien erstellen. Also muss Joomla! alle Kategorien abklappern. In den Einstellungen der *Filmkritiken* angekommen, steht auf dem Register *Kategorieberechtigungen* für die Benutzergruppe *Kritiker* die Aktion *Erstellen* auf *Erlaubt* (vorausgesetzt, Sie haben das Beispiel aus dem vorherigen Abschnitt mitgemacht).

Damit weiß Joomla!, dass Paul Beiträge in der Kategorie *Filmkritiken* erstellen darf. Das gilt allerdings nur, wenn eine übergeordnete Benutzergruppe dies nicht noch explizit *Verweigert* (erinnern Sie sich an die Sonderregel auf Seite 441). Also muss Joomla! wieder die Register der übergeordneten Benutzergruppen abklappern. Auf dem Register *Registered* steht die Aktion *Erstellen* auf *Vererbt*, Gleiches gilt für die Benutzergruppe *Public*. Da die Einstellung *Verweigert* somit nicht auftaucht, darf Paul aufatmen und doch noch einen Beitrag erstellen. Wie sich die Rechte unter dem Strich vererbt beziehungsweise übertragen haben, veranschaulicht Abbildung 9-26 noch einmal.

Da die Kategorie *Filmkritiken* noch Unterkategorien enthält, muss Joomla! auch dort noch einmal jeweils deren Einstellungen überprüfen. Im Beispiel stehen sie allesamt auf *Vererbt*. Somit gelten die Vorgaben der Kategorie *Filmkritiken* – Paul darf also auch in den *Actionfilmen*, *Komödien* und *Liebesfilmen* eigene Beiträge ablegen.

Dieses ganze Prozedere führt Joomla! bei jeder Aktion durch, die ein Benutzer ausführt. Glücklicherweise nennt Joomla! seine jeweiligen (Zwischen-)Ermittlungen immer in der allseits bekannten Spalte *Errechnete Einstellung*. Man muss folglich nicht selbst umständlich Detektiv spielen.

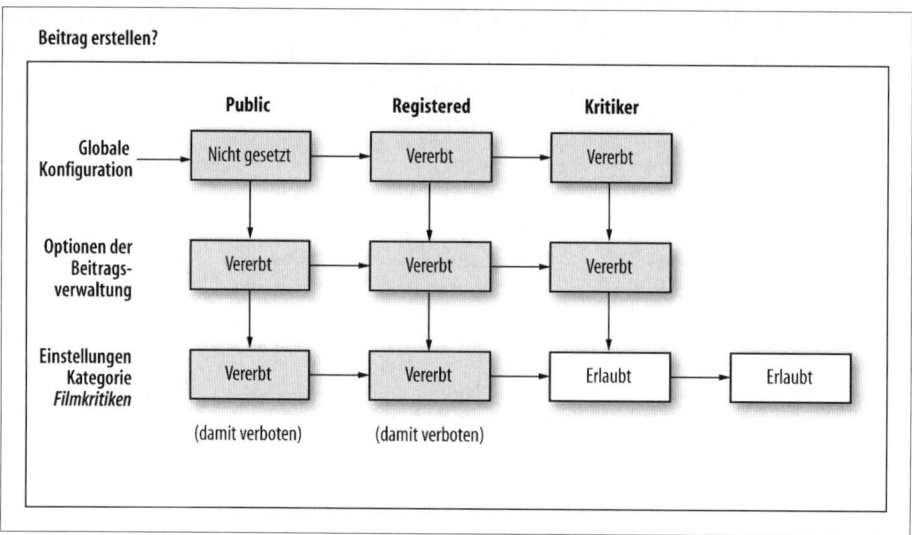

Beitrag erstellen?

	Public	Registered	Kritiker
Globale Konfiguration	Nicht gesetzt	Vererbt	Vererbt
Optionen der Beitrags-verwaltung	Vererbt	Vererbt	Vererbt
Einstellungen Kategorie *Filmkritiken*	Vererbt	Vererbt	Erlaubt	Erlaubt
	(damit verboten)	(damit verboten)		

Abbildung 9-26: Die abgeschlossenen Ermittlungen für die Kategorie

Warnung Wenn eine Aktion erlaubt ist, muss sie nicht unbedingt auch im Frontend nutzbar sein. Das klingt zunächst paradox. Fehlt jedoch ein Menüpunkt auf das entsprechende Formular, wird ein Kritiker keine neuen Artikel einreichen können – selbst wenn er dafür noch so viele Rechte besitzt. Eine solche Situation entsteht beispielsweise, wenn man die Zugriffsebenen (versehentlich) falsch setzt oder schlichtweg vergisst, einen passenden Menüpunkt anzulegen.

Textfilter für Benutzergruppen

Wenn Sie unbekannten Personen das Schreiben von Beiträgen gestatten, dürfen diese ihre Texte auch mit HTML-Befehlen anreichern beziehungsweise »aufhübschen«. Dabei besteht allerdings die Gefahr, dass ein Autor seine Freiheiten zu stark ausreizt und das Layout somit vollkommen durcheinanderbringt. Darüber hinaus könnten böswillige Autoren auf diesem Weg recht leicht schädlichen Programmcode einschmuggeln.

Aus diesen Gründen darf man unter *System → Konfiguration* auf dem Register *Textfilter* den Gebrauch von HTML-Befehlen einschränken. Zunächst suchen Sie in der Spalte *Filtergruppen* die Benutzergruppe heraus, die Sie kontrollieren möchten. Wählen Sie dann in der Ausklappliste rechts daneben ein *Filterverfahren* aus. Dabei stehen folgende Möglichkeiten zur Auswahl:

- *Kein HTML* untersagt jeglichen Gebrauch von HTML.
- Bei *Standard Blacklist* lässt Joomla! alle HTML-Tags durchgehen, mit Ausnahme einiger Befehle, die beim Einschmuggeln von fremdem Programmcode helfen könnten. Konkret verboten sind die Elemente applet, body, bgsound, base, basefont, embed, frame, frameset, head, html, id, iframe, ilayer, link, meta,

name, object, script, style, title, xml sowie die Attribute action, background, codebase, dynsrc und lowsrc. Weitere HTML-Elemente und Attribute können Sie über die entsprechenden Eingabefelder rechts daneben hinzufügen. Die einzelnen Elemente und Attribute trennen Sie dabei jeweils durch ein Komma.

- Die *Whitelist* erlaubt ausschließlich die in den Feldern rechts daneben eingetippten HTML-Elemente und Attribute. Auch hier muss man wieder die einzelnen Elemente und Attribute durch Kommata trennen.

- Die *Eigene Blacklist* funktioniert genau entgegengesetzt zur Whitelist: Joomla! verbietet dann die in den Feldern rechts daneben eingetippten HTML-Elemente und Attribute. Auch hier muss man wieder die einzelnen Elemente und Attribute durch Kommata trennen.

- *Keine Filterung* erlaubt schließlich alle möglichen HTML-Befehle.

Warnung   Sofern Sie in Ihrem Internetauftritt den Autoren nicht trauen können, sollten Sie hier *Kein HTML* aktivieren und die betroffenen Personengruppen über die aktivierte Filterung (und die möglichen Konsequenzen) informieren.

Spezielle Menüs für Benutzer

Joomla! kennt für angemeldete Benutzer noch ein paar spezielle Menüpunkte, die ihnen das Leben in unterschiedlichen Situationen erleichtern können.

Im Kinoportal ist deshalb keiner der im Folgenden vorgestellten Menüeinträge wirklich zwingend notwendig. Es kann aber auch nicht schaden, solche Einträge anzulegen. Entscheiden Sie daher einfach selbst, welche Menüpunkte Sie zusätzlich noch anbieten möchten.

Registrierungsformular

Als Erstes sollte man den Besuchern die Möglichkeit geben, ein Benutzerkonto zu beantragen. Im Kinoportal wäre ein entsprechender Menüpunkt am besten im Hauptmenü aufgehoben. Rufen Sie also *Menüs → Main Menu → Neuer Menüeintrag* auf.

Im Bearbeitungsbildschirm des Menüpunkts klicken Sie auf *Auswählen* und entscheiden sich für den Menüeintragstyp *Registrierungsformular* (auf dem Slider *Benutzer*). Vergeben Sie noch einen aussagekräftigen *Menütitel*, wie etwa *Registrieren*. Die übrigen Einstellungen können auf ihren Vorgaben bleiben (die *Zugriffsebene* sorgt übrigens mit *Public* dafür, dass alle Gäste den Menüpunkt sehen und sich somit registrieren können).

Das war bereits alles. Nach dem *Speichern & Schließen* erreichen Sie über Ihr Hauptmenü das Registrierungsformular aus Abbildung 9-27. Genau das gleiche Exemplar steckt übrigens hinter dem Link *Registrieren* im *Login Form*.

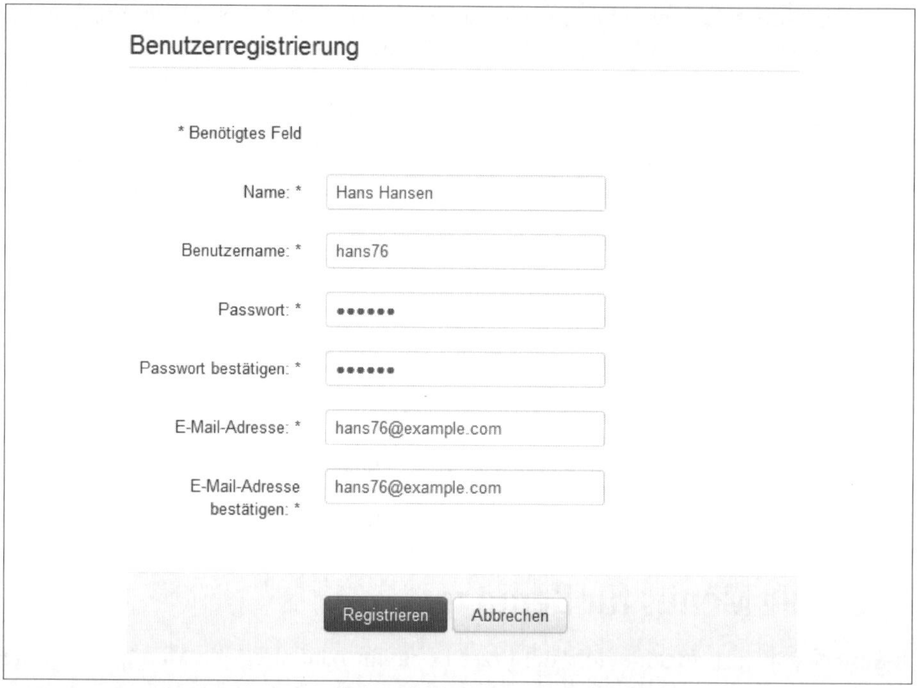

Benutzerregistrierung

* Benötigtes Feld

Name: *	Hans Hansen
Benutzername: *	hans76
Passwort: *	••••••
Passwort bestätigen: *	••••••
E-Mail-Adresse: *	hans76@example.com
E-Mail-Adresse bestätigen: *	hans76@example.com

Registrieren   Abbrechen

Abbildung 9-27:   Über dieses Registrierungsformular beantragen Besucher ein Benutzerkonto.

Hier muss der Besucher seinen vollständigen Namen, einen selbst gewählten Benutzernamen, zweimal das selbst gewählte Passwort und zweimal seine E-Mail-Adresse eintippen. Sobald er auf *Registrieren* klickt, schickt Joomla! ihm eine E-Mail und weist darauf mit der Meldung aus Abbildung 9-28 hin.

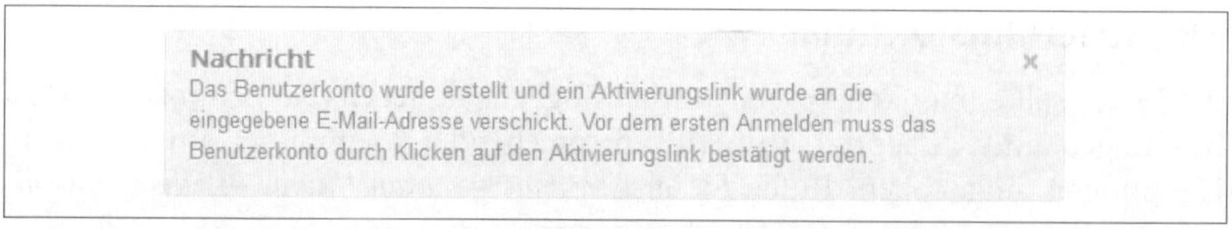

Nachricht   ×
Das Benutzerkonto wurde erstellt und ein Aktivierungslink wurde an die
eingegebene E-Mail-Adresse verschickt. Vor dem ersten Anmelden muss das
Benutzerkonto durch Klicken auf den Aktivierungslink bestätigt werden.

Abbildung 9-28:   Diese Meldung erscheint nach der Registrierung.

Die von Joomla! gesendete E-Mail sieht für den Besucher Hans Hansen beispielsweise wie folgt aus:

```
Hallo Hans Hansen,

Vielen Dank für die Registrierung bei Kinoportal. Das Benutzerkonto wurde angelegt
und muss zur Verwendung noch aktiviert werden.
Um dieses zu tun, genügt ein Klick auf den folgenden Link, oder der Link kann auch
aus dieser Nachricht kopiert und in den Webbrowser eingefügt werden:
http://localhost/joomla/index.php?option=com_users&task=registration.
activate&token=0272d0b8b317f033c222c4757a6a6212
```

```
Nach der Aktivierung ist eine Anmeldung bei http://localhost/joomla/ mit dem
folgenden Benutzernamen und Passwort möglich:

Benutzername: hans76
Passwort: 123456
```

Der Benutzer muss jetzt den in der zugeschickten E-Mail angegebenen Link entweder anklicken oder in seinem Browser aufrufen. Joomla! schaltet dann automatisch
das Benutzerkonto frei.

Durch diese ganze Prozedur versucht das Content-Management-System sicherzustellen, dass der Besucher eine echte Person ist, das Postfach tatsächlich existiert
und kein Scherzbold ein Konto für seinen Nachbarn anlegt.

Warnung   Da dieses Verfahren halbautomatisch abläuft, ist es nicht hundertprozentig sicher.
Beispielsweise nützt es nicht viel, dass die E-Mail-Adressen existieren und eindeu-
tig sein müssen: Ein böswilliger Benutzer legt sich einfach beliebig viele weitere
Postfächer bei einem kostenlosen E-Mail-Dienst an und erfindet irgendwelche
Fantasienamen. Seit Joomla! 2.5 können Sie die Hürden dafür mit einem soge-
nannten Captcha erhöhen (siehe den Kasten »Captchas« auf Seite 449).

Darüber hinaus kann diese Form der Registrierung zu vielen Karteileichen führen,
wenn sich zum Beispiel Besucher der Seite registrieren, sie das entsprechende Konto
aber nie wieder in Anspruch nehmen. Aus diesem Grund sollte man in regelmäßigen
Abständen in der Benutzerverwaltung aufräumen und veraltete Datensätze entfernen oder zumindest deaktivieren.

Damit die halbautomatische Registrierung funktioniert, muss Joomla! in der Lage
sein, die E-Mails zu verschicken. Wenn Sie unter Windows arbeiten, blockiert möglicherweise die Firewall den Weg nach draußen. Auch auf einem angemieteten
Internetserver kann die E-Mail-Funktion deaktiviert oder fehlerhaft eingestellt sein.
Der Besucher sieht in solch einem Fall entweder eine (kryptische) Fehlermeldung
oder eine leere Seite. Im Hintergrund hat Joomla! allerdings schon ein neues Benutzerkonto eingerichtet, dieses aber noch nicht aktiviert. Damit kann sich der Besucher weder anmelden noch das Benutzerkonto erneut beantragen (denn es existiert
ja schon). Um den Besucher nicht verwirrt zurückzulassen, sollten Sie daher immer
kurz selbst prüfen, ob der E-Mail-Versand klappt. Dazu benötigen Sie allerdings ein
zweites Postfach (beispielsweise bei einem kostenlosen Freemail-Anbieter oder in
Form einer E-Mail-Weiterleitung). Spielen Sie dann selbst Besucher, und registrieren Sie über das Formular einen neuen fiktiven Benutzer.

Machen Sie genau das einmal probeweise im Kinoportal. Registrieren Sie dort im
Formular einen Besucher namens **Hans Hansen**, dessen Benutzername **hans76** lautet.
Wenn Sie über ein zweites Postfach verfügen, verwenden Sie dieses als *E-Mail-*
Adresse, andernfalls nutzen Sie eine E-Mail-Adresse mit der Endung *@example.*
com, wie etwa *hans76@example.com*. Solche Adressen sind für Testzwecke gedacht
und führen ins Nirvana. Sie bekommen dann zwar keine Bestätigungs-E-Mail,

sehen aber zumindest eine Erfolgs- beziehungsweise Fehlermeldung. Denken Sie sich abschließend noch ein *Passwort* aus.

Sofern nach einem Klick auf *Registrieren* eine Fehlermeldung oder eine leere Seite erscheint beziehungsweise der E-Mail-Versand hakt, müssen Sie die E-Mail-Einstellungen von Joomla! ändern. Das erfolgt in den Grundeinstellungen, auf die später noch das Kapitel 10, *Globale Einstellungen*, zurückkommen wird. Für den Moment ignorieren Sie eine etwaige Meldung und wechseln im Backend zur Liste hinter *Benutzer → Benutzer*. Hier taucht jetzt *Hans Hansen* wie in Abbildung 9-29 mit zwei rot leuchtenden Kreisen in den Spalten *Freigegeben* und *Aktiviert* auf.

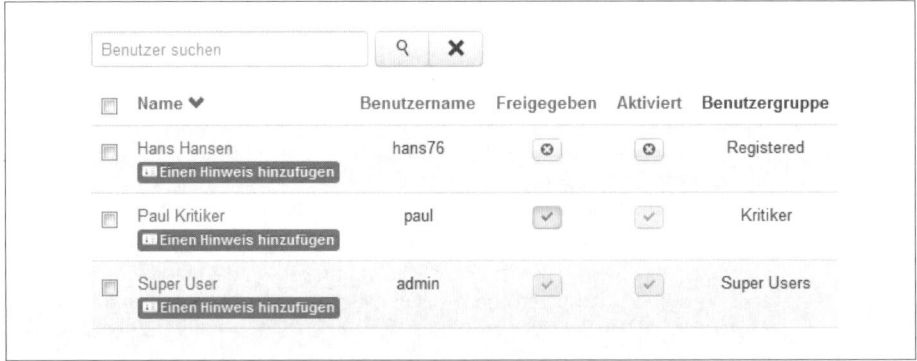

Abbildung 9-29:   Das noch nicht freigegebene und aktivierte Benutzerkonto für Hans Hansen

Klicken Sie den Kreis in der Spalte *Aktiviert* an. Hierdurch simulieren Sie einen Klick auf den Link in der E-Mail, wodurch Joomla! das Benutzerkonto aktiviert. Gleichzeitig schaltet es das Content-Management-System auch noch frei, wie der grüne Haken in der Spalte *Freigegeben* zeigt. Damit darf sich der Benutzer jetzt im Frontend anmelden.

Sie können die halbautomatische Registrierung auch komplett deaktivieren. Dann müssen Sie allerdings immer eigenhändig die beantragten Benutzerkonten im Backend aktivieren (auf die gleiche Weise wie gerade im Kinoportal). Um dieses Verhalten einzustellen, wechseln Sie hinter *Benutzer → Benutzer* in den *Optionen* auf das Register *Komponente* und setzen dort die Ausklappliste *Kontenaktivierung durch* auf *Administrator*.

 **Warnung**   Wenn Sie hier *Keine* wählen, aktiviert Joomla! das Benutzerkonto immer sofort und ohne Rückfrage. Ein böswilliger Angreifer könnte sich dann automatisiert beliebig viele Benutzerkonten anlegen. Ignorieren Sie daher am besten, dass es die Einstellung *Keine* überhaupt gibt.

Sie können die Registrierung über die Startseite sogar komplett verhindern, indem Sie hier auf dem Register *Komponente* den Punkt *Benutzerregistrierung* auf *Nein* stellen. Damit verschwindet der Link *Registrieren* aus dem *Login Form*, während ein

eventueller Menüpunkt auf das Registrierungsformular ins Leere führt. Besucher können sich folglich über die Homepage kein Benutzerkonto mehr beschaffen. Das Anlegen bleibt dann Ihnen als Seitenbetreiber vorbehalten (via *Benutzer* → *Benutzer* → *Neuer Benutzer*).

Captchas

Spammer und Angreifer benutzen gerne Programme, die automatisch in kurzer Zeit zahlreiche Benutzerprofile anlegen. Um das zu verhindern, wurden die sogenannten Captchas erfunden. Das sind kleine Bildchen, die ein verzerrtes Wort zeigen (wie in Abbildung 9-30). Menschen können das Wort leicht lesen, für Computerprogramme bleibt es jedoch nur eine wilde Pixelwüste. Ein neues Benutzerkonto bekommt aber nur, wer das Captcha-Wort lesen und eingeben kann. Dumme Programme bleiben so wirkungsvoll ausgesperrt.

Seit Version 2.5 kann auch Joomla! solche Captchas einsetzen. Dazu greift es auf die Hilfe des *Google reCAPTCHA*-Dienstes zurück. Der erzeugt das Captcha und prüft die korrekte Eingabe. Wenn Sie ein Captcha in Joomla! einsetzen möchten, müssen Sie sich zunächst auf seiner Homepage unter *http://www.google.com/recaptcha* registrieren. Anschließend tippen Sie unter *My Account* den Domainnamen Ihrer Website ein und klicken auf *Create Key*. Google reCAPTCHA erzeugt jetzt einen privaten Schlüssel (*Private Key*) und einen öffentlichen Schlüssel (*Public Key*) in Form von zwei kryptischen Zeichenketten.

Notieren Sie sich diese Schlüssel, und wechseln Sie dann im Backend von Joomla! zur Plugin-Verwaltung hinter *Erweiterungen* → *Plugins*. Suchen Sie dort in der Liste den Eintrag *Captcha – ReCaptcha,* und klicken Sie ihn an. Im neuen Formular stellen Sie zunächst sicher, dass der *Status* auf *Aktiviert* steht. Anschließend tragen Sie auf dem Register *Basisoptionen* den öffentlichen und den privaten Schlüssel in die entsprechenden Eingabefelder ein. Mit der Ausklappliste darunter können Sie schließlich noch das *Aussehen* des Captchas festlegen. Wählen Sie hier eine Farbe, die zum Rest Ihrer Website passt. Wenn Sie unsicher sind, lassen Sie das relativ neutrale *Clean* stehen. *Speichern & Schließen* Sie die Einstellungen.

Weiter geht es in die Grundeinstellungen der Benutzerverwaltung. Dazu rufen Sie *Benutzer* → *Benutzer* auf, wechseln in die *Optionen* und wenden sich im neuen Fenster dem Register *Komponente* zu. Hier stellen Sie die Ausklappliste *Captcha* auf *Captcha – ReCaptcha*. Nach dem *Speichern & Schließen* müssen ab sofort alle Besucher auf dem Registrierformular erst ein Captcha ausfüllen, bevor sie ein neues Benutzerkonto erhalten.

Ein Captcha erscheint übrigens auch immer dann, wenn ein vergesslicher Benutzer ein neues Passwort oder seinen Benutzernamen anfordert (siehe dazu auch Abschnitt »Vergessene Benutzernamen und Passwörter« auf Seite 452).

Weitere Informationen zu Captchas im Allgemeinen und zu dem reCAPTCHA-Dienst im Speziellen finden Sie beispielsweise in der Wikipedia unter *http://de.wikipedia.org/wiki/ReCAPTCHA*.

Abbildung 9-30: Bevor ein Besucher ein neues Benutzerkonto erhält, muss er die verzerrten Wörter in das Feld eintippen. Über die kleinen blauen Symbole kann er ein neues Wort anfordern, es sich vorlesen lassen und eine kleine Hilfe aufrufen.

An- und Abmeldeformular

Standardmäßig können sich Besucher lediglich über das *Login Form* an- und wieder abmelden. Das ist insbesondere auch deshalb etwas umständlich, weil man dazu derzeit immer wieder auf die Startseite zurückkehren muss. Anstatt jetzt das Modul mit dem *Login Form* auf jeder Unterseite des Internetauftritts einzublenden, können Sie auch einen Menüpunkt einrichten, der zu einem An- und Abmeldeformular führt.

Dazu erstellen Sie einen neuen Menüpunkt (beispielsweise im *Main Menu* via *Menüs → Main Menu → Neuer Menüeintrag*), klicken dann auf *Auswählen* und entscheiden sich auf dem Slider *Benutzer* für den Menüeintragstyp *Anmeldeformular*.

Mit den Standardeinstellungen würde der Menüpunkt dann zu dem kleinen Formular aus Abbildung 9-31 führen.

Dieses Formular können Sie noch unter *Erweiterte Optionen* auf dem Slider *Basiseinstellungen* etwas aufpeppen. Dort stehen folgende Einstellungen parat:

Anmeldeumleitung
  Nach erfolgreicher Anmeldung ruft Joomla! die hier eingetippte Internetadresse auf. Sollte das Feld leer sein, landet der Benutzer auf seinem eigenen Benutzerprofil (und muss dann von dort aus Ihren Internetauftritt erkunden).

Anmeldebeschreibung
  Steht diese Ausklappliste auf *Anzeigen*, blendet Joomla! über den beiden Eingabefeldern einen Beschreibungstext ein (siehe nächste Einstellung).

Abbildung 9-31:   Das Anmeldeformular

Beschreibungstext der Anmeldung

Hier dürfen Sie einen Text vorgeben, den Joomla! dem Besucher auf dem Formular präsentiert. Ein Beispiel wäre: *»Bitte melden Sie sich mit Ihrem Benutzernamen und Passwort an.«*

Anmeldebild

Zusätzlich zum Text blendet Joomla! auf Wunsch auch ein Bild auf dem Formular ein. Wenn Sie dies möchten, klicken Sie einfach auf *Auswählen*. Dann
öffnet sich die Mini-Variante der Medienverwaltung, in der Sie das Bild hochladen, dann anklicken und schließlich *Einfügen*.

Wenn der erfolgreich angemeldete Benutzer noch einmal auf den Menüpunkt
klickt, bietet Joomla! witzigerweise an, ihn wieder vom System abzumelden. Da dies
einerseits nicht offensichtlich ist und Sie andererseits die Beschriftung des Menüpunktes nicht nachträglich ändern können, sollten Sie von vornherein einen *Menütitel* wie etwa **An- und Abmelden** vergeben.

Klickt ein angemeldeter Benutzer auf den Menüpunkt, zeigt Joomla! standardmäßig
nur eine kleine, mit *Abmelden* beschriftete Schaltfläche an, die der Benutzer noch
einmal zur Bestätigung aktivieren muss. Damit die Seite nicht ganz so leer wirkt,
können Sie im unteren Teil des Sliders *Basiseinstellungen* noch folgende Einstellungen vornehmen:

Abmeldeumleitung

Nach der Abmeldung ruft Joomla! die hier eingegebene Internetadresse auf.
Sollte das Feld leer sein, präsentiert Joomla! einfach wieder das Anmeldeformular aus Abbildung 9-31.

Beschreibungstext der Abmeldung

Steht diese Ausklappliste auf *Anzeigen*, blendet Joomla! auf der Abmeldungsseite einen Beschreibungstext ein (siehe nächste Einstellung).

Abmeldebeschreibung

Hier dürfen Sie einen Text vorgeben, den Joomla! dem Besucher auf der Abmeldungsseite präsentiert. Ein Beispiel wäre: »Um sich abzumelden, klicken Sie bitte auf die Schaltfläche.«

Abmeldebild

Zusätzlich zum Text blendet Joomla! auf Wunsch auch ein Bild ein. Wenn Sie dies möchten, klicken Sie einfach auf *Auswählen*. Dann öffnet sich die Mini-Variante der Medienverwaltung, in der Sie das Bild hochladen, dann anklicken und schließlich *Einfügen*.

Vergessene Benutzernamen und Passwörter

Insbesondere dann, wenn sich Benutzer nur selten an Ihrem Internetauftritt anmelden, vergessen sie schon einmal ihr Passwort und ihren Benutzernamen. Sie selbst können als Super User beide Informationen im Backend hinter *Benutzer → Benutzer* einsehen und auch ändern. Der Besucher muss Sie jedoch dazu erst per E-Mail kontaktieren.

Alternativ können Sie deshalb zwei Formulare bereitstellen, über die ein Benutzer selbst ein neues Passwort anfordern beziehungsweise sich an seinen Benutzernamen erinnern lassen kann. Sinnvollerweise sollten beide in einem für alle Besucher sichtbaren Menü erscheinen, wie etwa dem *Main Menu*.

Zunächst zum vergessenen Passwort: Erstellen Sie via *Menüs → Main Menu → Neuer Menüeintrag* einen neuen Menüpunkt, und weisen Sie ihm hinter *Auswählen* auf dem Slider *Benutzer* den Menüeintragstyp *Passwort zurücksetzen* zu. Vergeben Sie abschließend noch einen *Menütitel*, wie etwa **Passwort vergessen**. Der fertige Menüeintrag führt dann im Frontend zur Seite aus Abbildung 9-32.

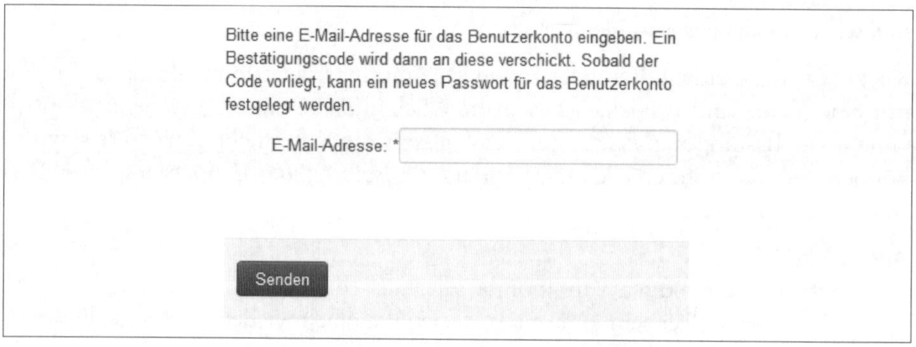

Bitte eine E-Mail-Adresse für das Benutzerkonto eingeben. Ein Bestätigungscode wird dann an diese verschickt. Sobald der Code vorliegt, kann ein neues Passwort für das Benutzerkonto festgelegt werden.

E-Mail-Adresse: *

Senden

Abbildung 9-32:   Um ein neues Passwort zu erhalten, muss der Besucher seine E-Mail-Adresse hinterlassen.

Hier muss der vergessliche Benutzer seine E-Mail-Adresse hinterlassen, an die Joomla! dann eine Nachricht mit einem Bestätigungscode schickt. Diesen Code muss der Benutzer in das jetzt neu angezeigte Formular übertragen – erst dann wird ein neues Passwort vergeben. Mit dieser ganzen Prozedur soll sichergestellt werden, dass niemand ein vorhandenes Benutzerkonto kapert.

Wie oft sich ein Benutzer auf diesem Weg selbst ein neues Passwort zuschicken lassen kann, legen Sie unter *Benutzer → Benutzer* in den *Optionen* auf dem Register *Komponente* fest. Benutzer dürfen innerhalb der neben *Zeit in Stunden* eingestellten Zeitspanne nur so oft ein Passwort anfordern, wie *Max. Passwort-Resets* vorgibt. In den Standardeinstellungen kann sich ein Benutzer also pro Stunde höchstens zehnmal ein neues Passwort zuschicken lassen.

Etwas weniger kompliziert funktioniert die Erinnerung an einen vergessenen Benutzernamen: Erstellen Sie wieder einen neuen Menüpunkt (*Menüs → Main Menu → Neuer Menüeintrag*), verpassen Sie ihm aber diesmal den Menüeintragstyp *Benutzername erneut zusenden* (ebenfalls zu finden auf dem Slider *Benutzer*). Diese Bezeichnung bietet sich auch gleich als *Menütitel* an. Ein solcher Menüpunkt führt zur Seite aus Abbildung 9-33.

Bitte die für das Benutzerkonto hinterlegte E-Mail-Adresse eingeben. Der Benutzername wird dann an diese E-Mail-Adresse geschickt.

E-Mail-Adresse: *

Senden

Abbildung 9-33:   Um an seinen Benutzernamen erinnert zu werden, muss der Besucher seine E-Mail-Adresse hinterlassen.

Sobald hier der Benutzer seine E-Mail-Adresse eingetippt hat, sendet Joomla! ihm den Benutzernamen zu.

Benutzerprofil

Nachdem sich ein Benutzer bei Joomla! angemeldet hat, findet er im *User Menu* standardmäßig einen Menüpunkt *Your Profile*. Er ist vom Menüeintragstyp *Benutzerprofil* und präsentiert auf einer Seite übersichtlich einige Informationen über den Benutzer, wie etwa seinen Benutzernamen und das Datum seines letzten Besuchs (siehe auch Abbildung 9-2 auf Seite 410). Über den Link *Profil Bearbeiten* am unteren Rand kann er seine Anmeldedaten und ein paar Einstellungen ändern.

Das dahinterstehende Formular (also den Bearbeitungsbildschirm) können Sie ihm auch über einen eigenen Menüpunkt zugänglich machen. Da es am besten im *User Menu* aufgehoben ist, erstellen Sie über *Menüs → User Menu → Neuer Menüeintrag* einen neuen Menüpunkt und weisen ihm via *Auswählen* auf dem Silder *Benutzer* den Menüeintragstyp *Benutzerprofil bearbeiten* zu. Wählen Sie einen passenden *Menütitel*, wie etwa `Benutzerprofil ändern`, und setzen Sie noch die *Zugriffsebene* auf *Registered*. Damit ist sichergestellt, dass nur Personen mit einem Benutzerkonto den Menüpunkt zu Gesicht bekommen. Außer den anderen bekannten Standardeinstellungen gibt es ansonsten nicht mehr viel einzustellen. Nach dem *Speichern* führt der Menüpunkt zum Formular aus Abbildung 9-34.

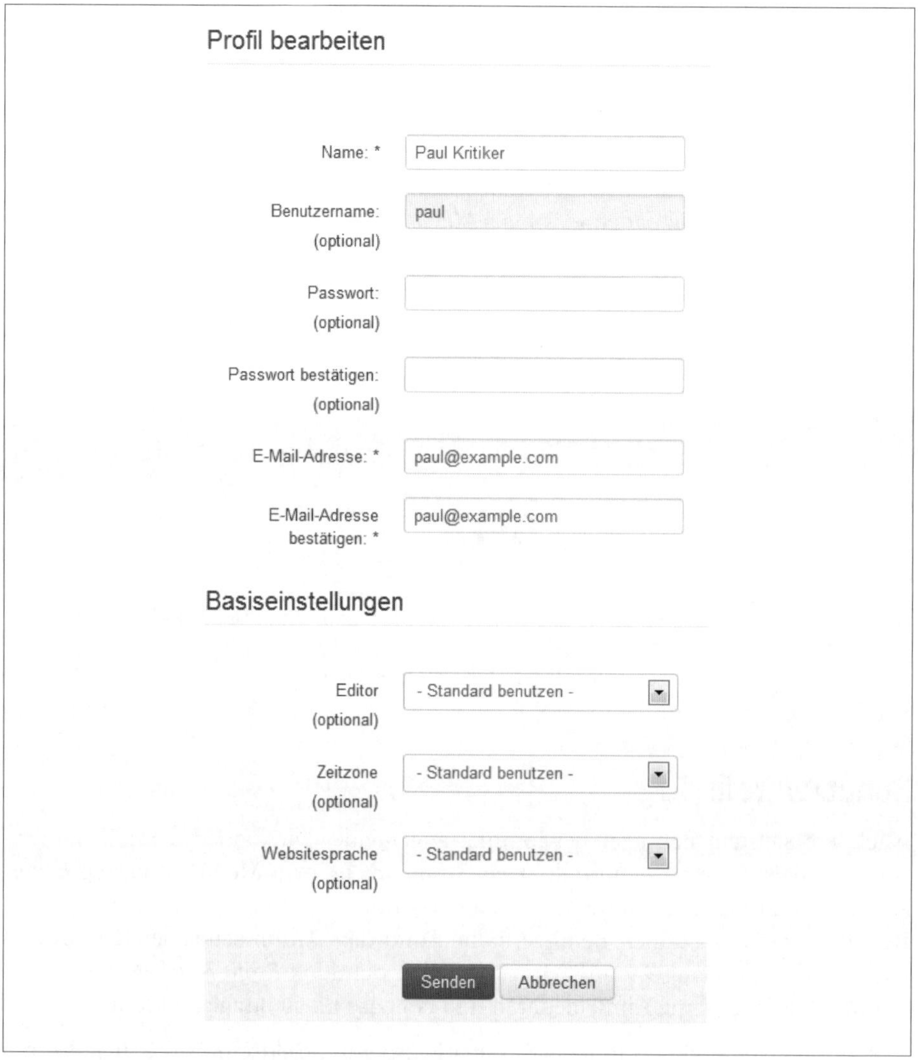

Profil bearbeiten

Name: *	Paul Kritiker
Benutzername: (optional)	paul
Passwort: (optional)	
Passwort bestätigen: (optional)	
E-Mail-Adresse: *	paul@example.com
E-Mail-Adresse bestätigen: *	paul@example.com

Basiseinstellungen

Editor (optional)	- Standard benutzen -
Zeitzone (optional)	- Standard benutzen -
Websitesprache (optional)	- Standard benutzen -

Senden   Abbrechen

Abbildung 9-34:   In diesem Formular darf der Benutzer einige seiner persönlichen Daten ändern.

Im oberen Bereich darf der Benutzer seinen Namen, seinen Benutzernamen, sein Passwort und seine E-Mail-Adresse korrigieren. Um dabei Tippfehler zu vermeiden, muss er das Passwort und die E-Mail-Adresse zweimal eintragen. Den Benutzernamen darf er zudem nur dann ändern, wenn im Backend unter *Benutzer → Benutzer* in den *Optionen* auf dem Register *Komponente* der Punkt *Benutzername veränderbar* auf *Ja* steht.

Im unteren Bereich kann er einen anderen Editor wählen (was aber nur Auswirkungen hat, wenn er auch Beiträge schreiben darf) sowie die Zeitzone und die von ihm präferierte Sprache. Wenn Ihnen die letzten drei Einstellungsmöglichkeiten zu weit gehen, wechseln Sie im Backend zum Menüpunkt *Benutzer → Benutzer*, rufen dort die *Optionen* auf und stellen auf dem Register *Komponente* den Punkt *Einstellungen im Frontend* auf *Verbergen*.

Tipp	Alle Benutzer, die Zugriff auf das Backend haben, erreichen die Einstellungen aus Abbildung 9-34 auch über einen Klick auf den eigenen Namen ganz rechts oben in der Seitenecke und dann hinter *Konto bearbeiten*. In Joomla! 2.5 versteckten sich diese Einstellungen noch hinter *System → Mein Profil*.

Beiträge und Weblinks einreichen

Abschließend können Sie Benutzern noch jeweils ein Formular anbieten, über das sie Beiträge oder Weblinks einreichen können. Beide Formulare haben Sie bereits im Abschnitt »Seiten für Benutzer im Frontend« (ab Seite 409) kennengelernt. Standardmäßig enthält das *User Menu* bereits jeweils einen passenden Link.

Zu einem Formular zum Erstellen von Beiträgen führt ein Menüpunkt vom Typ *Beitrag erstellen*. Wenn Sie allen vorherigen Beispielen gefolgt sind, existiert ein solcher Menüeintrag bereits unter dem Namen *Beitrag einreichen* im versteckten *User Menu*. Das Formular, das hinter solch einem Menüpunkt steht, enthält im oberen Bereich den TinyMCE-Editor. Auf dem Register *Veröffentlichen* stellt der Autor die *Kategorie* ein und legt unter *Zugriff* die Zugriffsebene fest. Möchte der Autor mit einem Pseudonym erscheinen, tippt er dieses noch unter *Autoralias* ein. Den Abschluss bildet die Auswahl der *Sprache*, in der der Beitrag verfasst wurde, gefolgt von zwei Eingabefeldern für die *Metadaten* (siehe auch Abbildung 9-3 auf Seite 411).

Hin und wieder trifft ein angemeldeter Benutzer auf die Symbole aus Abbildung 9-35.

Der Knopf *Neu* taucht auf Übersichtsseiten auf, in deren Kategorien der Benutzer einen Beitrag erstellen darf. Ein Klick darauf führt dann direkt zum bekannten Formular. Über das Stiftsymbol kann der Benutzer hingegen den nebenstehenden Beitrag bearbeiten – vorausgesetzt, er besitzt die passenden Rechte (siehe den Abschnitt »Berechtigungen – Welche Aktionen darf ein Benutzer ausführen?« auf Seite 434).

Wie der Knopf und das Bleistiftsymbol aussehen, bestimmt das Template. Das standardmäßig aktivierte Template *Protostar* nutzt sogar unterschiedliche Vorgehensweisen: Während in Listen wie in Abbildung 9-35 einfach das Bleistiftsymbol

Abbildung 9-35:   Über die kleinen Symbole kann ein Benutzer schnell neue Beiträge anlegen beziehungsweise die
                  vorhandenen bearbeiten.

erscheint, sehen Sie in Blog-Darstellungen neben den Beiträgen einen Knopf mit einem Zahnradsymbol (wie in Abbildung 9-36).

Abbildung 9-36:   Über das Zahnradsymbol lässt sich der nebenstehende Beitrag bearbeiten.

Wenn Sie darauf klicken, öffnet sich ein Menü, über das Sie den Beitrag bearbeiten können – natürlich wieder die passenden Rechte vorausgesetzt. Unter anderen Templates erscheint anstelle des Knopfes in der Regel wieder nur das Bleistiftsymbol.

Neue Weblinks erstellen Benutzer über ein Formular wie das in Abbildung 9-37.

Dorthin führt ein Menüpunkt vom Typ *Weblink einreichen* (zu finden auf dem Slider *Weblinks*). Im *User Menu* existiert standardmäßig ein solches Exemplar mit dem Namen *Submit a Weblink* (Sie sehen ihn, wenn Sie sich als Super User im Frontend anmelden). Das Formular enthält eine kleine Auswahl der Einstellungen und Felder, wie Sie sie auch im Bearbeitungsbildschirm hinter *Komponeten → Weblinks → Links* und dann mit einem Klick auf *Neu* vorfinden (siehe *Kapitel 6, Komponenten – Nützliche Zusatzfunktionen*, Abschnitt »Weblinks« auf Seite 287).

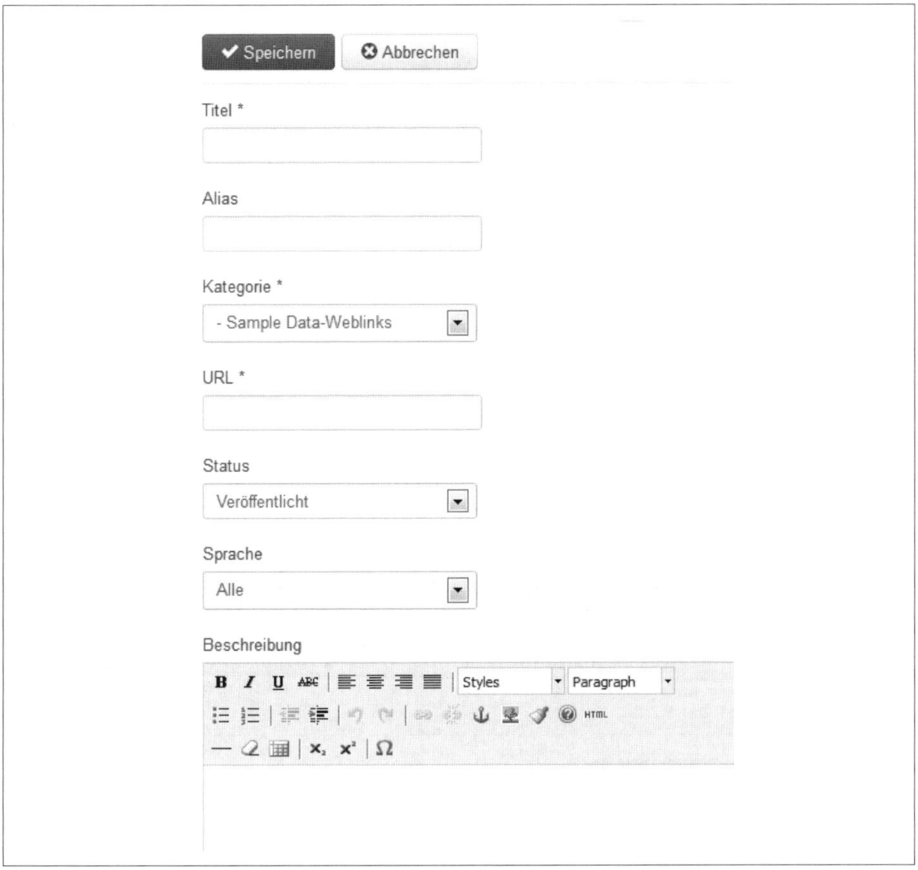

Abbildung 9-37:   Über dieses Formular können Benutzer einen Weblink einreichen beziehungsweise vorschlagen.

Eingereichte Beiträge freischalten

Wenn ein Benutzer einen Beitrag im Frontend verfasst, bleibt der Text so lange versteckt, bis Sie als Super User ihn per Hand im Backend veröffentlicht haben.

Wenn Sie die vorherigen Kapitel mitgemacht haben, probieren Sie dies einmal in der Praxis aus: Melden Sie sich im Frontend über das *Login Form* als Benutzer *paul* an. Rufen Sie dann im *User Menu* den Punkt *Beitrag einreichen* auf (wenn Sie den Punkt nicht umbenannt haben, heißt er *Submit an Article*). Denken Sie sich jetzt einen *Titel* aus, und tippen Sie etwas Text ein (wie in Abbildung 9-38). Auf dem Register *Veröffentlichen* stecken Sie ihn in die *Kategorie* der *Actionfilme*.

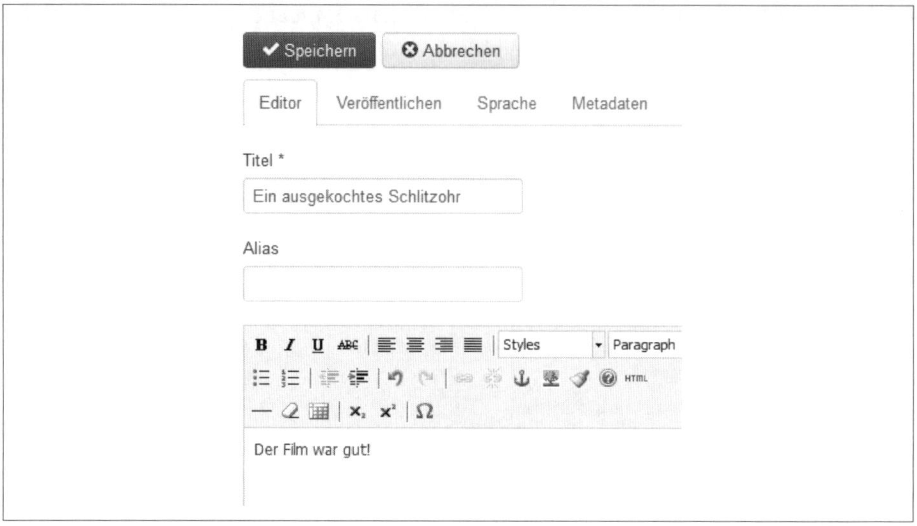

Abbildung 9-38:   Dieser Beitrag ...

Nach dem *Speichern* verkündet Joomla!, dass der Beitrag eingereicht sei. Zudem fehlt er noch in der Liste hinter *Zu den Filmkritiken* → *Actionfilme*.

Sie finden den Beitrag wieder, wenn Sie im Backend den Menüpunkt *Inhalt* → *Beiträge* ansteuern. Sobald Sie hier am linken Rand die Ausklappliste – *Kategorie wählen* – auf *Actionfilme* setzen, sollte Ihnen Pauls Kritik direkt ins Auge springen (siehe Abbildung 9-39).

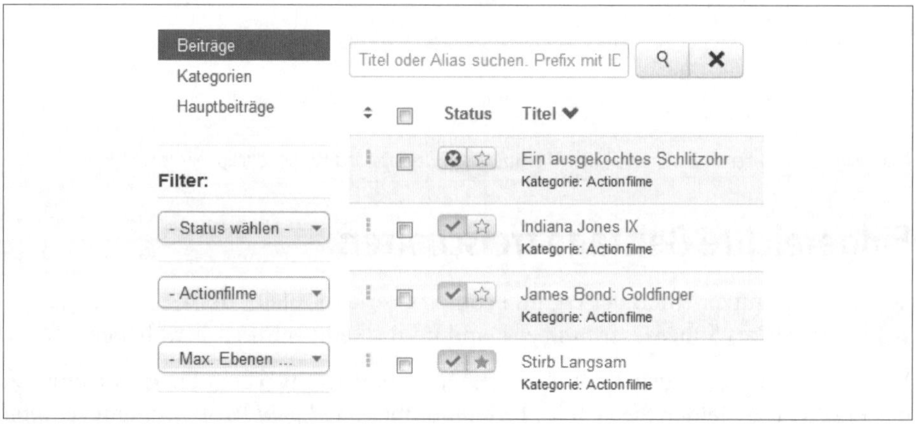

Abbildung 9-39:   ... muss erst im Backend veröffentlicht werden.

Hier können Sie ihn sich in Ruhe ansehen, ihn bei Bedarf ändern und ihn dann schließlich wie gewohnt veröffentlichen (etwa mit einem Klick auf seinen roten Kreis in der Spalte *Status*).

Tipp   Sie finden auch immer die fünf zuletzt angelegten Beiträge im Bereich *Recently*
Added Articles im Kontrollzentrum (*System → Kontrollzentrum*).

Durch diese explizite Freischaltung ist sichergestellt, dass Ihr Internetauftritt nicht von Werbung überquillt und die Filmkritiken keine Beleidigungen enthalten.

Tipp   Bei sehr vielen Autoren empfiehlt es sich, vertrauenswürdige Helfer zu engagieren.
Ihr Benutzerkonto steckt man dann in die Gruppe *Manager* oder *Administrator*.
Damit dürfen sie sich am Backend anmelden und die Beiträge verwalten. (Was
Manager und Administratoren noch so alles anstellen dürfen, verriet Abschnitt
»Benutzergruppen« auf Seite 411.)

Benutzerhinweise

Seit Joomla! 2.5 können Sie eine Notiz an einzelne Benutzerkonten kleben – ganz analog zu den kleinen gelben Post-it-Zetteln. Auf ihnen können Sie beispielsweise notieren, dass der Besucher schon häufig als Rowdy aufgefallen ist oder beim nächsten Vereinstreffen den Protokollführer spielen muss.

Einem Benutzerkonto dürfen Sie beliebig viele dieser sogenannten *Benutzerhinweise* (englisch *Notes*) anheften. Um dabei den Überblick zu behalten, lassen sich die Hinweise thematisch zu Kategorien zusammenfassen. Das funktioniert genauso wie bei den Beiträgen aus Kapitel 4, *Inhalte verwalten*. Joomla! verlangt, dass jeder Hinweis in mindestens einer Kategorie liegt.

Im Kinoportal ist der Benutzer hans76 mehrfach negativ aufgefallen. Bevor Sie sein Benutzerkonto endgültig sperren, geben Sie ihm noch eine Woche Bewährungszeit. Damit der Termin nicht in Vergessenheit gerät, soll er als Hinweis am Benutzerkonto pappen. Zudem soll eine eigene Hinweiskategorie namens Schlechtes Benehmen alle Hinweise sammeln, die sich auf ein rüpelhaftes Betragen beziehen.

Tipp   Die Hinweise sind nur für Administratoren im Backend sichtbar. Wofür Sie die Hinweise dort verwenden beziehungsweise was Sie auf sie schreiben, bleibt vollständig Ihnen überlassen. Einen bestimmten Anwendungszweck schreibt Joomla!
nicht vor.

Hinweiskategorien anlegen

Sämtliche Hinweiskategorien verwaltet der Bildschirm hinter *Benutzer → Hinweiskategorien*. Wie der eine einsame Eintrag andeutet, bringt Joomla! bereits eine Kategorie namens *Uncategorised* mit, die als Sammelbecken für alle möglichen Hinweise dient. Um eine neue Kategorie zu erstellen, klicken Sie in der Werkzeugleiste auf *Neu*. Das jetzt erscheinende Formular aus Abbildung 9-40 sieht nicht nur exakt so aus wie sein Kollege für die Beitragskategorien (siehe Kapitel 4, *Inhalte verwalten*), die Bedienung ist auch identisch.

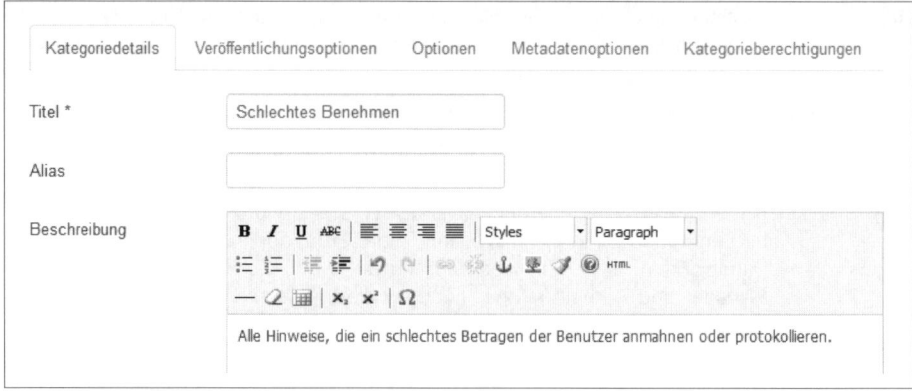

Abbildung 9-40:   Diese Einstellungen erzeugen eine neue Hinweiskategorie.

Hier noch einmal kurz die Einstellungen im Schnelldurchgang:

Titel

Der Name der Kategorie; für das Kinoportal-Beispiel wählen Sie hier **Schlechtes Benehmen**.

Alias

Ein Alias-Name für den Titel, im Beispiel lassen Sie das Feld leer.

Beschreibung

Der hier eingetippte Text sollte kurz umreißen, was für Hinweise in der Kategorie zu finden sind, im Kinoportal etwa: **Alle Hinweise, die ein schlechtes Betragen der Benutzer anmahnen oder protokollieren**.

Übergeordnet

Sie können mehrere Hinweiskategorien ineinander verschachteln und so weiter gliedern. Die gerade neu erstellte Kategorie ist dabei der hier eingestellten untergeordnet. Im Beispiel soll die Kategorie alleine stehen, belassen Sie daher die Vorgabe – *Keine übergeordnete Kategorie* –.

Status

Nur wenn die Kategorie *Veröffentlicht* ist, kleben die darin gesammelten Hinweise an ihren jeweiligen Benutzern.

Zugriffsebene

Regelt, wer die Hinweise aus der Kategorie zu sehen bekommt.

Berechtigungen

Legt zusammen mit dem Register *Kategorieberechtigungen* die Zugriffsrechte fest (siehe auch den Abschnitt »Berechtigungen – Welche Aktionen darf ein Benutzer ausführen?« auf Seite 434).

Sprache

In dieser Sprache werden die enthaltenen Hinweise und die Beschreibung verfasst. Bei einem einsprachigen Internetauftritt übernehmen Sie die Vorgabe *Alle*.

Für die Hinweiskategorie im Kinoportal sollten die Einstellungen jetzt so wie in
Abbildung 9-40 aussehen.

Bleiben noch die Einstellungen auf den anderen Registern: Unter den *Veröffentlichungsoptionen* können Sie einen anderen Benutzer zum Ersteller der Hinweiskategorie küren. Die beiden anderen Felder verraten die interne Identifikationsnummer (*ID*) und wie häufig auf die Kategorie zugegriffen wurde (*Zugriffe*).

Da die Hinweiskategorie nicht im Frontend erscheint, sind die Einstellungen auf den anderen beiden Registern nutzlos: Ein alternatives Layout wie auch ein Bild bekommt zumindest unter Joomla! 3.0.2 niemand zu sehen. Gleiches gilt für die Metadaten, die Suchmaschinen niemals entdecken können, und die Joomla! an keiner anderen Stelle auswertet. Mit anderen Worten: Sie können die Register ignorieren.

Im Kinoportal-Beispiel legen Sie jetzt die neue Hinweiskategorie via *Speichern &* *Schließen* an. Als Nächstes muss der Hinweis für den Benutzer *hans76* her.

Benutzerhinweise anlegen

Sämtliche Hinweise finden Sie in der Liste hinter *Benutzer* → *Benutzerhinweise*. Diese ist im Moment noch leer. Um einen weiteren Hinweis hinzuzufügen, aktivieren Sie *Neu* in der Werkzeugleiste. Daraufhin erscheint das übersichtliche Formular aus Abbildung 9-41.

Abbildung 9-41: Diese Einstellungen erzeugen einen Hinweis für den Benutzer *hans76*.

Zunächst tippen Sie einen *Betreff* ein. Er sollte kurz zusammenfassen, um was es geht. Im Kinoportal-Beispiel könnten Sie **Bewährungszeit** wählen.

Anschließend heften Sie den Hinweis dem entsprechenden Benutzer an. Dazu klicken Sie erst auf den Knopf mit der weißen Büste und dann im neuen Fenster den Namen der Person an – im Beispiel *Hans Hansen*. (Wenn Sie nicht alle vorherigen Beispiele mitgemacht haben, können Sie auch einen beliebigen anderen Benutzer wählen.)

Mit der Ausklappliste darunter packen Sie den Hinweis noch in eine Hinweis-*Kategorie*. Im Beispiel soll das die gerade angelegte Kategorie *Schlechtes Benehmen* sein. Achten Sie darauf, dass der *Status* auf *Veröffentlicht* steht. Nur dann ist der Hinweis auch mit dem Benutzerkonto verknüpft.

Im Kinoportal muss sich der Benutzer *hans76* eine Woche lang vorbildlich benehmen. In sieben Tagen steht folglich noch einmal eine Überprüfung (des Hinweises) an. Dann entscheidet sich, ob nur der Hinweis oder das Benutzerkonto gelöscht wird. Damit man diesen Termin nicht vergisst, gibt es die *Prüfungszeit*. Klicken Sie auf das kleine Kalendersymbol, und wählen Sie einen Tag in einer Woche aus.

Leider funktioniert die Prüfungszeit nicht wie ein Wecker, sondern ergänzt den Hinweis lediglich um ein Datum. Sie erhalten folglich keine Erinnerungsnachricht, sondern müssen immer mal wieder hinter *Benutzer → Benutzerhinweise* vorbeischauen. Die Prüfungszeit ist zudem optional. Wenn Sie sie in Ihren eigenen Hinweisen nicht benötigen, ignorieren Sie das zugehörige Feld einfach.

Abschließend tippen Sie noch unter *Hinweis* den eigentlichen Hinweistext ein (also den Text, den Sie auch auf einen Post-it-Zettel schreiben würden). Im Kinoportal-Beispiel können Sie einfach den Text aus Abbildung 9-41 übernehmen. Es stehen Ihnen hier übrigens wieder alle Formatierungsmöglichkeiten des TinyMCE-Editors zur Verfügung, Sie dürfen sogar Bilder einfügen und wie bei Beiträgen den Text in eine Einleitung und einen Hauptteil auftrennen. Unter Joomla! 3.0.2 hat Letzteres aber noch keinen praktischen Nutzen.

Nachdem Sie den neuen Hinweis mit *Speichern & Schließen* angelegt haben, landen Sie wieder in der Liste mit allen Hinweisen. Wechseln Sie jetzt direkt weiter in die Benutzerverwaltung hinter *Benutzer → Benutzer*. Hier finden Sie jetzt in der Zeile für *hans76* mehrere kleine Symbole beziehungsweise Schaltflächen (siehe Abbildung 9-42).

Mit einem Klick auf den Trichter gelangen Sie schnell zu einer Liste mit allen Hinweisen für diesen Benutzer. Die Schaltfläche *Hinweis anzeigen* rechts daneben öffnet das Fenster aus Abbildung 9-43 mit allen Hinweisen des Benutzers. Joomla! zeigt hier allerdings nur den reinen Text an; eventuell im Hinweis eingebundene Bilder fehlen hier.

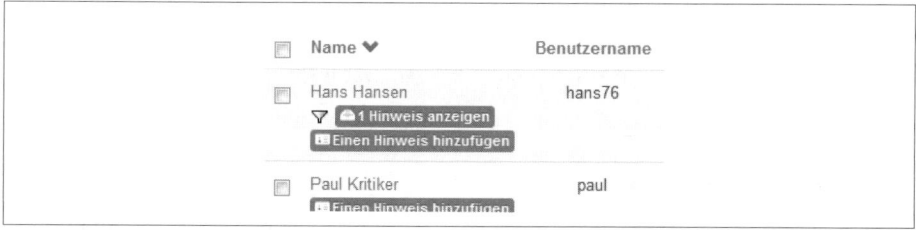

Abbildung 9-42:   Die kleinen Symbole und Schaltflächen ermöglichen einen schnellen Zugriff auf die Notizen des Benutzers.

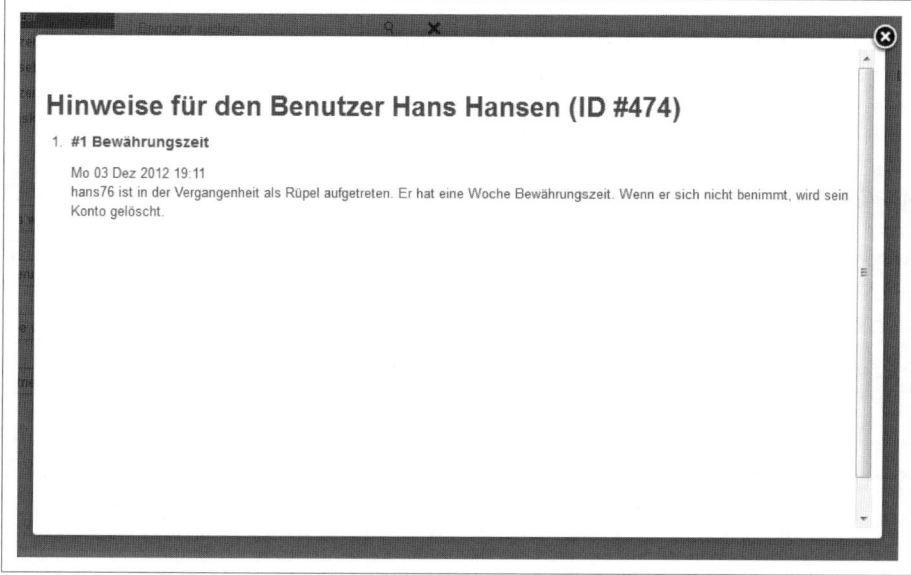

Abbildung 9-43:   Dieses Fenster zeigt übersichtlich alle Hinweise eines Benutzers an. Für *hans76* gibt es im Moment nur einen.

Über die dritte Schaltfläche können Sie schließlich noch in Rekordgeschwindigkeit einen neuen Hinweis für diesen Benutzer anlegen.

Das interne Nachrichtensystem

Alle Benutzer, die Zugang zum Backend besitzen, dürfen über das in Joomla! eingebaute Nachrichtensystem miteinander kommunizieren – vorausgesetzt, sie dürfen das Backend betreten. Aber auch Joomla! selbst hat ab und an das Bedürfnis, mit einem der Administratoren zu reden. Letzteres ist zum Beispiel immer dann der Fall, wenn jemand einen neuen Beitrag, wie zum Beispiel eine Filmkritik, einreicht.

| X.X | **Version** |
Joomla! 3.0.2 enthält noch einen Fehler: Wenn jemand eine neue Filmkritik einreicht, erhalten Sie keine Nachricht. Dies wird ab der Version 3.0.3 behoben sein.
Der Nachrichtenversand unter Benutzern (wie im Folgenden beschrieben) funktioniert jedoch auch in Joomla! 3.0.2.

Empfangene Nachrichten

Sobald eine Nachricht eingeht, landet sie im Joomla!-eigenen Postkasten (englisch
Inbox). Dass ein neuer Brief eingegangen ist, verrät eine entsprechende Meldung in
der Statusleiste am unteren Seitenrand (siehe Abbildung 9-44, bei Joomla! 2.5 war
die Meldung noch in der Menüleiste versteckt).

Abbildung 9-44:   In diesem Fall ist eine Nachricht eingegangen.

Über einen Klick auf diese Zahl oder alternativ über den Menüpunkt *Komponenten*
→ *Nachrichten* → *Nachrichten lesen* gelangt man zu einer Liste mit allen empfange-
nen Meldungen (siehe Abbildung 9-45).

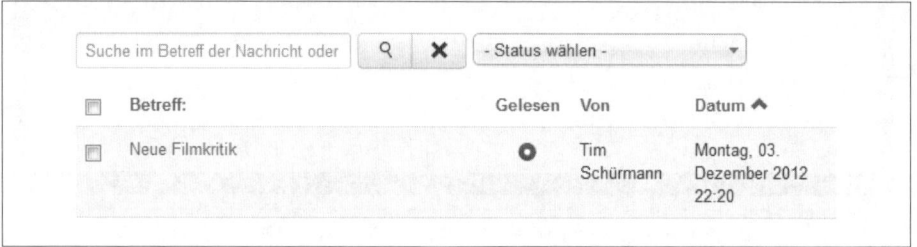

Abbildung 9-45:   Hier sieht man eine eingegangene Nachricht. Sie stammt von einem Benutzer namens Tim Schürmann, der
                   ganz offensichtlich auf eine neue Filmkritk hinweisen möchte.

Die Spalte *Von* verrät, von wem diese Nachricht stammt. *Datum* nennt das Sende-
datum, und *Gelesen* vermerkt, ob der Postkastenbesitzer die Meldung bereits gelesen hat.

Um eine der Nachrichten anzusehen, klicken Sie einfach auf ihren *Betreff*. Auf der
nun erscheinenden Seite können Sie mit einem Klick auf *Antworten* direkt eine Antwort verfassen.

Nachrichten verschicken

Eine neue Nachricht können Sie schreiben, indem Sie entweder aus dem Menü
Komponenten → *Nachrichten* → *Nachricht schreiben* wählen, alternativ im Postkasten (*Komponenten* → *Nachrichten* → *Nachrichten lesen*) in der Werkzeugleiste auf

Neu klicken oder aber in Ihrem Postkasten auf das Register *Neue private Nachricht* wechseln.

Im nun angezeigten Formular klicken Sie neben *An* auf den Knopf mit der weißen Büste und suchen dann in der Liste den Empfänger aus. Anschließend tippen Sie im Eingabefeld *Betreff* das Thema ein und schütten schließlich unter *Nachricht* Ihr Herz aus. Ein Klick auf *Senden* schickt den Brief auf die Reise.

Einstellungen für das Nachrichtensystem

Einstellungen rund um das Nachrichtensystem erlauben hinter *Komponenten →
Nachrichten → Nachrichten lesen* gleich zwei Schaltflächen in der Werkzeugleiste. Die unter *Meine Einstellungen* veränderten Punkte gelten nur für das eigene Postfach:

Posteingang sperren
> Bei einem *Ja* weist Joomla! sämtliche Zustellversuche ab. Sie erhalten also keine Post mehr.

Neue Nachrichten
> Diesen Punkt sollten Sie insbesondere dann auf *Ja* stellen, wenn Sie nur selten das Backend besuchen. Joomla! benachrichtigt dann den Postfachinhaber per E-Mail, sobald eine neue Nachricht eingegangen ist.

Nachrichten automatisch leeren nach (Tagen)
> So viele Tage bewahrt Joomla! eingegangene Nachrichten auf. Überschreitet eine Nachricht diese Lagerfrist, löscht das Content-Management-System sie automatisch aus dem Posteingang. Davon unabhängig können Sie natürlich auch jede Nachricht manuell in den *Papierkorb* stecken.

Neben den privaten Einstellungen können Sie hinter den *Optionen* noch festlegen, wer überhaupt auf das interne Nachrichtensystem zugreifen darf.

Massenmail

Für den nächsten Samstag wurde kurzfristig ein interessantes Sonderprogramm im Roxy-Kino angesetzt. Um nun alle registrierten Benutzer über dieses Ereignis zu informieren, kann man auf die *Massenmail*-Funktion zurückgreifen. Sie versendet eine E-Mail an eine oder mehrere Benutzergruppen. Eine solche Rundmail ist auch dann äußerst nützlich, wenn im System plötzlich mal etwas klemmt oder Wartungsarbeiten anstehen, die einen Zugriff oder gar die Erreichbarkeit der Homepage beeinträchtigen.

Tipp   Sie sollten diese Funktion nur für die genannten Zwecke heranziehen. Andernfalls könnte es passieren, dass sich die Empfänger über zu viel unnötige Post beschweren.

Für einen Massenversand müssen allerdings ein paar Voraussetzungen erfüllt sein. Zunächst einmal muss jeder Benutzer über eine gültige E-Mail-Adresse verfügen, die in seinem Profil eingetragen ist (siehe Abschnitt »Benutzerprofil« auf Seite 453). Darüber hinaus muss Joomla! E-Mails verschicken können. (Auf die dazu eventuell notwendigen Einstellungen geht noch Kapitel 10, *Globale Einstellungen*, ein.)

Sind diese Bedingungen erfüllt, ruft man im Menü den Punkt *Benutzer → Massenmail* auf. Es öffnet sich nun das Formular aus Abbildung 9-46.

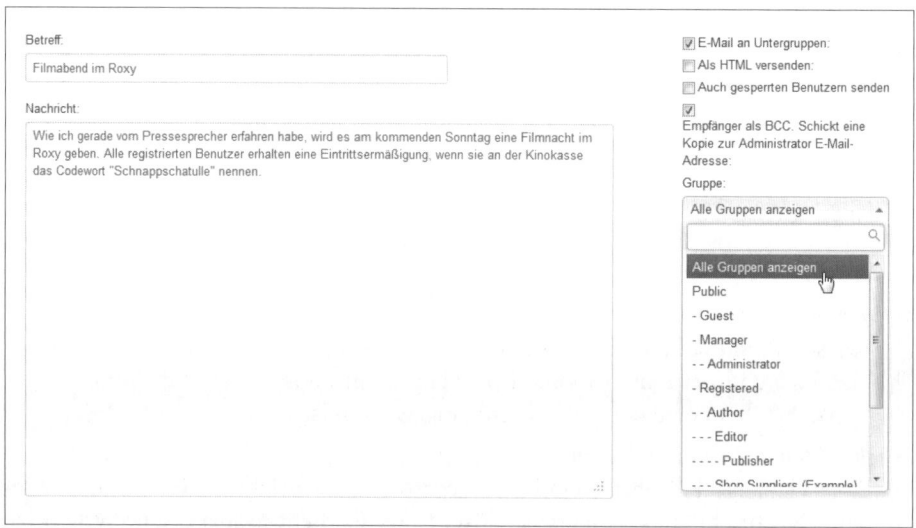

Abbildung 9-46:   Die Funktion zum Versenden von Massenmails

Bevor Sie hier zum ersten Mal die Massenmail-Funktion nutzen, sollten Sie einmal einen Blick in die *Optionen* hinter der gleichnamigen Schaltfläche in der Werkzeugleiste werfen. Joomla! bietet dort auf dem Register *Massenmail* zwei Einstellungen an:

Betreff vorangestellt
Den hier eingetippten Text klebt Joomla! vor den Betreff einer jeden Nachricht. Im Kinoportal könnte man hier etwa die Zeichenkette **[Kinoportal]** eingeben, womit beim Empfänger dann eine Betreffzeile à la [Kinoportal] Filmabend im Roxy ankommt. Auf diese Weise sehen die Empfänger auf einen Blick, woher die E-Mail stammt.

Mailanhang
Der hier eingetippte Text erscheint immer am Ende einer jeden Nachricht. Üblich sind hier Informationen zum Absender, wie beispielsweise: Diese Nachricht wurde Ihnen vom Kinoportal geschickt.

Änderungen an den Einstellungen müssen Sie *Speichern und Schließen*, andernfalls klicken Sie auf *Abbrechen*. Damit landen Sie wieder bei der Massenmail-Funktion, die jetzt endlich einsatzbereit ist.

Um eine E-Mail zu versenden, vergeben Sie im Formular aus Abbildung 9-46 auf der linken Seite eine Betreffzeile und tippen dann Ihre *Nachricht* ein. Falls Sie noch auf der rechten Seite *Als HTML versenden* ankreuzen, dürfen Sie hier sogar HTML-Befehle verwenden, um den Nachrichtentext etwas hübscher zu gestalten. Eine Vorschau des Ergebnisses bietet die Massenmail-Funktion allerdings nicht.

Als Nächstes wählen Sie in der Liste unter *Gruppe* die Empfänger. *Alle Gruppen anzeigen* sendet die Nachricht an wirklich alle registrierten Benutzer. Dummerweise erlaubt Joomla! hier immer nur eine Gruppe als Empfänger auszuwählen. Wenn Sie allerdings einen Haken bei *E-Mail an Untergruppen* setzen, bezieht Joomla! auch noch alle jeweils untergeordneten (und in der Ausklappliste eingerückten) Gruppen in den Versand mit ein.

Sofern der langatmig benannte Punkt *Empfänger als BCC. Schickt eine Kopie zur Administrator E-Mail-Adresse* mit einem Haken versehen ist, setzt Joomla! alle Empfänger der Nachricht auf BCC (die *Blind Carbon Copy*). Diese Funktion dürften Sie auch von Ihrem E-Mail-Programm her kennen: Sie sorgt dafür, dass die Empfänger die E-Mail-Adressen der anderen Empfänger nicht zu Gesicht bekommen. Schon aus Gründen des Datenschutzes sollten Sie diese Funktion immer aktiviert lassen.

Sind alle Informationen beisammen, können Sie die E-Mail mithilfe der Schaltfläche *Senden* abschicken.

In diesem Kapitel:

- Systemeinstellungen
- Ausgelieferte Website
- Globale Metadaten
- Fehlersuche (Debug)
- Zwischenspeicher (Cache)
- Sitzungsmanagement und Cookies
- Einstellungen zum Webserver
- Einstellungen zur Datenbank
- Zeitzone des Servers
- FTP-Einstellungen korrigieren
- E-Mail-Versand einrichten (Mailing)
- Systeminformationen
- Menüs und Kategorien wiederherstellen

KAPITEL 10

Globale Einstellungen

Joomla! hält an verschiedenen Stellen Funktionen, Einstellungen und Informationen bereit, die sich auf das gesamte System beziehen beziehungsweise in bestimmten Notfallsituationen helfen können. Zwar benötigen Sie sie somit nicht täglich, sie zu kennen kann Sie jedoch im Fall der Fälle retten.

Tipp   Sie sollten die folgenden Abschnitte einmal lesen, bei Bedarf die jeweiligen Vorgaben in Ihrer Joomla!-Installation gerade rücken und den angebotenen Funktionsumfang im Hinterkopf behalten.

Warnung   Wenn Sie unsicher sind, belassen Sie die entsprechenden Werte auf ihren Vorgaben. Die Einstellungen sind durchweg sinnvoll belegt.

Die meisten Einstellungen sammelt Joomla! hinter *System → Konfiguration*. Beispielsweise können Sie hier vom TinyMCE-Editor auf einen anderen umschalten. Die dabei überall vorgegebenen Daten stammen größtenteils aus der Datei *configuration.php*, die Joomla! während der Installation angelegt hat. Sind dieser Datei die Schreibrechte komplett entzogen, können Sie die angezeigten Grundeinstellungen folglich nicht verändern. Allerdings hat dies auch den Vorteil, dass ein anderer Benutzer mit Administratorrechten hier nicht einfach wildern kann. Sie sollten daher nach einer Änderung dieser Einstellungen der genannten Datei unbedingt wieder die Schreibrechte entziehen. (Falls Ihr FTP-Programm einen numerischen Wert verlangt, wählen Sie die 444, damit kann Joomla! die *configuration.php* nur noch lesen.)

Tipp   Erstellen Sie von der *configuration.php* für den Fall der Fälle immer eine Sicherungskopie auf Ihrem eigenen PC. Geraten Ihnen die Grundeinstellungen einmal durcheinander, haben Sie so noch einen Rettungsring.

Systemeinstellungen

Alle essenziellen Grundeinstellungen, die das Joomla!-System selbst betreffen, finden Sie hinter *System → Konfiguration* auf dem Register *System* im Bereich *System* (siehe Abbildung 10-1):

System

| Protokollverzeichnis * | C:\xampp\htdocs\joomla/logs |
| Hilfeserver * | English (GB) - Joomla help wiki ▼ |

Abbildung 10-1:   Der Bereich System

Protokollverzeichnis
> Joomla! protokolliert Fehlermeldungen und seine übrigen Tätigkeiten in diesem Ordner. In der Datei *error.php* finden Sie beispielsweise missglückte Anmeldeversuche Ihrer Benutzer. Das alles klappt allerdings nur, wenn Joomla! Schreibrechte für das Verzeichnis besitzt.

Hilfeserver
> Bestimmt die Bezugsquelle für die Online-Hilfe.

Ausgelieferte Website

Unter *System → Konfiguration* auf dem Register *Site* können Sie im Bereich *Website* unter anderem Ihren Internetauftritt vom Netz nehmen und den Standard-Editor wählen (siehe Abbildung 10-2).

Insgesamt stehen folgende Einstellungen zur Verfügung:

Name der Website
> Hier steht der Name Ihres Internetauftritts, wie beispielsweise **Kinoportal**. Das ist genau der Name, den Sie auch schon bei der Installation von Joomla! vorgeben mussten. Er erscheint an verschiedenen Stellen – auf den Seiten des Backends beispielsweise in der Titelleiste des Browsers.

Website offline
> Steht der Schalter hier auf *Ja*, wird das gesamte Frontend abgeschaltet (»offline genommen«). Was Joomla! stattdessen anzeigt, bestimmt die nachfolgende Einstellung *Offline-Text*.
>
> Diese Option sollten Sie beispielsweise immer dann einsetzen, wenn umfangreiche Wartungsarbeiten oder Umbauten anstehen.

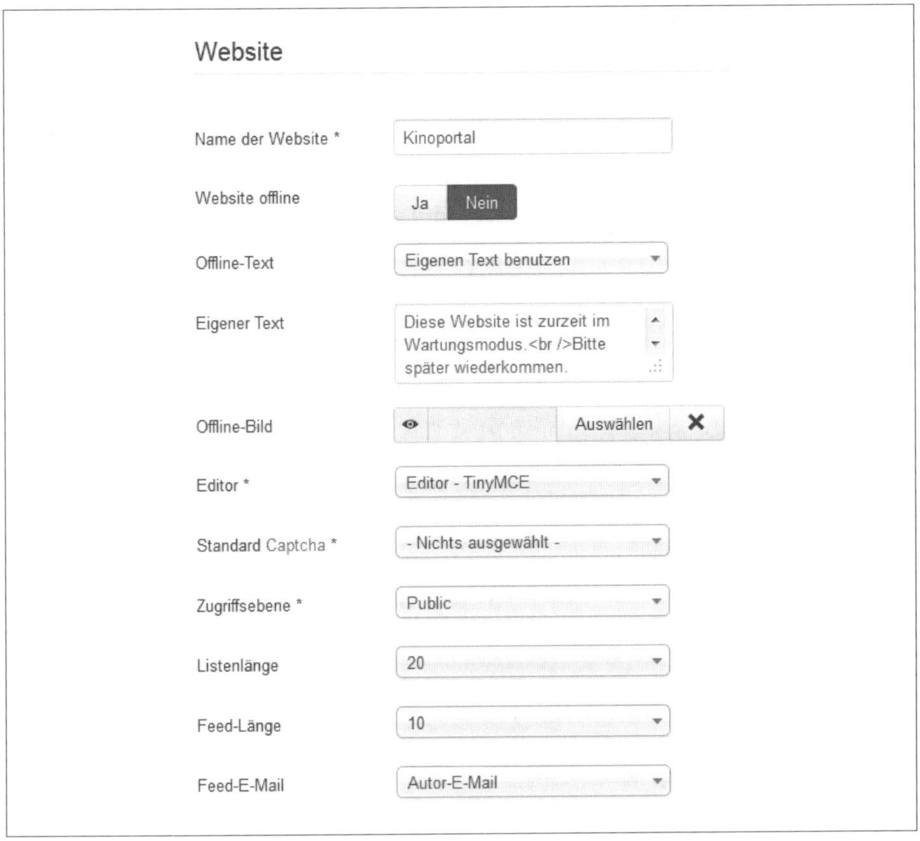
Website
Name der Website *
Kinoportal
Website offline
Ja
Nein
Offline-Text
Eigenen Text benutzen
Eigener Text
Diese Website ist zurzeit im Wartungsmodus.
Bitte später wiederkommen.
Offline-Bild
Auswählen
Editor *
Editor - TinyMCE
Standard Captcha *
- Nichts ausgewählt -
Zugriffsebene *
Public
Listenlänge
20
Feed-Länge
10
Feed-E-Mail
Autor-E-Mail

Abbildung 10-2: Diese Einstellungen beziehen sich auf das Frontend.

Offline-Text und Eigener Text

Wenn Sie Ihre *Website offline* geschaltet haben, ist das Frontend nicht mehr zu erreichen. Was Joomla! stattdessen anzeigt, bestimmen Sie unter *Offline-Text*.

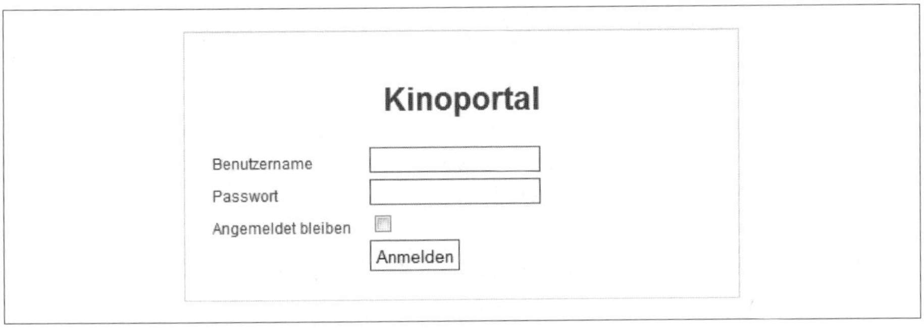
Kinoportal
Benutzername
Passwort
Angemeldet bleiben
Anmelden

Abbildung 10-3: Das Frontend im Wartungsmodus zeigt diesen Schirm an.

Ist hier *Verbergen* aktiviert, präsentiert Joomla! nur den kargen Anmeldebild-schirm aus Abbildung 10-3. Standardmäßig dürfen sich nur Super User über das Formular mit ihrem Benutzernamen und Passwort anmelden und die Seite betrachten. Mithilfe der Benutzerverwaltung können Sie aber auch weiteren ausgewählten Gruppen den Zugang gestatten (hinter *System → Konfiguration*, auf dem Register *Berechtigungen* und dem Punkt *Offlinezugang*, siehe Kapitel 9, *Benutzerverwaltung und -kommunikation*).

In der Einstellung *Eigenen Text benutzen* erscheint zusätzlich noch die unter *Eigener Text* eingetippte Meldung (wie in Abbildung 10-4). Sie können die Vor-gabe dort einfach überschreiben oder anpassen. Das ⟨br /⟩ sorgt für einen Zei-lenumbruch.

 Tipp   Die Offline-Nachricht dürfen Sie mit HTML-Befehlen anreichern beziehungsweise aufhübschen.

Abbildung 10-4:   Das deaktivierte Frontend mit dem Eigenen Text

Alternativ können Sie auch einfach einen *Standardtext benutzen* lassen. Den schreibt das jeweilige Sprachpaket vor, und er sieht bei einem deutschen Joomla! So wie in Abbildung 10-5 aus.

Offline-Bild

Der Anmeldebildschirm des abgeschalteten Frontends sieht ziemlich karg aus. Über die Schaltfläche *Auswählen* können Sie ihn noch mit einem Bild aufpep-pen. Es empfiehlt sich hier beispielsweise das Logo der Seite. Mit einem Klick auf das X werden Sie das Bild wieder los.

Editor

Hier können Sie den Editor aussuchen, der standardmäßig zur Eingabe von Texten verwendet wird. Zur Auswahl stehen der TinyMCE-Editor, ein einfa-ches Eingabefeld (Einstellung *Editor – Keine*) und der an Softwareentwickler gerichtete Editor CodeMirror, der Programmcode hervorhebt.

Kinoportal

Diese Website ist auf Grund von Wartungsarbeiten nicht erreichbar.
Bitte später wiederkommen.

Benutzername

Passwort

Angemeldet bleiben ☐

Anmelden

Abbildung 10-5:   Das deaktivierte Frontend mit dem Standardtext

Standard Captcha

In Kapitel 9, *Benutzerverwaltung und -kommunikation,* beschreibt der Kasten »Captchas« auf Seite 449, wie Sie das Registrierungsformular mit einem sogenannten Captcha absichern. In dieser Ausklappliste bestimmen Sie, ob und wenn ja welchen Captcha-Dienst Joomla! verwenden soll. Unter Joomla! 3.0.2 steht dabei standardmäßig nur Googles *reCAPTCHA*-Dienst zur Auswahl.

Zugriffsebene

Diese Zugriffsebene schlägt Joomla! standardmäßig bei allen neu erstellten Inhalten (in Form von Beiträgen, Menüpunkten, Formularen etc.) vor.

Listenlänge

Standardmäßig zeigen die Listen im Backend (wie etwa die hinter *Inhalt → Beiträge*) so viele Zeilen auf einmal an.

Feed-Länge

Die von Joomla! selbst generierten Newsfeeds enthalten maximal so viele Einträge.

Feed-E-Mail

In seine eigenen Newsfeeds packt Joomla! nicht nur die Einleitung der Beiträge, sondern auch die E-Mail-Adressen der jeweiligen Autoren – zumindest dann, wenn Sie hier *Autor-E-Mail* einstellen. Wählen Sie stattdessen *Website-E-Mail*, taucht in den Newsfeeds immer nur die Standard-E-Mail-Adresse des Kinoportals auf.

Tipp   Klären Sie vorab mit den Autoren, ob diese ihre E-Mail-Adresse überhaupt in den Newsfeeds sehen möchten – schließlich lesen auch Spammer die Newsfeeds mit.

Globale Metadaten

Unter *System* → *Konfiguration* enthält auf dem Register *Site* der Bereich *Globale Metadaten* Informationen, die Joomla! unsichtbar in jede ausgelieferte Seite integriert. Diese Daten werten unter anderem Internetsuchmaschinen aus. Da die hier eingetippten Informationen in allen Seiten Ihres Internetauftritts erscheinen, sollten Sie nur Begriffe und Erläuterungen verwenden, die sich auf den gesamten Auftritt beziehen. Für die einzelnen Beiträge können Sie dann noch zusätzliche Metadaten vergeben (mehr dazu finden Sie in Kapitel 4, *Inhalte verwalten*). Bei allen anderen Unterseiten führt der Weg zu ergänzenden Metadaten über den entsprechenden Menüeintrag (siehe Kapitel 8, *Menüs*, Abschnitt »Schritt 8: Metadaten ergänzen« auf Seite 398).

 Tipp   HTML-Profis dürfte interessieren, dass Joomla! die Daten über das `<meta>`-Tag in der ausgelieferten Seite versteckt. Wie das Ergebnis aussieht, verrät Ihnen die sogenannte Seitenquelltext-Ansicht Ihres Browsers.

Meta-Beschreibung

Hier hinein gehört eine Beschreibung Ihres Internetauftritts. Beim Kinoportal könnte sie zum Beispiel so lauten: **Hier finden Sie Filmkritiken und vieles Weitere rund um das Thema Kino.**

Meta-Schlüsselwörter

Hier können Sie ergänzend noch Stichwörter eingeben, die Ihren Internetauftritt charakterisieren. Jeder eingegebene Begriff muss dabei durch ein Komma von seinen umstehenden Kollegen getrennt werden. Für das Kinoportal könnte solch eine Liste folgendermaßen aussehen: **Kino, Kinoportal, Film, Filme, Filmkritiken.**

 Tipp   Auch wenn die Felder einladend groß sind, mögen Suchmaschinen keine ellenlangen Texte und Schlüsselwörtertiraden. Sie vermuten dann sogar unter Umständen Spam und strafen den Internetauftritt ab, indem sie ihn in ihren Ergebnislisten nur noch am unteren Ende berücksichtigen. Fassen Sie sich daher in jedem Fall kurz: Bei der *Meta-Beschreibung* genügt ein Satz, bei den *Schlüsselwörtern* reichen fünf oder sechs.

Robots

Mit der Ausklappliste *Robots* legen Sie fest, ob die Suchmaschinen überhaupt die Seite betreten (ein Punkt bei *index*) und den Links beziehungsweise Menüpunkten darauf folgen dürfen (ein Punkt bei *follow*). *noindex* und *nofollow* verbieten hingegen die jeweilige Aktion. Niemand garantiert allerdings, dass wirklich alle Suchmaschinen diese Einstellungen berücksichtigen. Zumindest die großen, wie Google und Bing, halten sich aber an die Vorgaben.

Inhaltsrechte

Hier können Sie Informationen zum Urheberrecht hinterlassen. Falls Besucher beispielsweise sämtliche Texte des Internetauftritts nach Lust und Laune kopieren und weiterverarbeiten dürfen, sollten Sie dies hier notieren. Allerdings sind diese Angaben nicht verbindend und zudem auch noch vor den Augen normaler Besucher versteckt.

Autor-Meta-Tag anzeigen

Bei einem *Ja* versteckt Joomla! auch noch den Namen des jeweiligen Autors in den Metadaten eines Beitrags.

Joomla!-Version anzeigen

Wenn Sie diese Einstellung auf *Ja* setzen, posaunt Joomla! an verschiedenen öffentlichen Stellen seine Versionsnummer heraus. Angreifer und Hacker können so leichter herausfinden, welche Sicherheitslücken in Ihrer Joomla!-Version noch offenstehen und ausgenutzt werden können. Sie sollten deshalb diesen Schalter immer auf *Nein* belassen.

Fehlersuche (Debug)

Bei Fehlern, Problemen oder einem lahmen System bringen zwei Diagnose-Funktionen Sie unter Umständen auf die richtige Spur. Sie finden die beiden zugehörigen Einstellungen unter *System → Konfiguration* auf dem Register *System* im Bereich *Fehlersuche (Debug)*. Sie sind insbesondere auch für Entwickler von Erweiterungen interessant.

Tipp Programmierer sprechen vom *Debuggen*, wenn sie auf Fehlersuche gehen. Der
etwas merkwürdige Begriff stammt noch aus einer Zeit, als Computer so groß wie Kleiderschränke waren. Hin und wieder verirrten sich kleine Käfer (englisch *Bugs*) in die mit Röhren vollstopften Rechner und sorgten dort für einen Kurzschluss. Die Techniker durften sich folglich als Kammerjäger betätigen und den Computer »entwanzen«, also »debuggen«. Dieser Begriff hat sich bis heute als Synonym für die Fehlersuche in Programmen gehalten.

System debuggen

Wenn Sie diese Einstellung aktivieren, plaudert Joomla! am unteren Rand von jeder ausgelieferten Seite alle seine (intern) durchgeführten Aktionen aus – darunter finden sich auch sämtliche Interaktionen mit der Datenbank (siehe Abbildung 10-6).

In dieser *Joomla!-Debug-Konsole* klappen Sie die einzelnen Bereiche mit einem Mausklick auf.

Diese Ausgabenflut stört jedoch die Besucher und erlaubt obendrein noch Kriminellen einen tiefen Einblick in Ihr System. Sie sollten deshalb hier immer nur dann *Ja* wählen, wenn Sie eigene Komponenten entwickeln und dabei auf Fehlersuche gehen oder aber wenn größere Fehler im Betrieb auftauchen.

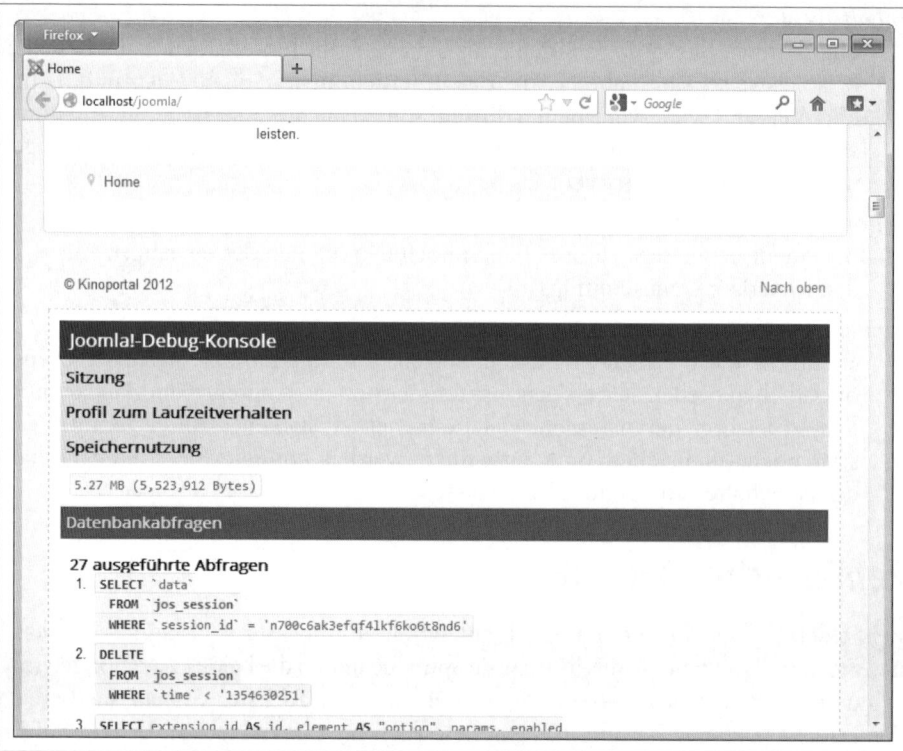

Abbildung 10-6:   Die Joomla!-Debug-Konsole hilft beim Aufspüren von Programmfehlern und anderen Problemen.

 Tipp   Die eigentlichen Debug-Informationen liefert ein sogenanntes Plugin. In seinen Einstellungen können Sie genau festlegen, welche Informationen es sammeln soll und welche Benutzer diese Daten überhaupt zu Gesicht bekommen. Was ein Plugin ist und wie Sie seine Einstellungen verändern, verrät das gleich folgende Kapitel 11, *Plugins* (den für das Debugging relevanten Abschnitt »System – Debug« finden Sie auf Seite 514).

Wenn Sie den Punkt *System debuggen* aktivieren und nach dem *Speichern* weiter in die Benutzerverwaltung hinter *Benutzer → Benutzer* wechseln, finden Sie dort neben jedem Benutzernamen einen Knopf *Debug: Berechtigungsbericht*. Ein Klick darauf zeigt detailliert an, was der Benutzer alles darf (siehe Abbildung 10-7).

Die dabei angezeigte Tabelle ist allerdings ziemlich groß und unübersichtlich. Sie sollten daher unbedingt über die Ausklapplisten am linken Rand die Darstellung einschränken. Beachten Sie weiterhin, dass die einzelnen Komponenten in den ersten beiden Spalten mit ihren internen Namen aufgeführt sind. Die für die Werbebanner zuständige Komponente firmiert dort beispielsweise als *com_banners*.

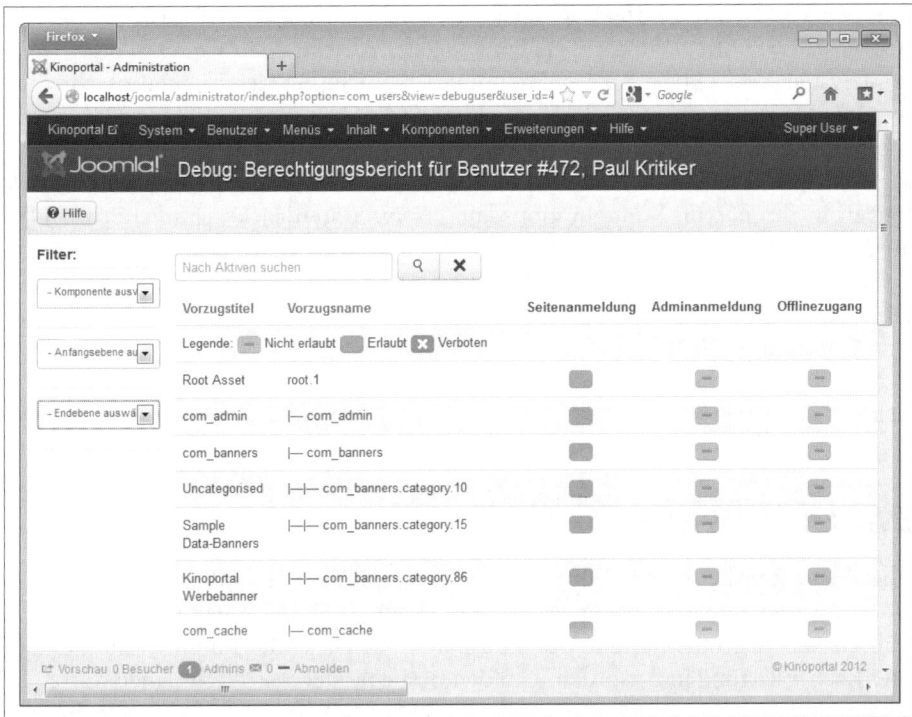

Abbildung 10-7:   Der Berechtigungsbericht für den Benutzer *Paul Kritiker* listet auf, was er derzeit alles darf (grüner Haken) und was nicht.

Den Berechtigungsbericht gibt es übrigens nicht nur für die Benutzer, sondern auch für alle Benutzergrupppen hinter *Benutzer → Gruppen*.

Warnung   Bevor Sie jetzt *System debuggen* aktivieren, sollten Sie daran denken, dass Joomla! dann standardmäßig die Debug-Informationen auch im Frontend anzeigt (wie in Abbildung 10-6)!

Tipp   Glücklicherweise liegt dabei die Betonung auf »standardmäßig«: Sämtliche Debug-Informationen sammelt im Hintergrund ein sogenanntes Plugin. Dieses können Sie anweisen, die protokollierten Daten nur ganz bestimmten Benutzergruppen zu präsentieren. Wie das funktioniert, erfahren Sie in Kapitel 11, *Plugins*, im Abschnitt »System – Debug« auf Seite 514.

Sprache debuggen

Bei einem *Ja* liefert Joomla! Informationen zum aktuell verwendeten Sprachpaket, darunter beispielsweise alle nicht übersetzten Texte. Zudem umrahmen zwei Sternchen alle aus dem Sprachpaket stammenden Texte.

Eine weitere Debug-Einstellung versteckt sich noch auf dem Register *Server* im Bereich *Server*. Mit dem dortigen Punkt *Fehler berichten* aktivieren Sie das Diagnose-System von PHP (also der Programmiersprache, in der Joomla! geschrieben wurde). Damit erscheinen dessen Fehler und Warnungen direkt auf den von Joomla! erzeugten Seiten. Die Ausklappliste regelt dabei, welche Art von Meldungen PHP ausgeben sol: Bei *Standard* gelten die diesbezüglich vorgegebenen Einstellungen in der *php.ini*-Konfigurationsdatei. *Keine* unterdrückt sämtliche von PHP ausgehenden Meldungen, *Einfach* gibt alle Meldungen der Kategorien E_ERROR, E_WARNING und E_PARSE aus, und *Maximum* liefert alles, was das PHP-System hergibt (Kategorie E_ALL). *Entwicklung* wiederum liefert die Fehler aus den Kategorien E_ALL und E_STRICT.

 Tipp   Wenn Sie sich nicht mit PHP auskennen, belassen Sie hier die Voreinstellung *Standard*.

Zwischenspeicher (Cache)

Alle Elemente, die Sie auf Ihrer Website sehen, muss Joomla! erst erzeugen: Bei einer Anfrage greift es zunächst in die Datenbank, stellt die Inhalte zusammen und hübscht das Ergebnis mithilfe des Templates auf. Dies alles nimmt recht viel Zeit und Rechenleistung in Anspruch. Um den Besucher der Seite nicht lange warten zu lassen, puffert Joomla! auf Wunsch die einmal erstellten Ergebnisse in einem Zwischenspeicher. Bei der nächsten Anfrage greift das Content-Management-System einfach auf die darin abgelegten Zwischenergebnisse zurück. Dadurch fallen insbesondere die zeitraubenden Datenbankanfragen weg. Erst wenn ein Element – wie etwa ein Beitrag – aktualisiert wurde, erstellt Joomla! die entsprechende Seite neu.

Standardmäßig ist diese Funktion abgeschaltet. Anwerfen und einrichten dürfen Sie sie hinter *System → Konfiguration* auf dem Register *System* im Bereich *Zwischenspeicher (Cache)*. Dort warten die folgenden drei Einstellungen:

Cache

Hiermit aktivieren Sie den Zwischenspeicher. Dieser kann entweder klein ausfallen (Einstellung *AN – normales Caching*) oder richtig viel Speicherplatz auf dem Server belegen (*AN – Erweitertes Caching*). Die Joomla!-Entwickler raten davon ab, die letztgenannte Einstellung bei sehr großen Internetauftritten einzusetzen. Das standardmäßig vorgegebene *AUS – Cache deaktiviert* schaltet den Zwischenspeicher komplett ab.

Cache-Speicher

Hier wählen Sie die Lagerstätte für den Cache. Standardmäßig landen die im Cache zwischengespeicherten Daten in einer *Datei*, genauer gesagt, im Unterverzeichnis *cache* Ihrer Joomla!-Installation. Dieses muss folglich für Joomla! beschreibbar sein. Alternativ steht hier noch *Cache_Lite* bereit, ein gemäß seiner Entwickler »schnelles, leichtes und sicheres Cache-System« für PHP-Anwendungen. Sollte bei Ihnen die Standardeinstellung zu langsam sein, sollten Sie Cache_Lite ausprobieren. Weitere Informationen zu Cache_Lite finden Sie unter *http://pear.php.net/manual/de/package.caching.cache-lite.php.*

Cache-Dauer

So lange verbleibt ein gepuffertes Element maximal im Cache. Nachdem diese Zeit (sie wird in Minuten angegeben) abgelaufen ist, wird das Element auf jeden Fall aktualisiert.

Sie können den Cache-Speicher übrigens auch manuell leeren beziehungsweise zurücksetzen. Das ist beispielsweise dann notwendig, wenn Joomla! sich merkwürdig verhält, munter weiter veraltete Seiten ausspuckt oder wenn das Cache-Verzeichnis umfangreiche Dimensionen annimmt und so Ihr Platz auf dem Webserver auszugehen droht.

Um den Cache zu bereinigen, rufen Sie *System → Cache leeren* auf. Joomla! zeigt Ihnen dann eine Liste ähnlich der aus Abbildung 10-8 an (bei deaktiviertem Cache ist die Liste leer).

#		Cache-Gruppe ❤	Anzahl der Dateien	Größe
1		_system	10	5.12 kb
2		com_content	5	13.33 kb
3		com_languages	2	501.76 b
4		com_plugins	3	10.37 kb
5		com_templates	2	1.55 kb
6		mod_articles_popular	3	993.28 b
7		mod_banners	2	501.76 b
8		mod_breadcrumbs	4	1.72 kb
9		mod_custom	2	276.48 b
10		mod_menu	13	123.22 kb
11		mod_search	4	2.24 kb

Abbildung 10-8:   Die Cache-Verwaltung

Jede Zeile führt eine Komponente oder ein Modul auf, für das Joomla! Daten im Cache abgelegt hat. In der Spalte *Cache-Gruppe* stehen die internen Namen der Komponenten und Module. So steckt hinter *com_content* die Beitragsverwaltung, während *com_weblinks* alle Weblinks verwaltet. *_system* bezeichnet das Kernsystem von Joomla!. Unter *Anzahl der Dateien* können Sie ablesen, wie viele Dateien für die jeweilige Komponente im Unterverzeichnis *cache* lagern. In der Regel besteht eine ausgelieferte Webseite aus mehreren solcher im Cache abgelegten Dateien. Die *Größe* gibt schließlich noch an, wie viel Platz auf der Festplatte die Dateien im Cache belegen. Um den Cache zu leeren, markieren Sie alle Kästchen in der ersten Spalte und klicken dann auf *Löschen*.

 Tipp Sie können natürlich auch gezielt nur die Daten einer einzelnen Komponente beziehungsweise eines Moduls aus dem Cache entfernen. Da sich aber eine Seite aus mehreren Cache-Bestandteilen zusammensetzt, besteht dabei die Gefahr, dass weiterhin veraltete Daten in die ausgelieferte Webseite einfließen. Lassen Sie daher am besten immer gleich den kompletten Cache leeren.

Unter Umständen bleiben einige Daten im Cache liegen, obwohl Joomla! schon längst eine aktualisierte Fassung der Seite ausliefert. Um gezielt nur diese Karteileichen zu löschen, rufen Sie *System → Abgelaufenen Cache leeren* auf und aktivieren in der Symbolleiste *Abgelaufenen Cache leeren*.

Sitzungsmanagement und Cookies

Unter *System → Konfiguration* finden Sie auf dem Register *System* im Bereich *Sitzung (Session)* Einstellungen zum sogenannten Session-Management, mit dessen Hilfe Joomla! einzelne Besucher voneinander unterscheidet.

War ein angemeldeter Benutzer längere Zeit untätig, meldet Joomla! ihn aus Sicherheitsgründen automatisch wieder ab. Nach wie vielen Minuten dies geschieht, legen Sie im Feld *Gültigkeit* fest.

 Tipp Hier einen richtigen Wert zu finden, ist eine kleine Gratwanderung: Wählt man die Zeitspanne zu lang, besteht womöglich ein Sicherheitsrisiko. Wählt man sie zu kurz, verliert ein Autor unter Umständen einen längeren Text (den einzutippen entsprechend dauert). Übernehmen Sie daher im Zweifelsfall erst einmal die Vorgabe. Sollte sie zu knapp bemessen sein, erhöhen Sie sie nach und nach um jeweils 5 Minuten.

Wenn sich ein Benutzer anmeldet, speichert Joomla! in seinem Browser ein sogenanntes Cookie. Das ist nichts anderes als eine lange eindeutige Ausweisnummer. Mit ihrer Hilfe erkennt Joomla! den Benutzer später immer wieder beziehungsweise weiß so, dass er immer noch angemeldet ist (siehe auch *http://de.wikipedia.org/wiki/ Cookie*).

Hat ein Besucher seinem Browser jedoch untersagt, solche Cookies anzunehmen, muss Joomla! auf ein anderes Identifizierungsverfahren umschwenken. Genau dieses stellen Sie hier in der Ausklappliste *Cache-Speicher* ein.

Selbst wenn der Besucher die Cookies in seinem Browser aktiviert hat, kann die Wiedererkennung in einigen seltenen Situationen scheitern – insbesondere dann, wenn man Joomla! mit anderen Web-Anwendungen, wie etwa einem Forum, verknüpft. Mit den beiden Einstellungen unter *System → Konfiguration* auf dem Register *Site* im Bereich *Cookies* lassen sich diese Unstimmigkeiten beseitigen.

Tipp   Die beiden Einstellungen richten sich an erfahrene Administratoren beziehungsweise Experten. Wenn Ihnen die folgenden Ausführungen nichts sagen, lassen Sie die beiden Felder einfach leer. Falsche Einträge führen im schlimmsten Fall dazu, dass sich niemand mehr bei Joomla! anmelden kann.

Das ausgeteilte Cookie gilt immer nur für eine ganz bestimmte Domain. Das kann zu Problemen führen, wenn Sie mehrere Subdomains verwenden. Angenommen, Sie betreiben Joomla! unter *joomla.kinoportal.de* und ein Forum unter *forum.kinoportal.de*. Meldet sich jetzt ein Benutzer im Forum an und wechselt dann auf *joomla.kinoportal.de*, erkennt Joomla! ihn nicht, weil das Cookie nur für *forum.kinoportal.de* gilt. Um diese Ignoranz zu beseitigen, geben Sie in das Feld *Domaincookie* den Domainnamen ohne die Subdomains und mit einem vorangestellten Punkt ein – im Beispiel also `.kinoportal.de`. Dann gilt das ausgeteilte Cookie auch für sämtliche Subdomains. Im Beispiel kann sich der Besucher sowohl unter *joomla.kinoportal.de* als auch unter *forum.kinoportal.de* anmelden: Joomla! erkennt ihn in jedem Fall wieder.

Der *Cookie-Pfad* ist immer dann von Interesse, wenn Joomla! auf dem Webserver in einem Unterverzeichnis liegt und im Hauptverzeichnis eine andere Web-Anwendung werkelt. In solch einem Fall muss man Joomla! mitteilen, ab welchem Pfad die Cookies gelten – und genau den hinterlegt man dann unter *Cookie-Pfad*.

Einstellungen zum Webserver

Unter *System → Konfiguration* finden Sie auf dem Register *Server* im Bereich *Server* alle Einstellungen, die den Webserver betreffen (also das Programm, das die Webseiten schließlich ausliefert):

Tempverzeichnis
Der hier hinterlegte Pfad führt zu einem (beschreibbaren) Ordner, in dem Joomla! temporäre Daten ablegen darf. Für gewöhnlich ist dies der Unterordner *tmp* der Joomla!-Installation.

GZIP-Komprimierung
Bei einem *Ja* wird eine Seite vor ihrer Übermittlung an den Browser im GZIP-Format komprimiert. Damit schrumpfen zwar die zu übertragenden Datenmengen, Browser und Webserver müssen diese Technik aber auch unterstützen.

Fehler berichten
Mit dieser Einstellung aktivieren Sie das Diagnose-System von PHP (also der Programmiersprache, in der Joomla! geschrieben wurde). Sie wurde bereits in Abschnitt »Fehlersuche (Debug)« auf Seite 475 ausführlich behandelt.

SSL erzwingen

Moderne Webserver können mit den Browsern verschlüsselt und somit abhörsicher kommunizieren. Das dabei zum Einsatz kommende Verfahren hört auf den Namen SSL und muss in der Regel im Webserver explizit aktiviert werden. Verschlüsselt übertragene Webseiten erkennt man im Browser an dem vorangestellten *https://* in ihrer Internetadresse.

Standardmäßig liefert Joomla! seine Seiten unverschlüsselt aus. Wenn Sie *SSL erzwingen* auf *Nur Administrator* setzen, ist das Backend nur noch über eine Verbindung erreichbar, die durch das SSL-Verfahren geschützt ist. In der Einstellung *Gesamte Website* gilt das sogar für Ihren kompletten Internetauftritt.

In beiden Fällen muss die Verschlüsselung in Ihrem Webserver aktiviert und somit von Joomla! nutzbar sein.

Einstellungen zur Datenbank

Hinter *System → Konfiguration* warten auf dem Register *Server* im Bereich *Datenbank* noch einmal alle Einstellungen zur Datenbank, die Joomla! auch bei der Installation abgefragt hat (mehr dazu finden Sie in Kapitel 2, *Installation*).

 Warnung Korrekturen sind hier nur dann notwendig, wenn Sie mit Ihrem Internetauftritt auf einen anderen Server umziehen oder sich etwas an der Datenbank ändert. Andernfalls besteht immer die Gefahr, dass Joomla! anschließend nicht mehr läuft.

Typ

Der Name der verwendeten Datenbank-Software. Den Unterschied zwischen der Einstellung *MySQLi* und *MySQL* erläutert der Kasten »*MySQLi versus MySQL*« auf Seite 56 in Kapitel 2, *Installation*.

Server

Der Name des Computers, auf dem die Datenbank läuft, wie zum Beispiel *kinoportal.de* oder bei einer lokalen Installation *localhost*. Letztgenannter Name ist auch immer dann korrekt, wenn die Datenbank auf dem gleichen Computer wie Joomla! läuft.

Benutzer

Mit dem hier eingetragenen Benutzernamen meldet sich Joomla! bei der Datenbank an. Ihn bekommt man in der Regel vom Betreiber des Servers zugewiesen. Beim Einsatz von XAMPP ist dies root.

Datenbank

Der Name der von Joomla! genutzten Datenbank.

Präfix

Dieses Präfix stellt Joomla! allen seinen Tabellen innerhalb der Datenbank voran. Doch Vorsicht: Wenn Sie hier ein anderes Präfix eintragen, müssen bereits die zugehörigen Joomla!-Tabellen existieren.

Zeitzone des Servers

Die Einstellung hinter *System → Konfiguration* auf dem Register *Server* im Bereich *Zeitzone* bestimmt die Zeitzone, in der sich Ihr Internetauftritt befindet. Aus der Liste wählen Sie dazu einfach die Hauptstadt des entsprechenden Landes. Steht der Server, auf dem Joomla! läuft, beispielsweise in Deutschland, so müssen Sie in der Liste den Eintrag *Berlin* suchen.

Insbesondere Server im Internet nutzen allerdings nicht die Ortszeit, sondern sind auf die koordinierte Weltzeit (*Coordinated Universal Time*, kurz UTC) eingestellt. In diesem Fall müssen Sie in der Ausklappliste den allerersten Punkt, *Koordinierte Weltzeit (UTC)*, einstellen.

Die korrekte Auswahl der Zeitzone ist wichtig, da sie von einigen Funktionen und Komponenten genutzt wird. Erfragen Sie deshalb im Zweifelsfall die richtige Einstellung bei Ihrem Webhoster.

Tipp Achten Sie auch darauf, dass jedem Ihrer Benutzer die für ihn korrekte Zeitzone zugewiesen wurde (siehe den Abschnitt »Benutzerkonten im Backend anlegen« in Kapitel 9, *Benutzerverwaltung und -kommunikation*, auf Seite 419).

FTP-Einstellungen korrigieren

Hinter *System → Konfiguration* auf dem Register *Server* tauchen im Bereich *FTP* die Angaben zum FTP-Zugang aus der Installation auf und können hier nachträglich abgeändert werden (weitere Informationen dazu finden Sie in Kapitel 2, *Installation*, im Abschnitt »Schritt 3: FTP-Konfiguration« auf Seite 59). Zur Erinnerung: Sollte Ihr Webhoster das Hochladen von Dateien per PHP verbieten, können Sie auf einen FTP-Zugang ausweichen.

FTP aktivieren
Hierüber schalten Sie den FTP-Zugriff auf den Joomla!-Server ein und aus.

Server
In dieses Feld gehört die IP-Adresse des FTP-Servers. Diesen Wert erhalten Sie von Ihrem Webhoster. Meist ist dies das vorgegebene 127.0.0.1, also der Computer, auf dem auch Joomla! läuft.

Port
Hier hinein gehört der sogenannte Port, an dem der FTP-Server auf Verbindungsanfragen lauscht. Diesen Wert erhalten Sie entweder von Ihrem Webhoster oder entnehmen ihn der Dokumentation Ihres FTP-Programms.

Benutzername
Hier hinterlegen Sie den Benutzernamen für den FTP-Zugang. Diesen erhalten Sie von Ihrem Webhoster, mitunter können Sie ihn je nach gebuchtem Paket auch selbst anlegen.

Warnung Normalerweise gibt Ihnen Ihr Webhoster einen FTP-Zugang, über den Sie Ihre eigene Webseite hochladen und verwalten können. Aus Sicherheitsgründen sollten Sie diese Anmeldedaten hier nicht eintippen. Erhält ein böswilliger Angreifer aus irgendeinem Grund Zugriff auf Joomla!, würde er damit auch die Anmeldedaten für Ihren kompletten Server kennen.

Erstellen Sie deshalb für Joomla! immer einen eigenen FTP-Zugang, dessen Aktionsradius Sie zudem auf das Joomla!-Verzeichnis beschränken. Sofern Ihnen Ihr Webhoster das nicht gestattet oder wenn er Ihnen nur einen einzigen FTP-Zugang zugesteht, verzichten Sie besser auf die FTP-Funktion (und schalten sie ab, indem Sie *FTP aktivieren* auf *Nein* setzen).

Passwort
> Das Passwort für den FTP-Zugang. Auch dieses erhalten Sie von Ihrem Webhoster.

Root-Verzeichnis
> Normalerweise darf jeder FTP-Zugang nur auf ein ganz bestimmtes Verzeichnis auf dem Server zugreifen. Genau dieses Verzeichnis ist hier anzugeben.

E-Mail-Versand einrichten (Mailing)

Joomla! muss in vielen Situationen E-Mails versenden. Das beginnt bei der Begrüßungs-E-Mail für neu registrierte Benutzer und reicht über Rundbriefe bis hin zu wichtigen Systemnachrichten an den Super User. Wie und auf welchem Weg Joomla! diese E-Mails verschickt, regeln die Einstellungen hinter *System → Konfiguration* auf dem Register *Server* im Bereich *Mailing*:

Mailer
> Hier legen Sie fest, wer den eigentlichen Versand der E-Mails übernimmt. Dies kann entweder die in PHP integrierte E-Mail-Funktion sein (Einstellung *PHP-Mail*), das Hilfsprogramm *Sendmail* (das hierzu auf dem Server installiert sein muss) oder ein sogenannter *SMTP*-Server. Letzteren stellen beispielsweise viele Anbieter von kostenlosen E-Mail-Postfächern (»Freemail«) bereit.

Absenderadresse
> Diese E-Mail-Adresse erscheint als Absender in allen versendeten E-Mails.

Absendername
> Diesen Namen verwendet Joomla! als Absender in allen E-Mails.

Welche der nachfolgenden Einstellungen Sie noch ausfüllen müssen, hängt vom gewählten *Mailer* ab. Im Fall von *PHP-Mail* sind Sie bereits fertig, bei *Sendmail* füllen Sie noch das nächste Feld aus, während für den *SMTP*-Server sämtliche danach folgenden Einstellungen zuständig sind.

Sendmailverzeichnis

Sofern das Hilfsprogramm *Sendmail* die E-Mails verschicken soll, muss man hier noch sein Verzeichnis samt Programmnamen eintragen. Das so entstehende Kommando ruft Joomla! dann für den Versandvorgang auf.

SMTP-Authentifizierung

Soll der Versand über einen SMTP-Server geschehen, so legt *Ja* hier fest, dass genau dieser Server eine Authentifizierung mit Benutzername und Passwort verlangt. Aufgrund des zunehmenden Spams ist dies mittlerweile bei fast allen SMTP-Servern der Fall.

SMTP-Sicherheit

Damit das Passwort für die Authentifizierung nicht mitgelesen werden kann, verlangen viele SMTP-Server zudem noch eine verschlüsselte Übertragung der Anmeldedaten. Welches Verfahren dabei zum Einsatz kommt, stellen Sie hier ein. Den korrekten Wert erfahren Sie in der Regel vom Betreiber des SMTP-Servers.

Port

An diesem Port wartet der SMTP-Server auf eine Verbindungsanfrage. Den richtigen Wert nennt Ihnen wieder der Betreiber des SMTP-Servers. Bei einer ungesicherten Verbindung wird meistens der Port 25 verwendet, eine gesicherte Kommunikation erfolgt hingegen häufig über den Port 465.

Benutzer

In dieses Feld gehört der Benutzername, mit dem sich Joomla! beim SMTP-Server anmeldet.

Passwort

In dieses Feld gehört das Passwort, mit dem sich Joomla! am SMTP-Server anmeldet.

Server

Hier tippen Sie schließlich noch den Namen des SMTP-Servers ein. Den korrekten Wert nennt Ihnen Ihr SMTP-Betreiber.

Systeminformationen

Unter dem Menüpunkt *System* finden Sie noch einen Eintrag namens *Systeminformationen*. Wie in Abbildung 10-9 zu sehen ist, führt er zu einer Seite mit fünf Registern.

Auf *Systeminformationen* präsentiert Joomla! die auf dem Server eingesetzten Programme nebst ihren jeweiligen Versionsnummern. Das nächste Register zeigt die für Joomla! wichtigsten *PHP-Einstellungen* an, während Sie unter *Konfigurationsdatei* den Inhalt der Datei *configuration.php* finden. Diese Datei speichert die Grundeinstellungen von Joomla!. Ändern können Sie diese Einstellungen übrigens zu einem großen Teil bequem über *System → Konfiguration* (wie in den vorherigen Abschnitten beschrieben).

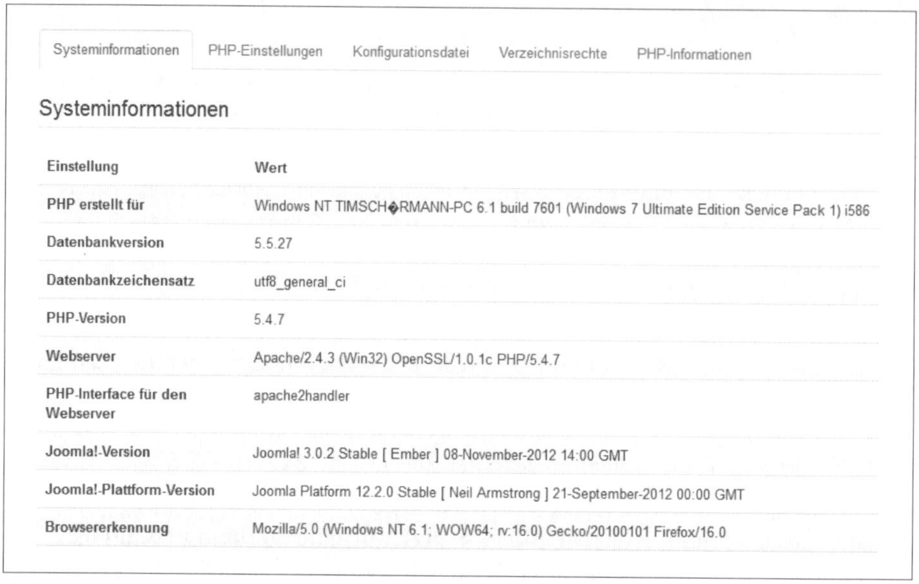

Systeminformationen	PHP-Einstellungen Konfigurationsdatei Verzeichnisrechte PHP-Informationen

Systeminformationen

Einstellung	Wert
PHP erstellt für	Windows NT TIMSCH◆RMANN-PC 6.1 build 7601 (Windows 7 Ultimate Edition Service Pack 1) i586
Datenbankversion	5.5.27
Datenbankzeichensatz	utf8_general_ci
PHP-Version	5.4.7
Webserver	Apache/2.4.3 (Win32) OpenSSL/1.0.1c PHP/5.4.7
PHP-Interface für den Webserver	apache2handler
Joomla!-Version	Joomla! 3.0.2 Stable [Ember] 08-November-2012 14:00 GMT
Joomla!-Plattform-Version	Joomla Platform 12.2.0 Stable [Neil Armstrong] 21-September-2012 00:00 GMT
Browsererkennung	Mozilla/5.0 (Windows NT 6.1; WOW64; rv:16.0) Gecko/20100101 Firefox/16.0

Abbildung 10-9:   Die Systeminformationen des aktuellen Joomla!-Systems

Besonders wichtig ist die Registerkarte *Verzeichnisrechte*. Hier sind sämtliche Unterverzeichnisse der Joomla!-Installation aufgeführt, in die das Content-Management-System irgendwann einmal Dateien schreiben möchte (siehe Abbildung 10-10). Sollten Sie später einmal eine Erweiterung nicht installieren oder keine Fotos hochladen können, schauen Sie immer auch auf diesem Register nach – vielleicht besitzt Joomla! nicht die passenden Schreibrechte. Um alle Joomla!-Funktionen ohne Einbußen nutzen zu können, muss hier jeder Eintrag mit einem grün leuchtenden *Beschreibbar* versehen sein.

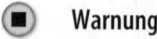 **Warnung**   Aus Sicherheitsgründen sollten Sie jedoch die Schreibrechte für einige der Verzeichnisse bewusst entziehen. Ist beispielsweise das Unterverzeichnis *components* nur lesbar, so kann dort auch niemand ungewollt neue und eventuell sogar bösartige Erweiterungen installieren.

Dummerweise speichern einige Erweiterungen ihre Einstellungen direkt in einem dieser Verzeichnisse. Dann müssen Sie entweder in den sauren Apfel beißen und den Zugriff auf die betroffenen Ordner wieder gestatten oder aber auf eine andere, gleichwertige Erweiterung ausweichen.

Das letzte Register, *PHP-Informationen*, sammelt ganz unverblümt alle Daten, die Joomla! über die PHP-Umgebung ergattern kann. Hier erfährt man unter anderem, wie viel Speicherplatz dem Content-Management-System zur Verfügung steht (Zeile memory_limit) und bis zu welcher Größe Dateien auf den Server wandern dürfen (Zeile upload_max_filesize). Um die übrigen Zeilen interpretieren zu können, benötigt man allerdings weitergehende PHP-Kenntnisse.

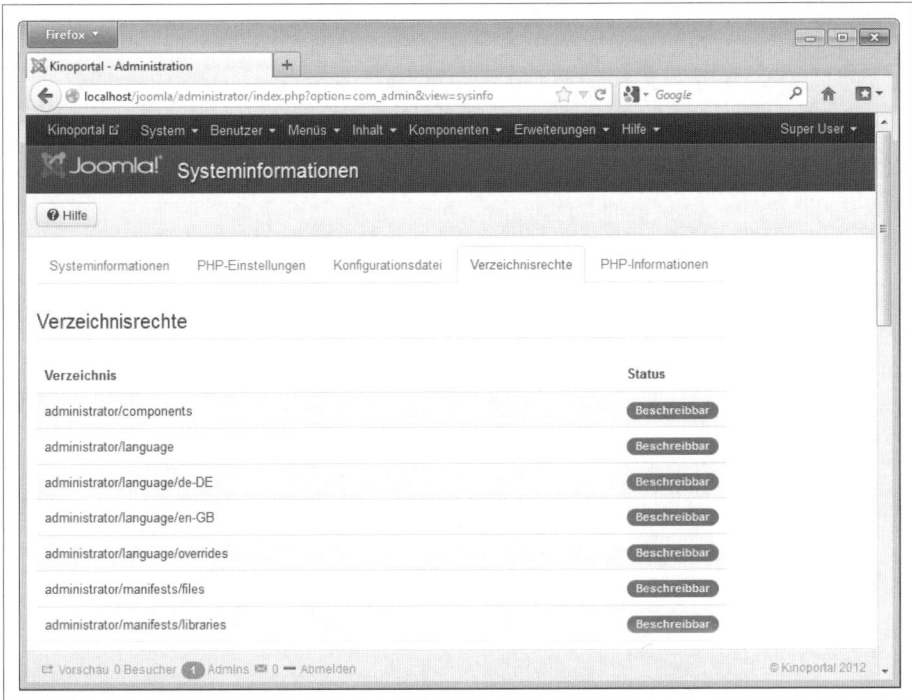

Abbildung 10-10: Hier zeigt Joomla! alle Verzeichnisse, auf die es Schreibrechte benötigt.

Menüs und Kategorien wiederherstellen

Hinter *Menüs* → *Menüs* und *Inhalt* → *Kategorien* finden Sie in der Werkzeugleiste einen ominösen Punkt namens *Wiederherstellen* (im englischen *Rebuild*, siehe Abbildung 10-11).

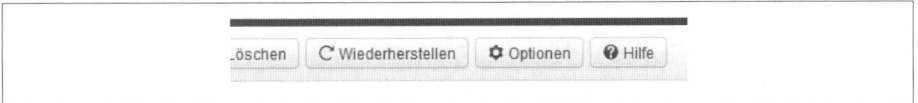

Abbildung 10-11: Die Rebuild-Schaltfläche bringt Menüs und Kategorien wieder in einen konsistenten Zustand.

Wenn man Erweiterungen einsetzt, die Menüs und Artikel manipulieren, kann es mitunter vorkommen, dass Menüpunkte und Beitragskategorien plötzlich falsch verschachtelt sind oder aber nicht mit dem Ergebnis in der *Vorschau* übereinstimmen.

In solchen Fällen markieren Sie das fehlerhafte Menü beziehungsweise die Oberkategorie und klicken auf *Wiederherstellen*. Joomla! versucht dann, die korrekte Gliederung zu rekonstruieren. Glücklicherweise ist diese Reißleine nur sehr selten notwendig.

Warnung Diese Funktion ist allerdings kein Reparaturwunder. Regelmäßige Sicherungskopien Ihrer Joomla!-Installation sind daher weiterhin Pflicht.

In diesem Kapitel:
- Grundlagen
- Authentication-Plugins
- Captcha-Plugins
- Content-Plugins
- Editors-Plugins
- Editors-xtd-Plugins
- Extension-Plugins
- Finder-Plugins
- Quickicon-Plugins
- Search-Plugins
- System-Plugins
- User-Plugins

KAPITEL 11
Plugins

Eine Theatervorstellung wäre ohne die vielen guten Geister im Hintergrund zum Scheitern verurteilt – angefangen bei den Bühnenarbeitern über die Maske bis hin zur Requisite, die im Fundus nach geeigneten Gegenständen sucht.

Auch Joomla! kennt solche unsichtbaren Helferlein, die Module und Komponenten bei ihrer Arbeit unterstützen. Diese sogenannten *Plugins* sind mit kleinen Robotern vergleichbar, die im Hintergrund jeweils eine ganz bestimmte spezialisierte Aufgabe erfüllen.

Grundlagen

Sofern Sie dem Kinobeispiel aus den vorherigen Kapiteln gefolgt sind, haben Sie schon mehrfach die Dienste von Plugins in Anspruch genommen. Beispielsweise schickt die Suchfunktion gleich mehrere spezialisierte Plugins los, die das bestehende Textmaterial nach passenden Fundstellen durchkämmen. Andere Plugins wiederum tauschen in Beiträgen schnell noch bestimmte Textpassagen aus, bevor die komplette Seite den Browser des Besuchers erreicht. Sogar den TinyMCE-Editor, der an allen Ecken und Enden des Backends auftaucht, stellt ein entsprechendes Plugin bereit.

Für gewöhnlich kommt weder ein Super User noch ein Besucher mit den installierten Plugins in Kontakt. Das Wissen um die kleinen Helfer kann allerdings äußerst nützlich sein – beispielsweise dann, wenn etwas plötzlich nicht mehr funktioniert oder Sie gezielt eine bestimmte Funktion deaktivieren möchten. Beispielsweise könnten Sie die Suche in den Kontaktdaten komplett unterbinden, indem Sie einfach das dafür zuständige Plugin deaktivieren. Umgekehrt bieten einige standardmäßig deaktivierte Plugins nützliche Zusatzfunktionen, wie beispielsweise eine automatische Formatierung von Programmcode in Artikeln.

Das Wissen um die aktiven Plugins kann zudem bei Sicherheitsproblemen hilfreich sein. Sollte beispielsweise eine Sicherheitslücke in einem der Helfer bekannt werden, lässt er sich vorübergehend außer Gefecht setzen, bis eine entsprechende Aktualisierung bereitsteht. Auf die gleiche Weise knipsen Sie auch dem TinyMCE-Editor das Licht aus und verhindern so, dass ein randalierender Besucher über ihn schadhaften HTML-Code einschleust (mehr zum Thema HTML folgt in Kapitel 13, *Templates*).

Welche Plugins Joomla! von Haus aus mitbringt, zeigt die Liste hinter dem Menüpunkt *Erweiterungen → Plugins* (siehe Abbildung 11-1).

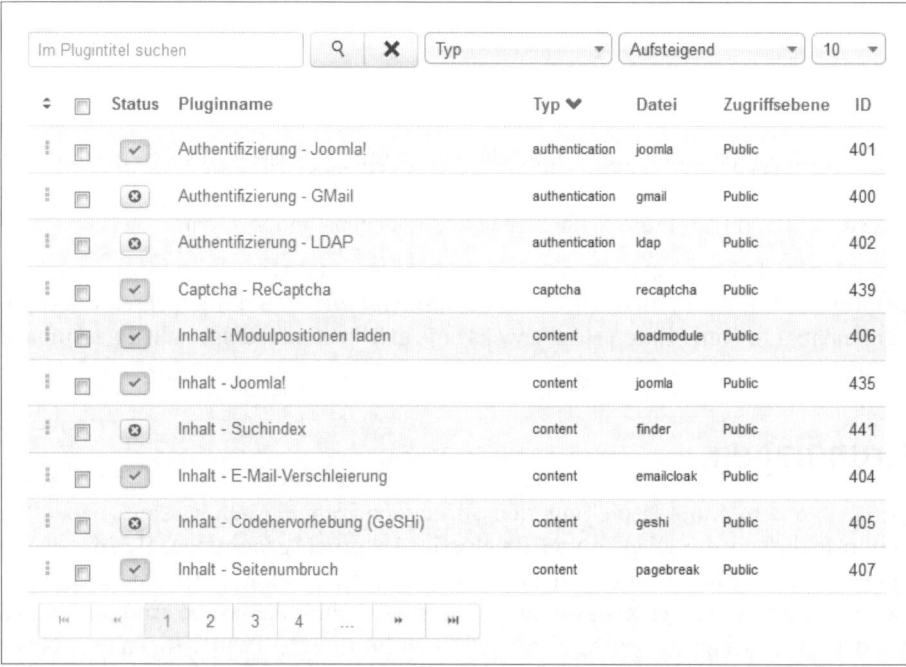

Abbildung 11-1:   Die Plugin-Verwaltung

Joomla! gruppiert alle Plugins nach ihren jeweiligen Aufgabengebieten. Um was sich ein Plugin genau kümmert, verrät die Spalte *Typ*. In Joomla! können dabei Plugins

- die Benutzeranmeldung übernehmen (*authentication*),
- ein Captcha bereitstellen (*captcha*),
- Inhalte manipulieren (*content*),
- einen Editor zur Eingabe von Texten bereitstellen (*editors*),
- die vorhandenen Texteditoren um zusätzliche Funktionen erweitern (*editors-xtd*),
- Erweiterungen betreuen, indem sie diese beispielsweise selbstständig aktualisieren (*extension*),

- die Suche durchführen (*search*),
- für die neue erweiterte Suche alias *Smart Search* einen Teil des Index erstellen (*finder*),
- ein intelligentes Symbol im Kontrollzentrum bereitstellen (*quickicon*),
- spezielle Systemfunktionen bereitstellen (*system*) und
- Benutzer verwalten (*user*).

Version Neu ab Joomla! 1.6 ist der *extensions*-Typ, und mit Joomla! 2.5 kamen noch die [X.X] Typen *quickicon*, *finder* und *captcha* hinzu. Dafür sind seit Version 1.6 die *xmlrpc*-Plugins weggefallen. Mit ihrer Hilfe konnten andere Programme Joomla! über das Internet fernsteuern (mittels XML-RPC-Standard). Diese Plugins sorgten jedoch immer wieder für massive Sicherheitsprobleme.

Mit einem Klick auf den Namen eines Plugins gelangen Sie zu seinen Einstellungen. Das Register *Details* ist dabei für alle Plugins gleich (siehe Abbildung 11-2).

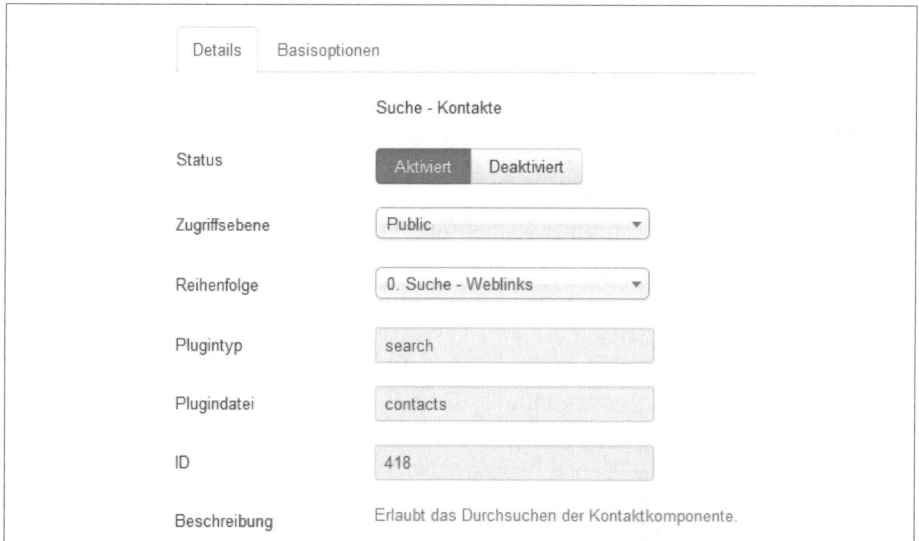

Abbildung 11-2: Die Einstellungen des Plugins *Suche – Kontakte*, das in allen Kontaktdaten nach einem Suchbegriff fahndet.

Es liefert hauptsächlich ein paar grundlegende Informationen. Ganz oben steht noch einmal der Name des Plugins. In Abbildung 11-2 lautet er *Suche – Kontakte*. Darunter tummeln sich folgende Einstellungen und Informationen:

Status
Hiermit schalten Sie das Plugin ein (*Aktiviert*) und aus (*Deaktiviert*).

Zugriffsebene
Die *Zugriffsebene* regelt, für welche Benutzergruppe das Plugin aktiv wird. Die Vorgabe sollten Sie nur dann ändern, wenn Sie zum einen die Funktionen des

Plugins kennen und Sie zum anderen seine Dienste ausschließlich speziellen Benutzergruppen zugänglich machen wollen. Würden Sie beispielsweise beim Plugin *Suche – Kontakte* in Abbildung 11-2 den Wert *Registered* wählen, könnten ab sofort nur noch alle registrierten Besucher die Kontaktdaten durchsuchen.

Reihenfolge

Bei einigen Plugins spielt es eine Rolle, in welcher Reihenfolge sie ihre Arbeit aufnehmen. So ist es beispielsweise ein Unterschied, ob man zuerst die Beiträge oder die Kontaktdaten nach einem Suchbegriff durchforstet.

Über die hier bereitgestellte Ausklappliste dürfen Sie diese Reihenfolge beeinflussen. In Abbildung 11-3 führt die Liste beispielsweise sämtliche Such-Plugins auf. Das Plugin *Suche – Kontakte* steht hier an zweiter Stelle – sein Kollege für die Kategorien drängt sich vor es. Damit sucht Joomla! einen Begriff zunächst in den Beschreibungen der Kategorien und erst danach in den Kontakten. Dies spiegelt sich dann später auch in der Ergebnisliste auf Ihrer Homepage wider.

Dieses Ordnungsprinzip war den Joomla!-Entwicklern aber offenbar zu einfach, weshalb sie zur Verwirrung aller Anwender noch die Ziffern vor den Plugins einführten. Diese Nummern verdeutlichen eigentlich noch einmal die Reihenfolge: Das Plugin mit der 0 startet als Erstes, das mit der 1 als Zweites und so weiter. Wie in Abbildung 11-3 kann man aber mehrere Plugins auf dieselbe Position setzen. In Abbildung 11-3 steht vor allen Plugins eine Null, folglich sollen sie alle als Erstes starten. In solchen mehrdeutigen Fällen wählt Joomla! selbst eine Reihenfolge. Sicher ist dann nur, dass die Plugins mit der 0 vor denen mit der 1 starten. Wenn Sie also eine bestimmte Reihenfolge sicherstellen wollen, achten Sie darauf, dass vor jedem Plugin eine eindeutige Zahl steht.

Um das gerade geöffnete Plugin früher oder später anlaufen zu lassen, stellen Sie hier in der Liste einfach seine neue Position ein. Soll Joomla! beispielsweise die Kontaktdaten immer erst ganz zum Schluss durchsuchen, wählen Sie unter *Reihenfolge* einfach *Als letztes* und *Speichern* die Änderung ab.

 Tipp   Die Reihenfolge können Sie auch in der Plugin-Verwaltung hinter *Erweiterungen →
Plugins* über die kleinen Kästchen in der ersten Spalte verändern. Wie Sie sie bedienen, hat bereits der Abschnitt »Sortierreihenfolge ändern« in Kapitel 3, *Erste Schritte*, auf Seite 83 gezeigt.

Plugintyp

Hier können Sie noch einmal ablesen, was für ein Typ das Plugin ist. In Abbildung 11-2 handelt es sich um ein *search*-Plugin, also um ein Plugin, das einen bestimmten Teil des Internetauftritts durchsucht.

Plugindatei

In dieser Datei befindet sich der Programmcode des Plugins. Diese Information ist nur für Joomla!-Entwickler von Interesse.

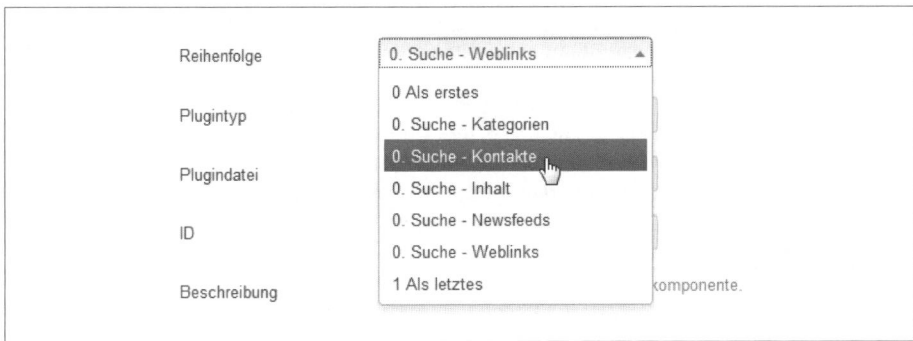

Reihenfolge	0. Suche - Weblinks ▲
Plugintyp	0 Als erstes
	0. Suche - Kategorien
Plugindatei	0. Suche - Kontakte
	0. Suche - Inhalt
ID	0. Suche - Newsfeeds
	0. Suche - Weblinks
Beschreibung	1 Als letztes

Abbildung 11-3: Die Reihenfolge der Such-Plugins

ID

In diesem Feld steht die interne Identifikationsnummer des Plugins.

Beschreibung

Hier finden Sie noch einmal kurz zusammengefasst, welche Aufgaben das Plugin übernimmt.

Je nach Plugin finden Sie auf dem Register *Basisoptionen* noch weitere Einstellungen. Welche das sind, erfahren Sie in den gleich folgenden Abschnitten. Sie verraten auch, wann und wofür man welches mitgelieferte Plugin benötigt.

Tipp Wie Sie dort sehen werden, liefert Joomla! alle Plugins schon mit sinnvollen Voreinstellungen. Es genügt deshalb, die nachfolgenden Abschnitte kurz zu überfliegen.

Version Die englische Fassung von Joomla! 1.5 bezeichnete diese zusätzlichen Einstellungen noch als *Parameter*. Ab Joomla! 1.6 heißen sie eigentlich *Options*. Die Dokumentation und viele Seiten im Internet werfen beide Begriffe (immer noch) munter durcheinander.

Authentication-Plugins

Bei jeder Anmeldung am Content-Management-System müssen Sie Joomla! Ihren Benutzernamen und Ihr Passwort nennen. Eines der Plugins aus der Gruppe *authentication* überprüft daraufhin die Gültigkeit Ihrer Daten. Standardmäßig schlägt dabei das Plugin *Authentifizierung – Joomla!* einfach in der Datenbank nach. Seine Kollegen laufen auf Wunsch aber auch eine andere Stelle an. Beispielsweise fragt das Plugin *Authentifizierung – GMail* beim E-Mail-Dienst von Google nach, ob dort ein Benutzerkonto mit den eingetippten Daten besteht. Sofern dies der Fall ist, gestattet Joomla! den Zutritt. Auf diese Weise muss man sich im Idealfall nur einmal anmelden.

Tipp   Diese Plugin-Art soll auch die Erstellung sogenannter *Bridges* vereinfachen. Dabei reicht das Plugin die Anmeldedaten an ein externes System weiter, wie zum Beispiel ein Forum. Auf diese Weise muss sich der Benutzer nicht doppelt anmelden (zunächst bei Joomla! und anschließend noch einmal am Forum). Bereits existierende Authentication-Plugins für verschiedene Anwendungen finden Sie im Extensions-Verzeichnis auf der Joomla!-Homepage (*http://extensions.joomla.org/ extensions/access-a-security/site-access/authentication-bridges*).

Authentifizierung – Joomla!

Dieses Plugin schlägt in der Joomla!-Datenbank den eingetippten Benutzernamen und das Passwort nach. Da es somit die bereits einschlägig bekannte Standard-Anmeldeprodzedur realisiert, sollten Sie es nur in absoluten Ausnahmefällen deaktivieren.

 **Warnung**   Achten Sie darauf, dass Sie immer ein Authentifizierungs-Plugin aktiviert haben. Andernfalls können Sie sich nie wieder bei Joomla! anmelden.

Authentifizierung – GMail

Die Authentifizierung läuft über den gleichnamigen E-Mail-Dienst von Google. Das Plugin prüft, ob der Joomla!-Benutzer ein gültiges Konto bei *Google Gmail* (hierzulande auch bekannt als *Google Mail*) besitzt. Auf diese Weise können sich Joomla!-Benutzer mit ihren Gmail-Zugangsdaten am Content-Management-System anmelden.

Damit das klappt, muss allerdings in Ihrer PHP-Umgebung die cURL-Funktion aktiviert sein. Ob sie aktiv ist, finden Sie heraus, indem Sie unter *System → Systeminformationen* auf dem Register *PHP-Informationen* in der Liste nach einem Bereich *curl* fahnden. Dort sollte *cURL support* auf *enabled* stehen. Steht hier *disabled* oder fehlt der Bereich *curl*, müssen Sie die PHP-Einstellungen in der zugehörigen Datei *php.ini* anpassen. Unter XAMPP in Windows genügt es bereits, in der Zeile

```
;extension=php_curl.dll
```

das voranstehende Semikolon zu entfernen, die Datei zu speichern und dann den Webserver einmal neu zu starten. Unter XAMPP für Linux und Mac OS X mit MAMP sollte cURL standardmäßig aktiviert sein. Bei einem gemieteten Server müssen Sie die Dokumentation Ihres Webhosters konsultieren beziehungsweise ihn darauf ansprechen. Weitere Informationen zu cURL finden Sie unter *http://de. wikipedia.org/wiki/CURL*.

Das Plugin selbst hält noch ein paar spezielle *Basisoptionen* bereit:

Benutzernamensuffix verwenden und Benutzername Suffix
    Gmail verwendet in der Regel als Benutzernamen die komplette E-Mail-Adresse, wie etwa *hansenhans@gmail.com*. Auf Wunsch kann Joomla! den hinteren Teil, *@gmail.com*, automatisch ergänzen.

Dazu setzen Sie die Ausklappliste auf *Immer diesen Suffix verwenden* und tippen die passende Adresse hinter dem @ unter *Benutzername Suffix* ein – für gewöhnlich *gmail.com*. Ihre Benutzer müssen dann bei ihrer Anmeldung an Joomla! immer nur noch den vorderen Teil eintippen, im obigen Beispiel also *hansenhans*.

Wenn Sie die Ausklappliste auf *Verwendeter Suffix falls nicht vorhanden* stellen, hängt Joomla! das vorgegebene Suffix nur dann an, wenn es im Benutzernamen fehlt. Ihre Besucher können also ihren vollständigen Benutzernamen eintippen (*hansenhans@gmail.com*) oder das Suffix weglassen (*hansenhans*).

Bei der Vorgabe *Keinen Suffix verwenden* müssen Ihre Benutzer hingegen immer den kompletten Benutzernamen eingeben (inklusive *@gmail.com*).

Peerverbindung überprüfen

Nachdem der Benutzer seine Anmeldedaten eingetippt hat, fragt Joomla! bei Google nach, ob ein entsprechendes Benutzerkonto existiert. Um das sensible Passwort zu schützen, geschieht dies ausschließlich verschlüsselt mit dem SSL-Verfahren. Dabei erhält Joomla! von Google auch ein Zertifikat. Mit ihm kann das Content-Management-System prüfen, ob es tatsächlich einen Computer von Google an der Strippe hat und nicht irgendeinen bösen Server im Urwald. Mitunter schlägt die Überprüfung des Zertifikats allerdings fehl. In diesen Fällen müssen Sie entweder auf die Anmeldung via Google verzichten oder aber hier die Prüfung des Zertifikats mit *Nein* ausschalten.

Benutzer-Blacklist

Die hier hinterlegten Benutzernamen dürfen sich nicht über das Plugin und somit Google anmelden. Mehrere Benutzernamen müssen Sie dabei jeweils durch ein Komma getrennt eintippen.

Weitere Informationen zu Gmail finden Sie unter *http://mail.google.com* oder *http://de.wikipedia.org/wiki/Gmail*.

Authentifizierung – LDAP

Viele Firmen speichern die Benutzerdaten ihrer Mitarbeiter auf einem speziell dafür eingerichteten Server. Ähnlich wie bei einem Telefonbuch können dann andere Programme die dortigen Informationen bei Bedarf abfragen.

Die Kommunikation mit einem solchen Verzeichnisdienst über ein Netzwerk regeln verschiedene Standards. Der mittlerweile am häufigsten verwendete Standard heißt *Lightweight Directory Access Protocol*, kurz LDAP.

Das Plugin *Authentifizierung – LDAP* kontaktiert nun auf Wunsch (als sogenannter LDAP-Client) einen solchen LDAP-Server und gleicht die dort gespeicherten Daten mit den zuvor eingetippten Anmeldedaten ab. Damit das reibungslos klappt, verlangt das Plugin in seinen Einstellungen verschiedene Basisinformationen (siehe Abbildung 11-4). Wenn Sie beziehungsweise in Ihrer Institution über einen Verzeichnisdienst verfügen, werden Sie die erforderlichen Parameter kennen. In allen anderen Fällen lassen Sie das Plugin deaktiviert.

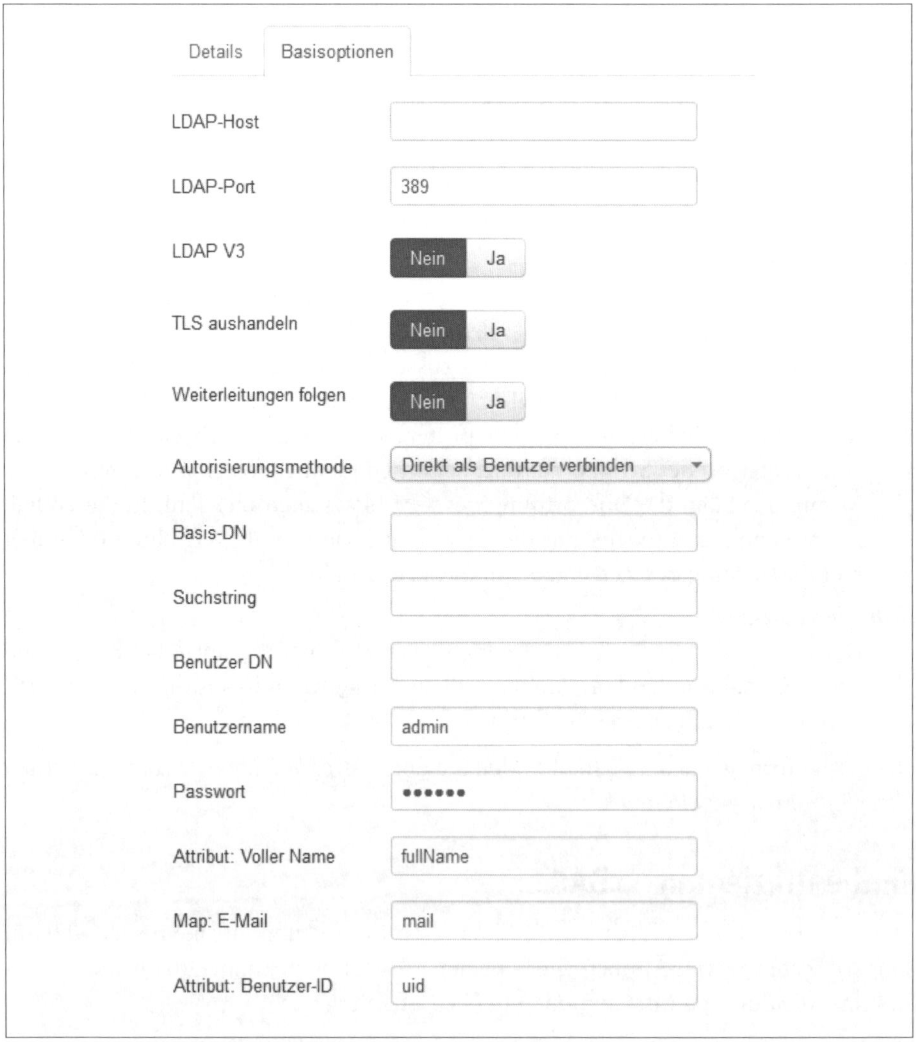

Abbildung 11-4: Die Basiseinstellungen des LDAP-Plugins

LDAP-Host
    Rechnername des LDAP-Servers, beispielsweise *ldap.meinserver.de*.
LDAP-Port
    TCP-Port, an dem der LDAP-Server auf eingehende Anfragen lauscht.

LDAP V3

Bei einem *Ja* verwendet Joomla! die LDAP-Version 3, andernfalls noch die alte Version 2.

TLS aushandeln

Bei einem *Ja* versucht Joomla! verschlüsselt mit dem LDAP-Server zu kommunizieren. Zum Einsatz kommt dabei das TLS-Verfahren.

Weiterleitungen folgen

Bei einem *Ja* setzt Joomla! das LDAP_OPT_REFERRALS-Flag. Im Zusammenspiel mit einem Windows-2003-Server muss dieses Flag deaktiviert werden.

Autorisierungsmethode

Legt fest, mit welcher Methode sich das Plugin am LDAP-Server anmeldet.

Basis-DN

Bestimmt den Punkt, von dem aus das Verzeichnis durchsucht werden soll.

Suchstring

Die hier eingetippte Suchanfrage wird vom Plugin verwendet, um die Benutzerdaten im Verzeichnis aufzustöbern. Die Anfrage muss dem LDAP-Standard entsprechen. Die Zeichenkette [search] ersetzt Joomla! dabei durch die Benutzeranmeldung. Ein Beispiel für einen Anfragetext wäre uid=[search].

Benutzer DN

Mit der hier eingetragenen Anfrage ermittelt das Plugin die sogenannte Benutzer-DN. Die Zeichenkette [username] ersetzt Joomla! dabei durch die Benutzeranmeldung. Ein Beispiel für eine Eingabe wäre uid=[username], dc=my-domain, dc=com.

Benutzername und Passwort

Die Verbindungsparameter für die DN-Lookup-Phase. Für einen anonymen DN-Lookup lassen Sie einfach beide Felder leer. Andernfalls vergeben Sie hier den entsprechenden Benutzernamen und das zugehörige Passwort eines administrativen Benutzerkontos.

Attribut: Voller Name

In dieses Feld gehört der Name des LDAP-Attributs, das den vollständigen Namen des Benutzers enthält.

Map: E-Mail

In dieses Feld gehört der Name des LDAP-Attributs, das die E-Mail-Adresse des Benutzers enthält.

Attribut: Benutzer-ID

In dieses Feld gehört der Name des LDAP-Attributs, das die Benutzer-ID des Benutzers enthält.

Mehr zum Konzept der Verzeichnisdienste und zum LDAP-Standard finden Sie im Internet, beispielsweise unter *http://de.wikipedia.org/wiki/Lightweight_Directory_ Access_Protocol.*

Captcha-Plugins

Ein Captcha ist ein Bild mit einem verzerrten Wort, das ein Besucher bei seiner Registrierung eintippen muss. Auf diese Weise kann Joomla! feststellen, ob der Besucher ein echter Mensch oder doch nur ein dummes Spam-Programm ist. In Joomla! 2.5.0 gibt es nur ein Plugin, das solche Captchas bereitstellt. Wie sein Name *Captcha – ReCaptcha* verrät, nutzt es im Hintergrund den *reCAPTCHA-*Dienst von Google. Wie man ihn in eigenen Seiten nutzt, hat bereits ausführlich der Kasten »Captchas« in Kapitel 9, *Benutzerverwaltung und -kommunikation,* auf Seite 449 gezeigt.

Content-Plugins

Plugins der Kategorie *Content* manipulieren die in Joomla! gespeicherten Texte oder reichern sie um zusätzliche Informationen oder Funktionen an.

Inhalt – Bewertung

Dieses Plugin kümmert sich um die Bewertungen, die Besucher für jeden Beitrag abgeben können (siehe Abbildung 11-5).

Abbildung 11-5:   Mit diesen Schaltern bewerten Besucher einen Beitrag.

Damit diese Funktion auch auf der Homepage erscheint, muss für den Beitrag das Bewertungssystem aktiviert sein (mehr dazu finden Sie in Kapitel 4, *Inhalte verwalten*, im Abschnitt »Die Darstellung des Beitrags anpassen« auf Seite 153).

Inhalt – Codehervorhebung (GeSHi)

Dieses Plugin ist besonders für Programmierer und Entwickler gedacht, die beispielsweise Tutorials oder Anleitungen auf ihrer Homepage veröffentlichen wollen.

Für gewöhnlich zeigt Joomla! jeden Artikel als schwarze Textwüste an und übernimmt auch noch eigenmächtig den Zeilenumbruch. Für Programmcode ist dieses Verhalten jedoch alles andere als optimal: Ein Programmierer, der auf diesem Weg seine Arbeit vorstellen möchte, erhält auf der Homepage nur ein unleserliches Durcheinander.

An dieser Stelle springt nun das Plugin ein: Es formatiert den Programmcode in Ihren Artikeln und hebt ihn gleich noch gut lesbar hervor. Zusätzlich beherrscht es sogar das sogenannte Syntax-Highlighting, das die einzelnen Befehle der jeweiligen Programmiersprache farblich hervorhebt (daher auch der Name GeSHi, der *Generic Syntax Highlighter*).

Um diese automatische Formatierung zu nutzen, müssen Sie lediglich das Plugin aktivieren und dann in Ihrem Beitrag den Quellcode zwischen die Befehle <pre> und </pre> klemmen – Sie können folglich in Ihren Beiträgen munter normalen, erklärenden Text mit Code mischen. Die verwendete Programmiersprache teilen Sie dem Plugin über den Parameter xml:lang mit, um den Sie noch das öffnende <pre>-Tag erweitern:

```
<pre xml:lang="css">
    body { color: red; background: #eeeeee; }
</pre>
```

Abbildung 11-6 zeigt das Ergebnis auf der Homepage.

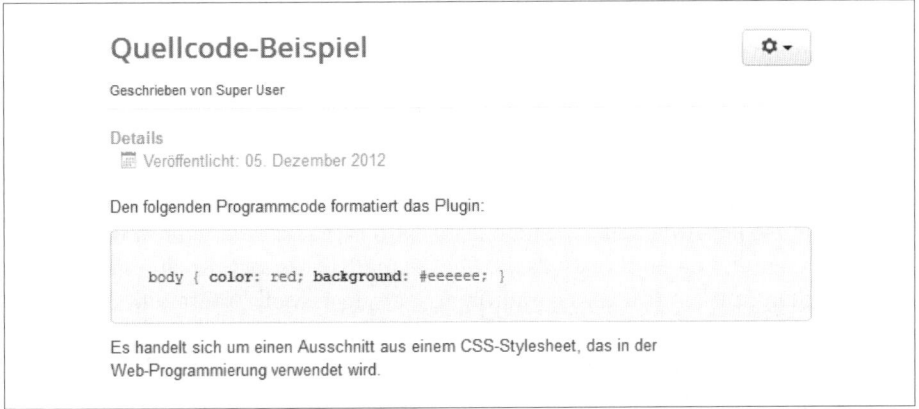

Abbildung 11-6:   Das GeSHi-Plugin formatiert den Quellcode.

Warnung Der in Joomla! zur Eingabe der Beiträge verwendete TinyMCE-Editor ist zwar komfortabel, greift aber immer wieder eigenmächtig in Ihren Quellcode ein. Sie sollten ihn daher unbedingt über die entsprechende Schaltfläche (*Editor an/aus*) abschalten oder ihn gleich in den globalen Einstellungen (unter *System → Konfiguration*) gegen einen sparsameren Kollegen austauschen.

Neben CSS kennt das Plugin unter anderem folgende Sprachen:

- CSS: xml:lang="css"
- HTML4: xml:lang="html4strict"
- JavaScript: xml:lang="javascript"
- PHP: xml:lang="php"
- PHP-Brief: xml:lang="php-brief"
- SQL: xml:lang="sql"
- XML: xml:lang="xml"

Tipp Das Plugin selbst basiert auf einer kastrierten Fassung der separat erhältlichen Software GeSHi. Dies hat den Vorteil, dass sich weitere Sprachen ganz einfach nachrüsten lassen. Dazu laden Sie sich die Version 1.0.8.10 von GeSHi unter *http://www.qbnz.com/highlighter/* herunter und entpacken sie in ein Verzeichnis Ihrer Wahl. Kopieren Sie anschließend alle Dateien aus dem Unterverzeichnis *geshi/geshi* in den Ordner */plugins/content/geshi/geshi/geshi* der Joomla!-Installation. Jede Datei steht dabei für eine Programmiersprache. Beispielsweise rüstet *cpp.php* die Unterstützung für C++ nach. Als Wert für xml:lang="..." dient jeweils der entsprechende Dateiname.

Inhalt – E-Mail-Verschleierung

Spam-Programme grasen das Internet nach E-Mail-Adressen ab, um sie dann im nächsten Schritt mit Werbung zu bombardieren. Dieses Plugin versteckt alle E-Mail-Adressen in Beiträgen vor solchen Spam-Programmen (im Englischen spricht man von *Cloaking*, das hier im Sinne von *Verhüllen* gebraucht wird).

Auf dem Register *Basisoptionen* erlaubt das Plugin zwei Betriebsmodi: Entweder stellt es die E-Mail-Adressen als einfachen Text dar (*Nicht verlinkter Text*), oder es versteckt sie hinter einem Link (*Als linkbare »mailto« Adresse*). Klickt ein Besucher einen solchen Link an, öffnet sich automatisch sein E-Mail-Programm. Zusätzlich tarnt das Plugin die E-Mail-Adresse durch den Einsatz von JavaScript. Folglich müssen die Besucher der Homepage diese Programmiersprache in ihrem Browser aktiviert haben – andernfalls bleibt das E-Mail-Programm geschlossen.

Mittlerweile erkennen die Programme der Spammer aber auch solche Tarnungen. Ein Allheilmittel gegen unerwünschte Werbung bietet das Plugin somit zwar nicht, es blockt aber zumindest viele einfache E-Mail-Sammler ab. Da man mithilfe des

Plugins die Arbeit der Spam-Versender zumindest erschwert, sollten Sie es möglichst aktiviert lassen.

Inhalt – Joomla!

Dieses Plugin schlägt Alarm, sobald Sie eine noch mit Beiträgen gefüllte Kategorie löschen möchten. Darüber hinaus verschickt es automatisch eine E-Mail, sobald jemand einen neuen Beitrag über das Frontend eingereicht hat.

Beide Funktionen können Sie auf dem Register *Basisoptionen* deaktivieren.

Inhalt – Modulpositionen laden

Dieses Plugin blendet ein Modul mitten in einen Beitrag ein. Wie das funktioniert, wurde bereits im Abschnitt »Module in Beiträge einbinden« auf Seite 355 beschrieben. In der Kurzfassung:

An der Stelle im Beitragsinhalt, an der die Modulausgaben erscheinen sollen, tippen Sie

```
{loadposition name}
```

ein, wobei **name** für eine Modulposition steht. Das Plugin sammelt dann die Ausgaben aller an dieser Position stehenden Module ein und packt sie in den Beitrag. Auf diese Weise könnte man beispielsweise ein Menü in eine Filmkritik einbetten.

Tipp Hilfreich ist dieses Plugin besonders bei selbst geschriebenen Modulen, die von vornherein auf eine Integration mit einem Beitrag ausgelegt wurden.

Das Plugin lässt sich in seinen Einstellungen mit der Ausklappliste auf dem Register *Basisoptionen* in folgende Betriebsmodi versetzen, die besonders für Template-Entwickler interessant sind (mehr zu den etwas kryptischen Templates folgt in Kapitel 13, *Templates*):

Mit Tabelle umgeben – Spalten
Sofern an der Position mehrere Module stehen, werden sie untereinander platziert. Im Hintergrund packt das Plugin die Module in die entsprechenden Zellen einer HTML-Tabelle.

Mit Tabelle umgeben – Horizontal
Sofern an der Position mehrere Module stehen, werden sie nebeneinander platziert. Im Hintergrund packt das Plugin die Module in die entsprechenden Zellen einer HTML-Tabelle.

Mit Divs umgeben
Sofern an der Position mehrere Module stehen, werden sie jeweils mit dem HTML-Befehl <div> eingerahmt. Die genaue Formatierung erfolgt dann über ein Stylesheet.

Mehrfach mit Divs umgeben

Arbeitet wie *Mit Divs umgeben*, nur dass diesmal mehrere verschachtelte `<div>`-Tags verwendet werden. Die genaue Formatierung erfolgt dann wieder über ein entsprechendes Stylesheet.

Nicht umgeben – reiner Inhalt

Die Ausgaben der Module werden direkt, also ohne weitere umfassende Tags ausgegeben. Bei den mitgelieferten Modulen führt das zu einer etwas durcheinandergewürfelten Darstellung. Diese Einstellung ist insbesondere dann sinnvoll, wenn die einzelnen Module ihre Formatierung selbst übernehmen.

Inhalt – Seitennavigation

Zwischen den Beiträgen einer Kategorie kann der Besucher normalerweise mit *Weiter* und *Zurück* blättern (siehe Abbildung 11-7). Diese beiden Schaltflächen stellt das Plugin *Inhalt – Seitennavigation* bereit.

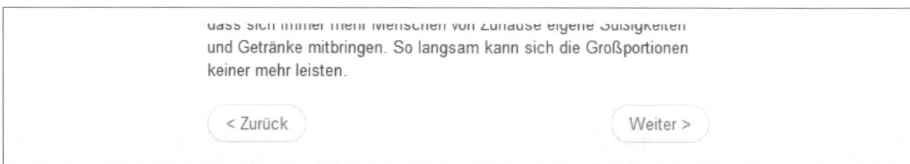

Abbildung 11-7:   Die Seitennavigation auf der Homepage

In den Einstellungen des Plugins dürfen Sie auf dem Register *Basisoptionen* unter *Position* festlegen, wo es die Knöpfe einblenden soll: entweder wie gewohnt am unteren oder alternativ am oberen Ende des Beitrags, und Sie legen fest, ob dies *Relativ zum Gesamten Beitrag* oder nur relativ zu dessen *Text* gelten soll.

Inhalt – Seitenumbruch

Bei einem mehrseitigen Beitrag sorgt dieses Plugin für ein kleines Inhaltsverzeichnis (wie in Abbildung 11-8). Darüber hinaus erzeugt es den eigentlichen Seitenumbruch in einem Artikel. (Wie man Seitenumbrüche in einen Beitrag einfügt, haben Sie bereits in Kapitel 4, *Inhalte verwalten*, im Abschnitt »Unterseiten« auf Seite 144 gesehen.)

Das Plugin hält auf dem Register *Basisoptionen* folgende Einstellungen bereit:

Seitentitel anzeigen

Wenn Sie einen Beitrag verfassen und dabei einen Seitenumbruch einfügen, können Sie der neuen Unterseite auch eine eigene Überschrift verpassen. Später auf der Homepage erscheint diese Überschrift dann neben dem eigentlichen Titel des Beitrags (wie in Abbildung 11-9).

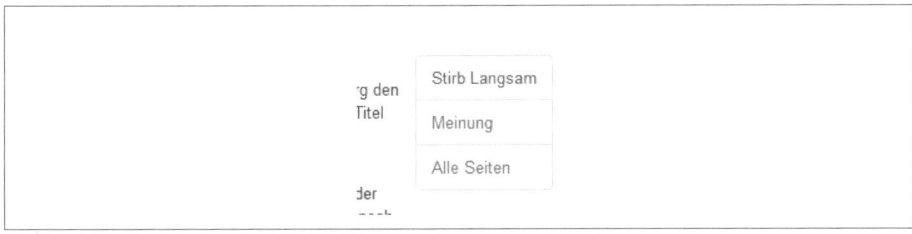

Abbildung 11-8:   Das Plugin *Inhalt – Seitenumbruch* erzeugt ein solches Inhaltsverzeichnis.

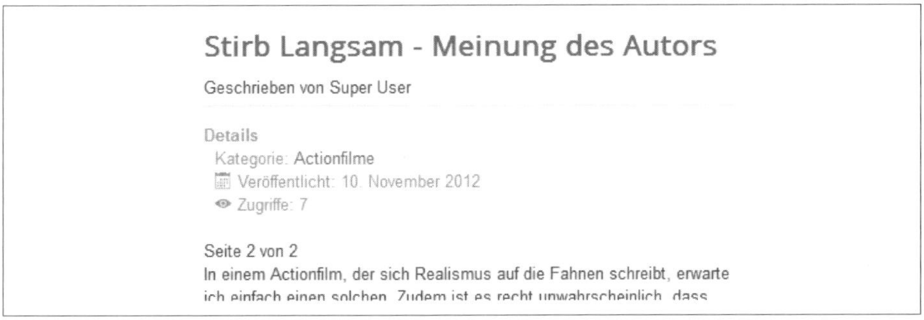

Stirb Langsam - Meinung des Autors

Geschrieben von Super User

Details
  Kategorie: Actionfilme
  Veröffentlicht: 10. November 2012
  Zugriffe: 7

Seite 2 von 2
In einem Actionfilm, der sich Realismus auf die Fahnen schreibt, erwarte
ich einfach einen solchen. Zudem ist es recht unwahrscheinlich, dass

Abbildung 11-9:   An den eigentlichen Titel des Beitrags, hier *Stirb Langsam*, hängt Joomla! auch immer noch die Überschrift
der Unterseite an – in diesem Fall die *Meinung des Autors*.

Wenn Sie hier *Seitentitel anzeigen* auf *Verbergen* setzen, präsentiert Joomla!
immer nur den Titel des Beitrags. In Abbildung 11-9 würde also nur noch *Stirb
Langsam* erscheinen.

Verzeichnisüberschrift und Eigene Überschrift
Das kleine Menü aus Abbildung 11-8 enthält standardmäßig immer nur die
Links zu allen Unterseiten. Sie können dem Kasten aber auch noch eine Überschrift spendieren, wie etwa *Inhaltsverzeichnis*. Dazu tippen Sie sie einfach in
das Feld *Eigene Überschrift*. Wenn Sie diese Überschrift (vorübergehend) ausblenden möchte, stellen Sie *Verzeichnisüberschrift* auf *Verbergen*.

Inhaltsverzeichnis
Blendet das komplette Inhaltsverzeichnis ein (*Anzeigen*) oder aus (*Verbergen*).
Unabhängig von der Einstellung wird der Seitenumbruch weiterhin ausgeführt.
Um diesen zu unterbinden, müssten Sie das Plugin komplett deaktivieren.

Alles anzeigen
Steht diese Einstellung auf *Anzeigen*, erscheint im Inhaltsverzeichnis der Punkt
Alle Seiten. Er führt zu einer Seite mit dem kompletten Beitragstext.

Darstellung in
Normalerweise verteilt Joomla! den Beitrag auf mehrere Unterseiten. Alternativ können Sie ihn aber auch auf Registerkarten (Einstellung *Tabs*) oder
sogenannten Slidern anordnen. Wie die beiden Alternativen auf der Webseite

aussehen, hängt stark vom aktivierten Template ab. Abbildung 11-10 und Abbildung 11-11 zeigen die beiden Einstellungen unter dem Template Beez3.

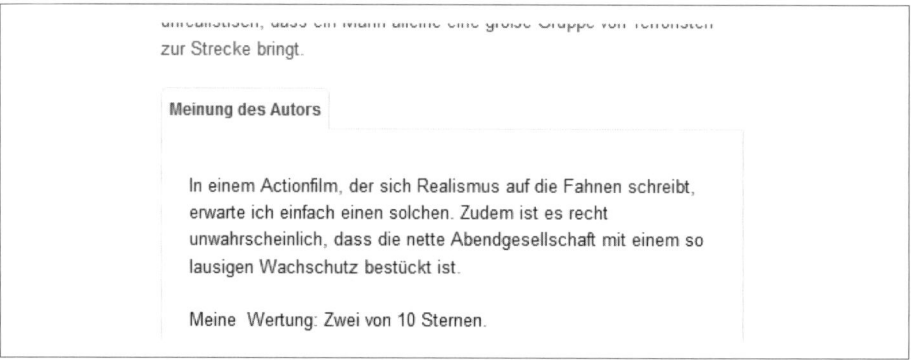

Abbildung 11-10:   Der Beitrag in der Einstellung *Tabs* ...

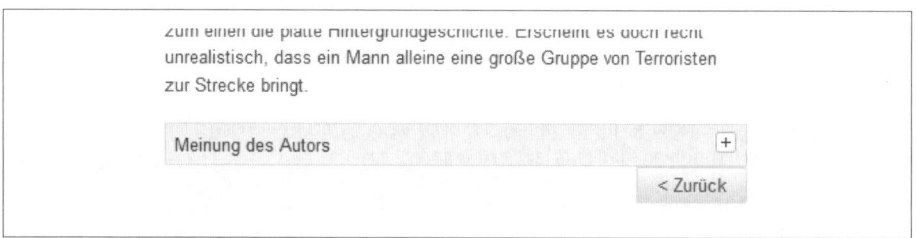

Abbildung 11-11:   ... und hier mit Slidern. Der Slider klappt auf, wenn der Besucher auf seinen Namen oder das kleine Plus-Symbol klickt.

Inhalt – Suchindex

Dieses Plugin aktiviert die neue Suchfunktion (*Smart Search*). Weitere Informationen hierzu finden Sie in *Kapitel 6, Komponenten – Nützliche Zusatzfunktionen*, im Abschnitt »Suchindex (Smart Search)« auf Seite 278.

Editors-Plugins

Jedes Plugin aus dieser Kategorie stellt einen Editor zur Eingabe von (längeren) Texten bereit. Dem äußerst komfortablen TinyMCE-Editor begegnen Sie beispielsweise bei der Eingabe eines neuen Beitrags.

Welchen Editor (und somit welches Plugin) Joomla! standardmäßig verwendet, legen Sie in der globalen Konfiguration hinter *System → Konfiguration* auf dem Register *Site* unter *Editor* fest. In seiner Aufklappliste finden Sie alle aktivierten Editor-Plugins.

Editor – CodeMirror

Der CoreMirror-Editor richtet sich primär an Programmierer. Nach außen gibt er sich recht karg, hebt aber bei einigen ihm bekannten Programmiersprachen die einzelnen Schlüsselwörter farbig hervor (Syntax-Highlighting). In seinen Einstellungen unter den *Basisoptionen* können Sie ihn dazu überreden, wie in Abbildung 11-12 auch die Zeilennummern anzuzeigen (indem Sie *Zeilennummerierung* auf *An* setzen).

```
1  <?php
2  /* Ein einfaches PHP-Skript */
3
4  echo 'Hallo Welt';
5
6  ?>
7
8
```

Abbildung 11-12:   Der CodeMirror-Editor im Einsatz, hier mit aktivierten Zeilennummern

Wenn Sie zusätzlich den *Tab Modus* auf *Umschalttaste* setzen, können Sie die Zeilen über der Tabulatortaste einrücken und per *Umschalt* und *Tabulator* wieder ausrücken – ganz so, wie Sie es von Ihrer Programmierumgebung gewohnt sind.

Weitere Informationen zu CodeMirror finden Sie unter *http://codemirror.net/*.

Editor – Keine

Der Name dieses Plugins ist etwas irreführend: Natürlich erlaubt auch dieses Plugin die Eingabe von Texten. Im Gegensatz zu seinen Kollegen liefert es allerdings nur ein einsames Textfeld (das große leere Feld aus Abbildung 11-13).

Abbildung 11-13:   Der »Keine«-Editor in Aktion, hier bei der Eingabe eines neuen Beitrags

Da es im Gegensatz zu einem ausgewachsenen Texteditor keine weiteren Eingabe-hilfen anbietet, stellt es also in gewissem Sinne »keinen« Editor (englisch »No Edi-tor«) dar.

 **Warnung**   Alle im Editor eingetippten HTML-Befehle wertet später der Browser der Besucher aus. Ein böswilliger Autor könnte auf diesem Weg nicht nur das Layout der Seite sprengen, sondern auch schadhaften Programmcode einschmuggeln. Nutzen Sie daher immer auch die von Joomla! angebotenen Textfilter, die in Kapitel 9, *Benut-zerverwaltung und -kommunikation,* im Abschnitt »Textfilter für Benutzergruppen« auf Seite 444 vorgestellt wurden.

Editor – TinyMCE

Den Editor, den dieses Plugin anbietet, dürfte vermutlich jeder Joomla!-Benutzer kennen. Er ist nach der Installation der Standardeditor und bietet umfangreiche Hilfsfunktionen bei der Texteingabe (siehe Abbildung 11-14). Um so viel Komfort nutzen zu können, müssen die Benutzer in ihren Browsern allerdings JavaScript aktiviert haben.

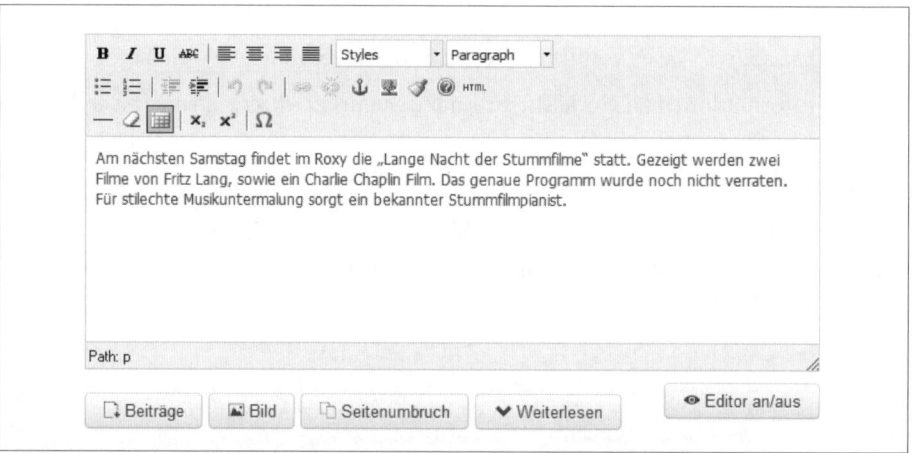

Abbildung 11-14:   Der TinyMCE-Editor bei der Eingabe eines Beitrags

Über die zahlreichen Symbole lassen sich die eingetippten Texte umfassend forma-tieren. Dabei besteht allerdings auch immer die Gefahr, dass Autoren das Layout sprengen oder durcheinanderbringen. Aus diesem Grund können Sie den Funkti-onsumfang in den Einstellungen des Plugins gezielt beschneiden. Dazu stehen auf der rechten Seite unter den *Basisoptionen* folgende Einstellungen bereit:

Funktionalität
   Mit dieser Ausklappliste legen Sie den Funktionsumfang fest. In der Einstellung *Einfach* dürfen alle Autoren lediglich den Schriftschnitt (fett, kursiv etc.) ändern sowie Aufzählungen einfügen. *Erweitert* gewährt Zugriff auf die Werk-

zeuge aus Abbildung 11-14. *Komplett* bohrt den Funktionsumfang noch einmal ordentlich auf. In diesem Modus dürfen Autoren unter anderem sogar die Textfarbe ändern oder Emoticons (also kleine Smileys) einfügen.

Warnung　　Beachten Sie, dass die hier getroffene Einstellung für restlos alle Autoren gilt – Sie als Super User eingeschlossen.

Aussehen

Hier können Sie die Symbolleisten im Editor wie in Microsoft Office 2007 aussehen lassen. Dabei ändert sich nur die Optik; der Funktionsumfang bleibt gleich.

Entity-Kodierung

Aus den eingegebenen Texten produziert der TinyMCE-Editor waschechten HTML-Code, also den Stoff, aus dem eine Internetseite aufgebaut ist. Das Ergebnis speichert er anschließend in der Datenbank. Joomla! selbst greift sich später einfach diesen fertigen Textbaustein und liefert ihn so, wie er ist, an den Browser der Besucher aus.

Tipp　　Um zu sehen, was der Editor aus dem eingegebenen Text fabriziert, erstellen Sie probeweise einen neuen Beitrag. Klicken Sie nun auf das *HTML*-Symbol des TinyMCE-Editors. In einem neuen Fenster zeigt er Ihnen nun, wie der Text in der Datenbank ausschaut. Für die korrekte Interpretation dieses Zeichenwirrwarrs sorgt dann später Ihr Browser. Das Fenster schließen Sie wieder über das rote *Cancel*.

Ein böswilliger Autor könnte nun auf die Idee kommen, seinen Beitrag mit schädlichen HTML-Befehlen zu spicken. Diese würden ebenfalls in der Datenbank und schließlich in den Browsern Ihrer Besucher landen. Findet der TinyMCE-Editor Zeichen, die in HTML-Befehlen zum Einsatz kommen, kann er sie durch spezielle ungefährliche Kürzel, die sogenannten *Entities*, ersetzen. Aus einer spitzen Klammer < würde dann beispielsweise die Zeichenfolge <. Der Browser macht aus dem kryptischen Zeichenbrei auf dem Bildschirm wieder eine Klammer. Wenn Sie solch eine Ersetzung vornehmen lassen möchten, setzen Sie *Entity-Kodierung* auf *Namentlich*. Bei der Einstellung *Numerisch* würde der Editor das Zeichen durch eine Zahl in hexadezimaler Schreibweise austauschen. Die spitze Klammer < würde dann zu &#03c;. Der Effekt wäre aber letztendlich der gleiche.

Tipp　　Suchmaschinen können benamsten Entities wie < besser verdauen, weshalb Sie ihnen den Vorzug geben sollten.

Wenn Sie ganz sichergehen möchten, dass sich Suchmaschinen nicht an den Entities verschlucken, müssen Sie die Einstellung *raw* wählen. Dann belässt der Editor die verdächtigen Zeichen im Beitrag.

Autom. Sprachauswahl und Sprach-Code

Den TinyMCE-Editor haben die Joomla!-Entwickler nicht selbst programmiert, sondern von der Firma *Moxiecode Systems* übernommen (*http://www.tinymce.com*). Dummerweise spricht er von Haus aus nur Englisch. Um ihm weitere Sprachen beizubringen, müssen Sie speziell auf ihn zugeschnittene Sprachpakete nachinstallieren. Das deutsche Sprachpaket bringt bereits eine deutsche Übersetzung für den TinyMCE-Editor mit.

Wenn Sie ein anderes Sprachpaket installieren, in dem die Übersetzungen fehlen, wechseln Sie auf die Homepage des TinyMCE-Editors *http://www.tinymce.com/*. Zu der Zeit, als dieses Buch geschrieben wurde, mussten Sie dort im *Download*-Bereich am rechten Rand *Languages* aktivieren, dann ein Häkchen bei den gewünschten Sprachen setzen und auf *Download* am unteren Ende der Tabelle klicken. Das so erhaltene Archiv entpacken Sie auf Ihrer Festplatte und kopieren den kompletten *Inhalt* des Ordners *tinymce_language_pack* ins Unterverzeichnis *media/editors/tinymce/jscripts/tiny_mce* Ihrer Joomla!-Installation.

Wenn Sie anschließend hier die *Autom. Sprachauswahl* auf *Ja* stellen, spricht der Editor immer die gleiche Sprache wie Joomla!.

⊙ Warnung Sollten Sie eine Sprache eingestellt haben, für die der TinyMCE-Editor kein eigenes Sprachpaket finden kann, verweigert er die Arbeit. In extremen Fällen kann dabei sogar der Browser abstürzen.

Möchten Sie den Editor zwingen, immer eine ganz bestimmte Sprache zu sprechen, so setzen Sie hier ein *Nein* und geben dann im Eingabefeld *Sprach-Code* das zugehörige Sprachkürzel ein. **en** steht dabei für Englisch, **de** für Deutsch. Eine komplette Liste dieser Ländercodes finden Sie im Internet unter *http://de.wikipedia.org/wiki/ISO-3166-1-Kodierliste*.

⊙ Warnung Auch hier gilt, dass die zugehörige TinyMCE-Sprachdatei installiert sein muss.

Textrichtung

In vielen Sprachen schreibt man von rechts nach links. Dem trägt der Editor mit dieser Einstellung Rechnung: Wählen Sie aus der Liste einfach die bevorzugte Schreibrichtung.

⊙ Tipp Leider können Sie später im Editor die Schreibrichtung nicht ad hoc ändern, was die Eingabe von sprachlich gemischten Texten erschwert.

Template-CSS-Klassen

Dieser und der nachfolgende Punkt richten sich primär an Template-Entwickler. Zur Formatierung der Texte in seinem Eingabefeld verwendet das Plugin standardmäßig ein im Template mitgeliefertes Stylesheet. Damit erhalten Sie schon beim Eintippen eine ungefähre Vorstellung davon, wie der Beitrag später auf der Homepage aussehen wird.

Wenn Sie hier *Nein* wählen, greift der Editor stattdessen immer auf ein in Joomla! mitgeliefertes Standard-Stylesheet zurück.

Eigene CSS-Klassen

Soll TinyMCE für seine Vorschau ein ganz bestimmtes Stylesheet verwenden, so tippen Sie hier seinen Dateinamen ein (einschließlich des kompletten Pfades dorthin).

URLs

Wenn Sie in einen Beitrag einen Link einfügen (indem Sie ein Wort markieren und auf das Kettensymbol klicken), geben Sie normalerweise eine vollständige Internetadresse wie diese an:

http://localhost/joomla/index.php/zu-den-filmkritiken/actionfilme/68-stirb-lang-sam

Solche Internetadressen mit dem *http://* und dem Domainnamen (im Beispiel *localhost*) bezeichnet man als *absolute* Adressen. Befindet sich die Zielseite innerhalb Ihres Internetauftritts, können Sie sich diese Angaben jedoch auch sparen:

index.php/zu-den-filmkritiken/actionfilme/68-stirb-langsam

Bei einer solchen *relativen* Adresse ergänzt der Browser selbstständig das *http://* und den Domainnamen.

Stellen Sie nun hier die Ausklappliste *URLs* auf *Absolut*, übernimmt bereits der Editor das Ergänzen. Wenn Sie also eine relative Adresse einbinden, wie *index.php/zu-den-filmkritiken/actionfilme/68-stirb-langsam*, macht der Editor daraus umgehend die absolute Adresse *http://localhost/joomla/index.php/zu-den-film-kritiken/actionfilme/68-stirb-langsam*.

Tipp  Wenn Sie unsicher sind, behalten Sie hier die Vorgabe *Relativ* bei.

Neue Zeilen

HTML kennt zwei Möglichkeiten für einen Zeilenumbruch: entweder das Element `<p>` oder seinen Kollegen `<br>`. Welches dieser beiden Tags das Plugin für seine Zeilenumbrüche verwendet, geben Sie hier über die Ausklappliste vor. `<p>` erzeugt immer einen komplett neuen Absatz, `<br>` einen einfachen Zeilenumbruch.

Falls Sie keine Erfahrungen mit HTML besitzen, behalten Sie hier die Einstellung `<p>`*-Elemente* bei.

Verbotene Elemente

Alle hier eingetippten HTML-Elemente wirft der Editor automatisch über Bord. Ihre Namen müssen Sie ohne die spitzen Klammern eintragen, und mehrere Elementnamen sind zudem jeweils durch ein Komma voneinander zu trennen.

Erlaubte Elemente

Alle hier eingetippten HTML-Elemente lässt der Editor ungeprüft durchgehen. Mehrere Elementnamen sind auch hier wieder jeweils durch ein Komma zu trennen.

Auf dem dritten Register, *Erweiterte Parameter,* legen Sie zunächst unter *Werkzeugleiste* fest, ob die Symbolleiste am oberen Rand des großen Eingabefeldes (*Oben*) oder am unteren Rand (*Unten*) erscheinen soll. Die *Toolbar-Ausrichtung* bestimmt, ob die Symbole *Links*, zentriert (*Mitte*) oder *Rechts* ausgerichtet werden sollen. Abbildung 11-15 zeigt die letzte Variante, die sich insbesondere bei Sprachen anbietet, die von rechts nach links geschrieben werden (siehe auch die Einstellung *Textrichtung*).

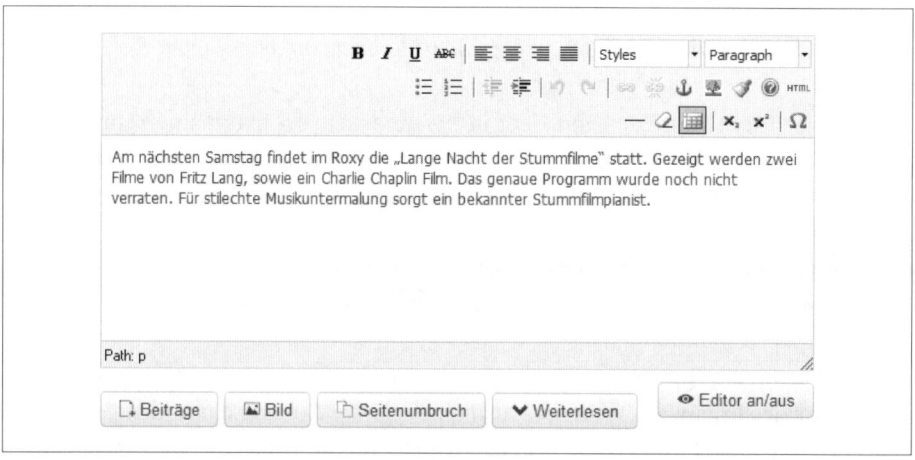

Abbildung 11-15:   Hier wurden die Symbole rechtsbündig ausgerichtet.

HTML-Höhe und *HTML-Breite* geben in Pixeln die Ausmaße des Fensters an, das bei einem Klick auf das *HTML*-Symbol aufspringt.

Werfen Sie noch einmal einen Blick auf Abbildung 11-15. In der rechten unteren Ecke finden Sie ein kleines graues Dreieck. Wenn Sie dieses bei gedrückter Maustaste verschieben, ändern Sie gleichzeitig die Größe des Eingabefeldes. Das ist insbesondere bei längeren Texten hilfreich. Solange *Verkleinern* auf *An* steht, kann der Autor das Feld auf diese Weise vertikal vergrößern und verkleinern. Setzen Sie *Horizontale Verkleinerung* auf *An*, funktioniert das auch horizontal.

Elementpfad auf *An* gewährt einen Blick hinter die Kulissen: Die graue Statusleiste am unteren Rand des Eingabefeldes zeigt dann immer das HTML-Element an, das den Text neben der Einfügemarke formatiert.

Alle nachfolgenden Einstellungen schalten die entsprechenden Funktionen im *Komplett*-Modus des Editors ein (*Anzeigen*) oder aus (*Verbergen*). Den *Komplett*-Modus aktiviert die oben erwähnte Ausklappliste *Funktionalität* auf dem Register *Basiseinstellungen*. Erklärungsbedürftig sind dabei nur noch die folgenden Eingabefelder:

Datumsformat

Mit einem Mausklick auf das Datumssymbol fügt der TinyMCE-Editor das aktuelle Datum in den Text ein. Wie dieses formatiert wird, bestimmt die kryptische Zeichenfolge im Feld *Datumsformat*. Darin steht %Y für das Jahr, %m für den Monat und %d für den Tag. Am 12. Mai 2012 würde der Editor folglich das Datum 2012-05-12 ausspucken. Um die in Deutschland übliche Datumsformatierung zu erhalten, tippen Sie hier %d.%m.%Y ein.

Zeitformat

Analoges gilt für die Uhrzeit: Im Feld *Zeitformat* steht %H für die Stunde, %M für die Minuten und %S für die Sekunden.

Eigene Plugins und Eigene Buttons

Über die Felder *Eigene Plugins* und *Eigene Buttons* können Sie den TinyMCE-Editor um eigene Werkzeuge erweitern. Weitere Informationen dazu finden Sie auf der TinyMCE-Homepage.

Editors-xtd-Plugins

Die Plugins aus dieser Kategorie erzeugen die Schaltflächen unterhalb des Texteditors (siehe Abbildung 11-16).

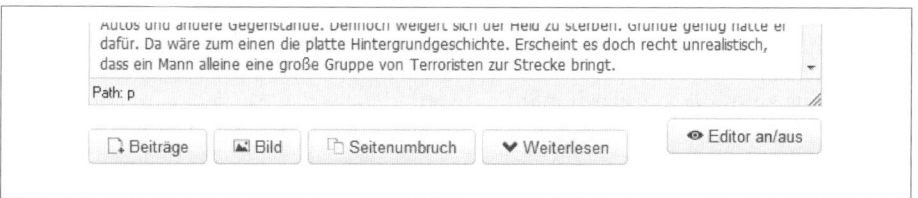

Abbildung 11-16:   Hinter diesen Schaltflächen steckt jeweils ein Plugin.

Sie fügen bestimmte Sonderelemente in den Text ein, und zwar

- einen Link auf einen anderen Beitrag (*Schaltfläche – Beiträge*),
- ein Bild (*Schaltfläche – Bild*),
- einen Seitenumbruch (*Schaltfläche – Seitenumbruch*) und
- einen *Weiterlesen*-Link (*Schaltfläche – Weiterlesen*).

Tipp   Wer sich mit der HTML-Programmierung auskennt, sollte unbedingt einen Blick hinter die Kulissen werfen: Die Plugins sind eigentlich strohdumm, und ein Klick auf die Schaltflächen fügt lediglich den zugehörigen HTML-Code ein. Leider versteckt der TinyMCE-Editor ihn sofort, gibt ihn aber bei einem Klick auf das *HTML*-Symbol wieder preis. Ein Seitenumbruch besteht beispielsweise aus diesem Befehl:

```
<hr title="Meinung des Autors" alt="Meinung" class="system-
pagebreak" />
```
Analog integriert ein Bild das bekannte `<img>`-Tag.

Extension-Plugins

Von diesem Typ gibt es in Joomla! 3.0 nur ein einsames Plugin namens *Erweiterungen
– Joomla!*. Es verwaltet die Update-Webseiten von Erweiterungen, auf denen diese
wiederum ihre Aktualisierungen bereitstellen. Lassen Sie es daher möglichst aktiviert.

Finder-Plugins

Jedes Plugin aus dieser Kategorie indexiert im Auftrag der neuen erweiterten Suchfunktion (*Smart Search*) einen ganz bestimmten Teil des Datenbestands. Zur Verfügung stehen dabei die Helfer aus Tabelle 11-1.

Tabelle 11-1: Alle standardmäßig in Joomla! ausgelieferten Suchindex-Plugins und ihr jeweiliger Tätigkeitsbereich

Plugin	Indexiert ...
Suchindex – Kategorien	die Texte aller Kategorien (insbesondere ihre Beschreibung)
Suchindex – Kontakte	alle Kontakte
Suchindex – Inhalt	alle Beiträge
Suchindex – Newsfeeds	alle Newsfeeds
Suchindex – Weblinks	die von der Weblink-Komponente verwalteten Links

Die Plugins sind alle standardmäßig aktiviert. Nur wenn Sie nicht möchten, dass
einer der Bereiche im Index landet, sollten Sie das dazugehörige Plugin abschalten.

Weitere Informationen zur neuen Suchfunktion und zum Index finden Sie in
Kapitel 6, Komponenten – Nützliche Zusatzfunktionen, im Abschnitt »Suchindex
(Smart Search)«, auf Seite 278.

Quickicon-Plugins

Im Kontrollzentrum (*System → Kontrollzentrum*) finden Sie in der rechten Spalte
unten zwei intelligente Einträge (siehe Abbildung 11-17). Der untere zeigt an, ob für
nachträglich installierte Erweiterungen Aktualisierungen vorliegen. Analog warnt
der obere, sobald es eine Aktualisierung für Joomla! gibt.

Diese beiden Einträge erzeugen die beiden Plugins mit den sperrigen Namen
Schnellstartsymbole – Joomla!-Erweiterungsaktualisierungen und *Schnellstartsymbole – Joomla!-Aktualisierungsüberprüfung*. Da sie auf wichtige Sicherheitsaktualisierungen hinweisen, sollten Sie sie immer aktiviert lassen.

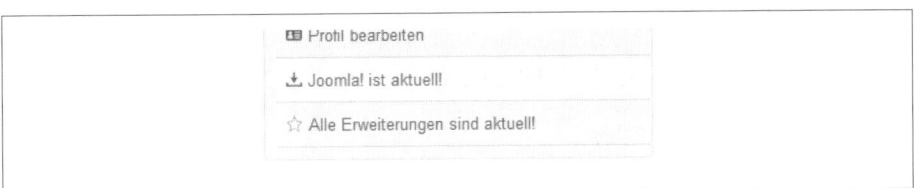

Abbildung 11-17:   Hinter diesen beiden Einträgen steckt jeweils ein Quickicon-Plugin.

Search-Plugins

Jedes Plugin aus dieser Kategorie nimmt vom *Suchen*-Modul oder dem Suchformular einen Begriff entgegen und stöbert diesen dann in einem ganz bestimmten Bereich der Datenbank auf. Zur Verfügung stehen dabei die Helfer aus Tabelle 11-2.

Tabelle 11-2: Alle standardmäßig in Joomla! ausgelieferten Such-Plugins und ihr jeweiliger Tätigkeitsbereich

Plugin	Durchsucht ...
Suche – Kategorien	die Texte aller Kategorien (insbesondere ihre Beschreibung)
Suche – Kontakte	alle Kontakte
Suche – Inhalt	alle Beiträge
Suche – Newsfeeds	alle Newsfeeds
Suche – Weblinks	die von der Weblink-Komponente verwalteten Links

Die Plugins sind alle standardmäßig aktiviert. Nur wenn Sie nicht möchten, dass einer der Bereiche durchsucht wird, sollten Sie das dazugehörige Plugin abschalten.

In den Einstellungen eines jeden Such-Plugins finden Sie auf dem Register *Basisoptionen* das Eingabefeld *Suchlimit*. Es bestimmt, wie viele Fundstellen das Plugin maximal zurückliefert. Darunter dürfen Sie festlegen, was das Plugin durchsuchen soll:

Beiträge durchsuchen beziehungsweise Einträge durchsuchen
Steht diese Einstellung auf *An*, durchsucht das Plugin alle veröffentlichten Elemente.

Archiv durchsuchen
Steht diese Einstellung auf *An*, durchsucht das Plugin auch die archivierten Elemente.

System-Plugins

Die Plugins aus dieser Kategorie liefern unterschiedliche Leistungen ab, greifen aber alle in das Innerste von Joomla! ein.

Warnung   Bevor Sie an den Einstellungen der folgenden Plugins drehen, sollten Sie sich genau überlegen, was Sie tun.

System – Abmelden

Wenn sich ein Benutzer bei Joomla! abmeldet, leitet dieses Plugin ihn automatisch zur Startseite.

System – Cache

Um die Auslieferungszeiten zu verkürzen, puffert Joomla! einmal erstellte Seitenteile auf Wunsch in einem Zwischenspeicher, dem sogenannten Cache. Zusätzlich zu diesem bereits aus Kapitel 10, *Globale Einstellungen* (Abschnitt »Zwischenspeicher (Cache)«, auf Seite 478) bekannten Verfahren puffert das Plugin *System – Cache* auch noch die *komplette*, an den Browser ausgelieferte Internetseite.

 **Warnung** Dieses Plugin ist standardmäßig deaktiviert, weil es in der Vergangenheit immer mal wieder zu Problemen kam. Sollten ständig nur veraltete Seiten ausgeliefert werden oder sollten Sie ein anderes Fehlverhalten bemerken, deaktivieren Sie zunächst dieses Plugin und schalten erst danach auch den Cache hinter *System →Konfiguration* aus. Es kann ebenfalls helfen, den Cache einmal komplett zu löschen.

In seinen Einstellungen bietet das Plugin auf dem Register *Basisoptionen* die Möglichkeit, den Zwischenspeicher in den Browser des Besuchers zu verlagern (*Browser-Cache benutzen*). Die Seiten müssen damit gar nicht erst durch das relativ lahme Internet wandern.

System – Debug

Wenn Sie unter *System Konfiguration* auf dem Register *System* die *Fehlersuche* einschalten (siehe auch Kapitel 10, *Globale Einstellungen*, Abschnitt »Fehlersuche (Debug)« auf Seite 475), beobachtet und analysiert dieses Plugin das System.

Die dabei von ihm gesammelten Informationen schreibt es immer ungeniert an den unteren Rand einer jeden von Joomla! ausgelieferten Seite. Das Ergebnis stört normale Besucher, wohingegen sich Angreifer über den tiefen Einblick in Ihr System freuen. Sie sollten deshalb die Ausgaben auf einen ausgewählten Personenkreis – am besten den der Super Users oder Administratoren – beschränken.

Dazu rufen Sie die Einstellungen des Plugins auf und wenden sich dort dem Register *Basisoptionen* zu. Unter *Erlaubte Gruppen* stellen Sie alle Benutzergruppen ein, die die Debug-Informationen zu Gesicht bekommen sollen. Dazu klicken Sie in einen leeren Bereich des Eingabefeldes, wählen eine Benutzergruppe aus der Liste aus und wiederholen diesen Vorgang, bis im Eingabefeld alle gewünschten Benutzergruppen vorhanden sind. Wenn Sie eine Benutzergruppe wieder entfernen möchten, klicken Sie einfach auf das kleine X neben ihrem Namen.

 **Warnung** Wenn hier keine Gruppe hervorgehoben ist, sind die Ausgaben des Plugins für alle Besucher sichtbar.

Die übrigen Einstellungen legen fest, welche Daten das Plugin sammeln beziehungsweise generieren soll. Die meisten richten sich dabei an Entwickler und Programmierer:

Laufzeitverhalten anzeigen

Bei einem *Ja* ermittelt das Plugin, wie lange Joomla! für welche Aktionen benötigt hat. Die Ergebnisse erscheinen in der Ausgabe unter dem *Profil zum Laufzeitverhalten* (in Abbildung 11-18 ganz oben).

Abfragen anzeigen

Bei einem *Ja* listet das Plugin alle Datenbankabfragen auf, die notwendig waren, um die aktuell angezeigte Seite zusammenzubauen (in Abbildung 11-18 unter *Datenbankabfragen*).

Tipp   Dieses Protokoll ist besonders wertvoll, um Einbruchsversuche aufzudecken. Sie aufzuspüren erfordert allerdings Wissen über die Sprache SQL sowie über die internen Abläufe von Joomla! (dazu folgt noch mehr in Kapitel 15, *Eigene Erweiterungen erstellen*).

Abfragetypen anzeigen

Bei einem *Ja* ermittelt das Plugin, wie oft Joomla! der Datenbank welche Fragen gestellt hat.

Tipp   Sollten bestimmte Anfragen überproportional häufig gestellt worden sein, *könnte* das wieder auf einen Einbruchsversuch hindeuten.

Stellt eine selbst programmierte Komponente zu viele Anfragen, sollte man überlegen, ob man diese Anfragen nicht irgendwie zusammenfassen kann. Damit spart man Rechenzeit.

Speichernutzung anzeigen

Bei einem *Ja* verrät das Plugin, wie viel Speicherplatz Joomla! derzeit belegt. In Abbildung 11-18 hat das Content-Management-System für den Aufbau der Seite beispielsweise 5,3 MB benötigt.

Auf Wunsch deckt das Plugin *System – Debug* auch fehlende Übersetzungen und defekte Sprachpakete auf – vorausgesetzt, Sie haben unter *System → Konfiguration* auf dem Register *System* den Punkt *Sprache debuggen* auf *Ja* gestellt. Welche Fehler das Plugin dann protokolliert, stellen Sie hier auf dem Register *Sprachoptionen* ein:

Fehler in Sprachdateien anzeigen

Ein Sprachpaket besteht aus mehreren einzelnen Dateien mit der Endung *.ini*, die wiederum jeweils die eigentlichen Übersetzungen für einen ganz bestimmten Teil von Joomla! enthalten.

Wenn Sie diese Einstellung auf *Ja* setzen, meldet das Plugin alle defekten beziehungsweise nicht lesbaren *.ini*-Dateien (siehe dazu auch Kapitel 12, *Mehrsprachigkeit*).

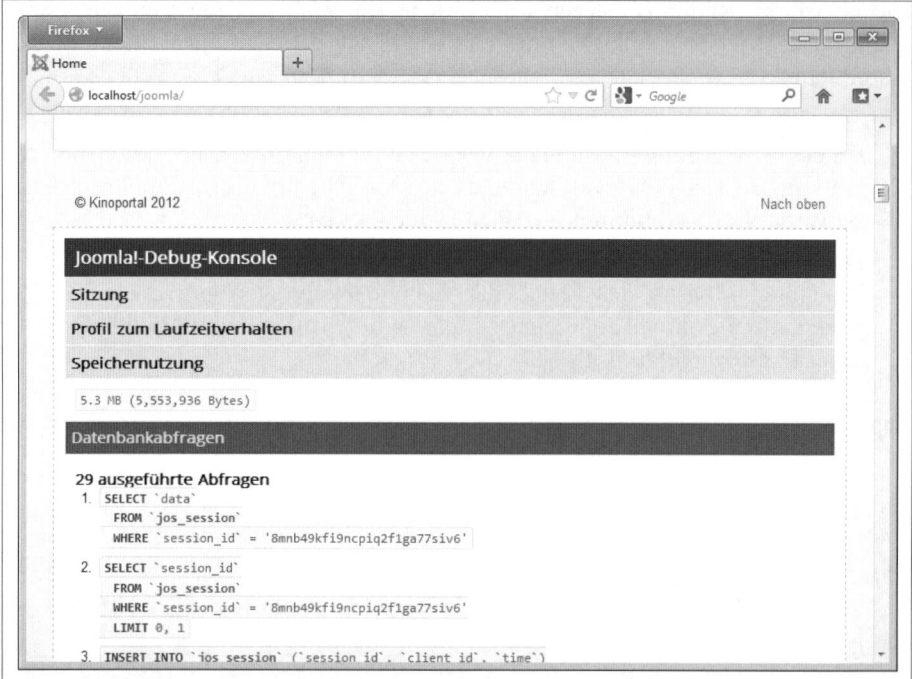

Abbildung 11-18: Ein Beispiel für die vom Plugin erzeugten Informationen

Sprachdateien anzeigen

Bei einem *Ja* nennt das Plugin alle von Joomla! geladenen *.ini*-Dateien.

Zeigt alle Sprachstrings

Diese Einstellung ist besonders für Übersetzer nützlich: Bei einem *Ja* listet das Plugin alle Elemente der Joomla!-Benutzeroberfläche auf, für die noch eine Übersetzung fehlt.

Das erste Wort entfernen

In Übersetzungen, die aus mehr als einem Wort bestehen, lässt das Plugin das erste Wort weg.

Vom Anfang entfernen

Zusätzlich entfernt das Plugin vom Anfang einer Übersetzung alle hier eingetragenen Wörter. Mehrere Wörter trennt man im Eingabefeld durch einen geraden Strich, also etwa **Wort1|Wort2**.

Am Ende entfernen

Analog entfernt das Plugin alle hier eingetragenen Wörter am Ende einer Übersetzung. Mehrere Wörter sind wieder durch einen Strich **|** zu trennen.

[X.X] Joomla! bietet Erweiterungen gegenüber einen ganzen Satz nützlicher Funktionen an. Mit der Version 3.0 haben die Entwickler auch unter der Haube ein klein wenig aufgeräumt und dabei einige dieser Funktionen als veraltet gekennzeichnet. Sollte eine Erweiterung eine solche veraltete Funktion nutzen, kann das Plugin *System – Debug* auf Wunsch Alarm schlagen. Dazu setzen Sie auf dem letzten Register *Protokollierung* den Punkt *Veraltete (deprecated) API aufzeichnen* auf *Ja*. Das dann vom Plugin erzeugte Protokoll finden Sie in der Datei *deprecated.php* . Ihren Speicherort finden Sie unter *System → Konfiguration* auf dem Register *System* im Eingabefeld *Protokollverzeichnis*. Es geht hier übrigens nur um Funktionen, die Joomla! Erweiterungen gegenüber anbietet (sogenannte API-Aufrufe). Witzigerweise haben die Entwickler auch Funktionen als veraltet gekennzeichnet, die Joomla! intern selbst noch nutzt. Es reicht also schon ein Seitenaufruf aus, um die Datei *deprecated.php* munter mit Warnhinweisen zu füllen. Sie sollten daher die Protokollierung nur dann heranziehen, wenn Sie eigene Erweiterungen überprüfen möchten.

System – Angemeldet bleiben

Normalerweise muss sich ein Benutzer bei jedem Besuch erneut mit seinem Benutzernamen und Passwort anmelden. Davon wird er allerdings befreit, wenn er im *Login Form* einen Haken vor *Angemeldet bleiben* setzt. Hinter genau dieser Funktion steckt das Plugin *System – Angemeldet bleiben*. Im Hintergrund verpackt es das Passwort und den Benutzernamen gut verschlüsselt in ein sogenanntes Cookie, das anschließend in den Browser des Besuchers wandert. Sobald dieser erneut die Seite betritt, dient das Cookie als Ausweis, der den Zutritt zu den geschützten Seiten ohne erneute Anmeldung erlaubt. Dies klappt allerdings nur, wenn sich der Besucher nicht explizit wieder abmeldet (über die gleichnamige Schaltfläche auf der Startseite) oder seine Cookies löscht. Letztgenanntes übernehmen übrigens auch viele Anonymisierungsprogramme automatisch im Hintergrund.

System – Highlight

Dieses Plugin hebt in Texten bestimmte Ausdrücke hervor.

System – P3P-Richtlinien

Viele Internetseiten sammeln eifrig Daten über ihre Besucher. Joomla! kennt beispielsweise den vollständigen Namen und die E-Mail-Adresse aller registrierten Autoren. Was mit diesen Daten im Hintergrund passiert, erfährt der Besucher jedoch normalerweise nicht.

Das *World Wide Web Consortium* (W3C, *http://www.w3c.org*) entwarf deshalb 2002 die *Platform for Privacy Preferences*, kurz P3P. Mit diesem standardisierten Verfahren können Internetseiten ihren Besuchern mitteilen, wie sie die persönlichen Daten im Hintergrund speichern und weiterverarbeiten.

Das Plugin *System – P3P-Richtlinien* klebt die entsprechenden Informationen an jede von Joomla! ausgelieferte Internetseite (genauer gesagt wandern die Informationen im sogenannten HTTP-Header durch das Internet). Spezielle Kürzel, die sogenannten Tags, verraten dabei dem Browser, was das Content-Management-System mit den gesammelten Daten anstellt. Dem Browser bleibt es dann überlassen, ob und wenn ja wie er diese Informationen auswertet und seinem Besitzer präsentiert.

In den Einstellungen des Plugins können Sie unter den *Basisoptionen* eigene *P3P Richtlinien Tags* ergänzen beziehungsweise die vorhandenen ändern.

Warnung   Machen Sie das jedoch nur, wenn Sie genau wissen, was Sie tun! Andernfalls kann es passieren, dass sich einige Besucher nicht mehr bei Joomla! anmelden können.

Tipp   Wenn Sie noch nie etwas von P3P gehört haben, lassen Sie das P3P-Plugin aktiviert und belassen seine Einstellungen auf den Vorgaben.

Weitere Informationen zum P3P-Standard finden Sie unter *http://de.wikipedia.org/wiki/Platform_for_Privacy_Preferences_Project*. Seine aktuelle Version steht unter *http://www.w3.org/TR/P3P11/*.

System – Protokollierung

Dieses Plugin protokolliert sämtliche Fehlermeldungen. Dazu zählen in erster Linie fehlgeschlagene Anmeldeversuche.

Tipp   Aus dem Protokoll können Sie auch Einbruchsversuche ablesen: Tauchen beispielsweise sehr viele fehlgeschlagene Anmeldungen in kurzer Zeit auf, versucht offensichtlich jemand, sich mit aller Gewalt Zugang zum Content-Management-System zu verschaffen.

Alle Meldungen landen in der Datei *error.php*. Ihren Speicherort verrät unter *System → Konfiguration* das Eingabefeld *Protokollverzeichnis* auf der Registerkarte *System*.

Einen Einblick in die Datei *error.php* gewährt Ihnen jeder beliebige Texteditor. Der in Windows mitgelieferte Editor ignoriert allerdings geflissentlich alle Zeilenumbrüche und zeigt daher nur einen riesigen Textbrei an. In den Einstellungen des Plugins können Sie noch unter den *Basisoptionen* die *Benutzernamen speichern* lassen. In diesem Fall protokolliert das Plugin auch jeden fehlgeschlagenen Anmeldeversuch.

System – SEF

Auf Wunsch verpasst Joomla! allen seinen Seiten suchmaschinenfreundliche Internetadressen (*Search Engine Friendly*, kurz SEF). Damit sollen Google, Bing und Co leichter alle in Joomla! gespeicherten Beiträge aufspüren können. Das SEF-Plugin unterstützt dieses Vorgehen, indem es in jedem ausgelieferten Artikel sämtliche Links durch die entsprechenden suchmaschinenfreundlichen Pendants ersetzt. Ausführliche weitere Informationen zu diesem Thema liefert noch Kapitel 17, *Suchmaschinenoptimierung*.

Warnung   Wenn Sie die SEF-Funktion nutzen, müssen Sie auch immer dieses Plugin aktivieren. Ansonsten kommt es zu Inkonsistenzen, über die wiederum die Suchmaschinen bei ihrer Arbeit stolpern.

Wenn die von Joomla! verwalteten Seiten über mehrere Domainnamen erreichbar sind, also etwa nicht nur über *kinoportal.de*, sondern auch noch über *filmbegeisterung.org* und *tollefilme.net*, dann müssen Sie auf dem Register *Basisoptionen* des Plugins unter *Website-Domain* genau eine von den Dreien eintragen. In der Regel wählt man die Haupt-Domain – im Beispiel also etwa *kinoportal.de*. Diese nutzt dann das Plugin bei seiner Arbeit.

System – Sprachenfilter

Dieses Plugin hilft beim Aufbau eines mehrsprachigen Internetauftritts. Ausführliche Informationen hierzu folgen direkt in Kapitel 12, *Mehrsprachigkeit*. Deshalb erläutere ich hier nur schnell die Bedeutung der Einstellungen auf dem Register *Basisoptionen*:

Sprachauswahl für neue Besucher
Ihre Website spricht entweder die gleiche Sprache wie der Browser des Besuchers (*Browsereinstellungen*) oder aber die hinter *Erweiterungen → Sprachen* eingestellte Standard-Sprache (*Seitensprache*).

Automatischer Sprachwechsel
Sobald ein Besucher die Spracheinstellung ändert, wechselt Joomla! umgehend im Frontend die Sprache – vorausgesetzt, Sie haben hier *Ja* gewählt.

Verknüpfte Einträge
Wenn Sie diesen Punkt auf *Ja* setzen, können Sie Menüpunkte miteinander verknüpfen. Was es genau damit auf sich hat, verrät Kapitel 12, *Mehrsprachigkeit*, im Abschnitt »Schritt 7: Menüpunkte miteinander verknüpfen« auf Seite 556.

URL-Sprachkürzel entfernen
Wenn Sie einen mehrsprachigen Internetauftritt erstellen, finden Sie in allen von Joomla! erzeugten Internetadressen auch immer ein Sprachkürzel. Es zeigt an, in welcher Sprache die gerade betrachtete Seiten verfasst wurde. Wenn Sie hier *Ja* wählen, unterdrückt Joomla! das Sprachkürzel – aber nur, wenn auf der Website gerade die Standardsprache zu sehen ist und gleichzeitig suchmaschinenfreundliche URLs zum Einsatz kommen.

»Alternate« Meta-Tag hinzufügen

Wenn Sie diesen Punkt auf *Ja* setzen, versteckt Joomla! in den Webseiten einen Hinweis auf die anderen Sprachfassungen. Insbesondere Suchmaschinen erkennen auf diese Weise, dass es Ihren Internetauftritt noch in anderen Sprachen gibt.

Für HTML-Kenner: Joomla! fügt in den Kopf einer Seite ein passendes `<link>`-Tag ein. Betreiben Sie beispielsweise einen deutsch- und englischsprachigen Auftritt, schreibt Joomla! in den Kopf der deutschen Fassung: `<link href="http://www.example.org/joomla/index.php/en/" rel="alternate" hreflang="en-GB" />`

System – Sprachkürzel

Ganz am Anfang einer jeden ausgelieferten Seite versteckt Joomla! auch ein Sprachkürzel (für HTML-Kenner: in den Attributen `xml:lang` und `lang` des `<html>`-Tags). Es soll insbesondere Suchmaschinen auf die im Text verwendete Sprache hinweisen. Normalerweise verwendet Joomla! immer das Kürzel des gerade aktiven Sprachpakets.

Mit dem Plugin *System – Sprachkürzel* können Sie dieses Kürzel gegen ein beliebiges anderes austauschen. Dazu aktivieren Sie das Plugin zunächst, indem Sie in seinen Einstellungen den *Status* auf *Aktiviert* setzen und die Änderungen einmal *Speichern*. Auf dem neu eingeblendeten Register *Sprachkürzel* finden Sie jetzt eine Liste mit den Kürzeln aller installierten Sprachpakete. In die Felder tippen Sie jetzt diejenigen Sprachkürzel, die Joomla! stattdessen in den Webseiten verwenden soll.

Wenn Sie sich beispielsweise mit Ihrem Internetangebot ausschließlich an österreichische Besucher richten, tragen Sie neben *de-DE* das entsprechende Kürzel **de-AT** ein. Dies signalisiert dann den Suchmaschinen, dass in den Texten österreichische Begriffe und Bezeichnungen auftauchen.

 Tipp Wenn Sie jetzt verwirrt sind, lassen Sie dieses Plugin deaktiviert.

System – Umleitung

Steuert ein Besucher eine nicht (mehr) vorhandene Seite an, kann Joomla! ihn automatisch auf eine beliebige andere Seite umleiten. Das kann etwa eine Fehlermeldung oder ein ähnlicher Beitrag sein. Welche Internetadresse Joomla! auf welchen Beitrag umlenkt, legen Sie unter *Komponenten → Umleitungen* fest. Das Plugin *System – Umleitung* führt dann die eigentliche Umleitung durch.

 Warnung Wenn Sie die Umleitungen nutzen möchten, müssen Sie folglich auch immer dieses Plugin aktivieren.

Weitere Informationen hierzu folgen noch in Kapitel 17, *Suchmaschinenoptimierung*.

User-Plugins

Die User-Plugins erweitern die Benutzerverwaltung um mehr Funktionen.

Benutzer – Joomla!

Das Plugin hält die Benutzerdaten konsistent. Beispielsweise kümmert es sich darum, dass beim Löschen keine Rückstände verbleiben.

Mit der Einstellung in den *Basisoptionen* legen Sie fest, ob das Plugin automatisch passende Benutzerkonten anlegen soll, wann immer es möglich ist. Existiert beispielsweise über eine Erweiterung eine Anbindung an ein Forum und gibt es dort Benutzer, die in Joomla! noch kein Konto besitzen, so legt das Plugin für jeden Benutzer kurzerhand ein passendes Konto an.

Wenn Sie als Super User ein Benutzerkonto anlegen, schickt Joomla! der entsprechenden Person eine E-Mail mit ihrem Passwort und ihrem Benutzernamen – vorausgesetzt, *Benachrichtigungs-E-Mail an den Benutzer* steht auf *Ja*.

Benutzer – Kontakterstellung

Ein Benutzerkonto können Sie mit einem Kontakt(-Formular) verbinden (wie in *Kapitel 6, Komponenten – Nützliche Zusatzfunktionen*, im Abschnitt »Kontaktformulare« auf Seite 234 beschrieben). Diese Handarbeit nimmt Ihnen das Plugin *Benutzer – Kontakterstellung* ab: Sobald Sie einen neuen Benutzer anlegen, erstellt es automatisch einen dazu passenden Kontakt.

Dazu müssen Sie lediglich das Plugin aktivieren und in seinen Einstellungen auf dem Register *Basisoptionen* noch ein paar Grundeinstellungen gerade rücken:

Autom. erst. Kontaktseite

In den Kontaktdaten können Sie neben Adresse und Telefonnummer unter anderem auch die Homepage des Benutzers nennen. Diese Angabe kann das Plugin automatisch ausfüllen. Das klappt allerdings nur, wenn die zugehörigen Internetadressen einem einheitlichen Schema folgen.

Angenommen, jeder Benutzer besitzt unter *http://www.example.com/benutzername* eine eigene Webseite. Die Seite von Hans Hansen wäre demnach unter *http://www.example.com/hans76* zu erreichen. In diesem Fall tippen Sie einfach `http://www.example.com/[username]` in das Feld *Autom. erst. Kontaktseite*. Sobald Sie jetzt einen neuen Benutzer erstellen, ersetzt das Plugin zunächst den Platzhalter [username] durch den Benutzernamen und schreibt dann die entstandene Internetadresse in das Feld *Website* des zuvor erstellten Kontakts.

Neben [username] gibt es noch weitere Platzhalter: [name] steht für den kompletten Namen des Benutzers, [userid] für seine interne Identifikationsnummer und [email] für seine E-Mail-Adresse.

Es ist ziemlich unwahrscheinlich, dass alle Internetadressen Ihrer Benutzer einem festen Schema folgen. Sinnvoll nutzbar ist die Ausfüllhilfe daher eigentlich nur im Intranet beziehungsweise dann, wenn Sie selbst den Benutzern jeweils eine kleine Webseite bereitstellen.

Damit das Plugin keine falschen Internetadressen in den Kontakten ablegt, sollten Sie im Zweifelsfall das Feld lieber leer lassen.

Kategorie

Die vom Plugin erstellten Kontakte landen standardmäßig in dieser Kontakt-Kategorie.

Kontakt autom. veröffentlichen

Mit einem *Ja* veröffentlicht Joomla! alle vom Plugin erstellten Kontakte, bei einem *Nein* bleiben sie sicherheitshalber erst einmal gesperrt.

Tipp

Sobald ein Besucher das Registrierungsformular ausgefüllt hat, erzeugt das Plugin umgehend einen Kontakt. Damit dieser nicht schon veröffentlicht wird, bevor das zugehörige Benutzerkonto überhaupt aktiviert ist, sollten Sie hier immer das *Nein* beibehalten.

Benutzer – Profile

Wenn sich ein Benutzer im Frontend anmeldet, erhält er immer auch Zugang zu einer Profilseite. Wie in Abbildung 11-19 zu sehen ist, nennt sie gerade einmal den Namen, das Registrierungsdatum sowie das Datum des letzten Besuchs.

Abbildung 11-19:   Das Benutzerprofil

Das Plugin *Benutzer – Profile* erweitert das Profil um zusätzliche Informationen, wie etwa den Wohnort, die Telefonnummer oder das Geburtsdatum. Dazu müssen Sie das Plugin lediglich aktivieren.

Welche Daten das Benutzerprofil dann zusätzlich führt, legen Sie in den Einstellungen des Plugins auf dem Register *Basisoptionen* fest. Dort schalten Sie im unteren Bereich *Benutzerprofilfelder zum Bearbeiten des Benutzerprofils* über die Ausklapplisten das jeweilige Informationsfeld frei. Dabei gibt es folgende drei Möglichkeiten:

- In der Einstellung *Benötigt muss* der Benutzer die entsprechende Information über sich preisgeben,
- bei *Optional kann* er sie eingeben, und
- im Fall von *Deaktiviert* taucht das Informationsfeld im Profil gar nicht erst auf.

Wenn Sie beispielsweise *Stadt* auf *Optional* stellen, kann jeder registrierte Benutzer über *Profil bearbeiten* seinen Wohnort nachtragen – er muss es aber nicht tun.

Einige der Informationen sollte man bereits abfragen, wenn der Benutzer sein Konto beantragt. Welche Daten das dabei angezeigte Registrierungsformular einfordert, stellen Sie im oberen Bereich *Benutzerprofilfelder für die Registrierungs- und Administrationsmaske* ein. Setzen Sie dort beispielsweise *Stadt* auf *Benötigt*, muss der Benutzer seinen Wohnort preisgeben – andernfalls bekommt er kein Konto.

Durch diese Trennung zwischen Registrierungsformular und Benutzerprofil können Sie bei der Registrierung zusätzliche beziehungsweise andere Informationen abfragen, als später im Benutzerprofil auftauchen.

Warnung Nach dem deutschen Datenschutzrecht dürfen Sie allerdings nur solche Informationen von Ihren Benutzern sammeln, die gerade eben notwendig sind. Insbesondere Unternehmen sollten hierauf penibel achten. Lassen Sie sich gegebenenfalls von einem Rechtsanwalt beraten.

Als Super User können Sie alle aktivierten Profildaten wie gewohnt in der Benutzerverwaltung hinter *Benutzer → Benutzer* ändern. Im Bearbeitungsbildschirm eines Benutzers finden Sie dann alle vom Plugin gesammelten Informationen auf dem Register *Benutzerprofil* wieder.

Zur Eingabe der einzelnen Profildaten stellt Joomla! jeweils ein normales Eingabefeld bereit, in das der Besucher irgendwelche Daten eintippen kann. Das Content-Management-System prüft folglich nicht, ob wirklich eine Stadt oder der Fantasiename *&g348Hgze* eingetippt wurde. Es gibt nur eine Ausnahme: Wenn Sie *Allgem. Nutzungsbeding.* auf *Optional* oder *Benötigt* stellen, zeigt Joomla! ein Kästchen an. Dieses muss der Besucher anklicken, um so seine Zustimmung zu den AGB zu signalisieren. Ein so einmal erteiltes Einverständnis kann er nicht wieder zurücknehmen; das einmal angeklickte Optionsfeld lässt sich nicht wieder deaktivieren. Die allgemeinen Geschäftsbedingungen müssen Sie zudem in einem separaten Beitrag hinterlegen. Um welchen Beitrag es sich handelt, müssen Sie dann Joomla! mit einem Klick auf *Auswählen* neben *Nutzungsbeding. auswählen* mitteilen.

TEIL III

Joomla! erweitern

In diesem Kapitel:

- Sprachpakete beschaffen und installieren
- Sprachpakete entfernen
- Joomla! komplett auf eine Sprache umstellen
- Einen mehrsprachigen Internetauftritt erstellen
- Einzelne Übersetzungen austauschen (Language String Overrides)
- Eigene Sprachpakete erstellen

KAPITEL 12

Mehrsprachigkeit

Nach seiner Installation »spricht« Joomla! zunächst ausschließlich Englisch. Um einen rein deutschsprachigen Internetauftritt zu erhalten, haben Sie in Kapitel 2, *Installation*, ein passendes Sprachpaket installiert und anschließend alle Texte immer in Deutsch eingegeben.

Auf diesem Weg erstellen Sie auch jeden anderssprachigen Internetauftritt:

- Ein Sprachpaket übersetzt alle von Joomla! erzeugten Elemente, wie etwa die *Anmelden*-Schaltfläche im *Login Form*.
- Die übrigen Texte verfassen Sie oder Ihre Autoren in der entsprechenden Sprache.

In der Praxis lauern dabei jedoch ein paar kleinere Stolperfallen – die erste schon beim Herunterladen der Sprachpakete.

Tipp Wer nur einen rein deutschen oder englischsprachigen Internetauftritt erstellen möchte, der kann dieses Kapitel überspringen. Alle anderen Leser sollten sich auf ein paar kompliziertere Konzepte einstellen.

Sprachpakete beschaffen und installieren

Um Joomla! eine andere Sprache beizubringen, muss als Erstes ein passendes Sprachpaket her. Seit Joomla! 3.0.0 können Sie es auf zwei verschiedenen Wegen besorgen und einspielen: über das Backend und über das Internet

Sprachpakete über das Backend beziehen

In der einfachsten Variante rufen Sie im Backend den Menüpunkt *Erweiterungen* → *Erweiterungen* auf (in einem englischsprachigen Joomla! *Extensions* → *Extension Manager*). Anschließend wählen Sie am linken Seitenrand den Menüpunkt *Sprachen installieren* (*Install languages*). Joomla! listet Ihnen jetzt wie in Abbildung 12-1 alle offiziellen Sprachpakete auf – dummerweise in allen möglichen Versionen und Varianten.

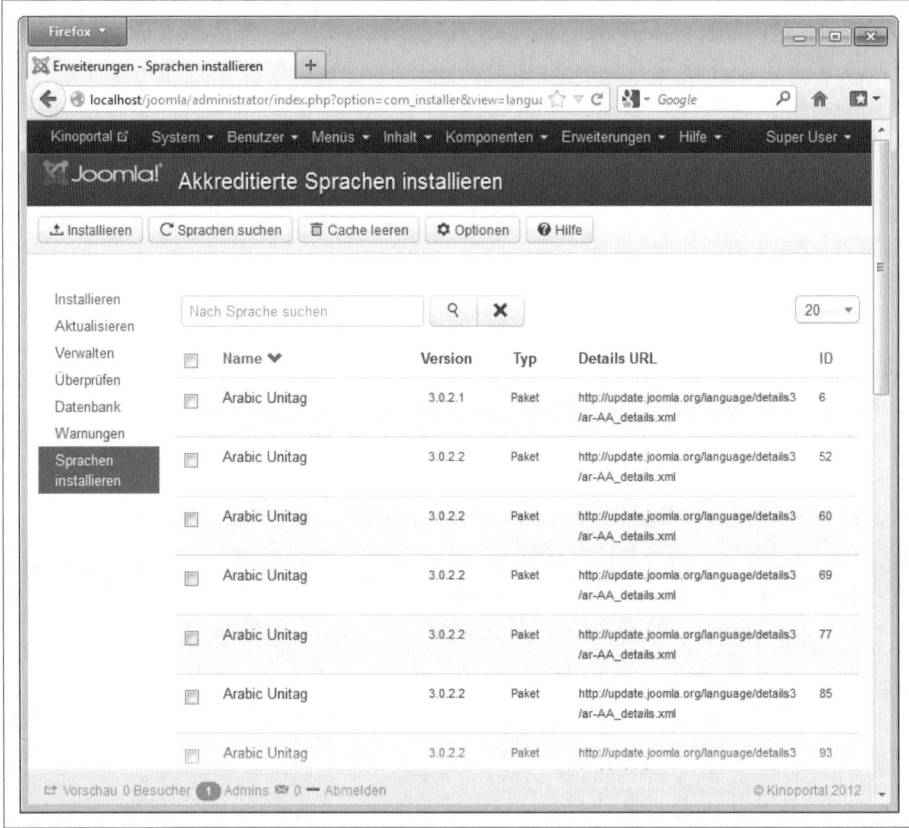

Abbildung 12-1: Sprachpakete kann man seit Joomla! 3.0.0 auch direkt im Backend auswählen und einspielen.

Nutzen Sie daher unbedingt die Filtermöglichkeit über das Eingabefeld: Tippen Sie dort die gewünschte Sprache in ihrer englischen Bezeichnung ein. Wenn Sie beispielsweise das französische Sprachpaket suchen, geben Sie im Feld **French** ein und klicken auf die Lupe. Joomla! zeigt dann nur noch alle passenden französischen Sprachpakete an.

Jetzt müssen Sie einen Haken bei dem Sprachpaket setzen, das Sie installieren wollen. Sofern mehrere Pakete zur Auswahl stehen, werfen Sie einen Blick in die Spalte *Version*. Die dortigen Nummern bestehen aus vier mit Punkten voneinander getrennten Zahlen. Die ersten drei Ziffern (etwa *3.0.2*) müssen mit Ihrer Joomla!-Version übereinstimmen; alle anderen Pakete sollten Sie direkt ignorieren. Die vierte Ziffer repräsentiert die Versionsnummer des Sprachpakets und sollte so hoch wie möglich sein. Wenn Sie also die Wahl haben, entscheiden Sie sich immer für das Paket mit der höchsten Endziffer.

Sobald Sie das gewünschte Sprachpaket markiert haben, klicken Sie auf *Installieren* (*Install*). Das war bereits alles. (Joomla! holt die Sprachpakete übrigens mit dem gleichen Mechanismus wie die Aktualisierungen ab. Mehr dazu folgt noch im Kapitel 19, *Aktualisierung und Migration*.)

Diese Installationsmethode ist extrem bequem, hat aber ein paar kleinere Haken: Die Übersetzer müssen ihre Sprachdateien selbst auf einen vom Joomla!-Projekt betriebenen Server hochladen. Es dauert dann mindestens einen Tag, bis das Sprachpaket in der Liste des Backends auftaucht. Ob man also tatsächlich die aktuellen Sprachpakete in Joomla! angeboten bekommt, hängt von der Geschwindigkeit beziehungsweise Vergesslichkeit des Übersetzers ab. Darüber hinaus findet man für einige Sprachen mehrere identische Einträge – zum Zeitpunkt der Bucherstellung galt das unter anderem für Arabisch oder Bosnisch (wie auch gut in Abbildung 12-1 zu sehen ist). Hier den richtigen Eintrag zu erwischen, gleicht einem Lotteriespiel.

Es kann sich folglich lohnen, die Sprachpakete eigenhändig aus dem Internet zu fischen und einzuspielen.

Sprachpakete aus dem Internet beziehen

Die zweite Möglichkeit besteht darin, die Homepage des entsprechenden Übersetzerteams aufzusuchen. Die deutschen Sprachpakete finden Sie etwa unter *http://www.jgerman.de*.

Wenn Sie die Internetadresse nicht kennen, steuern Sie in Ihrem Browser die Joomla!-Homepage *http://www.joomla.org* an. Im Hauptmenü am oberen Rand finden Sie irgendwo einen Punkt *Translations*. Zum Zeitpunkt der Drucklegung dieses Buches versteckte er sich hinter *Extend*. Entscheiden Sie sich auf der neuen Seite für Ihre Joomla!-Version. Im Fall von Joomla! 3.0.2 folgen Sie *Joomla! 3.x Translation Packs*. Es erscheint jetzt eine lange Liste mit allen derzeit zur Verfügung stehenden Sprachpaketen (siehe Abbildung 12-2). Fahren Sie mit den Bildlaufleisten gegebenenfalls weiter nach unten.

Tipp   Der Weg zu dieser Liste mit Sprachpaketen hat sich in der Vergangenheit immer mal wieder geändert. Nutzen Sie im Zweifelsfall auch die Suchfunktion mit den Stichwörtern *Translations* und *Languages*.

Die Homepage des Übersetzerteams finden Sie jetzt neben *Web site*. Wenn Sie von dort das Sprachpaket herunterladen, müssen Sie unbedingt darauf achten, dass es zu Ihrer Joomla!-Version passt. Dies können Sie unter anderem auch an den Dateinamen erkennen (zu seinem Aufbau folgt in wenigen Zeilen mehr).

Nicht alle Übersetzerteams führen jedoch einen eigenen Internetauftritt oder stellen selbst die Sprachpakete bereit. In einem solchen Fall klicken Sie in der Liste aus Abbildung 12-2 auf den langen Link unter *Download Language Pack*. Sie landen damit auf einer Seite wie der aus Abbildung 12-3.

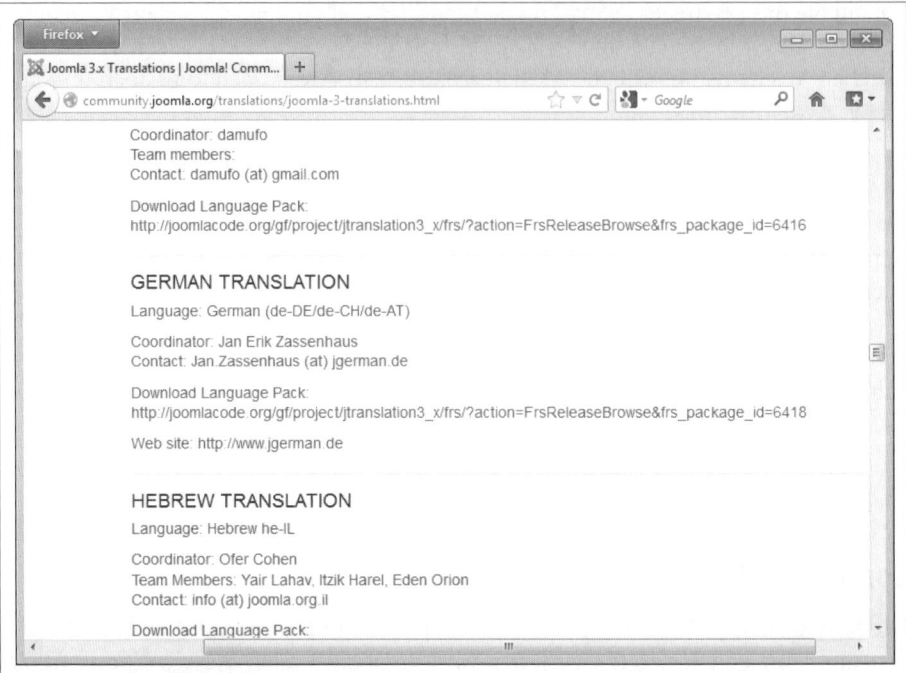

Abbildung 12-2:   Auf dieser extrem langen Seite (beachten Sie die Bildlaufleiste am rechten Rand) finden Sie alle
existierenden Sprachpakete.

Abbildung 12-3:   Die Downloadseite der französischen Sprachpakete

Ordentlich nach Joomla!-Versionen sortiert (siehe die linke Spalte in der Tabelle),
finden Sie hier häufig mehrere Sprachpakete (in der Spalte *Filename*). Mittlerweile
sind ihre Dateinamen standardisiert und besitzen den Aufbau aus Abbildung 12-4.

Welche Sprache das Sprachpaket enthält, verrät das Kürzel am Anfang. *de-DE* steht
beispielsweise für Deutsch, *fr-FR* für Französisch und *en-AU* für australisches Eng-

lisch. Die beiden Kleinbuchstaben stehen für die jeweilige Sprache, die Großbuchstaben für das Land. Eine Liste mit den Sprachkürzeln finden Sie im Internet, beispielsweise auf der Wikipedia-Seite *http://en.wikipedia.org/wiki/List_of_ISO_639-1_codes*. Die Länderkennzeichen finden Sie hingegen unter *http://de.wikipedia.org/wiki/ISO-3166-1-Kodierliste*.

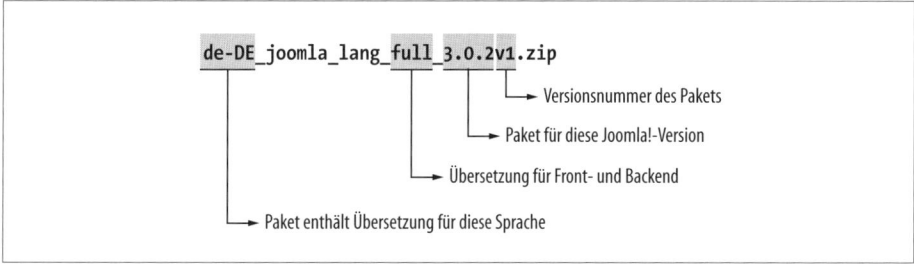

de-DE_joomla_lang_full_3.0.2v1.zip

→ Versionsnummer des Pakets

→ Paket für diese Joomla!-Version

→ Übersetzung für Front- und Backend

→ Paket enthält Übersetzung für diese Sprache

Abbildung 12-4:   Die Dateinamen der Sprachpakete folgen häufig diesem Schema.

Das im Dateinamen folgende *_joomla_lang_* weist auf ein Sprachpaket für Joomla! hin. In Abbildung 12-4 enthält es sowohl die Übersetzung für das Front- als auch für das Backend – darauf deutet die Angabe *full*. Gedacht ist das Paket zudem für die Joomla!-Version *3.0.2*.

Warnung   Achten Sie unbedingt darauf, dass Sie nur die zu Ihrer Joomla!-Version passenden Sprachdateien herunterladen und installieren. Ansonsten könnten fehlerhafte oder unvollständige Übersetzungen die Folge sein.

Die Übersetzerteams aktualisieren immer mal wieder ihre Sprachpakete. Jedes Paket erhält deshalb seine eigene Versionsnummer. Sie steht für gewöhnlich am Ende des Dateinamens und lautet in Abbildung 12-4 schlicht *v1*. Eine überarbeitete Fassung würde dann das Anhängsel *v2* bekommen, die dann folgende *v3* und so weiter.

Tipp   Einige Übersetzerteams nehmen dem Joomla!-Benutzer etwas Arbeit ab und stellen ein Joomla!-Komplettpaket bereit, in das die jeweiligen Sprachpakete schon integriert wurden. Für eine Installation genügt es dann, einfach Kapitel 2, *Installation*, zu folgen.

Sollten Sie jetzt etwas ratlos vor der Downloadseite stehen, gehen Sie wie folgt vor:

1. Merken Sie sich Ihre Joomla!-Version.

   Beispielsweise könnte das die 3.0.2 sein.

2. Suchen Sie jetzt in der Spalte *Filename* alle Sprachpakete, die exakt zu Ihrer Joomla!-Version passen.

   Im Beispiel würden das also alle Dateien sein, die eine *3.0.2* im Namen tragen.

3. Wählen Sie das Sprachpaket, das *full* im Namen trägt (also das Sprachpaket mit den Übersetzungen für das Front- und Backend).

4. Gibt es mehrere mögliche Kandidaten, wählen Sie das Paket mit der höchsten (angehängten) Versionsnummer.

   Im Beispiel könnte es noch zwei infrage kommende Pakete geben: Der Name des einen endet auf *v1*, der Name des anderen auf *v2*. Greifen Sie zu dem Paket mit der höchsten Nummer, also dem mit *v2* im Namen.

   Sollten Sie jetzt wider Erwarten immer noch mehrere Pakete zur Auswahl haben, entscheiden Sie sich für das Paket mit dem jüngsten Veröffentlichungsdatum. Dieses Datum kann das Sprachpaket-Team übrigens beliebig wählen, Sie sollten es daher nur als letztes Auswahlkriterium heranziehen.

⊙ Warnung   Wenn Sie gemäß Kapitel 14, *Funktionsumfang erweitern*, eigene Erweiterungen installieren, benötigen Sie für jede Erweiterung ein eigenes Sprachpaket. Welche Übersetzungen für die Erweiterung wo zu haben sind, sagt Ihnen für gewöhnlich deren Homepage.

Früher stellten die Übersetzerteams üblicherweise noch weitere Sprachpakete bereit:

- Ein Paket enthielt die Übersetzungen des Backends. Meist trug es den Begriff *backend*, *Administrator* oder *admin* im Namen.

- Ein Paket enthielt die Übersetzungen der Elemente auf der Website. Meist trug es den Begriff *frontend* oder *site* im Namen.

- Zusätzlich gab es natürlich auch ein Paket mit den Übersetzungen für Backend und Frontend. Anstelle von *full* trug es auch schon einmal *all* im Namen.

Haben Sie die gewünschte Sprachdatei auf der Platte, wählen Sie im Backend den Menüpunkt *Erweiterungen → Erweiterungen* (in einem englischsprachigen Joomla! *Extensions → Extension Manager*). Dahinter wartet das Formular aus Abbildung 12-5.

Abbildung 12-5:   Über diese Seite spielt man die heruntergeladenen Sprachpakete ein.

Rechts neben dem Feld *Paketdatei* (beziehungsweise *Package File*) klicken Sie nun auf den Schalter *Durchsuchen...* (*Browse...*) und wählen das Sprachpaket aus. Ein Klick auf *Hochladen & Installieren* (*Upload & Install*) hievt das Sprachpaket schließlich auf den Webserver und integriert es in Joomla!.

Anstatt das Sprachpaket erst auf den eigenen Computer herunterzuladen, können Sie auch direkt seine Downloadadresse auf dem Register *Von Webadresse installieren* (*Install from URL*) in das Eingabefeld *URL zum Paket* (*Install URL*) tippen. Mit einem Klick auf *Installieren* (*Install*) lädt Joomla! sich dann das Sprachpaket selbst herunter und spielt es ein.

Liegt das Sprachpaket wider Erwarten in einem exotischen Dateiformat vor (das weder auf *.zip* noch auf *.tar.gz* endet), müssen Sie es zunächst auf Ihrer eigenen Festplatte entpacken. Den herausgepurzelten Inhalt transferieren Sie anschließend per Hand in ein Arbeitsverzeichnis auf Ihrem Webserver. Den kompletten Pfad zu den Inhalten dieses Arbeitsverzeichnisses tippen Sie jetzt auf dem Register *Aus Verzeichnis installieren* (*Install from Directory*) in das Eingabefeld *Pfad zum Paketverzeichnis* (*Install Directory*). Nach einem Klick auf *Installieren* (*Install*) holt das Content-Management-System die Sprachdateien aus diesem Verzeichnis und spielt sie ein.

Tipp Sollte bei einer der drei Methoden eine Fehlermeldung erscheinen, fehlen Joomla! sehr wahrscheinlich die Schreibrechte auf die Verzeichnisse *tmp*, *language* und *administrator/language*. Sie finden die Dreierbande in Ihrem Joomla!-Verzeichnis.

Sprachpakete entfernen

Haben Sie versehentlich ein falsches Sprachpaket installiert oder möchten Sie es später aus anderen Gründen wieder loswerden, rufen Sie den Punkt *Erweiterungen → Erweiterungen* auf, wechseln im Menü am linken Seitenrand zum Punkt *Verwalten* (das kann einen Moment dauern) und stellen die Ausklappliste – *Typ wählen* – auf *Paket*. In der Liste erscheinen jetzt alle installierten Sprachpakete. Haken Sie den entsprechenden Eintrag in der ersten Spalte ab, und klicken Sie dann auf *Deinstallieren*.

Warnung Joomla! löscht Sprachpakete sofort ohne Rückfrage!

Joomla! komplett auf eine Sprache umstellen

Die per Sprachpaket eingeimpften Übersetzungen verwaltet der Bildschirm hinter *Erweiterungen → Sprachen* (in einem englischen Joomla! unter *Extensions → Language Manager*).

Am linken Seitenrand finden Sie ein kleines Menü. Wenn Sie dort *Installiert – Site* (respektive *Installed – Site*) aktivieren, sehen Sie alle möglichen Sprachen für das Frontend (wie in Abbildung 12-6).

Version   In Joomla! 2.5 gab es anstelle des Menüs entsprechend beschriftete Register.

Installiert - Site									E-Mail des
Installiert - Administrator	Num	Sprache	Sprach-Tag	Bereich	Standard	Version	Datum	Autor	Autors
Inhalt	1	English (United Kingdom)	en-GB	Site	☆	3.0.2	2008-03-15	Joomla! Project	admin@joomla.org
Overrides	2	German (Germany-Switzerland-Austria)	de-DE	Site	★	3.0.2.2	19.11.2012	J!German	team@jgerman.de

Abbildung 12-6:   Diese Seite verwaltet alle installierten Sprachpakete für das Frontend. Hier wurde Joomla! nachträglich Deutsch beigebracht.

Welche dieser Sprachen Joomla! derzeit »spricht«, zeigt der gelbe Stern in der Spalte *Standard* (bei einem englischsprachigen Joomla! heißt sie *Default*). In Abbildung 12-6 erscheint die Website folglich mit deutschen Bedienelementen. Sie verändern diesen Zustand, indem Sie die Zeile mit der gewünschten Sprache in der zweiten Spalte markieren und anschließend in der Werkzeugleiste *Standard* (*Default*) aktivieren. Alternativ können Sie auch direkt auf den leeren Stern in der Spalte *Standard* (*Default*) klicken.

Um dem Backend eine andere Sprache beizubringen, wechseln Sie zum Menüpunkt *Installiert – Administrator* (*Installed - Administrator*). Joomla! zeigt jetzt alle vorhandenen Sprachen für das Backend an. Auch hier wechseln Sie die Sprache über die Schaltfläche *Standard*.

 Warnung   Dank dieser Zweiteilung können Sie dem Front- und dem Backend unterschiedliche Sprachen beibringen. Allerdings übersieht man im Eifer des Gefechts schon gerne einmal, welcher der beiden Menüpunkte gerade ausgewählt ist. Bevor Sie die Sprache wechseln, sollten Sie daher immer erst kontrollieren, ob Sie dies gerade für die Homepage (*Site*) oder das Backend (*Administrator*) tun.

Das Sprachenangebot für Front- und Backend kann übrigens voneinander abweichen – beispielsweise wenn das zuvor installierte Sprachpaket nur die Übersetzungen für das Frontend enthielt (siehe auch den vorherigen Abschnitt).

Um die eigene Website vollständig an eine neue Sprache anzupassen, reicht ein Wechsel des Sprachpakets alleine nicht aus. Denn dieses übersetzt immer nur die von Joomla! erzeugten Elemente, wie beispielsweise die *Anmelden*-Schaltfläche im *Login Form*.

Für eine komplette Übersetzung müssen Sie folgende Stellen in Joomla! abgrasen:

- In den Spracheinstellungen (hinter *Erweiterungen* → *Sprachen*) wechseln Sie auf das Register *Installiert – Site* und erheben dann die gewünschte Zielsprache zum *Standard*.

- Bei allen veröffentlichten Modulen müssen Sie den *Titel* und wenn möglich auch alle durch das Modul publizierten Texte anpassen.

- Alle Beiträge und sonstigen Texte müssen in der gewünschten Sprache verfasst worden sein. Dazu zählen auch die Beschreibungen der Kategorien, deren Titel, die Menüeinträge, alle Kontakte, die Weblinks und Werbebanner.

- In den globalen Einstellungen unter *System* → *Konfiguration* legen Sie auf der Registerkarte *Server* gegebenenfalls die korrekte *Zeitzone* fest (mehr dazu finden Sie in Kapitel 10, *Globale Einstellungen*, im Abschnitt »Zeitzone des Servers« auf Seite 483).

- Wenn Sie ein selbst geschriebenes Template einsetzen, muss in ihm die Definition für die sogenannte Zeichenkodierung korrekt gesetzt sein (mehr dazu finden Sie in Kapitel 13, *Templates*).

Es kostet also einige Anstrengung, die Website vollständig zu lokalisieren. Das wird noch schlimmer, wenn man einen mehrsprachigen Internetauftritt erstellen möchte.

Einen mehrsprachigen Internetauftritt erstellen

Bislang »spricht« die Website immer nur genau eine Sprache, das Kinoportal beispielsweise nur Deutsch. Wenn die Homepage allerdings schon einmal weltweit erreichbar ist, könnte man sie doch auch gleich in mehreren Sprachen anbieten. Unternehmen erschließen so neue Märkte, während das Kinoportal den englischsprachigen Cineasten eine Heimat bietet.

Version   Erst ab Version 1.6 kann Joomla! einen solchen mehrsprachigen Internetauftritt verwalten. Zuvor waren dazu immer spezielle Erweiterungen, wie etwa Joom!Fish, notwendig.

Eine Website in mehreren Sprachen anzubieten, ist in Joomla! allerdings etwas komplizierter beziehungsweise umständlicher. Im Einzelnen müssen Sie dazu

1. für jede unterstützte Sprache die entsprechenden Sprachpakete installieren.
2. per Hand alle Beiträge übersetzen.
3. den mehrsprachigen Auftritt aktivieren (über ein spezielles Plugin).
4. für jede Sprache eine eigene Startseite und ein eigenes Hauptmenü erstellen.
5. ein Modul freigeben, über das die Besucher selbst die Sprache wechseln können.
6. sämtliche verbliebenen (Menü-)Beschriftungen übersetzen.

Wenn Sie das jetzt nicht abschreckt, finden Sie in den folgenden Abschnitten eine detaillierte Schritt-für-Schritt-Anleitung, bei der als Beispiel das Kinoportal eine englische Übersetzung spendiert bekommt.

 Tipp   Dazu benötigen Sie das geballte Wissen aus allen vorangegangenen Kapiteln. Das gilt insbesondere für die Menüs aus Kapitel 8, *Menüs,* die Module aus Kapitel 7, *Module – Die kleinen Brüder der Komponenten,* und die Beiträge aus Kapitel 4, *Inhalte verwalten.*

Schritt 1: Sprachpakete installieren und Mehrsprachigkeit vorbereiten

Für jede Sprache, die Ihr Internetauftritt sprechen soll, installieren Sie zunächst ein passendes Sprachpaket. Das funktioniert genau so, wie es bereits im Abschnitt »Sprachpakete beschaffen und installieren« auf Seite 527 beschrieben wurde. Das Sprachpaket sollte mindestens die Übersetzungen für das Frontend enthalten.

 Tipp   Sofern Sie kein passendes Sprachpaket im Internet finden, ist das nicht dramatisch: Entweder belassen Sie dann später die wenigen Bedienelemente auf Englisch, das die meisten Besucher verstehen, oder Sie erstellen selbst eine Übersetzung. Wie das funktioniert, verrät gleich noch der Abschnitt »Eigene Sprachpakete erstellen«.

 Das Kinoportal soll in Deutsch und Englisch erscheinen. Wenn Sie der Schnellinstallationsanleitung aus Kapitel 2, *Installation,* gefolgt sind, haben Sie die beiden passenden Sprachpakete bereits installiert.

Als Nächstes rufen Sie *Erweiterungen → Sprachen* auf und wechseln am linken Seitenrand zum Punkt *Installiert – Site.* Joomla! sollte jetzt alle Sprachen aufführen, die Ihre Website später bieten soll. Küren Sie davon eine zum *Standard.* Diese Sprache »spricht« Joomla! dann in allen Zweifelsfällen – beispielsweise dann, wenn der Besucher keine Sprache ausgewählt hat.

Tipp   Da heutzutage die meisten Besucher Englisch beherrschen, sollten Sie hier im Zweifelsfall immer *English* als Standard vorgeben.

Damit liegen jetzt für alle *Bedienelemente* der Website passende Übersetzungen vor. Die *Anmelden-*Schaltfläche kann im Kinoportal prinzipiell eine englische oder eine deutsche Beschriftung erhalten.

Bleiben noch die Beiträge. In welchen Sprachen diese vorliegen können, legen Sie separat fest. Dazu wechseln Sie am linken Seitenrand zum Menüpunkt *Inhalt.* Dahinter wartet die Liste aus Abbildung 12-7.

Überraschenderweise finden Sie hier nur den Eintrag *English (UK).* Für jede Sprache, in der Ihr Internetauftritt erscheinen soll, müssen Sie jetzt selbst einen neuen Eintrag anlegen.

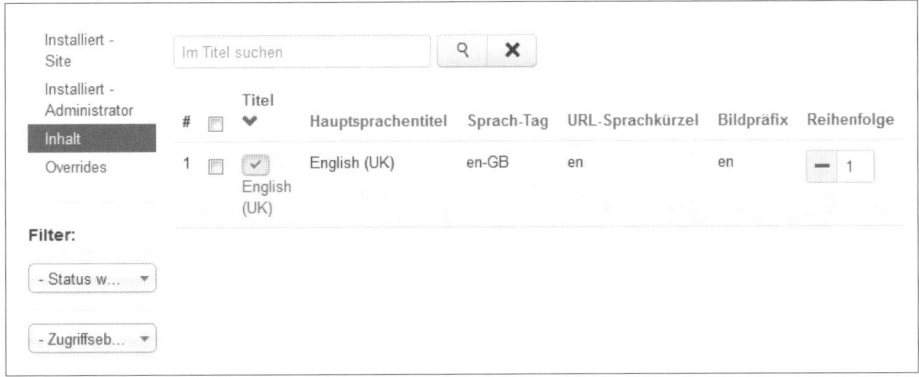

Abbildung 12-7:   Hier legen Sie alle Sprachen für die Beiträge und für alle anderen von Ihnen eingetippten Texte fest.

Tipp   Dieses Vorgehen ist unlogisch und kompliziert, zumal Sie in fast allen Fällen hier für jedes installierte Sprachpaket ein Pendant erstellen werden.

Vielleicht kommt es Ihnen auch etwas merkwürdig vor, dass auf der Website die deutschen Texte erscheinen, obwohl es hier doch nur die Sprache Englisch gibt. Beim Anlegen der Filmkritiken (und aller anderen Beiträge) haben Sie jedoch einfach die Standardeinstellungen übernommen. Damit erscheinen die Filmkritiken immer, egal welche Sprache Joomla! sonst gerade so spricht. Der Abschnitt »Texte übersetzen«, kommt weiter unten noch einmal auf dieses Thema zurück.

Im Kinoportal sollen neben englischen Filmkritiken auch deutsche angeboten wer- den. Für Englisch existiert in der Liste aus Abbildung 12-7 bereits ein Eintrag. Jetzt fehlt noch einer für Deutsch.

Um eine weitere Sprache hinzuzufügen, klicken Sie in der Werkzeugleiste auf *Neu*. Damit erscheint das kryptische Formular aus Abbildung 12-8. Hier müssen Sie auf dem Register *Details* folgende Felder ausfüllen:

Titel
Der Name der Sprache. Im Beispiel wäre das einfach **German**. Diese Bezeichnung erscheint später sowohl im Backend als auch in allen Formularen, in denen Autoren einen Beitrag einreichen können.

Tipp   Deshalb sollten Sie anstelle von **Deutsch** als *Titel* die englische Bezeichnung **German** wählen. Das verstehen dann im Zweifelsfall auch Autoren, die kein Deutsch sprechen.

Hauptsprachentitel
Der Name der Sprache in der Muttersprache – beispielsweise **Français** für Französisch. Im Fall des Kinoportals wäre dies **Deutsch**. Diese Bezeichnung taucht später auch auf der Website auf.

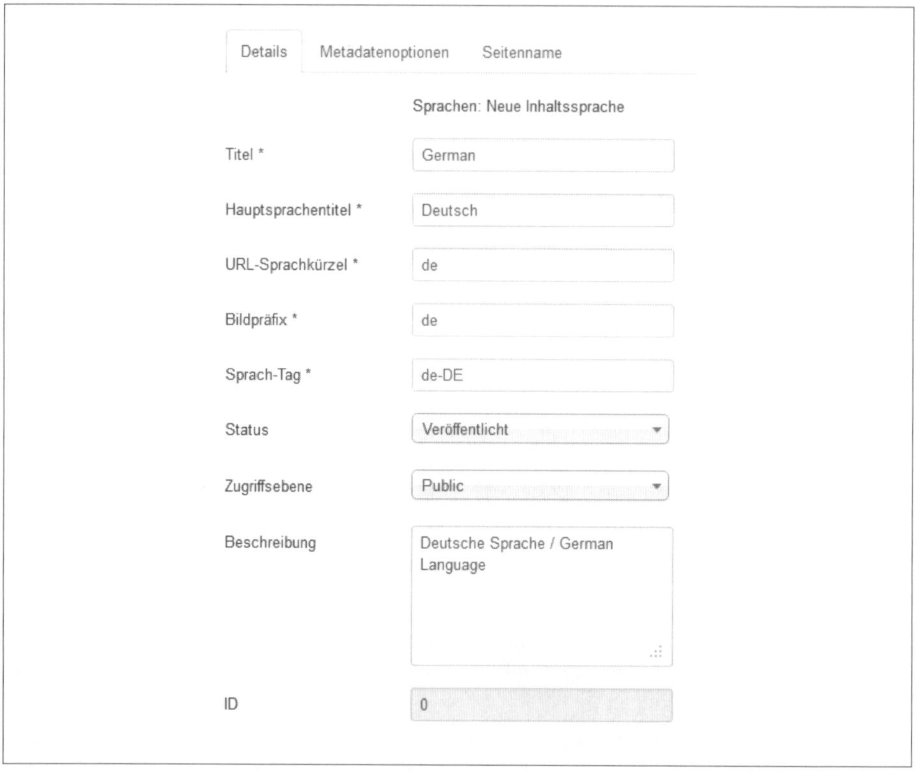

	Details	Metadatenoptionen	Seitenname	

Sprachen: Neue Inhaltssprache

Titel *	German
Hauptsprachentitel *	Deutsch
URL-Sprachkürzel *	de
Bildpräfix *	de
Sprach-Tag *	de-DE
Status	Veröffentlicht ▼
Zugriffsebene	Public ▼
Beschreibung	Deutsche Sprache / German Language
ID	0

Abbildung 12-8: Mit diesen Einstellungen erfährt Joomla!, dass es im Kinoportal auch deutschsprachige Artikel gibt.

URL-Sprachkürzel

Der weltweit gültige Standard ISO 639-1 ordnet jeder Sprache ein eindeutiges Kürzel zu. Beispielsweise steht de für Deutsch, en für Englisch und fr für Französisch.

Im Eingabefeld *URL-Sprachkürzel* möchte Joomla! das Sprachkürzel wissen, das zu der hier neu angelegten Sprache gehört. Im Fall des Kinoportals wäre das **de** für Deutsch. Eine Liste mit den wichtigsten Kürzeln finden Sie unter *http://en.wikipedia.org/wiki/List_of_ISO_639-1_codes* in der Spalte *639-1*.

Das hier eingetragene Kürzel hat noch eine weitere Funktion: Wenn Sie es später an die Internetadresse Ihrer Website anhängen, wechselt Joomla! auf die entsprechende Sprache. Beispielsweise erreichen Sie hinter *http://localhost/joomla/index.php/de* die deutsche Startseite Ihres Internetauftritts; *http://localhost/joomla/index.php/en* führt hingegen zur englischen.

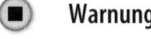 **Warnung**   Aus diesem Grund dürfen Sie das Kürzel auch nur für eine einzige Sprache verwenden. Es ist also nicht möglich, zweimal die Sprache Deutsch mit dem Kürzel de anzulegen.

Wenn Sie keine suchmaschinenfreundlichen Internetadressen verwenden (wie es *Kapitel 17, Suchmaschinenoptimierung,* noch zeigt), müssen Sie anstelle des Kürzels übrigens das kryptische Gebilde *&lang=de* anhängen. *de* ersetzen Sie dabei durch das hier eingetippte *URL-Sprachkürzel.*

Bildpräfix

Später auf der Website darf der Besucher eine der Sprachfassungen auswählen. Joomla! zeigt ihm dazu mehrere kleine Flaggen an. Die entsprechenden Bilder lagern alle im Unterverzeichnis *media/mod_languages/images* Ihrer Joomla!-Installation. Genau dort suchen Sie sich jetzt die Flagge aus, die zu der gerade neu angelegten Sprache passt. Im Kinoportal ist Deutsch angesagt; die passende deutsche Fahne liegt in der Datei *de.gif.*

Den Dateinamen ohne die Endung (im Beispiel *.gif*) tippen Sie in das Eingabefeld *Bildpräfix* – im Beispiel also einfach **de**.

Tipp   In der Regel ist das einfach wieder das Sprachkürzel, das Sie auch schon unter *URL-Sprachkürzel* eingetippt haben.

Sprach-Tag

Hier müssen Sie jetzt noch einmal das Sprachkürzel eintragen – allerdings in einer etwas erweiterten Fassung: Einige Sprachen unterscheiden sich noch einmal von Land zu Land. Beispielsweise sprechen die Amerikaner ein (leicht) anderes Englisch als die Briten und Australier. Unterschiede gibt es auch zwischen dem in Deutschland, Österreich und in der Schweiz gesprochenen Deutsch.

Daher erweitert man das Sprachkürzel noch um ein Länderkürzel. Australisches Englisch erhält beispielsweise das Kürzel en-AU, österreichisches Deutsch de-AT, Hochdeutsch besitzt hingegen das Kürzel de-DE. Dabei werden die ersten beiden Buchstaben klein- und die Buchstaben hinter dem Strich großgeschrieben. Auch für die Länderkürzel gibt es wieder einen eigenen Standard, ISO-3166-1. Eine Liste der Länderkürzel finden Sie beispielsweise unter http://de.wikipedia.org/wiki/ISO-3166-1-Kodierliste. Relevant ist dort die Spalte *ALPHA-2.*

In das Feld *Sprach-Tag* gehört jetzt das komplette Kürzel aus Sprach- und Länderkennzeichnung. Im Fall des Kinoportals wäre dies für Hochdeutsch **de-DE**.

Status

Genau wie alle anderen Elemente in Joomla! können Sie auch eine Sprache sperren. Den Autoren ist es dann nicht mehr möglich, Beiträge in dieser Sprache zu verfassen. (Das kann sie allerdings nicht daran hindern, einfach einen deutschen Text als englischen auszugeben.) Für das Kinoportal behalten Sie hier *Veröffentlicht* bei.

Zugriffsebene

Nur die Mitglieder der hier eingestellten Zugriffsebene bekommen später Beiträge in dieser Sprache zu Gesicht. Für das Kinoportal belassen Sie hier *Public*, womit später alle Besucher die Beiträge wahlweise auch in Deutsch lesen dürfen.

Beschreibung

Abschließend können Sie noch eine Beschreibung vergeben. Sie taucht später allerdings weder im Backend noch auf der Website auf. Sie dient daher mehr als kleiner Notizblock.

ID

Auch die Sprache bekommt eine interne Identifikationsnummer, die Joomla! nach dem Anlegen der Sprache hier einträgt.

Auf dem Register *Metadatenoptionen* können Sie jetzt noch ein paar Metadaten eintippen. Joomla! liefert sie immer nur in der entsprechenden Sprachfassung aus – hier im Beispiel also in *allen* deutschsprachigen Seiten.

Bei der Installation von Joomla! haben Sie sich für einen Seitennamen entschieden. Dieser taucht unter anderem in der Titelleiste beziehungsweise auf der Registerlasche Ihres Browsers auf. Je nachdem, in welcher Sprache Sie ihn vorgegeben haben, verstehen ihn jedoch internationale Surfer nicht. Ein englischer Besucher kann beispielsweise mit dem Begriff *Kinoportal* nur wenig anfangen. Sie können den Seitentitel daher auf dem Register *Seitenname* in die hier gerade angelegte Sprache übersetzen.

 Für das Kinoportal sollten jetzt alle Einstellungen so wie in Abbildung 12-8 aussehen. Die Felder für die Metadaten und den Seitennamen lassen Sie einfach frei.

Legen Sie die Sprache via *Speichern & Schließen* an. Damit dürfen die Beiträge jetzt endlich sowohl in Deutsch als auch in Englisch vorliegen. Bevor es an ihre Übersetzung geht, noch einmal kurz zusammengefasst:

- Auf dem Register *Installiert – Site* finden Sie alle Übersetzungen für die von Joomla! erzeugten Elemente (wie die *Anmelden*-Schaltfläche). Weitere Übersetzungen fügen Sie über Sprachpakete hinzu.

- Auf dem Register *Inhalt* finden Sie alle Sprachen, in denen die Beiträge vorliegen können. Weitere Sprachen müssen Sie per Hand hinzufügen.

Schritt 2: Beiträge übersetzen

Im nächsten Schritt müssen Sie die schon vorhandenen Beiträge ihrer richtigen Sprache zuordnen und anschließend alle Beiträge übersetzen.

 Im Kinoportal soll die Filmkritik zu *Stirb Langsam* den Anfang machen. Steuern Sie die Liste mit allen Beiträgen hinter *Inhalt → Beiträge* an, suchen Sie in ihr den Beitrag zu *Stirb Langsam*, und klicken Sie ihn an.

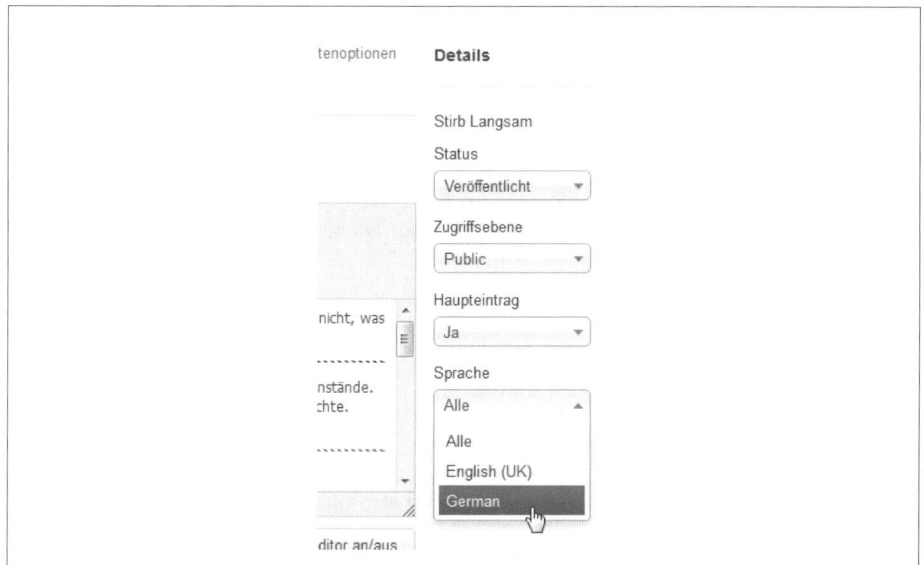

Abbildung 12-9:　Über die Ausklappliste ganz unten legen Sie die Sprache des Beitrags fest.

In den Einstellungen finden Sie im Bereich *Details* auf der rechten Seite die Aus-klappliste *Sprache*. Wenn sie auf *alle* steht, erscheint der Beitrag immer in allen Sprachfassungen. Da die Kritik zu *Stirb Langsam* in Deutsch verfasst wurde, stellen Sie wie in Abbildung 12-9 die *Sprache* auf *German* und übernehmen die Änderungen via *Speichern & Schließen*.

Um jetzt eine englische Übersetzung zu erstellen, müssen Sie via *Neu* in der Werkzeugleiste einen komplett neuen Beitrag anlegen. Geben Sie als *Titel* **Die Hard** ein. Die nachfolgenden Einstellungen setzen Sie auf die gleichen Werte wie im Beitrag zu *Stirb Langsam*, also die *Kategorie* auf *Actionfilme* und den Haupteintrag auf *Ja*. Die *Sprache* ist jetzt allerdings *English (UK)*. In das große Eingabefeld tippen Sie die übersetzte Kritik ein. Das Ergebnis sollte so aussehen wie in Abbildung 12-10.

Speichern & Schließen Sie die fertige Kritik. Damit existieren jetzt zwei Beiträge: einer mit der deutschen und einer mit der englischen Kritik zum Film *Stirb Langsam*.

Warnung   Beachten Sie, dass es sich um zwei vollkommen unabhängige Beiträge handelt.
Den einen zeigt Joomla! nur in der deutschsprachigen Fassung Ihrer Website, den anderen nur in der englischsprachigen.

Sie übersetzen also nicht einen Beitrag, sondern erstellen für jede Sprache einen eigenen. Das ist nicht nur bei der Eingabe extrem umständlich – die ganzen Beiträge überfluten so auch schnell die Liste hinter *Inhalt → Beiträge*. Allerdings können Sie auf diese Weise in den einzelnen Sprachfassungen Ihrer Website vollkommen unterschiedliche Beiträge anbieten.

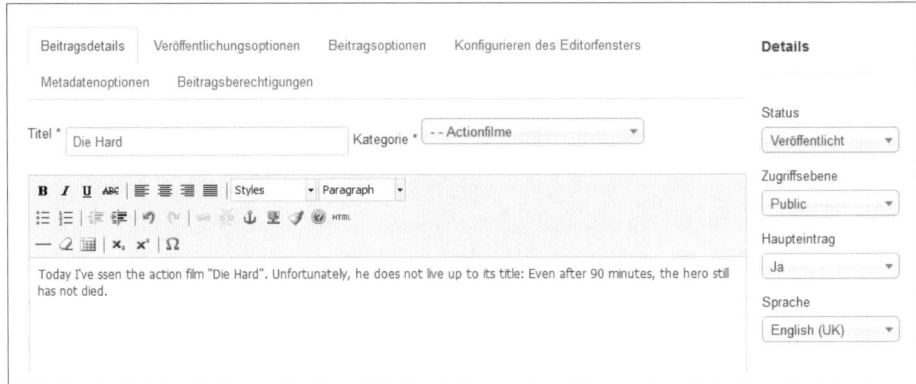

Abbildung 12-10:   Die englische Fassung der Filmkritik zu *Stirb Langsam*.

 Tipp   Sie können sich die Arbeit zumindest etwas erleichtern, indem Sie den Beitrag zu *Stirb Langsam* erst kopieren und dann im Duplikat alle Texte übersetzen. Damit sehen Sie dann zumindest noch die (deutschen) Ausgangstexte und übernehmen auch gleich noch alle Einstellungen des Beitrags. Weitere Hilfe bei der Übersetzung erhalten Sie nur von speziellen Erweiterungen.

Das gezeigte Verfahren müssen Sie jetzt für alle anderen Beiträge wiederholen. Ausnahmen bilden Beiträge, die in allen Sprachen identisch sind, wie etwa das Impressum. Dort belassen Sie die Ausklappliste *Sprache* auf *alle*.

 Im Kinoportal genügt erst einmal die übersetzte Kritik zu *Stirb Langsam*. Als Fingerübung können Sie aber gerne noch ein paar weitere Kritiken ins Englische übertragen.

Wenn Sie jetzt einen Blick in die *Vorschau* werfen, finden Sie dort noch sowohl den Beitrag zu *Stirb Langsam* als auch sein englisches Pendant *Die Hard*. Das wird sich jedoch umgehend ändern.

Schritt 3: Plugin einschalten

Ein kleines Plugin sorgt dafür, dass jeder Besucher nur die Beiträge in seiner Sprache zu Gesicht bekommt. Genau dieses Plugin müssen Sie allerdings erst noch aktivieren und einrichten. Dazu rufen Sie den Menüpunkt *Erweiterungen → Plugins* auf, suchen in der Liste das Plugin *System – Sprachenfilter* und öffnen seinen Bearbeitungsbildschirm (beispielsweise, indem Sie seinen Namen anklicken).

Im Bereich *Details* schalten Sie es zunächst ein, indem Sie *Status* auf *Aktiviert* setzen. Auf dem Register *Basisoptionen* bestimmen Sie, wie das Plugin die korrekte Sprache wählt (siehe Abbildung 12-11):

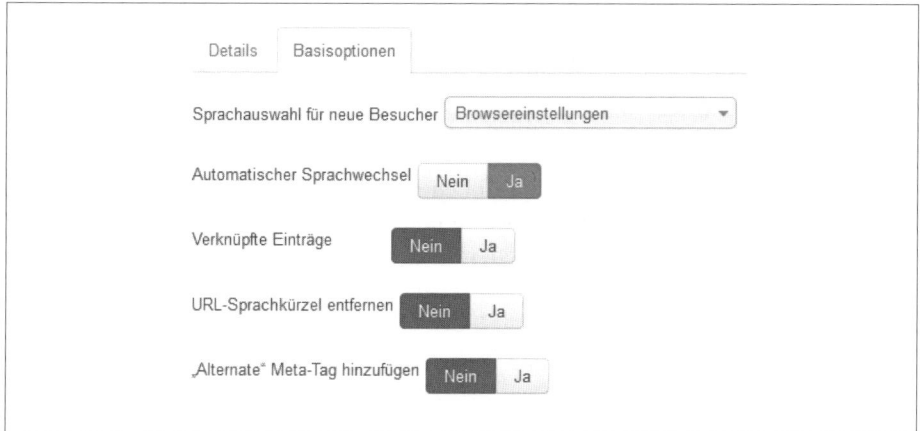

Abbildung 12-11:   Die Basisoptionen des *System – Sprachenfilter*-Plugins

Sprachauswahl für neue Besucher

Wenn ein Besucher Ihren Internetauftritt ansteuert, ermittelt Joomla! die in seinem Browser eingestellte Sprache und wechselt dann automatisch zu einer passenden Sprachfassung. Schlägt diese Erkennung fehl, spricht Joomla! immer die hinter *Erweiterungen → Sprache* als *Standard* eingestellte Sprache.

Sobald Sie die Ausklappliste *Sprachauswahl für neue Besucher* auf *Seitensprache* umstellen, begrüßt Joomla! alle Besucher zunächst *immer* in der Sprache, die Sie unter *Erweiterungen → Sprache* als Standard festgelegt haben.

In jedem Fall kann der Besucher über das gleich noch aktivierte Modul selbst eine andere Sprache einstellen.

Automatischer Sprachwechsel

Sobald ein Besucher die Spracheinstellung ändert, wechselt Joomla! umgehend im Frontend die Sprache – vorausgesetzt, Sie haben hier *Ja* gewählt.

Verknüpfte Einträge

Wenn Sie diesen Punkt auf *Ja* setzen, können Sie Menüpunkte miteinander verknüpfen. Was es genau damit auf sich hat, verrät später noch der Abschnitt »Schritt 7: Menüpunkte miteinander verknüpfen« auf Seite 556.

URL-Sprachkürzel entfernen

Wenn Sie einen mehrsprachigen Internetauftritt erstellen, finden Sie in allen von Joomla! erzeugten Internetadressen auch immer ein Sprachkürzel. Es zeigt an, in welcher Sprache die gerade betrachtete Seite verfasst wurde. Wenn Sie hier *Ja* wählen, unterdrückt Joomla! das Sprachkürzel – aber nur, wenn auf der Website gerade die Standardsprache zu sehen ist und gleichzeitig suchmaschinenfreundliche URLs zum Einsatz kommen.

»Alternate« Meta-Tag hinzufügen

Wenn Sie diesen Punkt auf *Ja* setzen, versteckt Joomla! in den Webseiten einen Hinweis auf die anderen Sprachfassungen. Insbesondere Suchmaschinen erkennen auf diese Weise, dass es Ihren Internetauftritt noch in anderen Sprachen gibt.

Für HTML-Kenner: Joomla! fügt in den Kopf einer Seite ein passendes `<link>`-Tag ein. Betreiben Sie beispielsweise einen deutsch- und englischsprachigen Auftritt, schreibt Joomla! in den Kopf der deutschen Fassung: `<link href="http://www.example.org/joomla/index.php/en/" rel="alternate" hreflang="en-GB" />`.

In der Regel (wie auch im Kinoportal) können Sie hier alle Vorgaben übernehmen. Bestätigen Sie Ihre Änderungen mit *Speichern & Schließen*.

Wenn Sie jetzt erneut die *Vorschau* aufrufen, zeigt Joomla! nur noch die deutsche Variante der Filmkritik zu *Stirb Langsam* – vorausgesetzt, Sie verwenden einen deutschsprachigen Browser.

 Tipp
Beachten Sie auch die Internetadresse in der Adresszeile Ihres Browsers: Sie sollte jetzt mit */de* enden. Sie befinden sich damit im deutschsprachigen Bereich Ihrer Website. Wenn Sie das Kürzel gegen */en* austauschen und dann die entstandene Adresse aufrufen, landen Sie im englischsprachigen Bereich (das Kürzel ist übrigens genau dasjenige, das Sie im Abschnitt »Schritt 1: Sprachpakete installieren und Mehrsprachigkeit vorbereiten« auf Seite 536 im Feld *URL-Sprachkürzel* eingetragen haben). Auf diese Weise können Sie schnell zwischen den einzelnen Sprachfassungen wechseln.

Schritt 4: Für jede Sprache ein Hauptmenü und eine Startseite einrichten

Das Plugin versucht zwar automatisch die Sprache des Besuchers zu ermitteln, liegt dabei aber hin und wieder daneben. Sie sollten daher Ihren Besuchern immer die Möglichkeit geben, die Sprache selbst umzustellen. Das gilt erst recht, wenn Sie auf die Automatik verzichten und jedem Besucher beispielsweise erst immer die englischsprachige Fassung präsentieren.

Zuständig für die Sprachauswahl ist ein kleines Modul. Wie in Abbildung 12-12 zu sehen ist, bietet es alle verfügbaren Sprachen in Form kleiner Fähnchen an. Ein Mausklick auf eine der Fahnen leitet den Besucher dann auf die Startseite in seiner Sprache um. Das setzt allerdings voraus, dass es für jede Sprache eine eigene Startseite und ein eigenes Hauptmenü gibt. Warum das so ist, wissen vermutlich wieder einmal nur die Joomla!-Entwickler – einen technischen Grund gibt es dafür jedenfalls nicht.

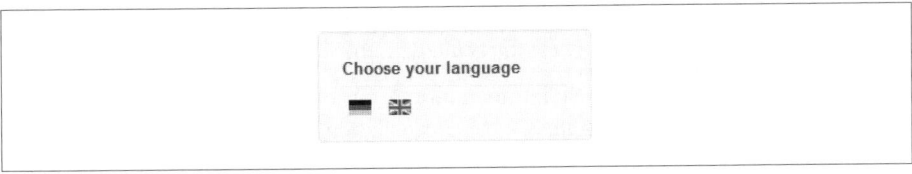

Abbildung 12-12:　Später wählt der Besucher die Sprache bequem über dieses Modul aus.

Im Kinoportal existiert im Moment nur eine Startseite für alle Sprachen. Auf ihr blendet das *Sprachenfilter*-Plugin die entsprechenden Beiträge ein- und aus. Damit die Besucher über das Modul die Sprache wechseln können, müssen jetzt noch zwei Menüs und zwei Startseiten her: jeweils für die deutsche und für die englische Sprachfassung. Das ist genau so viel Arbeit, wie es klingt.

Hauptmenüs anlegen

Zunächst zu den Hauptmenüs: Im Kinoportal benötigen Sie ein Hauptmenü für die deutsche und eines für die englische Sprachfassung. Wählen Sie also *Menüs →* *Menüs → Neues Menü*. Als *Titel* vergeben Sie etwa `Main Menu Deutsch` und als *Menütyp* vielleicht `mainmenu_deutsch`. Legen Sie das Menü per *Speichern & Neu* an. Joomla! öffnet damit direkt ein neues leeres Formular, in dem Sie jetzt das Hauptmenü für die englische Sprachfassung anlegen. Als *Titel* passt nun `Main Menu English`, als *Menütyp* `mainmenu_english`. *Speichern & Schließen* Sie das Menü. Damit landen Sie wieder in der Liste mit allen Menüs.

Passende Module erstellen

Jedes Menü zeigt ein Modul auf der Website an (siehe Kapitel 8, *Menüs*). Für die beiden neuen Menüs müssen folglich noch jeweils passende Module her. Dazu nutzen Sie eine Abkürzung und klicken auf *Ein Modul für diesen Menütyp hinzufügen* in der Zeile *Main Menu Deutsch*.

Dieses erste angelegte Modul soll das deutsche Hauptmenü anzeigen. Vergeben Sie daher als *Titel* am besten `Hauptmenü` (oder `Diese Seite` in Anlehnung an das bestehende Hauptmenü *This Site*). Die passende *Position* lautet `Rechts [position-7]`. Damit erscheint das Menü später am rechten Seitenrand bei seinen Kollegen. Das deutsche Menü soll nur in der deutschen Sprachfassung zu sehen sein. Setzen Sie deshalb noch *Sprache* auf *German*.

Tipp　Wie Sie hieran sehen, können Sie auch komplette Module nur in einer ganz bestimmten Sprachfassung erscheinen lassen.

Innerhalb der deutschen Seiten soll das Menü immer zu sehen sein, egal welchen (deutschen) Beitrag der Besucher gerade liest. Stellen Sie daher sicher, dass auf dem

Register *Menüzuweisung* die *Modulzuweisung* auf *Auf allen Seiten* steht. Legen Sie schließlich das Modul via *Speichern & Schließen* an.

Die ganze Prozedur müssen Sie jetzt noch einmal für das englische Hauptmenü wiederholen: Wechseln Sie zu *Menüs → Menüs*, klicken Sie auf *Ein Modul für diesen Menütyp hinzufügen* in der Zeile *Main Menu English*, geben Sie als *Titel* vielleicht *Main Menu* ein, stecken Sie das Modul an die *Position* **Rechts [position-7]**, setzen Sie die Sprache auf *English (UK)*, und stellen Sie sicher, dass auf dem Register *Menüzuweisung* unter *Modulzuweisung* der Punkt *Auf allen Seiten* eingestellt ist. Legen Sie das Modul per *Speichern & Schließen* an.

 Tipp   Wenn Sie der Schnellinstallationsanleitung aus Kapitel 2, *Installation*, gefolgt sind beziehungsweise die Beispieldaten eingespielt haben, existiert bereits ein Modul mit dem Namen *Main Menu*. Da beliebig viele Module mit den gleichen Namen existieren dürfen, ist dies nicht weiter tragisch. Sie müssen später nur immer darauf achten, das richtige Modul zu erwischen beziehungsweise zu bearbeiten.

Startseiten einrichten

Als Nächstes muss für jede Sprache eine eigene Startseite her. Erinnern Sie sich daran, dass in Joomla! ein speziell gekennzeichneter Menüpunkt die Startseite festlegt (siehe Kapitel 8, *Menüs*, Abschnitt »Startseite festlegen« auf Seite 371). Sie müssen also für jede Sprache einen solchen speziellen Menüpunkt anlegen. Am einfachsten kopieren Sie dazu den bereits vorhandenen Menüpunkt. Damit müssen Sie nur noch ein paar wenige Einstellungen anpassen.

 Im Kinoportal wechseln Sie zu *Menüs → Main Menu*. Markieren Sie den Eintrag *Home* in seinem Kästchen, und klicken Sie dann in der Werkzeugleiste auf *Stapelverarbeitung*. Dort aktivieren Sie unter *Ein Menü oder einen übergeordneten Eintrag zum Verschieben bzw. Kopieren auswählen* den Punkt *Kopieren*. Klappen Sie direkt darüber die Liste auf, und suchen Sie den Eintrag *Main Menu Deutsch*. Entscheiden Sie sich für den direkt unter ihm etwas eingerückten Punkt *Zu diesem Menü hinzufügen*. Klicken Sie abschließend auf *Ausführen*. Jetzt müssen Sie den kopierten Punkt nur noch etwas anpassen. Dazu rufen Sie *Menüs → Main Menu Deutsch* auf und klicken *Home (2)* an.

Als *Menütitel* vergeben Sie entweder wieder **Home** oder aber – da es sich um die deutsche Website handelt – noch besser **Startseite**.

 Tipp   *Home* hätte wiederum den Vorteil, dass ihn auch verirrte englischsprachige Besucher verstehen und so zumindest immer auf die Startseite zurückfinden.

Rechts setzen Sie *Standardseite* auf *Ja* und die *Sprache* auf *German*. Damit zeigt dieser neue Menüpunkt nun auf die Startseite des deutschen Angebots. Das Ergebnis sollte so wie in Abbildung 12-13 aussehen.

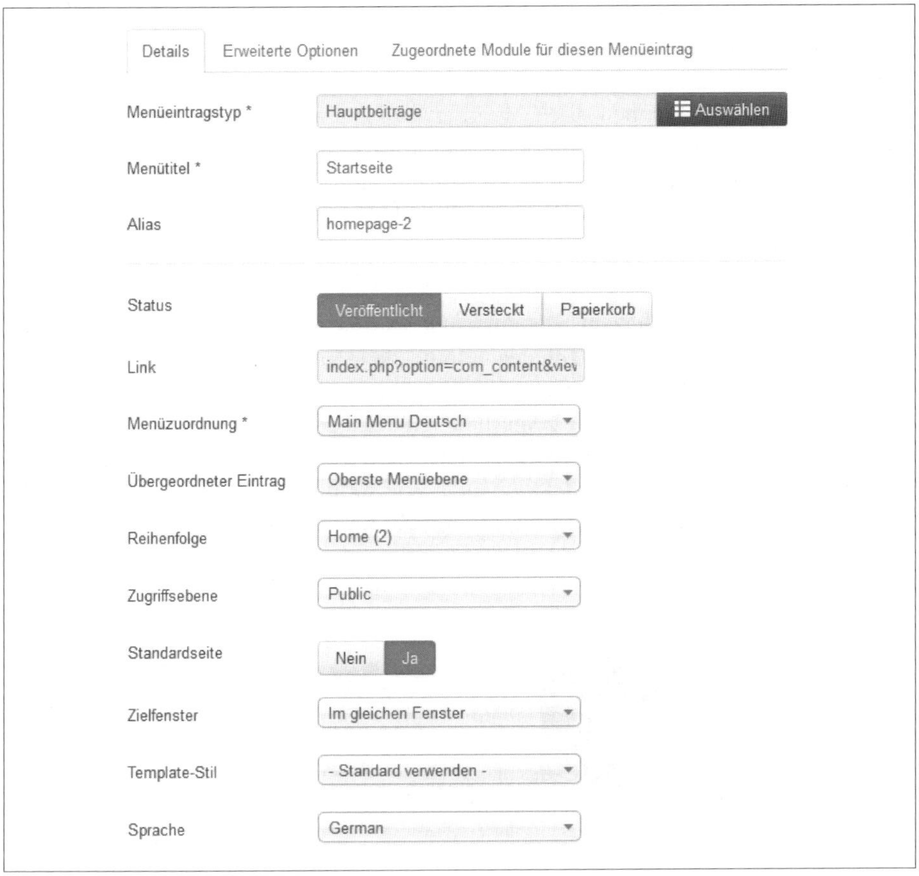

| Details | Erweiterte Optionen | Zugeordnete Module für diesen Menüeintrag |

| Menüeintragstyp * | Hauptbeiträge | ⊞ Auswählen |

| Menütitel * | Startseite |

| Alias | homepage-2 |

| Status | Veröffentlicht Versteckt Papierkorb |

| Link | index.php?option=com_content&viev |

| Menüzuordnung * | Main Menu Deutsch ▾ |

| Übergeordneter Eintrag | Oberste Menüebene ▾ |

| Reihenfolge | Home (2) ▾ |

| Zugriffsebene | Public ▾ |

| Standardseite | Nein Ja |

| Zielfenster | Im gleichen Fenster ▾ |

| Template-Stil | - Standard verwenden - ▾ |

| Sprache | German ▾ |

Abbildung 12-13:   Hier entsteht ein Menüpunkt, der auf die deutschsprachige Startseite zeigt.

Nach dem *Speichern & Schließen* finden Sie jetzt in der Liste hinter *Menüs → Main Menu Deutsch* den neuen Menüpunkt wieder (siehe Abbildung 12-14).

| Suche nach einem Titel oder Alias. | 🔍 ✕ | Reihenfolge ▾ | Aufsteigend ▾ | 20 ▾ |

| ↕ | ☐ | Status | Titel | | Startseite | Zugriffsebene | Sprache | ID |
| ⋮ | ☐ | ✓ | Startseite (Alias: homepage-2) Beiträge » Hauptbeiträge | ▬ | Public | German | 495 |

Abbildung 12-14:   Der Menüpunkt zeigt auf die deutsche Startseite.

In der Spalte *Startseite* sehen Sie jetzt anstelle eines gelben Sterns eine deutsche Fahne. Sie weist darauf hin, dass der Menüpunkt auf die Startseite der deutschen Sprachfassung zeigt.

Erzeugen Sie jetzt auf analogem Weg einen weiteren Menüpunkt für den englischen Auftritt: Hinter *Menüs → Main Menu* kreuzen Sie das Kästchen der Zeile *Home* an, bemühen in der Werkzeugleiste die *Stapelverarbeitung*, aktivieren am unteren Rand den Punkt *Kopieren*, klappen direkt darüber die Liste auf, suchen den Eintrag *Main Menu English*, entscheiden sich für den direkt unter ihm etwas eingerückten Punkt *Zu diesem Menü hinzufügen* und aktivieren abschließend *Ausführen*. Weiter geht es zu *Menüs → Main Menu English*, wo Sie in der Liste *Home (2)* anklicken. Im Bearbeitungsbildschirm ändern Sie den *Menütitel* auf **Home**, setzen die *Standardseite* auf *Ja* und wählen unter *Sprache* den Punkt *English (UK)*. *Speichern & Schließen* Sie Ihre Änderungen.

Wenn Sie jetzt einen Blick in die *Vorschau* werfen, finden Sie in der deutschen Sprachfassung schon das eben angelegte deutsche Hauptmenü, dessen Eintrag auch immer brav zur deutschen Startseite zurückführt (achten Sie auf die Sprache des *Stirb-Langsam*-Artikels). Analog zeigt die englische Sprachfassung immer das englische Hauptmenü (Sie erreichen die englischen Seiten testweise unter der Internetadresse *http://localhost/joomla/index.php/en*). Wie Abbildung 12-15 zeigt, sind die beiden neuen Hauptmenüs allerdings noch recht leer.

Abbildung 12-15:   Das ziemlich leere Hauptmenü der deutschen Sprachfassung

Menüeinträge übernehmen

Die beiden Hauptmenüs sollen die gleichen Einträge enthalten wie das noch aktuelle *Main Menu* (das auf der Website unter der Überschrift *This Site* bekannt ist). Das geht am schnellsten über die schon hinlänglich bekannte Kopieren-Funktion.

Rufen Sie *Menüs → Main Menu* auf, und markieren Sie dann bis auf die erste Zeile *Home* (die mit dem gelben Sternchen) alle Einträge in ihren Kästchen in der ersten Spalte. Der Menüpunkt *Home* wird nicht gebraucht, da die beiden neuen Hauptmenüs bereits ein eigenes Pendant besitzen. Klicken Sie auf *Stapelverarbeitung* in der Werkzeugleiste, stellen Sie in der Ausklappliste *Ein Menü oder einen übergeord-*

neten Eintrag zum Verschieben bzw. *Kopieren auswählen* unter *Main Menu Deutsch* den Punkt *Zu diesem Menü hinzufügen* ein, aktivieren Sie *Kopieren*, und klicken Sie auf *Ausführen*.

Lassen Sie sich jetzt über *Menüs → Main Menu Deutsch* alle Menüpunkte des deutschen Hauptmenüs anzeigen. Bringen Sie hier die Reihenfolge wieder in Ordnung, und entfernen Sie anschließend in den Namen der kopierten Menüpunkte die angehängten Zahlen (2) und (3) (indem Sie sie jeweils anklicken und dann in ihrem Bearbeitungsbildschirm den *Titel* anpassen). Stellen Sie darüber hinaus die *Sprache* auf *German* (das wird später in Abschnitt »Schritt 7: Menüpunkte miteinander verknüpfen« wichtig).

Wiederholen Sie jetzt die Kopierorgie für das englischsprachige Hauptmenü: Wechseln Sie zum Menüpunkt *Menüs → Main Menu*, markieren Sie alle Einträge bis auf *Home*, aktivieren Sie in der Werkzeugleiste die *Stapelverarbeitung*, stellen Sie in der Ausklappliste *Ein Menü oder einen übergeordneten Eintrag zum Verschieben bzw. Kopieren auswählen* unterhalb von *Main Menu English* den Punkt *Zu diesem Menü hinzufügen* ein, aktivieren Sie darunter *Kopieren*, und klicken Sie auf *Ausführen*. Wechseln Sie zu *Menüs → Main Menu English*, bringen Sie hier die Reihenfolge wieder in Ordnung, und entfernen Sie in den Namen der Menüpunkte die Zahlen. Und wo Sie gerade schon einmal dabei sind, können Sie ihnen auch gleich englische *Titel* geben sowie die *Sprache* auf *English (UK)* setzen.

Zusammenfassung

Nach dieser Klickorgie wird es Zeit für eine kurze Zwischenbilanz:

- Für jede Sprache haben Sie ein neues Menü angelegt (via *Menüs → Menüs → Neues Menü*).
- Für jedes dieser Menüs haben Sie ein neues Modul vom Typ *Menü* angelegt.
- Für jede Sprache haben Sie eine neue, eigene Startseite angelegt. Dazu haben Sie in den neuen Menüs jeweils einen neuen Menüpunkt erstellt, diesen dabei zur *Standardseite* gekürt und auf die zugehörige *Sprache* eingestellt.
- Zum Schluss haben Sie noch die neuen Hauptmenüs mit den Menüpunkten aus dem alten Hauptmenü komplettiert.

Unter dem Strich haben Sie jetzt für die deutsche und für die englische Sprachfassung jeweils ein eigenes Hauptmenü und eine eigene Startseite. Und wofür die ganze Mühe? Nur für das Modul mit der Sprachauswahl.

Schritt 5: Das Modul für die Sprachauswahl aktivieren

Nachdem die Voraussetzungen geschaffen sind, können Sie das Modul für die Sprachauswahl erstellen und einrichten. Dazu wechseln Sie zum Menüpunkt *Erweiterungen → Module*, klicken hier auf *Neu* und wählen als *Modultyp* die *Sprachauswahl*.

Tipp

Im Bearbeitungsbildschirm stellen Sie zunächst sicher, dass der *Status* auf *Veröffentlicht* steht. Vergeben Sie dann einen *Titel*. Er erscheint später auch auf der Website, sofern *Titel anzeigen* auf *Ja* steht und das Template nichts dagegen hat. Sie sollten ihn folglich möglichst allgemeingültig und auf Englisch wählen, wie etwa Choose your language. Via *Position* platzieren Sie das Modul an einer gut sichtbaren, aber nicht allzu störenden Stelle.

Im Kinoportal eignet sich am besten *Rechts [position-7]* am Seitenrand bei den Menüs.

Idealerweise sollte die Sprachauswahl auf allen Seiten zur Verfügung stehen, mindestens jedoch auf der Startseite.

Im Kinoportal wählen Sie daher auf dem Register *Menüzuweisung* aus der Ausklappliste *Modulzuweisung* den Punkt *Auf allen Seiten*.

Speichern Sie die Änderungen (lassen Sie also den Bearbeitungsbildschirm noch geöffnet). In der *Vorschau* erscheint jetzt das Modul aus Abbildung 12-16. Mit einem Klick auf eine der Fahnen wechselt Joomla! automatisch die Sprache.

Abbildung 12-16: Über die Fahnen des neuen Moduls wechselt der Benutzer schnell die Sprache.

Unter Umständen erscheint das Modul irgendwo zwischen oder unterhalb der Menüs. In solch einem Fall müssen Sie dann noch in seinem Bearbeitungsbildschirm die *Reihenfolge* anpassen.

Tipp

Die Fähnchen sind zwar recht nett, aber nicht besonders aussagekräftig. Amerikaner werden sich zudem vielleicht an der britischen Fahne stören. Glücklicherweise können Sie im Bearbeitungsbildschirm des Sprachauswahl-Moduls noch etwas an der Optik schrauben. Wechseln Sie deshalb noch einmal zurück zum Backend, wo Sie sich dem Register *Basisoptionen* zuwenden. Hier warten folgende Einstellungen:

Text davor
Der hier eingegebene Text erscheint direkt unter dem Titel (also der Überschrift) des Moduls.

Text danach
Der hier eingegebene Text erscheint am unteren Ende der Sprachauswahl (also unterhalb der Flaggen).

Drop-Down benutzen
Wenn Sie diesen Punkt auf *Ja* setzen, zeigt das Modul anstelle der Fahnen eine Ausklappliste an, aus der die Besucher dann ihre Sprache auswählen können (wie in Abbildung 12-17).

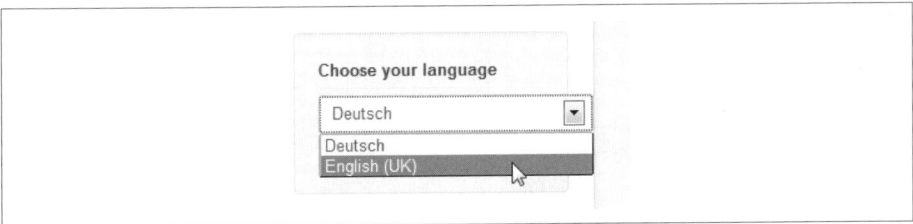

Abbildung 12-17: Wenn Sie sich für eine Ausklappliste entscheiden, enthält diese die vollständigen Namen der Sprachen.

Wenn Sie sich mit einem *Nein* gegen die Ausklappliste entscheiden, gelten die folgenden Einstellungen:

Bildflaggen benutzen
Bei einem *Ja* zeigt das Modul kleine Flaggensymbol an (wie in Abbildung 12-16), bei einem *Nein* schreibt es die zu Verfügung stehenden Sprachen aus (wie in Abbildung 12-19).

Horizontale Anzeige
Bei einem *Ja* zeigt das Modul die zur Auswahl stehenden Sprachen nebeneinander statt untereinander an.

Aktive Sprache
Bei einem *Ja* hebt das Modul die derzeit aktive Sprache hervor. Das klappt allerdings nur, wenn das Template dies auch unterstützt. (Für Template-Programmierer: Das Modul weist dem entsprechenden Symbol beziehungsweise Text die Klasse `lang-active` zu.)

Vollständige Sprachennamen
Wenn Sie sich gegen die Flaggen entschieden haben (*Bildflaggen benutzen* steht auf *Nein*), schreibt Joomla! normalerweise alle zur Verfügung stehenden Spra-

chen aus (wie in Abbildung 12-19). Insbesondere wenn Sie Ihre Internetseite in vielen Sprachen anbieten, kann das recht schnell zu einem kleinen Gedränge im Modul werden. Wenn Sie diese Einstellung auf *Ja* stellen, ersetzt das Modul die vollständigen Sprachnamen durch ihr jeweiliges Kürzel. Aus *Deutsch* würde dann etwa *DE*, aus *English (UK)* entsprechend *EN*. Ihre Besucher müssen dann aber auch wissen, dass sich hinter dem Kürzel *DE* die deutsche Sprachfassung verbirgt.

Die Abbildungen 12-18 und 12-19 veranschaulichen noch einmal die Auswirkungen der Einstellungen.

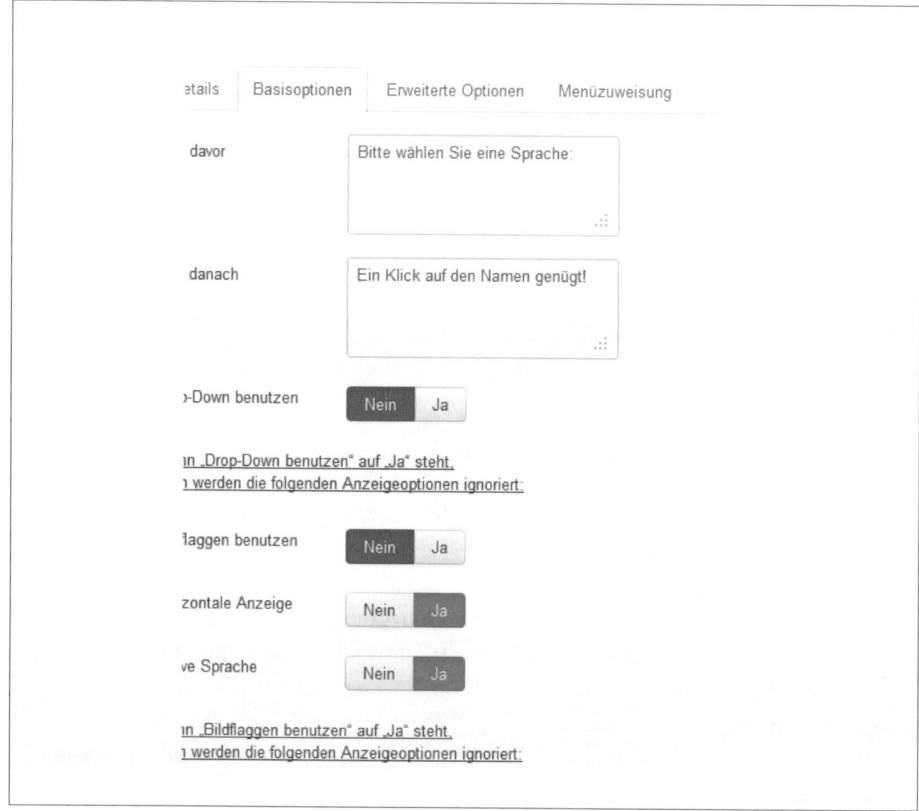

Abbildung 12-18:   Diese Einstellungen ...

Das Register *Erweiterte Optionen* bietet schließlich noch folgende Einstellungen:

Alternatives Layout

Über die Ausklappliste können Sie den Modulausgaben eine ganz bestimmte, vom Standard abweichende Optik überstülpen. Welche Punkte hier zur Auswahl stehen, hängt von den installierten Templates ab. Joomla! selbst bringt hier nur die *Standard*-Ansicht mit.

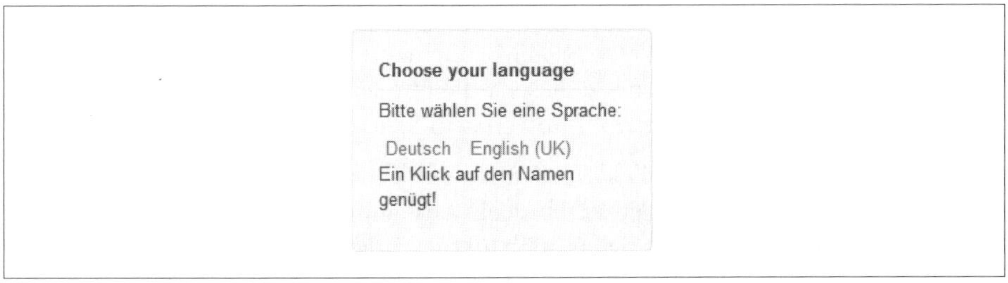

Choose your language

Bitte wählen Sie eine Sprache:

Deutsch English (UK)
Ein Klick auf den Namen
genügt!

Abbildung 12-19:   ... führen zu diesem Ergebnis.

Modulklassensuffix

Dieses Eingabefeld richtet sich vor allem an Template-Ersteller: Diese dürfen hier eine sogenannte CSS-Klasse hinterlegen, die dann wiederum die Anzeige des Moduls bestimmt. Der hier eingegebene Begriff wird dabei als Erweiterung (Suffix) an die CSS-Klasse (wie zum Beispiel mod-languages.meinsuffix) des Moduls angehängt. Auf diese Weise kann man genau diesem einen Modul ein ganz eigenes Aussehen verpassen (mehr zu diesem Thema finden Sie in Kapitel 13, *Templates*).

Caching

Aktiviert einen Zwischenspeicher (Cache), der den Inhalt dieses Moduls puffert. Dadurch muss das Modul seine Ausgaben nicht immer wieder erneut zusammenstellen und kann somit Anfragen schneller bedienen. Im Gegenzug kostet diese Funktion wertvollen Speicherplatz, und man läuft zudem Gefahr, dass das Modul veraltete Informationen ausspuckt.

Cache-Dauer

Hier legen Sie fest, für wie viele Minuten die Daten im Zwischenspeicher vorgehalten werden.

Im Kinoportal können Sie die *Basisoptionen* nach eigenem Geschmack verändern. Die Einstellungen auf dem Register *Erweiterte Optionen* belassen Sie auf ihren Vorgaben.

Die folgenden Einstellungen sind vor allem für Template-Entwickler von Bedeutung:

Modul-Tag

Joomla! steckt die Inhalte des Moduls in das hier eingestellte HTML-Element.

Bootstrap-Größe

Das ab Joomla! 3.0 genutzte Bootstrap-System bietet ein Raster, auf dem Template-Entwickler die Elemente der Seite anordnen können. Wie viele Spalten in diesem Raster das Modul einnehmen soll, stellen Sie hier unter *Bootstrap-Größe* ein.

Header-Tag und Header-Klasse

Joomla! gibt den Modultitel in dem unter *Header-Tag* eingestellten HTML-Element aus. Diesem Element dürfen Sie unter *Header-Klasse* noch einen CSS-Klassennamen verpassen.

Modulstil

> Hier legen Sie fest, in welche HTML-Elemente das Modul seine einzelnen Inhalte verpacken soll. Mehr zu diesen Stilen finden Sie in Kapitel 13, *Templates*, Abschnitt »Das »style«-Attribut nutzen« auf Seite 607.

In den *Basisoptionen* lädt das Feld *Text davor* ein, dort einen Text wie »Wählen Sie eine Sprache« einzutippen. Dieser Hinweis erscheint dann aber immer in jeder Sprachfassung. Gleiches gilt übrigens auch für den *Titel* des Moduls (im Moment also *Choose your language*). Sie können das direkt in der *Vorschau* überprüfen, indem Sie zwischen Englisch und Deutsch wechseln und dabei das Modul im Auge behalten.

Um diese Situation zu ändern, müssten Sie eigentlich zwei Sprachauswahl-Module anlegen: eines mit einem deutschen Titel, das nur in der deutschen Sprachfassung erscheint (indem Sie *Sprache* auf *German* setzen), und eines mit einem englischen Titel, das nur in der englischen Sprachfassung erscheint (*Sprache* auf *English UK*). Wenn Sie diesen Aufwand scheuen, setzen Sie *Bildflaggen benutzen* auf *Ja* und *Titel anzeigen* auf *Verbergen*. Dann zeigt das Modul nur die sprachneutralen Fahnen an, und es reicht ein Modul, das in allen Sprachfassungen erscheint.

Es gibt aber noch ein kleines Problem: In der *Vorschau* taucht noch das alte Hauptmenü mit dem Titel *This Site* auf – und zwar immer in allen Sprachfassungen. Eigentlich könnte man es jetzt einfach löschen. Das ist jedoch keine so gute Idee:

Warnung Die Joomla!-Entwickler weisen extra und überdeutlich darauf hin, dass es weiterhin einen Menüpunkt auf eine allgemeine Startseite geben sollte.

Zumindest der alte *Home*-Menüpunkt (der mit dem gelben Stern in der Liste hinter *Menüs → Main Menu*) sollte also möglichst weiterhin existieren.

Es kommt sogar noch schlimmer:

Warnung Das Menü-Modul, das ihn anzeigt, *muss* einer Template-Position zugeordnet sein, die es tatsächlich gibt.

Der einfachste Ausweg ist deshalb, das Modul mit dem alten Hauptmenü auf allen Seiten auszublenden. Dazu rufen Sie *Erweiterungen → Module* auf, suchen in der Liste das *This Site*-Modul, klicken seinen Titel an und setzen dann in seinem Bearbeitungsbildschirm auf dem Register *Menüzuweisung* die Ausklappliste *Modulzuweisung* auf *Keine Seiten*. Nach dem *Speichern & Schließen* ist der Menüpunkt immer noch vorhanden, das Modul an einer Position, die es gibt, und das Menü auf der Website unsichtbar – also genau so, wie es sein soll.

Schritt 6: Abschlussarbeiten

Zum Schluss steht noch einmal eine richtige Sisyphusarbeit an: Wenn Sie einen Blick in die *Vorschau* werfen und zwischen den beiden Sprachen hin- und herschalten, dürften Ihnen viele Elemente auffallen, die nicht übersetzt werden. Dazu zählen beispielsweise alle Menüeinträge des Menüs *Kino, Film und Co,* sämtliche Kategorien, deren Beschreibungen, alle Kontakte und die Werbebanner.

Alle diese Elemente müssen Sie jetzt noch einmal in einer englischsprachigen Fassung erstellen. Denken Sie auch daran, die Menüpunkte mit ihren korrekten Inhalten zu verbinden. So muss der Menüpunkt *Kontakte Filmkritiker* aus dem *Main Menu Deutsch* auf die deutsche Kontakt-Kategorie zeigen, das Pendant aus dem Menü *Main Menu English* entsprechend auf die englische Variante.

Am Ende haben Sie dann jedes Modul, jedes Menü und jede Kategorie doppelt: einmal mit deutschen und einmal mit englischen Texten beziehungsweise Beschriftungen.

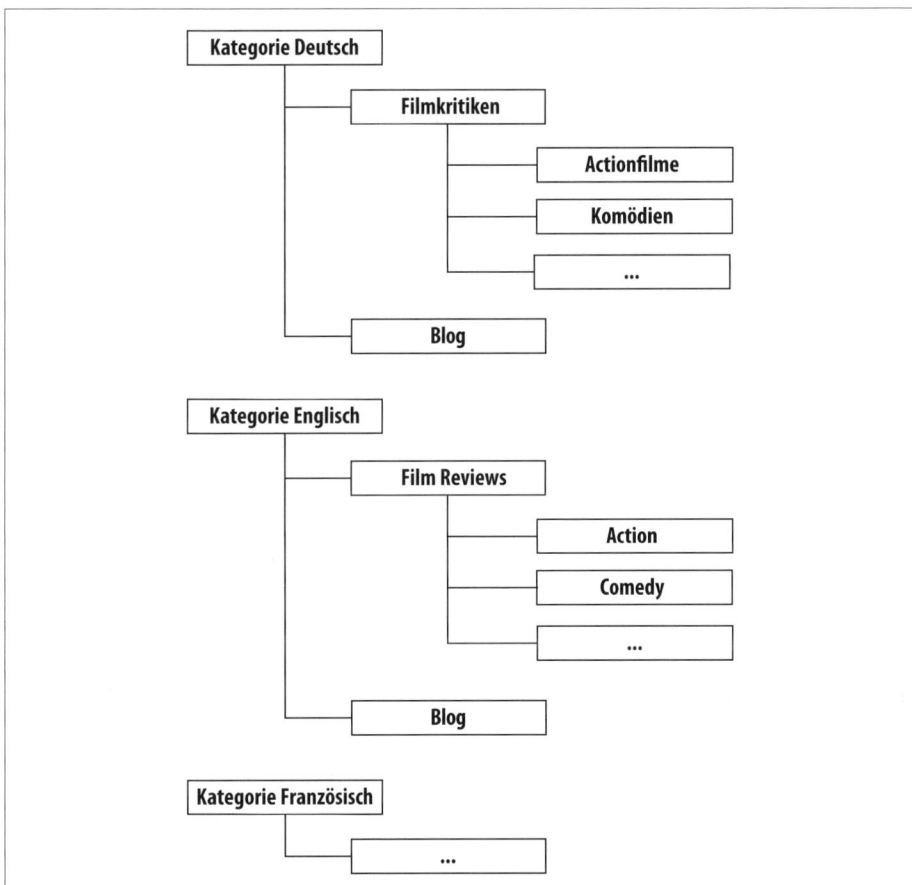

Abbildung 12-20:   Möglicher Aufbau eines mehrsprachigen Internetauftritts

Darüber hinaus müssen Sie noch einmal alle Module daraufhin abklopfen, ob sie überhaupt noch zu sehen sind. Momentan ist beispielsweise das *Login Form* verschwunden. Um es wieder hervorzuzaubern, rufen Sie seine Einstellungen auf (*Erweiterungen → Module*, dort das *Login Form* anklicken) und passen auf dem Register *Menüzuweisung* die *Menüauswahl* an (im Kinoportal setzen Sie *Modulzuweisung* auf *Nur auf der gewählten Seite* und setzen dann unter *Main Menu Deutsch* und *Main Menu English* Haken vor die Punkte *Startseite* beziehungsweise *Home*).

Sie merken schon: Das alles ist nicht nur umständlich, man gerät auch in Gefahr, den Überblick zu verlieren. Sie sollten deshalb am besten einen Plan mit der Gliederung Ihrer Website erstellen (ruhig auf Papier) und dann alle Elemente nacheinander abhaken. Unter Umständen empfiehlt es sich sogar, die Struktur Ihres Internetauftritts noch einmal komplett zu überarbeiten. Wenn Sie gerade erst einen Auftritt erstellen, sollten Sie die Mehrsprachigkeit schon von Beginn an mit einplanen. Bei den Beiträgen raten die Joomla!-Entwickler beispielsweise zu einem Aufbau wie dem aus Abbildung 12-20.

Schritt 7: Menüpunkte miteinander verknüpfen

Wechseln Sie jetzt einmal in die *Vorschau*, dort zum deutschsprachigen Internetauftritt und dann auf irgendeine Unterseite. Wenn Sie jetzt über das Modul auf die englische Sprachfassung umschalten, springt Joomla! automatisch wieder zur Startseite zurück. Wesentlich eleganter wäre es, wenn direkt die passende, englische Unterseite erscheinen würde. Genau das kann Joomla! ab Version 1.7 – vorausgesetzt, Sie leisten einige Vorarbeit.

Damit Joomla! weiß, welche Unterseiten zusammengehören, müssen Sie – Achtung – die darauf verweisenden Menüpunkte miteinander verknüpfen. Das Konzept versteht man am besten anhand eines kleinen Beispiels:

Angenommen, es gäbe im Kinoportal einen Menüpunkt, der nur in der deutschen Sprachfassung erscheint und auf die Filmkritik zu *Stirb Langsam* führt. Ein anderer Menüpunkt erscheint wiederum nur in der englischen Sprachfassung und verweist auf die Filmkritik zu *Die Hard*.

Die beiden Filmkritiken besprechen den gleichen Film, nur eben in unterschiedlichen Sprachen. Damit auch Joomla! davon erfährt, muss man die beiden *Menüpunkte* miteinander verknüpfen. Dann kann ein Besucher später bequem zwischen den beiden Sprachfassungen der Beiträge hin- und herschalten. Zwei so verknüpfte

Menüpunkte bezeichnete Joomla! 2.5 noch als *assoziierte Menüpunkte* (englisch *Associated Menu Items*), im Internet findet man auch die Bezeichnung *sprachlich verknüpfte Menüpunkte*.

Um überhaupt Menüpunkte miteinander verknüpfen zu können, müssen Sie als Erstes hinter *Erweiterungen → Plugins* die Einstellungen des Plugins *System – Sprachenfilter* aufrufen (indem Sie beispielsweise einen Titel in der Liste anklicken). In den *Basisoptionen* stellen Sie jetzt *Verknüpfte Einträge* auf *Ja* und *Speichern & Schließen* die Änderungen.

Ab sofort finden Sie in den Einstellungen eines jeden Menüpunktes ein neues Register namens *Verknüpfungen*. Auf ihm können Sie den Menüpunkt mit anderen verknüpfen (siehe Abbildung 12-21).

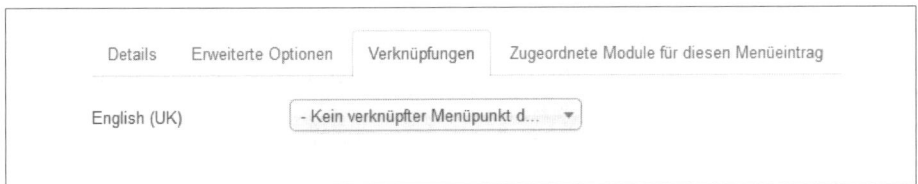

Abbildung 12-21: Auf diesem Register lassen sich verschiedene Sprachfasssungen eines Menüpunktes miteinander verbinden.

Wie das genau funktioniert, zeigt am besten ein kleines Beispiel zum Mitmachen. Als Ausgangspunkt dient dabei wieder das Kinoportal. Stellen Sie zunächst sicher, dass es einen Beitrag zu *Stirb Langsam* und einen zu *Die Hard* gibt (wenn Sie den vorherigen Abschnitten gefolgt sind, sollte dies bereits der Fall sein).

Erstellen Sie jetzt einen Menüpunkt auf die Kritik zu *Stirb Langsam*, der nur in der deutschen Sprachfassung auftaucht: Klicken Sie auf *Menüs → Main Menu Deutsch → Neuer Menüeintrag*, dann auf *Auswählen*, gefolgt von *Beiträge* und *Einzelner Beitrag*. Vergeben Sie als *Menütitel* die Bezeichnung `Stirb Langsam`, stellen Sie *Sprache* auf *German*, klicken Sie dann neben *Beitrag auswählen* auf *Auswählen*, und entscheiden Sie sich in der Liste für den Beitrag *Stirb Langsam*. Legen Sie den Menüpunkt via *Speichern & Schließen* an. Damit gibt es jetzt in der deutschen Sprachfassung einen Menüpunkt, der direkt zur Kritik zu *Stirb Langsam* führt.

Analog erzeugen Sie jetzt einen Menüpunkt auf die Kritik zu *Die Hard*, der nur in der englischen Sprachfassung auftaucht: Wählen Sie *Menüs → Main Menu English → Neuer Menüeintrag*, dann *Auswählen*, gefolgt von *Beiträge* und *Einzelner Beitrag*. Vergeben Sie als *Menütitel* die Bezeichnung `Die Hard`, stellen Sie *Sprache* auf *English (UK)*, klicken Sie dann neben *Beitrag auswählen* auf *Auswählen*, und entscheiden Sie sich in der Liste für den Beitrag *Die Hard*. Legen Sie den Menüpunkt via *Speichern & Schließen* an. Damit gibt es jetzt in der englischen Sprachfassung einen Menüpunkt, der direkt zur Kritik zu *Die Hard* führt.

In der *Vorschau* können Sie jetzt das alte Verhalten prüfen: Klicken Sie auf den Menüeintrag *Stirb Langsam*, und wechseln Sie dann auf die englische Sprachfassung. Joomla! springt automatisch wieder zurück zur Startseite. Dies gilt es jetzt zu ändern.

Sofern es noch nicht geschehen ist, aktivieren Sie die entsprechende Funktion im *Sprachenfilter*-Plugin. Dazu rufen Sie *Erweiterungen → Plugins* auf, klicken in der Liste *System – Sprachenfilter* an, setzen in den *Basisoptionen* den Punkt *Verknüpfte Einträge* auf *Ja* und klicken dann in der Werkzeugleiste auf *Speichern & Schließen*.

Als Letztes müssen Sie nur noch die beiden Menüpunkte *Stirb Langsam* und *Die Hard* verknüpfen. Wechseln Sie also zurück zu *Menüs → Main Menu Deutsch*, und klicken Sie dort den Menüeintrag *Stirb Langsam* an. Öffnen Sie das Registerblatt *Verknüpfungen*. Dort finden Sie jetzt für jede *weitere* Sprachfassung der Webseite eine Ausklappliste (wie in Abbildung 12-21). Im Kinoportal ist dies nur eine für Englisch.

Der Menüpunkt führt zur Filmkritik zu *Stirb Langsam*. Das Gleiche macht sein Amtskollege mit der Beschriftung *Die Hard* in der englischen Fassung. Stellen Sie also in der Ausklappliste *Die Hard* ein (unterhalb von *mainmenu-english*). Klicken Sie jetzt auf *Speichern & Schließen* in der Werkzeugleiste.

Sie landen jetzt wieder in der Liste mit allen Menüpunkten. Dort gibt es die Spalte *Verknüpfung*. In ihr weist ein kleines blaues Symbol mit einer Kette darauf hin, dass der entsprechende Menüpunkt mit einem anderen verknüpft ist (siehe Abbildung 12-22).

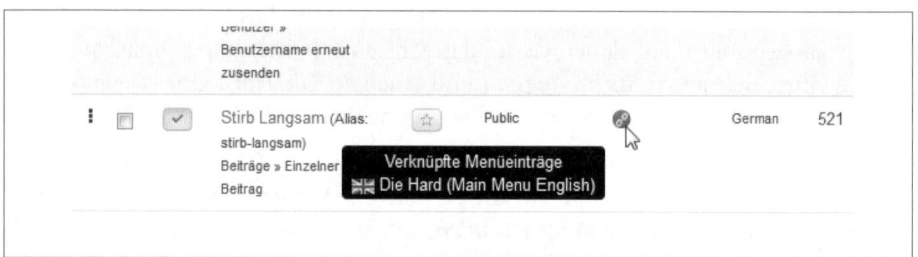

Abbildung 12-22: Wenn Sie den Mauszeiger auf dem blauen Symbol parken, erfahren Sie, mit welchen Menüpunkten dieses Exemplar verknüpft ist.

Den englischen Menüpunkt zum Beitrag *Die Hard* müssen Sie jetzt nicht noch einmal mit dem deutschen Pendant verknüpfen. Joomla! hat das bereits automatisch für Sie durchgeführt. Sie können das prüfen, indem Sie *Menüs → Main Menu English* aufrufen: In der Zeile für den Menüpunkt *Die Hard* finden Sie ebenfalls das Symbol mit der Kette.

Wechseln Sie jetzt noch einmal in die *Vorschau*, und klicken Sie hier den Menüpunkt *Stirb Langsam* an. Wenn Sie jetzt zur englischen Fassung wechseln, erscheint umgehend der Beitrag zu *Die Hard* und nicht mehr die Startseite.

Die gezeigte Prozedur müssen Sie jetzt für alle anderen Menüpunkte in Ihrem Internetauftritt wiederholen.

Im Kinoportal haben die beiden Menüeinträge zu *Stirb Langsam* und *Die Hard* ihre Schuldigkeit getan. Löschen Sie sie hinter *Menüs → Main Menu Deutsch* und *Menüs → Main Menu English*.

Nach diesem Ausflug in die komplexe Welt einer mehrsprachigen Website geht es in den folgenden Abschnitten noch einmal um die Sprachpakete – was aber nicht heißt, dass es einfacher wird.

Einzelne Übersetzungen austauschen (Language String Overrides)

Nicht immer gefallen die Übersetzungen aus den (deutschen) Sprachpaketen. Beispielsweise bietet das *Login Form* aus Abbildung 12-23 immer etwas nichtssagend das *Registrieren* an. Aussagekräftiger wäre doch vielleicht *Benutzerkonto beantragen*.

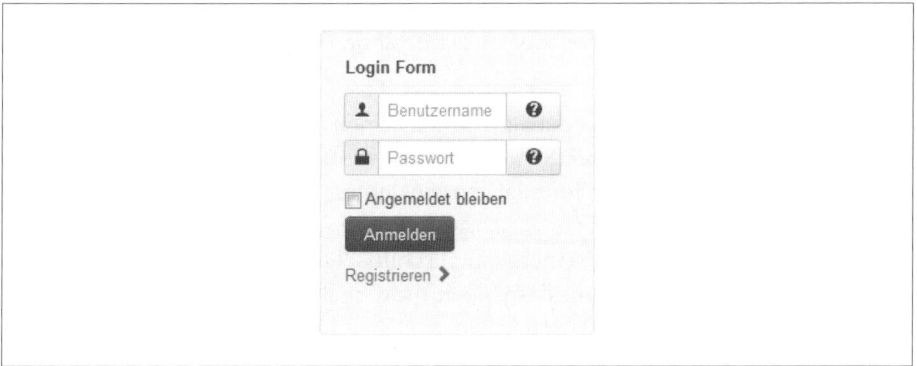

Abbildung 12-23:   Nur die deutsche Beschriftung des Links *Registrieren* soll ausgetauscht werden.

Im Folgenden soll deshalb als kleines Beispiel im *Login Form* das nichtssagende *Registrieren* gegen das passendere *Benutzerkonto beantragen* ausgetauscht werden. Alle übrigen Beschriftungen des Moduls bleiben unverändert.

Um eine Beschriftung auszutauschen, rufen Sie *Erweiterungen → Sprachen* auf und wechseln dort im Menü am linken Seitenrand zum Punkt *Overrides*. Sie landen jetzt in einer Liste mit allen ersetzten Beschriftungen – im Moment sind das noch keine.

Links neben der (leeren) Liste finden Sie eine Ausklappliste (unterhalb von *Filter*). In ihr stellen Sie die Sprache ein, in der die auszutauschende Beschriftung vorliegt. Im Beispiel stammt der Begriff *Registrieren* aus dem deutschen Sprachpaket und erscheint auf der Website. Wählen Sie folglich den Eintrag *German (DE-CH-AT) – Site*.

Um jetzt den Begriff zu ersetzen, klicken Sie auf *Neu* in der Werkzeugleiste, woraufhin das Formular aus Abbildung 12-24 erscheint.

Neuer Override

Sprachschlüssel *	MOD_LOGIN_REGISTER
Text	Benutzerkonto beantragen
Sprache	German (DE-CH-AT) [de-DE]
Region	Site
Datei	C:\xampp\htdocs\joomla\language\o

Abbildung 12-24: Hier entsteht ein neuer Override, der den Begriff *Registrieren* im Login Form durch den Text *Benutzerkonto beantragen* ersetzt.

Jedes Element auf Ihrer Homepage besitzt einen internen, recht kryptischen Bezeichner. Diesen sogenannten *Sprachschlüssel* (in älteren Joomla!-Versionen heißt er *Sprachkonstante*) haben die Joomla!-Entwickler fest vorgegeben. Das gilt auch für den *Registrieren*-Link. Um seine Beschriftung gegen eine andere austauschen zu können, müssen Sie zunächst seinen Sprachschlüssel herausfinden. Mit dem Eingabefeld auf der rechten Seite geht das jedoch ruck, zuck: Tippen Sie dort in das Feld die Übersetzung ein, die Sie austauschen wollen – im Beispiel also **Registrieren**. Stellen Sie jetzt noch sicher, dass darunter *Suchen nach* auf *Inhalt* steht, und klicken Sie dann auf *Suchen*. Joomla! spuckt daraufhin eine ganze Reihe von *Suchergebnissen* aus (siehe Abbildung 12-25).

Jetzt muss man ein wenig kombinieren: Die kryptischen Begriffe in den Großbuchstaben sind die Sprachschlüssel. Anhand der Texte darunter wird schnell klar, dass nur COM_USERS_REGISTER_DEFAULT_LABEL, JREGISTER und MOD_LOGIN_REGISTER infrage kommen. Alle Sprachschlüssel, die mit COM_ beginnen, beziehen sich auf die Ausgaben von Komponenten. Analog sind die Sprachschlüssel, die mit einem MOD_ beginnen, Modulen zugeordnet. Der *Registrieren*-Link erscheint im *Login Form*, einem Modul. Ergo heißt der ihm von Joomla! zugeordnete Sprachschlüssel MOD_LOGIN_REGISTER.

Genau diesen Sprachschlüssel klicken Sie jetzt einfach in den Suchergebnissen an. Joomla! trägt ihn daraufhin automatisch links oben in das passende Feld ein. Die aktuelle Beschriftung landet unter *Text*. Tauschen Sie ihn dort einfach gegen **Benut-**

zerkonto beantragen aus. Das Ergebnis sollte dann so wie in Abbildung 12-24 aussehen. Legen Sie den Ersatz jetzt via *Speichern & Schließen* an.

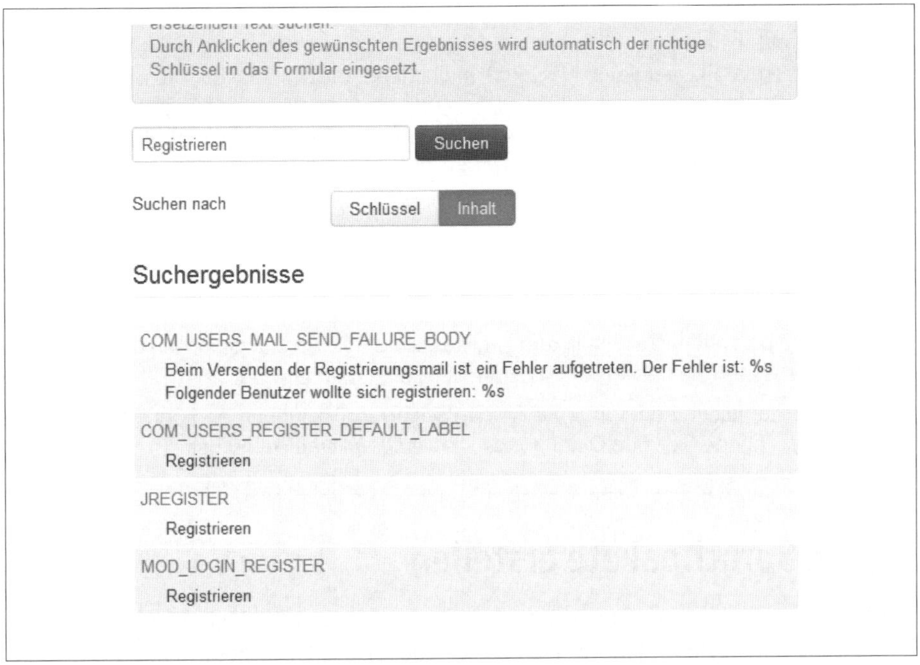

Abbildung 12-25: Der Begriff *Registrieren* taucht an insgesamt vier Stellen in Joomla! auf.

Damit haben Sie jetzt einem Element, das Joomla! intern als `MOD_LOGIN_REGISTER` bezeichnet, eine neue Beschriftung mit dem Text *Benutzerkonto beantragen* verpasst. Ob Sie auch das richtige Element erwischt haben, verrät ein Blick in die *Vorschau*. Dort zeigt sich jetzt das *Login Form* so wie in Abbildung 12-26.

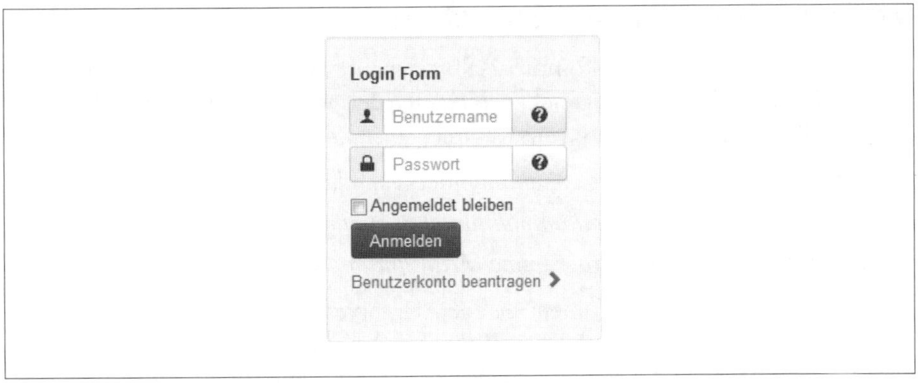

Abbildung 12-26: Die ausgetauschte Beschriftung

Eigene Sprachpakete erstellen

Wenn Ihnen die Übersetzungen aus den Sprachpaketen überhaupt nicht gefallen, können Sie auch selbst Hand anlegen und eine eigene Übersetzung in Angriff nehmen – wie zum Beispiel eine Variante in Plattdeutsch. Zuvor empfiehlt es sich allerdings, kurz zu klären, ob dieser doch beträchtliche Aufwand überhaupt notwendig ist. So bietet sich zunächst eine kurze Nachfrage in einem Joomla!-Forum an. Vielleicht gibt es ja schon jemanden, der eine Übersetzung in dieser Mundart in Angriff genommen hat.

Die Elemente der Website übersetzen

Entscheidet man sich für ein komplett selbst gebautes Joomla! »op Platt«, führt der Weg als Erstes in das Unterverzeichnis *language* der Joomla!-Installation. Wenn Sie der Schnellinstallationsanleitung aus Kapitel 2, *Installation*, gefolgt sind, ist das unter

- Windows das Verzeichnis *c:\xampp\htdocs\joomla\language, unter*
- Linux das Verzeichnis */opt/lampp/htdocs/joomla/language* und unter
- Mac OS X der Ordner */Programme/MAMP/htdocs/joomla/language*.

Dort steckt jede Sprache in einem eigenen Unterverzeichnis. Deren Namen wiederum folgen einem ganz bestimmten Schema. Die ersten beiden Kleinbuchstaben benennen die Sprache. So steht beispielsweise de für Deutschland und en für Englisch. Welche Buchstabenkombination zu welcher Sprache gehört, regelt der weltweit gültige Standard ISO 639. Listen mit allen Kürzeln finden Sie beispielsweise unter *http://www.sil.org/iso639-3/codes.asp*. In Joomla! können Sie die üblichen Kürzel mit zwei Buchstaben (ISO-Standard 639-1) oder drei Buchstaben (ISO-Standard 639-2) verwenden. Auch für Plattdeutsch gibt es ein passendes Kürzel: nds.

Nach dem Bindestrich weisen die zwei Großbuchstaben auf das Land hin, zum Beispiel AT für Österreich. Diese Länderkürzel sind wiederum im Standard ISO-3166-1 verzeichnet. Eine Aufstellung finden Sie beispielsweise unter *http://de.wikipedia.org/wiki/ISO-3166-1-Kodierliste* in der Spalte *ALPHA-2*.

Ein Verzeichnis mit dem Namen *de-AT* enthält somit die Übersetzungen für Deutsch, wie es in Österreich gesprochen wird. Das komplette Gebilde aus Sprach- und Länderkürzel wie de-AT bezeichnet Joomla! als *Sprach-Tag* (englisch *Language-Tag*). Im Beispiel des Plattdeutschen lautet es nds-DE.

Tipp	An diese Namenskonvention sind Sie übrigens nicht zwingend gebunden, Joomla! akzeptiert auch jede beliebige andere Zeichenkette als Sprach-Tag. Beispielsweise könnten Sie einem plattdeutschen Sprachpaket das Sprach-Tag *dtplatt* oder *Rumpelstielzchen* geben. Joomla! stützt sich jedoch an verschiedenen Stellen auf die Sprach- und Länderkürzel. Wenn Sie davon abweichen, könnten später Probleme bei einem mehrsprachigen Auftritt oder im Zusammenspiel mit Erweiterungen auftreten.
	Im Zweifelsfall sollten Sie Sprachkürzel verwenden, die Ihrer Sprache beziehungsweise Ihrem Dialekt möglichst nahe kommen oder aber in den Standards nicht auftauchen (wie etwa xx-XX).

In jedem Unterverzeichnis finden Sie gleich einen ganzen Haufen Textdateien. Jede von ihnen enthält die Übersetzung für einen ganz bestimmten Teilbereich von Joomla!. Bevor es jedoch an deren Modifikation geht, erstellen Sie zunächst irgendwo auf Ihrer Festplatte ein Arbeitsverzeichnis mit einem beliebigen Namen. Dort hinein kopieren Sie alle Dateien aus dem englischen Verzeichnis *en-GB*. Eine bestehende Sprache als Ausgangsbasis zu verwenden hat den Vorteil, dass keiner der zu übersetzenden Texte in Vergessenheit gerät. Entscheidet man sich zudem für das englische Original, sieht man wesentlich schneller, welche Texte noch nicht übersetzt wurden.

Tauschen Sie jetzt noch bei jeder kopierten Datei den Namensbestandteil *en-GB* gegen den der Sprache aus, die Sie unterstützen wollen. *en-GB.mod_login.php* wird im Beispiel des plattdeutschen Joomla! zu *nds-DE.mod_login.php*. Nur die Datei *index.html* behält ihren Namen.

Die Informationsdatei

Im nächsten Schritt machen Sie sich über die Datei mit der Endung *.xml* her – im Platt-Beispiel wäre dies *nds-DE.xml*. Öffnen Sie sie in einem Texteditor Ihrer Wahl.

Warnung
Doch Vorsicht: Sämtliche Dateien in Joomla! dürfen Sie nur mit einem Texteditor bearbeiten, der mit Unicode-Zeichen umgehen kann. Andernfalls sind später auf der Homepage alle Sonderzeichen und Umlaute entstellt, und unter Umständen weigert sich Joomla! sogar, das Sprachpaket zu installieren.

Moderne Texteditoren erkennen das sogenannte UTF-8 Format automatisch. Sie können dies testen, indem Sie eine *.ini*-Datei aus dem deutschen Verzeichnis *de-DE* öffnen. Bleiben dabei die Umlaute erhalten, kann Ihr Texteditor mit dem Unicode-Standard umgehen. Das in Windows mitgelieferte WordPad fällt bei diesem Test allerdings durch.

Windows-Anwender müssen zudem darauf achten, dass die Dateiendung stimmt. Beispielsweise hängt der Editor gerne ungefragt ein *.txt* als Endung an, die Windows dann im Explorer auch noch ausblendet.

Mehr zum Thema Unicode und zu der von allen Joomla!-Dateien verwendeten UTF-8-Kodierung finden Sie beispielsweise im Internet unter *http://de.wikipedia.org/wiki/Unicode* oder *http://www.unicode.org*.

Die Datei *nds-DE.xml* enthält ein paar Basisinformationen, die Sie später auch im Backend wiederfinden. Tauschen Sie einfach die entsprechenden Begriffe gegen passende Werte aus:

- Zwischen <name> und </name> steht der Name der Sprache.

  Im Beispiel ersetzen Sie den Text folglich durch **Plattdeutsch** (oder korrekter **Plattdüütsch**)

- Zwischen <version> und </version> steht die Versionsnummer der Übersetzung.

  Wie die Versionsnummer aussieht, können Sie prinzipiell frei bestimmen. Sie sollten sich aber an den üblichen Standard halten. Demnach besteht die Versionsnummer aus der Joomla!-Version und der Revision des Paketes. Im Beispiel erstellen Sie ein Sprachpaket für Joomla! 3.0.2 gerade neu. Folglich handelt es sich um die Version **3.0.2.1**.

- Zwischen <creationDate> und </creationDate> steht das Datum, an dem die Übersetzung fertiggestellt wurde.

- Zwischen <author> und </author> steht der Name des Übersetzers.

- Zwischen <authorEmail> und </authorEmail> steht die E-Mail-Adresse des Übersetzers.

- Zwischen <authorUrl> und </authorUrl> steht die Internetadresse des Übersetzers. (Dies ist in der Regel der Ort, an dem man das fertige Sprachpaket bekommt.)

- Zwischen <copyright> und </copyright> stehen Urheberinformationen, wie etwa in der Art **(C) 2012 Tim Schürmann. Alle Rechte vorbehalten.**.

- Zwischen <license> und </license> steht die Lizenz, unter der das Sprachpaket steht. Alternativ können Sie hier auch auf eine Datei oder Internetadresse mit weiteren Informationen verweisen.

- Zwischen `<description>` und `</description>` folgt noch eine kleine Beschreibung, wie etwa **Website in Plattdeutsch**.

Im Mittelteil der Datei finden Sie recht viele Zeilen mit folgendem Muster:

```
<filename>en-GB.com_contact.ini</filename>
```

Hierbei handelt es sich um eine Auflistung aller Dateien, die zum Sprachpaket gehören. Tauschen Sie bei allen mit `<filename>` beginnenden Zeilen das en-GB gegen Ihr Sprachkürzel aus – im Plattdeutsch-Beispiel also gegen nds-DE:

```
<filename>nds-DE.com_contact.ini</filename>
```

Am schnellsten geht das mit der Suchen-und-Ersetzen-Funktion Ihres Texteditors.

Am unteren Ende der Textdatei gibt es noch einen Bereich, der zwischen den Tags `<metadata>` und `</metadata>` liegt. Er ist in Joomla! 1.6 hinzugekommen und enthält ein paar (formale) Informationen über die Sprache:

- Zwischen `<name>` und `<name>` steht noch einmal die offizielle Bezeichnung der Sprache, im Beispiel also **Plattdüütsch**.
- Zwischen `<tag>` und `</tag>` steht das Sprach-Tag (im Beispiel **nds-DE**).
- Die Zahl zwischen `<rtl>` und `</rtl>` gibt an, ob die Schreibrichtung der Sprache wie im Deutschen von links nach rechts (**0**) oder wie etwa im Arabischen von rechts nach links verläuft (dann wäre hier eine **1** richtig).
- Zwischen `<locale>` und `</locale>` gehören alle Sprach-Tags, für die diese Sprache ebenfalls gilt. Für Deutsch kann man beispielsweise nicht nur de_DE, sondern nach dem Standard mit den drei Buchstaben auch deu_DE schreiben. Schließlich gibt es noch die einzelnen Abkürzungen de und deu sowie die Bezeichnungen german und germany. Alle diese Begriffe sammeln Sie hier zwischen `<locale>` und `</locale>` und trennen sie jeweils durch ein Komma. Als Vorlage können Sie die Angaben aus der Datei *en-GB.xml* verwenden. Im Fall des Plattdeutschen sieht das dann etwa so aus: `<locale>nds_DE.utf8, nds_DE. UTF-8, nds_DE, nds, platt, plattdeutsch</locale>`.
- Die Zahl zwischen `<firstDay>` und `</firstDay>` legt abschließend fest, ob die Arbeitswoche an einem Sonntag beginnt (dann verwenden Sie die Zahl **0**) oder wie in Deutschland an einem Montag (dann gehört hier die Ziffer **1** hin).

Texte übersetzen

Nachdem Sie die Änderungen gespeichert haben, wenden Sie sich einer der Dateien mit der Endung *.ini* zu. Jede von ihnen enthält die Übersetzungen genau einer Komponente, eines Moduls oder eines Plugins. Die Datei *en-GB.mod_login.ini* (beziehungsweise im Platt-Beispiel *nds-DE.mod_login.ini*) enthält beispielsweise alle Beschriftungen des Moduls für die Anmeldung (das *Login Form* rechts unten im Frontend). Auch die *.ini*-Dateien können Sie mit einem herkömmlichen Editor bearbeiten.

Jede der .*ini*-Dateien enthält in jeder Zeile die Übersetzung genau eines Elements auf Ihrer Website. Alle Zeilen, die mit einem Semikolon beginnen, werden später von Joomla! ignoriert.

Die übrigen Zeilen starten mit einem großgeschriebenen Begriff, der ein ganz bestimmtes Element auf der Joomla!-Homepage repräsentiert – das ist der sogenannte *Sprachschlüssel*. Diesen internen Bezeichner haben die Joomla!-Entwickler fest vorgegeben (wie im vorherigen Abschnitt bereits erläutert wurde). Anschließend steht ein Gleichheitszeichen, gefolgt von der entsprechenden Übersetzung in Anführungszeichen. Dazu ein kleines Beispiel aus der Datei *en-GB.mod_login.ini*:

```
MOD_LOGIN_VALUE_USERNAME="User Name"
```

Hier besitzt das Modul ein Element namens MOD_LOGIN_VALUE_USERNAME, das mit dem Text *User Name* beschriftet ist. Es handelt sich hier folglich um das Eingabefeld für den Benutzernamen (das im Englischen die Beschriftung *User Name* trägt).

Tauschen Sie jetzt in allen .*ini*-Dateien die Texte in den Anführungszeichen gegen die entsprechenden Übersetzungen in Ihrer Sprache aus. Mitunter stoßen Sie dabei auf merkwürdige Zeichenketten, wie %s. Das sind Platzhalter, die Joomla! später durch Zahlen oder andere Begriffe ersetzt.

Die Dateien mit dem Kürzel .*tpl_* im Namen übersetzen die Texte einzelner Templates. So liegen beispielsweise in *de-DE.tpl_beez3.ini* unter anderem die deutschen Beschriftungen der Links, mit denen ein Besucher die Schrift *Grösser* oder *Kleiner* machen kann.

Die Datei ».localize.php«

Eine Sonderrolle nimmt die Datei mit der Endung .*localize.php* ein. Sie enthält ein paar weitere Informationen zur Sprache. Ihr Aufbau unterscheidet sich allerdings etwas von dem Aufbau der anderen Dateien (ihre Inhalte sind mehr oder weniger kryptische PHP-Befehle).

Öffnen Sie die Datei mit einem Texteditor, und suchen Sie in ihr folgende Zeile:

```
abstract class en_GBLocalise {
```

Ersetzen Sie en_GB durch das Sprach-Tag der neuen Sprache. Im Plattdeutsch-Beispiel sieht das Ergebnis dann so aus:

```
abstract class nds-DELocalise {
```

Als Nächstes wenden Sie sich folgenden Zeilen zu:

```
$search_ignore[] = "and";
$search_ignore[] = "in";
$search_ignore[] = "on";
```

Sie finden sie etwa in der Mitte der Datei. Jede dieser Zeilen nennt in den Anführungszeichen einen Begriff, den die in Joomla! eingebaute Suchfunktion später ignorieren soll. Hierzu gehören im Deutschen beispielsweise Füllwörter wie *und*, *in*, *mit* und so weiter.

Für Ihre eigene Übersetzung löschen Sie zunächst die obigen drei Zeilen und erstellen dann zwischen

```
$search_ignore = array();
```

und

```
return $search_ignore;
```

für jedes Füllwort eine weitere Zeile nach diesem Muster:

```
$search_ignore[] = "Füllwort";
```

Für die deutschen Füllwörter sähe die Passage beispielsweise wie folgt aus:

```
$search_ignore = array();
$search_ignore[] = "und";
$search_ignore[] = "in";
$search_ignore[] = "auf";
return $search_ignore;
```

Alle übrigen Befehle und Zeilen belassen Sie so, wie sie sind, und speichern die Änderungen ab.

Ein Sprachpaket schnüren

Abschließend müssen die modifizierten Dateien in Ihrem Arbeitsverzeichnis noch zu einem Paket geschnürt werden. Dazu ist eine weitere Datei mit dem Namen *install.xml* notwendig. Ihr Aufbau entspricht dem ihrer Kolleginnen für die Erweiterungen (mehr dazu finden Sie in Kapitel 15, *Eigene Erweiterungen erstellen*). Für den Augenblick können Sie eine Datei aus einem bestehenden Sprachpaket ausleihen (und sie beispielsweise aus dem Verzeichnis *de-DE* in Ihr Arbeitsverzeichnis kopieren).

In ihrem oberen Teil verlangt Joomla! wieder ein paar allgemeine Informationen, wie sie auch schon in der Informationsdatei mit der Endung *.xml* auftraten.

 Tipp   Wenn Sie die *install.xml* aus dem deutschen Sprachpaket kopiert haben, finden Sie zwischen `<description>` und `</description>` einen langen kryptischen Text. Diesen können Sie einfach löschen und ersetzen. Den hier abgeladenen Text zeigt Joomla! direkt nach der Installation des Sprachpakets an. In dem kryptischen Textsalat des deutschen Sprachpakets dürften HTML-Kenner übrigens vieles wiedererkennen: Alles zwischen `<![CDATA[` und `]]>` sind HTML-Tags, die die Ausgabe später aufhübschen.

Wichtig ist diesmal vor allem der Bereich zwischen `<files>` und `</files>`. Er listet alle Dateien auf, die zum Sprachpaket gehören. Jeder Dateiname wird dabei noch zwischen `<filename>` und `</filename>` gesetzt. Für das »Platt«-Beispiel sähen die Einträge folgendermaßen aus:

```
<files>
  ...
  <filename>nds-DE.com_users.ini</filename>
  <filename>nds-DE.com_weblinks.ini</filename>
  ...
</file>
```

Anhand dieser Angaben weiß Joomla! später, welche Dateien es aus dem Paket übernehmen und im *language*-Verzeichnis ablegen muss. Achten Sie deshalb darauf, dass für jede Datei in Ihrem Arbeitsverzeichnis genau eine `<filename>` … `</filename>`-Zeile auftaucht.

Abschließend packen Sie alle Dateien *in* Ihrem Arbeitsverzeichnis in ein Archiv im ZIP-Format.

Num	Sprache	Sprach-Tag	Bereich	Standard	Version	Datum	Autor	E-Mail des Autors
1	English (United Kingdom)	en-GB	Site	★	3.0.2	2008-03-15	Joomla! Project	admin@joomla.org
2	German (Germany-Switzerland-Austria)	de-DE	Site	☆	3.0.2.2	19.11.2012	J!German	team@jgerman.de
3	Plattdüütsch	nds-DE	Site	☆	3.0.2.1	2012-12-20	Tim Schürmann	info@tim-schuermann.de

Abbildung 12-27:   Das eigene Sprachpaket in Joomla!

Version

Dieses ZIP-Archiv können Sie ganz normal installieren (wie in Abschnitt »Sprachpakete beschaffen und installieren« auf Seite 527 vorgestellt wurde). Anschließend taucht die neue Sprache so wie in Abbildung 12-27 einträchtig neben den anderen im Backend auf.

X.X

Seit Joomla! 3.0 lassen sich so eingespielte Sprachen jedoch nicht mehr deinstallieren. Das geht nur noch, wenn Sie ein komplettes Sprachpaket schnüren, wie es der folgende Abschnitt beschreibt.

Die Elemente des Backends übersetzen

Bislang wurden nur die Elemente der Homepage übersetzt. Die Sprache des Backends passen Sie auf exakt die gleiche Weise an. Die zugehörigen Dateien liegen lediglich im Unterverzeichnis */administrator/language* des Joomla!-Verzeichnisses.

Ein komplettes Archiv erstellen

Wenn Sie auf die beschriebene Weise sowohl die Texte für das Frontend als auch für das Backend übersetzt haben, halten Sie an dieser Stelle zwei ZIP-Archive in der Hand. Damit ein Joomla!-Betreiber nicht beide separat installieren muss, dürfen Sie sie ab Joomla! 1.6 zu einem einzigen Paket schnüren.

Dazu erstellen Sie zunächst ein neues Arbeitsverzeichnis. In dieses kopieren Sie das ZIP-Archiv mit den Übersetzungen für das Frontend und geben ihm den Dateinamen *site_de-DE.zip*. Das *de-DE* ersetzen Sie dabei durch Ihr Sprach-Tag. Im Beispiel des Plattdeutschen heißt die Datei somit *site_nds-DE.zip*.

Kopieren Sie auch das Archiv mit den Übersetzungen für das Backend, und geben Sie ihm den Dateinamen *admin_de-DE.zip*. Das *de-DE* ersetzen Sie dabei wieder durch Ihr Sprach-Tag. Im Beispiel des Plattdeutschen heißt die Datei damit *admin_nds-DE.zip*.

Als Nächstes erstellen Sie im Arbeitsverzeichnis eine Textdatei mit dem Namen *pkg_de-DE.xml*. Der Bestandteil *de-DE* steht dabei wieder für Ihr Sprach-Tag. Bei der Übersetzung ins Plattdeutsche heißt die Datei somit *pkg_nds-DE.xml*. Diese füllen Sie jetzt mit folgendem Inhalt:

```
<?xml version="1.0" encoding="UTF-8" ?>
<extension type="package" version="3.0">
<name>Sprachpaket Plattdeutsch</name>
<packagename>nds-DE</packagename>
<version>3.0.2.1</version>
<creationDate>20.12.2012</creationDate>
<author>Hans Hansen</author>
<authorEmail>hans@example.com</authorEmail>
<authorUrl>http://www.example.com</authorUrl>
<description>Sprachpaket für Plattdeutsch</description>
<files>
    <file type="language" client="site" id="nds-DE">site_nds-DE.zip</file>
```

```
    <file type="language" client="administrator" id="nds-DE">admin_nds-DE.zip</file>
    </files>
    </extension>
```

Der Aufbau ähnelt dem der *.xml*-Datei aus Abschnitt »Die Informationsdatei« auf Seite 563. Alle bekannten Zeilen (wie etwa den Namen des Erstellers zwischen `<name>` und `</name>`) passen Sie wieder an Ihre Gegebenheiten an. Neu sind lediglich folgende Zeilen:

Zwischen `<packagename>` und `</packagename>` steht das Sprach-Tag, wie es auch im Dateinamen erscheint. Im Beispiel heißt die Datei *pkg_nds-DE.xml*, folglich gehört zwischen `<packagename>` und `</packagename>` der Text **nds-DE**.

Bei den Zeilen

```
    <file type="language" client="site" id="xx-XX">site_xx-XX.zip</file>
```

und

```
    <file type="language" client="administrator" id="xx-XX">admin_xx-XX.zip</file>
```

müssen Sie nur xx-XX gegen das Sprach-Tag Ihrer Sprache austauschen, im Beispiel für Plattdeutsch also gegen nds-DE. Die beiden Zeilen verraten Joomla!, welches Archiv welche Übersetzung enthält.

Nach dem Speichern liegen jetzt in Ihrem Arbeitsverzeichnis drei Dateien:

- *site_nds-DE.zip* mit der Übersetzung für das Frontend
- *admin_nds-DE.zip* mit der Übersetzung für das Backend
- *pkg_nds-DE.xml* mit Informationen für Joomla!

Diese Dreierbande müssen Sie jetzt nur noch in ein ZIP-Archiv verpacken. So erhalten Sie das komplette Sprachpaket.

In diesem Kapitel:
- Templates verwalten
- Stile
- Ein eigenes Template entwickeln
- Die Optik des Templates festlegen
- Bootstrap
- Eigene Templates mit Parametern steuern
- Template Overrides
- Module Chrome
- Templates für das Backend erstellen

KAPITEL 13

Templates

Wie jedes Content-Management-System trennt auch Joomla! den Inhalt von der Darstellung. Diese Arbeitsweise erlaubt das dynamische und flexible Generieren der Internetseiten sowie einen schnellen Austausch des Homepage-Designs. Das grundlegende Erscheinungsbild, die Farbgebung und die Anordnung der einzelnen Inhalte steuert in Joomla! ein sogenanntes Template.

Abbildung 13-1 zeigt den grundlegenden Aufbau des standardmäßig mitgelieferten Templates. Jeder mit einem kleinen Namensschild versehene Kasten repräsentiert genau einen Bereich, der mit Inhalten (wie zum Beispiel einem Menü oder einem Werbebanner) gefüllt werden kann. Andere Elemente wie die Titelgrafik sind wiederum fest durch das Template vorgegeben. Vereinfacht gesagt enthält ein Template den Bauplan oder das Skelett der späteren Homepage. Die umrandeten Kästchen ersetzt Joomla! erst bei der Auslieferung einer angeforderten Seite durch die entsprechend zugeordneten Inhalte.

Tipp   Unter der Haube besteht ein Template lediglich aus herkömmlichen HTML- und CSS-Anweisungen, die mit einer Handvoll Spezialbefehlen angereichert werden. Ein Template unterscheidet sich folglich nicht wesentlich von jeder anderen Internetseite. Es lässt sich sogar in einem grafischen Webseiten-Baukasten wie Adobe Dreamweaver vorzeichnen. Wie einfach die Erstellung eines Templates abläuft, zeigt gleich noch der Abschnitt »Ein eigenes Template entwickeln« auf Seite 586.

Templates verwalten

Dieses Konzept wäre allerdings wertlos, könnte man das Template nicht gegen ein anderes Exemplar austauschen. Genau darum kümmert sich die Template-Verwaltung hinter *Erweiterungen* → *Templates*.

Wechseln Sie hier in dem kleinen Menü links unterhalb der Werkzeugleiste zum Punkt *Templates*. Jetzt erscheint eine Liste mit allen installierten Templates (siehe Abbildung 13-2).

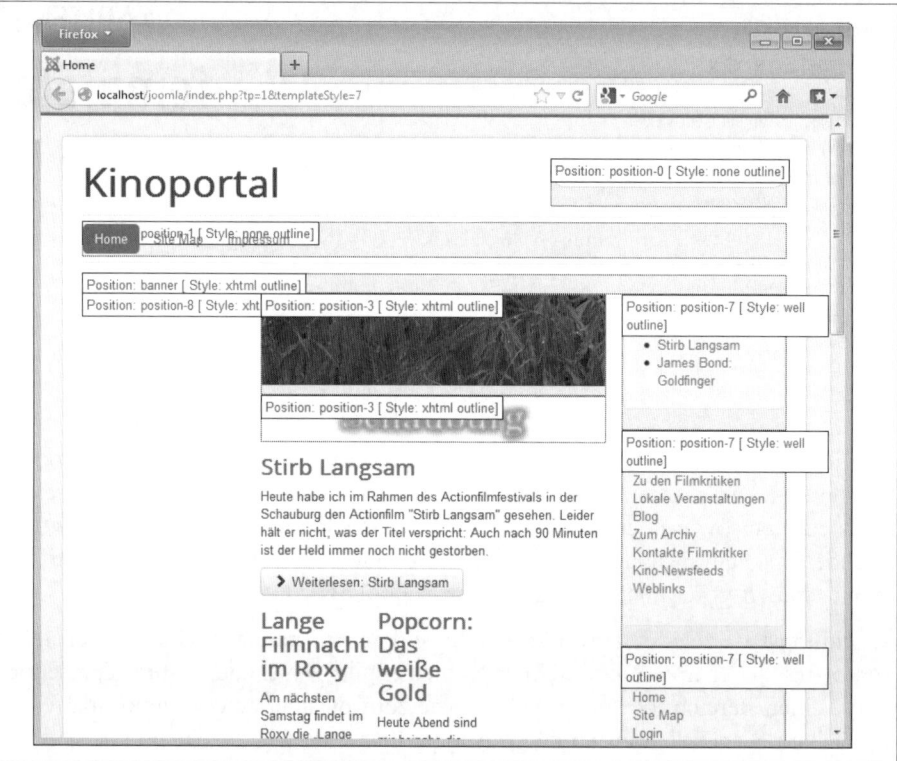

Abbildung 13-1:   Der Aufbau des Standard-Templates *Protostar*

Joomla! bringt standardmäßig vier Templates mit: *Beez3* von Angie Radtke, *Proto-star* von Kyle Ledbetter, *Hathor* von Andrea Tarr und *Isis*, das ebenfalls von Kyle Ledbetter stammt.

 Version   In Joomla! 2.5 gab es die Templates *Atomic* von Ron Severdia, *Beez5* und *Beez_20* von Angie Radtke sowie *Bluestork* von Ron Severdia und *Hathor* von Andrea Tarr. Das Aussehen der alten Templates weicht teilweise recht deutlich von den aktuellen Varianten ab. Das aktuelle *Beez3* hat dabei noch am ehesten Ähnlichkeit mit dem einstigen *Beez2*.

Die beiden zuerst genannten Templates beeinflussen das Aussehen der Homepage, die letzten beiden sorgen hingegen für ein optisch ansprechendes Backend. Sie lesen richtig: Auch das Aussehen des Backends bestimmt in Joomla! ein Template. Welche Templates die Website und welche Templates das Backend aufhübschen, verrät die Spalte *Bereich*. Steht dort ein *Site*, so ist das Template für die Website gedacht, während *Administrator* auf ein Template für das Backend hinweist. Alternativ können Sie über die Ausklappliste – *Bereich wählen* – (links neben der Liste) die Ansicht entsprechend einschränken.

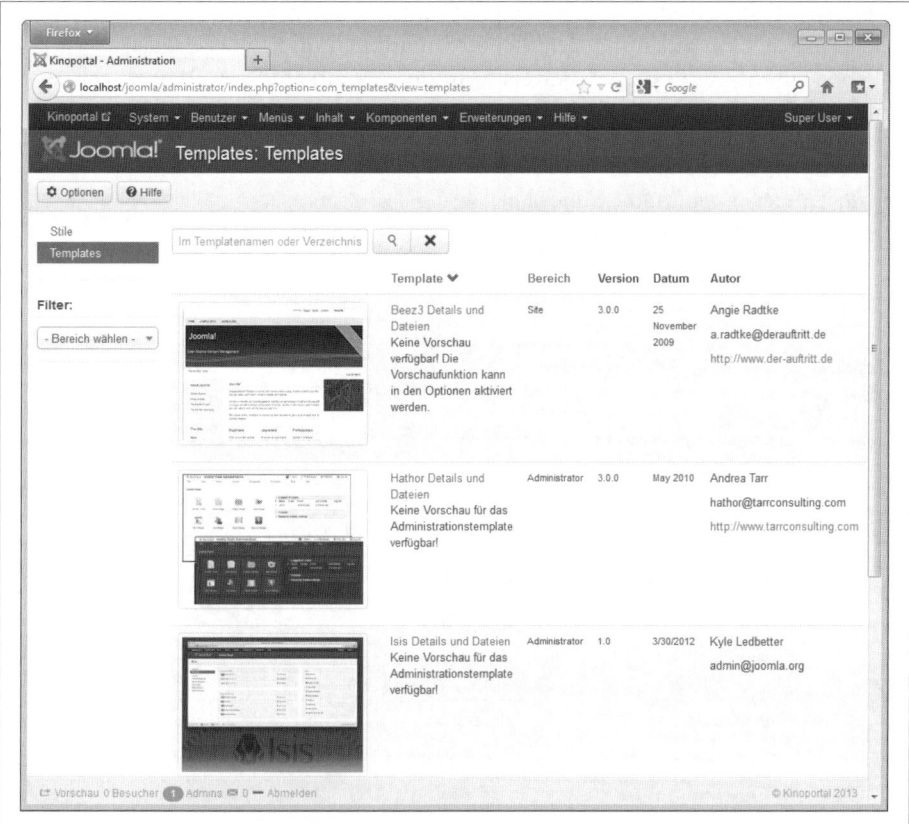

Abbildung 13-2: Die Seite zur Verwaltung der Templates

Die *Version* des jeweiligen Templates ist in der gleichnamigen Spalte angegeben, *Datum* nennt das Erstellungsdatum.

Tipp   Die Schöpferin der *Beez*-Templates hat ein besonderes Augenmerk auf die sogenannte Barrierefreiheit gelegt. Derartig gestaltete Seiten können auch von behinderten Menschen betrachtet beziehungsweise von rudimentär ausgestatteten
Browsern dargestellt werden. Menschen mit eingeschränkter Sehkraft können beispielsweise über die Links am rechten oberen Seitenrand die Schrift vergrößern
oder verkleinern. Um die Barrierefreiheit kümmert sich noch ausführlich Kapitel 16,
Barrierefreiheit.

Fertige Templates beschaffen

Nun sind vier Templates nicht gerade als eine große Auswahl zu bezeichnen. Um diese Situation zu verbessern, könnte man entweder selbst zur Tastatur greifen und ein eigenes Template schreiben, oder man wählt die bequemere Variante und sucht im Internet nach bereits fertigen Designs. Schier zahllose Seiten bieten dort ebenso viele Templates für alle nur erdenklichen Situationen und Anlässe an, wie etwa das Angebot aus Abbildung 13-3 beweist. Größere Template-Sammlungen gab es bei Drucklegung des Buches beispielsweise unter:

- *http://www.joomlaos.de*
- *http://www.joomla-downloads.de*
- *http://www.joomla24.com*
- *http://www.joomla-templates.com*

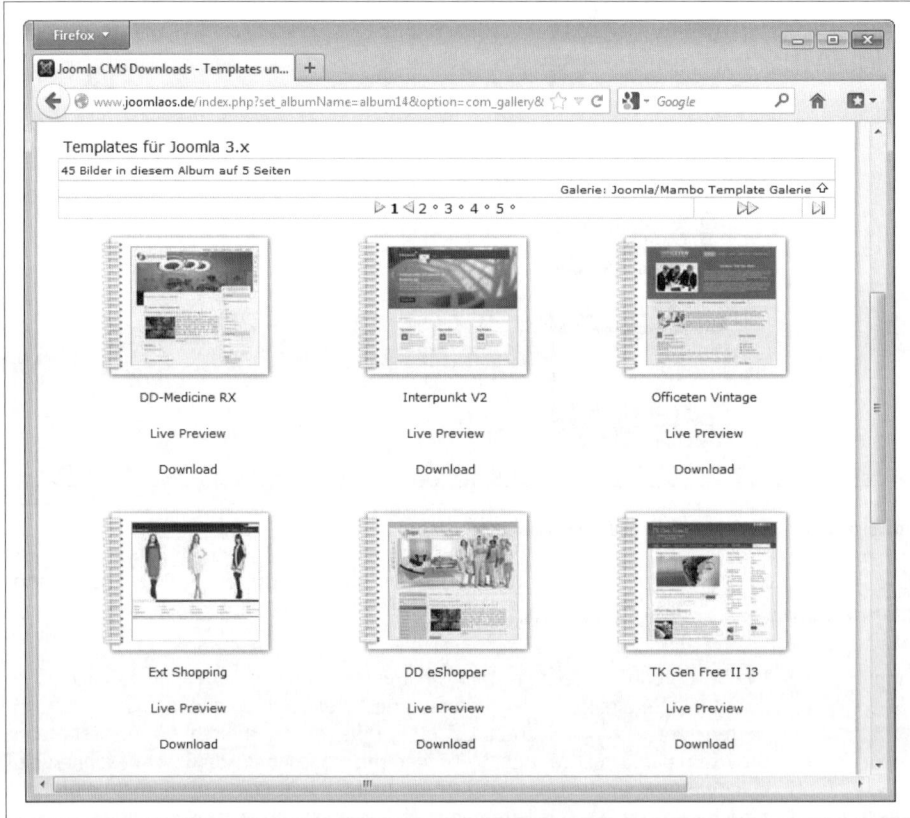

Abbildung 13-3:   Freie Templates zuhauf gibt es beispielsweise unter *http://www.joomlaos.de.*

Beim Stöbern sollten Sie jedoch zwei wichtige Dinge im Auge behalten:

Das Urheberrecht
Nicht alle angebotenen Templates dürfen Sie auch tatsächlich in allen Situationen kostenfrei nutzen.

Die Joomla!-Version

Greifen Sie nur zu Templates, die für Ihre Joomla!-Version gedacht sind: Vorlagen für ältere Versionen unterscheiden sich in einigen Punkten von denen für Joomla! 3.0 und können unter Umständen zu unschönen oder nicht funktionierenden Ergebnissen führen. Je nach Alter blockiert Joomla! sogar die Installation von überholten Templates.

Suchen Sie sich für das Kinoportal auf einer der oben genannten Internetseiten einfach irgendein Template aus, das Ihnen gefällt. In den folgenden Beispielen kommt das Template *AJT 005* (Prototype) von *AJoomlaTemplates.com* zum Einsatz, das bei Drucklegung dieses Buches unter *http://ajoomlatemplates.com* erhältlich war.

Templates installieren

Jedes Template landet normalerweise in einer Datei mit der Endung *.zip* oder *.tar.gz* auf Ihrer Festplatte. Um die darin enthaltene Vorlage in Joomla! zu registrieren, wählen Sie im Backend aus dem Hauptmenü den Punkt *Erweiterungen → Erweiterungen*. Dieser führt umgehend zu der Seite aus Abbildung 13-4.

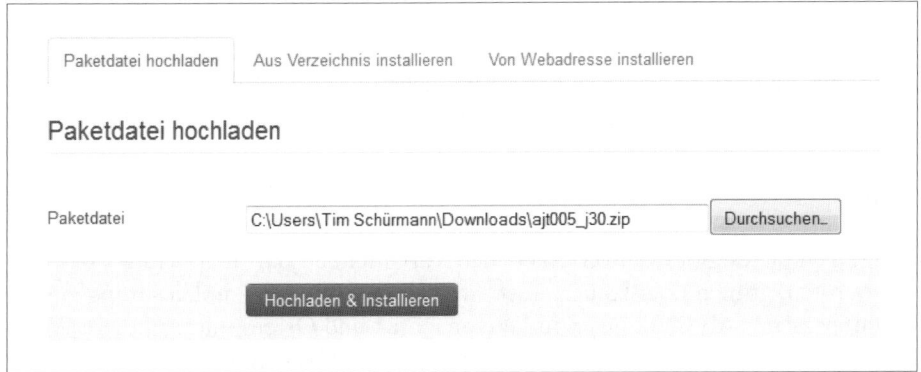

Abbildung 13-4:   Über dieses Formular installiert man ein neues Template.

Hier klicken Sie auf *Durchsuchen...* und wählen dann die heruntergeladene Datei mit dem Template aus. Anschließend spielt *Hochladen & Installieren* das neue Template ein. Spielen Sie auf diesem Weg auch das vorhin für das Kinoportal heruntergeladene Template ein.

Alternativ kann Joomla! das Template auch selbst herunterladen und einspielen. Dazu tippen Sie auf dem Register *Von Webadresse installieren* die Internetadresse der Paketdatei in das Eingabefeld *URL zum Paket* ein und klicken auf *Installieren*. Damit besitzen Sie dann allerdings keine Kopie des Templates auf der eigenen Festplatte.

Wenn Sie das Template in einem Archiv erhalten, das nicht auf *.zip* oder *.tar.gz* endet, müssen Sie es zunächst auf Ihrer Festplatte entpacken. Den herausgepurzelten Inhalt transferieren Sie anschließend von Hand in ein Arbeitsverzeichnis auf dem Webserver, wie etwa */tmp/arbeitsverzeichnis*. Genau diesen Pfad tippen Sie dann auf dem Register *Aus Verzeichnis installieren* in das Eingabefeld *Pfad zum Paketverzeichnis*. Mit einem Klick auf das nebenstehende *Installieren* spielt Joomla! das Template ein.

Templates deinstallieren

Um ein Template später wieder loszuwerden, wechseln Sie im Backend zum Menü-punkt *Erweiterungen → Erweiterungen* und klicken dort im kleinen Menü am linken Seitenrand auf den Punkt *Verwalten*. Es dauert jetzt einen kleinen Moment, bis Joomla! reagiert. Stellen Sie anschließend die Ausklappliste – *Typ wählen* – auf *Template*, haken Sie dann in der ersten Spalte das zu löschende Template ab, und kli-cken Sie auf *Deinstallieren*.

Warnung Dabei gibt es keine Rückfrage, das Template ist sofort gelöscht!

Achten Sie zudem immer darauf, dass es mindestens immer ein Template für die Website und das Backend gibt.

Im Kinoportal sollte das neue Template jetzt in der Liste hinter *Erweiterungen →* *Templates* auf dem Register *Templates* auftauchen. Um die Website auf sein Design umzustellen, benötigt man allerdings noch die Hilfe der sogenannten Stile.

Stile

Einige Templates gibt es in verschiedenen Varianten. So darf man häufig zwischen einem roten, grünen oder blauen Anstrich wählen. Andere Templates bringen wie-derum passende Abwandlungen für Weihnachten und Ostern mit. Auf diese Weise lassen sich später die Themenbereiche der eigenen Website unterschiedlich farblich hervorheben oder zu speziellen Anlässen stimmungsvoll dekorieren. Solche Varian-ten eines Templates bezeichnet Joomla! als *Stile* (englisch *Styles*).

Alle derzeit vorhandenen Stile finden Sie hinter *Erweiterungen → Templates*, wobei dort am linken Rand im kleinen Menü unterhalb der Werkzeugleiste der Punkt *Stile* aktiviert sein muss. In der angezeigten Liste finden Sie für jedes Template immer mindestens einen Stil mit seiner Standardoptik – meist trägt dieser Stil ein *Default* oder *Standard* im Namen. Zu welchem Template ein Stil gehört, verrät die Spalte *Template*.

In Abbildung 13-5 gibt es für das *Beez3*-Template gleich zwei Stile: Neben der nor-malen Optik *Beez3 – Default* gibt es auch noch einen Stil namens *Beez3 – Fruit Shop*. Er ist für den Fruit Shop aus den Beispieldaten gedacht.

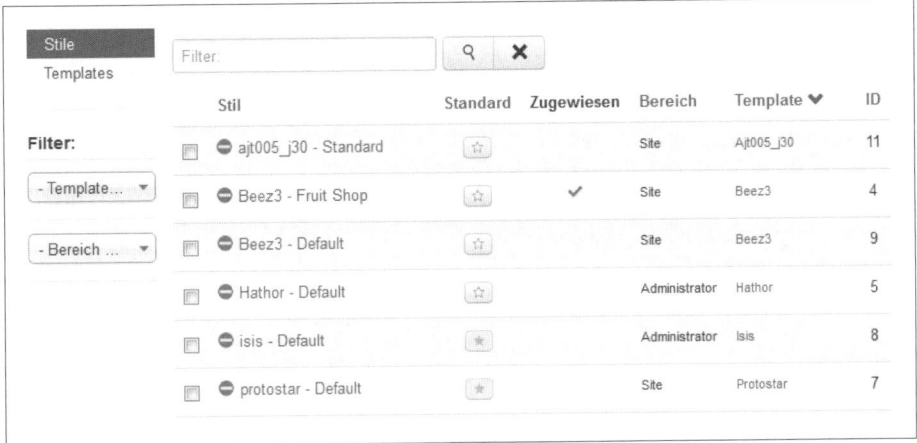

	Stil	Standard	Zugewiesen	Bereich	Template ✔	ID
☐	⊖ ajt005_j30 - Standard	☆		Site	Ajt005_j30	11
☐	⊖ Beez3 - Fruit Shop	☆	✔	Site	Beez3	4
☐	⊖ Beez3 - Default	☆		Site	Beez3	9
☐	⊖ Hathor - Default	☆		Administrator	Hathor	5
☐	⊖ isis - Default	★		Administrator	Isis	8
☐	⊖ protostar - Default	★		Site	Protostar	7

Abbildung 13-5: Hier sehen Sie alle standardmäßig vorhandenen Stile plus das im vorherigen Abschnitt nachinstallierte AJT 005.

Stile austauschen

Um den Stil zu wechseln und somit Ihrer Website ein anderes Aussehen zu verpassen, entfernen Sie einfach das Häkchen aus seinem Kästchen und klicken dann auf *Standard* in der Symbolleiste.

Warnung Sie weisen Ihrer Website also nicht direkt ein Template zu, sondern immer nur einen ganz bestimmten Stil.

Allerdings gibt es dabei eine kleine Stolperfalle: Stile gibt es nicht nur für die Templates des Frontends, sondern natürlich auch für die Templates des Backends. Setzen Sie einfach einmal einen Haken bei dem Stil *Hathor – Default*, und klicken Sie dann in der Werkzeugleiste auf *Standard*. Damit erscheint das Backend jetzt so wie in Abbildung 13-6. Dieser Stil wirkt auf den ersten Blick etwas chaotisch, ist aber weniger verspielt und vor allem auf kleineren Bildschirmen von mobilen Geräten übersichtlicher beziehungsweise besser lesbar. Kehren Sie wieder zum gewohnten Stil *isis – Default* zurück, indem Sie sein Kästchen ankreuzen und dann auf *Standard* klicken.

Für welchen Bereich ein Stil zuständig ist, verrät die Spalte *Bereich*: Bei *Site* ändert der Stil das Aussehen der Website, im Fall von *Administrator* ändert er hingegen die Optik des Backends.

Tipp Um nicht durcheinanderzugeraten, nutzen Sie die Filtermöglichkeiten am linken Seitenrand. Wenn Sie dort beispielsweise die Ausklappliste – *Bereich wählen* – auf *Site* stellen, zeigt die Liste nur noch die Stile für das Frontend an.

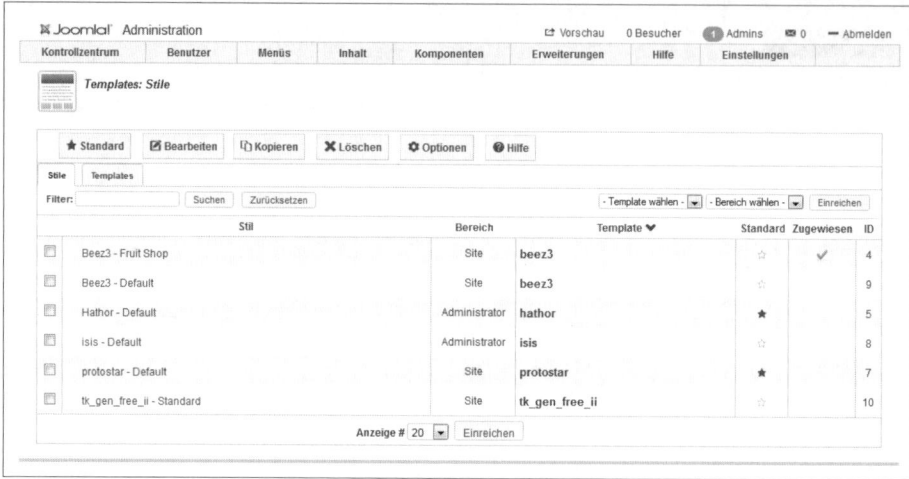

Abbildung 13-6:   Der aktivierte Stil *Hathor – Default*

Welcher Stil gerade standardmäßig zum Einsatz kommt, zeigt die Spalte *Standard* mit einem blauen Stern. Sie finden dort immer zwei gelbe Sternchen: Der eine markiert den Standard-Stil für die Website, der andere den Standard-Stil für das Backend. Wenn Sie allen bisherigen Beispielen gefolgt sind, sind dies die Stile *protostar – Default* für die Website und *isis – Default* für das Backend.

Tipp   Sinnvoll ist ein Austausch eines Stils für das Backend beispielsweise dann, wenn man selbst eine Joomla!-Distribution zusammenstellt und vertreibt. Auf diese Weise lässt sich etwa das Joomla!-Logo im Backend durch ein eigenes ersetzen. Darüber hinaus hilft ein neues Design, sich in mehreren, gleichzeitig betreuten Joomla!-Installationen schneller zurechtzufinden. Viele Agenturen nutzen zudem ein eigenes Template mit ihrer eigenen Corporate Identity.

Auch zum vorhin installierten Template wurde gleich ein passender Stil namens *ajt005_j30 - Standard* eingerichtet. Schalten Sie das Kinoportal jetzt auf diesen Stil um, indem Sie einen Haken in das Kästchen vor dem Namen setzen und auf *Standard* klicken.

Tipp   Alternativ können Sie auch einfach auf den Knopf mit dem weißen Stern in seiner Zeile klicken.

Abbildung 13-7 zeigt das Ergebnis in der *Vorschau*.

Nach der Installation und Aktivierung eines fremden Templates sollten Sie in der *Vorschau* noch unbedingt prüfen, ob alle aktivierten Module erreichbar sind. Sollte eines von ihnen plötzlich verschwunden sein, so fehlt im neuen Template der Platz, an dem das Modul vorher verstaut war. Hier bleibt Ihnen dann nur übrig, entweder das betroffene Modul zu verschieben oder ein anderes Template zu wählen.

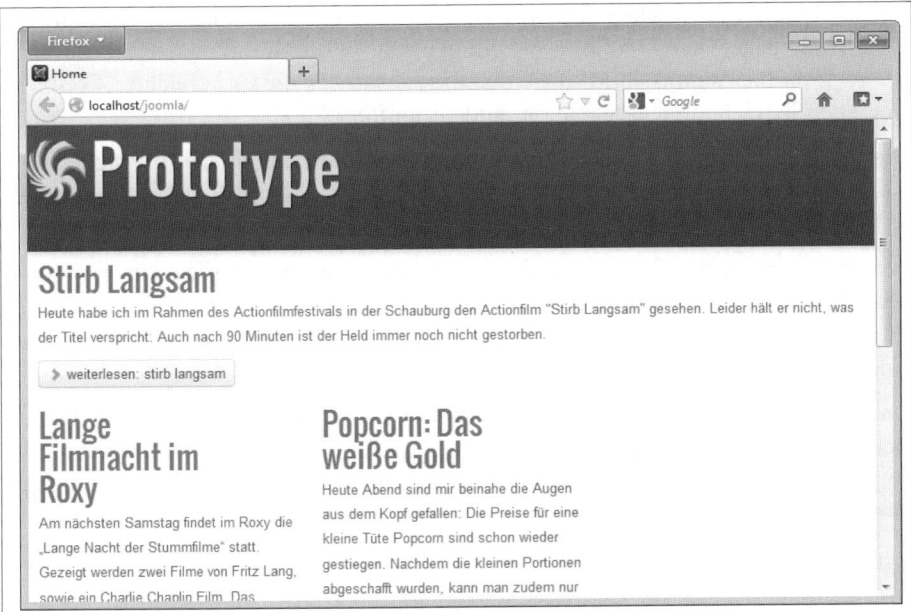

Abbildung 13-7: Das Kinoportal unter dem Einfluss des Stils *ajt005_j30 – Standard*

Dieser vermeintliche Gedächtnisschwund lässt sich recht schnell erklären: Jeder Bereich, in dem man Module platzieren darf, erhält vom Template einen eindeutigen Namen. Dummerweise gibt es hierfür keine festen Regeln – jedes Template kann seine Bereiche bezeichnen, wie es ihm beliebt. Platziert man nun beispielsweise ein Menü in einem Bereich namens *left*, der jedoch nach einem Designwechsel im neuen Template fehlt, so weiß Joomla! nicht mehr, wohin mit dem Modul, und blendet es vorsichtshalber lieber ganz aus. Genau das ist übrigens auch die Erklärung, warum in Abbildung 13-7 die ganzen Menüs (beziehungsweise die für sie zuständigen Module) fehlen.

Um herauszufinden, welche Bereiche ein Template unter welchen Namen zur Verfügung stellt, rufen Sie die Templateverwaltung auf (*Erweiterungen → Templates*), klicken auf *Optionen*, setzen *Vorschau von Modulpositionen* auf *Aktiviert*, *Speichern & Schließen* die Änderungen und stellen sicher, dass Sie sich in der Liste mit den Stilen befinden (*Erweiterungen → Templates*, dann im Menü am linken Rand *Stile* aktivieren). Klicken Sie jetzt links neben dem Namen des gewünschten Stils auf das kleine blaue Augen-Symbol. Es erscheint jetzt die Darstellung, die Sie vom Anfang des Kapitels her kennen (siehe Abbildung 13-1 auf Seite 572). Die Namen der Bereiche stehen in kleiner roter Schrift links oben in ihren Ecken.

Tipp   Diese Darstellung erreichen Sie übrigens auch auf dem Register *Templates*, wenn Sie beim gewünschten Template unterhalb seines Namens auf *Vorschau* klicken (in der Spalte *Template*). Diese Abkürzung zeigt dann aber immer den *Standard*- beziehungsweise *Default*-Stil des Templates an.

Einige Template-Entwickler sind so nett und verraten die Namen der Bereiche auf ihrer Homepage. Seit Joomla! 1.6 kommen häufig durchnummerierte Positionen wie *position-0*, *position-1* und so weiter zum Einsatz. *Protostar* bezeichnet beispielsweise den Bereich am rechten Seitenrand als *position-7*.

Die Betonung liegt dabei allerdings auf »häufig«: Sie können sich nie sicher sein, dass ein Modul im Kasten *position-7* auch nach einem Template- (beziehungsweise Stil-)Wechsel noch auf der Seite auftaucht.

Wie man ein Modul in einen anderen Bereich verschiebt, hat bereits Kapitel 7, *Module – Die kleinen Brüder der Komponenten*, gezeigt (wechseln Sie in den Bearbeitungsbildschirm des entsprechenden Moduls, und wählen Sie dort unter *Position* einen neuen Liegeplatz).

Da in den nachfolgenden Kapiteln ein eigenes Template entstehen soll, sparen Sie sich im Kinoportal die aufwendige Prüfung aller Module und wechseln wieder zurück zum *protostar – Default*-Stil (indem Sie ihn ankreuzen und dann auf *Standard* klicken).

Vergessen Sie nicht, die Spezialvorschau mit den Modulpositionen wieder abzuschalten. Andernfalls könnten Angreifer einen wertvollen Einblick in den Aufbau Ihrer Seite erhalten (siehe auch Kapitel 7, *Module – Die kleinen Brüder der Komponenten*, Abschnitt »Module verschieben« ab Seite 311). Klicken Sie also hinter *Erweiterungen → Templates* auf *Optionen*, setzen Sie *Vorschau von Modulpositionen* auf *Deaktiviert*, und *Speichern & Schließen* Sie diese Änderung.

Stile erstellen und verändern

Der standardmäßig aktive Stil *protostar – Default* sieht eigentlich nicht schlecht aus. Im Kinoportal soll allerdings anstelle des einfachen Texts *Kinoportal* links oben in der Ecke ein schmuckes Kinoportal-Logo alle Besucher begrüßen. Um das zu erreichen, muss man glücklicherweise nicht gleich Kontakt mit dem Template-Autor aufnehmen, sondern lediglich einen neuen Stil erstellen.

Dazu überlegen Sie sich zunächst, für welches Template Sie einen neuen Stil erstellen möchten. Im Fall des Kinoportals ist dies *Protostar*. Haken Sie jetzt hinter *Erweiterungen → Templates* in der Liste mit den Stilen einen seiner schon vorhandenen Stile ab, im Beispiel vielleicht einfach das gerade aktuelle *protostar – Default*, und klicken Sie schließlich in der Werkzeugleiste auf *Kopieren*. Der Stil existiert jetzt doppelt, wobei das Duplikat eine (2) im Namen trägt. Wenn Sie jetzt diesen Namen anklicken, landen Sie im Bearbeitungsbildschirm des Stils.

Tipp Natürlich könnten Sie auch einfach einen vorhandenen Stil bearbeiten. Für Notfälle empfiehlt es sich jedoch immer, das Original in der Hinterhand zu behalten.

Auf dem Register *Details* dürfen Sie ihm zunächst einen neuen Namen verpassen (siehe Abbildung 13-8).

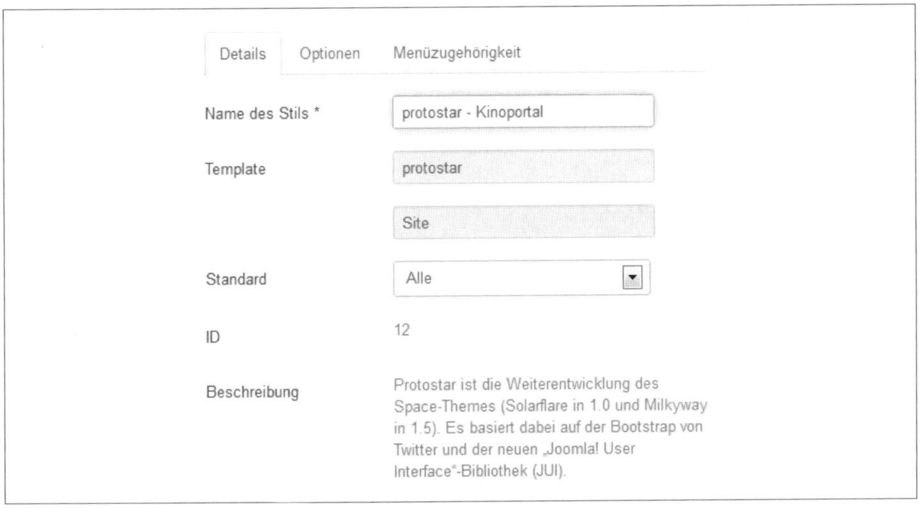

Abbildung 13-8:   Der Bereich Details mit den Einstellungen für das Kinoportal

Im Kinoportal könnten Sie ihn beispielsweise **protostar - Kinoportal** nennen.

Wenn die Ausklappliste *Standard* auf *alle* steht, nutzt Ihre Website standardmäßig immer diesen Stil. Der Stil würde also in der Liste das gelbe Sternchen erhalten. Bei einem *Nein* ist der Stil hingegen im Moment nicht aktiv. Die übrigen Punkte in der Ausklappliste sind nur interessant, wenn Sie einen mehrsprachigen Auftritt betreiben (wie in Kapitel 12, *Mehrsprachigkeit,* beschrieben). Dann können Sie den Stil ganz gezielt einer einzelnen Sprachfassung überstülpen. Welche das ist, legen Sie in der Ausklappliste fest. Wählen Sie hier beispielsweise *English*, erscheinen alle englischen Seiten – und wirklich nur die – in diesem Stil.

Im Kinoportal soll der neue Stil standardmäßig zum Einsatz kommen. Stellen Sie deshalb die Ausklappliste *Standard* auf *alle*.

Jedes Template bietet noch ein paar weitere Einstellungen an, mit denen Sie sein Aussehen in bestimmten Grenzen verändern können. Genau diese Stellschrauben finden Sie auf dem Register *Optionen*. Wie in Abbildung 13-9 lässt sich meist eine andere Titelgrafik oder eine andere (Hintergrund-)Farbe wählen. Welche Einstellungen hier genau zur Verfügung stehen, hängt vom jeweiligen Template ab.

Tipp   Ein Stil ist somit nichts anderes als eine Sammlung bestimmter Template-Einstellungen.

Das Template *Protostar* bietet die Einstellungen aus Abbildung 13-9 an. Netterweise darf man dort auch ein *Logo* auswählen. Klicken Sie also *Auswählen* an, aktivieren Sie *Durchsuchen...*, und wählen Sie die Datei mit dem Kinoportal-Logo aus. Sie finden sie im Unterverzeichnis *Kapitel13* auf unserer Downloadseite unter dem Namen *kinoportal_logo.png*. Klicken Sie jetzt auf *Hochladen starten* und anschließend auf das kleine Vorschaubild mit dem Kinoportal-Logo im Bereich darüber. Per *Einfügen* geht es wieder zum Bearbeitungsbildschirm des Stils zurück.

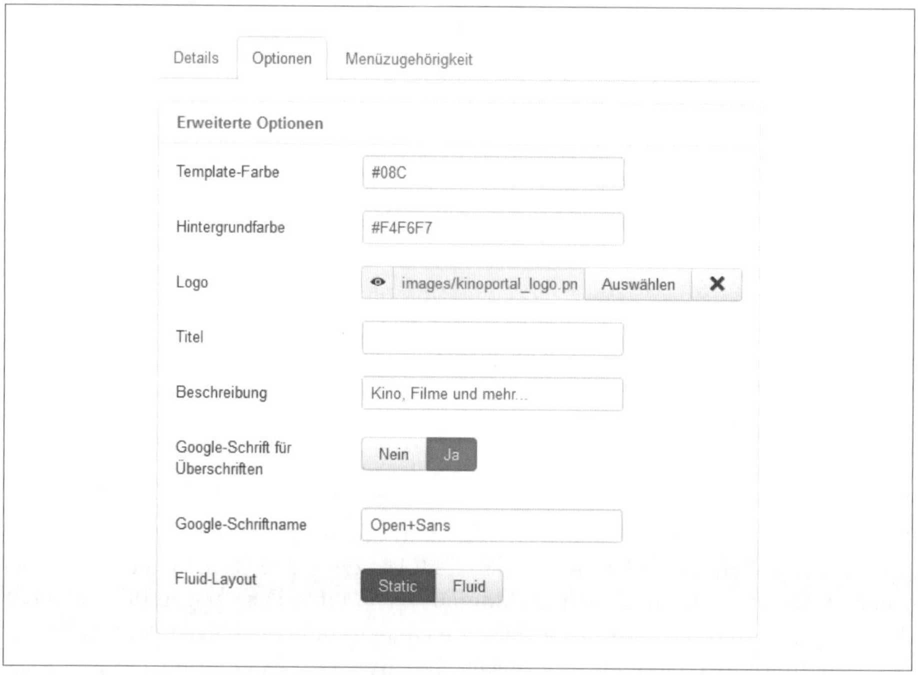

Abbildung 13-9:   Diese Einstellungen erlaubt das *Protostar*-Template.

Hier sind noch vier weitere Einstellungen interessant: Die *Seitenbeschriftung* erscheint später als Untertitel unter dem Logo beziehungsweise der Überschrift. Im Kinoportal wäre hier vielleicht `Kino, Filme und mehr...` ganz passend. Der im Feld *Titel* hinterlassene Text überschreibt die bisherige Seitenüberschrift *Kinoportal*. Da aber das *Logo* diesen Text gleich überdecken wird, können Sie im Kinoportal den *Titel* ignorieren. Schließlich können Sie noch die *Template-Farbe* und die *Hinter-grundfarbe* ändern. Die *Template-Farbe* ist derzeit ein Blau, in dem das Template unter anderem die Überschriften und die Menüeinträge anstreicht. Die *Hinter-grundfarbe* ist das leichte Grau. Da beide Farbtöne dezent sind, belassen Sie sie für das Kinoportal. Wenn Sie sie dennoch ändern möchten, klicken Sie einfach in das entsprechende Feld. Joomla! zeigt jetzt eine Farbpalette an, aus der Sie bequem eine entsprechende Farbe auswählen können (die kryptischen Zahlen in den Feldern sind die zugehörigen numerischen Farbwerte in Hexadezimalschreibweise, dazu später noch mehr).

Nach dem *Speichern & Schließen* sollte jetzt der gelbe Stern in der Spalte *Standard* neben dem Stil *protostar – Kinoportal* funkeln. Joomla! stülpt also bereits allen Webseiten den neuen Stil über. Prüfen Sie das Ergebnis in der *Vorschau*.

Wie in Abbildung 13-10 hat Joomla! das Logo ausgetauscht und die Unterschrift hinzugefügt. Etwas störend ist noch das Bild mit den roten Blättern. Dieses ist jedoch nicht etwa Teil des Templates, sondern einfach ein Modul. Wenn Sie es abschalten möchten, rufen Sie die Modulverwaltung auf (*Erweiterungen → Module*) und verstecken dort das *Image Module*.

Abbildung 13-10:   Das Ergebnis in der Vorschau

Verschiedene Designs auf einer Website

In einigen Fällen kann es wünschenswert sein, den Besuchern manche Unterseiten des Internetauftritts in einem anderen Stil zu präsentieren. Im Kinoportal könnte man beispielsweise das Blog gegenüber dem Rest in einem anderen Layout erstrahlen lassen. Auf diese Weise zeigt man einem Betrachter auch optisch, wo er sich gerade befindet.

Um einen Stil nur auf bestimmte (Unter-)Seiten anzuwenden, wechseln Sie zunächst wieder über *Erweiterungen → Templates* in die Templateverwaltung. Überlegen Sie sich jetzt, welchen Stil Sie den ausgewählten Unterseiten (wie etwa dem Blog) überstülpen möchten.

Dies darf nicht das derzeit aktive Standard-Template sein – denn dies erscheint bereits standardmäßig auf allen Seiten.

Im Kinoportal könnte man das Blog in das Rot des Stils *Beez3 – Fruit Shop* tauchen.

Dessen Namen klicken Sie jetzt einfach an, womit Sie wieder direkt im bekannten Bearbeitungsbildschirm landen. Wechseln Sie weiter auf das Register *Menüzugehörigkeit*. Dort setzen Sie jetzt Häkchen vor alle Menüeinträge ab, deren Zielseiten mit diesem Stil dargestellt werden sollen (siehe Abbildung 13-11).

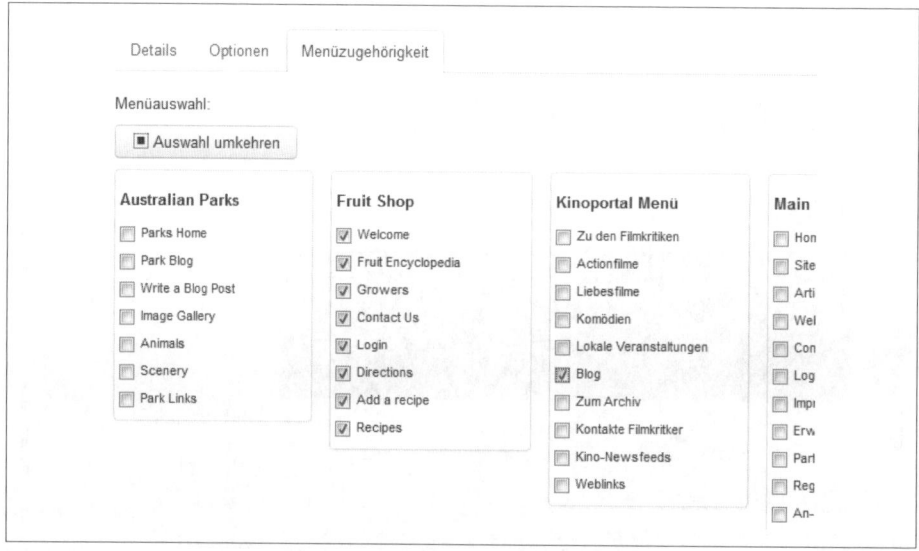

Abbildung 13-11:   Joomla! wendet das Template nur auf die Unterseiten mit Häkchen an.

Für das Kinoportal stellen Sie jetzt sicher, dass wie in Abbildung 13-11 ein Häkchen vor dem Punkt *Blog* steht. Damit erscheinen gleich alle Seiten, die über den Menüpunkt *Blog* erreichbar sind, im Stil *Beez3 – Fruit Shop*.

Sobald Sie die Änderungen via *Speichern & Schließen* übernehmen, erscheint in der Liste mit allen Stilen in der Spalte *Zugewiesen* ein grüner Haken (siehe Abbildung 13-12). Er weist darauf hin, dass Joomla! diesen Stil auf mindestens eine Unterseite Ihres Internetauftritts anwendet.

Wenn Sie jetzt in der *Vorschau* das *Blog* aufrufen, erscheint es in der entsprechenden Aufmachung. Beim Ergebnis aus Abbildung 13-13 werden Sie allerdings erst einmal (zu Recht) zurückzucken: Der gewählte Stil *Beez3 – Fruit Shop* sieht vollkommen anders aus, als das auf allen anderen Seiten zum Einsatz kommende *Protostar*. So liegen beispielsweise jetzt die Menüs am linken Seitenrand, und als Seitentitel gibt der Stil den Text *Fruit Shop* vor. Mit anderen Worten: Die beiden Stile passen nicht zusammen. Das Blog sieht jetzt aus, als würde es zu einem vollkommen anderen Internetauftritt gehören.

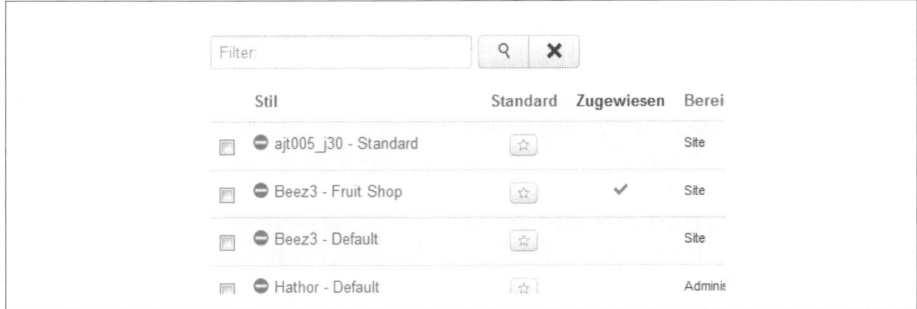

Abbildung 13-12:   Der grüne Haken verrät, dass der Stil *Beez3 – Fruit Shop* derzeit einige Unterseiten verschönert.

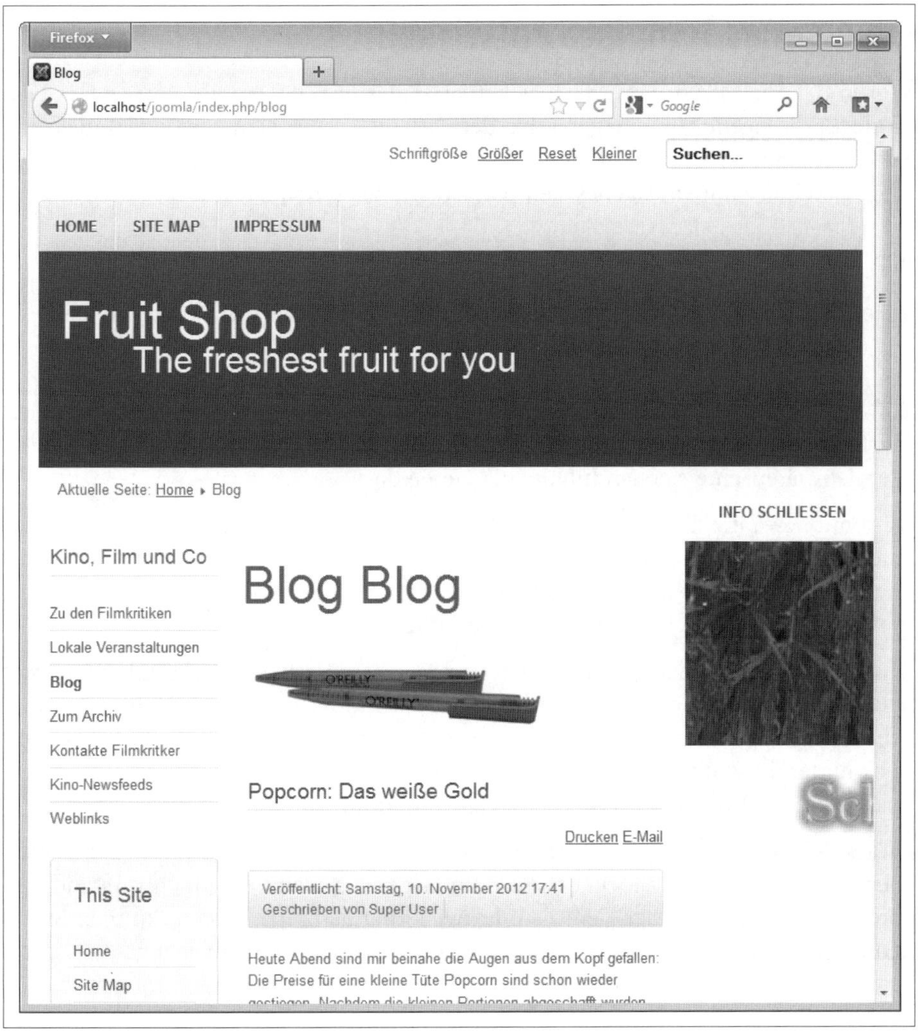

![Firefox Browser mit Blog-Seite]

Firefox ▾

Blog   +

← → localhost/joomla/index.php/blog   ☆ ▽ C   🔍 ▾ Google   🔎 🏠 📦 ▾

Schriftgröße Größer Reset Kleiner   **Suchen...**

HOME   SITE MAP   IMPRESSUM

Fruit Shop
The freshest fruit for you

Aktuelle Seite: Home ▸ Blog

INFO SCHLIESSEN

Kino, Film und Co

Blog Blog

Zu den Filmkritiken

Lokale Veranstaltungen

Blog

Zum Archiv

Kontakte Filmkritiker

Kino-Newsfeeds

Weblinks

Popcorn: Das weiße Gold

Drucken E-Mail

This Site

Veröffentlicht: Samstag, 10. November 2012 17:41
Geschrieben von Super User

Home

Site Map

Heute Abend sind mir beinahe die Augen aus dem Kopf gefallen:
Die Preise für eine kleine Tüte Popcorn sind schon wieder
gestiegen. Nachdem die kleinen Portionen abgeschafft wurden

Abbildung 13-13:   Das Blog in seinem neuen Stil

Um das Blog wieder von seinem hässlichen roten Anstrich zu befreien, klicken Sie im Backend *Beez3 – Fruit Shop* an, entfernen auf dem Register *Menüzugehörigkeit* den Haken vor dem *Blog* und speichern die Änderung wieder ab.

Ein eigenes Template entwickeln

Wer in der Vielzahl der im Internet herumschwirrenden Templates nicht das Passende für die eigene Homepage findet, der darf auch selbst Hand anlegen und eigene Seitenbaupläne konstruieren. Aufgrund der dabei fast unbegrenzten Gestaltungsmöglichkeiten zählt ein eigenes Template allerdings schon zur Kür.

Ein Template ist nichts anderes als eine normale Internetseite, die mit speziellen Markierungen versehen wurde. Diese Marken kennzeichnen, an welchen Stellen Joomla! später seine eigenen Inhalte platzieren darf.

Da somit bewährte Techniken in einem Template stecken, könnte man es sogar mit einem herkömmlichen Webseiten-Editor wie zum Beispiel Dreamweaver, Rapid-Weaver oder Fusion erstellen. Leider kommt man selbst mit solch einer Hilfe nicht immer um nachträgliche Anpassungen herum.

Aus diesem Grund wird im weiteren Verlauf auf derartige Hilfsmittel verzichtet. Stattdessen beschreiben die nachfolgenden Abschnitte, wie man zu Fuß in kleinen Schritten zu einem individuellen Homepage-Design gelangt. Doch keine Sorge: Der Blick hinter die Kulissen enthüllt keine chaotischen Befehlswüsten oder komplizierten Konzepte. Wohin die Reise geht, zeigt Abbildung 13-14.

Dieses Beispiel ist absichtlich extrem einfach gehalten. Das Ergebnis wird die Besucher folglich nicht vom Hocker reißen. Im Gegenzug bleibt es jedoch verständlich. Sofern Sie Gefallen an der Template-Entwicklung gefunden haben, können Sie es bequem als Ausgangspunkt für professionellere Ergebnisse heranziehen.

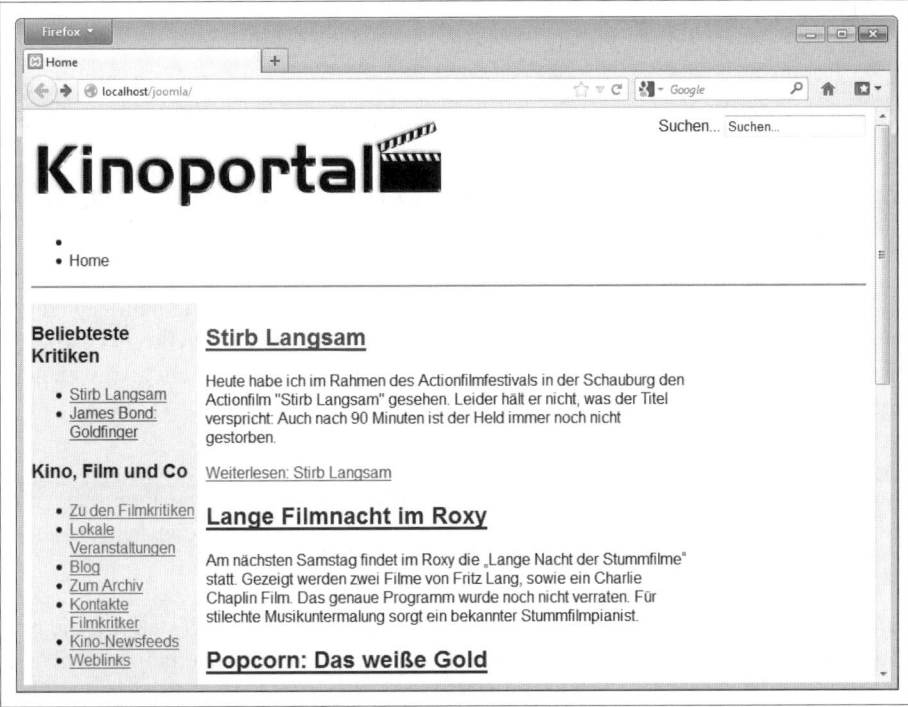

Abbildung 13-14: Die fertige Seite mit dem selbst gebastelten Template

Tipp Alle im Folgenden entwickelten Dateien und Beispiele finden Sie auch auf unserer Downloadseite im Verzeichnis *Kapitel13*.

Das Template-Verzeichnis

Werfen Sie zunächst einen Blick in das Unterverzeichnis *templates* Ihrer Joomla!-Installation. Genau dort legt das Content-Management-System alle seine Templates nach dem Hochladen ab. Jedes Verzeichnis entspricht genau einem Template. Wechseln Sie nun in eines dieser Unterverzeichnisse, wie etwa *protostar*. Die Dateien und Ordner, die Sie hier sehen, sind für alle Templates gleich.

Mindestens vorhanden sein müssen dabei:

- *index.php* enthält die eigentliche Vorlage.
- *templateDetails.xml* liefert wichtige Informationen und Eigenschaften des Templates, die später unter anderem auch im Backend auftauchen.

Optional dürfen noch existieren:

- *template_thumbnail.png* und *template_preview.png* enthalten jeweils ein Vorschaubild des fertigen Templates (*template_thumbnail.png* besitzt vorzugsweise die Abmessungen 206 × 150 Pixel, das Bild in *template_preview.png* erscheint hingegen in 640 × 388 Pixeln).

- zum Template gehörende Bilder, wie beispielsweise ein großes, schickes Logo. Um die Übersicht zu behalten, sammelt man sie für gewöhnlich im Unterverzeichnis *images*.

- sogenannte Stylesheets in Form von CSS-Dateien. Sie sorgen später für ein hübsches Äußeres. Den allgemeinen Template-Sitten folgend, sollten sie im Unterverzeichnis *css* liegen.

Alle diese Dateien und Verzeichnisse müssen im Folgenden nacheinander erzeugt und mit Inhalten gefüllt werden. Zunächst erstellen Sie auf Ihrer Festplatte irgendwo ein neues Arbeitsverzeichnis. Um von der obigen Liste nicht abzuweichen, legen Sie in ihm anschließend noch das Unterverzeichnis *images* an.

 Tipp   Entwickeln und testen Sie ein Template zunächst immer in einer lokalen Joomla!-Installation. Erst wenn Sie mit dem Layout zufrieden sind, installieren Sie das Paket dann auf Ihrem richtigen Webserver. Andernfalls laufen Sie Gefahr, Ihre Besucher mit einem zerstückelten Layout zu verschrecken.

index.php ist die mit Abstand wichtigste Datei. Hierbei handelt es sich um die eingangs erwähnte Internetseite. Ihre Struktur basiert auf dem sogenannten HTML-Standard, in den der folgende Abschnitt kurz hineinschnuppert. Kenner von HTML dürfen daher ruhigen Gewissens direkt zum nächsten Abschnitt springen.

 Tipp   HTML-Dateien enden für gewöhnlich auf *.htm* oder *.html*. Da in diesem Fall noch ein paar Joomla!-eigene Befehle untergemischt werden, bekommt unsere index-Datei die spezielle Endung *.php*.

Die wichtigsten Dateien eines Templates können Sie auch direkt im Backend einsehen und verändern, indem Sie unter *Erweiterungen* → *Templates* im kleinen Menü am linken Seitenrand zu den *Templates* wechseln und dort in der Spalte *Template* auf *Details und Dateien* des entsprechenden Templates klicken. Auf der neuen Seite finden Sie links unten alle wesentlichen HTML-Dateien – dummerweise aber wirklich nur die wesentlichen. Zudem ist die Bearbeitung der Dateien in einem richtigen Texteditor wesentlich bequemer.

Crashkurs HTML

Eine herkömmliche Internetseite ist nichts anderes als eine normale Textdatei. Sie enthält alle Texte, die später auf der Homepage erscheinen. Hinzu gesellen sich noch ein paar besondere Zeichenketten, die sogenannten *Tags*. Diese Befehle sagen dem Browser, um was für eine Art Text es sich handelt – ist es beispielsweise eine Überschrift, ein Absatz oder doch eine Aufzählung? Man erkennt solche Tags an ihren spitzen Klammern:

```
<h1>Stirb Langsam</h1>
```

Dieses Beispiel teilt dem Browser mit, dass der Text *Stirb Langsam* eine Überschrift ist. Mit diesem Wissen kann der Browser wiederum den Text passend formatieren. Das h im Tag-Namen leitet sich übrigens vom englischen *Heading* ab. Der Schrägstrich vor dem zweiten h1-Tag zeigt an, dass hier die Überschrift aufhört. Da dieses Tag somit das Ende anzeigt, heißt es auch *End*-Tag (selten auch »schließendes Tag«). Analog wird der Befehl am Anfang als Start-Tag (oder »öffendes Tag«) bezeichnet.

Wie die Tags aussehen und was sie bedeuten, regelt ein eigener Standard, der auf den Namen HTML hört, ein Akronym für *HyperText Markup Language*. Er wird vom World Wide Web Consortium (kurz W3C) betreut, verwaltet und regelmäßig erneuert. Wie der Bestandteil »Language« im Namen verrät, handelt es sich um eine eigene Computersprache, die allerdings auf die Auszeichnung (Markup) von Texten spezialisiert ist.

Tipp Die vielen von HTML bereitgestellten Tags füllen ganze Bücher. Nicht umsonst führt der Buchhändler Ihres Vertrauens gleich eine ganze Batterie solcher Schinken. Eine kostenlose und sehr beliebte Anlaufstelle im Internet sind die Seiten unter *http://www.selfhtml.org*. Eine Auswahl von O'Reilly-Titeln finden Sie unter *http://www.oreilly.de/catalog/search.html?tfq=HTML*.

Für das Beispiel-Template sind insbesondere folgende Tags interessant:

- `<p>` … `</p>` markiert einen Absatz.
- `<small>` … `</small>` rahmt Lizenzinformationen, Randbemerkungen oder Text in der Fußzeile ein.
- `<h1>` … `</h1>` erzeugt eine Überschrift.
- `<h2>` … `</h2>` bis `<h5>` … `</h5>` erzeugen jeweils eine Zwischenüberschrift. Diese Zwischenüberschriften werden von 2 bis 5 immer »kleiner«, ähnlich wie bei den Kapitelüberschriften in diesem Buch (weitere Informationen hierzu finden Sie unter *http://de.selfhtml.org/html/text/ueberschriften.htm*).
- `<img src="logo.png" alt="Das Logo" />` bindet an genau dieser Stelle ein Bild mit dem Dateinamen *logo.png* ein.

Das `<img>`-Tag unterscheidet sich in gleich zweifacher Hinsicht von den anderen. Zunächst besitzt es kein End-Tag – denn für seine Aufgabe braucht es schlichtweg auch keins. `src=` und `alt=` sind sogenannte *Attribute*, mit denen man bestimmte Eigenschaften einstellt. In diesem Fall gibt das erste von beiden den Dateinamen für das Bild an, das zweite einen alternativen Text. Letzterer wird immer dann als Ersatz eingeblendet, wenn das Bild nicht angezeigt wird oder werden kann.

Jede Internetseite, die dem HTML-Standard folgt, besteht aus dem immer gleichen Grundgerüst:

```
<!DOCTYPE html>
<html>
<head> </head>
<body> Hier steht der Seiteninhalt. </body>
</html>
```

Alles, was zwischen den beiden Befehlen <html> und </html> liegt, gehört zur Internetseite. Letztere wird noch einmal in einen *Kopfteil* (alles zwischen <head> und </head>) und in den Körper (alles zwischen <body> und </body>) unterteilt. In den Kopf kommen alle Dinge, die Einstellungen oder wichtige Informationen für die Seite umfassen. Hierzu gehört beispielsweise die Information, welcher Text in der Titelleiste des Browsers erscheinen soll oder in welcher Landessprache die Texte auf der Seite geschrieben wurden. Im Körper folgt dann der eigentliche Inhalt der Seite. Das <!DOCTYPE html> weist darauf hin, dass es sich um ein HTML-Dokument, also eine Webseite handelt – ganz genau gesagt, folgt es dem HTML5-Standard.

 Version   In Joomla! 2.5 haben die meisten Templates noch den älteren XHTML-Standard verwendet. Seit Joomla! 3 kommt zusammen mit der Einführung von Bootstrap das aktuelle HTML5 zum Einsatz (zu Bootstrap folgt später noch mehr).

Templates, die noch XHTML nutzen, verwenden anstelle von:

```
<!DOCTYPE html>
```

dieses Monster:

```
<!DOCTYPE html PUBLIC "-//W3C//DTD XHTML 1.0 Transitional//EN"
"http://www.w3.org/ TR/xhtml1/DTD/xhtml1-transitional.dtd">
```

Wer sich für die Hintergründe und den Werdegang von (X)HTML interessiert, der sollte einen Blick auf den XHTML-Standard unter *http://www.w3.org/TR/xhtml1/* und auf die häufig gestellten Fragen unter *http://www.w3.org/MarkUp/2004/xhtml-faq.html* werfen. Kurz gesagt ist XHTML etwas strenger, weist einigen wenigen Tags eine andere Bedeutung zu und möchte, dass leere Tags wie img nicht nur mit einer Klammer >, sondern mit /> enden.

Die Entwurfsskizze

Um ein Template zu erstellen, genügt es, einen Texteditor zu öffnen, dort mit gewöhnlichen HTML-Befehlen eine bunte Seite zusammenzubasteln und das Ergebnis noch mit speziellen Platzhalter-Tags für Joomla! zu spicken. Bevor Sie jetzt zu Ihrem Lieblingstexteditor greifen, sollten Sie sich in einem ersten Schritt kurz ein paar Gedanken über den gewünschten Seitenaufbau machen.

Zunächst sollten Sie sich ein ganz normales Blatt Papier und einen Stift besorgen. Damit skizzieren Sie kurz das spätere Seitenlayout. In Abbildung 13-15 finden Sie eine solche Zeichnung für das hier angestrebte Beispiel aus Abbildung 13-14.

In die dort abgebildeten einzelnen Kästchen darf Joomla! später seine Inhalte packen, wie zum Beispiel die Menüs oder das Modul für die beliebtesten Beiträge.

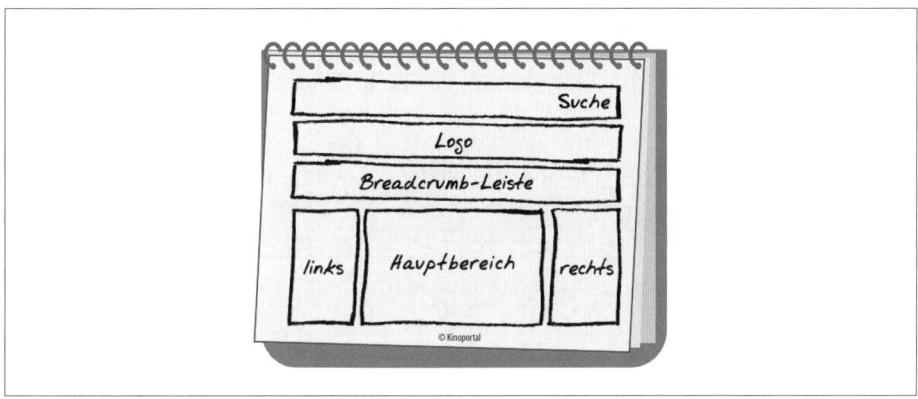

Abbildung 13-15:   Das Beispiel-Template soll diesen Aufbau haben.

Eine solche Skizze erleichtert später den Zusammenbau und beugt unliebsamen Überraschungen vor. Dabei sollten Sie im Hinterkopf behalten, dass die Höhe und Breite der Bereiche je nach Inhalt variieren wird – schließlich könnte der Seitenbetreiber auf die waghalsige Idee kommen, gleich mehrere Menüs im linken Bereich zu stapeln.

Ein HTML-Grundgerüst basteln

Im nächsten Schritt dürfen Sie endlich den Texteditor aufrufen. Welchen Sie verwenden, bleibt Ihrem eigenen Geschmack überlassen, solange er Dateien in der sogenannten UTF-8-Zeichenkodierung speichert. Viele Editoren machen das von Haus aus, bei anderen muss man dies erst in einem Menü einstellen oder explizit beim Speichern der Datei angeben. Letzteres gilt beispielsweise für den in Windows mitgelieferten Editor. In ihm setzen Sie hinter *Datei → Speichern unter …* die *Codierung* auf *UTF-8*. Weitere Informationen zur UTF-8-Zeichenkodierung finden Sie im Internet unter *http://de.wikipedia.org/wiki/UTF-8* sowie unter *http://www.unicode.org*.

Als Ausgangspunkt für das Beispiel verwenden Sie das Grundgerüst aus Beispiel 13-1.

Beispiel 13-1:   Das Grundgerüst einer HTML-Datei

```
<!DOCTYPE html>
<html>
<head> </head>
<body>

<p><small>Dies ist später die Fußzeile.</small></p>
</body>
</html>
```

Speichern Sie es unter dem Namen *index.html* in Ihrem Arbeitsverzeichnis ab – achten Sie darauf, dass die Endung zunächst noch *.html* lautet.

Tipp Der Windows-Editor hängt seinen Dateien sehr gerne (zusätzlich) die Endung *.txt* an, die Windows dann auch noch vor Ihren Augen versteckt. Achten Sie daher darauf, dass die Datei wirklich *index.html* heißt. Der Explorer erkennt ihren *Typ* dann als *HTML-Dokument*.

Öffnen Sie die Datei anschließend in Ihrem Browser. Das Ergebnis sollte so wie in Abbildung 13-16 aussehen.

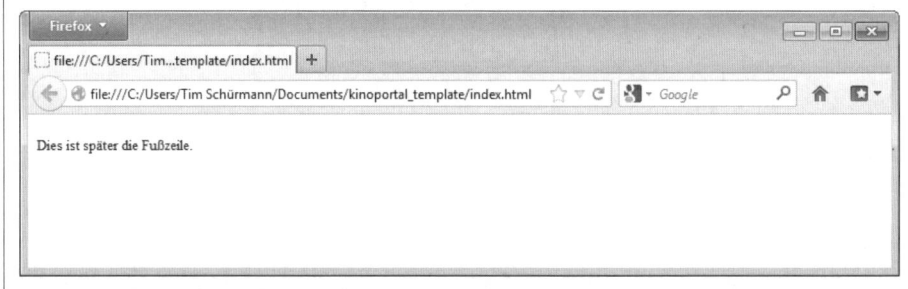

Abbildung 13-16:   Die einfache HTML-Datei erscheint so im Firefox-Browser.

Tipp Bitte beachten Sie, dass die Darstellung im von Ihnen verwendeten Internet-Browser leicht abweichen kann. Da jeder Browser seine ganz persönlichen Eigenheiten aufweist, sollten Sie Ihre selbst erstellten Seiten auf möglichst vielen unterschiedlichen Plattformen begutachten und wenn nötig anpassen.

Sollten das ä und ß bei Ihnen im Browser etwas kryptisch erscheinen, so verwendet er eine falsche Zeichenkodierung. Um das Problem zu beheben, suchen Sie im Hauptmenü des Browsers nach einer entsprechenden Einstellung. Bei Firefox werden Sie beispielsweise unter *Firefox → Web-Entwickler → Zeichenkodierung* (respektive *Ansicht → Zeichenkodierung*) fündig. Wählen Sie hier *Unicode (UTF-8)* aus.

Wie im Entwurf aus Abbildung 13-15 auf Seite 591 zu sehen ist, soll die Seite aus mehreren Bereichen bestehen. Solche (rechteckigen) Bereiche kennzeichnet man mit dem Tag <div>.

Tipp Eigentlich macht <div> überhaupt nichts, außer andere Elemente (logisch) zu gruppieren. Die Cascading Style Sheets, die in wenigen Schritten auftauchen werden, sind jedoch in der Lage, auch einem <div>-Tag ein grafisches Leben auf dem Bildschirm einzuhauchen.

Die Seite besitzt gemäß der Zeichnung aus Abbildung 13-15 vier Zeilen:

```
<div> </div> <!-- Reihe 1 -->
<div> </div> <!-- Reihe 2 -->
<div> </div> <!-- Reihe 3 -->
<div> </div> <!-- Reihe 4 -->
```

Alles, was zwischen <!-- und --> steht, gilt als Kommentar und wird später vom Browser ignoriert. Gemäß der Zeichnung aus Abbildung 13-15 landet in der ersten Zeile später die Suchfunktion. Sie bleibt damit zunächst noch leer:

```
<div> </div> <!-- Reihe 1: Suche -->
```

In der zweiten Reihe findet das Logo Platz. Das ist wiederum ein ganz normales Bild und wird über ein passendes <img>-Tag eingebunden:

```
...
<div> <!-- Reihe 2 -->
        <img src="images/kinoportal_logo.png" alt="Das Logo" />
</div>
...
```

In diesem Fall erwartet der Browser das Logo in einer Datei namens *kinoportal_logo. png* im Unterverzeichnis *images*.

Die dritte Zeile soll später nur die Breadcrumb-Leiste beherbergen. Folglich bleibt dieser Bereich auch erst einmal leer:

```
...
<div> </div> <!-- Reihe 3: Breadcrumb-Leiste -->
...
```

Die vierte und letzte Zeile besitzt drei Spalten:

```
...
<div> <!-- Reihe 4 -->
   <div> </div> <!-- erste Spalte -->
   <div> </div> <!-- zweite Spalte -->
   <div> </div> <!-- dritte Spalte -->
</div>
```

Die komplette HTML-Datei sieht dann so wie in Beispiel 13-2 aus. Beachten Sie, dass auch die Fußzeile mit einem <div> eingekesselt wurde.

Beispiel 13-2:   Das Grundgerüst des Templates

```
<!DOCTYPE html>
<html>
<head> </head>
<body>

<div> </div> <!-- Reihe 1: Suche -->

<div> <!-- Reihe 2 -->
    <img src="images/kinoportal_logo.png" alt="Das Logo" />
</div>

<div> </div> <!-- Reihe 3: Breadcrumb-Leiste -->

<div> <!-- Reihe 4 -->
    <div> </div> <!-- erste Spalte -->
    <div> </div> <!-- zweite Spalte -->
```

```
    <div> </div> <!-- dritte Spalte -->
</div>

<div><p><small>Dies ist später die Fußzeile.</small></p></div>
</body>
</html>
```

Verzichten Sie auf Tabellen

Wenn Sie einen Blick in den HTML-Standard werfen, finden Sie dort auch Tags, mit denen man eine Tabelle erstellen kann. In der Vergangenheit haben viele Web-Programmierer gerne die Tabellen missbraucht, um die einzelnen Bestandteile der Homepage hübsch zu drapieren. Für diese Aufgabe sind Tabellen jedoch eigentlich nicht geschaffen. Das merkt man recht deutlich, sobald man etwas komplexere Layouts erschaffen möchte. Folglich sollten Sie Tabellen aus dem Layout verbannen und sie nur noch für die Darstellung von echten Tabellen heranziehen.

Der Verzicht auf Tabellen bei der Formatierung hat noch einen weiteren Vorteil: Stellen Sie sich einen erblindeten Menschen vor, der sich eine Internetseite über ein Spezialprogramm vorlesen lässt. Diese Hilfe kann nicht wissen, ob es sich um eine normale Tabelle oder um das Gerüst für das Layout handelt. Folglich liest sie jede Zeile und jede Spalte als solche vor. Im schlimmsten Fall verwirrt dies den Besucher. Weitere Informationen zum Thema Barrierefreiheit finden Sie in Kapitel 16, *Barrierefreiheit*.

Noch fehlt Ihnen das eigentliche Logo. Für das Kinoportal finden Sie ein passendes Bild auf unserer Downloadseite im Verzeichnis *Kapitel13*. Kopieren Sie einfach die dort liegende Datei *kinoportal_logo.png* ins Unterverzeichnis *images* Ihres Arbeitsverzeichnisses.

 Tipp   Achten Sie darauf, dass das Dateiformat Ihrer Bilder von jedem Browser erkannt und verarbeitet werden kann. Unproblematisch sind die Formate *png*, *gif* und *jpg*.

Das war es schon. Damit steht bereits die Grundstruktur des Templates. Wenn Sie die Datei *index.html* jetzt in einem Browser öffnen, sehen Sie außer dem Logo und der unteren Zeile noch nicht viel vom geplanten Layout. Damit ist es an der Zeit, dass Joomla! die leeren Bereiche mit Leben füllt.

Spezialbefehle und die Integration in Joomla!

Spezielle Befehle im Template kennzeichnen, wo Joomla! seine Module und Inhalte einfügen darf. Dabei handelt es sich nun nicht mehr um HTML-Tags, sondern um Joomla!-eigene Platzhalter, die nur an die HTML-Befehle angelehnt wurden.

Tipp

Tipp Genauer gesagt, handelt es sich um Befehle in der Auszeichnungssprache XML. Sie erlaubt die Definition von eigenen Tags im HTML-Stil. Doch keine Angst: Für den Entwurf eines Templates braucht man keine XML-Kenntnisse. Es genügt vollauf, wenn man weiß, welche Befehle Joomla! gegen welche seiner Elemente austauscht.

Zunächst gehört in den Kopfbereich ein Befehl, der unter anderem den Text in der Titelleiste des Browsers korrekt setzt:

```
<head>
        <jdoc:include type="head" />
</head>
```

Diese Zeile tauscht Joomla! vor der Auslieferung der fertigen Seite unter anderem gegen das <title>-Tag, das den Seitentitel verrät, und die ganzen Meta-Daten in den <meta>-Tags aus.

Als Nächstes sind die Positionen dran, an denen Joomla! seine Module platzieren soll. Dies geschieht mit folgendem Befehl:

```
<jdoc:include type="modules" name="NamederPosition" />
```

Dieser Befehl besagt, dass an seiner Stelle später alle Module eingefügt werden sollen, die an der Position mit dem Namen *NamederPosition* platziert wurden (ergänzende Informationen zu diesem Konzept finden Sie in den vorherigen Abschnitten und in Kapitel 7, *Module – Die kleinen Brüder der Komponenten*).

Prinzipiell bleibt es Ihnen überlassen, welche Namen Sie für welche Position wählen. Es bietet sich jedoch an, die Namen aus dem standardmäßig von Joomla! genutzten *Protostar*-Template zu verwenden: Damit müssen nach einem Template-Wechsel nicht erst alle Module neuen Positionen zugeordnet werden.

Allerdings haben sich mit Joomla! 1.5 ein paar Standardbezeichnungen etabliert, die immer noch einige im Internet erhältliche Templates nutzen. Dazu gehören die drei Basispositionen *top*, *left* und *right* sowie *user1* bis *user4*, *bottom* und *breadcrumb*.

Letztendlich bleibt es hier Ihnen überlassen, ob Sie vorhandene Positionen aufgreifen oder eigene erfinden.

Warnung Dies sind erst mal nur Namen für Bereiche. Ob der Bereich *left* tatsächlich auch auf der linken Seite liegt, hängt vom Template ab beziehungsweise bleibt vollständig Ihnen überlassen. Wichtig ist nur, dass der Bereich mit dem Namen *left* überhaupt existiert.

Um es im Folgenden etwas einfacher zu haben, soll das Template für das Kinoportal einige häufig genutzte Positionen des *Protostar*-Templates übernehmen. Dazu gehören mit der *position-7* die Seitenspalte mit den Menüs, die gegenüberliegende Spalte mit der *position-8*, die *position-0* mit der Suche am oberen Rand sowie *posi-*

tion-2, in der die Breadcrumb-Leiste steckt. Im Beispiel-Template würde man gemäß der Skizze aus Abbildung 13-15 folgende Zuordnungen wählen:

```
<div> <!-- Reihe 1: Suche -->
    <jdoc:include type="modules" name="position-0" />
</div>

<div> <!-- Reihe 2 -->
    <img src="images/kinoportal_logo.png" alt="Das Logo" />
</div>

<div> <!-- Reihe 3: Breadcrumb-Leiste -->
    <jdoc:include type="modules" name="position-2" />
</div>

<div> <!-- Reihe 4 -->
    <div> <jdoc:include type="modules" name="position-7" /> </div>
        <!-- Module links -->
    <div> <jdoc:include type="component" /> </div> <!-- Hauptbereich -->
    <div> <jdoc:include type="modules" name="position-8" /> </div>
        <!-- Module rechts -->
</div>
```

Den Befehl

```
<jdoc:include type="component" />
```

ersetzt Joomla! später durch die Ausgaben der gerade aktiven Komponente. In der Regel ist dies der Text eines Beitrags, also eine Filmkritik oder ein Nachrichtentext (in der mitgelieferten Beispiel-Homepage ist dies der große Bereich in der Mitte der Seite).

Neben den genannten Platzhaltern kennt Joomla! noch:

```
<?php echo JFactory::getApplication()->getCfg('sitename'); ?>
```

Er wird später auf der Homepage durch den Namen der Homepage ersetzt, wie zum Beispiel *Kinoportal*. Für das Kinoportal-Template genügen die weiter oben verwendeten Platzhalter.

Aktuelle Sprache einbinden

Als Nächstes teilt man dem Browser mit, in welcher Sprache die Texte der Seite geschrieben wurden. Der Browser kann dann beispielsweise eine passende Schriftart wählen und alle Umlaute korrekt anzeigen. In welcher Landessprache Joomla! derzeit seine Seiten ausspuckt, verrät das folgende Gebilde:

```
<?php echo $this->language; ?>
```

Die Schreibrichtung (von links nach rechts oder umgekehrt) liefert:

```
<?php echo $this->direction; ?>
```

Beide Platzhalter baut man gemäß der dafür geltenden Regeln in das <html>-Tag ein:

```
<html xmlns="http://www.w3.org/1999/xhtml" xml:lang="<?php echo $this->language; ?>
" lang="<?php echo $this->language; ?>" dir="<?php echo $this->direction; ?>">
```

Auch hier können Sie einfach wieder das bisherige <html> durch diese kryptische Zeile ersetzen. Lassen Sie sich nicht davon irritieren, dass dort Bezeichnungen wie xhtml oder xml auftauchen. Diese sind nur dort, um ältere Browser nicht aus dem Tritt zu bringen.

Tipp Wie das <?php andeutet, handelt es sich hier nicht mehr um Platzhalter, sondern um Befehle in der Programmiersprache PHP. Sie müssen aber auch im Folgenden kein PHP beherrschen, um Templates entwickeln zu können – gehen Sie einfach weiterhin davon aus, dass es sich bei den kryptischen Gebilden um Platzhalter handelt.

PHP-Kenner dürfte noch interessieren, dass language und direction Attribute der Klasse JDocumentHTML sind. Ein Objekt dieser Klasse greift sich das Template und baut mit ihm die Seite zusammen. $this zeigt dabei innerhalb des Templates auf das derzeit aktuelle JDocumentHTML-Objekt. Dieses wiederum bietet noch einige weitere nette Informationen und Manipulationsmöglichkeiten, die teilweise in den nachfolgenden Abschnitten zum Einsatz kommen. Weitere Informationen zu JDocumentHTML und seiner Oberklasse JDocument finden Sie in der Joomla!-Dokumentation unter *http://api.joomla.org/*.

Platzhalter für Pfadangaben

Es gibt noch einen kleinen Schönheitsfehler im <img>-Tag für das Logo: Um sicherzustellen, dass eingebundene Dateien gefunden werden, sollte man immer den kompletten Pfad dorthin angeben. Im Fall des Logos würde damit aus

```
<img src="images/kinoportal_logo.png" alt="Das Logo" />
```

folgender Bandwurm:

```
<img src="/joomla/templates/kinoportal_template/images/kinoportal_logo.png"
alt="Das Logo" />
```

Allerdings gibt es dabei ein kleines Problem: Was würde passieren, wenn Sie irgendwann den Namen des Templates ändern oder Joomla! in ein anderes Verzeichnis installieren möchten? In diesem Fall müssten Sie alle zum Template gehörenden Dateien durchgehen und dort die (Verzeichnis-)Namen austauschen. Allein schon aus diesem Grund sollte man Informationen niemals »fest verdrahten«, sondern auf die genau dafür von Joomla! bereitgestellten Platzhalter zurückgreifen.

Den Pfad zur Joomla!-Installation liefert zunächst <?php echo $this->baseurl ?>. Damit verwandelt sich die Pfadangabe für das Logo in folgendes Gebilde:

```
<img src="<?php echo $this->baseurl ?>/templates/kinoportal_template/images/
kinoportal_logo.png" alt="Das Logo" />
```

$this->baseurl, JURI::root() und JURI::base()

`$this->baseurl` können Sie auch durch `JURI::root()` oder `JURI::base()` ersetzen. Alle drei führen zum selben Ergebnis, auch wenn sich ihr Ersatztext etwas unterscheidet.

`JURI::base()` gibt die Internetadresse der Joomla!-Homepage aus. Wenn Sie der Schnellinstallationsanleitung aus Kapitel 2, *Installation*, gefolgt sind, ist dies *http://localhost/joomla*. Das `<img>`-Tag sieht dann nach der Ersetzung so aus:

```
<img src="http://localhost/joomla/templates/kinoportal_template/images/
kinoportal_logo.png" alt="Das Logo" />
```

Der Browser erhält damit eine komplette Internetadresse, unter der er das Bild abrufen kann (geben Sie diese Adresse einmal in Ihren Browser ein, das Ergebnis ist das Logo).

`JURI::root()` macht das Gleiche wie `JURI::base()`, im Hintergrund ruft `JURI::root()` sogar `JURI::base()` auf. Mit `JURI::root()` können Sie allerdings die Adresse (den Pfad) noch verändern, was aber normalerweise nicht notwendig ist. Die genauen Unterschiede zwischen den beiden erläutert die Joomla!-Dokumentation unter *http://docs. joomla.org/JURI/root*.

`$this->baseurl` schneidet von der Internetadresse zur Homepage den Domainnamen ab (im Beispiel *http://localhost*) und liefert somit in der Regel das Verzeichnis, in dem Joomla! installiert wurde. Wenn Sie der Schnellinstallationsanleitung aus Kapitel 2, *Installation*, gefolgt sind, ist dies */joomla*. Das `<img>`-Tag sieht dann nach der Ersetzung so aus:

```
<img src="/joomla/templates/kinoportal_template/images/kinoportal_logo.
png" alt="Das Logo" />
```

Der Browser nimmt jetzt an, dass die Datei auf dem gleichen Webserver liegt wie Joomla!, ergänzt selbst den Domainnamen *http://localhost* und hat somit wieder die Internetadresse, unter der er das Logo abrufen kann.

`JURI::root(true)` und `JURI::base(true)` schneiden schließlich ebenfalls noch den Domainnamen ab und liefern damit dasselbe wie `$this->baseurl`. Tatsächlich ist `$this->baseurl` nur eine Kurzschreibweise für `JURI::base(true)`.

Vermutlich sind Sie jetzt zu Recht verwirrt. Zusammengefasst lässt sich sagen: Es gibt mehrere Platzhalter, die den Pfad zur Joomla!-Installation liefern. Einen Grund für dieses Überangebot gibt es nicht. Die in Joomla! 3.0.2 mitgelieferten Templates nutzen die vorgestellten Platzhalter wild gemischt und ohne festes Schema. Der Gewinner scheint dabei allerdings `JURI::root()` zu sein.

Den Template-Namen liefert schließlich noch der Platzhalter `<?php echo $this-> template ?>`. Damit sieht das komplette `<img>`-Tag so aus:

```
<img src="<?php echo $this->baseurl ?>/templates/<?php echo $this->template ?>/
images/kinoportal_logo.png" alt="Das Logo" />
```

Tipp	Sie sollten sich angewöhnen, in Templates Pfade vollständig anzugeben und dabei die Platzhalter zu benutzen. Sie folgen damit gleichzeitig den allgemeinen Gepflogenheiten unter Joomla!.

Tauschen Sie in der Datei *index.html* die Zeile `<img ...>` gegen die obige modifizierte Zeile aus.

Die fertige Datei »index.php«

In den vorhergehenden Abschnitten fanden HTML-fremde Elemente ihren Weg in die Internetseite. Da es nun keine reine HTML-Datei mehr ist, geben Sie ihr den von Joomla! gewünschten Dateinamen *index.php*.

Abschließend sollte man immer noch sicherstellen, dass nur Joomla! den Inhalt dieser Datei auswerten darf. Dafür sorgt der Befehl

```
<?php defined('_JEXEC') or die; ?>
```

den man in die allererste Zeile setzt (noch vor das `<!DOCTYPE html>`). Versucht nun jemand – wie beispielsweise ein Angreifer – das Template direkt in seinem Browser zu öffnen, blockiert Joomla! dies. Damit bleibt fremden Besuchern der Einblick in den Aufbau Ihres Templates verwehrt.

Die gesamte Datei *index.php* für das Kino-Beispiel sehen Sie noch einmal in Beispiel 13-3.

Beispiel 13-3:   Die erste Version des Templates für das Kinoportal

```
<?php defined('_JEXEC') or die; ?>
<!DOCTYPE html>
<html xmlns="http://www.w3.org/1999/xhtml"
    xml:lang="<?php echo $this->language; ?>"
    lang="<?php echo $this->language; ?>"
    dir="<?php echo $this->direction; ?>" >
<head>
    <jdoc:include type="head" />
</head>
<body>

<div> <!-- Reihe 1: Suche -->
    <jdoc:include type="modules" name="position-0" />
</div>

<div> <!-- Reihe 2 -->
    <img src="<?php echo $this->baseurl ?>/templates/<?php echo $this->template ?>
                    /images/kinoportal_logo.png" alt="Das Logo" />
</div>

<div> <!-- Reihe 3: Breadcrumb-Leiste -->
    <jdoc:include type="modules" name="position-2" />
</div>
```

```
<div> <!-- Reihe 4 -->
    <div> <jdoc:include type="modules" name="position-7" /> </div> <!-- Module links -->
    <div> <jdoc:include type="component" /> </div> <!-- Hauptbereich -->
    <div> <jdoc:include type="modules" name="position-8" /> </div> <!-- Module rechts -->
</div>

<div><p><small>Dies ist später die Fußzeile.</small></p></div>
</body>
</html>
```

Damit wären bereits zwei von Joomla!s Forderungen erfüllt: Es existiert die zentrale Datei *index.php*, und das Bild liegt vorschriftsmäßig im Unterverzeichnis *images*. Es fehlt somit nur noch die zweite Mindestanforderung aus dem Abschnitt »Das Template-Verzeichnis« auf Seite 587: die Datei *templateDetails.xml*.

Die Datei »templateDetails.xml«

Als Nächstes muss Joomla! irgendwie mitgeteilt werden, wie das Template heißt, wer der Autor ist und welche Dateien beteiligt sind. All diese Angaben sammelt die Textdatei *templateDetails.xml*. Grundsätzlich hat sie den Aufbau aus Beispiel 13-4, der dort schon mit den passenden Beispielwerten für das Kinoportal gefüllt wurde:

Beispiel 13-4: Der Inhalt der Datei *templateDetails.xml*

```
<?xml version="1.0" encoding="utf-8"?>
<!DOCTYPE install PUBLIC "-//Joomla! 2.5//DTD template 1.0//EN" "http://www.joomla.org/
xml/dtd/2.5/template-install.dtd">

<extension version="3.0" type="template" client="site">

    <!-- Ein paar allgemeine Informationen über das Template: -->
    <name>kinoportal_template</name>
    <creationDate>12.01.2013</creationDate>
    <author>Tim Schürmann</author>
    <authorEmail>info@tim-schuermann.de</authorEmail>
    <authorUrl>http://www.tim-schuermann.de</authorUrl>
    <copyright>Copyright (C) 2013 Tim Schürmann, alle Rechte vorbehalten.</copyright>
    <license>GNU GPL</license>
    <version>0.1</version>
    <description>Hier steht eine Beschreibung des Templates</description>

    <!-- Alle Dateien und Verzeichnisse des Templates: -->
    <files>
        <folder>images</folder>
        <filename>index.php</filename>
        <filename>templateDetails.xml</filename>
    </files>
```

```
<!-- Die Positionen, die das Template anbietet: -->
<positions>
    <position>position-0</position>
    <position>position-2</position>
    <position>position-7</position>
    <position>position-8</position>
</positions>
</extension>
```

Joomla! verwendet erneut eigene Tags im HTML-Stil, die gemäß ihrem Namen aus-
zufüllen sind.

Tipp Genau genommen handelt es sich hierbei um eine XML-Datei. Diese Auszeichnungssprache erlaubt die Definition von eigenen Tags im Stil von HTML. Mehr
Informationen zu diesem Thema gibt es unter *http://www.w3.org/XML* oder in vielen Büchern zu diesem Thema. Um Templates zu schreiben, muss man die Sprache aber nicht beherrschen.

Zwischen die Tags fügen Sie Ihre Template-Informationen ein. Am einfachsten ist
es, eine bestehende Datei zu kopieren und dann den eigenen Bedürfnissen anzupassen. Dabei erscheinen alle Angaben vor `<files>` später als Information im Backend
in der Liste hinter *Erweiterungen* → *Templates*.

Die ersten beiden kryptischen Zeilen

```
<?xml version="1.0" encoding="utf-8"?>
<!DOCTYPE install PUBLIC "-//Joomla! 2.5//DTD template 1.0//EN" "http://www.joomla.
        org/xml/dtd/2.5/template-install.dtd">
```

sind rein technischer Natur und müssen so immer vorhanden sein. (XML-Kenner
werden die beiden Zeilen wiedererkennen, alle anderen können sie einfach immer
so gedankenlos übernehmen.)

Die nächste Zeile

```
<extension version="3.0" type="template" client="site">
```

sagt Joomla!, dass es sich hierbei um ein Template (`type="template"`) für Joomla! 3.
0 handelt, das das Aussehen der Website (`client="site"`) verändert.

Der Name des Templates gehört zwischen die `<name>`-Tags. Im Beispiel lautet der
Template-Name `kinoportal_template`.

Warnung Den hier vergebenen Template-Namen zieht Joomla! zur Erstellung des zugehörigen Template-Verzeichnisses heran. Sofern das Content-Management-System den
hier stehenden Begriff nicht direkt als Verzeichnisnamen verwenden kann, bastelt
es sich kurzerhand aus den bestehenden Angaben einen eigenen. Aus diesem
Grund sollten Sie dem Template immer den gleichen Namen verpassen wie dem
Verzeichnis, in dem es später residiert.

Alle folgenden Angaben sind Zusatzinformationen:

```
<creationDate>12.01.2013</creationDate>
```
Das Erstellungsdatum des Templates. Es bleibt Ihnen überlassen, welches Datumsformat Sie verwenden. So wäre hier beispielsweise auch Jan/12/2013 oder 12-01-2013 möglich.

```
<author>Tim Schürmann</author>
```
Der Autor des Templates

```
<authorEmail>info@tim-schuermann.de</authorEmail>
```
Die E-Mail-Adresse des Autors. Auf diesem Weg können die späteren Anwender bei Problemen, Fragen oder Anregungen für zukünftige Versionen mit Ihnen in Kontakt treten.

```
<authorUrl>http://www.tim-schuermann.de</authorUrl>
```
Die Internetadresse des Autors

```
<copyright>Copyright (C) 2012 Tim Schürmann, alle Rechte vorbehalten.</copyright>
```
Informationen zum Urheberrecht

```
<license>GNU GPL</license>
```
Die Lizenz, unter der das Template verbreitet werden darf. In diesem Fall wurde die freie GNU General Public License gewählt (*http://www.gnu.org*). Genauso wäre aber natürlich auch eine kommerzielle Lizenz denkbar.

```
<version>0.1</version>
```
Die Versionsnummer des Templates. Wie schon beim Datum gibt es auch hier keine feste Vorschrift für ihren Aufbau. Dennoch sollten Sie sich an den üblichen Standard halten und wie im Beispiel durch Punkte getrennte Zahlen verwenden.

```
<description>Hier steht eine Beschreibung des Templates</description>
```
Eine Beschreibung des Templates. Sie soll anderen Joomla!-Betreibern das Template kurz vorstellen und auf mögliche Einsatzbereiche hinweisen.

Der folgende Bereich zwischen <files> und </files> führt alle Dateien auf, die zum Template gehören. Jeder Dateiname wird dabei noch einmal zwischen <filename> und </filename> eingekesselt:

```
<filename>index.php</filename>
<filename>templateDetails.xml</filename>
```

Um sich bei vielen Dateien und Unterverzeichnissen nicht die Finger wund zu tippen, kann man auch einfach ganze Verzeichnisse einschließen:

```
<folder>images</folder>
```

Hiermit würden automatisch alle Dateien und Unterverzeichnisse im Ordner *images* zum Template gehören.

Wenn Sie später ein Paket für die Weitergabe des Templates geschnürt haben, greift Joomla! auf diese Informationen bei der Installation zurück. Nur die Dateien und Verzeichnisse, die in der Datei *templateDetails.xml* vermerkt wurden, kopiert Joomla! später auch in das zugehörige Template-Verzeichnis auf dem Webserver. Damit dort keine zerstückelte Vorlage landet, sollten Sie immer besonders gut darauf achten, dass hier restlos alle zum Template gehörenden Dateien und Verzeichnisse aufgelistet sind.

Im unteren Teil der Datei stehen zwischen <positions> und </positions> noch einmal die Namen aller Modul-Positionen, die das Template anbietet. Jeder Name wird dabei noch einmal von <position> und </position> eingekesselt:

```
<positions>
    <position>position-0</position>
    <position>position-2</position>
    <position>position-7</position>
    <position>position-8</position>
</positions>
```

Für das Kinoportal speichern Sie jetzt Beispiel 13-4 unter dem Dateinamen *templateDetails.xml* in Ihrem Arbeitsverzeichnis. Achten Sie dabei auf die Groß- und Kleinschreibung des Dateinamens.

Template-Paket erstellen und Testlauf in Joomla!

Damit sind bereits die Minimalvoraussetzungen an ein Template erfüllt. Verpacken Sie den *Inhalt* Ihres Arbeitsverzeichnisses in ein ZIP-Archiv. Rufen Sie dann im Backend von Joomla! den Menüpunkt *Erweiterungen → Erweiterungen* auf, wählen Sie via *Durchsuchen …*, das gerade zuvor erzeugte ZIP-Archiv, und lassen Sie es mit einem Klick auf *Hochladen & Installieren* einspielen.

Joomla! öffnet jetzt die ZIP-Datei und schaut, welche Zeichenkette zwischen den <name>-Tags steht. Diese Information verwendet es, um im Unterverzeichnis *template* der Joomla!-Installation ein Verzeichnis mit diesem Namen anzulegen. Dort hinein kopiert es alle Dateien, die im unteren Teil der Datei *templateDetails.xml* angemeldet sind, einschließlich der *templateDetails.xml* selbst.

Falls Sie dabei eine Fehlermeldung erhalten, prüfen Sie noch einmal die exakte Schreibweise der einzelnen Dateien und des Verzeichnisses sowie den Inhalt der Datei *templateDetails.xml* auf Tippfehler.

Hat alles geklappt, taucht das neue Kinoportal-Template in der Liste hinter *Erweiterungen → Templates* auf. Wie Abbildung 13-17 zeigt, hat Joomla! sogar schon einen passenden Stil angelegt.

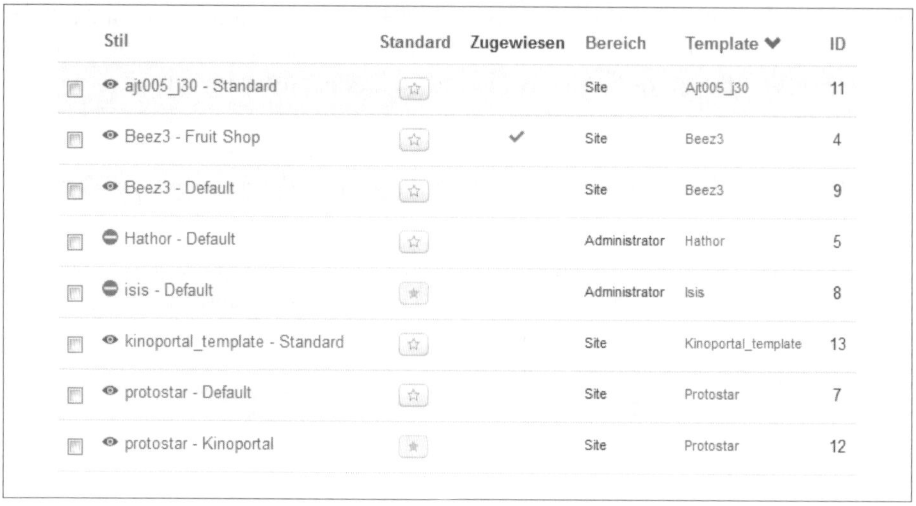

Stil	Standard	Zugewiesen	Bereich	Template ❤	ID
☐ 👁 ajt005_j30 - Standard	☆		Site	Ajt005_j30	11
☐ 👁 Beez3 - Fruit Shop	☆	✓	Site	Beez3	4
☐ 👁 Beez3 - Default	☆		Site	Beez3	9
☐ ⊖ Hathor - Default	☆		Administrator	Hathor	5
☐ ⊖ isis - Default	★		Administrator	Isis	8
☐ 👁 kinoportal_template - Standard	☆		Site	Kinoportal_template	13
☐ 👁 protostar - Default	☆		Site	Protostar	7
☐ 👁 protostar - Kinoportal	★		Site	Protostar	12

Abbildung 13-17:   Das selbst erstellte Template taucht zwischen seinen Kollegen auf.

Machen Sie den Stil zum Standard-Stil (indem Sie das Kästchen des Stils *kinoportal_ templates – Standard* ankreuzen und dann auf *Standard* klicken). In der *Vorschau* erstrahlt dann die eigene Website im selbst gestrickten und derzeit noch etwas minimalistischen neuen Template (siehe Abbildung 13-18).

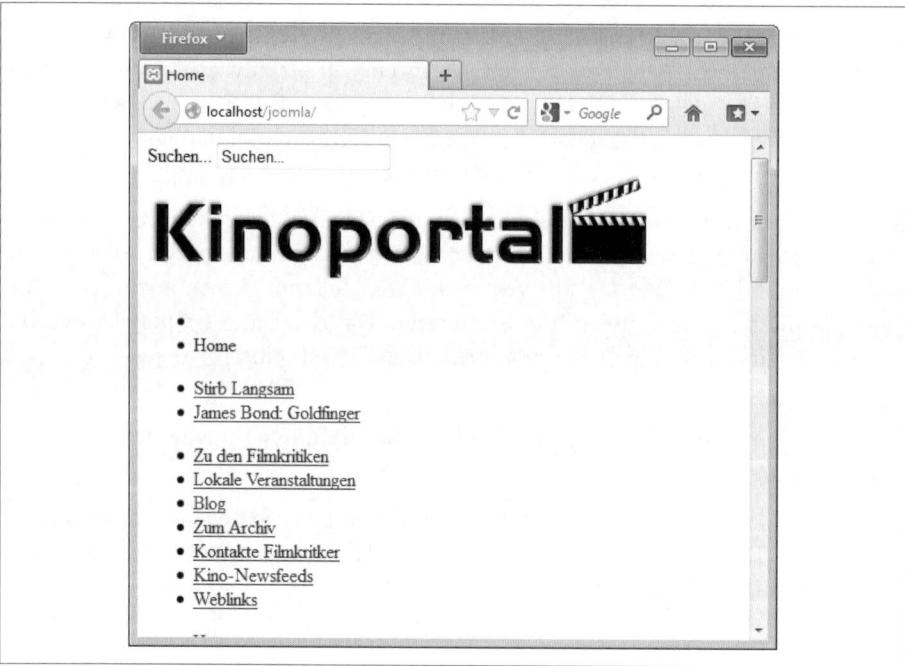

Abbildung 13-18:   Das eigene Template in der Vorschau

Offensichtlich werden derzeit einfach alle Bestandteile der Seite untereinandergehängt. Dieses Ergebnis war jedoch zu erwarten – schließlich sind alle <div>-Tags erst einmal wirkungslos. Da der Browser sie folglich ignoriert, bleiben auf dem Bildschirm die aneinandergereihten Joomla!-Inhalte übrig. Dies ändert sich jedoch umgehend durch den Einsatz von CSS.

Die Optik des Templates festlegen

Nach dem Prinzip der Formatvorlagen – wie Sie sie vielleicht von Ihrer Textverarbeitung her kennen – entwickelte das W3C die *Cascading Style Sheets*, kurz CSS. Diesem Standard folgend, erstellt man zunächst ein sogenanntes Stylesheet, das aus einer Textdatei besteht. Die darin abgelegten Regeln sagen dem Browser, wie er welches Element in der HTML-Datei auf dem Bildschirm darzustellen hat.

Tipp   Die Auslagerung der Layout-Beschreibung in eine oder mehrere externe Dateien hat den Vorteil, dass ältere oder spezielle Browser (wie beispielsweise für Mobiltelefone oder Handhelds) sie einfach ignorieren können. Auf diese Weise sieht der Besucher zwar nicht das schicke Design, erhält aber immerhin noch Zugang zu den eigentlichen Informationen.

     Die Stylesheets eines Templates können Sie übrigens auch direkt im Backend einsehen und verändern, wenn Sie unter *Erweiterungen* → *Templates* im kleinen Menü am linken Seitenrand zu den *Templates* wechseln und dort in der Spalte *Template* auf *Details und Dateien* des entsprechenden Templates klicken. Die *Stylesheets* finden Sie jetzt rechts unten im gleichnamigen Bereich. Ein Klick auf einen Eintrag öffnet das Stylesheet in einem extrem minimalistischen Texteditor.

In Joomla!-Templates gibt also eine HTML-Datei den Grundaufbau des Templates vor, während ein oder mehrere Stylesheets die Formatierung übernehmen. Auch hier stößt man wieder auf die Trennung von Inhalt und Layout: Die HTML-Datei nimmt die Inhalte auf (in diesem Fall die Angaben, wo welche Module erscheinen sollen), die ein Stylesheet dann formatiert. Die folgenden Abschnitte zeigen deshalb, wie man das bestehende Kinoportal-Template via CSS hübsch formatiert. Dazu sind allerdings noch ein paar kleinere Vorarbeiten notwendig.

Deinstallieren Sie zunächst das Kinoportal-Template. Dazu rufen Sie im Backend *Erweiterungen* → *Templates* auf, kreuzen einen beliebigen anderen Stil an (wie etwa *Protostar – Default*), und klicken dann auf *Standard*. Anschließend rufen Sie *Erweiterungen* → *Erweiterungen* auf, wechseln zum Register *Verwalten* und warten ein wenig. Stellen Sie dann unter *– Typ wählen –* den Punkt *Template* ein, entfernen Sie in der Liste das Häkchen vor *kinoportal_template*, und klicken Sie auf *Deinstallieren*.

Tipp   Das wiederholte Installieren und Deinstallieren ist leider während der Template- Entwicklung notwendig – Sie werden diese Prozedur im Folgenden daher noch häufiger durchführen. Aufgrund des mit Joomla! 1.6 eingeführten Installationsmechanismus kann man Änderungen nur noch in Ausnahmefällen direkt im installierten Template vornehmen.

Wenden Sie sich jetzt wieder Ihrem Arbeitsverzeichnis zu.

Klassennamen vergeben

Damit man später die einzelnen Bereiche auseinanderhalten beziehungsweise
ansprechen kann, muss man als Erstes jedem <div> über das Attribut class einen
frei wählbaren Namen verpassen. (Warum das Attribut ausgerechnet class und
nicht name heißt, klärt sich gleich in zwei weiteren Schritten.) Im Kinoportal könnte
man etwa die Namen aus Beispiel 13-5 wählen.

Beispiel 13-5:   Die benannten <div>s

```
<?php defined('_JEXEC') or die; ?>
<!DOCTYPE html>
<html xmlns="http://www.w3.org/1999/xhtml" xml:lang="<?php echo $this->language; ?>"
lang="<?php echo $this->language; ?>" dir="<?php echo $this->direction; ?>">
<head>
    <jdoc:include type="head" />
</head>
<body>
    <div class="suche"> <!-- Reihe 1: Suche -->
        <jdoc:include type="modules" name="position-0" />
     </div>

    <div class="logo"> <!-- Reihe 2 -->
        <img src="<?php echo $this->baseurl ?>/templates/<?php echo $this->
            template ?>/images/kinoportal_logo.png" alt="Das Logo" />
    </div>

    <div class="breadcrumbs"> <!-- Reihe 3: Breadcrumb-Leiste -->
        <jdoc:include type="modules" name="position-2" />
     </div>

    <div class="inhalte"> <!-- Reihe 4 -->
        <div class="links"> <jdoc:include type="modules" name="position-7" /> </div>
            <!-- Module links -->
        <div class="hauptbereich"> <jdoc:include type="component" /> </div>
            <!-- Hauptbereich -->
        <div class="rechts"> <jdoc:include type="modules" name="position-8" />
            </div> <!-- Module rechts -->
    </div>

<div class="fusszeile"><p><small>Dies ist später die Fußzeile.</small></p></div>
</body>
</html>
```

Mit den Namen sind die Vorbereitungen allerdings noch nicht ganz abgeschlossen:
Es steht noch ein Blick auf die Ausgaben der Module an, die man in einem bestimmten Rahmen über ein spezielles Attribut selbst beeinflussen kann.

Das »style«-Attribut nutzen

In Abbildung 13-19 werfen Sie mit der Seitenquelltext-Ansicht des Firefox-Browsers einen Blick hinter die Kulissen. Der Screenshot zeigt einen Ausschnitt der fertig ausgelieferten Seite mit ihren HTML-Befehlen.

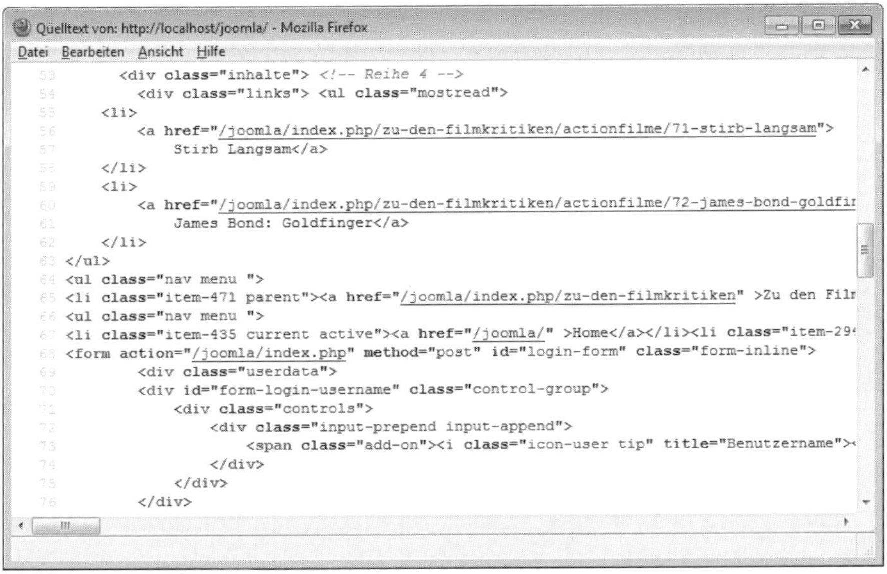

```
53      <div class="inhalte"> <!-- Reihe 4 -->
54          <div class="links"> <ul class="mostread">
55      <li>
56          <a href="/joomla/index.php/zu-den-filmkritiken/actionfilme/71-stirb-langsam">
57              Stirb Langsam</a>
58      </li>
59      <li>
60          <a href="/joomla/index.php/zu-den-filmkritiken/actionfilme/72-james-bond-goldfin
61              James Bond: Goldfinger</a>
62      </li>
63  </ul>
64  <ul class="nav menu ">
65  <li class="item-471 parent"><a href="/joomla/index.php/zu-den-filmkritiken" >Zu den Filn
66  <ul class="nav menu ">
67  <li class="item-435 current active"><a href="/joomla/" >Home</a></li><li class="item-29
68  <form action="/joomla/index.php" method="post" id="login-form" class="form-inline">
69          <div class="userdata">
70          <div id="form-login-username" class="control-group">
71              <div class="controls">
72                  <div class="input-prepend input-append">
73                      <span class="add-on"><i class="icon-user tip" title="Benutzername">
74                  </div>
75              </div>
76          </div>
```

Abbildung 13-19:   Die Homepage in der Seitenquelltext-Ansicht des Firefox-Browsers

Dort sehen Sie das Ergebnis nach der Ersetzung der Platzhalter durch Joomla!, wobei sich das Content-Management-System nicht besonders um Lesbarkeit bemüht: In der Zeile `<-- Reihe 4 -->` finden Sie das selbst vorgegebene `<div class="links">` (in Abbildung 13-19 ganz oben). Danach fehlt der Befehl:

```
<jdoc:include type="modules" name="position-7" />
```

Dessen Platz nehmen nun die Menüs ein. Darunter folgen die Felder für die Benutzeranmeldung (*Benutzername* nebst seinen Kollegen). Während die Menüs ihre Punkte in Form einer einfachen Liste ausgeben (Tag `<ul>`), stecken die Inhalte der Benutzeranmeldung in einem Formular (`<form>`).

Diese Ausgaben der Module kann man jeweils noch einmal von HTML-Tags einrahmen lassen. Welche Tags das sind, bestimmt in den Platzhalter-Befehlen `<jdoc:include type="modules" … />` ein optionales, drittes Attribut namens style. Ein

```
<jdoc:include type="modules" name="position-7" style="html5" />
```

sorgt beispielsweise dafür, dass Joomla! die unter position-7 platzierten Module HTML5-konform jeweils zwischen ein `<div>` und `</div>` setzt und dabei auch noch den Titel des Moduls mit ausgibt (vorausgesetzt, man hat dem Modul im Backend erlaubt, seinen Titel preiszugeben).

In den Anführungsstrichen von style dürfen dabei folgende Werte stehen:

table

Die an dieser Position platzierten Module verpackt Joomla! jeweils in eine eigene (HTML-) Tabelle:

```
<table cellpadding="0" cellspacing="0" class="moduletable">
<tr>
    <th valign="top">Titel des Moduls</th>
</tr>
<tr>
    <td>
       Hier folgt das eigentliche Modul
    </td>
</tr>
</table>
```

Da diese Variante nicht barrierefrei ist, sollten Sie am besten auf sie verzichten.

horz

Alle Module an dieser Position packt Joomla! in zwei ineinander verschachtelte Tabellen, wobei die äußere Tabelle wiederum nur aus einer Zeile besteht:

```
<table cellspacing="1" cellpadding="0" border="0" width="100%">
<tr>
<td valign="top">
    <table cellpadding="0" cellspacing="0" class="moduletable">
    <tr>
       <th valign="top">Titel des Moduls</th>
    </tr>
    <tr>
       <td>
          Hier folgt das eigentliche Modul
       </td>
    </tr>
    </table>
</td>
</tr>
</table>
```

Auf diese Weise lassen sich die Module recht einfach horizontal anordnen. Allerdings ist auch diese Variante nicht barrierefrei.

xhtml

Die an dieser Position platzierten Module landen ausschließlich in <div>-Tags und nicht mehr in einer Tabelle. Den Titel des Moduls kennzeichnet Joomla! dabei als eine Überschrift dritten Ranges:

```
<div class="moduletable">
    <h3>Titel des Moduls</h3>
    Hier folgt das eigentliche Modul
</div>
```

html5

Wie xhtml, nur dass hier Joomla! dem HTML5-Standard folgt:

```
<div class="moduletable">
    <h3>Titel des Moduls</h3>
    Hier folgt das eigentliche Modul
</div>
```

Des Weiteren kann man die <div>- und <h3>-Tags in den Einstellungen der Module gegen andere Tags austauschen.

rounded

Die an dieser Position platzierten Module werden jeweils durch gleich mehrere <div>-Tags eingerahmt. Auf diese Weise kann man beispielsweise über entsprechende CSS-Regeln runde Ecken einbauen:

```
<div class="module">
    <div>
        <div>
            <div>
                <h3>Titel des Moduls</h3>
                Hier folgt das eigentliche Modul
            </div>
        </div>
    </div>
</div>
```

outline

Ähnelt xhtml, regt aber Joomla! an, für jedes Modul Zusatzinformationen preiszugeben. Das Ergebnis sieht ähnlich wie die Template-Vorschau im Backend aus (*Erweiterungen → Templates*, auf das Register *Template* wechseln und dann *Vorschau* anklicken, siehe auch Abbildung 13-1 auf Seite 572). Dieser Stil kann in der Erstellungsphase eines Templates helfen, sollte aber niemals auf der späteren Website erscheinen.

Im Gegensatz zu den anderen Punkten werden die hier platzierten Punkte nicht noch einmal durch zusätzliche Tags eingerahmt. Folglich erscheinen hier nur die »reinen« Inhalte der Module. Dies ist auch die Standard-Einstellung, wenn das Attribut style="..." fehlt.

style sorgt also dafür, dass eine der oben aufgeführten Tag-Sammlungen um die Ausgabe eines jeden Moduls gelegt wird.

Da für das Kinoportal-Template keine Tabellen zur Formatierung erwünscht sind, verpassen Sie allen Platzhaltern der Form <jdoc:include type="modules" … > das zusätzliche Attribut style="html5".

Warnung   style bestimmt nur, in welche Tags die einzelnen Module eingefasst werden. Die eigentlichen Inhalte und Ausgaben der Module bleiben davon unberührt. So packt beispielsweise das Modul für die Benutzeranmeldung (*Login Form*) auch weiterhin alle möglichen Optionen in ein Formular (Tag `<form>`) – komme, was da wolle. Erst mit den später noch vorgestellten sogenannten *Template Overrides* (siehe den gleichnamigen Abschnitt ab Seite 641) können Sie auch hier eingreifen.

 Tipp   Die obige Liste mit den vorgegebenen Einfassungen dürfen Sie noch um eigene erweitern. Wie das genau funktioniert, zeigt später noch der Abschnitt »Module Chrome« auf Seite 646.

Speichern Sie die modifizierte *index.php* ab. Damit hat sich allerdings noch nicht viel verändert: Würden Sie das modifizierte Template jetzt installieren, erhielten Sie wieder das Ergebnis aus Abbildung 13-18. Höchste Zeit, sich endlich den Stylesheets zuzuwenden.

CSS-Crashkurs

Ein Stylesheet ist eine (separate) Textdatei, die mehrere Formatierungsregeln enthält. Letztere beschreiben, wie die einzelnen Bestandteile der Homepage auf dem Bildschirm erscheinen sollen.

Auch die Cascading Style Sheets füllen wieder ganze Bände. Daher finden Sie in diesem Abschnitt nur einen kleinen Schnelleinstieg. CSS-Kenner können ihn überspringen und direkt mit dem nächsten Abschnitt fortfahren. Falls Sie tiefer in die Möglichkeiten von CSS eintauchen möchten, empfiehlt sich ein Blick auf *http://de.selfhtml.org/* oder ein Gang in die Buchhandlung Ihres Vertrauens.

Als Erstes überlegt man sich, welchem Element man auf der Homepage ein neues Aussehen verpassen möchte. Für den Einstieg soll zunächst nur die Schriftart aller Texte geändert werden.

Jetzt sucht man in der HTML-Datei nach den Tags, die das entsprechende Element einrahmen. Alle Texte liegen offensichtlich irgendwo zwischen `<body>` und `</body>`.

Für das so gefundene Tag erstellt man im Stylesheet eine neue Regel in der Form:

```
tagname
{
}
```

Der tagname war im Beispiel body, wobei man hier die spitzen Klammern weglässt.

In den geschweiften Klammern beschreibt man nun das Aussehen. Für eine Änderung der Schriftart ist im Beispiel nur eine weitere kleine Zeile notwendig:

```
body
{
        font-family: Helvetica,Arial,sans-serif;
}
```

Die so entstandene Regel weist den Browser an, alle Texte im `<body>` des Templates in einer der angegebenen Schriftarten zu formatieren – hier vorzugsweise *Helvetica*.

Sollte diese nicht auf dem System des Besuchers verfügbar sein, wählt der Browser stattdessen *Arial*. Fehlt auch sie, soll er zu irgendeiner serifenlosen Schrift greifen.

Ganz allgemein folgen auf das Element, dessen optische Attribute geändert werden sollen (in diesem Fall body, also die gesamte Seite), eine sich öffnende geschweifte Klammer, dann alle veränderten Eigenschaften (in diesem Fall nur font-family, also die Schriftart) und schließlich wieder eine schließende, geschweifte Klammer.

Damit der Browser weiß, wo die Angabe einer Eigenschaft endet und wo die nächste beginnt, setzt man noch ein Semikolon an das Ende der jeweiligen Zeilen.

Ein Stylesheet einbinden

Erstellen Sie in Ihrem Arbeitsverzeichnis ein weiteres Unterverzeichnis *css*. Darin speichern Sie die Regel

```
body
{
        font-family: Helvetica,Arial,sans-serif;
}
```

in einer Textdatei namens *template.css*. Damit der Browser weiß, dass er das Stylesheet verwenden soll, melden Sie es anschließend noch an. Dazu erweitern Sie am Anfang der *index.php* die Zeile

```
<?php defined('_JEXEC') or die; ?>
```

zu:

```
<?php defined('_JEXEC') or die;

$this->addStyleSheet(JURI::base() . 'templates/' . $this->template . '/css/
    template.css');

?>
```

Die hervorgehobene Zeile sorgt dafür, dass die CSS-Datei ordnungsgemäß gefunden und eingebunden wird. Wenn Sie weitere CSS-Dateien einbinden möchten, müssen Sie für jede eine solche kryptische Zeile hinzufügen. Dabei können Sie einfach die oben hervorgehobene Zeile duplizieren und dann am Ende den Dateinamen austauschen.

Tipp	Sie können auch die CSS-Datei wie vom HTML-Standard vorgesehen zwischen <head> und </head> einbinden:

<link rel="stylesheet" href="<?php echo $this->baseurl ?>
/templates/<?php echo $this->template ?>/css/template.css"
type="text/css" />

Der empfohlene Weg führt in Joomla! jedoch über den obigen PHP-Befehl. Dieser baut zunächst mit JURI::base() und $this->template den Pfad zur Datei *template.css* zusammen und integriert das Ergebnis dann in die HTML-Datei. (Zur Bedeutung von JURI::base() und $this->template siehe den Abschnitt »Platzhalter für Pfadangaben« auf Seite 597.)

Mit diesem Befehl aktiviert Joomla! das Stylesheet und verwendet ab sofort die gewünschte Schriftart.

Neben Ihrem eigenen Stylesheet können Sie zusätzlich noch das in Joomla! mitgelieferte Standard-Stylesheet via

```
...
$this->addStyleSheet(JURI::base() . 'templates/system/css/system.css');
?>
```

einbinden. In ihm lagern ein paar Basis-Formatierungen, insbesondere für Systemmeldungen. Für das Kinoportal ist dies nicht notwendig.

Abschließend fehlt noch ein Eintrag des Stylesheets in die Datei *templateDetails. xml*. Der Einfachheit halber können Sie in der `<files>`-Sektion das komplette Unterverzeichnis *css* ergänzen:

```
...
<files>
    <folder>css</folder>
    <folder>images</folder>
    <filename>index.php</filename>
    <filename>templateDetails.xml</filename>
</files>
...
```

Um sicherzugehen, dass sich bis hierhin kein Tippfehler eingeschlichen hat, sollten Sie jetzt den Inhalt Ihres Arbeitsverzeichnisses wieder in eine ZIP-Archiv packen und unter Joomla! installieren (via *Erweiterungen → Erweiterungen*, dann *Durchsuchen…* und *Hochladen & Installieren*). Anschließend machen Sie den Stil *kinoportal_template - Standard* hinter *Erweiterungen → Templates* zum *Standard* und betrachten die *Vorschau*. Diese sollte so wie in Abbildung 13-20 aussehen. Sollte das bei Ihnen nicht der Fall sein oder sollte schon vorher ein Fehler aufgetreten sein, prüfen Sie alle Dateinamen und die Dateiinhalte auf Tippfehler. (Sie können sie mit den Dateien auf unserer Downloadseite vergleichen.)

 Tipp   Probieren Sie ruhig auch einmal andere Schriftarten aus. Prinzipiell dürfen Sie alle auf Ihrem System installierten Schriften heranziehen. Sofern Sie jedoch das Template später auf Ihrer Homepage verwenden möchten, sollten Sie hier nur Schriftarten angeben, die möglichst alle Besucher auf ihren Computern installiert haben. Hierzu gehören in der Regel *Helvetica* und *Arial*. Moderne Browser können auch Schriften aus dem Internet nachladen und dann verwenden. Einen guten Einstiegspunkt in dieses Thema bieten die Wikipedia-Einträge *http://de.wikipedia.org/ wiki/Webtypografie* und *http://de.wikipedia.org/wiki/Web_Open_Font_Format*.

Wenn alles geklappt hat, deinstallieren Sie das Kinoportal-Template wieder (indem Sie im Backend *Erweiterungen → Templates* aufrufen, einen beliebigen anderen Stil ankreuzen, dann auf *Standard* klicken, *Erweiterungen → Erweiterungen* aufrufen, zum Register *Verwalten* wechseln, unter – *Typ wählen* – den Punkt *Template* einstel-

Abbildung 13-20: Die Schrift des Kinoportals erscheint jetzt in Helvetica.

len, in der Liste das *kinoportal_template* abhaken und auf *Deinstallieren* klicken).
Wenden Sie sich dann wieder Ihrem Arbeitsverzeichnis zu.

Die Fußzeile formatieren

Als Nächstes ist die Fußzeile an der Reihe. Sie soll wieder zentriert und in kursiver
Schrift auf der Homepage erscheinen. Ein Blick in die Datei *index.php* verrät, dass
die Fußzeile zwischen `<div class="fusszeile">` und `</div>` steckt.

Man könnte jetzt einfach wieder eine neue Regel für das Tag `<div>` erstellen:

```
div
{
    text-align: center;
    color: gray;
}
```

Damit erscheint der Text zentriert und in grauer Farbe. Der Browser würde allerdings *alle* in <div>-Tags eingefassten Texte grau unterlegt und zentriert darstellen (wie in Abbildung 13-21).

Abbildung 13-21:   Die Formatierung der Fußzeile läuft noch etwas aus dem Ruder.

Man müsste irgendwie die obige Zuweisung nur auf das <div> mit dem Namen fusszeile einschränken können. Es muss also eine Regel her, die für alle Elemente mit diesem Namen gilt:

```
.fusszeile
{
    text-align: center;
    font-size: small;
    font-style: italic;
    color: gray;
}
```

Dieser Abschnitt im Stylesheet weist den Browser an, alle Elemente mit dem Namen fusszeile wie in den geschweiften Klammern beschrieben zu formatieren. In der CSS-Terminologie spricht man übrigens nicht von Namen, sondern von *Klassen* (auf Englisch *classes*) – daher rührt auch das zunächst etwas merkwürdige Attribut class.

Beachten Sie unbedingt den Punkt vor fusszeile. Durch ihn weiß der Browser, dass es sich um den (Klassen-)Namen eines Tags handelt und nicht – wie im Fall von body – um das Tag selbst.

Die verwendeten Attribute haben dabei folgende Bedeutung:

- text-align: center; stellt den Text zentriert dar.
- font-size: small; druckt den Text in kleiner Schriftgröße.
- font-style: italic; zeigt den Text kursiv an.
- color: gray; färbt den Text grau.

Ergänzen Sie Ihre Datei *template.css* um die obige Regel .fusszeile.

Ersetzen Sie zudem noch in der *index.php* den Platzhaltertext *Dies ist später die Fuß-zeile* durch einen aussagekräftigeren, wie etwa **(C) Kinoportal**.

Das Seitenlayout mit CSS aufbauen

Das gleiche Vorgehen wie bei der Fußzeile wiederholen Sie nun auch mit den restli-chen Elementen. Beispiel 13-6 macht einen Vorschlag für das Kinoportal-Template.

Beispiel 13-6:   Dieser Teil des Stylesheets sorgt für ein tabellenartiges Layout.

```
.suche
{
    float: right;
}

.inhalte
{
    border-top: 2px solid gray;
    padding-top: 1em;
}

.links
{
    float: left;
    width: 20%;
    background-color:#eeeeee;
}

.hauptbereich
{
    float: left;
    width: 58%;
    margin-left: 1%;
    margin-right: 1%;
}

.rechts
{
    float: left;
    width: 20%;
    background-color:#eeeeee;
}
```

Das Logo bleibt unberührt und erscheint damit weiterhin links oben auf der Home-page. Die linke Spalte mit den Menüs nimmt 20% der gesamten Fensterbreite ein (width), ebenso die rechte Spalte mit den meistgelesenen Beiträgen. Somit bleiben unter dem Strich noch 60 % für den Hauptbereich in der Mitte der Seite. Um optisch etwas Luft zu schaffen, erhält dieser auf seiner linken und rechten Seite jeweils einen Abstand von 1% der gesamten Fensterbreite, womit für ihn selbst noch 58% übrig bleiben. Etwas Farbe ins Spiel bringt ein dezenter grauer Hintergrund (background-color) in der linken und rechten Spalte.

Das float: left sorgt dafür, dass die einzelnen Bereiche nicht mehr untereinander, sondern ab sofort nebeneinander erscheinen. Analog drückt float: right die Aus-gaben des Suchmoduls an den rechten Fensterrand neben das Logo.

Abschließend wäre es noch schön, wenn man die Dreiergruppe aus linker und rech-ter Spalte sowie dem Hauptbereich optisch vom Logo trennen könnte. Rein zufällig werden die Spalten und der Hauptbereich von einem <div>-Tag namens inhalte eingefasst. Diesem verpasst Beispiel 13-6 nun einfach einen 2 Pixel breiten oberen Rand. Das padding sorgt dafür, dass alle Elemente, die innerhalb von <div class="inhalte"> liegen, gemeinsam um eine Zeichenhöhe nach unten verschoben werden. Auf diese Weise entsteht ein schmaler Spalt zwischen dem oberen, 2 Pixel breiten Rand und dem eigentlichen Inhalt.

Tipp   CSS arbeitet eigentlich mit einem sogenannten Box-Modell. Der Browser steckt dabei alles, was sich zwischen Start- und End-Tag befindet, in einen eigenen Kasten. Dieser standardmäßig unsichtbare Kasten besitzt einen Rand (border), einen Abstand zu den umgebenden Elementen (margin) und einen Abstand zu allen in ihm enthaltenen Elementen (padding). Die Regeln im Stylesheet ändern nun die Eigenschaften dieser Kästen.

Speichern Sie die erweiterte *template.css* ab, erstellen Sie wieder ein ZIP-Archiv mit den Inhalten Ihres Arbeitsverzeichnisses, spielen Sie es unter Joomla! wie bekannt ein, und küren Sie dann den *kinoportal_template*-Stil zum *Standard*. In der *Vorschau* zeigt sich das Kinoportal jetzt so wie in Abbildung 13-22. Wenn es nicht so aussieht, kontrollieren Sie Ihre *template.css* auf Tippfehler.

Abbildung 13-22:   Das Template erstrahlt in seinem neuen Layout.

Es gibt allerdings noch zwei kleine Probleme: Die Fußzeile taucht unter der (im Moment noch leeren) rechten Spalte auf, also genau da, wo sie eigentlich nicht hingehört. Zudem stören die fettgedruckten Titel *Breadcrumbs* und *Search*.

Bei der Fußzeile liegt das Problem im verwendeten float: left. Einmal eingeschaltet, werden alle folgenden Elemente nicht mehr untereinander, sondern nebeneinander angeordnet. Dieses Verhalten behält der Browser so lange bei, bis eines der folgenden Tags es über den CSS-Befehl clear: both wieder aufhebt. Genau diesen Befehl ergänzen Sie nun noch in der Regel für die Fußzeile:

```
.fusszeile
{
    clear: both;
    text-align: center;
    font-size: small;
    font-style: italic;
    color: gray;
}
```

Bei den fettgedruckten Titeln haben Sie derzeit zwei Möglichkeiten: Entweder wechseln Sie im Backend in die Modulverwaltung (*Erweiterungen → Module*) und schalten dort in den Einstellungen der beiden betroffenen Module *Titel anzeigen* auf *Verbergen*. Alternativ setzen Sie in der Datei *index.php* für die Suche und die Breadcrumb-Leiste das Attribut style auf none:

```
<jdoc:include type="modules" name="position-0" style="none" />
…
<jdoc:include type="modules" name="position-2" style="none" />
```

Die zweite Lösung hat den Nachteil, dass Sie die Titel der Module nicht wieder bequem über das Backend einschalten können, sondern dann erneut die Template-Datei verändern müssten.

Unter Joomla! stehen Ihnen sämtliche Möglichkeiten der Cascading Style Sheets offen. Sofern Sie selbst ein Template stricken wollen, lohnt sich daher eine tiefere Einarbeitung in das Thema. Eine gute Anlaufstelle ist hier Ihre Buchhandlung.

Joomla!s eigene CSS-Klassen

Die Arbeit mit den Klassen ist recht angenehm. Auch Joomla! macht davon regen Gebrauch. Jede Komponente und jedes Modul, das auf der Seite eingehängt wurde, gibt nichts anderes als HTML-Tags mit den sichtbaren Texten aus. Diese Tags besitzen alle bereits eine Klasse. Den Beweis hierfür liefert die Seitenquelltext-Ansicht Ihres Browsers (siehe Abbildung 13-23).

An jeden einzelnen Menüpunkt wurde von Joomla! die Klasse menu angeheftet. Der erste Eintrag des Hauptmenüs sieht beispielsweise so aus (in Abbildung 13-23 hervorgehoben):

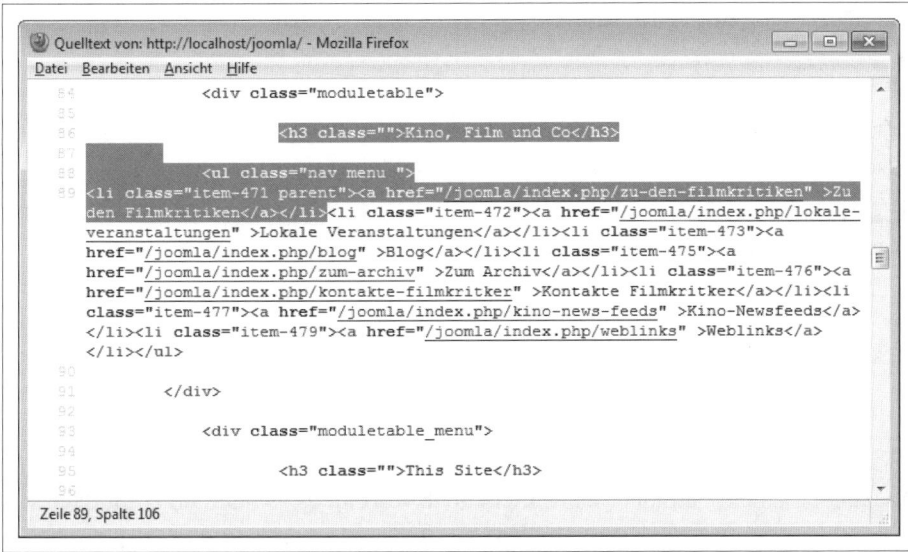

Abbildung 13-23: Joomla! vergibt eigene Klassennamen – wie hier am Beispiel eines Menüeintrags zu sehen.

```
<h3>Kino, Film und Co</h3>
<ul class="nav menu">
    <li class="item-471 parent">
        <a href="..." >Zu den Filmkritiken</a>
    </li>
    ...
</ul>
```

Hier wird eine Liste (`<ul>`) erstellt, deren erster Punkt (`<li>`) ein Link (`<a>`) mit der Beschriftung *Zu den Filmkritiken* ist. Dieser Link verweist auf die Seite zwischen den Anführungszeichen von `href=""` (im obigen Beispiel gekürzt).

Die komplette Liste bekommt von Joomla! standardmäßig die zwei (Klassen-)Namen nav und menu. Analog erhält der Menüpunkt *Zu den Filmkritiken* die Bezeichnungen item-465 und parent. Wie das Beispiel zeigt, darf man durchaus auch mehrere Klassennamen vergeben. Der Browser wendet dann alle zugehörigen CSS-Regeln an, im Beispiel erhält die Liste `<ul>` also die CSS-Regeln für nav *und* menu übergestülpt.

Diese Klassen kann man nun in der eigenen CSS-Datei weiterverwenden. Sobald Sie etwa folgende Zeilen der *template.css* hinzufügen, färben sich die Menüpunkte rot:

```
.menu
{
    color: red;
}
```

Beachten Sie, dass sich wirklich nur die Menüpunkte rot färben. Die Einträge bestehen jedoch aus Links. Um sicherzustellen, dass von der Färbung nur die Links betroffen sind, können Sie noch folgende Einschränkung festlegen:

```
.menu a
{
    color: red;
}
```

Damit werden die Attribute zwischen den geschweiften Klammern nur auf Links (also das HTML-Tag <a>) angewendet, die von der Klasse menu sind.

Abschließend soll noch gezeigt werden, wie man die Links mit einem sogenannten Rollover-Effekt versieht. Sobald der Mauszeiger einen Link streift, wird er hervorgehoben:

```
.menu a:hover
{
    color: black;
    background: red;
    font-size: 12pt;
}
```

Das nachgestellte :hover bezeichnet genau die Situation, in der sich der Mauszeiger über dem Element befindet (man spricht auch von einer sogenannten Pseudoklasse).

Wie gezeigt, gibt Joomla! allen wesentlichen Elementen vordefinierte Klassennamen mit auf den Weg. Wenn Sie wissen möchten, welche Bezeichner das Content-Management-System für ein bestimmtes Element verwendet, sollten Sie ein einfaches Template generieren, das nur das zu untersuchende Modul anzeigt. In der Seitenquelltext-Ansicht Ihres Browsers können Sie dann recht einfach die entsprechenden Klassen herausfischen. Eine weitere Quelle für die Klassennamen sind die Hilfe-Seiten der Joomla!-Homepage unter *http://docs.joomla.org*.

 Tipp　　Einige Browser halten zudem eine spezielle Ansicht bereit, mit der man die einzelnen Elemente einer Seite unter die Lupe nehmen kann. Bei Firefox ist dies die Funktion *Untersuchen*, zu finden im Firefox-Menü unter *Extras Web-Entwickler*. Sobald Sie diese Funktion eingeschaltet haben, müssen Sie nur noch über die Seite fahren und können dann sowohl das HTML-Element als auch die Klassennamen ablesen.

Eigene CSS-Klassen

Mithilfe eigener und der vordefinierten CSS-Klassen lassen sich schon beachtliche Layouts erzielen. Was tut man jedoch, wenn man mehrere Menüs einsetzt, von denen eines besonders wichtig ist? Im Kinoportal könnte man beispielsweise das Kinoportal-Menü optisch hervorheben und die Besucher so direkt auf die Filmkritiken aufmerksam machen.

Dummerweise verpasst Joomla! jedem (Menü-)Modul immer den gleichen Klassennamen moduletable (wie in Abbildung 13-23 direkt über dem Titel Kino, Film und Co zu sehen ist). Hierdurch ist es nicht möglich, ein ganz bestimmtes Modul mit einer besonderen Formatierung zu versehen. Glücklicherweise gibt es einen Ausweg: Joomla! erlaubt in solchen Fällen die Vergabe eines Suffixes, das es allen Klassennamen des jeweiligen Moduls anhängt. Auf diese Weise können Sie in der CSS-Datei das Modul von allen anderen unterscheiden.

Im Kinoportal öffnen Sie im Backend unter *Erweiterungen* → *Module* den Bearbeitungsbildschirm des Menüs *Kino, Film und Co* (oder ein beliebiges anderes sichtbares Menü-Modul, wenn Sie die Beispiele aus den vorherigen Kapiteln nicht mitgemacht haben). Auf dem Register *Erweiterte Optionen* finden Sie auch den Punkt *Modulklassensuffix* (siehe Abbildung 13-24).

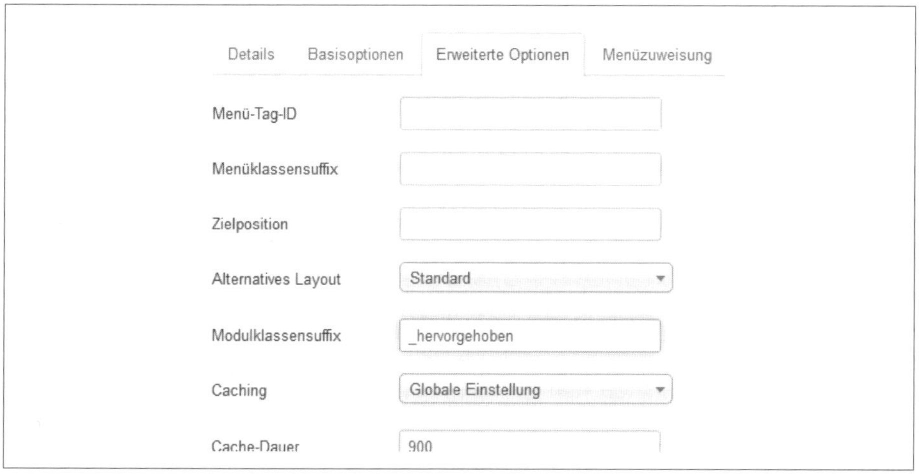

| Details | Basisoptionen | Erweiterte Optionen | Menüzuweisung |

Menü-Tag-ID

Menüklassensuffix

Zielposition

Alternatives Layout   Standard

Modulklassensuffix   _hervorgehoben

Caching   Globale Einstellung

Cache-Dauer   900

Abbildung 13-24:   Das Menü-Modul erlaubt die Vergabe zweier Suffixe.

Hier können Sie nun eine Bezeichnung vergeben, wie zum Beispiel _hervorgehoben. Nach dem *Speichern* tackert Joomla! dann genau an dieses Modul anstelle der sonst üblichen CSS-Klasse `moduletable` ausnahmsweise `moduletable_hervorgehoben` an. Den Beweis liefert wieder die Ansicht mit dem Seitenquelltext in Abbildung 13-25.

In der CSS-Datei *template.css* kann man nun zwischen diesen beiden Klassen unterscheiden:

```
.moduletable
{
    ...
}
```

übernimmt die Formatierung aller anderen Module, während sich

```
.moduletable_hervorgehoben
{
    ...
}
```

ausschließlich um das *Kino, Film und Co*-Menü kümmert. Auf diese Weise können Sie über entsprechende Regeln in der CSS-Datei jedem einzelnen Modul ein individuelles Aussehen zuweisen.

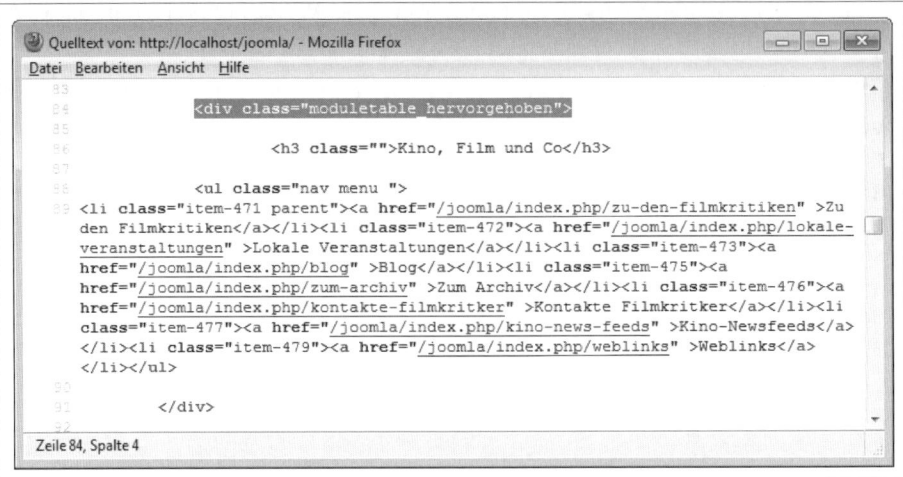

Abbildung 13-25:   Das hinzugefügte Suffix in der Seitenquelltext-Ansicht (hier in der Abbildung dunkel markiert)

Bei einem Menü-Modul darf man übrigens nicht nur dem Modul selbst, sondern auch dem enthaltenen Menü via *Menüklassensuffix* ein eigenes Anhängsel spendieren. Auf diese Weise lassen sich beispielsweise die Menüpunkte hervorheben, während die Umrandung wie bei allen anderen Modulen erscheint.

Vorschaubilder

Im Backend können Sie hinter *Erweiterungen → Templates* über das kleine Menü am linken Seitenrand zu einer Aufstellung mit allen *Templates* wechseln. Dort geben Vorschaubilder einen Ausblick auf das Layout der jeweiligen Templates. Ein Klick auf eines der Bilder holt zudem eine etwas größere Variante auf den Schirm.

Um auch für das Kinoportal-Template solch ein Vorschaubild einzubinden, schießen Sie ein Bildschirmfoto Ihrer Seite. Dieses speichern Sie einmal mit den Abmessungen von möglichst 206 × 150 Bildpunkten (Pixeln) in der Datei *template_thumbnail.png* und dann noch einmal in einer größeren Fassung mit ungefähr 640 × 388 Bildpunkten (Pixeln) in der Datei *template_preview.png*. Beide Bilddateien verfrachten Sie dann in Ihr Arbeitsverzeichnis.

 Die zwei Vorschaubilder für das Kinoportal finden Sie auf unserer Downloadseite im Verzeichnis *Kapitel13*.

 Tipp   Die Größe des Vorschaubildes ist Joomla! prinzipiell egal. Um den vorhandenen Platz im Backend nicht zu sprengen, sollten Sie sich jedoch an den genannten Abmessungen orientieren.

Vergessen Sie nicht, die Bilder noch in der *templateDetails.xml*-Datei anzumelden. Dazu erstellen Sie für beide einen weiteren Eintrag zwischen <files> und </files>:

```
<files>
    ...
    <filename>template_thumbnail.png</filename>
    <filename>template_preview.png</filename>
</files>
```

Eigene Fehlerseite

Sollte irgendwann ein Fehler auftreten, sieht der Besucher die Meldung aus Abbildung 13-26.

Abbildung 13-26:   Hier wurde eine Seite nicht gefunden.

Sie ist weder hübsch noch passt sie zum eigenen Template. Glücklicherweise können Sie das Aussehen dieser Fehlerseite selbst bestimmen.

Dazu erstellen Sie in Ihrem Arbeitsverzeichnis einfach die Textdatei *error.php*. Sie ist wie die *index.php* eine HTML-Datei und mit ein paar Joomla!-eigenen Platzhaltern gewürzt. Eine extrem einfache Fassung sehen Sie in Beispiel 13-7.

Beispiel 13-7:   Beispiel für eine extrem einfache *error.php*

```
<?php defined('_JEXEC') or die; ?>
<!DOCTYPE html>
<html xmlns="http://www.w3.org/1999/xhtml" xml:lang="<?php echo $this->language; ?>
    "lang="<?php echo $this->language; ?>" dir="<?php echo $this->direction; ?>">
<head>
    <jdoc:include type="head" />
</head>
<body>
    <p>Folgender Fehler ist aufgetreten:</p>
    <p>Nummer: <?php echo $this->error->getCode(); ?> </p>
    <p>Grund: <?php echo $this->error->getMessage(); ?> </p>
    <p><a href="<?php echo $this->baseurl; ?>/index.php">Zurück zur Startseite</a></p>
</body>
</html>
```

Den ganzen Vorspann und den Kopf kennen Sie bereits aus der Datei *index.php*. Neu ist der Körper: Den Platzhalter `<?php echo $this->error->getCode(); ?>` ersetzt Joomla! durch die interne Fehlernummer. Ein nicht gefundener Beitrag trägt beispielsweise immer die Nummer 404. Eine etwas aussagekräftigere Beschreibung liefert `<?php echo $this->error->getMessage(); ?>`.

Abschließend bietet Beispiel 13-7 dem Besucher noch die Möglichkeit, über einen Link wieder direkt zur Startseite zu springen. Den Platzhalter `<?php echo $this-> baseurl; ?>` kennen Sie schon aus den vorherigen Abschnitten (insbesondere aus dem Kasten »$this->baseurl, JURI::root() und JURI::base()« auf Seite 598). Mit ihm zeigt der Link

```
<a href="<?php echo $this->baseurl; ?>/index.php">Zurück zur Startseite</a>
```

auf die Startseite Ihres Internetauftritts. Einen solchen Link sollten Sie grundsätzlich immer auf der Fehlerseite anbieten, damit der Besucher nicht wie in einer Sackgasse hilflos vor der Fehlermeldung steht.

 Tipp
Natürlich hätte man auch direkt die Internetadresse eintippen können:

```
<p><a href="http://localhost/joomla">Zurück zur
    Startseite</a></p>
```

Wenn Sie das Template aber weitergeben möchten oder selbst auf eine andere Domain umziehen, müssten Sie die *error.php* per Hand nachbearbeiten. Der Platzhalter ist da die wesentlich bequemere Lösung.

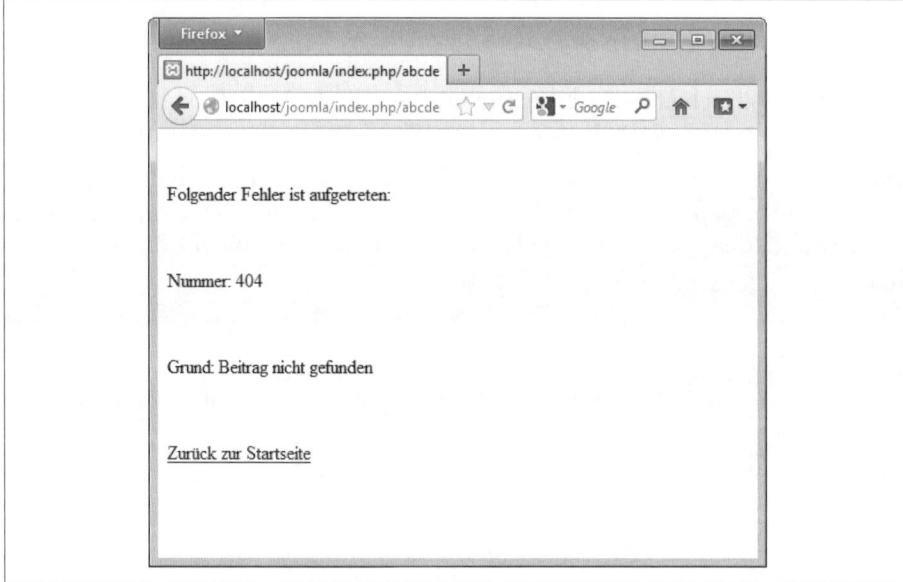

Abbildung 13-27:   Die angepasste Fehlermeldung

Vergessen Sie abschließend nicht, die Datei *error.php* in der *templateDetail.xml* anzumelden:

```
<files>
   ...
   <filename>error.php</filename>
   ...
</files>
```

Wenn Sie Ihr Template jetzt in Joomla! neu installieren, aktivieren und dann einen Fehler provozieren (beispielsweise indem Sie via *http://localhost/joomla/index.php/abcde* eine nicht existierende Seite aufrufen), dann erhalten Sie die angepasste Fehlermeldung aus Abbildung 13-27.

Die Datei *error.php* können Sie jetzt wie schon die *index.php* erweitern und mittels Stylesheets etwas hübscher formatieren. Für die nachfolgenden Abschnitte deinstallieren Sie das selbst geschriebene Template wieder.

Bootstrap

Eigene Stylesheets zu schreiben kann ziemlich mühsam sein. Beim Kurznachrichtendienst Twitter (*http://www.twitter.com*) wurde deshalb Bootstrap entwickelt. Vereinfacht gesagt handelt es sich dabei um eine Sammlung von fertigen Stylesheets und nützlichen JavaScript-Funktionen. Während die Stylesheets beispielsweise ein Menü waagerecht und optisch ansprechend auf den Bildschirm bringen, erzeugen die JavaScript-Funktionen unter andrem eine ansprechende Bildergalerie. Die Stylesheets und JavaScript-Funktionen berücksichtigen zudem unterschiedliche Bildschirmgrößen (Stichwort *Responsive Design*). Wer Bootstrap verwendet, spart sich folglich eine Menge Arbeit. Eine Demonstration der Möglichkeiten geben die Internetseiten des Bootstrap-Projekts unter *http://twitter.github.com/bootstrap/*.

Die Joomla!-Entwickler waren so begeistert von Bootstrap, dass sie es in die Joomla!-Version 3 integriert haben. Nicht nur die mitgelieferten Templates *Protostar* (für das Frontend) und *Isis* (für das Backend) nutzen Bootstrap, auch die Module und Komponenten unterstützen es beziehungsweise würzen ihre Inhalte mit den von Bootstrap verlangten CSS-Klassen.

Bootstrap einbinden

Auch im Template des Kinoportals soll deshalb Bootstrap zum Einsatz kommen. Um es nutzen zu können, müssen Sie lediglich das zugehörige Stylesheet in der *index.php* ganz am Anfang über folgenden (PHP-)Befehl einbinden:

```
JHtmlBootstrap::loadCss(true, $this->direction);
```

Abhängig von der Schreibrichtung (die `$this->direction` verrät) bindet dieser Befehl automatisch alle notwendigen CSS-Dateien aus dem Verzeichnis */media/jui/ css/* ein.

Damit fehlen noch die JavaScript-Funktionen, die folgende Zeile hinzuholt:

```
JHtml::_('bootstrap.framework');
```

Der Anfang der *index.php* sieht damit im Kinoportal-Template wie in Beispiel 13-8 aus:

Beispiel 13-8:   Das in die *index.php* eingebundene Bootstrap

```
<?php defined('_JEXEC') or die;

JHtml::_('bootstrap.framework');
JHtmlBootstrap::loadCss(true, $this->direction);
$this->addStyleSheet(JURI::base() . 'templates/' . $this->template . '/css/template.css');

?>
<!DOCTYPE html>
...
```

Beide Zeilen sind übrigens optional. Wenn Sie beispielsweise die JavaScript-Funktionen nicht benötigen, lassen Sie einfach die entsprechende Zeile `JHtml::_ ('bootstrap.framework');` weg. Damit muss Joomla! dann nicht ungenutzte Datenpakete an die Browser verschicken, wofür wiederum Nutzer einer langsamen Mobilfunkverbindung dankbar sein werden.

Wenn Sie die Änderungen aus Beispiel 13-8 speichern, ein neues Template-Paket schnüren, es unter Joomla! installieren und aktivieren, zeigt sich die Startseite in der Vorschau wie in Abbildung 13-28.

Alle optischen Veränderungen gehen auf das Konto von Bootstrap: Das eingebundene Stylesheet legt unter anderem die Schriftgröße der Überschriften fest, hat die Menüs umgefärbt und die *Weiterlesen*-Links in einen Knopf verwandelt. Werfen Sie auch einen Blick auf die Breadcrumb-Leiste unterhalb des Logos. Diese ist keine hässliche Liste mehr (wie noch in Abbildung 13-22 auf Seite 617), sondern ein waagerechter Balken. Im Hintergrund spickt das Breadcrumb-Modul die von ihm ausgegebene Liste mit dem Klassennamen breadcrumb (was Sie in der Seitenquelltextansicht Ihres Browsers schnell prüfen können):

```
...
<ul class="breadcrumb ">
    <li class="active"><span class="divider"><i class="icon-location hasTooltip"
title="Aktuelle Seite: "></i></span></li>
    <li><span>Home</span></li>
</ul>
...
```

Für genau diesen Klassennamen bringt Bootstrap eine passende Regel mit, die die Liste auf einen grauen Balken setzt und die Listeneinträge waagerecht anordnet.

Abbildung 13-28: Bootstrap im Einsatz

In Ihrem eigenen Template müssen Sie jetzt ebenfalls nur noch die Tags mit den entsprechenden von Bootstrap bekannten Klassennamen spicken. Wenn Sie beispielsweise Ihrem Logo einen schicken Rahmen spendieren wollen, weisen Sie einfach dem Tag <img> die Klasse img-polaroid zu:

```
<img class="img-polaroid" src="...
```

Da das beim Kinoportal mit seinem weißen Logo optisch nicht besonders gut aussieht, führen Sie diese Änderung dort nicht durch.

Neben diesen kleinen optischen Verbesserungen hilft Bootstrap auch beim Seitenaufbau.

Seitenaufbau mit Bootstrap

Wenn Sie Ihr Browserfenster verkleinern, werden die drei Spalten zusammengequetscht. Gerade im Hinblick auf Smartphones wäre es besser, wenn sich die Spalten bei einem zu schmalen Fenster automatisch »übereinanderstapeln« würden (wie Sie es bereits aus Kapitel 3, *Erste Schritte*, Abschnitt »Responsive Design« auf Seite 97 kennen).

Derzeit setzen sich die drei Spalten in der Datei *index.php* aus folgenden Tags zusammen:

```
<div class="inhalte"> <!-- Reihe 4 -->
    <div class="links"> <jdoc:include …
    <div class="hauptbereich"> <jdoc:include ...
    <div class="rechts"> <jdoc:include ...
</div>
```

Deren Anordnung auf der Seite kann man auch Bootstrap überlassen. Die drei Spalten sollen im Normalfall alle in einer Reihe nebeneinanderstehen. Dies legen Sie über die von Bootstrap gestellte Klasse row im umschließenden Tag fest:

```
<div class="row"> <!-- Reihe 4 -->
    <div class="links"> <jdoc:include …
    <div class="hauptbereich"> <jdoc:include ...
    <div class="rechts"> <jdoc:include ...
</div>
```

Diese Reihe unterteilt Boostrap waagerecht in 12 Teile oder Container (siehe Abbildung 13-29), die man jetzt auf die Spalten verteilt. Die erste Spalte links mit den Menüs soll drei Container breit sein. Dies erledigt die Klasse span3 (als Kurzform für »überspanne 3«):

```
<div class="row"> <!-- Reihe 4 -->
    <div class="span3"> <jdoc:include …
    <div class="hauptbereich"> <jdoc:include ...
    <div class="rechts"> <jdoc:include ...
</div>
```

Damit nimmt jetzt die linke Spalte das linke Drittel der Seite in Beschlag.

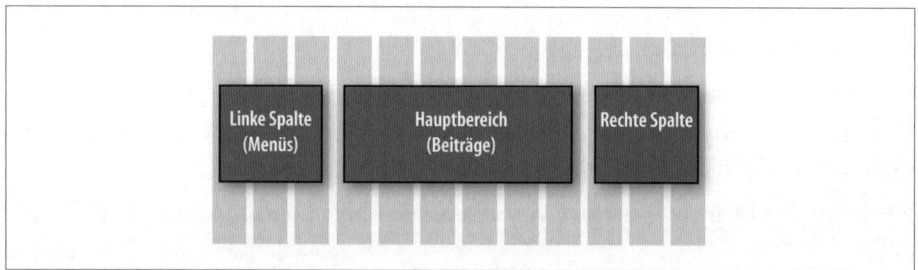

Abbildung 13-29:   Bootstrap legt über die Seite ein Gitter mit 12 Spalten (in der Abbildung hellgrau dargestellt), über die man die tatsächlichen Spalten legt.

Analog überspannt der Hauptbereich 6 Teile, die rechte Spalte 3:

```
<div class="row"> <!-- Reihe 4 -->
    <div class="span3"> <jdoc:include …
    <div class="span6"> <jdoc:include ...
    <div class="span3"> <jdoc:include ...
</div>
```

Das war bereits alles; um den Rest kümmert sich Bootstrap. Beachten Sie, dass jetzt nicht mehr Ihre eigenen CSS-Regeln greifen und damit auch beispielsweise der Hintergrund der Spalte am linken Rand nicht mehr grau, sondern wie vom Bootstrap-Stylesheet vorgegeben weiß ist.

Wenn Sie Ihr Browserfenster auf den ganzen Bildschirm vergrößern, breiten sich die Seiteninhalte auch auf den kompletten Bildschirm aus. Auf sehr breiten Monitoren sieht das nicht nur unschön aus, die Textzeilen der Beiträge werden auch sehr lang und sind damit nicht mehr gut zu lesen. Bootstrap kann die Seitenbreite automatisch auf 940 Pixel festnageln. Sollte das Fenster breiter sein, zentriert Boostrap den Seiteninhalt. Dazu müssen Sie nur sämtliche Inhalte der Seite (die zwischen <body> und </body>) noch einmal zwischen <div class="container"> und </div> einkesseln:

```
<body>
<div class="container">
        <div class="suche"> <!-- Reihe 1: Suche -->

...

    <div class="fusszeile"><p><small>(C) Kinoportal</small></p></div>
</div>
</body>
</html>
```

Wenn Sie Ihr so geändertes Template zu einem Paket schnüren und neu einspielen, erhalten Sie die Seite aus Abbildung 13-30.

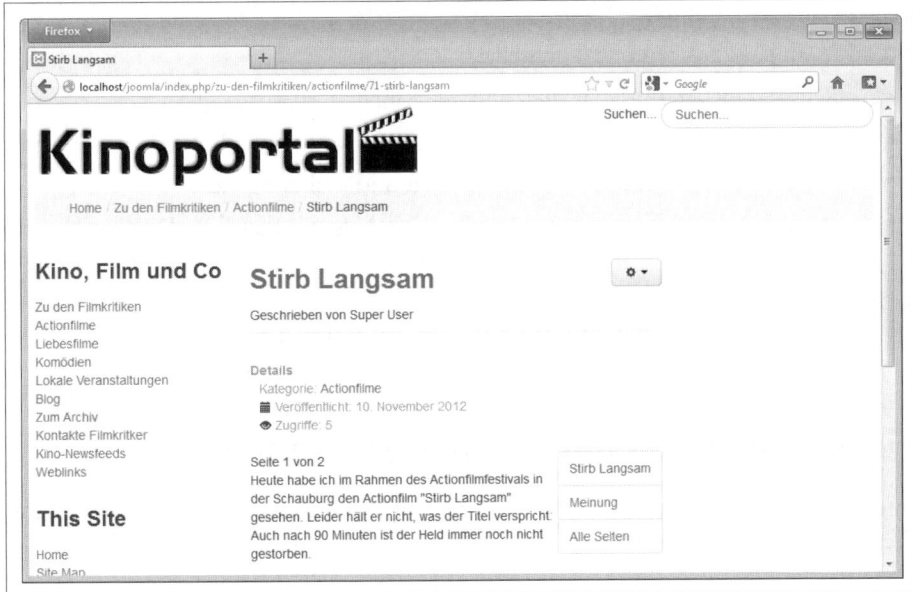

Abbildung 13-30: Die Seite mit dem von Bootstrap gesteuerten Layout

Bootstrap-Eigenschaften überschreiben

Wenn Ihnen die von Bootstrap verwendeten Stile nicht gefallen, können Sie sie auch mit eigenen CSS-Eigenschaften überschreiben beziehungsweise ergänzen. Das klappt aber nur, wenn Sie Ihr Stylesheet am Anfang der *index.php nach* dem Bootstrap-Stylesheet einbinden (wie es derzeit der Fall sein sollte):

```
JHtmlBootstrap::loadCss(true, $this->direction);
$this->addStyleSheet(JURI::base() . 'templates/' . $this->template . '/css/
template.css');
```

Damit überschreiben die Eigenschaften in Ihren CSS-Regeln die von Bootstrap. Wenn Sie also in Ihrem Stylesheet *template.css* die Regel

```
.breadcrumb
{
    color: blue;
}
```

ergänzen, werden die Texte in der Breadcrumb-Leiste weiß.

Die Möglichkeiten von Bootstrap gehen noch weit über das hier Gezeigte hinaus. Eine vollständige Beschreibung würde jedoch wieder ein eigenes Buch füllen. Weiterführende Informationen und eine Referenz aller Bootstrap-Klassen finden Sie auf der Bootstrap-Homepage unter *http://twitter.github.com/bootstrap/index.html*.

Nachteile

So einfach, flexibel und genial Bootstrap, wie auf den ersten Blick wirken mag – es hat auch ein paar gravierende Nachteile:

- Alle rein mit Bootstrap gestalteten Seiten sehen ähnlich aus.
- Die in Joomla! mitgelieferte Bootstrap-Version ist nicht vollständig barrierefrei.
- Die Klassennamen sind teilweise kryptisch und nichtssagend.
- Man muss unter Umständen weitere <div>-Tags hinzufügen. Dies macht die HTML-Datei(en) schwerer lesbar und bläht sie – wenn auch nur in geringem Umfang – auf.
- Bootstrap unterstützt ältere Browser wie den Internet Explorer 6 nicht. Darüber hinaus funktionieren einige Elemente nicht im Internet Explorer 7 und 8.

Eigene Templates mit Parametern steuern

Innerhalb der Datei *index.php* dürfen auch PHP-Befehle auftauchen. Bislang wurde diese Möglichkeit beispielsweise genutzt, um das Template-Verzeichnis zu ermitteln:

```
<?php echo $this->template ?>
```

Das etwas komisch aussehende Tag <?php ... ?> kann jedoch beliebig viele und beliebig lange PHP-Befehle aufnehmen.

Warnung   Halten Sie sich dabei unbedingt an die Regel: »So wenige Befehle wie nötig, die so kurz sind wie möglich.« Die PHP-Befehle werden auf dem Webserver ausgeführt und können somit die Seitenauslieferung spürbar verzögern. Zudem bilden mögliche (unentdeckte) Programmfehler ein potenzielles Einfallstor für Angreifer.

Einfache Abfragen

Solche zusätzlichen PHP-Befehle eignen sich ideal, um das Aussehen der Homepage an bestimmte Rahmenbedingungen zu koppeln. Beispielsweise könnte man den Hauptbereich bis zum Fensterrand ausdehnen, falls in der rechten Spalte überhaupt keine Module stecken. Im Kinoportal kommt dies insbesondere auf den Seiten mit den Filmkritiken vor (wie in Abbildung 13-30 auf Seite 629).

Tipp   Um die folgenden Erklärungen zu verstehen, müssen Sie (ein paar) PHP-Kenntnisse mitbringen oder zumindest schon einmal in einer anderen Sprache programmiert haben.

Um dort dem Beitrag mehr Platz einzuräumen, nehmen Sie sich in Ihrem Arbeitsverzeichnis zunächst den betroffenen Abschnitt aus der Datei *index.php* vor:

```
<div class="row"> <!-- Reihe 4 -->
        <div class="span3"> ... </div> <!-- Module links -->
        <div class="span6"> ... </div> <!-- Hauptbereich -->
        <div class="span3"> ... </div> <!-- Module rechts -->
</div>
```

Der rechte Bereich ist überflüssig, wenn in ihm keine Module stecken. Andersherum formuliert: Wenn es an dieser Position mindestens ein sichtbares Modul gibt, blendet man den Bereich ein:

```
<div class="row"> <!-- Reihe 4 -->
        <div class="span3"> ... </div> <!-- Module links -->
        <div class="span6"> ... </div> <!-- Hauptbereich -->
        <?php if($this->countModules('position-8') > 0) : ?>
        <div class="span3"> ... </div> <!-- Module rechts -->
        <?php endif; ?>
</div>
```

$this->countModules('position-8') liefert die Anzahl der Module zurück, die an der genannten Position (position-8) erscheinen werden. Nur wenn diese Anzahl größer 0 ist – wenn also dort Module existieren –, erscheint auch der ganze rechte Bereich.

$this->countModules(...) zählt nur dann ein Modul mit, wenn es gerade in der aktuellen Situation auf der Seite sichtbar ist. Das ist wiederum genau dann der Fall, wenn das Modul folgende Bedingungen erfüllt:

- Das Modul ist veröffentlicht.

- Das Modul ist aktiv. Diesen Zustand können Sie hinter *Erweiterungen* → *Erweiterungen* unter *Verwalten* ändern. Standardmäßig sind alle Module aktiv. (Mehr dazu folgt noch in Kapitel 14, *Funktionsumfang erweitern*, Abschnitt »Erweiterungen verwalten und deinstallieren« ab Seite 656.)

- Das Modul ist entweder in allen Sprachfassungen oder der gerade eingestellten Sprache sichtbar.

- Der Besucher besitzt die passenden Zugriffsrechte.

Jetzt fehlt nur noch der Hauptbereich, bei dem man mit einem kleinen Trick arbeitet: Im Moment besitzt der Hauptbereich die Klasse span6 und ist somit gemäß Bootstrap-Raster 6 Spalten breit (siehe auch den vorherigen Abschnitt »Bootstrap« ab Seite 625). Wenn der rechte Bereich leer und somit ausgeblendet ist, muss man nur span6 gegen die Klasse span9 austauschen. Der Hauptbereich nimmt dann im Bootstrap-Raster 9 Spalten ein und läuft somit bis zum rechten Fensterrand.

Um genau das zu erreichen, muss man zunächst prüfen, ob der Bereich rechts leer ist:

```php
<?php
    if($this->countModules('position-8') == 0) $klasse="span9";
    else $klasse="span6";
?>
```

Wenn der Bereich leer ist, gilt die Klasse span9, andernfalls die Klasse span6. Das Ergebnis merkt sich die Variable $klasse. Jetzt kommt der Kniff: Genau den darin gespeicherten Wert übernimmt man einfach als Klasse des Hauptbereichs:

```
<div class="<?php echo $klasse ?>"> ... </div>
```

Damit ergibt sich insgesamt:

```
...
<div class="row"> <!-- Reihe 4 -->
    <div class="span3"> ... </div> <!-- Module links -->

    <?php
        if($this->countModules('position-8') == 0) $klasse="span9";
        else $klasse="span6";
    ?>
    <div class="<?php echo $klasse ?>"> ... </div> <!-- Hauptbereich -->

    <?php if($this->countModules('position-8') > 0) : ?>
        <div class="span3"> ... </div> <!-- Module rechts -->
    <?php endif; ?>

</div>
...
```

Damit richtet sich das Layout automatisch nach der Anzahl der auftauchenden Module: Stehen rechts keine Module, ist ihre Anzahl folglich gleich 0. Die Variable

$klasse erhält damit den Wert span9. Dieser wird gleichzeitig als Klassenname für den Hauptbereich verwendet. Die zur Klasse gehörende Regel aus dem Boostrap-Stylesheet weist den dortigen Elementen die gesamte Fensterbreite zu.

Tipp Wenn Sie nicht Bootstrap verwenden, funktioniert der Trick genau so: Wählen Sie anstelle von span6 und span9 einfach zwei eigene Klassennamen, wie gross und klein. Sie müssen dann im Stylesheet (in der Datei *template.css*) für beide jeweils passende Regeln hinterlegen, beispielsweise:

```css
.gross
{
        float: left;
        width: 80%;
}
.klein
{
        float: left;
        width: 58%;
}
```

Speichern Sie Ihre Änderungen, packen Sie die Inhalte Ihres Arbeitsverzeichnisses wieder in ein ZIP-Archiv, installieren Sie es nach dem gewohnten Prinzip in Joomla!, und prüfen Sie das Ergebnis in der Vorschau. Dort sollte der Haupttext den vollen Bereich einnehmen und wieder auf die alte Größe schrumpfen, wenn Sie im Bereich position-8 ein Modul platzieren.

Tipp In einem Template, das Sie an andere weitergeben möchten, sollten Sie auf die gleiche Weise zusätzlich noch den linken Bereich behandeln – denn vielleicht liegen die Menüs in den fremden Internetauftritten auf der rechten Seite.

Wie Sie sehen, kann sich ein Template mithilfe einiger weniger PHP-Zeilen selbstständig unterschiedlichen Gegebenheiten anpassen.

Tipp Wenn Sie mit Sprachen arbeiten, die von rechts nach links geschrieben werden, können Sie die derzeit gültige Leserichtung in Ihrer *index.php* über

```php
<?php if($this->direction == 'rtl') : ?>
        <!-- die Leserichtung verläuft von rechts nach
links -->
<?php endif; ?>
```
abfragen und so zusätzliche Maßnahmen einleiten.

Deinstallieren Sie jetzt das Kinoportal-Template wieder, und wenden Sie sich erneut Ihrem Arbeitsverzeichnis zu.

Parameter festlegen

Doch was tun Sie, wenn Sie verschiedene Farbvarianten des eigenen Templates anbieten möchten? Für genau solche Fälle gibt es die sogenannten Parameter.

Wenn Sie im Backend den Menüpunkt *Erweiterungen* → *Templates* aufrufen und dort den Stil *protostar – Default* anklicken, finden Sie auf dem Register *Optionen* den Slider *Erweiterte Optionen* mit den Einstellungen, die Sie aus dem Abschnitt »Stile« (siehe Seite 576) kennen (siehe Abbildung 13-31).

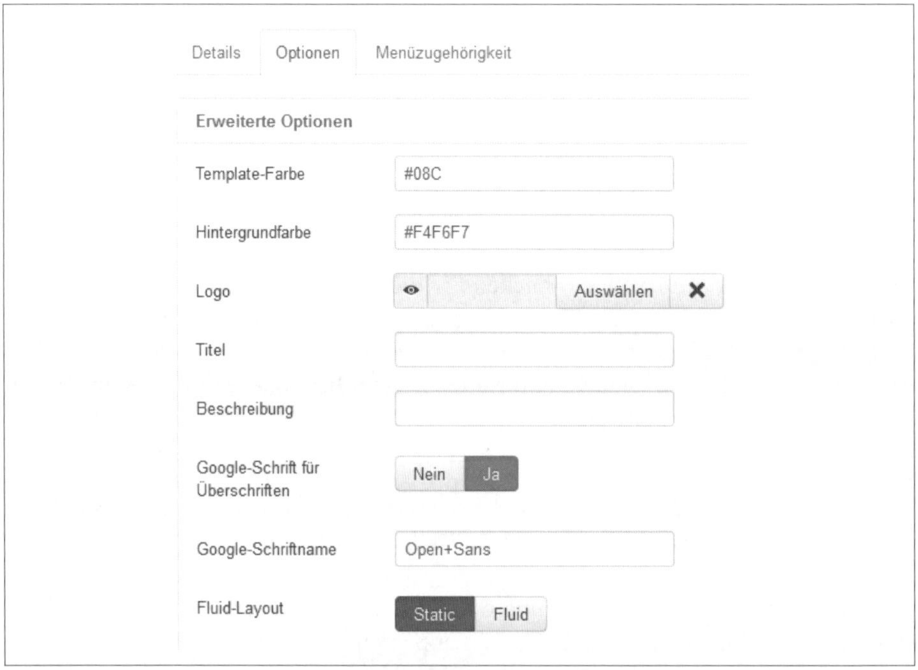

Abbildung 13-31:   Diese Parameter beeinflussen das Layout des Templates.

Diese Einstellungen bezeichnet Joomla! als *Parameter*. Die in ihren Feldern eingetippten beziehungsweise eingestellten Werte übergibt Joomla! an das Template, das diese wiederum auswerten und weiterverarbeiten kann.

Welche Parameter hier im Backend auftauchen, legt die Datei *templateDetails.xml* fest. In ihr müssen Sie vor dem Tag `</extensions>` einen neuen Abschnitt

```
<config>
...
</config>
```

erstellen. In ihm landet die Konfiguration des Templates. Im Folgenden sollen neue Parameter her. Diese listet man zwischen den Tags `<fields name="params">` und `</fields>` auf:

```
<config>
  <fields name="params">
    ...
  </fields>
</config>
```

Die Parameter kann das Backend auf einem Slider mit dem Namen *Basisoptionen* oder (wie in Abbildung 13-31) *Erweiterte Optionen* präsentieren. Welche Parameter Sie auf welchem Slider unterbringen, hängt von Ihrem Template und den angebotenen Einstellungen ab. Eine Farbauswahl zählt sicherlich zu den *Basisoptionen*, das zu verwendende Hintergrundbild vermutlich eher zu den *Erweiterten Optionen*.

Alle *Basisoptionen* sammelt der Bereich `<fieldset name="basic">` … `</fieldset>`, wohingegen alle Parameter auf dem Slider *Erweiterte Optionen* zwischen `<fieldset name="advanced">` und `</fieldset>` gehören:

```
<config>
  <fields name="params">
    <fieldset name="basic">
      <!-- Hier folgen alle Parameter auf dem Register Basisoptionen -->
    </fieldset>
    <fieldset name="advanced">
      <!-- Hier folgen alle Parameter auf dem Register Erweiterte Optionen -->
    </fieldset>
  </fields>
</config>
```

Wenn Sie nur den Slider *Basisoptionen* benötigen, lassen Sie die Tags `<fieldset name="advanced">` … `</fieldset>` weg und umgekehrt.

Tipp   Wenn Ihnen das alles bis hierhin etwas kompliziert vorkam, verwenden Sie in Ihrer *templateDetails.xml* einfach immer das Grundgerüst

```
<config>
  <fields name="params">
    <fieldset name="advanced">
      <!-- Hier folgen alle Parameter -->
    </fieldset>
  </fields>
</config>
```

und listen an der Stelle des Kommentars alle vom Template angebotenen Parameter auf.

Im Kinoportal soll man später im Backend zwischen einer roten und einer blauen Optik wählen können. Die zugehörige Einstellung soll dabei der Slider *Basisoptionen* präsentieren:

```
<config>
  <fields name="params">
    <fieldset name="basic">
```

```
        </fieldset>
      </fields>
    </config>
```

Jetzt kann man endlich die eigentlichen Parameter festlegen. Wie in Beispiel 13-9 erstellen Sie für jeden von ihnen ein <field>-Tag.

Beispiel 13-9:   Der Parameter zur Farbauswahl

```
<config>
  <fields name="params">
    <fieldset name="basic">
      <field name="farbauswahl" type="list" default="blau" label="Farbauswahl"
            description="Wählen Sie die Farbe des Templates">
        <option value="blau">Blau</option>
        <option value="rot">Rot</option>
      </field>
    </fieldset>
  </fields>
</config>
```

Das Attribut type="list" legt fest, um was für einen Parameter es sich handelt. In diesem Beispiel erscheint im Backend auf dem Slider *Basisoptionen* eine Liste. Sie trägt als Beschriftung den Text hinter label. Das Attribut description legt einen kleinen Hilfetext fest, der später in einem kleinen Tooltipp-Fenster erscheint. Über das gleichnamige Attribut bekommt jeder Parameter schließlich noch einen eindeutigen namen. Ihn sollten Sie sich gut merken, da er später im Template bei der Auswertung des Parameters hilft.

Welche Punkte die Liste enthält, legen Sie mit einem oder mehreren <option>-Tags fest. In Beispiel 13-9 führt später die Liste wie in Abbildung 13-32 die zwei Einträge *Blau* und *Rot*.

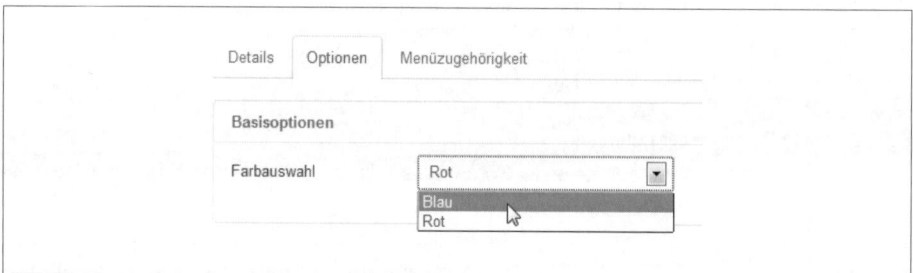

Abbildung 13-32:   Später sieht man im Backend diese Liste.

Sobald ein Eintrag ausgewählt wurde, leitet Joomla! den zugehörigen Wert hinter value an das Template weiter – hier also entweder blau oder rot.

 Tipp   Alle Werte können übrigens frei gewählt werden. Es wären somit auch folgende Listeneinträge erlaubt:

```
<option value="1">Eine Farbe, die blau ist</option>
<option value="2,666">FF0000</option>
```

Aus Gründen der Lesbarkeit sollte man jedoch möglichst aussagekräftige Werte wählen. Beispielsweise werden nur wenige Benutzer des Templates wissen, dass *FF0000* die Farbe Rot repräsentiert.

Das bislang noch nicht angesprochene Attribut `default="blau"` sorgt abschließend noch dafür, dass in der Ausklappliste standardmäßig immer der Eintrag für `blau` selektiert ist. Darüber hinaus gilt er immer dann, wenn der Benutzer noch keine Einstellungen vorgenommen hat. Durch diese Vorgabe ist garantiert, dass das Template ordnungsgemäß funktioniert.

Neben der Ausklappliste gibt es noch ein Textfeld, das man mit `type="text"` erzeugt:

```
<field name="zahleingabe" type="text" default="42" label="Zahl" description="Tippen
Sie irgendeine Zahl ein." size="2" filter="integer" />
```

Aufgrund von `size="2"` nimmt das Textfeld später nur insgesamt zwei Zeichen auf. Mit dem Attribut `filter="integer"` prüft Joomla!, ob wirklich eine Zahl und nicht irgendein Textmüll eingetippt wurde. Wie `filter` sind übrigens auch die meisten anderen Attribute optional.

Joomla! kennt noch viele weitere Felder und Regler. Sie alle vorzustellen würde den Rahmen dieses Buchs vollends sprengen, zumal man in der Praxis meist mit der Ausklappliste und dem Textfeld auskommt. Eine ausführliche Aufstellung finden Sie in der Joomla!-Dokumentation (zum Zeitpunkt der Drucklegung dieses Buches befand sie sich unter *http://docs.joomla.org/Standard_form_field_and_parameter_types*, für Joomla! 2.5 und 3.0 gelten die Felder für Joomla! 1.6).

Im Kinoportal sind die Parameter mit der Farbauswahl bereits komplett. Ergänzen Sie in Ihrem Arbeitsverzeichnis die Datei *templateDetails.xml* vor dem Tag `</extension>` um den Abschnitt aus Beispiel 13-9. Installieren Sie das geänderte Template aber noch nicht.

Parameter auswerten

Damit könnte man die Farbe über das Backend schon ändern, nur ausgewertet wird die Einstellung noch nicht. Bevor Sie hierzu die *index.php* erweitern, müssen Sie zunächst die zwei Farbalternativen erstellen. An dieser Stelle zahlt sich wieder einmal die Trennung von Inhalt und Layout aus:

Da die Layout-Beschreibung vollständig in die CSS-Datei ausgelagert wurde, erstellen Sie im Unterverzeichnis *css* einfach zwei neue Kollegen mit einer roten und einer blauen Farbgebung.

Im Kinoportal-Beispiel soll die erste CSS-Datei *template_blau.css* und die zweite *template_rot.css* heißen. (Sie können die auf unserer Downloadseite angebotenen Dateien nehmen, die einfach plakativ den kompletten Text rot beziehungsweise blau einfärben.)

Als Nächstes wenden Sie sich der *index.php* zu. Dort sorgt bislang die Zeile

```
$this->addStyleSheet(JURI::base() . 'templates/' . $this->template . '/css/
template.css');
```

für die Einbindung des Templates. An den aktuellen Wert eines Parameters gelangen Sie mit:

```
$this->params->get('farbauswahl')
```

In den Hochkommata steht der Wert, den man als name in der *templateDetails.xml* vergeben hat – in diesem Fall war das farbauswahl. Der Befehl liefert dann die derzeit gültige Einstellung, hier also entweder blau oder rot.

Über eine if-Abfrage könnte man jetzt wieder entscheiden, welche der beiden CSS-Dateien einzubinden ist. Mit einem kleinen Kniff kann man sich dies aber sparen: Auf *blau* und *rot* enden auch die Dateinamen der entsprechenden Stylesheets. An den Namen der zu benutzenden CSS-Datei gelangt man also trickreich per:

```
'template_' . $this->params->get('farbauswahl') . '.css'
```

Diesen Bandwurm setzen Sie jetzt einfach an die Stelle von template.css in der Zeile für die Stylesheet-Aktivierung:

```
$this->addStyleSheet(JURI::base() . 'templates/' . $this->template . '/css/
template_' . $this->params->get('farbauswahl') . '.css');
```

Das Ergebnis ist zwar nicht mehr besonders gut lesbar, dafür wird ab sofort das zur gewählten Farbe passende Stylesheet geladen und verwendet.

Selbstverständlich lassen sich die Parameter nicht nur zur Auswahl einer anderen Farbgebung einsetzen. Da Sie selbst festlegen, welche Parameter mit welchen Einstellungen existieren sollen, sind hier der Fantasie keine Grenzen gesetzt.

Verpacken Sie jetzt den Inhalt Ihres Arbeitsverzeichnisses in eine ZIP-Datei, installieren Sie diese Datei unter Joomla!, und küren Sie den Stil *kinoportal_template - Standard* zum Standard.

 Tipp   Wenn Joomla! jetzt einen Fehler ausgibt, haben Sie irgendwo in der Datei *template-Details.xml* einen Tippfehler. Das ist unter Umständen auch dann der Fall, wenn Joomla! etwas vollkommen anderes bemängelt. Werfen Sie daher immer erst einen prüfenden Blick in die *templateDetails.xml*.

Wenn Sie jetzt in seine Einstellungen wechseln, erscheint auf dem Register *Optionen* in den *Basisoptionen* die *Farbauswahl* (wie in Abbildung 13-32). Stellen Sie hier den

Wert *Blau* ein, lassen Sie Ihre Änderung *Speichern*, und betrachten Sie das Ergebnis in der *Vorschau*. Wechseln Sie anschließend zum Vergleich noch einmal auf *Rot*.

Tipp Wenn Sie CSS-Dateien von unserer Downloadseite nehmen, strahlen die Texte in ziemlich knalligen Farben. Damit sieht man hier zwar sehr gut die Unterschiede zwischen den beiden Einstellungen, in Ihrem eigenen Template sollten Sie jedoch eine etwas behutsamere und augenschonendere Farbwahl treffen.

Deinstallieren Sie jetzt wieder das Kinoportal-Template, und wenden Sie sich anschließend wieder Ihrem Arbeitsverzeichnis zu – denn es fehlt noch eine Kleinigkeit.

Parameterbeschriftung in mehreren Sprachen

Das Attribut `label="..."` beschriftet den entsprechenden Parameter im Backend. Im Kinoportal prangte vor der Ausklappliste beispielsweise *Farbauswahl* (wie in Abbildung 13-32). Diese deutsche Beschriftung erscheint allerdings auch, wenn Sie das Backend auf Englisch oder eine beliebige andere Sprache umstellen. Das ist insbesondere dann ein Problem, wenn Sie das Template über das Internet an andere Joomla!-Nutzer weitergeben möchten und diese kein Deutsch verstehen.

Glücklicherweise lassen sich aber auch diese Beschriftungen übersetzen. Dazu legt man dem Template einfach noch passende Sprachdateien bei. (Für die folgenden Schritte benötigen Sie das Wissen aus Kapitel 12, *Mehrsprachigkeit*, Abschnitt »Eigene Sprachpakete erstellen« auf Seite 562.)

Schritt 1: Sprachschlüssel einführen

Öffnen Sie die Datei *templateDetails.xml*. In ihr ersetzen Sie den festen deutschen Text Farbauswahl hinter `label` durch einen eindeutigen Platzhalter in Großbuchstaben, wie etwa `TPL_KINO_COLOR`. Gleiches wiederholen Sie mit der Beschreibung, die Sie gegen den Platzhalter `TPL_KINO_COLOR_DESC` tauschen. Die gesamte Zeile lautet damit:

```
<field name="farbauswahl" type="list" default="blau" label="TPL_KINO_COLOR"
description="TPL_KINO_COLOR_DESC">
```

Den Namen der Platzhalter dürfen Sie selbst frei wählen. Damit sie unter Garantie eindeutig sind, stellt man ihnen normalerweise ein TPL für Template sowie den Template-Namen voran. Joomla! ersetzt später alle diese Platzhalter, die sogenannten Sprachschlüssel, durch ihre jeweilige Übersetzung. Und genau diese Übersetzungen müssen jetzt als Nächstes her (lassen Sie die Datei *templateDetails.xml* aber noch geöffnet).

Tipp   Sie können auch die anderen (deutschen) Zeichenketten durch Platzhalter ersetzen. Dazu zählen insbesondere die Texte zwischen <option> und </option>, hier
also Blau und Rot. Damit das Beispiel nicht zu unübersichtlich wird, sollen im Folgenden aber nur die Beschriftung und die Beschreibung übersetzt werden.

Schritt 2: Sprachdateien anlegen

Erstellen Sie in Ihrem Arbeitsverzeichnis das neue Unterverzeichnis *language*. In ihm
legen Sie jetzt für jede unterstützte Sprache eine neue leere Textdatei an. Ihr Dateiname folgt dem Schema *en-GB.tpl_templatename.ini*. Dabei steht *en-GB* für das
entsprechende Sprach-Tag. *templatename* ersetzen Sie durch den Namen Ihres Templates, wie er in der Datei *templateDetails.xml* zwischen <name> und </name> steht. Im
Kinoportal soll die Ausklappliste sowohl eine deutsche als auch eine englische
Beschriftung erhalten. Sie müssen folglich im Verzeichnis *language* die beiden leeren
Textdateien

- *en-GB.tpl_kinoportal_template.ini*
- *de-DE.tpl_kinoportal_template.ini*

anlegen. Beachten Sie dabei die Groß- und Kleinschreibung.

Schritt 3: Texte übersetzen

In beiden Dateien legen Sie jetzt die Übersetzungen ab – ganz so, wie Sie es aus
Kapitel 12, *Mehrsprachigkeit,* her kennen. In jeder Zeile steht zunächst ein Sprachschlüssel, gefolgt von einem Gleichheitszeichen und der entsprechenden Übersetzung in Anführungsstrichen.

Die Datei *de-DE.tpl_kinoportal_template.ini* hat somit folgenden Inhalt:

```
TPL_KINO_COLOR="Farbauswahl"
TPL_KINO_COLOR_DESC="Wählen Sie die Farbe des Templates"
```

Analog sieht die Datei *en-GB.tpl_kinoportal_template.ini* mit den englischen Übersetzungen wie folgt aus:

```
TPL_KINO_COLOR="Color"
TPL_KINO_COLOR_DESC="Choose the color"
```

Schritt 4: Sprachdateien anmelden

Abschließend müssen Sie Joomla! nur noch mitteilen, dass es diese beiden
Sprachdateien benutzen soll. Dazu wenden Sie sich noch einmal der Datei *template-
Details.xml* zu und ergänzen vor dem letzten Tag </extension> folgenden Abschnitt:

```
<languages folder="language">
    <language tag="en-GB">en-GB.tpl_kinoportal_template.ini</language>
    <language tag="de-DE">de-DE.tpl_kinoportal_template.ini</language>
</languages>
```

Zwischen `<language>` und `</language>` steht jeweils eine Sprachdatei. Welche Sprache sie führt, verrät das Attribut `tag="en-GB"`. Das Ganze umrahmen `<languages>` und `</languages>`, wobei das Attribut `folder="language"` auf den Speicherort deutet. Den müssen Sie noch zwischen `<files>` und `</files>` anmelden:

```
<files>
    ...
    <folder>language</folder>
    ...
</files>
```

Packen Sie jetzt den Inhalt Ihres Arbeitsverzeichnisses in ein ZIP-Archiv, und spielen Sie es in Joomla! ein. In einem deutschsprachigen Backend heißt die Ausklappliste jetzt wie gewohnt *Farbauswahl*, und das Ergebnis entspricht weiterhin dem aus Abbildung 13-32. Wenn Sie hinter *Erweiterungen → Sprachen* das Backend auf *English* schalten, steht neben der Ausklappliste jetzt *Color* (wie in Abbildung 13-32).

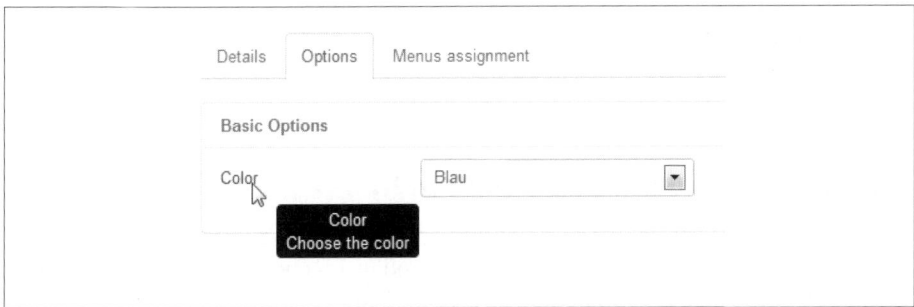

Abbildung 13-33:   Später sieht man in einem englischsprachigen Backend diese Beschriftung.

Warnung   Achten Sie wieder darauf, dass Ihr Texteditor alle Dateien in der UTF-8-Zeichenkodierung speichert. Andernfalls können komplette Beschriftungen beziehungsweise Übersetzungen fehlen.

Template Overrides

Bislang gaben die platzierten Komponenten und Module aus, was sie wollten. Die Module für die Menüs und der beliebtesten Beiträge liefern ihre Texte beispielsweise immer in einer Liste (`<ul>`). Die bisher gezeigten Maßnahmen konnten lediglich die Rahmenbedingungen festlegen – oder mit anderen Worten: das Bett zimmern, in das die jeweilige Liste fällt.

Insbesondere schlampig programmierte Module und Komponenten aus dem Internet pressen ihre Inhalte schon mal eigenmächtig in Tabellen oder stellen mitunter sogar das gesamte Layout auf den Kopf. Diese Sturheit ist natürlich besonders ärgerlich: Da hat man gerade sein Template auf Bootstrap umgestellt, und schon kommt ein Modul oder eine Komponente und macht alle Mühen zunichte.

Was die Komponenten und Module so produzieren, enthüllt wieder einmal die Quelltext-Ansicht Ihres Browsers. Der HTML-Schnipsel aus Beispiel 13-10 zeigt die Ausgaben des Moduls für die beliebtesten Beiträge:

Beispiel 13-10:   Ausschnitt aus einer Ausgabe des Moduls für die beliebtesten Beiträge

```
<div class="moduletable">
    <h3 class="">Beliebteste Kritiken</h3>
    <ul class="mostread">
        <li>
            <a href="/joomla/index.php/zu-den-filmkritiken/actionfilme/71-stirb-
                langsam">Stirb Langsam</a>
        </li>
        <li>
            <a href="/joomla/index.php/zu-den-filmkritiken/actionfilme/72-james-
                bond-goldfinger">James Bond: Goldfinger</a>
        </li>
    </ul>
</div>
```

Mithilfe der Klassennamen – wie etwa class="mostread" – lassen sich die einzelnen Elemente noch über das Stylesheet hübsch formatieren; die Liste selbst wird man darüber jedoch nicht los.

In die Ausgaben der Module eingreifen

Glücklicherweise dürfen Templates Einfluss auf die Ausgabe von Komponenten und Modulen nehmen. Um die dahinterstehenden Mechanismen besser verstehen zu können, ist zunächst ein kleiner Ausflug in das Joomla!-Installationsverzeichnis notwendig.

 **Warnung**   Da es gleich ans Eingemachte geht, benötigen Sie gute Kenntnisse in der HTML- und PHP-Programmierung. Ohne entsprechendes Wissen sollten Sie die Ausgaben der Module und Komponenten besser unangetastet lassen.

Wechseln Sie in den Unterordner *modules/mod_articles_popular* Ihrer Joomla!-Installation. Hier residiert das Modul *mod_articles_popular*, das die beliebtesten Beiträge einsammelt und anzeigt.

 Tipp   *mod_articles_popular* ist der interne Name des Moduls. Leider nutzt Joomla! ihn nur unter der Haube. Sie müssen also ein wenig raten, in welchem Verzeichnis welches Modul liegt. Da jedoch durchweg auf kryptische Bezeichnungen verzichtet wurde, sollte sich der korrekte Ordner im *modules*-Verzeichnis schnell aufspüren lassen. Mehr zu diesen internen Namen folgt in Kapitel 15, *Eigene Erweiterungen erstellen.*

Wann immer das Modul irgendwelche Inhalte ausgeben muss, zieht es die Dateien im Unterverzeichnis *tmpl* zurate. Im Fall des Moduls für die beliebtesten Beiträge finden Sie darin nur eine einzige Datei namens *default.php* (siehe Abbildung 13-34).

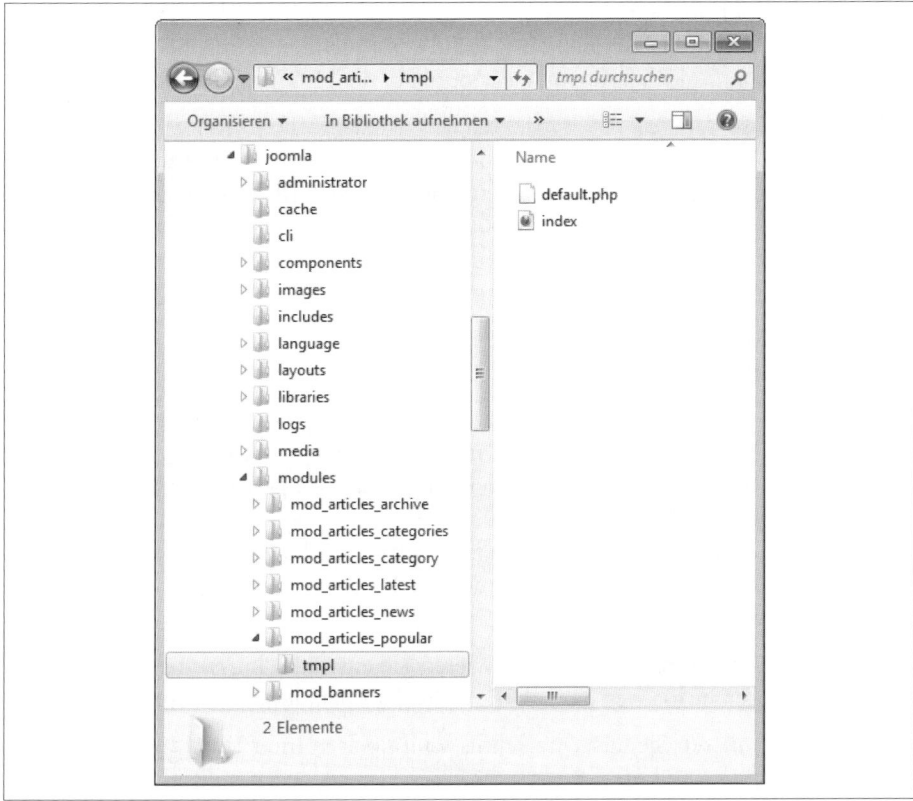

Abbildung 13-34:   Die Datei *default.php* erzeugt alle Ausgaben für das Modul *mod_articles_popular*. Ihr Kompagnon *index.html* schützt den Ordner lediglich vor fremden Zugriffen und hat sonst keinerlei weitere Funktion.

Die in dieser Datei gespeicherten Anweisungen sagen dem Modul ganz detailliert, wie es seine Daten zu formatieren hat. Öffnen Sie die Datei *default.php* in einem Texteditor, und voilà – Sie haben die bekannte Liste aus Beispiel 13-10 vor sich.

Tipp   Mit anderen Worten: Die Datei *default.php* ist nichts anderes als eine Art »Template für die Modulausgaben« – nicht umsonst steht der Verzeichnisname *tmpl* als Abkürzung für »Template«.

Die immer wieder eingestreuten `<?php>`-Tags weisen dezent darauf hin, dass die Datei *default.php* eine Mischung aus HTML- und PHP-Befehlen enthält. Letztere regeln, wie die darzustellenden Inhalte – hier etwa die beliebtesten Beiträge – in den HTML-Rest einzubetten sind.

In dieses Kauderwelsch könnten Sie nun direkt eingreifen und beispielsweise alle Listen-Tags gegen `<div>`-Elemente austauschen. Dieses rabiate Vorgehen hat allerdings zwei gravierende Nachteile: Zum einen verändern Sie damit direkt Joomla!-

eigenen Code, der mit dem nächsten Versions-Update wieder überschrieben würde. Zum anderen laufen Sie Gefahr, das Modul unbrauchbar zu machen – ein kleiner Tippfehler genügt, und schon gibt das Modul auf der Homepage nur noch Müll aus.

Glücklicherweise gibt es einen trickreichen Ausweg: Das *(Kinoportal-)Template* wird kurzerhand mit einer eigenen Version der *default.php* ausgestattet. Dazu erstellen Sie im Arbeitsverzeichnis Ihres Templates einen Ordner namens *html*. Darin legen Sie ein weiteres Unterverzeichnis an, das genauso heißt wie das Modul – im Beispiel also *mod_articles_popular*. Dort hinein kopieren Sie die originale Datei *default.php* (also die aus dem Unterverzeichnis *modules/mod_articles_popular/tmpl*).

Diese Kopie können Sie jetzt in Ihrem Template-Verzeichnis nach Herzenslust anpassen und beispielsweise die Listen-Tags gegen <div>-Pendants austauschen.

Später sucht das Beliebteste-Beiträge-Modul immer zuerst im Unterverzeichnis *html* des aktuellen Templates nach einem Unterverzeichnis *mod_articles_popular*. Wird es fündig, verwendet es die darin abgelegte Datei *default.php* zur Formatierung seiner Inhalte. Andernfalls nimmt es die Datei aus seinem eigenen Ordner. Das Template überschreibt folglich mit seiner eigenen Fassung der *default.php* die originale *default.php* des Moduls – daher rührt auch die Bezeichnung *Template Overrides* für dieses Konzept.

Sollte einmal etwas schiefgehen, deaktivieren Sie entweder kurzzeitig das Template im Backend, oder Sie löschen einfach die verkorkste *default.php* aus Ihrem Template.

Abschließend müssen Sie das Verzeichnis *html* noch in Ihrer Datei *templateDetails.xml* anmelden:

```
<files>
   ...
   <folder>html</folder>
   ...
</files>
```

Jetzt können Sie den Inhalt Ihres Arbeitsverzeichnisses wieder in ein ZIP-Archiv verpacken und das so entstandene Template-Paket in Joomla! wie gewohnt einspielen.

Nach dem gleichen Schema arbeiten selbstverständlich auch alle anderen Module: Erstellen Sie einfach im Verzeichnis *html* einen weiteren Ordner mit dem Namen des Moduls, und kopieren Sie dann dessen *tmpl*-Dateien dort hinein.

Es gibt grundsätzlich immer nur eine *default.php*, der allerdings bei einigen Modulen noch ein paar weitere Dateien zur Seite stehen. Ein Beispiel wäre *mod_articles_news*, das sich um die Ausgabe der letzten Beiträge kümmert. Es benötigt neben der *default.php* noch die *_item.php*, *horizontal.php* (sie kümmert sich um eine horizontale Anordnung der Meldungen) und *vertical.php* (falls eine vertikale Anordnung der Meldungen gewünscht wurde). Diese zusätzlichen Dateien müssen Sie folglich mit kopieren und ebenfalls entsprechend anpassen.

In die Ausgaben der Komponenten eingreifen

Die Ausgaben der Komponenten lassen sich nach dem gleichen Prinzip überschreiben. Dort gibt es allerdings eine kleine Besonderheit zu beachten:

Wie Sie aus den vorangegangenen Kapiteln wissen, stellt Joomla! die Beiträge je nach Situation unterschiedlich dar. Auf der Startseite gibt es beispielsweise nur einen kleinen Anrisstext, und erst bei einem Klick auf *Weiterlesen* erscheint der Beitrag in seiner ganzen Pracht. Für die Darstellung der Beiträge ist im Hintergrund die Komponente mit dem (internen) Namen *com_content* zuständig. Abhängig von der aktuellen Situation muss sie den Text entsprechend formatieren und aufbereiten. Mit anderen Worten: *com_content* bietet verschiedene Sichtweisen oder Ansichten, englisch *Views*, auf den Text. Insgesamt kennt die Komponente fünf verschiedene solcher Views: einmal für die Darstellung der Hauptbeiträge (*Featured Articles*), für alle archivierten Beiträge, für die Übersichtsseite einer Kategorie, für die Liste mit allen Kategorien und schließlich noch für die einzelnen Beiträge in ihrer vollen Pracht.

Tipp   Das sind genau die Ansichten, für die Sie auch einen Menüpunkt anlegen können.   ⏩

Damit nun die Komponente *com_content* jeden Beitrag mit ganz bestimmten HTML-Tags ausspuckt, muss das Template die Darstellung der entsprechenden View überschreiben.

Dazu wechseln Sie zunächst in das Verzeichnis *components/com_content* Ihrer Joomla!-Installation. Dies ist die Heimat der Komponente *com_content*. Dort geht es direkt weiter in das Unterverzeichnis *views*, das wiederum für jede von der Komponente bereitgestellte Ansicht genau ein Verzeichnis enthält. Die Darstellung eines Beitrags bestimmen beispielsweise die Dateien im Ordner *article*. Sobald Sie in ihn hineinwechseln, stehen Sie wieder vor dem bekannten *tmpl*-Verzeichnis (siehe Abbildung 13-35).

Seinen Inhalt müssen Sie jetzt wieder in Ihr Template kopieren – allerdings in einen ganz bestimmten Zielordner.

Wechseln Sie dazu in Ihrem Arbeitsverzeichnis in den Ordner *html*, und erstellen Sie dort ein weiteres Unterverzeichnis für die Komponente – in diesem Fall mit dem Namen *com_content*. Darin erzeugen Sie nun für jede View, deren Darstellung Sie überschreiben wollen, einen weiteren Ordner. Im Beispiel soll die Darstellung eines Beitrags geändert werden. Die zuständige View lag im Verzeichnis *articles*, folglich muss hier der neue Ordner ebenfalls den Namen *article* erhalten. In ihn kopieren Sie jetzt wiederum die Inhalte des *tmpl*-Verzeichnisses.

Zusammengefasst müssen Sie im Beispiel also alle Dateien aus dem Joomla!-Verzeichnis

> /components/com_content/view/article/tmpl

in den Ordner

html/com_content/article

Ihres Arbeitsverzeichnisses kopieren.

Dort angekommen, dürfen Sie die Dateien wieder nach Herzenslust verändern. Auf die gleiche Weise verfahren Sie auch mit den anderen Komponenten und Views.

Sofern das noch nicht geschehen ist, müssen Sie natürlich auch hier wieder das Verzeichnis *html* in der Datei *templateDetails.xml* anmelden.

 Tipp   Wenn die Begriffe aus diesem Abschnitt Sie endgültig verwirrt haben, warten Sie noch bis Kapitel 15, *Eigene Erweiterungen erstellen*. Dort blicken Sie noch einmal etwas ausführlicher hinter die Kulissen von Joomla! und insbesondere auch auf die Komponenten. Mit dem dortigen Wissen sollten auch die Template Overrides noch einmal etwas klarer werden.

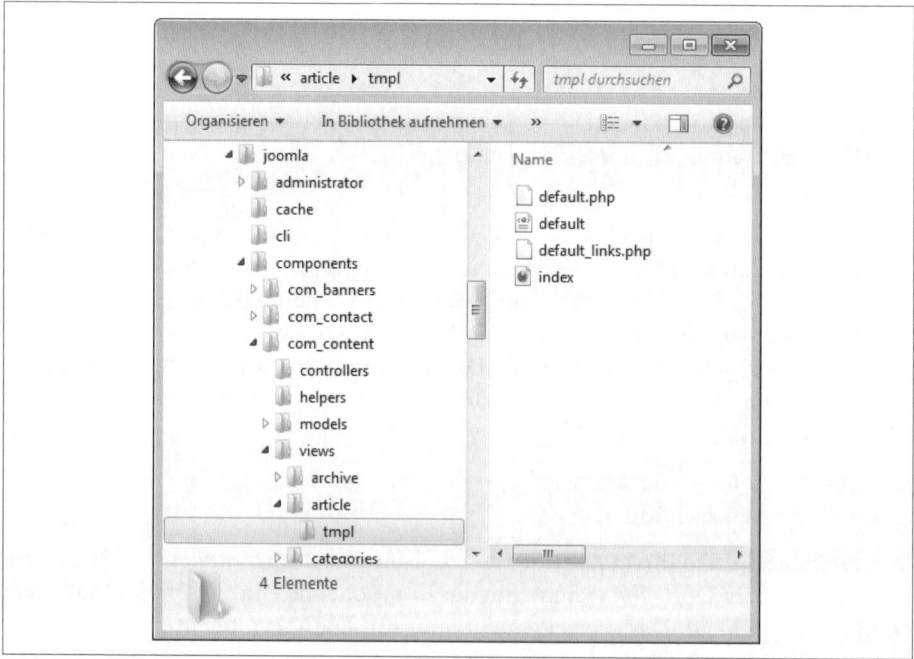

Abbildung 13-35:   Jede Komponente besitzt mehrere Views, also verschiedene Darstellungen ihrer Inhalte. Wie diese Darstellung konkret aussieht, regeln die Dateien im *tmpl*-Verzeichnis der jeweiligen View.

Module Chrome

Bislang wurden Module über einen Platzhalter der Form

```
<jdoc:include type="modules" name="position-7" style="html5" />
```

in das Template eingehängt. In diesem Fall landen anstelle des Platzhalters alle Module auf der Homepage, denen die Position position-7 zugewiesen wurde. Die Angabe html5 hinter style sorgt noch dafür, dass Joomla! jedes von ihnen in <div> und </div> einrahmt. Neben html5 gibt es noch verschiedene andere Verpackungsmethoden, die bereits im Abschnitt »Das »style«-Attribut nutzen« auf Seite 607 vorgestellt wurden.

Diesen Einrahmungsmechanismus bezeichnet Joomla! als *Module Chrome*. Allgemein handelt es sich um eine Handvoll HTML-Befehle, die vor oder hinter der Ausgabe eines jeden Moduls stehen bzw. wie eine Klammer die Ausgabe des Moduls umschließen. Diese zusätzlichen Befehle können dann wie in den vorherigen Abschnitten von einem Stylesheet genutzt werden, um die Seite hübsch zu formatieren. Normalerweise wird dieser Mechanismus verwendet, um einen mehr oder weniger hübschen Rahmen um jedes Modul zu zeichnen und die einzelnen Module so für den Besucher optisch besser voneinander zu trennen. Darüber hinaus hilft Module Chrome, die eigenen Seiten barrierefrei zu halten.

Tipp   An der entsprechenden Position erhält dann jedes einzelne Modul einen Rahmen. Haben Sie zwei Module, die unterschiedliche Einrahmungen erhalten sollen, so müssen Sie sie an zwei verschiedene Positionen (und über zwei verschiedene Platzhalter) einhängen.

Joomla! bringt von Haus aus die Module-Chrome-Stile mit, die im Abschnitt »Das »style«-Attribut nutzen« auf Seite 607 vorgestellt wurden. Sofern Ihnen diese Vorgaben nicht ausreichen, dürfen Sie für Ihr Template beliebig viele weitere Stile entwerfen – Grundkenntnisse in der PHP-Programmierung vorausgesetzt.

Tipp   Beachten Sie, dass diese Stile dann ausschließlich in Ihrem eigenen Template verfügbar sind.

Eigener Stil

Für einen eigenen Module-Chrome-Stil erstellen Sie zunächst ein Unterverzeichnis namens *html* in Ihrem Template-Ordner. Sofern Sie mit Template Overrides aus dem vorherigen Abschnitt arbeiten, sollte es bereits existieren. Darin erzeugen Sie nun eine leere Textdatei namens *modules.php*.

In dieser Datei erstellen Sie nun eine PHP-Funktion namens modChrome_**STILNAME**, wobei Sie **STILNAME** durch den Namen Ihres neuen Module-Chrome-Stils ersetzen. Dies ist später auch der Bezeichner, den Sie dem Platzhalter

```
<jdoc:include type="modules" name="position-7" style="STILNAME" />
```

mit auf den Weg geben. Im Beispiel des Kinoportals taufen Sie den Stil auf den Namen kinostil.

Die neue PHP-Funktion muss genau drei Argumente entgegennehmen: $module, &$params und &$attribs. Damit sieht im Kinoportal-Template die *module.php* wie folgt aus:

```php
<?php defined('_JEXEC') or die;
function modChrome_kinostil( $module, &$params, &$attribs ) {
    /* hier folgt die eigentliche Stildefinition */
}
?>
```

Die erste Zeile sorgt dafür, dass nur das Joomla!-Template auf diese Datei Zugriff erhält und somit Angreifer aus dem Internet vor verschlossenen Türen stehen.

Zwischen die geschweiften Klammern gehört jetzt ein Schwung PHP-Anweisungen, die den Rahmen der Module erzeugen und ausgeben. Dabei helfen folgende Befehle:

- $module->content – An dieser Stelle erscheinen später die Ausgaben des Moduls.
- $module->title – An dieser Stelle platziert Joomla! später den Titel des Moduls.

Als einfache Fingerübung könnten Sie die Ausgaben des Moduls zunächst durch ein einfaches <div>-Tag einrahmen:

```php
<?php defined('_JEXEC') or die;
function modChrome_kinostil( $module, &$params, &$attribs ) {
    echo "<div>" . $module->content . "</div>";
}
?>
```

Jetzt fehlt nur noch der Titel des Moduls. Ob er auf der Homepage erscheinen soll, legt ein entsprechender Schalter im Backend fest. Seine Stellung verrät $module->showtitle. Diese Variable ist true, wenn die Modulüberschrift angezeigt werden soll. Eine kurze if-Abfrage in PHP genügt, und der Titel erscheint genau dann, wenn er es auch soll:

```php
<?php defined('_JEXEC') or die;
function modChrome_kinostil( $module, &$params, &$attribs ) {
    echo "<div>";
    if ($module->showtitle) echo "<h2>" . $module->title . "</h2>";
    echo $module->content;
    echo "</div>";
}
?>
```

Da es sich um eine normale PHP-Funktion handelt, dürfen Sie Ihrer Kreativität freien Lauf lassen und somit beliebig komplexe Module-Chome-Stile produzieren.

Das war es bereits. Sofern es noch nicht geschehen ist, müssen Sie nur noch das Verzeichnis *html* in der Datei *templateDetails.xml* anmelden:

```xml
<files>
    ...
```

```
    <folder>html</folder>
    ...
  </files>
```

Ab jetzt können Sie den neuen Stil in Ihrem Template (in der Datei *index.php*) wie einen der vordefinierten Stile nutzen. Ein

```
<jdoc:include type="modules" name="left" style="kinostil" />
```

verwandelt Joomla! dann später in:

```
...
<div>
    <h2>Beliebteste Kritiken</h2>
    <!-- Hier folgen die Inhalte des Beliebteste-Beiträge-Moduls -->
</div>
...
```

Jedes Modul besitzt noch ein paar individuelle Einstellungen, die Sie in seinen Einstellungen auf dem Register *Optionen* in den Slidern *Basisoptionen* und *Erweiterte Optionen* finden (siehe in Kapitel 7, *Module – Die kleinen Brüder der Komponenten*, den Abschnitt »Vom Modultyp abhängige Einstellungen« auf Seite 324). Alle diese Parameter des Moduls stecken im übergebenen $params-Objekt. Beispielsweise erhält man das Modulklassensuffix über $params->get('moduleclass_sfx'). Dieses kann man dann wiederum in den Klassennamen einbauen:

```
<?php defined('_JEXEC') or die;
function modChrome_kinostil( $module, &$params, &$attribs ) {
    echo "<div class=\"" . $params->get('moduleclass_sfx') . "\" >";
    if ($module->showtitle) echo "<h2>" . $module->title . "</h2>";
    echo $module->content;
    echo "</div>";
}
?>
```

Um die Namen der übrigen Parameter herauszufinden, muss man allerdings etwas Archäologie betreiben und in den Quellcode der Module hinabsteigen. Wo diese ihre Parameter und die Namen verstecken, verrät noch Kapitel 15, *Eigene Erweiterungen erstellen*.

Tipp   Normalerweise sind diese Parameter für die Darstellung an dieser Stelle irrelevant.
             So ist es beispielsweise für die Optik und insbesondere die Umrandung des
             Moduls egal, ob der Cache des Moduls aktiviert ist oder nicht.

Eigene Attribute

Weiterhin ist es möglich, die `<jdoc:include ... />`-Anweisung um eigene Attribute zu ergänzen. Die Werte dieser Attribute übergibt Joomla! dann an die Module-Chrome-Funktion, wo man sie wiederum auswerten und weiterverarbeiten kann. Auf diese Weise ist es beispielsweise möglich, den Titel des Moduls auf eine andere Gliederungsstufe zu setzen (also vielleicht auf `<h3>` anstelle des bislang vergebenen `<h2>`):

```
<jdoc:include type="modules" name="left" style="kinostil" titelebene="3" />
```

oder eine bestimmte CSS-Klasse auszuwählen:

```
<jdoc:include type="modules" name="left" style="kinostil" klasse="eckigerrahmen" />
```

 Tipp   Die Namen der Attribute und ihre Werte dürfen Sie ganz nach Belieben wählen. So hätte man im ersten Beispiel anstelle von `titelebene` durchaus auch `butterbrot` verwenden können. Ihre eigentliche Bedeutung erhalten die Attribute erst bei ihrer Auswertung in der Module-Chrome-Funktion.

Die Werte dieser zusätzlichen Attribute packt Joomla! in das Array `$attrib` und füttert damit dann die Module-Chrome-Funktion. Dort muss man sie nur noch auswerten – am einfachsten wieder über eine Fallunterscheidung:

```php
<?php defined('_JEXEC') or die;
function modChrome_kinostil( $module, &$params, &$attribs ) {
    echo "<div>";

    /* Prüfen, ob die Anzahl übergeben wurde */
    if(isset($attribs['titelebene'])) $titelebene=$attribs['titelebene'];
    else $titelebene=2; /* wenn nein, setze alle Titel einfach zwischen <h2> */
    /* Prüfen, ob die Klasse übergeben wurde. Wenn nicht, Standard-Klasse wählen
       */
    if(isset($attribs['klasse'])) $klasse=$attribs['klasse'];
    else $klasse='kinoklasse';
    /* Rahmen zusammenbauen: */
    /* 1. Umschließendes <div> mit entsprechender Klasse: */
    echo "<div class=\"" . $klasse . $params->get('moduleclass_sfx') . "\" >";
    /* 2. Modultitel zusammenbauen: */
    if ($module->showtitle) {
        echo "<h" . $titelebene . ">" . $module->title . "</h" . $titelebene . ">";
    }
    /* 3. Modulinhalte ausgeben: */
    echo $module->content;
    /* 4. Abschließendes </div> */
    echo "</div>";
}
?>
```

 Tipp   Werfen Sie auch einen Blick in die mitgelieferten Templates, die durchweg alle Module Chrome und Template Overrides verwenden. Diese Templates nutzen übrigens immer gleich mehrere CSS-Dateien, denen unterschiedliche Aufgaben zukommen. Bei Beez3 finden Sie beispielsweise Stylesheet-Dateien, die sich explizit um die Eigenheiten des Internet Explorers kümmern (*ie7only.css* und *ieonly.css*) oder die eine Seite für den Druck produzieren (*print.css*).

Damit würden dann die `<jdoc:include ... />`-Aufrufe aus Tabelle 13-1 zu den jeweils nebenstehenden Ergebnissen führen:

Tabelle 13-1: Beispiele für die Anwendung von Attributen in Module Chrome

Aufruf	Ergebnis

`<jdoc:include type="modules"`
`name="position-6" style="kinostil" />`
	`...`
	`<div class="kinoklasse">`
	`<h2>Beliebteste Kritiken</h2>`
	`<!-- Hier folgen die Inhalte des Moduls -->`
	`</div>`
	`...`

`<jdoc:include type="modules"`
`name="position-6" style="kinostil"`
`titelebene="3" />`
	`...`
	`<div class="kinoklasse">`
	`<h3>Beliebteste Kritiken</h3>`
	`<!-- Hier folgen die Inhalte des Moduls -->`
	`</div>`
	`...`

`<jdoc:include type="modules"`
`name="position-6" style="kinostil"`
`titelebene="3" klasse="meinekl"/>`
	`...`
	`<div class="meinekl">`
	`<h3>Beliebteste Kritiken</h3>`
	`<!-- Hier folgen die Inhalte des Moduls -->`
	`</div>`
	`...`

Templates für das Backend erstellen

Auch im Backend legt ein Template fest, welche Elemente wo erscheinen. Über den Menüpunkt *Erweiterungen* → *Templates* kann man auf diese Weise schnell das Erscheinungsbild des Backends ändern – vorausgesetzt, es wurden bereits weitere Templates zur Auswahl installiert.

Alle Templates für das Backend liegen im Unterverzeichnis *administrator/templates* der Joomla!-Installation. Für sie gilt genau das Gleiche wie für die normalen Templates – allerdings mit ein paar Ergänzungen:

- *login.php* ist für das Aussehen des Anmeldebildschirms zuständig und *cpanel. php* für das Kontrollzentrum (Control Panel). Beide entsprechen in ihrem Aufbau der bekannten Datei *index.php*.

- In der Datei *templateDetails.xml* hat die zweite Zeile folgendes Aussehen:

  `<extension type="template" version="3.0" client="administrator">`

- Der Platzhalter `<jdoc:include type="modules" name="status" />` verweist je nach Wert von name auf die Standardbereiche bottom, debug, menu, status, submenu, toolbar und top. Zusätzlich gibt es noch die Platzhalter `<jdoc:include type="message" />` *und* `<jdoc:include type="component" />` für den Hauptbereich.

In diesem Kapitel:
- Erweiterungen installieren
- Erweiterungen verwalten und deinstallieren
- Wartungsfunktionen
- Abwärtskompatibilität
- Sitemap
- Kalender (JEvents)
- Bildergalerie

KAPITEL 14

Funktionsumfang erweitern

Der Leistungsumfang von Joomla! ist zwar schon recht üppig, bei einem stetig wachsenden Internetauftritt wird man jedoch irgendwann spezielle Funktionen vermissen – erst recht, wenn man hin und wieder einen neidischen Blick auf das Angebot der Konkurrenz wirft. So wäre doch beispielsweise ein Terminkalender mit den anstehenden Filmpremieren eine feine Sache.

In Joomla! lassen sich solche Spezialfunktionen mit wenigen Handgriffen über Erweiterungspakete von Drittanbietern nachrüsten. Allein der entsprechende Katalog auf der Joomla!-Homepage zählt über 3000 Erweiterungen. Egal ob Forum, Umfragen oder eine Bildergalerie – für fast jede Lebenslage stehen passende Komponenten bereit. Wenn Sie also eine Funktion vermissen, stöbern Sie einfach mal im Verzeichnis unter *http://extensions.joomla.org*.

Warnung Einige Erweiterungen besitzen ganz spezielle Systemanforderungen. So verlangen beispielsweise viele Komponenten eine ganz bestimmte PHP-Version oder besonders viel freien Speicherplatz. Sollte eine Erweiterung nicht laufen, prüfen Sie als Erstes, ob Ihr System beziehungsweise der Webserver alle Voraussetzungen erfüllt. Mehr Speicherplatz spendieren Sie in der *php.ini* hinter `memory_limit` = (mehr zur Datei *php.ini* erfahren Sie in Kapitel 2, *Installation,* im Abschnitt »PHP-Konfiguration anpassen« auf Seite 79). Nehmen Sie gegebenenfalls mit Ihrem Webhoster Kontakt auf.

Das ständig wachsende Angebot macht es natürlich unmöglich, hier alle Erweiterungen vorzustellen. Daher beschränken sich die folgenden Abschnitte auf eine Auswahl der wichtigsten und vielleicht auch interessantesten Pakete.

Fehlermeldungen unterdrücken

Wenn während der Installation oder im Betrieb von Erweiterungen Fehlermeldungen der Art

```
Strict Standards: Non-static method …
```

erscheinen, ist Ihre PHP-Umgebung etwas zu penibel eingestellt. Sie protokolliert dann alles, was ihr nicht gefällt, auch wenn es nicht zwingend ein Programmfehler ist. In einem solchen Fall müssen Sie die Datei *php.ini* anpassen. Ersetzen Sie dazu die rechte Seite der Zeile, die mit `error_reporting` = beginnt, durch `E_ERROR`:

```
error_reporting = E_ERROR
```

Damit meldet die PHP-Umgebung ausschließlich Fehler. Nach dem Speichern der geänderten *php.ini* müssen Sie den Webserver einmal neu starten. Weitere Informationen zur *php.ini* finden Sie in Kapitel 2, *Installation*, Abschnitt »PHP-Konfiguration anpassen« auf Seite 79.

X.X **Version**   Mit jeder Joomla!-Version gibt es auch immer Änderungen am Unterbau. Zwar können Sie einige Erweiterungen von Joomla! 2.5 in aktuelle Fassungen mitnehmen. Ganz risikolos ist das aber nicht: Insbesondere wenn sich eine alte Erweiterung tief in das System fräst, kann sie unter Umständen Ihre mühsam aufgesetzte Joomla! 3-Installation zerstören. Verzichten Sie deshalb möglichst auf Komponenten, die nicht für die aktuelle Version ausgelegt wurden. Es erspart Ihnen viel Ärger, Schweiß und Tränen.

Betroffen sind übrigens auch einige Erweiterungen, die in der vorherigen Auflage dieses Buches vorgestellt wurden. Einige von ihnen waren zum Zeitpunkt der Drucklegung dieser Neuauflage noch nicht an Joomla! 3.0 angepasst worden; die Versionen für Joomla! 2.5 funktionierten schlichtweg nicht.

Die Erweiterung um schicke Zusatzfunktionen funktioniert nur deshalb so wunderbar reibungslos, weil Joomla! kein starres System ist. Wie bereits in Teil 2 erläutert wurde, besteht es aus einer Ansammlung von Komponenten, Modulen und Plugins:

- Eine *Komponente* ist ein Block Software, der eine bestimmte Zusatzfunktion realisiert oder eine größere Aufgabe löst. Die Ausgaben einer Komponente landen immer in einem speziell für sie reservierten Bereich auf der Homepage. Die in Joomla! mitgelieferten Komponenten wurden bereits in *Kapitel 6, Komponenten – Nützliche Zusatzfunktionen*, vorgestellt.

- *Module* realisieren in der Regel eine kleine, spezielle Funktion. Sie dürfen sie selbst an durch das Template vorgegebenen Positionen auf der Homepage platzieren. Häufig arbeitet ein Modul mit einer Komponente zusammen (weitere Informationen lieferten die Kapitel 7, *Module – Die kleinen Brüder der Komponenten*, und Kapitel 13, *Templates*).

- *Plugins* sind kleine unsichtbare Helferlein, die Module und Komponenten bei ihrer Arbeit unterstützen. Kapitel 11, *Plugins*, befasste sich eingehender mit den Plugins, die normalerweise unbemerkt vom Joomla!-Benutzer im Hintergrund ihren Dienst verrichten.

Wann man nun welche Elemente für welche Zwecke einsetzt, hängt von der zu lösenden Aufgabe ab. In der Regel verwendet man eine gesunde Mischung aus allen drei Möglichkeiten – das beste Beispiel für das Zusammenspiel bildet das Joomla!-System selbst. So ist es auch nicht weiter verwunderlich, dass die im Internet erhältlichen Erweiterungspakete neben einer Komponente meist auch noch ein oder mehrere Module und Plugins enthalten.

Tipp   Die für den Betrieb zwingend erforderlichen und in Joomla! bereits enthaltenen Komponenten werden auch als *Core-Komponenten* bezeichnet. Wie ihr Name schon andeutet, bilden sie den Kern des Content-Management-Systems.

Erweiterungen installieren

Die Installation von Komponenten, Modulen und Plugins erfolgt ganz genau so wie das Einspielen von Templates: Über den Menüpunkt *Erweiterungen → Erweiterungen* im Backend gelangen Sie zum Formular aus Abbildung 14-1.

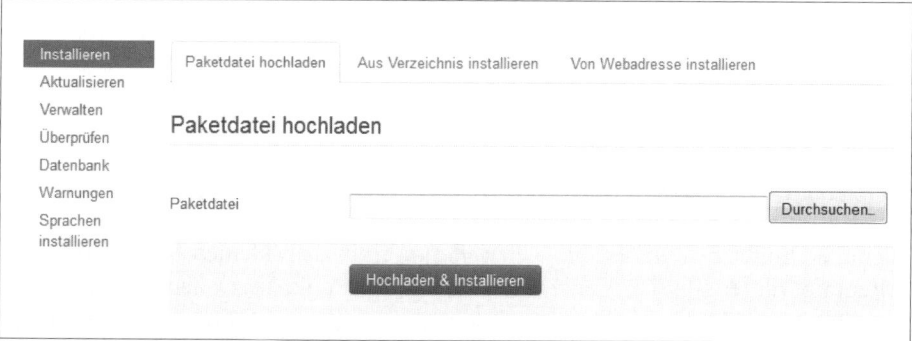

Abbildung 14-1:   Der Installationsbildschirm für jede Art von Erweiterungen

Fertige Erweiterungen aus dem Internet erhalten Sie meistens als *.zip-*, *.tar.gz-* oder *.tgz*-Archiv. Sobald ein solches Archiv auf Ihrer Festplatte liegt, klicken Sie auf *Durchsuchen...* und wählen die Datei aus. Ein anschließender Klick auf *Hochladen & Installieren* spielt die Erweiterung schließlich ein.

Was Joomla! nun alles auf den Webserver schaufelt, hängt von der jeweiligen Erweiterung ab. Wundern Sie sich also nicht, wenn nach der Installation neben einer Komponente auch neue Plugins und Module in den Menüs auftauchen.

Einige Erweiterungen liegen in mehreren, separaten Paketen vor. Diese müssen Sie nacheinander auf dem beschriebenen Weg installieren. Die dabei einzuhaltende Reihenfolge hängt von der konkreten Erweiterung ab. In der Regel sollte die entsprechende Information auf der Homepage der Erweiterung zu finden sein.

Alternativ kann Joomla! die Erweiterung auch selbst herunterladen und einspielen. Dazu wechseln Sie auf das Register *Von Webadresse installieren*, tippen dann in das Eingabefeld *URL zum Paket* die Internetadresse ein, die zur Paketdatei der Erweiterung führt, und klicken abschließend auf *Installieren*. Damit besitzen Sie dann allerdings keine Kopie der Erweiterung auf der eigenen Festplatte. Sollte die Erweiterung aus mehreren einzelnen Paketen bestehen, wiederholen Sie den Vorgang für jede dieser Dateien.

Erhalten Sie die Erweiterung nicht in einem *.zip-* oder einem *.tar.gz*-Archiv, müssen Sie sie zunächst auf Ihrer Festplatte entpacken. Den herausgepurzelten Inhalt transferieren Sie anschließend per Hand in ein Arbeitsverzeichnis auf dem Webserver, wie etwa */tmp/arbeitsverzeichnis*. Genau diesen Pfad geben Sie dann auf dem Register *Aus Verzeichnis installieren* in das Eingabefeld *Pfad zum Paketverzeichnis* ein. Mit einem Klick auf das nebenstehende *Installieren* spielt Joomla! die Erweiterung schließlich ein.

 **Warnung** Einige Erweiterungen verändern bei ihrer Installation die Datenbank oder führen andere vorbereitende Maßnahmen durch. Es reicht folglich nicht aus, die entpackten Paketdateien nur in das Joomla!-Verzeichnis zu kopieren. Sollte eine Installation auf den drei beschriebenen Wegen fehlschlagen, sollten Sie Kontakt mit dem Autor der Erweiterung aufnehmen oder in einem entsprechenden Internetforum um Hilfe bitten.

Erweiterungen verwalten und deinstallieren

Wenn Sie hinter *Erweiterungen* → *Erweiterungen* in dem kleinen Menü am linken Seitenrand (unterhalb der Werkzeugleiste) auf den Punkt *Verwalten* klicken, gelangen Sie zu einer Liste mit allen derzeit installierten Komponenten, Modulen, Plugins, Sprachpaketen und Templates (siehe Abbildung 14-2).

Schon in der Standardinstallation ist diese Liste recht lang, weshalb ihr Aufruf etwas dauern kann. Nutzen Sie daher möglichst auch die Ausklapplisten zur Filterung. Besonders hilfreich ist hier – *Typ wählen* –. Wenn Sie diese Ausklappliste beispielsweise auf *Komponeten* stellen, führt die Tabelle rechts nur noch alle installierten Komponenten auf.

Mit einem Klick auf den grünen Haken in der Spalte *Status* können Sie eine Erweiterung vorübergehend außer Gefecht setzen (alternativ dürfen Sie auch die Erweiterung in ihrem Kästchen ankreuzen und dann die Schaltflächen *Aktivieren* beziehungsweise *Deaktivieren* in der Werkzeugleiste heranziehen).

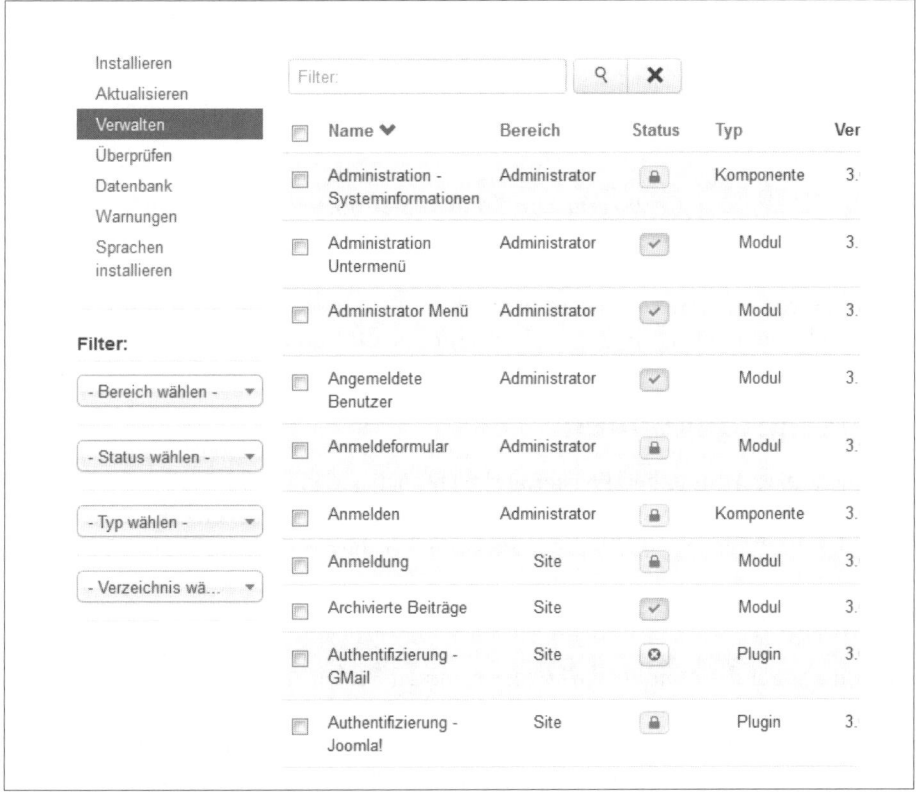

	Name ❤	Bereich	Status	Typ	Ver
☐	Administration - Systeminformationen	Administrator	🔒	Komponente	3.
☐	Administration Untermenü	Administrator	✓	Modul	3.
☐	Administrator Menü	Administrator	✓	Modul	3.
☐	Angemeldete Benutzer	Administrator	✓	Modul	3.
☐	Anmeldeformular	Administrator	🔒	Modul	3.
☐	Anmelden	Administrator	🔒	Komponente	3.
☐	Anmeldung	Site	🔒	Modul	3.
☐	Archivierte Beiträge	Site	✓	Modul	3.
☐	Authentifizierung - GMail	Site	⊗	Plugin	3.
☐	Authentifizierung - Joomla!	Site	🔒	Plugin	3.

Abbildung 14-2:   Der Verwaltungsbildschirm für alle derzeit installierten Erweiterungen (Ausschnitt)

Tipp   Diese Möglichkeit ist insbesondere dann nützlich, wenn Joomla! sich plötzlich bockig verhält. Durch eine gezielte Deaktivierung der Komponenten, Module oder Plugins lässt sich so der Übeltäter finden, ohne gleich die Erweiterung komplett wieder deinstallieren zu müssen.

Wenn Sie eine Erweiterung wieder loswerden wollen, markieren Sie einfach wie gewohnt das kleine Kästchen in ihrer Zeile, und klicken Sie dann in der Werkzeugleiste auf *Deinstallieren*.

Warnung   Doch Vorsicht: Joomla! wirft die Erweiterung umgehend und ohne jegliche Rückfrage über Bord!

Einige Erweiterungen besitzen in der Spalte *Status* ein Schlosssymbol. Bei ihnen handelt es sich um Basiskomponenten, die Joomla! dringend zum Überleben braucht. Aus diesem Grund widersetzen sie sich jeglichen Löschversuchen.

X.X **Version**

Version   Unter Joomla! 2.5 konnte man noch mit einem Haken vor der Einstellung *Geschützte Erweiterungen verbergen* alle Basiskomponenten verstecken lassen. Ab Joomla! 3.0 besteht nur noch die Möglichkeit, über die Ausklappliste – *Status wählen* – alle aktivierten oder deaktivierten Komponenten einzublenden und somit gleichzeitig alle Basiskomponenten auszublenden.

Mit der Schaltfläche *Cache erneuern* können Sie Joomla! zwingen, die in der Liste angezeigten Informationen zu aktualisieren. Das sollten Sie immer dann vornehmen lassen, wenn in der Tabelle einige Informationen wie etwa das *Datum* fehlen. Wenn Sie die betroffene Erweiterung in ihrem Kästchen ankreuzen und dann auf *Cache erneuern* klicken, erfragt Joomla! alle zugehörigen Informationen (noch einmal).

Wartungsfunktionen

Das kleine Menü am linken Fensterrand bietet neben den bereits bekannten *Installieren*- und *Verwalten*-Registern noch ein paar weitere Werkzeuge an. Diese helfen insbesondere bei Problemen weiter oder weisen auf solche hin – wie der Punkt *Warnungen*.

Warnungen

Die Seite hinter dem Punkt *Warnungen* sammelt Fehler- und Systemmeldungen, die irgendwie die Erweiterungen betreffen. In Abbildung 14-3 weist Joomla! beispielsweise auf merkwürdige PHP-Einstellungen hin. Sie sollten alle hier gemeldeten Probleme beachten und ernst nehmen, da sie die Erweiterungen beeinflussen und im Extremfall sogar außer Gefecht setzen könnten.

Abbildung 14-3:   Joomla! beschwert sich hier darüber, dass es prinzipiell größere Dateien hochladen kann, als die PHP-Umgebung tatsächlich erlaubt. Den entsprechenden Wert modifizieren Sie über die Datei *php.ini* (siehe Kapitel 2, *Installation*).

Überprüfen

In einigen Situationen schlagen die Installationsmethoden aus dem Abschnitt »Erweiterungen installieren« (siehe Seite 655) fehl. Das ist beispielsweise dann der Fall, wenn Sie sehr große Erweiterungspakete vorliegen haben, Ihr Webhoster aber nur das Hochladen von viel kleineren Dateien gestattet. Für solche Fälle bietet Joomla! unter dem Punkt *Überprüfen* eine Hintertür an, mit der sich die Erweiterung doch noch einspielen lässt.

Dazu entpacken Sie zunächst das Paket mit der Erweiterung auf Ihrer Festplatte. Die dabei herausgepurzelten Verzeichnisse hieven Sie dann per FTP oder SSH in die entsprechenden Verzeichnisse Ihrer Joomla!-Installation.

Warnung Diese Methode setzt voraus, dass Sie genau wissen, welche Verzeichnisse aus dem Erweiterungspaket in welche Joomla!-Verzeichnisse gehören. Bei der Einschätzung helfen Ihnen die Informationen aus Kapitel 12, *Mehrsprachigkeit*, Kapitel 13, *Templates,* und Kapitel 15, *Eigene Erweiterungen erstellen.* Im Zweifel sollten Sie den Entwickler der Erweiterung kontaktieren.

Haben Sie beispielsweise das französische Sprachpaket für das Frontend entpackt, gehört das Verzeichnis *site_fr-FR* unter seinem neuen Namen *fr-FR* in das Unterverzeichnis *language* Ihrer Joomla!-Installation.

Sind die Paketinhalte alle an ihrem Platz, wechseln Sie im Backend von Joomla! zum Menüpunkt *Erweiterungen → Erweiterungen* und dort im Menü am linken Seitenrand zum Punkt *Überprüfen*. Nach einem Klick auf *Überprüfen* in der Werkzeugleiste durchläuft Joomla! alle seine Verzeichnisse und schaut nach, ob irgendwo noch nicht installierte Erweiterungen vorhanden sind. Alle gefundenen Kandidaten listet Joomla! dann so wie in Abbildung 14-4 auf.

Installieren		Name ❤	Typ	Version	Datum	Verzeichnis	Bereich	Autor	ID
Aktualisieren									
Verwalten	☐	French (fr-FR)	Sprache	3.0.2.1	8 nov 2012	Unbekannt	Site	French translation team : joomla.fr	10013
Überprüfen									
Datenbank									
Warnungen									
Sprachen installieren									

Diese Übersicht erlaubt es, Erweiterungen zu finden, die nicht über die normale Joomla!-Installation installiert wurden.
Als Beispiel sind hier zu große Erweiterungen zu nennen, die nicht einfach über das Webformular hochgeladen werden können. Dies liegt häufig an den Einschränkungen der Webspaceumgebung. Mit dieser Funktion können die Erweiterungen direkt via FTP oder SFTP auf den Webspace in das passende Verzeichnis hochgeladen werden.
Anschließend kann die „Überprüfen"-Funktion genutzt werden, um neu hochgeladene Erweiterungen in Joomla! zu nutzen.
Durch die Nutzung der „Überprüfen"-Funktion können sogar mehrere Erweiterungen gleichzeitig installiert werden.

Abbildung 14-4:   Hier wurde im Joomla!-Verzeichnis ein noch nicht installiertes Sprachpaket gefunden.

Alle diese Erweiterungen werden von Joomla! noch ignoriert. Um sie endgültig zu aktivieren, kreuzen Sie ihr jeweiliges Kästchen an und klicken dann auf *Installieren*.

 Tipp   Auf diesem Weg können Sie auch recht schnell mehrere Erweiterungen gleichzeitig einspielen.

Sollten in der Liste auch deinstallierte Erweiterungen auftauchen, lassen Sie einmal den *Cache leeren*.

Aktualisieren

Normalerweise müssen Sie selbst darauf achten, dass alle installierten Erweiterungen auf dem aktuellen Stand sind. In der Praxis müssen Sie also immer mal wieder die Internetseiten der Erweiterungen ansteuern und nach neuen Versionen Ausschau halten. Das ist gerade bei mehreren installierten Erweiterungen ziemlich mühsam.

Entwickler können deshalb eine automatische Update-Funktion in ihre Erweiterungen einbauen. Joomla! sucht dann für Sie nach Aktualisierungen, wenn Sie hinter *Erweiterungen → Erweiterungen* im Menü am linken Seitenrand zum Punkt *Aktualisieren* wechseln und dort auf *Aktualisierungen suchen* klicken. Joomla! listet dann alle gefundenen Aktualisierungen auf.

 Warnung   Erweiterungen *können* diese Aktualisierungsfunktion nutzen, müssen es aber nicht. Es ist also sehr wahrscheinlich, dass Sie einige Erweiterungen dennoch weiterhin per Hand auf dem aktuellen Stand halten müssen.

Sie müssen jetzt nur noch alle Erweiterungen ankreuzen und dann via *Aktualisieren* auf den neuesten Stand bringen. Die Liste mit den Aktualisierungen können Sie zurücksetzen, indem Sie auf *Cache leeren* klicken.

Abwärtskompatibilität

Mit jeder neuen Joomla!-Version ändern sich auch einige Teile unter der Haube. Damit besteht allerdings die Gefahr, dass auf die Vorversion zugeschnittene Erweiterungen nicht mehr funktionieren. Glücklicherweise behalten die Joomla!-Entwickler dieses Problem im Auge.

Als Faustregel gilt, dass unter der aktuellen Joomla!-Version auch immer die Erweiterungen für die direkte Vorversion funktionieren. Eine auf Joomla! 3.0 zugeschnittene Komponente läuft mit großer Wahrscheinlichkeit auch unter Joomla! 3.1 – vorausgesetzt, die Komponente nutzt keine speziellen Systemfunktionen.

 Warnung   Um jegliche Probleme zu vermeiden, sollten Sie immer nur auf Ihre Joomla!-Version zugeschnittene Erweiterungen einsetzen.

Darüber hinaus empfiehlt es sich, *jede* Erweiterung zunächst in einer Testinstallation von Joomla! auf Herz und Nieren zu prüfen. Damit verhindern Sie, dass eine veraltete oder schlampig programmierte Erweiterung Ihre richtige Internetseite lahmlegt.

Ein kleiner Sonderfall war Joomla! 1.5. Mit dieser Version wurde der Unterbau des Content-Management-Systems generalüberholt. Um die bis dato bestehenden Erweiterungen für Joomla! 1.0.x nicht über Nacht nutzlos werden zu lassen, schufen die Joomla!-Entwickler den sogenannten *Kompatibilitätsmodus*, auf Englisch *Legacy Mode*. Sobald man ihn aktiviert hatte, konnte man Erweiterungen für Joomla! 1.0.x installieren und nutzen. Diese Behelfsfunktion funktionierte allerdings nur leidlich. Da die Version 1.0.x schon lange nicht mehr unterstützt wird, fehlt der Kompatibilitätsmodus ab Joomla! 1.6.

Sitemap

Gerade bei umfangreichen Seiten, wie zum Beispiel dem wachsenden Kinoportal, fällt es den Besuchern häufig schwer, den Überblick zu behalten oder einen ganz bestimmten Artikel zu finden. Bevor man die Benutzer entnervt durch verschiedene Untermenüs irren lässt, bietet man ihnen besser eine sogenannte Sitemap an. Sie präsentiert übersichtlich und kompakt alle verfügbaren Seiten der Homepage in einer kleinen Hierarchie.

Sitemap mit Bordmitteln

Mit ein paar Mausklicks und Trick 17 lässt sich auch ganz ohne Erweiterung eine Sitemap erstellen. Zunächst entscheiden Sie sich, in welchem Menü Sie einen neuen Punkt zur Sitemap ablegen wollen. Wenn Sie den Kinoportal-Beispielen bis hierhin gefolgt sind, bietet sich dazu das waagerechte *Top*-Menü am oberen Rand an.

Dort erstellen Sie jetzt einen neuen Menüpunkt (*Menüs → Top → Neuer Menüeintrag*) und klicken auf *Auswählen*. Entscheiden Sie sich auf dem Slider *Beiträge* für den Menüeintragstyp *Alle Kategorien auflisten*, und vergeben Sie einen *Menütitel*, wie etwa `Sitemap`. Der Kniff besteht nun darin, in der Ausklappliste *Kategorie der obersten Kategorieebene* den Punkt *Root* auszuwählen. Damit listet die über den Menüpunkt erreichbare Seite restlos alle vorhandenen (Beitrags-)Kategorien auf. Wenn Sie dann noch auf dem Register *Erweiterte Optionen* unter den *Kategorieoptionen* (das ist der obere der beiden Slider) die *Unterkategorieebenen* auf *Alle* setzen und die *Unterkategorienbeschreibung* auf *Anzeigen*, dann entsteht nichts anderes als eine Sitemap. Über die anderen Einstellungen können Sie die Darstellung dann noch weiter verfeinern (siehe Kapitel 4, *Inhalte verwalten*, Abschnitt »Inhalte mit Menüpunkten verbinden« auf Seite 163). Wenn Sie den Menüpunkt *Speichern & Schließen* und ihn dann in der *Vorschau* anklicken, landen Sie auf der Seite aus Abbildung 14-5.

Abbildung 14-5: In der selbst gebastelten Sitemap muss man beim Einsatz des Templates *Protostar* die einzelnen Punkte über die kleinen Knöpfe auf der rechten Seite erst aufklappen.

Wie dort gut zu sehen ist, hat diese Selbstbaumethode ein paar Schattenseiten: Zunächst einmal sind auch noch ein paar unerwünschte Kategorien dabei: in Abbildung 14-5 beispielsweise die *Sample Data-Articles* aus den Beispieldaten und die Kategorie *Sonstiges*, die eigentlich verborgen bleiben sollte. Die *Sample Data-Articles* kann man noch einfach deaktivieren oder löschen, bei der benötigten Kategorie *Sonstiges* ist das jedoch nicht so einfach möglich. Viel schlimmer wiegt aber, dass diese Methode nicht die Kontakte und Newsfeeds erfasst.

Umgehen könnten Sie das, indem Sie ein neues Menü erstellen, das jeweils mit einem Menüpunkt auf die *Root*-Kategorie von Beiträgen, Kontakten und Newsfeeds zeigt. Dieses Menü veröffentlichen Sie an einer im Template nicht sichtbaren Position und binden es anschließend mit dem Verfahren aus Kapitel 7, *Module – Die kleinen Brüder der Komponenten*, Abschnitt »Module in Beiträge einbinden« auf Seite 355, in einen neuen Beitrag ein. Auf diesen Beitrag wiederum lassen Sie den Menüpunkt *Sitemap* zeigen. Das ist nicht nur unfassbar umständlich, sondern auch extrem fehlerträchtig. Dennoch nutzen die Joomla!-Entwickler diese Methode in ihrer Beispielseite (verfolgen Sie im Backend einmal die Spuren des *Site Map*-Menüpunktes im *Main Menu*).

Wenn Sie nicht gerade eine recht simpel aufgebaute Seite betreiben, ist es wesentlich einfacher, auf spezielle Erweiterungen zurückzugreifen – wie etwa auf das beliebte *Xmap*.

Eine Sitemap mit Xmap anlegen

Die Komponente Xmap fanden Sie zum Zeitpunkt der Drucklegung dieses Buches unter *http://joomla.vargas.co.cr/en/* im Bereich *Downloads* unter *Components* und dann *Xmap*. Achten Sie darauf, dass Sie die zu Ihrer Joomla!-Version passende Variante herunterladen. Wenn Sie Joomla! 3.0 (oder noch 2.5) einsetzen, benötigen Sie Xmap mindestens in der Version 2.3.2. Suchen Sie in der Liste *Attachments* das passende Archiv, und klicken Sie es an. Das heruntergeladene Paket spielen Sie so ein, wie es im Abschnitt »Erweiterungen installieren« auf Seite 655 beschrieben wurde.

Anschließend wechseln Sie zum Menüpunkt *Komponenten → Xmap*. Dort treffen Sie auf eine leere Liste. Xmap kann mehrere verschiedene Sitemaps verwalten. Das ist besonders dann nützlich, wenn Ihr Internetauftritt über mehrere (optisch) getrennte Bereiche verfügt. Umgekehrt müssen Sie zunächst einmal eine neue Sitemap anlegen. Dazu klicken Sie auf *Neu* in der Werkzeugleiste.

Im nun erscheinenden Formular (siehe Abbildung 14-6) geben Sie der Sitemap einen *Titel*. Er erscheint auch später auf der Website als Überschrift. Wenn Sie nur eine Sitemap anbieten, können Sie hier deshalb einfach `Sitemap` wählen.

Damit die Sitemap später auch sichtbar ist, müssen Sie den *Status* auf *Veröffentlicht* stellen. Die *Zugriffsebene* bestimmt wie gewohnt, wer alles die Sitemap sehen darf. Normalerweise sind das alle Besucher, folglich ist hier *Public* schon der richtige Wert. Den *Intro Text* zeigt Xmap später über der eigentlichen Sitemap an. Er sollte in kurzen Worten den Besuchern erklären, was sie auf dieser Seite eigentlich zu sehen bekommen.

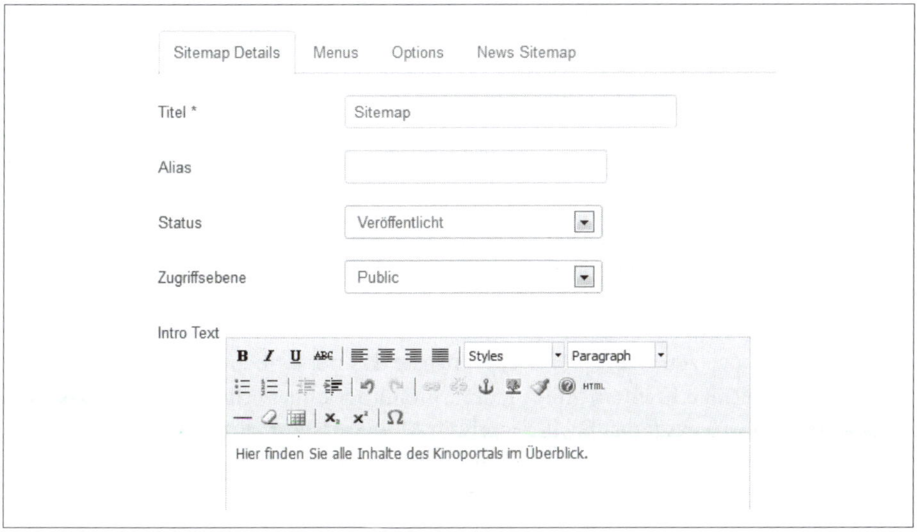

Abbildung 14-6:   Hier entsteht eine neue Sitemap.

Auf dem Register *Menus* finden Sie eine Liste mit allen derzeit existierenden Menüs (siehe Abbildung 14-7). Xmap durchforstet später alle hier abgehakten Menüs und baut aus den dabei gefundenen Inhalten die Sitemap zusammen.

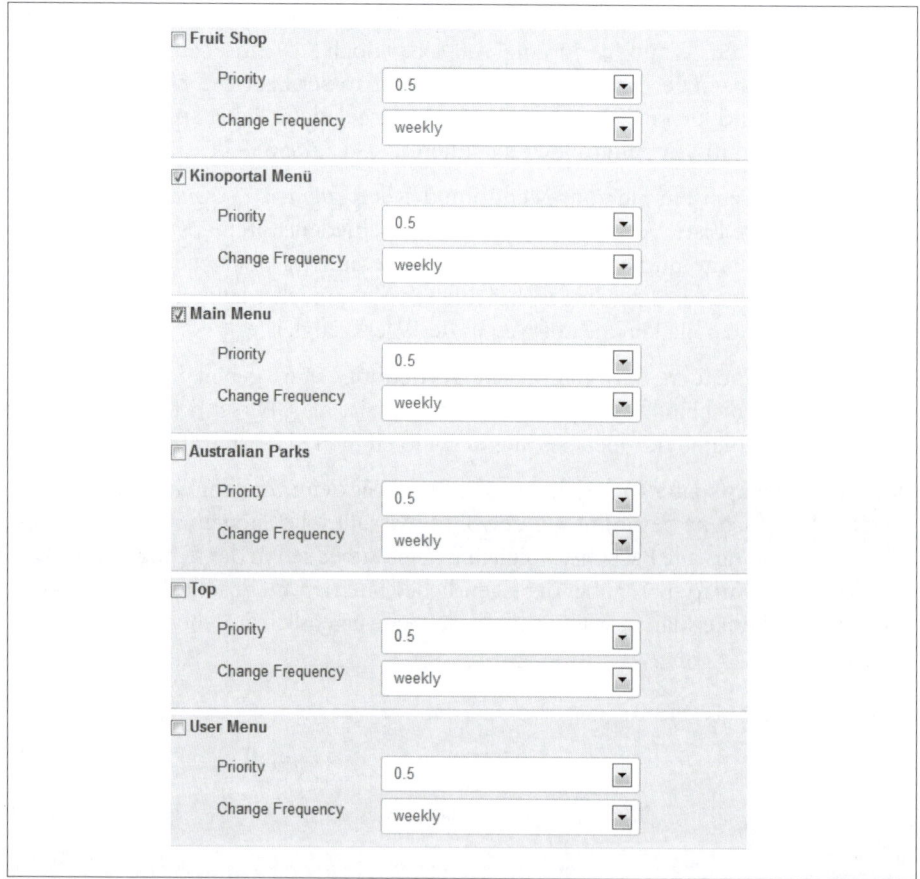

Abbildung 14-7:   In diesem Fall landen in der späteren Sitemap ausschließlich alle Inhalte, die über das Kinoportal-Menü und das *Main Menu* erreichbar sind.

Im Kinoportal könnten Sie beispielsweise einen Haken beim *Kinoportal Menü* und dem *Main Menu* setzen. Das *User Menu* enthält das persönliche Menü eines Benutzers, dessen Einträge in einer öffentlichen Sitemap nichts verloren haben. Die Einträge im *Top*-Menü sind gleichzeitig auch im *Main Menu* zu finden. Würden Sie das *Top*-Menü abhaken, würden in der Sitemap diese Einträge doppelt auftauchen. Alle anderen Menüs sind Altlasten aus den Beispieldaten und bleiben deshalb ebenfalls ausgenommen.

Xmap durchforstet die Menüs später in der Reihenfolge, in der sie hier in der Liste erscheinen. In Abbildung 14-7 würden also erst die über das *Kinoportal Menü* erreichbaren Seiten in der Sitemap erscheinen und dann erst die Seiten, die Sie über das *Main Menu* aufrufen. Diese Reihenfolge können Sie einfach per Drag-and-Drop ändern: Wenn Sie mit dem Mauszeiger über eines der grauen Rechtecke fahren, verwandelt er sich in einen Doppelpfeil. Wenn Sie jetzt die linke Maustaste gedrückt halten, können Sie den Kasten an eine andere Position verschieben. Sind alle Einstellungen nach Ihrem Geschmack, *Speichern & Schließen* Sie die neue Sitemap.

Damit die Sitemap auch auf der Homepage sichtbar ist, muss die Komponente noch in eines der Menüs eingebunden werden. Im Kinoportal ist hierfür das Menü am oberen Rand der Website ideal. Um die Sitemap dort zu integrieren, wählen Sie *Menüs → Top → Neuer Menüeintrag*. Klicken Sie auf *Auswählen,* entscheiden Sie sich dann auf dem Slider *Xmap* für den Menüeintragstyp *HTML Site map*, und vergeben Sie einen *Menütitel* wie *Sitemap*. Abschließend klicken Sie rechts neben *Choose a site map* auf *Change* und wählen dann aus der Liste die anzuzeigende Sitemap aus – im Beispiel ist dies die *Sitemap. Speichern & Schließen* legt den Menüpunkt an.

Wenn Sie jetzt in der *Vorschau* die *Sitemap* aufrufen, landen Sie in einer übersichtlichen Darstellung Ihres Internetauftritts (siehe Abbildung 14-8).

Kino, Film und Co

- Zu den Filmkritiken
  - Actionfilme
  - Liebesfilme
  - Komödien
- Lokale Veranstaltungen
- Blog
- Zum Archiv
- Kontakte Filmkritiker
- Kino-Newsfeeds
- Weblinks

Main Menu

- Home
- Site Map
  - Articles
  - Weblinks
  - Contacts
- Login
- Impressum
- Erweiterte Suche
- Partnerseite Filmmusik
- Registrieren
- An- und Abmelden
- Passwort vergessen
- Benutzername vergessen

Abbildung 14-8: Die fertige Sitemap auf der Homepage

Die Sitemap listet standardmäßig nur alle Kategorien auf. Auf Wunsch kann Xmap aber auch noch alle Beiträge mit aufführen. Dazu rufen Sie im Backend den Punkt *Komponenten → Xmap* auf, wechseln im kleinen Menü am linken Seitenrand (unterhalb der Werkzeugleiste) zum Punkt *Extensions* und aktivieren dort das *Xmap → Content Plugin* (mit einem Klick auf den roten Kreis in der Spalte *Status*).

 Warnung   Doch Vorsicht: Bei vielen Beiträgen wird die Sitemap extrem lang und unübersichtlich. Das widerspricht jedoch ihrem eigentlichen Zweck.

Wie die anderen Plugins andeuten, kann Xmap auch die Inhalte anderer Erweiterungen, wie etwa der Weblinks einbinden. Dazu müssen Sie nur das passende Plugin aktivieren.

Kalender (JEvents)

 Die Veranstaltungsdaten von Filmfestivals in der nahen Umgebung könnte man im Kinoportal jeweils durch Newsmeldungen ankündigen. Eine schönere und übersichtlichere Präsentation liefert jedoch ein schmucker Kalender. Er hilft beispielsweise auch Vereinen bei der Terminplanung.

Eine der beliebtesten Lösungen ist *JEvents*, das teilweise auch einfach schlicht als *Event Calendar* oder *Events* bezeichnet wird. Sie finden die Erweiterung unter *http://www.jevents.net* im Bereich *Downloads*. Für Joomla! 3.0 benötigen Sie JEvents mindestens in der Version 3.0. Den folgenden Ausführungen liegt JEvents 3.0.3 zugrunde, das zum Zeitpunkt der Drucklegung dieses Buches noch in der Entwicklung war (Sie finden es im Bereich *Pre-Releases*). Das heruntergeladene Paket installieren Sie so, wie im Abschnitt »Erweiterungen installieren« auf Seite 655 beschrieben wurde.

Anschließend brauchen Sie noch das deutsche Sprachpaket. Dazu müssen Sie sich im *Download*-Bereich zu den *JEvents ... Translations* durchklicken (bei Drucklegung dieses Buches fanden Sie das Sprachpaket im Bereich *Download JEvents*). Achten Sie darauf, dass Sie das zu Ihrer JEvents- und Joomla!-Version passende Sprachpaket erwischen. Die deutschen Übersetzungen für JEvents 3.0, das unter Joomla! 3.0 läuft, erhalten Sie beispielsweise über den Link *de-DE_JEvents_J25.zip*. Dieses Paket spielen Sie wie gewohnt über *Erweiterungen → Erweiterungen* ein.

Grundeinstellungen

Nach der Installation gehen Sie zum Menüpunkt *Komponenten → JEvents* und dort weiter zum Register *Rechte*. Im Feld *Admin User* stellen Sie den Joomla!-Benutzer ein, der für die Kalender verantwortlich ist. In der Regel ist dies der *Super User*.

Wechseln Sie weiter auf das Register *Komponente*. Das *Datumsformat* ist noch auf französisch-englische Verhältnisse geeicht. In den beiden Ländern ist es beispielsweise üblich, erst den Monat und dann den Tag zu nennen. Für das deutsche Datumsformat wählen Sie hier *Kontinental - Deutsch*. Der Tag steht dann vor dem Monat, also beispielsweise `Montag, 06. Februar 2013`.

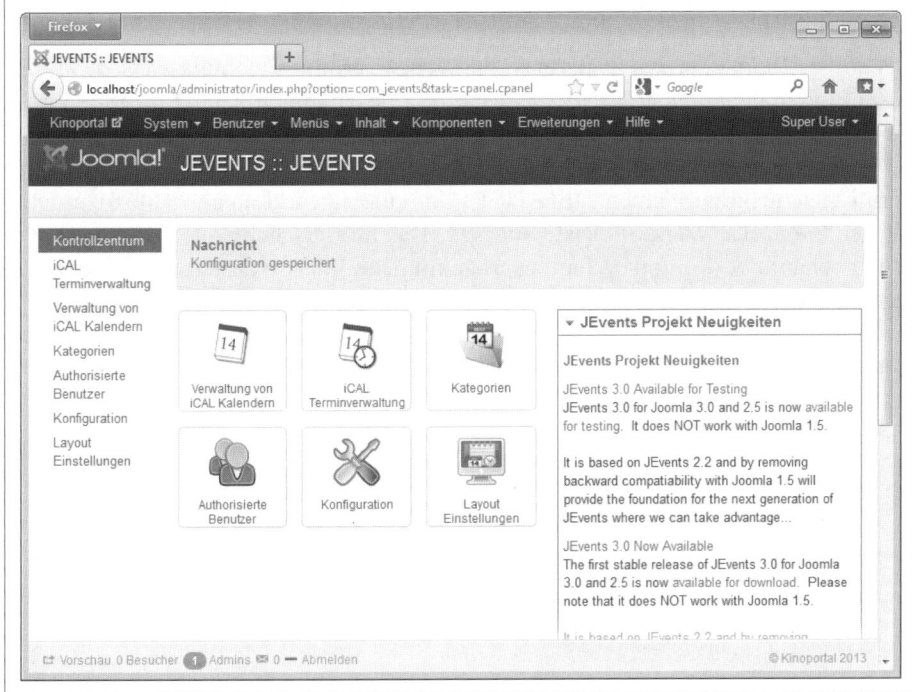

Abbildung 14-9:   Die Steuerzentrale von JEvents

Als Nächstes ist die Einstellung *Erster Wochentag* an der Reihe. Mit dem hier vorgegebenen Tag beginnt im Kalender eine neue Woche. Normalerweise ist dies in Deutschland der Montag. Der korrekte Wert lautet somit *Montag erster Tag*.

Öffnen Sie das Register *Event Bearbeitung*. Im englischen Sprachraum ist es zudem üblich, nur mit 12 Stunden zu rechnen. Die Unterscheidung zwischen Vormittag und Nachmittag fällt dann über ein nachgestelltes »pm« oder »am«. Damit JEvents die in Deutschland üblichen 24 Stunden verwendet, setzen Sie *Verwende 12-Stunden-Format* noch auf *Nein*.

Alle übrigen Grundeinstellungen können Sie vorerst auf ihren Vorgaben belassen. *Speichern & Schließen* Sie die Änderungen über die gleichnamige Schaltfläche in der Werkzeugleiste. JEvents leitet Sie dann in seine Steuerzentrale, das Kontrollzentrum (englisch Control Panel), weiter (siehe Abbildung 14-9). Sie erreichen es ab sofort auch immer über den Menüpunkt *Komponenten → Jevents*.

Kategorien

Um bei vielen Terminen nicht im Chaos zu versinken, ordnet der Kalender alle Ereignisse übersichtlich in Kategorien.

 Im Fall des Kinoportals könnte man beispielsweise die Termine aller anstehenden Filmpremieren in einer gemeinsamen Kategorie sammeln, während die kommenden Filmfestspiele in eine andere wandern.

Genau wie Joomla! erzwingt JEvents, dass jeder Termin beziehungsweise jede Veranstaltung in genau einer Kategorie steckt. Da bislang noch keine Kategorien existieren, muss als Nächstes eine neue her. Dazu klicken Sie auf die Schaltfläche *Kategorien*. In der erscheinenden Liste finden Sie bereits eine einsame Kategorie mit dem bezeichnenden Namen *DEFAULT*. Um eine eigene Kategorie hinzuzufügen, klicken Sie in der Werkzeugleiste auf *Neu*. Das nun erscheinende Formular sollte Ihnen bekannt vorkommen, denn es fragt ähnliche Informationen ab wie sein Kollege für die Beiträge.

⬛ Warnung   Dennoch haben diese Kategorien nichts mit den Kategorien aus Joomla! gemeinsam. Die hier von JEvents bereitgestellten Kategorien dienen lediglich zur Gruppierung von Terminen.

Im Beispiel des Filmportals geben Sie der neuen Kategorie zunächst einen *Titel*, wie etwa `Filmpremieren`. Die Termine in dieser Kategorie sollen alle Besucher einsehen können; belassen Sie daher alle nachfolgenden Einstellungen auf ihren Standardwerten.

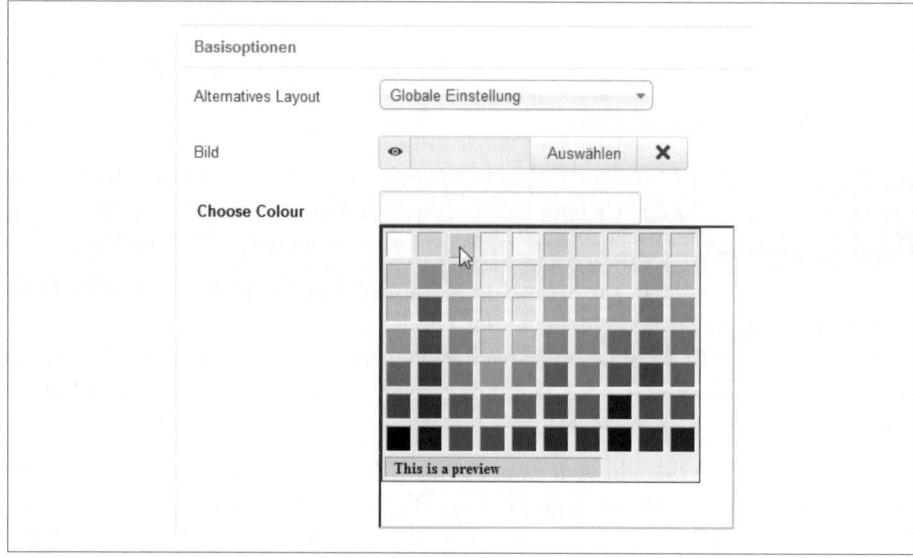

Abbildung 14-10:   Um einer Kategorie eine Farbe zuzuordnen, klicken Sie sie einfach in der Palette an. Alternativ können Sie auch ihren Zahlenwert in hexadezimaler Schreibweise in das Eingabefeld tippen.

Interessant ist auf der rechten Seite noch das Register *Optionen*. Hier dürfen Sie mit dem großen Farbwähler unter *Choose Colour* der Kategorie eine Farbe zuordnen (siehe Abbildung 14-10). JEvents streicht in ihr später alle Termine an, die aus dieser Kategorie stammen. Im Kalender lassen sich dann die jeweiligen Termine optisch schneller erfassen und einfacher ihren einzelnen Gruppen zuordnen.

Im Kinoportal könnten Sie der Kategorie für die Filmpremieren einen Rot-Ton zuordnen. Die Besucher des Kinoportals würden dann schon von Weitem erkennen, wann sie sich unbedingt freinehmen müssen.

Abschließend wählen Sie noch unter *Administrator* die für diese Kategorie verantwortliche Person. Im Kinoportal stellen Sie die Ausklappliste auf *Super User*. Ein Klick auf *Speichern & Schließen* legt die neue Kategorie an.

Termine

Nachdem mindestens eine Kategorie besteht, geht es nun an das Anlegen der eigentlichen Termine, die von JEvents auch als *Ereignisse* oder *Events* bezeichnet werden. Dazu kehren Sie mit einem Klick auf das etwas unscheinbare *Kontrollzentrum* in dem kleinen Menü am linken Seitenrand zur Startseite zurück und aktivieren dort die Schaltfläche *iCAL Terminverwaltung*. Um eine neue Veranstaltung einzutragen, klicken Sie auf *Neu*. Es erscheint ein Formular mit zwei Registern.

Auf dem Reiter *Allgemein* legen Sie zunächst fest, wo und aus welchem Anlass der Termin stattfindet (siehe Abbildung 14-11).

Titel
  Hier vergeben Sie eine Bezeichnung für den neuen Termin beziehungsweise das Ereignis. Im Kinoportal wäre dies zum Beispiel die *Premiere Indiana Jones VII*.

Event Ersteller
  In dieser Ausklappliste wählen Sie die Person, die den Termin angelegt hat beziehungsweise für ihn verantwortlich ist – in der Regel sind das Sie selbst.

Kategorien
  Der Termin gehört der hier eingestellten Kategorie an. Für das Kinoportal wählen Sie die *Filmpremieren*.

Zugriffsstufe
  Hiermit legen Sie fest, wer diesen Termin zu Gesicht bekommt. Im Kinoportal sollen alle Besucher den Termin sehen können, weshalb Sie die Vorgabe *Public* übernehmen.

Beschreibung
  In das große Feld tragen Sie eine Beschreibung des Termins oder Ereignisses ein.

Veranstaltungsort
  In dieses Feld gehört der Veranstaltungsort, an dem der Termin oder das Ereignis stattfindet. Beispielsweise könnte dies das `Roxy Kino Münsterstraße` sein.

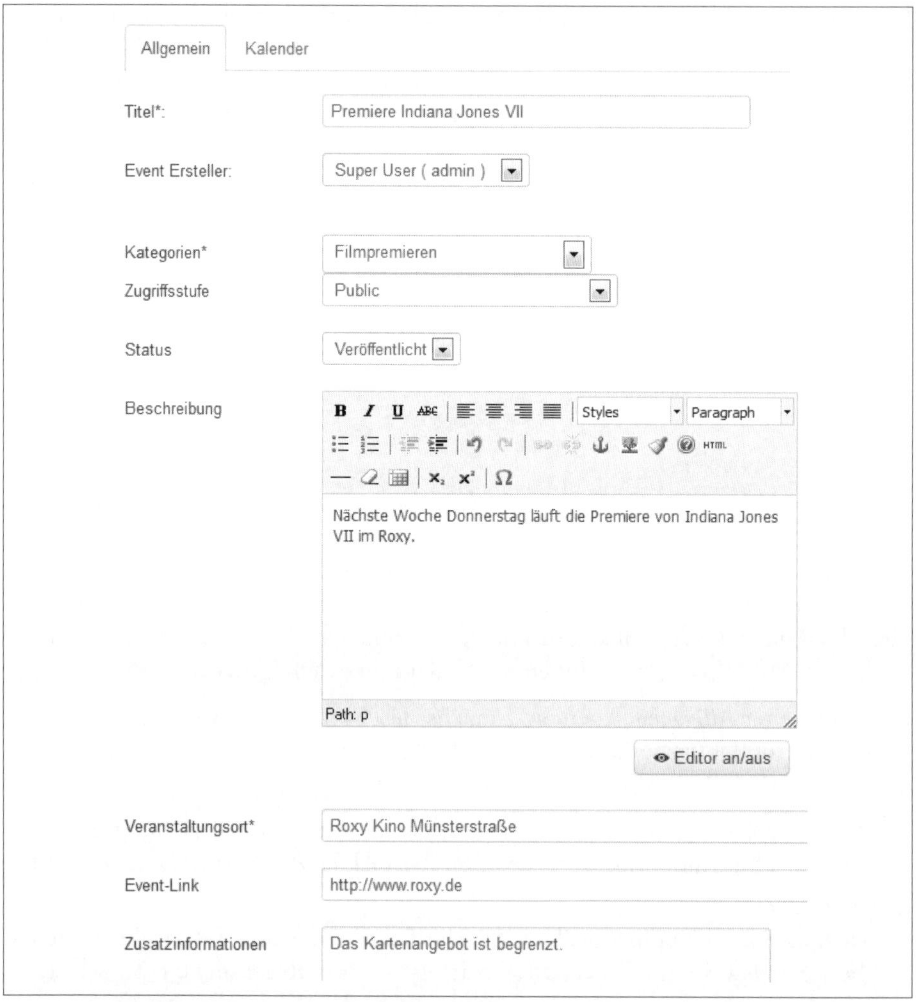

Abbildung 14-11: Hier entsteht ein neuer Termin, der auf eine Filmpremiere hinweist.

Event-Link

Unter der hier eingetippten Internetadresse bekommt ein Interessent weitere Informationen.

Zusatzinformationen

Dieses Eingabefeld nimmt Zusatzinformationen auf. Beispielsweise könnte man hier notieren, dass festliche Abendgarderobe erwünscht ist oder dass es nur wenige Eintrittskarten gibt.

Weiter geht es auf dem Register *Kalender*. Unter *Start, Ende, Dauer* legen Sie fest, an welchem Datum und zu welcher Uhrzeit der Termin stattfindet (siehe Abbildung 14-12): Der Termin oder das Ereignis beginnt am *Erster Tag* um *Startzeit* und geht bis zum *Letzter Tag* um *Endzeit*. Die Schaltfläche neben den Eingabefeldern blendet jeweils einen kleinen Kalender ein, über den Sie bequem das entsprechende Datum auswählen können. Eine derartige Hilfestellung gibt es für die Zeiten leider nicht. Dort erfolgt die Eingabe im Format Stunden:Minuten.

Ist das Ende offen, haken Sie *Keine spezifische Endzeit* ab. Stehen weder Start- noch Endzeit fest, weil das Ereignis beispielsweise einen ganzen Tag lang dauert, setzen Sie einen Haken hinter *Ganztägig oder unbestimmte Zeit*.

Im Fall des Kinoportals startet die Filmpremiere am Donnerstag, den 12. Oktober 2013 um 20.00 Uhr. Das Ende ist offen. Um diesen Termin einzustellen, klicken Sie auf das kleine Symbol rechts neben *Erster Tag* und suchen im Kalender den 12.10.2012. Als Startzeit tragen Sie 20:00 ein. Kontrollieren Sie anschließend, ob das Datum unter *Letzter Tag* ebenfalls auf 2013-10-12 steht, und kreuzen Sie rechts daneben *Keine spezifische Endzeit* an. Das Ergebnis sollte so wie in Abbildung 14-12 aussehen.

Findet ein Ereignis regelmäßig statt, wie beispielsweise das wöchentliche Treffen des *Vereins für Filmfreunde e.V.*, wäre es ziemlich mühsam, jeden dieser Termine einzeln per Hand einzutippen. Aus diesem Grund bietet JEvent für derartige Termine im unteren Teil eine kleine Automatik an.

Zuerst wählen Sie dort aus, ob der Termin oder das Ereignis *Täglich*, *Wöchentlich*, *Monatlich* oder *Jährlich* wiederkehrt. Davon abhängig schaltet JEvents weitere Einstellungen frei.

In jedem Fall tippen Sie als Nächstes die Anzahl der Wiederholungen in das Feld *Anzahl Wiederholungen* ein. Alternativ darf der Termin auch an einem ganz bestimmten Datum enden. Dazu aktivieren Sie *Wiederholen bis* und wählen über die kleine schwarze Schaltfläche das entsprechende Datum aus. In welchen Abständen der Termin stattfindet, legen Sie noch unter *Wiederholungsintervall* fest. Soll beispielsweise eine Versammlung nur jeden zweiten Tag einberufen werden, setzen Sie den *Wiederholungstyp* auf *Täglich* und tippen dann bei *Anzahl Wiederholungen* eine 2 ein.

Bei wöchentlichen Veranstaltungen geben Sie unter *Nach tag* zusätzlich noch den Wochentag an. Für monatlich und jährlich angesetzte Termine steht jeweils noch ein Eingabefeld *Nach Monatstag* beziehungsweise *Nach Jahrestag* bereit. Hier hinein gehören, jeweils durch ein Komma getrennt, die Tage, an denen die Veranstaltung stattfindet.

Soll eine Veranstaltung jeden zweiten Samstag im Monat stattfinden, muss das Eingabefeld leider passen. In diesem Fall aktivieren Sie *Nach tag* und klicken dort die entsprechenden Tage an (die Knöpfe verfärben sich grün). Um beispielsweise den besagten zweiten Samstag im Monat auszuwählen, stellen Sie mit entsprechenden Mausklicks sicher, dass *Sa* und die *Woche 2* grün hervorgeben sind.

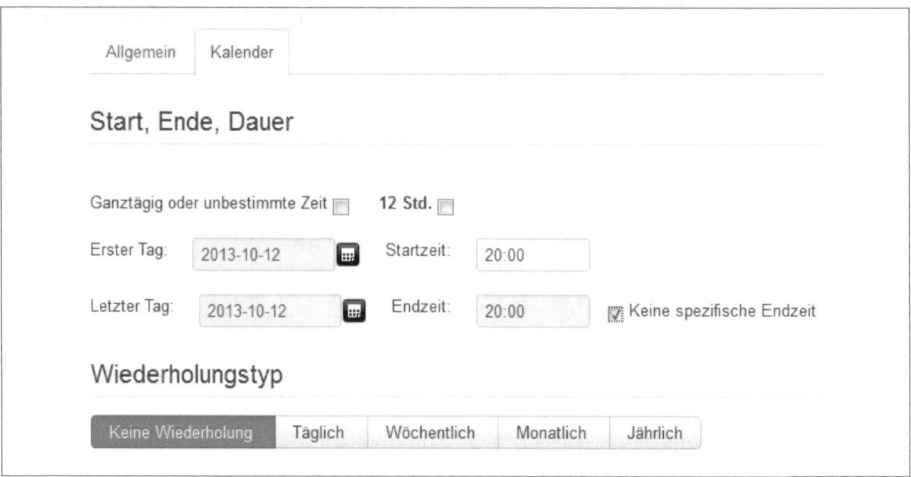

Abbildung 14-12:   Hier stellen Sie die Zeit und das Datum für den neuen Termin ein.

Über *Speichern & Schließen* legen Sie die neue Veranstaltung an. Sie landen automatisch wieder in der Liste mit allen existierenden Terminen. Damit die Liste nicht zu unübersichtlich wird, blendet Joomla! standardmäßig abgelaufene Termine aus. Sollten Sie einen solchen Termin vermissen, setzen Sie *Unterdrücke abgelaufene Events* auf *Nein*.

Einen Menüpunkt anlegen

Im Moment ist der Kalender für Ihre Besucher noch unsichtbar. Zutritt verschafft ihnen erst ein passender Menüpunkt. Im Kinoportal soll er der Einfachheit halber im Hauptmenü landen. Wählen Sie also *Menüs → Main Menu → Neuer Menüeintrag*, und klicken Sie auf *Auswählen*. Auf dem Slider *jevents* stehen Ihnen jetzt folgende verschiedene Menüeintragstypen zur Auswahl:

- *Anzeige nach Jahr* präsentiert eine Liste mit allen Terminen, die in einem Jahr stattfinden (siehe Abbildung 14-13). Diese Ansicht empfiehlt sich immer, wenn Sie Ihren Besuchern einen Überblick über alle (als Nächstes) anstehenden Veranstaltungen geben möchten.

- *Ansicht nach Monat* zeigt einen Monatskalender, wie man ihn auch von herkömmlichen Kalendern auf Papier her kennt (siehe Abbildung 14-14). Er bietet auch noch bei vielen Terminen einen guten ersten Überblick. Wenn Sie unsicher sind, welche Darstellungsform für Ihre Zwecke geeignet ist, sollten Sie zunächst diese heranziehen.

- *Anzeige nach Woche* listet alle Termine einer Woche auf (siehe Abbildung 14-15). Diese Darstellung sollten Sie wählen, wenn Sie sehr viele Termine vorliegen haben (mehr als zwei pro Woche) und Ihren Besuchern einen Überblick über die (als Nächstes) anstehenden Veranstaltungen geben möchten.

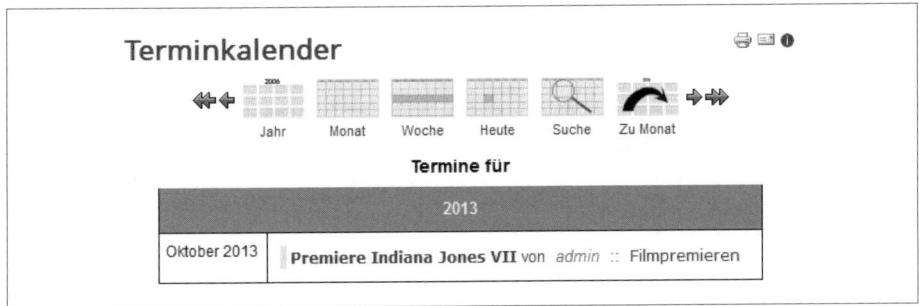

Abbildung 14-13:   Die Anzeige nach Jahr

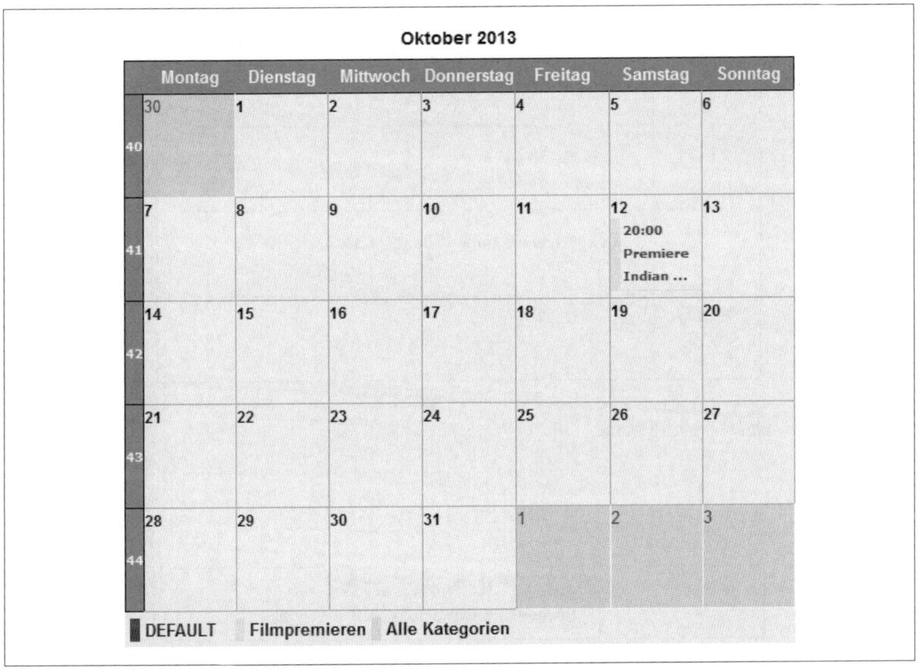

Oktober 2013

	Montag	Dienstag	Mittwoch	Donnerstag	Freitag	Samstag	Sonntag
40	30	1	2	3	4	5	6
41	7	8	9	10	11	12 20:00 Premiere Indian ...	13
42	14	15	16	17	18	19	20
43	21	22	23	24	25	26	27
44	28	29	30	31	1	2	3

DEFAULT   Filmpremieren   Alle Kategorien

Abbildung 14-14:   Die Ansicht nach Monat

- *Nach Tag anzeigen* präsentiert analog alle Termine an einem Tag. Diese Liste ist eigentlich nur dann sinnvoll, wenn Sie extrem viele Termine verwalten oder aber auf einen ganz bestimmten Termin aufmerksam machen wollen.

- *Nach Kategorie anzeigen* liefert alle Termine aus einer Kategorie. Welche dies ist, bestimmt standardmäßig der Besucher der Seite über eine kleine Ausklappliste (siehe Abbildung 14-16). Diese Darstellung bietet sich immer dann an, wenn Ihre Kategorien thematisch sehr weit auseinanderliegen. Verwalten Sie beispielsweise Termine für einen Fußball- und einen Handballverein, können die Fußballer so direkt alle für sie uninteressanten Handballspiele ausblenden.

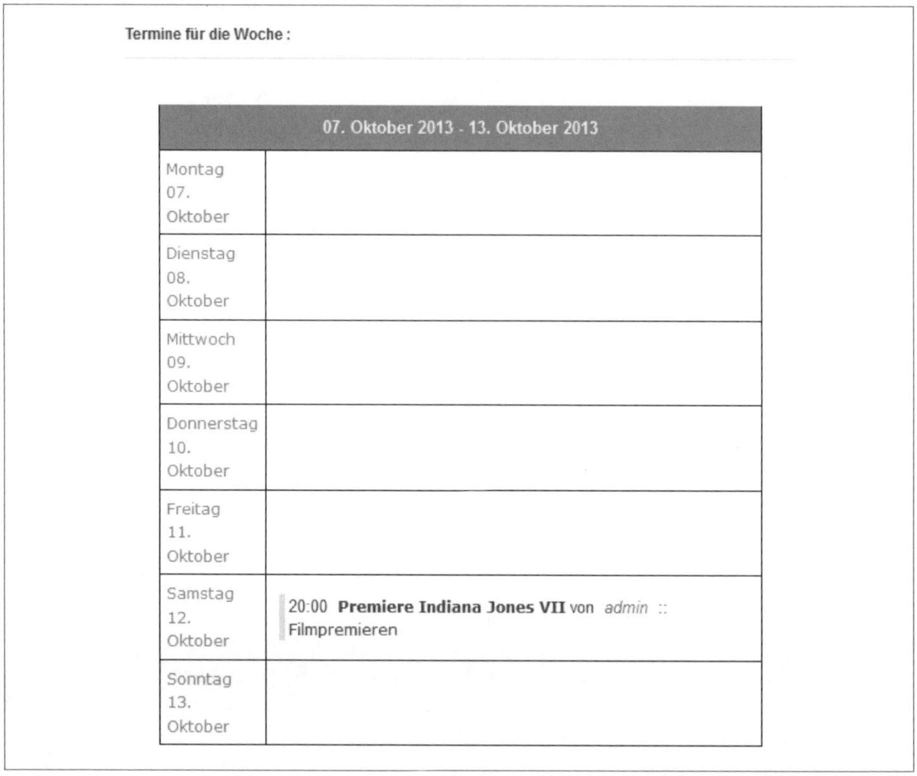

Termine für die Woche :
07. Oktober 2013 - 13. Oktober 2013
Montag 07. Oktober
Dienstag 08. Oktober
Mittwoch 09. Oktober
Donnerstag 10. Oktober
Freitag 11. Oktober
Samstag 12. Oktober
20:00 Premiere Indiana Jones VII von admin :: Filmpremieren
Sonntag 13. Oktober

Abbildung 14-15: Die Anzeige nach Woche

Alle Kategorien
Alle Kategorien
DEFAULT
Filmpremieren
12. Oktober 2013
Premiere Indiana Jones VII von admin

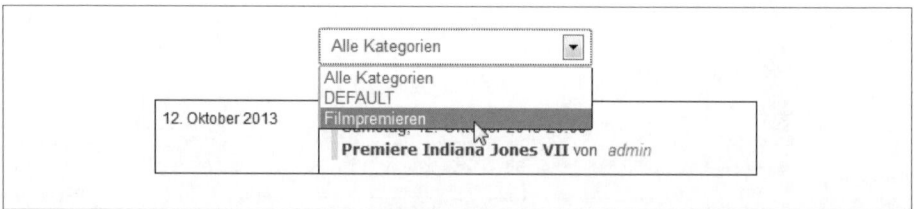

Abbildung 14-16: Hier lässt sich ein Besucher alle Veranstaltungen der Kategorie *Filmpremieren* auflisten.

- Bei *Zeitraum* können Sie schließlich noch selbst einen Zeitraum vorgeben, aus dem JEvents alle Termine auf der Website auflistet.

Sie legen hier mit dem Menüeintragstyp übrigens nur die Standardansicht fest. Später auf der Homepage können die Besucher über Symbole am oberen Rand des Kalenders beziehungsweise der Listen selbst zwischen verschiedenen Darstellungen wechseln (dazu folgt in wenigen Zeilen mehr).

Im Kinoportal soll die Monatsansicht Verwendung finden. Klicken Sie daher auf *Ansicht nach Monat*, und vergeben Sie einen *Menütitel*, wie zum Beispiel **`Veranstaltungskalender`**.

Werfen Sie abschließend noch einen Blick auf das Register *Erweiterte Optionen*. Wenn Sie dort unter *Kategorie(en) wählen → für alle leer lassen* eine oder mehrere Kategorien einstellen, zeigt der Kalender nur noch Termine aus genau diesen Kategorien. Eine Kategorie fügen Sie hinzu, indem Sie auf einen leeren Bereich des Eingabefeldes klicken und dann aus der Liste den entsprechenden Kandidaten auswählen. Eine einmal auf diese Weise hinzugefügte Kategorie entfernen Sie mit einem Klick auf das kleine X neben ihrem Namen. Möchten Sie, dass der Kalender restlos alle Ereignisse aufführt, so behalten Sie hier einfach die Voreinstellungen bei (also keinen Eintrag ausgewählt).

Tipp   Mithilfe dieser Filterung können Sie den Besuchern Ihrer Seite vorgaukeln, es gäbe mehrere Kalender für unterschiedliche Zwecke. Dazu legen Sie einfach mehrere Menüpunkte an, die jeweils nur die Termine einer ganz bestimmten Kategorie auf den Schirm bringen. Ein Besucher erhält so den Eindruck, als würde jeder dieser Menüpunkte zu einem ganz bestimmten, eigenständigen Kalender führen.

Die Benutzerseite

Speichern & Schließen Sie den neuen Menüpunkt über die gleichnamige Schaltfläche, und wechseln Sie anschließend in die *Vorschau*. Spielen Sie dort nun testweise Besucher, und klicken Sie den neuen Eintrag im Hauptmenü an. Wie erwartet, erscheint nun die Monatsansicht aus Abbildung 14-14 (siehe Seite 673).

Abbildung 14-17:   Die Detailansicht eines Termins

Über die Symbole am oberen Rand des Kalenders schaltet man schnell auf eine der anderen Darstellungen um. Fährt der Besucher mit der Maus über einen Termin, zeigt JEvents weitere Informationen an. Ein Klick auf den Termin führt zu dessen Detailansicht aus Abbildung 14-17.

Bildergalerie

Das Kinofestival im Mehrzweckveranstaltungssaal ist vor wenigen Minuten zu Ende gegangen. In diesem Jahr konnten die Veranstalter sogar ein paar prominente Film-stars gewinnen, die selbstverständlich von verschiedenen Fotografen abgelichtet wurden. Für alle Filmfreunde, die leider nicht dabei sein konnten, sollen diese Fotos auch im Kinoportal den Erfolg der Veranstaltung belegen. Eine Möglichkeit, sie dort zu veröffentlichen, führt über einen neuen Beitrag. Doch es gibt einen wesentlich einfacheren und auch komfortableren Weg.

Im Internet buhlt eine Vielzahl von auf solche Zwecke spezialisierten Bildergalerien um die Gunst der Fotografen. Allein das *Extensions*-Verzeichnis auf der Joomla!-Homepage (*http://extensions.joomla.org*) führte zum Zeitpunkt der Bucherstellung über 200 Einträge zu diesem Thema.

Tipp   Einige dieser Erweiterungen sorgen auch für die Anbindung von externen Gale-rien. Wer beispielsweise seine Fotos über den Dienst Flickr (*http://www.flickr.com*) verbreitet, der sollte einen Blick in die Rubrik Photo Channels werfen (*http://exten-sions.joomla.org/extensions/social-web/social-media/photo-channels*).

Galerie über Beiträge mit »sigplus«

Besonders schnell zu einer Galerie kommt man mit *sigplus*. Das Plugin binden Sie mit einem kurzen Befehl in einen Beitrag ein (nach dem Prinzip aus Kapitel 7, *Module – Die kleinen Brüder der Komponenten*, Abschnitt »Module in Beiträge ein-binden« auf Seite 355), und schon entsteht dort eine vollständige Bildergalerie.

Sie bekommen *sigplus* unter *http://joomlacode.org/gf/project/sigplus/frs/*. Laden Sie sich dort das zu Ihrer Joomla!-Version passende Paket herunter (zum Zeitpunkt der Bucherstellung galt die Version für Joomla! 2.5 auch für Joomla! 3.0). Spielen Sie es dann so ein, wie im Abschnitt »Erweiterungen installieren« auf Seite 655 beschrie-ben wurde. Wechseln Sie anschließend weiter zu *Erweiterungen → Plugins*, und aktivieren Sie dort das Plugin *Content – Image gallery – sigplus* (beispielsweise mit einem Klick auf seinen roten Kreis in der Spalte *Status*).

Laden Sie jetzt mit der Medienverwaltung (*Inhalt → Medien*) alle Bilder in ein Ver-zeichnis hoch, die Sie in der Galerie präsentieren wollen. Merken Sie sich diesen Verzeichnisnamen.

Anschließend erstellen Sie einen neuen Beitrag (*Inhalt → Beiträge → Neuer Beitrag*) und tippen unter *Beschreibung* folgenden Befehl ein:

    {gallery}*sampledata/parks/animals*{/gallery}

sampledata/parks/animals ersetzen Sie dabei durch das Verzeichnis, in dem sich die Bilder befinden (für einen kleinen ersten Test können Sie das Verzeichnis auch über-nehmen – es enthält die Bilder für die mitgelieferte Beispiel-Homepage).

Den so geschaffenen Platzhalter tauscht das sigplus-Plugin später durch die Bildergalerie aus. Sie dürfen übrigens auch vor und nach dem Befehl beliebigen weiteren Text eintippen (siehe Abbildung 14-18).

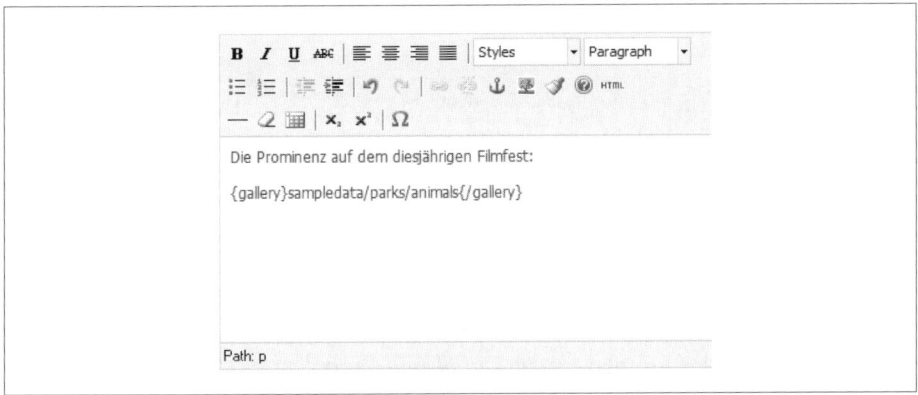

Abbildung 14-18:   Aus dieser Beschreibung ...

Die übrigen Einstellungen können Sie nach Belieben ausfüllen. Als *Titel* bietet sich etwa **Bildergalerie** an. Im Kinoportal können Sie den Beitrag zudem in die *Kategorie Sonstiges* stecken.

Abbildung 14-19:   ...wird dieser Beitrag.

Nach dem *Speichern & Schließen* müssen Sie den Beitrag nur noch in ein Menü einbinden (siehe Kapitel 4, *Inhalte verwalten*, Abschnitt »Einzelner Beitrag« auf Seite 188). Auf der Homepage erscheint er dann so wie in Abbildung 14-19.

Ein Klick auf ein Bild holt es explizit noch einmal in einer sogenannten Shadowbox in den Vordergrund.

 Tipp   Damit ein Besucher bei vielen Bildern den Überblick behält, sollten Sie thematisch zusammengehörenden Bildern jeweils einen eigenen Beitrag spendieren und dann alle diese Beiträge wiederum in einer Kategorie *Bildergalerie* zusammenfassen.

Das Aussehen der Galerie verändern Sie in den Einstellungen des Plugins (*Erweiterungen → Plugins*, dann ein Klick auf *Content – Image gallery – sigplus*). Darüber hinaus bringt *sigplus* noch das standardmäßig deaktivierte Modul *sigplus* mit, das auf der Homepage immer ein Bild anzeigt und somit im Wesentlichen ein aufgebohrter Ersatz für das Joomla!-eigene *Zufallsbild*-Modul ist.

Eine Galerie mit »Phoca Gallery« anlegen

Wenn Ihnen der Weg über das Plugin etwas zu spartanisch ist, können Sie auch zu einer größeren Komponente greifen. Zu den beliebtesten zählt die *Phoca Gallery*. Sie bietet sogar eine Anbindung an die Dienste *Picasa* und *Facebook*.

Sie erhalten die Komponente auf ihrer Homepage *http://www.phoca.cz* im *Download*-Bereich. Zunächst benötigen Sie nur die *Phoca Gallery Component*. Achten Sie darauf, dass Sie die für Ihre Joomla!-Version passende Datei herunterladen. Zum Zeitpunkt der Drucklegung dieses Buches war dies für Joomla! 3.0 das Paket *com_phocagallery_v4.0.0_alpha3.zip*.

Installation

Das mit *com_phocagallery...* beginnende Paket spielen Sie anschließend so ein, wie im Abschnitt »Erweiterungen installieren« auf Seite 655 beschrieben wurde.

Um Phoca Gallery noch Deutsch (oder eine andere Sprache) beizubringen, kehren Sie noch einmal auf die Download-Seite zurück. Im unteren Bereich, *Phoca Gallery Languages,* finden Sie mehrere Sprachpakete, auf der zweiten Seite auch welche auf Deutsch. Laden Sie sich hier die Datei herunter, die zu Ihrer Joomla!-Version passt. Das so erhaltene Sprachpaket installieren Sie wie gewohnt über *Erweiterungen → Erweiterungen*. Da es zum Zeitpunkt der Bucherstellung noch kein Sprachpaket gab, das zu Joomla 3.0 passt, basieren die folgenden Ausführungen auf der englischen Version. Jeweils in Klammern sind die deutschen Übersetzungen der Vorversion angegeben.

Nach der Installation erreichen Sie das Kontrollzentrum von Phoca Gallery hinter *Komponenten → Phoca Gallery* (siehe Abbildung 14-20).

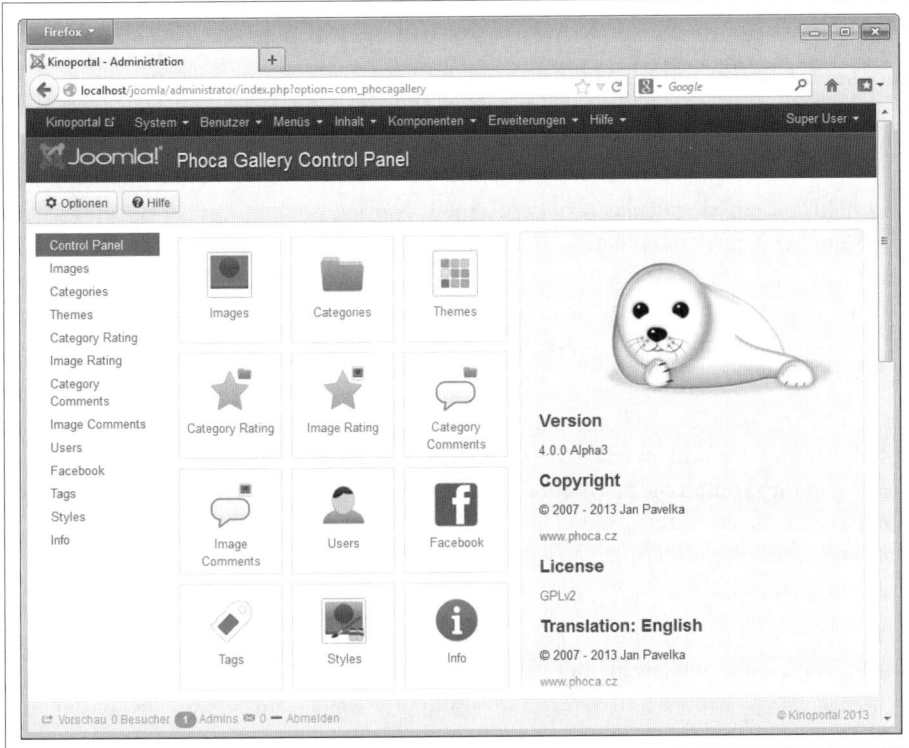

Abbildung 14-20:   Das Kontrollzentrum von Phoca Gallery

Kategorien

Phoca Gallery fasst thematisch gleiche Bilder in Kategorien zusammen. Sie können sich eine Kategorie wie eine Abteilung in einem Museum vorstellen. Da jedes Bild immer zwingend in einer Kategorie enthalten sein muss, gilt es im ersten Schritt mindestens eine Kategorie zu erstellen.

Dazu klicken Sie im Kontrollzentrum auf *Categories* (*Kategorien*) und entscheiden sich für *Neu* in der Werkzeugleiste. Im erscheinenden Formular geben Sie der Kategorie zunächst einen Namen im Feld *Title* (*Titel*). Im Kinoportal soll die Kategorie alle Bilder des Kinofestivals sammeln, folglich wäre **Kinofestival** ganz passend. Via *Parent Category* (*Übergeordnete Kategorie*) können Sie die Kategorie in eine andere Kollegin stecken und die Kategorien so ineinander verschachteln. Da dies die erste Kategorie überhaupt ist, übernehmen Sie die Vorgabe.

Die *Zugriffsebene* bestimmt, wer später auf der Website die Bilder in dieser Kategorie betrachten darf. Im Kinoportal sollen dies alle Besucher sein, weshalb hier *Public* schon der richtige Wert ist.

Über die Listen darunter legen Sie fest, welche Benutzer *Zugangsrechte* (*Access Rights*) besitzen, Bilder in die Kategorie einstellen dürfen (*Upload Rights* beziehungsweise *Rechte zum hochladen*) und Bilder aus der Kategorie wieder löschen können (*Delete Rights* beziehungsweise *Lösch-Rechte*). Um einen weiteren Benutzer hinzuzufügen, klicken Sie in einen leeren Bereich des Eingabefeldes und suchen sich aus der Liste die entsprechende Person aus. Sie entfernen einen Benutzer wieder aus dem Feld, indem Sie auf das X neben seinem Namen klicken. Im Kinoportal sollen alle Besucher Zugriffsrechte erhalten, weshalb Sie das Eingabefeld *Access Rights* leer lassen. *Rechte zum hochladen* und *Lösch-Rechte* bekommen jeweils nur Sie selbst, also der *Super User*. Klicken Sie daher zunächst in das Feld *Upload Rights*, wählen Sie den *Super User*, klicken Sie dann in das Feld *Delete Rights,* und wählen Sie wieder den *Super User*.

Unter *Owner* (*Inhaber*) stellen Sie den Joomla!-Benutzer ein, dem die Galerie gehört. Im Kinoportal sind das wieder Sie selbst, also der *Super User*. Im Feld *Description* (*Beschreibung*) sollten Sie noch kurz zusammenfassen, welche Bilder einen Besucher in dieser Galerie erwarten. Stellen Sie abschließend noch auf dem Register *Publishing Options* sicher, dass *Published* (*veröffentlicht*) auf *Veröffentlicht* steht.

Sofern Ihre Bilder bei Picasa oder Facebook lagern, füllen Sie noch die entsprechenden Felder auf dem Register *Picasa Settings* respektive *Facebook Settings* aus. Anschließend müssen Sie in der Werkzeugleiste noch *Picasa Import* beziehungsweise *Facebook Import* aktivieren. Die Kategorie zeigt dann später die Bilder aus dem angegebenen Album an.

Alle anderen Einstellungen können Sie auf ihren Standardwerten belassen. *Speichern & Schließen* Sie die neue Kategorie.

Bilder hinzufügen

Sobald eine Kategorie existiert, kann man sie mit den eigentlichen Bildern befüllen. Dazu rufen Sie *Komponenten* → *Phoca Gallery* → *Images* auf oder klicken im Phoca-Gallery-Kontrollzentrum auf *Images* (*Bilder*). In der nun erscheinenden Liste müssen Sie für jedes Bild einen eigenen Eintrag anlegen. Dazu klicken Sie auf *Neu* in der Werkzeugleiste. Das nun erscheinende Formular wirkt monströser, als es tatsächlich ist. Eigentlich müssen Sie nur eine Handvoll Felder ausfüllen.

Zunächst geben Sie dem Bild im Feld *Title* (*Titel*) einen möglichst aussagekräftigen Namen und wählen eine Kategorie unter *Category* (*Kategorie*). Anschließend müssen Sie noch die Bilddatei hochladen. Dazu klicken Sie auf *Select Filename* (*Dateinamen auswählen*). Es erscheint jetzt ein kleines Fenster, das der Mini-Ausgabe der Medienverwaltung ähnelt: Klicken Sie auf *Durchsuchen…*, wählen Sie das Foto auf der Festplatte aus, und lassen es via *Start Upload* (*Hochladen starten*) hochladen. Anschließend erscheint das Foto im oberen Teil, wo Sie es anklicken. Damit kehren Sie gleichzeitig wieder zum Formular zurück.

Wenn Sie sehr viele Fotos haben, sollten Sie im Fenster für jede Kategorie ein eigenes Verzeichnis anlegen und dann darin die Bilder sammeln. Das funktioniert genau so wie bei der Medienverwaltung.

Phoca Gallery speichert alle Bilder übrigens im Verzeichnis *images/phocagallery* Ihrer Joomla!-Installation, das Sie auch über die Medienverwaltung erreichen.

Das war es eigentlich schon. Falls Sie mögen, können Sie noch eine *Beschreibung* vergeben. Stellen Sie abschließend auf dem Register *Publishing Options* sicher, dass *Published* (*veröffentlicht*) auf *Veröffentlicht* steht. Andernfalls wäre das Bild später auf der Website nicht zu sehen.

Im Beispiel des Kinoportals wählen Sie als *Titel* (*Titel*) vielleicht das besonders originelle **Eine prominente Person**, stellen die *Category* (*Kategorie*) auf das vorhin angelegte *Kinofestival* und laden dann via *Select Filename* (*Dateinamen auswählen*) irgendein beliebiges Foto von Ihrer Festplatte hoch.

Alle anderen Felder füllen Sie bei Bedarf aus. Auf dem Register *Geo Options* können Sie beispielsweise die Koordinaten hinterlegen, an denen das Bild aufgenommen wurde. Der Link *Set Coordinates* (*Koordinanten eingeben*) hilft bei der Auswahl.

Speichern & Schließen Sie das neue Bild. Phoca Gallery generiert jetzt automatisch kleine Vorschaubilder, was einen Moment dauern kann. Anschließend müssen Sie die Prozedur mit allen anderen Fotos wiederholen, die in der Galerie erscheinen sollen.

Tipp

Wenn Sie sehr viele Bilder haben, können Sie diese alle zusammen über die Funktion *Multiple Add* (*Mehrfaches Hinzufügen*) aus der Werkzeugleiste einstellen. Sie müssen dann nur einen Namen im Feld *Titel* (*Titel*) vorgeben, eine Kategorie unter *Category* (*Kategorie*) einstellen, dann auf dem Register *Multiple Upload* (*Mehrfaches Hochladen*) alle gewünschten Dateien hochladen und schließlich in der Liste unter *Filename* (*Dateiname*) alle Bilder abhaken, die Phoca Gallery anzeigen soll. Für diese Prozedur benötigen Sie allerdings einen installieren Adobe Flash Player (*http://www.adobe.de*).

Die Benutzerseite

Sind alle Bilder angemeldet, kann man endlich die Galerie eröffnen. Dazu muss nur noch ein neuer Menüpunkt her. Im Kinoportal soll er der Einfachheit halber im Hauptmenü untergebracht werden. Wählen Sie also *Menüs → Main Menu → Neuer Menüeintrag*, und klicken Sie auf *Auswählen*. Auf dem Slider *Phoca Gallery* haben Sie jetzt drei Möglichkeiten:

- *List Of Categories* (*Liste der Kategorien*) würde später dem Besucher eine Liste mit allen Bilder-Kategorien präsentieren, über die er sich dann zu den entsprechenden Bildern weiterhangeln kann.

- *List of Images* (*Liste der Bilder*) führt hingegen direkt zu einer Aufstellung aller Bilder aus einer ausgewählten Kategorie.

- Gleiches macht die *Cooliris 3D Wand*, wobei sie die Bilder aber in einer zeitgemäß animierten 3D-Darstellung zur Auswahl stellt. Hierfür müssen die Besucher allerdings den Adobe Flash Player installiert haben.

Da im Kinoportal nur eine Kategorie existiert, kann der Menüpunkt direkt zu den darin enthaltenen Bildern springen. Folglich wäre *List of Images (Liste der Bilder)* genau richtig. Vergeben Sie noch einen *Menütitel*, wie etwa **Bilder Kinofest**.

Wenn Sie sich für *List of Images (Liste der Bilder)* oder die *Cooliris 3D Wand* entschieden haben, müssen Sie in der Liste *Select Category (Kategorie auswählen)* die Kategorie einstellen, deren Bilder angezeigt werden sollen. Im Kinoportal wäre es das *Kinofestival*.

Nach dem *Speichern & Schließen* erreichen Sie dann in der *Vorschau* über den neuen Menüpunkt die Bilderauswahl aus Abbildung 14-21.

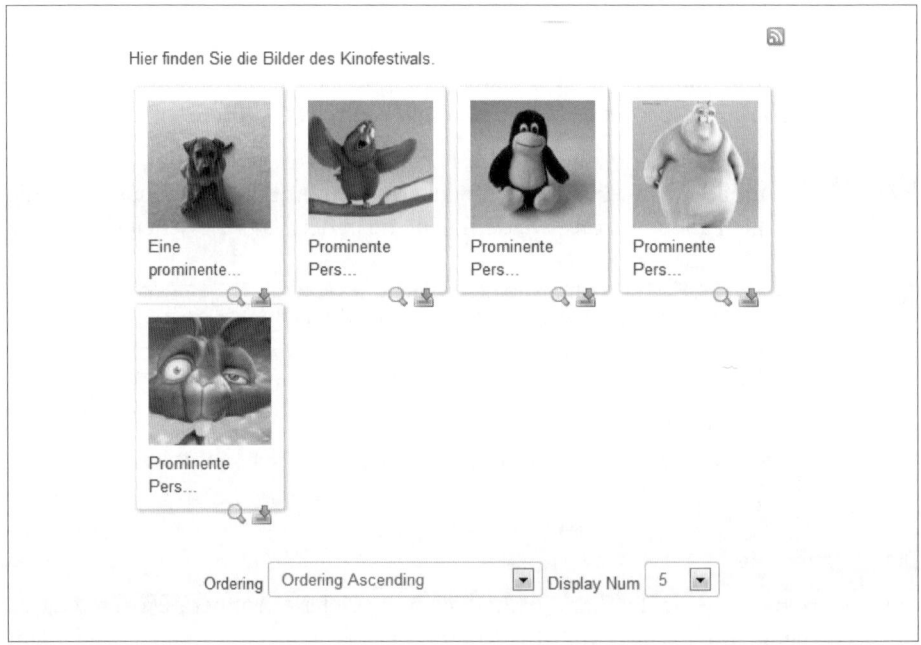

Abbildung 14-21:　Die Galerie auf der Website – die abgelichteten Zeichentrickfiguren stammen übrigens aus dem kostenlosen Kurzfilm *Bick Buck Bunny* (*http://www.bigbuckbunny.org*), der von der Blender Foundation erstellt wurde.

Mit einem Klick auf das Bild oder die kleine Lupe darunter öffnet Phoca Gallery das Bild in einem eigenen Fenster. Über den grünen Pfeil kann ein Besucher das Bild herunterladen.

KAPITEL 15

Eigene Erweiterungen erstellen

Nach der Lektüre des vorangegangenen Kapitel 14, *Funktionsumfang erweitern*, sollte man eigentlich meinen, es gäbe für jede Lebenslage und jede nur erdenkliche Aufgabe eine eigene Erweiterung. Leider ist dem nicht so. Stattdessen wird man als Betreiber einer Homepage häufig vor die Wahl gestellt, eine geplante Funktionalität wieder fallen zu lassen oder aber selbst Hand anzulegen und eine eigene Erweiterung zu programmieren.

Im Kinoportal könnte beispielsweise der Wunsch aufkommen, Zusatzinformationen über die einzelnen Filme zu speichern, wie etwa die Produktionskosten. Um den teuersten Film aller Zeiten zu ermitteln, soll dann das Ergebnis sortiert in einer Liste erscheinen. Ergänzend soll ein Modul am linken Seitenrand den Besuchern stets eine Liste mit den Namen der Filme anbieten. Ein Mausklick auf einen der Einträge führt dann direkt zu seinen Produktionskosten.

Dieses Beispiel ist zugegebenermaßen recht einfach gehalten. Mit ihm lässt sich jedoch sehr gut zeigen, wie man eigene Komponenten, Module und Plugins programmiert. Ganz nebenbei verdeutlicht das Beispiel das Zusammenspiel der drei genannten Bausteine. Aus diesem Grund dient es auch als Grundlage für die folgenden Abschnitte, in denen nach und nach eine eigene Komponente, ein Modul und schließlich noch ein Plugin entsteht.

Um eigene Erweiterungen zu erstellen, sollten Sie gute Kenntnisse in HTML, SQL und der objektorientierten Programmierung in PHP mitbringen. Da jede dieser Sprachen ein eigenes Buch füllen würde, setzen die folgenden Abschnitte entsprechendes Wissen voraus.

Tipp   Wenn Sie über keinerlei Programmiererfahrung verfügen, sollten Sie im Internet nach Helfern suchen oder bei entsprechendem Engagement eines der Einsteigerbücher zu den genannten Themengebieten studieren. Mittlerweile bieten auch verschiedene Firmen die Entwicklung von maßgeschneiderten Joomla!-Komponenten an – entsprechendes Kleingeld im Portemonnaie des Auftraggebers vorausgesetzt.

Bei der Entwicklung von Joomla!-Erweiterungen kommen Sie nicht um die Objekt-orientierung herum. Falls Sie mit Begriffen wie *Klassen*, *Methoden* und *Vererbung* nur wenig anfangen können, sollten Sie unbedingt mit einem guten PHP-Buch Ihr Wissen auffrischen.

Bevor es richtig losgeht, noch einmal kurz zusammengefasst: Joomla! stellt einem Programmierer insgesamt drei verschiedene Erweiterungsmöglichkeiten zur Wahl:

- Eine *Komponente* ist ein Block Software, der eine bestimmte Zusatzfunktion realisiert.

- *Module* assistieren den Komponenten. Sie bieten meist einen schnellen Zugriff auf häufig genutzte Funktionen oder erlauben es, wichtige Informationen auf allen Unterseiten der Homepage immer im Blick zu behalten. Joomla! hängt die Module in die jeweils zugewiesenen Plätze des Templates ein (siehe Kapitel 7, *Module – Die kleinen Brüder der Komponenten*).

- *Plugins* sind schließlich kleine unsichtbare Helferlein, die im Hintergrund Module und Komponenten bei ihrer Arbeit unterstützen. Beispielsweise suchen sie zu einem Stichwort die passende Fundstelle in einem Artikel heraus.

 Im Beispiel soll Joomla! eine Liste mit den Filmen und ihren Produktionskosten ver-walten. Die entsprechenden Informationen muss jemand in der Datenbank ablegen und bei Bedarf formschön im Browser anzeigen. Diese Aufgabe übernimmt für gewöhnlich eine Komponente, die folglich als Erstes her muss. Der direkt folgende Abschnitt kümmert sich um genau dieses Thema.

Anschließend erlaubt man seinen Besuchern einen Schnellzugriff auf die Filme über ein passendes Modul am Seitenrand. Um dessen Erstellung kümmert sich der Abschnitt »Module« auf Seite 770.

Den Abschluss bildet noch ein Plugin, das Besuchern die Suche im neuen Datenbe-stand – also den Filmen – ermöglicht. Damit das funktioniert, muss jedoch zunächst der Hauptteil und somit eine Komponente her.

X.X **Version** Obwohl die im Folgenden entstehenden Erweiterungen sich auf die von Joomla! 3.0 bereitgestellten PHP-Klassen stützen, laufen sie auch unter allen Joomla!-Versi-onen ab 2.5.6 (eine frühere Version sollten Sie ohnehin nicht mehr einsetzen). Die Entwickler versprechen zudem, dass die derzeit von Jomla! 3.0 bereitgestellten und im Folgenden genutzten Klassen bis Joomla! 3.5 erhalten bleiben.

Wenn Sie bereits eine Erweiterung für Joomla! 2.5 entwickelt haben, finden Sie alle Neuerungen beziehungsweise Änderungen von Joomla! 3.0 zusammengefasst auf der Internetseite *http://docs.joomla.org/Potential_backward_compatibility_issues_ in_Joomla_3.0_and_Joomla_Platform_12.1.*

Komponenten

Technisch gesehen besteht eine Komponente aus einer Gruppe von PHP-Skripten, deren Ausgaben Joomla! in einen ausgewählten Bereich des Templates und somit auf die Homepage packt (die grundlegende Vorgehensweise wurde bereits in Kapitel 6, *Komponenten – Nützliche Zusatzfunktionen*, vorgestellt). Alle zu einer Komponente gehörenden PHP-Skripte sammelt Joomla! in einem eigenen Unterverzeichnis, das den Namen der Komponente mit einem vorangestellten *com_* trägt.

Tipp Dies ist nicht die einzige Namenskonvention, die Joomla! vorgibt. Damit das Content-Management-System die Erweiterungen finden und nutzen kann, unterliegen auch Datei- und Klassennamen verschiedenen Restriktionen. Sollte Joomla! Ihre Erweiterungen später nicht einbinden wollen, überprüfen Sie alle Datei-, Verzeichnis- und Klassennamen auf Tippfehler.

Sämtliche Komponenten liegen wiederum im Ordner *components* der Joomla!-Installation. Wenn Sie der Schnellinstallationsanleitung aus Kapitel 2, *Installation*, gefolgt sind, finden Sie also

- unter Windows im Verzeichnis *c:\xampp\htdocs\joomla\components*.
- unter Linux im Verzeichnis */opt/lampp/htdocs/joomla/components*.
- unter Mac OS X im Verzeichnis */Programme/MAMP/htdocs/joomla/components*.

Tipp Wenn Sie einen kurzen Blick in das Verzeichnis werfen, werden Sie feststellen, dass dort bereits einige Komponenten vorhanden sind. Wie schon in früheren Kapiteln erwähnt wurde, besteht Joomla! selbst aus mehreren einzelnen Komponenten. *com_content* ist beispielsweise für die Anzeige und Verwaltung der Beiträge zuständig, während sich *com_banners* um die Werbeflächen kümmert.

Die Komponente zur Verwaltung der Filme könnte man auf den Namen *kinoportal* taufen. Den Konventionen zufolge gehört ihr damit innerhalb von *components* das Unterverzeichnis *com_kinoportal*.

Bevor sich jetzt dort die Komponente für das Kinoportal hinzugesellt, sollten Sie sich kurz ein paar Gedanken über den internen Aufbau der neuen Komponente machen.

Die Joomla! Platform, das Joomla! CMS und die Legacy-Klassen

Im Laufe dieses Kapitels werden Sie immer wieder über Klassen stolpern, die ein **Legacy** im Namen tragen. Obwohl man damit üblicherweise Dinge kennzeichnet, die veraltet sind und besser nicht mehr genutzt werden sollten, trifft das unter Joomla! (noch) nicht zu.

Um den Grund für die Namensgebung zu verstehen, muss man einen Blick auf die Arbeitsweise der Joomla!-Entwickler werfen: Während sich ein Team um den Unterbau kümmert, werkelt davon unabhängig ein anderes Team am darauf aufbauenden eigentlichen Content-Management-System.

→

Den Unterbau bezeichnen die Entwickler als *Joomla! Platform*. Im Wesentlichen besteht sie aus einer großen Sammlung von PHP-Klassen und nützlichen Funktionen. Sie sind so ausgelegt, dass sich mit ihrer Hilfe recht einfach und schnell eigene Web-Anwendungen und Content-Management-Systeme entwickeln lassen. Eine Übersicht über die Klassen der Joomla! Platform finden Sie unter *http://api.joomla.org*, eine Dokumentation unter *http://developer.joomla.org/manual/*. Das zweite Joomla!-Team nimmt die Joomla! Platform und bastelt daraus das fertige und einsatzbereite Content-Management-System Joomla!. Das Ergebnis bezeichnet das Entwicklerteam als *Joomla! CMS*.

Beide Teams achten zwar aufeinander, arbeiten aber ansonsten unabhängig. So erscheint eine neue Version der Joomla! Platform zu anderen Zeiten als das fertige Joomla! CMS. Das führt unter anderem zu der verwirrenden Situation, dass Joomla! 3.0 die Joomla! Platform mit der Versionsnummer 12.2 nutzt. Wenn Sie für Joomla! 3.0 Erweiterungen entwickeln möchten, müssen Sie sich folglich an der Dokumentation für die Joomla! Platform 12.2 orientieren.

Allerdings gibt es dabei kleines Problem: Die Platform-Entwickler haben bereits vor der Veröffentlichung von Joomla! 3.0 etwas aufgeräumt und einige zentrale PHP-Klassen verändert (genauer gesagt wurde das im nächsten Abschnitt vorgestellte MVC-Konzept verändert). Die Entwickler des Joomla! CMS waren zu dieser Zeit noch mit der Integration von Bootstrap beschäftigt und konnten diese Änderungen nicht schnell genug übernehmen. Aus diesem Grund haben sie Joomla! 3.0 die wichtigsten alten PHP-Klassen beigelegt und ihnen zur kurzerhand ein **Legacy** angehängt. Die Komponenten von Joomla! konnten so die alten Klassen weiternutzen und mussten nicht komplett umgeschrieben werden. Darüber hinaus vereinfachen die Legacy-Klassen auch noch viele wiederkehrende beziehungsweise lästige Arbeiten und bleiben laut den Joomla!-Entwicklern mindestens bis zur Version 3.5 erhalten.

Sofern Sie also nicht planen, auf Basis der Joomla! Platform Ihr eigenes Content-Management-System zu entwickeln,sollten Sie einfach wie die Beispiele in diesem Buch die Legacy-Klassen nutzen – die Joomla!-Entwickler empfehlen dies sogar aus den oben genannten Gründen ausdrücklich. Und es spricht noch etwas für ihren Einsatz: Die Joomla!-Entwickler haben die Legacy-Klassen nachträglich Joomla! 2.5 spendiert. Daher laufen die mit diesen Klassen entwickelten Erweiterungen sowohl unter Joomla! 3.0 als auch unter Joomla! ab Version 2.5.6 – zumindest solange sie keine speziellen Funktionen nutzen, die nur eine der Versionen bereitstellt.

Da die Legacy-Klassen allerdings nicht mehr in der offiziellen Dokumentation der Joomla! Platform enthalten sind, müssen Sie vertiefende Informationen in der Klassen-Referenz der veralteten Joomla! Platform 11.4 unter *http://api.joomla.org/11.4/* nachschlagen. Dort müssen Sie aber daran denken, die Klassen unter ihren alten Namen, also ohne das angehängte **Legacy**, zu suchen.

Model-View-Controller

Theoretisch könnte man einfach die gesamte Logik in nur einer Klasse kapseln. Eine durchschnittliche Joomla!-Komponente enthält jedoch mehrere Tausend Zeilen Programmcode. Diesen in eine Klasse und somit in eine einzige große Datei zu stecken, würde zwangsweise zum berühmt-berüchtigten Spaghetti-Code führen – also zu einem heillosen, unübersichtlichen Wust aus PHP-Befehlen.

Tipp   Als Faustregel gilt: Je größer und komplexer ein Computerprogramm wird, desto aufwendiger gestaltet sich die Fehlersuche und desto schwieriger wird eine Weiterentwicklung.

Also muss man sich irgendeine Strategie zurechtlegen, wie man den Programmcode möglichst übersichtlich strukturieren könnte – und zwar am besten gleich so, dass sich zukünftige Änderungswünsche rasch und unkompliziert umsetzen lassen. Bei dieser nicht ganz trivialen Aufgabe hilft ein kurzer Blick auf die Arbeitsweise von Joomla! und seiner Komponenten.

Angenommen, ein Besucher des Kinoportals möchte sich gern über die Produktionskosten des Films *Titanic* informieren. Dabei passieren nacheinander genau drei Dinge:

1. Der Besucher weist Joomla! an, ihm Informationen zum Film *Titanic* herauszusuchen. Das könnte beispielsweise geschehen, indem er mit der Maus den Namen in einer Liste anklickt oder einen passenden Menüpunkt aufruft.

2. Joomla! leitet diese Anfrage an die zuständige Komponente weiter, die wiederum die entsprechenden Daten aus der Datenbank herauskramt.

3. Die Komponente präsentiert die gefundenen Informationen in einer grafisch ansprechenden Form auf dem Bildschirm.

Diese drei Schritte geschehen unter Joomla! immer wieder: Der Besucher stößt eine Aktion an, die zuständige Komponente holt oder verändert irgendwelche Daten in der Datenbank, und schließlich erfolgt eine Anzeige auf dem Bildschirm.

Es wäre also nicht verkehrt, den eigenen Programmcode an diesem Vorgehen auszurichten. Dazu spendiert man der Komponente drei Hauptklassen:

• Die erste Klasse verwaltet die Daten – im Beispiel also die Filme mit ihren Produktionskosten. Je nach Bedarf holt sie diese Informationen aus der Datenbank oder manipuliert sie dort. Diesen Teil der Komponente, der sich ganz der Datenhaltung widmet, nennt man *Model*.

• Um die Anzeige der Informationen kümmert sich die zweite Klasse. Sie bringt die vom Model gelieferten Filme hübsch formatiert als Tabelle oder entlang eines schmucken Zeitstrahls auf den Bildschirm. Man könnte also sagen, dass diese Klasse eine ganz bestimmte Sicht auf den Datenbestand liefert. Aus diesem Grund bezeichnet man sie als *View*.

- Abschließend braucht man noch eine Klasse, die alles zusammenhält und gewissermaßen als Kitt fungiert: Sie wartet zunächst auf Benutzereingaben, schaut sich dann die zu lösende Aufgabe an (wie etwa »Zeige die Produktionskosten von Titanic«), legt sich einen Schlachtplan zurecht (»Titanic-Eintrag aus der Datenbank holen und ausgeben«) und erteilt schließlich den beiden anderen Klassen entsprechende Arbeitsanweisungen. Da diese Klasse somit die gesamte Komponente steuert oder kontrolliert, nennt man sie auch den *Controller*.

In Anlehnung an die drei Aufgabenbereiche bezeichnet man diese Strukturierungsmethode als *Model-View-Controller*, kurz *MVC*. Ihre Grundidee ist die strikte Trennung der eigentlichen Logik (die das Model kapselt) von der Präsentation (über die Views).

Benötigt man nachträglich noch eine weitere Darstellung, wie beispielsweise ein Diagramm über die kostspieligsten Filme aller Zeiten, so fügt man einfach noch eine neue View(-Klasse) hinzu. Änderungen an anderen Teilen der Komponente sind somit gar nicht erst nötig.

Kleiner Exkurs: Entwurfsmuster

In der objektorientierten Programmierung muss man irgendwann entscheiden, welche Objekte mit welchen anderen Objekten wann und vor allem auf welche Weise interagieren sollen. Kapselt man beispielsweise eine Adresse in nur einer Klasse, oder spendiert man dem Namen, der Straße und dem Ort jeweils eine eigene Klasse? Software-Entwickler bezeichnen diese Vorüberlegungen als *Entwurf*. Gerade wenn die Programme etwas größer werden, stößt man dabei jedoch immer wieder auf Probleme. Beispielsweise könnten gleich mehrere Objekte informiert werden wollen, sobald der Benutzer eine ganz bestimmte Aktion auslöst. Man könnte jetzt einfach die beteiligten Objekte miteinander bekannt machen, was jedoch nicht selten zu aufgeblähten, undurchsichtigen und bei größeren Programmen auch komplexen Klassenbeziehungen führt (»jeder kennt jeden«).

In solchen Fällen wäre es doch schön, wenn man einfach mal nachschlagen könnte, wie andere Programmierer in dieser Situation vorgegangen sind – vielleicht ist ja jemand auf eine bessere Lösung gestoßen. Ideal wäre hier ein kleiner Katalog, der für das aktuelle Entwurfsproblem (»Wie benachrichtige ich möglichst elegant mehrere Objekte?«) einen passenden Lösungsvorschlag parat halten würde. Bezogen auf das Beispiel könnte dort stehen: »Schaffe ein komplett neues Objekt, das die Benachrichtigung der entsprechenden Objekte übernimmt.« Am besten wäre so ein Vorschlag noch mit einem hübschen Klassendiagramm garniert, das man wiederum nur noch auf den eigenen konkreten Fall zu übertragen bräuchte.

$\rightarrow$

Diesen Wunsch erfüllten Erich Gamma, Richard Helm, Ralph Johnson und John Vlissides. Diese häufig als »Gang of Four« bezeichnete Gruppe machte sich in den 90er-Jahren auf die Suche nach häufig auftauchenden Strukturierungs- beziehungsweise Entwurfsproblemen und den dazu in der Praxis bewährten Lösungen. Ihre Ergebnisse veröffentlichten sie 1994 in ihrem Buch *Design Patterns – Elements of Reusable Object-Oriented Software* (das in Deutschland unter dem Titel *Entwurfsmuster – Elemente wiederverwendbarer objektorientierter Software* erschienen ist, ISBN 978-3827330437). Da man die Lösungsvorschläge ähnlich wie Vorlagen übernehmen kann, bezeichnet man sie auch als *Entwurfsmuster* (englisch *Design Pattern*). Das von Joomla! verwendete Model-View-Controller-Konzept ist eines dieser Entwurfsmuster – aber nicht das einzige, das das Content-Management-System verwendet.

Die konsequente Nutzung von Entwurfsmustern hilft entscheidend dabei, den Programmcode zu strukturieren, seine Übersichtlichkeit zu steigern und ihn somit auch schnell und unkompliziert ändern zu können. Falls jetzt Ihr Interesse an Entwurfsmustern geweckt wurde, sollten Sie einen Blick in das Buch *Entwurfsmuster von Kopf bis Fuß* aus dem O'Reilly-Verlag werfen (ISBN 978-3897214217). Im Gegensatz zu vielen anderen Werken bietet es eine leicht verständliche Einführung in das Thema.

Joomla! stülpt jeder Komponente das MVC-Konzept über und zwingt sie somit zur erwähnten Aufspaltung in drei Klassen. Damit wollten die Entwickler ursprünglich etwas Ordnung in die Programmierung bringen. Dieser prinzipiell lobenswerte Ansatz rächt sich jedoch bei kleineren Erweiterungen. Selbst eine Komponente, die nur einen Text wie etwa »Hallo Welt« ausgibt, besteht zwangsweise aus mindestens drei Klassen. Hinzu kommt noch Programmcode, der die drei Teile zusammenklebt. Unter dem Strich jongliert man mit einem halben Dutzend Dateien – Tendenz schnell steigend. Dadurch erscheint das MVC-Konzept auch noch komplizierter, als es tatsächlich ist, was wiederum gerade viele Hobby-Programmierer und PHP-Einsteiger abschrecken dürfte.

Tipp   Sie sollten sich davon jedoch nicht entmutigen lassen, sondern vielmehr die Chancen sehen: Sobald eine Erweiterung fertig ist, wächst für gewöhnlich der Wunsch, sie um weitere Funktionen zu ergänzen. Wie Sie gleich noch sehen werden, spielt das MVC-Konzept in genau diesen Fällen seine Trümpfe aus.

Den Einstieg in die Programmierung von Joomla!-Komponenten soll deshalb das fast schon obligatorische Hallo-Welt-Beispiel erleichtern. Die fertige Erweiterung präsentiert bei ihrem Aufruf lediglich den Text »Hallo Welt«. Auf diese Weise werden Sie ohne Nebenwirkungen mit dem internen Aufbau einer Komponente etwas vertrauter. Zudem liefert es ein gutes Grundgerüst für die Kinoportal-Komponente und Ihre eigenen Erweiterungen.

Tipp Dieses Buch kann aus Platzgründen nur eine Einführung in die Joomla!-Program-
mierung geben. Weitere Informationen finden Sie in der sogenannten API-Referenz auf der Joomla!-Homepage unter *http://api.joomla.org*. Sie listet alle von
Joomla! bereitgestellten Klassen und Funktionen auf.

Schnellstart: Die Hallo-Welt-Komponente

Erstellen Sie irgendwo auf Ihrer Festplatte ein neues Arbeitsverzeichnis. In ihm
legen Sie jetzt alle für die Komponenten notwendigen PHP-Skripte ab.

 Warnung Wie schon bei den Templates müssen Sie auch hier alle Dateien in der UTF-8-Zei-
chenkodierung speichern.

1. Schritt: Das Model

Als Erstes benötigen Sie eine Klasse für die Datenhaltung, das Model. In diesem einfachen Beispiel verwaltet sie lediglich die Zeichenkette Hallo Welt, die sie auf
Anfrage herausgibt (siehe Beispiel 15-1).

Beispiel 15-1:   Das Model für das Hallo-Welt-Beispiel (Datei *»site/models/hallowelt.php«*)

```php
<?php
// Sicherheitsprüfung: Wird die Klasse von Joomla! verwendet?
defined('_JEXEC') or die;

// Die Model-Klasse (von JModelLegacy abgeleitet):
class HalloweltModelHallowelt extends JModelLegacy
{
    function getHallo()
    {
        return 'Hallo Welt!';
    }
}
?>
```

Jede von Ihnen erstellte PHP-Datei sollte immer mit der Sicherheitsabfrage

```
defined('_JEXEC') or die;
```

beginnen. Sie prüft, ob die Datei tatsächlich unter einem laufenden Joomla! geöffnet
wurde. Damit verhindern Sie, dass Angreifer die Datei später von außen einfach aufrufen und ausführen können.

Mit Blick auf den obigen Programmcode scheint das allerdings eine etwas übertrie-
bene Maßnahme zu sein – schließlich würde bei ihrem direkten Aufruf gar nichts passieren. Und selbst wenn: Was kann die Ausgabe der Zeichenkette Hallo Welt! schon
großartig anrichten? Bei komplexeren Komponenten könnte das Skript jedoch unter
Umständen ein anderes, unerwünschtes Verhalten an den Tag legen, an das der Programmierer gar nicht gedacht hat. Insbesondere unentdeckte Programmierfehler öffnen immer wieder eine Hintertür für Hacker. Darüber hinaus besteht die Gefahr, dass

ein Angreifer auf diese Weise eigenen SQL-Code einschleust. Dieses Verfahren ist unter dem Namen *SQL-Injection* bekannt und wird noch in einem später folgenden Abschnitt behandelt. Unter dem Strich ist es also besser, jede PHP-Datei mit einer Sicherheitsabfrage auszustatten: Besser man zieht einen Wassergraben um den Sack Kartoffeln, als dass er später gestohlen wird. Die Konstante _JEXEC wird dem Skript übrigens von der Joomla!-Umgebung zur Verfügung gestellt.

Tipp Theoretisch könnten Sie auch noch eine Fehlermeldung ausgeben:

```
defined('_JEXEC') or die('Zugriff verboten');
```

Sollte in diesem Fall jemand versuchen, einfach so die PHP-Datei aufzurufen, erscheint die Meldung Zugriff verboten. Damit verraten Sie jedoch einem Angreifer, dass dahinter eine (intelligente) Datei steckt. Verzichten Sie daher einfach auf die Fehlermeldung, und lassen Sie den Schirm weiß:

```
defined('_JEXEC') or die;
```

Von der Klasse JModelLegacy leitet Beispiel 15-1 nun die Klasse ab, die zukünftig das eigene Model realisieren soll. In diesem Fall heißt die neue Klasse etwas sperrig HalloweltModelHallowelt. Sie folgt damit den Joomla!-Konventionen, nach denen der Klassenname des Models immer mit dem Namen der Komponente beginnt (hier also Hallowelt). Dann folgt der Begriff Model und schließlich noch der Name des Models (im Beispiel einfach wieder Hallowelt).

Tipp Wie auch die übrigen von Joomla! bereitgestellten Klassen können Sie JModelLegacy direkt nutzen, ohne sie explizit einbinden beziehungsweise importieren zu müssen.

Die neu geschaffene Model-Klasse verwaltet lediglich die Zeichenkette Hallo Welt, die sie über die Methode getHallo() bereitwillig preisgibt. Der Name der Methode beginnt übrigens absichtlich mit get – dazu in wenigen Zeilen mehr.

Verschaffen Sie dem neuen Model abschließend noch ein eigenes warmes Plätzchen, indem Sie in Ihrem Arbeitsverzeichnis zunächst das Verzeichnis *site* erstellen, in ihm wiederum den Unterordner *models* anlegen und dort schließlich den Programmcode aus dem obigen Beispiel 15-1 in der Datei *hallowelt.php* speichern.

Warnung Die (meisten) Datei- und Verzeichnisnamen gibt Joomla! vor. Eine Abweichung von den Konventionen könnte dazu führen, dass Teile der Komponente nicht mehr gefunden werden und sie somit ihren Dienst quittiert.

Bis jetzt haben Sie in Ihrem Arbeitsverzeichnis also genau eine Datei:

Datei	Funktion
site/models/hallowelt.php	Enthält eine Klasse, die das Model realisiert.

2. Schritt: Die View

Die Daten aus dem Model müssen jetzt auf den Schirm. Darum kümmert sich die nächste Klasse, die View (siehe Beispiel 15-2):

Beispiel 15-2:   Die View für das Hallo-Welt-Beispiel (Datei »*site/views/hallowelt/view.html.php*«)

```php
<?php
// Erlaube Zugriff nur von Joomla! aus:
defined('_JEXEC') or die;

// Die View-Klasse (von JViewLegacy abgeleitet):
class HalloweltViewHallowelt extends JViewLegacy
{
    // Variable zur Speicherung des anzuzeigenden Textes:
    protected $gruesse;

    // Ausgabefunktion:
    function display($tpl = null)
    {
        // Ausgabe des Model in $gruesse merken:
        $this->gruesse = $this->get('Hallo');

        // Abschließend display() der Basisklasse aufrufen:
        parent::display($tpl);
    }
}
?>
```

Am Anfang steht wieder die Sicherheitsabfrage. Danach leitet Beispiel 15-2 die eigene View-Klasse von der JViewLegacy-Klasse ab. Der Name der neuen Klasse folgt den gleichen Konventionen wie beim Model (Name der Komponente, Begriff View und der Name der View).

Eine View-Klasse enthält grundsätzlich immer eine Methode display(). In diesem Fall fragt sie als Erstes über

```php
$this->get('Hallo');
```

den vom Model verwalteten Text ab. Die Methode get() geht dabei ziemlich trickreich zu Werke: Zunächst nimmt sie den Text in den Anführungsstrichen und stellt ihm ein get voran. Im obigen Beispiel entsteht so getHallo. Anschließend ruft sie im Model die Methode auf, die genauso heißt: getHallo(). Aus genau diesem Grund wurde in Beispiel 15-1 die Methode getHallo() und nicht etwa sagHallo() getauft.

 Tipp   Es gilt also die Faustregel: Wenn eine Methode einen Wert zurückliefert, muss ihr Name immer mit einem **get** beginnen.

Dank der Namenskonventionen kennt die Methode get zudem bereits das passende Model (in diesem Fall HalloweltModelHallowelt). Sie müssen sich also nicht erst das Model holen und dann anzapfen.

Tipp

Wenn Sie möchten, können Sie das aber natürlich auch weiterhin tun. Das Model holen Sie zunächst per:

```
$model =& $this->getModel();
```

und rufen die entsprechende Methode manuell auf:

```
$this->gruesse = $model->getHallo();
```

Die von get() zurückgelieferten Informationen landen erst einmal in einer neuen Variable gruesse. Anschließend ruft Beispiel 15-2 noch die display()-Methode der Basisklasse (JViewLegacy) auf, die wiederum für die eigentliche Anzeige auf dem Bildschirm sorgt.

Bleibt nur noch, der View-Klasse eine neue Heimat zu spendieren. Erstellen Sie dazu in Ihrem Arbeitsverzeichnis unterhalb von *site* den Ordner *views*. Dort legen Sie ein weiteres Verzeichnis mit dem Namen der View an – im Beispiel wäre dies also *hallowelt*. Die oben aufgeführte Klasse aus Beispiel 15-2 speichern Sie darin als *view. html.php*. (Die Datei *view.html.php* liegt also im Unterordner *site/views/hallowelt* Ihres Arbeitsverzeichnisses.)

Ist es Ihnen aufgefallen? Bislang fehlt noch etwas: Der aus dem Model geholte Gruß wurde nirgendwo ausgegeben. Das könnte am Ende der Funktion display() ein simples

```
echo $this->gruss;
```

erledigen. Die Ausgabe der View wäre dann jedoch ein langweiliger, unformatierter Text. Der Gruß Hallo Welt! sollte den Besucher aber doch besser in einer großen, fetten Schrift anstrahlen. Wie Sie aus Kapitel 13, *Templates,* wissen, steuern in Joomla! Templates das Aussehen. So ist es auch in diesem Fall: Der View wird einfach ein kleines Template, das sogenannte *Layout,* an die Seite gestellt, das wiederum die Ausgaben der View mit entsprechenden HTML-Tags hübsch formatiert. Den Hallo Welt-Text könnte man der Einfachheit halber zwischen zwei <h1>-Tags setzen:

Beispiel 15-3: Das kleine Layout für das Hallo-Welt-Beispiel (Datei »*site/views/hallowelt/tmpl/default.php*«)

```
<?php defined('_JEXEC') or die; ?>
<h1>
    <?php echo $this->gruesse; ?>
</h1>
```

Genau wie richtige Templates sind auch Layouts nichts anderes als PHP-Dateien, die ebenfalls immer mit der obligatorischen Sicherheitsabfrage beginnen sollten. Netterweise darf das Layout auf die Variablen (Eigenschaften) der View-Klasse zugreifen. In diesem Fall zapft das Layout den vorhin in gruesse gemerkten Text an und setzt ihn via echo in die Ausgabe ein. Im Beispiel würde damit die Ausgabe der View so aussehen:

```
<h1>Hallo Welt!</h1>
```

Diesen HTML-Schnipsel baut nun wiederum Joomla! an der richtigen Stelle der kompletten, ausgelieferten Seite ein.

Tipp   Da dieser Ablauf etwas komplizierter ist, sei er hier noch einmal kurz zusammengefasst: Die View holt aus dem Model den darin gespeicherten Text, packt ihn in eine Variable und schiebt diese wiederum in das Layout. Das Layout setzt den Inhalt der Variablen in ein HTML-Fragment ein, das Joomla! in die ausgelieferte Homepage integriert.

Die View gibt also nicht selbst Daten aus, sondern steckt sie nur in Variablen. Die eigentliche Ausgabe geschieht dann über das zugeordnete Layout. Dies bedeutet aber auch, dass eine View immer aus der Klasse und einem Layout besteht.

Legen Sie für das Layout im Verzeichnis *site/views/hallowelt* das Unterverzeichnis *tmpl* an, und speichern Sie die kleine Vorlage aus dem obigen Beispiel 15-3 dort unter dem Namen *default.php*.

Damit besteht die Komponente in Ihrem Arbeitsverzeichnis jetzt schon aus drei Dateien:

Datei	Funktion
site/models/hallowelt.php	Enthält eine Klasse, die das Model realisiert.
site/views/hallowelt/view.html.php	Enthält eine Klasse, die eine View realisiert.
site/views/hallowelt/tmpl/default.php	Enthält das zur View gehörende Layout.

3. Schritt: Der Controller

Als Nächstes benötigen Sie eine Klasse, die den Ablauf steuert – den Controller. Er übernimmt die Regie, sobald ein Seitenbesucher die Komponente aufruft und ihr eine Aufgabe stellt. Diese Aufgabe wertet der Controller aus. Er überlegt sich, mit welchen Methoden von Model und View sie sich lösen lässt. In der Regel weist er zunächst das Model an, die Daten entsprechend der Aufgabenstellung zu verändern und sie dann an die View zur Präsentation weiterzureichen.

Warnung   Der Controller koordiniert nur die Aktionen. Er selbst manipuliert weder irgendwelche Daten noch bringt er sie auf den Bildschirm.

In diesem einfachen Beispiel muss der Controller lediglich dafür sorgen, dass bei einer Aktivierung der Komponente die eben erstellte View geladen wird und somit der Hallo Welt-Text auf dem Bildschirm erscheint. Alles dazu Notwendige bringt bereits die von Joomla! bereitgestellte Klasse JControllerLegacy mit (siehe Beispiel 15-4):

Beispiel 15-4:   Der Controller für das Hallo-Welt-Beispiel (Datei »*site/controller.php*«)

```php
<?php
defined('_JEXEC') or die;

class HalloweltController extends JControllerLegacy
{
}
?>
```

JControllerLegacy ist von Haus aus so eingestellt, dass er grundsätzlich immer die View aufruft, die seinen Namen trägt – in diesem Fall würde der HalloweltController die View mit dem Namen HalloweltViewHallowelt aktivieren (wenn Sie dieses Verhalten nicht möchten, müssten Sie die Methode display() des Controllers überscheiben – zu dieser Methode folgt später noch mehr).

Unter dem Strich sorgt der oben geschaffene HalloweltController also dafür, dass bei einem Aufruf der Komponente der im Model gespeicherte Text auf den Bildschirm wandert. Alle anderen Benutzeraktionen werden (noch) geflissentlich ignoriert.

Tipp   Man könnte sich hier deshalb das Ableiten auch sparen und gleich im vierten Schritt direkt die Klasse JControllerLegacy als Controller verwenden. Die Hallo-Welt-Erweiterung bietet jedoch einen recht guten Ausgangspunkt für die später anstehende Verwaltung der Filme.

Speichern Sie den Controller aus dem obigen Beispiel 15-4 im Unterverzeichnis *site* unter dem Dateinamen *controller.php*.

Insgesamt sollten in Ihrem Arbeitsverzeichnis jetzt folgende vier Dateien vorliegen:

Datei	Funktion
site/controller.php	Enthält eine Klasse, die den Controller realisiert.
site/models/hallowelt.php	Enthält eine Klasse, die das Model realisiert.
site/views/hallowelt/view.html.php	Enthält eine Klasse, die eine View realisiert.
site/views/hallowelt/tmpl/default.php	Enthält das zur View gehörende Layout.

4. Schritt: Ein Einsprungspunkt für Joomla!

Sobald jemand die Komponente später aktiviert, geht Joomla! im Verzeichnis *components* auf die Suche nach einem Unterverzeichnis mit dem Namen der Komponente – im Beispiel also *com_hallowelt*.

In diesem Ordner erwartet das Content-Management-System ein PHP-Skript, das den gleichen Namen wie die Komponente, aber ohne das vorangestellte *com_* trägt (im Beispiel also *hallowelt.php*). Dieses Skript startet Joomla! dann einfach. Dann lehnt sich Joomla! zurück und wartet auf die Ausgaben.

Das aufgerufene PHP-Skript bezeichnet Joomla! als *Einsprungspunkt* (oder englisch *Entry Point)* der Komponente. Nach seinem Start ist es ganz allein dafür verantwortlich, ein passendes Controller-Objekt zu erzeugen und dieses zu aktivieren. Im Hallo-Welt-Beispiel sieht das als Einsprungspunkt dienende Skript wie folgt aus (siehe Beispiel 15-5):

Beispiel 15-5:   Der Entry Point für das Hallo-Welt-Beispiel (Datei »*site/hallowelt.php*«)

```php
<?php
defined('_JEXEC') or die;

// Hallowelt-Controller-Objekt erstellen:
$controller = JControllerLegacy::getInstance('Hallowelt');

// Die gestellte Aufgabe lösen:
$controller->execute('');

// Weiterleiten, sofern der Controller dies verlangt:
$controller->redirect();
?>
```

Zu Beginn steht – Sie ahnen es – wieder einmal die Sicherheitsabfrage. Danach wird ein neues Controller-Objekt der Klasse `HalloweltController` erzeugt, das Beispiel 15-5 umgehend an die Arbeit schickt: `$controller->execute()`.

Normalerweise muss man an execute() den Namen der zu lösenden Aufgabe durchreichen (wie das genau funktioniert, erfahren Sie in einem späteren Abschnitt). In diesem Fall hat die Komponente jedoch nur eine Standardaufgabe: die Anzeige des Textes `Hallo Welt`. Indem man execute() eine leere Zeichenkette übergibt, spult der Controller einfach sein Standardprogramm ab – und das bestand ja gerade darin, den Text anzuzeigen. (Wie im vorherigen Schritt beschrieben wurde, ruft er dazu die View auf, die wiederum alle nötigen Schritte veranlasst.)

Zum Abschluss leitet `$controller->redirect();` den Browser noch auf eine bestimmte Seite weiter – welche das ist und ob die Weiterleitung überhaupt notwendig ist, hängt von der zuvor vom Controller gelösten Aufgabe ab. In diesem einfachen Hallo-Welt-Beispiel steht zwar keine Weiterleitung an, sicherheitshalber sollte man die Anweisung jedoch immer einbauen – nicht, dass der Besucher plötzlich in einer Sackgasse steht.

Speichern Sie das obige PHP-Skript aus Beispiel 15-5 in der Datei *hallowelt.php*, und legen Sie diese im Unterverzeichnis *site* Ihres Arbeitsverzeichnisses ab.

Damit haben Sie dort jetzt schon fünf Dateien:

Datei	Funktion
site/hallowelt.php	Bildet den Einsprungspunkt für Joomla!.
site/controller.php	Enthält eine Klasse, die den Controller realisiert.

Datei	Funktion
site/models/hallowelt.php	Enthält eine Klasse, die das Model realisiert.
site/views/hallowelt/view.html.php	Enthält eine Klasse, die eine View realisiert.
site/views/hallowelt/tmpl/default.php	Enthält das zur View gehörende Layout.

5. Schritt: Einen Menüeintragstyp anmelden

Später auf der Website muss ein Besucher die Meldung *Hallo Welt* auch irgendwie abrufen beziehungsweise erreichen können. Das geht am bequemsten über einen entsprechenden Menüpunkt. Um einen solchen wiederum anlegen zu können, benötigt man einen passenden Menüeintragstyp. Den gibt es aber bislang noch gar nicht für die Hallo-Welt-Komponente (hinter *Menüs → Main Menu → Neuer Menüeintrag* und mit einem Klick auf *Auswählen* kann man im Moment nur Menüpunkte auf die anderen Komponenten einrichten).

Sie müssen deshalb erst einen Menüeintragstyp für die neue Komponente anmelden – genauer gesagt für eine View: Wenn ein Besucher einen Menüpunkt anklickt, aktiviert Joomla! die dahinter wartende Komponente. Diese Komponente liefert ihre Daten, die dann wiederum von einer ihrer Views hübsch formatiert auf den Bildschirm ausgegeben werden. Welche View das sein soll, bestimmt der Menüpunkt über seinen Menüeintragstyp. Mit anderen Worten: Ein Menüeintragstyp ist also nichts anderes als ein Hinweispfeil auf eine View (siehe Abbildung 15-1).

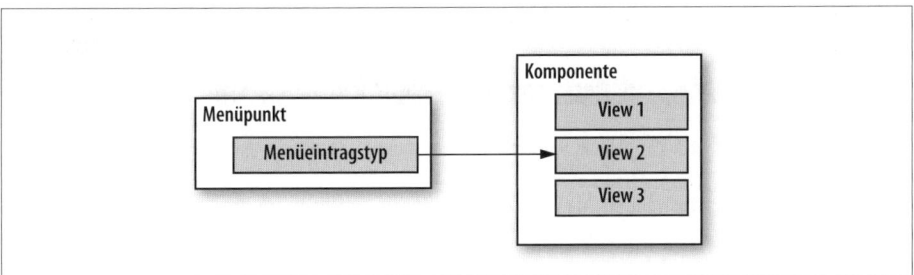

Abbildung 15-1:   Ein Menüpunkt führt immer zu einer ganz bestimmten View einer ganz bestimmten Komponente.

Damit Joomla! weiß, für welche View es einen Menüeintragstyp einrichten soll, müssen Sie eine spezielle Datei namens *default.xml* im Verzeichnis der View ablegen. Beispiel 15-6 zeigt den Inhalt der Datei.

Beispiel 15-6:   Diese XML-Datei erzeugt einen neuen Menüeintragstyp für die Komponente (Datei »*site/views/hallowelt/tmpl/default.xml*«).

```xml
<?xml version="1.0" encoding="utf-8"?>
<metadata>
    <layout title="Hallo Welt">
        <message>Eine Seite mit der Nachricht Hallo Welt!</message>
    </layout>
</metadata>
```

Der Text hinter `title=` gibt die Beschriftung des Menüeintragstyps in der Auswahlliste vor. Im Beispiel 15-6 erscheint der Menüeintragstyp später mit dem Namen *Hallo Welt* (`title="Hallo Welt"`). Den Text zwischen `<message>` und `</message>` zeigt Joomla! später in einem kleinen Tooltipp-Fenster an (siehe Abbildung 15-2). Den übrigen kryptischen Textwust in der Datei können Sie immer einfach so übernehmen.

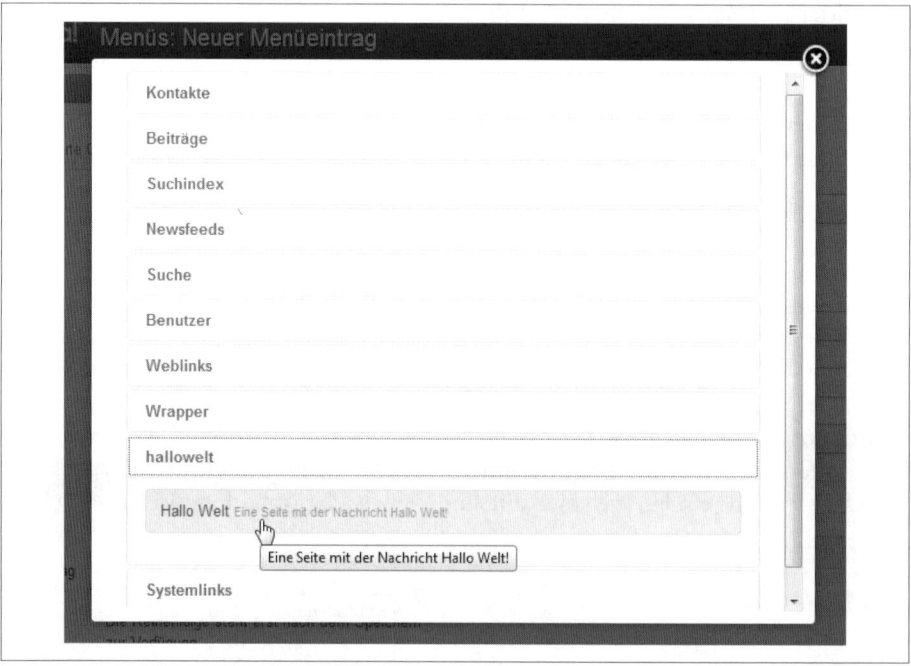

Abbildung 15-2:   Dank der *default.xml*-Datei erhält die Hallo-Welt-Komponente einen eigenen Menüeintragstyp.

Speichern Sie Beispiel 15-6 im Unterverzeichnis *site/views/hallowelt/tmpl/* in der Datei *default.xml*.

Für jede weitere View, die später auf der Homepage über einen Menüpunkt erreichbar sein soll, müssten Sie jetzt eine weitere eigene *default.xml*-Datei anlegen. Die Hallo-Welt-Komponente hat glücklicherweise nur eine View.

Damit sollte in Ihrem Arbeitsverzeichnis jetzt das halbe Dutzend voll sein:

Datei	Funktion
site/hallowelt.php	Bildet den Einsprungpunkt für Joomla!.
site/controller.php	Enthält eine Klasse, die den Controller realisiert.
site/models/hallowelt.php	Enthält eine Klasse, die das Model realisiert.
site/views/hallowelt/view.html.php	Enthält eine Klasse, die eine View realisiert.
site/views/hallowelt/tmpl/default.php	Enthält das zur View gehörende Layout.
site/views/hallowelt/tmpl/default.xml	Weist Joomla! an, einen Menüeintragstyp für die View zu erstellen.

6. Schritt: Die dunkle Seite der Macht – die Administrator-Schnittstelle

Jede Komponente hat zwei Gesichter: eines, das der Besucher auf der Homepage sieht, und eines, das nur für den Super User beziehungsweise Administrator zur Konfiguration bestimmt ist. Diese Administrator-Schnittstelle integriert sich später in das Backend von Joomla!.

Im Fall der extrem einfach gestrickten Hallo-Welt-Komponente soll dort lediglich ein Hinweistext erscheinen. Dies übernimmt für den Moment ein einziges Skript namens *hallowelt.php*, dessen Inhalt Beispiel 15-7 zeigt. Es muss dummerweise genau so heißen wie der Einsprungpunkt für die Website – verwechseln Sie die beiden also nicht.

Beispiel 15-7:   Das Skript für die Administrator-Schnittstelle (Datei »*admin/hallowelt.php*«)

```php
<?php defined('_JEXEC') or die; ?>
<h1>
    Die Komponente Hallo Welt! im Backend
</h1>
```

Gleich bei der Installation der Komponente reserviert Joomla! für sie einen Eintrag im Menü *Komponenten*. Sobald Sie diesen Menüpunkt aufrufen, erscheint die in *hallowelt.php* definierte Seite. Wie das im Hallo-Welt-Beispiel aussieht, zeigt Abbildung 15-3.

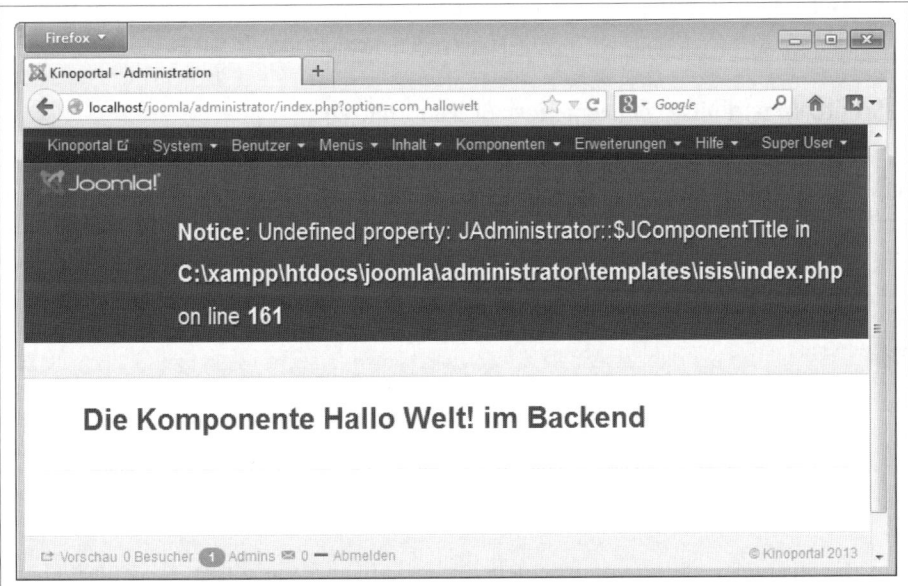

Abbildung 15-3:   Die Administrator-Schnittstelle der Komponente zeigt im Hallo-Welt-Beispiel lediglich einen kleinen Informationstext an. Die Fehlermeldung können Sie (hier noch) ignorieren.

Warnung   Dies ist nur eine Notlösung. Wie Sie später bei der Verwaltung der Filme sehen werden, verwendet auch der für die Administration zuständige Teil der Komponente das MVC-Konzept. Die Datei *hallowelt.php* dient dort dann als Einsprungspunkt. Sofern Ihre Komponente jedoch keine Einstellungen besitzt, könnten Sie auf die Datei auch verzichten. Es empfiehlt sich jedoch wie beim Hallo-Welt-Beispiel, zumindest einen kleinen Informationsbildschirm einzurichten. Für den späteren Anwender wünschenswert wären dabei sicherlich Angaben zum Entwickler und zur Versionsnummer der Komponente.

Erstellen Sie in Ihrem Arbeitsverzeichnis den Unterordner *admin*, und speichern Sie dort die Datei *hallowelt.php* aus Beispiel 15-7. Damit ist gleichzeitig klar, welche der beiden Dateien namens *hallowelt.php* für die Website und welche für das Backend zuständig ist.

In Ihrem Arbeitsverzeichnis liegen damit folgende Dateien:

Datei	Funktion
admin/hallowelt.php	Sorgt für die Anzeige im Backend.
site/hallowelt.php	Bildet den Einsprungspunkt für Joomla!.
site/controller.php	Enthält eine Klasse, die den Controller realisiert.
site/models/hallowelt.php	Enthält eine Klasse, die das Model realisiert.
site/views/hallowelt/view.html.php	Enthält eine Klasse, die eine View realisiert.
site/views/hallowelt/tmpl/default.php	Enthält das zur View gehörende Layout.
site/views/hallowelt/tmpl/default.xml	Weist Joomla! an, einen Menüeintragstyp für die View zu erstellen.

7. Schritt: Verzeichnisse vor neugierigen Blicken schützen

Würden Sie die Komponente in diesem Zustand unter Joomla! installieren, könnte jeder Besucher über die Internetadresse *http://localhost/joomla/components/com_hallowelt/* alle Dateien Ihrer neuen Komponente sehen. Ein Besucher mit genügend krimineller Energie könnte somit alle Bestandteile Ihrer Komponente herunterladen und sie in Ruhe auf Angriffsmöglichkeiten hin analysieren.

 Tipp   Um auf die passende Adresse zu kommen, braucht es übrigens nicht viel: Den Namen der Komponente verrät Joomla! unter Umständen selbst in der Adressleiste des Browsers (dazu gleich noch mehr). Als versierter Programmierer weiß der Angreifer somit, dass die Erweiterung im Verzeichnis *components/com_hallowelt* liegt. Das muss er nur noch an *http://localhost/joomla/* hängen, und schon hat er die passende Adresse.

Um die eigenen Dateien vor fremden Einblicken und vor allem vor Zugriffen zu schützen, packen Sie einfach in *jedes* bislang erstellte Unterverzeichnis Ihrer Komponente eine Textdatei mit dem Namen *index.html* und folgendem Inhalt:

```
<!DOCTYPE html><title></title>
```

Versucht nun ein Angreifer, die Adresse *http://localhost/joomla/components/com_hallowelt/* aufzurufen, bekommt er immer nur eine weiße, leere Seite vorgesetzt.

Wenn ich mich nicht verzählt habe, müssten sich damit insgesamt sechs *index.html*-Dateien in den Unterordnern Ihres Arbeitsverzeichnisses tummeln. Damit haben Sie es auch fast geschafft: Bis zum großen Glück fehlt nur noch eine einzige Datei.

8. Schritt: Die XML-Datei

Damit Joomla! die Komponente installieren und alle Dateien an die richtigen Positionen kopieren kann, muss noch eine kleine Informationsdatei her (siehe Beispiel 15-8).

Beispiel 15-8:   Die XML-Informationsdatei für das Hallo-Welt-Beispiel (Datei »*hallowelt.xml*«)

```
<?xml version="1.0" encoding="utf-8"?>
<extension type="component" version="3.0">

    <name>Hallowelt</name>
    <creationDate>24. Januar 2013</creationDate>
    <author>Tim Schürmann</author>
    <authorEmail>info@tim-schuermann.de</authorEmail>
    <authorUrl>http://www.tim-schuermann.de</authorUrl>
    <copyright>(C) Tim Schürmann 2013</copyright>
    <license>GNU General Public License</license>
    <version>1.0.0</version> <!-- Versionsnummer der Komponente -->
    <description>Dies ist eine Beschreibung der Komponente ...</description>

    <files folder="site">
        <filename>index.html</filename>
        <filename>hallowelt.php</filename>
        <filename>controller.php</filename>
        <folder>models</folder>
        <folder>views</folder>
    </files>

    <administration>
        <menu>Hallo Welt!</menu>
        <files folder="admin">
            <filename>index.html</filename>
            <filename>hallowelt.php</filename>
        </files>
    </administration>

</extension>
```

Wenn Sie bereits das Kapitel über Templates gelesen haben, dürfte Ihnen dieser Aufbau bekannt vorkommen. Es handelt sich hierbei um eine Datei im XML-Format, worauf die erste Zeile hinweist:

```
<?xml version="1.0" encoding="utf-8"?>
```

Um den Aufbau der Datei zu verstehen, müssen Sie glücklicherweise kein XML beherrschen. Alle Informationen über die Komponente stehen jeweils in HTML-ähnlichen Tags.

Als Erstes weist das Start-Tag

```
<extension type="component" version="3.0">
```

darauf hin, dass es im Folgenden um eine Komponente (type="component") geht, die für Joomla! 3.0 und höher gedacht ist (version="3.0"). Alle Informationen über diese Komponente stehen dann innerhalb von <extension ...> und </extension>.

 Version   Wenn Sie Ihre Erweiterung auch für Joomla! ab Version 2.5.6 anbieten möchten, verwenden Sie im <extension>-Tag die Versionsnummer 2.5 (also version="2.5"). So gekennzeichnete Erweiterungen installiert auch Joomla! 3.0.

Als Nächstes folgen ein paar allgemeine Informationen über die Komponente:

<name>
    Der Name der Komponente
<creationDate>
    Das Datum der Erstellung
<author>
    Der Autor oder Programmierer der Komponente
<authorEmail>
    Die E-Mail-Adresse des Autors
<authorUrl>
    Die Internetadresse der Homepage des Autors
<copyright>
    Das Copyright der Komponente und dessen Inhaber
<license>
    Die Lizenz, unter der die Komponente veröffentlicht wurde (wie beispielsweise die GNU GPL)
<version>
    Die Version der Komponente
<description>
    Eine kurze Beschreibung, was die Komponente alles so anstellt

Es gibt für die Texte zwischen den Tags übrigens keine festen Konventionen. Sie können Ihrer Komponente daher beispielsweise auch die Versionsnummer 4BETA2bratwurst verpassen.

Tipp Dann müssen Sie allerdings auf den angebotenen Update-Mechanismus verzichten. Sie sollten daher am besten nur Versionsnummern verwenden, die aus Ziffern und Punkten bestehen, wie etwa 1.2.3. Mehr zu diesem Thema folgt später noch im Kasten »Upgrade-Pakete« auf Seite 733.

Zwischen `<files>` und `</files>` gehören alle zur Komponente gehörenden Dateien, die ihre Arbeit im Frontend verrichten. Diese Dateien wandern später bei der Installation in das Verzeichnis *components/com_hallowelt* Ihrer Joomla!-Installation.

Das Attribut `folder="site"` sagt Joomla!, in welchem Unterverzeichnis es alle diese Dateien zu suchen hat. Jeden einzelnen Dateinamen rahmen noch einmal `<filename>` und `</filename>` ein.

Damit man sich bei vielen Dateien nicht die Finger wund tippt (im Hallo-Welt-Beispiel sind das immerhin schon 14 Dateien), kann man auch gleich ganze Unterverzeichnisse angeben. Mit der Zeile

```
<folder>views</folder>
```

berücksichtigt Joomla! bei der Installation beispielsweise automatisch alle Dateien aus dem Unterverzeichnis *views*.

Tipp Achten Sie immer penibel darauf, dass sich keine Tippfehler in die Verzeichnis- oder Dateinamen einschleichen. Andernfalls schlägt die Installation gleich fehl.

Der `<administration>`-Abschnitt sorgt schließlich noch für die Integration in das Backend. Mit dem zwischen `<menu>` ... `</menu>` eingerahmten Begriff erstellt Joomla! gleich einen neuen Punkt im Menü *Komponenten*.

Als Nächstes listet der `<administration>`-Abschnitt alle Dateien auf, die zur Administrator-Schnittstelle der Komponente gehören. Diese wandern bei der Installation in das Unterverzeichnis *administrator/components/com_hallowelt* Ihrer Joomla!-Installation.

Tipp Sollte sich eine Komponente aus irgendwelchen Gründen nur unvollständig deinstallieren lassen, müssen Sie deshalb immer an den beiden genannten Stellen nach Dateileichen suchen – im Beispiel also unter *components/com_hallowelt* und *administrator/components/com_hallowelt*. Darüber hinaus merkt sich Joomla! alle registrierten Komponenten in einer Datenbanktabelle, deren Name auf **extensions** endet. Auch diese sollten Sie im Fehlerfall auf Dateireste untersuchen (zum Beispiel mit dem Konfigurationswerkzeug phpMyAdmin; mehr dazu folgt in Kapitel 18, *Rund um die Datenbank*).

Während die meisten Tags aus dem oberen Abschnitt (wie etwa die `<description>`) optional sind, bleibt der `<administration>`-Abschnitt Pflicht. Andernfalls verweigert Joomla! die Installation der neuen Komponente.

Speichern Sie die neue Datei aus Beispiel 15-8 als *hallowelt.xml* direkt in Ihrem Arbeitsverzeichnis. Dort sollten sich jetzt die folgenden Dateien befinden:

Datei	Funktion
hallowelt.xml	Enthält Informationen für die Installation.
admin/hallowelt.php	Ist die Administrator-Schnittstelle der Komponente.
admin/index.html	Bietet Schutz vor neugierigen Blicken.
site/hallowelt.php	Bildet den Einsprungspunkt für Joomla!.
site/controller.php	Enthält eine Klasse, die den Controller realisiert.
site/index.html	Bietet Schutz vor neugierigen Blicken.
site/models/hallowelt.php	Enthält eine Klasse, die das Model realisiert.
site/models/index.html	Bietet Schutz vor neugierigen Blicken.
site/views/index.html	Bietet Schutz vor neugierigen Blicken.
site/views/hallowelt/view.html.php	Enthält eine Klasse, die eine View realisiert.
site/views/hallowelt/index.html	Bietet Schutz vor neugierigen Blicken.
site/views/hallowelt/tmpl/default.php	Enthält das zur View gehörende Layout.
site/views/hallowelt/tmpl/default.xml	Weist Joomla! an, einen Menüeintragstyp für die View zu erstellen.
site/views/hallowelt/tmpl/index.html	Bietet Schutz vor neugierigen Blicken.

9. Schritt: Probelauf (und eine kleine Zusammenfassung der Geschehnisse)

Packen Sie jetzt den kompletten *Inhalt* Ihres Arbeitsverzeichnisses in ein ZIP-Archiv, wechseln Sie anschließend ins Backend von Joomla!, und installieren Sie das ZIP-Archiv über den allseits bekannten Menüpunkt *Erweiterungen → Erweiterungen*. Im Erfolgsfall erscheint die Meldung, die Sie in der *hallowelt.xml*-Datei unter <description> eingetragen haben (wie in Abbildung 15-4).

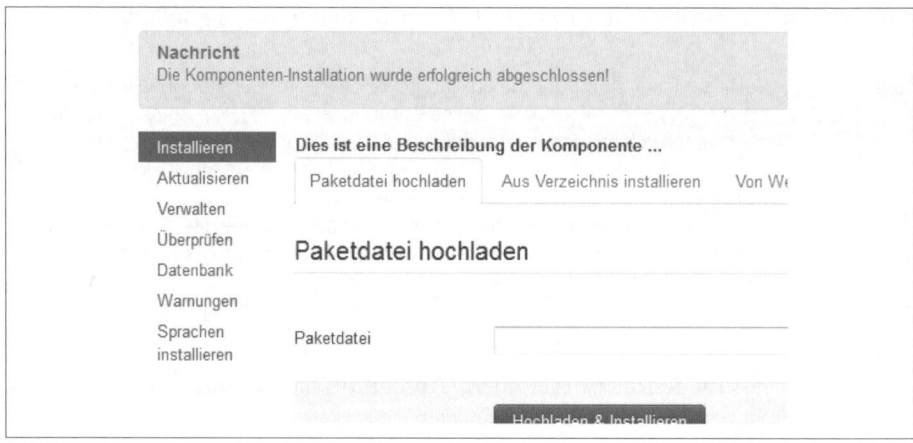

Abbildung 15-4:   Die Installation der Hallo-Welt-Komponente war erfolgreich.

Sollte etwas schieflaufen, gibt Joomla! in der Regel eine recht informative Fehlermeldung aus. Meist ist der Grund ein Tippfehler innerhalb der XML-Datei, oder das Problem rührt daher, dass Sie innerhalb des `<files>`-Abschnitts eine Datei oder ein Verzeichnis nicht angegeben haben. Ging alles glatt, steht eine Funktionsprüfung an.

Tipp   Sollte dabei etwas nicht so funktionieren wie beschrieben, prüfen Sie wieder als Erstes, ob alle Dateien an ihrem korrekten Ort liegen, ob sie den richtigen Namen tragen und ob sich in der XML-Datei kein Tippfehler eingeschlichen hat. Erst danach steht ein Blick in den Programmcode an.

Im *Komponenten*-Menü sollte für die Hallo-Welt-Komponente ein neuer Menüeintrag warten. Mit *hallo-welt* sieht er noch etwas merkwürdig aus. Dies liegt daran, dass die Komponente noch keine eigene Sprachdatei besitzt. Um dieses Problem kümmert sich später noch ein eigener Abschnitt (Abschnitt »11. Schritt: Sprachdateien einbinden« auf Seite 761); im Moment sehen Sie bitte einfach noch darüber hinweg.

Wenn Sie den besagten Menüpunkt anklicken, führt er Sie zur Seite aus Abbildung 15-3 auf Seite 699 (die Beschriftung des Menüpunktes stammt aus der Datei *hallowelt.xml*, die angezeigte Seite aus der Datei *admin/hallowelt.php*). Die Fehlermeldung können Sie ignorieren. Sie rührt daher, dass die Administrations-Schnittstelle einfach nur einen Text zurückliefert und somit dem Backend noch keinen Namen für die neue Komponente mitteilt.

Um Ihren Besuchern die neue Komponente zugänglich zu machen, legen Sie in einem der vorhandenen Menüs wie gewohnt einen neuen Menüpunkt an (beispielsweise im Hauptmenü via *Menüs → Main Menu → Neuer Menüeintrag*). Nach einem Klick auf *Auswählen* finden Sie auf dem Slider *hallowelt* den neuen Menüeintragstyp *Hallo Welt* – ganz so wie in Abbildung 15-2 auf Seite 698 (*Hallo Welt* und die Beschreibung im Tooltipp stammen aus der Datei *site/views/hallowelt/tmpl/default.xml*).

Tipp   Bei mehreren vorhandenen Views würden hier weitere Einträge zur Auswahl stehen.

Entscheiden Sie sich für den Menüeintragstyp *Hallo Welt*, vergeben Sie noch einen *Menütitel*, wie etwa `Hallo Welt`, und legen Sie den Punkt via *Speichern & Schließen* an. Wenn Sie den neuen Menüpunkt jetzt in der *Vorschau* aufrufen, erscheint die Seite aus Abbildung 15-5.

Der Text stammt aus dem Model (Datei *site/models/hallowelt.php*), die Seite selbst hat die View (Datei *site/views/hallowelt/view.html.php*) mithilfe ihres kleinen Layouts (Datei *site/views/hallowelt/tmpl/default.php*) auf den Bildschirm gebracht.

Die Ausgabe der Komponente erscheint an ihrem dafür zugewiesenen Platz innerhalb des derzeit aktiven Templates (siehe auch Kapitel 13, *Templates*).

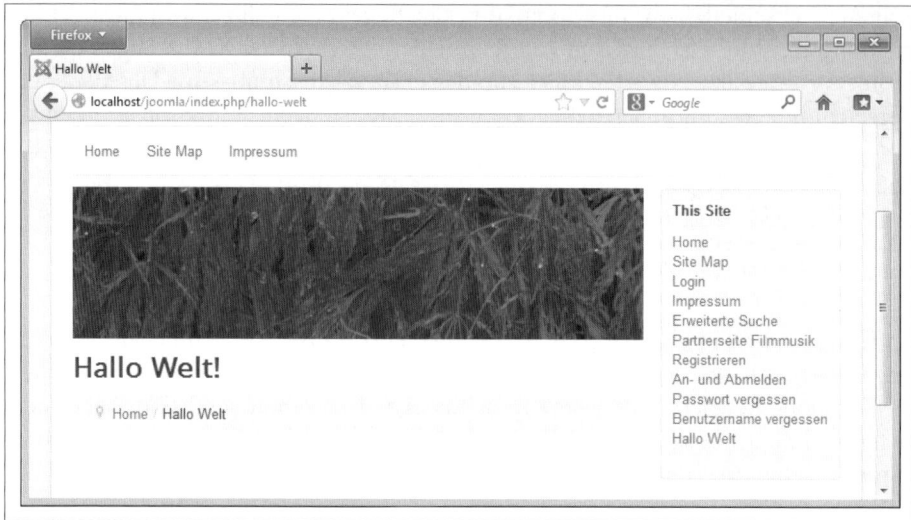

Abbildung 15-5: Die Ausgabe der Hallo-Welt-Komponente im Protostar-Template (Stil *protostar – Default*).

Abbildung 15-6 fasst den ganzen Ablauf noch einmal zusammen:

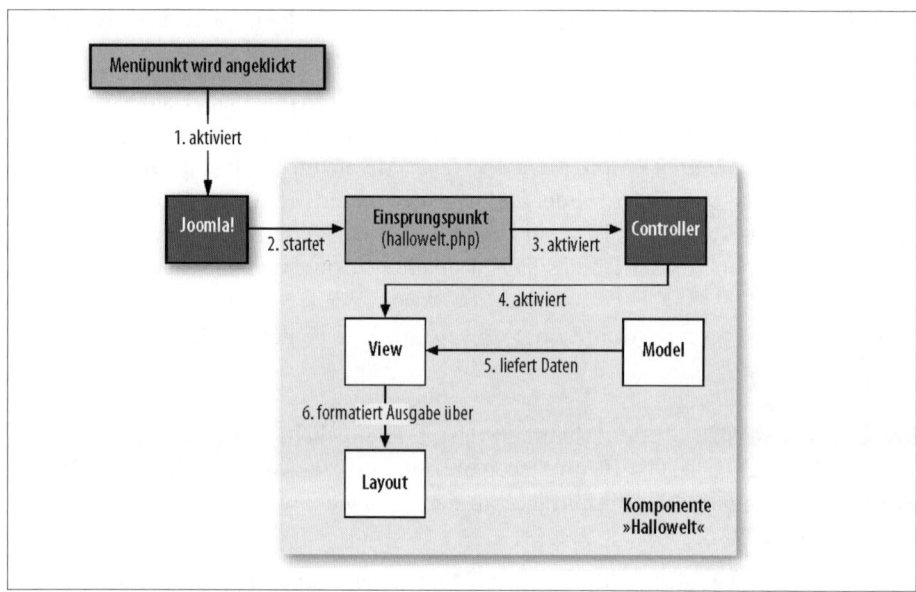

Abbildung 15-6: Ablauf der Hallo-Welt-Komponente

Wenn Sie im Frontend auf den Menüpunkt *Hallo Welt* klicken ❶, betritt Joomla! das Verzeichnis der Komponente (*components/com_hallowelt*) und startet dort das PHP-Skript, das den Namen der Komponente trägt – in diesem Fall also *hallowelt.php*. ❷

Dieses Skript erstellt nun ein Controller-Objekt, dem es anschließend die Kontrolle übergibt ❸. Das Controller-Objekt stellt nun fest, dass ihm gar keine Aufgabe genannt wurde ($controller->execute('') wurde nur eine leere Zeichenkette übergeben). Also greift es einfach zu seiner Standardaufgabe »Gib die von der Komponente verwalteten Daten aus«. Dazu erstellt es ein View-Objekt und ruft dann dessen display()-Methode auf ❹.

Damit übernimmt jetzt die View das Kommando. Zunächst benötigt sie erst einmal etwas, das sie überhaupt darstellen kann. Die entsprechenden Texte kennt das Model, das folglich umgehend um seine Daten gebeten wird ❺. Den zurückgelieferten Text speichert die View zunächst in einer Variablen, die sie anschließend in ihr Layout schiebt. Dieses »Mini-Template« sorgt noch für eine hübsche Formatierung ❻.

Die gesamte Ausgabe landet schließlich wieder bei Joomla!, das damit die Seite anhand seines eigenen Templates komplettiert und das Ergebnis schließlich an den Browser liefert. Ganz schön kompliziert, nur für eine einfache Ausgabe des Textes *Hallo Welt*.

10. Schritt: Deinstallation

Die Hallo-Welt-Komponente hat damit ihre Schuldigkeit getan. Löschen Sie also zunächst ihren Menüpunkt (*Menüs* → *Main Menu*, Menüpunkt abhaken, *Papierkorb*), und deinstallieren Sie anschließend die Komponente (*Erweiterungen* → *Erweiterungen*, auf das Register *Verwalten* wechseln, die Komponente *Hallowelt* ankreuzen und auf *Deinstallieren* klicken).

Tipp Sie müssen den Menüpunkt nicht zwingend entfernen. Er würde dann aber auf der Homepage ins Nirgendwo führen und somit Joomla! wiederum zu einer Fehlermeldung veranlassen (»404 Not Found«).

Während der Entwicklung einer Joomla!-Erweiterung müssen Sie diese für gewöhnlich häufiger installieren, testen und wieder deinstallieren.

Warnung Joomla! führt bei der Installation ein paar vorbereitende Maßnahmen im Hintergrund durch. Unter anderem richtet es dabei die Datenbank ein (dazu gleich noch mehr). Es ist folglich keine gute Idee, die Dateien der installierten Komponente direkt im *components*-Verzeichnis der Joomla!-Installation zu verändern.

Glücklicherweise können Sie sich die Prozedur etwas erleichtern. Dazu tauschen Sie in der Informationsdatei *hallowelt.xml* die Zeile

```
<extension type="component" version="3.0">
```

gegen

```
<extension type="component" version="3.0" method="upgrade">
```

aus. Damit wird aus dem Installationspaket ein Update-Paket, das Joomla! brav über die alte Fassung installiert. Die ständige Deinstallation entfällt somit.

 Warnung   Doch Vorsicht: Wenn später auch die Datenbank ins Spiel kommt, müssen Sie noch ein spezielles Update-Skript bereitstellen (dazu erfahren Sie später noch mehr). Andernfalls bleibt die Datenbank so, wie sie ist, was wiederum im Betrieb zu Datenverlust führen kann.

Auch das Erstellen eines Menüpunktes können Sie sich sparen und stattdessen die Komponente direkt aktivieren. Dazu müssen Sie lediglich eine spezielle Internetadresse aufrufen. Sie erhalten sie, indem Sie der Adresse zu Joomla! noch ein *index.php?option=* und den Verzeichnisnamen Ihrer Komponente anfügen. Wenn Sie der Schnellinstallationsanleitung aus Kapitel 2, *Installation*, gefolgt sind, ergibt sich dann im Fall der Hallo-Welt-Komponente:

```
http://localhost/joomla/index.php?option=com_hallowelt
```

Sofern Ihnen ein Tippfehler unterlaufen ist, beschwert sich das Content-Management-System mit einer entsprechenden (und leider meist recht nichtssagenden) Meldung. Andernfalls erhalten Sie das Ergebnis aus Abbildung 15-5.

Mehr über diese Internetadressen erfahren Sie im Kasten *Joomla! und seine Internetadressen*.

Joomla! und seine Internetadressen

Immer wenn Sie mit der Maus auf einen Menüpunkt klicken oder eine Aktion anstoßen, ruft Ihr Browser eine ganz bestimmte, eindeutige Internetadresse auf. Über sie erfahren Joomla! und seine Komponenten, welche Aufgabe und Aktionen sie durchzuführen haben.

Um einen Blick hinter die Kulissen und auf diese speziellen Adressen zu werfen, ist etwas Vorarbeit notwendig. In der Standardeinstellung verschleiert Joomla! nämlich alle seine Internetadressen. Um die tatsächlichen Adressen zu Gesicht zu bekommen, wechseln Sie zunächst via *System → Konfiguration* in die Grundeinstellungen von Joomla!. Schalten Sie hier auf dem Register *Site* im Bereich *Suchmaschinenoptimierung (SEO)* den Punkt *Suchmaschinenfreundliche URL* auf *Nein*, und *Speichern* Sie die Änderungen. Damit frisiert Joomla! seine Internetadressen nicht mehr und gibt so einen Einblick in die tatsächlichen Abläufe (mehr zum Umbau der Internetadressen folgt noch in Kapitel 17, *Suchmaschinenoptimierung*).

Wechseln Sie jetzt in die *Vorschau*, und rufen Sie dort nacheinander verschiedene Beiträge auf. Beobachten Sie dabei die Veränderungen in der Adresszeile Ihres Browsers. Dort erscheinen recht kryptische Adressen, wie beispielsweise:

http://localhost/joomla/index.php?option=com_content&view=article&id=22

Von Interesse ist hier im Moment nur der vordere Teil bis zum ersten Kaufmanns-Und:

http://localhost/joomla/index.php?option=com_content

Er veranlasst Joomla!, die hinter *option=* genannte Komponente zu aktivieren. In diesem Fall ist das die Komponente `com_content`, die dann wiederum einen oder mehrere Beiträge auf den Schirm bringt.

Tipp Welche Internetadresse ein Menüpunkt aufruft, sehen Sie schnell im Bearbeitungsbildschirm eines Menüpunktes: Wählen Sie im Backend beispielsweise *Menüs* → *Main Menu*, und klicken Sie einen der bestehenden Einträge in der Liste an. Im Feld *Link* steht jetzt die Adresse, die ein Klick auf den zugehörigen Menüpunkt aufrufen würde.

Analog aktiviert die Adresse

http://localhost/joomla/index.php?option=com_hallowelt

die Komponente aus dem Hallo-Welt-Beispiel. Ihr Browser ruft dabei zunächst die Seite *http://localhost/joomla/index.php* auf. Dies aktiviert Joomla!, das umgehend die Internetadresse auf etwaige Anhängsel prüft. In diesem Fall findet das Content-Management-System die Zeichenkette *?option=com_hallowelt*.

Tipp Wenn Sie den Rattenschwanz (hier also *?option=com_hallowelt*) weglassen, würde Joomla! einfach sein Standardprogramm abspulen, das die Startseite Ihres Internetauftritts auf den Bildschirm bringt.

Dies ist das Zeichen, die hinter *option=* angegebene Komponente zu starten. Dazu sucht Joomla! das entsprechende Verzeichnis auf (*components/com_hallowelt*) und startet dort das PHP-Skript, das den Namen der Komponente trägt – und setzt damit den im vorherigen Abschnitt vorgestellten Ablauf aus Abbildung 15-6 in Gang.

Im Beispiel der `com_content`-Komponente trug die Internetadresse noch weitere Anhängsel:

   &view=article&id=22

Nach jedem Kaufmanns-Und steht eine weitere Information, die Joomla! an die Komponente weiterleitet. In diesem Fall teilt das Anhängsel der Komponente `com_content` mit, dass sie einen Artikel (*view=article*) mit der Identifikationsnummer 22 (*id=22*) anzeigen soll. Was die Komponente dann mit diesen Informationen anfängt, bleibt ihr überlassen.

Die Kinoportal-Komponente

Nach dem einführenden Hallo-Welt-Beispiel soll es nun etwas praxisnaher werden. Das Ziel ist die Entwicklung einer Komponente, die Filme und deren Produktionskosten speichert und auf Anfrage auf den Bildschirm bringt. Damit lässt sich zwar kein Blumentopf gewinnen, für die Erklärung der noch ausstehenden Konzepte reicht dieses Projekt aber allemal aus. Die neue Komponente soll den klangvollen Namen *kinoportal* tragen.

Legen Sie als Erstes ein neues Arbeitsverzeichnis an. Dort hinein wandern gleich wie beim Hallo-Welt-Beispiel ein Model, ein Controller und eine View. Zuvor muss allerdings erst noch die Datenbank vorbereitet werden.

1. Schritt: Vorbereiten der Datenbank

Die neue Komponente soll die Filme in einer eigenen Datenbank-Tabelle namens – sagen wir – filme speichern. Diese ist jedoch noch gar nicht in der Datenbank vorhanden. Man könnte sie nun einfach per Hand anlegen, beispielsweise über die Benutzeroberfläche *phpMyAdmin* (siehe Kapitel 18, *Rund um die Datenbank*). Sofern Sie die Komponente aber später weitergeben möchten, ist dies keine besonders komfortable Lösung. Ideal wäre es, wenn Joomla! die fehlenden Tabellen direkt bei der Installation der Komponente einrichtet und sie auch automatisch bei der Deinstallation wieder entfernt. Diese Aufgaben übernehmen zwei zusätzliche Dateien. Die darin liegenden Befehle leitet Joomla! automatisch an die Datenbank weiter. In XAMPP, MAMP und auf den meisten angemieteten Webservern kommt MySQL zum Einsatz. Dieses Datenbanksystem erwartet Befehle in der Sprache SQL.

 Tipp   Falls Sie nach passender Literatur zum Thema SQL suchen, sollten Sie unbedingt auf Bücher zu MySQL zurückgreifen. Zwar ist SQL in einem Standard festgelegt, die Datenbankhersteller kochen dennoch gern ihr eigenes Süppchen.

Die erste Datei enthält alle SQL-Anweisungen, um die Datenbanktabelle anzulegen (siehe Beispiel 15-9):

Beispiel 15-9:   Die SQL-Befehle zum Anlegen einer Datenbanktabelle (Datei »*admin/sql/install.mysql.utf8.sql*«)

```
DROP TABLE IF EXISTS `#__filme`;

CREATE TABLE `#__filme` (
    `id` INT(11) NOT NULL AUTO_INCREMENT,
    `name` VARCHAR(100) NOT NULL,
    `kosten` INT NOT NULL,
    PRIMARY KEY (`id`)
) ENGINE=MyISAM AUTO_INCREMENT=1 DEFAULT CHARSET=utf8;

INSERT INTO `#__filme` (`name`, `kosten`) VALUES ('Spider-Man 3','237'),
('Titanic', '290'),
('Rapunzel - Neu verföhnt', '277'),
('Fluch der Karibik 3', '336');
```

Die erste Anweisung löscht eine eventuell vorhandene filme-Tabelle recht rücksichtslos aus der Datenbank. Direkt danach wird eine neue Tabelle erzeugt, in die abschließend noch ein paar Beispieldaten für die gleich anstehenden Tests wandern. Erstellen Sie in Ihrem Arbeitsverzeichnis den neuen Ordner *admin/sql*. Darin speichern Sie die Anweisungen aus Beispiel 15-9 in der Datei *install.mysql.utf8.sql*.

Der Tabellenname #__filme (mit zwei Unterstrichen zwischen # und filme) sieht übrigens absichtlich so komisch aus: Bei der Installation von Joomla! konnten Sie den Tabellennamen ein eigenes Präfix spendieren (siehe Kapitel 2, *Installation*, Abschnitt »Schritt 2: Konfiguration der Datenbank« auf Seite 55). Die neue Kinoportal-Komponente weiß jedoch nicht, wie dieses Präfix aussieht. Würde man hier einfach den Tabellennamen jos_filme fest »verdrahten«, würde die Komponente auf einer anderen Joomla!-Installation möglicherweise nicht laufen. Aus diesem Grund bietet Joomla! mit #__ eine Art Platzhalter an, den es später automatisch gegen das Präfix tauscht – aus #__filme wird dann beispielsweise jos_filme.

Beachten Sie weiterhin, dass die Tabellen- und Spaltennamen in Hochkommata (Backticks) eingefasst sind. Das Zeichen finden Sie auf deutschen Tastaturen rechts neben dem »ß« (Sie erzeugen es normalerweise, indem Sie die Umschalt-Taste und die Taste neben »ß« gleichzeitig drücken).

Bei einer Deinstallation der Kinoportal-Komponente würde die filme-Tabelle in der Datenbank zurückbleiben. Eine vorbildliche Komponente räumt jedoch »beim Verlassen der Wohnung« ihren mitgebrachten Datenmüll wieder weg. Dies erledigt ein weiterer Satz SQL-Anweisungen. Im Fall des Kinoportals muss lediglich die Tabelle gelöscht werden:

```
DROP TABLE IF EXISTS #__filme;
```

Speichern Sie diesen einsamen Befehl in der Datei *uninstall.mysql.utf8.sql* im Verzeichnis *admin/sql*.

Wie die Dateinamen schon andeuten, sind diese Dateien für MySQL gedacht. Wenn Ihre Erweiterung weitere Datenbanken unterstützen soll, müssen Sie für jede weitere Datenbank zwei eigene *.sql*-Dateien anlegen. Für SQL Server lauten dann die Dateinamen *install.sqlsrv.utf8.sql* und *uninstall.sqlsrv.utf8.sql*, für den Azure-Dienst *install.sqlazure.utf8.sql* und *uninstall.sqlazure.utf8.sql* und im Fall von PostgreSQL *install.postgresql.utf8.sql* und *install.postgresql.utf8.sql*. Denken Sie auch daran, dass diese Datenbanken ihren eigenen SQL-Dialekt sprechen. Im Kinoportal-Beispiel genügt der Einfachheit halber die MySQL-Unterstützung.

Damit besteht die neue Kinoportal-Komponente schon aus zwei Dateien:

Datei	Funktion
admin/sql/install.mysql.utf8.sql	Richtet die Datenbank ein.
admin/sql/uninstall.mysql.utf8.sql	Räumt die Datenbank wieder auf.

 **Tipp**

Um die eigenen Dateien vor fremden Blicken zu schützen, sollten Sie auch hier wieder in jedem (Unter-)Verzeichnis eine HTML-Datei mit dem Namen *index.html* und dem Inhalt `<!DOCTYPE html><title></title>` ablegen. Der Übersichtlichkeit halber werden sie hier und in den nachfolgenden Abschnitten jedoch nicht mit angelegt.

2. Schritt: Das Model und der Zugriff auf die Datenbank

Nach diesen Vorarbeiten geht es jetzt ans Model. Das musste im Hallo-Welt-Beispiel lediglich eine festgelegte Zeichenkette verwalten und diese auf Anfrage herausrücken. Die Informationen über die Filme liegen jedoch diesmal in der Datenbank, aus der das Model sie wiederum herausholen muss.

Dazu benötigt das Model als Erstes Zugriff auf die Datenbank. Da Joomla! dort sowieso alle naselang irgendwelche Daten abruft, existiert bereits eine Datenbankverbindung; man muss sie folglich nicht erst noch umständlich per Hand aufbauen. Stattdessen holt man sich einfach eine Referenz:

```
$datenbank = JFactory::getDbo();
```

JFactory ist eine von Joomla! bereitgestellte (statische) Klasse, die auf Anfrage viele nützliche Systemobjekte herausrückt – in diesem Fall eines, das den Zugriff auf die Datenbank erlaubt.

 **Tipp**

getDbo() steht für »get DataBase Object« und liefert ein Objekt vom Typ JDatabaseDriver. Eine komplette Aufstellung aller weiteren JFactory-Informationen liefert die API-Referenz auf der Joomla!-Homepage (*http://api.joomla.org*).

Über das erhaltene Datenbankobjekt kann man nun auf die Datenbank zugreifen. In diesem Fall sollen Informationen abgefragt werden, wozu vier Einzelschritte notwendig sind:

1. Zunächst stellt man eine passende Anfrage zusammen,
2. die man an die Datenbank sendet und
3. dort »ausführt«.
4. Anschließend nimmt man das von der Datenbank zurückgelieferte Ergebnis in Empfang.

Zunächst muss also eine passende Datenbankabfrage her. Bei ihrer Zusammenstellung hilft ein Objekt vom Typ JDatabaseQuery, das man sich in einem ersten Schritt von der Datenbank besorgt:

```
$query = $datenbank->getQuery(true);
```

Mit ein paar Methoden baut man aus dieser leeren Anfrage komfortabel die gewünschte zusammen. Im Kinoportal benötigt man aus der Tabelle der Filme

```
$query->from('#__filme');
```

die Informationen aus allen Spalten:

```
$query->select('*');
```

Abschließend soll die Datenbank alle zurückgelieferten Zeilen nach den Kosten sortieren – das spart später einen Arbeitsschritt:

```
$query->order('kosten');
```

Tipp Die jetzt in `$query` liegende Datenbankabfrage entspricht der SQL-Abfrage:

```
SELECT * FROM #__filme ORDER BY kosten
```

Theoretisch könnte man sie auch direkt an die Datenbank senden. Eine solche Abfrage ist aber in der Regel auf nur eine Datenbank zugeschnitten – im Beispiel auf MySQL. Das `JDatabaseQuery`-Objekt baut jedoch automatisch eine zur gerade verwendeten Datenbank passende Abfrage zusammen. Folglich ist der Weg über `JDatabaseQuery` vorzuziehen.

Der Tabellenname #__filme (mit zwei Unterstrichen zwischen # und filme) ist auch hier wieder ein Platzhalter, den der folgende Befehl automatisch durch den passenden Tabellennamen ersetzt:

```
$datenbank->setQuery((string)$query);
```

Er sendet den zusammengestellten SQL-Befehl gleichzeitig zur Datenbank. Die nun dort befindliche Abfrage führt die Methode

```
$ergebnis = $datenbank->loadResult();
```

aus und liefert das entsprechende Ergebnis zurück, das man am besten in der neuen Variable $ergebnis auffängt. loadResult() liefert allerdings nur ein einziges Datum, im Beispiel also nur einen einzigen Film. Bekommt man wie im Fall des Kinoportals mehrere Zeilen aus der Tabelle geliefert, muss man explizit auf ihre Kollegin loadObjectList() ausweichen.

Das war eigentlich schon alles; mehr muss das Model nicht tun. Es genügt daher, alle bisher gezeigten Befehle in eine entsprechende Methode, wie etwa getFilme(), zu verfrachten:

Beispiel 15-10: Das Model für das Kinoportal-Beispiel (Datei »*site/models/kinoportal.php*«)

```php
<?php
// Sicherheitsprüfung: Wird die Klasse von Joomla! verwendet?
defined('_JEXEC') or die;

// Die Model-Klasse (von JModelLegacy abgeleitet):
class KinoportalModelKinoportal extends JModelLegacy
{
    // Gib auf Anfrage die Filme aus:
    function getFilme()
    {
        // Zugriff auf die Datenbank holen:
```

```php
    $datenbank = JFactory::getDbo();

    // Datenbankabfrage zusammenstellen:
    $query = $datenbank->getQuery(true);
    $query->from('#__filme');
    $query->select('*');
    $query->order('kosten');

    // Anfrage ausführen und alle Filme entgegennehmen:
    $datenbank->setQuery((string)$query);
    $allefilme = $datenbank->loadObjectList();
    return $allefilme;
    }
}
?>
```

Speichern Sie das Beispiel 15-10 als Datei *kinoportal.php* im Unterverzeichnis *site/ models*. In Ihrem Arbeitsverzeichnis sollten sich damit folgende drei Dateien tummeln:

Datei	Funktion
admin/sql/install.mysql.utf8.sql	Richtet die Datenbank ein.
admin/sql/uninstall.mysql.utf8.sql	Räumt die Datenbank wieder auf.
site/models/kinoportal.php	Enthält eine Klasse, die das Model realisiert.

3. Schritt: View erstellen

Die View bereitet die vom Model ausgelesenen Daten hübsch auf. Sie funktioniert genau so wie ihre Kollegin aus dem Hallo-Welt-Beispiel:

Beispiel 15-11:   Die View für das Kinoportal-Beispiel (Datei »*site/views/kinoportal/view.html.php*«)

```php
<?php
defined('_JEXEC') or die;

class KinoportalViewKinoportal extends JViewLegacy
{
    // Variable zur Speicherung aller Filme:
    protected $allefilme;

    function display($tpl = null)
    {
        // Hole Filme vom Model, und speichere sie in $allefilme:
        $this->allefilme = $this->get('Filme');

        // Layout aktivieren und alles ausgeben:
        parent::display($tpl);
    }
}
?>
```

Speichern Sie Beispiel 15-11 als Datei *view.html.php* im Verzeichnis *site/views/kino-portal*.

Das zur View gehörende Layout ist etwas aufwendiger. Es muss die Daten im Array allefilme in eine HTML-Tabelle übertragen. Wie das funktioniert, zeigt Beispiel 15-12: Zunächst gibt es den Anfang einer Tabelle aus, die über zwei Spalten verfügt. Die erste Spalte nimmt die Filmnamen, die zweite die Kosten auf. Anschließend durchläuft Beispiel 15-12 mit einer for-Schleife alle Filme. Für jeden Film erzeugt es eine neue Tabellenzeile und trägt dort den Namen und die Kosten ein.

Beispiel 15-12:   Das Layout zur Kinoportal-View (Datei »*site/views/kinoportal/tmpl/default.php*«)

```php
<?php defined('_JEXEC') or die; ?>

<h1>Die teuersten Filme aller Zeiten</h1>
<p>Angaben in Millionen Dollar und um die Inflation bereinigt, Quelle:
    <a href="http://en.wikipedia.org/wiki/List_of_most_expensive_films">Wikipedia</a>
</p>

<table>
    <tr><td>Name</td><td>Kosten</td></tr>

    <?php
    foreach($this->allefilme as $film)
    {
        echo '<tr>';
        echo '<td>' . $film->name . '</td>';
        echo '<td>' . $film->kosten . '</td>';
        echo '</tr>';
    }
    ?>

</table>
```

Speichern Sie das Layout als *default.php* im Verzeichnis *site/views/kinoportal/tmpl*. Für einen Menüpunkt muss noch eine Datei *default.xml* mit der Menüeintragstyp-Definition her. Auch sie entspricht ihrem Pendant aus dem Hallo-Welt-Beispiel, lediglich die Beschriftungen müssen ausgetauscht werden:

Beispiel 15-13:   Der Menüeintragstyp für die Kinoportal-View (Datei »*site/views/kinoportal/tmpl/default.xml*«)

```xml
<?xml version="1.0" encoding="utf-8"?>
<metadata>
    <layout title="Filmliste">
        <message>Eine Liste mit den teuersten Filmen aller Zeiten.</message>
    </layout>
</metadata>
```

Beispiel 15-13 landet als *default.xml* im Verzeichnis *site/views/kinoportal/tmpl*. Damit lagern jetzt in Ihrem Arbeitsverzeichnis folgende Dateien:

Datei	Funktion
admin/sql/install.mysql.utf8.sql	Richtet die Datenbank ein.
admin/sql/uninstall.mysql.utf8.sql	Räumt die Datenbank wieder auf.
site/models/kinoportal.php	Enthält eine Klasse, die das Model realisiert.
site/views/kinoportal/view.html.php	Enthält eine Klasse, die eine View realisiert.
site/views/kinoportal/tmpl/default.php	Enthält das zur View gehörende Layout.
site/views/kinoportal/tmpl/default.xml	Weist Joomla! an, einen Menüeintragstyp für die View zu erstellen.

4. Schritt: Controller, Einsprungspunkt und Administrator-Schnittstelle

Den Controller, die Dateien für den Einstieg und die Administrator-Schnittstelle
können Sie direkt vom Hallo-Welt-Beispiel übernehmen. Lediglich die Klassen- und
Dateinamen müssen angepasst werden. Beginnen Sie zunächst mit dem Controller
(siehe Beispiel 15-14):

Beispiel 15-14:   Der Controller für das Kinoportal-Beispiel (Datei »*site/controller.php*«)

```php
<?php
defined('_JEXEC') or die;

class KinoportalController extends JControllerLegacy
{
}
?>
```

Er wandert in die Datei *controller.php* im Verzeichnis *site*. Den Entry Point für
Joomla! aus Beispiel 15-15 legen Sie im gleichen Verzeichnis als *kinoportal.php* ab.

Beispiel 15-15:   Das PHP-Skript mit dem Einsprungspunkt für Joomla! (Datei »*site/kinoportal.php*«)

```php
<?php
defined('_JEXEC') or die;

// Controller-Objekt erstellen:
$controller = JControllerLegacy::getInstance('Kinoportal');

// Die gestellte Aufgabe lösen:
$controller->execute('');

// Weiterleiten, sofern der Controller dies verlangt:
$controller->redirect();
?>
```

Die Datei für das Backend aus Beispiel 15-16 wandert in die Datei *kinoportal.php* im
Verzeichnis *admin*.

```php
<?php defined('_JEXEC') or die; ?>
<h1>
    Das Kinoportal-Backend
</h1>
```

Sie wird gleich noch gehörig aufgebohrt – schließlich muss man die Filme auch irgendwie bequem eingeben können. Für den Moment reicht aber der einfache Informationstext.

Damit existiert schon der Hauptteil aller benötigten Dateien:

Datei	Funktion
admin/sql/install.mysql.utf8.sql	Richtet die Datenbank ein.
admin/sql/uninstall.mysql.utf8.sql	Räumt die Datenbank wieder auf.
admin/kinoportal.php	Ist die Administrator-Schnittstelle der Komponente.
site/kinoportal.php	Bildet den Einsprungpunkt für Joomla!.
site/controller.php	Enthält eine Klasse, die den Controller realisiert.
site/models/kinoportal.php	Enthält eine Klasse, die das Model realisiert.
site/views/kinoportal/view.html.php	Enthält eine Klasse, die eine View realisiert.
site/views/kinoportal/tmpl/default.php	Enthält das zur View gehörende Layout.
site/views/kinoportal/tmpl/default.xml	Weist Joomla! an, einen Menüeintragstyp für die View zu erstellen.

5. Schritt: XML-Datei

Die Informationsdatei *kinoportal.xml* kostet wieder ein klein wenig Gehirnschmalz: Joomla! muss die beiden neuen *.sql*-Dateien während der Installation ausführen. Dafür sorgen zwei neue Abschnitte:

```xml
<?xml version="1.0" encoding="utf-8"?>
<extension type="component" version="3.0">

    <name>Kinoportal</name>
    <creationDate>24. Januar 2013</creationDate>
    <author>Tim Schürmann</author>
    <authorEmail>info@tim-schuermann.de</authorEmail>
    <authorUrl>http://www.tim-schuermann.de</authorUrl>
    <copyright>(C) Tim Schürmann 2013</copyright>
    <license>GNU General Public License</license>
    <version>1.0.0</version> <!-- Versionsnummer der Komponente -->
    <description>Diese Komponente verwaltet die teuersten Filme aller Zeiten.
                </description>
```

```
<install>
    <sql>
        <file charset="utf8" driver="mysql">sql/install.mysql.utf8.sql</file>
    </sql>
</install>
<uninstall>
    <sql>
        <file charset="utf8" driver="mysql">sql/uninstall.mysql.utf8.sql</file>
    </sql>
</uninstall>

<files folder="site">
    <filename>kinoportal.php</filename>
    <filename>controller.php</filename>
    <folder>models</folder>
    <folder>views</folder>
</files>

<administration>
    <menu>Kinoportal</menu>
    <files folder="admin">
        <filename>kinoportal.php</filename>
        <folder>sql</folder>
    </files>
</administration>
```

```
</extension>
```

Die <install>- und <uninstall>-Abschnitte beschreiben, was Joomla! bei der Installation beziehungsweise Deinstallation tun soll. In diesem Fall müssen SQL-Befehle abgesetzt werden, die in den entsprechenden Dateien *install.mysql.utf8.sql* und *uninstall.mysql.utf8.sql* liegen (beide residieren wiederum im Unterverzeichnis *sql*). Das <file>-Tag bringt zwei Attribute mit: charset und driver.

charset nennt die zu verwendende Zeichenkodierung. Im Moment existiert hier mit utf8 nur ein möglicher Eintrag. Falls Sie eine Datenbank verwenden, die nicht mit dem UTF-8-Standard umgehen kann (wie beispielsweise ältere Versionen von MySQL), lassen Sie dieses Attribut einfach weg. Weitere Informationen zum Thema Zeichenkodierung liefert beispielsweise die Internetseite *http://www.schoenitzer.de/encoding.html* oder der entsprechende Wikipedia-Beitrag: *http://de.wikipedia.org/wiki/Zeichenkodierung*.

Das driver-Attribut gibt an, für welche Datenbank die SQL-Befehle geschrieben wurden. Im Beispiel ist dies mysql für MySQL. Im Fall von SQL Server verwenden Sie sqlsrv, bei Azure sqlazure und bei PostgreSQL postgresql.

Abschließend müssen die beiden Dateien *install.mysql.utf8.sql* und *uninstall.mysql. utf8.sql* noch bei der Installation mitkopiert werden. Da die *.sql*-Dateien die Komponenten konfigurieren, gehört eine entsprechende Angabe in den <administration>-Abschnitt. Dort genügt dann die Zeile <folder>sql<folder>, die gleich das ganze komplette Verzeichnis *sql* berücksichtigt. Später liegen dann die SQL-Dateien im Unterverzeichnis *administrator/components/com_kinoportal/sql*.

Speichern Sie die fertige *Datei kinoportal.xml* direkt in Ihrem Arbeitsverzeichnis, in dem damit folgende Dateien vorhanden sein sollten:

Datei	Funktion
kinoportal.xml	Enthält Informationen für die Installation.
admin/sql/install.mysql.utf8.sql	Richtet die Datenbank ein.
admin/sql/uninstall.mysql.utf8.sql	Räumt die Datenbank wieder auf.
admin/kinoportal.php	Ist die Administrator-Schnittstelle der Komponente.
site/kinoportal.php	Bildet den Einsprungpunkt für Joomla!.
site/controller.php	Enthält eine Klasse, die den Controller realisiert.
site/models/kinoportal.php	Enthält eine Klasse, die das Model realisiert.
site/views/kinoportal/view.html.php	Enthält eine Klasse, die eine View realisiert.
site/views/kinoportal/tmpl/default.php	Enthält das zur View gehörende Layout.
site/views/kinoportal/tmpl/default.xml	Weist Joomla! an, einen Menüeintragstyp für die View zu erstellen.

6. Schritt: Ein erster Probelauf

Packen Sie jetzt wieder den gesamten Inhalt Ihres Arbeitsverzeichnisses in eine ZIP-Datei, und installieren Sie sie wie gewohnt über das Backend (*Erweiterungen* → *Erweiterungen*). Sollte etwas mit den SQL-Anweisungen in *install.mysql.utf8.sql* nicht stimmen, bombardiert Joomla! Sie mit einigen Fehlermeldungen. Diese sind recht einfach mithilfe der MySQL-Dokumentation zu beheben. Sie sollten dann insbesondere prüfen, ob beide *.sql*-Dateien in der richtigen Zeichenkodierung vorliegen. Insbesondere der in Windows mitgelieferte Editor scheint hier gerne Schabernack zu treiben (wählen Sie in ihm probeweise beim Speichern unter *Codierung* den Punkt *ANSI*).

Tipp   Sofern Sie mit XAMPP oder MAMP arbeiten, können Sie die Auswirkungen in der Datenbank schnell über das mitgelieferte phpMyAdmin begutachten: Rufen Sie dazu unter XAMPP die Adresse *http://localhost/phpmyadmin* in Ihrem Browser auf. Wenn Sie MAMP verwenden, steuern Sie hingegen *http://localhost/MAMP* an und klicken auf *phpMyAdmin*.

In jedem Fall landen Sie jetzt bei phpMyAdmin. Dort wählen Sie in der linken Spalte die Joomla!-Datenbank aus. Wenn Sie der Schnellinstallationsanleitung aus Kapitel 2, *Installation*, gefolgt sind, ist dies joomla. In der neuen Liste wählen Sie die Datenbanktabelle, die auf filme endet, und wechseln dann im rechten Bereich auf das Register *Anzeigen*. Hier sehen Sie jetzt die Inhalte der Tabelle, die mit den Filmen aus der Datei *install.mysql.utf8.sql* identisch sein sollte.

Hat alles geklappt, erscheint eine Erfolgsmeldung. Öffnen Sie nun ein zweites Browserfenster, und wechseln Sie zur Internetadresse *http://localhost/joomla/index.php?option=com_kinoportal*. Damit aktivieren Sie manuell die Kinoportal-Komponente (siehe den Kasten »Joomla! und seine Internetadressen« auf Seite 708). Alternativ können Sie auch einen neuen Menüpunkt anlegen (beispielsweise via *Menüs → Main Menu → Neuer Menüeintrag*, dann mit einem Klick auf *Auswählen*; der Menüeintragstyp ist die *Filmliste*). Wenn Ihnen dabei hin und wieder »kinoportal« kleingeschrieben begegnet, sehen Sie darüber hinweg. Das wird sich später noch ändern.

Wie befohlen, liefert die neue Kinoportal-Komponente eine Liste mit den Filmen aus der Datenbank (siehe Abbildung 15-7).

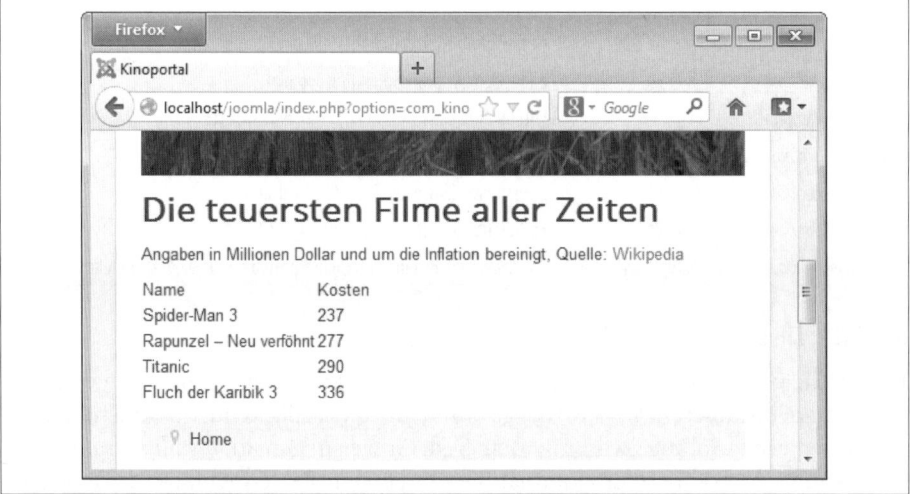

Abbildung 15-7: Die Liste mit den Filmen direkt aus der Datenbank frisch auf die Homepage

Nachdem die Besucherseite der Komponente steht, geht es jetzt bei der Administrator-Schnittstelle weiter. Diese besteht im Moment nur aus einer recht kargen Datei, was sich jedoch umgehend ändern wird.

7. Schritt: Übersichtsliste für die Administrator-Schnittstelle der Komponente

Wer im Backend den Menüpunkt *Komponenten → Kinoportal* aufruft, der soll zunächst in einer Liste mit allen derzeit gespeicherten Filmen landen. Von dort aus kann man dann die vorhandenen Datensätze bearbeiten, löschen oder einen neuen Datensatz anlegen. Diese Vorgehensweise wählen auch die meisten anderen Komponenten.

Um das gesteckte Ziel zu erreichen, muss zunächst die Liste mit den Filmen innerhalb des Backends angezeigt werden. Das klingt ziemlich vertraut, schließlich macht die Besucherseite der Komponente derzeit nichts anderes. Da auch auf der Backend-

Seite durchgehend das MVC-Konzept zum Einsatz kommt, läuft nicht nur die Programmierung ähnlich ab, sondern man kann auch einen Großteil des bereits geschriebenen Programmcodes übertragen.

Tipp Dummerweise heißen einige der benötigten Dateien genau so wie ihre bereits existierenden Kollegen für das Frontend. Achten Sie folglich genau darauf, welche Datei Sie gerade in welchem Unterverzeichnis bearbeiten.

Als Erstes muss wieder ein Model her, das die Filme aus der Datenbank holt und auf Nachfrage ausgibt.

Man könnte jetzt genauso vorgehen wie im Model für die Website, also alle Filme aus der Datenbank holen und dann zurückgeben. Für Models, die Listen verwalten, gibt es jedoch netterweise eine eigene Klasse namens JModelList. Die von ihr abgeleitete eigene Klasse muss lediglich die Methode getListQuery() bereitstellen, die wiederum eine Datenbankanfrage in einem JQuery-Objekt zusammenstellt und zurückliefert – ganz wie in Beispiel 15-18:

Beispiel 15-18: Das Model für das Backend (Datei »*admin/models/filmliste.php*«)

```php
<?php
defined('_JEXEC') or die;

class KinoportalModelFilmliste extends JModelList
{
    protected function getListQuery()
    {
        // Erstelle ein neues Query-Objekt:
        $db = JFactory::getDbo();
        $query = $db->getQuery(true);

        // Hole alle Filme:
        $query->select('*');

        // aus der Tabelle:
        $query->from('#__filme');

        // und liefere sie zurück
        return $query;
    }
}

?>
```

Version Wenn Sie Ihre Komponenten auch für Joomla! 2.5 anbieten möchten, müssen Sie in Beispiel 15-18 noch explizit die Klasse JModelList einbinden. Dazu nutzen Sie den Befehl:

```
jimport('joomla.application.component.modellist');
```

den Sie direkt in die Zeile unter defined('_JEXEC') or die; setzen.

jimport() importiert einfach eine andere Datei. Übergeben wird ihr der absichtlich etwas verstümmelte Dateiname samt Pfad: Unglücklicherweise unterscheiden sich die Verzeichnis-Trennzeichen von Betriebssystem zu Betriebssystem. Während Windows einen Rückstrich \ verwendet, setzen Linux und Unix auf einen Schrägstrich /. Damit man sich als Programmierer keine Gedanken um das spätere Betriebssystem machen muss, wurden die neutralen Punkte als Ersatzzeichen eingeführt. Joomla! ersetzt sie später automatisch durch das richtige Trennzeichen. Damit wurde aber auch gleichzeitig die Konvention nötig, dass die letzte Komponente des entstehenden Gebildes die zu ladende Datei bezeichnet. Die obige Anweisung lädt folglich die Datei *modellist.php* aus dem Verzeichnis */joomla/application/component/*.

Unter dem Strich spart man sich so nicht nur ein paar Zeilen Programmcode, JModelList bietet auch noch eine interessante Zusatzfunktion, die die View gleich noch ausnutzt.

 Tipp   Selbstverständlich können Sie JModelList auch im Model für die Website einsetzen. Beachten Sie aber auch die damit gleich notwendigen Änderungen in der View.

JModelList ist übrigens von JModelLegacy abgeleitet. Es gelten folglich auch für sie die Ausführungen aus dem Kasten »Die Joomla! Platform, das Joomla! CMS und die Legacy-Klassen« auf Seite 685.

Das neue Model erhält noch zur besseren Unterscheidung den Namen Filmliste, womit nach den Konventionen die komplette Klasse KinoportalModelFilmliste heißt (Komponente Kinoportal, es handelt sich um ein Model, dessen Name Filmliste ist).

Legen Sie unter *admin* das neue Verzeichnis *models* an, und speichern Sie dort das Model aus Beispiel 15-18 unter dem Dateinamen *filmliste.php*.

Das neue Model kann jetzt von einer passenden View angezapft werden (siehe Beispiel 15-19):

Beispiel 15-19:   Die View der Administrator-Schnittstelle (Datei »*admin/views/filmliste/view.html.php*«)

```php
<?php
defined('_JEXEC') or die;

class KinoportalViewFilmliste extends JViewLegacy
{
    // Variablen zur Speicherung der anzuzeigenden Filme und der Seitenzahl:
    protected $filme;
    protected $seitenzahl;

    function display($tpl = null)
    {
        // Hole Daten aus dem Model:
        $this->filme = $this->get('Items');
```

Beispiel 15-19:   Die View der Administrator-Schnittstelle (Datei »*admin/views/filmliste/view.html.php*«) (Fortsetzung)

```
        $this->seiten = $this->get('Pagination');

        JToolbarHelper::title("Kinoportal: Filmliste");

        // Layout aktivieren und anzeigen:
        parent::display($tpl);
    }
}
?>
```

Zunächst erhält die View-Klasse in Anlehnung an das Model den Namen KinoportalViewFilmliste. Damit ist klar, dass sie sich um die Darstellung einer Liste mit Filmen kümmert.

Da das Model jetzt die Klasse JModelList verwendet, muss man eine spezielle Methode nutzen, um an die Daten zu kommen:

```
        $this->filme = $this->get('Items');
```

get('Items'); holt alle Daten aus der Datenbank – in diesem Fall die Filme. Die Methode ruft dazu die von JModelList standardmäßig bereitgestellte Methode getItems() auf, die wiederum mithilfe der vorhin in Beispiel 15-18 definierten getListQuery()-Methode die Anfrage an die Datenbank stellt und ein Array mit allen Datensätzen zurückliefert. In diesem Fall landen die Daten in $filme.

Tipp   Wenn Ihnen get('Items'); merkwürdig vorkommt, schlagen Sie noch einmal die Erklärung dieser Methode in Abschnitt »2. Schritt: Die View« auf Seite 692 nach.

JModelList stellt noch eine weitere Methode bereit: getPagination(). Die View ruft sie via

```
        $this->seiten = $this->get('Pagination');
```

auf und bekommt ein JPagination-Objekt zurück. Dieses hilft gleich dabei, die Seitenzahlen korrekt anzuzeigen. Der dann folgende Befehl

```
        JToolbarHelper::title("Kinoportal: Filmliste");
```

verpasst der Seite mit der Filmliste die zugegebenermaßen etwas dröge Überschrift Kinoportal: Filmliste. Dieser Titel erscheint später rechts neben dem Joomla!-Logo in dem blauen Balken unterhalb des Hauptmenüs (dort wo beim Hallo-Welt-Beispiel noch eine dicke Fehlermeldung stand). Wie der Name schon andeutet, ist JToolbarHelper eine kleine Hilfsklasse, mit der man die Werkzeugleiste manipulieren kann. Die Klasse wird daher später noch einmal einen Auftritt haben.

Anschließend baut

```
        parent::display($tpl);
```

die Seite zusammen und lässt sie anzeigen.

Legen Sie im Verzeichnis *admin* das neue Unterverzeichnis *views* an. In ihm erstellen Sie wiederum den Ordner *filmliste*, in dem Sie schließlich die View aus Beispiel 15-19 als *view.html.php* speichern.

Zur View gehört immer auch ein Layout, das sich um die Formatierung der Ausgabe kümmert. Damit sich diese geschmeidig in das Aussehen des Backends einfügt, muss man sich an ein paar Konventionen halten. Zu Beginn steht wieder die obligatorische Sicherheitsabfrage:

```php
<?php defined('_JEXEC') or die('Restricted Access'); ?>
```

Die Filme aus der Datenbank sollen allesamt in einer Liste erscheinen – genau so, wie Sie es beispielsweise von den Beiträgen (*Inhalt → Beiträge*) her kennen. Eine solche Liste besteht hinter den Kulissen aus einer Tabelle:

```html
<table class="table table-striped">
```

Wenn das im Backend aktive Template Bootstrap nutzt, passt die CSS-Klasse `table` das Aussehen der Tabelle an das des Backends an, während `table-striped` jede zweite Zeile dezent einfärbt (mehr zu Bootstrap finden Sie in Kapitel 13, *Templates*, Abschnitt »Bootstrap« ab Seite 625).

Wie Abbildung 15-8 zeigt, besteht jede Liste aus drei Teilen:

- aus einer Kopfzeile mit den Spaltenbeschriftungen (*Film*, *Kosten*, *ID*),
- aus den eigentlichen Zeilen mit den Filmen und
- aus einer Fußzeile, in der man (unter anderem) zwischen den Seiten blättern kann.

Zunächst zur Kopfzeile: Für jeden Film speichert die Datenbank eine Identifikationsnummer (ID), den Namen des Films und die Kosten. Für jede dieser Informationen muss eine eigene Spalte mit einer entsprechenden Beschriftung her:

```html
<!-- Kopfzeile -->
<thead>
    <tr>
        <th>Film</th>
        <th>Kosten</th>
        <th>ID</th>
    </tr>
</thead>
```

Als Nächstes kann man einfach in einer Schleife alle Filme ausgeben:

```php
<tbody>
    <?php foreach($this->filme as $i => $film): ?>
    <tr class="row<?php echo $i % 2; ?>">
        <td>
            <?php echo $film->name; ?>
        </td>
        <td>
            <?php echo $film->kosten; ?>
```

```
        </td>
        <td>
            <?php echo $film->id; ?>
        </td>
    </tr>
    <?php endforeach; ?>
</tbody>
```

foreach() durchläuft zunächst alle Elemente des aus der Datenbank zurückgelieferten Arrays filme. Alle Zeilen bekommen abwechselnd die Klasse row0 und row1 zugewiesen (class="row<?php echo $i % 2; ?>"). Mit ihr färbt das alternative Hathor-Template alle geraden Zeilen leicht ein.

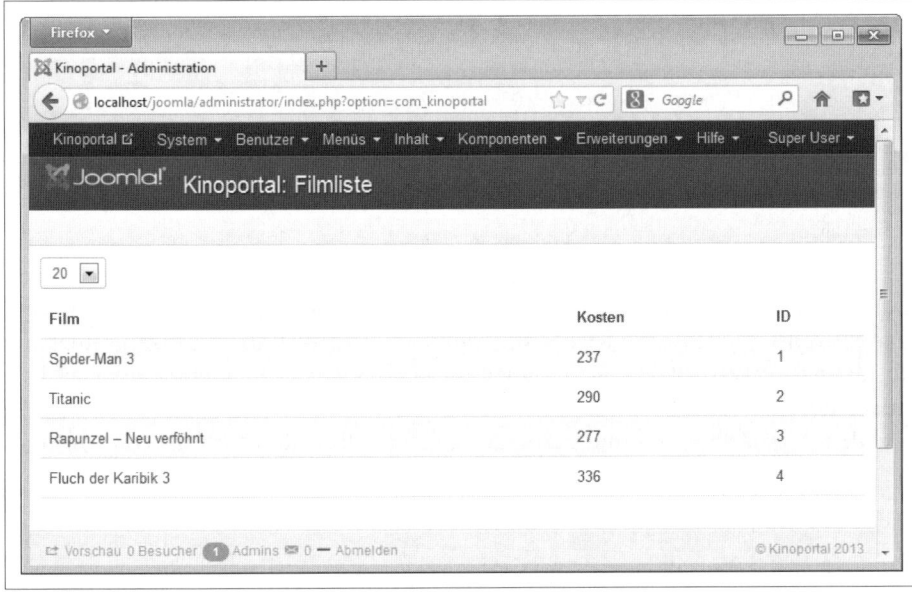

Tipp Das Aussehen der Tabelle bestimmen also die vier Klassen table, table-striped, row0 und row1. Die beiden Duos werden allerdings von unterschiedlichen Templates berücksichtigt: Während das auf Bootstrap basierende Isis-Template table und table-striped auswertet, beachtet das Hathor-Template (und die Templates aus Joomla! 2.5) nur row0 und row1. Da Sie nie wissen können, welches Template die späteren Anwender Ihrer Komponente nutzen werden, müssen Sie hier beide Varianten nutzen.

Anschließend packen die echo-Befehle die einzelnen Informationen eines Films in die jeweilige Spalte. Die Variablen, die man hier auslesen kann, tragen automatisch die Namen der Spalten aus der Datenbank. Hierfür hat automatisch das Model (beziehungsweise die intelligente JModelList) gesorgt.

Damit ist die Tabelle schon komplett:

```
<table class="table table-striped" >
    <!-- Kopfzeile -->
    <thead>
        <tr>
            <th>Film</th>
            <th>Kosten</th>
            <th>ID</th>
        </tr>
    </thead>

    <!-- Hauptbereich mit den eigentlichen Inhalten -->
    <tbody>
        <?php foreach($this->filme as $i => $film): ?>
            <tr class="row<?php echo $i % 2; ?>">
                <td> <?php echo $film->name; ?> </td>
                <td> <?php echo $film->kosten; ?> </td>
                <td> <?php echo $film->id; ?> </td>
            </tr>
        <?php endforeach; ?>
    </tbody>
</table>
```

Wenn die Tabelle allerdings später sehr viele Filme enthält, wird sie sehr schnell unübersichtlich. Bei der Liste hinter *Inhalt → Beiträge* kann man über eine Ausklappliste die Anzahl der gleichzeitig angezeigten Artikel einschränken. Steht die Ausklappliste etwa auf 5, zeigt Joomla! nur noch 5 Beiträge auf einer Seite an. Um an die übrigen Beiträge zu gelangen, muss man am unteren Rand über entsprechende Schaltflächen hin- und herblättern. Genau diese Komfortfunktion soll auch die Kinoportal-Komponente anbieten.

Die Anweisung

```
<?php echo $this->seiten->getLimitBox(); ?>
```

blendet die Ausklappliste (die sogenannte Limit-Box) ein. Platziert man sie in der Layout-Datei oberhalb der Tabelle, sieht das Ergebnis so wie in Abbildung 15-8 aus. Bei den meisten anderen Listen in Joomla! liegt sie rechts oberhalb der Tabelle; hier wird sie der Einfachheit halber links eingeblendet.

Es fehlt nur noch am unteren Rand die Möglichkeit, zwischen den Seiten zu blättern (so denn die Filme über mehrere Seiten verteilt sind). Die dafür zuständigen Navigationsknöpfe erzeugt der Befehl:

```
<?php echo $this->seiten->getListFooter(); ?>
```

Er ist am besten am unteren Rand der Tabelle aufgehoben:

```
<tfoot>
    <tr>
        <td>
        <?php echo $this->seiten->getListFooter(); ?>
```

```
        </td>
      </tr>
    </tfoot>
```

Joomla! blendet diese Navigationsknöpfe nur dann ein, wenn sie wirklich benötigt werden (wenn also mehr Filme existieren, als auf eine Seite passen).

Version

Joomla! 2.5 erzeugt auch mit echo $this->seiten->getListFooter(); eine Limit-Box. Die hier entwickelte Komponente zeigt folglich unter Joomla! 2.5 zwei Ausklapplisten an: eine am oberen und eine am unteren Rand. Wenn Sie Ihre Komponente auch für Joomla! 2.5 anbieten möchten, können Sie zunächst mit folgendem Zweizeiler die Versionsnummer ermitteln:

```
$vo = new JVersion;
$version = $vo->RELEASE;
```

Ist die $version die 2.5, blenden Sie die obere Limit-Box aus.

Die Ausklappliste und die Schaltflächen sind allerdings im Moment noch funktionslos. Wenn später ein Benutzer die Ausklappliste anklickt, muss Joomla! irgendwie von dieser Aktion erfahren und dann die Seite neu aufbauen. Dazu sind zwei Maßnahmen notwendig: Zunächst erweitern Sie den Anfang der Datei um einen Befehl zu:

```
<?php defined('_JEXEC') or die;
JHtml::_('behavior.multiselect');
?>
```

Des Weiteren verpacken Sie die Tabelle samt der Knöpfe in ein spezielles Formular:

```
<form action="<?php echo JRoute::_('index.php?option=com_kinoportal&view=
    filmliste'); ?>" method="post" name="adminForm" id="adminForm">
  <?php echo $this->seiten->getLimitBox(); ?>
  <table class="table table-striped" >
  …
  </table>
</form>
```

Wenn jetzt ein Benutzer die Ausklappliste umstellt, sendet er damit gleichzeitig das Formular an Joomla!. Dafür sorgen ein paar JavaScript-Funktionen, die JHtml::_('behavior.multiselect'); einbindet. JHtml::_() ist übrigens eine Hilfsfunktion, die verschiedene nützliche HTML-Bausteine liefert. Sie hat deshalb später noch einmal einen kleinen Auftritt.

Die Angabe

```
JRoute::_('index.php?option=com_kinoportal&view=filmliste');
```

stellt sicher, dass Joomla! umgehend wieder zur Ansicht mit der Filmliste zurückkehrt (es geht wieder zurück zur Komponente com_kinoportal, siehe auch den Kasten »Joomla! und seine Internetadressen« auf Seite 708). Diese Seite baut Joomla!

jetzt selbstständig neu auf, wobei es gleichzeitig darauf achtet, dass die Tabelle die gewünschte Anzahl an Einträgen besitzt.

Damit ist die Layout-Datei komplett. Beispiel 15-20 zeigt sie noch einmal in ihrer vollen Schönheit.

Beispiel 15-20:   Das Basis-Layout für das Backend (Datei »*admin/views/filmliste/tmpl/default.php*«)

```php
<?php defined('_JEXEC') or die;
JHtml::_('behavior.multiselect');
?>


<form action="<?php
    echo JRoute::_('index.php?option=com_kinoportal');
    ?>" method="post" name="adminForm" id="adminForm">

    <?php echo $this->seiten->getLimitBox(); ?>

    <table class="table table-striped" >
        <!-- Kopfzeile -->
        <thead>
            <tr>
                <th>Film</th>
                <th>Kosten</th>
                <th>ID</th>
            </tr>
        </thead>

        <!-- Hauptbereich mit den eigentlichen Inhalten -->
        <tbody>
            <?php foreach($this->filme as $i => $film): ?>
                <tr class="row<?php echo $i % 2; ?>">
                    <td> <?php echo $film->name; ?> </td>
                    <td> <?php echo $film->kosten; ?> </td>
                    <td> <?php echo $film->id; ?> </td>
                </tr>
            <?php endforeach; ?>
        </tbody>

        <!-- Fußzeile -->
        <tfoot>
            <tr>
                <td> <?php echo $this->seiten->getListFooter(); ?> </td>
            </tr>
        </tfoot>
    </table>
</form>
```

Legen Sie unter *admin/views/filmliste* das Verzeichnis *tmpl* an, und speichern Sie darin das Layout aus Beispiel 15-20 unter dem Namen *default.php*.

Tipp   In diesem einfachen Beispiel ist das Layout noch recht übersichtlich. Bei komplexeren Komponenten können Sie auch einzelne Teile in weitere Dateien auslagern. Eigens zu diesem Zweck bietet Joomla! sogar einen Platzhalter:

```php
<?php echo $this->loadTemplate('nochmehr');?>
```

Diesen Befehl ersetzt das Content-Management-System durch den Inhalt der Datei *default_nochmehr.php*.

Wie das Beispiel zeigt, müssen die zusätzlichen Dateien mit dem Namen des Hauptlayouts beginnen, auf den ein Unterstrich folgt (*default_*), und die Endung *.php* besitzen.

Als Nächstes brauchen wir noch einen Controller, der die View aktiviert. Auf den ersten Blick scheint das wieder ganz einfach zu sein:

```php
<?php
defined('_JEXEC') or die;

// Der Controller für das Backend
class KinoportalController extends JControllerLegacy
{
}
?>
```

Sofern man diesem Controller nichts anderes mitteilt, ruft er standardmäßig immer die View mit dem Namen Kinoportal auf (er sucht also die hier nicht existierende Klasse KinoportalViewKinoportal). Den Namen der View gibt ihm seine Variable $default_view vor. Um dem Controller beizubringen, dass er immer die View Filmliste aufrufen soll, muss man einfach diese Variable auf die Filmliste setzen:

Beispiel 15-21:   Der Controller für das Backend (Datei »*admin/controller.php*«)

```php
<?php
defined('_JEXEC') or die;

// Der Controller für das Backend
class KinoportalController extends JControllerLegacy
{
    protected $default_view = 'Filmliste';
}
?>
```

Der Controller KinoportalController ruft jetzt immer die View Filmliste auf – es sei denn, Joomla! bittet ihn explizit, eine andere View zu aktivieren (das wird noch in einem späteren Abschnitt passieren). Packen Sie den vollständigen Controller in die Datei *admin/controller.php*.

Tipp

Wenn Sie die Wahl der View selbst in die Hand nehmen möchten, müssen Sie die Methode display() überschreiben und darin dann explizit eine View auswählen:

```
class KinoportalController extends JControllerLegacy
{
   function display($cachable = false, $urlparams = false)
   {
      // View auf die Filmliste festlegen:
      $this->input->set('view', 'Filmliste');
      // und anzeigen:
      parent::display();
   }
}
```

In diesem Beispiel legt zunächst die Funktion

```
$this->input->set('view', 'Filmliste');
```

fest, dass der Controller die View ('view') mit dem Namen Filmliste aufrufen soll. Abschließend sorgt parent::display() dafür, dass die View auch tatsächlich auf dem Schirm erscheint.

Damit ruft der Controller aber auch immer stur die View Filmliste auf, selbst wenn Joomla! um die Anzeige einer anderen View bittet. Wenn Ihre Komponente mehrere Views anbietet, sollten Sie daher immer auch die von Joomla! nominierte View abfragen. Das erledigt die folgende, etwas längere Funktion:

```
JFactory::getApplication()->input->get('view')
```

Den von ihr zurückgelieferten Namen müssen Sie dann entsprechend auswerten und in $this->input->set(); einbauen.

Abschließend ist noch der Einsprungpunkt *kinoportal.php* im Unterverzeichnis *admin* an der Reihe. Bislang hat er nur eine einfache Meldung ausgegeben. In Zukunft soll er jedoch den Controller aktivieren (siehe Beispiel 15-22):

Beispiel 15-22:   Der Einsprungspunkt für das Backend (Datei »*admin/kinoportal.php*«)

```
<?php
defined('_JEXEC') or die;

// Einsprungspunkt für das Backend

// Controller-Objekt erstellen:
$controller = JControllerLegacy::getInstance('Kinoportal');

// Die gestellte Aufgabe lösen:
$controller->execute('');

// Weiterleiten, sofern der Controller dies verlangt:
$controller->redirect();

?>
```

Tatsächlich sieht die Datei genauso aus wie ihre Kollegin aus dem *site*-Verzeichnis. Das wird sich jedoch schon im nächsten Schritt ändern.

Tipp   An dieser Stelle noch einmal die Warnung: Passen Sie auf, welche Dateien Sie bearbeiten. Die Dateien im Unterverzeichnis *admin* kümmern sich ausschließlich um das Backend und wissen nichts von denen im Unterverzeichnis *site*.

Sobald der Super User den Menüpunkt *Komponenten → Kinoportal* aufruft, bemüht Joomla! den obigen Einsprungspunkt aus Beispiel 15-22. Dieser aktiviert wiederum den Controller, der seinerseits die View `Filmliste` aufruft. Diese holt dann aus dem Model die Liste mit allen Filmen und zeigt sie mithilfe ihres Layouts auf dem Bildschirm an.

Damit die neu geschaffenen Dateien bei der Installation der Komponente nicht verloren gehen, müssen Sie jetzt noch die Informationsdatei *kinoportal.xml* wie in Beispiel 15-23 erweitern:

Beispiel 15-23:   Die XML-Informationsdatei (»*kinoportal.xml*«) kennt mit diesen Änderungen auch die Dateien der Administrator-Schnittstelle.

```
...
    <files folder="site">
        <filename>kinoportal.php</filename>
        <filename>controller.php</filename>
        <folder>models</folder>
        <folder>views</folder>
    </files>

    <administration>
        <menu>Kinoportal</menu>
        <files folder="admin">
            <filename>kinoportal.php</filename>
            <filename>controller.php</filename>
            <folder>sql</folder>
            <folder>views</folder>
            <folder>models</folder>
        </files>
    </administration>
</extension>
```

Hier wurden lediglich im `<administration>`-Abschnitt die hinzugekommenen Dateien und Verzeichnisse angemeldet.

Der Inhalt Ihres Arbeitsverzeichnisses sollte jetzt so wie in Abbildung 15-9 aussehen.

Deinstallieren Sie jetzt die Kinoportal-Komponente aus dem vorherigen Schritt (via *Erweiterungen → Erweiterungen* unter *Verwalten*), verpacken Sie dann den gesamten Inhalt Ihres Arbeitsverzeichnisses in ein ZIP-Archiv, und installieren Sie es unter Joomla!.

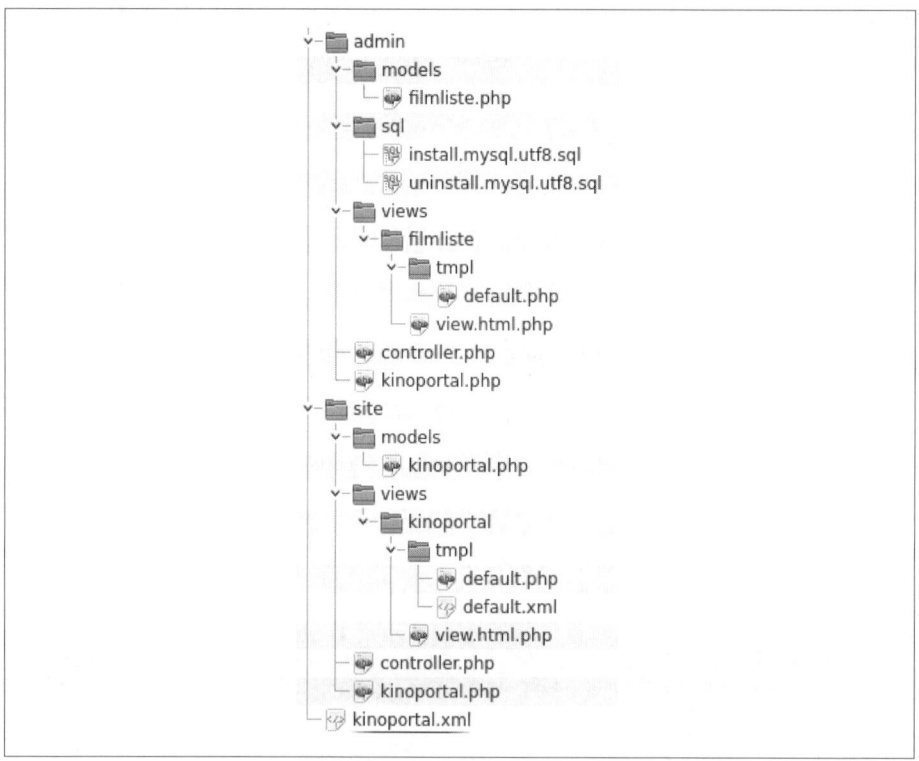

```
✓ 📁 admin
   ✓ 📁 models
      └ 🐸 filmliste.php
   ✓ 📁 sql
      ├ 🗒 install.mysql.utf8.sql
      └ 🗒 uninstall.mysql.utf8.sql
   ✓ 📁 views
      ✓ 📁 filmliste
         ✓ 📁 tmpl
            ├ 🐸 default.php
            └ 🐸 view.html.php
   ├ 🐸 controller.php
   └ 🐸 kinoportal.php
✓ 📁 site
   ✓ 📁 models
      └ 🐸 kinoportal.php
   ✓ 📁 views
      ✓ 📁 kinoportal
         ✓ 📁 tmpl
            ├ 🐸 default.php
            ├ 🔖 default.xml
            └ 🐸 view.html.php
   ├ 🐸 controller.php
   └ 🐸 kinoportal.php
└ 🔖 kinoportal.xml
```

Abbildung 15-9:   Der Inhalt Ihres Arbeitsverzeichnisses mit der View für das Backend

 Tipp   Sie können sich die Deinstallation sparen, wenn Sie Ihre Komponente wieder in ein Update-Paket verwandeln. Sofern sich seit der letzten Version der Komponente auch die Datenbank geändert hat, müssen Sie allerdings ein entsprechendes Update-Skript erstellen (mehr dazu finden Sie im Kasten »*Upgrade-Pakete*«). Im Kinoportal ist das nicht notwendig, dort können Sie einfach die zweite Zeile der Datei *kinoportal.xml* in

```
<extension type="component" version="3.0" method="upgrade">
```
ändern.

Wenn Sie jetzt im Backend den Punkt *Komponenten* → *Kinoportal* aufrufen, erscheint die Liste aus Abbildung 15-8 (siehe Seite 725).

Sofern Sie nur eine leere weiße Seite präsentiert bekommen, eine Fehlermeldung erhalten oder falls das Menü fehlt, hat sich irgendwo ein Tippfehler eingeschlichen. Kontrollieren Sie deshalb noch einmal alle Verzeichnis- und Dateinamen sowie die Inhalte.

Upgrade-Pakete

Sie können von Ihrer Komponente auch ein spezielles Upgrade-Paket schnüren. Die späteren Anwender können dann jede neue Version der Komponente einfach wie gewohnt über die alte installieren. Sämtliche bereits mit der Komponente verwalteten Daten bleiben dabei erhalten. Damit das klappt, müssen Sie allerdings etwas Vorarbeit leisten.

Zunächst muss die Versionsnummer Ihrer Komponente aus Zahlen bestehen, die durch Punkten getrennt werden (wie etwa 1.0, 1.1, 2.0 und so weiter). Des Weiteren müssen Sie bereits der allerersten ausgelieferten Fassung Ihrer Komponente ein spezielles Update-Skript beilegen.

Dazu erstellen Sie in Ihrem Arbeitsverzeichnis unter *admin/sql* ein neues Unterverzeichnis *updates*. Darin legen Sie wiederum für jede von Joomla! unterstützte Datenbank einen Ordner an. Im Fall von MySQL heißt er *mysql*, für SQL Server heißt er *sqlsrv*, beim Azure-Dienst *sqlazure* und bei PostgreSQL *postgresql*. In diesen Ordnern erstellen Sie jeweils eine neue Textdatei mit der Endung *.sql*. Als Dateinamen erhält sie die Versionsnummer, die in der *.xml*-Informationsdatei zwischen `<version>` und `</version>` steht. Wenn die erste Version Ihrer Komponente die Versionsnummer 1.0 trägt, müssen Sie folglich für MySQL die Datei *admin/sql/updates/mysql/1.0.sql* anlegen. In ihr verstauen Sie noch einmal alle SQL-Anweisungen aus der Datei *install.mysql.utf8.sql*; sie sollte folglich die Datenbank einrichten. Für SQL Server, den Azure-Dienst und PostgreSQL verfahren Sie analog. Das Ergebnis sind dann die folgenden Dateien:

- *admin/sql/updates/mysql/1.0.sql*
- *admin/sql/updates/sqlsrv/1.0.sql*
- *admin/sql/updates/sqlazure/1.0.sql*
- *admin/sql/updates/postgresql/1.0.sql*

Als Nächstes müssen Sie Joomla! noch auf diese Dateien hinweisen. Dazu öffnen Sie die *.xml*-Informationsdatei und fügen ihr nach `</uninstall>` den Abschnitt

```
<update>
  <schemas>
  <schemapath type="mysql">sql/updates/mysql</schemapath>
  <schemapath type="sqlsrv">sql/updates/sqlsrv</schemapath>
  <schemapath type="sqlazure">sql/updates/sqlazure</schemapath>
  <schemapath type="postgresql">sql/updates/postgresql</schemapath>
  </schemas>
</update>
```

hinzu.

Abschließend erweitern Sie noch das `<extension ...>`-Tag zu:

```
<extension type="component" version="3.0" method="upgrade">
```

→

Wenn Sie jetzt eine neue Version Ihrer Komponente anfertigen, geben Sie ihr eine neue Versionsnummer, wie etwa `1.1`. Sofern sich dabei an der Datenbanktabelle etwas geändert hat, erstellen Sie in den Verzeichnissen

- *admin/sql/updates/mysql/*
- *admin/sql/updates/sqlsrv/*
- *admin/sql/updates/sqlazure/*
- *admin/sql/updates/postgresql/*

jeweils eine weitere Datei *1.1.sql*. In diesen Dateien legen Sie jetzt alle SQL-Befehle ab, die die Datenbanktabelle auf den aktuellen Stand bringen. Widerstehen Sie hier unbedingt der Versuchung, einfach die Tabelle zu löschen und eine neue anzulegen – schließlich könnte jemand die Komponente schon benutzt und somit in der Tabelle wertvolle Daten gespeichert haben. Denken Sie auch daran, dass jede Datenbank ihren eigenen SQL-Dialekt spricht. In die für MySQL bestimmte Datei *admin/sql/updates/mysql/1.1.sql* gehören somit sehr wahrscheinlich andere Befehle als in die an SQL Server adressierte Datei *admin/sql/updates/sqlsrv/1.1.sql*.

Im nächsten Schritt bringen Sie die Dateien

- *install.mysql.utf8.sql*
- *install.sqlsrv.utf8.sql*
- *install.sqlazure.utf8.sql*
- *install.postgresql.utf8.sql*

auf den aktuellen Stand. Im Gegensatz zur *1.1.sql* sollten Sie die Datenbanktabelle weiterhin komplett neu anlegen. Abschließend müssen Sie nur noch in der *.xml*-Informationsdatei zwischen `<version>` und `</version>` die neue Versionsnummer `1.1` eintragen.

Wenn jemand später Ihre Komponente installiert, kopiert Joomla! zunächst alle Dateien aus dem ZIP-Archiv über die schon vorhandenen (löscht aber keine nach der Aktualisierung überflüssigen Dateien). Anschließend greift sich Joomla! automatisch das passende SQL-Skript:

- Sofern die Komponente noch nicht installiert ist und im Hintergrund eine MySQL-Datenbank läuft, führt Joomla! das SQL-Skript *install.mysql.utf8.sql* aus.
- Sofern im Hintergrund eine MySQL-Datenbank läuft, die Komponente bereits installiert ist und die Versionsnummer 1.0 trägt, startet hingegen das Skript *1.1.sql* aus dem Unterverzeichnis *admin/sql/updates/mysql/*. Dieses bringt dann wiederum die Datenbank auf den neuesten Stand.

Für jede weitere nachfolgende Version Ihrer Komponente müssen Sie in den Unterverzeichnissen unter *admin/sql/updates/* jeweils eine neue *.sql*-Datei erstellen (vorausgesetzt, es hat sich an der Datenbanktabelle etwas verändert).

Testen Sie unbedingt, ob das Update und die Neuinstallation Ihrer Komponente auch reibungslos funktionieren. Ein kleiner (Tipp-)Fehler in einer der SQL-Dateien kann die komplette Datenbanktabelle unbrauchbar machen – was die späteren Nutzer sicherlich nicht freuen wird.

8. Schritt: Bearbeitungsbildschirm hinzufügen

Die Tabelle stellt nur die vorhandenen Filme zur Auswahl. Um einen vorhandenen Film bearbeiten oder einen neuen hinzufügen zu können, benötigt man einen passenden Bearbeitungsbildschirm. Sie ahnen vielleicht schon, was kommt: Auch er besteht aus einem eigenen Satz aus Model, View und Controller.

Tipp Es gibt also wieder einen weiteren Schwung neue Dateien. Wenn Sie die schon nicht mehr sehen können, sollten Sie am besten jetzt noch einmal tief durchatmen.

Bevor es richtig losgeht, erklärt man Joomla! kurz den geplanten Aufbau des Bearbeitungsbildschirms. Das geschieht über ein paar spezielle XML-Befehle, die sehr nach HTML aussehen. Mit dem Ergebnis spart man sich später einige Arbeit.

Jeder Bearbeitungsbildschirm besteht aus einem Formular

```
<form>
</form>
```

das wiederum eines oder mehrere Eingabefelder enthält. Im Kinoportal muss man als Erstes den Filmnamen eingeben:

```
<field
    name="name"
    type="text"
    label="Filmname:"
    description="Geben Sie hier den vollständigen Filmnamen ein."
    size="100"
    class="inputbox"
    default=""
/>
```

Das Tag `<field />` erzeugt ein neues Formularelement. Welches genau, bestimmen die vielen Attribute:

`name="name"`
name gibt dem Eingabefeld zunächst einen im ganzen Formular eindeutigen internen Namen. Sie könnten sich einen Namen überlegen oder aber kurzerhand den Namen der zugehörigen Tabellenspalte verwenden. Dann kann Joomla! sogar später die in das Formular eingetippten Daten automatisch in die Datenbank schieben. Die Filmnamen speichert die Datenbanktabelle in der Spalte name, folglich ist dies auch hier der korrekte name.

`type="text"`
type="text" sagt Joomla!, dass es sich um ein Eingabefeld für einen Text handelt. Welche Typen es sonst noch so gibt, verrät die Joomla!-Dokumentation unter *http://docs.joomla.org/Standard_form_field_types*. Eine Auflistung an dieser Stelle würde den Rahmen des Buches sprengen.

`label="Filmname:"`

Damit der spätere Benutzer des Formulars weiß, was er in das Feld eingeben muss, verpasst `label` dem Feld eine Beschriftung – in diesem Fall `Filmname:`.

`description="Geben Sie hier ..."`

Wenn der Benutzer mit der Maus über die Beschriftung fährt, zeigt Joomla! den Text hinter `description` an. Dieser Hinweistext sollte folglich eine kurze und knappe Ausfüllhilfe geben.

`size="100"`

`size` legt fest, wie viele Zeichen man später in das Textfeld eingeben kann. Für die meisten Filmnamen sollten 100 Zeichen ausreichen – mehr nimmt die Datenbanktabelle auch gar nicht entgegen (wie ein Blick in die Datei *admin/sql/ install.mysql.utf8.sql* verrät).

`class="inputbox"`

`class` weist dem Feld eine CSS-Klasse zu, die später für ein ansprechendes Aussehen sorgt. Sie sollten hier keine eigenen Namen erfinden, sondern auf die für jeden `typ` vorgegebenen Namen zurückgreifen. Für diese Typen bringen die meisten fertigen Templates passende CSS-Dateien mit. In diesem Fall handelt es sich um ein einfaches Eingabefeld, eine `inputbox`. Über mögliche sinnvolle Werte für `class` gibt wieder die Joomla!-Dokumentation unter *http://docs. joomla.org/Standard_form_field_types* Auskunft.

`default=""`

Abschließend kann man über `default` das Eingabefeld noch mit einem Standardtext vorbelegen. Im Kinoportal soll das Feld leer bleiben, folglich wird `default` nur die leere Zeichenkette übergeben (alternativ könnten Sie das Attribut auch einfach komplett weglassen).

Als Nächstes sind die Produktionskosten an der Reihe, die ein weiteres Eingabefeld verlangen:

```
<field
    name="kosten"
    type="text"
    label="Produktionskosten:"
    description="Geben Sie hier die Produktionskosten in Mio. US-Dollar ein."
    size="40"
    class="inputbox validate-numeric"
    default=""
/>
```

Die Datenbanktabelle speichert alle Kosten in der Spalte `kosten`, folglich ist dies hier der passende `name` für das Eingabefeld. Da Joomla! bislang kein spezielles Eingabefeld für Zahlen anbietet, muss man zwangsweise auf ein normales Textfeld zurückgreifen (`type="text"`). Alle übrigen Attribute funktionieren wie oben beschrieben.

Wie erwähnt, kann Joomla! später die in das Formular eingetippten Daten automatisch in der Datenbank speichern. Damit das klappt, muss man hier den Eingabefeldern die Namen der Tabellenspalten verpassen. Zusätzlich muss es noch für jede Tabellenspalte genau ein Formularfeld geben. Im Beispiel besitzt die Tabelle noch eine Spalte namens id, die für jeden Film eine eindeutige Identifikationsnummer speichert. Es muss also abschließend noch ein weiteres Eingabefeld her. Die Datenbank wählt die id jedoch automatisch; ein Benutzer des Formulars darf sie folglich nicht selbst vergeben. Also versteckt man das Feld einfach:

```
<field
    name="id"
    type="hidden"
/>
```

Da das Feld für den Benutzer des Formulars unsichtbar ist, kann man die ganzen anderen Attribute weglassen.

Abschließend sollte man noch die drei Felder zu einer Gruppe zusammenfassen. Dazu umrahmt man sie mit `<fieldset>` und `</fieldset>`. Das fertige Formular sehen Sie in Beispiel 15-24.

Beispiel 15-24:   Das fertige Formular zur Eingabe eines Films (Datei »*admin/models/forms/filmbearbeitung.xml*«)

```
<?xml version="1.0" encoding="utf-8"?>
<form>
    <fieldset>
        <field
            name="id"
            type="hidden"
        />
        <field
            name="name"
            type="text"
            label="Filmname:"
            description="Geben Sie hier den vollständigen Filmnamen ein."
            size="100"
            class="inputbox"
            default=""
        />
        <field
            name="kosten"
            type="text"
            label="Produktionskosten:"
            description="Geben Sie hier die Produktionskosten in Mio. US-Dollar ein."
            size="40"
            class="inputbox validate-numeric"
            default=""
        />
    </fieldset>
</form>
```

Wechseln Sie in Ihrem Arbeitsverzeichnis in den Ordner *admin/models*, und erstellen Sie dort ein weiteres Verzeichnis namens *forms*. In ihm speichern Sie Beispiel 15-24 unter dem Dateinamen *filmbearbeitung.xml*.

Tipp

Die komplette Definition des Formulars können Sie später auch selbst mit einem Objekt der Klasse JForm einlesen und weiterverarbeiten. Netterweise generiert es auch ein passendes HTML-Formular.

Mit dem Formular im Rücken kann man sich nun an die Erstellung des Models machen. Der Bearbeitungsbildschirm ändert einen Film oder legt einen neuen an. Das zugehörige Model benötigt folglich Methoden, mit denen man einen ganz bestimmten Film aus der Datenbank holt, dort einen neuen ablegt sowie einen vorhandenen modifiziert. Diese Dreierbande könnte man jetzt nach dem gleichen Prinzip wie beim Filmliste-Model anlegen (Datenbank mit JFactory::getDbo(); holen, ein JQuery-Objekt ausfüllen und abschicken – siehe Abschnitt »7. Schritt: Übersichtsliste für die Administrator-Schnittstelle der Komponente« auf Seite 720).

Dank der Klasse JModelAdmin geht es aber auch einfacher. Sie enthält bereits diese drei Basismethoden (und ein paar mehr). Um JModelAdmin nutzen zu können, muss man ihr allerdings mitteilen, welche Datenbanktabelle sie manipulieren soll und wie so ein Datensatz genau aussieht. Genau dafür gibt es die JTable-Klasse. Von ihr muss man lediglich eine eigene Klasse ableiten und den Konstruktor leicht modifizieren:

Beispiel 15-25: Ein Datensatz für einen Film, gekapselt von der Klasse »KinoportalTableKinoportal« (Datei »*admin/tables/kinoportal.php*«)

```php
<?php
defined('_JEXEC') or die;

class KinoportalTableKinoportal extends JTable
{
    function __construct(&$db)
    {
        parent::__construct('#__filme', 'id', $db);
    }
}
?>
```

Der Konstruktor gibt seinem Kollegen aus der Oberklasse zunächst einen Hinweis auf die Datenbanktabelle (im Beispiel #__filme) und nennt den Primärschlüssel (im Beispiel war das id, wie ein Blick in die Datei admin/sql/install.mysql.utf8.sql verrät). Das Datenbankobjekt in $db wird einfach durchgereicht.

Das war schon alles: Die Klasse KinoportalTableKinoportal repräsentiert damit einen kompletten Film. Legen Sie unterhalb von *admin* ein neues Verzeichnis namens *tables* an, und speichern Sie darin die Klasse aus Beispiel 15-25 in der Datei *kinoportal.php*.

Jetzt kann man endlich das Model erstellen. Im Beispiel soll es den Namen Filmbearbeitung tragen. Die Klasse heißt somit `KinoportalModelFilmbearbeitung`:

```php
<?php
defined('_JEXEC') or die;

class KinoportalModelFilmbearbeitung extends JModelAdmin
{
    ...
```

Damit die Klasse funktioniert, muss man sie auf die gerade erstellte JTable-Klasse `KinoportalTableKinoportal` hinweisen. Dazu überschreibt man die Methode `getTable()`:

```php
public function getTable($type = 'Kinoportal', $prefix = 'KinoportalTable',
                $config = array())
{
    return JTable::getInstance($type, $prefix, $config);
}
```

Sie liefert einfach ein `KinoportalTableKinoportal`-Objekt zurück. Dabei hilft wiederum die statische Methode `JTable::getInstance()`, der man nur die Bestandteile des Klassennamens übergeben muss.

Damit ist das Model aber noch nicht ganz fertig. Es übernimmt nämlich auch die Verwaltung des Formulars. Die View hat damit einen zentralen Ansprechpartner, den sie sowohl um die Daten als auch um das Formular bitten kann. Damit das klappt, ist eine weitere Methode notwendig, die das Formular zurückliefert:

```php
public function getForm($data = array(), $loadData = true)
{
    // Lade das Formular:
    $form = $this->loadForm('com_kinoportal.filmbearbeitung', 'filmbearbeitung',
                array('control' => 'jform', 'load_data' => $loadData));

    // Prüfe, ob es leer ist ...
    if (empty($form))
    {
        return false;
    }

    // ... und liefere es zurück:
    return $form;
}
```

Die Methode `loadForm()` lädt hier das Formular in der Datei *filmbearbeitung.xml* und verpackt es in ein `JForm`-Objekt, das die Methode `getForm()` schließlich zurückliefert.

Damit ist das Model immer noch nicht fertig. Wenn jemand später im Backend einen Film bearbeiten möchte, sollte das Formular ihn mit den noch aktuellen Daten des Films begrüßen. Das Model ist so clever, dass es das Formular automatisch korrekt ausfüllt. Welche Daten dabei ins Formular wandern, bestimmt die Methode loadFormData():

```php
protected function loadFormData()
{
    return $this->getItem();
}
```

In der einfachen Fassung, wie sie hier gezeigt ist, holt sie den ausgewählten Film aus der Datenbank und gibt ihn direkt zurück. Die schon bekannte Methode getItem() liefert ein Array mit der ID, dem Namen und den Kosten des Films zurück – genau das, was die Klasse JModelAdmin von loadFormData() verlangt.

Damit ist das Model für den Bearbeitungsbildschirm endlich komplett. Alle anderen benötigten Methoden sind in JModelAdmin schon fix und fertig enthalten. Beispiel 15-26 zeigt die Klasse noch einmal als Ganzes.

Beispiel 15-26:   Das fertige Model »KinoportalModelFilmbearbeitung« (Datei »admin/models/filmbearbeitung.php«)

```php
<?php
defined('_JEXEC') or die;

class KinoportalModelFilmbearbeitung extends JModelAdmin
{
    public function getTable($type = 'Kinoportal', $prefix = 'KinoportalTable',
                             $config = array())
    {
        return JTable::getInstance($type, $prefix, $config);
    }

    public function getForm($data = array(), $loadData = true)
    {
        // Lade das Formular:
        $form = $this->loadForm('com_kinoportal.filmbearbeitung', 'filmbearbeitung',
                array('control' => 'jform', 'load_data' => $loadData));

        // Prüfe, ob es leer ist ...
        if (empty($form))
        {
            return false;
        }

        // ... und liefere es zurück:
        return $form;
    }

    protected function loadFormData()
    {
```

```
        return $this->getItem();
    }
}
?>
```

Speichern Sie das Model im Unterverzeichnis *admin/models* in der Datei *filmbear-beitung.php*.

Version   Wenn Sie Ihre Komponenten auch für Joomla! 2.5 anbieten möchten, müssen Sie   X.X
in Beispiel 15-26 noch explizit die Klasse JModelAdmin einbinden. Dazu nutzen Sie
den Befehl

```
        jimport('joomla.application.component.modeladmin');
```

den Sie direkt in die Zeile unter defined('_JEXEC') or die; setzen.

Das Model liefert die Daten für den Bearbeitungsbildschirm, und die View kümmert
sich um seine Anzeige. Deshalb geht es jetzt mit ihr weiter. Sie soll einen Bearbeitungsbildschirm wie den aus Abbildung 15-10 anzeigen.

Tipp   Wenn Sie komplexere Eingabemasken haben, sollten Sie sich diese zuvor auf   ⏩
Papier vorzeichnen.

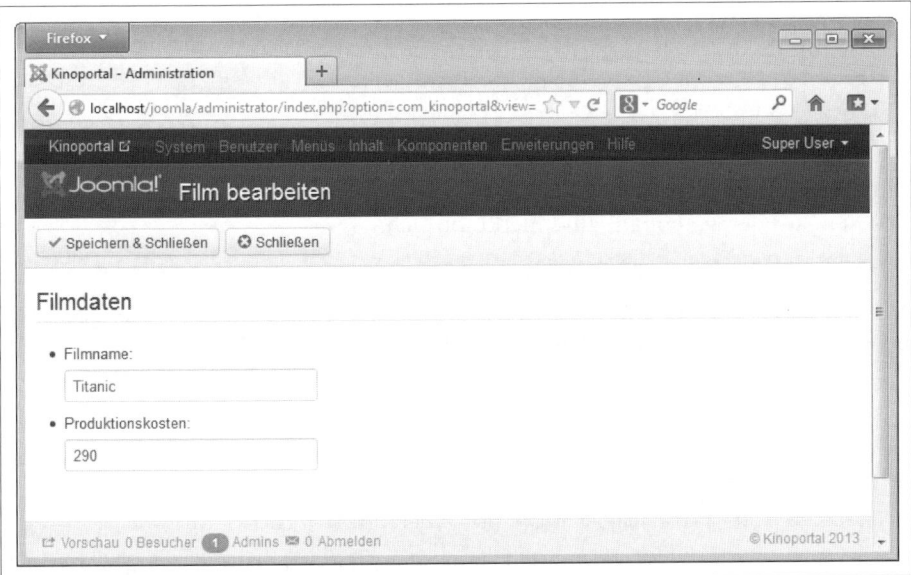

Abbildung 15-10:   So soll später der Bearbeitungsbildschirm für einen Film aussehen.

Die dafür notwendige Klasse ist dank der bis hierhin geleisteten Vorarbeit relativ
kurz (siehe Beispiel 15-27):

```php
<?php
defined('_JEXEC') or die;

class KinoportalViewFilmbearbeitung extends JViewLegacy
{
    // Variablen zur Speicherung des zu bearbeitenden
    // Films und des dafür zuständigen Formulars:
    protected $film;
    protected $form;

    public function display($tpl = null)
    {
        // Daten holen und merken:
        $this->film = $this->get('Item');
        $this->form = $this->get('Form');

        // Werkzeugleiste einrichten:
        JFactory::getApplication()->input->set('hidemainmenu', true);
        $isNew = ($this->film->id == 0);
        JToolBarHelper::title($isNew ? 'Neuen Film anlegen' : 'Film bearbeiten');
        JToolBarHelper::save('filmbearbeitung.save');
        JToolBarHelper::cancel('filmbearbeitung.cancel',
            $isNew ? 'JTOOLBAR_CANCEL' : 'JTOOLBAR_CLOSE');

        // Layout aktivieren:
        parent::display($tpl);
    }
}
?>
```

Zunächst holt sie vom Model (KinoportalModelFilmbearbeitung) den zu bearbeitenden Film aus der Datenbank und merkt ihn sich:

```php
$this->film = $this->get('Item');
```

Soll ein neuer Film angelegt werden, ist das zurückgelieferte Array leer und kann mit
neuen Daten befüllt werden. Anschließend fordert die View das Formular an:

```php
$this->form = $this->get('Form');
```

Das Formular kommt gleich noch im Layout zum Einsatz.

Als Nächstes deaktiviert

```php
JFactory::getApplication()->input->set('hidemainmenu', true);
```

das Hauptmenü am oberen Rand. Damit muss der Benutzer das Formular ordnungsgemäß über eine der beiden Schaltflächen *Abbrechen* oder *Speichern* beenden.

Anschließend prüft

```php
$isNew = ($this->film->id == 0);
```

ob ein neuer Film angelegt werden soll. In diesem Fall war das $film-Array leer,
$film->id somit gleich 0. Abhängig vom Ergebnis schmückt

```
JToolBarHelper::title($isNew ? 'Neuen Film anlegen' : 'Film bearbeiten');
```

die bislang noch recht leere Werkzeugleiste entweder mit dem Schriftzug Neuen Film
anlegen oder Film bearbeiten. Die Klasse JToolBarHelper hält noch weitere Methoden bereit, mit denen man die Werkzeugleiste zusammenbauen kann. Das nutzt
Beispiel 15-27 auch direkt aus, um sie mit einem *Speichern & Schließen*-Knopf zu
versehen:

```
JToolBarHelper::save('filmbearbeitung.save');
```

Die Beschriftung des Knopfs vergibt Joomla! automatisch in der passenden Sprache.
Der merkwürdige Parameter filmbearbeitung.save verlangt eine etwas ausführlichere Erklärung:

Wenn jemand später diesen *Speichern & Schließen*-Knopf anklickt, muss der Film in
die Datenbank wandern beziehungsweise dort aktualisiert werden. Die View übernimmt das nicht selbst, sondern delegiert diese Aufgabe – ganz nach dem MVC-
Schema – an einen speziellen Controller. Im Kinoportal soll er Filmbearbeitung heißen (die Klasse heißt also KinoportalControllerFilmbearbeitung). Damit dieser
Controller weiß, was er machen soll, muss man ihm die gewünschte Aufgabe (englisch *Task*) nennen. Einige Standard-Aufgaben haben in Joomla! feste Namen. In
diesem Fall soll der Controller etwas speichern; die zugehörige Aufgabe heißt save.

Der *Speichern & Schließen*-Knopf muss also den Controller Filmbearbeitung mit der
Aufgabe save betrauen. Damit er das auch tatsächlich macht, schreibt man die beiden Begriffe klein, tackert sie mit einem Punkt zusammen (filmbearbeitung.save)
und übergibt das Gebilde der Funktion JtoolBarHelper::save(). (Fragen Sie mich
jetzt nicht, wer sich diese Notation hat einfallen lassen.)

Tipp   Da das Konzept wieder etwas die Hirnwindungen erweicht, noch einmal kurz
zusammengefasst:

save() erzeugt einen *Speichern & Schließen*-Knopf in der Werkzeugleiste. Sobald
ihn jemand anklickt, weckt der Knopf einen Controller mit dem Namen Filmbearbeitung und weist ihn an, die Aufgabe save auszuführen. Der schlaue Controller
weiß damit, dass er einen Film in der Datenbank speichern soll, und veranlasst alles
dazu Notwendige.

Sie ahnen es vermutlich schon: Auch der Controller Filmbearbeitung muss noch
erstellt werden. Glücklicherweise ist das einfacher, als es zunächst klingt. Doch
kommen wir zuvor noch kurz zum Rest der View aus Beispiel 15-27.

Dort erzeugt abschließend

```
JToolBarHelper::cancel('filmbearbeitung.cancel', $isNew ? 'JTOOLBAR_CANCEL' :
'JTOOLBAR_CLOSE');
```

nach dem gleichen Prinzip eine *Abbrechen*-Schaltfläche. Wenn man sie anklickt, aktiviert sie ebenfalls den Controller Filmbearbeitung, den sie mit der Aufgabe cancel betreut. Der zweite Parameter

```
$isNew ? 'JTOOLBAR_CANCEL' : 'JTOOLBAR_CLOSE'
```

beschriftet den Knopf schließlich noch korrekt: Sofern ein neuer Film angelegt wird, heißt er *Abbrechen;* wird ein Film bearbeitet, heißt er hingegen *Schließen.* Die Platzhalter JTOOLBAR_CANCEL und JTOOLBAR_CLOSE ersetzt Joomla! später automatisch durch die passende Beschriftung in der aktuellen Sprache. Bei einem deutschen Backend wird aus JTOOLBAR_CANCEL die Beschriftung *Abbrechen,* und JTOOLBAR_CLOSE verwandelt sich in *Schließen.*

Erstellen Sie unter *admin/views* das neue Unterverzeichnis *filmbearbeitung,* und speichern Sie darin das Beispiel 15-27 in der Datei *view.html.php.* Sie ist allerdings erst mit einem Layout komplett. Das startet wieder mit dem bekannten Vorspann:

```
<?php
defined('_JEXEC') or die;

JHtml::_('behavior.tooltip');
?>
```

Die Funktion JHtml::_('bootstrap.tooltip'); sorgt noch für die korrekte Einblendung der Tooltip-Fenster. Dazu holt sie eine JavaScript-Funktion hinzu, die sich wiederum um die eigentliche Anzeige der kleinen Tooltips kümmert.

Der Bearbeitungsbildschirm besteht im Kern aus einem (HTML-)Formular:

```
<form
    action="<?php echo JRoute::_('index.php?option=com_kinoportal&layout=edit&id='
                            .(int) $this->film->id); ?>"
    method="post"
    name="adminForm"
    id="kinoportal-form"
>
...
```

Das <form>-Tag sieht etwas wüst aus, ist aber notwendig. Zunächst stellt das kryptische

```
JRoute::_('index.php?option=com_kinoportal&layout=edit&id='.(int) $this->film->id);
```

eine spezielle Internetadresse zusammen, an die der Browser das ausgefüllte Formular zurückschickt. Wenn Sie der Schnellinstallationsanleitung aus Kapitel 2, *Installation,* gefolgt sind, verwandelt Joomla! den obigen JRoute::_()-Aufruf in diese Adresse:

http://localhost/joomla/index.php?option=com_kinoportal&layout=edit&id=2

In der Adresse codiert ist zum einen die Komponente (com_kinoportal), für die das ausgefüllte Formular bestimmt ist, und zum anderen die Identifikationsnummer des zu ändernden Films ($this->film->id baut diese Information ein; wird ein neuer Film angelegt, ist der Wert automatisch immer 0). Wenn der Browser das ausgefüllte Formular an diese Adresse zurücksendet, kann Joomla! automatisch die passende Komponente wecken. (Das Verfahren wurde bereits im Kasten »Joomla! und seine Internetadressen« auf Seite 708 vorgestellt.)

Das Attribut method spezifiziert noch die Übertragungsmethode, während name und id später bei der (halb-automatischen) Weiterverarbeitung benötigt werden.

Als Nächstes muss das Layout einfach nur die Felder zur Eingabe des Filmnamens und der Kosten aus dem vom Model geholten Formular anfordern und einbauen:

```
<fieldset>
    <legend>Filmdaten</legend>
    <ul>
        <li>
            <?php echo $this->form->getLabel('name'); ?>
            <?php echo $this->form->getInput('name'); ?>
        </li>
        <li>
            <?php echo $this->form->getLabel('kosten'); ?>
            <?php echo $this->form->getInput('kosten'); ?>
        </li>
    </ul>
</fieldset>
```

Das <fieldset> gruppiert alle zum Film gehörenden Felder. <legend> verpasst dieser Gruppe noch eine Beschriftung (genau wie in Abbildung 15-10 auf Seite 741). Damit die einzelnen Felder aus dem Formular nicht optisch aneinanderkleben, landen sie hier der Einfachheit halber noch einfach in einer <ul>-Liste. Dabei holt

```
$this->form->getLabel('kosten');
```

die Beschriftung des Formularfelds mit dem Namen kosten, und sein Kollege

```
$this->form->getInput('kosten');
```

gibt analog das eigentliche Formularfeld mit dem Namen kosten aus.

Tipp

Anstatt die Beschriftung (das Label) und das Feld einzeln zu holen, können Sie auch einfach alle vorhandenen Formularfelder in einer foreach-Schleife durchlaufen und ausgeben:

```
<?php foreach($this->form->getFieldset() as $field): ?>
    <li><?php echo $field->label;echo $field->input;?></li>
<?php endforeach; ?>
```

Damit wandert dann aber auch das Feld für die ID auf den Schirm. Zwar ist es unsichtbar, die obige Schleife erzeugt aber dennoch dafür einen dritten, wenn auch leeren Aufzählungspunkt.

Um das zu verhindern, haben Sie zwei Möglichkeiten: Zum einen könnten Sie im Formular für die ID ein anderes Fomularelement wählen und sie so einfach mit anzeigen (wie es auch viele andere Formulare in Joomla! machen). Alternativ könnten Sie die Tags der Liste <ul> gegen <div>-Tags austauschen und letztgenannte dann über (Bootstrap-)CSS-Klassen entsprechend formatieren.

Wenn der Browser das Formular zurückschickt, muss abhängig von der angeklickten Schaltfläche ein ganz bestimmter Controller aktiviert werden. Welcher das ist, bestimmt ein spezielles, verstecktes Feld am unteren Ende des Formulars:

```
<input type="hidden" name="task" value="" />
```

Dieses Feld wird automatisch von der angeklickten Schaltfläche ausgefüllt und legt den aufzurufenden Controller sowie die von ihm durchzuführende Aufgabe fest. Das versteckte Formularfeld wertet Joomla! später alleine aus. Sie müssen es hier einfach nur anbieten (und können es danach vergessen).

Am Ende des Formulars injiziert noch der Befehl

```
<?php echo JHtml::_('form.token'); ?>
```

ein Sicherheitstoken in das Formular. Es stellt sicher, dass der Benutzer über das Backend zum Bearbeitungsbildschirm gekommen ist. Andernfalls könnte ein Angreifer einfach wiederholt das Formular senden und so automatisiert die Datenbank mit eigenem Datenmüll fluten.

Damit ist das Formular eigentlich schon komplett. Ein Klick auf eine der Schaltflächen *Speichern & Schließen* oder *Abbrechen* würde allerdings noch keine Reaktion hervorrufen. Es muss daher noch eine spezielle JavaScript-Funktion her, die das Formular an Joomla! zurücksendet:

```
<script type="text/javascript">
    Joomla.submitbutton = function(task)
    {
        Joomla.submitform(task, document.getElementById('kinoportal-form'));
    }
</script>
```

Die JavaScript-Funktion Joomla.submitbutton() wird immer dann aktiv, wenn ein Benutzer einen der beiden Knöpfe drückt. Joomla.submitform() ergänzt dann die auszuführende Aufgabe (Abbrechen oder Speichern) im versteckten Feld am Ende des Formulars mit der id kinoportal-form und schickt dieses Formular schließlich an Joomla!.

Beispiel 15-28 zeigt das damit endlich komplette Layout. Erstellen Sie unter *admin/ views/filmbearbeitung* den Ordner *tmpl*, und verstauen Sie darin das Layout in der Datei *edit.php*. Dieser Dateiname ist hier notwendig, damit später die Automatiken der Controller reibungslos funktionieren. (Diese aktivieren später die View und weisen sie explizit an, das Layout mit dem Namen *edit.php* zu verwenden.)

 Tipp   Da das wieder ganz schön kompliziert war, hier noch mal kurz zusammengefasst:

Die View bastelt mit dem Layout ein HTML-Formular zusammen und sendet es an den Browser. Sobald jemand in der Werkzeugleiste auf eine der Schaltflächen

---

klickt, hinterlegt die JavaScript-Funktion aus dem Layout im unsichtbaren Feld am unteren Rand den zu aktivierenden Controller und die von ihm auszuführende Aufgabe. Anschließend schickt der Browser das Formular an die im `<form>`-Tag hinterlegte Internetadresse. Joomla! empfängt die Daten, sieht anhand der Internetadresse, dass die Kinoportal-Komponente zuständig ist, und leitet das ausgefüllte Formular umgehend an sie weiter.

Beispiel 15-28:   Das Layout für die Filmbearbeitung-View (Datei »*admin/views/filmbearbeitung/tmpl/edit.php*«)

```php
<?php defined('_JEXEC') or die;

JHtml::_('behavior.tooltip');
?>
<script type="text/javascript">
    Joomla.submitbutton = function(task)
    {
        Joomla.submitform(task, document.getElementById('kinoportal-form'));
    }
</script>
<form action="<?php
    echo JRoute::_('index.php?option=com_kinoportal&layout=edit&id='.(int)
                $this->film->id); ?>" method="post" name="adminForm"
                id="kinoportal-form">

    <fieldset>
        <legend>Filmdaten</legend>
        <ul>
            <li>
                <?php echo $this->form->getLabel('name'); ?>
                <?php echo $this->form->getInput('name'); ?>
            </li>
            <li>
                <?php echo $this->form->getLabel('kosten'); ?>
                <?php echo $this->form->getInput('kosten'); ?>
            </li>
        </ul>
    </fieldset>

    <input type="hidden" name="task" value="" />
    <?php echo JHtml::_('form.token'); ?>
</form>
```

Damit fehlt dem Bearbeitungsbildschirm nur noch ein Controller. Wie Beispiel 15-29 zeigt, muss man ihn lediglich von der Klasse `JControllerForm` ableiten.

Beispiel 15-29: Der Controller »Filmbearbeitung« für den Bearbeitungsbildschirm (Datei »*admin/controllers/*
filmbearbeitung.php«)

```php
<?php
defined('_JEXEC') or die;


class KinoportalControllerFilmbearbeitung extends JControllerForm
{
    public function __construct($config = array())
    {
        $this->view_list = 'filmliste';
        parent::__construct($config);
    }
}
?>
```

[X.X] **Version**   Wenn Sie Ihre Komponenten auch für Joomla! 2.5 anbieten möchten, müssen Sie
in Beispiel 15-29 noch explizit die Klasse JControllerForm einbinden. Dazu nutzen
Sie den Befehl:

```
jimport('joomla.application.component.controllerform');
```

den Sie direkt in die Zeile unter defined('_JEXEC') or die; setzen.

Im Konstruktor teilt man der neuen Klasse lediglich noch in der Variablen $this->
view_list mit, welche View sie aufrufen soll, wenn der Bearbeitungsbildschirm wieder geschlossen wird. Im Kinoportal soll dann wieder die Liste mit allen Filmen erscheinen, für die wiederum die View Filmliste verantwortlich ist. Ihr Name wandert daher kleingeschrieben in die Variable $this->view_list.

▶▶ **Tipp**   Wenn Sie nicht auf diese Weise die View angeben, versucht JControllerForm ihn
zu erraten. Dabei nimmt er seinen eigenen Namen (in diesem Beispiel Filmbearbeitung) und bildet dann daraus nach den englischen Grammatikregeln den Plural
(was hier zu Filmbearbeitungs führen würde). Um Missverständnissen und einer
stundenlangen Fehlersuche vorzubeugen, sollten Sie daher möglichst immer in
$this->view_list den Namen der aufzurufenden View explizit ablegen.

Erstellen Sie in Ihrem Arbeitsverzeichnis unter *admin* den Ordner *controllers*, und speichern Sie darin den Code aus Beispiel 15-29 in der Datei *filmbearbeitung.php*. Ihr Arbeitsverzeichnis sollte jetzt so wie in Abbildung 15-11 aussehen.

Damit gibt es jetzt neben der Liste mit allen Filmen auch einen Bearbeitungsbildschirm, über den man neue Filme anlegen und vorhandene ändern kann. Es wäre allerdings schön, wenn man ihn auch irgendwie aufrufen könnte. Dazu muss man die View mit der Filmliste noch etwas aufbohren.

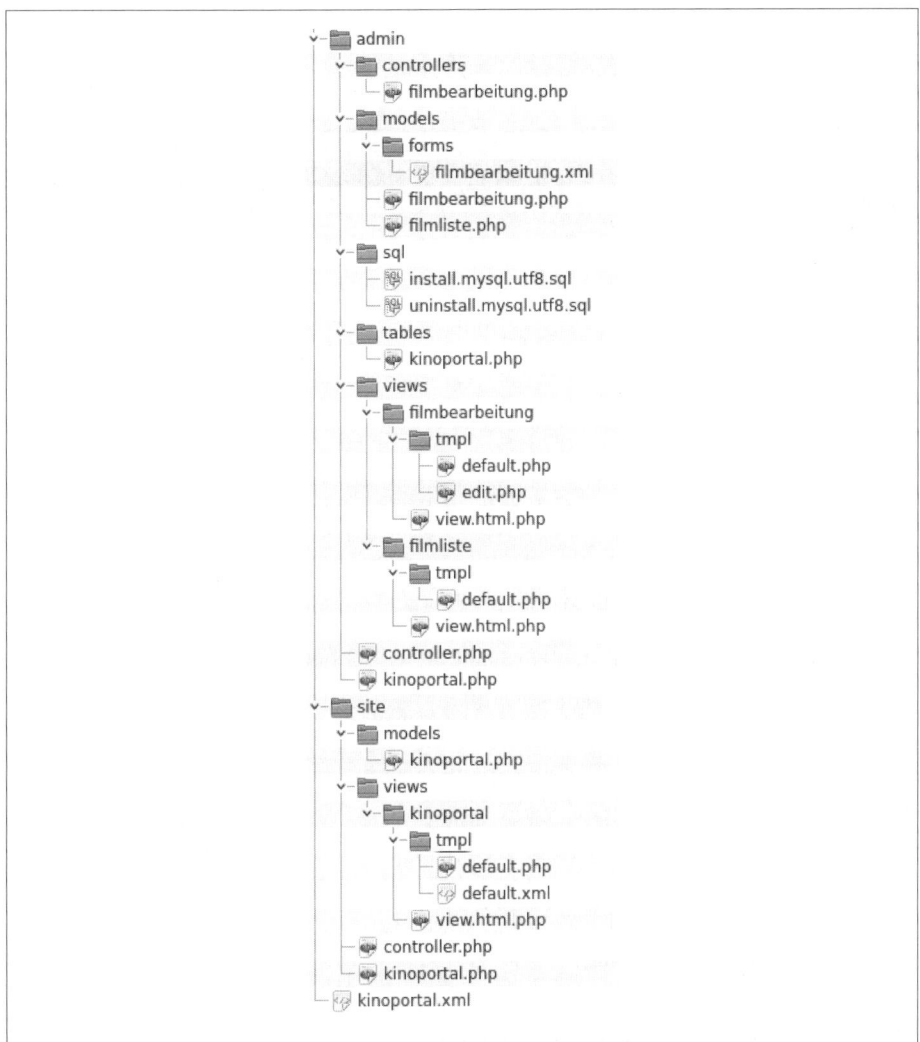

Abbildung 15-11:   Der Inhalt Ihres Arbeitsverzeichnisses mit dem Bearbeitungsbildschirm für Filme

9. Schritt: Aktionsmöglichkeiten hinzufügen

Um Filme bearbeiten oder löschen zu können, muss man zunächst den oder die betroffenen Filme in der Liste hinter *Komponenten → Kinoportal* auswählen. Dies geschieht über ein kleines Kästchen vor jeder Zeile. Anschließend löst ein Klick auf ein passendes Symbol in der Werkzeugleiste die Aktion aus oder öffnet den eben maßgeschneiderten Bearbeitungsbildschirm. Das Ergebnis soll später so aussehen wie in Abbildung 15-12.

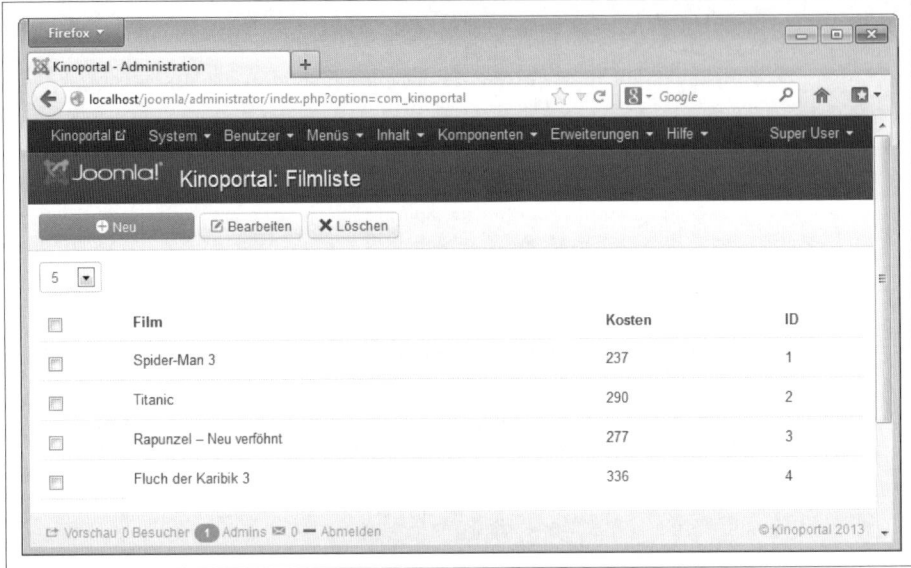

Abbildung 15-12:   Die geplante Liste mit den Schaltflächen und den Kästchen zum Ankreuzen

Unter dem Strich gibt es also noch zwei ausstehende Baumaßnahmen:

1. Ausstattung der Werkzeugleiste mit drei Schaltflächen (*Neu*, *Bearbeiten* und *Löschen*)

2. Erweiterung der Tabelle um eine Spalte mit Kästchen (englisch *Checkbox*)

Zunächst zu den Schaltflächen: Diese sollen in der Werkzeugleiste über der Liste mit allen Filmen erscheinen. Diese wiederum bringt die View `Filmliste` auf den Bildschirm. Öffnen Sie also die Datei *admin/views/filmliste/view.html.php*, und erweitern Sie die dortige `display()`-Methode zu:

```
function display($tpl = null)
{
    // Hole Daten aus dem Model:
    $this->filme = $this->get('Items');
    $this->seiten = $this->get('Pagination');

    JToolbarHelper::title("Kinoportal: Filmliste");
    JToolBarHelper::addNew('filmbearbeitung.add');
    JToolBarHelper::editList('filmbearbeitung.edit');
    JToolBarHelper::deleteList('Sind Sie sicher?', 'filmliste.delete');

    // Layout aktivieren und anzeigen:
    parent::display($tpl);
}
```

Die `JToolBarHelper::title()`-Anweisung kennen Sie bereits aus dem vorherigen Abschnitt. Die nächsten drei statischen Methoden erstellen jeweils die entsprechenden Schaltflächen in der Werkzeugleiste: `deleteList()` sorgt dort für den *Löschen*-

Knopf. Bevor die markierten Filme endgültig im Nirvana landen, fragt Joomla! noch einmal mit Sind Sie sicher? nach. Anschließend aktiviert der Knopf einen Controller, der wiederum das eigentliche Löschen veranlasst. Sie ahnen es vielleicht schon: Diesen Controller muss man noch erstellen. Im Kinoportal soll er Filmliste heißen (die Klasse heißt also KinoportalControllerFilmliste). Er soll einen Film löschen; die passende Standard-Aufgabe dazu heißt delete. Wie schon im vorherigen Abschnitt tackert man auch hier den kleingeschriebenen Namen des Controllers und die Aufgabe mit einem Punkt zusammen und übergibt das fertige Gebilde film-liste.delete der Methode deleteList() in ihrem zweiten Parameter.

Analog erstellt JToolBarHelper::editList() einen *Bearbeiten*-Knopf, während JToolBarHelper::addNew() für die *Neu*-Schaltfläche sorgt. In beiden Fällen muss der Bearbeitungsbildschirm geöffnet werden, was wiederum der Filmbearbeitung-Controller übernimmt. Er muss noch wissen, ob er einen neuen Film erstellen soll oder ob ein vorhandener Film bearbeitet wird. Im ersten Fall lautet seine Aufgabe edit, im zweiten Fall add. Die Methode editList() bekommt folglich den Parameter filmbearbeitung.edit mit auf den Weg, ihre Kollegin addNew() den Parameter film-bearbeitung.add.

Tipp	Auch hier noch mal kurz zusammengefasst:
	deleteList() erzeugt einen *Löschen*-Knopf in der Werkzeugleiste. Sobald ihn jemand anklickt, erscheint die Rückfrage: Sind Sie sicher?. Anschließend weckt der Knopf einen Controller mit dem Namen Filmliste und weist ihn an, die Aufgabe delete auszuführen. Der schlaue Controller weiß damit, dass er einen Film in der Datenbank löschen soll, und veranlasst alles dazu Notwendige.
	Analog erstellt addNew() eine *Neu*-Schaltfläche. Wird sie angeklickt, aktiviert sie den Controller Filmbearbeitung und weist ihn an, die Aufgabe add auszuführen. Der Controller weiß damit, dass er einen neuen Film erstellen muss, wozu er wiederum selbstständig den Bearbeitungsbildschirm öffnet und die benötigten Daten abfragt.

Als Nächstes kommen die Kästchen hinzu, über die man später einen oder mehrere Filme in der Liste auswählen kann. Dazu öffnen Sie das Layout in der Datei *default. php* im Unterverzeichnis *admin/views/filmliste/tmpl*.

Die Tabelle erhält dort eine neue erste Spalte:

```
...
<!-- Kopfzeile -->
<thead>
    <tr>
        <th>
            <input type="checkbox" name="checkall-toggle" value=""
                onclick="Joomla.checkAll(this)" />
        </th>
        <th>Film</th>
...
```

Diese Spalte erhält anstelle einer Beschriftung ebenfalls ein Kästchen. Mit ihm kann man später alle Einträge in der Liste auf einmal markieren. Das Kästchen selbst ist eine einfache Checkbox, die ein passendes <input>-Tag erzeugt.

Die JavaScript-Funktion checkAll() stellt Joomla! bereit. Sie sorgt dafür, dass alle übrigen Checkboxen ein Häkchen erhalten.

Als Nächstes muss eine Checkbox in jede Zeile. Ein passendes Exemplar gibt netterweise die Methode JHtml::_() aus:

```
...
<!-- Hauptbereich mit den eigentlichen Inhalten -->
<tbody>
    <?php foreach($this->filme as $i => $film): ?>
    <tr class="row<?php echo $i % 2; ?>">
        <td>
            <?php echo JHtml::_('grid.id', $i, $film->id); ?>
        </td>
        <td>
            <?php echo $film->name; ?>
        </td>
        ...
```

Ähnlich wie beim Bearbeitungsbildschirm braucht man abschließend noch zwei versteckte Felder:

```
    ...
    </table>

    <input type="hidden" name="task" value="" />
    <input type="hidden" name="boxchecked" value="0" />
    <?php echo JHtml::_('form.token'); ?>
</form>
```

Beide füllt die angeklickte Schaltfläche aus (beziehungsweise eine damit ausgelöste JavaScript-Funktion). Im ersten Feld (name="task") hinterlegt sie den zuständigen Controller und seine auszuführende Aufgabe. Im zweiten Feld landet die Anzahl der markierten Checkboxen. Beide Informationen verarbeiten später die in Joomla! mitgelieferten Klassen automatisch. Sie müssen folglich wieder nur sicherstellen, dass die beiden im Formular vorhanden sind.

Das abschließende JHtml::_('form.token'); injiziert noch ein Sicherheitstoken. Damit ist das Layout komplett.

Weiter geht es mit dem Controller für die Filmliste. Ihm kommt die Aufgabe zu, einen oder mehrere Filme zu löschen. Damit er das selbstständig machen kann, braucht er die Hilfe eines Models (erinnern Sie sich an die Zuständigkeiten im MVC-Konzept: Nur das Model besitzt den Zugriff auf die Datenbank). Im Moment stehen das Filmliste- und das Filmbearbeitung-Model zur Verfügung (wie ein Blick in das Verzeichnis *admin/models* verrät). Das Filmliste-Model liefert als abgeleitete Klasse von JModelList nur eine Liste mit allen Filmen zurück und ist somit hier nicht besonders hilfreich. Bleibt noch das Filmbearbeitung-Model, das von JModel-Admin abgeleitet ist. Diese Klasse bietet netterweise von Haus aus eine passende Löschfunktion. Also sollte man die beiden schleunigst miteinander bekannt machen. Das übernimmt ein entsprechender Controller, bei dem man wie in Beispiel 15-30 die Methode getModel() überschreibt.

Beispiel 15-30:   Der Controller »Filmliste« (Datei »*admin/controllers/filmliste.php*«)

```php
<?php
defined('_JEXEC') or die;

class KinoportalControllerFilmliste extends JControllerAdmin
{
    public function getModel($name = 'Filmbearbeitung',
        $prefix = 'KinoportalModel')
    {
        $model = parent::getModel($name, $prefix, array('ignore_request' => true));
        return $model;
    }
}
?>
```

Hier kommt die von JControllerLegacy abgeleitete Klasse JControllerAdmin zum Einsatz, die auf das Backend spezialisiert ist. Unter anderem kümmert sie sich automatisch um das Löschen eines Datensatzes.

Speichern Sie den Code aus Beispiel 15-30 in der Datei *filmliste.php* im Unterverzeichnis *admin/controllers*. Man mag es kaum glauben, aber damit haben Sie es fast geschafft. Es stehen nur noch zwei klitzekleine Änderungen an.

Wenn jemand auf eine der Schaltflächen klickt, übergibt der Browser das ausgefüllte Formular an Joomla!. Dieses aktiviert die Komponente com_kinoportal, indem es den Einsprungpunkt in der Datei *admin/kinoportal.php* aktiviert. Damit der Einsprungpunkt die anstehende Aufgabe (Film bearbeiten, löschen etc.) korrekt an die übrigen Bestandteile der Komponente weiterreicht, müssen Sie in ihm noch die Zeile

```php
$controller->execute('');
```

gegen

```php
$controller->execute(JFactory::getApplication()->input->get('task'));
```

austauschen. Andernfalls würde er weiterhin versuchen, das Standardprogramm abzuspulen, was wiederum zu einer Fehlermeldung führt. Das kryptische Gebilde

```php
JFactory::getApplication()->input->get('task')
```

erfragt bei Joomla! den durchzuführenden Task.

Abschließend müssen Sie die neu hinzugekommenen Dateien noch in der Informationsdatei *kinoportal.xml* eintragen:

```
…
<administration>
    <menu>Kinoportal</menu>
    <files folder="admin">
        <filename>kinoportal.php</filename>
        <filename>controller.php</filename>
        <folder>sql</folder>
        <folder>views</folder>
        <folder>models</folder>
        <folder>tables</folder>
        <folder>controllers</folder>
    </files>
</administration>

</extension>
```

10. Schritt: Probelauf und Zusammenfassung

Ihr Arbeitsverzeichnis mit der nun endlich fertigen Komponente sollte jetzt so wie in Abbildung 15-13 aussehen.

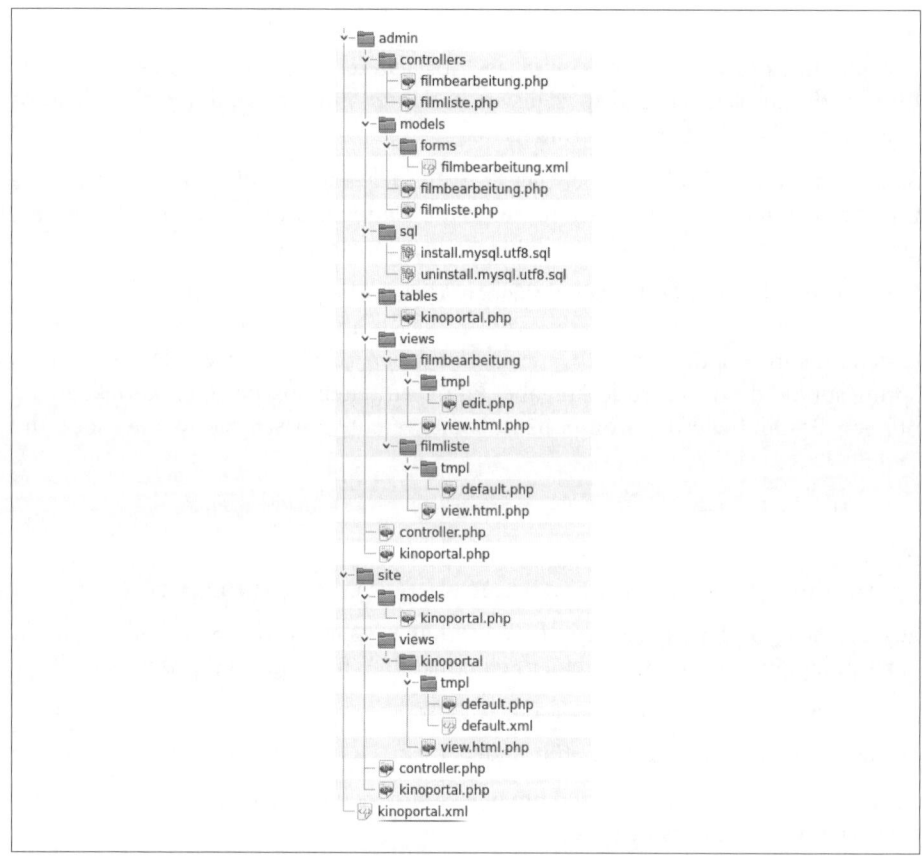

Abbildung 15-13:   Alle Dateien und Verzeichnisse der fertigen Kinoportal-Komponente

Packen Sie den Inhalt Ihres Arbeitsverzeichnisses in ein ZIP-Archiv, und spielen Sie es unter Joomla! ein. Wenn Sie *Komponenten → Kinoportal* aufrufen, landen Sie in der Liste mit allen Filmen (siehe Abbildung 15-14). Ein Klick auf *Neu* führt zum Bearbeitungsbildschirm (siehe Abbildung 15-15).

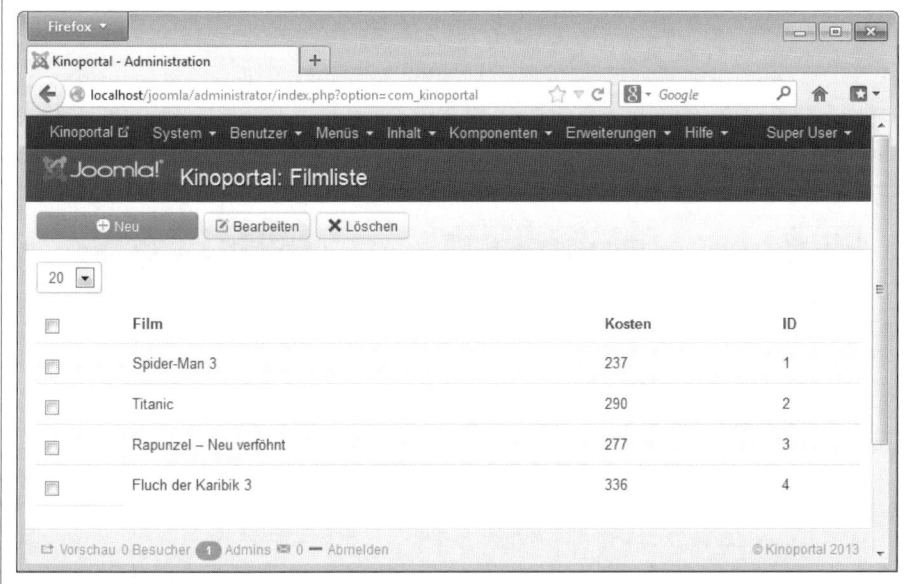

Abbildung 15-14:   Die fertige Liste mit den Filmen ...

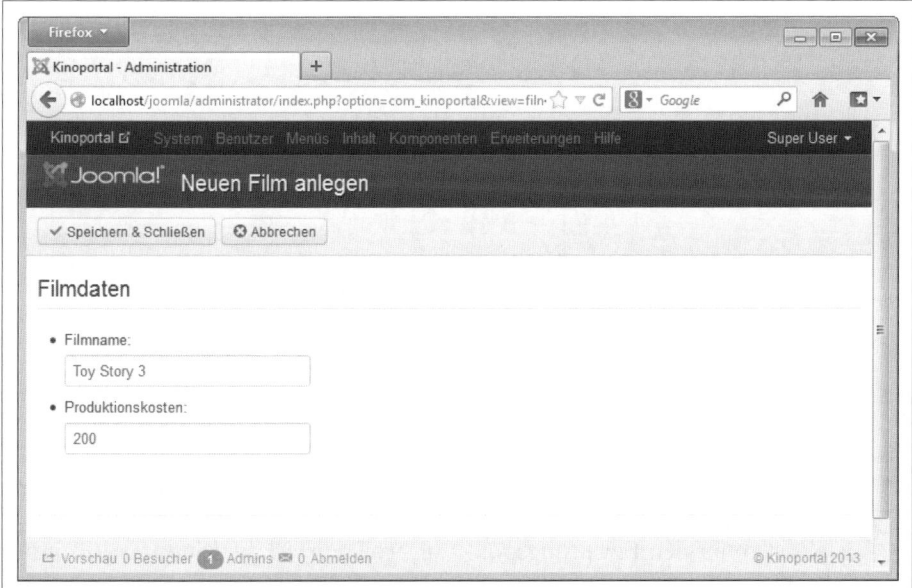

Abbildung 15-15:   ... und der zugehörige Bearbeitungsbildschirm

Vermutlich raucht Ihnen jetzt vor lauter Dateien, Controllern, Models und Views der Kopf. Folgen Sie deshalb zum Abschluss noch einmal kurz den Aktionen eines Super Users.

Tipp   Am besten öffnen Sie immer in Ihrem Arbeitsverzeichnis die jeweils genannten Dateien und gehen den Quellcode parallel mit durch.

Sobald der Super User den Menüpunkt *Komponenten → Kinoportal* anklickt, erscheint die Liste mit allen Filmen. Abbildung 15-16 zeigt, was dabei im Hintergrund passiert.

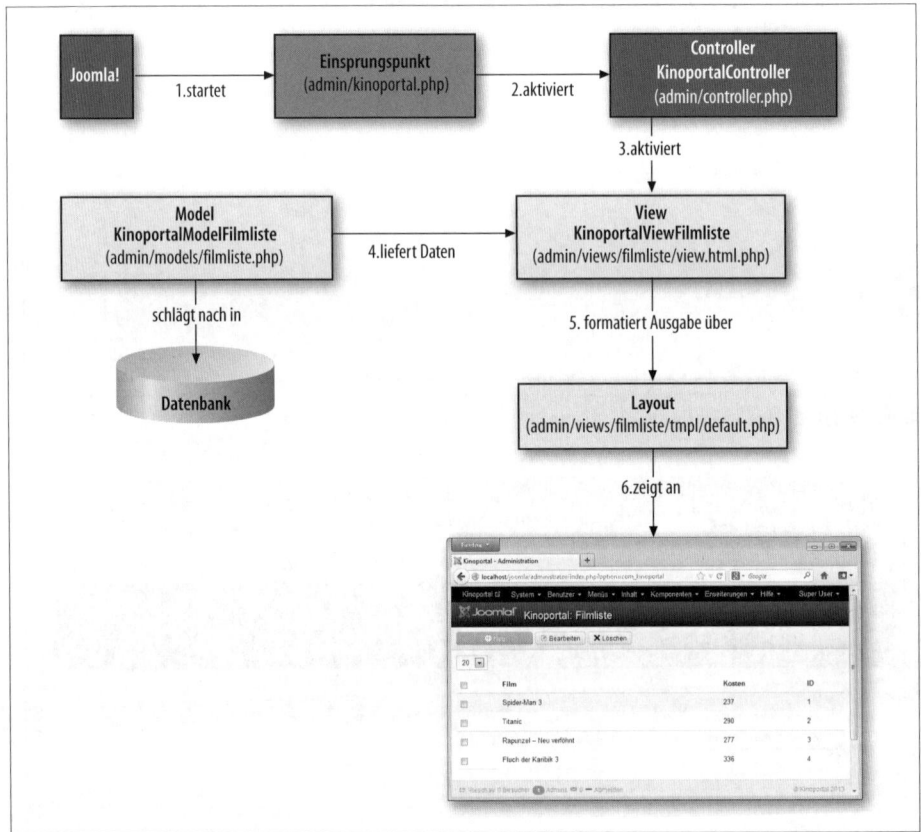

Abbildung 15-16:   Diese Schritte laufen ab, sobald der Super User im Backend den Menüpunkt *Komponenten → Kinoportal* aufruft.

- Nachdem der Super User den Menüpunkt *Komponenten → Kinoportal* angeklickt hat, startet Joomla! das PHP-Skript aus der Datei *admin/kinoportal.php*. Sie bildet somit den Einsprungspunkt (Entry Point) in die Kinoportal-Komponente. ➊

- Das Skript erstellt einen `KinoportalController` (wie er in der Datei *admin/controller.php* definiert ist) und übergibt ihm die Kontrolle, indem es seine Methode execute() aufruft. ❷

- Da dem Controller keine andere Aufgabe zugewiesen wurde, aktiviert er die View `KinoportalViewFilmliste` aus dem Unterverzeichnis *admin/views/filmliste*. ❸

- Diese View bestückt die Werkzeugleiste mit einer Überschrift und drei Knöpfen: einem zum Anlegen, einem zum Bearbeiten und einem zum Löschen von Filmen. Darüber hinaus weist sie das passende Model (namens `KinoportalModelFilmliste` aus der Datei */admin/models/filmliste.php*) an, ihr alle Filme aus der Datenbank zu holen (via `$this->get('Items')`). ❹

- Das Model gehorcht und liefert eine Liste zurück, deren Inhalte die View in ihr Layout (*admin/views/filmliste/tmpl/default.php*) stopft. ❺

- Joomla! integriert das Ergebnis schließlich in das Backend und sendet die fertige Seite an den Browser ❻. Der Super User sieht jetzt die Tabelle mit allen vorhandenen Filmen aus Abbildung 15-14.

Entscheidet sich jetzt der Super User dafür, einen neuen Film anzulegen, werden nacheinander alle `Filmbearbeitung`-Klassen aktiv. Abbildung 15-17 zeigt, was dabei im Einzelnen passiert.

- Die Liste mit den Filmen ist tatsächlich ein Formular (wie ein Blick in die Layout-Datei *admin/views/filmliste/tmpl/default.php* verrät). Mit dem Klick auf *Neu* wird eine JavaScript-Funktion aktiv, die dieses Formular ausfüllt. Insbesondere bestückt sie das versteckte Feld task mit dem Wert `filmbearbeitung.add`. (Dass sie dies machen soll, hat die Methode `JToolBarHelper::addNew('filmbearbeitung.add')` in der View veranlasst.)

- Im Layout kodiert war auch eine Rücksendeadresse. Wenn Sie der Schnellinstallationsanleitung aus Kapitel 2, *Installation*, gefolgt sind, lautet sie *http://localhost/joomla/index.php?option=com_kinoportal*. Diese Adresse ruft der Browser jetzt auf, und er übergibt dabei gleichzeitig das ausgefüllte Formular. ❶

- Jetzt ist wieder Joomla! an der Reihe. Es wertet den Rattenschwanz der aufgerufenen Internetadresse aus. Die dortige Angabe *option=com_kinoportal* veranlasst das Content-Management-System, erneut den Einsprungspunkt *admin/kinoportal.php* aufzurufen. ❷

- Dieser erstellt zunächst wieder einen neuen `KinoportalController` (Datei *admin/controller.php*). Anschließend holt die Methode `JFactory::getApplication()->input->get('task')` den Wert des Feldes task aus dem übermittelten Formular. Er enthält in codierter Form die Aufgabe (Task) für alle nachfolgenden Klassen (nämlich `filmbearbeitung.add`). Diese Aufgabe leitet der Einsprungspunkt umgehend an die Methode execute() des `KinoportalController` weiter. ❸

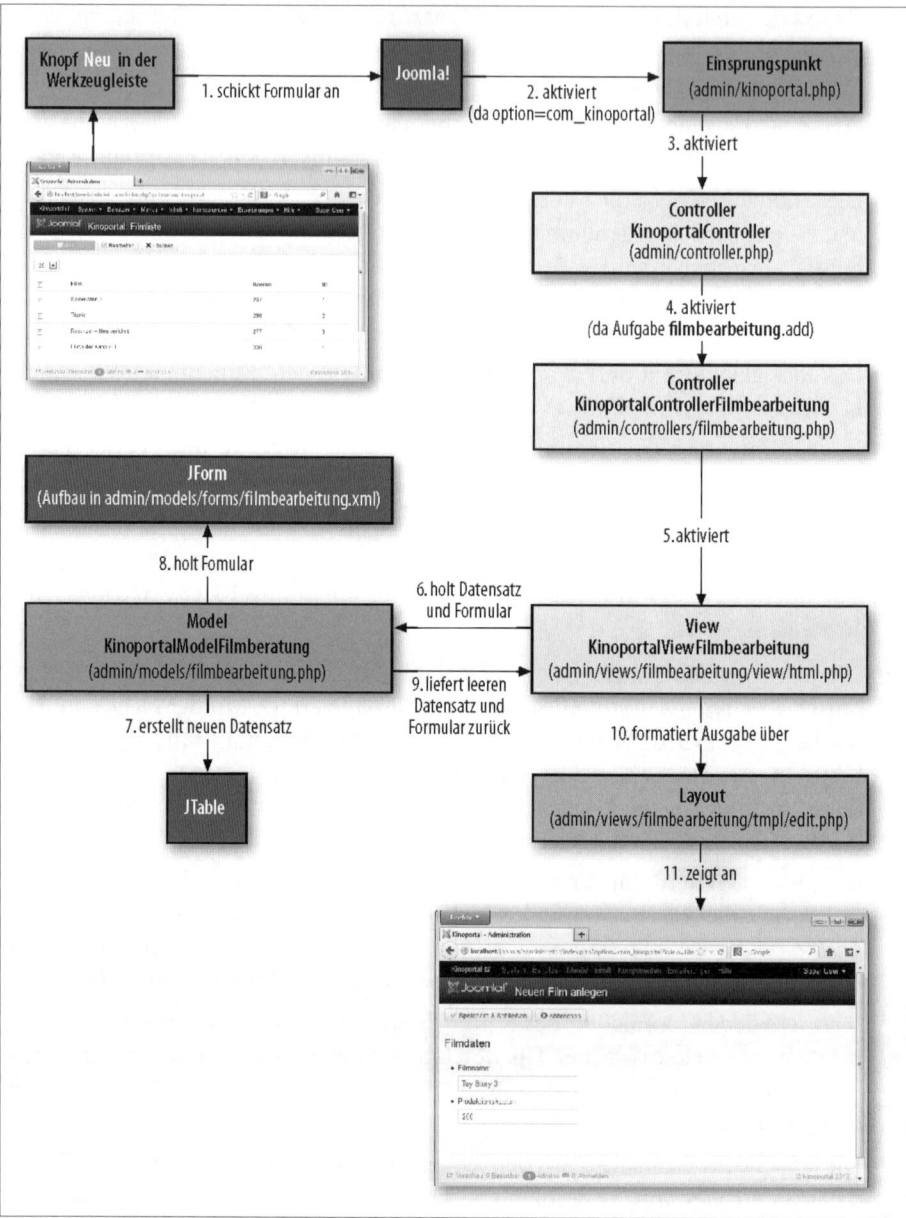

Abbildung 15-17:   Diese Schritte laufen ab, sobald der Administrator auf die Schaltfläche *Neu* klickt.

- Der KinoportalController übernimmt damit gleichzeitig das Kommando. Da die Aufgabe mit filmbearbeitung beginnt, aktiviert der KinoportalController den Filmbearbeitung-Controller (Klasse KinoportalControllerFilmbearbeitung aus der Datei *admin/controllers/filmbearbeitung.php*). ❹

- Dieser kramt jetzt die `Filmbearbeitung`-View aus der Datei *admin/views/filmbe-arbeitung/view.html.php* hervor (Klasse `KinoportalViewFilmbearbeitung`). ❺

- Die View klopft bei dem für sie zuständigen `Filmbearbeitung`-Model an (Klasse `KinoportalModelFilmbearbeitung` in der Datei *admin/models/filmbearbeitung.php*) und bittet um einen (leeren) Datensatz sowie um das anzuzeigende Formular. ❻

- Da die Aufgabe darin bestand, einen neuen Film anzulegen, erstellt das Model mithilfe der Klasse `KinoportalTableKinoportal` (Datei *admin/tables/kinoportal.php*) einen neuen Datensatz ❼. Anschließend schaut es sich noch die Vorgaben in der Datei *admin/models/forms/filmbearbeitung.xml* an und generiert aus ihnen ein passendes Formular ❽. Beide Objekte liefert das Model an die View zurück ❾.

- Die View bestückt die Werkzeugleiste mit einer *Speichern & Schließen*- sowie einer *Abbrechen*-Schaltfläche. Anschließend bastelt sie nach den Vorgaben des vom Model erhaltenen Formulars und ihrem Layout (Datei *admin/views/film-bearbeitung/tmpl/edit.php*) den Bearbeitungsbildschirm zusammen ❿. Da der vom Model zurückgelieferte Datensatz leer war, bleiben auch die Eingabefelder leer – so wie es für einen neuen Film genau richtig ist.

- Das Ergebnis landet schließlich im Browser des Super User.

Sobald der Super User im Formular die Daten für den neuen Film hinterlegt hat und in der Werkzeugleiste auf *Speichern & Schließen* klickt, werden zunächst wieder die Klassen des Bearbeitungsbildschirms aktiv. Sie schieben den Film in die Datenbank und wechseln anschließend wieder zurück zur Liste mit allen Filmen. Abbildung 15-18 zeigt den genauen Ablauf.

- Nachdem der Super User auf *Speichern & Schließen* geklickt hat, wird erneut eine JavaScript-Funktion aktiv, die im Formular das versteckte Feld `task` mit dem Wert `filmbearbeitung.save` bestückt (dass sie dies machen soll, hat die Methode `JToolBarHelper::save('filmbearbeitung.save')` in der View veranlasst). Der Browser schickt das jetzt komplette Formular wieder zurück an Joomla!. ❶

- Dort beginnt das bekannte Spielchen von vorn: Das Content-Management-System aktiviert den Einsprungpunkt *kinoportal.php* ❷. Dieser erstellt den `KinoportalController` und übergibt ihm via `execute()` die im Formular mitgesendete Aufgabe.

- Da die Aufgabe mit `filmbearbeitung` beginnt, aktiviert der `KinoportalController` den `Filmbearbeitung`-Controller (Klasse `KinoportalControllerFilmbearbeitung` aus der Datei *admin/controllers/filmbearbeitung.php*). ❹

- Dieser erkennt, dass ein neuer Film zu speichern ist (denn die Aufgabe lautete `filmbearbeitung.save`). Also aktiviert er das für ihn zuständige `Filmbearbeitung`-Model (Klasse `KinoportalModelFilmbearbeitung` aus der Datei *admin/models/filmbearbeitung.php*) und weist es an, den neuen Film in die Datenbank zu schieben. ❺

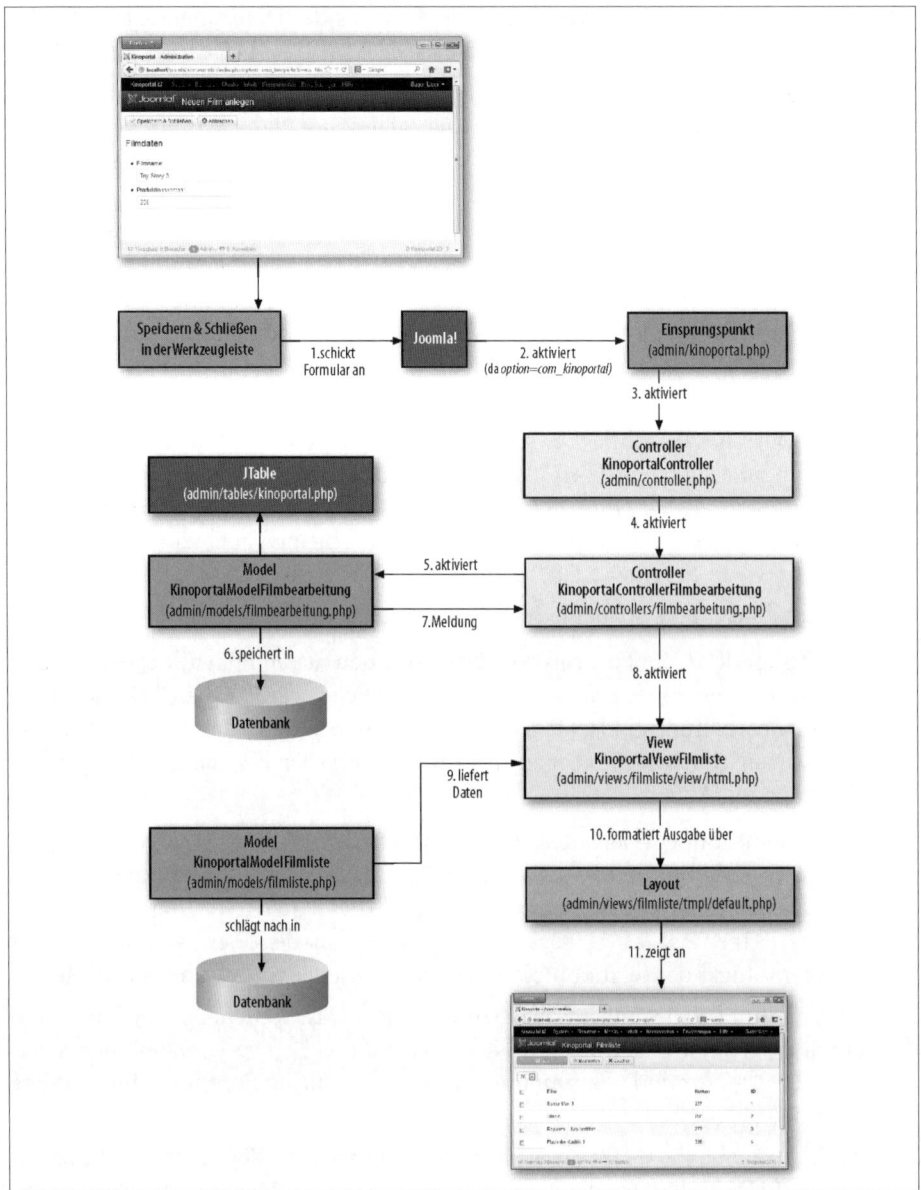

Abbildung 15-18:   Diese Schritte laufen ab, sobald der Super User auf die Schaltfläche Speichern & Schließen klickt.

- Das Model erzeugt mithilfe der Klasse `KinoportalTableKinoportal` (Datei *admin/tables/kinoportal.php*) einen neuen Datensatz und schiebt diesen in die Datenbank. **6**

- Sobald der Filmbearbeitung-Controller (Klasse KinoportalControllerFilmbearbeitung) grünes Licht erhält ❼, kann er wieder die Liste mit allen Filmen zurück auf den Bildschirm holen. Dazu muss er nur noch die passende View aktivieren. Welche das ist, wurde ihm in seinem Konstruktor eingeschärft. In diesem Fall aktiviert er die Filmliste-View (Klasse KinoportalViewFilmliste aus der Datei *admin/views/filmliste/view.html.php*). ❽

- Den jetzt folgenden Ablauf kennen Sie schon: Die View fragt bei ihrem Model (Klasse KinoportalModelFilmliste aus der Datei */admin/models/filmliste.php*) alle Filme ab ❾ und stellt dann mit ihrem Layout (Datei *admin/views/filmliste/tmpl/default.php*) die fertige Liste zusammen. ❿

- Das Ergebnis landet schließlich im Browser des Super Users.

11. Schritt: Sprachdateien einbinden

Vermutlich freuen Sie sich jetzt, endlich die fertige Komponente in der Hand zu halten und weitergeben zu können. Leider haben Sie sich zu früh gefreut. Derzeit sind noch sämtliche Texte fest in die Komponente einzementiert. Würden Sie die Sprache über *Erweiterungen → Sprachen* wechseln, blieben beispielsweise die Spaltenbeschriftungen weiterhin auf Deutsch. Ihre Erweiterung wäre somit nur für deutsche Nutzer interessant. Es gibt aber noch einen kleinen Schönheitsfehler: Löschen Sie einfach mal irgendeinen Film. Joomla! bestätigt diesen Vorgang mit der kryptischen Meldung aus Abbildung 15-19.

Abbildung 15-19:   Nach dem Löschen eines Films erscheint diese »Erfolgsmeldung«.

Um diese beiden Probleme aus der Welt zu schaffen, müssen Sie der Komponente ein paar eigene Sprachdateien beilegen. Dazu sind wiederum ein paar kleinere Vorbereitungen nötig.

Als Erstes müssen Sie alle in der Komponente vorhandenen Bildschirmtexte – wie etwa die Spaltenbeschriftungen – aufspüren und durch Platzhalter (Sprachschlüssel) ersetzen. Joomla! tauscht diese dann später automatisch gegen die zur aktuellen Sprache passenden echten Texte aus.

Das Model-View-Controller-Konzept packt alle auf dem Bildschirm erscheinenden Texte in die Views. Sie müssen deshalb nur diese entsprechenden Klassen und ihre Layouts an einigen wenigen Stellen verändern (und nicht jede einzelne Datei Ihrer Komponente nach deutschen Texten durchforsten). Wenden Sie sich also wieder Ihrem Arbeitsverzeichnis zu.

Los geht es mit der View für die Website. Öffnen Sie ihr Layout *default.php* im Verzeichnis *site/views/kinoportal/tmpl*. Der erste deutsche Text ist die Überschrift:

```php
<?php defined('_JEXEC') or die; ?>
<h1>Die teuersten Filme aller Zeiten</h1>
<p>
    ...
```

Ihn ersetzen Sie jetzt durch einen Platzhaltertext. Dieser muss mit dem Verzeichnisnamen der Komponente beginnen, darf nur aus Großbuchstaben bestehen, muss ohne Leerzeichen auskommen und muss eindeutig sein. Hier bei der Überschrift könnte man beispielsweise COM_KINOPORTAL_TITEL wählen:

```php
<?php defined('_JEXEC') or die; ?>
<h1>COM_KINOPORTAL_TITEL</h1>
<p>
    ...
```

Damit nicht COM_KINOPORTAL_TITEL als Überschrift ausgegeben wird, müssen Sie Joomla! noch anweisen, diesen Sprachschlüssel gegen den richtigen Text auszutauschen. Das übernimmt die Funktion JText::_():

```php
<?php defined('_JEXEC') or die; ?>
<h1><?php echo JText::_('COM_KINOPORTAL_TITEL'); ?></h1>
<p>
    ...
```

Die JText::_()-Methode prüft zunächst, ob der Komponente zur gerade eingestellten Sprache eine Sprachdatei mitgeliefert wurde. Wenn ja, schlägt sie darin die ihr übergebene Zeichenkette nach und ersetzt diese dann automatisch durch die entsprechende Übersetzung. Doch Vorsicht: Sofern es keine Übersetzung gibt, verwendet die JTEXT::_()-Methode einfach den ihr übergebenen Text – also den Sprachschlüssel.

Nach dem gleichen Prinzip müssen Sie jetzt noch alle anderen Texte im Layout austauschen. Beispiel 15-31 zeigt das Ergebnis.

Beispiel 15-31:   Das mit Sprachschlüsseln ausgestattete Layout (Datei »*site/views/kinoportal/tmpl/default.php*«)

```php
<?php defined('_JEXEC') or die; ?>

<h1><?php echo JText::_('COM_KINOPORTAL_TITEL'); ?></h1>
```

Beispiel 15-31: Das mit Sprachschlüsseln ausgestattete Layout (Datei »*site/views/kinoportal/tmpl/default.php*«)

```php
<p>
    <?php echo JText::_('COM_KINOPORTAL_UNTERTITEL'); ?>
    <a href="http://en.wikipedia.org/wiki/List_of_most_expensive_films">Wikipedia</a>
</p>

<table>
    <tr>
        <td><?php echo JText::_('COM_KINOPORTAL_FILMNAME'); ?></td>
        <td><?php echo JText::_('COM_KINOPORTAL_KOSTEN'); ?></td>
    </tr>

    <?php
    foreach($this->allefilme as $film)
    {
        echo '<tr>';
        echo '<td>' . $film->name . '</td>';
        echo '<td>' . $film->kosten . '</td>';
        echo '</tr>';
    }
    ?>
</table>
```

Weiter geht es jetzt mit der Datei *default.xml* im gleichen Verzeichnis. Darin lagern die Bezeichnungen für den Menüeintragstyp, die natürlich ebenfalls übersetzt werden müssen. Beispiel 15-32 präsentiert das mit den Sprachschlüsseln ausgestattete Ergebnis.

Beispiel 15-32: Der durch Platzhalter ersetzte Menüeintragstyp und seine Beschreibung (Datei »*site/views/kinoportal/tmpl/default.xml*«)

```xml
<?xml version="1.0" encoding="utf-8"?>
<metadata>
    <layout title="COM_KINOPORTAL_MENUE_TITEL">
        <message>COM_KINOPORTAL_MENUE_BESCHR</message>
    </layout>
</metadata>
```

Da es sich hier um eine XML-Datei handelt, die Joomla! selbst noch auswertet und durch die Mangel dreht, braucht man JText::_() hier nicht. Die Namen der Sprachschlüssel wurden wieder irgendwie frei gewählt.

Tipp   Sie sollten die Namen immer möglichst beschreibend wählen, sodass Sie später noch wissen, welcher Sprachschlüssel für welche Beschriftung steht.

Darüber hinaus ist es in der Praxis üblich, die Namen für die Sprachschlüssel in Englisch zu wählen und nicht wie hier in Deutsch. Dabei gilt die Faustregel: Bei einer Beschreibung endet der Platzhalter auf _DESC, bei einer Bezeichnung auf _LABEL. Anstelle von COM_KINOPORTAL_MENUE_BESCHR wäre somit COM_KINOPORTAL_MENU_DESC zu wählen. Damit helfen Sie insbesondere Übersetzern aus anderen Ländern, die Komponente in ihre Muttersprache zu übertragen.

Weiter geht es bei den Views für das Backend. Wechseln Sie zunächst zur Film-liste-View ins Verzeichnis *admin/views/filmliste*. Bevor sie ihr Layout heranzieht, setzt sie noch einen Titel in die Werkzeugleiste. Um ihn und die Frage beim Löschen auszutauschen, öffnen Sie die Datei *view.html.php*. In ihr ersetzen Sie die Zeilen

```
JToolBarHelper::title("Kinoportal: Filmliste");
JToolBarHelper::deleteList('Sind Sie sicher?', 'filmliste.delete');
```

durch:

```
JToolBarHelper::title(JText::_('COM_KINOPORTAL_FILMLISTE_TITEL'));
JToolBarHelper::deleteList(JText::_('COM_KINOPORTAL_FILMLISTE_LOESCHEN_FRAGE'),
'filmliste.delete');
```

Die Beschriftungen der anderen beiden (Standard-)Schaltflächen setzt Joomla! selbstständig in der richtigen Sprache. Weiter geht es beim Layout *admin/views/ filmliste/tmpl/default.php*. Auch in ihm müssen Sie lediglich die drei Zeilen

```
<th>Film</th>
<th>Kosten</th>
<th>ID</th>
```

gegen

```
<th><?php echo JText::_('COM_KINOPORTAL_FILMLISTE_FILM'); ?></th>
<th><?php echo JText::_('COM_KINOPORTAL_FILMLISTE_KOSTEN'); ?></th>
<th><?php echo JText::_('COM_KINOPORTAL_FILMLISTE_ID'); ?></th>
```

austauschen.

Ab zur nächsten View für den Bearbeitungsbildschirm: Öffnen Sie die Datei *admin/ views/filmbearbeitung/view.html.php*, und ersetzen Sie die Zeile

```
JToolBarHelper::title($isNew ? 'Neuen Film anlegen' : 'Film bearbeiten');
```

durch das jetzt etwas längere Pendant mit Sprachschlüsseln:

```
JToolBarHelper::title($isNew ? JText::_('COM_KINOPORTAL_FILMBEARBEITUNG_TITEL_NEW')
: JText::_('COM_KINOPORTAL_FILMBEARBEITUNG_TITEL_EDIT'));
```

Im Layout *admin/views/filmbearbeitung/tmpl/edit.php* ist die Legende

```
<legend>Filmdaten</legend>
```

durch einen Sprachschlüssel zu ersetzen:

```
<legend><?php echo JText::_( 'COM_KINOPORTAL_FILMBEARBEITUNG_LEGENDE' ); ?></
legend>
```

Den Rest des Formulars bastelt sich die Komponente aus der Formulardefinition in der Datei *admin/models/forms/filmbearbeitung.xml* zusammen. Wenn Sie in ihr alle Beschriftungen und Hilfetexte ausgetauscht haben, sollte sie so wie in Beispiel 15-33 aussehen:

```xml
<?xml version="1.0" encoding="utf-8"?>
<form>
    <fieldset>
        <field
            name="id"
            type="hidden"
        />
        <field
            name="name"
            type="text"
            label="COM_KINOPORTAL_FILMBEARBEITUNG_FILMNAME"
            description="COM_KINOPORTAL_FILMBEARBEITUNG_FILMNAME_BESCHR"
            size="100"
            class="inputbox"
            default=""
        />
        <field
            name="kosten"
            type="text"
            label="COM_KINOPORTAL_FILMBEARBEITUNG_FILMKOSTEN"
            description="COM_KINOPORTAL_FILMBEARBEITUNG_FILMKOSTEN_BESCHR"
            size="40"
            class="inputbox validate-numeric"
            default=""
        />
    </fieldset>
</form>
```

Es gibt noch eine letzte Stelle, an der Joomla! Beschriftungen versteckt – und das ist die Informationsdatei *kinoportal.xml*.

In ihr tauschen Sie zunächst den Namen

```xml
<name>Kinoportal</name>
```

gegen

```xml
<name>COM_KINOPORTAL</name>
```

dann die Beschreibung

```xml
<description>Diese Komponente verwaltet die teuersten Filme aller Zeiten.</description>
```

gegen

```xml
<description>COM_KINOPORTAL_BESCHREIBUNG</description>
```

und schließlich noch die Beschriftung des Menüpunktes

```xml
<menu>Kinoportal</menu>
```

gegen:

```xml
<menu>COM_KINOPORTAL_MENUE</menu>
```

Jetzt sind alle ehemals fest einzementierten Texte durch Sprachschlüssel ersetzt worden. Als Nächstes müssen Sie für jede Sprache, die Sie unterstützen möchten, zwei Sprachdateien anlegen. Dazu erstellen Sie im Verzeichnis *site* den neuen Ordner *language*. In ihm müssen Sie für jede Sprache ein Verzeichnis mit dem Namen seines Sprach-Tags anlegen. Der Einfachheit halber soll die Kinoportal-Komponente zunächst nur Deutsch sprechen. Das zugehörige Sprach-Tag lautet somit de-DE (siehe Kapitel 12, *Mehrsprachigkeit*). Erstellen Sie also ein Verzeichnis mit diesem Namen.

Dort legen Sie jetzt eine Textdatei an. Ihr Dateiname beginnt mit dem Sprach-Tag, dem der (Verzeichnis-)Name der Komponente folgt. Die Endung lautet schließlich *.ini*. Im Beispiel muss somit die Datei *de-DE.com_kinoportal.ini* her.

Warnung   Nur wenn Sie sich penibel an diese Namenskonventionen halten, findet Joomla! später die Übersetzungen.

In ihr parken Sie in jeder Zeile einen Sprachschlüssel aus dem Layout für die Website. Dem Platzhalter folgt ein Gleichheitszeichen und dann in Anführungszeichen sein deutschsprachiger Ersatztext. Beispiel 15-34 zeigt den kompletten Inhalt für das Kinoportal-Beispiel.

Beispiel 15-34:   Die deutschen Übersetzungen für die Website (Datei »*site/language/de-DE/de-DE.com_kinoportal.ini*«)

```
; In diese Sprachdatei gehören die Übersetzungen für
; die Views der Website (also site/views/kinoportal/tmpl/default.php)

COM_KINOPORTAL_TITEL="Die teuersten Filme aller Zeiten"
COM_KINOPORTAL_UNTERTITEL="Angaben in Millionen Dollar und um die Inflation bereinigt,
Quelle:"
COM_KINOPORTAL_FILMNAME="Name"
COM_KINOPORTAL_KOSTEN="Kosten"
```

Joomla! ignoriert alle Zeilen, die mit einem Semikolon beginnen. Sie eignen sich folglich für Kommentare. Der Aufbau dieser Sprachdatei stimmt übrigens exakt mit dem Aufbau ihrer Kolleginnen aus Kapitel 12, *Mehrsprachigkeit*, überein.

Warnung   In den Anführungszeichen dürfen keine weiteren Anführungszeichen auftauchen. Joomla! Wertet die Angabe

```
COM_KINOPORTAL_UNTERTITEL="Angaben in "Millionen" Dollar
und um die Inflation bereinigt, Quelle:"
```

als schweren Fehler, woraufhin es diese und alle nachfolgenden Zeilen in der Sprachdatei ignoriert. Wer dennoch unbedingt in den Texten Anführungszeichen verwenden möchte, der muss sie jeweils durch die kryptische Zeichenfolge "_QQ_" ersetzen:

```
COM_KINOPORTAL_UNTERTITEL="Produktionskosten in "_QQ_
"Millionen"_QQ_" Dollar, Quelle:"
```

Darüber hinaus muss jede Übersetzung in exakt einer Zeile stehen, denn Joomla! Wertet einen Zeilenumbruch mitten in der Übersetzung als Fehler.

Nach dem gleichen Prinzip erhält jetzt auch das Backend seine Übersetzungen: Erzeugen Sie das Unterverzeichnis *admin/language/de-DE*, und legen Sie darin die Datei *de-DE.com_kinoportal.ini* ab. Beispiel 15-35 zeigt ihren Inhalt.

Beispiel 15-35: Die deutschen Übersetzungen für das Backend (Datei »*admin/language/de-DE/ de-DE.com_kinoportal.ini*«)

```
; In diese Sprachdatei gehören die Übersetzungen für
; alle Views aus dem Backend

COM_KINOPORTAL_FILMLISTE_FILM="Film"
COM_KINOPORTAL_FILMLISTE_KOSTEN="Kosten"
COM_KINOPORTAL_FILMLISTE_ID="ID"
COM_KINOPORTAL_FILMLISTE_TITEL="Kinoportal: Filmliste"
COM_KINOPORTAL_FILMLISTE_LOESCHEN_FRAGE="Sind Sie sicher?"
COM_KINOPORTAL_N_ITEMS_DELETED="%d Film(e) gelöscht."
COM_KINOPORTAL_FILMBEARBEITUNG_LEGENDE="Filmdaten"
COM_KINOPORTAL_FILMBEARBEITUNG_TITEL_NEW="Neuen Film anlegen"
COM_KINOPORTAL_FILMBEARBEITUNG_TITEL_EDIT="Film bearbeiten"
COM_KINOPORTAL_FILMBEARBEITUNG_FILMNAME="Filmname:"
COM_KINOPORTAL_FILMBEARBEITUNG_FILMNAME_BESCHR="Geben Sie hier den vollständigen
Filmnamen ein."
COM_KINOPORTAL_FILMBEARBEITUNG_FILMKOSTEN="Produktionskosten:"
COM_KINOPORTAL_FILMBEARBEITUNG_FILMKOSTEN_BESCHR="Geben Sie hier die Produktionskosten
in Mio. US-Dollar ein."
```

Hier finden Sie jetzt auch den Sprachschlüssel COM_KINOPORTAL_N_ITEMS_DELETED aus Abbildung 15-19 (siehe Seite 761) wieder. Ihn gibt Joomla! selbst vor. Den Platzhalter %d tauscht das Content-Management-System später automatisch gegen die Anzahl der tatsächlich gelöschten Filme aus.

Die Sprachschlüssel aus der Informationsdatei *kinoportal.xml* sowie ihre Kollegen für den Menüeintragstyp erwartet Joomla! in einer eigenen Datei. Sie liegt ebenfalls im Unterverzeichnis *admin/language/de-DE* und besitzt die Endung *.sys.ini*. Im Kinoportal heißt sie folglich *de-DE.com_kinoportal.sys.ini*. Ihren Inhalt sehen Sie in Beispiel 15-36.

Beispiel 15-36: Die deutschen Übersetzungen für die Systeminformationen der Komponente (Datei »*admin/language/ de-DE/de-DE.com_kinoportal.ini*«)

```
#In diese Sprachdatei gehören die Übersetzungen für:
# - Die Datei kinoportal.xml
# - Die Menüpunkte (aus der Datei site/views/kinoportal/tmpl/default.xml)

COM_KINOPORTAL="Kinoportal"
COM_KINOPORTAL_BESCHREIBUNG="Eine kleine Filmverwaltung"
COM_KINOPORTAL_MENUE="Kinoportal"
COM_KINOPORTAL_MENUE_TITEL="Filmliste"
COM_KINOPORTAL_MENUE_BESCHR="Eine Liste mit den teuersten Filmen aller Zeiten."
```

Abschließend müssen Sie die neuen Sprachdateien noch in der Informationsdatei *kinoportal.xml* anmelden. Dazu ergänzen Sie in ihr zunächst den `<files folder="site">`-Abschnitt um das *language*-Verzeichnis:

```
...
<files folder="site">
    <filename>kinoportal.php</filename>
    <filename>controller.php</filename>
    <folder>views</folder>
    <folder>models</folder>
    <folder>language</folder>
</files>
...
```

Zusätzlich erweitern Sie den `<administration>`-Abschnitt um einen `<languages>`-Bereich:

```
...
<administration>
    ...
    <languages folder="admin">
        <language tag="de-DE">language/de-DE/de-DE.com_kinoportal.ini</language>
        <language tag="de-DE">language/de-DE/de-DE.com_kinoportal.sys.ini</language>
    </languages>
</administration>
...
```

Jede mitgelieferte Sprachdatei, die irgendwas im Backend übersetzt, wird hier jeweils zwischen `<language>` und `</language>` gesetzt. Im Kinoportal existieren nur die beiden deutschen Sprachdateien *language/de-DE/de-DE.com_kinoportal.ini* und *language/de-DE/de-DE.com_kinoportal.sys.ini*. Das Attribut `tag="de-DE"` zeigt noch einmal mit dem Sprach-Tag an, zu welcher Sprache die jeweiligen Dateien gehören.

Alle diese Sprachdateien werden innerhalb der Tags `<languages>` und `</languages>` angegeben. Das Attribut `folder` verrät Joomla!, dass die Dateien in Unterverzeichnissen von *admin* liegen.

Das war es endlich. Ihr Arbeitsverzeichnis sollte jetzt so wie in Abbildung 15-20 aussehen. Ihre kleine Komponente besteht damit aus insgesamt 24 Dateien und 20 Unterverzeichnissen.

 Tipp   Um die eigenen Dateien vor fremden Blicken zu schützen, sollten Sie auch hier wieder in jedem (Unter-)Verzeichnis eine HTML-Datei mit dem Namen *index.html* und dem Inhalt `<!DOCTYPE html><title></title>` ablegen. Es kommen also noch einmal 20 dieser Dateien hinzu. Der Übersicht halber wurden sie in den vorangegangenen Abschnitten nicht mit angelegt. Vergessen Sie nicht, diese zusätzlichen Dateien in der XML-Datei anzumelden.

Deinstallieren Sie die noch installierte Kinoportal-Komponente, packen Sie dann den Inhalt Ihres Arbeitsverzeichnisses in ein ZIP-Archiv, und spielen Sie es unter

Joomla! ein. Auf den ersten Blick scheint sich nichts verändert zu haben. Dass Joomla! tatsächlich auf die Übersetzungen in den Sprachdateien zurückgreift, sehen Sie, wenn Sie wieder einen der Filme löschen. Joomla! überrascht Sie dann mit der Meldung aus Abbildung 15-21.

Abbildung 15-20:   Alle Dateien und Verzeichnisse der Kinoportal-Komponente mit den Sprachdateien

Abbildung 15-21:   Die übersetzte Erfolgsmeldung

Für jede weitere Sprache, die Sie unterstützen möchten, müssen Sie jetzt jeweils nur drei eigene Sprachdateien hinzufügen und nach dem bekannten Muster befüllen.

 Tipp Sie erleichtern sich die Übersetzung, wenn Sie die deutschen Sprachdateien kopieren und in den Duplikaten die Texte austauschen. So müssen Sie nicht immer überlegen, welcher Sprachschlüssel für welchen Text stand.

Denken Sie aber daran, die Sprachdateien in der Informationsdatei (*kinoportal.xml*) anzumelden und sie unter den korrekten Dateinamen in den passenden Verzeichnissen abzulegen.

Module

 Den Komponenten assistiert noch eine Riege von kleinen und weniger komplexen Erweiterungen, die sogenannten Module. Ihre Aufgaben bestehen für gewöhnlich darin, einen schnellen Zugriff auf wichtige Funktionen zu gewährleisten oder bedeutsame Daten auf mehreren Unterseiten der Homepage anzuzeigen. Im Kinoportal könnte ein Modul beispielsweise den Besuchern die Namen aller Filme in einer Liste präsentieren. Ein Klick auf einen Film aktiviert dann die Kinoportal-Komponente, die wiederum alle Einzelheiten anzeigt.

Da Module in der Regel nur eine kleine und genau umrissene Aufgabe lösen, ist auch ihre Programmierung wesentlich unkomplizierter als die Entwicklung einer Komponente. So besteht ein Modul aus mindestens einem PHP-Skript, dessen Ausgaben Joomla! in einen ausgewählten Bereich des Templates und somit auf die Homepage packt. Diese Position lässt sich, wie aus Kapitel 7, *Module – Die kleinen Brüder der Komponenten*, bekannt ist, mit den Funktionen hinter *Erweiterungen* → *Module* verändern.

Wie einfach ein Modul aufgebaut ist, zeigt zum Einstieg wieder das obligatorische *Hallo Welt*-Beispiel.

Schnellstart: Das Hallo-Welt-Modul

Joomla! sammelt alle installierten Module in seinem Unterverzeichnis *modules*. Genau wie bei den Komponenten erhält dort jedes Modul ein eigenes Verzeichnis. Es trägt den gleichen Namen wie das Modul, dem zusätzlich noch ein *mod_* vorangestellt wurde. Auf diese Weise lässt es sich schnell von einer Komponente unterscheiden. Das neue Modul soll gemäß seiner Aufgabe den Namen *hallowelt* erhalten.

 Version Der Aufbau eines Moduls hat sich seit Joomla! 1.6 nicht mehr verändert. Vorhandene Module benötigen folglich keine Anpassungen (es sei denn, es hat sich im Zusammenspiel mit der Komponente oder anderen Teilen von Joomla! etwas verändert).

Als erste Amtshandlung legen Sie auf Ihrer Festplatte wieder ein neues Arbeitsverzeichnis an. Dort hinein packen Sie alle Dateien, die im Folgenden erstellt werden.

Das neue Modul soll nichts weiter unternehmen, als den Text Hallo Welt! ausgeben. In PHP könnte man das so wie in Beispiel 15-37 formulieren:

Beispiel 15-37: Ein Modul, das den Text »Hallo Welt!« ausgibt (Datei »*mod_hallowelt.php*«)

```php
<?php
/* Erlaube Zugriff nur von Joomla! aus: */
defined('_JEXEC') or die;
?>

<h1>Hallo Welt!</h1>
```

Der erste Befehl stellt sicher, dass die Datei nur von Joomla! aufgerufen werden kann. Anschließend gibt das Skript einfach besagten Text aus. Auch wenn Sie es vermutlich nach der Entwicklung der Komponente kaum glauben können: Das ist bereits die eine Hälfte des kompletten Moduls.

Speichern Sie den Programmcode aus Beispiel 15-37 unter dem Dateinamen *mod_hallowelt.php* in Ihrem Arbeitsverzeichnis.

Tipp   Achten Sie auch hier wieder darauf, dass Sie alle Dateien in der UTF-8-Zeichenkodierung speichern.

Jetzt fehlt lediglich noch eine Informationsdatei, die Joomla! für eine korrekte Integration des Moduls in seine Umgebung benötigt. Im Hallo-Welt-Beispiel sieht sie so aus wie in Beispiel 15-38:

Beispiel 15-38: Die XML-Informationsdatei für das Hallo-Welt-Modul (Datei »*mod_hallowelt.xml*«)

```xml
<?xml version="1.0" encoding="utf-8"?>
<extension type="module" version="3.0" client="site">
    <name>Hallo Welt</name>
    <author>Tim Schürmann</author>
    <version>1.0.1</version>
    <description>Ein einfaches Hallo-Welt!-Modul</description>

    <files>
        <filename module="mod_hallowelt">mod_hallowelt.php</filename>
    </files>
</extension>
```

Der Aufbau stimmt weitestgehend mit der Informationsdatei der Komponenten überein (siehe Abschnitt »8. Schritt: Die XML-Datei« auf Seite 701). Alle diese Angaben wertet Joomla! bei der Installation aus.

Das <extension>-Tag weist zunächst mit seinen Attributen darauf hin, dass es sich um ein Modul (type="module") für Joomla! 3.0 handelt (version="3.0"), das auf der Website zum Einsatz kommt (client="site").

X.X **Version**   Wenn das Modul auch unter Joomla! 2.5 laufen soll, müssen Sie die version auf 2.5 setzen: version="2.5".

Anschließend folgen ein paar allgemeine Informationen über das Modul. Die Tags nennen hier den Namen des Moduls, den Autor und die Version. Den Abschluss bildet eine kurze Beschreibung, die Joomla! beispielsweise nach erfolgreicher Installation anzeigt. Sie können hier übrigens alle Informations-Tags aus Abschnitt »8. Schritt: Die XML-Datei« auf Seite 701 verwenden, also beispielsweise auch einen Hinweis auf die Lizenz hinzufügen.

Zwischen <files> und </files> müssen Sie noch alle Dateien auflisten, die zum Modul gehören (ohne diese Informationsdatei). Die Tags <filename> und </filename> rahmen jeweils die einzelnen Dateien ein.

Neu gegenüber der Informationsdatei der Komponenten ist das Attribut module="mod_hallowelt". Es ist nur bei der Datei anzugeben, über die Joomla! später das Modul aktivieren soll. (In diesem Fall besteht das Modul lediglich aus der Datei *mod_hallowelt.php*, aber in den nächsten Abschnitten kommen noch weitere hinzu.) Als Wert erhält das Attribut den Namen der Datei ohne die Endung *.php*.

Speichern Sie jetzt die Informationsdatei aus Beispiel 15-38 unter dem Dateinamen *mod_hallowelt.xml* in Ihrem Arbeitsverzeichnis. Dessen Inhalt verpacken Sie anschließend in ein ZIP-Archiv, das Sie wiederum im Backend hinter *Erweiterungen* → *Erweiterungen* wie jede andere Erweiterung installieren.

 Tipp   Falls Joomla! dabei eine Fehlermeldung liefert, sollten Sie zunächst den Inhalt der Konfigurationsdatei *mod_hallowelt.xml* auf Tippfehler untersuchen.

War die Installation erfolgreich, finden Sie das neue Modul in der Liste hinter *Erweiterungen* → *Module*. Wie der rote Kreis in der Spalte *Status* verrät, ist das Modul derzeit noch deaktiviert (siehe Abbildung 15-22). Darüber hinaus hat Joomla! es noch keiner *Position* zugeordnet – folglich ist es auf der Website noch gar nicht zu sehen.

Um diesen Zustand zu ändern, klicken Sie auf seinen Namen, um an seine Einstellungen zu gelangen. Dort stellen Sie den *Status* auf *Veröffentlicht*, wählen als *Position* die *position-7* und setzen auf dem Register *Menüzuweisung* die *Modulzuweisung* auf den Punkt *Auf allen Seiten*. Nach dem *Speichern & Schließen* ist das Hallo-Welt-Modul damit garantiert auf jeder Seite Ihres Internetauftritts zu sehen. Wechseln Sie in die *Vorschau*, und werfen Sie einen Blick an den linken Seitenrand. Wie in Abbildung 15-23 finden Sie dort seinen Gruß.

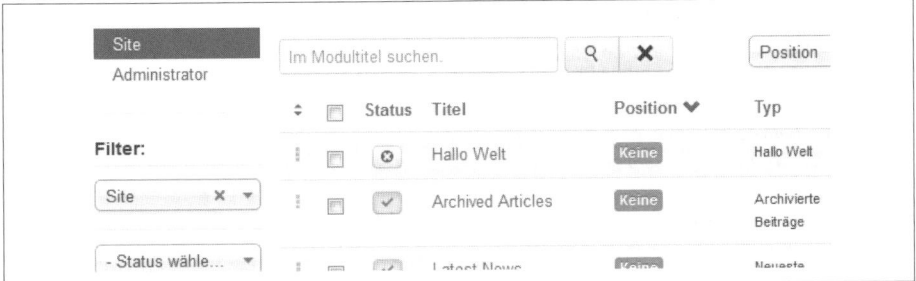

Abbildung 15-22: Das installierte Hallo-Welt-Modul (in der ersten Tabellenzeile) ist standardmäßig noch deaktiviert.

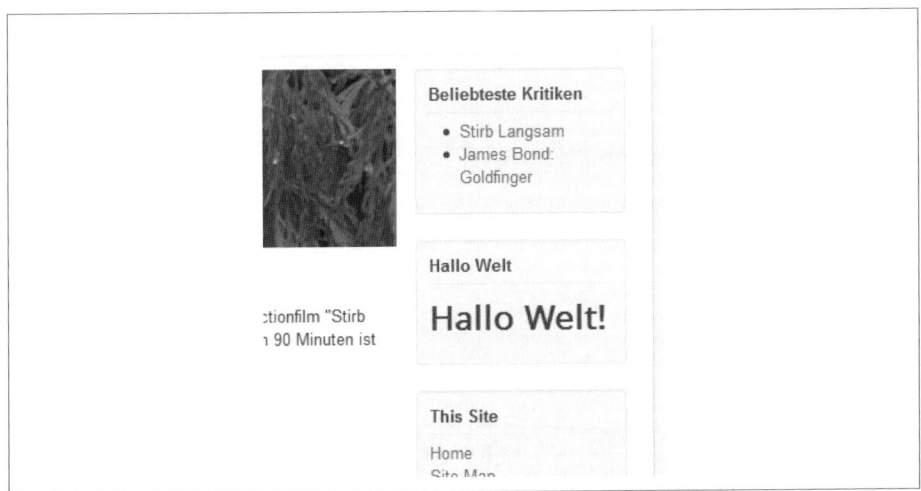

Abbildung 15-23: Das Hallo-Welt-Modul auf der Homepage; als Template kommt hier Protostar zum Einsatz.

Da die Ausgabe des Textes recht unnütz ist, sollten Sie das Modul nach dem Testlauf wieder deinstallieren (hinter *Erweiterungen* → *Erweiterungen* klicken Sie auf *Verwalten*).

Das Kinoportal-Modul

Das Modul für das Kinoportal soll natürlich nicht nur ein schnödes »Hallo Welt!« präsentieren. Seine Aufgabe besteht vielmehr in der Anzeige einer Liste mit Filmen. Dies ist jedoch nicht wesentlich aufwendiger: Man muss lediglich die Filme aus der Datenbank holen, sie durchlaufen und jeden Film in einer HTML-Liste ausgeben. Genau dies erledigt das PHP-Skript aus Beispiel 15-39:

Beispiel 15-39: Das Kinoportal-Modul (Datei »*mod_kinoportal.php*«)

```php
<?php
defined('_JEXEC') or die;
```

```php
//Zugriff auf die Datenbank holen:
$datenbank = JFactory::getDbo();

// Anfrage basteln:
$query = $datenbank->getQuery(true);
$query->select('*');
$query->from('#__filme');

// Filme holen:
$datenbank->setQuery($query);
$allefilme = $datenbank->loadObjectList();

// Jeden Film in einer Liste ausgeben:
echo "<ul>";
if ($allefilme)
{
    foreach ($allefilme as $einfilm)
    {
        ?><li><a href="index.php?option=com_kinoportal"><?php
        echo $einfilm->name;
        ?></a></li><?php
    }
}
echo "</ul>";

?>
```

Die Anweisungen kennen Sie bereits aus der Komponente: Zu Beginn holt sich Beispiel 15-39 den Zugriff auf die Datenbank (JFactory::getDbo()), stellt die SQL-Anfrage zusammen, führt diese aus und durchläuft schließlich alle zurückgelieferten Filme, deren Namen wiederum in eine HTML-Liste (<ul>) wandern. Um den Namen herum wird noch ein Link auf die Kinoportal-Komponente gelegt. Denken Sie beim Abtippen daran, dass beim Datenbanknamen zwischen # und filme zwei Unterstriche stehen.

Warnung   In diesem einfachen Beispiel werden wirklich alle Filme ausgegeben. Schon bei einem etwas größeren Datenbestand führt dies auf der Homepage schnell zu einer recht langen Liste, die zum einen das Layout zerstört und zum anderen die Besucher irritiert. Eine Möglichkeit, die Anzahl einzuschränken, stellt gleich noch der Abschnitt »Das Modul in das Backend einbinden« auf Seite 779 vor.

Erstellen Sie ein neues Arbeitsverzeichnis für das Kinoportal-Modul, und speichern Sie darin den Programmcode aus Beispiel 15-39 als *mod_kinoportal.php*. Damit steht gleichzeitig fest, dass das neue Modul den Namen *kinoportal* trägt. Komplett wird es mit der Informationsdatei *mod_kinoportal.xml* aus Beispiel 15-40.

Beispiel 15-40:   Die XML-Informationsdatei für das Kinoportal-Modul (Datei »*mod_kinoportal.xml*«)

```xml
<?xml version="1.0" encoding="utf-8"?>
<extension type="module" version="3.0" client="site">
   <name>Kinoportal</name>
   <author>Tim Schürmann</author>
   <version>1.0</version>
   <description>Das Kinoportal-Modul</description>

   <files>
      <filename module="mod_kinoportal">mod_kinoportal.php</filename>
   </files>
</extension>
```

Speichern Sie Beispiel 15-40 in der Datei *mod_kinoportal.xml*, und packen Sie dann die beiden Dateien in ein ZIP-Archiv, das Sie wie gewohnt unter Joomla! installieren. Nachdem Sie es hinter *Erweiterungen* → *Module* aktiviert haben (nach dem gleichen Prinzip wie das *Hallo-Welt*-Modul), erscheint dann auf der Website die gewünschte Ausgabe aus Abbildung 15-24.

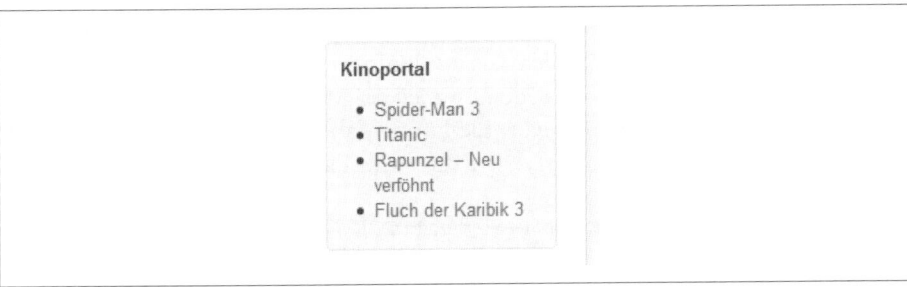

Abbildung 15-24:   Die Ausgabe des Kinoportal-Moduls

Wenn der Bildschirm weiß bleibt, enthält die Datei *mod_kinoportal.php* irgendwo einen Fehler. Sobald Joomla! einen solchen bemerkt, zeigt es nur noch eine leere weiße Seite.

Tipp   Ein Klick auf einen der Filme führt hier der Einfachheit halber zur Tabellenübersicht der Komponente. Ihre Besucher würden jedoch in der Praxis erwarten, dass nur die Einzelheiten zu dem gewählten Film erscheinen. In Ihren eigenen Erweiterungen sollten Sie daher der Besucherseite der Komponente noch eine entsprechende Ansicht spendieren. Das funktioniert ganz analog zur Erstellung des Bearbeitungsbildschirms – also über ein weiteres Gespann aus Model-, View- und Controller-Klassen.

Deinstallieren Sie das Modul nach dem erfolgreichen Testlauf, denn es steht noch eine kleine Überarbeitung an.

Trennung von Darstellung und Inhalt

Wie in den vorherigen Abschnitten gezeigt, reicht ein PHP-Skript bereits aus. Die Joomla!-Entwickler empfehlen jedoch, auch bei Modulen die Darstellung vom Inhalt zu trennen. Doch keine Sorge: Das MVC-Konzept taucht hier nicht auf.

Im Moment befindet sich der HTML-Text mitten in der eigentlichen Programmlogik (der foreach-Schleife). Insbesondere bei größeren Modulen ist es wesentlich bequemer, alle Befehle, die sich auf die Anzeige von Daten beziehen, in eine externe Datei auszulagern. Möchte man das Design ändern, muss man somit nur diese dritte Datei, das sogenannte *Layout*, bearbeiten oder austauschen. Die Dateien mit der eigentlichen Funktionalität bleiben unangetastet. Zusätzlich vermeidet man so lästige Flüchtigkeitsfehler.

Die Joomla!-Entwickler raten weiter dazu, die Datenbankabfragen in eine Hilfsklasse (*Helper-Class*) auszulagern. Mit dieser Klasse soll es auch sogleich losgehen.

1. Schritt: Die Hilfsklasse

Lagern Sie also zunächst die ganzen Datenbankabfragen in eine eigene Klasse aus. Sie soll im Folgenden den Namen modKinoportalHelper erhalten. Das hier verwendete Namensschema aus dem Präfix mod, dem Namen des Moduls und dem Anhang Helper schlagen die Joomla!-Entwickler vor, Sie können aber selbstverständlich auch ein beliebiges anderes Schema wählen. Die Klasse selbst sehen Sie in Beispiel 15-41.

Beispiel 15-41:   Die Helper-Klasse für das Kinoportal-Modul kapselt den Zugriff auf die Datenbank (Datei »helper.php«).

```php
<?php
defined('_JEXEC') or die;

class modKinoportalHelper
{
    static function holeAlleFilme()
    {
        //Zugriff auf die Datenbank holen:
        $datenbank = JFactory::getDbo();

        // Anfrage basteln:
        $query = $datenbank->getQuery(true);
        $query->select('*');
        $query->from('#__filme');

        // Filme holen:
        $datenbank->setQuery($query);
        $allefilme = $datenbank->loadObjectList();

        return $allefilme;
    }
}
?>
```

Ihre einzige Methode holeAlleFilme() macht nichts anderes, als alle Filme aus der Datenbank zu holen (die Befehle stammen direkt aus der alten *mod_kinoportal.php*). Speichern Sie den Code aus Beispiel 15-41 in der Datei *helper.php* in Ihrem Arbeitsverzeichnis.

2. Schritt: Das Layout

Das Layout wird gleich im nächsten Schritt direkt mit den Filmen gefüttert, die es dann nur noch hübsch formatieren muss:

Beispiel 15-42:   Das Layout für das Kinoportal-Modul (Datei »*tmpl/default.php*«)

```php
<?php
defined('_JEXEC') or die;

// Jeden Film in einer Liste ausgeben:
echo "<ul>";
if ($allefilme)
{
    foreach ($allefilme as $einfilm)
    {
        ?><li><a href="index.php?option=com_kinoportal"><?php
        echo $einfilm->name;
        ?></a></li><?php
    }
}
echo "</ul>";
?>
```

Auch dieser Code wurde eins zu eins aus der alten *mod_kinoportal.php* übernommen. Legen Sie in Ihrem Arbeitsverzeichnis das neue Unterverzeichnis *tmpl* an, und speichern Sie darin das Layout aus Beispiel 15-42 in der Datei *default.php*.

Tipp   Welche Teile und Funktionen Ihres Moduls Sie in das Layout und welche Sie in die Hilfsklasse auslagern, bleibt vollständig Ihnen überlassen. Bei größeren Modulen empfiehlt sich auch eine weitere Aufgabenteilung über weitere Klassen.

3. Schritt: mod_kinoportal.php anpassen

Das *mod_kinoportal.php*-Skript wird jedoch nicht ganz arbeitslos. Als Bindeglied zwischen den beiden neuen Dateien übernimmt es zwei wichtige Aufgaben: Zunächst muss es die Hilfsklasse aktivieren und mit ihrer Hilfe die Filme aus der Datenbank fischen. Die von dort zurückgelieferten Daten muss es dann anschließend ins Layout pressen. Beispiel 15-43 zeigt den dazu notwendigen Programmcode.

Beispiel 15-43:   Die von Darstellung und Datenhaltung befreite Datei »*mod_kinoportal.php*«

```php
<?php
defined('_JEXEC') or die;
```

```
// Hole Hilfsfunktionen hinzu:
require_once __DIR__ . '/helper.php';

// Hole Filme aus der Datenbank:
$allefilme = modKinoportalHelper::holeAlleFilme();

// Und stecke sie in das Layout:
require( JModuleHelper::getLayoutPath('mod_kinoportal') );
?>
```

Die erste Anweisung holt die Helferklasse hinzu. require_once sorgt gleichzeitig dafür, dass die Helper-Klasse nur ein einziges Mal definiert wird. __DIR__ ist ein Platzhalter, der gegen das aktuelle (Modul-)Verzeichnis ausgetauscht wird. Beachten Sie, dass vor und hinter DIR jeweils zwei Unterstriche stehen.

Anschließend holt das Skript über die Methode holeAlleFilme() die Daten aus der Datenbank. Die letzte Anweisung im Skript aktiviert schließlich das Layout.

4. Schritt: mod_kinoportal.xml erweitern

Damit die beiden hinzugekommenen Dateien auch bei der Installation berücksichtigt werden, müssen Sie sie noch in der XML-Datei anmelden (siehe Beispiel 15-44):

Beispiel 15-44:   Die erweiterte Informationsdatei »mod_kinoportal.xml«

```
<?xml version="1.0" encoding="utf-8"?>
<extension type="module" version="3.0" client="site">
    <name>Kinoportal</name>
    <author>Tim Schürmann</author>
    <version>1.0</version>
    <description>Das Kinoportal-Modul</description>

    <files>
        <filename module="mod_kinoportal">mod_kinoportal.php</filename>
        <filename>helper.php</filename>
        <folder>tmpl</folder>
    </files>
</extension>
```

Mit <folder> übernimmt Joomla! auf einen Schlag alle Dateien aus dem angegebenen Verzeichnis. Damit besteht das Modul jetzt aus folgenden vier Dateien:

Datei	Funktion
mod_kinoportal.php	Einsprungpunkt des Moduls, steuert gleichzeitig den Ablauf.
mod_kinoportal.xml	Informationsdatei für die Integration in Joomla!
helper.php	Hilfsklasse, die mit der Datenbank kommuniziert
tmpl/default.php	Layout, das die Ausgabe auf der Homepage erzeugt

Tipp Um die eigenen Dateien vor fremden Blicken zu schützen, sollten Sie auch hier
wieder in jedem (Unter-)Verzeichnis eine HTML-Datei mit dem Namen *index.html*
und dem Inhalt `<!DOCTYPE html><title></title>` anlegen. Vergessen Sie nicht,
diese zusätzlichen Dateien in der XML-Datei anzumelden. Damit es nicht zu unübersichtlich wird, werden diese Dateien hier und im Folgenden weggelassen.

Packen Sie nun wieder den Inhalt Ihres Arbeitsverzeichnisses in eine ZIP-Datei, und
installieren Sie sie unter Joomla!. Nach der Aktivierung des Moduls sollten die gleichen Ausgaben erscheinen wie schon im Abschnitt zuvor (siehe Abbildung 15-24
auf Seite 775).

Tipp Auch bei den Modulen können Sie den Update-Mechanismus aus dem Kasten
»Upgrade-Pakete« auf *Seite 733* einsetzen.

Das Modul in das Backend einbinden

Wenn Sie im Backend unter *Erweiterungen → Module* auf den Modulnamen *Kinoportal* klicken, erscheinen dessen Einstellungen (siehe Abbildung 15-25).

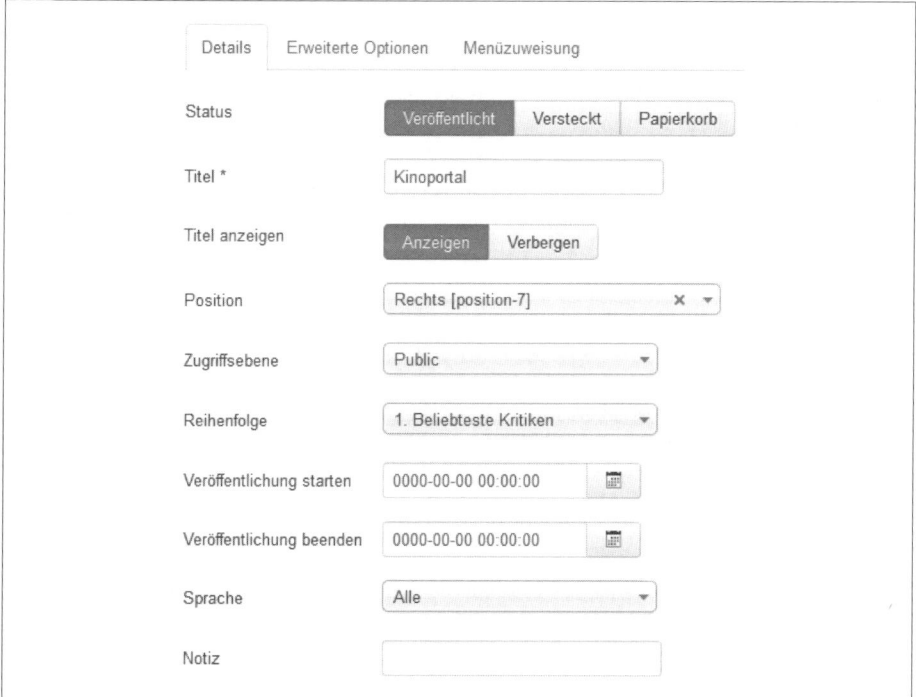

Abbildung 15-25: Die Standardeinstellungen des Kinoportal-Moduls

Auf dem Register *Details* präsentiert Joomla! ein paar grundlegende Einstellungen, die jedes Modul erlaubt. Dazu zählt beispielsweise die *Position* im Template oder die Angabe, ob das Modul veröffentlicht wurde. (Die einzelnen Punkte wurden bereits ausführlich in Kapitel 7, *Module – Die kleinen Brüder der Komponenten*, vorgestellt.)

Zusätzlich zu diesen Standardeinstellungen darf man noch beliebig viele eigene hinzufügen. Im Fall des Kinoportal-Moduls könnte man beispielsweise den Seitenbetreiber entscheiden lassen, wie viele Elemente die Liste auf der Homepage tatsächlich enthalten soll. Derzeit präsentiert das Modul immer restlos alle Filme, die die Datenbank hergibt. Bei vielen Einträgen führt dies zu einer recht langen und somit unübersichtlichen Liste.

Um das Ziel zu erreichen, müssen Sie noch einmal die Dateien *mod_kinoportal.xml*, *mod_kinoportal.php* und die Helper-Klasse bearbeiten. Deinstallieren Sie aber zuvor das Kinoportal-Modul nach diesem Testlauf wieder.

1. Schritt: mod_kinoportal.xml anpassen

Beginnen wir mit der Informationsdatei: Sie erhält an ihrem Ende einen zusätzlichen `<config>`-Abschnitt. Er enthält wiederum ein Formular, wie es in Abschnitt »8. Schritt: Bearbeitungsbildschirm hinzufügen« ab Seite 735 vorgestellt wurde.

Im Fall des Kinoportal-Beispiels soll man die Anzahl der Filme in einer Ausklappliste auswählen können.

 Tipp   Sie können selbstverständlich auch ein Eingabefeld nutzen. Die dazu notwendigen Angaben entsprechen denen aus Abschnitt »8. Schritt: Bearbeitungsbildschirm hinzufügen« auf Seite 735. Zur Abwechslung entsteht hier aber mal eine kleine Ausklappliste.

Damit sieht der untere Teil der *mod_kinoportal.xml* so wie in Beispiel 15-45 aus.

Beispiel 15-45:   Das untere Ende der Informationsdatei »*mod_kinoportal.xml*« mit einer neuen Einstellung

```
...
<config>
    <fields name="params">
        <fieldset name="basic">
            <field
                name="anzahl"
                type="integer"
                first="1"
                last="10"
                step="1"
                default="5"
                label="Anzahl Filme:"
                description="Geben Sie hier die Anzahl der gleichzeitig anzuzeigenden
```

```
                    Filme ein." />
        </fieldset>
      </fields>
    </config>
</extension>
```

Dies führt später zum Ergebnis aus Abbildung 15-26.

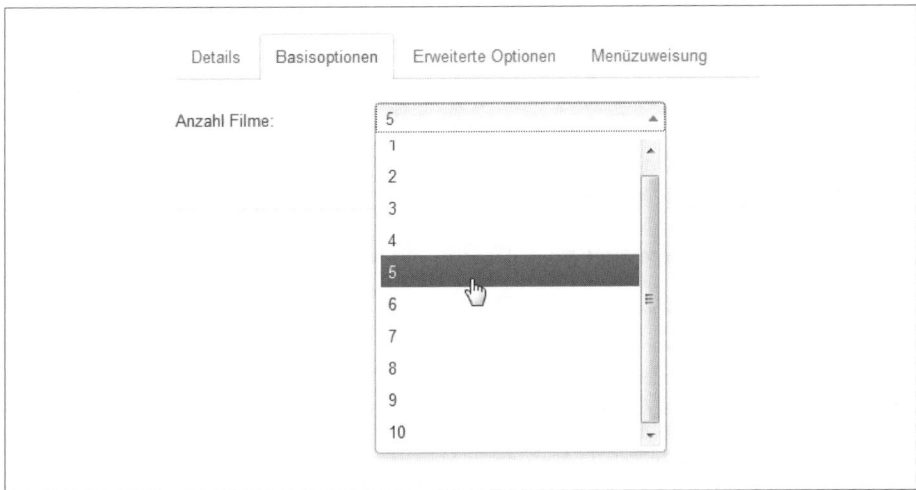

Abbildung 15-26:   Die neue Einstellung für das Kinoportal-Modul

Jeder `<field>`-Eintrag entspricht später genau einer Einstellung im Bildschirm des Backends. Die Attribute des Tags legen die Eigenschaften der Einstellung fest. In diesem Fall handelt es sich um eine Ausklappliste (`type="integer"`), die den internen Namen anzahl erhält (`name="anzahl"`). Aus der Liste kann man später eine Zahl von *1* (`first="1"`) bis *10* (`last="10"`) auswählen. Standardmäßig ist dabei die *5* ausgewählt (`default="5"`) – das Modul würde also fünf Filme anzeigen. Das Attribut `step="1"` sorgt dafür, dass die Liste alle Zahlen zwischen 1 und 10 anbietet. Würden Sie hier `step="2"` eintragen, würden in der Liste nur die Zahlen 1, 3, 5, 7, ... zur Auswahl stehen (es würde also immer eine Zahl übersprungen, und zwar bei 1 beginnend).

Abschließend verpasst `label="Anzahl Filme:"` der Einstellung noch eine aussagekräftige Beschriftung, während `description="..."` den Text für ein kleines Tooltip-Fenster enthält. Es erscheint später, wenn man mit dem Mauszeiger über die Beschriftung der Einstellung fährt.

Die so definierte Ausklappliste steckt in Beispiel 15-45 noch einmal zwischen den Tags `<fieldset name="basic">` und `</fieldset>`. Damit weiß Joomla!, dass es die Ausklappliste später auf dem Register *Basisoptionen* unterbringen soll (wie in Abbildung 15-26).

`<fields name="params">` zeigt Joomla! schließlich noch an, dass es sich hier um Einstellungen (Parameter) für das Modul handelt.

2. Schritt: Erweiterung der mod_kinoportal.php

Damit kann der Seitenbetreiber später die Anzahl der anzuzeigenden Filme im Backend beeinflussen. Sämtliche dort eingestellten Werte packt Joomla! in das Objekt $params und stellt dieses Objekt anschließend dem Modul zur Verfügung. Das Modul muss die darin gespeicherten Informationen nur noch auswerten.

Im Kinoportal-Modul ist dafür die Datei *mod_kinoportal.php* die richtige Anlaufstelle. Sie muss jedoch nicht besonders viel mit dem Objekt anstellen, da der darin gespeicherte Wert eigentlich nur für die Hilfsklasse von Bedeutung ist (denn sie stellt die eigentliche Datenbankabfrage). Also reicht man das Array wie in Beispiel 15-46 einfach nur an sie weiter.

Beispiel 15-46:   Die Datei »*mod_kinoportal.php*« reicht die Parameter einfach an die Hilfsklasse durch.

```php
<?php
defined('_JEXEC') or die;

// Hole Hilfsfunktionen hinzu:
require_once __DIR__ . '/helper.php';

// Hole Filme aus der Datenbank:
$allefilme = modKinoportalHelper::holeAlleFilme($params);

// Und stecke sie in das Layout:
require( JModuleHelper::getLayoutPath('mod_kinoportal') );
?>
```

3. Schritt: Erweiterung der Hilfsklasse

Die für die Datenhaltung zuständige Hilfsklasse muss jetzt aus dem Objekt $params die Anzahl der anzuzeigenden Filme herauslösen und dann entsprechend viele Datensätze aus der Datenbank holen.

An die Daten im Objekt $params gelangt man recht einfach über seine get()-Methode:

```php
$inhaltvonanzahl = $params->get( 'anzahl', 10 );
```

Dieser Befehl liefert den Wert des Parameters namens anzahl. Der zweite Parameter von get() gibt noch für den Fall der Fälle einen Standardwert vor. In der Variablen $inhaltvonanzahl steckt anschließend die Anzahl der anzuzeigenden Filme, die man nur noch als dritten Parameter an die getQuery()-Methode übergeben muss. Die Datenbank liefert dann automatisch nur die ersten $inhaltvonanzahl Ergebnisse zurück. Die komplette Hilfsklasse sieht damit so wie in Beispiel 15-47 aus:

```php
<?php
defined('_JEXEC') or die;

class modKinoportalHelper
{
    static function holeAlleFilme($params)
    {
        //Zugriff auf die Datenbank holen:
        $datenbank = JFactory::getDbo();

        $inhaltvonanzahl = $params->get( 'anzahl', 10 );

        // Anfrage basteln:
        $query = $datenbank->getQuery(true);
        $query->select('*');
        $query->from('#__filme');

        // Filme holen:
        $datenbank->setQuery($query, 0, $inhaltvonanzahl);
        $allefilme = $datenbank->loadObjectList();

        return $allefilme;
    }
}
?>
```

Damit ist das Modul des Kinoportals fertig. Schnüren Sie die Dateien wieder zu einem ZIP-Archiv, und installieren Sie es unter Joomla!. Den neuen Einstellungsbildschirm erreichen Sie wie gehabt über *Erweiterungen → Module* und einen Klick auf *Kinoportal*. Ab sofort wird die Ausgabe auf der Homepage den dort ausgewählten Werten folgen.

Deinstallieren Sie jetzt das Modul noch einmal, denn es ist noch nicht ganz fertig.

Sprachdateien einbinden

Die Ausklappliste besitzt im Moment noch die fest vorgegebene Beschriftung *Anzahl Filme:*. Würden Sie die Sprache über *Erweiterungen → Sprachen* wechseln, bliebe sie weiterhin auf Deutsch. Ihr Modul wäre somit nur für deutsche Nutzer interessant. Um das zu ändern, muss man dem Modul zwei Sprachdateien beilegen und alle Beschriftungen durch Platzhalter (Sprachschlüssel) ersetzen. Das funktioniert exakt nach dem gleichen Prinzip wie bei der Komponente.

Hier im Modul sind praktischerweise alle Beschriftungen in der Datei *mod_kinoportal.xml* gesammelt. Tauschen Sie sie dort gegen Sprachschlüssel aus. Diese sind durchgehend großgeschrieben und beginnen hier immer mit einem MOD_, gefolgt vom Namen des Moduls. Den Rest des Bezeichners kann man selbst wählen. Er darf nur keine Leerzeichen enthalten und muss eindeutig sein. Im Kinoportal-Modul könnte man beispielsweise die Sprachschlüssel aus Beispiel 15-48 wählen.

Beispiel 15-48:   Die mit Sprachschlüsseln für die Übersetzung bestückte Datei »*mod_kinoportal.xml*«

```xml
<?xml version="1.0" encoding="utf-8"?>
<extension type="module" version="3.0" client="site">
    <name>MOD_KINOPORTAL</name>
    <author>Tim Schürmann</author>
    <version>1.0</version>
    <description>MOD_KINOPORTAL_BESCHREIBUNG</description>

    <files>
        <filename module="mod_kinoportal">mod_kinoportal.php</filename>
        <filename>helper.php</filename>
        <folder>tmpl</folder>
    </files>

    <config>
        <fields name="params">
            <fieldset name="basic">
                <field
                    name="anzahl"
                    type="integer"
                    first="1"
                    last="10"
                    step="1"
                    default="5"
                    label="MOD_KINOPORTAL_ANZAHL_LABEL"
                    description="MOD_KINOPORTAL_ANZAHL_BESCHR" />
            </fieldset>
        </fields>
    </config>
</extension>
```

Damit sind alle festen Texte durch Sprachschlüssel ersetzt. Als Nächstes erstellen Sie in Ihrem Arbeitsverzeichnis den neuen Ordner *language*. In ihm müssen Sie für jede Übersetzung ein Verzeichnis mit dem Namen des zugehörigen Sprach-Tags anlegen. Das Kinoportal-Modul soll der Einfachheit halber zunächst nur Deutsch sprechen. Das zugehörige Sprach-Tag lautet de-DE (siehe Kapitel 12, *Mehrsprachigkeit*). Erstellen Sie also ein Verzeichnis mit diesem Namen.

Dort legen Sie jetzt eine Textdatei an. Ihr Dateiname beginnt mit dem Sprach-Tag, dem ein *.mod_* und der Name des Moduls folgen. Die Endung lautet schließlich *.ini*. Im Beispiel muss somit die Datei *de-DE.mod_kinoportal.ini* her.

 Warnung   Nur wenn Sie sich penibel an diese Namenskonventionen halten, findet Joomla! später die Übersetzungen.

In dieser Datei parken Sie jetzt alle Übersetzungen, die im Bearbeitungsbildschirm zu finden sind. Im Kinoportal wäre das die Beschriftung der Ausklappliste und ihr Tooltipp (siehe Abbildung 15-26 auf Seite 781). Der Inhalt der Datei besteht somit aus den einsamen beiden Zeilen:

```
MOD_KINOPORTAL_ANZAHL_LABEL="Anzahl Filme:"
MOD_KINOPORTAL_ANZAHL_BESCHR="Geben Sie hier die Anzahl der gleichzeitig
anzuzeigenden Filme ein."
```

Wie bei den Komponenten steht in jeder Zeile eine Übersetzung. Ganz vorne startet sie mit dem Sprachschlüssel, es folgt ein Gleichheitszeichen und schließlich in Anführungszeichen sein deutschsprachiger Ersatztext.

Alle Texte, die an anderen Stellen im Backend auftauchen, kommen in eine separate Sprachdatei. Sie heißt wie ihre Kollegin, endet aber auf *.sys.ini*. Erstellen Sie also für das Kinoportal-Modul im Unterverzeichnis *language/de-DE* eine zweite Textdatei mit dem Namen *de-DE.mod_kinoportal.sys.ini*. In ihr verschwinden die Entsprechungen der übrigen Sprachschlüssel, was im Kinoportal ebenfalls wieder nur zwei Zeilen sind:

```
MOD_KINOPORTAL="Kinoportal"
MOD_KINOPORTAL_BESCHREIBUNG="Das Kinoportal-Modul"
```

Damit besteht das Modul jetzt aus sechs Dateien:

Datei	Funktion
mod_kinoportal.php	Einsprungspunkt des Moduls (steuert den Ablauf)
mod_kinoportal.xml	Informationsdatei für die Integration in Joomla!
helper.php	Hilfsklasse, die mit der Datenbank kommuniziert
tmpl/default.php	Layout, das die Ausgabe auf der Homepage erzeugt
language/de-DE/de-DE.mod_kinoportal.ini	Deutsche Übersetzung der Beschriftungen im Bearbeitungsbildschirm
language/de-DE/de-DE.mod_kinoportal.sys.ini	Restliche deutsche Übersetzungen

Tipp   Um diese Dateien vor fremden Blicken zu schützen, sollten Sie auch hier in jedem (Unter-)Verzeichnis eine HTML-Datei mit dem Namen *index.html* und dem Inhalt `<!DOCTYPE html><title></title>` anlegen. Vergessen Sie nicht, diese zusätzlichen Dateien in der Informationsdatei (hier *mod_kinoportal.xml*) anzumelden.

Für jede weitere Übersetzung erstellen Sie unter *language* ein weiteres Verzeichnis mit dem Namen seines Sprach-Tags und legen darin nach dem gezeigten Prinzip zwei passende *.ini*-Dateien an.

Abschließend müssen Sie das neue Verzeichnis noch wie folgt in der *mod_kinoportal.xml* anmelden:

```
...
<files>
  <filename module="mod_kinoportal">mod_kinoportal.php</filename>
  <filename>helper.php</filename>
  <folder>tmpl</folder>
  <folder>language</folder>
</files>
...
```

Danach weisen Sie Joomla! mit einer `<language>`-Sektion auf die Übersetzungen hin (ganz wie bei den Komponenten, siehe auch Abschnitt »11. Schritt: Sprachdateien einbinden« auf Seite 761):

```
...
<languages>
  <language tag="de-DE">language/de-DE/de-DE.mod_kinoportal.ini</language>
  <language tag="de-DE">language/de-DE/de-DE.mod_kinoportal.sys.ini</language>
</languages>
</extension>
```

Mehr ist bei den Modulen nicht notwendig. Verpacken Sie den Inhalt Ihres Arbeitsverzeichnisses in ein ZIP-Archiv, und spielen Sie es unter Joomla! ein.

 Tipp   Wenn Sie einen Begriff im Layout *default.php* oder in der Datei »*mod_kinoportal. php*« übersetzen möchten, müssen Sie dort wie bei der Komponente die Funktion `JText::_()` heranziehen, also etwa:

```
JText::_('MOD_KINOPORTAL_EINTEXT);
```

Den Sprachschlüssel `MOD_KINOPORTAL_EINTEXT` übersetzen Sie dann wie gehabt in der *.ini*-Sprachdatei.

Plugins

Die im vorherigen Kapitel entwickelte Komponente fügt Joomla! neue Inhalte in Form von Filmen hinzu. Leider gibt es noch ein kleines Problem: Sucht jemand auf der Homepage über das Suchfeld nach einem Begriff, so bleiben dabei alle Filme in der neuen Tabelle gänzlich unberücksichtigt. Abhilfe schafft hier ein kleiner Suchroboter, ein sogenanntes Plugin.

Die in Joomla! mitgelieferten Plugins wurden bereits in Kapitel 11, *Plugins*, vorgestellt. Technisch betrachtet sind sie nichts anderes als PHP-Skripte, die in einer ganz bestimmten Situation von Joomla! aufgerufen werden. Aus diesem Grund gibt es verschiedene Typen von Plugins. Derzeit unterscheidet Joomla! folgende Gruppen:

- *authentication*: Diese Plugins kümmern sich um die Benutzeranmeldung.
- *captcha*: Diese Plugins stellen ein sogenanntes Captcha bereit.
- *content*: Diese Plugins manipulieren Inhalte, indem sie beispielsweise bestimmte Textpassagen gegen andere austauschen.

- *editors*: Diese Plugins kümmern sich um die Eingabe von Texten, stellen also mehr oder weniger komfortable Texteditoren bereit.
- *editors-xtd*: Diese Plugins erweitern die Texteditoren um zusätzliche Funktionen.
- *extension*: Diese Plugins überwachen andere Erweiterungen. In erster Linie sollen sie die Erweiterungen automatisch aktualisieren.
- *search*: Diese Plugins durchsuchen irgendwelche (Datenbank-)Inhalte.
- *finder*: Diese Plugins indexieren für die intelligente Suchfunktion (Smart Search) irgendwelche (Datenbank-)Inhalte.
- *quickicon*: Einige der Knöpfe im Kontrollzentrum ändern je nach Situation ihr Aussehen. Beispielsweise weist eines darauf hin, ob Aktualisierungen für Joomla! vorliegen. Bei diesem Optikwechsel helfen die *quickicon*-Plugins.
- *system*: Diese Plugins stellen spezielle Systemfunktionen bereit.
- *user*: Diese Plugins kümmern sich um die Verwaltung von Benutzern.

Um den Bestand an Filmen zu durchforsten, benötigt man ein Plugin vom Typ *search*.

Search-Plugin für das Kinoportal

Sobald ein Besucher die Suche auf der Homepage anstößt, übernimmt die Komponente *com_search* das Kommando. Sie aktiviert alle Plugins vom Typ *search* und beauftragt sie, nach dem eingetippten Begriff zu fahnden. Als Ergebnis erwartet *com_search* von allen Plugins eine Liste mit den Ergebnissen.

Im Folgenden gilt es also, der Suchkomponente ein weiteres Plugin zur Großfahndung zur Seite zu stellen. Dazu erzeugen Sie zunächst in einem neuen Arbeitsverzeichnis eine Textdatei mit dem Namen *kinoportal.php*, die in den folgenden Abschnitten mit Leben gefüllt wird.

Tipp Vergessen Sie auch hier nicht, die Zeichenkodierung auf UTF-8 zu stellen.

Ein Plugin zu erstellen ist erstaunlich einfach: Man muss lediglich eine eigene Klasse von JPlugin ableiten und dann die zum gewählten Plugin-Typ gehörenden Methoden anbieten.

Joomla! startet die Plugins immer dann, wenn ein ganz bestimmtes Ereignis eintritt. Jedes dieser Ereignisse hat einen eigenen Namen. Stößt beispielsweise jemand die Suchfunktion an, löst er damit das Ereignis onContentSearch aus. Die zu implementierenden Methoden tragen genau die Namen dieser Ereignisse.

Für das Such-Plugin im Kinoportal sieht das dann so wie in Beispiel 15-49 aus:

Beispiel 15-49: Das Search-Plugin für das Kinoportal (Datei »kinoportal.php«)

```php
<?php
defined('_JEXEC') or die;

class plgSearchKinoportal extends JPlugin
{
    function onContentSearch($text, $phrase='', $ordering='', $areas=null)
    {
        // Zum $text passende Filme aus der Datenbank holen:
        $datenbank = JFactory::getDbo();

        $query = $datenbank->getQuery(true);
        $query->select('*');
        $query->from('#__filme');
        $query->where("LOWER(name) LIKE '".$text."'");

        $datenbank->setQuery($query);
        $rows=$datenbank->loadObjectList();

        // Ausgabe vorbereiten
        foreach($rows as $key => $row)
        {
            $rows[$key]->title = $row->name;
            $rows[$key]->href = 'index.php?option=com_kinoportal';
            $rows[$key]->section = '';
            $rows[$key]->browsernav = '';
            $rows[$key]->created = '';
        }
        return $rows;
    }
}
?>
```

Nachdem das Skript festgestellt hat, dass es unter Joomla! läuft, leitet es die Klasse plgSearchKinoportal von JPlugin ab. Damit folgt es den allgemeinen Konventionen, nach denen ein Klassenname aus der Bezeichnung plg (für Plugin), der Aufgabe (hier Search) und dem eigentlichen Namen besteht.

Da es sich um ein Such-Plugin handelt, muss man mindestens die Methode onContentSearch() implementieren. Ihr werden später von Joomla! automatisch ein paar Parameter übergeben, darunter ganz zu Beginn in $text der oder die zu suchenden Begriffe (siehe auch den Kasten »Die Parameter der Methode onContentSearch()«):

```php
function onContentSearch($text, $phrase='', $ordering='', $areas=null)
{
    ...
}
```

onContentSearch() muss jetzt nur noch den Text in der Datenbank suchen – nach den vorhergehenden Abschnitten ist das ein Kinderspiel. In diesem einfachen Beispiel wird lediglich der Name des Films auf den Suchbegriff hin untersucht. Da der

Suchbegriff ausschließlich in Kleinbuchstaben vorliegt (egal, was der Benutzer vorher eingetippt hat), muss man per LOWER auch den Filmnamen aus der Datenbank in Kleinbuchstaben umwandeln:

```
$query->where("LOWER(name) LIKE '".$text."'");
```

Wenn sich ein Besucher bei der Eingabe des Suchbegriffs vertippt hat, würde die Datenbank keine Fundstelle liefern. Deshalb sorgt das LIKE auch noch dafür, dass sie auch ähnlich klingende Filmnamen zurückgibt.

Da Joomla! von einem Such-Plugin einen ganz bestimmten Rückgabewert erwartet, kann man die Ergebnisse der Datenbankabfrage leider nicht einfach unbehandelt aus der Methode werfen. Stattdessen muss man alle Fundstellen in einer Liste mit einem ganz speziellen Aufbau verpacken. Für jeden gefundenen Datensatz existieren darin die folgenden Einträge:

- title: Ein Titel für das Suchergebnis
- created: Gibt an, wann der Datensatz erstellt wurde.
- section: Gibt an, woher der Datensatz stammt.
- href: Ein Link auf die Fundstelle. Über ihn kann der Besucher der Homepage dann direkt zum gesuchten Element oder zur entsprechenden (Unter-)Seite springen.
- browsernav: Gibt an, wo das Suchergebnis geöffnet werden soll. Eine 2 zeigt beispielsweise den unter href eingetragenen Link im aktuellen Fenster.
- text: Ein Text, der die Fundstelle beschreibt (etwa die Einleitung des Artikels)

Im obigen, einfachen Beispiel setzt onContentSearch() in ihrem unteren Teil nur den title auf den Filmnamen und verweist mit href auf die Kinoportal-Komponente.

Speichern Sie das Beispiel 15-49 in der Datei *kinoportal.php*.

Die Parameter der Methode onContentSearch()

Die Parameter, die das Content-Management-System der Methode onContentSearch() übergibt, spiegeln genau die Einstellungen wider, die dem Benutzer bei der ausführlichen Suche zur Verfügung stehen. Neben dem Suchtext in $text enthält $phrase Informationen darüber, wie gesucht werden soll. Enthält $phrase den Wert

- exact, muss der eingetippte Ausdruck genau so in der Fundstelle vorkommen.
- all, müssen alle Suchbegriffe in der Fundstelle auftauchen.
- any, braucht hingegen nur einer der eingetippten Suchbegriffe enthalten zu sein.

$\rightarrow$

> $ordering nennt die Sortierreihenfolge der Ergebnisse. Mögliche Werte sind dabei: alphabetisch aufsteigend ($ordering=alpha), nach Kategorie (category), die neuesten zuerst (newest), die ältesten zuerst (oldest) oder die populärsten (popular). Der letzte Parameter, $areas, legt schließlich noch fest, worin gesucht werden soll (Beiträge, Weblinks, Kontakte usw.).
>
> Aus allen diesen Informationen muss man sich nun eine passende Datenbankabfrage zusammenbasteln, was recht schnell in eine unübersichtliche Befehlsschlacht ausarten kann. Ein gutes Beispiel liefert das Plugin für die Suche in den Kontaktdaten, das Sie in der Datei */plugins/search/contacts/contacts.php* im Joomla!-Verzeichnis finden. Selbstverständlich können Sie die Informationen auch ignorieren – ganz so wie das Kinoportal-Beispiel.

Das Plugin für die Suche nach Filmen ist damit eigentlich schon fertig. Es fehlt nur noch die obligatorische XML-Datei, die Joomla! für eine Installation benötigt. Sie ist in Beispiel 15-50 zu sehen:

Beispiel 15-50:   Die Informationsdatei »*kinoportal.xml*« für das Kinoportal-Plugin

```
<?xml version="1.0" encoding="utf-8"?>
<extension type="plugin" version="3.0" group="search">
    <name>Kinoportal</name>
    <author>Tim Schürmann</author>
    <version>1.0</version>
    <description>Das Kinoportal-Plugin</description>

    <files>
        <filename plugin="kinoportal">kinoportal.php</filename>
    </files>
</extension>
```

 Version   Soll das Plugin auch unter Joomla! 2.5 funktionieren, müssen Sie dem Attribut version den Wert 2.5 geben: version="2.5".

Die XML-Datei ist weitestgehend identisch mit der Informationsdatei für Module. Ein kleiner, aber wichtiger Unterschied steckt in der zweiten Zeile:

```
<extension type="plugin" version="3.0" group="search">
```

Sie verrät Joomla!, dass es sich um ein Plugin handelt (type="plugin"), das die Version 3.0 oder höher voraussetzt (version="3.0") und der Gruppe der Such-Plugins angehört (group="search").

Da das komplette Plugin nur aus einer Datei besteht, umfasst der <files>-Abschnitt nur einen <filename>-Eintrag für die kinoportal.php. Das Attribut plugin="kinoportal" kennzeichnet wieder die Datei, in der die Plugin-Klasse lagert (in diesem Fall also die Datei *kinoportal.php*). Als Wert erhält das Attribut den Namen der Datei ohne die Endung *.php*.

Speichern Sie Beispiel 15-50 als *kinoportal.xml*, und packen Sie diese Datei zusammen mit der *kinoportal.php* in ein ZIP-Archiv. Nach der Installation des Plugins über das Backend finden Sie das Kinoportal-Plugin unter *Erweiterungen → Plugins* wieder. Sobald Sie es hier mit einem Klick auf den kleinen roten Kreis in der Spalte *Status* einschalten, steht der Suche in den Filmen nichts mehr im Wege (siehe Abbildung 15-27).

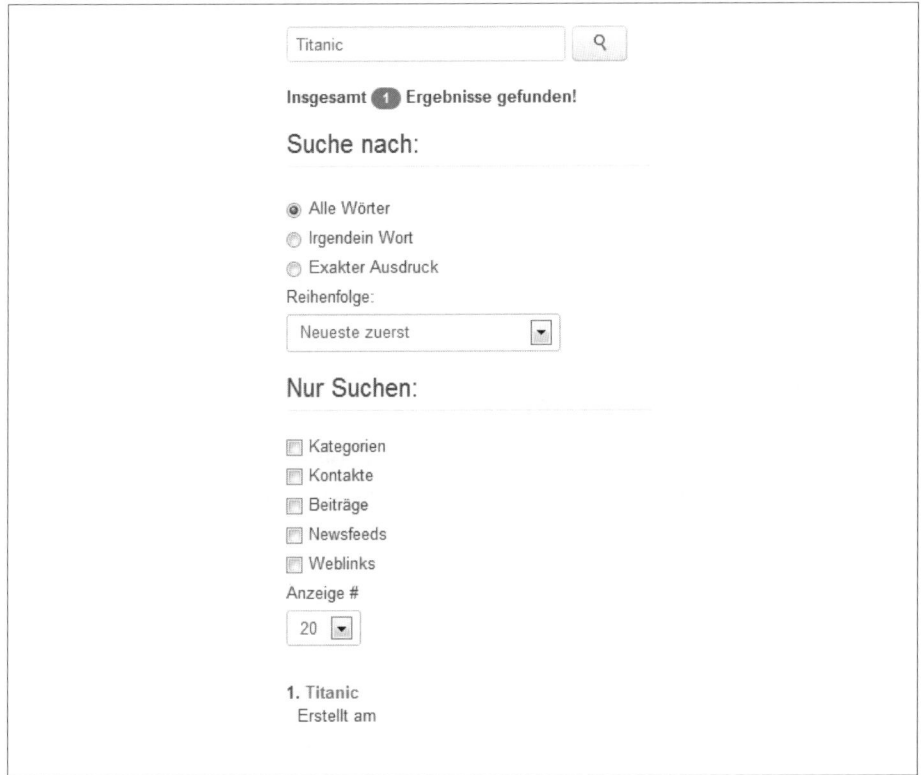

Abbildung 15-27:   Dank des neuen Plugins wurde das Wort *Titanic* in den Filmdaten aufgestöbert.

Tipp   Auch bei den Plugins können Sie den Update-Mechanismus aus dem Kasten »*Upgrade-Pakete*« auf *Seite 733* einsetzen.

Das Plugin in das Backend einbinden

Genau wie ein Modul besitzt auch jedes Plugin einen eigenen Konfigurationsbildschirm im Backend. Sie erreichen ihn, indem Sie einfach auf den Namen des Plugins in der Liste hinter *Erweiterungen → Plugins* klicken (siehe auch Kapitel 11, *Plugins*).

Die dort auf der rechten Seite präsentierten Einstellungen darf man als Plugin-Entwickler selbst bestimmen.

Im Fall des Kinoportal-Plugins sollte man hier vielleicht vorgeben können, wie viele Fundstellen maximal zurückgeliefert werden dürfen – schließlich soll der Besucher nicht durch Tausende von Ergebnissen überfordert werden. Eine neue Einstellung fügt man genau wie bei den Modulen hinzu.

Zunächst spendiert man der Informationsdatei *kinoportal.xml* vor dem schließenden </extension>-Tag einen passenden <config>-Abschnitt:

```
...
<config>
    <fields name="params">
        <fieldset name="basic">
            <field
                name="suchlimit"
                type="text"
                default="5"
                size="5"
                label="Suchlimit:"
                description="Anzahl der Sucheinträge, die zurückgeliefert werden"
            />
        </fieldset>
    </fields>
</config>
</extension>
```

Damit entsteht später im Backend ein Eingabefeld (type="text") mit dem internen Namen suchlimit auf dem Register *Basisoptionen* (<fieldset name="basic">), das standardmäßig mit dem Wert 5 belegt ist (default="5"), fünf Zeichen breit (size="5") und mit dem Text Suchlimit beschriftet ist (siehe Abbildung 15-28). Fährt man mit dem Mauszeiger über diese Beschriftung, erscheint ein Tooltip mit dem Text Anzahl der Sucheinträge, die zurückgeliefert werden.

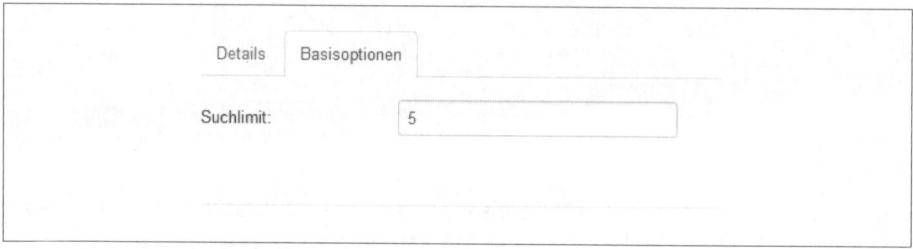

Abbildung 15-28:   Dem Plugin wurde eine neue Einstellung spendiert.

An den dort eingetragenen Wert gelangt man dann im Plugin über $params (ganz genauso wie bei den Modulen in Abschnitt »Das Modul in das Backend einbinden« auf Seite 779):

```
$suchlimit = $this->$params->get('suchlimit', 5);
```

Den Wert in $suchlimit muss man dann nur noch an setQuery() übergeben. Die Methode onContentSearch() sieht damit wie folgt aus:

```
function onContentSearch($text, $phrase='', $ordering='', $areas=null)
{
    // Suchlimit holen:
    $suchlimit = $this->params->get('suchlimit', '5');
    // Zum $text passende Filme aus der Datenbank holen:
    $datenbank = JFactory::getDbo();
    $query = $datenbank->getQuery(true);
    $query->select('*');
    $query->from('#__filme');
    $query->where("LOWER(name) LIKE '".$text."'");
    $datenbank->setQuery($query, 0, $suchlimit);
    $rows=$datenbank->loadObjectList();
    // Ausgabe vorbereiten
    foreach($rows as $key => $row)
    {
        $rows[$key]->title = $row->name;
        $rows[$key]->href = 'index.php?option=com_kinoportal';
    }
    return $rows;
}
```

Sprachdateien einbinden

Auch bei den Plugins sollte man die Beschriftungen im Backend wieder in entsprechende Sprachdateien auslagern. Das funktioniert ähnlich wie bei den Modulen.

Zunächst ersetzt man alle noch festen deutschen Texte durch Platzhalter (Sprachschlüssel). Hier beim Plugin liegen diese netterweise alle in der Informationsdatei:

```
<?xml version="1.0" encoding="utf-8"?>
<extension version="2.5" type="plugin" group="search">
    <name>PLG_SEARCH_KINOPORTAL</name>
    <author>Tim Schürmann</author>
    <version>1.0</version>
    <description>PLG_SEARCH_KINOPORTAL_BESCHREIBUNG</description>

    <files><filename plugin="kinoportal">kinoportal.php</filename></files>
    <config>
        <fields name="params">
            <fieldset name="basic">
                <field
                    name="search_limit"
                    type="text"
                    default="5"
                    size="5"
                        label="PLG_SEARCH_KINOPORTAL_ANZAHL_LABEL"
                        description="PLG_SEARCH_KINOPORTAL_ANZAHL_BESCHR"
                />
            </fieldset>
```

```
      </fields>
    </config>
  </extension>
```

Die Sprachschlüssel beginnen den allgemeinen Konventionen zufolge mit der Zeichenkette `PLG_`, an die zunächst der Typ des Plugins (hier `SEARCH_`) und dann der Name des Plugins angehängt wird.

Nachdem Sie die Datei *kinoportal.xml* entsprechend abgeändert haben, erstellen Sie jetzt in Ihrem Arbeitsverzeichnis den neuen Ordner *language* und in ihm wiederum für jede Übersetzung ein Verzeichnis mit dem Namen des zugehörigen Sprach-Tags. Das Kinoportal-Modul soll der Einfachheit halber zunächst nur Deutsch sprechen. Das zugehörige Sprach-Tag lautet `de-DE` (siehe Kapitel 12, *Mehrsprachigkeit*). Erstellen Sie also ein Verzeichnis mit diesem Namen.

Dort legen Sie jetzt zwei Textdateien an. Der Dateiname der ersten beginnt mit dem Sprach-Tag, dem ein *.plg_*, dann der Typ des Plugins und schließlich der Name des Plugins folgt. Die Endung lautet *.ini*. Im Beispiel muss somit die Datei *de-DE.plg_search_kinoportal.ini* her. Sie enthält nur die Beschriftungen für den Bearbeitungsbildschirm und somit die beiden Zeilen:

```
PLG_SEARCH_KINOPORTAL_ANZAHL_LABEL="Suchlimit:"
PLG_SEARCH_KINOPORTAL_ANZAHL_BESCHR="Anzahl der Sucheinträge, die zurückgeliefert
werden"
```

Die beiden Übersetzungen für den Plugin-Namen (Sprachschlüssel `PLG_SEARCH_KINOPORTAL`) und seine Beschreibung (Sprachschlüssel `PLG_SEARCH_KINOPORTAL_BESCHREIBUNG`) verschwinden in einer zweiten Sprachdatei. Sie trägt den gleichen Namen wie ihre andere Kollegin, besitzt aber die Endung *.sys.ini*. Erzeugen Sie also im Unterverzeichnis *language/de-DE* die Textdatei *de-DE.plg_search_kinoportal.ini*, und speichern Sie in ihr die folgenden Zeilen ab:

```
PLG_SEARCH_KINOPORTAL="Kinoportal"
PLG_SEARCH_KINOPORTAL_BESCHREIBUNG="Das Kinoportal-Plugin"
```

Jetzt müssen Sie noch die Sprachdateien in der Informationsdatei *kinoportal.xml* anmelden. Dazu fügen Sie vor dem schließenden `</extension>`-Tag noch folgenden Abschnitt hinzu:

```
    ...
    <languages>
      <language tag="de-DE">language/de-DE/de-DE.plg_search_kinoportal.ini
      </language>
      <language tag="de-DE">language/de-DE/de-DE.plg_search_kinoportal.sys.ini
      </language>
    </languages>
  </extension>
```

Dieser Abschnitt entspricht seinem Kollegen aus den Modulen: Zwischen `<language>` und `</language>` ist jeweils eine Sprachdatei angegeben. Für welche Sprache sie Übersetzungen enthält, verrät das Attribut `tag`.

Jetzt können Sie wieder den Inhalt Ihres Arbeitsverzeichnisses in ein ZIP-Archiv verpacken und unter Joomla! einspielen.

Tipp   Zum Schutz vor neugierigen Blicken sollten Sie auch hier wieder in Ihrem Arbeitsverzeichnis eine HTML-Datei mit dem Namen *index.html* und dem Inhalt `<!DOC-TYPE html><title></title>` anlegen (und in der Datei *kinoportal.xml* anmelden).

Verbesserungspotenzial und Sicherheitshinweise

Die in diesem Kapitel entwickelten Erweiterungen sind reine Lehrbeispiele. So verwundert es nicht, dass es gleich massenhaft Ansatzpunkte für Verbesserungen gibt. Allen voran ist hier die recht magere Präsentation zu nennen, die Sie vorzugsweise über Stylesheets aufhübschen sollten (weitere Informationen zu diesem Thema liefern die Kapitel 13, *Templates*, und Kapitel 16, *Barrierefreiheit*). In Joomla! 3.0 können Sie dazu einfach in den Layouts die Bootstrap-CSS-Klassen nutzen (siehe auch Kapitel 13, *Templates*, Abschnitt »Bootstrap« auf Seite 625).

Wenn Sie Ihre Komponente weitergeben möchten, sollten Sie die Klassennamen und Kommentare in englischer Sprache verfassen. Die Klasse `KinoportalViewFilmliste` könnte dann etwa `CinemaportalViewFilmlist` heißen. Auf diese Weise können interessierte Programmierer aus anderen Ländern Ihren Programmcode nachvollziehen und so Fehler aufspüren beziehungsweise bei der Verbesserung mithelfen. Aus dem gleichen Grund sollten Sie auch die Sprachschlüssel in den Sprachdateien (Endung *.ini*) in englischer Sprache halten. Damit erleichtern Sie einem Übersetzer die Arbeit: Auch wenn er kein Deutsch spricht, kann er die Bedeutung eines Menüpunktes aus dem Sprachschlüssel ableiten.

Tipp   Joomla! bringt in seinen Ordnern *language* und *administrator/language* bereits zahlreiche eigene Sprachdateien mit. Alle darin befindlichen Texte dürfen Sie hemmungslos in Ihren eigenen Erweiterungen recyceln. Dazu genügt es schon, einfach den entsprechenden Sprachschlüssel zu verwenden. Im Kinoportal-Plugin könnten Sie beispielsweise in der Informationsdatei die beiden Zeilen

```
label="PLG_SEARCH_KINOPORTAL_ANZAHL_LABEL"
description="PLG_SEARCH_KINOPORTAL_ANZAHL_BESCHR"
```

gegen

```
label="JFIELD_PLG_SEARCH_SEARCHLIMIT_LABEL"
description="JFIELD_PLG_SEARCH_SEARCHLIMIT_DESC"
```

austauschen. Die Ausklappliste trägt damit automatisch die Beschriftung *Suchlimit*, und der Tooltip erhält den Text *Anzahl der Suchbeiträge die zurückgegeben werden* (siehe Datei *administrator/language/de-DE/de-DE.ini*).

Dieses Text-Recycling hat gleich mehrere Vorteile: Die Begriffe sind innerhalb von Joomla! einheitlich, man spart sich die Übersetzung, und in diesem Beispiel wird netterweise auch gleich noch die Sprachdatei *de-DE.plg_search_kinoportal.ini* überflüssig.

Auch vielen Sicherheitsproblemen gehen die hier vorgestellten Beispiele konsequent aus dem Weg. So überprüft kein einziges Skript, ob die hereinkommenden Daten überhaupt gültig sind. Ein Angreifer kann somit durch eine gezielt gefälschte Dateneingabe in den Ablauf des Skripts eingreifen. Ein berühmtes Beispiel für diese Vorgehensweise ist die sogenannte *SQL-Injection*. Betrachten Sie dazu folgendes Beispiel aus dem Plugin:

```
$query = $datenbank->getQuery(true);
$query->select('*');
$query->from('#__filme');
$query->where("LOWER(name) LIKE '".$text."'");
```

Joomla! bastelt daraus die Anfrage:

```
SELECT * FROM #__filme WHERE LOWER(name) LIKE '$text'
```

Wenn jetzt jemand den Text

```
'0; DROP TABLE #__filme;'
```

sucht, würde das selbst geschriebene PHP-Skript zwar zunächst eine Abfrage durchführen, anschließend aber gleich auch noch die Tabelle in der Datenbank löschen.

Warnung Als Grundregel gilt hier: Seien Sie allen Variablen und Objekten gegenüber misstrauisch, deren Inhalte nicht von Ihnen selbst stammen, und unterziehen Sie fremde Daten immer einer ausführlichen Prüfung, bevor Sie sie in irgendeiner Weise weiterverarbeiten.

Wenn Sie tiefer in die Joomla!-Programmierung eintauchen möchten, finden Sie auf der Seite *http://docs.joomla.org* im Bereich *Quick links for Developers* viele Dokumente rund um die Entwicklung. Ebenfalls hilfreich ist die Programmierreferenz unter *http://api.joomla.org*. Dort finden Sie alle von Joomla! angebotenen PHP-Klassen und ihre Bedeutung.

Tipp Eine ergiebige Quelle ist auch der Joomla!-Quellcode selbst. Wenn Sie beispielsweise ein eigenes Such-Plugin entwickeln, liefern die anderen Such-Plugins wertvolle Anregungen. Auch wenn es etwas zeitaufwendig ist, hilft es, die Ordner des Joomla!-Verzeichnisses zu durchstöbern.

TEIL IV

Tipps und Tricks

KAPITEL 16
Barrierefreiheit

Eine Internetseite sollte so gestaltet sein, dass jeder Mensch sie betrachten und benutzen kann. Dieser Satz klingt zunächst einmal ziemlich trivial. In der Praxis stolpert man jedoch sehr oft über Seiten, die diesem Kriterium alles andere als genügen. Insbesondere Personen mit einer Behinderung werden immer wieder unnötig Steine in den Weg gelegt.

Beispielsweise verwenden blinde Menschen gerne sogenannte Screen-Reader. Diese Programmgattung zeigt den Inhalt einer Homepage nicht an, sondern liest sie dem Benutzer vor. Viele Internetseiten sind jedoch so auf die Optik fixiert, dass sie sogar strukturelle Elemente für die Seitengestaltung missbrauchen. Zum Beispiel werden Überschriften zur Formatierung von Fließtext herangezogen, oder die eigentlich nicht zu diesem Zweck geschaffenen Tabellen bilden die Grundlage für ein ganzes Seitenlayout. Der Screen-Reader kann hierdurch nicht mehr zwischen Inhalt und Layout unterscheiden, gerät vollständig aus dem Tritt und liest schließlich vollkommen unsinnige Texte vor.

Aber auch schon einfachste Browserfunktionen können eine Seite vollkommen entstellen. Es genügt bereits, dass der Designer seine Homepage auf eine ganz bestimmte Bildschirmauflösung optimiert hat. Nutzt man als fortschrittsliebender Anwender das gesamte Leistungsspektrum seines neuen Flachbildschirms, verkümmern Schriften schon einmal zu kleinen Krümeln. Ruft man nun die im Browser eingebaute Vergrößerungsfunktion zu Hilfe, platzt das gesamte Layout aus seinen Nähten. Vor ähnlichen Problemen stehen tagtäglich Menschen mit eingeschränkter Sehleistung – denken Sie hier nicht nur an erblindete Personen, sondern insbesondere auch an die stetig wachsende Gruppe der älteren Bevölkerung. Ältere Menschen verwenden häufig die vom Betriebssystem oder Browser bereitgestellte Lupenfunktion oder weisen ihren Browser an, Schriften vergrößert darzustellen. Einigen von ihnen hilft auch eine andere Farbgebung, um dank höherer Kontraste Unterschiede besser zu erkennen. Oder stellen Sie sich einen farbenblinden Menschen vor, der auf eine Seite voller Rottöne trifft. Für diese Zwecke erlauben alle modernen Browser die Definition von eigenen Farbpaletten. Eine gut gestaltete Internetseite sollte daher selbst mit einer Falschfarbendarstellung noch eine gute Figur machen.

Doch auch technische Geräte können einen Webseitengestalter ganz schön ins Schwitzen bringen. Die Rede ist hier insbesondere von Handys, Smartphones, Netbooks und Tablet-PCs. Ihre Bildschirme haben eine beschränkte Auflösung, die Seiten auf Postkartengröße zusammenschrumpfen lässt. Zudem zwingt die geringe Leistungsfähigkeit zum Einsatz von Browsern, die nicht alle Funktionen ihrer Desktop-Kollegen mitbringen. Wer mit ihnen im Internet surft, der trifft nicht selten auf unlesbare Seiten oder nicht mehr erkennbare Bilder. Unter Umständen schalten diese Besucher sogar Bild- und Multimedia-Inhalte komplett ab. Das gilt erst recht für Surfer, die mit schlechten oder teuren Verbindungen auskommen müssen, wie beispielsweise Reisende. Diese haben in Flugzeug oder Bahn zusätzlich noch mit schlechten Lichtverhältnissen zu kämpfen.

Was ist Barrierefreiheit?

Einen Internetauftritt bezeichnet man dann als barrierefrei, wenn jeder Besucher das gesamte Angebot ohne Abstriche nutzen kann – ungeachtet des Programms, mit dem er die Seiten abruft, und ungeachtet einer möglicherweise vorliegenden Behinderung.

 Warnung   Wie die Beispiele aus dem vorigen Abschnitt zeigen, sind nicht nur Menschen mit einer körperlichen Behinderung, sondern zum Beispiel auch Menschen mit eingeschränkter Sehfähigkeit auf barrierefreie Webseiten angewiesen.

Jeder Benutzer des Internets ist mit großer Sicherheit schon einmal über schlampig programmierte Seiten oder spezielle Browser-Optimierungen gestolpert. Eine Seite, die auf den Internet Explorer mit Flash-Player zugeschnitten wurde, kann auf einem iPhone vollkommen entstellt aussehen. Aus diesem Grund sollte man bei der Erstellung eines Internetauftritts immer darauf achten, dass jeder Besucher problemlos Zugriff auf alle Bereiche der Seite erhält (die sogenannte *Accessibility*) und dass man niemandem bei einem Besuch unnötige Steine in den Weg legt. Wer für deutsche Behörden eine Seite erstellt oder entsprechende Dienste anbietet, ist sogar verpflichtet, für einen barrierefreien Auftritt zu sorgen. Festgelegt ist dies in der sogenannten *Barrierefreien Informationstechnik-Verordnung* (BITV).

Neben der Accessibility geistert noch der Begriff der *Usability* durch die Literatur. Er meint nichts anderes als eine gute, leichte und schnelle Bedienbarkeit der Seite. Beispielsweise trägt eine Vielzahl aufpoppender Fenster sicherlich nicht zu einer hohen Usability bei.

Feinde der Barrierefreiheit sind in der Regel die folgenden Fehler:

- Technische Standards wurden missbraucht. Beispielsweise hat ein Autor Überschriften verwendet, um Texte mit extra kleinem oder großem Schriftgrad zu erzeugen.
- Es gibt einen exzessiven Einsatz von (unbeschrifteten) Bildern oder Multimedia-Inhalten (Flash), die Blinde mit Screen-Reader oder Braillezeile ausschließen.
- Farben wurden unüberlegt gewählt oder bieten zu wenig Kontrast.
- Die Schriftgrößen sind zu klein.
- Das Layout wurde auf eine ganz bestimmte, feste Bildschirmauflösung zugeschnitten.

Für wen reißt man Barrieren ein?

Die Zielgruppe für die Bemühungen um Barrierefreiheit ist groß! Denken Sie allein an die stetig wachsende Gruppe älterer Menschen, die das Internet wie selbstverständlich nutzen, die aber bereits das eine oder andere Zipperlein plagt. Ein weiteres Beispiel: Die Zahl der Erblindeten in Deutschland wird mit circa 200.000 Betroffenen angegeben, hinzu kommen noch einmal unzählige Personen, deren Sehkraft (stark) eingeschränkt ist. Statistisch gesehen nutzen Sehbehinderte das Internet sogar besonders intensiv. In Deutschland surfen etwa 4 von 5 Menschen mit Behinderungen im Web. Gerade ein kommerziell ausgerichteter Internetauftritt kann beziehungsweise darf diese Gruppen nicht ignorieren.

Tipp   Auch das Kinoportal ist für viele behinderte Menschen interessant: Neben Filmen mit Untertiteln oder Audiodeskription (was wie ein Hörbuch funktioniert) bieten viele deutsche Kinos spezielle Sitzplätze für Personen mit einer körperlichen Behinderung an. Alle diese Personen wollen sich selbstverständlich über die neuesten Veröffentlichungen informieren und mitdiskutieren.

Über (einfach) zugängliche Seiten freuen sich zudem auch Nutzer von Mobiltelefonen, Smartphones, Tablet-PCs oder ähnlichen Kleincomputern mit Mini-Browsern.

Von Barrierefreiheit profitiert aber auch ein ganz besonderer Internet-Teilnehmer: die Suchmaschine. Nur wenn sie mühelos an die Inhalte einer Seite gelangt, kann sie diese auch später in ihren Suchergebnissen berücksichtigen. Als recht dummes Computerprogramm orientiert sie sich ausschließlich an den gefundenen Texten – und bewegt sich damit im Internet ähnlich wie blinde Surfer mit einem Screen-Reader. Mit barrierefreien Seiten können die Internet-Suchmaschinen folglich besser und effektiver umgehen, sodass man im Idealfall noch schneller gefunden wird.

Barrierefreiheit in Joomla!

Seit Joomla! 1.5 gibt es das extra auf Barrierefreiheit getrimmte Template *Beez*. In Joomla! 3.0 ist der Nachfolger *Beez3* barrierefrei ausgelegt. Protostar passt sich zwar dank Bootstrap automatisch an verschiedene Bildschirmauflösungen an, ist aber (noch) nicht vollständig barrierefrei.

Tipp   Sie können *beez_30* auch als Ausgangspunkt für Ihr eigenes barrierefreies Template nutzen. Beez wurde extra so konzipiert, dass es sich sehr leicht ändern und anpassen lässt.

Warnung   Wenn Sie aus dem Internet fertige Templates herunterladen, sollten Sie darauf achten, dass diese barrierefrei entworfen wurden. Im Zweifelsfall bringt eine kurze Nachfrage beim Ersteller Klarheit.

Ein gutes Anzeichen für ein barrierefreies Template sind Links oder Schaltflächen, über die Besucher die Schriftgröße erhöhen oder verringern können (wie bei *beez_30* am oberen Seitenrand).

Die Aktivierung eines barrierefreien Templates ist aber nur der erste Schritt: Barrierefreiheit muss auch bei der täglichen Arbeit mit Joomla! und insbesondere bei der Erstellung von Beiträgen beachtet werden. Auf was es dabei genau ankommt, verraten die nun folgenden Abschnitte.

Die Aufgabe der Redakteure: Barrierefreie Inhalte

Ein Text sollte möglichst gut lesbar und leicht verständlich sein. Dazu gehört nicht nur, dass man Fachbegriffe erläutert, sondern auch, dass man eine einfache und klare Sprache wählt. Seltene Wörter wie »fleucht« oder (ab)gehobene Formulierungen wie »mir dünkt es« wirken eher abschreckend. Den gleichen Effekt hat der AküFi, der allseits bekannte Abkürzfimmel.

Wenn die Autoren den TinyMCE-Editor verwenden dürfen, sollten sie die Formatierungsmöglichkeiten nur behutsam einsetzen. Beispielsweise sind Überschriften wirklich nur für Überschriften gedacht.

Längere Artikel am Bildschirm zu lesen ermüdet das menschliche Auge recht schnell. Aus diesem Grund sollte man Textwüsten immer auf mehrere kleine Seiten umbrechen. Damit der Leser dabei nicht den Überblick verliert, ist unbedingt die Einbettung eines kleinen Kapitelmenüs angebracht. Zusätzlich helfen aussagekräftige Kapitelüberschriften bei der Gliederung.

HTML-Befehle vermeiden

Beim Verfassen von Artikeln oder anderen Beiträgen erlaubt Joomla! die Eingabe von HTML-Befehlen (beim TinyMCE-Editor etwa über das HTML-Symbol, beim einfachen Texteditor darf man sie direkt eintippen). Versuchen Sie jedoch, möglichst wenige von ihnen zu verwenden: Zum einen greifen Sie damit direkt in die Formatierung ein (etwas, das eigentlich zu Joomla!s Aufgaben zählt), zum anderen laufen Sie immer Gefahr, durch unachtsam gewählte oder falsch gesetzte Befehle die mühsam vom Content-Management-System aufgebaute Barrierefreiheit wieder zu zerstören.

Korrekte Sprache verwenden

Achten Sie darauf, dass bei jedem Beitrag die richtige Inhaltssprache gewählt wurde. Fehlt die korrekte Zuordnung, könnten insbesondere Screen-Reader darüber stolpern und Worten eine andere Bedeutung verpassen. Beispielsweise könnten sie das deutsche »Boot« als »Buut« aussprechen und so aus einem schwimmenden Kahn einen englischen Stiefel machen.

Sprachwechsel in einem Text sollten Sie zudem (ausnahmsweise direkt) im HTML-Code speziell markieren. Hierzu wurde extra das lang-Attribut eingeführt:

```
Im Deutschen hat Tobias einen Ball <span lang="en">and in English he has got a
ball.</span>.
```

Tipp   Was für jeden Beitrag gilt, trifft natürlich auch auf die gesamte Website zu: Achten
Sie darauf, dass unter *Erweiterungen* → *Sprachen* das korrekte Sprachpaket aktiviert
wurde. Ansonsten kann es Ihnen passieren, dass Joomla! zwar Ihre deutschen
Texte anzeigt, alle Links und Schaltflächen aber in Englisch erscheinen.

Aussagekräftige Beschriftungen verwenden

Achten Sie bei Menüpunkten, Überschriften oder ähnlichen Beschriftungen auf eine kurze, klare und prägnante Bezeichnung. Anstelle eines *Hier geht's weiter* wäre ein *Hier geht es zu den Filmkritiken* wesentlich aussagekräftiger – insbesondere auch, weil einige Screen-Reader auf Wunsch ausschließlich die Links einer Seite vorlesen.

Tipp   Es gilt die Faustregel: Jede Beschriftung (egal ob bei einem Link, einer Überschrift
oder einem anderen Element) darf auf einer Seite nur genau ein einziges Mal auftauchen.

Auf den Übersichtsseiten zeigt Joomla! nur den Einleitungstext der Beiträge an. Ein Link führt dann zum kompletten Text (wie in Abbildung 16-1). Standardmäßig setzt Joomla! die Beschriftung dieses Links aus dem bekannten Wort *Weiterlesen:* und dem Beitragstitel zusammen.

Das Wort *Weiterlesen* dürfen Sie in den Einstellungen eines jeden Beitrags auf dem Register *Beitragsoptionen* im Feld *Anderer »Weiterlesen«-Text* gegen eine eigene und möglichst etwas aussagekräftigere Variante austauschen.

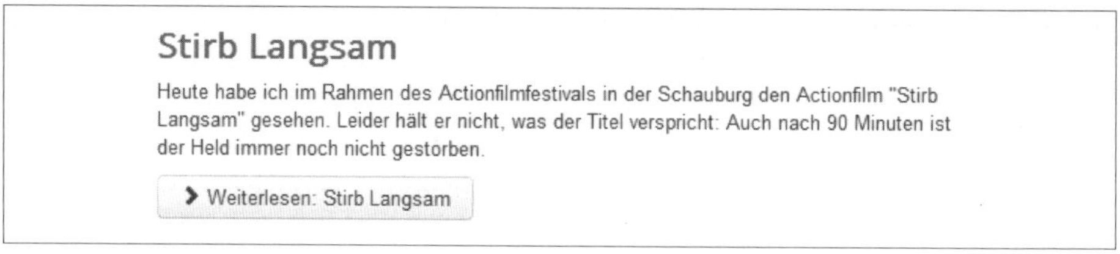

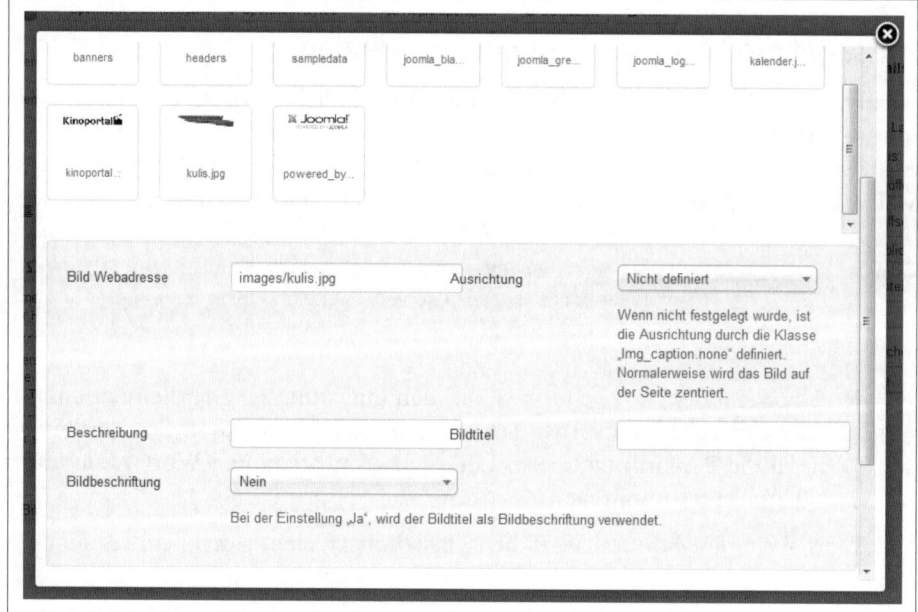

Stirb Langsam

Heute habe ich im Rahmen des Actionfilmfestivals in der Schauburg den Actionfilm "Stirb Langsam" gesehen. Leider hält er nicht, was der Titel verspricht: Auch nach 90 Minuten ist der Held immer noch nicht gestorben.

> Weiterlesen: Stirb Langsam

Abbildung 16-1:   Der *Weiterlesen*-Link

Zusätzlich können Sie verhindern, dass Joomla! den Beitragstitel an dieses Wort antackert. Dazu rufen Sie im Backend *Inhalt → Beiträge* auf, betreten die *Optionen* und schalten auf dem Register *Beiträge* den Punkt *»Weiterlesen«-Titel* auf *Verbergen*.

 Tipp   Sie können also jedem Beitrag einen ganz persönlichen *Weiterlesen...*-Link verpassen, indem Sie zunächst in den *Optionen* den Punkt *»Weiterlesen-Titel«* abschalten und dann in den Einstellungen eines jeden Beitrags unter *Anderer »Weiterlesen«-Text* die komplette Beschriftung des *Weiterlesen*-Links eintippen.

Zusätzliche Beschreibungen anbieten

Bieten Sie, wann immer möglich, zusätzliche Beschreibungstexte an. Dies gilt insbesondere für Bilder und andere multimediale Inhalte. Joomla! sieht hierzu in der Mini-Variante der Medienverwaltung die Eingabefelder *Beschreibung* und *Bildbeschriftung* vor (siehe Abbildung 16-2).

Abbildung 16-2:   Fügt man über die entsprechende Schaltfläche ein neues Bild in einen Beitrag ein, verlangt Joomla! nach einer Beschreibung und einer Bildbeschriftung.

Dank der angehefteten textuellen Beschreibung wissen sowohl erblindete Menschen als auch Nutzer von Smartphones, worum es in der Darstellung geht.

Warnung   Nutzen Sie die beiden Eingabefelder jedoch mit Bedacht: Ein Screen-Reader liest
sowohl den Titel als auch die Beschreibung vor. Je nachdem, welche Texte Sie dort
eintragen und wie viele Bilder sich in Ihrem Beitrag befinden, kann dies für den
Screen-Reader-Benutzer sogar lästig werden.

Falls Sie selbst den zugehörigen HTML-Befehl eingeben können oder möchten, steht Ihnen das alt-Attribut zur Verfügung:

```
<img src="stirblangsam.png" alt="In dieser Szene aus dem Film Stirb Langsam springt
der Held von einem Hochhaus." />
```

Das alt-Attribut enthält einen kurzen alternativen Text, der das Bild beschreibt. Er erscheint auch in normalen Browsern, sobald die Grafik aus irgendeinem Grund nicht angezeigt werden kann. Auch hier gilt wieder: Fassen Sie sich so kurz und so präzise wie möglich.

Tipp   Haben Sie es gemerkt? Auch wenn hier das Bild nicht abgedruckt wurde, wissen
Sie dennoch, was auf ihm zu sehen ist.

Farben mit Bedacht wählen

Farbenblinde Menschen und Besucher mit einer Rot-Grün-Schwäche erleben Fotos oder Illustrationen unter Umständen als grauen Matsch. Prüfen Sie daher mit einem Bildbearbeitungsprogramm, ob eingebundene Bilder in Falschfarben- und Schwarz-Weiß-Darstellung weiterhin erkennbar bleiben. Windows bietet beispielsweise einen Modus, der alle Farben auf dem Bildschirm invertiert (aus Weiß wird Schwarz usw.). Sind alle Ihre Grafiken in diesem Modus noch erkennbar?

Tipp   Insbesondere Fotos mit einem hohen Rotanteil mutieren als Graustufenbild oft zu
einem schwarzen Pixelbrei. Wer schon einmal ein Foto auf einem Schwarz-Weiß-
Kopierer vervielfältigen musste, kennt die dabei auftretenden Probleme.

Die grafischen Elemente in Illustrationen sollten möglichst kontrastreiche Farben aufweisen. Auch hier hilft der Trick mit der Umwandlung in eine Schwarz-Weiß-Grafik: Selbst in diesem Zustand sollten die Teile der Illustration weiterhin erkennbar bleiben. Sollte das Foto oder die Darstellung bei diesem Test durchfallen, verzichten Sie besser darauf oder wählen eine Alternative.

Tipp   Bei Illustrationen ist es auch sinnvoll, mit Schraffuren zu arbeiten. Allerdings sollte
man es dabei nicht übertreiben: Bei zu unruhigen Mustern kann schnell ein Flim-
mern vor den Augen entstehen. Das trifft insbesondere Personengruppen, die mit
einer Bildschirmlupe arbeiten.

Multimedia-Elemente vermeiden

Besucher Ihrer Seite sollten bewegte, scrollende oder blinkende Elemente zumindest abschalten können. Da dies bei Joomla! von vielen Faktoren abhängt, wie beispielsweise vom verwendeten Modul, sollte man auf entsprechende Elemente lieber gänzlich verzichten. Im Falle von Werbebannern sollten Sie mit den Auftraggebern in Kontakt treten und um Abhilfe bitten oder das Banner nach einer kurzen Zeit gegen ein statisches austauschen.

Vermeiden Sie vor allen Dingen Adobe Flash. Mit diesen Multimedia-Schnipseln können unter anderem weder Screen-Reader noch Apples weitverbreitete iOS-Geräte (iPhone, iPad etc.) etwas anfangen. Zudem benötigt man einen in den Browser integrierten Flash-Player, den nicht jeder installiert hat.

Bedienung über die Tastatur ermöglichen

Beim Einsatz von Zusatzfunktionen durch Module sollte man auch insbesondere auf deren Bedienbarkeit achten. Beispielsweise ist es vorteilhaft, wenn man ein (Kontakt-)Formular ausschließlich per Tastatur ausfüllen kann.

 Tipp Springen Sie mit der Tabulator-Taste durch die Elemente Ihrer Seite. Erreichen Sie dabei alle Eingabefelder und Schaltflächen? Können Sie Knöpfe mit einer anderen Taste aktivieren?

Dies kommt insbesondere den Menschen entgegen, die aufgrund einer körperlichen Behinderung keine Maus bedienen können.

Inhalte und Navigation strukturieren

Alle Elemente sollten so auf der Homepage angeordnet sein, dass eine schnelle und einfache Orientierung auf der Seite möglich ist. Wenn Sie Ihr eigenes Template erstellen, sollten die derzeit aktiven Seitenelemente zudem über entsprechende CSS-Eigenschaften hervorgehoben werden (siehe auch Kapitel 13, *Templates*). Beispielsweise könnte man einem angeklickten Menüpunkt eine andere Farbe geben. Auf diese Weise sieht der Besucher schneller, welche Funktion zuletzt aufgerufen wurde, beziehungsweise im Falle des Menüs, auf welcher Unterseite er sich gerade befindet.

Darüber hinaus sollte die Bedienung konsistent bleiben. Joomla! gewährt dies (fast) automatisch dadurch, dass ein Modul auf allen (Unter-)Seiten immer an der gleichen Position steht.

Des Weiteren muss der Besucher immer wissen, wo er sich gerade befindet. Sorgen Sie daher für einen möglichst klaren Aufbau. Unter Joomla! bedeutet das insbesondere, die Bereiche und Kategorien passend einzurichten und Menüpunkte nicht wahllos in tiefe Bereiche der Seite verweisen zu lassen. Irritieren Sie die Besucher nicht mit unpassenden Elementen. Beispielsweise sollte ein Werbebanner für den nächsten »Stirb-Langsam«-Film nicht ausschließlich im Artikel zur Komödie »Ein Fisch namens Wanda« auftauchen.

Als Gedächtnisstütze stellt Joomla! noch eine Breadcrumb-Leiste bereit, die in den Beispielseiten am untereren Seitenrand liegt (siehe auch Kapitel 3, *Erste Schritte*). Auf ihr zeigt Joomla! immer an, wo sich der Benutzer innerhalb der Gliederung gerade befindet. Das ist zwar hilfreich, allerdings sollte man sich beim Entwurf der Seitenstrukturen nicht zu sehr darauf verlassen. Breadcrumbs dienen lediglich als Zusatzangebot. Gleiches gilt für eine Sitemap, die Sie insbesondere bei umfangreichen Internetauftritten anbieten sollten (sie wurde in Kapitel 14, *Funktionsumfang erweitern*, vorgestellt).

Auf Sonderzeichen als grafische Elemente verzichten

Bei einigen Modulen darf man auch sogenannte Spacer oder Texttrennzeichen setzen. Sie trennen beispielsweise zwei Menüpunkte voneinander (mehr dazu finden Sie in Kapitel 8, *Menüs*, im Abschnitt »Trennzeichen« auf Seite 404). Oft wird dabei ein Strich (»|«) verwendet. Versuchen Sie, hiervon Abstand zu nehmen oder zumindest ein allgemeineres Symbol (wie ein Komma) einzusetzen. Insbesondere in einem Screen-Reader werden die Zeichen immer wieder einzeln vorgelesen. Formatieren Sie das Menü stattdessen lieber mit einem passenden Stylesheet.

Barrierefreie Templates und Module erstellen

Das vorgefertigte Beez3-Template kommt wahrscheinlich in der Praxis nur selten zum Einsatz. Für gewöhnlich möchte man sein eigenes Logo, seine eigenen Farben und seinen eigenen Seitenaufbau verwenden – kurzum, ein eigenes Template muss her. Auch für dessen Erstellung existieren wichtige Regeln, um zu einem barrierefreien Ergebnis zu gelangen.

Tipp   Verwenden Sie das Beez3-Template als Ausgangspunkt und Informationsquelle. Denken Sie aber daran, dass Beez3 unter der GPL-Lizenz steht und somit darauf aufbauende Werke ebenfalls wieder unter deren Bedingungen frei erhältlich sein müssen.

Grundregeln

Die meisten der heute gültigen Internet-Standards wurden vom World Wide Web Consortium, kurz W3C, ins Leben gerufen (siehe *http://www.w3c.org*). Dort richtete man zum Thema Barrierefreiheit sogar eine eigene Arbeitsgruppe ein, die *Web Accessibility Initiative*, kurz WAI. Diese arbeitete gleich mehrere Richtlinien aus, die bei der Gestaltung barrierefreier Seiten helfen sollen. Die erste Fassung dieser Regeln erschien übrigens schon im Jahr 1999!

Die wichtigsten zwei Faustregeln lauten:

- Halten Sie sich an Standards.
- Trennen Sie Darstellung und Inhalt.

Die folgenden Abschnitte zeigen, auf was Sie dabei konkret achten sollten.

Klarer und strukturierter Seitenaufbau

Schon bei der Planung eines neuen Templates gilt es, an die späteren Besucher zu denken. Im Laufe der Zeit haben sich in den Köpfen der Internetnutzer bestimmte Erwartungshaltungen gebildet. So steht für gewöhnlich das Logo immer links oben auf der Seite, am linken Rand thront ein Menü, und der eigentliche Inhalt befindet sich in der Mitte. Alle von diesen (stillschweigenden) Standards abweichenden Anordnungen verursachen bei den Besuchern zunächst Verwirrung und folglich auch eine Orientierungslosigkeit. Diese verstärkt sich, je mehr Elemente Sie auf Ihrer Seite präsentieren. Sorgen Sie daher für ein möglichst klares und aufgeräumtes Layout. Dann dürfen Sie auch (vorsichtig) mit ungewöhnlichen oder ungewohnten Designs experimentieren.

Ein weiteres Augenmerk gilt dem Aufbau und der Strukturierung der Unterseiten. Diese muss der Logik der Besucher folgen – und keiner anderen. Einige Tipps hierzu wurden bereits in Kapitel 4, *Inhalte verwalten*, genannt.

An Standards halten

Die Ausgabe sollte in möglichst reinem HTML 4, XHTML1.1 oder dem neuen HTML5 erfolgen. Auch wenn es verführerisch ist, sollten Sie Tabellen nur für das benutzen, wofür sie ursprünglich einmal geschaffen wurden – nämlich für tabellarische Inhalte. Ähnliches gilt für die Überschriften: Missbrauchen Sie die Befehle nicht, um verschiedene Schriftgrößen zu simulieren.

 Tipp   Spielen Sie einmal selbst Screen-Reader, indem Sie sich den Quelltext einer Joomla!-Seite anzeigen lassen. Die modernen Browser bieten hierfür einen entsprechenden Menüpunkt an (zum Beispiel *Seitenquelltext anzeigen* in Firefox). Lesen Sie nun die Befehle laut vor. Wenn Sie also auf `<table>` treffen, lesen Sie »Beginn einer Tabelle«, bei einem `<tr>` lesen Sie »neue Tabellenzeile«, oder bei einem `<h1>` lesen Sie »Überschrift der Ordnung 1«. Sie werden verblüfft sein, welche teils abenteuerliche Bedeutung die einzelnen Elemente plötzlich erhalten.

Folgen Sie somit der zweiten Faustregel von oben, und benutzen Sie die HTML-Tags nur für die Kennzeichnung der Inhalte. Verlagern Sie alle Formatierungen in ein Stylesheet (wie das funktioniert, zeigte bereits Kapitel 13, *Templates*, im Abschnitt »Ein eigenes Template entwickeln« auf Seite 586).

Benutzen Sie die <h1>-Tags also nur zur Kennzeichnung von Überschriften, und anstelle der Tabellen verwenden Sie besser das <div>-Tag, das für eine derartige (unsichtbare) Gliederung geschaffen wurde:

```
<div class="meinetabelle">
    <div class="logo">
    </div>
    <div class="hauptbereich">
    </div>
</div>
```

Stellen Sie zudem die Platzhalter, wie beispielsweise

```
<jdoc:include type="modules" name="left" />
```

im Template so ein, dass auch die Anordnung der Module nicht in kleinen Tabellen, sondern über <div>-Elemente erfolgt (auch hierzu lieferte bereits Kapitel 13, *Templates*, ausführliche Informationen).

Tipp Die Inhalte einer Seite sollten idealerweise nacheinander ausgegeben werden können. Man spricht in einem solchen Fall auch von einer linearisierten Ausgabe. Erst dann können Screen-Reader alle Inhalte von oben nach unten, also nacheinander, vorlesen. Bei der Verwendung von Tabellen ist dies nicht der Fall: Dort stehen einige Seitenelemente nebeneinander.

Die Linearisierung bietet noch einen weiteren Vorteil: So aufgebaute Seiten lassen sich wesentlich besser in ein hochkant stehendes DIN-A4-Format bringen und somit wesentlich lesbarer ausdrucken. Seiten, die auf Tabellen basieren, tendieren hingegen mehr dazu, in die Breite zu wachsen, was später auf dem Papier zu unschönen und verwirrenden Seitenumbrüchen führt.

Last but not least können die Besucher auf linearisierte Seiten einfacher ihre eigenen Stylesheets anwenden und den Inhalt Ihrer Seite für ihre Zwecke verständlich aufbereiten.

Sprungmarken verwenden

Bieten Sie am Anfang einer jeden Seite sogenannte Sprungmarken an. Diese bilden noch einmal ein kleines Inhaltsverzeichnis, das Links zu allen wichtigen Teilen oder Überschriften der Seite enthält. Dieses Mini-Inhaltsverzeichnis soll insbesondere behinderten Menschen helfen. Sie surfen in der Regel mit speziellen Browsern, die nur den nackten Text einer Seite (vergrößert) anzeigen oder ihn sogar vorlesen. Dank der Links müssen sich die Benutzer dieser Browser nicht erst durch das Menü quälen, sondern können direkt zum Inhalt der Seite springen. Diesen Service werden sicherlich auch viele Handy- beziehungsweise Smartphone-Besitzer zu schätzen wissen. Für alle übrigen Besucher können Sie die Sprungmarken über die entsprechenden CSS-Befehle ausblenden.

Tipp Überlegen Sie sich bereits beim Design des Templates, wie und in welcher Reihen-folge Sie die Inhalte anordnen wollen (das sogenannte Content Design). Versetzen Sie sich dabei wieder in die Lage eines Screen-Readers, und lesen Sie den Quell-code vom Anfang bis zum Ende laut vor.

An spezielle Browser und Geräte denken

Achten Sie darauf, dass die Seiten auch von Browsern gelesen werden können, die bestimmte Technologien nicht unterstützen. Als Beispiel seien die (Text-)Browser auf Netbooks, Smartphones und Tablet-PCs genannt.

 Tipp Wenn Sie kein passendes Gerät für einen Test zur Hand haben, können Sie zum Textbrowser Lynx greifen (*http://lynx.isc.org* und *http://de.wikipedia.org/wiki/Lynx_ %28Browser%29*). Er stellt ausschließlich den reinen Text einer Seite ohne grafische Dekorationen dar. In ihm kann man somit sehr gut erkennen, wie die nackte Homepage wirkt – und wie sie später auf einer von Blinden genutzten Braillezeile erscheint.

Eine weitere Hürde stellen JavaScript und die vollständige Konzentration auf eine Bedienung per Maus dar. Denken Sie hier auch an Menschen, die eine Maus nicht bedienen können und vollständig auf die Tastatur oder Joysticks angewiesen sind. Klopfen Sie Ihre Seite auch daraufhin ab, ob sie vollständig mit der Tastatur zu bedienen ist.

Keine festen Auflösungen und Schriftgrößen verwenden

Ein weiteres Problem sind fixe Auflösungen. In HTML und auch in den Stylesheets lassen sich vielen Elementen, wie Kästen oder Tabellenspalten, feste Größen zuwei-sen. Hiervon sollten Sie jedoch so oft wie möglich Abstand nehmen und stattdessen nur relative Maße verwenden. Damit passt sich die Seite automatisch unterschiedli-chen Bildschirmauflösungen an, ohne dass das Layout gleich zerpflückt erscheint.

Setzen Sie darüber hinaus ausschließlich relative Schriftgrößen ein. Die Besucher können sie dann in ihren Browsern nach eigenen Bedürfnissen variieren. Wie bereits im einleitenden Abschnitt erwähnt wurde, kommt dies auch normal sehenden Men-schen zugute, die einfach nur mit einer höheren beziehungsweise sehr kleinen Monitorauflösung arbeiten.

Bei ausgefallenen Schriftarten kann man als Designer nicht darauf vertrauen, dass sie auf den Computern der Besucher installiert sind. Aus diesem Grund wird der Schriftzug häufig als Grafik gespeichert. Gerade bei Logos ist dieses Verfahren äußerst beliebt. Leider lassen sich solche Grafiken weder vergrößern noch verklei-nern. Sie vereinen folglich die Nachteile eines fixen Layouts mit festen Schriftgrö-ßen. Vermeiden Sie daher derartigen Grafiktext.

Tipp   Wenn es gar nicht anders geht, erzeugen Sie das Bild zunächst größer, als es eigentlich notwendig wäre. Auf der Seite skalieren Sie die Grafik dann mit den entsprechenden (CSS-)Befehlen herunter. Wie bei jedem Bild vergeben Sie dann abschließend noch einen sinnvollen alternativen Text (siehe den Abschnitt »Zusätzliche Beschreibungen anbieten« auf Seite 804).

Eine Speicherung als Bild ist aber vielleicht gar nicht mehr nötig: Aktuelle Browser können Schriftarten laden und verwenden. Diese sogenannten Webfonts müssen in einem ganz bestimmten Dateiformat vorliegen und in der CSS-Datei eingebunden werden. Einige Anbieter von Webfonts verlangen für den Einsatz eine mehr oder weniger hohe Gebühr. Kostenlose Webfonts bietet unter anderem Google an (*http://www.google.com/webfonts*). Von dieser Offerte macht übrigens auch das Protostar-Template Gebrauch. Weitere Informationen zu Webfonts finden Sie unter anderem in den Wikipedia-Artikeln *http://de.wikipedia.org/wiki/Webtypografie* und *http://de.wikipedia.org/wiki/Web_Open_Font_Format*.

Vorsicht bei der Farbwahl

Verzichten Sie bei Farben auf knallige Modetrends, und sorgen Sie für genügend Kontrast. Selbst normalsichtige Menschen haben Probleme, eine weiße Schrift auf einem hellgelben Untergrund zu entziffern (was im Internet übrigens immer noch recht häufig vorkommt). Besonders gut lesbar sind Texte, die sich deutlich vom Hintergrund abheben, wie das berühmte Schwarz auf Weiß.

Vermeiden Sie zudem Rot-Grün-Kombinationen. Texte in diesen Farben sind nicht nur generell schwer zu lesen – für farbenblinde Menschen verschwimmen sie schnell zu einem unlesbaren Block.

Tipp   Erstellen Sie von Ihrer Seite einen Screenshot (unter Windows beispielsweise mit der [Druck]-Taste), und wandeln Sie diesen in einem Bildbearbeitungsprogramm in ein Graustufen- oder Schwarz-Weiß-Bild um. Auch in dieser farbarmen Fassung sollte der Inhalt immer noch gut lesbar sein. Zudem erhalten Sie einen ungefähren Eindruck davon, wie farbenblinde Menschen Ihre Seite sehen.

Zu starke Kontraste können allerdings ebenfalls unangenehm sein: Je nach Farbkombination können bestimmte Elemente zu grell erscheinen und damit den Text wieder unlesbar machen. Im Fall des Textes könnte man den strahlend weißen Hintergrund in ein leichtes, helles Grau tunken – was aber wiederum für einige Besucher mit Sehschwäche schon wieder zu wenig Kontrast aufweisen könnte. Ein Patentrezept für eine perfekte Farbwahl gibt es leider nicht. Einige Webseiten helfen jedoch mit nützlichen Werkzeugen, die richtige Mischung zu finden. Sehen Sie sich beispielsweise *http://www.vischeck.com*, *http://colorlab.wickline.org*, *http://colorfilter.wickline.org* oder *http://juicystudio.com/services/colourcontrast.php* an.

Generell sollten Sie Farben behutsam und wohlüberlegt einsetzen. Hierbei helfen sogar verschiedene Grafikprogramme. Beispielsweise erstellt die Farbhilfe aus Adobe Illustrator auf Basis der Harmonieregeln mehrere Paletten mit passenden komplementären oder kontrastreichen Farben.

Formularelemente beschriften

Gerade Module lauern mit Formularen auf Benutzereingaben. Die hierzu verwendeten Felder sollte man aussagekräftig beschriften. Blinde haben ansonsten keine Möglichkeit, um festzustellen, was in welches Feld hineingehört. Eine passende Beschriftung sieht in HTML beispielsweise so aus:

```
Nachname: <input type="text" name="nachname" >
```

Beachten Sie, dass die Beschriftung vor dem Feld steht. Noch besser ist der Einsatz des extra für solche Zwecke geschaffenen <label>-Tags:

```
<label for="nachname" title="Nachname">Nachname:</label>
<input id="nachname" type="text" name="nachname" >
```

<label> erschafft hier eine Beschriftung für (for=...) das Element mit der id nachname. Sofern Sie viele Eingabefelder vorliegen haben, empfiehlt sich zusätzlich eine Gruppierung per <fieldset>:

```
<fieldset>
<legend>Erste Gruppe</legend>
    <label for="nachname" title="Nachname">Nachname:</label>
    <input id="nachname" type="text" name="nachname" >
    ...
</fieldset>
```

Den Text zwischen legend werten die verschiedenen Browser unterschiedlich aus, und die meisten Screen-Reader lesen ihn vor.

Literatur zum Thema

Neben den Seiten des W3C unter *http://w3c.org* gibt es glücklicherweise ein langsam wachsendes Angebot an Publikationen, die sich mit der Barrierefreiheit auseinandersetzen. Einer der Pioniere auf diesem Gebiet war Jan Eric Hellbusch mit seinem Buch *Barrierefreies Webdesign* aus dem dpunkt-Verlag. Mittlerweile gibt es vom gleichen Autor *Barrierefreiheit verstehen und umsetzen: Webstandards für ein zugängliches und nutzbares Internet*, das ebenfalls im dpunkt-Verlag erschienen ist (ISBN 978-3898645201).

Im Internet finden Sie verschiedene Angebote, die eine Webseite auf Barrierefreiheit prüfen. Leider sind diese teilweise gebührenpflichtig. Zu den wenigen kostenlosen Diensten gehört beispielsweise das *Web Accessibility Evaluation Tool*, das Sie unter *http://wave.webaim.org* finden. Ebenfalls in diese Richtung geht der Dienst des BIK-Projekts unter *http://www.bik-online.info*.

Weiterführende, kostenlose Informationen im Internet finden Sie unter anderem auch auf folgenden Seiten:

- *http://de.wikipedia.org/wiki/Barrierefreies_Internet* – Wikipedia-Seite zum Thema »barrierefreies Internet«
- *http://www.einfach-fuer-alle.de/* – Ein Portal zum Thema »Barrierefreies Internet« der Aktion Mensch
- *http://www.access-for-all.ch/* – Seite der *Schweizerischen Stiftung zur behindertengerechten Technologienutzung*
- *http://whdb.com/blog/2008/100-killer-web-accessibility-resources-blogs-forums-and-tutorials/* – Sammlung mit weiteren Internetseiten zum Thema

In diesem Kapitel:

- Funktionsweise einer Suchmaschine
- Seiteninhalte
- Metadaten: Fluch und Segen
- Der Seitenname
- Adressänderungen (Search Engine Friendly Links)
- Umleitungen
- Noch mehr Funktionen mit Erweiterungen

Suchmaschinen-optimierung

Die Kritiken sind geschrieben, die Werbebanner gebucht und die Foren eingerichtet. Alles ist für den großen Ansturm vorbereitet – einzig die Besucher müssen noch den Weg auf die neuen Seiten finden. Im Internet helfen ihnen die Suchmaschinen dabei. Sie dienen vielen Internetbenutzern als erste Anlaufstelle und bilden somit gleichzeitig einen Wegweiser zum neu geschaffenen Angebot.

Eine Anmeldung bei Google und Co ist schnell über die jeweiligen Formulare erledigt. Beim Marktführer erreichen Sie das Anmeldeformular beispielsweise unter *http://www.google.de/submit_content.html*.

Warnung   Einige Internetseiten bieten an, Ihre Homepage automatisiert bei sehr vielen Such-maschinen und Verzeichnisdiensten gleichzeitig anzumelden. Das ist zwar eine verlockende Arbeitserleichterung, mitunter wird dies jedoch als »Suchmaschinen-Spamming« aufgefasst. Als Folge verhängen die Suchmaschinen und Verzeichnis-dienste Sanktionen, was bis zur Verbannung Ihres Auftritts aus den jeweiligen Angeboten reichen kann.

Leider existieren zum Kinoportal recht viele Konkurrenzseiten, die mit großer Wahrscheinlichkeit ebenfalls in den Suchergebnissen auftauchen. Suchmaschinen ordnen ihre Ergebnisse immer nach Relevanz, also nach der Bedeutung der aufge-spürten Seiten für den Suchbegriff. Je höher eine Seite in der Trefferliste klettert, desto wahrscheinlicher handelt es sich um die gesuchte Seite. Um also der Konkur-renz ein Schnippchen zu schlagen, müsste man irgendwie die eigene Seite in die obe-ren Ränge der Suchergebnisse katapultieren. Alle genau hierauf zielenden Maßnahmen bezeichnet man als *Suchmaschinenoptimierung* oder auf Englisch als *Search Engine Optimisation*, kurz SEO.

Dieses Vorhaben umzusetzen ist jedoch alles andere als einfach: Wie die einzelnen Suchmaschinen die Reihenfolge ihrer Suchergebnisse genau bestimmen, hüten ihre Hersteller dummerweise wie Coca Cola das Rezept seiner prickelnden Brause. Alle

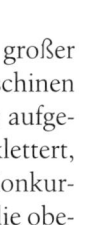

Maßnahmen, die ein Homepage-Betreiber ergreifen kann, basieren daher auf recht kargen Empfehlungen der Suchmaschinenhersteller sowie auf Erfahrungen, auf dem Hörensagen, auf Vermutungen und der Konsultation eines Hellsehers.

Aus diesem Grund sollte man allen Tippsammlungen und angeblich garantiert funktionierenden Anleitungen immer etwas skeptisch gegenüberstehen. Deren Qualität schwankt nicht nur stark, einige von ihnen laufen sogar ins Leere oder verwenden unfaire Mittel. Hierzu zählen beispielsweise die sogenannten Linkfarmen, bei denen sich ein paar Seiten einfach nur gegenseitig verlinken. Damit erwecken sie gegenüber der Suchmaschine den Eindruck, sie seien alle extrem beliebt. Auf diesen Trick haben die Suchmaschinenbetreiber jedoch reagiert und passende Gegenmaßnahmen eingeleitet. Das kann sogar bis zum kompletten Rauswurf des Internetauftritts aus den Suchergebnissen gehen – wie in der Vergangenheit sogar ein paar größere und durchaus seriöse Unternehmen erfahren durften. Sie sollten folglich immer genau überlegen, welche Maßnahmen Sie ergreifen. Auch im Joomla!-Forum (*http://forum.joomla.org*) finden Sie hierzu immer wieder zahlreiche Diskussionen.

Bei größeren und insbesondere kommerziell ausgerichteten Internetseiten empfiehlt sich die Konsultation einer entsprechenden Marketing-Firma. Unter dem Schlagwort *Internet-Marketing* (auch *Online-* oder *E-Marketing* genannt) haben sich einige von ihnen auf die Suchmaschinenoptimierung spezialisiert. Da sich unter diesen Unternehmen jedoch einige schwarze Schafe tummeln, die mit windigen und zweifelhaften Methoden arbeiten, heißt es auch hier, seinen Partner mit wachsamen Augen auszuwählen.

Für alle, die nicht gleich tief ins eigene Portemonnaie greifen möchten, halten die folgenden Abschnitte ein paar grundlegende Maßnahmen bereit. Um deren Wirkungsweise zu verstehen, ist zunächst ein kurzer Exkurs über die Arbeitsweise einer Suchmaschine notwendig.

Funktionsweise einer Suchmaschine

Jede Suchmaschine besteht aus mehreren Komponenten, die sich gegenseitig zuarbeiten. Neben der eigentlichen Suchfunktion arbeitet im Hintergrund ein sogenannter *Webcrawler* (kurz *Crawler* oder auch *Robot* oder *Spider* genannt). Dies ist ein kleines Programm, das sich durch das Internet wühlt und einfach allen Links folgt, die ihm über den Weg laufen. Immer wenn es eine neue oder geänderte Seite gefunden hat, legt es die von der eigentlichen Suchfunktion benötigten Informationen in einer riesigen Datenbank ab.

Sobald nun eine Anfrage von einem Benutzer eingeht, kramt die Suchmaschine alle passenden Einträge aus der Datenbank und präsentiert sie in einer langen Liste auf dem Bildschirm. Die Reihenfolge der Suchergebnisse bestimmen die Suchmaschinen anhand einer Mischung aus verschiedenen Kriterien. Von einigen Vertretern (wie beispielsweise Google) ist bekannt, dass sie jeder gefundenen Seite einen Punktwert zuordnen, den sogenannten *Score*, *Rank* oder *PageRank*. Er berechnet sich aus mehreren Faktoren, wie beispielsweise:

- der Anzahl anderer Seiten, die auf die Seite verweisen
- der Häufigkeit, mit der der Suchbegriff in einer Seite auftritt
- welche anderen Texte den Suchbegriff auf der Seite umgeben

Je höher der Punktwert einer Seite ist, desto weiter oben steht sie in der Liste mit den Suchergebnissen.

Für die eigene Homepage bedeutet dies:

1. Man muss der Suchmaschine (beziehungsweise dem Webcrawler) das Sammeln von Daten erleichtern. Nur was die Suchmaschine kennt, kann sie später auch in ihren Ergebnissen berücksichtigen.
2. Die einzelnen Seiten müssen so gestaltet beziehungsweise aufgebaut sein, dass sie für bestimmte Suchbegriffe den oben genannten Kriterien entgegenkommen.

Die folgenden Abschnitte verraten Ihnen, mit welchen konkreten Maßnahmen Sie diese beiden Punkte sicherstellen – und wie Joomla! Sie dabei unterstützt.

Tipp Da es einen Konkurrenzkampf um die besten Plätze gibt, ist es unwahrscheinlich, für jeden nur erdenklichen Suchbegriff immer an erster Stelle zu landen. Wenn Sie mit Ihrer Seite Geld verdienen wollen, sollten Sie unbedingt weitere Werbemaßnahmen durchführen und beispielsweise Banner auf passenden anderen Seiten schalten.

Tipp Im Internet gibt es eine Reihe kommerzieller und kostenloser Dienste, die Ihre Homepage auf Suchmaschinenfreundlichkeit hin abklopfen, wie zum Beispiel *http://www.seitwert.de*.

Seiteninhalte

Der entscheidende Weg zu einer guten Suchmaschinenpositionierung führt über die Inhalte der Seiten. Folglich gilt es, bereits beim Erstellen des Auftritts und bei der Eingabe der Beiträge einige Punkte zu beachten. Sofern auf Ihrer Website mehrere Autoren arbeiten, sollten Sie diese dazu anhalten, die folgenden Kriterien zu beachten, beziehungsweise regelmäßig selbst ihre Beiträge daraufhin begutachten und gegebenenfalls korrigieren.

Überschriften: Was draufsteht, muss auch drin sein

Die Überschriften sollten Sie immer mit Bedacht und zum Thema passend wählen, da ihnen von den Suchmaschinen eine besondere Bedeutung zugesprochen wird. Wenn Sie auf der Homepage großspurig Filmkritiken ankündigen, dann sollten auf der Seite folglich auch Filmkritiken vorhanden sein. Hinter der Kritik zum Film *Stirb Langsam* darf beispielsweise keine Werbung für ein Hautpflegemittel folgen.

Abbildung 17-1:   Verwenden Sie auch den Alias(-Titel).

Bei den Beiträgen dürfen Sie neben einem Titel auch noch einen sogenannten *Alias* vergeben (siehe Abbildung 17-1). In den vorherigen Kapiteln wurde der Einfachheit halber dazu geraten, dort schlichtweg den Titel zu wiederholen. Im Hinblick auf eine Suchmaschinenoptimierung sollten Sie hier jedoch Ihre Chance nutzen und einen abweichenden, aber dennoch passenden Untertitel vergeben. Im Fall der Filmkritik lautet der Titel beispielsweise *Stirb Langsam*, ein passender Untertitel dazu wäre vielleicht »Bruce Willis schießend im Hochhaus«. Diesen Alias nutzt Joomla! derzeit in Links, die auf diesen Beitrag verweisen, sowie in den suchmaschinenfreundlichen Adressen, die gleich noch besprochen werden. Eine Suchmaschine schnappt somit für die Filmkritik gleich vier wichtige Suchbegriffe auf: *Stirb Langsam*, *Bruce Willis*, *schießen* und *Hochhaus*.

Das richtige Menü

Zu den Beiträgen führen Menüpunkte. Auch von ihrer Beschriftung nehmen die Suchmaschinen Notiz. Folglich sollten Sie sie weise und inhaltlich richtig wählen. Ungeschickt wäre etwa ein Menüpunkt *Filmkritiken*, der direkt zur Vorstellung eines neuen Parfüms führt.

Ein Menüpunkt besteht allerdings nicht nur aus seiner Beschriftung. Wie bei den Beiträgen dürfen Sie auch ihm einen *Alias* vergeben (rufen Sie einfach mal *Menüs* → *Main Menu* und dort einen beliebigen Menüpunkt auf). Für diesen Alias gilt das im vorherigen Abschnitt Gesagte.

Darüber hinaus sollten Sie daran denken, dass Sie in den Einstellungen eines Menüpunktes auf dem Register *Erweiterte Optionen* unter *Einstellungen der Seitenanzeige* über das Eingabefeld *Seitenüberschrift* noch die Überschrift der Zielseite austauschen können.

Einstellungen der Seitenanzeige	
Seitentitel im Browser	Alle Filmkritiken
Seitenüberschrift anzeigen	Nein Ja
Seitenüberschrift	
Seitenklasse	

Abbildung 17-2: In den Einstellungen eines Menüs versteckt sich hinter den *Einstellungen der Seitenanzeige* noch ein zusätzlicher Seitentitel.

Darüber hinaus erlaubt Joomla! hier, den *Seitentitel im Browser*, also den Text der Browser-Registerlasche, auszutauschen (siehe Abbildung 17-2). Auch auf diesen Text achten Suchmaschinen (siehe auch Kapitel 8, *Menüs*, Abschnitt »Schritt 7: Seitentitel verändern« auf Seite 395). Stellen Sie deshalb sicher, dass er zum Seiteninhalt passt.

Richtiges Reden ist Gold

Befinden sich zu wenige Inhalte auf der Seite, halten manche Suchmaschinen sie für eher unwichtig. Ihre Kritik zu *Stirb Langsam* sollte also nicht nur einfach pauschal »Der Film war gut« lauten. Eine etwas ausführlichere Begründung kommt nicht nur den menschlichen Lesern zugute, sondern auch den Suchmaschinen, die auf diese Weise mit vielen weiteren potenziellen Suchwörtern gefüttert werden.

Warnung   Das ist jedoch kein Aufruf, Texte mit hohlen Phrasen beliebig in die Länge zu ziehen: Zum einen würde das wieder Besucher abschrecken, die sich jetzt durch nichtssagende Textwüsten kämpfen müssen, zum anderen erkennen Suchmaschinen unnütze Füllwörter und strafen diese ähnlich wie Linklisten ab. Auf die gleiche Weise ahnden Suchmaschinen versteckte Schlüsselwörter, die als weißer Text auf weißem Grund an das Ende eines Beitrags geschmuggelt wurden.

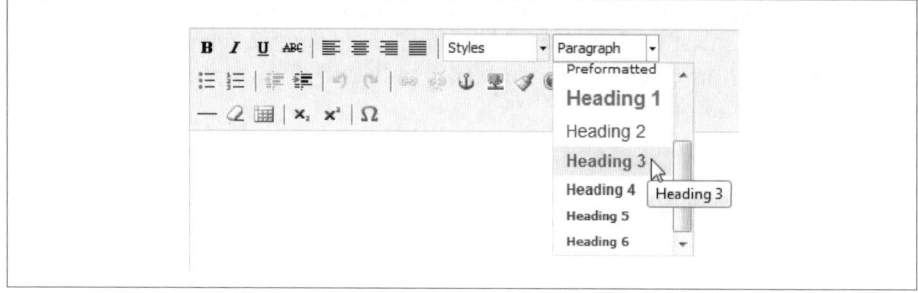

Abbildung 17-3:   Gliedern Sie längere Artikel durch Überschriften. Das kommt nicht nur der Lesbarkeit zugute; Suchmaschinen messen Überschriften auch eine erhöhte Bedeutung bei.

Gliedern Sie längere Texte mit aussagekräftigen Zwischenüberschriften. Verwenden Sie dazu im TinyMCE-Editor die *Heading 1*- bis *Heading 6*-Vorgaben aus der Format-Ausklappliste (in der obersten Symbolleiste ist das die erste Liste von rechts, siehe Abbildung 17-3) oder alternativ direkt die entsprechenden HTML-Befehle <h1> bis <h6>.

Bilder beschriften

Vergeben Sie für jedes Bild einen Bildtitel und eine Bildbeschreibung (siehe Abbildung 17-4). Suchmaschinen werten auch diese Texte aus – denken Sie beispielsweise nur an die Bildersuche von Google.

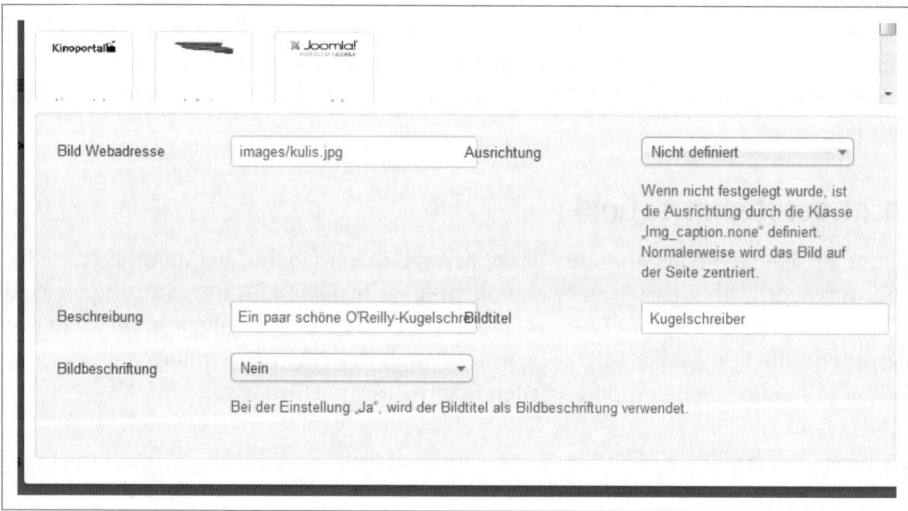

Abbildung 17-4:   Beschriften Sie Ihre Bilder.

Links korrekt beschriften

Alle Links sollten passend beschriftet sein – am besten mit einem potenziellen Suchwort. Anstelle eines nichtssagenden »Hier geht es weiter« wählt man besser »Hier
geht es zur Kritik zum Film ›Stirb Langsam‹«. Das gilt erst recht für Links, die von
fremden Seiten auf Ihre verweisen – nur lassen sich diese dummerweise nur selten
beeinflussen. Sofern Sie den Betreiber der fremden Homepage nicht kennen, hilft
vielleicht eine freundliche Anfrage.

Warnung   Meiden Sie unbedingt Linklisten – wie eingangs erwähnt, sind die Betreiber von
Suchmaschinen auf diese Form der Optimierung nicht gut zu sprechen und würden Ihre Seite folglich gnadenlos abstrafen.

Achten Sie darauf, dass keine Links und Menüpunkte ins Leere führen. Sowohl Menschen als auch Suchmaschinen bleiben in diesen Sackgassen hängen. Auch umgekehrt gilt: Eine Seite, zu der kein Link beziehungsweise Menüpunkt führt, kann weder
durch normale Benutzer noch durch Suchmaschinen gefunden werden. Stellen Sie
daher sicher, dass jedes Element irgendwie in Ihre Homepage eingebunden ist.

Tipp   Falls Ihr Webhoster es Ihnen erlaubt, sollten Sie eine eigene Fehlerseite vorgeben,
die einen Link auf die Startseite enthält.

Auf Multimedia-Inhalte verzichten

Webcrawler geben sich gegenüber der Seite als herkömmliche Browser aus. Da
jedoch kein realer Benutzer diesen Suchroboter bedient, kann der Crawler nichts
mit Flash-Grafiken oder JavaScript anfangen. Ebenfalls tabu sind Cookies und der
Einsatz von Frames. Daher ist es extrem wichtig, die Seite barrierefrei zu gestalten.
Wie dies geht, zeigte bereits Kapitel 16, *Barrierefreiheit*.

Sie lebt

Achten Sie unbedingt auf die Aktualität Ihrer Seite: Anstelle einmal im Monat mehrere Kritiken online zu stellen, sollten Sie besser jeden Tag eine veröffentlichen. Die
Suchmaschine schließt daraus nicht nur auf eine rege Aktivität, sondern auch auf eine
hohe Aktualität der Seite – folglich muss sie entsprechend beliebt und wichtig sein.

Tipp   Erliegen Sie jedoch nicht der Versuchung, die Seite künstlich am Leben zu erhalten. Dies könnte zu den gleichen negativen Auswirkungen wie beim Einsatz von
Füllwörtern führen.

Neben der im vorherigen Abschnitt genannten Eigeninitiative unterstützt auch
Joomla! selbst die Suchmaschinenoptimierung.

Metadaten: Fluch und Segen

Jede Internetseite darf versteckte Zusatzinformationen enthalten, die sogenannten Metadaten. Sie umfassen beispielsweise den Namen des Autors oder das Erstellungsdatum der Seite (siehe Abbildung 17-5). Die Webcrawler der Suchmaschinen können diese Daten auswerten und für ihre Zwecke nutzen.

 Tipp
Die Browser verstecken diese Informationen standardmäßig. Um zu sehen, welche Metadaten sich in der ausgelieferten Seite verbergen, müssen Sie deshalb mit der sogenannten Quelltextansicht einen Blick hinter die Kulissen werfen. Unter Firefox versteckt sie sich beispielsweise hinter dem Menüpunkt *Seitenquelltext anzeigen* (als Unterpunkt von *Web-Entwickler* beziehungsweise *Extras → Web-Entwickler*). Das nun erscheinende Fenster präsentiert Ihnen die Seite so, wie Joomla! sie ausliefert und wie auch die Suchmaschinen sie sehen. Ganz zu Beginn finden Sie Zeilen, die mit einem `<meta...` anfangen. Hinter ihnen stehen die Zusatzinformationen.

```
Quelltext von: http://localhost/joomla/index.php?option=com_content&view=article&id=71:stirb-langsam&catid=80...
Datei  Bearbeiten  Ansicht  Hilfe
 1  <!DOCTYPE html>
 2  <html xmlns="http://www.w3.org/1999/xhtml" xml:lang="de-de" lang="de-de" dir="ltr">
 3  <head>
 4      <meta name="viewport" content="width=device-width, initial-scale=1.0" />
 5        <meta http-equiv="content-type" content="text/html; charset=utf-8" />
 6    <meta name="keywords" content="Filmkritik, Kritik, Stirb Langsam" />
 7    <meta name="author" content="Super User" />
 8    <meta name="description" content="Eine Kritk zum Film Stirb Langsam." />
 9    <meta name="generator" content="Joomla! - Open Source Content Management" />
10    <title>Stirb Langsam</title>
      <link href="http://localhost/joomla/index.php?option=com_content&amp;view=article...
```

Abbildung 17-5:   Die (versteckten) Metadaten in einer von Joomla! ausgelieferten Seite

Unter den Metadaten finden Sie auch eine Liste mit Schlüsselwörtern (in Abbildung 17-5 in der Zeile, die mit `<meta name="keywords"...` beginnt). Sie sollten ursprünglich einmal beschreiben, worum es auf der Seite geht. Im Fall einer Filmkritik könnten die Schlüsselwörter zum Beispiel *Kino*, *Filmkritik*, *Film*, *Kritik* lauten. Damit weiß die Suchmaschine, dass sie bei einer Suche nach dem Wort *Kino* auch diese Seite berücksichtigen muss. In der Vergangenheit haben leider viele Webseitenbetreiber hier bewusst falsche Angaben eingesetzt, um die Suchmaschinen in die Irre zu führen und somit auf die eigene Seite zu lotsen. Aus diesem Grund behandeln die meisten Suchmaschinen die hier eingetippten Informationen nur noch als Daten zweiter Klasse.

Nichtsdestotrotz sollten Sie Metadaten angeben. Joomla! erlaubt dies auf zwei Arten. Zum einen finden Sie bei vielen Elementen und Modulen die Möglichkeit, Metadaten einzutippen. Im Bildschirm zur Eingabe eines neuen Beitrags wechseln Sie beispielsweise auf das Register *Metadatenoptionen* (siehe Abbildung 17-6).

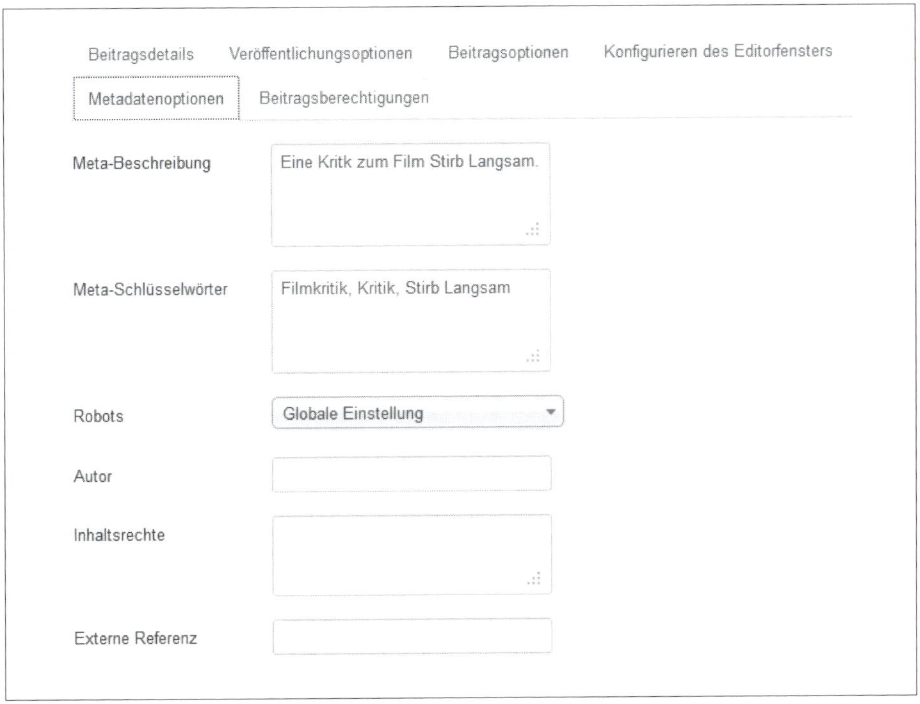

Beitragsdetails	Veröffentlichungsoptionen	Beitragsoptionen	Konfigurieren des Editorfensters
Metadatenoptionen	Beitragsberechtigungen		

Meta-Beschreibung

Eine Kritk zum Film Stirb Langsam.

Meta-Schlüsselwörter

Filmkritik, Kritik, Stirb Langsam

Robots

Globale Einstellung

Autor

Inhaltsrechte

Externe Referenz

Abbildung 17-6: Die Metadaten eines Beitrags

Dort können Sie nun eine Beschreibung der Seite eintragen sowie entsprechende Suchwörter vergeben. (Wie das funktioniert und in welches Feld welche Informationen gehören, habe ich bereits in Kapitel 4, *Inhalte verwalten*, im Abschnitt »Metadaten« auf Seite 160 gezeigt.)

Tipp Immer wenn sich ein Bearbeitungsbildschirm öffnet, sollten Sie am rechten Rand auf einen Reiter *Metadaten* oder *Metadatenoptionen* achten. Sofern er existiert, füllen Sie ihn aus.

Die hier eingetragenen Metadaten liefert Joomla! immer nur mit dem jeweiligen Beitrag beziehungsweise auf der jeweiligen Seite aus. Für alle Seiten gültige Metadaten geben Sie in den globalen Einstellungen hinter *System → Konfiguration* vor. Dort finden Sie auf dem Reiter *Site* links unten den Bereich *Globale Metadaten*. In seinen Eingabefeldern dürfen Sie wieder eine Beschreibung des Internetauftritts (*Meta-Beschreibung*) und passende Schlüsselwörter (*Meta-Schlüsselwörter*) vergeben (siehe Abbildung 17-7).

Da die hier eingetippten Begriffe in jeder Seite auftauchen, sollten sie sich auch immer auf den gesamten Internetauftritt beziehen.

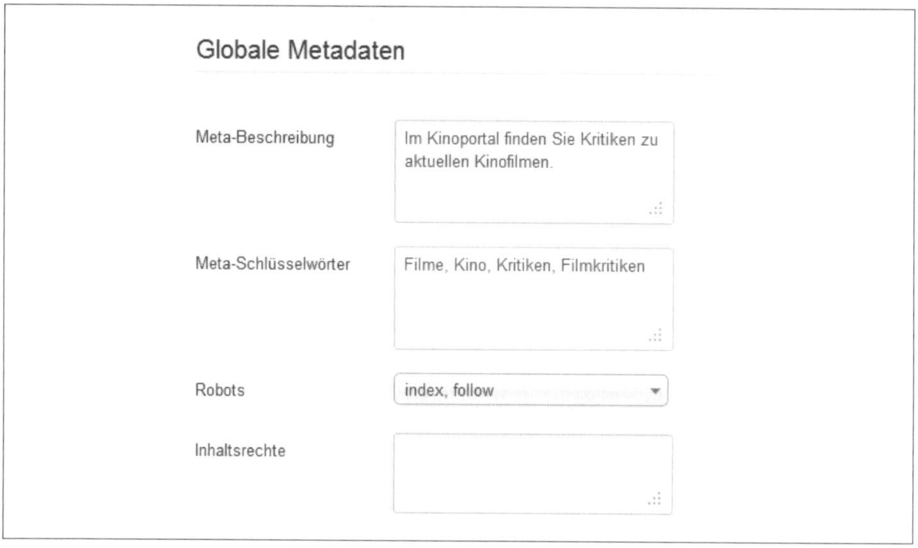

Globale Metadaten

Meta-Beschreibung	Im Kinoportal finden Sie Kritiken zu aktuellen Kinofilmen.
Meta-Schlüsselwörter	Filme, Kino, Kritiken, Filmkritiken
Robots	index, follow ▾
Inhaltsrechte	

Abbildung 17-7: Die hier eingetragenen Metadaten liefert Joomla! mit jeder Seite aus.

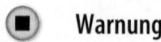

Tipp
Sammeln Sie zunächst Begriffe, die mit Ihrem Auftritt in Zusammenhang stehen. Im Kinoportal wären das beispielsweise *Kino, Film, Kritiken, Premieren* usw. Führen Sie hier ruhig ein kleines Brainstorming durch. Anschließend wählen Sie die wichtigsten Begriffe aus und tragen sie hier ein.

20 Suchwörter genügen dabei vollauf, und mehr als 150 sollten es auf keinen Fall werden. Ansonsten verlängern Sie damit zum einen nur die Antwortzeiten – schließlich werden diese Daten in jeder ausgelieferten Seite mit übertragen –, und zum anderen könnten die Suchmaschinen vermuten, dass hier ein Spam-Versuch vorliegt. Zu viele Begriffe oder eine zu lange Beschreibung wirken sich folglich sogar negativ aus.

Warnung
Verwenden Sie ausschließlich Begriffe, die auch mit Ihrem Auftritt in Beziehung stehen. Beispielsweise könnten Sie in Versuchung kommen, den reißerischen Begriff »nackte Stars« oder gar etwas gänzlich thematisch Fremdes wie »Mercedes« einzubinden. Damit irritieren Sie potenzielle Besucher, die nicht das auf der Seite vorfinden, was sie eigentlich gesucht haben. Im Fall von »Mercedes« riskieren Sie sogar Markenrechtsklagen und werden obendrein noch für dieses Verhalten von den Suchmaschinen abgestraft.

Der Seitenname

Unter *System → Konfiguration* finden Sie auf dem Register *Site* im Bereich *Website* den *Name der Website*, den Sie bereits bei der Installation von Joomla! vergeben haben. Ihm messen Suchmaschinen eine besonders hohe Bedeutung bei. Überlegen

Sie daher noch einmal, ob er kurz und knackig das Thema der Webseite umreißt. Fragen Sie sich dazu, welche Informationen Ihre Seite enthält und was sie darstellen soll. Bleiben Sie jedoch möglichst unter 80 Zeichen.

Tipp   Genauso wichtig wie der Titel ist der Domainname. So landet *http://www.kinoportal.de* in der Ergebnisliste zum Suchwort *Kino* sicherlich auf einem höheren Platz als *http://www.horstswunderwelt.de.*

Der Name eines Beitrags taucht auch immer in der Titelleiste des Browsers beziehungsweise im geöffneten Register auf (siehe Abbildung 17-8).

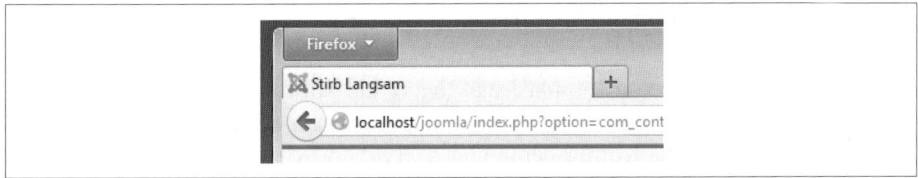

Abbildung 17-8:   Standardmäßig erscheint als Seitentitel immer nur der Titel des Beitrags.

Dieser Beschriftung können Sie noch den Seitennamen voranstellen (siehe Abbildung 17-9).

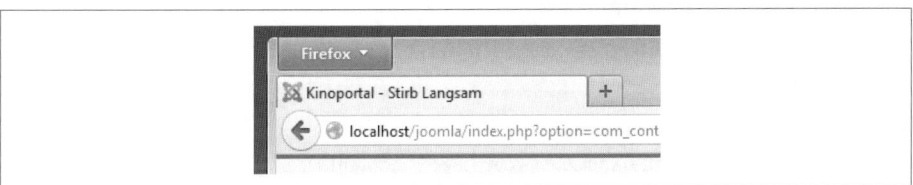

Abbildung 17-9:   Auf Wunsch erscheint auch immer noch der Name des Internetauftritts im Titel.

Dazu wählen Sie unter *System → Konfiguration* auf dem Register *Site* im Bereich *Suchmaschinenoptimierung (SEO)* in der Ausklappliste *Seitenname auch im Titel* einen anderen Punkt. Sie haben dabei die Wahl, ob der Seitenname wie in Abbildung 17-9 vor dem Beitragstitel (Einstellung *Davor*) oder hinter ihm stehen soll (*Danach*). In jedem Fall ist dann für die Suchmaschine immer eindeutig, dass diese Seite (noch) zum Kinoportal gehört.

Adressänderungen (Search Engine Friendly Links)

Die Webcrawler der Suchmaschinen sind nicht ganz dumm. Würden sie einfach allen Links folgen, könnte man sie durch zwei aufeinanderzeigende Links in einer Schleife gefangen halten. Aus diesem Grund hat man ihnen etwas Intelligenz eingepflanzt, dank derer sie beispielsweise Linkfarmen erkennen und umgehen.

Dies hat leider auch Auswirkungen auf Joomla!. Content-Management-Systeme generieren eine Seite erst dann, wenn ein Besucher sie anfordert. Diese Seite besitzt zudem eine ziemlich kryptische Internetadresse. Webcrawler können dann nicht mehr gut abschätzen, ob dies jetzt eine Seite ist, die man sich besser merken sollte.

Dazu ein kleines Beispiel: Schalten Sie zunächst hinter *System → Konfiguration* auf dem Register *Site* im Bereich *Suchmaschinenoptimierung (SEO)* den Punkt *Suchmaschinenfreundliche URL* auf *Nein* (Sie erfahren gleich, was diese Einstellung macht), und *Speichern* Sie Ihre Änderungen. Wenn Sie jetzt in der *Vorschau* einen Artikel aufrufen und Sie die Angaben in der Adressleiste Ihres Browsers betrachten, taucht dort so etwas auf wie:

```
http://localhost/joomla/index.php?option=com_content&view=article&id=71:stirb-
langsam&catid=80
```

In dieser Adresse ist die von Joomla! zu aktivierende Komponente sowie deren Aufgabe kodiert. (Wenn Sie Kapitel 15, *Eigene Erweiterungen erstellen*, gefolgt sind: Es handelt sich hier um die Komponente com_content, die die View article aktiviert, die wiederum den Beitrag mit der ID 71 und dem Alias stirb-langsam aus der Kategorie *Actionfilme* mit der ID 80 anzeigt.)

Der Webcrawler der Suchmaschine stellt sich nun die Frage, was er sich davon merken soll. Schlimmer noch: Es können mehrere Adressen zur gleichen Seite führen. So wartet beispielsweise hinter

```
http://localhost/joomla/index.php?option=com_content&view=article&id=71:stirb-
langsam&catid=80
```

und

```
http://localhost/joomla/index.php?option=com_content&view=article&id=71
```

und

```
http://localhost/joomla/index.php?option=com_content&id=71&view=article
```

der gleiche Artikel. Die Suchmaschine kann das jedoch nicht unterscheiden und vermutet hinter jeder Adresse eine eigene Seite. Hierdurch wird ihr wiederum eine riesige Homepage vorgegaukelt. Aus diesem Grund fassen Suchmaschinen dynamische Seiten nur mit Samthandschuhen an.

Kryptische Adressen umschreiben (URL-Rewrite)

Glücklicherweise gibt es in Joomla! eine Funktion, die den Webcrawlern eine etwas magenschonendere und für jeden Beitrag eindeutige Adresse vorsetzt. Das ist genau die Funktion, die Sie weiter oben abgeschaltet hatten.

Sie aktivieren sie in der globalen Konfiguration hinter *System → Konfiguration* auf dem Register *Site* im Bereich *Suchmaschinenoptimierung (SEO)* (siehe Abbildung 17-10).

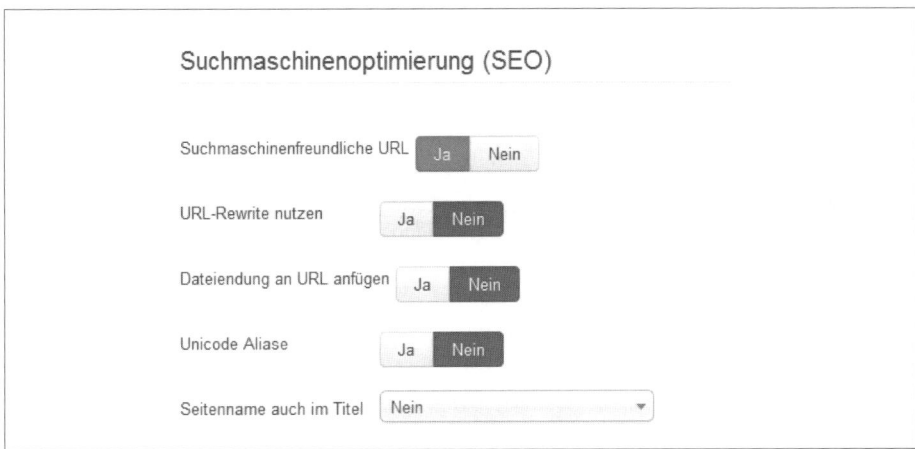

Abbildung 17-10:   Hier aktivieren Sie die suchmaschinenfreundlichen Adressen.

Sobald Sie hier den Schalter *Suchmaschinenfreundliche URL* auf *Ja* umlegen, liefert das Content-Management-System anstelle von

```
http://localhost/joomla/index.php?option=com_content&view=article&id=71:stirb-
langsam&catid=80
```

die für Suchmaschinen besser verdauliche Adresse:

```
http://localhost/joomla/index.php/zu-den-filmkritiken/actionfilme/71-stirb-langsam
```

Tipp   Wenn die neuen Adressen nicht sofort zu sehen sind, rufen Sie einmal erneut die *Vorschau* auf. Hilft das auch nicht, starten Sie Ihren Browser einmal neu.

Etwas störend wirkt hier noch das *index.php* in der Mitte, das Rückschlüsse auf eine dynamisch generierte Seite zulässt. Wenn Sie den Apache Webserver oder IIS von Microsoft einsetzen, lässt sich aber auch dieser Hinweis beseitigen.

Das URL-Rewrite-Modul des Webservers nutzen

Für den Apache Webserver gibt es eine Erweiterung mit dem Namen *mod_rewrite*, die eine ähnliche Umsetzung der Internetadressen durchführt. In XAMPP und MAMP ist sie bereits standardmäßig enthalten und aktiviert. Falls Sie sich an die Schnellinstallationsanleitung aus Kapitel 2, *Installation*, gehalten haben, sind die Eingriffe aus dem jetzt direkt folgenden Abschnitt somit nicht mehr notwendig.

Apache vorbereiten

Ob die nötigen Voraussetzungen auch bei Ihnen erfüllt sind, zeigt Joomla! im Backend unter *System → Systeminformationen*. Auf dem ersten Register, *Systeminformationen*, muss *Apache* als Webserver auftauchen, und auf dem Register *PHP-*

Informationen muss in der Zeile *Loaded Modules* die Erweiterung *mod_rewrite* erscheinen (siehe Abbildung 17-11).

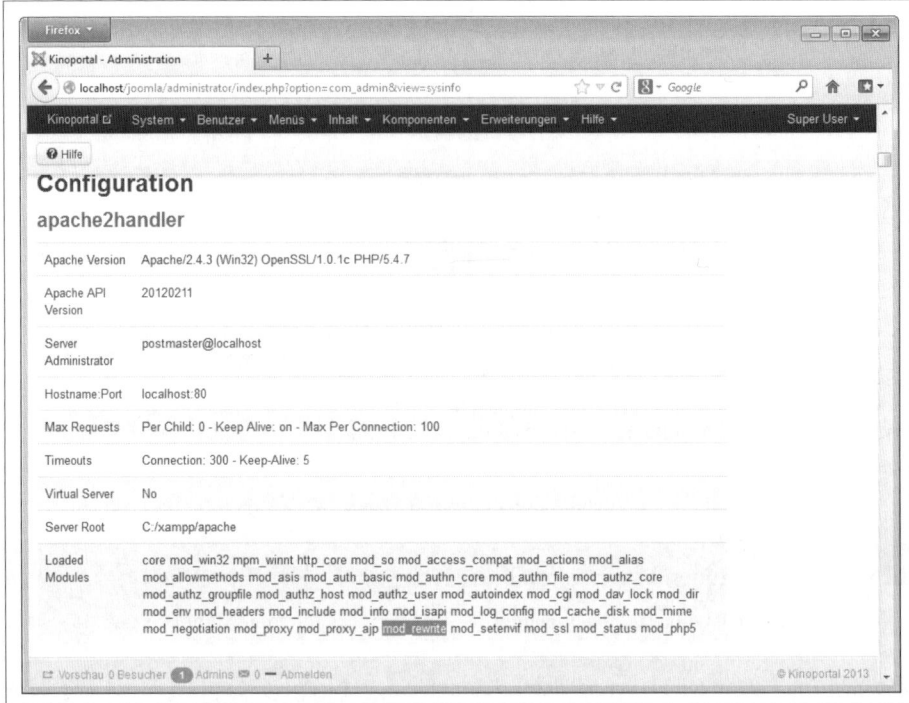

Abbildung 17-11:   Taucht hier mod_rewrite auf (in der Abbildung markiert), kann Apache mit den geänderten Adressen umgehen.

Falls die Erweiterung nicht aktiviert ist, müssen Sie das Modul entweder über die Konfigurationsoberfläche Ihres Webhosters aktivieren oder in der Apache-Konfigurationsdatei *httpd.conf* in der Zeile

```
#LoadModule rewrite_module modules/mod_rewrite.so
```

das erste Zeichen (#) entfernen. Wenn Sie der Schnellinstallationsanleitung aus Kapitel 2, *Installation*, gefolgt sind, finden Sie die genannte Konfigurationsdatei unter

- XAMPP für Linux im Unterverzeichnis */opt/lampp/etc*.
- XAMPP für Windows im Verzeichnis *c:\xampp\apache\conf*.
- MAMP im Ordner */Programme/MAMP/conf/apache*.

Nachdem Sie die Änderungen vorgenommen haben, müssen Sie Apache einmal neu starten. Bitte beachten Sie, dass nicht alle Webhoster derartige Modifikationen gestatten.

Des Weiteren muss es Ihnen erlaubt sein, die *.htaccess*-Datei zu ersetzen beziehungsweise eigene *.htaccess*-Dateien zu erzeugen. Die genannte Datei regelt die Zugriffsrechte auf ein Verzeichnis. Sofern Apache diese Dateien ignoriert, schalten Sie die zugehörige Funktion über Ihre Konfigurationsoberfläche scharf oder suchen in der Apache-Konfigurationsdatei *httpd.conf* den Abschnitt für Ihre Internetseite und ersetzen dort die Zeile

```
AllowOverride None
```

durch:

```
AllowOverride All
```

IIS vorbereiten

Wenn Sie mit dem IIS von Microsoft arbeiten, installieren Sie zunächst das URL-Rewrite-Modul. Bei Drucklegung dieses Buches war es unter *http://www.iis.net* im *Download*-Bereich erhältlich; weitere Informationen zum Modul lieferte die Seite *http://www.iis.net/learn/extensions/url-rewrite-module/using-the-url-rewrite-module*.

Unterstützung unter Joomla! aktivieren

Sind alle Voraussetzungen erfüllt, müssen Sie noch eine Datei im Joomla!-Verzeichnis umbenennen.

Sofern Sie Apache einsetzen, taufen Sie die Datei *htaccess.txt* in *.htaccess* um. Da Letztere mit einem Punkt beginnt, ist sie unter Unix-Betriebssystemen (wie zum Beispiel Linux oder Mac OS X) standardmäßig unsichtbar. Sollte sich Windows weigern, die Umbenennung durchzuführen, können Sie die Datei in einem Texteditor öffnen und dann einfach als *.htaccess* abspeichern.

Sofern Sie den IIS einsetzen, benennen Sie die Datei *web.config.txt* im Joomla!-Verzeichnis in *web.config* um. Sollte sich Windows weigern, die Umbenennung durchzuführen, können Sie die Datei in einem Texteditor öffnen und sie dann einfach als *web.config* abspeichern.

Damit ist die URL-Rewrite-Funktion im Webserver freigeschaltet. Aktivieren Sie jetzt in den Grundeinstellungen von Joomla! hinter *System → Konfiguration* auf dem Register *Site* im Bereich *Suchmaschinenoptimierung (SEO)* die Funktion *URL-Rewrite nutzen*. Damit wird aus der bisherigen Adresse

```
http://localhost/joomla/index.php/zu-den-filmkritiken/actionfilme/68-stirb-langsam
```

das schlanke und suchmaschinenfreundliche:

```
http://localhost/joomla/zu-den-filmkritiken/actionfilme/71-stirb-langsam
```

Wenn Sie nur eine Fehlermeldung erhalten, kontrollieren Sie noch einmal, ob die Datei *htaccess.txt* beziehungsweise *web.config.txt* wirklich den richtigen Namen trägt. Insbesondere Windows-Nutzer müssen darauf achten, dass die Endung *.txt* nicht mehr vorhanden ist – häufig blendet Windows sie einfach nur aus.

Feintuning mit Suffixen

Über den nächsten Punkt im Bereich *Suchmaschinenoptimierung (SEO)* namens *Dateiendung an URL anfügen* perfektionieren Sie die Illusion einer herkömmlichen statischen Seite. Sobald Sie die Funktion aktivieren, hängt Joomla! an die Adresse eine zum jeweiligen Inhalt passende Dateiendung an. Aus

```
http://localhost/joomla/zu-den-filmkritiken/actionfilme/71-stirb-langsam
```

wird dann:

```
http://localhost/joomla/zu-den-filmkritiken/actionfilme/71-stirb-langsam.html
```

Diese Endung hilft wiederum den Webcrawlern der Suchmaschinen, indem sie schon vor dem Einlesen der Seite wissen, welche Daten auf sie zukommen (in diesem Fall eine herkömmliche Internetseite).

Zusammenfassung

Zusammengefasst wandeln die SEO-Funktionen von Joomla! die Internetadressen wie folgt um:

1. Ausgangsadresse:

   http://localhost/joomla/index.php?option=com_content&view=article&id=71:stirb-langsam&catid=80

2. Mit aktivierten suchmaschinenfreundlichen URLs:

   http://localhost/joomla/index.php/zu-den-filmkritiken/actionfilme/71-stirb-langsam

3. Mit Dateiendung:

   http://localhost/joomla/index.php/zu-den-filmkritiken/actionfilme/71-stirb-langsam.html

4. Mit URL-Rewrite-Unterstützung des Webservers:

   http://localhost/joomla/zu-den-filmkritiken/actionfilme/71-stirb-langsam.html

Das Ergebnis ist – zumindest bei einem Blick auf die Adresse – nicht mehr von einer statischen Seite zu unterscheiden.

Unicode-Zeichen berücksichtigen

Joomla! nutzt durchgehend den sogenannten Unicode-Standard. Auf diese Weise können Sie in Ihren Beiträgen, Titeln und Links sämtliche Schriftzeichen der Welt verwenden. Einer Filmkritik auf Chinesisch steht damit nichts mehr im Wege. Allerdings gibt es dabei ein kleines Problem. Sehen Sie sich noch einmal die Internetadresse des Stirb-Langsam-Artikels an:

```
http://localhost/joomla/zu-den-filmkritiken/actionfilme/71-stirb-langsam.html
```

Diese enthält den Titel des Beitrags und die Titel der Kategorien. Wenn Sie einen chinesischen Titel vergeben, würde Joomla! die Schriftzeichen folglich auch in der Adresse verwenden. Adressen dürfen laut Standard aber nur die üblichen lateinischen Buchstaben von A bis Z enthalten. Abhilfe schafft das sogenannte Transliterationsverfahren. Dabei verwandelt der Browser jedes nicht erlaubte Schriftzeichen in eine ganz bestimmte Folge aus lateinischen Zeichen (wie dieses Verfahren genau funktioniert, erklärt sehr gut die Wikipedia-Seite *http://de.wikipedia.org/wiki/Punycode*). Einige ältere Browser können mit diesem Verfahren allerdings noch nichts anfangen. Aus diesem Grund ersetzt bereits Joomla! automatisch nicht erlaubte Schriftzeichen durch die entsprechenden Platzhalter. Dadurch wird die Internetadresse zwar kryptisch, es gibt aber keine Probleme mehr mit veralteten Browsern, Screen-Readern und vor allen Dingen mit Suchmaschinen.

Wenn Sie ausschließlich aktuelle Browser bedienen wollen, können Sie diese automatische Ersetzung auch abschalten. Dazu setzen Sie *Unicode Aliase* auf *Ja*.

Umleitungen

Wenn ein Beitrag veraltet ist, genügt ein gezielter Mausklick hinter *Inhalt → Beiträge*, um ihn zu sperren und somit umgehend von der Website zu nehmen. Dummerweise bekommt Google davon erst bei seinem nächsten Besuch etwas mit. Und auch andere Websites könnten noch auf den jetzt plötzlich nicht mehr vorhandenen Beitrag verweisen.

Sie können deshalb in Joomla! für jede nicht mehr vorhandene Seite eine Umleitung einrichten. Ruft dann ein Besucher den alten, nicht mehr vorhandenen Beitrag auf, wechselt Joomla! automatisch auf eine andere (Nachfolge-)Seite.

Im Kinoportal könnte beispielsweise die Filmkritik zu *Stirb Langsam* veraltet sein. Bislang war sie unter der Internetadresse

```
http://localhost/joomla/zu-den-filmkritiken/actionfilme/71-stirb-langsam.html
```

erreichbar. Diese alte Kritik wurde jedoch durch eine viel ausführlichere ersetzt. Die Neufassung ist ab sofort unter der Internetadresse

```
http://localhost/joomla/zu-den-filmkritiken/actionfilme/86-stirb-noch-langsamer.html
```

erreichbar. Wenn ein Besucher die alte Internetadresse aufruft, soll er automatisch bei dieser Neufassung landen.

Damit das alles reibungslos klappt, müssen allerdings zwei Voraussetzungen erfüllt sein:

- Das Plugin *System – Umleitung* muss aktiviert sein.
- In den Grundeinstellungen hinter *System → Konfiguration* muss zumindest der Punkt *Suchmaschinenfreundliche URL* aktiviert sein (siehe den Abschnitt »Kryptische Adressen umschreiben (URL-Rewrite)« auf Seite 826).

Wenn beides zutrifft, wechseln Sie im Backend zum Menüpunkt *Komponenten* →
Umleitungen. Hier können Sie jetzt eine neue Umleitung via *Neu* in der Werkzeugleiste anlegen. Sie landen damit in dem kleinen Formular aus Abbildung 17-12.

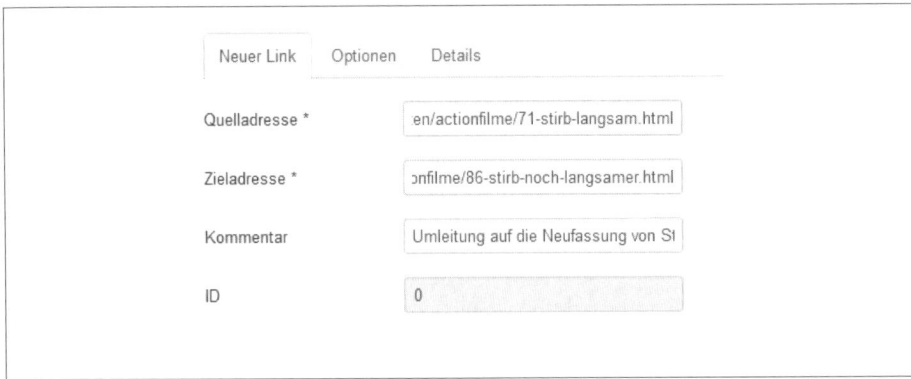

Abbildung 17-12:   In diesem Formular richten Sie eine Umleitung ein.

Unter *Quelladresse* geben Sie zunächst die Internetadresse ein, unter der die alte,
jetzt abgeschaltete Webseite zu erreichen war. Im Beispiel des Kinoportals war dies:

```
http://localhost/joomla/zu-den-filmkritiken/actionfilme/71-stirb-langsam.html
```

 Tipp   Sie sparen sich etwas Arbeit, wenn Sie den alten Beitrag noch nicht sperren oder
löschen, sondern die *Vorschau* öffnen, darin die entsprechende Seite ansteuern
und schließlich die Adresse aus der Adressleiste des Browsers in das Eingabefeld
Quelladresse kopieren. Erst wenn Sie die Umleitung gespeichert haben, sperren
oder löschen Sie den alten Beitrag. Damit ist gleichzeitig sichergestellt, dass ein
Besucher nicht (kurzzeitig) eine Fehlermeldung sieht.

In das Feld *Zieladresse* gehört schließlich die Adresse, auf die Joomla! den Browser
des Besuchers umleiten soll. Im Beispiel ist die neue Filmkritik unter

```
http://localhost/joomla/zu-den-filmkritiken/actionfilme/86-stirb-noch-langsamer.html
```

zu erreichen. Falls gewünscht, können Sie noch einen *Kommentar* hinterlassen, der
Sie beispielsweise daran erinnert, warum Sie diese Internetadresse umgeleitet haben.

Stellen Sie abschließend noch sicher, dass auf dem Register *Optionen* der *Status* auf
Aktiviert steht und somit die neue Umleitung direkt scharf geschaltet ist. Das letzte
Register, *Details*, gibt nur noch Auskunft über das *Erstellungsdatum* der Umleitung
und wann diese Umleitung zuletzt geändert wurde (*Letzte Aktualisierung*).

Nach dem *Speichern & Schließen* erreichen Sie unter der bisherigen Internetadresse *http:
//localhost/joomla/zu-den-filmkritiken/actionfilme/71-stirb-langsam.html* die neue Filmkritik (die natürlich auch weiterhin über ihre eigene Internetadresse *http://localhost/
joomla/zu-den-filmkritiken/actionfilme/86-stirb-noch-langsamer.html* erreichbar ist).

Tipp	Mit dieser Umleitung können Sie auch jedem Beitrag eine eigene, kürzere Internet-	

Tipp Mit dieser Umleitung können Sie auch jedem Beitrag eine eigene, kürzere Internet-adresse spendieren. Im Kinoportal ist beispielsweise die Internetadresse zur Film-kritik immer noch ziemlich lang:

```
http://localhost/joomla/zu-den-filmkritiken/actionfilme/71-
stirb-langsam.html
```

Da die Kritik äußerst beliebt ist, wäre doch

```
http://localhost/joomla/kritiken/stirblangsam
```

wesentlich eingängiger. Dazu müssen Sie lediglich eine Umleitung von der Seite *http://localhost/joomla/kritiken/stirblangsam* auf die Seite *http://localhost/joomla/zu-den-filmkritiken/actionfilme/71-stirb-langsam.html* einrichten.

Die Tabelle hinter *Komponenten → Umleitungen* präsentiert nicht nur alle eingerichteten Umleitungen, sondern auch alle bislang aufgerufenen Adressen, die ins Leere führten. Wenn Sie mehrere von diesen Adressen auf eine andere umbiegen müssen, beispielsweise weil Sie zuvor eine ganze Kategorie entfernt haben, klappen Sie am unteren Rand der Tabelle den Slider *Zieladresse* auf. Markieren Sie jetzt in der Tabelle darüber alle Internetadressen, die Sie auf eine gemeinsame neue Seite umleiten wollen. Anschließend tragen Sie im entsprechenden Eingabefeld die *Zieladresse* ein (also die Internetadresse der neuen Seite) und klicken dann auf *Links aktualisieren*.

Noch mehr Funktionen mit Erweiterungen

Wenn Sie noch weiterreichende Einflussmöglichkeiten benötigen, müssen Sie zu einer Erweiterung greifen. Im Joomla!-Verzeichnis unter *http://extensions.joomla.org* warten unter *Site Management* in den Untergruppen *SEO & Metadata* sowie *SEF* eine ganze Reihe passender Erweiterungen auf ihren Einsatz.

Tipp Auch diese Erweiterungen können keine Wunder vollbringen. Die beste Suchma-schinenoptimierung besteht in einer lebendigen und mit qualitativen Inhalten gefüllten Seite.

Weitere Informationen und einen guten Einstiegspunkt in die Suchmaschinenoptimierung bietet der Wikipedia-Eintrag *http://de.wikipedia.org/wiki/Suchmaschinenoptimierung*.

In diesem Kapitel:

- Vergessene (Super-User-)Pass-
  wörter wiederherstellen
- Gelöschten Super User zurückholen
- Datenbankfehler
- Daten sichern: Backups
- Sicherung wieder zurückspielen
- Joomla! verpflanzen

Rund um die Datenbank

Das Rückgrat von Joomla! ist die im Hintergrund arbeitende Datenbank. Fällt sie aus, ist der gesamte Internetauftritt nicht mehr erreichbar. Aus diesem Grund sollte man die Datenbank nicht nur pflegen, sondern auch wissen, was in Krisensituationen zu unternehmen ist. Dieses Kapitel hilft Ihnen, die größten Klippen zu umschiffen.

Vergessene (Super-User-)Passwörter wiederherstellen

Hat ein Benutzer sein Passwort vergessen und kann sich somit nicht mehr am System anmelden, gibt ein Super User mit entsprechenden Rechten ihm einfach in der Benutzerverwaltung hinter *Benutzer → Benutzer* ein neues Passwort. In der dortigen Liste klickt der Super User auf den Namen des Gedächtnislosen und tippt das geänderte Geheimwort in die Felder *Passwort* und *Passwort wiederholen.*

Tipp   Ein Super User kann auch einem seiner Kollegen ein neues Passwort geben (siehe Kapitel 9, *Benutzerverwaltung und -kommunikation*).

Gibt es nur einen Super User und ist dieser auch noch der Betroffene, so gibt es für ihn nur noch zwei recht steinige Wege, um wieder Zutritt zum Backend zu erlangen: Entweder muss er das Passwort direkt in der Datenbank austauschen, oder aber er nutzt ein Hintertürchen über die Datei *configuration.php.*

Warnung   Beide Methoden kann selbstverständlich auch ein Angreifer ausnutzen – er muss sich nur einen Zugang zur Datenbank beziehungsweise Zugriff auf die *configuration.php* verschaffen. Aus diesem Grund sollten Sie die Datenbank und diese Datei ganz besonders schützen. Insbesondere dürfen keine fremden Personen Zugriff auf die Konfigurationsoberfläche, zum Beispiel in Form von phpMyAdmin, bekommen.

Benutzer zum Super User erheben

Öffnen Sie die Datei *configuration.php* im Joomla!-Verzeichnis, und fügen Sie vor der schließenden Klammer } am Ende der Datei diese neue Zeile ein:

```
public $root_user='einname';
```

Dabei ersetzen Sie *einname* durch den Benutzernamen eines x-beliebigen anderen Benutzers, dessen Passwort Sie kennen. Dieser darf allerdings *nicht (nur)* der Benutzergruppe *Registered* angehören.

Tipp   Sie können schnell einen neuen Benutzer über das Frontend anlegen, indem Sie kurzerhand das Anmeldeformular auf Ihrer Homepage nutzen (im *Login Form* über den Punkt *Registrieren*) – vorausgesetzt, die auf diesem Weg angelegten Benutzer landen nicht automatisch in der Benutzergruppe *Registered*.

Nachdem Sie Ihre Änderungen gespeichert haben, macht Joomla! diesen Benutzer zu einem Super User. Mit ihm können Sie alle notwendigen Korrekturen durchführen. Wenn Sie nach der Anmeldung nur eine einsame Warnmeldung sehen und sich nur noch abmelden können, gehört der Benutzer zur Benutzergruppe *Registered*. In diesem Fall müssen Sie in der *configuration.php* wohl oder übel einen anderen Benutzer eintragen.

Warnung   Löschen Sie nach der Arbeit die Zeile wieder aus der *configuration.php* – sicher ist sicher. Das erledigt auch ein Klick auf den entsprechenden Link in dem von Joomla! angezeigten blauen Warnhinweis.

Passwort direkt in der Datenbank ändern

Wenn nur ein Super User existiert und man kein anderes Benutzerkonto in der *configuration.php* eintragen kann, hilft nur noch ein Austausch des Passworts direkt in der Datenbank. Das ist allerdings nicht ganz so einfach, da Joomla! das Passwort dort nicht im Klartext, sondern in einer verschlüsselten Form ablegt (für Experten: Es verwendet das MD5-Verfahren mit zusätzlichem Salt). Diese Maßnahme ist aus Sicherheitsgründen notwendig: Sollte ein Angreifer die Kommunikation zwischen Joomla! und der Datenbank abhören, findet er nur das verschlüsselte Passwort vor. Mit diesem Zeichensalat kann er sich aber weder bei Joomla! anmelden noch bekommt er mit seiner Hilfe das ursprüngliche Passwort heraus. Des Weiteren bleibt das Passwort vor neugierigen Augen verdeckt, die lesenden Zugang zur Datenbank erhalten. Dies betrifft nicht nur Hacker, sondern auch den Systemadministrator der Datenbank – der nicht notwendigerweise mit dem Betreiber der Homepage übereinstimmen muss.

Allgemeines Vorgehen

Um das Passwort des Super Users zu ändern, müssen Sie sich zunächst an seinen Benutzernamen erinnern. Wenn Sie ihn nicht geändert haben, lautet er einfach *Super User*. Mit diesem Namen im Hinterkopf suchen Sie in der Joomla!-Datenbank zunächst eine Tabelle, die auf users endet. In ihr spüren Sie den Eintrag für den Super User auf (Sie finden seinen Namen in der Spalte name) und ersetzen den Inhalt seines Feldes password durch folgende Zeichenkette:

```
d2064d358136996bd22421584a7cb33e:trd7TvKHx6dMeoMmBVxYmgOvuXEA4199
```

Beachten Sie dabei unbedingt die Groß- und Kleinschreibung, und vermeiden Sie Tippfehler. Damit lautet das Passwort des Super Users ab sofort *secret* (in Kleinschreibung). Melden Sie sich mit diesem neuen Passwort an, und tauschen Sie es in der Benutzerverwaltung von Joomla! sofort gegen ein besseres aus.

Das genaue Vorgehen unterscheidet sich je nach der verwendeten Datenbank und den zur Verfügung stehenden Konfigurationswerkzeugen. Da eine Beschreibung für jede Datenbank den Rahmen dieses Buches sprengen würde, werden im Folgenden die notwendigen Schritte nur kurz am Beispiel von MySQL vorgestellt. Diese Datenbank liegt nicht nur XAMPP und MAMP bei, sondern kommt auch auf angemieteten Servern am häufigsten zum Einsatz.

Mit MySQL und phpMyAdmin

Zur komfortablen Verwaltung von MySQL wurden in der Vergangenheit verschiedene grafische Oberflächen entwickelt. Zu den beliebtesten zählt die Software phpMyAdmin (*http://www.phpmyadmin.net*), die auch XAMPP und MAMP standardmäßig beiliegt. Zwei gute Gründe also, an ihr exemplarisch den Austausch des Passwortes zu demonstrieren.

Tipp	Die folgenden Schritte sollten sich auch auf andere Konfigurationsoberflächen übertragen lassen. Alternativ werfen Sie einen Blick in den nachfolgenden Abschnitt »Mit anderen Konfigurationswerkzeugen für MySQL« auf Seite 839.

Sofern Sie der Schnellinstallationsanleitung aus Kapitel 2, *Installation*, gefolgt sind, wechseln Sie unter XAMPP in Ihrem Internetbrowser einfach zur Adresse *http://localhost/phpmyadmin*. Beim Einsatz von MAMP rufen Sie hingegen *http://localhost/MAMP* auf und klicken *phpMyAdmin* an.

Am linken Rand finden Sie nun eine Liste mit mehreren Datenbanken (direkt unterhalb der Symbole). Klicken Sie diejenige an, die Joomla! verwendet – normalerweise *joomla*.

Auf der rechten Seite erscheint nun eine Liste mit allen Datenbanktabellen. Suchen Sie die Tabelle heraus, die auf users endet. Sofern Sie bei der Installation als Präfix jos_ angegeben haben, lautet der komplette Name jos_users (siehe Abbildung 18-1).

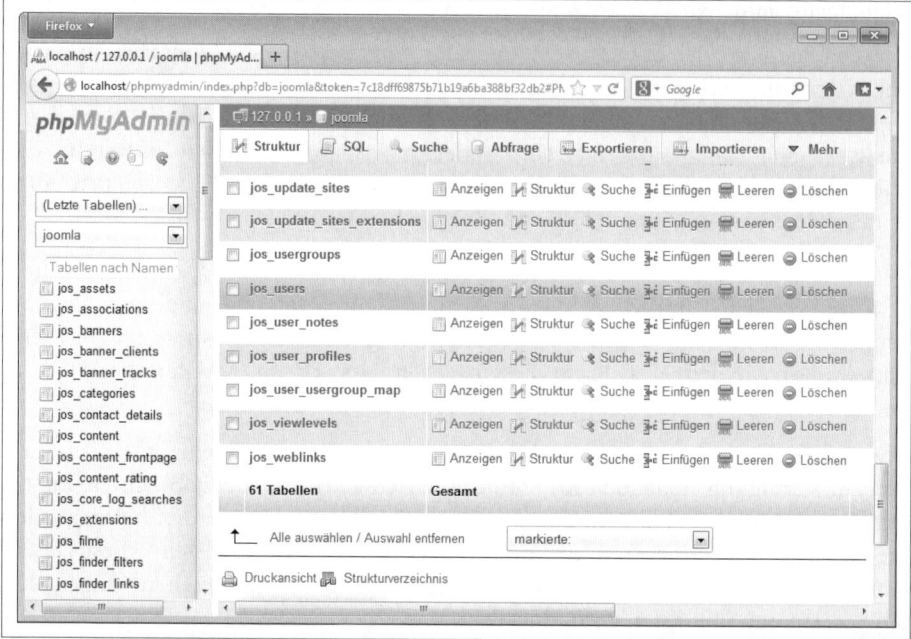

Abbildung 18-1:   Die Tabelle *jos_users* verwaltet alle Benutzer.

Klicken Sie in der zugehörigen Zeile auf *Anzeigen*. Sie gelangen zu einer weiteren,
etwas unübersichtlichen Liste, in der Sie in der Spalte *name* den Namen des Super
Users aufspüren. Sofern Sie ihn nach der Installation von Joomla! nicht geändert
haben, heißt er *Super User* (siehe Abbildung 18-2). In seiner Zeile klicken Sie auf
Bearbeiten.

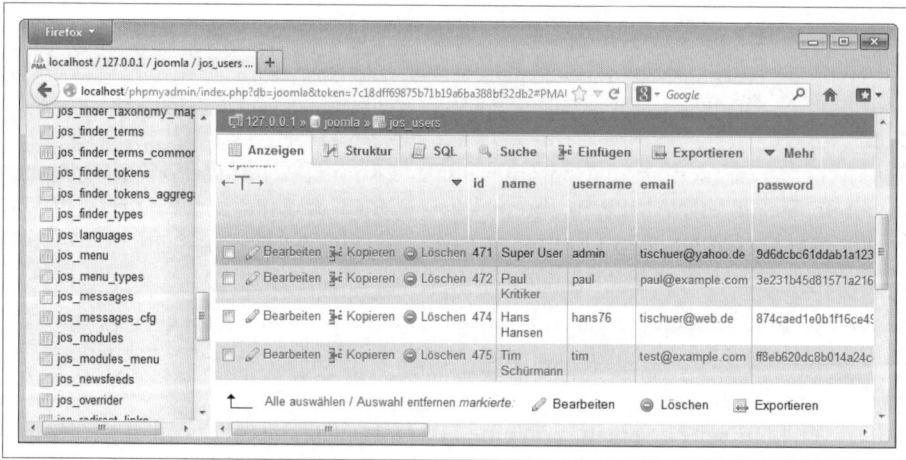

Abbildung 18-2:   In den Datensätzen der Tabelle *jos_users* ist auch der Super User zu finden.

Es öffnet sich ein neues Formular, in dem Sie sämtliche Daten des Benutzers bearbeiten können (siehe Abbildung 18-3). Wichtig für das Passwort ist die gleichnamige Zeile *password*.

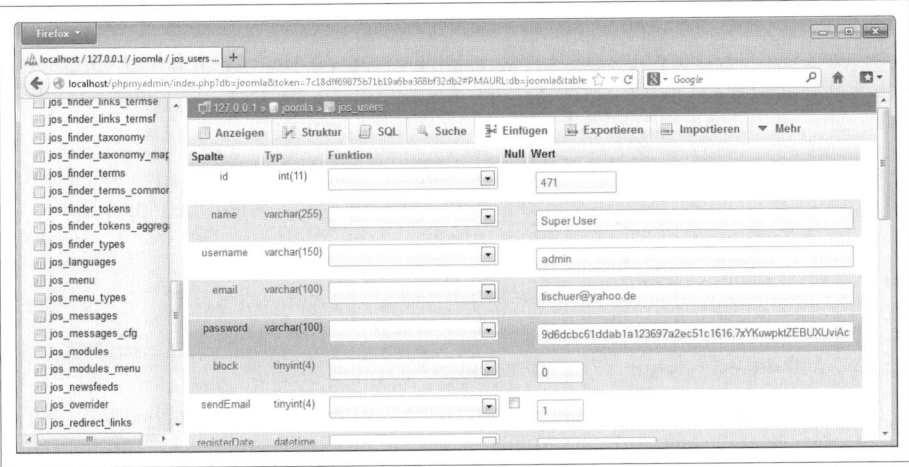

Abbildung 18-3:   Die Daten des Super Users

Ersetzen Sie den langen kryptischen Text im Eingabefeld der Spalte *Wert* rechts daneben durch folgende Zeichenkette:

```
d2064d358136996bd22421584a7cb33e:trd7TvKHx6dMeoMmBVxYmgOvuXEA4199
```

Vermeiden Sie dabei unbedingt Tippfehler, und berücksichtigen Sie die Groß- und Kleinschreibung. Damit lautet das neue Passwort des Super Users secret. Klicken Sie am unteren Ende des Formulars auf *Ok*. Melden Sie sich jetzt am Backend mit dem Benutzernamen des Super Users (normalerweise **admin**) und dem Passwort **secret** an, wechseln Sie zum Menüpunkt *Benutzer → Benutzer*, klicken Sie den Super User an, und geben Sie ihm hier endlich ein neues Passwort.

Mit anderen Konfigurationswerkzeugen für MySQL

Wer kein phpMyAdmin verwendet, muss die Zeichenkette

```
d2064d358136996bd22421584a7cb33e:trd7TvKHx6dMeoMmBVxYmgOvuXEA4199
```

mit einem entsprechenden Konfigurationswerkzeug in die Datenbank eintragen. Dazu suchen Sie als Erstes in der von Ihrem Webhoster bereitgestellten Konfigurationsoberfläche eine Stelle oder Seite, auf der Sie sogenannte SQL-Befehle absetzen können. Stellen Sie dabei sicher, dass sich die folgenden Kommandos auf die Joomla!-Datenbank beziehen. Tippen Sie dann in das Eingabefeld folgenden SQL-Befehl ein (in einer Zeile):

```
UPDATE jos_users SET password='d2064d358136996bd22421584a7cb33e:
trd7TvKHx6dMeoMmBVxYmgOvuXEA4199' WHERE username='admin';
```

Ersetzen Sie dabei *jos_* durch das bei der Installation von Joomla! eingestellte Tabellenpräfix. Der Benutzername des Super Users lautet hier wie üblich admin. Wenn Sie ihm bei der Installation einen anderen Benutzernamen gegeben haben, tauschen Sie ihn im obigen Befehl aus. Nachdem Sie den Befehl ausgeführt haben, können Sie sich am Backend als Super User mit dem Passwort secret anmelden. Klappt dies nicht, hat sich bei der Eingabe des SQL-Befehls irgendwo ein Tippfehler eingeschlichen. Wieder im Backend, rufen Sie den Menüpunkt *Benutzer → Benutzer* auf, klicken den Super User an und geben ihm ein neues Passwort.

Als Alternative zu einem grafischen Konfigurationswerkzeug bringt MySQL das Programm mysql mit. Wenn Sie der Schnellinstallationsanleitung aus Kapitel 2, *Installation*, gefolgt sind, finden Sie es unter

- XAMPP für Linux im Verzeichnis */opt/lampp/bin*.
- XAMPP für Windows im Verzeichnis *c:\xampp\mysql\bin*.
- MAMP im Verzeichnis */Programme/MAMP/Library/bin*.

Sofern Sie wider Erwarten keine grafische Konfigurationsoberfläche von Ihrem Webhoster gestellt bekommen, bietet diese Anwendung eine kleine Notlösung – vorausgesetzt, Ihr Anbieter gestattet Ihnen die Ausführung.

Für mysql benötigen Sie Zugang zur Kommandozeile, wie zum Beispiel über eine Anmeldung per SSH-Programm. Die Befehle lauten dann im Einzelnen (und sind jeweils mit der Eingabetaste zu bestätigen):

```
mysql -u benutzername -p
```

Hierbei steht *benutzername* für Ihren MySQL-Benutzernamen. Im Falle von XAMPP und MAMP lautet der Befehl:

```
mysql -u root -p
```

Geben Sie nun Ihr MySQL-Passwort ein. Bei einer XAMPP-Installation drücken Sie nur die Eingabetaste, unter MAMP verwenden Sie das Passwort **root**. Es erscheint die Kommandoeingabezeile von mysql. Tippen Sie nun:

```
USE joomla;
```

Damit wechseln Sie in die Joomla!-Datenbank mit dem Namen joomla. Jetzt ersetzen Sie das Super-User-Passwort durch folgenden Befehl (tippen Sie alles in einer Zeile hintereinanderweg):

```
UPDATE jos_users SET password='d2064d358136996bd22421584a7cb33e:
trd7TvKHx6dMeoMmBVxYmgOvuXEA4199' WHERE username='admin';
```

Auch hier ist admin wieder der Benutzername des Super Users, *jos_* ersetzen Sie durch das bei Ihnen gültige Tabellenpräfix. Anschließend können Sie sich wieder am Backend anmelden. Dazu verwenden Sie den Benutzernamen des Super Users (standardmäßig admin) und das Passwort secret. Schlägt der Versuch fehl, hat sich in einen der Befehle ein Tippfehler eingeschmuggelt. Klappt die Anmeldung, wechseln Sie zum Menüpunkt *Benutzer* → *Benutzer*, klicken den Super User an und verpassen ihm ein neues Passwort.

Gelöschten Super User zurückholen

Sollten Sie oder eine Komponente aus Versehen oder Heimtücke den Super User als Benutzer komplett gelöscht haben, so lässt er sich auf ähnlichem Weg wie das verlegte Passwort zurückholen:

Fügen Sie der Datei *configuration.php* im Joomla!-Verzeichnis vor der schließenden Klammer } diese neue Zeile hinzu:

```
public $root_user='einname';
```

Ersetzen Sie dabei **einname** durch den Benutzernamen eines x-beliebigen anderen Benutzers, dessen Passwort Sie kennen und der nicht der Benutzergruppe *Registered* angehört. Mit seinen Daten melden Sie sich jetzt bei Joomla! an und erstellen einen neuen Super User.

Dieser Weg über die *configuration.php* funktioniert allerdings nicht, wenn man alle Benutzer gelöscht hat beziehungsweise wenn man nicht das Passwort eines anderes Benutzers kennt. In dem Fall hilft nur noch ein tieferer Eingriff in die Datenbank.

Allgemeines Vorgehen

Jedes Benutzerkonto besitzt in genau zwei Tabellen einen eigenen Eintrag. Fehlt nur einer dieser Einträge, bleibt der entsprechende Benutzer ausgesperrt. Sie müssen also die beiden Tabellen aufsuchen und gegebenenfalls die fehlenden Einträge anlegen.

Konkret erstellen Sie in der Tabelle, die auf users endet, einen neuen Datensatz (beziehungsweise eine neue Zeile). Dabei füllen Sie die Felder *name*, *username* und *password* mit den folgenden Werten:

Zeile	Einzutragender Wert
name	Der Name des neuen Super Users, wie zum Beispiel `Administrator2`
username	Der Benutzername des neuen Super Users, wie zum Beispiel `admin2`
password	`d2064d358136996bd22421584a7cb33e:trd7TvKHx6dMeoMmBVxYmgOvuXEA4199`

Alle übrigen Felder können leer bleiben. Finden Sie anschließend die ID dieses Datensatzes heraus (Spalte *id*), und erstellen Sie dann in der Datenbanktabelle, die auf user_usergroup_map endet, einen neuen Datensatz mit den folgenden Werten:

Zeile	Einzutragender Wert
user_id	Die vorhin ermittelte id des Benutzers
group_id	Immer die Zahl 8

Das genaue Vorgehen hängt von der verwendeten Datenbank ab. Als Beispiel sollen im Folgenden die notwendigen Schritte anhand von MySQL gezeigt werden. Diese Datenbank kommt nicht nur in XAMPP und MAMP, sondern auch auf den meisten angemieteten Webservern zum Einsatz.

Mit MySQL und phpMyAdmin

Sofern Sie der Schnellinstallationsanleitung aus Kapitel 2, *Installation*, gefolgt sind, betreten Sie phpMyAdmin, indem Sie unter XAMPP die Adresse *http://localhost/ myphpadmin* in Ihrem Browser aufrufen. Im Fall von MAMP wechseln Sie zunächst zu *http://localhost/MAMP* und klicken dann auf *phpMyAdmin*.

Am linken Rand finden Sie eine Liste mit den vorhandenen Datenbanken (direkt unterhalb der Symbole). Klicken Sie dort auf die von Joomla! verwendete Datenbank. Normalerweise trägt sie den Namen *joomla*. Auf der linken Seite erscheint jetzt eine lange Liste mit allen Tabellen, die sich in dieser Datenbank befinden.

1. Schritt: Die Tabelle »users«

Klicken Sie in der Liste auf der linken Seite die Tabelle an, deren Name auf *users* endet. Haben Sie bei der Installation das Tabellenpräfix jos_ gewählt, wäre somit die Tabelle jos_users die richtige. Wechseln Sie nun auf der rechten Seite auf das Register *Einfügen,* und füllen Sie dann in den Zeilen *name*, *username* und *password* die Felder in der Spalte *Wert* folgendermaßen aus:

Zeile	Einzutragender Wert
name	Der Name des neuen Super Users, wie zum Beispiel **Administrator2**
username	Der Benutzername des neuen Super Users, wie zum Beispiel admin2
password	d2064d358136996bd22421584a7cb33e:trd7TvKHx6dMeoMmBVxYmgOvuXEA4199

Alle anderen Felder bleiben frei. Klicken Sie nun am unteren Ende des Formulars auf *Ok*, um die Änderungen abzuspeichern.

Wechseln Sie jetzt auf das Register *Anzeigen*. In der Tabelle sollte jetzt der neue Benutzer auftauchen. Merken Sie sich dort die Zahl in der Spalte *id*.

2. Schritt: Die Tabelle user_usergroup_map

Die nächste zu untersuchende Tabelle endet auf user_usergroup_map. Sofern das Tabellenpräfix jos_ lautet, heißt die fragliche Tabelle folglich jos_user_usergroup_ map. Klicken Sie wieder auf ihren Namen in der Liste am linken Browserrand, und wählen Sie anschließend auf der rechten Seite das Register *Einfügen*. Hier tippen Sie unter *user_id* den vorhin gemerkten Wert ein. Die *group_id* lautet 8. Damit erheben Sie den neuen Benutzer gleichzeitig zum Super User. Nach einem Klick auf *OK* (direkt unterhalb des Feldes *group_id*) kann sich der neue Super User mit dem Benutzernamen admin2 und dem Passwort secret am Backend anmelden. Genau dieses Passwort sowie alle weiteren Daten sollte er dann schnellstmöglich hinter *Benutzer → Benutzer* ändern beziehungsweise vervollständigen.

Mit anderen Konfigurationswerkzeugen für MySQL

Sofern Ihnen eine Konfigurationsoberfläche zur Verfügung steht, müssen Sie die Tabellen aufspüren, deren Namen auf users und user_usergroup_map enden. Wenn Sie bei der Installation von Joomla! das Tabellenpräfix jos_ eingestellt haben, wären das somit die Tabellen jos_users und jos_user_usergroup_map. Erstellen Sie in ihnen die im vorherigen Abschnitt »Allgemeines Vorgehen« auf Seite 837 aufgeführten Datensätze.

Alternativ erlauben einige Konfigurationsoberflächen das Absetzen von SQL-Befehlen. Im entsprechenden Eingabefeld können Sie die folgenden Befehle eintippen und dann über die zugehörige Schaltfläche abschicken. Die gleichen SQL-Befehle verwenden Sie auch, wenn Sie lieber mit dem Kommandozeilenprogramm mysql arbeiten (siehe den vorherigen Abschnitt »Mit MySQL und phpMyAdmin« auf Seite 842):

```
INSERT INTO `jos_users` (`id`,`name`, `username`, `password`, `params`) VALUES
(LAST_INSERT_ID(),'Administrator2', 'admin2', 'd2064d358136996bd22421584a7cb33e:
trd7TvKHx6dMeoMmBVxYmgOvuXEA4199', '');
INSERT INTO `jos_user_usergroup_map` (`user_id`,`group_id`) VALUES (LAST_INSERT_
ID(),'8');
```

Ersetzen Sie dabei *jos_* durch das bei Ihnen geltende Tabellenpräfix, *Administrator2* durch den Namen des neuen Super Users und *admin2* durch seinen Benutzernamen. Achten Sie zudem auf die korrekte Schreibweise. Nachdem Sie die SQL-Befehle abgeschickt haben, können Sie sich mit eben jenem Benutzernamen und dem Passwort secret wieder am Backend anmelden. Dort sollten Sie dann umgehend hinter *Benutzer → Benutzer* ein anderes, weniger einfach zu erratendes Passwort vergeben und die noch fehlenden Benutzerdaten nachtragen.

Datenbankfehler

Sollte Joomla! einmal nicht auf die Datenbank zugreifen können, erzeugt es eine mehr oder weniger aussagekräftige Fehlermeldung.

In solch einem Fall sollten Sie als Erstes prüfen, ob die Datenbank überhaupt läuft. Wenn Sie selbst für die Wartung zuständig sind, starten Sie die Datenbank probeweise neu. Bei der XAMPP-Installation klappt dies unter Linux mit einem lampp restart. Unter Windows und MAMP nutzen Sie dazu die grafischen Oberflächen (siehe auch Kapitel 2, *Installation*).

Sollte die Verbindung immer noch fehlschlagen, öffnen Sie die Datei *configuration.php* im Joomla!-Verzeichnis und prüfen in ihr die folgenden Einträge:

- Hinter `public $dbtype` = steht das Kürzel für die verwendete Datenbank, also bei einer MySQL-Datenbank `'mysqli'`; im Fall des SQL Servers heißt der Text `'sqlsrv'`, beim Azure-Dienst heißt er `'sqlazure'` und bei PostgreSQL `'postgresql'`.

- Hinter `public $db` = steht in einfachen Anführungszeichen der Name der von Joomla! genutzten Datenbank. Wenn Sie der Schnellinstallationsanleitung aus Kapitel 2, *Installation,* gefolgt sind, ist dies `'joomla'`.

- Das hinter `public $dbprefix` = eingetragene Präfix stellt Joomla! jeder Datenbanktabelle voran. Steht hier ein `'jos_'`, beginnen alle Tabellennamen mit jos_. Dieser Eintrag sollte sich seit der Installation nicht verändert haben (siehe auch Kapitel 2, *Installation*). Prüfen Sie gegebenenfalls über die Konfigurationsoberfläche Ihres Webhosters, welches Präfix die Joomla!-Tabellen nutzen, und tragen Sie es hier ein.

- Hinter `public $host` = steht in einfachen Anführungszeichen der Name des Computers, auf dem die Datenbank läuft. Bei einer lokalen XAMPP- und MAMP-Installation wäre dies `'localhost'`. Bei einer gemieteten Datenbank kann es auch ein anderer Server sein, dessen Adresse Sie vom Provider bekommen. Diesen Wert müssen Sie insbesondere dann anpassen, wenn Ihr Webhoster die Datenbank (aus der Sicht von Joomla!) auf einen anderen Server verschoben hat.

- Hinter `public $user` = steht in einfachen Anführungszeichen der Name des Datenbank-Benutzers. Bei einer XAMPP- und MAMP-Installation ist das `'root'`.

- Die einfachen Anführungszeichen hinter `public $password` = enthalten das Passwort, das zur Anmeldung an der Datenbank notwendig ist. Im Fall einer XAMPP-Installation ist kein Passwort gesetzt, folglich müsste hier nur ein `''` stehen. Unter MAMP lautet das Passwort *root*, es müsste dort also die Angabe `'root'` stehen.

Stimmen alle diese Angaben, fehlen Joomla! beziehungsweise dem hinter `public $user` = genannten Benutzer möglicherweise die Zugriffsrechte auf die Datenbank. Hier hilft nur ein Blick auf die Konfigurationsoberfläche Ihres Webhosters beziehungsweise in das Handbuch der Datenbank.

Wurde im laufenden Betrieb eine Tabelle beschädigt oder ist eine Erweiterung bei ihrer Installation Amok gelaufen, rufen Sie im Backend *Erweiterungen* → *Erweiterungen* auf und klicken dann am linken Seitenrand den Punkt *Datenbank* an. Joomla! prüft jetzt die Datenbank auf Probleme und zeigt diese an. Über *Reparieren* in der Werkzeugleiste versucht Joomla! die Probleme zu beseitigen. Die Betonung liegt hier auf »versuchen«: Sind bereits Daten gelöscht, kann auch die Reparaturfunktion sie nicht wieder zurückholen. Sie sollten also keine Wunder erwarten, im Zweifelsfall lohnt es sich aber, die Funktion auszuprobieren.

Daten sichern: Backups

Leider bietet Joomla! von Haus aus keine Möglichkeit, den aktuellen Datenbestand zu sichern. Sie müssen sich daher selbst um regelmäßige Backups kümmern.

Bei Joomla! selbst geht das ganz schnell: Sichern Sie einfach sein komplettes Verzeichnis mit Haut und Haaren. Sie müssen lediglich darauf achten, dass die Dateizugriffsrechte erhalten bleiben. Einige FTP-Programme helfen hierbei.

Etwas komplizierter wird es bei den Inhalten der Datenbank. Wie Sie diese im Einzelnen sichern, hängt von der verwendeten Datenbank ab. Entsprechende Anleitungen würden allerdings den Rahmen dieses Buches sprengen. Im Folgenden werden die notwendigen Schritte deshalb nur am Beispiel von MySQL gezeigt. Diese Datenbank liegt nicht nur XAMPP und MAMP bei, sondern kommt auch auf den meisten angemieteten Webservern zum Einsatz.

Um die MySQL-Datenbank mit den Joomla!-Inhalten zu sichern, gibt es zwei Wege. Zum einen können Sie einfach das gesamte Datenbankverzeichnis kopieren. In der lokalen XAMPP- und MAMP-Installation funktioniert das ohne Weiteres, auf einem angemieteten Internetserver hat man solche Zugriffsmöglichkeiten jedoch nur in seltenen Fällen – insbesondere weil Sie hierzu MySQL für die Dauer des Kopiervorgangs anhalten beziehungsweise stoppen müssen.

Der empfohlene Weg führt daher über den Export des Datenbestandes in eine einzelne Datei, den sogenannten Dump. Dieser lässt sich entweder bequem über eine grafische Konfigurationsoberfläche, wie beispielsweise phpMyAdmin, oder auf der Kommandozeile bewerkstelligen.

Tipp   Viele Webhoster bieten über ihre eigenen Konfigurationsoberflächen auch ein automatisches Backup an. Meist landen dabei die Daten im Rechenzentrum des Webhosters. Wenn Ihnen diese komfortable Möglichkeit zur Verfügung steht, sollten Sie sie unbedingt zusätzlich nutzen.

Warnung   Im *Extensions Directory* unter *http://extensions.joomla.org* finden Sie zahlreiche Erweiterungen, die ebenfalls ein komfortables Backup versprechen. Diese Erweiterungen arbeiten jedoch nicht immer zuverlässig und sichern meist nur die Joomla!-eigenen Tabellen. Die Daten anderer Erweiterungen werden folglich ignoriert. Ein MySQL-Dump sichert hingegen immer die komplette Datenbank. Wenn Sie dennoch eine der Erweiterungen einsetzen möchten, sollten Sie diese zunächst immer erst in einer Testinstallation auf ihre einwandfreie Funktionsweise prüfen. Für Einsteiger wäre eine gute Wahl Akeeba Backup: *https://www.akeeba-backup.com/*.

Mit einer grafischen Konfigurationsoberfläche

Falls Sie eine Konfigurationsoberfläche verwenden, wählen Sie dort den entsprechenden Punkt für den Export beziehungsweise das Backup. Achten Sie darauf, dass wirklich alle Tabellen der Joomla!-Datenbank (in der Regel trägt sie den Namen joomla) in der Sicherung landen.

Im Folgenden soll das Vorgehen am Beispiel der beliebten Software phpMyAdmin gezeigt werden, wie sie auch MAMP und XAMPP beiliegt. Unter XAMPP erreichen Sie die phpMyAdmin-Oberfläche über die Internetadresse *http://localhost/phpmyadmin*. Im Fall von MAMP rufen Sie die Adresse *http://localhost/MAMP* auf und wechseln dann zum Punkt *phpMyAdmin*.

Klicken Sie jetzt auf der linken Seite die zu sichernde Datenbank an (für gewöhnlich *joomla*), und wechseln Sie dann im rechten Bereich auf das Register *Exportieren* (siehe Abbildung 18-4).

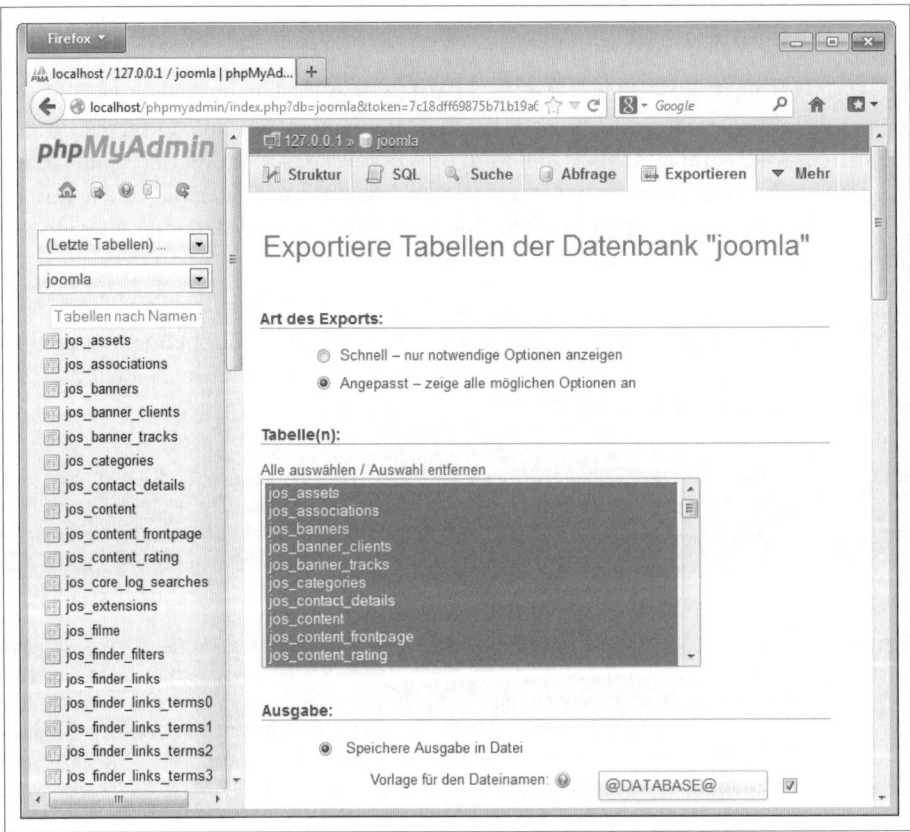

Abbildung 18-4:   Mit diesen Einstellungen erstellt man eine Komplettsicherung der Daten.

In einer aktuellen phpMyAdmin-Version, wie sie auch XAMPP und MAMP beiliegt, markieren Sie jetzt *Angepasst – zeige alle möglichen Optionen an.*

Zu sichern sind nun alle Tabellen – mit Haut und Haaren. Markieren Sie dazu alle Einträge unter *Tabellen,* oder klicken Sie kurzerhand auf *Alle auswählen.* Stellen Sie dann sicher, dass unter *Format* der Punkt *SQL* eingestellt ist. Im Bereich *Objekterstellungsoptionen* müssen zudem die Punkte

- *DROP TABLE / VIEW / PROCEDURE / FUNCTION / EVENT-Befehl hinzufügen,*
- *CREATE PROCEDURE / FUNCTION / EVENT-Befehl hinzufügen,*
- *CREATE TABLE Optionen,*
- *IF NOT EXISTS,*
- *AUTO_INCREMENT* und
- *Tabellen- und Feldnamen in Backticks einschließen*

ausgewählt sein. Alle weiteren Einstellungen belassen Sie auf ihren Ursprungswerten.

phpMyAdmin bietet im Bereich *Ausgabe* noch die Möglichkeit, eine *Komprimierung* einzuschalten. Sofern Ihr Provider dies gestattet, wird die entstehende Datei mit dem Backup erheblich kleiner. Ansonsten benötigt die Sicherung noch einmal ungefähr den von der Datenbank beanspruchten Plattenplatz. Als Kompressionsverfahren sollten Sie sich für *Zip-komprimiert* entscheiden, da das dabei erzeugte ZIP-Archiv von fast allen Betriebssystemen gelesen und geöffnet werden kann.

Stoßen Sie nun den Export über die Schaltfläche *Ok* (am unteren Seitenrand) an. phpMyAdmin bietet das Resultat anschließend zum Download an.

Tipp Die exportierte Datei enthält SQL-Befehle, mit denen die Datenbank wieder rekonstruiert werden kann. Da diese Befehle im Klartext lesbar sind, kann man auch noch von Hand Veränderungen an den Daten oder den SQL-Befehlen einpflegen. Allerdings sollten Sie sich dabei bewusst sein, welch heißes Eisen Sie hier anfassen: Schon ein einziger falscher SQL-Befehl oder ein Tippfehler kann die gesamte Sicherung ruinieren.

Mit einem Kommandozeilenprogramm

Wer Zugriff auf die Kommandozeile und die Programme hat, die MySQL beiliegen, der kann auch die Anwendung *mysqldump* zur Sicherung der Datenbank verwenden. Wenn Sie der Schnellinstallationsanleitung aus Kapitel 2, *Installation*, gefolgt sind, liegt sie unter

- XAMPP für Linux im Verzeichnis */opt/lampp/bin.*
- XAMPP für Windows im Verzeichnis *c:\xampp\mysql\bin.*
- MAMP im Verzeichnis */Programme/MAMP/Library/bin.*

Der vollständige Befehl für ein Backup lautet:

```
mysqldump -u benutzername --password=passwort datenbankname > backup.sql
```

Hierbei stehen **benutzername** und **passwort** für Ihre jeweiligen MySQL-Anmeldedaten. Im Fall von XAMPP und MAMP lautet der Benutzer root. Das Passwort entfällt unter XAMPP, bei MAMP lautet es hingegen root. **datenbankname** ersetzen Sie durch den Namen der zu sichernden Datenbank (wie zum Beispiel joomla) und **backup.sql** schließlich durch den Namen der Datei, die sämtliche zu sichernden Daten aufnimmt. Unter XAMPP sieht der Befehl dann wie folgt aus:

```
mysqldump -u root --password= joomla > backup.sql
```

Unter MAMP verwenden Sie folgenden Befehl:

```
mysqldump -u root --password=root joomla > backup.sql
```

Den obigen Befehl kann man bei einigen Providern auch aus einem PHP-Skript heraus aufrufen. Das ist dann nützlich, wenn Sie keinen Zugriff auf die Kommandozeile zur Verfügung haben. In diesem Fall packen Sie den Code

```php
<?php
system("/usr/bin/mysqldump -u Benutzername -p Passwort -h Server Datenbank | gzip >
".dirname(__FILE__)."/backup.gz", $fp);
if($fp==0) echo "Daten exportiert"; else echo "Es ist ein Fehler aufgetreten";
?>
```

in eine PHP-Datei, laden diese auf Ihren Server und rufen sie dann in Ihrem Browser auf. Das Backup wird dann im GZ-Format komprimiert im Verzeichnis der PHP-Datei als *backup.gz* abgelegt. Ohne Komprimierung sieht das Skript wie folgt aus:

```php
<?php
system("/usr/bin/mysqldump -u Benutzername -p Passwort -h Server Datenbank > " .
dirname(__FILE__)."/backup.sql", $fp);
if($fp==0) echo "Daten exportiert"; else echo "Es ist ein Fehler aufgetreten";
?>
```

Den **Benutzernamen**, das **Passwort**, den Namen des **Servers** (bei der XAMPP- und MAMP-Installation localhost) und den Namen der **Datenbank** müssen Sie wie oben durch ihre entsprechenden Werte ersetzen. Unter Umständen müssen Sie zusätzlich noch den Pfad zum Programm *mysqldump* anpassen (im Beispiel lautet er */usr/bin*).

 Warnung   Dieses Skript ist zwar bequem, Sie sollten es aber nicht offen auf dem Server liegen lassen. Wenn ein Angreifer es entdeckt, kann er durch wiederholte Aufrufe des Skripts den Server mit ständigen Backups beschäftigen und so lahmlegen.

Sicherung wieder zurückspielen

Als Erstes schreiben Sie das gesicherte Joomla!-Verzeichnis wieder zurück. Melden Sie sich aber noch nicht am System an! Zuvor muss erst noch die Datenbank wiederhergestellt werden.

Wie das funktioniert, hängt natürlich von der verwendeten Datenbank ab. Exemplarisch soll im Folgenden wieder das Vorgehen bei einer MySQL-Datenbank vorgestellt werden. Dies ist noch einfacher als eine Sicherung – vorausgesetzt, Sie haben sich penibel an die Schritte aus dem vorhergehenden Abschnitt gehalten.

Mit einer grafischen Konfigurationsoberfläche

Falls nötig, müssen Sie zunächst eine neue Datenbank anlegen. phpMyAdmin bietet diese Option beispielsweise auf dem Register *Datenbanken* an. Der korrekte Zeichensatz ist *utf8_general_ci*.

Warnung	Der Name der Datenbank muss mit dem von Joomla! genutzten Namen übereinstimmen. Falls Sie ihn vergessen haben sollten, öffnen Sie die Datei *configuration.php* im Joomla!-Verzeichnis mit einem Texteditor. Dort finden Sie den Datenbanknamen in Hochkommata in der Zeile, die mit `public $db =` beginnt. Wenn Sie der Schnellinstallationsanleitung aus Kapitel 2, *Installation*, gefolgt sind, heißt die Datenbank `joomla`.

Tipp	Alternativ können Sie auch einfach Joomla! erneut installieren und dem Content-Management-System die ganze Arbeit überlassen (siehe dazu auch Kapitel 2, *Installation*). Mit den nachfolgenden Schritten stellen Sie dann anschließend den alten Zustand wieder her. Wenn Sie diesen Weg gehen, achten Sie aber darauf, dass Sie bei der neuen Installation das Datenbank-Präfix der alten verwenden.

Betreten Sie jetzt die Datenbank, bei phpMyAdmin beispielsweise mit einem Klick auf ihren Namen in der linken Leiste. Nun haben Sie in der Regel zwei Möglichkeiten:

- Sie rufen das Eingabefeld für die SQL-Befehle auf (unter phpMyAdmin beispielsweise auf dem Register *SQL*) und kopieren den Inhalt des vorliegenden Dumps (also der Datei mit der Endung *.sql*) über die Zwischenablage dort hinein. Wenn der Dump bei der Sicherung komprimiert wurde, müssen Sie das Archiv erst noch auf der Festplatte entpacken.
- Alternativ verwenden Sie die Funktion für den Import. Unter phpMyAdmin wechseln Sie dazu auf das Register *Importieren*, wählen per *Durchsuchen...* die Datei mit dem Backup und stoßen schließlich die Rücksicherung mit einem Klick auf *Ok* an.

Mit einem Kommandozeilenprogramm

Möchten Sie die Datenbank mit den Kommandozeilenwerkzeugen von MySQL zurückholen, so ist hierfür wieder das Programm *mysql* zuständig. Der benötigte Befehl lautet:

```
mysql -u benutzer -p datenbankname < backup.sql
```

Dabei müssen Sie *benutzer* durch den Benutzernamen für die Anmeldung an MySQL und *datenbankname* durch den Namen der Datenbank ersetzen. *backup.sql* enthält den Dump mit der Sicherung. Im Fall von XAMPP und MAMP lautet der vollständige Befehl:

```
mysql -u root -p joomla < backup.sql
```

Wenn der Dumb aus einem komprimierten Archiv besteht, müssen Sie dieses erst noch entpacken (dabei fällt die benötigte *.sql*-Datei heraus). Nach dem Abschicken des `mysql`-Befehls müssen Sie noch das zum Benutzer gehörende MySQL-Passwort eintippen. Da unter XAMPP kein Passwort vergeben ist, drücken Sie hier einfach die Eingabetaste; unter MAMP verwenden Sie `root`.

Joomla! verpflanzen

Die Anbieter von Internetservern liefern sich einen heißen Preiskrieg. Da kommt schnell der Wunsch auf, die Internetpräsenz auf die Festplatten eines günstigeren Konkurrenten zu verlagern. Aber auch bei einem wachsenden Kinoportal könnte es unter Umständen notwendig werden, das Installationsverzeichnis auf einen größeren Server zu verlagern, zu wechseln oder gar umzubenennen.

Das Verschieben einer kompletten Joomla!-Installation auf einen neuen Server oder in ein anderes Verzeichnis ist zwar in wenigen Schritten erledigt, kann aber auch ebenso schnell schiefgehen.

 Warnung   Das Verschieben auf einen anderen Server funktioniert nur, wenn dort die gleiche Datenbank wie auf dem alten Server werkelt. Ein Umstieg von beispielsweise MySQL auf den SQL Server ist nicht einfach möglich und erfordert gute Kenntnisse beider Datenbanken.

Als erste vorbereitende Maßnahme sollten Sie immer die gesamte Datenbank sichern (siehe den Abschnitt »Daten sichern: Backups« auf Seite 845). Für den Fall, dass bei der Übertragung etwas nicht klappt, haben Sie dann immer noch ein Backup zur Hand.

Erst im nächsten Schritt kopieren Sie das gesamte Joomla!-Verzeichnis auf den neuen Server oder in das unberührte Verzeichnis. Dies kann je nach Zugangsmöglichkeiten zum Beispiel über ein FTP- oder SSH-Programm geschehen. Denken Sie auch daran, die Schreibrechte für die Verzeichnisse in der neuen Umgebung zu kontrollieren und gegebenenfalls anzupassen.

Sofern Sie auch die Datenbank von Joomla! auf einen anderen Server verschieben wollen, erstellen Sie von ihr ein Backup und spielen es auf dem neuen Server einfach wieder ein. Verfahren Sie dazu nach den Schritten, die im Abschnitt »Sicherung wieder zurückspielen« auf Seite 848 genannt worden sind.

Abschließend müssen Sie noch die Konfigurationsdatei *configuration.php* mit einem Texteditor öffnen und an folgenden Stellen manipulieren:

- `public $user = '...';`

  Zwischen die Hochkommata gehört der Benutzername, mit dem Sie sich bei der Datenbank anmelden.

- `public $password = '...';`

  Zwischen die Hochkommata gehört das Passwort, mit dem Sie sich bei der Datenbank anmelden.

- `public $db = '...';`

  Zwischen die Hochkommata gehört der Name der Datenbank, zum Beispiel joomla.

- `public $dbprefix = '...';`

  Zwischen die Hochkommata gehört das Präfix, das Joomla! jeder Datenbanktabelle voranstellt (siehe auch Kapitel 2, *Installation*). Normalerweise müssen Sie es nicht anpassen.

- `public $host = 'localhost';`

  Zwischen die Hochkommata gehört die Internetadresse des Servers, auf dem die Datenbank läuft. Sofern sie auf dem gleichen Server wie Joomla! läuft, ist dies localhost.

- `public $log_path = '/opt/lampp/htdocs/joomla/logs';`

  Zwischen die Hochkommata gehört das Verzeichnis, in dem Joomla! seine Log-Dateien ablegt (für gewöhnlich ist es das Unterverzeichnis *logs* im Joomla!-Ordner).

- `public $tmp_path = '/opt/lampp/htdocs/joomla/tmp';`

  Zwischen die Hochkommata gehört das Verzeichnis, in dem Joomla! seine temporären Dateien speichern darf (für gewöhnlich ist es das Unterverzeichnis *tmp* im Joomla!-Ordner).

Alle betroffenen Zeilen verteilen sich leider quer über die Datei *configuration.php*. Die Werte in den Anführungszeichen hängen natürlich von Ihrer Joomla!-Installation ab.

Nachdem Sie die Konfigurationsdatei entsprechend geändert haben, können Sie sich bei der neuen Joomla!-Installation anmelden. Anschließend sollten Sie die Grundeinstellungen hinter *System → Konfiguration* überprüfen. Das gilt insbesondere für die FTP-Einstellungen und den E-Mail-Server auf dem Register *Server*.

Tipp   Bei einem solchen Umzug helfen ebenfalls verschiedene Backup-Erweiterungen
wie das bereits angesprochene Akeeba Backup: *https://www.akeebabackup.com*.
Es gelten dabei aber die gleichen Einschränkungen und Probleme, die bereits
Abschnitt »Daten sichern: Backups« auf Seite 845 angesprochen hat.

In diesem Kapitel:
- Joomla! 3 aktuell halten
- Umstieg von einer älteren Version auf Joomla! 3

KAPITEL 19

Aktualisierung und Migration

Wie Sie das Content-Managemant-System auf den aktuellen Stand bringen beziehungsweise auf diesem halten, hängt davon ab, welche Joomla!-Version Sie gerade einsetzen. Unter Joomla! 3 können Sie einfach die eingebaute halb-automatische Aktualisierungsfunktion heranziehen. Nutzen Sie hingegen Joomla! bis einschließlich Version 2.5, steht ein mehr oder weniger aufwendiger Umstieg an (eine sogenannte Migration). Als Faustregel gilt dabei: Je älter die Joomla!-Version ist, desto komplizierter ist der Umstieg. Die nachfolgenden Abschnitte zeigen deshalb getrennt für jede Joomla!-Version, wie Sie möglichst einfach auf eine aktuelle umsteigen.

Warnung   Der umgekehrte Weg ist jedoch nicht möglich! Sie können also beispielsweise nicht von Joomla! 3.0.3 zu seiner Vorversion 3.0.2 oder gar zu Joomla!2.5 zurückwechseln. Der Umstieg auf eine aktuellere Version ist immer endgültig.

Joomla! 3 aktuell halten

Das Backend von Joomla! 3 verfügt über gleich zwei Stellen, die eine halb automatische Aktualisierung anbieten: Die eine Stelle kümmert sich um die Aktualisierung von Joomla!, die andere um alle Erweiterungen. Hinzu kommen noch einmal versteckte, aber wichtige (Grund-)Einstellungen. Bevor diese zur Sprache kommen, zeigt zunächst der folgende Abschnitt, wie Sie Joomla! selbst auf den neuesten Stand bringen.

Joomla! aktualisieren

Bevor Sie Joomla! aktualisieren, sollten Sie Ihre Installation hinter *System → Konfiguration* in den Offline-Modus schalten. Damit ist sichergestellt, dass niemand während des Aktualisierungsvorgangs auf Joomla! zugreift und so unter Umständen das ganze System durcheinander bringt.

Anschließend rufen Sie den Menüpunkt *Komponenten → Joomla!-Aktualisierung* auf. Sofern eine Sicherheitsaktualisierung oder eine neue Version vorliegt, erscheint jetzt ein entsprechender Hinweis (wie in Abbildung 19-1).

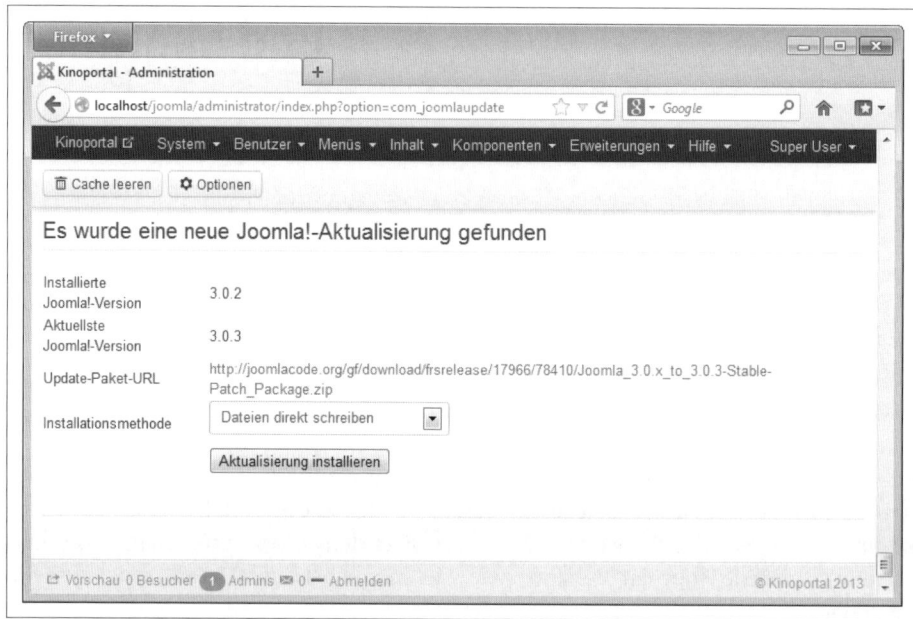

Abbildung 19-1: Hier liegt eine neue Joomla!-Version vor.

Sofern Sie die FTP-Funktion nutzen (siehe Kapitel 2, *Installation*, Abschnitt »Schritt 3: FTP-Konfiguration« auf Seite 59), müssen Sie in der Ausklappliste den Punkt *Dateien mit FTP schreiben* auswählen. Andernfalls belassen Sie die Voreinstellung auf *Dateien direkt schreiben*. Sobald Sie auf *Aktualisierung installieren* klicken, lädt Joomla! die neue Version herunter und bringt sich auf den aktuellen Stand. Dies kann ein paar Minuten dauern. So lange sollten Sie Joomla! in Ruhe lassen.

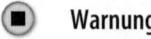 **Warnung** Zwar testen die Joomla!-Entwickler jede neue Version, es kann aber immer mal passieren, dass die Aktualisierung fehlschlägt oder nicht funktioniert. Im Extremfall könnte anschließend Ihre Joomla!-Installation zerstört sein. Erstellen Sie daher vor einer Aktualisierung immer ein Backup. Das gilt erst recht, wenn Sie ein System im produktiven Betrieb auf den neuesten Stand bringen möchten. Wer sichergehen will, sollte die Aktualisierung erst auf einem lokalen Testsystem ausprobieren. Wie man eine (Sicherheits-)Kopie einer Joomla!-Installation erstellt, hat bereits Kapitel 18, *Rund um die Datenbank*, gezeigt.

Sollte Joomla! hier die Aktualisierung auf eine ältere Version anbieten oder keinen Eintrag anzeigen, obwohl nachweislich eine neue Joomla!-Version erschienen ist, klicken Sie auf *Cache leeren*. Damit vergisst Joomla! alle bisherigen Versionsinformationen und geht erneut auf die Suche. Wenn Joomla! jetzt immer noch keine Aktualisierung anbietet, könnte dies an falschen Grundeinstellungen liegen, um die wir uns gleich im Abschnitt »Den Aktualisierungsserver wählen« auf Seite 857 kümmern.

Nach erfolgreicher Aktualisierung melden Sie sich ab, laden die Seite in Ihrem Browser einmal neu und melden sich wieder an.

Ob eine neue Version vorliegt, zeigt auch das entsprechende Symbol im Kontrollzentrum (*System → Kontrollzentrum*) rechts unten in der Quick-Icons-Leiste. Ein Klick darauf führt dann direkt zur angesprochenen Seite.

Sofern die Aktualisierungsprozedur fehlschlägt, beispielsweise weil Ihr Webhoster das dicke Aktualisierungspaket abweist, können Sie die Aktualisierung noch per Hand vornehmen. Dazu laden Sie sich zunächst von der Joomla!-Homepage im *Download*-Bereich unter *Download other* im oberen Bereich *Joomla...updates* das passende Update-Paket herunter. Achten Sie darauf, dass Sie die zu Ihrer Version passende Datei erwischen. Es gibt immer ein Paket für die direkte Vorversion und eines für alle anderen. Jedes Paket steht dann noch einmal in verschiedenen Dateiformaten bereit. Da das ZIP-Format von fast allen Betriebssystemen geöffnet werden kann, sollten Sie sich für das Paket mit der Endung *.zip* entscheiden. Wenn Sie also beispielsweise die Joomla!-Version 3.0.2 einsetzen und auf die Version 3.0.3 umsteigen möchten, benötigen Sie die Datei *Joomla_3.0.2_to_3.0.3-Stable-Patch_Package.zip*. Wenn Sie hingegen eine Version ab 3.0.0 bis 3.0.1 verwenden, dann müssen Sie zum Paket *Joomla_3.0.x_to_3.0.3-Stable-Patch_Package.zip* greifen.

Normalerweise genügt es, dieses Paket wie eine normale Erweiterung hinter *Erweiterungen → Erweiterungen* einzuspielen. Joomla! aktualisiert sich dann automatisch selbst.

Tipp   Denken Sie daran, dass Sie drei Möglichkeiten haben, das Paket einzuspielen. Wenn der Weg über *Durchsuchen...* und *Hochladen & Installieren* nicht funktionieren will, probieren Sie auch einen der anderen beiden aus. Zu dem Zeitpunkt, als dieses Buch geschrieben wurde, funktionierte die Aktualisierung von Joomla! 3.0.2 auf Joomla! 3.0.3 aus unerfindlichen Gründen nur über das Register *Aus Verzeichnis installieren*. Mehr zu den verschiedenen Installationsmethoden finden Sie in Kapitel 14, *Funktionsumfang erweitern*, Abschnitt »Erweiterungen installieren« auf Seite 655.

Sofern die Installation auch auf diese Weise fehlschlägt, können Sie das Update-Paket noch manuell entpacken und kopieren. Da Sie dabei jedoch Gefahr laufen, ein zerstörtes System zu hinterlassen, ist diese Methode wirklich nur im äußersten Notfall zu empfehlen. Um sie durchzuführen, melden Sie sich vom Joomla!-Backend ab und entpacken das Update-Paket auf Ihrer Festplatte. Laden Sie dann den aus dem Paket herausgepurzelten Inhalt in das Joomla!-Verzeichnis auf Ihrem Webserver, und überschreiben Sie so die Dateien der alten Joomla!-Installation mit ihren aktualisierten Pendants. Melden Sie sich dann wieder im Backend an. Es erscheint jetzt schon das aktuelle Joomla!, in dem Sie allerdings noch ein paar Dinge gerade rücken müssen. Dazu wechseln Sie zunächst zum Menüpunkt *Erweiterungen* → *Erweiterungen* (in einem englischen Joomla! zu *Extensions* → *Extension Manager*) und dort im kleinen Menü am linken Seitenrand zum Punkt *Datenbank* (in der englischen Fassung *Database*). In der Werkzeugleiste klicken Sie jetzt auf *Reparieren* (in der englischen Sprachfassung *Fix*). Damit bringt Joomla! seine Datenbank auf den aktuellen Stand. Weiter geht es im kleinen Menü am linken Seitenrand zum Punkt *Überprüfen* (im Englischen *Discover*). Klicken Sie hier in der Werkzeugleiste auf *Überprüfen* (*Discover*). Markieren Sie jetzt alle Erweiterungen in der Liste darunter, und lassen Sie diese dann *Installieren* (*Install*).

Unter Umständen erscheinen nach der Aktualisierung einige merkwürdige Menübeschriftungen. Das ist kein Grund zur Panik: In diesem Fall sind schlichtweg die Sprachpakete noch nicht auf dem aktuellen Stand.

Sprachpakete und Erweiterungen aktualisieren

Die meisten Sprachpakete sowie einige Erweiterungen benutzen den gleichen, halb automatischen Aktualisierungsmechanismus wie Joomla!. Solche Sprachpakete und Erweiterungen bringen Sie auf den neuesten Stand, indem Sie hinter *Erweiterungen* → *Erweiterungen* im Menü am linken Seitenrand auf *Aktualisierungen suchen* klicken. Sofern es von einer Erweiterung eine neuere Fassung gibt, zeigt Joomla! sie in einer Liste an. Haken Sie dann die gewünschte Erweiterung ab, und klicken Sie dann auf *Aktualisieren*.

 Warnung
Allerdings gibt es immer noch viele Erweiterungen, die diesen Dienst nicht verwenden. Sie müssen dann wohl oder übel ständig selbst prüfen, ob es eine Aktualisierung gibt, und diese dann per Hand einspielen.

Sofern also hier in der Liste kein Eintrag erscheint, sollten Sie unbedingt noch die Internetseiten aller von Ihnen nachträglich installierten Erweiterungen abklappern und prüfen, ob es eine neuere Version gibt. Wie man diese dann einspielt, hängt von der jeweiligen Erweiterung ab – die Dokumentation sollte hier entsprechende Hinweise liefern.

Die betroffenen Erweiterungen sollten Sie nicht einfach deinstallieren und ihre neuen Versionen installieren, weil dabei meistens auch alle mühsam eingepflegten Inhalte in der Datenbank verloren gehen.

Wenn die Liste leer bleibt, obwohl es nachweislich ein neues Sprachpaket beziehungsweise eine aktuellere Erweiterung gibt, klicken Sie auf *Cache leeren*. Damit vergisst Joomla! alle bisherigen Versionsinformationen. Anschließend müssen Sie Joomla! noch einmal neu nach *Aktualisierungen suchen* lassen. Wie lange Joomla!s Gedächtnis (beziehungsweise der Cache) die Versionsinformationen behält, können Sie in den *Optionen* unter *Aktualisierungszwischenspeicher (in Stunden)* vorgeben.

Ob und wenn ja für wie viele Erweiterungen eine Aktualisierung bereitsteht, verrät auch im Kontrollzentrum die entsprechende Schaltfläche (in Abbildung 19-2 ist es die untere der beiden).

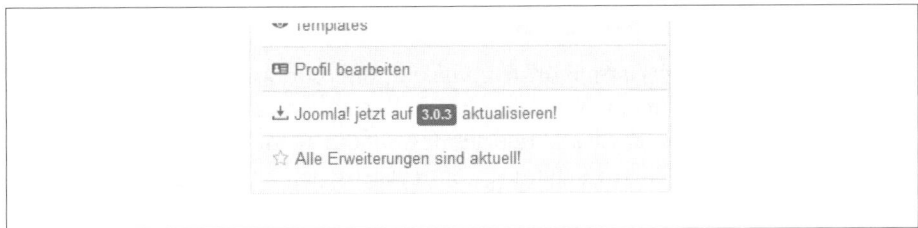

Abbildung 19-2: Die beiden untersten Symbole weisen auf vorhandene Sicherheitsaktualisierungen hin. Hier können Sie Joomla! 3.0.2 auf die Version 3.0.3 aktualisieren.

Anschließend können Sie Ihre Installation hinter *System → Konfiguration* wieder online schalten.

Den Aktualisierungsserver wählen

Unter Umständen unterschlägt Ihnen Joomla! absichtlich eine neue Version. Um zu verstehen, warum dieses Vorgehen alles andere als verrückt ist, werfen wir noch einmal einen kurzen Blick auf die Veröffentlichungspolitik.

Die Joomla!-Entwickler versorgen alle Versionen mit der Zahl 5 an der zweiten Stelle zwei Jahre lang mit Aktualisierungen. Die Entwickler sprechen daher auch von *Langzeitunterstützung*, englisch *Long Term Support* (LTS), und empfehlen diese Versionen für den produktiven Einsatz.

Alle anderen Versionen, zu denen auch Joomla! 3.0 bis Joomla! 3.2 gehören, richten sich an alle, die immer die neuesten Technologien und Funktionen ausprobieren möchten. Diese Versionen erhalten nur ein halbes Jahr Aktualisierungen und werden dann durch eine neue Joomla!-Version ersetzt. Die Entwickler sprechen deshalb von einer *Kurzzeitunterstützung*, englisch *Short Term Support* (STS).

Zu der Zeit, als dieses Buch geschrieben wurde, bot Joomla! hinter *Komponenten → Joomla!-Aktualisierung* ausschließlich Aktualisierungen für Versionen mit Langzeitunterstützung an. Das führt zu der kuriosen Situation, dass sich beispielsweise Joomla! 3.0.2 nicht auf Joomla! 3.0.3 oder höher aktualisieren lässt. Erst ein Umstieg auf die Version 3.5 wäre möglich, da dies wieder eine Version mit besagter Langzeitunterstützung ist.

Tipp   Das klingt nicht nur kompliziert und umständlich, das ist es auch. Mehr zu den Hintergründen für dieses Versionsnummernchaos finden Sie in Kapitel 1, *Einführung*, Abschnitt »Versionschaos und eine kleine Geschichtsstunde« auf Seite 7.

Glücklicherweise können Sie selbst bestimmen, welche Aktualisierungen Joomla! Ihnen anbieten soll. Dazu wechseln Sie zum Menüpunkt *Komponenten → Joomla!-Aktualisierung* und klicken dann in der Werkzeugleiste auf *Optionen*. In der Ausklappliste *Aktualisierungsserver* können Sie jetzt einstellen, von wo und vor allem welche Aktualisierungen Joomla! bezieht.

Steht die Liste auf *Langzeit-Support (empfohlen)*, bietet Joomla! Ihnen nur Aktualisierungen an, die sich auf eine Version mit Langzeitunterstützung beziehen. Joomla! wird Ihnen also erst wieder eine Aktualisierung auf die Version 3.5 anbieten. Sobald diese erschienen ist, erhalten Sie nur noch Aktualisierungen für eben jene Version 3.5. (Joomla! aktualisiert sich also nur auf Version 3.5.1, 3.5.2 und so weiter, aber nicht auf Joomla! 4.0.)

Steht die Liste auf *Kurzzeit-Support*, bietet Joomla! Ihnen immer sofort jede mögliche Aktualisierung an. Sobald also die Version 3.1 erscheint, können Sie direkt zu dieser wechseln.

Mit *Test* dürfen Sie sogar dem Stand der Entwicklung folgen. Dabei besteht allerdings die Gefahr, dass Sie auch schon einmal nach einer Aktualisierung ein defektes oder zerstörtes Joomla! erhalten. Folglich ist diese Einstellung nur dann empfehlenswert, wenn Sie selbst an Joomla! mitentwickeln möchten.

Abschließend können Sie auch selbst einen (Internet-)Server aufsetzen, der dann die Aktualisierungen bereitstellt. An dieses Vorhaben sollten sich allerdings nur erfahrene Administratoren wagen, die wissen, was sie tun. In diesem Fall finden Sie eine entsprechende Anleitung in der Joomla!-Dokumentation unter *http://docs.joomla. org/Deploying_an_Update_Server*. Anschließend wählen Sie als *Aktualisierungsserver* die *Eigene URL* und tragen dann die Internetadresse Ihres eigenen Aktualisierungsservers unter *Eigene URL* ein.

Die Bedeutung des Punktes *Aktuell konfiguriert (keine Änderung)* kennen offenbar wieder nur die Joomla!-Entwickler selbst: Zumindest in der Version 3.0.2 führt er zu exakt dem gleichen Ergebnis wie die Einstellung *Langzeit-Support* (beide Einstellungen verweisen auf die gleiche Download-Quelle). Vermutlich wollen die Joomla!-Entwickler in zukünftigen Versionen eine Standard-Bezugsquelle (beziehungsweise eine für Notfälle) einführen, die man dann wiederum mit *Aktuell konfiguriert (keine Änderung)* aktiviert. Bis dahin können Sie diesen Punkt erst einmal ignorieren.

 Tipp   Wenn Sie jetzt verwirrt sind, verwenden Sie folgende Einstellung:

Solange Joomla! 3.5 noch nicht erschienen ist, stellen Sie den *Aktualisierungsserver* auf *Kurzzeit-Support* und spielen immer alle Aktualisierungen ein, die hinter *Komponenten → Joomla!-Aktualisierung* angeboten werden.

Sobald Ihre Joomla!-Installation die Version 3.5 meldet, stellen Sie den *Aktualisierungsserver* auf *Langzeit-Support (empfohlen)*.

In der Vergangenheit haben die Joomla!-Entwickler immer mal wieder spontan das Versionsnummernschema leicht anpasst beziehungsweise die Unterstützung verlängert. Es ist daher nicht auszuschließen, dass sich nach dem Erscheinen dieses Buches an der Veröffentlichungspolitik noch etwas ändert.

Umstieg von einer älteren Version auf Joomla! 3

Dank des eingebauten Aktualisierungsmechanismus ist die Installation von neueren Joomla!-Versionen und Sicherheitsaktualisierungen kinderleicht und schnell erledigt. Etwas anders sieht die Lage aus, wenn Sie von einer älteren Version auf Joomla! 3 umsteigen möchten. Je nachdem, welche Version Sie noch einsetzen, gestaltet sich der Umstieg mehr oder weniger steinig.

Migration vorbereiten

Bevor Sie mit der eigentlichen Aktualisierung beginnen, sollten Sie sich zunächst einen Überblick über Ihre derzeitige Joomla!-Installation verschaffen.

Dazu notieren Sie (am besten auf einem Blatt Papier) die Namen aller nachträglich installierten Erweiterungen. Dabei helfen Blicke in die Menüs *Komponenten* und *Erweiterungen*. Prüfen Sie anschließend für jede notierte Erweiterung, ob es sie auch in einer Fassung für die aktuelle Joomla!-Version gibt. Die Projekt-Homepage der jeweiligen Erweiterung sollte hierüber Auskunft geben.

Tipp   Direkt nach dem Erscheinen einer neuen Joomla!-Version sind jedoch viele beliebte Erweiterungen (noch) nicht an die neue Version angepasst. In solch einem Fall sollten Sie mit der Aktualisierung Ihrer Joomla!-Installation noch etwas warten.

Ab und an wird die Entwicklung einer Erweiterung komplett eingestellt. Dann können Sie entweder versuchen, die alte Erweiterung von Hand in das neue Joomla! zu zwingen (was jedoch oftmals schiefgeht), oder aber nach einem anderen, modernen Ersatz suchen. In letztem Fall können Sie zwar den alten Datenbestand nicht mitnehmen, dafür ist diese Methode jedoch eine Investition in die Zukunft und dank entsprechender Updates auch sicherer – bei einer veralteten Komponente stopft schließlich niemand mehr entdeckte Sicherheitslöcher. Selbst geschriebene Erweiterungen sollten Sie sichern und vor der erneuten Installation mithilfe des Kapitel 15, *Eigene Erweiterungen erstellen*, an die aktuelle Joomla!-Version anpassen.

Was für die Erweiterungen gilt, trifft auch auf die Templates zu. Notieren Sie sich folglich die Namen der derzeit von Ihnen genutzten Templates, und prüfen Sie auf der Homepage der Designer, ob es angepasste Fassungen für die aktuelle Joomla!-Version gibt. Von selbst erstellten Templates fertigen Sie eine Sicherheitskopie an und passen sie vor einer erneuten Installation mithilfe des Kapitel 13, *Templates*, an die aktuelle Joomla!-Version an.

Die Inventur endet bei den Sprachpaketen. Merken Sie sich, welche Sie installiert haben, und kontrollieren Sie auf den Seiten der Übersetzer-Teams, ob diese für die aktuelle Joomla!-Version passende Pakete anbieten. Von eigenen Übersetzungen erstellen Sie wieder eine Sicherheitskopie.

Schalten Sie jetzt die komplette Seite für die Dauer der Aktualisierung in den Wartungsmodus. Der entsprechende Schalter verbirgt sich in den Grundeinstellungen unter

- Joomla! 2.5 hinter *Site* → *Konfiguration* auf dem Register *Site* (Punkt *Website offline*).
- Joomla! 1.7 hinter *Site* → *Konfiguration* auf dem Register *Site* (Punkt *Website offline*).
- Joomla! 1.6 hinter *Site* → *Konfiguration* auf dem Register *Site* (Punkt *Website offline*).
- Joomla! 1.5 hinter *Site* → *Konfiguration* auf dem Register *Site* (Punkt *Site offline*).

Und wo Sie gerade schon einmal hier sind, schreiben Sie sich auch gleich noch den Datenbanknamen und das Tabellenpräfix auf. Unter Joomla! 1.6, 1.7 und 2.5 finden Sie die beiden Informationen auf dem Register *Server* im Bereich *Datenbank*.

Prüfen Sie abschließend, ob Ihr Server beziehungsweise die XAMPP- oder MAMP-Installation die von Joomla! 3 geforderten Bedingungen erfüllt (diese finden Sie in Kapitel 2, *Installation*, Abschnitt »Voraussetzungen« auf Seite 12). Insbesondere ältere PHP-Versionen können eine Aktualisierung verhindern: Während alte Joomla!-Versionen nicht unter neueren PHP-Versionen laufen, funktionieren umgekehrt neue Joomla!-Versionen nicht unter alten PHP-Umgebungen. In solchen Fällen müssen Sie erst die alte Joomla!-Version aktualisieren und dann, noch bevor Sie sich wieder am System anmelden, die PHP-Version wechseln beziehungsweise umstellen. Letztgenanntes erlauben die meisten Webhoster über einen Schalter in ihrer Konfigurationsoberfläche.

Erstellen Sie abschließend ein Backup sowohl des gesamten Joomla!-Verzeichnisses als auch der Datenbank. Wie das im Einzelnen funktioniert, zeigte bereits Kapitel 18, *Rund um die Datenbank*, Abschnitt »Daten sichern: Backups« auf Seite 845.

 Tipp   Wenn Sie mit einer XAMPP- oder MAMP-Installation arbeiten, können Sie einfach das gesamte XAMPP- beziehungsweise MAMP-Verzeichnis sichern. Stoppen Sie jedoch vorher unbedingt alle noch laufenden Komponenten, und beenden Sie unter Windows das XAMPP Control Panel.

Sollte später einmal etwas schiefgehen, ist das Backup Ihr Sicherheitsnetz. So gewappnet geht es nun an den eigentlichen Umzug.

<table>
<tr><td>Warnung</td><td>Sofern sich Ihre Joomla!-Installation im produktiven Einsatz befindet, gelten besondere Vorsichtsmaßnahmen. In diesem Fall probieren Sie am besten die Migration zunächst auf einem Testrechner aus. Dazu kopieren Sie die gesamte Joomla!-Installation samt Datenbank vom Server auf Ihren eigenen Computer und führen dort die Schritte aus den nachfolgenden Abschnitten aus (siehe hierzu auch Kapitel 18, Rund um die Datenbank, Abschnitt »Joomla! verpflanzen« auf Seite 850). Erst wenn in der Testumgebung alles funktioniert hat und keine Probleme im Betrieb auftauchen, sollten Sie sich an die Umstellung der produktiven Joomla!-Installation auf dem Webserver wagen. Für den eigentlichen Migrationsvorgang wählen Sie dann einen Zeitpunkt, zu dem das System möglichst wenig genutzt wird. Darüber hinaus ist es ratsam, die in einem Katastrophenfall betroffenen Personen vorab über die Umstellung zu informieren. Hierzu zählen im Kinoportal beispielsweise die Autoren, Moderatoren und Super User.</td></tr>
</table>

Migration von Joomla! 2.5

Wenn Sie mit Joomla! 2.5 arbeiten, bringen Sie zunächst diese Version auf den aktuellen Stand. Dazu wechseln Sie zum Menüpunkt *Komponenten → Joomla!-Aktualisierung*. Sofern Ihnen Joomla! hier eine Aktualisierung anbietet, spielen Sie diese via *Aktualisierung installieren* ein. Mit dem Erscheinen der Version 3.5 wird Ihnen Joomla! hier jetzt automatisch den Umstieg anbieten, Sie müssen nur auf *Aktualisierung installieren* klicken. Sofern Joomla! einen FTP-Zugang nutzt (wie in Kapitel 2, *Installation*, in Abschnitt »Schritt 3: FTP-Konfiguration« auf Seite 59), setzen Sie zuvor noch die *Installationsmethode* auf *Dateien mit FTP schreiben*.

<table>
<tr><td>Warnung</td><td>Dieses Vorgehen war – zumindest zum Zeitpunkt der Bucherstellung – von den Entwicklern geplant. Da die Version 3.5 noch in weiter Ferne lag, kann sich daran jedoch noch etwas bis zu ihrem Erscheinen ändern.</td></tr>
</table>

Wenn Sie schon früher auf Joomla! 3 umsteigen möchten, rufen Sie unter *Komponenten → Joomla!-Aktualisierung* die *Optionen* auf. Stellen Sie dort den *Aktualisierungsserver* auf *Kurzzeit-Support*. *Speichern & Schließen* Sie die Einstellungen. Joomla! sollte Ihnen jetzt ähnlich wie in Abbildung 19-3 den Umstieg auf Joomla! 3 anbieten. Klicken Sie einfach auf *Aktualisierung installieren*.

<table>
<tr><td>Warnung</td><td>Wenn Sie Joomla! 2.5 auf einem produktiven System einsetzen, sollten Sie mit dem Umstieg auf Joomla! 3 bis zum Erscheinen von Joomla! 3.5 warten (siehe dazu auch Kapitel 1, Einführung, Abschnitt »Versionschaos und eine kleine Geschichtsstunde« auf Seite 7).</td></tr>
</table>

Sollte ein Umstieg auf dem beschriebenen Weg nicht funktionieren, wechseln Sie auf die Joomla!-Homepage und laden sich dort das ganz normale Joomla!-Komplettpaket für die Version 3 herunter (das gleiche, das Sie auch für eine frische Installation benötigen würden). Im Backend von Joomla! 2.5 wechseln Sie jetzt zum

Punkt *Erweiterungen* → *Erweiterungen* und spielen dort das Joomla!-3-Paket wie eine normale Erweiterung ein. Melden Sie sich anschließend vom Backend ab, laden Sie die Seite neu, und melden Sie sich wieder an.

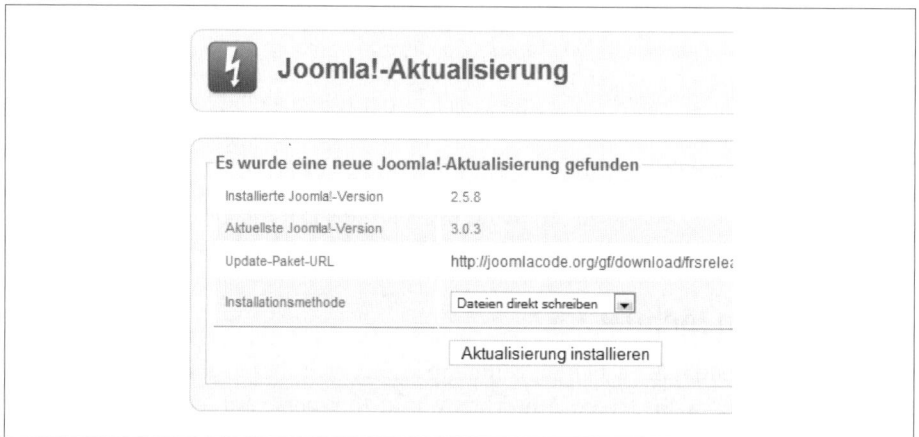

Abbildung 19-3:   Hier bietet Joomla! 2.5 den Umstieg auf die Version 3.0.3 an.

 Tipp

Denken Sie daran, dass Sie drei Möglichkeiten haben, das Paket einzuspielen. Wenn der Weg über *Durchsuchen...* und *Hochladen & Installieren* nicht funktionieren will, probieren Sie auch einen der anderen beiden aus. Zum Zeitpunkt der Bucherstellung funktionierte beispielsweise die Aktualisierung auf Joomla! 3.0.3 nur über *Aus Verzeichnis installieren*. Mehr zu den verschiedenen Installationsmethoden finden Sie in Kapitel 14, *Funktionsumfang erweitern*, im Abschnitt »Erweiterungen installieren« auf Seite 655. Die dort bschriebenen Methoden gelten auch noch für Joomla! 2.5.

Als Nächstes müssen Sie die Sprachpakete auf den aktuellen Stand bringen. Das dazu notwendige Vorgehen beschreibt Abschnitt »Sprachpakete und Erweiterungen aktualisieren« auf Seite 856. Damit verschwinden dann auch die komischen Menü-Beschriftungen wie *MOD_MENU_SYSTEM*.

Abschließend müssen Sie noch alle Erweiterungen und Templates aktualisieren beziehungsweise in Extremfällen neu installieren. Wie dabei im Einzelnen vorzugehen ist, hängt von der Erweiterung beziehungsweise den Templates ab. Entsprechende Informationen finden Sie normalerweise auf der Homepage des Entwicklers.

Migration von Joomla! 1.6 oder 1.7

Wenn Sie noch Joomla! 1.6 oder 1.7 nutzen, müssen Sie zunächst Ihre Installation auf Version 2.5 aktualisieren. Erst danach können Sie von Version 2.5 auf die aktuelle Version 3 wechseln.

Warnung
Sie sollten zumindest auf die Version 2.5 wechseln – und zwar möglichst schnell: Die Joomla!-Entwickler stellen für die Versionen 1.6 und 1.7 keine Aktualisierungen mehr bereit. Insbesondere wenn Sie diese Versionen auf einem (angemieteten) Internetserver betreiben, ist es eigentlich nur eine Frage der Zeit, bis Angreifer und bösartige Hacker in diese Installation eindringen.

Um Joomla! 1.6 oder 1.7 zu aktualisieren, wechseln Sie zum Menüpunkt *Erweiterungen* → *Erweiterungen* und dort weiter zum Register *Aktualisieren*. Klicken Sie nun auf *Aktualisierungen suchen*. Sofern noch Sicherheitsaktualisierungen ausstehen, spielen Sie diese zunächst ein.

Wenn Joomla! sich selbst auf die Version 2.5 aktualisieren kann, erscheint wie in Abbildung 19-4 ein entsprechender Eintrag.

Abbildung 19-4: Der Bildschirm für die automatischen Aktualisierungen bringt Joomla! auf den aktuellen Stand.

Haken Sie seine Zeile ab, und klicken Sie dann auf *Aktualisieren*. Joomla! lädt jetzt die neue Version herunter und spielt sie automatisch ein, was wiederum ein paar Minuten dauern kann.

Wenn Sie die Meldung *Warning: Update Not Complete!* erhalten, klicken Sie auf *Aktualisierungen suchen*, haken erneut das Joomla!-Paket in der Liste ab und lassen das System noch einmal *Aktualisieren*.

Sollte sich Joomla! weiterhin weigern, die Aktualisierung einzuspielen, laden Sie sich von der Joomla!-Homepage das komplette Joomla!-2.5-Paket herunter und spielen es dann wie eine normale Erweiterung hinter *Erweiterungen* → *Erweiterungen* ein. Sollten Sie dabei eine weiße Seite mit einem Hinweis auf eine Klasse JLog erhalten, laden Sie die Seite in Ihrem Browser einmal erneut.

Tipp   Denken Sie daran, dass Sie drei Möglichkeiten haben, das Paket einzuspielen. Wenn der Weg über *Durchsuchen...* und *Hochladen & Installieren* nicht funktionieren will, probieren Sie auch einen der anderen beiden aus. Mehr zu den verschiedenen Installationsmethoden finden Sie in Kapitel 14, *Funktionsumfang erweitern*, im Abschnitt »Erweiterungen installieren« auf Seite 655. Diese Methoden gelten auch noch für Joomla! 1.6 und 1.7.

Nach erfolgreicher Aktualisierung melden Sie sich ab, laden die Seite in Ihrem Browser einmal neu und melden sich wieder an. Dann sollte das Kontrollzentrum von Joomla! 2.5 Sie begrüßen. Sehr wahrscheinlich finden Sie hier merkwürdig beschriftete Menüpunkte vor, wie etwa *JGLOBAL_VIEW_SITE*. Der Grund dafür sind die jetzt veralteten (deutschen) Sprachpakete, die Sie folglich als Nächstes noch aktualisieren müssen. Das funktioniert wieder hinter *Erweiterungen → Erweiterungen* auf dem Register *Aktualisieren*. Sollten die Sprachpakete in der Liste gar nicht auftauchen oder sollte Joomla! sich weigern, diese zu aktualisieren, müssen Sie erst die alten Sprachpakete komplett deinstallieren und dann die aktuellen neu installieren. Dazu wechseln Sie zum Menüpunkt *Erweiterungen → Sprachen*, dann auf das Register *Installiert – Site* (beziehungsweise *COM_LANGUAGES_SUBMENU_ INSTALLED_SITE*), küren dort *English* zum *Standard*, gehen weiter zum Register *Installiert – Administrator* (alias *COM_LANGUAGES_SUBMENU_INSTALLED_ ADMINISTRATOR*), wo Sie wieder *English* als den *Standard* setzen. Dann rufen Sie *Extensions → Extension Manager* auf, aktivieren das Register *Manage*, stellen in der Ausklappliste – *Select Type* – den Punkt *Language* ein, haken in der Liste darunter die nachträglich installierten Sprachpakete ab (also beispielsweise die beiden mit *German* beginnenden Zeilen) und klicken auf *Uninstall*. Laden Sie sich jetzt die Sprachpakete für Joomla! 2.5 herunter, und installieren Sie diese dann hinter *Extensions → Extension Manager* auf dem Register *Install*. Dort klicken Sie auf *Durchsuchen*, wählen das Sprachpaket aus und klicken dann auf *Upload & Install*. Anschließend schalten Sie unter *Extensions → Language Manager* wieder auf die deutsche Sprache um.

Die jetzt laufende Joomla!-Version 2.5 müssen Sie nun nur noch wie in Abschnitt »Migration von Joomla! 2.5« auf Seite 861 auf die Version 3.0 aktualisieren.

Migration von Joomla! 1.5

Ähnlich wie Joomla! 1.6 und 1.7 müssen Sie auch Joomla! 1.5 zunächst immer auf die Version 2.5 aktualisieren. Erst danach können Sie bei Bedarf auf Joomla! 3 umsteigen. Allerdings hat sich bereits beim Versionssprung von Joomla! 1.5 auf Joomla! 1.6 so viel unter der Haube geändert, dass eine direkte Aktualisierung auf Joomla! 2.5 unmöglich ist. Glücklicherweise können Sie dennoch die in Joomla! 1.5 eingepflegten Inhalte und Benutzerkonten auf Joomla! 2.5 übertragen. Dabei hilft Ihnen eine spezielle Migrationskomponente, die Joomla! 1.5 halb automatisch auf eine neuere Joomla!-Version hievt.

 Warnung   Dabei gibt es allerdings mehrere Probleme: Zum Zeitpunkt der Drucklegung dieses Buches kannte die Migrationskomponente nur Joomla! selbst sowie einige große, bekannte Erweiterungen, wie etwa das Kunena-Forum, JEvents oder den Community Builder. Andere nachträglich installierte Erweiterungen ignorierte sie. Bei einem Umzug auf Joomla! 2.5 verlieren Sie somit zwangsweise alle über solche Erweiterungen verwalteten Daten. Um das zu verhindern, müssen Sie für jede im

Abschnitt »Migration vorbereiten« auf Seite 859 notierte Erweiterung die Homepage des Entwicklers ansteuern und dort nach einer Upgrademöglichkeit suchen.

Darüber hinaus benötigen Sie eine Erweiterung, für die Sie sich wiederum bei *http://redcomponent.com* registrieren müssen (dazu gleich mehr).

Unter dem Strich sollten Sie sich überlegen, ob es nicht einfacher ist, direkt Joomla! 2.5 oder Joomla! 3 neu zu installieren und somit auf die alten Daten zu verzichten.

cURL aktivieren

Die Migrationskomponente funktioniert nur, wenn auf dem Webserver die cURL-Erweiterung installiert und aktiviert ist. Unter XAMPP für Linux und MAMP für Mac OS X ist dies standardmäßig der Fall. Bei XAMPP für Windows müssen Sie die Datei *php.ini* mit einem Texteditor öffnen, in der Zeile

```
;extension=php_curl.dll
```

das vorangestellte Semikolon entfernen und nach dem Speichern dieser Änderung Apache über das XAMPP Control Panel einmal beenden und wieder neu starten.

Weitere Informationen zur *php.ini* finden Sie in Kapitel 2, *Installation*, im Abschnitt »PHP-Konfiguration anpassen« auf Seite 11. Über cURL informieren die Seiten *http://www.php.net/manual/de/book.curl.php* und *http://de.wikipedia.org/wiki/CURL*.

Tipp   Wenn Ihr Webhoster cURL weder anbietet noch aktivieren will, können Sie den
Umweg über eine lokale XAMPP- oder MAMP-Installation gehen. Dazu erstellen
Sie zunächst von Ihrer alten Joomla! 1.5-Installation eine Sicherungskopie, spielen
diese in einer XAMPP- oder MAMP-Installation auf Ihrem eigenen Computer ein,
nehmen dort dann die Aktualisierung vor, erstellen von dem Ergebnis wieder eine
Sicherheitskopie und spielen diese schließlich auf den echten Webserver zurück.
(Weitere Informationen zum Sichern und Zurückschreiben liefert Kapitel 18, *Rund
um die Datenbank*, im Abschnitt »Joomla! verpflanzen«.)

Joomla! 1.5 auf den aktuellen Stand bringen

Als Nächstes müssen Sie sicherstellen, dass Sie die aktuelle Version von Joomla! 1.5 einsetzen. Zu dem Zeitpunkt, als dieses Kapitel geschrieben wurde, war dies die Version 1.5.26. Wenn Joomla! bei Ihnen eine niedrigere Zahl meldet, rufen Sie die Internetseite *http://joomlacode.org/gf/project/joomla/frs/* auf.

Warnung   Die Entwickler unterstützen Joomla! 1.5 nicht mehr. Es ist daher vollkommen offen,
was mit den dort bereitgestellten Update-Paketen passiert. Die gleich vorgestellte
Migrationskomponente verlangt mindestens Joomla! 1.5.20. Sollten Sie eine niedrigere Joomla!-Version betreiben und sollten die Update-Pakete nicht mehr vorhanden sein, müssen Sie im Internet nach inoffiziellen Quellen und Migrationsmög-
lichkeiten suchen.

Auf der erscheinenden Download-Seite suchen Sie in der ersten Spalte den Eintrag *Joomla! 1.5.26*. Rechts davon finden Sie einen Bereich namens *Joomla1.5.26updates*. Wenn Sie eine Joomla!-Version vor 1.5.25 nutzen, laden Sie mit einem Klick das Paket *Joomla_1.5.0_to_1.5.26-Stable-Patch_Package.zip* herunter. Andernfalls schnappen Sie sich *Joomla_1.5.25_to_1.5.26-Stable-Patch_Package.zip*. Linux- und Mac-OS-X-Nutzer können auch die *.tar.gz*-Archive wählen. Die Versionsnummern sind hier beispielhaft: Es gibt immer ein Paket, mit dem Sie die letzte Joomla!-Version aktualisieren (hier *Joomla_1.5.25_to_1.5.26-Stable-Patch_Package.zip*), und eines, das alle früheren Versionen berücksichtigt (hier *Joomla_1.5.0_to_1.5.26-Stable-Patch_Package.zip*).

Das heruntergeladene Archiv müssen Sie lediglich entpacken und dann den heraus-gepurzelten Inhalt in das Joomla!-Verzeichnis auf Ihrem Webserver kopieren. Vor-handene Dateien lassen Sie dabei einfach überschreiben. Nach einem kurzen Ab- und Anmelden vom Backend sollte sich Joomla! mit einer aktuelleren Versionsnum-mer melden (rechts oben in der Ecke).

Migrationskomponente aktivieren (jUpgrade)

Bei der Umstellung auf die Version 2.5 hilft die Erweiterung jUpgrade. Sie finden sie unter *http://extensions.joomla.org* hinter *Migration & Conversion* in der Unter-gruppe *Joomla! Migration*.

 Tipp Hier gibt es noch andere Erweiterungen, die Joomla! 1.5 auf die Version 2.5 aktuali-sieren. Zum Zeitpunkt der Drucklegung war jedoch jUpgrade die einzige kosten-lose Erweiterung, die die Joomla!-Entwickler zudem offiziell empfehlen.

Klicken Sie in der Liste den Eintrag *jUpgrade* an, und entscheiden Sie sich auf der neuen Seite für den *Download*.

Zum Zeitpunkt der Drucklegung dieses Buches landeten Sie damit auf den Seiten von redCOMPONENT. Dort mussten Sie *jUpgrade* über die Schaltfläche *Add to cart for free* in den Warenkorb legen und dann *Checkout* im Bereich *My Cart* ankli-cken. Daher kommen Sie jetzt nicht umhin, bei redCOMPONENT ein Benutzer-konto anzulegen und einen Bestellprozess zu durchlaufen. RedCOMPONENT möchte Sie so wohl dazu ermutigen, die kommerziellen Varianten von jUpgrade zu erwerben, die wiederum ein paar zusätzliche Funktionen mitbringen. Ob Sie dafür Geld investieren möchten, müssen Sie anhand der Produktseiten selbst entscheiden (*http://redcomponent.com/redcomponent/jupgrade*).

 Tipp Probieren Sie erst einmal die kostenlose Variante aus; eine umfangreichere Fas-sung können Sie dann immer noch nachkaufen.

Am Ende des Prozesses können Sie sich dann die Erweiterung im Bereich *My Account* herunterladen.

Die auf Ihrer Festplatte gelandete Datei installieren Sie jetzt wie jede andere Erweiterung unter Joomla! 1.5 (via *Erweiterungen → Installieren/Deinstallieren*).

Als Nächstes wechseln Sie zum Menüpunkt *Erweiterungen → Plugins*, wo Sie das
Plugin *System - Mootools Upgrade* aktivieren (beispielsweise mit einem Klick auf das
rote Kreuz in seiner Zeile).

Einstellungen prüfen

Nachdem das geschehen ist, rufen Sie den Menüpunkt *Komponenten → jUpgrade*
auf und betreten die *Einstellungen* in der Werkzeugleiste. Es erscheint jetzt das Formular aus Abbildung 19-5.

Tipp Wenn Sie die folgenden Einstellungen verwirrend finden, stellen Sie einfach sicher,
dass unter *Prefix for old database* das Datenbankpräfix steht, das Sie sich vorhin im
Abschnitt »Migration vorbereiten« gemerkt haben – in der Regel ist dies **jos_**. Alle
anderen Einstellungen belassen Sie auf ihren Vorgaben. Bei auftretenden Problemen kann ein Wissen um die Einstellungen jedoch äußerst hilfreich sein.

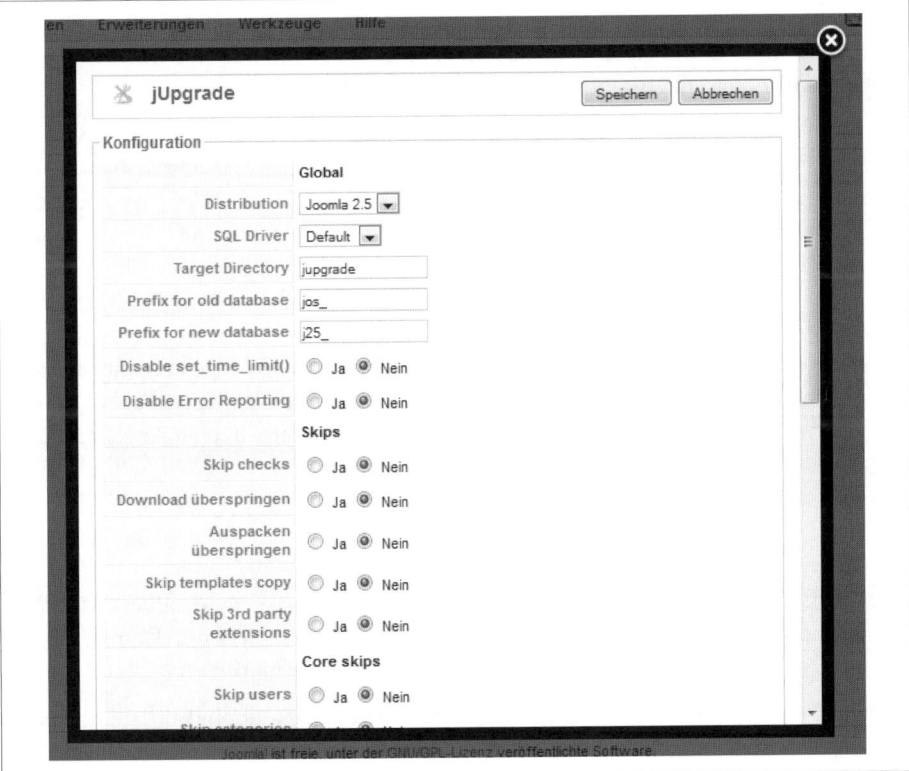

Abbildung 19-5: Die Einstellungen der Migrationskomponente

Unter *Distribution* stellen Sie die Joomla!-Version ein, auf die Sie aktualisieren möchten. Mittlerweile sollte hier nur noch ein Update auf Joomla! 2.5 möglich sein. Andernfalls behalten Sie hier möglichst die bereits vorgegebene, höchste Nummer bei. Nur für sie liefern die Joomla!-Entwickler noch Sicherheitsaktualisierungen; alle älteren Versionen werden nicht mehr unterstützt.

In der Ausklappliste *SQL Driver* stellen Sie ein, wie Joomla! auf die Datenbank zugreifen soll. Da die alten Versionen nur mit MySQL zusammenarbeiten, finden Sie hier auch nur MySQL und MySQLi zur Auswahl. Die Bedeutung dieser beiden Einträge hat bereits in Kapitel 2, *Installation*, der Kasten »MySQLi versus MySQL« auf Seite 56 zusammengefasst.

▶▶ Tipp Behalten Sie hier im Zweifelsfall einfach die Standardeinstellung *Default* bei.

Jetzt wird es etwas komplizierter: Die Migrationskomponente aktualisiert nicht etwa das alte Joomla! 1.5, sondern installiert die unter *Distribution* gewählte Version parallel zur alten. Sie haben folglich anschließend zwei Joomla!-Installationen auf Ihrem Webserver liegen (einmal die alte und einmal die neue). Als dieses Kapitel geschrieben wurde, war es (noch) nicht möglich, die neue Joomla!-Version über die alte zu installieren. Probieren Sie das auch gar nicht erst aus: Das Ergebnis wäre ein großer gemischter Datensalat.

Doch es kommt noch schlimmer: Die Migrationskomponente installiert die neue Joomla!-Version in einen Unterordner des aktuellen Joomla! 1.5-Verzeichnisses. Den Namen dieses Unterordners bestimmt das Eingabefeld *Target Directory*. Residiert beispielsweise Ihre alte Joomla!-Installation im Unterverzeichnis *joomla*, würde Joomla! 2.5 mit den Einstellungen aus Abbildung 19-3 im Unterverzeichnis *joomla/jupgrade* installiert – und wäre somit unter der Internetadresse *http://www.meinserver.de/joomla/jupgrade* erreichbar. Fehlende Zugriffsrechte verhindern jedoch in der Regel die Installation in einem anderen Verzeichnis. Daher müssen Sie hier Joomla! 2.5 gleich aus seinem Unterverzeichnis von Hand an seinen eigentlichen Bestimmungsort verfrachten (darum kümmert sich gleich noch ein eigener Abschnitt).

▶▶ Tipp Sie können also erst einmal das hier vorgeschlagene *jupgrade*-Verzeichnis übernehmen.

Nachdem die Migrationskomponente die neue Joomla!-Version installiert hat, überträgt sie die Datenbankinhalte aus der alten in die neue Version. Damit das reibungslos klappt, braucht sie die zwei nun folgenden Informationen.

Im Feld *Prefix for old database* tragen Sie zunächst das Datenbankpräfix ein, das Sie sich in Abschnitt »Migration vorbereiten« notiert haben. Normalerweise lautet es wie vorgegeben jos_.

Die Migrationskomponente behält die alten Datenbanktabellen als Sicherheitskopie bei. Sie müssen daher den Tabellen der neuen Joomla!-Version ein anderes Präfix verpassen. Genau dieses tragen Sie in das Feld *Prefix for new database* ein. Sofern nichts dagegenspricht, können Sie die Vorgabe einfach übernehmen.

Warnung   Wenn Sie stattdessen hier ebenfalls `jos_` eintragen, verlieren Sie alle Beiträge, Kontakte und übrigen Inhalte. Die beiden Präfixe müssen sich unbedingt voneinander unterscheiden!

Die eigentliche Migration kann ziemlich lange dauern. Wenn Ihre PHP-Umgebung die Laufzeit von PHP-Programmen begrenzt, setzen Sie *Disable set_time_limit()* auf *Ja*.

Sollten irgendwelche Fehler auftreten, meldet jUpgrade diese. Wenn Sie das verhindern möchten, setzen Sie *Disable Error Reporting* auf *Ja*.

Bevor die Migrationskomponente mit der Arbeit beginnt, führt sie noch ein paar Tests durch und stoppt bei einem erkannten Problem. Wenn Sie einen triftigen Grund haben – und wirklich nur dann –, können Sie diese Prüfung abschalten, indem Sie *Skip checks* auf *Ja* setzen.

Die neue Joomla!-Version lädt die Migrationskomponente selbstständig von der Joomla!-Homepage herunter. Sollte das nicht funktionieren, beispielsweise weil das Update-Archiv zu groß ist, müssen Sie das Paket der unter *Distribution* eingestellten Joomla!-Version selbst herunterladen, in das *temp*-Verzeichnis der bestehenden Joomla! 1.5-Installation kopieren und Ihr Paket dort umbenennen. jUpgrade 2.5.2 verlangte Joomla! 2.5 in einer Datei namens *joomla25.zip* (beachten Sie die Groß- und Kleinschreibung). Anschließend legen Sie dann noch hier im Formular den Schalter *Download überspringen* auf *Ja* um.

Sobald die Migrationskomponente das Archiv in die Finger bekommen hat, entpackt sie es im *temp*-Verzeichnis. Sollten diesem Vorhaben fehlende Schreibrechte oder andere Probleme in die Quere kommen, müssen Sie das Archiv dort selbst entpacken und dann hier *Auspacken überspringen* auf *Ja* setzen.

Steht *Skip templates copy* auf *Ja*, übernimmt die Migrationskomponente keines der vorhandenen Templates in die neue Joomla!-Version. Wenn Sie *Skip 3rd party extensions* auf *Ja* setzen, lässt sie auch alle ihr bekannten Erweiterungen zurück (ein eventuell vorhandenes Kunena-Forum würde also beispielsweise nicht mit umziehen).

Im Bereich *Core skips* können Sie die Übernahme von bestimmten Daten in das neue Joomla! verhindern. Setzen Sie beispielsweise *Skip Users* auf *Ja*, so müssen Sie im aktualisierten Joomla! alle Benutzerkonten neu anlegen.

Steht *Keep original positions* auf *Ja*, bleiben alle Module an ihren derzeitigen Positionen. Das ist wichtig, wenn Sie Ihr altes Template weiternutzen möchten. Bevorzugen Sie hingegen ein nigelnagelneues, sollten Sie hier *Nein* wählen.

Läuft gleich während der Aktualisierung etwas schief, setzen Sie hier *Enable migration Debug* auf *Ja* und wiederholen die ganze Prozedur noch einmal. Die Migrationskomponente liefert dann zusätzliche Informationen, die bei der Fehlersuche helfen können. Mit *Enable Mootools version debug* auf *Ja* erhalten Sie abschließend noch Informationen zum von jUpgrade verwendeten Hilfswerkzeug Mootools.

Migration durchführen

Speichern Sie jetzt alle Einstellungen, und lassen Sie dann mit einem Klick auf die überdimensionale Schaltfläche das *Upgrade starten* (siehe Abbildung 19-6).

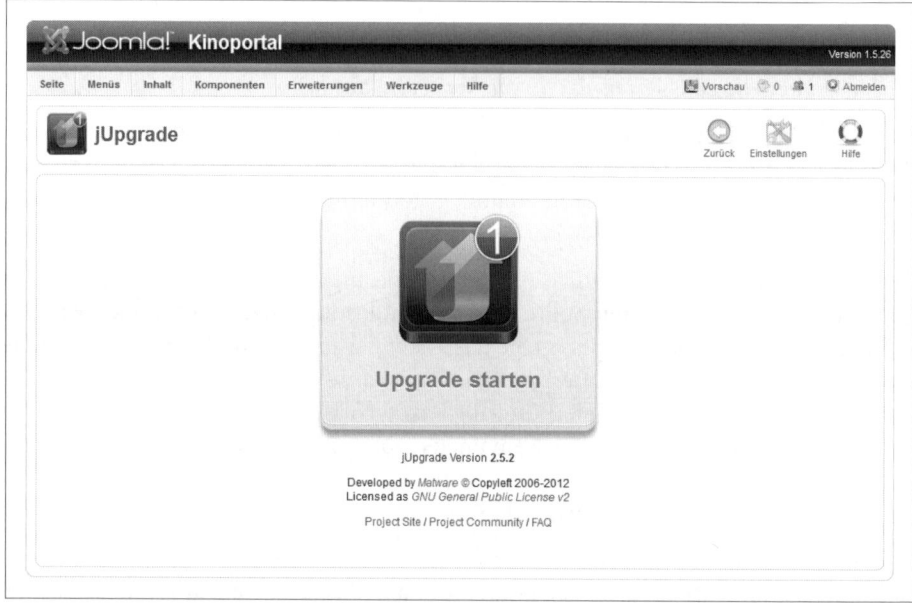

Abbildung 19-6:   Die Aktualisierung stoßen Sie über diese überdimensionale Schaltfläche an.

Die Migrationskomponente prüft jetzt, ob sie überhaupt eine Aktualisierung durchführen kann. Wenn nicht, erhalten Sie eine entsprechende Fehlermeldung. Andernfalls erscheinen nacheinander mehrere Fortschrittsbalken auf dem Bildschirm (siehe Abbildung 19-7).

Lassen Sie die Komponente jetzt in Ruhe vor sich hin werkeln. Der ganze Umzug kann je nach Umfang der alten Installation mehrere Minuten dauern.

 Tipp   Sofern jUpgrade das Archiv herunterlädt, dann aber nichts mehr passiert, klicken Sie auf *Zurück*, laden die aktuelle Joomla!-Version von ihrer Homepage herunter, kopieren sie in das Unterverzeichnis *tmp* Ihrer Joomla! 1.5-Installation und benennen das Paket dort in *joomla25.zip* um (beachten Sie die Groß- und Kleinschreibung). Öffnen Sie jetzt die *Einstellungen*, und stellen Sie darin *Download*

überspringen auf *Ja. Speichern* Sie die Änderungen, und lassen Sie noch einmal das *Upgrade starten*.

Sollte das immer noch nicht helfen, erstellen Sie zusätzlich von Hand im Joomla!-Verzeichnis den Unterordner *jupgrade* und geben Joomla! auf diesen passende Schreibrechte. Stoßen Sie anschließend in jUpgrade den ganzen Migrationsvorgang noch einmal an.

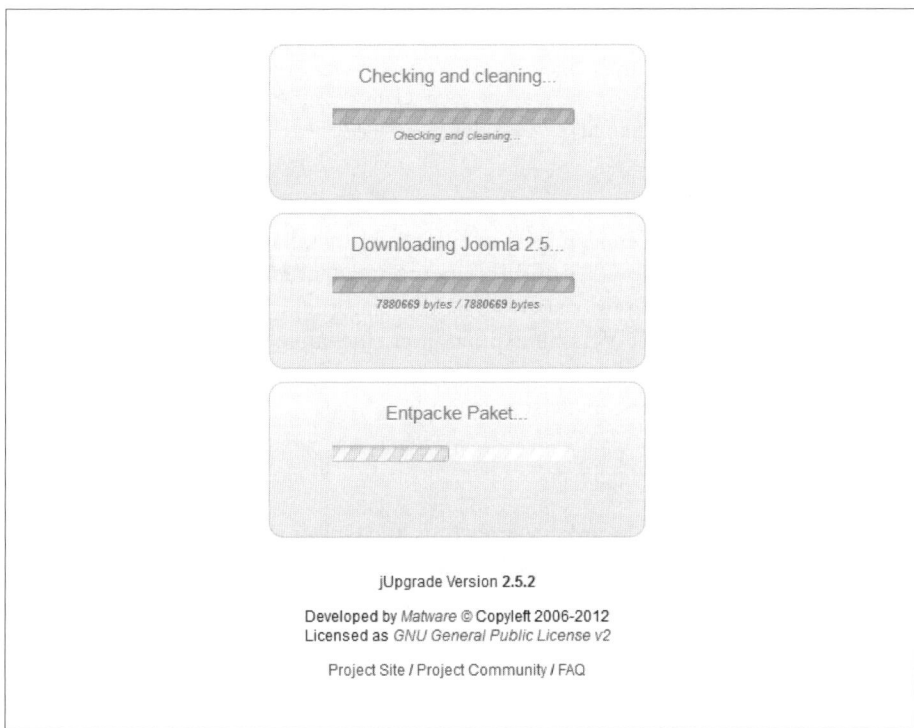

Abbildung 19-7:   Die Migration läuft.

Die Migration ist beendet, wenn eine Meldung ähnlich der aus Abbildung 19-8 erscheint.

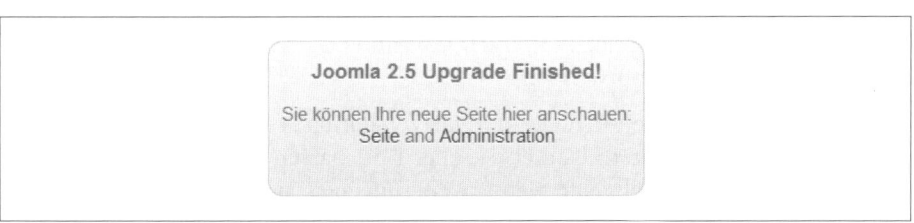

Abbildung 19-8:   Die Migration wurde erfolgreich beendet.

Über die Links können Sie direkt zur Website (*Seite*) beziehungsweise zum Backend (*Administration*) der neuen Joomla!-Version springen. Prüfen Sie dort, ob die Aktualisierung fehlerfrei über die Bühne gegangen ist. Bis auf die Erweiterungen und die Sprachpakete sollten sämtliche Inhalte der alten Version übernommen worden sein. Das alte Template müssen Sie gegebenenfalls noch aktivieren. Melden Sie sich jetzt unter Joomla! 1.5 und 2.5 ab.

 Tipp   Bei Problemen können Sie sich an das (englischsprachige) Forum der Migrationskomponente unter *http://redcomponent.com/forum/92-jupgrade* wenden. Häufig gestellte Fragen und auftauchende Probleme sammelt die Seite unter *http://redcomponent.com/forum/92-jupgrade/102880-jupgrade-f-a-q*.

Nacharbeiten

Hat alles geklappt, befinden sich jetzt zwei Joomla!-Installationen auf dem Webserver: einmal die alte Version 1.5 und in einem ihrer Unterverzeichnisse auch noch ihre Nachfolgerin. Für den Praxisbetrieb ist dies natürlich noch unbrauchbar – Ihre Besucher müssten die neue Version explizit über eine lange Adresse wie *http://www. meinserver.de/joomla/jupgrade* aufrufen. In einem letzten Schritt müssen Sie daher noch die alte Joomla!-Version entsorgen und die neue an den Platz der alten verschieben.

Das ist einfacher, als es klingt:

• Löschen Sie in Ihrem Joomla!-Verzeichnis alle Unterordner, bis auf den mit der neuen Version. Wenn Joomla! 1.5 bei Ihnen bislang auf dem Server im Unterverzeichnis *joomla* schlummerte und Sie die Vorgaben im vorherigen Abschnitt »Einstellungen prüfen« übernommen haben, löschen Sie also alle Unterverzeichnisse von *joomla*, bis auf das Verzeichnis mit dem Namen *jupgrade*.

• Dessen Inhalte verschieben Sie noch eine Ebene höher in das jetzt leere Joomla!-Verzeichnis. Im Beispiel wandern also die Inhalte aus dem Verzeichnis *jupgrade* in den Ordner *joomla*.

• Entfernen Sie den jetzt leeren Unterordner, in dem die Migrationskomponente die neue Joomla!-Version installiert hat. Im Beispiel würde also das Unterverzeichnis *jupgrade* gelöscht.

Damit ist die neue Version jetzt unter der bekannten Adresse zu erreichen. Weitere Anpassungen sind nicht notwendig.

Abschließend können Sie die neue Joomla!-Version nach Belieben einrichten. Um sich die Arbeit zu erleichtern, sollten Sie zuerst die passenden Sprachpakete installieren und danach die noch fehlenden Erweiterungen einspielen.

Damit ist Ihre Joomla!-Installation auf dem Stand der Version 2.5. Wenn Sie auch noch auf die Version 3 umsteigen möchten, verfahren Sie einfach wie in Abschnitt »Migration von Joomla! 2.5« auf Seite 861 beschrieben.

Migration von Joomla! 1.0.x

Alle mit 1.0 beginnenden Versionen lassen sich nicht mit vernünftigem Aufwand aktualisieren. Wenn Sie noch auf eine solch hoffnungslos veraltete Joomla! 1.0-Installation treffen, sollten Sie sie schleunigst löschen und durch eine aktuelle ersetzen. Die Joomla!-Entwickler unterstützen diese erste Version schon seit mehreren Jahren nicht mehr; sie bietet folglich für Einbrecher und bösartige Hacker eine ideale Angriffsfläche.

TinyMCE-Editor

Der TinyMCE-Editor kommt in Joomla! immer dann zum Einsatz, wenn längere Texte eingegeben werden müssen – wie zum Beispiel beim Erstellen eines neuen Beitrags (siehe Kapitel 4, *Inhalte verwalten*).

Mit den Elementen aus der Symbolleiste erlaubt der TinyMCE Editor das komfortable Formatieren der Texte. Die folgenden Listen geben Ihnen einen ersten Überblick darüber, welche Funktion sich hinter welchem Symbol verbirgt. Im Wesentlichen entsprechen sie den Funktionen einer handelsüblichen Textverarbeitung.

Sie können den TinyMCE-Editor auch noch in einen sogenannten kompletten Modus versetzen, in dem er weitere Funktionen anbietet. Dazu rufen Sie *Erweiterungen →* *Plugins* auf, klicken *Editor – TinyMCE* an, setzen in den *Basisoptionen* die *Funktionalität* auf *Komplett* und *Speichern & Schliessen* die Änderungen. Die folgenden Listen präsentieren sowohl die normale als auch die komplette Funktionspalette.

Der standardmäßig verwendete Modus

Tabelle A-1: Die Symbole in der obersten Reihe, von links nach rechts

Symbol	Bedeutung
B	Formatiert den Text fett.
I	Formatiert den Text kursiv (Schrägschrift).
U	Unterstreicht den Text.
ABC	Streicht den Text durch.
≡	Richtet den Text linksbündig aus.

Tabelle A-1: Die Symbole in der obersten Reihe, von links nach rechts *(Fortsetzung)*

Symbol	Bedeutung
☰	Richtet den Text zentriert aus.
☰	Richtet den Text rechtsbündig aus.
☰	Blocksatz.
Styles ▾	Aktiviert eine Stilvorlage.
Paragraph ▾	Wählt ein vordefiniertes Format, wie zum Beispiel eine (Zwischen-)Überschrift. Dahinter stecken die entsprechenden HTML-Befehle: Der *Paragraph* fasst beispielsweise den Text in <p>-Tags ein, das *Heading 2* entspricht einer <h2>-Überschrift. Weitere Informationen hierzu finden Sie in Kapitel 13, *Templates*, und unter *http://de.selfhtml.org*.

Tabelle A-2: Die Symbole in der mittleren Reihe, von links nach rechts

Symbol	Bedeutung
☰	Erstellt eine (nicht nummerierte) Aufzählung.
☰	Erstellt eine nummerierte Aufzählung.
☰	Nimmt eine Einrückung zurück (Ausrückung).
☰	Rückt den Text um einen Schritt nach rechts ein.
↺	Nimmt die letzte Aktion zurück.
↻	Wiederherstellen; führt die zuletzt zurückgenommene Aktion wieder aus.
🔗	Verwandelt den gerade markierten Text in einen Link.
🔗	Wandelt einen Link wieder in normalen Text um.
⚓	Fügt einen Ankerpunkt ein. (Weitere Informationen zum Konzept der Ankerpunkte finden Sie beispielsweise unter *http://de.selfhtml.org/html/verweise/projektintern.htm#anker*.)
🖼	Fügt ein Bild ein.
🖌	Sucht im HTML-Code nach Fehlern.

Tabelle A-2: Die Symbole in der mittleren Reihe, von links nach rechts *(Fortsetzung)*

Symbol	Bedeutung
	Öffnet ein kleines Hilfe-Fenster.
HTML	Zeigt den Text als HTML-Quellcode an (also so, wie er in der Datenbank landet). Im dazu neu geöffneten Fenster darf man selbst in diesen Code eingreifen und so beispielsweise HTML-Befehle einfügen, die der TinyMCE Editor nicht kennt.

Tabelle A-3: Die Symbole in der unteren Reihe, von links nach rechts

Symbol	Bedeutung
—	Fügt eine waagerechte Linie ein.
	Befreit den markierten Text von sämtlichen Formatierungen.
	Zeigt alle unsichtbaren Elemente an beziehungsweise versteckt sie wieder.
x_2	Tiefergestellte Zeichen
x^2	Hochgestellte Zeichen
Ω	Fügt ein benutzerdefiniertes Zeichen ein. Ein Beispiel sind die griechischen Buchstaben oder das Copyright-Zeichen.

Der komplette Funktionsumfang

Tabelle A-4: Die Symbole in der obersten Reihe, von links nach rechts

Symbol	Bedeutung
B	Formatiert den Text fett.
I	Formatiert den Text kursiv (Schrägschrift).
U	Unterstreicht den Text.
~~ABC~~	Streicht den Text durch.
	Richtet den Text linksbündig aus.
	Richtet den Text zentriert aus.
	Richtet den Text rechtsbündig aus.

Tabelle A-4: Die Symbole in der obersten Reihe, von links nach rechts *(Fortsetzung)*

Symbol	Bedeutung
▤	Blocksatz
Styles ▾	Aktiviert eine Stilvorlage.
Paragraph ▾	Wählt ein vordefiniertes Format, wie zum Beispiel eine (Zwischen-)Überschrift. Dahinter stecken die entsprechenden HTML-Befehle: Der *Paragraph* fasst beispielsweise den Text in <p>-Tags ein, das *Heading 2* entspricht einer <h2>-Überschrift. Weitere Informationen hierzu finden Sie in Kapitel 13, *Templates.* und unter *http://de.selfhtml.org*.
Font Family ▾	Schriftart
Font Size ▾	Schriftgröße

Tabelle A-5: Die Symbole in der zweiten Reihe, von links nach rechts

Symbol	Bedeutung
▦	Sucht nach einem Begriff.
A→B	Suchen und Ersetzen (Ersetzt im Text ein Wort durch ein anderes.)
▤	Erstellt eine (nicht nummerierte) Aufzählung.
▤	Erstellt eine nummerierte Aufzählung.
▤	Nimmt eine Einrückung zurück (Ausrückung).
▤	Rückt den Text um einen Schritt nach rechts ein.
↺	Nimmt die letzte Aktion zurück.
↻	Wiederherstellen; führt die zuletzt zurückgenommene Aktion wieder aus.
🔗	Verwandelt den gerade markierten Text in einen Link.
🔗	Wandelt einen Link wieder in normalen Text um.
⚓	Fügt einen Ankerpunkt ein. (Weitere Informationen zum Konzept der Ankerpunkte finden Sie beispielsweise unter *http://de.selfhtml.org/html/verweise/projektintern.htm#anker*.)

Tabelle A-5: Die Symbole in der zweiten Reihe, von links nach rechts *(Fortsetzung)*

Symbol	Bedeutung
	Fügt ein Bild ein.
	Sucht im HTML-Code nach Fehlern.
	Öffnet ein kleines Hilfe-Fenster.
HTML	Zeigt den Text als HTML-Quellcode an (also so, wie er in der Datenbank landet). Im dazu neu geöffneten Fenster darf man selbst in diesen Code eingreifen und so beispielsweise HTML-Befehle einfügen, die der TinyMCE Editor nicht kennt.
	Fügt das aktuelle Datum ein.
	Fügt die aktuelle Uhrzeit ein.
A ▾	Ändert die Textfarbe.
aby ▾	Ändert die Hintergrundfarbe des Textes. (Auf diese Weise kann man beispielsweise einen Text gelb hinterlegen und ihn so wie mit einem Textmarker hervorheben.)
	Schaltet in einen Vollbildmodus.

Tabelle A-6: Die Symbole in der dritten Reihe, von links nach rechts

Symbol	Bedeutung
	Fügt eine Tabelle ein.
	Ändert die Eigenschaften einer Tabellenzeile.
	Ändert die Eigenschaften einer Tabellenzelle.
	Fügt eine Tabellenzeile vor der aktuellen ein.
	Fügt eine Tabellenzeile nach der aktuellen ein.
	Löscht die aktuelle Tabellenzeile.
	Fügt eine Tabellenspalte vor der aktuellen ein.
	Fügt eine Tabellenspalte nach der aktuellen ein.

Tabelle A-6: Die Symbole in der dritten Reihe, von links nach rechts *(Fortsetzung)*

Symbol	Bedeutung
	Löscht die aktuelle Tabellenspalte.
	Spaltet eine verschmolzene Tabellenzelle wieder auf.
	Verschmilzt zwei Tabellenzellen zu einer einzigen.
	Fügt eine waagerechte Linie ein.
	Befreit den markierten Text von sämtlichen Formatierungen.
	Zeigt alle unsichtbaren Elemente an beziehungsweise versteckt sie wieder.
	Tiefergestellte Zeichen
	Hochgestellte Zeichen
	Fügt ein benutzerdefiniertes Zeichen ein. Ein Beispiel sind die griechischen Buchstaben oder das Copyright-Zeichen.
	Fügt einen Smiley beziehungsweise ein sogenanntes Emoticon ein.
	Bettet Medien in den Text ein.
	Fügt eine dicke horizontale Linie ein.
	Die Schreibrichtung verläuft von links nach rechts.
	Die Schreibrichtung verläuft von rechts nach links.

Tabelle A-7: Die Symbole in der untersten Reihe, von links nach rechts

Symbol	Bedeutung
	Schneidet den gerade markierten Text aus.
	Kopiert den gerade markierten Text in die Zwischenablage.
	Fügt den Text aus der Zwischenablage ein.

Tabelle A-7: Die Symbole in der untersten Reihe, von links nach rechts *(Fortsetzung)*

Symbol	Bedeutung
	Fügt den Text aus der Zwischenablage ohne dessen Formatierungen ein.
	Fügt Text aus Microsoft Word ein.
	Markiert den gesamten Text.
	Fügt einen neuen Layer ein (einen frei platzierbaren Textkasten).
	Setzt den gerade aktivierten Layer vor einen anderen.
	Setzt den gerade aktivierten Layer hinter einen anderen.
	Legt fest, ob der Layer frei platziert werden darf oder ob er sich in den Text integriert. (Er verhält sich dann ähnlich wie ein normales Zeichen.)
	Erlaubt es, das Aussehen des Textes über CSS-Eigenschaften zu verändern.
	Kennzeichnet den gerade markierten Text als Quelle oder Autor eines Zitats. (Dabei kommt das HTML-Element `cite` zum Einsatz.)
	Kennzeichnet den gerade markierten Text als Abkürzung.
	Kennzeichnet den gerade markierten Text als Akronym.
	Kennzeichnet nachträgliche Textänderungen.
	Kennzeichnet den gerade markierten Text als gelöscht. Browser stellen diesen Text in der Regel durchgestrichen dar.
	Hierüber können Sie die HTML-Attribute des gerade markierten Textes anpassen.
	Blendet unsichtbare Zeichen (wie Zeilenumbrüche) ein und aus.
	Blendet die sogenannten HTML-Block-Elemente ein und aus.
	Fügt ein Leerzeichen ein, an dem kein Zeilenumbruch stattfinden wird.
	Macht aus dem gerade markierten Text ein Zitat, das eingerückt erscheint. (Dabei kommt das HTML-Element `blockquote` zum Einsatz.)
	Fügt eine fertige (Text-)Vorlage ein.

Index

A

Accessibility 800
Admin, Bereich 91
Adminbereich 91
Administration 91
<administration> 703
Administration Modules 309
Administrationsbereich 91
Administrationsoberfläche 91
Administrator
    Benutzernamen festlegen 53
    Passwort 53
Administrator-Module 308
Administratoroberfläche 91
Administrator-Schnittstelle
    programmieren 699, 716
Aktualisierung
    Joomla! 3 853
    Long Term Support 857
    Quelle festlegen 857
    Server 857
    Short Term Support 857
Aktualisierungsserver 857
    Eigene URL 858
    Kurzzeit-Support 858
    Langzeit-Support 858
    Test 858
Alle Kategorien auflisten (Menütyp) 165
    Erweiterte Optionen 167, 191
    Kategorienoptionen 167
Alle Kontaktkategorien auflisten
        (Menüeintragstyp) 251
    Erweiterte Optionen 255

Alle Newsfeed-Kategorien auflisten
        (Menüeintragstyp) 270, 273
    Erweitere Optionen 273
Alle Weblinkskategorien auflisten
        (Menüeintragstyp) 296
    Erweiterte Optionen 297
Angemeldet bleiben, Login Form 517
Anmeldeformular 450
    Erweiterte Optionen 450
Anmeldung
    Backend 91
    Basisoptionen 327
Anzeige
    Beitragskategorie (Modul) 335
Anzeigeoptionen
    Kontakte 244
    Newsfeed 268
Apache 12
API-Referenz 690
Archiv 199
Archivieren 199
Archivierte Beiträge
    Basisoptionen 328
    Erweiterte Optionen 200
Articles 117
Associated Menu Items 557
Assoziierte Menüpunkte 557
ATOM 350
Atomic 572
Aufmacher 143
Aufmacherbilder 147
Ausklapplisten
    Probleme mit 136
Authentication-Plugins 493

Authentifizierung – GMail
  Basisoptionen 494
Authentifizierung – LDAP
  Basisoptionen 496
<author> 602, 702
<authorEmail> 702, 602
<authorUrl> 602, 702
Autor 151
Azure 13, 55, 711

B

Backend 91
  Anmeldung 91
  Bearbeitungsschirm 103
  Bedienkonzepte 99
  beliebteste Beiträge 96
  Control Panel 95
  Hauptmenü 93
  Hilfe 112
  Kontrollzentrum 95
  Listen 100
  Logged-in Users 96
  Papierkorb 104
  Popular Articles 96
  Quick Icons 95
  Recently Added Articles 96
  Statusleiste 94
  Templates 98
  Werkzeugleiste 103
  zuletzt angemeldete Benutzer 96
  zuletzt hinzugefügte Beiträge 96
Backup 845
Banner 216
  Basisoptionen 328
Bannerwerbung 216
Barrierefreie Informationstechnik-
    Verordnung (BITV) 800
Barrierefreiheit 799
  Accessibility 800
  Auflösung 810
  Barrierefreie Informationstechnik-Verord-
    nung 800
  Bedienung über Tastatur 806
  Beez 802
  Beez3 807
  Beschreibungen 804
  Beschriftungen 803
  BIK 813
  Bildbeschreibung 804

  Bildunterschrift 804
  Braillezeile 801
  Content Design 810
  Definition 800
  Farben 805
  Farbwahl 811
  Fehler 801
  Flash 801, 806
  Formulare 812
  HTML-Befehle 802, 808
  in Joomla! herstellen 802
  Inhalte 802
  Inhalte strukturieren 806
  Internet-Standards 807
  Layout 808
  Links 803
  Literatur 812
  Menüpunkte 803
  Multimedia 805
  Navigation 806
  Schriftgrößen 810
  Screen-Reader 799
  Seitenaufbau 806, 808
  Seitengestaltung 799
  Sitemap 807
  Sonderzeichen 807
  Spacer 807
  spezielle Browser 810
  Sprache 803
  Sprungmarken 809
  Standards 808
  Suchmaschinen 801
  Tastatur 810
  Templates 802, 806, 807
  Texttrennzeichen 807
  Überschriften 803
  Usability 800
  Web Accessibility Evaluation Tool 812
  Web Accessibility Initiative (WAI) 807
  Zielgruppe 801
Basiseinstellungen
  Benutzer 422
Basisoptionen
  Anmeldung 327
  Archivierte Beiträge 328
  Authentifizierung – GMail 494
  Authentifizierung – LDAP 496
  Banner 328
  Beiträge – Newsflash 330

Beiträge – Verwandte Beiträge 332
Beitragskategorie (Modul) 333
Beitragskategorien (Modul) 336
Beliebte Beiträge 324
Benutzer – Joomla! 521
Benutzer – Kontakterstellung 521
Benutzer – Profile 523
Breadcrumbs (Modul) 340
Editor – CodeMirror 505
Editor – TinyMCE 506
Feed-Anzeige 338
Inhalt – E-Mail-Verschleierung 500
Inhalt – Joomla! 501
Inhalt – Modulpositionen laden 501
Inhalt – Seitennavigation 502
Inhalt – Seitenumbruch 502
Menü (Modultyp) 367
Module 324
Navigationspfad (Modul) 340
Neueste Beiträge (Modul) 341
Neueste Benutzer (Modul) 343
Plugins 493
Smart Search (Modul) 347
Sprachauswahl (Modul) 551
Statistik (Modul) 343
Suchen (Modul) 345
Suchindex (Modul) 347
Such-Plugins 513
Syndication Feed (Modul) 350
System – Cache 514
System – Debug 514
System – P3P-Richtlinien 518
System – Protokollierung 518
System – SEF 519
System – Sprachenfilter 519, 542
Weblinks 294
Weblinks (Modul) 351
Wer ist online 352
Werbebanner 328
Wrapper 353
Zufallsbild (Modul) 354
Baukastenanwendung 3
Baukastenprinzip 89
Bauplan 89, 571
Bearbeitungsbildschirm 103
    Beiträge 137
    Kategorien 125
    Menüpunkt 163
Beez 802
Beez_20 572

Beez3 572, 802
Beez5 572
Beispieldaten installieren 62
Beispielseite aufrufen 71
Beispielseiten 84
    Breadcrumb-Leiste 86
    Fruit Shop 87
    Logo 86
    Schriftgröße verändern 86
    Suchfunktion 85
    Titelbanner 86
Beiträge 117
    Alias 151
    anlegen 136
    archivieren 199
    Aufmacher 143
    Aufmacherbilder 147
    Autor 151
    Basisinformationen 137
    Beitragsberechtigungen 139
    Beitragsdetails 137
    Beitragsoptionen 153
    Bilder einbauen 141
    Darstellung anpassen 153
    Editorfenster konfigurieren 159
    Einleitung 143
    einreichen 410, 455
    Erstellungsdatum 151
    Featured Articles 196
    filtern 136
    Grundeinstellungen 193
    Hauptbeiträge 108, 196
    Haupteintrag 139
    im Frontend einreichen 410
    in Menü einbinden 188
    Intro 143
    Kategorie wechseln 162
    kopieren 162
    Links 147
    Menüeintragstyp 381
    Meta-Beschreibung 160
    Metadaten 160
    Metadatenoptionen 160
    Meta-Schlüsselwörter 160
    Module integrieren 355
    Sichtbarkeit 431
    speichern 161
    Text eingeben 139
    Textfilter für Benutzergruppen 444
    übersetzen 540

umsortieren 162
Unterseiten 144
veröffentlichen 138
Veröffentlichungsdatum 151
Veröffentlichungsoptionen 151
verschieben 162
verstecken 139
verwalten 136
Verweise auf andere Beiträge 146
Vorspann 144
zeitgesteuert freischalten 153
Zugriffsebene 139
Zugriffsebenen 431
Beiträge – Newsflash
   Basisoptionen 330
Beiträge – Verwandte Beiträge
   Basisoptionen 332
Beitragsberechtigungen 139
Beitragsdetails 137
Beitragskategorie (Modul)
   Anzeige 335
   Basisoptionen 333
   Dynamischer Modus 333
   Filter 333
   Gliederung 335
   Reihenfolge 334
Beitragskategorien (Modul)
   Basisoptionen 336
Beitragsoptionen 153
Beliebte Beiträge
   Basisoptionen 324
beliebteste Beiträge 96
Benutzer 417
   Abmeldeformular 450
   abmelden 411, 425, 450
   anlegen 419
   Anmeldeformular 450
   anmelden 450
   aus Benutzergruppe entfernen 419
   Beitragsformular 410
   Benutzerhinweise 459
   Benutzernamen 409, 419, 452
   Benutzerprofil 453
   Benutzerprofil (Register) 523
   Berechtigungen 434
   Berechtigungsbericht 476
   Captchas 449
   einer anderen Benutzergruppe hinzufü-
     gen 419

   Frontend 409
   Gruppen 411
   in andere Benutzergruppe verschieben
     419
   Kontaktformular 234
   Konto 409
   Konto bearbeiten 455
   Massenmail 465
   Mein Profil 455
   Menüeintragstyp 382
   Menüs 445
   Nachrichtensystem 463
   Passwort 409, 420, 452
   Postkasten 464
   Profile (Plugin) 522
   Profilseite 410
   reCAPTCHA 449
   Register Basiseinstellungen 422
   Register Zugewiesene Gruppen 421
   Registrierungsformular 445
   Textfilter 444
   User Menu 409
   verwalten 417
   Visitenkarte 234
   Weblink einreichen 410
   Zugriffsebenen 425
   zuletzt angemeldet 96
   zwangsweise abmelden 425
Benutzer – Joomla!
   Basisoptionen 521
Benutzer – Kontakterstellung
   Basisoptionen 521
Benutzer – Profile
   Basisoptionen 523
Benutzerdefinierte Ausgabe
   Eigene Inhalte (Leeres Modul) 337
Benutzergruppen 411
   Administrator 413
   Author 413
   Berechtigungsbericht 476
   Editor 413
   Guest 413
   Manager 413
   Public 413
   Publisher 413
   Registered 413
   Super Users 413
   Textfilter 444
   Zugriffsebenen 425

Benutzerhinweise 459
Benutzerkonten 409
   aktivieren 448
   anlegen 419
   Benutzerhinweise 459
Benutzername 90, 409, 419
   vergessenen wiederherstellen 452
Benutzerprofil 453
   ändern 453
   Konto bearbeiten 455
   Mein Profil 455
Benutzerverwaltung 409
Berechtigungen 434
   Adminanmeldung 437
   Administrationszugriff 437, 438
   anpassen 435
   bearbeiten 437, 438, 440
   Bericht 476
   Eigene Inhalte bearbeiten 437, 439, 440
   erstellen 437, 438, 440
   konfigurieren 438
   löschen 437, 438, 440
   Offlinezugang 437
   Permission Hierarchy 441
   Rechte-Hierarchie 441
   Seitenanmeldung 437
   Status bearbeiten 437, 439, 440
   Superadmin 437
   vererben 437
   Vererbungslehre 441
Bildbeschreibung
   barrierefreie 804
Bilder
   einbinden 213
   hochladen 210
   in Beiträge einbauen 141
   löschen 207
   rechtliche Aspekte 214
   Suchmaschinenoptimierung 820
   Thumbnails 206
   Vorschau 206
Bildergalerie 118, 676
   Phoca Gallery 678
   sigplus 676
   über Beiträge 676
Bildunterschrift 142
   barrierefreie 804
Bildverzeichnisse 208
   ändern 209

Blacklist 444
Blog 122
Bluestork 572
<body> 590
Bootstrap 625
Braillezeile 801
Branches 281
Breadcrumb-Leiste 86, 316, 340
Breadcrumbs (Modul)
   Basisoptionen 340

C

Cache 478, 514
Captcha-Plugins 498
Captchas 449, 473, 498
Cascading Style Sheets 605
Categories 118
checkAll() 752
class 606
Cloaking 500
CMS 4
Codehervorhebung 499
CodeMirror 505
com_banners 685
com_content 685
com_kinoportal 685
components, Verzeichnis 685
<config> 780
configuration.php 69, 469, 485, 836, 841
Contacts 234
Content Maps 281
Content-Management-System 4
   clientseitig 5
   Funktionsweise 5
   serverseitig 5
Content-Plugins 498
Content-Type 212
Control Panel 95
Controller 688, 694, 716
   Aufgabe 743
   Task 743
Cookies 248, 480, 517
<copyright> 602, 702
Core-Komponenten 655
<creationDate> 602, 702
CSS 605, 610
   Box-Modell 617
   Crashkurs 610
   Eigene CSS-Klassen 620

Joomla!s eigene CSS-Klassen 618
Klassen 615
Menüklassensuffix 622
Modulklassensuffix 621
Seitenlayout aufbauen 615
cURL 494
Customer-Relationship-Management-
Systeme 4

D

Dateien
filtern 211
hochladen 59, 210
überprüfen 212
Dateirechte 78
Dateitypen überprüfen 212
Datenbank 5, 13, 835
anlegen 55
Azure 13, 55
Backups 845
Daten sichern 845
Dump 845
Fehlermeldungen 843
gelöschter Super User 841
Konfiguration 55
MySQL 13, 55, 56, 837, 839, 842, 843,
847
mysql (Befehl) 840
MySQLi 56
Passwörter wiederherstellen 835
phpMyAdmin 837, 842, 846, 849
PostgreSQL 13, 55
Präfix 711
Servername 55
SQL 710
SQL Server 13, 55
Tabellen löschen 58
Tabellenpräfix 57
Tipps und Tricks 835
Zeichenkodierung 718
Zugriff 712
Datenbankabfragen 515
Debug 475, 514
defined('_JEXEC') 599
<description> 602, 702
Designs, verschiedene auf einer Seite 583
<div> 592
DOCTYPE 590
Document-Management-Systeme 4

DocumentRoot 50
Dokumente
Content-Type 212
einbinden 213
filtern 211
hochladen 210
Internet Media Type 212
MIME-Typ 212
überprüfen 212
Dreamweaver 3
Drucken 86
Drupal 7
dynamisch 5
Dynamischer Modus
Beitragskategorie (Modul) 333

E

Editor 472
CodeMirror 505
Keine 505
TinyMCE 506
Editor – CodeMirror
Basisoptionen 505
Editor – TinyMCE
Basisoptionen 506
Erweiterte Parameter 510
Editorfenster konfigurieren 159
Editors-Plugins 504
Eigene Inhalte (Leeres Modul)
Basisoptionen 337
Benutzerdefinierte Ausgabe 337
Eigene URL 858
einchecken 111
Einleitung, Aufmacher 143
Einsprungspunkt 696, 716
Einzelner Beitrag
Erweiterte Optionen 188, 193
Einzelner Beitrag (Menütyp) 188
Einzelner Kontakt (Menüeintragstyp) 256
Erweiterte Optionen 256
Einzelner Newsfeed (Menüeintragstyp) 270,
274
Erweiterte Optionen 274
E-Mail-Versand 484
E-Mail-Verschleierung 500
Entry Point 696
Entwurfsmuster 688
Entwurfsskizze 590
error.php 518, 623

Erscheinungsbild 571
Erstellungsdatum 151
Erweiterte Optionen 167, 172, 181, 188, 198, 200
   Alle Kategorien auflisten 167, 191
   Alle Newsfeed-Kategorien auflisten (Menüeintragstyp) 273
   Alle Weblinkskategorien auflisten (Menüeintragstyp) 297
   Anmeldeformular 450
   Archivierte Beiträge 200
   Einzelner Beitrag 193
   Einzelner Kontakt (Menüeintragstyp) 256
   Einzelner Newsfeed (Menüeintragstyp) 274
   Erweiterte Optionen 188
   Hauptbeiträge 198
   Iframe Wrapper 407
   Kategorieblog 181
   Kategorieliste 172
   Kontakte 252
   Kontakte in Kategorie auflisten (Menüeintragstyp) 252
   Menüeintrag-Alias 403
   Menüpunkte 393
   Module 321
   Newsfeed in Kategorie auflisten (Menüeintragstyp) 271
   Smart Search (Modul) 348
   Sprachauswahl (Modul) 552
   Suche 277
   Suchformular 277
   Suchindex 282
   Suchindex (Modul) 348
   Weblink in Kategorie auflisten (Menüeintragstyp) 302
   Wer ist online 352
Erweiterte Parameter
   Editor – TinyMCE 510
Erweiterungen 653, 683
   Abwärtskompatibilität 660
   aktivieren 656
   aktualisieren 660
   alte mitnehmen 654
   automatisches Update 660
   Bildergalerie 676
   Datenbank 844
   deaktivieren 656
   deinstallieren 656
   erstellen 683
   Event Calendar 666
   Events 666
   Finder 278
   installieren 655
   JEvents 666
   jUpgrade 866
   Kalender 666
   Kompatibilitätsmodus 661
   Komponente 654
   Legacy Mode 661
   Migrationskomponente 866
   Module 654
   Phoca Gallery 678
   Plugins 654
   sigplus 676
   Sitemap 661
   Suchmaschinenoptimierung 833
   verwalten 656
   Verzeichnis 653
   Warnungen 658
   Wartungsfunktionen 658
   Xmap 663
Erweiterungspaket 215
Event Calendar 666
Events 666
<extension> 601, 702
Extension-Plugins 512

F

Featured Articles 86, 196
Featured Contacts 242, 258
Feed-Anzeige
   Basisoptionen 338
Fehler
   Datenbank 843
Fehlerseite 623
   error.php 623
Fehlersuche 475, 514
<field> 735, 781
<fieldset> 737
<file> 718
File Transfer Protocol 60
Fileinfo 212
<filename> 602, 703
<files> 602, 703
FileZilla 78
Filter 285
   Beitragskategorie (Modul) 333

Finder 278
Finder-Plugins 512
<folder> 602, 703
<form> 735
Formular 735
Formularelement 735
freigeben 111
Front Page 84, 196
Frontend 84
    Beitrag einreichen 410
    Beitragsformular 410
    Benutzerprofil 453
    offline 470
    Profilseite 410
    Seiten für angemeldete Benutzer 409
    User Menu 409
    Weblink einreichen 410
Fruit Shop 87
FTP 59, 78, 483
FTP-Konfiguration 59
FTP-Programm 78
FTP-Server 60
    FileZilla 60
    ProFTPD 60
FTP-Zugang 60, 78
Full Package 49
Füllwörter 567
Funktionsumfang erweitern 653
Fusion 3

G

GeSHi 499
gesperrt 111
getCfg() 596
getLimitBox() 726
getListFooter() 726
Gliederung
    Beitragskategorie (Modul) 335
    Inhalte 120
Globale Einstellungen 469
Gmail 494
GNU General Public License XI, 7
Google Gmail 494
Google Mail 494
Grundeinstellungen 193, 469
    Beiträge 193
    Bildverzeichnisse ändern 209
    Cache 478
    configuration.php 469
    Cookies 480

Datenbank 482
Debuggen 475
E-Mail-Versand 484
Fehlersuche 475
Frontend 470
FTP 483
Kategorien 193
Mailing 484
Medien 211
Medienverwaltung 209, 210
Metadaten 474
Sitzung 480
Suche 276
System 470
Weblinks 302
Webserver 481
Website 470
Werbebanner 218
Zeitzone 483
Zwischenspeicher 478

H

<h1> 589
<h2> 589
Hathor 572
Hauptbeiträge 86, 108, 196
    Erweiterte Optionen 198
Haupteintrag 139, 242
Hauptkontakte 258
Hauptmenü 94
Helper-Class 776
Hilfe 112
Hilfeserver 470
Hinweiskategorien 459
    Veröffentlichungsoptionen 461
Home 84
Homepage 84
    Aufbau 120
    Bauplan 571
    Design 571
htaccess.txt 829
htdocs 50
HTML
    <body> 590
    <div> 592
    <h1> 589
    <h2> 589
    <head> 590
    <html> 590
    <img> 589

<meta> 595
<p> 589
<small> 589
<title> 595
Attribute 589
Crashkurs 588
End-Tag 589
Kommentar 593
Kopfteil 590
Körper 590
Seitentitel 595
Start-Tag 589
Tabelle 594
Tags 588
<html> 590
HTML-Editor 3
HyperText Markup Language 589

I

Identifikationsnummern 110
Iframe Wrapper 406
   Erweiterte Optionen 407
IIS 12
images, Verzeichnis 206
<img> 589
Impressum 122
   mit Kontaktformular 250
Indexierung 278
Informationsdatei 701, 771, 790
   für Komponenten 701
   für Module 771
   für Plugins 790
Inhalt – E-Mail-Verschleierung
   Basisoptionen 500
Inhalt – Joomla!
   Basisoptionen 501
Inhalt – Modulpositionen laden
   Basisoptionen 501
Inhalt – Seitennavigation
   Basisoptionen 502
Inhalt – Seitenumbruch
   Basisoptionen 502
Inhalte 117
   archivieren 199
   auswählen 103
   barrierefreie 802, 806
   bearbeiten 103
   Beiträge 117
   Blog 122

   einchecken 111
   freigeben 106, 111
   freischalten 105
   gesperrte 111
   gliedern 120
   Hauptbeiträge 196
   Identifikationsnummern 111
   indirekt erreichbare Elemente 190
   Kategorien 118
   löschen 104
   mit Menüpunkten verbinden 163
   Optionen 194
   Sichtbarkeit versteckter Inhalte 195
   Sortierreihenfolge 107
   sperren 106
   Status 105
   strukturieren 120
   Suchmaschinenoptimierung 817, 819
   übersetzen 540
   veröffentlichen 105
   verstecken 105
   versteckte 195
   verwalten 117
   Zugriff regeln 425
Inhaltsgruppen 280
Inhaltssprachen 536
.ini-Dateien 565
InnoDB 78
<install> 718
Installation
   Abschluss 67
   auf Server 77
   Datenbanktabellen löschen 58
   Datenbanktabellen sichern 58
   FTP-Konfiguration 59
   Hauptkonfiguration 53
   Installationsprüfung 63
   Installationsverzeichnis löschen 70
   Konfiguration 52
   Konfiguration der Datenbank 55
   Sprache wählen 52
   von Joomla! 48
Installationspaket 49
Installationsprüfung 63
Internes Nachrichtensystem 463
Internet Media Type 212
Internetadressen 708
Internetauftritt, strukturieren 120
Intro 143
Isis 572

J

JControllerAdmin 753
  getModel() 753
JControllerForm 747
JControllerLegacy 694
  display() 730
  execute() 696
  redirect() 696
JDatabase
  loadObjectList() 713
  loadResult() 713
JDatabaseDriver 712
JDatabaseQuery 712
  from() 712
  getQuery() 712
  order() 713
  select() 713
  setQuery() 713
jdoc
  include 595
JEvents 666
  Benutzerseite 675
  Control Panel 667
  Ereignisse 669
  Events 669
  Grundeinstellungen 666
  Kategorien 667
  Kontrollzentrum 667
  Menüpunkt anlegen 672
  Termine 669
JFactory 712
  getDbo() 712
JForm 738, 739
  getForm() 739
JHtml 727
  _() 727, 744, 746, 752
jimport 721
JModelAdmin 738
  getItem() 740
  loadForm() 739
  loadFormData() 740
JModelLegacy 691
  getListQuery() 721
JModelList 721
  get() 723
  getItems() 723
  getPagination() 723
JModuleHelper 778
  getLayoutPath() 778

Joomla! XI
  abmelden 28
  Aktualisierung 853
  aktuell halten 853
  anmelden 71
  Arbeitsweisen 83
  auf anderen Server verschieben 850
  auf Server installieren 77
  aufrufen 52
  Aussprache 7
  Backups 845
  Bedeutung des Namens 7
  Bedienkonzepte 99
  Core-Komponenten 655
  Einsatzbereiche 6
  entpacken 23, 50
  Erweiterungspakete 653
  Full Package 49
  Geschichte 7
  Grundeinstellungen 469
  installieren 24, 48
  Leistungsumfang erweitern 653
  Lokale Testumgebung 30
  Migration 853
  Pakete 49
  Ressourcen XIII
  Schnellinstallation 15
  Sicherheitsaktualisierungen 853
  Sprache umstellen 533
  Support XIII
  Systeminformationen 485
  Systemvoraussetzungen 12
  Terminologie 83
  umziehen 850
  Upgrade Package 49
  Version wählen 10
  Versionen 7
  Verwaltungszentrale 93
  Vorteile 6
Joomla! CMS 685
Joomla! Platform 685
JPagination 723
JPlugin 787
  onContentSearch() 788
JRoute 744
  _() 744
JTable 738
  getInstance() 739
JText 762
  _() 762

JTOOLBAR_CANCEL 744
JTOOLBAR_CLOSE 744
JToolBarHelper 743
  addNew() 751
  cancel() 743
  deleteList() 750
  editList() 751
  save() 743
  title() 743
JToolbarHelper 723
jUpgrade 866
JURI::base() 598
JURI::root() 598
JViewLegacy 692
  display() 692

K

Kalender 666
Kategorieberechtigungen 127, 439
Kategorieblog 180
  Erweiterte Optionen 181
Kategorieebene
  Root 661
Kategorieliste 170
  Erweiterte Optionen 172
Kategorien 118
  Alias 125
  anlegen 124
  Basisoptionen 128
  Beschreibung 126
  Bild zuordnen 129
  Einstellungen 125
  erstellen 125
  für Banner 220
  für Kontakte 235
  für Newsfeeds 260
  für Weblinks 287
  Grundeinstellungen 193
  Kategorieberechtigungen 127, 439
  Kategorieblog 180
  Kategorieliste 170
  kopieren 134
  Layout ändern 129
  Meta-Beschreibung 131
  Metadaten 130, 131
  Metadatenoptionen 130
  Meta-Informationen 131
  Meta-Schlüsselwörter 131
  Optionen 128, 194
  Stapelverarbeitung 133, 135

Übersichtsseiten 118
Veröffentlichungsoptionen 128
verschieben 133
verwalten 124
wiederherstellen 487
Zugriffsebene 127
Kategorieoptionen
  Alle Kategorien auflisten 167
Kinoportal, Gliederung 122
Kinoportal-Komponente 709
Kompatibilitätsmodus 661
Komponenten 215, 305, 654
  Aktionsmöglichkeiten hinzufügen 749
  Ausgaben verändern 645
  Banner 216
  Bannerwerbung 216
  Controller 688
  Einsprungspunkt 696
  Entry Point 696
  erstellen 684
  Hallo-Welt-Beispiel 690
  Kinoportal 685, 709
  Kontakte 234
  Kontaktformular 234
  Model 687
  Model-View-Controller 687
  Newsfeeds 259
  programmieren 684
  Softwareentwicklung 215
  Sprachdateien erstellen 761
  Sprachschlüssel 761
  Suche 274
  Suchstatistik 274
  Template 693
  View 687
  Weblinks 287
  Werbebanner 216
  Werbung 216
  Zugriff auf Datenbank 712
Kontaktdetails
  Kontakte 243
Kontakte 234
  Anzeigeoptionen 244
  einrichten 239
  erstellen 239
  Erweiterte Optionen 252
  Featured Contacts 242, 258
  Haupteintrag 242
  Hauptkontakte 258
  in Menü einbinden 256
  Kategorien 235

Kategorien in Menü einbinden 251
Kontaktdetails 243
Kontaktformular 247
Menüeintragstyp 383
Metadaten 249
Metadatenoptionen 249
Neuer Kontakt (Register) 241
vCard 244
Veröffentlichungsoptionen 242
Kontakte in Kategorie auflisten
  (Menüeintragstyp) 251
Erweiterte Optionen 252
Kontaktformular 234, 247
Kontakte 247
Kontaktkategorie 235
Metadaten 239
Metadatenoptionen 239
Optionen 238
Veröffentlichungsoptionen 238
Kontrollzentrum 95
beliebteste Beiträge 96
Logged-in Users 96
Popular Articles 96
Quick Icons 95
Recently Added Articles 96
Statusleiste 94
zuletzt hinzugefügte Beiträge 96
Kurzzeit-Support 858
Kurzzeitunterstützung 857

L

Länderkürzel 539
<language> 768
Language Manager 73
Langzeit-Support 858
Langzeitunterstützung XII, 8, 857
Layout 693
LDAP 495
Legacy Mode 661
Legacy-Klassen 685
<license> 602, 702
Lightweight Directory Access Protocol 495
Limit-Box 726
Linkfarmen 816
Links 147
suchmaschinenfreundliche 825
Transliteration-Verfahren 831
Umleitungen 831
Unicode-Zeichen 830

Listen 100
Sortierkriterien 107
Übersicht schaffen 102
loadposition 355, 501
loadTemplate() 729
localhost 56
Logged-in Users 96
Login Form 90
Long Term Support XII, 8, 857

M

Mambo 7
MAMP 15, 42
Apache beenden 43
Apache starten 43
beenden 29
deinstallieren 43
DocumentRoot 50
Funktionstest 44
htdocs 50
installieren 15, 20
löschen 29, 43
MAMP Benutzeroberfläche 21, 42
MySQL beenden 43
MySQL starten 43
Sicherheit 47
Massenmail 465
Media Manager 206
Medien 205
Content-Type 212
Dateitypen überprüfen 212
einbinden 213
Fileinfo 212
filtern 211
hochladen 210
Internet Media Type 212
löschen 207
Media Manager 206
MIME Magic 212
MIME-Typ 212
ordnen 208
rechtliche Aspekte 214
Uploads blockieren 212
verwalten 205
Verzeichnisse 206, 208
ändern 209
Medienverwaltung 206
Grundeinstellungen 209, 210
Mini-Ausgabe 214

Optionen 209, 210
rechtliche Aspekte 214
Medienverzeichnis 206
Mehrsprachigkeit 527, 535
   Assoziierte Menüpunkte 557
   Hauptmenü 544
   Länderkürzel 539
   Menüpunkte verknüpfen 556
   Modul 343, 549
   Plugin 542
   Sprachauswahl 544
   Sprachen für Inhalte 536
   Sprachkonstante 560
   Sprachkürzel 538
   Sprachschlüssel 560
   Sprach-Tag 539
   Startseite 544
   Übersetzungen austauschen 559
   vorbereiten 536
Menü 364
<menu> 703
Menü (Modultyp)
   Basisoptionen 367
Menu Item Type 164
Menüalias 403
Menüeintrag-Alias 403
   Erweiterte Optionen 403
Menüeinträge 363, 369
   anlegen 379
   Bild hinzufügen 394
   Einstellungen für Menülinks 394
   erstellen 379
   Externe URL 401
   Grundeinstellungen 386
   Iframe Wrapper 406
   in andere Menüs verschieben 372
   Integrationseinstellungen 393
   kopieren 376
   löschen 372
   Menüalias 403
   Menüeintrag-Alias 402, 403
   Menüeintragstyp 379
   Menü-Überschrift 405
   Metadaten 398
   Modul 400
   ordnen 389
   Permission Hierarchy 441
   Position ändern 371
   reCAPTCHA 449

RSS-Feeds 393
Seitentitel verändern 395
Startseite festlegen 371
Trennzeichen 404
typabhängige Einstellungen 390
Unterpunkte 378
verschieben 373
verwalten 369
Menüeintragstyp 164, 364, 379
   Alle Kategorien auflisten 165, 381
   Alle Kontaktkategorien auflisten 251, 383
   Alle Newsfeed-Kategorien auflisten 270, 273, 383
   Alle Weblinkskategorien auflisten 296, 385
   Anmeldeformular 382, 450
   Archivierte Beiträge 200, 381
   Beitrag erstellen 382, 455
   Beiträge, Rubrik 381
   Benutzer 382
   Benutzername erneut zusenden 383, 453
   Benutzerprofil 382, 453
     bearbeiten 382, 454
   Einzelner Beitrag 188, 381
   Einzelner Kontakt 256, 383
   Einzelner Newsfeed 270, 274, 384
   Externe URL 384, 401
   Grundeinstellungen 386
   Hauptbeiträge 197, 382
   Hauptkontakte 259, 383
   Iframe Wrapper 385, 406
   Kategorieblog 180, 382
   Kategorieliste 170, 382
   Kontakte 383
   Kontakte in Kategorie auflisten 251, 383
   Menüeintrag-Alias 384, 402
   Menü-Überschrift 405
   Newsfeeds 383
   Newsfeeds in Kategorie auflisten 270, 384
   Passwort zurücksetzen 383, 452
   Registrierungsformular 382, 445
   Suche 281, 384
   Suchformular oder Suchergebnisse auflisten 277, 384
   Suchindex 384
   Systemlinks 384
   Trennzeichen 384, 404

Weblink einreichen 385, 456
Weblinks in Kategorie auflisten 296, 385
Wrapper 385
Menüklassensuffix 622
Menüpunkte 364, 369
  Alle Kategorien auflisten 165
  Alle Kontaktkategorien auflisten 251
  Alle Newsfeed-Kategorien auflisten 269
  Alle Weblinskategorien auflisten 296
  anlegen 163
  assoziierte 557
  einzelner Kontakt 256
  einzelner Newsfeed 270
  Erweiterte Optionen 167, 172, 181, 188,
    198, 200, 393
  für archivierte Beiträge 200
  für Beiträge 188
  für einzelnen Beitrag 188
  für Hauptbeiträge 197
  für Kategorien 164
  für Kontakte 250
  für Newsfeeds 269
  für Suchformular 276
  für Weblinks 296
  Hauptkontakte 259
  in Menü einbinden 164
  indirekt erreichbare Elemente 190
  Kategorieblog 180
  Kategorieliste 170
  Kategorienoptionen 167
  Kontakte in Kategorie auflisten 251
  Metadatenoptionen 398
  Newsfeeds in Kategorie auflisten 270,
    271
  Suche 281
  Suchformular oder Suchergebnisse aufli-
    sten 277
  verknüpfen (Mehrsprachigkeit) 556
  Weblinks in Kategorie auflisten 296
  Zugeordnete Module für diesen
    Menüeintrag 398
Menüs 361
  Alle Kategorien auflisten 165
  anlegen 365
  archivierte Beiträge 200
  aus den Beispieldaten 361
  Begriffe 364
  der Beispielseite 85
  Einträge ordnen 389

  erstellen 365
  für Benutzer 445
  Hauptbeiträge 197
  indirekt erreichbare Elemente 190
  Kategorien 164
  löschen 365
  Mehrsprachigkeit 544
  Menüeinträge 363, 369
    verschieben 372
  Menüeintragstyp 379
  Menüpunkte 369
  Menütyp 365
  Modul 364, 367, 400
  Module zuweisen 322
  Registrierungsformular 445
  RSS-Feeds 393
  Startseite festlegen 371
  Unterpunkte 378
  verwalten 362
  wiederherstellen 487
Menütyp 164, 365, 379
  anmelden (Programmierung) 697
  Menüalias 403
<message> 698
<meta> 595
Metadaten 131, 474, 822
  Beiträge 159
  Globale 474
  Kategorien 130
  Kontaktkategorie 239, 249
  Menüeinträge 398
  Newsfeed 268
  Newsfeed-Kategorien 262
  Robots 131
  Sprachen 540
  Suchmaschinenoptimierung 822
  Weblink-Kategorien 290
  Weblinks 295
  Werbebanner 229
  Werbebanner-Kategorien 222
  Werbekunden 218
Metadatenoptionen
  Beiträge 160
  Kategorien 130
  Kontakte 249
  Kontaktkategorien 239
  Menüpunkte 398
  Newsfeed 268
  Newsfeed-Kategorien 262

Sprachpakete 540
Weblink-Kategorien 290
Weblinks 295
Werbebanner 229
Werbebanner-Kategorien 222
Werbekunden 218
Meta-Informationen 131
Microsoft Visual C++ 2008 Redistributable
    Package 15, 31, 33
Migration 853
    jUpgrade 866
    Komponente 866
    von einer alten Joomla!-Version 859
    von Joomla! 1.0.x 873
    von Joomla! 1.5 864
    von Joomla! 2.5 861
    vorbereiten 859
MIME Magic 212
MIME-Typ 212
Miro 7
mod_rewrite 827
Model 687, 690, 712
Module 305, 654
    an andere Position verschieben 311
    anlegen 314
    Anmeldung 326
    Banner 328
    Basisoptionen 324
    bearbeiten 318
    Beiträge – Newsflash 330
    Beiträge – Verwandte Beiträge 332
    Beitragskategorien 332, 335
    Beliebte Beiträge 325
    Breadcrumbs 340
    Eigene Inhalte 337
    Eigenschaften verändern 318
    Einstellungen ändern 318
    erstellen 314, 770
    Erweiterte Optionen 321
    Feed-Anzeige 337
    Fußzeile 339
    Hallo-Welt-Beispiel 770
    Helper-Class 776
    in Beiträge einbinden 355
    in das Backend einbinden 779
    in die Ausgaben eingreifen 642
    Kinoportal-Beispiel 773
    Layout 776, 777
    Leeres Modul 337

loadposition 355
Menüs 339, 364, 367, 400
Menüzuweisung 322
Modulklassensuffix 321
Navigationspfad 340
Neueste Beiträge 341
Neueste Benutzer 342
Position 311
Sprachauswahl 343, 549
Sprachdateien erstellen 783
Sprachschlüssel 783
Sprach-Tag 784
Statistiken 343
Suchindex 347
Syndication Feeds 349
Typ 310, 315
verschieben 311
Verwaltung 308
Weblinks 350
Wer ist online 352
Wrapper 352
Zufallsbild 354
Module Chrome 646
    eigene Attribute 649
    erstellen 647
    Parameter 649
Modulklassensuffix 321, 621
Modultyp 315
    abhängige Einstellungen 324
    Anmeldung 315, 326
    Archivierte Beiträge 316
    Banner 316, 328
    Beiträge – Newsflash 316, 329
    Beiträge – Verwandte Beiträge 316, 332
    Beitragskategorie 332
    Beitragskategorien 316, 336
    Beliebte Beiträge 316, 324
    Breadcrumbs 340
    Eigene Inhalte 337
    Eigene Inhalte (Leeres Modul) 316
    Feed – Anzeige 316
    Feed-Anzeige 337
    Fußzeile 316, 339
    Leeres Modul 337
    Menü 316, 339, 367
    Navigationspfad (Breadcrumbs) 316, 340
    Neueste Beiträge 317, 341
    Neueste Benutzer 317, 342
    Sprachauswahl 317, 343

Statistiken 317, 343
Suchen 317, 344
Suchindex 317, 347
Syndication Feeds 317, 349
Weblinks 317, 350
Wer ist online 317, 352
Wrapper 318, 353
Zufallsbild 318, 354
Modulverwaltung 308
MOS (Mambo Open Source) 7
MySQL 13, 56, 710, 837, 839, 842, 843,
    847
    Dump 845
    InnoDB 78
    mysql (Befehl) 840, 843, 849
    mysqldump 847
    Sicherung zurückspielen 848
mysql (Befehl) 843
mysqldump 847
MySQLi 55, 56

N

Nachrichten
    Einstellungen 465
    empfangene 464
    Postkasten 464
    verschicken 464
Nachrichtenkanäle 259
Nachrichtensystem 463
    Einstellungen 465
    Massenmail 465
<name> 601, 702
Navigationspfad 340
Navigationspfad (Modul)
    Basisoptionen 340
Neueste Beiträge (Modul)
    Basisoptionen 341
Neueste Benutzer (Modul)
    Basisoptionen 343
Newsfeed
    Anzeigeoptionen 268
    Metadaten 268
    Metadatenoptionen 268
    Veröffentlichungsoptionen 266
Newsfeed in Kategorie auflisten
    (Menüeintragstyp)
    Erweitere Optionen 271
Newsfeed-Kategorien
    Metadaten 262

Metadatenoptionen 262
    Optionen 262
    Veröffentlichungsoptionen 262
Newsfeeds 259
    einrichten 263
    Kategorien 260
    Menüeintragstyp 383
    mit Menüpunkt verbinden 269
Newsfeeds in Kategorie auflisten
    (Menüeintragstyp) 270, 271
Nodes 281

O

Online-Hilfe 112
Open Source Matters 7
Optionen
    Beiträge 194
    Kategorien 194
    Medienverwaltung 209, 210
    Weblink-Kategorien 289
Overrides 559, 562

P

<p> 589
P3P-Richtlinien 517
Papierkorb 104
Passwort 90, 409, 419
    vergessenes wiederherstellen 452, 835
Permission Hierarchy 441
Phoca Gallery 678
    Benutzerseite 681
    Bilder hinzufügen 680
    Installation 678
    Kontrollzentrum 678
PHP 13, 683
    Einstellungen 63, 485
    Interpreter 13
    Konfiguration anpassen 79
    php.ini 65
    Register Globals 81
    Safe Mode 80
    Voraussetzungen 63
php.ini 65, 80
    display_errors 66
PHP-Mail 484
phpMyAdmin 719, 837, 842, 846, 849
Platform for Privacy Preferences 517
Platzhalter
    für Texte 761

Plugins 489, 655
   Authentication-Plugins 493
   Authentifizierung – GMail 494
   Authentifizierung – Joomla! 494
   Authentifizierung – LDAP 495
   Basisoptionen 493
   Benutzer – Joomla! 521
   Benutzer – Kontakterstellung 521
   Benutzer – Profile 522
   Captcha – ReCaptcha 498
   Captcha-Plugins 498
   Content-Plugins 498
   Editor – CodeMirror 504
   Editor – Keine 505
   Editor – TinyMCE 506
   Editors-Plugins 504
   Editors-xtd-Plugins 511
   erstellen 786
   Erweiterungen – Joomla! 512
   Extension-Plugins 512
   Finder-Plugins 512
   in das Backend einbinden 791
   Informationsdatei 790
   Inhalt – Bewertung 498
   Inhalt – Codehervorhebung (GeSHi) 498
   Inhalt – E-Mail-Verschleierung 500
   Inhalt – Joomla! 501
   Inhalt – Modulpositionen laden 501
   Inhalt – Seitennavigation 502
   Inhalt – Seitenumbruch 502
   Quickicon-Plugins 512
   Schaltfläche – Beiträge 511
   Schaltfläche – Bild 511
   Schaltfläche – Seitenumbruch 511
   Schaltfläche – Weiterlesen 511
   Search-Plugins 513
     erstellen 787
   Sprachdateien erstellen 793
   Sprachschlüssel 793
   Sprach-Tag 794
   Suche – Inhalt 513
   Suche – Kategorien 513
   Suche – Kontakte 513
   Suche – Newsfeeds 513
   Suche – Weblinks 513
   Suchindex – Inhalt 512
   Suchindex – Kategorien 512
   Suchindex – Kontakte 512
   Suchindex – Newsfeeds 512
   Suchindex – Weblinks 512
   System – Abmelden 514
   System – Angemeldet bleiben 517
   System – Cache 514
   System – Debug 514
   System – Highlight 517
   System – P3P-Richtlinien 517
   System – Protokollierung 518
   System – SEF 518
   System – Sprachenfilter 519
   System – Sprachkürzel 520
   System – Umleitung 520
   System-Plugins 513
   Typ 490
   User-Plugins 521
Popular Articles 96
<position> 603
<positions> 603
PostgreSQL 13, 55
Postkasten 464
Profilseite 410
Programmierung
   Ablauf 704
   Administrator-Schnittstelle 699, 720, 779, 791
   API-Referenz 690
   Aufgabe 743, 751
   Ausklappliste 780
   Azure 711
   Bearbeitungsbildschirm 735
   Checkbox hinzufügen 750
   Controller 688, 694
   Datenbank 710
   Deinstallation 707
   Einsprungspunkt 695, 730
   Entry Point 696
   Entwurfsmuster 688
   Erweiterungen 683
   Formular 735
   Formularelement 735
   Hallo-Welt-Beispiel 690
   Hauptmenü deaktivieren 742
   Helper-Class 776
   Informationsdatei 701, 790
   Internetadressen 708
   JControllerLegacy 694
   JDatabaseDriver 712
   JDatabaseQuery 712
   JFactory 712
   JHtml 727
   jimport 721
   JModelLegacy 691
   Joomla! CMS 685

Joomla! Platform 685
JViewLegacy 692
Kinoportal-Beispiel 709, 773
Komponenten 684
Layout 776
Legacy-Klassen 685
Menüeintragstyp anmelden 697
Model 687, 690
Model-View-Controller 687
Modul im Backend 779
Module 770
MySQL 710
Platzhalter für Texte 761
Plugins 786
Search-Plugin erstellen 787
Sicherheitshinweise 795
Sicherheitsprobleme 796
Sicherheitstoken 746
Sprachdateien einbinden 761, 783, 793
Sprachschlüssel 761, 783, 793
Sprach-Tag 766, 784, 794
SQL 710
SQL-Dateien 711
SQL-Injection 796
Task 743
Template 693
Upgrade-Pakete 733
Verbesserungspotenzial 795
Verzeichnisse verstecken 700
View 687, 692
Werkzeugleiste erstellen 743, 750
Protokollierung 518
System – Debug 517
Protostar 572

Q

Quick Icons 95
Quickicon-Plugins 512

R

RapidWeaver 3
reCAPTCHA 449, 498
Recently Added Articles 96
Rechte-Hierarchie 441
Register Globals 81
Registrierungsformular 445
Reihenfolge
Beitragskategorie (Modul) 334
require_once() 778

Responsive Design 97
Robots 131, 816
RSS 350
RSS-Feeds 393

S

Safe Mode 80
Schlüsselwörter 822
Schnellinstallation 15
Arbeitsumgebung vorbereiten 15
deutsches Sprachpaket 27
Joomla! entpacken 23
Joomla! installieren 24
MAMP installieren 20
XAMPP installieren 15
Schnellstartsymbole 95
Schreibrechte 78
Schriftgröße verändern 86
Screen-Reader 799
Search Engine Friendly Links 825
Search Engine Optimisation 815
Search-Plugins 513
erstellen 787
Secure Shell 78
SEF 518
Seite
ausdrucken 86
senden 86
Seitengestaltung
barrierefreie 799
Seitentitel
verändern 395
Sendmail 484
SEO 815
Session-Management 480
Short Term Support 857
Sicherheit
MAMP 47
XAMPP 47
Sicherheitsaktualisierungen 853
Sicherheitstoken 746
sigplus 676
Site 84
Site Modules 309
Sitemap 661
Barrierefreiheit 807
mit Bordmitteln 661
mit Xmap 663
Site-Module 308

Sitzung 480
Slider 380
Slider (Begriffserklärung) 164
<small> 589
Smart Search 278, 491, 512
Smart Search (Modul)
    Basisoptionen 347
    Erweiterte Optionen 348
SMTP-Server 484
Sortierkriterien 107
Spider 816
Sprachauswahl 544, 549
    Basisoptionen 551
Sprachauswahl (Modul)
    Erweiterte Optionen 552
Sprache
    Modul 549
    Sprachkonstante 560
    Sprachschlüssel 560
    Übersetzungen austauschen 559
    wechseln 533
Sprachen für Inhalte 536
Sprachenfilter 519
Sprachkonstante 560
Sprachkürzel 538
Sprachkürzel (Register)
    System – Sprachkürzel 520
Sprachoptionen
    System – Debug 515
Sprachpakete 527
    .ini-Dateien 565
    .localize.php 566
    .xml-Datei 563
    beschaffen 527
    deinstallieren 533
    deutsche 72
    erstellen 562
    Füllwörter 567
    Informationsdatei 563
    install.xml 567
    installieren 27, 72, 527, 536
    Language Manager 73
    Language-Tag 563
    löschen 533
    Metadatenoptionen 540
    schnüren 567
    Seitenname (Register) 540
    Sprachkonstante 560
    Sprachschlüssel 560

Sprach-Tag 563
    Übersetzungen austauschen 559
    wechseln 533
Sprachschlüssel 761, 783, 793
Sprach-Tag 539, 563, 766, 784, 794
SQL 710
SQL Server 55
SQL Server ab Version 10.50.1600.1 13
SQL-Injection 691, 796
ssh 78
SSL 398
Stapelverarbeitung 133, 135
Startseite 84, 196, 371
    aufrufen 71
    festlegen 371
    Mehrsprachigkeit 544
Statistik (Modul)
    Basisoptionen 343
Status 105
Statusleiste 94
Steuerzentrale 71
Stile 576
    Default 576
    erstellen 580
    Menüzuweisung (Register) 584
    Optionen (Register) 581
    Probleme beheben 578
    prüfen 578
    Standard 576
    tauschen 577
    verändern 580
    verschiedene auf einer Seite 583
style 607
Styles 576
Stylesheets 588
    einbinden 611
Suche 274
    Anfragen analysieren 275
    Branches 281
    Content Maps 281
    Erweiterte Optionen 277
    Filter 285
    Finder 278
    Formular in Menü einbinden 276
    Indexierung 278
    Inhaltsgruppen 280
    Menüeintragstyp 384
    Nodes 281
    Smart Search 278

Suchen-Feld 274
Suchformular 276
Suchen (Modul)
    Basisoptionen 345
Suchformular 276
    Erweiterte Optionen 277
Suchformular oder Suchergebnisse auflisten
        (Menütyp) 277
Suchfunktion 85
Suchindex 278, 504, 512
    Erweiterte Optionen 282
    Menüeintragstyp 384
Suchindex (Modul)
    Basisoptionen 347
    Erweiterte Optionen 348
Suchmaschinen
    Barrierefreiheit 801
    Funktionsweise 816
    Optimierung 815
    PageRank 817
    Punktwert 817
    Rank 817
    Robot 816
    Score 817
    Spider 816
    Webcrawler 816
Suchmaschinenoptimierung 815
    Adressänderungen 825
    Aktualität 821
    Bilder 820
    E-Marketing 816
    Erweiterungen 833
    Füllwörter 819
    Funktionsweise einer Suchmaschine 816
    Internet-Marketing 816
    Linkfarmen 816
    Menüs 818
    Metadaten 822
    mod_rewrite 827
    Multimedia-Inhalte 821
    Online-Marketing 816
    PageRank 817
    Punktwert 817
    Rank 817
    Robot 816
    Schlüsselwörter 819, 822
    Score 817
    Search Engine Friendly Links 825
    Seiteninhalte anpassen 817

    Seitenname 824
    Texte 819
    Transliteration-Verfahren 831
    Überschriften 817
    Umleitungen 831
    Unicode-Zeichen 830
    URL Rewrite 826
    URL-Rewrite-Modul (Apache) 827
    Webcrawler 816
Such-Plugins
    Basisoptionen 513
Suchstatistik 274
Super Administrator 90
Super User 90, 92
Swahili 7
Syndication Feed (Modul)
    Basisoptionen 350
Syntax-Highlighting 499, 505
System – Cache
    Basisoptionen 514
System – Debug
    Basisoptionen 514
    Protokollierung 517
    Sprachoptionen 515
System – P3P-Richtlinien
    Basisoptionen 518
System – Protokollierung
    Basisoptionen 518
System – SEF
    Basisoptionen 519
System – Sprachenfilter
    Basisoptionen 519, 542
System – Sprachkürzel
    Sprachkürzel (Register) 520
Systeminformationen 79, 485
System-Plugins 513
Systemvoraussetzungen 12

T

Tabellenpräfix 57
Tags 588
template_preview.png 587, 622
template_thumbnail.png 587, 622
templateDetails.xml 587, 600
    <author> 602
    <authorEmail> 602
    <authorUrl> 602
    <copyright> 602
    <creationDate> 602

<description> 602
<extension> 601
<filename> 602
<files> 602
<folder> 602
<license> 602
<name> 601
<position> 603
<positions> 603
<version> 602
Templates 89, 98, 305, 571
  595
  $this 597, 598
  <author> 602
  <authorEmail> 602
  <authorUrl> 602
  <copyright> 602
  <creationDate> 602
  <description> 602
  <extension> 601
  <filename> 602
  <files> 602
  <folder> 602
  <license> 602
  <name> 601
  <position> 603
  <positions> 603
  <version> 602
  Administrationsbereich 651
  Atomic 572
  Ausgaben von Komponenten verändern
    645
  Ausgaben von Modulen verändern 642
  Barrierefreiheit 802, 807
  Bauplan 571
  Beez_20 572
  Beez3 572
  Beez5 572
  beschaffen 573
  Bluestork 572
  Bootstrap 625
  Cascading Style Sheets 605
  class 606
  CSS 605, 610
  default.php 642
  defined('_JEXEC') 599
  deinstallieren 576
  eigene CSS-Klassen 620
  Entwurfsskizze 590

  error.php 623
  erstellen 586
  Fehlerseite 623
  Fußzeile formatieren 613
  getCfg() 596
  Grundgerüst 591
  Hathor 572
  HTML 588
  HyperText Markup Language 589
  index.php 599
  installieren 575
  Integration in Joomla! 594
  Isis 572
  Joomla!s eigene CSS-Klassen 618
  JURI::base() 598
  JURI::root() 598
  Menüklassensuffix 622
  Menüzuweisung (Register) 584
  mit Parametern steuern 630
  Module Chrome 646
  Modulklassensuffix 621
  Optionen (Register) 581
  Overrides 641
  Paket erstellen 603
  Parameter 630
  Pfadangaben 597
  Protostar 572
  Schreibrichtung 596
  Seitenlayout mit CSS aufbauen 615
  Spezialbefehle 594
  Sprache 596
  Sprache einbinden 596
  Stile 576
  style 607
  style-Attribut 607
  Styles 576
  Stylesheet einbinden 611
  Template Overrides 641
  template_preview.png 622
  template_thumbnail.png 622
  templateDetails.xml 587, 600
  UTF-8-Zeichenkodierung 591
  verschiedene auf einer Seite 583
  verwalten 571
  Verzeichnis 587
  Vorschaubilder 622
  XML 595
Template-Verzeichnis 587
Terminologie 83

Thumbnails 206
TinyMCE 139, 506, 875
   Barrierefreiheit 802
Titelbanner 86
<title> 595
Toolbar 101
Transliteration-Verfahren 831
Trennzeichen 404
TYPO3 7

U

Übersetzung, Beiträge 540
Übersetzungen austauschen 559
Übersichtsseiten 118
Umleitungen 831
Umstieg
   von einer alten Joomla!-Version 859
Unicode 564
<uninstall> 718
Unterseiten 144
Upgrade Package 49
Upgrade-Pakete 733
Uploads blockieren 212
URL Rewrite 826
Usability 800
User Menu 409
User-Plugins 521
UTF-8-Zeichenkodierung 564, 591

V

vCard 244
veröffentlichen 105
Veröffentlichungsdatum 151
Veröffentlichungsoptionen 128
   Beiträge 151
   Hinweiskategorien 461
   Kontakte 242
   Kontaktkategorien 238
   Newsfeed 266
   Newsfeed-Kategorien 262
   Weblink-Kategorien 289
   Weblinks 294
   Werbebanner 226
<version> 602, 702
verstecken 105
Verwaltungszentrale 93
Verweise auf andere Beiträge 146
Verzeichnisrechte 486

Verzeichnisse, vor Blicken schützen 700
View 687, 692, 714
   Template 693
Visitenkarte 234
Voraussetzungen 12
Vorlage 89
Vorspann 144

W

Wartungsmodus 53
Web Accessibility Evaluation Tool 812
Web Accessibility Initiative (WAI) 807
web.config.txt 829
Web-Baukasten 3
Web-Content-Management-Systeme 4
Webcrawler 816
Webfonts 811
Weblink in Kategorie auflisten
   (Menüeintragstyp)
   Erweiterte Optionen 302
Weblink-Kategorien
   Metadaten 290
   Metadatenoptionen 290
   Optionen 289
   Veröffentlichungsoptionen 289
Weblinks 287
   Basisoptionen 294
   einreichen 455
   erstellen 291
   Grundeinstellungen 302
   im Frontend einreichen 410
   Kategorien 287
   Menüeintragstyp 385
   Metadaten 295
   Metadatenoptionen 295
   mit Menüpunkt verbinden 296
   Veröffentlichungsoptionen 294
   verwalten 291
Weblinks (Modul)
   Basisoptionen 351
Weblinks in Kategorie auflisten
   (Menüeintragstyp) 296
Webserver 12
   Apache 12
   DocumentRoot 50
   htaccess.txt 829
   htdocs 50
   IIS 12
   mod_rewrite 827

URL-Rewrite 827
web.config.txt 829
Website 84
  Bauplan 571
  Entwurfsskizze 590
  mehrsprachig 535
  offline 53, 470
Weiterlesen, Schaltfläche 86
Wer ist online
  Basisoptionen 352
  Erweiterte Optionen 352
Werbebanner 216
  Anzahl Aufrufe 228
  Anzahl Klicks 228
  anzeigen 230
  Banner-Details 227
  Basisoptionen 328
  einbinden 222
  Fullbanner-Format 225
  Kategorien 220
  kontextabhängig 219, 229
  Metadaten 229
  Metadatenoptionen 229
  Modul 230
  Statistik 232
  veröffentlichen 227
  Veröffentlichungsoptionen 226
  Werbekunden verwalten 216
  Zahlweise 228
Werbebanner-Kategorien
  Metadaten 222
  Metadatenoptionen 222
Werbekunden
  Metadaten 218
  Metadatenoptionen 218
Werbung 216
  Anzahl Aufrufe 228
  Anzahl Klicks 228
  anzeigen 230
  einbinden 222
  Fullbanner-Format 225
  Kategorien 220
  kontextabhängig 219, 229
  Modul 230
  veröffentlichen 227
  Werbekunden verwalten 216
  Zahlweise 229
Werkzeugleiste 101, 103
Whitelist 445
WordPress 7

Wrapper
  Basisoptionen 353
Wrapper, Menüeintragstyp 385

X

XAMPP 15, 30
  7zip-Paket 32, 35
  Add-Ons 32
  Apache beenden 37, 41
  Apache starten 37, 41
  beenden 29
  deinstallieren 40, 41
  DocumentRoot 50
  Entwicklungs-Paket 40
  Funktionstest 44
  htdocs 50
  Installer 32, 33
  installieren 15, 30
  Linux 40
  löschen 29, 40, 41
  Microsoft Visual C++ 2008 Redistributa-
    ble Package 15, 31, 33
  MySQL beenden 37, 41
  MySQL starten 37, 41
  ProFTPD 60
  Sicherheit 47
  Upgrade-Paket 32, 40
  Windows 31
  XAMPP Control Panel 17, 34, 37
  ZIP-Paket 32, 35
XAMPP Control Panel 34, 37
  Apache beenden 37
  Apache starten 37
  beenden 37
  MySQL beenden 37
  MySQL starten 37
XML 601
XML-Datei 563
XML-Informationsdatei 701, 717, 771

Z

Zeichenkodierung 592, 718, 719
Zeitzone 483
Zufallsbild (Modul)
  Basisoptionen 354
Zugeordnete Module für diesen
    Menüeintrag
  Menüpunkte 398

Zugewiesene Gruppen
    Benutzer 421
Zugriffsebene 139
Zugriffsebenen 425
    anlegen 428
    anwenden 429
    Arbeitsweise 425
    Beiträge 431
    Guest 426
    Probleme 431

Public 426
Registered 427
Special 427
Zugriffsrechte 78
zuletzt angemeldete Benutzer 96
zuletzt hinzugefügte Beiträge 96
Zusatzfunktionen 215
Zwischenspeicher 478, 514
Zwischenüberschrift
    in Menüs 405

Über den Autor

Tim Schürmann ist selbständiger Diplom-Informatiker und derzeit hauptsächlich als freier Autor unterwegs. Seine zahlreichen Artikel erscheinen in führenden Zeitschriften und wurden in mehrere Sprachen übersetzt. Er hat bereits einige erfolgreiche Bücher geschrieben, darunter mehrere Auflagen von *Praxiswissen Joomla!* oder *Joomla!-Websites erweitern und optimieren* (O'Reilly Verlag). Die Entwicklung von Joomla! verfolgt er nicht nur seit dessen Anfängen, er folterte das Content-Management-System selbstverständlich auch schon in der Praxis mit schwer verdaulichen Inhalten. Seine Steckenpferde sind die Programmierung, Algorithmen, freie Software, Computergeschichte, Schokoladeneis und der ganz alltägliche Wahnsinn.

Kolophon

Auf dem Cover von *Praxiswissen Joomla! 3.0* ist ein Roter Vari (*Varecia ruber*) zu sehen. Der Rote Vari lebt wie alle Lemuren endemisch auf der Insel Madagaskar. Auf der Halbinsel Masoala im gleichnamigen Nationalpark konnten die letzten Familiengruppen dieser Feuchtnasenaffen vor der Ausrottung bewahrt werden. In den Bäumen des tropischen Regenwalds suchen die dämmerungsaktiven Tiere nach Früchten, Blättern und Nektar und kommen vormittags zum Sonnenbaden auf den Boden. Dabei strecken sie alle vier Gliedmaßen von sich, sodass es aussieht, als würden die Tiere die Sonne anbeten.

Mit ihren 50 bis 55 Zentimetern Rumpflänge und dem 60 bis 65 Zentimeter langen Schwanz gehören sie zu den größten Lemurenarten Madagaskars. Auffällig ist die rote bis rotbraune Färbung ihres weichen, langhaarigen Fells, das auch vor den starken Regengüssen der Regenzeit schützt. Das Gesicht, die Füße und der Schwanz sind schwarz. Hinten am Nacken ist ein großer weißer Fleck, und auch an den Füßen, am Schwanz und am Kopf können helle Haare vorkommen. Die gelben Augen mit schwarzer Iris geben dem Gesicht mit der schmalen, hundeähnlichen Schnauze einen markanten Ausdruck.

Der Rote Vari lebt in Gruppen von 2 bis 16 Tieren. Untereinander zeigen sie ihre Zugehörigkeit durch gegenseitige Fellpflege. Mit lauten Rufen, die durch einen Kehlsack verstärkt werden, markieren sie ihr Revier und warnen vor Feinden. Ein trächtiges Weibchen baut aus Blättern und eigenen Haaren ein Nest, wo die zwei bis drei völlig hilflosen Jungtiere zur Welt kommen. Dort bleiben sie auch in den ersten Wochen und werden von der Mutter, aber auch von anderen Gruppenangehörigen versorgt.

Die Zerstörung des Regenwalds und die Jagd nach Fleisch und Fell der Tiere haben die Population zusammenschrumpfen lassen. Der Rote Vari wird trotz aufwändiger Schutzmaßnahmen auf der Roten Liste des IUCN als »stark gefährdete« Art geführt.

Das Design der Reihe *O'Reillys Basics* wurde von Michael Oreal entworfen, der auch das Coverlayout dieses Buchs gestaltet hat. Als Textschrift verwenden wir die Linotype Birka, die Überschriftenschrift ist die Adobe Myriad Condensed, und die Nichtproportionalschrift für Codes ist LucasFont's TheSansMono Condensed. Das Kolophon hat Geesche Kieckbusch geschrieben.

Informieren Sie sich auf www.oreilly.de

- ➡ Gesamtübersicht aller englischen und deutschen Bücher mit **Online-Bestellmöglichkeit**

- ➡ **Probekapitel** und Inhaltsverzeichnisse unserer Bücher

- ➡ Ankündigungen von **Neuerscheinungen**

- ➡ lesen Sie **Themenspecials, Artikel, Autoreninterviews**

- ➡ abonnieren Sie unseren **Newsletter**

- ➡ Sie wollen O'Reilly **Autor werden**? *www.oreilly.de/author*

- ➡ für **User Groups** bieten wir ein spezielles Programm an: *www.oreilly.de/ug*

- ➡ lesen Sie unser **Verlagsblog** unter: *http://community.oreilly.de/blog*

- ➡ folgen Sie uns auf **Twitter:** *http://twitter.com/OReilly_Verlag*

O'Reillys eBooks

Ob Tierbücher, Kochbücher, Basics oder die beliebten Missing Manuals: O'Reilly-Leser können auch online auf das deutschsprachige Verlagsprogramm zugreifen (ausgenommen »Von Kopf bis Fuß«).

Und: Die eBook-Ausgabe ist ca. 20 % günstiger als das gedruckte Buch!

Erhältlich unter:
www.oreilly.de/ebooks

O'Reilly Verlag GmbH & Co. KG
Balthasarstraße 81, 50670 Köln
kommentar@oreilly.de

O'REILLY®

Web

Online-Shops mit Magento, 2. Auflage

Roman Zenner, 472416 Seiten, 2011, 34,90 €
ISBN 978-3-89721-593-1

Dieses Buch bietet Webshop-Betreibern einen praktischen Einstieg in die Installation und Einrichtung des Open Source-Shopsystem Magento, mit dem Sie Ihren Shop schnell ans Laufen bekommen. Sie erfahren alles über den Aufbau und die Pflege des Produkt-katalogs, das Kundenmanagement, das Anpassen von Steuersätzen, über Template-Design, Versandmodelle, Multishops und Mehr-sprachigkeit. Die zweite Auflage des Buches berücksichtigt Magento 1.5 und behandelt nun auch Themen wie Mobile Commerce sowie das Zusammenspiel des Shopsystems mit Twitter und Facebook.

Magento – Das Handbuch für Entwickler

Roman Zenner, Vinai Kopp u.a.
312 Seiten, 2010, 44,90 €
gebundene Ausgabe
ISBN 978-3-89721-928-1

In diesem umfassenden Handbuch zur Magento-Entwicklung erfahren Program-mierer detailliert, wie sie ihr Shopsystem erweitern und anpassen können. Vermittelt werden Grundlagen, Techniken und Praxistipps von einem Autoren-team, das bereits umfangreiche Projekterfahrung mit Magento im Enterprise-Segment gesammelt hat und das System in- und auswen-dig kennt. Erstmals wird die bisher weitestgehend undokumentierte Architektur von Magento systematisch erläutert. Darüber hinaus erfah-ren Entwickler ganz konkret alles über die Extensionentwicklung, ver-ständlich erklärt anhand von Rezepten aus der Praxis.

Web-TV – AV-Streaming im Internet

Nikolai Longolius, 192 Seiten, 2011, 34,90 €
ISBN 978-3-89721-609-9

Internet-Fernsehen boomt. Welche Über-tragungstechnik steht dahinter, wie funktio-niert ein Streamingprozess im Detail? Wie erstelle ich einen Livestream und wie bekomme ich mein Videomaterial ins Netz? Und wie kann ich meinen eigenen Internet-TV-Sender aufbauen? Mit diesen Fragen beschäftigt sich *Web TV – AV-Streaming im Internet*. Es richtet sich an den Systemadministrator, der einen Livestream für die firmeninterne Kommunikation aufsetzen soll, an den Podcaster, der zukünftig auch TV-Sendungen produzieren möchte, bis hin zu Lokalzeitungen, die einen Lokalsender im Internet aufbauen wollen. Der Autor ist ein Pionier des Web-TVs, der u.a. für SPIEGEL die Fernsehsender XXP und SPIEGEL TV digital sowie die Bewegtbilderaktivitäten für SPIEGEL online konzipiert hat.

Praxiswissen WordPress, 2.Auflage

Olivia Adler
296 Seiten, 2011, 24,90 €
ISBN 978-3-89721-663-1

WordPress erfreut sich seit Jahren großer Beliebtheit: Mit dem Weblog-CMS lassen sich sowohl Blogs als auch umfangreiche Websites umsetzen. Dieses Buch beschreibt anhand einer Beispiel-Site, wie man ein Weblog auf-setzt, konfiguriert und mit individuellen Inhalten befüllt. Da sich auch komplexe Websites gut mit WordPress verwalten lassen, widmet sich die Autorin auch der Nutzung von WordPress als Content Management System. Darüber hinaus wird eine Auswahl an nützlichen Plug-ins vor-gestellt, mit denen Sie Ihr Blog um schöne oder praktische Features erweitern können.

Praxiswissen Joomla! 3.0, 3. Auflage

Tim Schürmann
928 Seiten, 2013, 39,90 €
ISBN 978-3-86899-883-2

Das erfolgreiche Praxisbuch jetzt aktuell zu Joomla! 3.0: Tim Schürmann begleitet Sie von den ersten Schritten mit dem Content-Management-System bis zum fertigen modernen Webauftritt am Beispiel eines Kinoportals. Verständlich und gut nachvollziehbar beschreibt er Installation und Backend, die Benutzerverwaltung, das Ändern des Look-and-Feels durch Templates sowie die Verwendung existierender und das Entwickeln eigener Erweiterungen. Durch seine zahlreichen Tipps und Tricks zu Mehrsprachigkeit, Barrierefreiheit, Suchmaschinen-optimierung und zu Backups und Sicherheit werden Sie schnell zum echten Joomla!-Profi.

Praxiswissen Drupal 7

Friedrich Stahl & Olav Schettler
240 Seiten, 2012, 24,90 €
ISBN 978-3-86899-193-2

Dieses Buch zeigt Ihnen anhand einer Community-getriebenen Beispielwebsite, wie Sie ein Drupal-Projekt aufsetzen und Schritt für Schritt online bringen. Sie lernen die Basisfunktionalität des CMS kennen und ergänzen es dann um nützliche Module, die sich mit wenig Aufwand dazuschalten lassen. Auch fortgeschrittenere Themen werden behan-delt, wenn es beispielsweise um die Entwicklung eigener Module oder um die Integration in eine bestehende Site geht.

O'REILLY®

anfragen@oreilly.de · http://www.oreilly.de · +49 (0)221-97 31 60-0